“十三五”国家重点出版物出版规划项目

经济科学译丛

投入产出分析

基础与扩展

（第二版）

罗纳德·E. 米勒（Ronald E. Miller）
彼得·D. 布莱尔（Peter D. Blair） 著
夏 明 张红霞 林 晨 译

Input-Output Analysis

Foundations and Extensions

（Second Edition）

中国人民大学出版社
·北京·

《经济科学译丛》

编辑委员会

《经济科学译丛》总序

中国是一个文明古国，有着几千年的辉煌历史。近百年来，中国由盛而衰，一度成为世界上最贫穷、落后的国家之一。1949 年中国共产党领导的革命，把中国从饥饿、贫困、被欺侮、被奴役的境地中解放出来。1978 年以来的改革开放，使中国真正走上了通向繁荣富强的道路。

中国改革开放的目标是建立一个有效的社会主义市场经济体制，加速发展经济，提高人民生活水平。但是，要完成这一历史使命绝非易事，我们不仅需要从自己的实践中总结教训，也要从别人的实践中获取经验，还要用理论来指导我们的改革。市场经济虽然对我们这个共和国来说是全新的，但市场经济的运行在发达国家已有几百年的历史，市场经济的理论亦在不断发展完善，并形成了一个现代经济学理论体系。虽然许多经济学名著出自西方学者之手，研究的是西方国家的经济问题，但他们归纳出来的许多经济学理论反映的是人类社会的普遍行为，这些理论是全人类的共同财富。要想迅速稳定地改革和发展我国的经济，我们必须学习和借鉴世界各国包括西方国家在内的先进经济学的理论与知识。

本着这一目的，我们组织翻译了这套经济学教科书系列。这套译丛的特点是：第一，全面系统。除了经济学、宏观经济学、微观经济学等基本原理之外，这套译丛还包括了产业组织理论、国际经济学、发展经济学、货币金融学、公共财政、劳动经济学、计量经济学等重要领域。第二，简明通俗。与经济学的经典名著不同，这套丛书都是国外大学通用的经济学教科书，大部分都已发行了几版或十几版。作者尽可能地用简明通俗的语言来阐述深奥的经济学原理，并附有案例与习题，对于初学者来说，更容易理解与掌握。

经济学是一门社会科学，许多基本原理的应用受各种不同的社会、政治或经济体制的影响，许多经济学理论是建立在一定的假设条件上的，假设条件不同，结论也就不一定成立。因此，正确理解并掌握经济分析的方法而不是生搬硬套某些不同条件下产生的结论，才是我们学习当代经济学的正确方法。

本套译丛于 1995 年春由中国人民大学出版社发起筹备并成立了由许多经济学专家学者组织的编辑委员会。中国留美经济学会的许多学者参与了原著的推荐工作。中国人民大学出版社向所有原著的出版社购买了翻译版权。北京大学、中国人民大学、复旦大学以及中国社会科学院的许多专家教授参与了翻译工作。前任策划编辑梁晶女士为本套译丛的出版做出了重要贡献，在此表示衷心的感谢。在中国经济体制转轨的历史时期，我们把这套译丛献给读者，希望为中国经济的深入改革与发展做出贡献。

《经济科学译丛》编辑委员会

中文版前言

本书所记录的投入产出分析及其在过去半个世纪中发展起来的许多扩展目前已经成为解决区域问题、国家和国际经济问题、环境问题以及许多其他问题的基本分析工具。

中国在这些分析工具上的重点投入，特别是在为解决这些重大问题而编制必要的数据方面的投入，有助于促进对处于急速变化中的中国经济复杂行为的理解，以及促进对中国经济与世界其他地区之间相互影响的理解。

我们深深感受到中国的大学、研究者和计划部门在其工作中对投入产出及相关分析工具所具有的活力和热情。

中国研究者和政府机构对投入产出分析的兴趣也激发了整个亚太地区持续增加的兴趣。

当然，这些趋势对于帮助塑造增长中的中国经济本身是极为重要的，同时也对区域经济和世界经济、环境、资源及国际安全问题有深远的影响。

中国人民大学出版社引进出版我们的《投入产出分析》这本书，将使得中国更多的读者能够接触到这本教材，并且在此过程中，帮助增进中国、美国以及世界各地的研究人员共同语言的发展。

罗纳德·E. 米勒　宾夕法尼亚大学
彼得·D. 布莱尔　美国国家科学院
2017 年 7 月

前言

本书第一版（Miller and Blair，1985）的编写工作开始于 20 世纪 70 年代后期。那时，投入产出作为一个学术主题［在华西里·列昂惕夫（Wassily Leontief）的哈佛研究团队之外］有 25 个年头稍多——1952—1979 年，前后分别增加和扣去一年。我们给出 1952 年是因为这一年本书的第一作者在哈佛大学罗伯特·屈恩（Robert Kuenne）所教授的二年级经济学课上第一次接触到投入产出分析，而罗伯特·屈恩后来声称那次（无论在哪里）也是投入产出第一次被放入经济学本科课程之中。

1962 年，本书第一作者成为宾夕法尼亚大学区域科学系的职员。当时的系主任沃尔特·伊萨德（Walter Isard）请他讲授区域分析中的线性模型的研究生课程。这就要包括很多的投入产出内容。当时能够找到的涵盖这一主题的教材主要是多夫曼、萨缪尔森和索洛（Dorfman，Samuelson，and Solow，1958）著作中的两章，钱纳里和克拉克（Chenery and Clark，1959）及斯通（Stone，1961）的著作，伊萨德等（Isard et al. 1960）著作中有关区域层次投入产出的较长一章，以及此后如迈尔尼克（Miernyk，1965）、颜（Yan，1969）和理查森（Richardson，1972）的教材。

本教材的第二作者 20 世纪 70 年代早期在宾夕法尼亚大学同一个区域科学课程方案中开始教授一门应用课程，涵盖把投入产出方法扩展到能源、环境和当时其他的政策问题上，以至于到 70 年代末，对我们而言显然需要一本内容全面而新颖的教科书。所以本书的第一版极大程度地反映出 20 世纪 60 年代至 70 年代期间我们在宾夕法尼亚大学主要就区域科学和公共政策课程教学方面与学生们（主要是研究生和本硕连读学生）所分享的经验。在那本教材中，除了基本（“基础”）内容外，增添的很多专题（“扩展”）都反映出我们当时的研究兴趣——我们中一人感兴趣的是区域间反馈问题，另一人感兴趣的是能源和环境应用问题，以及我们共同感兴趣的是多区域模型中的空间加总问题。

在过去 10 年左右的时间里，本书再版的时机显得愈加成熟。2000—2001 年，我们开始正式考虑这一想法——这对于投入产出发展史来说差不多又是一个 25 年，也就是说这一主题发展到今天已经是我们撰写第一版至今的时间的约两倍了。这一领域内的活动在这四分之一个世纪中看起来又有了一些扩展。例如：

- 国际投入产出学会（International Input-Output Association，IIOA）的成立（1988年）；
- 国际投入产出学会杂志《经济系统研究》（*Economic Systems Research*）的出版发行（1989年）；
- 国际会议越来越频繁地召开，吸引了越来越多的参与者（附录C最后一部分进行了总结），以及近年来开始由国际投入产出学会协助在非会议年份召开的“中期”投入产出会议；
- 1998年出版的由库尔茨（Kurz）、迪策巴赫（Dietzenbacher）和拉格尔（Lager）编纂的三卷本论文集，差不多有1 500页，复制了大约85篇重要的投入产出论文，并针对每一卷都撰写了内容全面而详细的引言（Kurz，Dietzenbacher，and Lager，1998）。

这些活动部分地反映了自20世纪50年代以来计算机运行速度和运算能力的极大增长。最终的结果是目前有众多的新材料需要加以研究、消化吸收，并考虑将它们纳入教材、做出解释。

相应地，在2000年底左右，我们同大约30名在世界各地的研究投入产出的同事进行了交流，请求他们的帮助，让我们找到处理如此混杂材料的办法。我们列出了一些我们认为应该包括进来的新主题（如社会核算矩阵或SAM），一些应该更加强调的主题（如商品×产业模型），一些较少强调的主题（如区域间或多区域的详细的数值例子），并寻求他们的反馈和意见。此外，我们还考虑到我们所了解到的第一版的使用情况，包括它们是作为教材用于教学目的，还是作为实际工作人员和研究人员的参考书。

为此，我们增加了如下一些讨论：

- SAM（及扩展的投入产出模型），以及它与投入产出数据的衔接；
- 结构分解分析（SDA）；
- 乘数分解［宫泽（Miyazawa）、加法的（Stone）、乘法的（Pyatt and Round）］；
- 重要系数的确定；
- 国际投入产出模型。

我们还扩展了如下一些内容：

- 列昂惕夫作品的历史背景和内容；
- 投入产出账户与国民收入和生产账户（NIPA）之间的衔接；
- 商品×产业核算和模型；
- 乘数问题，包括宫泽乘数、净乘数、弹性度量以及产出对产出乘数；
- 区位商以及估计区域技术系数的相关技术，包括数值例子和实际的示例；
- 能源投入产出分析，以及向计量扩展的线索；
- 环境应用，包括线性规划和多目标规划方面的扩展；
- 关联分析中的假设提取方法（hypothetical extraction approach）；
- 高希（Ghosh）（供给侧）模型；
- 列昂惕夫价格模型；
- 区域间流量的估计；
- 混合方法（hybrid method）；

● 混合外生/内生模型。

为了让新版的篇幅保持在可控的长度，一些主题不得不被舍弃，或者只能以非常简略的方式来处理，这些内容包括：

● 计量/投入产出模型的衔接；
● 定性投入产出分析；
● 动态投入产出模型最近的进展；
● 各种正在运行的模型的讨论和比较（如美国和其他地方所使用的 REMI 和 IMPLAN 模型）；
● 投入产出模型中特征向量和特征值的作用及解释。

我们对美国投入产出数据的相关历史材料进行了重新整理和更新，特别是反映了商品×产业形式的国际流行趋势。利用现有能够获得的计算能力，我们极大地扩展了每章后的习题，包含了更具现实性的例子以及实际的应用。我们也注意到与 20 多年前相比，潜在读者的数学能力处于更高的水平，所以我们尽可能地、更大范围地采用更简洁的矩阵表述。*

我们感谢与众多学者所进行的有益交流，包括面对面的和通过电子通信的交流，这些学者有秋田隆裕（Takahiro Akita）、威廉·拜尔斯（William Beyers）、费伊·达钦（Faye Duchin）、杰弗里·休因斯（Geoffrey Hewings）、井原健雄（Takeo Ihara）、安德鲁·艾泽曼（Andrew Isserman）、兰德尔·杰克逊（Randall Jackson）、路易·德梅纳德（Louis de Mesnard）、扬·奥斯特哈文（Jan Oosterhaven）、卡伦·普可仁（Karen Polenske）、杰弗里·朗德（Jeffery Round）和盖伊·韦斯特（Guy West）。安妮·卡特（Anne Carter）和约瑟夫·里克特（Joseph Richter）帮助我们填写了 IIOA 会议的历史记录。克罗地亚萨格勒布经济学研究所的尚德拉·什瓦列克（Sandra Svaljek）和伊万·鲁桑（Ivan Rusan）好心地为我们提供了米约·塞库利奇（Mijo Sekulic）的一篇 1968 年发表在该研究所的出版物《经济分析》（*Ekonomska Analiza*）上的重要文献。我们非常感激 IDE/JETRO（Tokyo），特别是猪俣哲史（Satoshi Inomata），他为我们提供了很多他们重要的投入产出表，以及使用这些表所做的研究。同时，感谢美国商务部经济分析局的领导和职员，特别是马克·普兰廷（Mark Planting），他帮助我们涉略美国的投入产出表。最后，我们单独列出两位同事，我们与他们进行了长年累月、几无中断的交流。一位是埃里克·迪策巴赫（Erik Dietzenbacher），我们与他进行了数百次的逐字逐句的讨论，并得到了相应的很多建议；另一位是迈克尔·拉尔（Michael Lahr），他是提供批评性评论的一个不竭的源泉，并建议和帮助我们搜寻到难以计数的重要参考资料。

参考文献

Chenery，Hollis B. and Paul G. Clark. 1959. *Interindustry Economics*. New York：John Wiley and Sons.

* 英文原书勘误表请登录中国人民大学出版社网站，搜索本书进行下载。——译者注

Dorfman, Robert, Paul A. Samuelson and Robert M. Solow. 1958. *Linear Programming and Economic Analysis*. New York: McGraw-Hill.

Isard, Walter, David F. Bramhall, Gerald A. P. Carrothers, John H. Cumberland, Leon N. Moses, Daniel O. Price and Eugene W. Schooler. 1960. *Methods of Regional Analysis: An Introduction to Regional Science*. New York: The Technology Press of MIT and John Wiley and Sons.

Kutz, Heinz D., Erik Dietzenbacher and Christian Lager (eds.). 1998. *Input-Output Analysis*. Three Volumes. The International Library of Critical Writings in Economics. No. 92. Cheltenham, UK: Edward Elgar.

Miernyk, William. 1965. *The Elements of Input-Output Analysis*. New York: Random House.

Miller, Ronald E. and Peter D. Blair. 1985. *Input-Output Analysis: Foundations and Extensions*. Englewood Cliffs, NJ: Prentice-Hall.

Richardson, Harry W. 1972. *Input-Output and Regional Economics*. New York: John Wiley and Sons (Halsted Press).

Stone, Richard. 1961. *Input-Output and National Accounts*. Paris: Organization for Economic Cooperation and Development.

Yan, Chiou-Shuang. 1969. *Introduction to Input-Output Economics*. New York: Holt, Rinehart and Winston.

目 录

第 1 章

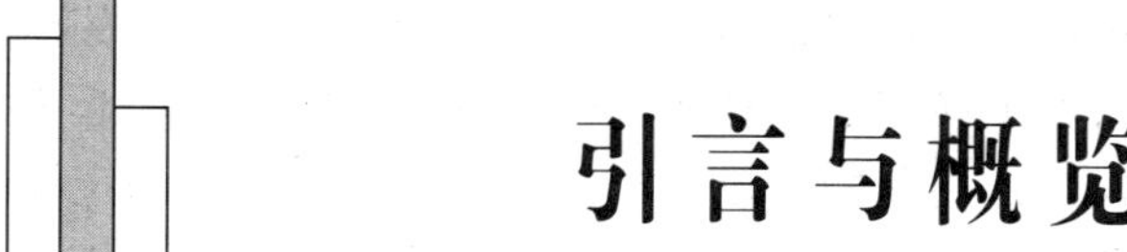

引言与概览

1.1 引言

20 世纪 30 年代后期华西里・列昂惕夫（Wassily Leontief）教授建立了一个分析框架，这一分析框架被命名为投入产出分析，为表彰其贡献，1973 年他被授予诺贝尔经济学奖（Leontief，1936，1941）。人们也常将投入产出模型称为列昂惕夫模型。产业间分析一词也常被使用，因为投入产出框架的基本目的就是分析经济中产业间的相互依存关系。如今，列昂惕夫所提出的基本概念已成为各种经济分析的关键组成部分，实际上，投入产出分析是经济学中应用最广泛的方法之一（Baumol，2000）。本书发展了列昂惕夫所提出的分析框架，并探讨了在最近的近四分之三个世纪中所经历的众多扩展。

在最基本的形式上，投入产出模型由一组线性方程组构成，每一个方程所描绘的是一个产业的产品在整个经济中的分配。大部分对投入产出基本框架的扩展都是为了将经济活动中的更多详细信息包括进来，如在时间和空间方面的信息，以解决可获得数据的局限性问题，或者将投入产出模型与其他种类的经济分析工具相结合。本书是我们 1985 年教材（Miller and Blair，1985）的一个更新的和大幅的扩展版本。

本章我们将介绍基本的投入产出分析框架，并列出教材各部分所涉及的各个主题。附录 C 提供了有关列昂惕夫理论如何形成、随后的发展以及进一步完善的历史记录。普可仁和斯科尔卡（Polenske and Skolka，1976，Chapter 1）以及斯通（Stone，1984）中有更多投入产出分析和投入产出核算早期发展的历史记录。罗斯和迈尔尼克（Rose and Miernyk，1989）提供了自列昂惕夫引入这一方法以来投入产出分析应用方面相当完整的历史。在目前的这本教材中，我们囊括了投入产出自 20 世纪 50 年代早期开始作为一个分析工具被广泛应用以来的众多发展。列昂惕夫本人参与了很多的这些发展和应用，在整本教材中，这一点是显而易见的（Polenske，1999，2004）。

高速数字计算机的普及使得列昂惕夫的投入产出分析成为各种地理层次经济分析的一个广泛应用的、有用的工具，包括地方的、区域的、国家的，甚至是国际的。在现代计算机出现以前，投入产出模型的计算要求曾经使这一技术应用起来异常困难，甚至变得不切实际。如今，仅仅是在美国，投入产出已经被美国商务部定期地用于国民经济分析，各个州、各个行业和研究团体则把它用于区域经济规划和分析。该模型在全世界得到广泛应用；联合国提议将投入产出分析作为发展中国家实际操作中的计划工具，并发起建立一套标准的经济账户体系用于编制投入产出表。

投入产出也扩展成为与行业生产和其他经济活动相关的就业和社会核算度量整体框架的一个组成部分，以及更明确地处理例如国际和区际的货物与服务流量，或是解释与产业间活动相关的能源消费和环境污染等主题。在本教材中，我们所给出的不仅包括最初由列昂惕夫所发展起来的投入产出模型的基础内容，也包括从基本框架上演化出的众多方法扩展。此外，我们还对投入产出的各种应用，以及在实际政策问题上的运用进行了演示。在整本教材中，我们还将对某些当前研究的前沿问题做出评价。

1.2 投入产出分析：基本框架

基本的投入产出模型通常利用所观测的特定地理区域（国家、州、县等）的经济数据来建模。它所关注的是一组产业的活动，这些产业在生产每个产业自身产出的过程中，既生产货物（产出），又消耗来自其他产业的货物（投入）。在实际中，所涉及的产业数目可能从仅仅只有几个，到上百个甚至上千个。例如，一个可以被冠以“制造业产品”的产业部门，同样也可能被分解为众多不同的特定产品。

投入产出分析中使用的基本信息所涉及的是产品流，从每个被看作生产者的产业部门流向被看作消耗者的每一个部门，包括自身部门和其他部门。投入产出模型所赖以建立的这些基本信息包含在一张产业间交易表中。表中的行描述的是生产者的产出在整体经济中的分配。表中的列描述的是某一特定产业在生产其产出时所需的各种投入的构成。这些物品的产业间交易构成了图 1-1 中所示的表格的阴影部分。附加的那些列，标记为最终需求，记录的是各个部门向其为之生产的最终市场的销售，如个人消费购买以及向联邦政府的销售。例如，电力既向其他部门的企业销售，用于生产中的投入（产业间交易），也向常住消费者销售（最终需求销售）。附加的那些行，标记为增加值，记录生产中的其他（非产业的）投入，例如劳动、资本消耗、企业间接税和进口。

本教材的主要目的是利用刚才所描述的基本投入产出数据构建分析模型。有相当数量的文献致力于通过调查或对其他一手和二手经济数据来源的解读来搜集整理投入产出模型中所使用的基本数据。这其中的一些文献在第 4 章的参考文献中给出，但是本教材主要关注的是利用可获得的数据来构建模型，或是可以弥补可得数据不足的一些方法。

		作为消耗者的生产者								最终需求			
		农业	采掘业	建筑业	制造业	贸易	运输	服务业	其他产业	个人消费支出	私人国内总投资	货物与服务政府购买	货物与服务净出口
生产者	农业												
	采掘业												
	建筑业												
	制造业												
	贸易												
	运输												
	服务业												
	其他产业												
增加值	雇员	雇员报酬								国内生产总值			
	企业主与资本	利润类收入和资本消耗补偿											
	政府	企业间接税											

图 1-1　投入产出交易表

1.3　本教材概要

本教材共有 14 章，从基本投入产出框架的理论及其假定开始，然后探讨了之前半个世纪发展起来的种种扩展。教材主要处理的是方法的发展，也涵盖投入产出模型应用方面的一些实际问题，包括很多应用文献的参考资料。第 2～6 章囊括了投入产出分析主要的方法问题。第 7～13 章涵盖了投入产出分析应用于实际问题所涉及的诸多事项。最后一章，第 14 章，概述了现有教材篇幅不允许详细讨论或是超出本教材范围的一些相关主题。现对每章中包括的主要问题叙述如下：

- 第 2 章介绍列昂惕夫的投入产出概念框架，并解释如何根据产业间交易表建立基本的数学关系式。对基本列昂惕夫模型的关键假定及其含义进行了叙述，并探讨了基本框架的经济解释。用一个部门高度加总的美国经济模型对基本框架进行了演示。此外，引入投入产出框架下的“价格模型”公式以探讨投入产出模型中价格的作用。这一章的附录包括投入产出模型的一组基本的数学条件，即所谓的霍金斯-西蒙条件。
- 第 3 章把基本投入产出框架扩展到区域及区域间联系的分析。首先，提出了“单区域”模型，并对区域模型建模中采用的各种假定对比国家模型进行了讨论。其次，提出区域间投入产出（interregional input-output，IRIO）模型的结构，这一模型被设计出来用于对基本投入产出框架进行扩展以获取多个区域中产业部门之间的交易。为解决这类模型建模中最常见的数据不足问题，设计了 IRIO 模型的一个重要的简化形式，被称作多区域投入产出（multiregional input-output，MRIO）模型。这一章提出了基本的 MRIO 公式，并讨论了简化假定的含义。再次，这一章提出了平衡的区域模型，在数学形式上它与 IRIO 框架是等同的，但是被设计成从概念上来表现针对区域的和针对国家的产业生产之间的区别，而不同于在 IRIO 框架中向特定区域的交付。在最后一节中，引述了一些应用研究来说明从城市的区到所谓的“世界”模型的现实世界的案例中所表现出的各种地理范围。这一章的附录提供了有助于概念化和区域模型运用的数学工具的其他发展。

- 第 4 章讨论根据国民经济账户的标准规定编制投入产出表，例如由联合国推荐被广泛采用的国民账户体系（System of National Account，SNA），包括在第 5 章中做进一步详细讨论的对所谓的商品×产业或供给—使用投入产出框架的初步介绍。从基本的收入和支出循环流的经济概念出发，得到一个简化的 SNA，针对企业、住户、政府、外贸和资本形成，定义附加的详细部门信息，最终得到基本的商品×产业形式的投入产出账户。这一章利用美国投入产出模型对这一过程进行了演示，并在诸如次要产品生产（一个企业生产多种产品或商品）、竞争性进口（国内同时也生产的商品）与非竞争性进口（国内不生产的商品）、产业间流量中贸易和运输加价，或者废弃物与二手物品的处理这些问题中广泛地采用某些关键的传统习惯做法。这一章的最后通过对投入产出模型中部门和空间细分程度所带来的问题进行考察，并得出结论，例如产业或区域加总程度所导致的偏差。附录针对日本和美国利用 IRIO 和 MRIO 模型对加总偏差的潜在影响进行了演示。
- 第 5 章讨论了第 4 章中所介绍的商品×产业投入产出框架的各种变形，把基本投入产出框架扩展到包含对商品和产业进行区分，也就是经济中特定商品的供给，以及由企业汇总而定义为产业的对这些商品的使用。这一章介绍了基本的商品×产业账户关系，以及它们与基本投入产出框架的联系。为处理次要生产的常见核算问题定义了一些替代假定，并对这些替代假定进行了经济解释。结合对次要生产中运用这些替代假定的各种情形的演示，提出了商品驱动和产业驱动模型。这一章的最后说明了商品×产业模型遇到的各种特殊情形，例如非方阵的商品×产业系统或对负元素的解读。这一章的附录提供了商品×产业交易矩阵的某些替代的推导方法，以及消除特定类型商品×产业模型中负元素的方法，而在这些模型中这些负元素是会经常出现的。此外，本教材网站（www. cambridge. org/millerandblair）上的一个附录对非方阵商品×产业系统做了进一步的考察。
- 第 6 章考察了被称为乘数的一些关键的总括性的分析度量工具，由投入产出模型所得到的这些乘数可以估计外生变动给如下方面带来的影响：(1) 各经济部门新的产出；(2) 由新的产出带来的住户所获得的收入；(3) 由新的产出带来的就业；(4) 生产带来的增加值。这一章提出了乘数分析的一般结构，以及有关区域、IRIO 和 MRIO 模型的一些特殊考虑；探讨了旨在获得各个住户群体收入形成效应的各种扩展，以及其他的一些乘数变形形式和被分解为有意义的经济项。这一章的附录详述了住户和收入乘数的一些数学公式。
- 为搜集某一经济体的投入产出数据而需要的各种调查活动既昂贵也非常费时，使得投入产出系数的表格在编制出来之前就已经过时了。第 7 章介绍了被设计用来处理投入产出分析中这类主要问题的方法。这些技术被称为投入产出编表的局部调查和非调查法，是投入产出分析现代应用的中心内容。这一章从对影响投入产出数据随着时间的推移保持稳定的一些基本因素的回顾开始，例如处于变动中的方法、价格、企业规模和范围，提出了更新投入产出数据的多项方法，并对其经济含义进行了描述。本章的主体内容涉及双比例调整（或 RAS）方法，以及某种“混合模型”的变形。

- 第 8 章对区域层次编制投入产出表的一系列局部调查和非调查估计方法进行了审视。讨论了通常使用的利用区位商的这类估计程序的各种变形，它们假定投入产出数据的区域估计可以利用某些目标区域的信息推导出来。把第 7 章中所讨论的 RAS 法用于从一个基础的国家表或另一区域的表，或者利用目标区域某些可获得的数据中来推算区域投入产出表。我们利用来自中国的一个三区域模型的数据对此进行了演示。同时还结合对几个实际的多国应用的讨论，包括中日跨国区域间模型和列昂惕夫世界模型，提出了对区域之间商品流进行局部调查估计的技术。
- 第 9 章探讨了投入产出框架向产业生产中能源消耗更详细分析的扩展，包括由于采用生产的实物单位而非生产价值的货币单位来度量投入产出交易所带来的复杂性。我们对早期的能源投入产出分析方法进行了回顾，并与现代方法进行了比较，考察了这些替代方法的优势和局限性。这一章还讨论了如调整能源转换效率这样一些专门的方法上的思考，并提出了一些应用示例，包括货物与服务能源成本的估计、新能源技术和能源税的影响。最后，这一章还介绍了伴随能源使用模式的变化，投入产出经济结构转变所起的作用（利用投入产出模型进行结构分解分析的更一般的方法在第 13 章中讨论）。在这一章附录中，更为正式地对各种替代性的能源投入产出公式的优点与局限性进行了讨论。
- 第 10 章回顾了投入产出框架扩展至包含与经济活动相关的环境污染和消除活动，以及投入产出与环境系统模型的衔接。这一章从一个“广义”的投入产出框架开始，这一框架假定污染的产生（以及其他与产业产出相关的可度量的因素，例如以实物单位度量的能源或原材料消耗，或者是以人-年来度量的就业）简单地直接随产业产出水平而等比例变化。这一章提出了应用广义投入产出公式来测算特定变化对产业活动和对规划问题的影响，这一规划问题是在产业部门间投入产出联系和产业生产中如污染、能源使用和就业等因素的约束下，寻求产业生产的最优组合。在把广义投入产出框架应用于规划问题的探讨过程中，这一章引入了线性和多目标规划的基本概念。这一章还讨论了把基本列昂惕夫投入产出模型扩展至包含污染产生和消除部门。最后，结合各种应用示例，这一章把投入产出框架扩展至将环境部门包括进来，以更全面地追踪经济-环境系统的联系。
- 第 11 章把投入产出框架扩展为被称作社会核算矩阵（SAM）或其他所谓“扩展的”投入产出模型的一种更宽泛类型的经济分析工具，以便能以一种更为综合和整体的方式来揭示经济中的收入分配活动，特别是包括经济中的就业和社会福利特征。这一章对 SAM 的基本概念进行了讨论，而这些概念来自 SNA，并在第 4 章和第 5 章进行了介绍，提出了 SAM 和投入产出账户之间的关系。接着，这一章介绍并演示了 SAM 乘数概念，以及把 SAM 乘数分解为具有特定经济含义的各种因素。最后，这一章讨论了平衡 SAM 账户的方法，以获得账户的内在一致性，并提出了使用 SAM 的应用示例。

- 第 12 章提出了所谓的供给侧的投入产出模型，这一概念总是与高希这个名字联系在一起。它不仅作为一个数量模型（早期的解释），也作为一个价格模型（更为现代的解释）来讨论。同时，这一章讨论了该模型与标准列昂惕夫数量和价格模型的联系。此外，这一章对利用投入产出数据开展量化经济联系，并分析整体经济结构这一方面的快速增长的文献进行了考察。最后，这一章提出了确定投入产出模型中关键或重要系数的方法，以及系数重要性的其他度量方法。
- 第 13 章介绍和演示了投入产出框架下结构分解分析（SDA）的基本概念。第 6 章和第 10 章中所引入的乘数分解概念被用于 SAM，作为经济结构分析的一种方式被再一次加以讨论。通过把 SDA 用于 MRIO 从而引入空间内涵，这一章引述了很多的应用，并给出了汇总结果。这一章还考察了混合内生-外生模型。这些模型是通过允许同时在（某些）最终需求和（某些）产出两方面的外生设定，从标准投入产出模型扩展而来的。这一章还引入了动态投入产出模型，更为明确地揭示了生产过程中的资本投资及其所起的作用。附录部分对补充的分解和组合模型结果进行了扩展性的表述。
- 第 14 章简要描述了投入产出分析的一些其他扩展，由于篇幅所限未能给予详细的处理，包括与计量经济模型的联系，可用于计算一般均衡模型及经济的生产率的度量。
- 附录 A 是对本教材全篇所使用的矩阵代数概念和方法的一个介绍性回顾。
- 附录 B 给出了高度加总的美国投入产出表系列，这些表在很多章的章后习题中或本书相关网址（www. cambridge. org/millerandblair）所包含的补充习题中提到和使用。
- 附录 C 提供了投入产出分析早期发展的历史记录，包括列昂惕夫著作的产生，以及此后众多方法论上的发展和应用的那些概念的“前史”。

1.4 网址与实际数据在本教材中的位置

本教材有一个相关的网址，为 www. cambridge. org/millerandblair，包括三个方面的补充信息：(1) 由于各种原因无法包含在印刷教材中的个别领域的补充教材（附录）；(2) 章后习题的答案，以及补充的习题、案例研究、建议的投入产出分析实验和研究项目；(3) 教材中大部分例子和习题的可供下载的数据集、补充的真实数据集资料库和引起我们关注的补充数据的索引。

纵观整本教材，在各种演示例子和习题中，我们都采用了相关的、实际的但高度加总的投入产出数据，包括各种区域数据、国家数据，以及示例性的国际投入产出(IRIO)、多区域投入产出（MRIO）数据和社会核算矩阵（SAM）。为方便起见，表 1-1 给出了这些数据的列表和它们在教材中的位置。

表 1-1　　演示的实际投入产出数据的位置

数据	位置
美国 2003 年国内直接需求矩阵	表 2-7
美国 2003 年国内完全需求矩阵	表 2-8
中国 2000 年区域间和区域内交易	表 3-7
中国 2000 年多区域经济的直接消耗系数	表 3-8
中国 2000 年多区域经济的列昂惕夫逆矩阵	表 3-9
美国和亚洲四区域三部门 IRIO 模型	习题 3.9
日本三区域五部门区域间投入产出表的投入系数（1965 年）	表 A4.1-1
美国三区域五部门多区域投入产出表（1963 年）	表 A4.1-3
美国 2003 年投入产出表的商品最终需求	表 5-11
1997 年、2003 年和 2005 年美国七部门投入产出表	习题 7.1
华盛顿州七部门直接消耗系数与产出（1997 年）	习题 8.10
混合单位的美国投入产出流量表（1967 年）	表 9-5
美国经济混合单位的技术系数矩阵（1967 年）	表 9-6
美国经济混合单位的列昂惕夫逆矩阵（1967 年）	表 9-7
美国九部门混合单位技术系数（1963 年和 1980 年）	习题 9.10
斯里兰卡宏观 SAM（1970 年）	习题 11.5
美国经济宏观 SAM（1988 年）	习题 11.8
美国具有扩展的产业间信息的 SAM（1988 年）	表 11-22
部分美国投入产出表（1919—2006 年）	附录 B

参考文献

Baumol, William. 2000. "Leontief's Great Leap Forward." *Economic Systems Research*, 12, 141-152.

Leontief, Wassily. 1936. "Quantitative Input-Output Relations in the Economic System of the United States," *Review of Economics and Statistics*, **18**, 105-125.

Leonief, Wassily. 1941. *the Structure of American Economy 1919—1939*. New York: Oxford University Press.

Miller, Ronald E. and Peter D. Blair. 1985. *Input-Output Analysis: Foundations and Extensions*. Englewood Cliffs, NJ: Prentice-Hall.

Polenske, Karen R. 1999. "Wassily W. Leontief, 1905—1999," *Economic Systems Research*, **11**, 341-348.

Polenske, Karen R. 2004. "Leontief's 'Magnificent Machine' and Other Contributions to Applied Economics," in Erik Dietzenbacher and Michael L. Lahr (eds.), *Wassily Leontief and Input-Output Economics*. New York: Cambridge University Press, pp. 9-29.

Polenske, Karen R. and Jirf V. Skolka (eds.). 1976. *Advances in Input-Output Analysis. Proceedings of the Sixth International Conference on Input-Output Techniques*. Vienna, April 22-26, 1974. Cambridge, MA: Ballinger.

Rose, Adam and William Miernyk. 1989. "Input-Output Analysis: The First Fifty Years," *Economic Systems Research*, **1**, 229–271.

Stone, Richard. 1984. "Where Are We Now? A Short Account of Input-Output Studies and Their Present Trends," in United Nations Industrial Development Organization (UNIDO), *Proceedings of the Seventh International Conference on Input-Output Techniques*. New York: United Nations, pp. 439–459. [Reprinted in Ira Sohn (ed.). 1986. *Readings in Input-Output Analysis*. New York: Oxford University Press, pp. 13–31.]

第 2 章

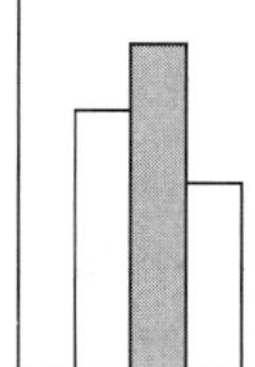

投入产出分析基础

2.1 引言

在本章我们开始探讨投入产出模型的基本结构、其背后的假定，以及它在某些最简单类型问题上的应用。在后面的章节中我们将考察与区域模型相关的特性，以及特定类型问题所必需的某些扩展——例如，在能源或环境研究中，或是作为更广泛的社会核算体系的一个组成部分。

投入产出系统的数学结构由一组具有 n 个未知数的 n 个线性方程构成。因此，它可以很容易地用矩阵来表示。本章我们将从基本关系的更为详细的代数表述开始，到越来越多地使用矩阵符号进行处理。附录 A 包含一个投入产出模型最基本的矩阵代数定义和运算的回顾。尽管通过一个逆矩阵，投入产出系统的解在数学上是直接明了的，但我们仍会发掘对某些代数结论有趣的经济解释。

2.2 符号与基本关系式

投入产出模型根据某个特定经济区域的观察数据来构建。这种经济区域包括一个国家、一个地区（不管如何界定）、一个州等。在开始时，我们将假定（原因在下一章将变得清晰）经济区域是一个国家。该区域的经济活动必须能够分为几个部分或几个生产部门。在通常意义上，这些可能是各种产业（例如钢铁），也可能是更小的类别（例如钢钉）或更大的类别（例如制造业）。所需要的数据是从这些部门中作为生产者/卖方的每一个部门到作为购买者/买方的每一个部门之间的产品流量；这些产业间流量或交易

（或部门间流量——产业和部门这两个词在投入产出中经常互换使用）在一个特定的时期内（通常为 1 年）按货币量进行度量——例如，去年卖给汽车制造厂的钢铁的美元价值。①

物品在不同部门的交换归根结底是实体货物的销售和购买——如上一年汽车制造厂所购买的钢铁的吨数。在对所有部门之间的交易进行记录的时候，原则上能够按实物量或按货币量记录所有的交换。尽管实物的度量可能更好地反映一个部门对另一个部门产品的使用，但是当部门实际所销售的货物在一种以上的时候，将存在一些潜在的度量问题（凯迪拉克 CTS 和福特福克斯显然是不同的产品，有不同的价格；但是在实物单位上，它们都是汽车）。由于这些和其他的原因，账户通常采用货币度量，尽管这会带来由于价格变动而不反映实物投入使用变化的问题（在第 2.6 节中，我们将探讨交易以实物单位表示的数据集的含义——例如，上年销售给汽车部门的钢铁的吨数）。

投入产出模型基本的数据集是一对部门之间的交易（从部门 i 到部门 j）的货币价值；这些通常被记为z_{ij}。部门 j 在一年中对来自其他部门的投入的需求将与同一时期内部门 j 所生产的物品量有关。例如，汽车部门对钢铁部门产出的需求与汽车的产出有着极其紧密的联系，制鞋部门对皮革的需求有赖于鞋的生产数量等。

此外，任何国家都存在对相对于经济中生产者的产业部门更外部或外生的购买者的销售——例如，住户、政府和对外贸易。这些单位的需求——以及由此它们从每个产业部门购买的数量——通常是由与生产量相对无关的一些考虑所决定的。例如，政府对飞机的需求与国家政策、预算数额或国防需求的大幅变动有关；对小汽车的消费需求与汽油是否可得有关等。这些对于外部单位的需求，因为更倾向于被当作物品来使用，而不是用作产业生产过程的投入，因此通常被称为最终需求。

假定经济可以被分类为 n 个部门。如果我们用x_i表示部门 i 的总产出（生产），用f_i表示对部门 i 产品的总最终需求，我们可以用一个简单的方程来描述部门 i 如何通过销售给其他部门和最终需求来分配其产品：

$$x_i = z_{i1} + \cdots + z_{ij} + \cdots + z_{in} + f_i = \sum_{j=1}^{n} z_{ij} + f_i \tag{2.1}$$

其中z_{ij}项表示部门 i 向所有部门 j（当 $j=i$，包括自身）的产业间（interindustry）销售[也被称为中间（intermediate）销售]。式（2.1）表示部门 i 产出（output）的分配。用如下式子来表明 n 个部门中每个部门的产出的销售：

$$\begin{aligned}
x_1 &= z_{11} + \cdots + z_{1j} + \cdots + z_{1n} + f_1 \\
&\vdots \\
x_i &= z_{i1} + \cdots + z_{ij} + \cdots + z_{in} + f_i \\
&\vdots \\
x_n &= z_{n1} + \cdots + z_{nj} + \cdots + z_{nn} + f_n
\end{aligned} \tag{2.2}$$

设：

① 在第 4 章和第 5 章，我们将探讨“商品”和“产业”之间近来所做的区分，并看到观察到的这些区别如何导致投入产出模型表述上的改变。

$$\boldsymbol{x}=\begin{bmatrix} x_1 \\ \vdots \\ x_n \end{bmatrix},\ \boldsymbol{Z}=\begin{bmatrix} z_{11} & \cdots & z_{1n} \\ \vdots & \ddots & \vdots \\ z_{n1} & \cdots & z_{nn} \end{bmatrix},\ \boldsymbol{f}=\begin{bmatrix} f_1 \\ \vdots \\ f_n \end{bmatrix} \tag{2.3}$$

这里以及在全书中，我们用小写粗体字母表示（列）向量，例如 $\boldsymbol{f}$ 和 $\boldsymbol{x}$（所以 $\boldsymbol{x}'$ 是对应的行向量），用大写粗体字母表示矩阵，例如 $\boldsymbol{Z}$。用这种记号，式（2.2）中每个部门销售的分配信息可以简略地用矩阵记号表示为：

$$\boldsymbol{x}=\boldsymbol{Z}\boldsymbol{i}+\boldsymbol{f} \tag{2.4}$$

我们用 $\boldsymbol{i}$ 表示元素全为 1 的列向量（具有适当维数——这里是 n）。它被称为“求和”向量（见附录 A 的第 A.8 节）。重要的是注意对矩阵右乘 $\boldsymbol{i}$ 得到一个列向量，其中的元素是矩阵的行合计。类似地，$\boldsymbol{i}'$ 是元素全为 1 的行向量，用 $\boldsymbol{i}'$ 左乘一个矩阵，得到一个行向量，其中的元素是矩阵的列合计。我们将在本章和随后的章节中经常使用求和向量。

考虑公式右侧 $\boldsymbol{Z}$ 的第 j 列的信息：

$$\begin{bmatrix} z_{1j} \\ \vdots \\ z_{ij} \\ \vdots \\ z_{nj} \end{bmatrix}$$

这些元素是对部门 j 的销售——部门 j 对一国各生产部门产品的购买；如此，这一列表示部门 j 的投入（inputs）的来源和数量。很显然，在生产过程中，一个部门还为其他项目付费——例如劳动和资本——以及还使用其他投入，如存货项。所有这些初始投入（primary inputs）统称为部门 j 的增加值（value added）。此外，进口物品可能被部门 j 购买作为投入。所有这些投入（增加值和进口）常被归并在一起作为向支付（payments）部门的购买，而式（2.2）右端的 z 则用于记录从加工（processing）部门的购买，即产业间投入（interindustry inputs）［或中间投入（intermediate inputs）］。因为式（2.2）中的每个方程包括一个部门可能购买自己的产出作为生产中的投入，这些产业间投入也包括产业内（intraindustry）交易。

这些产业间流量数值可以记录在表中（见表 2-1），来源部门（生产者）列于左边，而同样地，这些部门作为去向部门（购买者）排列在表的上部。从列向看，这些数字表明每个部门的投入；从行向看，这些数字是每个部门的产出；所以该表被命名为投入产出表（input-output table）。这些数字是投入产出分析的核心。

表 2-1　　货物的产业间流量投入产出表

		购买部门				
		1	…	j	…	n
销售部门	1	z_{11}	…	z_{1j}	…	z_{1n}
	⋮	⋮		⋮		⋮
	i	z_{i1}	…	z_{ij}	…	z_{in}
	⋮	⋮		⋮		⋮
	n	z_{n1}	…	z_{nj}	…	z_{nn}

□ 2.2.1　投入产出交易与国民账户

如图 1-1 所显示的，投入产出交易（流量）表，正如表 2-1 中所展示的，构成了经济的一套完整的收入和生产账户的组成部分。为了强调全套账户的其他部分，我们考虑一个小的两部门经济。我们在表 2-2 中为这一极端简化的经济提供了一个扩展的流量表（国民账户体系更多的细节将在第 4 章中讨论）。

表 2-2　　　　**一个两部门经济的扩展的流量表**

		加工部门		最终需求				总产出 ($\boldsymbol{x}$)
		1	2					
加工部门	1	z_{11}	z_{12}	c_1	i_1	g_1	e_1	x_1
	2	z_{21}	z_{22}	c_2	i_2	g_2	e_2	x_2
支付部门	增加值 ($\boldsymbol{v}'$)	l_1	l_2	l_C	l_I	l_G	l_E	L
		n_1	n_2	n_C	n_I	n_G	n_E	N
	进口	m_1	m_2	m_C	m_I	m_G	m_E	M
总支出 ($\boldsymbol{x}'$)		x_1	x_2	C	I	G	E	X

部门 1 和部门 2 的最终需求向量的各个部分分别表示消费者（住户）购买、出于（私人）投资目的的购买、政府（联邦、州和地方）购买和对国外的销售（出口）。这些通常被汇总为国内（domestic）最终需求（$C+I+G$）和国外（foreign）最终需求（出口 E）。那么 $f_1=c_1+i_1+g_1+e_1$，类似地，$f_2=c_2+i_2+g_2+e_2$。

支付部门的各个部分是部门 1 和部门 2 对雇员报酬的支付（劳动服务 l_1 和 l_2）以及对所有其他增加值项目的支付——例如，政府服务（税收形式的支付）、资本（利息支付）、土地（租金支付）、企业家才能（利润）等。用 n_1 和 n_2 表示这些其他的增加值支付；那么对这两个部门的增加值支付的合计为 $v_1=l_1+n_1$，以及 $v_2=l_2+n_2$。

最后，假定某些（或者所有）部门在生产其产出中使用进口货物。一种方法是在进口行中记为 m_1 和 m_2，在支付部门中记录这些进口量。① 支付部门 1 和 2 的支出合计分别为 $l_1+n_1+m_1=v_1+m_1$ 和 $l_2+n_2+m_2=v_2+m_2$。但是，最终需求列中的出口部分通常表示为净出口，这样所有最终需求的合计等于传统意义上的国内生产总值，也就是其中不含进口。在那种情况下，通常对国内也生产的货物进口（竞争性进口）和无国内来源的货物进口（非竞争性进口）进行区分，并且对应进口行中的所有竞争性进口，需要从总的出口列中扣除适当的量。在这种情况下，如果这些货物的进口价值超过了出口价值，净出口列中的一个或一个以上的元素可能为负值（例如，如果一个经济体上一年出口了 3 亿欧元农产品，却进口了 3.5 亿欧元，农业部门的净出口数值将是 $-5\ 000$ 万欧元）。同样，如果联邦政府销售的储备（例如，小麦）大于购买，那么将会导致表的最终需求部分的政府那一列中出现负的元素。如果负数足够大，可能超过那种货物其他（正的）最终需求的购买，导致总的最终需求数值出现负值。

---

① 投入产出账户中进口的处理要比这里复杂的多，但是目前我们倾向于关注交易表的整体结构。我们在后面的第 2.3.4 节讨论进口，并在第 4 章讨论更多细节。

增加值行和最终需求列的交叉位置的元素表示最终消费者对劳动服务（例如，l_C包括家庭支付，如家政服务支付；l_G表示对公务员的支付）和对其他增加值（例如，n_C包括家庭的税收支付）的支付。在进口行和最终需求列的交叉处，例如，m_G表示政府对进口品的购买，而m_E表示进口品的再出口。

把总产出列全部加起来，得到总体经济的总产出 X，计算为：

$$X=x_1+x_2+L+N+M$$

把总的支出行加总起来得到同样的数值结果，也就是：

$$X=x_1+x_2+C+I+G+E$$

这只不过是把表中所有元素加总起来的两种可选的表述。

在国民收入和生产账户中，让人感兴趣的是总的最终产品价值——可用于消费、出口等的物品。把两个关于 X 的表达式用等号连起来，并从两端扣除x_1和x_2，得到：

$$L+M+N=C+I+G+E$$

或者：

$$L+N=C+I+G+(E-M)$$

公式左边表示国民总收入（gross national income）——经济中全部要素的支付——而右边表示国民生产总值（gross national product）——经济中对消费品和投资品的总支出、政府总购买和净出口总价值。同样，关于国民账户，我们将在第 4 章展开详细的讨论。

对于大部分发达经济体，消费是最终需求中最大的项目。例如，在美国 2003 年总的最终需求中各部分占比情况是：个人消费支出（personal consumption expenditure，PCE）为 71%；总私人国内投资（包括生产者的耐用设备、工厂建筑、住宅建筑，以及净的存货变化）为 15%；政府购买（联邦、州和地方）为 19%；净外贸出口为 −5%（进口价值超过了出口价值）。[但是，在美国 1942—1945 年（第二次世界大战期间）PCE 在 40%至 48%之间，在 20 世纪五六十年代的大部分时间里它低于 60%。]

□ 2.2.2 生产函数与投入产出模型

在投入产出机制中，一个基本的假定是从 i 到 j 的部门间流量——记住这些流量是针对一个给定的时期，例如一年——完全取决于同一时期部门 j 的总产出。显然，没有人会反对这样一种想法，就是一年中生产的汽车越多，那么汽车生产商在这一年中所需要的钢材就越多。提出异议的只会针对这一联系的准确性。在投入产出分析中，表示如下：给定z_{ij}和x_j——例如，飞机生产商（j）上年购买铝（i）的投入和上一年飞机生产的合计——构成铝的投入与飞机产出的比率为z_{ij}/x_j [单位是（美元/美元）]，并记为a_{ij}：

$$a_{ij}=\frac{z_{ij}}{x_j}=\frac{\text{上一年飞机生产商购买的铝的价值}}{\text{上一年生产的飞机价值}} \tag{2.5}$$

这一比率被称为技术系数；也常称为投入产出系数和直接消耗系数。例如，如果$z_{14}=$ 300 美元且$x_4=$15 000 美元（部门 4 利用来自部门 1 的 300 美元的货物来生产部门 4 的 15 000 美元的产出），$a_{14}=z_{14}/x_4=$300 美元/15 000 美元$=$0.02。因为a_{14}实际上是 0.02/1，0.02 就被解释为“部门 4 单位美元产出中来自部门 1 的投入的美元价值”。

根据式（2.5），$a_{ij}x_j=z_{ij}$。这是一个简单的代数运算，但是它表达了利用技术系数的一种运算形式。在投入产出分析中，一旦一组观察带给我们结果$a_{14}=0.02$，这一技术系数假定就是不变的，这种不变的含义是如果部门 4 将要生产 45 000 美元的总产出x_4，部门 4 将要从部门 1 购买多少，投入产出的回答将是$z_{14}=a_{14}x_4=0.02\times45\ 000=900$ 美元，也就是当部门 4 的产出被放大 3 倍时，来自部门 1 的投入也被放大 3 倍。a_{ij}被看作对一个部门产出和其投入之间固定关系的一种度量。不考虑生产中的规模经济，列昂惕夫体系中的生产按所谓的规模报酬不变的方式运作。

此外，投入产出分析要求一个部门以固定比例（fixed proportion）来使用各种投入。假定，继续前面的例子，部门 4 还从部门 2 购买投入，且对于所考察的期间，有$z_{24}=750$ 美元。所以，$a_{24}=z_{24}/x_4=750/15\ 000=0.05$。对于$x_4=15\ 000$ 美元，来自部门 1 的投入和部门 2 的投入按照比率$p_{12}=z_{14}/z_{24}=300/750=0.4$ 来使用。如果x_4为 45 000 美元，z_{24}将是 $0.05\times45\ 000=2\ 250$ 美元；因为对于$x_4=45\ 000$ 美元，$z_{14}=900$ 美元，来自部门 1 和来自部门 2 的投入之间的比率像以前一样为 900/2 250＝0.4。这反映的事实是：

$$p_{12}=z_{14}/z_{24}=(a_{14}x_4)/(a_{24}x_4)=a_{14}/a_{24}=0.02/0.05=0.4$$

这里的比率正是技术系数的比率，因为系数是固定的，投入比例也是固定的。

对于具有一些基本微观经济学背景的读者，我们可以确定投入产出体系固有的生产函数的形式，并与通常新古典微观经济方法中的生产函数进行比较。生产函数把一个部门所使用的投入数量与那个部门利用这些投入可以生产的最大产出联系起来。说明如下：

$$x_j=f(z_{1j},\ z_{2j},\ \cdots,\ z_{nj},\ v_j,\ m_j)$$

利用式（2.5）中技术系数的定义，我们可以看到在投入产出模型中，这变为：

$$x_j=\frac{z_{1j}}{a_{1j}}=\frac{z_{2j}}{a_{2j}}=\cdots=\frac{z_{nj}}{a_{nj}}$$

（这里忽略v_j和m_j的作用。）

这一极端简化的公式有一个问题，就是如果某个特定的投入 i 在 j 的生产中并不被使用，这个公式将没有意义，因为$a_{ij}=0$，所以z_{ij}/a_{ij}将是无穷大。如此，投入产出模型所体现出来的这类生产函数更通常被设定为：

$$x_j=\min\left(\frac{z_{1j}}{a_{1j}},\ \frac{z_{2j}}{a_{2j}},\ \cdots,\ \frac{z_{nj}}{a_{nj}}\right)$$

其中，$\min(x,\ y,\ z)$ 表示数 x、y 和 z 中的最小的数。在投入产出模型中，对于那些不为 0 的系数a_{ij}，这些比率都将是一样的，根据式（2.5）中a_{ij}的基本定义，都等于x_j。对于那些等于 0 的系数a_{ij}，比率z_{ij}/a_{ij}将为无穷大，所以在这些比率中寻找最小值的过程中将会被忽略。投入产出模型中这种特殊的生产函数反映了规模报酬不变的假定；用任何的常数乘z_{1j}，z_{2j}，…，z_{nj}，也将用同样的这个常数乘x_j（投入扩大为 3 倍，产出也扩大为 3 倍；投入削减一半，产出也将减掉一半；等等）。

针对习惯于经济学中的生产函数几何表示的读者，在图 2－1 的一个两部门经济的投入空间中，我们给出了生产函数的四个替代表述。图 2－1（a）中表示的线性生产函数（linear production function）假定产出是投入的一个简单的线性函数，这意味着对于任何的产出水平，不同投入相互间可以完全替代。图形用一组等产量线（不变产出的直线）来描述越来越高的产出水平。

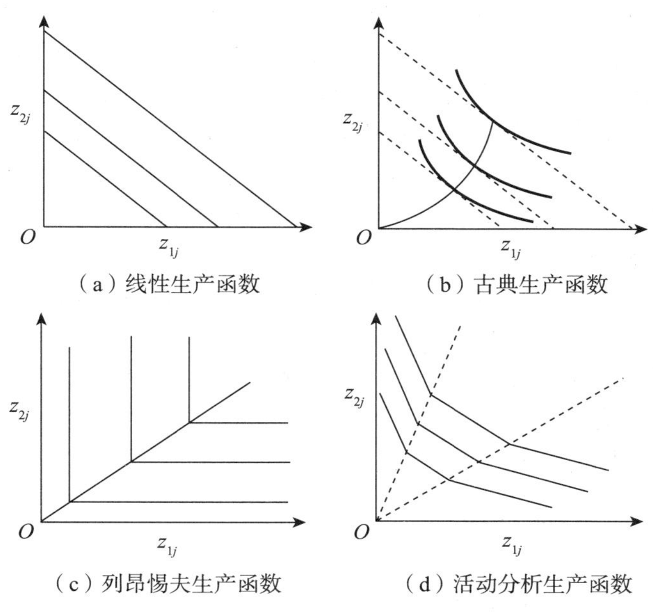

（a）线性生产函数　（b）古典生产函数

（c）列昂惕夫生产函数　（d）活动分析生产函数

图 2-1　投入空间中的生产函数

图 2-1（b）中描绘的古典生产函数（classical production function）也用一组等产量线（现在是不变产出的曲线）来描述越来越高的产出水平。在图 2-1（b）中对于一个给定的 z_{1j} 的值，增加 z_{2j} 将导致 x_j 的增加——将与更高数值的等产量线相交。在这种情形下，投入替代也是可能的，但不是线性的，就像等产量线所表示的，替代的投入组合得到同样的产出水平。例如，在图 2-1（b）中沿某个特定的等产量线向右移动，与之伴随的是减少投入 2 的数量，并增加投入 1 的数量，或者向左移动将伴随着减少 z_{1j} 而增加 z_{2j}。

图 2-1（b）中等产量线的形状反映了有关投入如何组合以生产产出的两个特殊的古典假定。等产量线负的斜率表示随着一种投入数量的减少，另一种投入的数量必须增加以保持这一特定等产量所表明的生产水平。曲线凸向原点（数学上称它们为凸性）反映了经济学中的边际生产率的递减规律。① “扩展线”表示用于各种产出水平的投入组合构成一条从原点出发的曲线，经过等成本线（不变成本）——在图 2-1（b）中用虚线表示——与等产量线的切点。

在列昂惕夫模型中，不变产出的等产量“曲线”表示在图 2-1（c）中。一旦观察到的投入 1 和投入 2 的比率已知，例如 $p_{12}=z_{1j}/z_{2j}$，那么单独只增加投入 1 或投入 2 的

① 根据基本的微观经济学概念，在等产量线上任一点的斜率（假定其是平滑函数）为投入 1 和投入 2 边际生产率的比率。这些边际生产率则是生产函数关于每个投入的偏导（也假定其是平滑函数）——如此则斜率为 $\frac{\partial f/\partial x_1}{\partial f/\partial x_2}$。当我们沿着等产量线右移时，投入 2 的使用数量下降，而投入 1 的使用数量上升。根据边际生产率递减，那么 $\partial f/\partial x_1$ 下降而 $\partial f/\partial x_2$ 上升，所以斜率递减，正如图 2-1(b)中的等产量线所示。

数量，对于增加 j 的产出而言，是没有用的。只有当投入 1 和投入 2 能够同时增加时，x_j 才能增加；同时，只有当投入 1 和投入 2 的增加量保持 p_{12} 的比率时，两种投入量才能够同时用尽。当然，"真正的"几何表示应该是在 n 维投入空间中，每一种坐标轴与 n 种投入中的一种相对应，但是当只考虑两种投入时，原理是一样的。根据列昂惕夫生产函数，如果 z_{1j}，z_{2j}，…，$z_{(n-1)j}$ 都翻倍，但是 z_{nj} 只增加了 50%（乘以 1.5），那么新的比率的最小值将是 z_{nj}/a_{nj}，部门 j 新的产出将扩大 50%。在部门 1，2，…，$(n-1)$ 中将存在过剩的未被利用的投入量。但是因为投入不是免费物品，部门 j 从任何部门的购买将不会超过其生产之所需，如此，部门 j 所选择的投入组合将位于图 2-1（c）中的射线上。简而言之，列昂惕夫生产函数需要固定比率的投入，为生产一个单位的产出，需要固定数量的每种投入。

图 2-1（d）表示一个活动分析生产函数（activity analysis production function），是一种广义的列昂惕夫生产函数，是古典生产函数的一种分段线性近似。每条等产量线表示为一组连接在一起的线段。每一段都是能够生产给定的产出水平，投入组合处于限定范围的线性生产函数。

一旦接受了一组固定技术的概念，式（2.2）可以用 $a_{ij}x_j$ 替换右边的每个 z_{ij} 进行改写：

$$
\begin{aligned}
x_1 &= a_{11}x_1+\cdots+a_{1i}x_i+\cdots+a_{1n}x_n+f_1\\
&\vdots\\
x_i &= a_{i1}x_1+\cdots+a_{ii}x_i+\cdots+a_{in}x_n+f_i\\
&\vdots\\
x_n &= a_{n1}x_1+\cdots+a_{ni}x_i+\cdots+a_{nn}x_n+f_n
\end{aligned}
\tag{2.6}
$$

这些方程被用于清晰地表达针对每个部门总产出的产业间流量的相互依存关系。它们也让我们离投入产出分析所需要的形式更近一步，在这种情况下我们会被问如下问题：如果下一年外生部门的需求被预测为某个特定的量，为了提供这些最终需求的供给，每个部门的产出将需要为多少？从这一方程的角度看，f_1，…，f_n 是已知数，a_{ij} 是已知的系数，求解 x_1，…，x_n。所以，把所有的 x 项移动到左边：

$$
\begin{aligned}
x_1-a_{11}x_1-\cdots-a_{1i}x_i-\cdots-a_{1n}x_n &= f_1\\
&\vdots\\
x_i-a_{i1}x_1-\cdots-a_{ii}x_i-\cdots-a_{in}x_n &= f_i\\
&\vdots\\
x_n-a_{n1}x_1-\cdots-a_{ni}x_i-\cdots-a_{nn}x_n &= f_n
\end{aligned}
$$

把第一个方程中的 x_1 进行合并，第二个方程中的 x_2 进行合并，如此下去：

$$
\begin{aligned}
(1-a_{11})x_1-\cdots-a_{1i}x_i-\cdots-a_{1n}x_n &= f_1\\
&\vdots\\
-a_{i1}x_1-\cdots+(1-a_{ii})x_i-\cdots-a_{in}x_n &= f_i\\
&\vdots\\
-a_{n1}x_1-\cdots-a_{ni}x_i-\cdots+(1-a_{nn})x_n &= f_n
\end{aligned}
\tag{2.7}
$$

这些联系可以用矩阵形式紧凑地表示。在矩阵代数的符号中，在向量上加一个"帽子”表示由向量元素沿主对角展开而得到的一个对角矩阵，例如，$\hat{\boldsymbol{x}}=\begin{bmatrix} x_1 & \cdots & 0 \\ \vdots & \ddots & \vdots \\ 0 & \cdots & x_n \end{bmatrix}$。

根据逆矩阵的定义，$(\hat{\boldsymbol{x}})(\hat{\boldsymbol{x}})^{-1}=\boldsymbol{I}$，有$\hat{\boldsymbol{x}}^{-1}=\begin{bmatrix} 1/x_1 & \cdots & 0 \\ \vdots & \ddots & \vdots \\ 0 & \cdots & 1/x_n \end{bmatrix}$。同时，用对角矩阵$\hat{\boldsymbol{d}}$右乘矩阵$\boldsymbol{M}$，得到一个矩阵，等于矩阵$\boldsymbol{M}$的第$j$列的每个元素乘以$\hat{\boldsymbol{d}}$中的$d_j$（附录A，第A.7节）。因此，$n\times n$的技术系数矩阵可以表示为：

$$\mathbf{A}=\boldsymbol{Z}\hat{\boldsymbol{x}}^{-1} \tag{2.8}$$

利用式（2.3）和式（2.8）的定义，式（2.6）可以表示为：

$$\boldsymbol{x}=\mathbf{A}\boldsymbol{x}+\boldsymbol{f} \tag{2.9}$$

设$\boldsymbol{I}$为$n\times n$单位矩阵——主对角元素为1，其他为0，则：

$$\boldsymbol{I}=\begin{bmatrix} 1 & \cdots & 0 \\ \vdots & \ddots & \vdots \\ 0 & \cdots & 1 \end{bmatrix}，所以（\boldsymbol{I}-\mathbf{A}）=\begin{bmatrix} (1-a_{11}) & -a_{12} & \cdots & -a_{1n} \\ -a_{21} & (1-a_{22}) & \cdots & -a_{2n} \\ \vdots & \vdots & \ddots & \vdots \\ -a_{n1} & -a_{n2} & \cdots & (1-a_{nn}) \end{bmatrix}$$

那么，式（2.7）中表示的完整$n\times n$系统只是①：

$$(\boldsymbol{I}-\mathbf{A})\boldsymbol{x}=\boldsymbol{f} \tag{2.10}$$

对于给定的$\boldsymbol{f}$，这是一个有着n个方程和n个未知数x_1，…，x_n的线性方程组，因此可能有也可能没有唯一解。实际上，是否存在唯一解取决于（$\boldsymbol{I}-\mathbf{A}$）是不是奇异的；也就是，$(\boldsymbol{I}-\mathbf{A})^{-1}$是否存在。矩阵$\mathbf{A}$被称作技术（或投入产出，或直接投入）系数矩阵。根据对方阵求逆的基本定义（附录A），$(\boldsymbol{I}-\mathbf{A})^{-1}=(1/|\boldsymbol{I}-\mathbf{A}|)[\mathrm{adj}(\boldsymbol{I}-\mathbf{A})]$。如果$|\boldsymbol{I}-\mathbf{A}|\neq 0$，那么$(\boldsymbol{I}-\mathbf{A})^{-1}$存在，利用线性方程的标准矩阵代数运算结果，得到式（2.10）的唯一解：

$$\boldsymbol{x}=(\boldsymbol{I}-\mathbf{A})^{-1}\boldsymbol{f}=\mathbf{L}\boldsymbol{f} \tag{2.11}$$

其中$(\boldsymbol{I}-\mathbf{A})^{-1}=\mathbf{L}=\{l_{ij}\}$被称为列昂惕夫逆矩阵（leontief inverse）或完全需求矩阵（total requirements matrix）。

在式（2.11）中汇总表示的方程，展开形式为：

$$\begin{aligned} x_1&=l_{11}f_1+\cdots+l_{1j}f_j+\cdots+l_{1n}f_n \\ &\vdots \\ x_i&=l_{i1}f_1+\cdots+l_{ij}f_j+\cdots+l_{in}f_n \\ &\vdots \\ x_n&=l_{n1}f_1+\cdots+l_{nj}f_j+\cdots+l_{nn}f_n \end{aligned} \tag{2.12}$$

① 这与$\mathbf{A}\boldsymbol{x}=\boldsymbol{b}$的形式相对应，通常用于表示一组线性方程。其区别只是在符号上；因为在投入产出分析中，一种标准的做法是定义技术系数矩阵为$\mathbf{A}$，那么投入产出方程系统中的系数矩阵变为（$\boldsymbol{I}-\mathbf{A}$）。类似地，习惯在投入产出方程的右端，用$\boldsymbol{f}$（针对最终需求）来替换$\boldsymbol{b}$。

这一方程清楚地表示了每个总产出对每个最终需求价值量的依赖关系。熟悉微积分和偏导的读者会知道 $(\partial x_i)/(\partial f_j)=l_{ij}$。

2.3 投入产出计算的一个演示

2.3.1 数值例子：假设数字——方法Ⅰ

对产业产出的影响

我们现在转向如表 2-3 所给出的一个小的数值例子。在此，最终需求部分和增加值部分并没有细分为各个组成部分。

表 2-3　　假设例子的流量（z_{ij}）

		去往加工部门		最终需求（f_i）	总产出（x_i）
		1	2		
来自	1	150	500	350	1 000
加工部门	2	200	100	1 700	2 000
支付部门		650	1 400	1 100	3 150
总支出（x_i）		1 000	2 000	3 150	6 150

通过将表 2-3 中生产部门特定列的每个流量除以那个部门的总产出（行合计），得到相应的投入产出系数表，即表 2-4。如此，$a_{11}=150/1\ 000=0.15$；$a_{21}=200/1\ 000=0.2$；$a_{12}=500/2\ 000=0.25$；$a_{22}=100/2\ 000=0.05$。特别地：

$$\mathbf{A}=\mathbf{Z}\hat{\mathbf{x}}^{-1}=\begin{bmatrix}150 & 500\\200 & 100\end{bmatrix}\begin{bmatrix}1/1\ 000 & 0\\0 & 1/2\ 000\end{bmatrix}$$

矩阵 **A** 显示在表 2-4 中。为使这个例子在以下分析中更有现实性，我们假定部门 1 代表“农业”，部门 2 代表“制造业”。

表 2-4　　假设例子的技术系数（A 矩阵）

	部门 1（农业）	部门 2（制造业）
部门 1（农业）	0.15	0.25
部门 2（制造业）	0.20	0.05

投入产出系数用于分析的主要方式如下。我们假定表 2-4 中的数值表示经济的生产结构；实际上列是每个部门的生产配方，用来自所有部门的投入来表示。例如为生产价值 1 美元的制造业产品，需要价值 25 美分的农产品和价值 5 美分的制造业产品作为中间材料。当然，这些只是对来自其他生产部门的投入需求；还需要“非生产”性的投入，例如来自支付部门的劳动。对于生产部门之间相互关联的分析而言，这些并不是重点。

我们现在可以问这样一个问题：由于政府支出、消费者偏好等的变化，如果对农业产出的最终需求在下一年增加到 600 美元，而对制造业的最终需求下降到1 500 美元，那么为了满足这一新的需求，两个部门的总产出将必须达到多少？我们记这一新的需求为$\boldsymbol{f}^{new}=\begin{bmatrix}f_1^{new}\\f_2^{new}\end{bmatrix}=\begin{bmatrix}600\\1\ 500\end{bmatrix}$。在所考察的年份中，当 $f=\begin{bmatrix}350\\1\ 700\end{bmatrix}$时，我们看到 $\boldsymbol{x}=\begin{bmatrix}1\ 000\\2\ 000\end{bmatrix}$，准确地是因为在满足最终需求的生产过程中，每个部门还需要生产满足自身生产过程中的投入需求。现在试问，对于$f_1^{new}=600$ 以及$f_2^{new}=1\ 500$，$\boldsymbol{x}^{new}=\begin{bmatrix}x_1^{new}\\x_2^{new}\end{bmatrix}$的元素是什么？为满足需求，$x_1^{new}$将不少于 600 美元，而$x_2^{new}$将不少于 1 500 美元。这些是必需的产出，一种“直接效应”，即如果产品不用于生产，所有产出将直接用于最终需求。但因为两种产品都要按表 2－4 的技术系数所表现的方式作为投入，很显然最终将需要生产超过价值 600 美元的农产品和价值 1 500 美元的制造业产品，以满足新的最终需求。也就是说，将同时存在“间接效应”。这两种效应都在投入产出模型中被记录下来。

在一个 2×2 的例子中，$|\boldsymbol{I}-\boldsymbol{A}|=(1-a_{11})(1-a_{22})-a_{12}a_{21}$（附录 A），且：

$$\mathrm{adj}(\boldsymbol{I}-\boldsymbol{A})=\begin{bmatrix}(1-a_{22}) & a_{12}\\a_{21} & (1-a_{11})\end{bmatrix}$$

对这个例子，$\boldsymbol{A}=\begin{bmatrix}0.15 & 0.25\\0.20 & 0.05\end{bmatrix}$，所以 $(\boldsymbol{I}-\boldsymbol{A})=\begin{bmatrix}0.85 & -0.25\\-0.20 & 0.95\end{bmatrix}$；由此$|\boldsymbol{I}-\boldsymbol{A}|=0.757\ 5\neq0$，我们知道可以得到$\boldsymbol{L}=(\boldsymbol{I}-\boldsymbol{A})^{-1}$。这里我们有：

$$\boldsymbol{L}=\begin{bmatrix}1.254\ 1 & 0.330\ 0\\0.264\ 0 & 1.122\ 1\end{bmatrix}$$

假设技术（如 **A** 所表示的）不变，由$\boldsymbol{f}^{new}$引发的所需要的总产出可以按式（2.11）求解如下：

$$\boldsymbol{x}^{new}=\boldsymbol{L}\boldsymbol{f}^{new}=\begin{bmatrix}1.254\ 1 & 0.330\ 0\\0.264\ 0 & 1.122\ 1\end{bmatrix}\begin{bmatrix}600\\1\ 500\end{bmatrix}=\begin{bmatrix}1\ 247.52\\1\ 841.58\end{bmatrix}\tag{2.13}$$

这些数值，$x_1^{new}=1\ 247.52$ 美元，$x_2^{new}=1\ 841.58$ 美元，就是对新的最终需求的经济影响的一种度量。①

利用$\boldsymbol{x}^{new}$的这一结果，可以直接检验由$\boldsymbol{f}^{new}$所引致的产业间流量表中所有元素的变动。根据式（2.8）中系数的定义，$\boldsymbol{Z}=\boldsymbol{A}\hat{\boldsymbol{x}}$。在矩阵 **A** 不变的情况下，对于新的产出$\boldsymbol{x}^{new}$，我们得到 $\boldsymbol{Z}^{new}=\boldsymbol{A}\hat{\boldsymbol{x}}^{new}=\begin{bmatrix}187.13 & 460.40\\249.50 & 92.08\end{bmatrix}$；同时$\boldsymbol{f}^{new}=\begin{bmatrix}600\\1\ 500\end{bmatrix}$，我们得到表 2－5 的结果。

支付部门的元素可以通过每个部门计算出的新的产出（总支出）和新的产业间投入

① 这里$x_1^{new}=1\ 247.52$ 美元和$x_2^{new}=1\ 841.58$ 美元显示为两位小数，与第 2.3.2 节根据替代方法得到的结果形成对比。这些x^{new}的数值反映了计算机采用超过四个有效位数计算的结果，因此与读者利用手动计算器采用 **A** 中显示的四位元素的计算结果（小数点右边）往往不同（正如这里）。在任何实际的分析中，这些细节可能会受到质疑，因为由此得到的技术系数数据会更不准确（比较表 2－3 中的数据）。

之间的差值而得到。(例如我们假定支付部门与最终需求之间的交易没有变化。)注意到部门 1 的购买量变大了(反映了对那个部门最终需求的增加),部门 2 的购买量则变小了(反映了对那个部门最终需求的减少)。

表 2-5　　对于 x^{new} 的假设例子的流量(z_{ij})

		去往加工部门		最终需求(f_i)	总产出(x_i)
		1	2		
来自	1	187.13	460.40	600	1 247.52
加工部门	2	249.50	92.08	1 500	1 814.58
支付部门		810.89	1 289.11	1 100	3 200.00
总支出(x_i)		1 247.52	1 841.58	3 200	6 289.10

投入产出模型让我们可以同样容易地处理需求和产出的变化,而非绝对水平。这里,以及全书,我们用上标"0"表示初始(基年)情形,用"1"表示需求变动后变量的价值(而不用我们上面采用的"*new*")。假设技术不变,这意味着$\mathbf{A}^0=\mathbf{A}^1=\mathbf{A}$,而$\mathbf{L}^0=\mathbf{L}^1=\mathbf{L}$,所以$\mathbf{x}^0=\mathbf{L}\mathbf{f}^0$,且$\mathbf{x}^1=\mathbf{L}\mathbf{f}^1$;设$\Delta\mathbf{x}=\mathbf{x}^1-\mathbf{x}^0$,且$\Delta\mathbf{f}=\mathbf{f}^1-\mathbf{f}^0$,有:

$$\Delta\mathbf{x}=\mathbf{L}\mathbf{f}^1-\mathbf{L}\mathbf{f}^0=\mathbf{L}\Delta\mathbf{f} \tag{2.14}$$

在这个例子中,$\Delta\mathbf{f}=\begin{bmatrix}250\\-200\end{bmatrix}$,得到$\Delta\mathbf{x}=\begin{bmatrix}247.5\\-158.4\end{bmatrix}$,如此:

$$\mathbf{x}^1=\mathbf{x}^0+\Delta\mathbf{x}=\begin{bmatrix}1\ 000\\2\ 000\end{bmatrix}+\begin{bmatrix}247.5\\-158.4\end{bmatrix}=\begin{bmatrix}1\ 247.5\\1\ 841.6\end{bmatrix}$$

不考虑小数位四舍五入带来的差异,这对应式(2.13)中的结果。

其他影响

在很多情况下,各部门美元价值的总产出可能不是外生需求变动所带来的经济影响中最重要的度量。所需要的总产出可以被转化为就业效应(用美元或实物量为单位——例如,人-年),增加值效应,能源消耗效应(属特定类型,如石油),或者污染排放效应(同样属特定类型,如二氧化碳),等等。在每种情形下,我们需要一组适当的系数,通过它们把产出转化为相关的效应。作为示例,我们考虑用货币量表示的就业。设两个部门的就业价值表示为①:

$$\mathbf{e}'=[e_1 \quad e_2]$$

就业系数向量包含每一部门基年就业除以该部门基年总产出x_1^0和x_2^0:

$$\mathbf{e}_c'=[e_1/x_1^0 \quad e_2/x_2^0]=[e_{c1} \quad e_{c2}]$$

那么$\boldsymbol{\varepsilon}=\hat{\mathbf{e}}_c'\mathbf{x}^1=\hat{\mathbf{e}}_c'\mathbf{L}\mathbf{f}^1$提供了一个向量,其元素为新的外生最终需求所带来的每个部门的总的劳动收入:

① 本章后续部分(以及更后面的第 6 章)我们将需要变换这一记号以便能够适应更多的可能性。

$$\boldsymbol{\varepsilon}=\begin{bmatrix} e_{c1} & 0 \\ 0 & e_{c2} \end{bmatrix}\begin{bmatrix} x_1^1 \\ x_2^1 \end{bmatrix}=\begin{bmatrix} e_{c1}x_1^1 \\ e_{c2}x_2^1 \end{bmatrix}$$

为继续我们的数值例子，假设$e_{c1}=0.30$及$e_{c2}=0.25$为两个部门单位美元产出的劳动投入美元价值（我们将在下面的第 2.5 节详细考察投入产出模型中劳动投入和住户消费的作用）。那么：

$$\boldsymbol{\varepsilon}=\hat{e}_c'\boldsymbol{x}^1=\begin{bmatrix} 0.30 & 0 \\ 0 & 0.25 \end{bmatrix}\begin{bmatrix} 1\,247.52 \\ 1\,841.58 \end{bmatrix}=\begin{bmatrix} 374.26 \\ 460.40 \end{bmatrix}$$

其含义为两个部门所购买的劳动投入价值。

此外，如果我们有一个分产业的职业矩阵为 $\boldsymbol{P}$，其中p_{ij}是在部门 j 的就业中职业 i 所占的比例，那么 $\tilde{\boldsymbol{\varepsilon}}=\boldsymbol{P}\hat{\boldsymbol{\varepsilon}}$ 给出了一个分部门和分职业类型的就业矩阵。例如，对于 k 个职业类型和两个部门：

$$\boldsymbol{P}=\begin{bmatrix} p_{11} & p_{12} \\ \vdots & \vdots \\ p_{k1} & p_{k2} \end{bmatrix}$$

且：

$$\tilde{\boldsymbol{\varepsilon}}=\boldsymbol{P}\hat{\boldsymbol{\varepsilon}}=\begin{bmatrix} p_{11}e_{c1}x_1^1 & p_{12}e_{c2}x_2^1 \\ \vdots & \vdots \\ p_{k1}e_{c1}x_1^1 & p_{k2}e_{c2}x_2^1 \end{bmatrix}$$

列合计为部门所使用的总劳动；行合计为所有部门某一特定职业类型的总就业（向量 $\boldsymbol{P\varepsilon}$ 为对所有部门进行加总的分职业类型的就业）。

假设我们的经济中有三种职业群体：（1）工程师、（2）银行家、（3）农场主，且有：

$$\boldsymbol{P}=\begin{bmatrix} 0 & 0.8 \\ 0.6 & 0.2 \\ 0.4 & 0 \end{bmatrix}$$

（例如，这表明 40%的农业劳动力是农场主；80%的制造业劳动力由工程师组成；等等。）那么：

$$\tilde{\boldsymbol{\varepsilon}}=\boldsymbol{P}\hat{\boldsymbol{\varepsilon}}=\begin{bmatrix} 0 & 0.8 \\ 0.6 & 0.2 \\ 0.4 & 0 \end{bmatrix}\begin{bmatrix} 374.26 & 0 \\ 0 & 460.40 \end{bmatrix}=\begin{bmatrix} 0 & 368.32 \\ 224.56 & 92.08 \\ 149.70 & 0 \end{bmatrix}$$

$\tilde{\boldsymbol{\varepsilon}}$ 的列的合计数为 374.26 和 460.40，正如我们所预设的（$\boldsymbol{\varepsilon}$ 的元素）。行合计分别给出了全部经济（所有部门）中的工程师、农场主和银行家的就业。如果不需要按部门分解，那么：

$$P\varepsilon=\begin{bmatrix}0 & 0.8\\0.6 & 0.2\\0.4 & 0\end{bmatrix}\begin{bmatrix}374.26\\460.40\end{bmatrix}=\begin{bmatrix}368.32\\316.64\\149.70\end{bmatrix}$$

给出了所有部门分职业类型的就业。

这种转换系数向量（例如 $\boldsymbol{e}_c'$）或矩阵（例如 $\boldsymbol{P}$）可以有各种变形。例如，在干旱区域，水的使用系数，$\boldsymbol{w}_c'=[w_{c1} \quad w_{c2}]$，可用 $\boldsymbol{w}_c'\boldsymbol{x}'$ 来表示新的最终需求带来新的产出，并进一步带来水的消耗。我们将在第 6 章、第 9 章及第 10 章再来研究这些不同种类的影响。

□ 2.3.2 数值例子：假设数字——方法Ⅱ

考虑在上述同一个经济中，它的 2×2 技术系数矩阵在表 2-4 中给出，而且计划的 f^1 向量为 $\begin{bmatrix}600\\1\,500\end{bmatrix}$。我们可以用更直观的方式来考察为满足这一最终需求所需的产出的问题，也就是一种与求解逆矩阵中元素相比不那么机械的方式。

（1）最初，显然农业需要生产 600 美元，制造业生产 1 500 美元。如果两个部门将要满足新的最终需求，它们的生产不能少于这一数量。

（2）然而，为生产 600 美元，农业需要来自自身的 0.15×600＝90 美元和来自制造业的 0.20×600＝120 美元，作为对生产过程的投入。这些数字来自矩阵 **A** 第一列的系数——农业的生产配方。类似地，为生产 1 500 美元，制造业需要从农业购买 0.25×1 500＝375 美元，以及从自身购买 0.05×1 500＝75 美元。如此，实际上农业必须生产前面所提到的 600 美元，在这之上还要加上 90＋375＝465 美元，以满足来自它自身和制造业的投入需求。类似地，制造业也要生产额外的 120＋75＝195 美元来满足自身的需求加上来自农业的用于生产“最初”的 600 美元和 1 500 美元的投入需求。

（3）根据前文所述，我们发现由农业的 600 美元和制造业的 1 500 美元的生产所导致的产业间需求。这些分别为 465 美元和 195 美元。但现在我们意识到在 600 美元和 1 500 美元之外的这一“额外”的生产也会产生产业间的需求——为了从事 465 美元的生产，农业将需要来自自身的 0.15×465＝69.75 美元和来自制造业的 0.20×465＝93 美元。类似地，制造业现在将增加对农业 0.025×195＝48.75 美元和对自身 0.05×195＝9.75 美元的需求。如此，两个部门总的新增需求为 69.75＋48.75＝118.50 美元和 93＋9.75＝102.75 美元。

（4）至此，我们意识到有必要用上述处理 465 美元和 195 美元的同样的方式来处理农业 118.50 美元和制造业 102.75 美元的增量。所以，我们获得来自两个部门增加的产出需求 43.46 美元和 28.84 美元。

（5）按这种方式持续进行下去，我们发现最终数值将变得很小（少于 0.005 美元）以致可以将其忽略。

以这种方式来看待一组特定最终需求的总的影响被描述为“一轮又一轮”的效应。最初的需求产生生产部门的投入需求；这是上述第 2 条中的“第一轮”效应。但是产出本身产生了额外的投入需求——“第二轮”效应——这是在上述第 3 条中表现出来的；

如此一直进行下去。对于现在的例子，这些数字汇总在表 2-6 中。

表 2-6　　$f_1^1=600$ 美元和 $f_2^1=1\ 500$ 美元的一轮又一轮的影响　　单元：美元

轮次	0	1	2	3	4	5	6	7	8+9+10+11	$\boldsymbol{Lf}^1$
部门 1	600	465.00	118.50	43.46	13.73	4.60	1.50	0.50	0.24	1 247.52
部门 2	1 500	195.00	102.75	28.84	10.13	3.25	1.08	0.35	0.17	1 841.58
累计										
部门 1		1 065.00	1 183.50	1 226.96	1 240.64	1 245.29				1 247.52
部门 2		1 695.00	1 797.75	1 826.59	1 836.72	1 839.97				1 841.58
占得到的总效应的百分比										
部门 1		85.40	94.90	98.40	99.50	99.80				1 247.52
部门 2		92.00	97.60	99.20	99.70	99.90				1 841.58

对于农业，一轮又一轮效应的合计为 647.53 美元，加上最初的需求 600 美元，为 1 247.53 美元；对于制造业，总数为 341.57+1 500=1 841.57 美元。这些总产出（除掉小的四舍五入误差）与利用列昂惕夫逆矩阵计算出的结果是一样的，那时的结果为 $x_1^1=1\ 247.52$ 美元，$x_2^1=1\ 841.58$ 美元（为了进行比较，这个例子中列昂惕夫逆矩阵方法的计算取两位小数）。

在这个数值例子的第二种视角中，对于外部（最终）需求如何通过经济系统的生产部门进行传递的方式，我们获得了某些认识。实际上，我们看到 $(\boldsymbol{I}-\boldsymbol{A})^{-1}$ 的元素确实是非常有用且重要的数，每一个都以一个单一数字刻画了直接和间接效应的完整序列。（在附录 2.1 中，对方法Ⅰ和方法Ⅱ之间的等价通过一个一般例子进行了考察。）

□ 2.3.3　数值例子：数学的考察

在这个小型的例子中，逆矩阵 $\boldsymbol{L}=\begin{bmatrix}1.254\ 1 & 0.330\ 0\\ 0.264\ 0 & 1.122\ 1\end{bmatrix}$ 表明了在任何规模的投入产出模型中列昂惕夫逆矩阵的一般性质——对角元素大于 1。这与一轮又一轮方法的经济逻辑完全一致。根据式（2.13），有：

$$x_1^1=1.254\ 1\times 600+0.330\ 0\times 1\ 500$$

看公式右边的第一个乘积，对农业产出 600 美元的新的最终需求被 1.254 1 乘。这可以看作是（1+0.254 1）×600。1×600 反映了 600 美元新的农业需求一定要生产 600 美元以上的农业产出才能得到满足。增加的 0.254 1×600 描述了所需的额外农业产出，因为这一产出还要被用于农业和制造业生产活动的投入。类似地，根据式（2.13），有：

$$x_2^1=0.264\ 0\times 600+1.122\ 1\times 1\ 500$$

同样的逻辑解释了为什么对制造业货物的新的最终需求 1 500 美元与其所需要的制造业产出之间的系数 1.122 1 一定要大于 1。

我们在两部门情形下来考察为什么 $\boldsymbol{L}$ 的对角元素都大于 1（在第 2.4 节中，对于一般的 n 部门投入产出模型，可进行更复杂的推导，而且根据对幂级数的讨论，这看来也

是显而易见的)。对于这个 2×2 的例子,就像我们在上面的第 2.3.1 节中看到的:

$$\boldsymbol{L}=\begin{bmatrix} l_{11} & l_{12} \\ l_{21} & l_{22} \end{bmatrix}=\frac{1}{|\boldsymbol{I}-\boldsymbol{A}|}[\mathrm{adj}(\boldsymbol{I}-\boldsymbol{A})]$$

$$=\frac{1}{(1-a_{11})(1-a_{22})-a_{12}a_{21}}\begin{bmatrix} (1-a_{22}) & a_{12} \\ a_{21} & (1-a_{11}) \end{bmatrix}$$

所以,例如:

$$l_{11}=\frac{(1-a_{22})}{(1-a_{22})\left[(1-a_{11})-\dfrac{a_{12}a_{21}}{(1-a_{22})}\right]}=\frac{1}{1-\left[a_{11}+\dfrac{a_{12}a_{21}}{(1-a_{22})}\right]}$$

假设 $(1-a_{22})>0$,如果右边的分母小于 1,那么$l_{11}>1$。当$a_{11}>0$,且(或)$a_{12}a_{21}>0$ 时,因为 $(1-a_{22})>0$,后以右边的分母小于 1。类似的推理表明在类似的有关a_{ij} 的合理条件下,$l_{22}=(1-a_{11})/|\boldsymbol{I}-\boldsymbol{A}|>1$。

非对角元素是否大于 1 完全取决于a_{12}和a_{21}相对于 $|\boldsymbol{I}-\boldsymbol{A}|$ 的大小。在大多数实际投入产出表中,在部门详细分类的情形下,$\boldsymbol{L}$ 中的非对角元素就像式(2.13)中那样将小于 1。然而,例如,如果表 2-4 中的a_{21}是 0.70,而不是 0.20,那么系数矩阵将是:

$$\boldsymbol{A}=\begin{bmatrix} 0.15 & 0.25 \\ 0.70 & 0.05 \end{bmatrix}$$

那么:

$$\boldsymbol{L}=\begin{bmatrix} 1.502\,0 & 0.395\,3 \\ 1.106\,7 & 1.343\,9 \end{bmatrix}$$

注意到系数有$a_{21}=0.70$ 那么大,这就是说在部门 1 产出的 1 美元价值中,有 70 美分的部门 2 的价值,那么这在真实的投入产出表中是不常见的。部门间技术系数a_{ij}($i\neq j$)的大小及 $\boldsymbol{L}$ 中非对角元素的大小,与模型中部门的详细程度有关(也就是部门的数目)。我们将在第 4 章回到这个主题,并将考虑投入产出模型中部门加总(合并)的效应(在附录 2.2 中,我们将考察列昂惕夫逆矩阵中所包含元素总是非负的条件,正如逻辑所表明的总是如此)。

□ 2.3.4 数值例子:美国 2003 年的数据

在表 2-7 和表 2-8 中,我们提供了一个高度加总的 7 部门版本的 2003 年美国投入产出系数矩阵,以及相应的列昂惕夫逆矩阵(附录 B 包含美国经济的一系列不同年度 7 部门加总的这类表格)。重要的是需要指出,美国的这些数据表示国内所生产的投入;这需要加以说明。

进口通常被区分为两种类别:"竞争性的"(competitive)和"非竞争性的"(non-competitive)进口[或"竞争的"(competing)和"非竞争的"(non-competing)]。

竞争性的进口是指国内也存在对应的货物(也就是说,它们也在美国生产)。例如,来自智利的葡萄用于在美国制造葡萄果酱,而美国国内生长的葡萄也用于葡萄果酱的制作。

表 2-7　　美国 2003 年国内直接需求矩阵（A）

部门	1	2	3	4	5	6	7
1　农业	0.200 8	0.000 0	0.001 1	0.033 8	0.000 1	0.001 8	0.000 9
2　采掘业	0.001 0	0.065 8	0.003 5	0.021 9	0.015 1	0.000 1	0.002 6
3　建筑业	0.003 4	0.000 2	0.001 2	0.002 1	0.003 5	0.007 1	0.021 4
4　制造业	0.124 7	0.068 4	0.180 1	0.231 9	0.033 9	0.041 4	0.072 6
5　贸易、运输及公用事业	0.085 5	0.052 9	0.091 4	0.095 2	0.064 5	0.031 5	0.052 8
6　服务业	0.089 7	0.166 8	0.133 2	0.125 5	0.164 7	0.271 2	0.187 3
7　其他	0.009 3	0.012 9	0.009 5	0.019 7	0.019 0	0.018 4	0.022 8

表 2-8　　美国 2003 年国内完全需求矩阵，$L=(I-A)^{-1}$

部门	1	2	3	4	5	6	7
1　农业	1.261 6	0.005 8	0.013 1	0.057 6	0.003 7	0.006 9	0.007 2
2　采掘业	0.009 3	1.074 8	0.012 2	0.034 3	0.019 3	0.003 3	0.007 3
3　建筑业	0.007 5	0.003 4	1.004 7	0.006 4	0.006 5	0.011 1	0.025 0
4　制造业	0.229 2	0.119 2	0.261 5	1.341 9	0.069 2	0.085 6	0.126 1
5　贸易、运输及公用事业	0.149 3	0.085 0	0.137 1	0.156 3	1.088 7	0.059 8	0.085 3
6　服务业	0.238 3	0.293 1	0.270 0	0.291 8	0.271 2	1.411 6	0.313 8
7　其他	0.024 3	0.023 9	0.023 1	0.036 7	0.028 0	0.029 7	1.033 8

非竞争性的进口是指不存在国内的对应物。例如，来自巴西的咖啡豆被美国的咖啡烘焙企业所使用（咖啡豆并不在美国生长）。

某些国家（美国就是这样的一个例子）表在交易表内包含了竞争性进口，所以对果酱生产商的葡萄销售同时包含了国内和国外来源。这正确反映了国内厂商所需的全部葡萄数量。然而，当利用投入产出模型进行影响分析的时候就会产生问题。简单地说，这是因为分析人员通常感兴趣的是外生需求变动对国内（或区域或本地）经济的经济影响。交易矩阵中包含智利的葡萄，进而包含在与之相关的 A 和 L 矩阵中，模型所测度的某些需求反馈实际上可能被智利的葡萄种植户所感受到。由于这个原因，我们这里提供的美国数据是基于国内交易矩阵（Z^D），是从交易矩阵（Z）中剔除了“竞争性的”（或“竞争的”）进口。用矩阵符号，即$Z^D=Z-M$，其中 M 是竞争性的进口矩阵。如果在公布的 Z 表中数据是合并在一起的（正如美国的情形），这种矩阵的消除并不总是容易实现，但是当问题是研究最终需求变动对国内经济的某种影响时（而且这也是通常所感兴趣的问题），这种消除又非常重要。①

对非竞争性的进口的支出通常表现为支付部门的一行（单个数值表示一个部门对所有非竞争性的进口的支付）。我们将在第 4 章再次回到这个问题。

① 相反，如果感兴趣的是生产结构（“生产配方”），以及它们是否或如何随时间变化（结构分析），把竞争性的进口包含在 Z 矩阵中，进而包含在 A 和 L 中会更好，因为这些进口当然是那些配方的组成部分。

各类最终需求向量对美国产出的影响可以很容易地用表 2-8 中的 **L** 进行量化分析。例如，假设对农业和制造业项目的国外需求（最终需求向量中的出口部分）分别增加 120 万美元和 680 万美元。这里有（以百万美元表示）：

$$\Delta \boldsymbol{f}=\begin{bmatrix}1.2\\0\\0\\6.8\\0\\0\\0\end{bmatrix}$$

同时，利用式（2.14），根据表 2-8 中的 **L**，我们得到（以百万美元表示）：

$$\Delta \boldsymbol{x}=\begin{bmatrix}1.911\,4\\0.244\,4\\0.052\,6\\9.124\,9\\1.242\,1\\2.270\,9\\0.278\,8\end{bmatrix}$$

如可能所预想的，制造业部门受到的影响最大，为 912.5 万美元。受到的影响第二大的是服务业，为 227.1 万美元。同时，农业产出会增加 191.1 万美元，贸易、运输及公用事业会增加 124.2 万美元。对剩下的三个部门的影响都小于 100 万美元。整个国家全部新增产出，通过对 $\Delta \boldsymbol{x}$ 中所有元素的加总得到，为 1 512.5 万美元；这是由 800 万美元总的新增外生需求所带来的。这再一次表明一个或一个以上最终需求分量的增加所带来的外生刺激对经济的倍增效应。我们将在第 6 章进一步详细讨论这些乘数效应。

2.4 对 $(I-A)^{-1}$ 的幂级数近似

在为模型的实际应用而准备投入产出表的过程中，人们想保持部门之间合理的区分（例如，生产铝制外层护窗的部门和生产妇女服装的部门就不会合并在一起，作为一个标示为“制造业”的单一部门），因此有几百个部门的表就不算罕见了。然而，在投入产出研究历史的早期，计算机速度和计算能力为投入产出模型的实施提出了实际的问题——大矩阵的求逆是不可能的。[①] 例如对于一个 150×150 的矩阵 $(\boldsymbol{I}-\boldsymbol{A})$，计算机运算能力和求逆所须的时间将会随着计算机的类型以及所使用的求逆程序的不同而变化，

① 在 1939 年据说要花费 56 个小时来为一个 42 部门表求逆［在哈佛的 Mark Ⅱ计算机上；参见 Leontief (1951a, P. 20)］。在 1947 年，对一个 38 部门的投入产出矩阵求逆需要 48 小时。但是，到 1953 年，同样的运算只需要 45 分钟（Morgenstern，1954，p. 496；also，see Lahr and Stevens，2002，p. 478）。到 1969 年，一个包含 100 个部门的矩阵根据所使用的计算机的不同，可以在 10～36 秒进行求逆（Polenske，1980，p. 15）。

很可能在某些情况下能够被处理的部门的数量是有限的。一种解决方法是对这些数据进行加总，变成更少的部门数。对这种部门加总的问题我们将会做更多的讨论，但是很显然在这种加总过程中，将会丧失产业（部门）的详细信息。此外，求逆计算本身也可以基于（$\boldsymbol{I}-\boldsymbol{A}$）一系列更小的子矩阵序贯导出。① 然而，有一个有用的矩阵代数结果通常可被用于矩阵（$\boldsymbol{I}-\boldsymbol{A}$），从而能够完全无须求逆而得到$(\boldsymbol{I}-\boldsymbol{A})^{-1}$的一个近似；此外，这一近似程序还具有有用的经济解释。

根据定义，我们知道 $\boldsymbol{A}$ 是一个非负矩阵，对于所有的 i 和 j，$a_{ij}>0$（这一性质通常写作 $\boldsymbol{A}\geqslant 0$，其中不是所有的$a_{ij}=0$）。② 矩阵 $\boldsymbol{A}$ 中第 j 列元素的合计表示在制造部门 j 的 1 美元价值的产出中所使用的来自其他部门的投入的美元价值。在一个开模型中，对每个部门使用来自支付部门（劳动、其他增加值等）的某些投入给予经济意义上的合理假定，那么这些列合计中的每一个都将小于 1（对于所有的 j，$\sum_{i=1}^{n} a_{ij}<1$）。（在下面的第 2.6 节我们将看到，这一列合计的条件并不适用于以实物单位而非货币单位来度量交易和产出的表。）对于具有这两个特征即$a_{ij}\geqslant 0$ 和 $\sum_{i=1}^{n} a_{ij}<1$ 的投入产出系数矩阵，可以无须求解$(\boldsymbol{I}-\boldsymbol{A})^{-1}$，而得到对应任何最终需求向量 $\boldsymbol{f}$ 的总产出向量 $\boldsymbol{x}$ 的近似值。

考虑矩阵乘积：

$$(\boldsymbol{I}-\boldsymbol{A})(\boldsymbol{I}+\boldsymbol{A}+\boldsymbol{A}^2+\boldsymbol{A}^3+\cdots+\boldsymbol{A}^n)$$

其中，对于方阵，$\boldsymbol{A}^2$表示 $\boldsymbol{AA}$，$\boldsymbol{A}^3=\boldsymbol{AAA}=\boldsymbol{A}\boldsymbol{A}^2$，如此等等。用（$\boldsymbol{I}-\boldsymbol{A}$）右乘圆括号中的级数可以通过先用 $\boldsymbol{I}$ 乘右端圆括号中的所有项，然后用（$-\boldsymbol{A}$）乘所有项得到。结果只剩下（$\boldsymbol{I}-\boldsymbol{A}^{n+1}$）；所有其他项都被消去了，对应于$\boldsymbol{A}^2$有一个$-\boldsymbol{A}^2$，对应于$\boldsymbol{A}^3$有一个$-\boldsymbol{A}^3$，如此等等。如此：

$$(\boldsymbol{I}-\boldsymbol{A})(\boldsymbol{I}+\boldsymbol{A}+\boldsymbol{A}^2+\boldsymbol{A}^3+\cdots+\boldsymbol{A}^n)=(\boldsymbol{I}-\boldsymbol{A}^{n+1}) \tag{2.15}$$

如果对于大的 n（更正式地说法是随着 $n\rightarrow\infty$），$\boldsymbol{A}^{n+1}$中的元素都成为 0，或接近为 0（即$\boldsymbol{A}^{n+1}\rightarrow 0$），那么式（2.15）的右端将简化为 $\boldsymbol{I}$，根据逆矩阵基本的定义性质，式（2.15）中右乘（$\boldsymbol{I}-\boldsymbol{A}$）的矩阵级数将成为（$\boldsymbol{I}-\boldsymbol{A}$）的逆。

对于任意矩阵 $\boldsymbol{M}$，如果我们把每一列中的元素绝对值进行合计，那么最大的合计数成为 $\boldsymbol{M}$ 的范数——记为 $N(\boldsymbol{M})$ 或 $||\boldsymbol{M}||$。③ 例如，对于表 2 - 4 给定的系数矩阵 $\boldsymbol{A}$，$N(\boldsymbol{A})=0.35$，是第一列元素的合计（第二列元素的合计为 0.30）。对于一对矩阵 $\boldsymbol{A}$ 和 $\boldsymbol{B}$，它们是可相乘的，相乘为 $\boldsymbol{AB}$，有定理表明 $\boldsymbol{A}$ 和 $\boldsymbol{B}$ 的范数的乘积不小于矩阵乘积 $\boldsymbol{AB}$ 的范数，即 $N(\boldsymbol{A})N(\boldsymbol{B})\geqslant N(\boldsymbol{AB})$。用 $\boldsymbol{A}$ 替换 $\boldsymbol{B}$，就有 $N(\boldsymbol{A})N(\boldsymbol{A})\geqslant N(\boldsymbol{A}^2)$ 或者 $[N(\boldsymbol{A})]^2\geqslant N(\boldsymbol{A}^2)$，最终，类似地，有：

---

① 这可以利用分块矩阵方法；此处无须关注这些细节。

② 更准确的向量和矩阵性质通常需要更高级的矩阵代数结果。参考附录 A 中的第 A.9 节，在那里 $\boldsymbol{A}>0$ 用于$\boldsymbol{A}\geqslant 0$，且 $\boldsymbol{A}\neq 0$ 的情形。

③ 范数（norm）只是对矩阵中元素一般规模的一种度量（矩阵本身的规模的度量则由矩阵维数来确定）。例如，一个所有元素小于 0.1 的非负 $m\times n$ 矩阵要比所有元素大于 10 的矩阵有更小的范数。矩阵范数有很多可能的定义。这里使用的定义（绝对值的最大列合计）是最简单的一种。

$$[N(\mathbf{A})]^n \geqslant N(\mathbf{A}^n) \tag{2.16}$$

如上面所指出的，开模型且“合理的”价值模型的 $\mathbf{A}$ 矩阵的所有列合计都小于 1，所以我们知道 $N(\mathbf{A})<1$。此外，因为$a_{ij}\geqslant 0$，我们还知道$a_{ij}\leqslant N(\mathbf{A})$；非负矩阵中没有元素能够大于最大的列合计。如此：(1) $N(\mathbf{A})<1$，随着 $n\to\infty$，$[N(\mathbf{A})]^n\to 0$；(2) 根据式 (2.16)，这意味着随着 $n\to\infty$，$N(\mathbf{A}^n)\to 0$；(3) 最后，$\mathbf{A}^n$ 中的所有元素一定趋近于 0，因为在非负矩阵中没有单个元素能够大于该矩阵的范数。这是我们感兴趣的结论。随着 n 逐步增大，式 (2.15) 中的右端简化为 $\mathbf{I}$，所以：

$$\mathbf{L}=(\mathbf{I}-\mathbf{A})^{-1}=(\mathbf{I}+\mathbf{A}+\mathbf{A}^2+\mathbf{A}^3+\cdots) \tag{2.17}$$

[这类似于普通代数中对于 $|a|<1$，$1/(1-a)=1+a+a^2+a^3+\cdots$ 的级数结果。] 注意到式 (2.17) 右端的项都是正的。即使某些a_{ij}等于 0，$\mathbf{A}$ 的增加事实上保证了最终的合计数不会出现 0。① 这意味着 $\mathbf{L}$ 将只包含正元素（附录 2.2 更详细地考察了 $\mathbf{L}$ 为正的问题）。

那么 $\mathbf{x}=(\mathbf{I}-\mathbf{A})^{-1}\mathbf{f}$ 可以求解为：

$$\mathbf{x}=(\mathbf{I}+\mathbf{A}+\mathbf{A}^2+\mathbf{A}^3+\cdots)\mathbf{f} \tag{2.18}$$

移除圆括号，就有：

$$\mathbf{x}=\mathbf{f}+\mathbf{A}\mathbf{f}+\mathbf{A}^2\mathbf{f}+\mathbf{A}^3\mathbf{f}+\cdots=\mathbf{f}+\mathbf{A}\mathbf{f}+\mathbf{A}(\mathbf{A}\mathbf{f})+\mathbf{A}(\mathbf{A}^2\mathbf{f})+\cdots \tag{2.19}$$

第一项之后的每一项都可以看作是前一项左乘 $\mathbf{A}$。在很多的应用中可以发现在大约$\mathbf{A}^7$或$\mathbf{A}^8$之后，乘 $\mathbf{f}$ 的那些项变得与 0 没有显著差异。甚至以当今计算机的运算能力和速度，会经常发现按照式 (2.18) 或式 (2.19) 进行近似可以证明是有用的（例如，因为矩阵乘比矩阵逆要更直接，特别是对于大矩阵）。②

回到第 2.3 节例子中原先的 $\mathbf{A}$ 矩阵和 $\mathbf{f}$ 向量（为简略起见，舍弃上标“0”），其中 $\mathbf{A}=\begin{bmatrix}0.15 & 0.25\\0.20 & 0.05\end{bmatrix}$，$\mathbf{f}=\begin{bmatrix}600\\1\ 500\end{bmatrix}$，我们有：

$$\mathbf{I}\mathbf{f}=\begin{bmatrix}600\\1\ 500\end{bmatrix}$$

$$\mathbf{A}\mathbf{f}=\begin{bmatrix}0.15 & 0.25\\0.20 & 0.05\end{bmatrix}\begin{bmatrix}600\\1\ 500\end{bmatrix}=\begin{bmatrix}465\\195\end{bmatrix}$$

$$\mathbf{A}^2\mathbf{f}=\begin{bmatrix}0.072\ 5 & 0.050\ 0\\0.040\ 0 & 0.052\ 5\end{bmatrix}\begin{bmatrix}600\\1\ 500\end{bmatrix}=\begin{bmatrix}118.50\\102.75\end{bmatrix}$$

$$\mathbf{A}^3\mathbf{f}=\begin{bmatrix}0.020\ 9 & 0.020\ 6\\0.016\ 5 & 0.012\ 6\end{bmatrix}\begin{bmatrix}600\\1\ 500\end{bmatrix}=\begin{bmatrix}43.44\\28.80\end{bmatrix}$$

$$\mathbf{A}^4\mathbf{f}=\begin{bmatrix}0.007\ 3 & 0.006\ 3\\0.005\ 0 & 0.004\ 8\end{bmatrix}\begin{bmatrix}600\\1\ 500\end{bmatrix}=\begin{bmatrix}13.83\\10.20\end{bmatrix}$$

---

① 正如所提到的，任意特定的$\mathbf{A}^k$中的元素确实趋近于 0——这是关键。

② 另外，某些分析人员利用幂级数近似作为一种框架把“动态”概念引入投入产出模型中。我们将在第 13.4.7 节中简要探讨这些观点。

$$A^5 f=\begin{bmatrix}0.0024 & 0.0021\\0.0017 & 0.0015\end{bmatrix}\begin{bmatrix}600\\1\,500\end{bmatrix}=\begin{bmatrix}4.59\\3.27\end{bmatrix}$$

$$A^6 f=\begin{bmatrix}0.0008 & 0.0007\\0.0006 & 0.0005\end{bmatrix}\begin{bmatrix}600\\1\,500\end{bmatrix}=\begin{bmatrix}1.53\\1.11\end{bmatrix}$$

$$A^7 f=\begin{bmatrix}0.0003 & 0.0002\\0.0002 & 0.0002\end{bmatrix}\begin{bmatrix}600\\1\,500\end{bmatrix}=\begin{bmatrix}0.48\\0.42\end{bmatrix}$$

正如表 2-6 中所记录的，我们看到在幂级数近似中单个项（除掉四舍五入的误差）简单地表达了一轮又一轮效应的量（读者应该重新考虑一轮又一轮运算的代数，并相信实际上它们等价于用矩阵 **A** 的幂级数左乘 f）。如此通过利用幂级数中最初的几项，就可能获得给定最终需求的“大部分”效应。如表 2-6 所示，对于我们的小的例子，经过三轮就获得了两个部门全部效应的 98%以上。

2.5 开模型与闭模型

我们至此所讨论的模型 $x=(I-A)^{-1}f$ 依赖于外生部门的存在，这些部门与技术上相互联系的生产部门没有联系，因为正是在这里重要的最终需求成为产出得以产生的源泉。正如我们所看到的，构成这一部门活动的基本交易类型是住户的消费购买、对政府的销售、私人国内总投资，以及外贸的输出（即总出口或净出口——从一个部门的出口中减去同一货物的进口价值）。特别是住户的情形，这一“外生”类别成为基本经济理论需要考虑的问题。作为对生产中劳动投入的支付，住户（消费者）获得收入（至少一部分），同时他们作为消费者以相对模式化的方式支出他们的收入。特别地，生产中一个或多个部门所需劳动量的变动——例如由于产出的增加导致劳动投入增加——将会导致住户作为整体用于消费的支出数量的变动（这里是增加）。尽管住户想要购买货物用于“最终”消费，他们购买的数量与他们的收入有关，而收入又取决于每个部门的产出。同时，正如我们所看到的，消费支出可能是最终需求中最大的单一构成项目；至少在美国经济中它通常占到全部最终需求的三分之二以上。

如此可以把住户部门从最终需求列和劳动投入行中挪到技术关联表中间，把它作为内生部门的一个组成部分。这被称为针对住户对模型进行封闭。投入产出模型还可以针对其他外生部门进行“封闭”（例如，政府销售和购买）；但是，针对住户的封闭更为常见。需要为新的住户部门设置交易的一行和一列——前者表示其产出（劳动服务）在各个部门中的分配，后者表示它的购买（消费）结构如何分配于各个部门。通常习惯于把住户的行和列增加到交易和系数表的底部和右边。流入消费者手中的美元，表示住户从 n 个部门所收到的对其劳动服务支付的工资和薪金，将填充到第（$n+1$）行，即 $[z_{n+1,1}, \cdots, z_{n+1,n}]$。从住户部门流出的美元，表示住户购买的 n 个部门物品的价值，将填充到第（$n+1$）列，即 $\begin{bmatrix}z_{1,n+1}\\ \vdots \\ z_{n,n+1}\end{bmatrix}$。最后，位于第

$(n+1)$ 行和第 $(n+1)$ 列的元素，即 $z_{n+1,n+1}$，将表示住户购买的劳动服务。如此，表 2-1 将在底部有新的一行，在右边有新的一列，如表 2-9 所示。

表 2-9　　住户内生的产业间流量投入产出表

		购买部门					
		1	⋯	j	⋯	n	住户（消费者）
销售部门	1	z_{11}	⋯	z_{1j}	⋯	z_{1n}	$z_{1,n+1}$
	⋮	⋮		⋮		⋮	⋮
	i	z_{i1}	⋯	z_{ij}	⋯	z_{in}	$z_{i,n+1}$
	⋮	⋮		⋮		⋮	⋮
	n	z_{n1}	⋯	z_{nj}	⋯	z_{nn}	$z_{n,n+1}$
	住户（劳动者）	$z_{n+1,1}$	⋯	$z_{n+1,j}$	⋯	$z_{n+1,n}$	$z_{n+1,n+1}$

如式（2.1）所表示的第 i 个方程，现在被修改为：

$$x_i=z_{i1}+\cdots+z_{ij}+\cdots+z_{in}+z_{i,n+1}+f_i^* \tag{2.20}$$

其中 f_i^* 可理解为表示对部门 i 产出的剩余最终需求——不含来自住户的需求，该部分需求现在用 $z_{i,n+1}$ 表示。除了对式（2.2）中每个方程所做的这种修改外，还增加了一个针对住户部门全部“产出”的新的方程，定义为对各部门销售的劳动服务的总价值——总收入。如此就有：

$$x_{n+1}=z_{n+1,1}+\cdots+z_{n+1,j}+\cdots+z_{n+1,n}+z_{n+1,n+1}+f_{n+1}^* \tag{2.21}$$

式（2.21）中右边的最后一项将包括，例如，对政府雇员的支付。

住户的投入系数用与计算投入产出系数表中任何其他元素同样的计算方法来计算：用部门 j（在一个给定时期内）购买劳动的价值 $z_{n+1,j}$，除以部门 j 总产出的价值（同一时期内）x_j，得到部门 j 每 1 美元的产出所使用的住户服务（劳动）价值；$a_{n+1,j}=z_{n+1,j}/x_j$。对于住户购买（消费）列中的元素，用部门 i（在一个给定时期内）销售给住户的价值 $z_{i,n+1}$，除以住户部门的总产出（用所获得的收入度量）x_{n+1}。如此，住户“消耗系数”为 $a_{i,n+1}=z_{i,n+1}/x_{n+1}$。这种方法的一个缺陷是现在住户行为在模型中按照与生产行为一样的方式被“冻结”了（固定系数）。

式（2.6）中所给出的基本方程组的第 i 个方程变为：

$$x_i=a_{i1}x_1+\cdots+a_{in}x_n+a_{i,n+1}x_{n+1}+f_i^* \tag{2.22}$$

新增加的把住户产出和所有部门产出联系起来的方程为：

$$x_{n+1}=a_{n+1,1}x_1+\cdots+a_{n+1,n}x_n+a_{n+1,n+1}x_{n+1}+f_{n+1}^* \tag{2.23}$$

类似地，对应于式（2.7），现在我们可以改写式（2.22）的第 i 个方程：

$$-a_{i1}x_1-\cdots+(1-a_{ii})x_i-\cdots-a_{in}x_n-a_{i,n+1}x_{n+1}=f_i^*$$

同时，对于住户方程，改写式（2.23）为：

$$-a_{n+1,1}x_1-\cdots-a_{n+1,n}x_n+(1-a_{n+1,n+1})x_{n+1}=f_{n+1}^*$$

将劳动投入系数$a_{n+1,j}=z_{n+1,j}/x_j$的行向量记为$\boldsymbol{h}_R=[a_{n+1,1},\ \cdots,\ a_{n+1,n}]$，将住户消费系数$a_{i,n+1}=z_{i,n+1}/x_{n+1}$的列向量记为$\boldsymbol{h}_C=\begin{bmatrix}a_{1,n+1}\\ \vdots \\ a_{n,n+1}\end{bmatrix}$，设$h=a_{n+1,n+1}$。[①] 用$\bar{\mathbf{A}}$表示包含住户的（$n+1$）×（$n+1$）技术系数矩阵。利用分块把原来的矩阵$\mathbf{A}$同新的向量分开，则：

$$\bar{\mathbf{A}}=\begin{bmatrix}\mathbf{A} & \boldsymbol{h}_C\\ \boldsymbol{h}_R & h\end{bmatrix}$$

设$\bar{\boldsymbol{x}}$表示（$n+1$）个元素的总产出列向量：

$$\bar{\boldsymbol{x}}=\begin{bmatrix}x_1\\ \vdots \\ x_n\\ x_{n+1}\end{bmatrix}=\begin{bmatrix}\boldsymbol{x}\\ x_{n+1}\end{bmatrix}$$

同时，设$\boldsymbol{f}^*$为原来n个部门产出对应的n个元素的剩余最终需求向量，$\bar{\boldsymbol{f}}$表示($n+1$)个元素的最终需求向量，包括对应住户产出的最终需求：

$$\bar{\boldsymbol{f}}=\begin{bmatrix}f_1^*\\ \vdots \\ f_n^*\\ f_{n+1}^*\end{bmatrix}=\begin{bmatrix}\boldsymbol{f}^*\\ f_{n+1}^*\end{bmatrix}$$

那么，住户内生化的$n+1$个方程的新系统可以表示为：

$$(\mathbf{I}-\bar{\mathbf{A}})\bar{\boldsymbol{x}}=\bar{\boldsymbol{f}} \tag{2.24}$$

或者：

$$\begin{bmatrix}\mathbf{I}-\mathbf{A} & -\boldsymbol{h}_C\\ -\boldsymbol{h}_R & (1-h)\end{bmatrix}\begin{bmatrix}\boldsymbol{x}\\ x_{n+1}\end{bmatrix}=\begin{bmatrix}\boldsymbol{f}^*\\ f_{n+1}^*\end{bmatrix} \tag{2.25}$$

也就是说，我们得到有n个方程的方程组：

$$(\mathbf{I}-\mathbf{A})\boldsymbol{x}-\boldsymbol{h}_C x_{n+1}=\boldsymbol{f}^*$$

[对式（2.22）的矩阵重新整理] 同时增加一个住户方程：

$$-\boldsymbol{h}_R\boldsymbol{x}+(1-h)x_{n+1}=f_{n+1}^*$$

[重新整理式(2.23）的矩阵。] 这些一起决定了n个原先部门的产出价值x_1，…，x_n，以及用（支付的工资）生产那些产出的住户服务价值x_{n+1}。如果($n+1$)×($n+1$）系数矩阵是非奇异的，利用矩阵求逆的通常方式可以得到唯一解：

① 在上述第 2.3.1 节最初的数值示例中，为简化起见我们用$\boldsymbol{e}'_C$表示就业系数向量。这些可看作是$\boldsymbol{h}_R$中的元素，这一符号常被用于闭模型。严格来说，我们应该用“上撇号”来表示行向量，但是下标“R”提示我们这是一个系数行。

$$\begin{bmatrix} \mathbf{x} \\ x_{n+1} \end{bmatrix} = \begin{bmatrix} \mathbf{I}-\mathbf{A} & -\mathbf{h}_C \\ -\mathbf{h}_R & (1-h) \end{bmatrix}^{-1} \begin{bmatrix} \mathbf{f}^* \\ f_{n+1}^* \end{bmatrix} \tag{2.26}$$

或者：

$$\bar{\mathbf{x}} = (\mathbf{I}-\bar{\mathbf{A}})^{-1}\bar{\mathbf{f}} = \bar{\mathbf{L}}\bar{\mathbf{f}}$$

再次考虑表 2－3 所给定的信息。假设最终需求中的住户消费部门和支付部门的住户劳动投入部门表示在表 2－10 中。在部门 1 从支付部门所购买的 650 美元中（表 2－3），有 300 美元用于劳动服务；在部门 2 所购买的 1 400 美元中，有 500 美元用于劳动投入。同时，在最终需求部门从支付部门所购买的 1 100 美元中，有 50 美元是住户对劳动服务的支付（例如家政服务）；劳动的政府购买为 150 美元。300 美元将被记录为住户对政府的支付（税收），等等。

表 2－10　关于住户内生的假设例子的流量（z_{ij}）

来源＼去向	1	2	住户消费（C）	其他最终需求（f^*）	总产出（$\mathbf{x}$）
1	150	500	50	300	1 000
2	200	100	400	1 300	2 000
劳动服务（L）	300	500	50	150	1 000
其他国内支付（N）	325	800	300	250	1 675
进口（M）	25	100	200	150	475
总支出（$\mathbf{x}'$）	1 000	2 000	1 000	2 150	6 150

式（2.21）所表示的住户部门的总产出（这里 $n+1=3$）为：$x_3 = z_{31}+z_{32}+z_{33}+f_3^* = 300+500+50+150 = 1\,000$。住户投入系数 $a_{n+1,j} = z_{n+1,j}/x_j$ 为：$a_{31}=300/1\,000=0.3$，$a_{32}=500/2\,000=0.25$，同时 $a_{33}=50/1\,000=0.05$；$\mathbf{h}_R=[0.3\quad 0.25]$，以及 $h=0.05$。类似地，住户消费系数 $a_{i,n+1}=z_{i,n+1}/x_{n+1}$ 为 $a_{13}=50/1\,000=0.05$，以及 $a_{23}=400/1\,000=0.4$；如此 $\mathbf{h}_C=\begin{bmatrix}0.05\\0.4\end{bmatrix}$。所以：

$$\bar{\mathbf{A}} = \begin{bmatrix} 0.15 & 0.25 & 0.05 \\ 0.2 & 0.05 & 0.4 \\ 0.3 & 0.25 & 0.05 \end{bmatrix},\ (\mathbf{I}-\bar{\mathbf{A}}) = \begin{bmatrix} 0.85 & -0.25 & -0.05 \\ -0.2 & 0.95 & -0.4 \\ -0.3 & -0.25 & 0.95 \end{bmatrix}$$

以及

$$\bar{\mathbf{L}} = (\mathbf{I}-\bar{\mathbf{A}})^{-1} = \begin{bmatrix} 1.365\,1 & 0.425\,3 & 0.250\,9 \\ 0.527\,3 & 1.348\,1 & 0.595\,4 \\ 0.569\,8 & 0.489\,0 & 1.288\,5 \end{bmatrix} \tag{2.27}$$

再次考察第 2.3 节中的数值例子（为简化起见，我们仍然忽略上标“0”和“1”）。那时我们假设了最终需求向量的一个改变，f_1 从 350 变为 600，而 f_2 从 1 700 变为 1 500。现在参考表 2－10，为便于演示，假设这一最终需求的变化全部集中在其他最终需求部门。实际上，设它表示联邦政府需求的变化［在表 2－10 中是其他最终需求列

（f_i^*）的一部分]。这些 600 美元和 1 500 美元的新的需求表示所有非住户最终需求类别从当前的 300 美元和 1 300 美元的水平同时上升了。

最直接的比较是现在用式（2.27）中的 3×3 的列昂惕夫逆矩阵$(I-\bar{A})^{-1}$结合 $\bar{f}=\begin{bmatrix}600\\1\ 500\\0\end{bmatrix}$求解最终需求的这些变动对部门 1 和部门 2 两个原先部门的产出的影响，加上由于把住户包含进模型中所增加的影响，我们有：

$$\begin{bmatrix}x_1\\x_2\\x_3\end{bmatrix}=\bar{\boldsymbol{x}}=\begin{bmatrix}1.365\ 1 & 0.425\ 3 & 0.250\ 9\\0.527\ 3 & 1.348\ 1 & 0.595\ 4\\0.569\ 8 & 0.489\ 0 & 1.288\ 5\end{bmatrix}\begin{bmatrix}600\\1\ 500\\0\end{bmatrix}=\begin{bmatrix}1\ 456.94\\2\ 338.51\\1\ 075.48\end{bmatrix}$$

在原先第 2.3 节的例子中，住户部门是外生的，新的产出为$x_1=1\ 247.45$ 美元，而$x_2=1\ 841.55$ 美元。新的（更大的）价值分别为 1 456.94 美元和 2 338.51 美元——反映了为满足预期的消费支出的增加而必须生产额外的产出的事实，这种消费支出将按照住户消费系数列所反映的方式增加，这是因为部门 1 和部门 2 产出的增加进而增加了工资支付，从而导致住户的收入增加。利用劳动投入系数$a_{31}=0.3$ 和$a_{32}=0.25$，对于原先的总产出，必要的住户投入（当住户是外生的时）将是：

$$a_{31}x_1+a_{32}x_2=0.3\times1\ 247.46+0.25\times1\ 841.55=834.63$$

正如所预期的，由于把原先外生的住户部门引入模型，所有三个部门的产出都增加了。这个例子被用于演示一种预期的结果——也就是当在模型中明确考虑工资收入的增加所导致的更多住户消费支出的附加影响时，在产业关联模型中原先部门（这里是部门 1 和部门 2）的产出要比在忽略消费支出的情况下大。

在这一节中我们介绍了把住户部门从最终需求转移到模型中作为内生部门，也就是针对住户部门封闭模型的基本考虑。如果其他外生部门，例如联邦、州或地方政府的活动要在模型中进行内生化，就需要类似种类的数据和代数扩展。然而，因为消费数值往往是最终需求中最大的组成部分，并且获得的收入和消费之间，以及消费和产出之间的联系相对直接，因此住户部门是最经常移动到模型中的最终需求部门。

但在实践中，问题更为微妙，其程序可能也比本节讨论和建议的更为复杂。之前所有关于a_{ij}的约定，如果不是变得更强，在这里仍然适用。对于每一美元新增的收入，假设住户会花费 5 美分在部门 1 的产出上，花费 40 美分在部门 2 的产出上，等等。那些反映观察期住户收入为 1 000 美元的平均行为的系数（$a_{13}=50/1\ 000$，$a_{23}=400/1\ 000$），对于由部门 1 和部门 2 新增产出所带来的住户收入的新增或边际数量则假定系数仍保持不变。一种方法，特别是在区域水平上，是把消费者分为两组：（1）本地居民，对他们而言，新的生产带来的新的收入将表示现有收益的一种增加；（2）新居民（移民），他们因为寻找就业而迁移，对他们而言，新的收入表示全部收益。对于前一组，一组边际消费系数可能更合适；而对于后一组，平均消费系数可能更合适。

此外，消费者的支出模式，特别是可支配收入的增加（或减少），将取决于特定消费者所处的收入类别。一个年可支配收入为 20 000 美元的工人增加了 100 美元，与增加 100 美元到一个年收入为 150 000 美元的工程师手中，两者将要进行的支出可能是不一样的，而且他们与一个之前失业的人得到 100 美元将要进行的支出毫无疑问也会不同。实际上，指出这一点只是提醒在这里住户部门单位美元产出（住户收入）的投入（消费）将与产出水平无关。这种无关是按照与投入产出模型中所使用的直接消耗系数一样的方式进行的假定；每个部门的生产函数（直接消耗系数的列）假设表示的是单位美元产出价值的投入，而不论产出的数量（水平）如何。

另一种方法是根据总收入的不同把“这个”住户部门分解为多个部门。例如，0～10 000 美元、10 001～20 000 美元、20 001～30 000 美元等。分部门的消费系数可以针对每个收入阶层来计算。我们将在第 3 章和第 10 章中再回到这一问题。宫泽（Miyazawa，1976）的文献通过大量使用矩阵代数，把分解的住户部门作为一个内生部分引入投入产出模型，从而对这一方法进行了非常全面而彻底的讨论。我们将在第 6 章来探讨这一模型。

对住户部门的各种分解被进一步提出，并被引入投入产出模型之中（Batey，Madden，and Weeks，1987；Battey and Weeks，1989）。其基本思想是将收入支付分解为不同的住户组，以及相应的这些住户组的消费模式，例如本地居民和（上面提到的）新居民，以及被雇用的和失业的。

人们可以想象把每一个剩余的部门从最终需求向量一个接一个地移动到产业间系数矩阵，构成投入系数的行和购买系数的列，一直到根本不再有外生部门的情形。这种模型被称为完全闭模型（completely closed model）。然而，在这种情况下，固定系数背后的经济逻辑，例如，对于政府部门要比生产部门较不易于接受，进而完全闭模型在现实中很少被采用。[①]

2.6 价格模型

□ 2.6.1 概述

列昂惕夫最早提出了实物单位（小麦的蒲式耳、布的码、劳动的人-年等）的投入产出模型。[②] 特别地，他假定直接消耗系数 **A** 是基于实物数量的投入除以实物数量的产出。之后，利用如一蒲式耳小麦、一码布和一人-年的劳动的（基年）单位价格，把这些数据转换为价值量交易表（基年）。他写道（Leontief，1986，pp. 22-23）：

> （价值交易表中的）所有数据……也可以解释为它们所指代的货物与服务的实物量。这只需要记录的实物度量单位被定义为等于在（基年）价格下 1 美元所能够购买的特定部门的产出数量……在实际中，结构矩阵通常根据按价值单位所描述的投入产出表计算而得到……在任何情况下，投入产出系数（**A**），出于分析目的……必须被解释为两个按实物单位（着重强调）度量的量的比率。

① 然而，列昂惕夫最初的工作就是在美国 1919 年的一个完全闭模型的框架下开展的，参见 Leontief (1951b)。

② Leontief (1951a，1951b，1986)；Leontief et al. (1953).

如先前所指出的，投入产出数据以及投入产出研究通常采用货币（价值）单位。

然而，随着对能源与环境的关注，混合单位模型被开发出来，其中经济交易以货币单位记录，而环境或能源交易按实物单位记录（吨、BTUs、焦耳等）。① 另一个研究线索导致了普通实物单位的投入产出表（例如，所有交易和产出都按吨度量）。斯塔尔默（Stahmer，2000）对这类研究进行了综述，包括德国 1990 年货币单位表和实物单位表——某些时候分别用 MIOTs 和 PIOTs 表示（在尝试用实物单位对服务业产出进行度量方面存在一些问题）。② 我们将在后面的第 2.6.8 节利用加总的德国数据探讨一个小的例子。

□ 2.6.2 实物与货币交易

我们回到第 2.3 节的例子。假设部门 1（农业）产出的实物度量单位是蒲式耳，而部门 2（制造业）的度量单位是吨，以这些实物单位度量的交易见表 2－11，我们用d_i表示分配给最终需求的实物量，用q_i来表示总产出的实物量。

表 2－11 **实物单位交易**

	1	2	d_i	q_i	实物度量单位
1	75	250	175	500	蒲式耳
2	40	20	340	400	吨

如果我们知道两种产品的单位价格，表 2－11 中的信息可以转换为货币单位。例如，如果每蒲式耳的价格是 2.00 美元，每吨的价格是 5.00 美元，那么对应的货币交易表正如表 2－3 所示。现在，重新定义每个部门的实物度量单位为 1.00 美元所能购买的数量；如此，每个部门产出的每单位价格为 1.00 美元。这只是意味着我们以 1/2 蒲式耳为单位来度量部门 1 的实物产出，用 1/5 吨来度量部门 2 的实物产出。那么，采用这些调整后的单位，表 2－12 中的信息可以重新表述为以实物单位来记录，正如表 2－13 所示，例如，500 的 1/2 蒲式耳的部门 1 的产出由部门 2 所购买（对应 500 美元），2 000的 1/5 吨部门 2 的产出被分配给最终需求（对应 2 000 美元），等等。

表 2－12 **货币单位的交易（参见表 2－3）**

	1	2	f_i	x_i	每实物单位价格（美元）
1	150	500	350	1 000	2
2	200	100	1 700	2 000	5

表 2－13 **调整后实物单位的交易**

	1	2	d_i	q_i	调整后实物度量单位
1	150	500	350	1 000	1/2 蒲式耳
2	200	100	1 700	2 000	1/5 吨

在实践中，部门生产超过一种物品，一个部门的产出采用一个价格的假设是不现实

① 这些问题将在第 9 章及第 10 章中进一步讨论。

② Stahmer（2000）还引入了用时间单位度量的数据概念，导致了 TIOTs。

的。而且在任何情况下，货币表都以记录的交易价值为基础来编制；价格和数量通常不分开记录。

□ 2.6.3　基于货币数据的价格模型

货币交易被像往常一样安排，为简化记录，我们假定所有的增加值都表示为劳动（表 2-14）。如我们在第 2.2.1 节所看到的，当加工和支付部门的所有投入都被计算在内的时候，第 j 列的合计（总支出）等于第 j 行的合计（总产出）。如此，对表 2-14 中的第 j 列进行加总，有：

$$x_j = \sum_{i=1}^{n} z_{ij} + v_j \tag{2.28}$$

或者：

$$\mathbf{x}' = \mathbf{i}'\mathbf{Z} + \mathbf{v}' \tag{2.29}$$

其中，如先前一样，$\mathbf{v}' = [v_1, \cdots, v_n]$ 为每个部门的总增加值支出。

表 2-14　　货币量的交易

部门	部门					最终需求	总产出
	1	…	j	…	n		
1	z_{11}	…	z_{1j}	…	z_{1n}	f_1	x_1
2	z_{21}	…	z_{2j}	…	z_{2n}	f_2	x_2
⋮	⋮		⋮		⋮	⋮	⋮
n	z_{n1}	…	z_{nj}	…	z_{nn}	f_n	x_n
劳动	v_1	…	v_j	…	v_n	f_{n+1}	x_{n+1}

用 $\mathbf{Z} = \mathbf{A}\hat{\mathbf{x}}$ 进行替换，有 $\mathbf{x}' = \mathbf{i}'\mathbf{A}\hat{\mathbf{x}} + \mathbf{v}'$，用 $\hat{\mathbf{x}}^{-1}$ 右乘，得到：

$$\mathbf{x}'\hat{\mathbf{x}}^{-1} = \mathbf{i}'\mathbf{A}\hat{\mathbf{x}}\hat{\mathbf{x}}^{-1} + \mathbf{v}'\hat{\mathbf{x}}^{-1}$$

或者：

$$\mathbf{i}' = \mathbf{i}'\mathbf{A} + \mathbf{v}'_c \tag{2.30}$$

其中，$\mathbf{v}'_c = \mathbf{v}'\hat{\mathbf{x}}^{-1} = [v_1/x_1, \cdots, v_n/x_n]$。式（2.30）的右端是每单位产出的投入成本。设置产出价格等于总的生产成本（通常，在 $\mathbf{v}'$ 以及 $\mathbf{v}'_c$ 中包括对利润和其他初始投入的分配），所以每个价格等于 1［式(2.30) 的左边］。这表明了基年表中唯一的度量单位——1 美元所能购买的数量。如果我们用 $\tilde{p}_j$ 表示这些基年指数价格，则有 $\tilde{\mathbf{p}}' = [\tilde{p}_1, \cdots, \tilde{p}_n]$，那么投入产出价格模型为：

$$\tilde{\mathbf{p}}' = \tilde{\mathbf{p}}'\mathbf{A} + \mathbf{v}'_c \tag{2.31}$$

由此有 $\tilde{\mathbf{p}}'(\mathbf{I} - \mathbf{A}) = \mathbf{v}'_c$，且：

$$\tilde{\mathbf{p}}' = \mathbf{v}'_c(\mathbf{I} - \mathbf{A})^{-1} = \mathbf{v}'_c\mathbf{L} \tag{2.32}$$

通常模型转置被表示为列向量而非行向量。如此：

$$\widetilde{\boldsymbol{p}}=(\boldsymbol{I}-\boldsymbol{A}')^{-1}\boldsymbol{v}_c=\boldsymbol{L}'\boldsymbol{v}_c \tag{2.33}$$

[感兴趣的读者可以证明：给定$(\boldsymbol{I}-\boldsymbol{A})^{-1}=\boldsymbol{L}$，那么$(\boldsymbol{I}-\boldsymbol{A}')^{-1}=\boldsymbol{L}'$。]

根据式（2.32），指数价格 $\widetilde{\boldsymbol{p}}$ 由外生的初始投入价值（成本）决定。对于两部门模型：

$$\widetilde{p}_1=l_{11}v_{c1}+l_{21}v_{c2}$$
$$\widetilde{p}_2=l_{12}v_{c1}+l_{22}v_{c2}$$

这里的逻辑就是劳动投入价格的变化（或者更一般地，初始投入价格的变化）经由 $\boldsymbol{A}$，进而 $\boldsymbol{L}$ 和 $\boldsymbol{L}'$ 中固定的生产配方，导致部门单位成本（进而产出价格，而非产出数量）的变化。例如，成本上升通过中间投入价格的完全上涨传递给所有买者，而他们又进一步把这些上涨通过相应地提高他们的产出价格传递下去，等等。与本章早先的需求拉动的投入产出数量模型（demand-pull input-output quantity model）相反，式（2.32）或式（2.33）的价格模型更多被称为成本推动的投入产出价格模型（cost-push input-output price model）（Oosterhaven，1996；Dietzenbacher，1997）。其中，数量是固定的，而价格确实是变动的。表 2-15 对这两个（对偶）模型进行了汇总，我们再次用上标“0”和“1”表示在考虑外生变化之前和之后的价值。下一节的例子将表明这一模型是如何起作用的。

表 2-15　　列昂惕夫数量与价格模型

列昂惕夫数量模型 （需求拉动） （价格固定；数量变动）	外生变量	$\boldsymbol{f}^1=[f_i^1]$ 或 $\Delta\boldsymbol{f}=[\Delta f_i]$
	内生变量	$\boldsymbol{x}^1=\boldsymbol{L}^0\boldsymbol{f}^1$ 或 $\Delta\boldsymbol{x}=\boldsymbol{L}^0(\Delta\boldsymbol{f})$
列昂惕夫价格模型 （成本推动） （数量固定；价格变动）	外生变量	$\boldsymbol{v}_c^1=(\hat{\boldsymbol{x}}^0)^{-1}\boldsymbol{v}^1=[v_j^1/x_j^0]$ 或 $\Delta\boldsymbol{v}_c=(\hat{\boldsymbol{x}}^0)^{-1}(\Delta\boldsymbol{v})=[\Delta v_j/x_j^0]$
	内生变量	$\widetilde{\boldsymbol{p}}^1=(\boldsymbol{L}^0)'\boldsymbol{v}_c^1$ 或 $\Delta\widetilde{\boldsymbol{p}}=(\boldsymbol{L}^0)'(\Delta\boldsymbol{v}_c)$

□ 2.6.4　利用基于货币数据的价格模型的数值例子

例 1：基年价格

表 2-16 包含了表 2-10 中的数据，增加一行以反映作为初始投入的劳动。对应的直接投入矩阵为：

$$\bar{\boldsymbol{A}}=\begin{bmatrix}0.15 & 0.25 & 0.11\\0.20 & 0.05 & 0.54\\0.65 & 0.70 & 0.35\end{bmatrix} \tag{2.34}$$

用$\boldsymbol{A}$表示 2×2 的部门 1 和部门 2 系数的子矩阵，有：

$$(\boldsymbol{L}^0)' = (\boldsymbol{I}-\boldsymbol{A}')^{-1} = \begin{bmatrix} 1.254 & 0.264 \\ 0.330 & 1.122 \end{bmatrix} \tag{2.35}$$

表 2-16　　一个初始投入的假设例子中的交易

	1	2	f_i	x_i
1	150	500	350	1 000
2	200	100	1 700	2 000
3（劳动）	650	1 400	1 100	3 150

根据基年数据，由式（2.34）中$\bar{\boldsymbol{A}}$的最下面一行，有：$\boldsymbol{v}_c^0 = \begin{bmatrix} 0.65 \\ 0.70 \end{bmatrix} = \begin{bmatrix} \bar{a}_{31} \\ \bar{a}_{32} \end{bmatrix}$。如此，在式（2.33）中，有：

$$\tilde{\boldsymbol{p}}^0 = (\boldsymbol{L}^0)'\boldsymbol{v}_c^0 = \begin{bmatrix} 1.254 & 0.264 \\ 0.330 & 1.122 \end{bmatrix}\begin{bmatrix} 0.65 \\ 0.70 \end{bmatrix} = \begin{bmatrix} 1.00 \\ 1.00 \end{bmatrix} \tag{2.36}$$

这再次得到了正如预期一样的基年指数价格。

例 2：改变基年价格

基于价值的成本推动价格模型通常被用于度量一个或多个部门的初始投入成本（或那些成本的变动）通过整个经济对价格的影响。我们再次假定这些成本由全部工资支付所构成，而且部门 1 的工资上升了 30%（从 0.65 到 0.845），而部门 2 的工资不变。

新的劳动成本向量为：

$$\boldsymbol{v}_c^1 = \begin{bmatrix} 0.845 \\ 0.700 \end{bmatrix}$$

而且，根据式（2.33），有：

$$\tilde{\boldsymbol{p}}^1 = (\boldsymbol{L}^0)'\boldsymbol{v}_c^1 = \begin{bmatrix} 1.254 & 0.264 \\ 0.330 & 1.122 \end{bmatrix}\begin{bmatrix} 0.845 \\ 0.700 \end{bmatrix} = \begin{bmatrix} 1.245 \\ 1.064 \end{bmatrix} \tag{2.37}$$

相对于原先的指数价格（$\tilde{p}_1^0=1.00$和$\tilde{p}_2^0=1.00$），部门 1 的价格上升至 1.245（上升了 24.5%），部门 2 的价格上升了 6.4%。

正如之前所述的需求拉动投入产出模型一样，这一测算也可以仅采用模型取“Δ”的形式，也就是：

$$\Delta\tilde{\boldsymbol{p}} = (\boldsymbol{L}^0)'\Delta\boldsymbol{v}_c \tag{2.38}$$

在这种情况下，$\Delta\boldsymbol{v}_c = \begin{bmatrix} 0.195 \\ 0 \end{bmatrix}$，其中 0.195=0.30×0.65，同时利用式（2.38），有：

$$\Delta\tilde{\boldsymbol{p}} = (\boldsymbol{L}^0)'\Delta\boldsymbol{v}_c = \begin{bmatrix} 1.254 & 0.264 \\ 0.330 & 1.122 \end{bmatrix}\begin{bmatrix} 0.195 \\ 0 \end{bmatrix} = \begin{bmatrix} 0.245 \\ 0.064 \end{bmatrix} \tag{2.39}$$

无论是式（2.37）还是式（2.39）中的结果都传递了同样的信息：部门 1 工资

30%的上升对整个经济的影响是部门1产出价格上升了24.5%，而部门2的价格上升了6.4%。在这个成本推动的投入产出价格模型中，我们得到的是相对价格的影响，那些价格的绝对数值，即使在基年模型中也是不明确给出的。

我们注意到如果劳动成本只是部门1增加值项的一个组成部分，那么部门j工资30%的上升将使得v_{cj}有一个小于30%的上升。例如，如果工资占部门j增加值支付的40%，且没有其他增加值成本上升，那么30%的工资上升将转换为v_{cj}的12%的上升。初始投入价格下降的影响可以利用模型式（2.32）［或式（2.33）］或者式（2.38）按同样的方法进行定量测算。

□ 2.6.5 应用

使用这种投入产出价格模型的一个早期例子是由梅尔文（Melvin，1979）所提供的，他利用1965年82个部门的美国表和1966年110个部门的加拿大表，估计了美国和加拿大企业所得税变动的价格影响。另一个例子是由达钦和兰格（Duchin and Lange，1995）提供的，他们利用价格模型框架来估算美国经济中技术替代的价格影响。基于美国1963年和1977年的数据，他们利用1977年的技术及1963年的要素价格来估算那一阶段技术变动的价格影响。类似地，利用对2000年的预测，他们考察了1977—2000年技术变动的价格影响（他们还改变了矩阵$\mathbf{A}$每次处理一列的技术，并在动态价格模型的条件下来进行。我们将在第13章中探讨动态投入产出模型）。其他的一些例子包括李、布雷斯里和布彻（Lee，Blakesley，and Butcher，1977）在区域水平的讨论，普可仁（Polenske，1978）对多区域例子的研究，马兰格尼（Marangoni，1995）针对意大利的研究，以及迪策巴赫和委拉斯盖兹（Dietzenbacher and Velázquez，2007）论文中包含的对水价变动的成本推动效应的分析。

□ 2.6.6 基于实物数据的价格模型

在本节中，我们考察基于如表2-11所示的实物单位数据集的投入产出模型的含义。这里，在表2-17中，我们设s_{ij}表示i物品被发送给j的实物数量［例如，销售给制造业（j）的农产品（i）蒲式耳数量］，d_i为被交付给最终需求的数量（例如，农业需求的蒲式耳数量），q_i为部门i的总生产量（例如，农业生产的总的蒲式耳数量）。为简单起见，我们再次设外生的支付（增加值）部门只包括劳动投入（以人-年来度量）。

表2-17　　实物单位的流量

部门	部门				最终需求	总产出
	1	2	…	n		
1	s_{11}	s_{12}	…	s_{1n}	d_1	q_1
2	s_{21}	s_{22}	…	s_{2n}	d_2	q_2
⋮	⋮	⋮		⋮	⋮	⋮
n	s_{n1}	s_{n2}	…	s_{nn}	d_n	q_n
劳动	$s_{n+1,1}$	$s_{n+1,2}$	…	$s_{n+1,n}$	d_{n+1}	q_{n+1}

从表2-17中任何一行来看，我们得到基本的以实物单位表示的核算关系：

$$q_i = s_{i1} + \cdots + s_{ij} + \cdots + s_{in} + d_i = \sum_{j=1}^{n} s_{ij} + d_i \qquad (2.40)$$

[与式（2.1）用价值量表示的方程相比较。] 利用熟知的矩阵定义，也就是：

$$\mathbf{q}=\mathbf{S}\mathbf{i}+\mathbf{d} \tag{2.41}$$

这是对应式（2.4）的实物单位模型。

实物单位的直接消耗系数被定义为：

$$c_{ij}=\frac{s_{ij}}{q_j}\text{或者}\mathbf{C}=\mathbf{S}\hat{\mathbf{q}}^{-1} \tag{2.42}$$

对于制造业中农业投入的例子（表 2－11），这就是 250/400＝0.625（蒲式耳每吨）。之后，与早先在第 2.2 节中构造基于价值的模型的一系列步骤类似，将其替代至式（2.41），得到：

$$\mathbf{q}=\mathbf{C}\hat{\mathbf{q}}\mathbf{i}+\mathbf{d}=\mathbf{C}\mathbf{q}+\mathbf{d}$$

由此，有：

$$\mathbf{q}=(\mathbf{I}-\mathbf{C})^{-1}\mathbf{d} \tag{2.43}$$

这就是对应式（2.11）的实物单位模型。

价格的引入

假定我们也知道每个部门产出的每单位价格 p_i 和每人每小时劳动成本 p_{n+1}，那么，如上述引文中列昂惕夫所观察到的，我们可以很容易地把基本数据转换为本章早先的价值单位：

$$x_i=p_iq_i \tag{2.44}$$

$$z_{ij}=p_is_{ij} \tag{2.45}$$

$$f_i=p_id_i \tag{2.46}$$

用 p_i 乘式（2.40）的两端，得到：

$$x_i=p_iq_i=\sum_{j=1}^{n}p_is_{ij}+p_id_i=\sum_{j=1}^{n}z_{ij}+f_i \tag{2.47}$$

或者 $\mathbf{x}=\mathbf{Z}\mathbf{i}+\mathbf{f}$。这些当然是式（2.1）最初的核算关系，以及采用价值量的式（2.4）中最初的核算关系。

在第 2.6.1 节中，表 2－14 中列合计所表示的总产出在式（2.28）中表示为货币量，也就是 $x_j=\sum_{i=1}^{n}z_{ij}+v_j$。列合计在表 2－17 中没有意义，因为每一行的元素都是按不同的单位来度量的。现在的目标是把得自式（2.44）和式（2.45）的结果引入式（2.28）。现在假设所有部门的工资率为 p_{n+1}（美元/人时）。那么，$z_{n+1,j}=p_{n+1}s_{n+1,j}=v_j$；这表示部门 j 对劳动的总支出——价格 p_{n+1} 乘劳动的总人时 $s_{n+1,j}$。那么式（2.28）变为：

$$p_jq_j=\sum_{i=1}^{n}p_is_{ij}+p_{n+1}s_{n+1,j} \tag{2.48}$$

上式除以 q_j（假设为非零），得到：

$$p_j = \sum_{i=1}^{n} p_i s_{ij}/q_j + p_{n+1} s_{n+1,j}/q_j = \sum_{i=1}^{n} p_i c_{ij} + p_{n+1} c_{n+1,j} \tag{2.49}$$

采用矩阵形式，就是：

$$\boldsymbol{p}' = \boldsymbol{p}'\boldsymbol{C} + \boldsymbol{v}_c' \tag{2.50}$$

其中 $\boldsymbol{p}'=[p_1, \cdots, p_n]$，$\boldsymbol{C}$ 为式（2.42）中所定义的，$\boldsymbol{v}_c'=p_{n+1}[c_{n+1,1}, \cdots, c_{n+1,n}]$。所以 $\boldsymbol{v}_c'$表示单位实物产出的劳动成本（价格），例如，每吨产出的劳动成本［美元/吨＝（美元/人时）×（人时/吨）］。

劳动成本被假定为在所有部门都相同；如此我们只有p_{n+1}而非$p_{n+1,j}$。这可以容易地扩展到不同部门包含不同的劳动成本（或许反映的是不同的劳动技能）的情形。式（2.50）把每个部门产出的单位价格定义为等于生产一单位那种产出的总成本（中间投入加上初始投入）。（通常每个部门都有超过一种类型的初始投入，但是处理原则是一样的。）

根据式（2.50），有：

$$\boldsymbol{p}' = \boldsymbol{v}_c'(\boldsymbol{I}-\boldsymbol{C})^{-1} \tag{2.51}$$

如以前，我们对式（2.50）和式（2.51）两边转置使价格成为列向量而非行向量，有：

$$\boldsymbol{p} = \boldsymbol{C}'\boldsymbol{p} + \boldsymbol{v}_c \quad \boldsymbol{p} = (\boldsymbol{I}-\boldsymbol{C}')^{-1}\boldsymbol{v}_c \tag{2.52}$$

这就是基于实物单位的列昂惕夫价格模型。这些结构与式（2.32）和式（2.33）基于货币的指数价格模型是完全对应的，对于 $n=2$ 的情形，我们有：

$$\begin{aligned} p_1 &= p_1 c_{11} + p_2 c_{21} + v_{c1} \\ p_2 &= p_1 c_{12} + p_2 c_{22} + v_{c2} \end{aligned} \tag{2.53}$$

以及：

$$\begin{bmatrix} p_1 \\ p_2 \end{bmatrix} = \begin{bmatrix} (1-c_{11}) & -c_{21} \\ -c_{12} & (1-c_{22}) \end{bmatrix}^{-1} \begin{bmatrix} v_{c1} \\ v_{c2} \end{bmatrix} \tag{2.54}$$

$\boldsymbol{A}$ 和 $\boldsymbol{C}$ 之间的关系

价值量的直接消耗系数为：

$$a_{ij} = \frac{z_{ij}}{x_j} \text{或} \boldsymbol{A} = \boldsymbol{Z}\hat{\boldsymbol{x}}^{-1}$$

所以［根据式（2.44）和式（2.45）］有：

$$a_{ij} = \frac{p_i s_{ij}}{p_j q_j} = c_{ij}\left(\frac{p_i}{p_j}\right) \tag{2.55}$$

用矩阵术语①，有：

$$\boldsymbol{A} = \hat{\boldsymbol{p}}\boldsymbol{S}(\hat{\boldsymbol{p}}\hat{\boldsymbol{q}})^{-1} = \hat{\boldsymbol{p}}\boldsymbol{C}\hat{\boldsymbol{q}}(\hat{\boldsymbol{q}}^{-1}\hat{\boldsymbol{p}}^{-1}) = \hat{\boldsymbol{p}}\boldsymbol{C}\hat{\boldsymbol{p}}^{-1} \tag{2.56}$$

无论是价值型系数 $\boldsymbol{A}$ 还是实物系数 $\boldsymbol{C}$，在投入产出模型的应用中都被假定是固定

① 当两个矩阵 $\boldsymbol{M}$ 和 $\boldsymbol{N}$ 满足关系 $\boldsymbol{M}=\hat{\boldsymbol{v}}\boldsymbol{N}\hat{\boldsymbol{v}}^{-1}$时，它们被称为是相似的。

的。然而，被假定为固定的c_{ij}（实际上，为一个固定的“工程”生产函数），在很大程度上被认为比固定的a_{ij}（固定的“经济”生产函数）要放松，因为对于后者，实物系数c_{ij}和价格比率p_i/p_j都被假定是不变的。[①]

□ 2.6.7 利用基于实物数据的价格模型的数值例子

例 1：基年价格

再次考虑表 2-11 中的两部门经济（农业和制造业），并引入新增的劳动投入行和最终需求（消费）列使之成为封闭的系统。从表中我们可以得到实物技术系数［如式（2.42）］：

$$\bar{\boldsymbol{C}}=\begin{bmatrix}0.15 & 0.625 & 0.556\\0.08 & 0.05 & 1.079\\0.13 & 0.35 & 0.349\end{bmatrix} \tag{2.57}$$

我们利用$\bar{\boldsymbol{C}}$表示包含住户的（封闭的）技术系数矩阵；$\boldsymbol{C}$表示左上角 2×2 的矩阵——经济中联系两个生产部门的技术系数。注意到$\bar{c}_{23}>1$；$\bar{\boldsymbol{C}}$中的列合计没有意义，因为每一行都以不同的单位来度量。

式（2.54）中的关系为：

$$\begin{aligned}2&=2\times0.15+5\times0.08+10\times0.13=0.30+0.40+1.30\\5&=2\times0.625+5\times0.05+10\times0.35=1.25+0.25+3.50\end{aligned} \tag{2.58}$$

如果我们利用基期单位产出的增加值数据，有：

$$v_{c1}^0=p_3\bar{c}_{31}=10\times0.13=1.30 \text{ 以及 } v_{c2}^0=p_3\bar{c}_{32}=10\times0.35=3.50$$

此外，在$\boldsymbol{p}=(\boldsymbol{I}-\boldsymbol{C}')^{-1}\boldsymbol{v}_c$中（来自$\bar{\boldsymbol{C}}$左上角的 2×2 子矩阵）：

$$(\boldsymbol{I}-\boldsymbol{C}')^{-1}=\begin{bmatrix}1.243 & 0.106\\0.825 & 1.122\end{bmatrix} \tag{2.59}$$

同时有：

$$\begin{bmatrix}p_1^0\\p_2^0\end{bmatrix}=(\boldsymbol{I}-\boldsymbol{C}')^{-1}\boldsymbol{v}_c^0=\begin{bmatrix}1.254 & 0.106\\0.825 & 1.1222\end{bmatrix}\begin{bmatrix}1.3\\3.5\end{bmatrix}=\begin{bmatrix}2.00\\5.00\end{bmatrix} \tag{2.60}$$

得到了如预期的基年价格。

例 2：改变基年价格

继续这一实物系数模型，假定部门 1 的工资成本从 10.00 美元上升到 13.00 美元（30%的上升），而部门 2 保持不变（$p_{31}^1=13.00$ 美元，$p_{32}^1=p_{32}^0=10.00$ 美元），所以$\boldsymbol{v}_c^1=\begin{bmatrix}(13)\ (0.13)\\(10)\ (0.35)\end{bmatrix}=\begin{bmatrix}1.69\\3.50\end{bmatrix}$。那么：

$$\begin{bmatrix}p_1^1\\p_2^1\end{bmatrix}=(\boldsymbol{I}-\boldsymbol{C}')^{-1}\boldsymbol{v}_c^1=\begin{bmatrix}1.254 & 0.106\\0.825 & 1.122\end{bmatrix}\begin{bmatrix}1.69\\3.50\end{bmatrix}=\begin{bmatrix}2.49\\5.32\end{bmatrix} \tag{2.61}$$

---

① 经济学家对于实物和价值型系数稳定性假定的合理性问题持有不同的看法。在早期的例子中，例如 Klein（1953）认为a_{ij}要比c_{ij}更稳定，而 Moses（1974）则持相反意见。

特别地，$p_1^1=2.49$ 美元（在 $p_1^0=2.00$ 美元之上有24.5%的上升）以及 $p_2^1=5.32$ 美元（在 $p_2^0=5.00$ 美元之上有6.4%的上升）。这表明了基于实物投入系数的成本推动投入产出价格模型的运作。它直接产生了新的价格（利用这一价格可以很容易地计算出百分比的变动）。在第2.6.4节，我们从式（2.37）的指数价格模型直接得到了这些百分比的变动。

□ 2.6.8 基于实物数据的数量模型

在引入价格之前，实物单位数据也可以构成投入产出数量模型的核心，正如式（2.43）中的 $\boldsymbol{q}=(\boldsymbol{I}-\boldsymbol{C})^{-1}\boldsymbol{d}$。利用上面两个数值例子中的数据：

$$\boldsymbol{C}=\begin{bmatrix}0.150 & 0.625\\ 0.080 & 0.050\end{bmatrix},\ (\boldsymbol{I}-\boldsymbol{C})^{-1}=\begin{bmatrix}1.254 & 0.825\\ 0.106 & 1.122\end{bmatrix}$$

基年产出可通过如下的式子被正确地计算：

$$\boldsymbol{q}^0=(\boldsymbol{I}-\boldsymbol{C})^{-1}\boldsymbol{d}^0\Rightarrow\begin{bmatrix}1.254 & 0.825\\ 0.106 & 1.122\end{bmatrix}\begin{bmatrix}175\\ 340\end{bmatrix}=\begin{bmatrix}500\\ 400\end{bmatrix}$$

而且例如，需求扩大一倍，产出也扩大一倍：

$$\boldsymbol{q}^1=(\boldsymbol{I}-\boldsymbol{C})^{-1}\boldsymbol{d}^1\Rightarrow\begin{bmatrix}1.254 & 0.825\\ 0.106 & 1.122\end{bmatrix}\begin{bmatrix}350\\ 680\end{bmatrix}=\begin{bmatrix}1\,000\\ 800\end{bmatrix}$$

这完全对应于货币单位的需求拉动模型，除了度量单位只在每一行是一致的。这意味着新的需求（350蒲式耳和680吨）导致了1 000蒲式耳和800吨的生产。注意 $(\boldsymbol{I}-\boldsymbol{C})^{-1}$ 中的单位。例如，在第一列中，1.254表示每蒲式耳最终需求的直接和间接的蒲式耳的产出，而0.106是每蒲式耳最终需求的直接和间接的吨的产出。

在斯塔尔默（Stahmer，2000）的文献中有这类基于实物单位模型的实际的例子①。它包括德国1990年度实物单位的12部门投入产出数据集（对91部门模型的加总），其中所有的交易和产出都按普通的实物单位——吨来度量。胡巴克和吉尔琼姆（Hubacek and Giljum，2003）利用这些数据加总了一个三部门表用于他们研究中的例子。交易被表示在表2-18中。

表2-18　　实物量交易（德国，1990年）　　单位：百万吨

	第一产业	第二产业	第三产业	最终需求	总产出
第一产业	2 248	1 442	336	84	4 110
第二产业	27	1 045	206	708	1 986
第三产业	5	69	51	36	161

如式（2.57）所表明的，相关的直接投入矩阵，这里为 $\boldsymbol{C}$，有大于1的系数：

---

① 在另一篇文献中也可以看到，即提交到第13届国际投入产出协会的投入产出技术研讨会的论文：Macerata. "The Magic Triangle of Input-Output Tables," Italy, August, 2000。

$$C=\begin{bmatrix}0.5470 & 0.7261 & 2.0870\\0.0066 & 0.5262 & 1.2795\\0.0012 & 0.0347 & 0.3168\end{bmatrix}$$

如我们在上面所看到的，这不会对通常的投入产出计算带来任何问题；这里很容易得到列昂惕夫逆矩阵：

$$(I-C)^{-1}=\begin{bmatrix}2.3185 & 4.7204 & 15.9220\\0.0502 & 2.5486 & 4.9262\\0.0067 & 0.1380 & 1.7425\end{bmatrix}$$

如我们所看到的，某些元素较大；这些与 C 中大的元素有关，但是这在 PIOT 的框架下并无不妥之处。读者可以很容易地用基本案例数据来验证这一逆矩阵的有效性，也就是：

$$x=\begin{bmatrix}4110\\1986\\161\end{bmatrix}=(I-C)^{-1}f=\begin{bmatrix}2.3185 & 4.7204 & 15.9220\\0.0502 & 2.5486 & 4.9262\\0.0067 & 0.1380 & 1.7425\end{bmatrix}\begin{bmatrix}84\\708\\36\end{bmatrix}$$

不考虑 C 中反常的元素，对列昂惕夫逆矩阵的幂级数近似，即 $I+C+C^2+C^3+\cdots$，效果很好，尽管比较慢；需要 37 项才能达到 4 位数以内的精确度。这里显示了其中的某些项：

$$C^{10}=\begin{bmatrix}0.0077 & 0.0971 & 0.3551\\0.0011 & 0.0167 & 0.0616\\0.0001 & 0.0018 & 0.0067\end{bmatrix},\ C^{20}=\begin{bmatrix}0.0002 & 0.0030 & 0.0111\\0.0000 & 0.0005 & 0.0018\\0.0000 & 0.0001 & 0.0002\end{bmatrix},$$

$$C^{30}=\begin{bmatrix}0 & 0.0001 & 0.0003\\0 & 0 & 0.0001\\0 & 0 & 0\end{bmatrix},\ C^{37}=\mathbf{0}$$

以及：

$$\left(I+\sum_{k=1}^{37}C^k\right)=\begin{bmatrix}2.3185 & 4.7204 & 15.9220\\0.0502 & 2.5486 & 4.9262\\0.0067 & 0.1380 & 1.7425\end{bmatrix}=(I-C)^{-1}$$

有兴趣的读者可以在计算机上利用组合代数软件来验证这个示例的结果，对于 $(I-C)=\begin{bmatrix}0.4530 & -0.7261 & -2.0870\\-0.0066 & 0.4738 & -1.2795\\-0.0012 & -0.0347 & 0.6832\end{bmatrix}$，满足霍金斯-西蒙条件（Hawkins-Simon conditions），意味着（$I-C$）的所有 7 个主子式是正的（附录 2.2）。

□ 2.6.9 基本国民收入等式

由式（2.43）有 $q=(I-C)^{-1}d$，以及由式（2.51）有 $p'=v_c'(I-C)^{-1}$，且用 d 右乘两端得：

$$p'd=v_c'(I-C)^{-1}d=v_c'q$$

总的支出价值（外生的最终需求 $\boldsymbol{p}'\boldsymbol{d}$）等于总的收入价值（对外生初始投入的支付 $\boldsymbol{v}_c'\boldsymbol{q}$），或者说支出的国民收入等于获得的国民收入。

2.7 总结

我们在本章引入了投入产出模型的基本结构。在研究了列昂惕夫体系所假定的部门生产函数的特殊性质之后，我们考察了它的数学性质。重要的是模型用线性方程组来表示，而且我们试图指出利用列昂惕夫逆矩阵得到的投入产出方程的纯代数结果，与经济中对生产的相互关联的一轮又一轮的看法之间逻辑上和经济内涵上的联系。讨论了针对住户的闭模型所需的代数细节和经济假设。在应用中，特别是在区域水平上阐述了与住户消费系数概念有关的某些特殊问题。我们还介绍了列昂惕夫价格模型，作为对数量模型的一个逻辑（以及数学）上的对比，而且我们还探讨了当潜在数据是以实物而非货币单位来度量时两种模型的替代情形。表 2-19 对这些替代情形进行了汇总（货币行的信息见表 2-15）。

表 2-19　　替代的投入产出价格与数量模型

度量单位	数量模型	价格模型
货币	$\boldsymbol{x}=(\boldsymbol{I}-\boldsymbol{A})^{-1}\boldsymbol{f}$　　式（2.11）	$\tilde{\boldsymbol{p}}'=\boldsymbol{v}_c'(\boldsymbol{I}-\boldsymbol{A})^{-1}$　　式（2.32） 或 $\tilde{\boldsymbol{p}}=(\boldsymbol{I}-\boldsymbol{A}')^{-1}\boldsymbol{v}_c$　　式（2.33）
实物	$\boldsymbol{q}=(\boldsymbol{I}-\boldsymbol{C})^{-1}\boldsymbol{d}$　　式（2.43）	$\boldsymbol{p}'=\boldsymbol{v}_c'(\boldsymbol{I}-\boldsymbol{C})^{-1}$　　式（2.51） 或 $\boldsymbol{p}=(\boldsymbol{I}-\boldsymbol{C}')^{-1}\boldsymbol{v}_c$　　式（2.52）

我们将在下一章转向区域投入产出模型。增加区域维度是重要的；如果不是最重要的，也有很多重要的政策问题不局限于国家范围。分析家们（即使是在国家层次）对例如一国政府有关出口政策的改变对不同区域的影响有着相当大的兴趣。重要的是不仅要知道由出口刺激所带来的各部门新产出的总量，而且要知道它们在地理范围上的某些信息——是否这种出口激励导致某个区域遭受特别的负面影响，或者带来的产出增加大部分发生在经济更好的区域？扩展基本模型以处理诸如此类的问题将是第 3 章中我们将要思考的。

附录 2.1　方法Ⅰ和Ⅱ之间的联系

为考察第 2.3 节的数值例子中两种替代方法之间的联系，我们考虑一个一般的两部门经济，$\boldsymbol{A}=\begin{bmatrix} a_{11} & a_{12} \\ a_{21} & a_{22} \end{bmatrix}$，设 f_1 和 f_2 表示新的最终需求的数值。①

① 在本章其他地方，为记法上的简略，根据上下文当想要表达的含义比较清楚时，我们忽略上标“0”和“1”。

□ A2.1.1 方法Ⅰ

利用列昂惕夫逆矩阵，我们求解 $(\boldsymbol{I}-\boldsymbol{A})=\begin{bmatrix}(1-a_{11}) & -a_{12}\\ -a_{21} & (1-a_{22})\end{bmatrix}$的逆，而且假定 $|\boldsymbol{I}-\boldsymbol{A}|\neq 0$，这意味着 $(1-a_{11})(1-a_{22})-(-a_{12})(-a_{21})\neq 0$（附录A）：

$$(\boldsymbol{I}-\boldsymbol{A})^{-1}=\frac{1}{|\boldsymbol{I}-\boldsymbol{A}|}[\mathrm{adj}(\boldsymbol{I}-\boldsymbol{A})]=\begin{bmatrix}\dfrac{(1-a_{22})}{|\boldsymbol{I}-\boldsymbol{A}|} & \dfrac{a_{12}}{|\boldsymbol{I}-\boldsymbol{A}|}\\ \dfrac{a_{21}}{|\boldsymbol{I}-\boldsymbol{A}|} & \dfrac{(1-a_{11})}{|\boldsymbol{I}-\boldsymbol{A}|}\end{bmatrix} \tag{A2.1.1}$$

由 $\boldsymbol{x}=(\boldsymbol{I}-\boldsymbol{A})^{-1}\boldsymbol{f}$ 求解相关的总产出，也就是：

$$\begin{aligned}x_1&=\left[\frac{(1-a_{22})}{|\boldsymbol{I}-\boldsymbol{A}|}\right]f_1+\left[\frac{a_{12}}{|\boldsymbol{I}-\boldsymbol{A}|}\right]f_2\\ x_2&=\left[\frac{a_{21}}{|\boldsymbol{I}-\boldsymbol{A}|}\right]f_1+\left[\frac{(1-a_{11})}{|\boldsymbol{I}-\boldsymbol{A}|}\right]f_2\end{aligned} \tag{A2.1.2}$$

□ A2.1.2 方法Ⅱ

对总影响一轮又一轮的计算只需要矩阵 **A** 的元素。对部门1的第一轮影响——为满足自身和部门2的投入需求所必须生产的——为$\underbrace{a_{11}f_1+a_{12}f_2}_{\text{部门1、第一轮}}$。对于部门2，第一轮影响为$\underbrace{a_{21}f_1+a_{22}f_2}_{\text{部门2、第一轮}}$。（这些在数值例子中是465美元和195美元。）

为了满足第一轮需求所进行的生产带来了第二轮影响。这些可以容易地被看作：

对于部门1：$\underbrace{a_{11}(a_{11}f_1+a_{12}f_2)}_{\text{部门1、第一轮}}+\underbrace{a_{12}(a_{21}f_1+a_{22}f_2)}_{\text{部门2、第一轮}}$

对于部门2：$\underbrace{a_{21}(a_{11}f_1+a_{12}f_2)}_{\text{部门1、第一轮}}+\underbrace{a_{22}(a_{21}f_1+a_{22}f_2)}_{\text{部门2、第一轮}}$

（这些在数值例子中是118.50美元和102.75美元。）

现在这种扩张的性质清楚了。部门1的第三轮影响为：

$$\begin{aligned}&a_{11}\underbrace{[a_{11}(a_{11}f_1+a_{12}f_2)+a_{12}(a_{21}f_1+a_{22}f_2)]}_{\text{部门1、第二轮}}\\ &+a_{12}\underbrace{[a_{21}(a_{11}f_1+a_{12}f_2)+a_{22}(a_{21}f_1+a_{22}f_2)]}_{\text{部门2、第二轮}}\end{aligned}$$

并且部门2的第三轮影响为：

$$\begin{aligned}&a_{21}\underbrace{[a_{11}(a_{11}f_1+a_{12}f_2)+a_{12}(a_{21}f_1+a_{22}f_2)]}_{\text{部门1、第二轮}}\\ &+a_{22}\underbrace{[a_{21}(a_{11}f_1+a_{12}f_2)+a_{22}(a_{21}f_1+a_{22}f_2)]}_{\text{部门2、第二轮}}\end{aligned}$$

（这些在数值例子中是43.46美元和28.84美元。）

不用多久，我们就可以建立用f_1和f_2所表示的x_1的近似表达式，以及只是以三轮效应为基础的技术系数。把对部门1一轮又一轮效应的项汇总起来，我们有：

$$x_1 \cong f_1 + a_{11}f_1 + a_{11}^2 f_1 + a_{12}a_{21}f_1 + a_{11}^3 f_1 + a_{11}a_{12}a_{21}f_1 + a_{12}a_{21}a_{11}f_1 + a_{12}f_2 + a_{11}a_{12}f_2 + a_{12}a_{22}f_2 + a_{11}a_{11}a_{12}f_2 + a_{11}a_{12}a_{22}f_2 + a_{12}a_{21}a_{12}f_2 + a_{12}a_{22}a_{22}f_2$$

或者：

$$x_1 \cong (1 + a_{11} + a_{11}^2 + a_{12}a_{21} + a_{11}^3 + a_{11}a_{12}a_{21} + a_{12}a_{21}a_{11})f_1 + (a_{12} + a_{11}a_{12} + a_{12}a_{22} + a_{11}a_{11}a_{12} + a_{11}a_{12}a_{22} + a_{12}a_{21}a_{12} + a_{12}a_{22}a_{22})f_2$$

我们可以获得对x_2的类似表达式。

这一代数的目的是搞清楚在第二轮中一对系数的积所表达的效应（例如，a_{11}^2和$a_{11}a_{12}$）、在第三轮中 3 个系数的积所表达的效应（例如，a_{11}^3和$a_{11}a_{12}a_{21}$）。类似地，在第四轮中，4 个系数相乘构成的各组，…，以及在第 n 轮中，n 个系数相乘构成的各组。当用货币单位表示时，因为生产者 j 单位美元产出必须从其自身和每个供给者 i 处购买小于 1 美元价值的投入，因此$a_{jj}<1$，且$a_{ij}<1$。所以很显然最终在某个“下一”轮中的效应实际上可忽略不计。从数学上讲，x_1的表达式具有如下形式：

$$x_1 = (1+\text{包含}a_{ij}\text{的两对、三对、…的无穷级数的项})f_1 + (\text{类似的无穷级数})f_2 \quad (A2.1.4)$$

对于x_2也有一个对应的表达式。如果我们把x_1的这两个括号级数项用s_{11}和s_{12}来表示，对关于x_2的类似表达式中的项用s_{21}和s_{22}来表示，我们通过如下方程得到与最终需求有关的总产出：

$$\begin{aligned} x_1 &= s_{11}f_1 + s_{12}f_2 \\ x_2 &= s_{21}f_1 + s_{22}f_2 \end{aligned} \quad (A2.1.5)$$

作为 4 个不同无穷级数的 s 项的计算是一项困难和令人厌烦的工作。

替代地，我们可以把新的总产出x_1看作由两部分来构成：(a) 对部门 1 产出的新的最终需求f_1；(b) 由f_1和f_2带来的针对部门 1 的所有直接和间接效应（Dorfman，Samuelson and Solow，1958，section 9.3）。为此目的，定义部门 1 的第一轮反应为$F_1 = a_{11}f_1 + a_{12}f_2$，类似地，设部门 2 的第一轮反应为$F_2 = a_{21}f_1 + a_{22}f_2$。这些第一轮的产出将会类似地带来第二轮产出，如此等等，正如上面的f_1和f_2。结果是把最终产出看作f_1和f_2一轮又一轮效应的级数，或者f_1和f_2加上针对F_1和F_2的一轮又一轮效应的级数。按照这种替代的看法，可以进行类似于式（A2.1.5）的一个完整的推导，得到：

$$\begin{aligned} x_1 &= f_1 + s_{11}F_1 + s_{12}F_2 \\ x_2 &= f_2 + s_{21}F_1 + s_{22}F_2 \end{aligned} \quad (A2.1.6)$$

代入$F_1 = a_{11}f_1 + a_{12}f_2$和$F_2 = a_{21}f_1 + a_{22}f_2$，整理各项，有：

$$\begin{aligned} x_1 &= (1 + s_{11}a_{11} + s_{12}a_{21})f_1 + (s_{11}a_{12} + s_{12}a_{22})f_2 \\ x_2 &= (s_{21}a_{11} + s_{22}a_{21})f_1 + (1 + s_{21}a_{12} + s_{22}a_{22})f_2 \end{aligned} \quad (A2.1.7)$$

无论是式（A2.1.5）还是式（A2.1.7）都表明x_1和x_2是f_1和f_2的线性函数，所以相应位置的系数必定相等，也就是：

$$s_{11}=1+s_{11}a_{11}+s_{12}a_{21} \qquad s_{12}=s_{11}a_{12}+s_{12}a_{22}$$
$$s_{21}=s_{21}a_{11}+s_{22}a_{21} \qquad s_{22}=1+s_{21}a_{12}+s_{22}a_{22}$$

上面两个是关于未知数s_{11}和s_{12}的线性方程，而下面两个则是关于s_{21}和s_{22}的线性方程。重新整理，突出 s 为未知数，a 为已知系数：

$$\begin{aligned}(1-a_{11})s_{11}-a_{21}s_{12}&=1\\ -a_{12}s_{11}+(1-a_{22})s_{12}&=0\\ (1-a_{11})s_{21}-a_{21}s_{22}&=0\\ -a_{12}s_{21}+(1-a_{22})s_{22}&=1\end{aligned}$$

或者：

$$\begin{bmatrix}(1-a_{11}) & -a_{21}\\ -a_{12} & (1-a_{22})\end{bmatrix}\begin{bmatrix}s_{11}\\ s_{12}\end{bmatrix}=\begin{bmatrix}1\\ 0\end{bmatrix} \tag{A2. 1. 8a}$$

$$\begin{bmatrix}(1-a_{11}) & -a_{21}\\ -a_{12} & (1-a_{22})\end{bmatrix}\begin{bmatrix}s_{21}\\ s_{22}\end{bmatrix}=\begin{bmatrix}0\\ 1\end{bmatrix} \tag{A2. 1. 8b}$$

这两个方程组有同样的系数矩阵，因为：

$$\begin{bmatrix}(1-a_{11}) & -a_{21}\\ -a_{12} & (1-a_{22})\end{bmatrix}^{-1}=\frac{1}{(1-a_{11})(1-a_{22})-a_{12}a_{21}}\begin{bmatrix}(1-a_{22}) & a_{21}\\ a_{12} & (1-a_{11})\end{bmatrix}$$

而且因为 $(1-a_{11})(1-a_{22})-a_{12}a_{21}=|\boldsymbol{I}-\boldsymbol{A}|$［在式（A2. 1. 1）和式（A2. 1. 2）中］，式（A2. 1. 8）中的两对线性方程的解是：

$$\begin{bmatrix}s_{11}\\ s_{12}\end{bmatrix}=\begin{bmatrix}\dfrac{(1-a_{22})}{|\boldsymbol{I}-\boldsymbol{A}|} & \dfrac{a_{21}}{|\boldsymbol{I}-\boldsymbol{A}|}\\ \dfrac{a_{12}}{|\boldsymbol{I}-\boldsymbol{A}|} & \dfrac{(1-a_{11})}{|\boldsymbol{I}-\boldsymbol{A}|}\end{bmatrix}\begin{bmatrix}1\\ 0\end{bmatrix}$$

$$\begin{bmatrix}s_{21}\\ s_{22}\end{bmatrix}=\begin{bmatrix}\dfrac{(1-a_{22})}{|\boldsymbol{I}-\boldsymbol{A}|} & \dfrac{a_{21}}{|\boldsymbol{I}-\boldsymbol{A}|}\\ \dfrac{a_{12}}{|\boldsymbol{I}-\boldsymbol{A}|} & \dfrac{(1-a_{11})}{|\boldsymbol{I}-\boldsymbol{A}|}\end{bmatrix}\begin{bmatrix}0\\ 1\end{bmatrix}$$

也就是：

$$s_{11}=\frac{(1-a_{22})}{|\boldsymbol{I}-\boldsymbol{A}|},\ s_{12}=\frac{a_{12}}{|\boldsymbol{I}-\boldsymbol{A}|},\ s_{21}=\frac{a_{21}}{|\boldsymbol{I}-\boldsymbol{A}|},\ s_{22}=\frac{(1-a_{11})}{|\boldsymbol{I}-\boldsymbol{A}|}$$

这些代数表达式使得 4 个无穷级数项——其复杂形式如式（A2. 1. 3）和式（A2. 1. 4）所示——等同于 **A** 中元素的简单函数。此外，这 4 个简单函数如式（A2. 1. 1）中所看到的，恰好是列昂惕夫逆矩阵的 4 个元素。按照经济术语，矩阵$(\boldsymbol{I}-\boldsymbol{A})^{-1}$用它的每个元素记录了新的最终需求对两部门产出所产生的所有无穷级数的一轮又一轮直接和间接效应（三部门投入产出模型沿着这一路径的演示将更复杂，对三个以上部门则更是如此）。

列昂惕夫逆矩阵的元素常被称为乘数。利用 $(\boldsymbol{I}-\boldsymbol{A})^{-1}=\boldsymbol{L}=\begin{bmatrix}l_{11} & l_{12}\\ l_{21} & l_{22}\end{bmatrix}$，并预测$f_1$和$f_2$，对$x_1$的总效应可以由$l_{11}f_1+l_{12}f_2$给出，这是对每一个最终需求乘数效应的合计。

计算x_2的总效应是类似的。投入产出乘数将在第 6 章中探讨。

□ 附录 2.2　霍金斯-西蒙条件

不管在式（2.17）中我们对$(\boldsymbol{I}-\boldsymbol{A})^{-1}$的级数的近似使用了多少项，显然因为所有的$a_{ij}>0$，每一项都只包含非负元素。如第 2.4 节中所指出的，不仅 $\boldsymbol{A}\geqslant\boldsymbol{0}$，而且$\boldsymbol{A}^2\geqslant\boldsymbol{0}$，……，$\boldsymbol{A}^n\geqslant\boldsymbol{0}$；所以（$\boldsymbol{I}+\boldsymbol{A}+\boldsymbol{A}^2+\cdots$）是一个非负项的矩阵。如果所有 f 的元素都是非负的，那么相应的 x 也将包含非负元素。这正是人们所期望的；面对一组非负的最终需求，在经济中求解得到的一个或多个必需的总产出是负数，这将是没有意义的。[①] 对于列昂惕夫体系，$\boldsymbol{A}\geqslant\boldsymbol{0}$ 且 $N(\boldsymbol{A})<1$［所以式（2.17）中的结果成立］，我们知道任何部门都不需要用负的产出来满足非负的最终需求。

人们还可以通过考察$(\boldsymbol{I}-\boldsymbol{A})^{-1}=\dfrac{1}{|\boldsymbol{I}-\boldsymbol{A}|}[\mathrm{adj}(\boldsymbol{I}-\boldsymbol{A})]$ 的一般定义（附录 A）来探讨在什么条件下，对于 $\boldsymbol{f}\geqslant\boldsymbol{0}$，总能得到 $\boldsymbol{x}\geqslant\boldsymbol{0}$。对于最简单的两部门情形：

$$(\boldsymbol{I}-\boldsymbol{A})^{-1}=\begin{bmatrix}\dfrac{(1-a_{22})}{|\boldsymbol{I}-\boldsymbol{A}|} & \dfrac{a_{12}}{|\boldsymbol{I}-\boldsymbol{A}|}\\ \dfrac{a_{21}}{|\boldsymbol{I}-\boldsymbol{A}|} & \dfrac{(1-a_{11})}{|\boldsymbol{I}-\boldsymbol{A}|}\end{bmatrix}$$

且$(\boldsymbol{I}-\boldsymbol{A})^{-1}$中的所有元素一定都是非负的——分子一定是非负的，而分母一定是正的（分母也一定不为 0）。或者，所有的分子都可能是非正的，而分母是负的。

我们已经注意到$a_{ij}\geqslant 0$，$N(\boldsymbol{A})<1$，且（也根据它们的定义）所有的$a_{ij}<1$。[②] 如此，$(\boldsymbol{I}-\boldsymbol{A})^{-1}$中所有的分子都是非负的。因此，如果$|\boldsymbol{I}-\boldsymbol{A}|>0$，2×2 列昂惕夫逆矩阵的所有元素都将是非负的。

霍金斯和西蒙（Hawkins and Simon，1949）考察了在更一般的方程体系中非负解的问题。对于一个 $\boldsymbol{A}\geqslant\boldsymbol{0}$ 的系统（如投入产出的情形），但对于 $\boldsymbol{A}$ 的列合计没有施加任何约束，他们发现对于 2×2 的情形，确保 $\boldsymbol{x}\geqslant\boldsymbol{0}$ 的必要和充分条件是[③]：

$$\begin{aligned}&(\mathrm{a})(1-a_{11})>0 \text{ 且 } (1-a_{22})>0\\&(\mathrm{b})|\boldsymbol{I}-\boldsymbol{A}|>0\end{aligned}\qquad\text{(A2.2.1)}$$

这些条件对于 2×2 的情形具有直观的几何解释。我们考察解空间的表示。基本的关系：

$$\begin{aligned}&(\mathrm{a})(1-a_{11})x_1-a_{12}x_2=f_1\\&(\mathrm{b})-a_{21}x_1+(1-a_{22})x_2=f_2\end{aligned}\qquad\text{(A2.2.2)}$$

在x_1x_2空间中定义一对线性方程。通过在每个方程中分别设定一个变量为 0，容易得到每条线在每个坐标轴上的截距。对于任意的（但是为正的）f_1和f_2，这些被表示在图

---

① 在某些模型中，正如我们所看到的，负值是有意义的。当 $\boldsymbol{x}$ 和 $\boldsymbol{f}$ 都被定义为“变动值”，也就是 $\Delta\boldsymbol{x}$ 和 $\Delta\boldsymbol{f}$ 时，类似 $\Delta x_3=-400$ 这样的结果可以被解释为部门 3 的产出下降了 400 美元。

② 正如我们在第 2.6 节中所看到的，在以实物而非货币单位为量纲的投入产出表中，这种情况可能未必是实情——例如，每千克产出所需多少升的投入。同时参见第 9 章和第 10 章。

③ 矩阵代数要求 $(\boldsymbol{I}-\boldsymbol{A})\boldsymbol{x}=\boldsymbol{f}$ 存在唯一解的条件是 $|\boldsymbol{I}-\boldsymbol{A}|\neq 0$。现在我们进一步对行列式施加约束以得到只是正的值。

A2.2-1a 中。（假定a_{12}和a_{21}都是严格正的，也就是说，每个部门都会向其他部门销售某些投入。在一个部门高度加总的模型中，这实际上是肯定会发生的事情。）

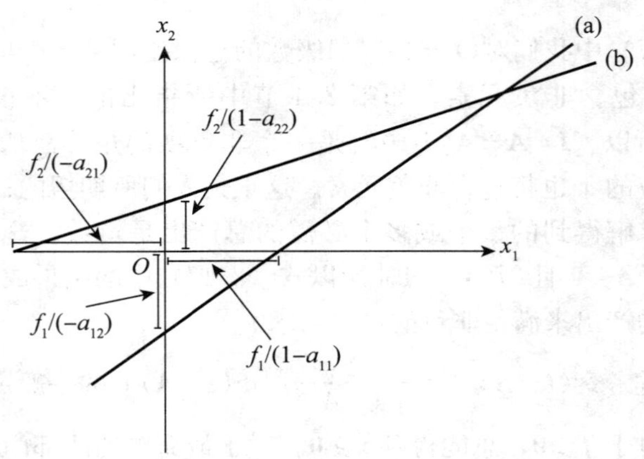

图 A2.2-1a　式（A2.2.2）的解的空间表示；$a_{12}>0$ 且 $a_{21}>0$

只要（$1-a_{11}$）>0 且（$1-a_{22}$）>0——在 2×2 情形下的第一个霍金斯-西蒙条件——对于$f_1>0$和$f_2>0$，式（A2.2.2）中（a）在x_1轴上的截距将在原点的右边，而式（A2.2.2）中（b）在x_2轴上的截距将在原点的上边。因此，对于非负总产出，需要这两个方程相交于第一象限；这意味着式（a）的斜率一定要大于式（b）的斜率。这些斜率为：

$$\text{对于式(a)}\quad \frac{\dfrac{f_1}{a_{12}}}{\dfrac{f_1}{(1-a_{11})}}=\frac{(1-a_{11})}{a_{12}}$$

$$\text{对于式(b)}\quad \frac{\dfrac{f_2}{(1-a_{22})}}{\dfrac{f_2}{a_{21}}}=\frac{a_{21}}{(1-a_{22})}$$

而对斜率的要求是 $(1-a_{11})/a_{12}>a_{21}/(1-a_{22})$。将不等式两边同时乘以（$1-a_{22}$）和$a_{12}$——两者都被假定严格为正——不改变不等式的方向，得到 $(1-a_{11})(1-a_{22})>a_{12}a_{21}$或者 $(1-a_{11})(1-a_{22})-a_{12}a_{21}>0$，而这正是在 2×2 情形下的第二个霍金斯-西蒙条件$|\boldsymbol{I}-\mathbf{A}|>0$。

图 A2.2-1b 和图 A2.2-1c 显示了两部门经济关联程度较弱的效应。如果$a_{21}=0$，意味着$z_{21}=0$（部门 1 不使用来自部门 2 的投入），那么标记为（b）的直线的斜率为 0，它是一条水平线，交x_2轴于高度$f_2/(1-a_{22})$。可以预期的是，所必需的来自部门 2 的总产出只取决于对部门 2 产出的最终需求f_2，以及部门 2 从其自身所购买的产业间投入量a_{22}（见图 A2.2-1b）。类似地，如果$a_{12}=0$，部门 2 不从部门 1 购买投入，图中标记为（a）的直线的斜率将是无穷大；它将垂直于x_1轴，并经过轴上的点$f_1/(1-a_{11})$（见图 A2.2.1c）。

2×2 情形的几何图形哪怕对于 $n>3$ 时也很难被推广。为此，我们需要引入某些矩阵术语。$n\times n$ 方阵中的元素a_{ij}的子式被定义为第 i 行和第 j 列从 $\mathbf{A}$ 中移除以后剩余的

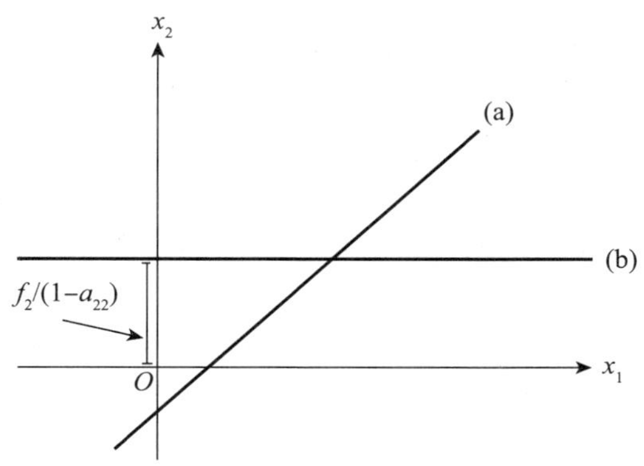

图 A2.2-1b　式（A2.2.2）的解的空间表示且 $a_{21}=0$

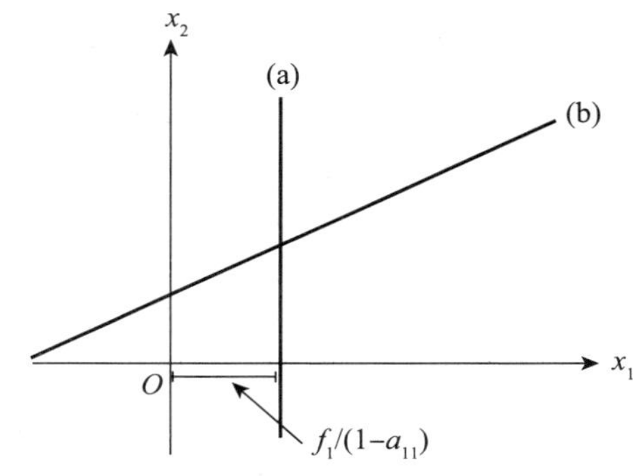

图 A2.2-1c　式（A2.2.2）的解的空间表示且 $a_{12}=0$

$(n-1)\times(n-1)$ 矩阵的行列式（附录 A）。另一种与矩阵有关的子式（不是针对矩阵中的特别元素）是主子式。如果将 0 个、1 个或 1 个以上的行和同样的列从矩阵 **A** 中移除，剩下方阵的行列式成为 **A** 的主子式。利用主子式的概念，式（A2.2.1）中 2×2 情形的霍金斯-西蒙条件可以简洁地表示为（$\boldsymbol{I}-\boldsymbol{A}$）的所有主子式需要严格为正——式（A2.2.1）中的（a）是移除第 1 行和第 1 列，或者第 2 行和第 2 列的结果，而式（A2.2.1）中的（b）是移除 0 行、0 列的结果（不可能移除超过 $n-1$ 行和 $n-1$ 列；如果将所有 n 行和 n 列都移除，没有矩阵可以剩下）。

对于 3×3 的矩阵 **A**，移除第 1 行和第 1 列，或者第 2 行和第 2 列，或者第 3 行和第 3 列，在每种情况下剩下的都是一个 2×2 的矩阵。这三个矩阵的行列式都是 **A** 的主子式（有时被称为二阶主子式，因为它们是 2×2 矩阵的行列式）。此外，移除第 1 和第 2 的行和列，或者第 1 和第 3 的行和列，或者第 2 和第 3 的行和列，在每种情况下剩下的都是一个 1×1 的矩阵（1×1 矩阵的行列式被定义为只是矩阵元素值本身）；它们是 **A** 的三个一阶主子式。通过扩展，在这个例子中三阶主子式就是整个 3×3 矩阵的行列式，没有行和列被移除出去。如此，在 3×3 矩阵中有 7 个主子式。

这些主子式的规则可以被推广；也就是说，不考虑 n 的规模，对应于式（A2.2.1）的是（$\boldsymbol{I}-\boldsymbol{A}$）的所有主子式，一阶、二阶、…、$n$ 阶，都是正的。有兴趣的读者可以试着写出一个 3×3 矩阵（$\boldsymbol{I}-\boldsymbol{A}$）的 7 个主子式。在 4×4 的情况下，有 15 个主子式（对于熟悉组合数学的读者，这一数字是这样得到的：$C_4^0+C_4^1+C_4^2+C_4^3=1+4+6+4=15$）。由此，我们认识到随着投入产出部门数目的增加，这一规则的复杂性也在增加，而且把式（A2.2.1）中的结果扩展和应用到一个 $n\times n$ 系统中，即使 n 只是适度增大，也将是烦琐而冗长的，尽管矩阵主子式的定义提供了一种简单的方法来表示在一般情形下的规则。用这些条件来验证大的、真实世界的投入产出系统是完全不切实际的［例如，对于一个十部门的模型，主子式的个数是 1 023(！)］。

然而，有大量公开成果提出了有关 $\boldsymbol{A}$ 和 $\boldsymbol{f}$ 能够确保非负的最终需求将得到非负的产出的替代条件。迪策巴赫（Dietzenbacher，2005）提出了一个极为简单的充分条件，如果原数据为 $\boldsymbol{Z}^0>\boldsymbol{0}$，$\boldsymbol{f}^0\geqslant\boldsymbol{0}$（至少有一个 $f_i^0>0$），那么对于任何的 $\boldsymbol{f}^1\geqslant\boldsymbol{0}$，有 $\boldsymbol{L}^0=(\boldsymbol{I}-\boldsymbol{A}^0)^{-1}>\boldsymbol{0}$ 且 $\boldsymbol{x}^1=\boldsymbol{L}^0\boldsymbol{f}^1\geqslant\boldsymbol{0}$。这些对 $\boldsymbol{Z}^0$ 和 $\boldsymbol{f}^0$ 的要求可以很容易被验证，从而避开霍金斯-西蒙主子式的要求。实际上，如迪策巴赫（Dietzenbacher，2005）所指出的，利用假设允许 $\boldsymbol{Z}^0$ 包含很多的 0 元素，正的条件 $\boldsymbol{Z}^0>\boldsymbol{0}$ 可以放松为非负要求 $\boldsymbol{Z}^0\geqslant\boldsymbol{0}$。① 这就考虑到更为现实的情形，特别是在高度细分的模型中部门之间中间流量为 0 时。一个额外的好处是这些结果的推导并不依赖于 $a_{ij}^0<1$。当表中交易是按实物单位来度量时，很可能某些系数会大于 1，从而使得 $N(\boldsymbol{A})>1$——正如我们在上面第 2.6 节中所看到的那样。

习题

2.1 上一年的中间流量交易和两部门（农业和制造业）经济总产出的美元价值表示如下：

$$\boldsymbol{Z}=\begin{bmatrix}500 & 350\\ 320 & 360\end{bmatrix}\quad \boldsymbol{x}=\begin{bmatrix}1\,000\\ 800\end{bmatrix}$$

a. 最终需求向量 $\boldsymbol{f}=\begin{bmatrix}f_1\\ f_2\end{bmatrix}$ 中的两个元素是什么？

b. 假设 f_1 增加 50 美元，f_2 下降 20 美元。为满足新的最终需求，新的总产出是多少？

Ⅰ. 通过利用幂级数 $\boldsymbol{I}+\boldsymbol{A}+\boldsymbol{A}^2+\cdots+\boldsymbol{A}^n$ 的前五项，求近似答案。

Ⅱ. 利用列昂惕夫逆矩阵求精确答案。

2.2 下表给出了一个小的三部门国民经济在 t 年度的产业间销售和总产出，其中价值以千美元计量（S_1、S_2 和 S_3 表示三个部门）。

	产业间销售			总产出
	S_1	S_2	S_3	
S_1	350	0	0	1 000
S_2	50	250	150	500
S_3	200	150	550	1 000

a. 对该经济求解技术系数矩阵 $\boldsymbol{A}$ 和列昂惕夫逆矩阵 $\boldsymbol{L}$。

① 假设和进一步的分析都相当的复杂，从而超出了本章的范围——包括，例如，弗罗贝尼乌斯定理、不可分解（不可约）矩阵、特征向量和特征值。有兴趣的读者可以参考 Takayama（1985，Chapter 4）对这些和投入产出分析中的其他数学问题的深入讨论。

b. 假设由于政府税收政策的变化，预测下一年度（$t+1$ 年度）对部门 1、部门 2 和部门 3 产出的最终需求分别为 1 300、100 和 200（同样以千美元计量）。求解为满足预测的需求所需要的三个部门的总产出，假设经济的技术结构没有改变（也就是假设从 t 年度到 $t+1$ 年度，矩阵 $\mathbf{A}$ 没有变化）。

c. 根据表中的数据信息，求解原先（t 年度）的最终需求，并与预测（$t+1$ 年度）的最终需求进行比较。同时，比较原先的总产出和问题 b 中求解得到的产出。这两个比较表明投入产出模型具有什么样的基本性质？

2.3 利用上面习题 2.1 的数据（单位仍为千美元），假设在最终需求的住户（消费）支出部分中，来自部门 1 的是 90，来自部门 2 的是 50。进一步假设部门 1 和部门 2 对住户劳动服务的支付分别为 100 和 60；经济中总的住户（劳动）收入为 300；住户对劳动服务的购买为 40。建立包含住户的闭模型，利用新的 3×3 的列昂惕夫逆的系数矩阵，求解对部门 1 和部门 2 的最终需求分别为 200 和 1 000对部门 1 和部门 2 的影响。对计算得到的部门 1 和部门 2 的产出与不把住户包含进来的模型得到的结果进行比较。如何解释这种差异？

2.4 考虑三个产业的经济：木材和木制品、纸和纸产品，以及机器和运输设备。咨询公司估计上一年木材和木制品产业的产出价值为 50（假设所有货币价值单位为十万美元），其中的 5%用于自身消费；70%作为最终需求被消费；20%用于纸和纸产品产业；5%用于机器和运输设备产业。机器和运输设备产业消耗了本产业总额为 100 的产品中的 15%；25%用于最终需求；30%用于木材和木制品产业；30%用于纸和纸产品产业。最后，纸和纸产品产业生产了 50，其中自身消费了 10%；80%用于最终需求；5%用于木材和木制品产业；5%用于机器和运输设备产业。

a. 根据来自上年数据的这些估计，构建这一经济的投入产出交易矩阵。求解相应的技术系数矩阵，并证明其满足霍金斯-西蒙条件。

b. 求解这一经济的列昂惕夫逆矩阵。

c. 今年经济出现了衰退，表现为最终需求的下降，反映在下表中：

产业	最终需求下降（%）
木材和木制品	25
机器和运输设备	10
纸和纸产品	5

d. 为满足今年下降的最终需求，所有产业需要的总产出是多少？为新的交易表计算增加值和中间产出向量。

2.5 考虑包含产业 A 和产业 B 的一个简单的两部门经济。产业 A 需要价值 2 百万美元的自身产品，价值 6 百万美元的产业 B 的产出，用来生产价值 20 百万美元的自身产品提供给最终消费者。类似地，产业 B 需要价值 4 百万美元的自身产品和价值 8 百万美元的产业 A 的产出，用来生产价值 20 百万美元的自身产品提供给最终消费者。

a. 构建投入产出交易表以描述这一经济的经济活动。

b. 求解对应的技术系数矩阵，并证明其满足霍金斯-西蒙条件。

c. 如果为这一模型编制数据的下一年度在生产消耗模式上没有改变，同时如果对这一经济的最终需求为价值 15 百万美元的物品 A 和价值 18 百万美元的物品 B，为供给这一最终需求以及为实现这一最终需求而进行的产业关联活动所需要的所有产业的总产出是多少？

2.6 考虑如下两部门 A 和 B 的交易矩阵 $\mathbf{Z}$ 和总产出向量 $\mathbf{x}$：

$$\mathbf{Z}=\begin{bmatrix}6 & 2\\ 4 & 2\end{bmatrix} \quad \mathbf{x}=\begin{bmatrix}20\\ 15\end{bmatrix}$$

a. 计算增加值和最终需求向量。证明其满足霍金斯-西蒙条件。

b. 考虑对 $\boldsymbol{x}=\boldsymbol{L}\boldsymbol{f}$ 一轮又一轮的 r 次近似为 $\tilde{\boldsymbol{x}}=\sum_{i=0}^{r}\boldsymbol{A}^{i}\boldsymbol{f}$（记住 $\boldsymbol{A}^{0}=I$）。当 r 值为多少时，$\tilde{\boldsymbol{x}}$ 的所有元素与 $\boldsymbol{x}$ 的实际值相差在 0.2 以内？

c. 假设在计算机上采用一轮又一轮方法完成影响分析的成本由 $C_r=c_1r+c_2(r-1.5)$ 给出，其中 r 为近似的次数（c_1 是加法运算的成本，而 c_2 是乘法运算的成本）。同时，假设 $c_1=0.5c_2$，计算 $(\boldsymbol{I}-\boldsymbol{A})^{-1}$ 的成本确切地由 $C_e=20c_2$ 给出，而利用其逆矩阵进行影响分析的成本（用最终需求向量乘它）由 $C_f=c_2$ 给出。如果我们希望一个特定（任意）最终需求向量的影响（总产出）与 $x=Lf_a$ 的实际值相差至少在 0.2 以内，其中 $\boldsymbol{f}_a$ 为任意最终需求向量，我们是应该采用一轮又一轮的方法，还是计算准确的逆矩阵来进行影响分析？寻找获得计算结果的最小成本方法。

d. 假设我们有 5 个任意的最终需求向量，我们要估算其影响。现在你将如何回答问题 c？

e. 多少个最终需求向量不会对我们使用的方法产生影响（为了回答问题 c）？

2.7　对于产业 a、b 和 c，给定下列交易表，总产出也表示如下，计算最终需求向量，并证明 $(\boldsymbol{I}-\boldsymbol{A})$ 逆矩阵的存在。

产业	a	b	c	总产出
a	3	8	6	22
b	2	4	5	18
c	7	3	9	31

利用幂级数对 $\boldsymbol{x}$ 进行近似，与上述实际产出值的差在 0.1 之内。所需的 $\boldsymbol{A}$ 的最高的幂的次数为多少？

2.8　考虑下列八部门经济的交易和总产出数据：

$$\boldsymbol{Z}=\begin{bmatrix}8\,565 & 8\,069 & 8\,843 & 3\,045 & 1\,124 & 276 & 230 & 3\,464\\ 1\,505 & 6\,996 & 6\,895 & 3\,530 & 3\,383 & 365 & 219 & 2\,946\\ 98 & 39 & 5 & 429 & 5\,694 & 7 & 376 & 327\\ 999 & 1\,048 & 120 & 9\,143 & 4\,460 & 228 & 210 & 2\,226\\ 4\,373 & 4\,488 & 8\,325 & 2\,729 & 29\,671 & 1\,733 & 5\,757 & 14\,756\\ 2\,150 & 36 & 640 & 1\,234 & 165 & 821 & 90 & 6\,717\\ 506 & 7 & 180 & 0 & 2\,352 & 0 & 18\,091 & 26\,529\\ 5\,315 & 1\,895 & 2\,993 & 1\,071 & 13\,941 & 434 & 6\,096 & 46\,338\end{bmatrix}$$

$$\boldsymbol{x}'=[37\,610\quad 45\,108\quad 46\,323\quad 41\,059\quad 209\,403\quad 11\,200\quad 55\,992\quad 161\,079]$$

a. 计算 $\boldsymbol{A}$ 和 $\boldsymbol{L}$。

b. 如果部门 1 和部门 2 的最终需求增加 30%，而部门 5 的最终需求下降 20%（而所有其他最终需求不变），该经济八部门中每一个部门新的总产出将必为多少？

2.9　考虑下列按百万美元度量的两部门投入产出表：

	制造业	服务业	最终需求	总产出
制造业	10	40	50	100
服务业	30	25	85	140
增加值	60	75	135	
总产出	100	140		240

如果服务部门劳动成本上升导致每单位服务所需要的增加值投入上升了 25%，而制造业的劳动成本下降了 25%，则这将导致制造业产品与服务业相对价格的什么变化？

2.10　对于表 2－7 中给定的美国直接需求表，如果国内企业所得税增加使得第一产业（农业和采掘业）总的增加值增加了 10%，建筑和制造业增加了 15%，所有其他部门增加了 20%，那么这对相对价格的影响会是什么？

2.11 考虑农业、服务业和个人计算机三个部门的投入产出经济。产业关联交易矩阵和总产出向量分别为 $\mathbf{Z}=\begin{bmatrix}2 & 2 & 1\\1 & 0 & 0\\2 & 0 & 1\end{bmatrix}$，$\mathbf{x}=\begin{bmatrix}5\\2\\2\end{bmatrix}$，如此 $\mathbf{f}=\mathbf{x}-\mathbf{Z}\mathbf{i}=\begin{bmatrix}0\\1\\-1\end{bmatrix}$。注意这是一个封闭模型，所有产业的产出成为投入。换句话说，对于给定的 $\mathbf{x}$，求解总的增加值向量得到 $\mathbf{v}'=\mathbf{x}'-\mathbf{i}'\mathbf{Z}=[0\quad 0\quad 0]$，当然，国内生产总值为 $\mathbf{v}'\mathbf{i}=\mathbf{i}'\mathbf{f}=0$。这一经济的 $\mathbf{L}$ 存在吗？假设个人计算机部门的所有投入都来自进口，我们寻求通过进口“打开”这一经济从而构建国内交易矩阵，也就是把所有个人计算机的投入价值转移为最终需求。改变后的 $\mathbf{Z}$、$\mathbf{f}$ 和 $\mathbf{v}$ 值是多少？国内生产总值的新数值是多少？修改后的经济的表述中存在 $\mathbf{L}$ 吗？如果存在，请计算出来。

参考文献

Batey，Peter W. J.，Moss Madden and Melvyn J. Weeks. 1987. “Household Income and Expenditure in Extended Input-Output Models：A Comparative Theoretical and Empirical Analysis，” *Journal of Regional Science*，**27**，341-356.

Batey，Peter W. J. and Melvyn J. Weeks. 1989. “The Effects of Household Disaggregation in Extended Input-Output Models，” in Ronald E. Miller，Karen R. Polenske and Adam Z. Rose（eds.），*Frontiers of Input-Output Analysis*. New York：Oxford University Press，pp. 119-133.

Dietzenbacher，Erik. 1997. “In Vindication of the Ghosh Model：A Reinterpretation as a Price Model，” *Journal of Regional Science*，**37**，629-651.

2005. “Waste Treatment in Physical Input-Output Models，” *Ecological Economics*，**55**，11-23.

Dietzenbacher，Erik and Esthet Velázquez. 2007. “Analysing Andalusian Virtual Water Trade in an Input-Output Framework，” *Regional Studies*，**41**，185-196.

Dorfman，Robert，Paul A. Samuelson and Robert Solow. 1958. *Linear Programming and Economic Analysis*. New York：McGraw-Hill.

Duchin，Faye. 1998. *Structural Economics*. Washington，DC：Island Press.

Duchin，Faye and Glenn-Marie Lange. 1995. “The Choice of Technology and Associated Changes in Prices in the U. S. Economy，” *Structural Change and Economic Dynamics*，**6**，335-357.

Hawkins，David and Herbert A. Simon. 1949. “Note：Some Conditions of Macroeconomic Stability，” *Econometrica*，**17**，245-248.

Hubacek，Klaus and Stefan Giljum. 2003. “Applying Physical Input-Outer Analysis to Estimate Land Appropriation（Ecological Footprints）of International Trade Activities，” *Ecological Economics*，**44**，137-151.

Klein，Lawrence R. 1953. *A Textbook for Econometrics*. Evanston，IL：Row，Peterson.

Lahr，Michael L. and Benjamin H. Stevens. 2002. “A Study of the Role of Regionalization in the Generation of Aggregation Error in Regional Input-Output Models，” *Journal of Regional Science*，**42**，477-507.

Lee，Gene K.，Leroy L. Blakesley and Walter R. Butcher. 1977. “Effects of Exogenous Price Changes on a Regional Economy：An Input-Output Analysis，” *International Regional Science Review*，**2**，15-27.

Leontief, Wassily. 1951a. "Input-Output Economics," *Scientific American*, **185**, 15-21.

1951b. *The Structure of American Economy*, *1919—1939*. New York: Oxford University Press.

1986. *Input-Output Economics* (Second Edition). New York: Oxford University Press.

Leontief, Wassily, HollLs B. Chenery, Paul G. Clark, James S. Duesenberry, Allen R. Ferguson, Anne P. Grosse, Robert H. Grosse, Mathilda Holzman, Walter Isard and Helen Kistin. 1953. *Studies in the Structure of the American Economy*. White Plains, NY: International Arts and Science Press (Reprint, 1976).

Marangonl, Giandemetrio. 1995. "Sectoral Rates of Profit and Productive Structure," *Economic Systems Research*, **7**, 355-362.

Melvin, James R. 1979. "Short-Run Price Effects of the Corporate Income Tax and Implications for International Trade," *American Economic Review*, **69**, 765-774.

Miyazawa, Ken'ichi. 1976. *Input-Output Analysis and the Structure of income Distribution*. Berlin: Springer.

Morgenstern, Oskar (ed.). 1954. *Economic Activity Analysis*. New York: Wiley.

Moses, Leon N. 1974. "Outputs and Prices in Interindustry Models," *Papers of the Regional Science Association*, **32**, 7-18.

Oosterhaven, Jan. 1996. "Leontief versus Ghoshian Price and Quantity Models," *Southern Economic Journal*, **62**, 750-759.

Polenske, Karen R. 1978. "Energy Analysis and the Determination of Multiregional Prices," *Papers of the Regional Science Association*, **43**, 83-97.

1980. *The U. S. Multiregional lnput-Output Accounts and Model*. Lexington, MA: Lexington Books (D. C. Heath and Co.).

Stahmer, Carsten. 2000. "The Magic Triangle of Input-Output Tables," in Sandrine Simon and John L. R. Proops (eds.), *Greening the Accounts* (*Current Issues in Ecological Economics*). Cheltenham, UK: Edward Elgar, pp. 123-154.

Takayama, Akira. 1985. *Mathematical Economics* (Second Edition). New York: Cambridge University Press.

第 3 章

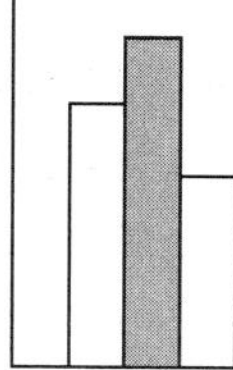

区域层面上的投入产出模型

3.1 引言

起初，投入产出模型的应用是在国家层面上推行的，例如，评估当第二次世界大战接近尾声时从战争到和平时期生产的变化对美国经济每个部门的影响。随着时间的推移，对区域层面经济分析的兴趣——无论是几个州的组合（如在联邦储备区内），还是单独的某个州、某个县或者城市——引发了对投入产出模型的修正，以试图反映国内区域（subnational）问题的特性。至少有两个区域经济体的基本特性会影响区域投入产出研究的特征。

第一，尽管国家投入产出系数表的数据显然是位于具体区域的各个生产者们数据的某种平均，但某个特定区域的生产结构可能与国家投入产出表记录的相同，也可能显著不同。在波士顿灌装的某个特定品牌的软饮料可能与该品牌在堪萨斯、亚特兰大或者美国其他地区生产的软饮料具有基本相同的配方及比例。此外，东部华盛顿水电站 Coulee 生产的电力与宾夕法尼亚用煤炭生产的电力或者其他地方用核电站或风电站生产的电力相比，具有完全不同的投入结构。因此，早期的区域投入产出应用的方法论——该方法使用略微修正的国家投入系数——给出了基于某区域特定数据而量身定做其系数表的方法。

第二，有一个一般来说是正确的特点，即经济区域越小，该区域对区域外贸易的依赖性就越强。与区域外的贸易指跨跃该区域边界的交易，既包括本区域产出的销售，又包括生产所需要的投入的购买。也就是说，第 2 章中所描述的模型中外生的最终需求部门项目中的出口项现在将普遍相对重要很多，同时有更高比例的投入将通过从区域外的生产者那里进口来获得。夸张点说，整个世界的经济体没有“对外贸易”，因为所有的销售和购买对这个世界范围的“区域”而言都是在内部进行的。反过来，一个城市地区对进口和出口有很强的依赖（例如，西雅图地区波音客机的出口和航天器生产的零部件进口）。

在本章中，我们将研究几类把这些区域经济的特征加入投入产出框架中的尝试。这样的区域投入产出模型可以针对单个区域或者两个及以上的区域，以及它们之间的相互联系。几个区域的情况被称为区域间投入产出分析（interregional input-output analysis，为其中的一种形式）或多区域投入产出分析（multiregional input-output analysis，为另一种形式）。我们将考察这些区域化投入产出模型类别中的每一类，同时也考察所谓的平衡区域模型（balanced regional model）。

文献中有大量区域层面投入产出的研究工作。一些最早的单区域应用实例可见于摩尔和彼得森（Moore and Petersen，1955）、伊萨德和屈恩（Isard and Kuenne，1953）、米勒（Miller，1957）以及赫希（Hirsch，1959）。在该应用领域发展的早期，对编制区域投入产出表涉及的细节的一个很全面的讨论和文献可见于伊萨德和兰福德（Isard and Langford，1971）——这个例子中的区域是费城标准都市统计区（Philadelphia Standard Metropolitan Statistical Area）——以及迈尔尼克等（Miernyk，et. al.，1967）针对科罗拉多州博尔德、迈尔尼克等（Miernyk，et. al.，1970）针对西弗吉尼亚州建立的模型。早期区域投入产出模型的综述见普可仁（Polenske，1980，Chapter 3）和迈尔尼克（Miernyk，1982）。如果想了解这个领域大量的后续工作，读者可以参考一些杂志的年度索引，包括《经济系统研究》（*Economic Systems Research*）、《区域科学杂志》（*Journal of Regional Science*）、《国际区域科学评论》（*International Regional Science Review*）和《区域科学论文集》（*Papers in Regional Science*）。① 此外，许多区域投入产出表和这些表的应用研究由相应的进行研究分析的国家级以下机构（州和地方政府或者它们在美国之外的对应机构）出版，或者由完成这些工作的大学出版社出版。

在第3.6节中我们将会从微观和宏观的不同视角展示一些区域模型空间规划的例子，来说明这一模型的最早的一些应用——小到如市中心街区这样的小区域模型，大到通常被提到的包括几个大国集团的“世界模型”。区域应用的例子同样会在第6章和第8章中讨论。对本章和后续章节中将提到的区域和跨区域投入产出内容的简要介绍可参见米勒（Miller，1998）。

3.2 单区域模型

□ 3.2.1 国家系数

一般地，区域投入产出研究试图量化由对某个地区生产的产品产生新的最终需求所引发的对位于该区域的生产部门的影响。早期的区域研究（Isard and Kuenne，1953；Miller，1957）使用国家的技术系数表，并与用来获取区域经济体某些特征的调整方法

① 其他相关的杂志包括 *Environment and Planning A*、*Annals of Regional Science*、*Regional Studies*、*Growth and Change*、*Urban Studies*、*Land Economics*、*Regional Science and Urban Economics*、*RegionalScience Perspectives* 以及 *Economic Geography*。

相配合，因为特定区域的具体系数表不存在。①

使用与第 2 章相同的方式，用上标 r 表示“区域 r”，用下标 i 表示“部门 i”。因此，就如 x_i 表示部门 i 的总产出一样，$\mathbf{x}^r=[x_i^r]$ 表示区域 r 中各部门的产出向量。类似地，$\mathbf{f}^r=[f_i^r]$ 表示对区域 r 所生产的商品的外生需求向量。例如，如果 r 表示华盛顿州，$\mathbf{f}^r$ 的一个元素可能是国外航空公司从华盛顿波音公司订的商业飞机的订单。

这些早期区域研究中的问题是只有一个国家技术系数矩阵 $\mathbf{A}$ 是可获取的。然而，实质上所需要的是体现所研究区域（in the region）的公司对该区域生产的投入的矩阵。把这个未知的矩阵表示为 $\mathbf{A}^{rr}=[a_{ij}^{rr}]$，其中 a_{ij}^{rr} 是区域 r 的部门 i 对区域 r 部门 j 价值 1 美元的产出的投入［这些符号将被用于多个区域的模型，其中我们需要两个上标来鉴别来源和目的（去向）区域，就如 i 和 j 表示来源和目的（去向）部门一样］。假定在没有相反的证据的情况下，地方生产者使用与国家系数表中给出的相同的生产技术配方，这意味着区域 r 中每个部门的生产技术与国家整体都是相同的。然而，为了把区域最终需求转化为区域内公司的产出（$\mathbf{x}^r$），国家系数矩阵必须修正以得到 $\mathbf{A}^{rr}$（地方生产过程中所使用的地方性产品）。

早期研究通过使用估计的区域供给比例来进行这种修正，在区域经济中每个部门都有一个比例，用于反映每个部门所需要的产出中预期来自本区域内部的产出的比例。在使用区域层面上通常可以获取的数据来估计这些比例时，一个直接的途径要求的信息有：(1) 每个部门 i 的区域总产出 x_i^r，(2) 区域 r 每个部门 i 的产品出口 e_i^r，(3) 区域 r 商品 i 的进口 m_i^r。之后，就可以构建区域 r 可提供的由区域 r 所生产的商品 i 占该商品总量的比例（商品 i 的区域供给比例）表达式，用 p_i^r 表示，其中：

$$p_i^r=\frac{x_i^r-e_i^r}{x_i^r-e_i^r+m_i^r}$$

分子表示区域 r 本地生产的本地购买者可以使用的 i 的数量；分母表示区域 r 可以使用的 i 的总数量，不论是本地生产的还是进口的（因此 $p_i^r\times 100$ 是区域 r 部门 i 的区域供给比例的估计值——区域 r 可得到的商品 i 中在本地生产的比例）。

假定我们可以估计经济中每个部门的这种比例，则国家系数矩阵第 i 行的每个元素都乘以 p_i^r，就得到一行本地生产的商品 i 对每个本地生产者的直接消耗系数。如果我们将这些比例放到一个含有 n 个元素的列向量中，即 $\mathbf{p}^r$，则我们所使用的区域矩阵的估计将是 $\mathbf{A}^{rr}=\hat{\mathbf{p}}^r\mathbf{A}$。对于两部门的模型，为：

$$\mathbf{A}^{rr}=\hat{\mathbf{p}}^r\mathbf{A}=\begin{bmatrix}p_1^r & 0\\ 0 & p_2^r\end{bmatrix}\begin{bmatrix}a_{11} & a_{12}\\ a_{21} & a_{22}\end{bmatrix}=\begin{bmatrix}p_1^r a_{11} & p_1^r a_{12}\\ p_2^r a_{21} & p_2^r a_{22}\end{bmatrix}$$

则对任何一个 $\mathbf{f}^r$ 我们有 $\mathbf{x}^r=(\mathbf{I}-\hat{\mathbf{p}}^r\mathbf{A})^{-1}\mathbf{f}^r$。这种对 $\mathbf{A}$ 中某行元素进行的一致修正是一种很强的假定。它意味着，举例来说，如果华盛顿的航天器、厨房设备和游艇部门都使用铝（部门 i）作为投入品，则所有三个部门从位于本州的公司购买的铝占它们各自对铝的总需求的比例相同，即都为 p_i^r。

在第 2 章的两部门例子中，我们有 $\mathbf{A}=\begin{bmatrix}0.15 & 0.25\\ 0.20 & 0.05\end{bmatrix}$。假定这是一个国家表，我们

① 这些“区域”在第一个例子中是大纽约-费城-工业区（包括康涅狄格州的 2 个县、纽约州的 11 个县、宾夕法尼亚州的 5 个县），在第二个例子中是华盛顿州、俄勒冈州和爱达荷州。

想从这个表推出 $\boldsymbol{A}^{rr}$，且没有证据显示区域的基本生产结构与 $\boldsymbol{A}$ 中所反映的国家平均结构不同。然而，区域的唯一特征体现在区域供给比例中。使用区域产出、出口和进口数据，假定我们估计部门 1 产品的 80%来自区域内属于该部门的公司，而部门 2 的产品预期有 60%由该地区部门 2 的公司所提供，因此 $\boldsymbol{p}^r=\begin{bmatrix}0.8\\0.6\end{bmatrix}$。假定该区域计划的（新）最终需求为 $\boldsymbol{f}^r=\begin{bmatrix}600\\1\,500\end{bmatrix}$（这是第 2 章中某些数值示例所使用的最终需求向量）。则：

$$\hat{\boldsymbol{p}}^r=\begin{bmatrix}0.8 & 0\\0 & 0.6\end{bmatrix},\ \boldsymbol{A}^{rr}=\hat{\boldsymbol{p}}^r\boldsymbol{A}=\begin{bmatrix}0.8 & 0\\0 & 0.6\end{bmatrix}\begin{bmatrix}0.15 & 0.25\\0.20 & 0.05\end{bmatrix}=\begin{bmatrix}0.12 & 0.20\\0.12 & 0.03\end{bmatrix}$$

$$(\boldsymbol{I}-\boldsymbol{A}^{rr})^{-1}=\begin{bmatrix}1.169 & 0.241\\0.145 & 1.061\end{bmatrix}$$

直接用这个区域逆矩阵，则：

$$\boldsymbol{x}^r=(\boldsymbol{I}-\boldsymbol{A}^{rr})^{-1}\boldsymbol{f}^r=\begin{bmatrix}1.169 & 0.241\\0.145 & 1.061\end{bmatrix}\begin{bmatrix}600\\1\,500\end{bmatrix}=\begin{bmatrix}1\,062.90\\1\,678.50\end{bmatrix} \tag{3.1}$$

计算结果告诉我们，所需要的该地区部门 1 和部门 2 生产的总产出分别是 1 062.90 美元和1 678.50 美元。

在更新的区域投入产出分析中，人们试图更为精确地在模型中描述区域经济的特征。在接下来的部分我们将简要探讨这些工作，在第 8 章中我们会回到“区域化”的问题中。

□ 3.2.2 区域系数

我们之前提到，华盛顿所生产的电力有很大的可能性会与宾夕法尼亚州生产的电力有不同的生产配方（技术系数的列）。这些不同区域生产的电力实际上是两种不同的产品——“水力发电的电力”和“煤炭火力发电的电力”。另一个例子是关于飞机部门的。在国家表中，这个部门包括商用飞机、公务飞机和私人飞机等组合的制造。这个部门的一种投入可能是用于波音商用客机的大型喷气式引擎。此外，佛罗里达州区域表中的飞机部门只可能反映小型私人飞机的制造，对这个部门来说，大型喷气式引擎根本不是它的投入；而在华盛顿的表中，喷气式引擎却是一种极为重要的投入。

即使在分类很详细的国家投入产出表中，部门也是由多种产品组成的——正如这个飞机部门的例子一样。该部门中的公司分布在国家的多个区域中，它们通常只生产所有产品中很少的几种——华盛顿的波音公司不生产小型螺旋桨驱动式飞机；佛罗里达的 Piper 公司不生产可以载客达到 300 人的喷气式客机。这说明了投入产出中所谓的产品组合问题；被归类到同一个部门中的公司实际上生产不同系列的产品。避免这个问题的最直截了当的途径是调查该区域的公司，建立基于调查的区域投入产出表。进行这样的调查时，我们实际上可以提出基本问题的两类问法。在询问某个特定区域部门 j 的公司关于其各种投入的使用时，问题可以设为：

（1）上个年度在生产你们的产出时你们购买了多少部门 i 的产品？（例如，华盛顿的飞机制造公司上年度购买了多少铝？）

（2）上个年度你们从位于该区域的公司购买了多少部门 i 的产品？（例如，华盛顿的飞机制造商使用的铝有多少是从华盛顿的铝生产商那里购买的?)①

在之前的例子中，会编制一个真正的区域技术系数表；与国家表相比，这个表会更好地反映本区域的生产实践——例如，这将去除在佛罗里达州私人飞机制造业中大型喷气式引擎的投入。然而，它无法顾及在所需要的每种投入中有多少来自本区域以及有多少是进口（调入）的。此外，以位于本区域的公司的产出所需要的由本区域公司所提供的投入品为基础的一系列系数可以反映区域生产技术。这些系数可被称为区域投入系数（regional input coefficient），与区域技术系数相区别，因为它们不是总能准确描述区域公司的技术，相反描述的只是当地公司使用当地投入的方式（区域内投入系数是一个尽管冗长但更为准确的描述）。②

有些区域分析者不是通过使用区域供给比例修正国家系数表的，而是试图通过对本区域机构的调查得出区域投入系数表，调查使用问题（2）的提问形式。华盛顿系列表就是这种基于调查的建模尝试的例证，特别是其1963年、1967年、1972年、1982年、1987年和2002年的表（同样有华盛顿1997年的表，主要是通过一种非调查估计技术产生的；非调查方法在第7章和第8章中研究。1997年和2002年的表可以从 www.ofm.wa.gov/economy/io 获取）。华盛顿表可以从布尔克和威克斯（Bourque and Weeks，1969）、拜尔斯等（Beyers et al.，1970）、布尔克和康韦（Bourque and Conway，1977）、布尔克（Bourque，1987）以及蔡斯、布尔克和康韦（Chase，Bourque，and Conway，1993）等文献中找到。这些数据成为许多比较研究的基础。

为考察这种扩展，我们需要引入更为复杂的符号。我们仍旧用上标 r 表示所研究的区域。令 z_{ij}^{rr} 表示从区域 r 的部门 i 到区域 r 的部门 j 的产品的价值流量③。正如关于部门的下标顺序是“从—到”一样，关于地理位置的上标顺序也表示“从—到”。如果我们有一个对本区域经济体所有 n 个部门的关于 z_{ij}^{rr} 的完整数据集，以及该区域每个部门的总产出数据（x_j^r），区域投入系数可以从下式得出：

$$a_{ij}^{rr}=\frac{z_{ij}^{rr}}{x_j^r} \tag{3.2}$$

令 $\underset{(n\times n)}{\mathbf{Z}^{rr}}=[z_{ij}^{rr}]$，$\underset{(n\times 1)}{\mathbf{x}^{r}}=[x_j^r]$；则区域投入系数矩阵为：

$$\mathbf{A}^{rr}=\mathbf{Z}^{rr}(\hat{\mathbf{x}}^r)^{-1} \tag{3.3}$$

（这就是早期区域研究中近似描述为 $\hat{\mathbf{p}}^r\mathbf{A}$ 的式子。）则区域 r 最终需求的一个变化对区域生产的影响为：

$$\mathbf{x}^r=(\mathbf{I}-\mathbf{A}^{rr})^{-1}\mathbf{f}^r \tag{3.4}$$

□ 3.2.3 住户部门的区域闭模型

上述华盛顿的模型用第2章中所描述的方式把住户部门封闭到模型中去，方法是加

---

① 如果可能，确定有多少来自位于该州之外的公司，则我们就有了区域间或多区域模型的开端。这些在第3.3节和第3.4节讨论。

② Tiebout（1969，p.335）使用“直接区域内产业间系数”（direct intraregional interindustry coefficient），完全准确，但也相当冗长。

③ 需要使用双上标是因为稍后我们也将度量区域之间的部门间流量，为 z_{ij}^{rs}。

入住户消费列和劳动投入行。投入产出模型中住户部门内生化过程的一个扩展是在直接消耗系数矩阵中加入超过 1 行和 1 列的行和列。这种方法经常在区域层面上使用，尽管其对国家模型同样具有很好的适用性。如常，所预计的最终需求增加的影响将是部门产出的增加以及因此产生的劳动服务的报酬的增加。基本的思想是，应该区分不同类别的消费者之间的消费习惯，例如，在次国家层面上，要区分经历收入提高（例如，由生产率的提高带来）的该区域常住居民的消费习惯，以及由于就业预期而迁入的新居民（新的收入）的消费方式。这种区分显然源自蒂伯特（Tiebout，1969），其中，它们分别被归为集约的（intensive）和外延的（extensive）收入增长。

做这种区分的原因是现有居民会根据一组边际消费系数支出新收入中的每 1 美元，而新居民会根据一组平均消费系数来分配他们的购买。

> 这个假定应该很清楚：因为新居民迁入后按照与现有居民相同的工资率任职，平均消费倾向是相关的。在由于人均收入的提高而带来区域收入提高的情况下，应该使用边际消费倾向。（Tiebout，1969，p. 336）

如果分部门的销售额可以分解到新居民和现有居民中，同时分部门的劳动报酬可以做类似的分解，则可以推导出边际的和平均的住户消费系数。类似地，知道每个部门的产出，就可以得到价值 1 美元的产出的“现有居民”和“新居民”的劳动投入。用这些信息就可以构建出附加的两行和两列，通过这些附加的行和列来建立闭模型。

在实际中，这类数据不方便获取。蒂伯特（Tiebout，1969）描述了在华盛顿区域模型中外延的和集约的系数的推导。迈尔尼克等（Miernyk et al.，1967）在他们的开拓性的工作，即科罗拉多州博尔德投入产出研究①中研究了本质上一样的问题。此外，在对博尔德的研究中尝试将收入增长分解到按照收入等级分的现有居民中，收入阶层越高边际消费倾向越低（Miernykl et al.，1967，esp. Chapter V）。

不同于将家庭分类为“老”和“新”两类居民，布莱克韦尔（Blackwell，1978）提出了三部分分类，分为集约的、外延的（分别对应上面的现有居民和新居民），以及再分配的（指先前失业的当地居民中得到新收入的那一部分）。关于现有被雇用和现有失业工人的区分，马登和贝蒂（Madden and Batey，1983）及其他人也详细研究过②。马登、贝蒂和他们同事的大量关于“扩展的”投入产出模型的工作是连接人口和经济模型的大量研究的代表作。这些工作的总结见贝蒂和马登（Batey and Madden，1999），这一总结也包含了大量他们自己和其他人的早期文献。宫泽（Miyazawa，1976）也研究了向多个消费支出和收入者类别的扩展。我们将在第 6 章中研究投入产出乘数时对这些多种类的闭模型进行探讨（包括宫泽的方式）。

① 蒂伯特在表述一个区域中外延的和集约的消费倾向区分方面的贡献被迈尔尼克等人引用（Miernyk et al.，1967，p. 104，n. 9）。蒂伯特论文的初稿完成于 1967 年，1968 年他逝世后，1969 年被作为遗著发表。

② 其他早期的居民扩展的例子包括（不局限于）Schinnar（1976）、Beyers（1980）、Gordon 和 Ledent（1981）、Ledent 和 Gordon（1981），以及 Joun 和 Conway（1983）。这些联合的模型叫作人口-经济或者也叫作经济-人口。人口-经济组合以不同劳动（住户）群体反映投入，经济-人口组合描述不同住户类型的活动。

3.3 多区域模型：区域间方法

前面所介绍的单区域模型代表了投入产出体系中区域经济建模的一种方法。然而，这类方法无法做到的是以一种可行的途径辨析区域之间的相互联系。所关注的那个区域（上述区域 r）实质上与它所在国家的其他部分“无关联”，在这个意义上它的生产技术配方反映在区域内矩阵 $\boldsymbol{A}^{rr}$ 中。对于一个由几个区域组成的国家，许多重要的问题都牵涉多区域。

下一年的国家安全预算可能包括在加利福尼亚州建造的特定类型飞机的大订单、在弗吉尼亚州一艘或多艘船的大修，以及在新泽西州军用设施的现代化和升级。这些活动中每一个都预期不仅仅在活动所发生的区域（该例中为州）中有影响，而是在其他州中也有。因此总的经济影响可能大于加利福尼亚州、弗吉尼亚州和新泽西州内的区域影响。加利福尼亚州之外的公司会生产将被进口到加利福尼亚州用于飞机生产的产品；那些公司，反过来，也可能进口来自其他州的产品用于自己的生产。船检修需要的材料会从弗吉尼亚州之外的供给方进入弗吉尼亚州。新泽西州的基础设施升级所需要的电子元件可能从其他地方进口，而电子产品公司反过来会需要当地（它们的所在地）投入和进口投入，依此类推。

因此，多区域投入产出建模的基本问题是区域之间交易的估计。一种方法是区域间模型，需要区域内数据以及区域间数据完全的（理想的）集合。对于两区域的情况，这意味着要知道 $\boldsymbol{x}^r=[x_i^r]$、$\boldsymbol{x}^s=[x_i^s]$、$\boldsymbol{Z}^{rr}=[z_{ij}^{rr}]$ 、$\boldsymbol{Z}^{ss}=[z_{ij}^{ss}]$、$\boldsymbol{Z}^{rs}=[z_{ij}^{rs}]$ ——这个矩阵记录从区域 r 部门 i 到区域 s 部门 j 的交易流量，以及 $\boldsymbol{Z}^{sr}=[z_{ij}^{sr}]$ ——这个矩阵体现从 s 到 r 的流量。大多数的麻烦是最后两个矩阵带来的。在实际中，从来不会有那么详细的信息，并且随着区域数量的增加，要求也越来越高——一个三区域的模型需要 6 个区域间矩阵，一个四区域模型需要 12 个，等等。

多区域模型的另一种形式是哈佛经济研究项目（Harvard Economic Research Project，HERP）的成员在列昂惕夫的指导下创建和详细刻画的，从它的开端持续到 20 世纪 60 年代。[①] 按照年代顺序，区域间投入产出模型（IRIO）结构最初是伊萨德（Isard，1951）给出的，并由伊萨德等（Isard et al.，1960）详细刻画。（经常被冠以“伊萨德模型”）。列昂惕夫等（Leontief et al.，1953）构建了一个国家内投入产出模型的框架（常被称为“平衡区域模型”，见后面的第 3.5 节）。后来它被用于评估美国军备开支削减对部门和区域的影响，见列昂惕夫等（Leontief et al.，1965）。多区域投入产出模型（MRIO）几乎同时由钱纳里（Chenery，1953）（意大利的两区域模型）和摩西（Moses，1955）（美国的九区域模型）提出——因此被冠以“钱纳里-摩西模型”之名。最后，列昂惕夫和斯特劳特（Leontief and Strout，1963）提出了引力模型方法，用于区域联结的投入产出模型中的区域间流量估计。[②] 在这一部分我们将探讨区域间投入产出

① 列昂惕夫 1948 年在哈佛大学创立该项目，一直持续到 1972 年。这项创建性的工作的全面说明见 Polenske（1995，2004）。

② Isard et al.（1960，esp. Chapter 11）描述了引力模型并探索其用于详细估计区域间相互作用（包括商品流）的潜力。我们在之后的第 8.6 节讨论引力方法和其他估计区域间流量的方法。

模型（IRIO）。

□ 3.3.1 两区域的区域间投入产出模型的基本结构

为了说明的方便，我们考虑一个两区域的经济体（例如，意大利分为意大利北部和意大利南部；或者，美国分为新英格兰和美国其他地区）。与之前相同，用 r 和 s 表示 2 个区域，设区域 r 有 3 个生产部门（1、2 和 3），区域 s 有 2 个生产部门（1 和 2）。假设我们有区域 r 的区域内流量 z_{ij}^{rr}，以及区域间流量 z_{ij}^{sr}。前者有 9 个元素，后者有 6 个元素。进一步假设位于区域 s 的公司的投入使用类似的信息也可以获得（可能通过调查获得），为 z_{ij}^{rs} 和 z_{ij}^{ss}。这个完整的区域内和区域间数据的表可以表示为：

$$\boldsymbol{Z}=\begin{bmatrix}\boldsymbol{Z}^{rr} & \boldsymbol{Z}^{rs}\\ \boldsymbol{Z}^{sr} & \boldsymbol{Z}^{ss}\end{bmatrix}$$

表 3-1 给出了完整的数据集。①

表 3-1　　产业间、区域间商品流量

售出部门		购买部门				
		区域 r			区域 s	
		1	2	3	1	2
区域 r	1	z_{11}^{rr}	z_{12}^{rr}	z_{13}^{rr}	z_{11}^{rs}	z_{12}^{rs}
	2	z_{21}^{rr}	z_{22}^{rr}	z_{23}^{rr}	z_{21}^{rs}	z_{22}^{rs}
	3	z_{31}^{rr}	z_{32}^{rr}	z_{33}^{rr}	z_{31}^{rs}	z_{32}^{rs}
区域 s	1	z_{11}^{sr}	z_{12}^{sr}	z_{13}^{sr}	z_{11}^{ss}	z_{12}^{ss}
	2	z_{21}^{sr}	z_{22}^{sr}	z_{23}^{sr}	z_{21}^{ss}	z_{22}^{ss}

在第 3.2 节的区域模型中，我们只用了区域内信息——正如在第 3.2 节、第 3.3 节和第 3.4 节那样。现在我们想加入明确得多的区域间联系，即 $\boldsymbol{Z}^{rs}$ 和 $\boldsymbol{Z}^{sr}$ 所包含的信息。

这些非对角位置的矩阵不一定是方阵。这里 $\boldsymbol{Z}^{rs}$ 是 3×2 的矩阵，$\boldsymbol{Z}^{sr}$ 是 2×3 的矩阵。处于对角位置的矩阵总是方阵；本例中 $\boldsymbol{Z}^{rr}$ 和 $\boldsymbol{Z}^{ss}$ 分别是 3×3 和 2×2 的。$\boldsymbol{Z}^{rs}$ 的元素表示从区域 r 的出口且同时表示到区域 s 的进口，在区域投入产出研究中常常将这些元素称为区域间贸易（或者简单称为贸易）流量，而在处理跨国的而不仅仅是区域范围的对外贸易时使用术语"出口"和"进口"。

通过调查两个区域的公司对当地生产的投入品的购买以及对来自其他区域的投入品的购买，我们可以搜集表 3-1 所示的不同的列。此外，表 3-1 中的数据也可以通过询问每个区域的公司将它们的多少产品卖给自己区域的各个部门，以及将多少产品卖给其他区域的部门来搜集。这可以形成表 3-1 中所示的不同的行的数字。②

再次考虑部门 i 产品分配的基本方程，如在第 2 章中式（2.1）给出的：

$$x_i=z_{i1}+z_{i2}+\cdots+z_{ij}+\cdots+z_{in}+f_i$$

① 为了与已经熟悉的下标更为一致，我们可以相应地用 1 和 2 表示区域。则 z_{13}^{sr} 可以表示为 z_{13}^{21}。然而，为了说明的方便，用小写字母表示区域好像更为清晰；例如，就可以避免有 4 个不同的数字被附加在 z 上。

② 通常，我们有一些（不是完整的）购买量的信息，还有一些（不是所有的）销售量的信息。这个问题会导致表中可能产生非一致的数据。一致性调整的问题将在第 8.9 节中讨论。

最终需求项的一个部分记录的是部门 i 产品的出口。在两区域的区域间投入产出模型中，f_i表示部门i 用于其他区域生产部门（但不是其他区域的消费者）的产品销售量的部分从最终需求类别中移走，并被清晰具体地给出。对于我们两区域的例子来讲，区域 r 部门 1 的产出可以表示为：

$$x_1^r = \underbrace{z_{11}^{rr} + z_{12}^{rr} + z_{13}^{rr}}_{\text{部门1的区域内部门间销售}} + \underbrace{z_{11}^{rs} + z_{12}^{rs}}_{\text{部门1的区域间部门间销售}} + \underbrace{f_1^r}_{\text{部门1区域内最终需求销售}} \tag{3.5}$$

对 x_2^r、x_3^r以及 x_1^s、x_2^s也有类似的方程。区域 r 的区域投入系数由式（3.2）给出。对于区域 s 也有同样的设定：

$$a_{ij}^{ss} = \frac{z_{ij}^{ss}}{x_j^s} \tag{3.6}$$

区域间贸易系数用同样的方式得到，其中分母是贸易流入区域的部门总产出。这里，区域间贸易系数为：

$$a_{ij}^{rs} = \frac{z_{ij}^{rs}}{x_j^s} \text{ 和 } a_{ij}^{sr} = \frac{z_{ij}^{sr}}{x_j^r} \tag{3.7}$$

使用这些区域投入和贸易系数，式（3.5）可以重新表示为：

$$x_1^r = a_{11}^{rr} x_1^r + a_{12}^{rr} x_2^r + a_{13}^{rr} x_3^r + a_{11}^{rs} x_1^s + a_{12}^{rs} x_2^s + f_1^r \tag{3.8}$$

对于 x_2^r、x_3^r、x_1^s和 x_2^s也有类似的表达式［与第 2 章中的式（2.4）类似，其中没有区域维度——没有上标 r 和 s——有 n 个部门］。按照第 2 章的方式做同样的工作，将包括 $\boldsymbol{x}^r$ 或 $\boldsymbol{x}^s$ 的所有项都移到式（3.8）左边，变为：

$$(1 - a_{11}^{rr}) x_1^r - a_{12}^{rr} x_2^r - a_{13}^{rr} x_3^r - a_{11}^{rs} x_1^s - a_{12}^{rs} x_2^s = f_1^r \tag{3.9}$$

对于右侧的 f_2^r、f_3^r、f_1^s和 f_2^s有类似的式子。

对我们这里的例子来说，$\boldsymbol{A}^{rr}$ ［式（3.3）］为：

$$\boldsymbol{A}^{rr} = \begin{bmatrix} a_{11}^{rr} & a_{12}^{rr} & a_{13}^{rr} \\ a_{21}^{rr} & a_{22}^{rr} & a_{23}^{rr} \\ a_{31}^{rr} & a_{32}^{rr} & a_{33}^{rr} \end{bmatrix}$$

同样，在本例中，$\boldsymbol{A}^{ss} = \boldsymbol{Z}^{ss}(\boldsymbol{x}^s)^{-1}$，两个贸易系数矩阵为 $\boldsymbol{A}^{rs} = \boldsymbol{Z}^{rs}(\boldsymbol{x}^s)^{-1}$ 和 $\boldsymbol{A}^{sr} = \boldsymbol{Z}^{sr}(\boldsymbol{x}^r)^{-1}$。用这 4 个矩阵，以式（3.9）为首的 5 个方程式可以用矩阵形式统一表达为：

$$\begin{aligned} (\boldsymbol{I} - \boldsymbol{A}^{rr}) \boldsymbol{x}^r - \boldsymbol{A}^{rs} \boldsymbol{x}^s &= \boldsymbol{f}^r \\ -\boldsymbol{A}^{sr} \boldsymbol{x}^r + (\boldsymbol{I} - \boldsymbol{A}^{ss}) \boldsymbol{x}^s &= \boldsymbol{f}^s \end{aligned} \tag{3.10}$$

其中，$\boldsymbol{f}^r$是区域 r 产品的三元素最终需求向量，$\boldsymbol{f}^s$是区域 s 产品的二元素最终需求向量。我们定义两区域的区域间模型完整的系数矩阵包含 4 个子矩阵：

$$\boldsymbol{A} = \begin{bmatrix} \boldsymbol{A}^{rr} & \boldsymbol{A}^{rs} \\ \boldsymbol{A}^{sr} & \boldsymbol{A}^{ss} \end{bmatrix}$$

在本例中，$\boldsymbol{A}$ 会是 5×5 的矩阵。类似地，令：

$$x=\begin{bmatrix}x^r\\x^s\end{bmatrix},\ f=\begin{bmatrix}f^r\\f^s\end{bmatrix},\ I=\begin{bmatrix}\underset{(3\times3)}{I} & \underset{(3\times2)}{0}\\ \underset{(2\times3)}{0} & \underset{(2\times2)}{I}\end{bmatrix}$$

则式（3.10）可以表示为：

$$(I-A)x=f \tag{3.11}$$

如第 2 章式（2.10）一样。为了强调式（3.11）的结构，可以表示得不那么紧凑，为：

$$\left\{\begin{bmatrix}I & 0\\0 & I\end{bmatrix}-\begin{bmatrix}A^{rr} & A^{rs}\\A^{sr} & A^{ss}\end{bmatrix}\right\}\begin{bmatrix}x^r\\x^s\end{bmatrix}=\begin{bmatrix}f^r\\f^s\end{bmatrix} \tag{3.12}$$

注意在使用这类区域间模型进行分析时，不但区域（区域内）的投入系数（元素 A^{rr} 和 A^{ss}）必须稳定，A^{rs} 和 A^{sr} 中的区域间投入系数也被假定不随时间变化。因此在该模型中，每个区域的生产和区域间贸易模式都是固定的。对于某个区域或两个区域给定的最终需求水平，2 个区域所需要的总产出都能用通常的投入产出方程 $x=(I-A)^{-1}f$ 计算出。式（3.12）清楚表明，完整的（$I-A$）矩阵比单区域模型要大——如果 2 个区域都分为 n 个部门，单区域矩阵的规模为 $n\times n$，完整的两区域的区域间模型规模为 $2n\times 2n$，这意味着（可能）需要 4 倍的元素信息（当然可能许多元素为 0）。然而，除了这些维度上的影响，分析过程的路径是相似的。

好处是这类模型抓住了每个区域每个部门受到的影响的量；区域间关联由供给区域的部门和接受区域的部门具体描述。伴随的不足是数据要求的大大增加和区域间贸易关系不变的必要假定。如果在国家投入产出模型中一般并不总是那么容易接受固定投入系数的思想，那么相信给定区域部门 j 不论产出如何变化，在其价值 1 美元的产出中商品 i 的进口保持不变就更加困难了。

□ 3.3.2　两区域模型的区域间反馈

考虑一家外国航空公司对华盛顿（区域 r）生产的商用飞机的需求有所提高。某些配件和零件将从区域外的部门购买购［例如，喷气式引擎从康涅狄格州（区域 s）购买］。这个由于华盛顿的新产出而导致的对康涅狄格州的新产出的刺激通常被称为区域间溢出。对飞机需求的提高将会提高对引擎的需求，继而提高对所有喷气式引擎制造中的直接和间接投入需求，其中某项就可能是华盛顿制造并输出的铝配件。这个思想在图 3-1 中说明。

向下的连接华盛顿产出和康涅狄格州产出的箭头代表区域间的溢出效应；向上的从康涅狄格州到华盛顿的箭头也是区域间溢出——第一个源自华盛顿（$r\rightarrow s$），第二个源自康涅狄格州（$s\rightarrow r$）。两个箭头组成的环通过康涅狄格州的产出连接华盛顿自身的产出，表示区域间的反馈效应（$r\rightarrow r$）；换句话说，华盛顿需要更多来自康涅狄格州的投入，从而康涅狄格州需要更多来自各地的投入，包括从华盛顿的。两矩阵方程形式的区域间模型［见式（3.10）］使得我们能够把这种区域间溢出的量确切地分离出来。

假定在式（3.10）中，将 x^r、x^s、f^r 和 f^s 读为“……的增量”——即 Δx^r、Δx^s、Δf^r 和 Δf^s。给定 2 个区域最终需求变化的向量，我们能够找出总产出的相应变化。为

简化起见，假设 $\Delta \boldsymbol{f}^s=\mathbf{0}$，我们只确定区域 r 最终需求变化对 2 个区域的影响。在这些条件下，求解式（3.10）中第二个方程的 x^s 得到：

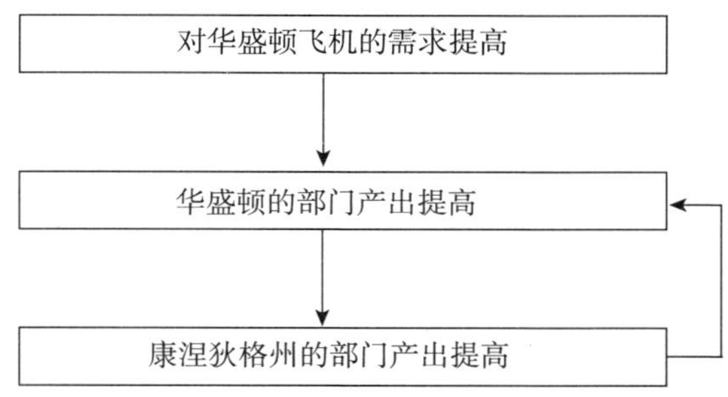

图 3-1　华盛顿最终需求的增加通过康涅狄格州影响华盛顿的产出

$$\boldsymbol{x}^s=(\boldsymbol{I}-\boldsymbol{A}^{ss})^{-1}\boldsymbol{A}^{sr}\boldsymbol{x}^r$$

将上式代入第一个方程，得到：

$$(\boldsymbol{I}-\boldsymbol{A}^{rr})\boldsymbol{x}^r-\boldsymbol{A}^{rs}(\boldsymbol{I}-\boldsymbol{A}^{ss})^{-1}\boldsymbol{A}^{sr}\boldsymbol{x}^r=\boldsymbol{f}^r \tag{3.13}$$

注意如果是如式（3.4）所示的单区域模型（区域 r），则方程为 $(\boldsymbol{I}-\boldsymbol{A}^{rr})\boldsymbol{x}^r=\boldsymbol{f}^r$。式（3.13）左边减去的额外附加的项（第二项）

$$\boldsymbol{A}^{rs}(\boldsymbol{I}-\boldsymbol{A}^{ss})^{-1}\boldsymbol{A}^{sr}\boldsymbol{x}^r \tag{3.14}$$

确切地表示了由于区域间的贸易联系而对区域 r 的产出增加的需求；它是区域间的反馈项。考虑从右侧开始的不同部分：(a) $\boldsymbol{A}^{sr}\boldsymbol{x}^r$ 计算出由区域 r 的产出增加引起的从 s 到 r 的流量规模（为了新飞机的装配从康涅狄格州输送到华盛顿的引擎的价值）；(b) $(\boldsymbol{I}-\boldsymbol{A}^{ss})^{-1}\boldsymbol{A}^{sr}\boldsymbol{x}^r$ 则将这些流量在区域 s 转化为直接和间接的生产来自 s 的输出量所需要的产出（提供输送到华盛顿的引擎所需要的康涅狄格州所有部门的产出）；(c) $\boldsymbol{A}^{rs}(\boldsymbol{I}-\boldsymbol{A}^{ss})^{-1}\boldsymbol{A}^{sr}\boldsymbol{x}^r$ 表示为了维持 (b) 中所得出的 s 的总产出所必需的从 r 到 s 的额外销售量（用于满足 (b) 中的康涅狄格州生产量所产生的康涅狄格州的投入需求，即来自华盛顿各个部门的新产出）。①

因此，区域间关联的强度和重要性不仅依赖于区域间的投入系数矩阵——本例中为 $\boldsymbol{A}^{rs}$ 和 $\boldsymbol{A}^{sr}$——而且依赖于其他区域的完全的区域投入系数，即由 $(\boldsymbol{I}-\boldsymbol{A}^{ss})^{-1}$ 所代表。正是这类区域间联系将区域间模型和单区域模型完全区分开来。因为反馈项从式（3.13）的 $(\boldsymbol{I}-\boldsymbol{A}^{rr})\boldsymbol{x}^r$ 中被减去了，给定 $\boldsymbol{f}^r$ 的数值，与单区域分析相比将会产生一个更大的 $\boldsymbol{x}^r$，以满足所需要的对区域 s 的输送量，就如同通常的区域内货物需求 $\boldsymbol{A}^{rr}\boldsymbol{x}^r$ 一样。对于产出，单区域模型和两区域模型将分别为 $\boldsymbol{x}^r=(\boldsymbol{I}-\boldsymbol{A}^{rr})^{-1}\boldsymbol{f}^r$ 和 $\boldsymbol{x}^r=(\boldsymbol{I}-\boldsymbol{A}^{rr}-\boldsymbol{A}^{rs}\boldsymbol{L}^{ss}\boldsymbol{A}^{sr})^{-1}\boldsymbol{f}^r$。

□ 3.3.3　数值例子：虚拟的两区域区域间模型

为了说明两区域的情况，假设用表 3-2 的数字代表表 3-1 中的数据。同时，令：

① 图 3-1 中的箭头表示从需求方到生产者传递的方向。产出对这些需求的响应沿着箭头向相反方向移动。

$$
\boldsymbol{f}^r=\begin{bmatrix}200\\1\,000\\50\end{bmatrix}\text{且 }\boldsymbol{f}^s=\begin{bmatrix}515\\450\end{bmatrix},\text{故 }\boldsymbol{f}=\begin{bmatrix}\boldsymbol{f}^r\\\boldsymbol{f}^s\end{bmatrix}=\begin{bmatrix}200\\1\,000\\50\\515\\450\end{bmatrix}
$$

因此：

$$
\boldsymbol{x}^r=\begin{bmatrix}1\,000\\2\,000\\1\,000\end{bmatrix},\quad \boldsymbol{x}^s=\begin{bmatrix}1\,200\\800\end{bmatrix},\boldsymbol{x}=\begin{bmatrix}\boldsymbol{x}^r\\\boldsymbol{x}^s\end{bmatrix}=\begin{bmatrix}1\,000\\2\,000\\1\,000\\1\,200\\800\end{bmatrix}
$$

$\boldsymbol{A}^{rr}$ 为：

$$
\boldsymbol{A}^{rr}=\begin{bmatrix}0.150 & 0.250 & 0.050\\0.200 & 0.050 & 0.400\\0.300 & 0.250 & 0.050\end{bmatrix}
$$

类似地：

$$
\boldsymbol{A}^{ss}=\begin{bmatrix}0.166\,7 & 0.312\,5\\0.125\,0 & 0.125\,0\end{bmatrix},\ \boldsymbol{A}^{rs}=\begin{bmatrix}0.020\,8 & 0.093\,8\\0.166\,7 & 0.125\,0\\0.050\,0 & 0.050\,0\end{bmatrix},
$$

$$
\boldsymbol{A}^{sr}=\begin{bmatrix}0.075\,0 & 0.050\,0 & 0.060\,0\\0.050\,0 & 0.012\,5 & 0.025\,0\end{bmatrix}
$$

从而：

$$
\boldsymbol{A}=\begin{bmatrix}\boldsymbol{A}^{rr} & \boldsymbol{A}^{rs}\\\boldsymbol{A}^{sr} & \boldsymbol{A}^{ss}\end{bmatrix}=\begin{bmatrix}0.150\,0 & 0.250\,0 & 0.050\,0 & 0.020\,8 & 0.093\,8\\0.200\,0 & 0.050\,0 & 0.400\,0 & 0.166\,7 & 0.125\,0\\0.300\,0 & 0.250\,0 & 0.050\,0 & 0.050\,0 & 0.050\,0\\0.075\,0 & 0.050\,0 & 0.060\,0 & 0.166\,7 & 0.312\,5\\0.050\,0 & 0.012\,5 & 0.025\,0 & 0.125\,0 & 0.125\,0\end{bmatrix}
$$

定义：

$$
\boldsymbol{L}=\begin{bmatrix}\boldsymbol{L}_{11} & \boldsymbol{L}_{12}\\\boldsymbol{L}_{21} & \boldsymbol{A}_{22}\end{bmatrix}=\begin{bmatrix}1.423\,4 & 0.465\,2 & 0.290\,9 & 0.191\,7 & 0.304\,1\\0.634\,6 & 1.423\,7 & 0.670\,7 & 0.409\,2 & 0.455\,8\\0.638\,3 & 0.536\,9 & 1.336\,3 & 0.250\,1 & 0.310\,8\\0.267\,2 & 0.200\,0 & 0.197\,3 & 1.340\,6 & 0.547\,3\\0.146\,8 & 0.090\,8 & 0.092\,6 & 0.215\,5 & 1.253\,8\end{bmatrix}
$$

我们用 $\boldsymbol{L}_{11}$、$\boldsymbol{L}_{12}$ 等，是因为之后我们将必须引用这些 $\boldsymbol{L}$ 中的单个子矩阵。它们不同于

$\boldsymbol{L}^{rr}=(\boldsymbol{I}-\boldsymbol{A}^{rr})^{-1}$和$\boldsymbol{L}^{ss}=(\boldsymbol{I}-\boldsymbol{A}^{ss})^{-1}$，后者常常用于表示与区域直接消耗系数矩阵相关联的列昂惕夫逆矩阵。

表 3-2　　虚拟的两区域的区域间流量数据

售出部门		购买部门				
		区域 r			区域 s	
		1	2	3	1	2
区域 r	1	150	500	50	25	75
	2	200	100	400	200	100
	3	300	500	50	60	40
区域 s	1	75	100	60	200	250
	2	50	25	25	150	100

某个区域或者所有两个区域的不同的新最终需求向量对两个区域的部门的影响就可以计算出来了。例如，如果区域 r 部门 1 产出的新最终需求为 100，$(\boldsymbol{f}^{new})'=[100\quad 0\quad 0\quad 0\quad 0]$，使用上面的矩阵 $\boldsymbol{L}$，得到：

$$\boldsymbol{x}^{new}=\begin{bmatrix}(\boldsymbol{x}^{r})^{new}\\(\boldsymbol{x}^{s})^{new}\end{bmatrix}=\boldsymbol{L}\boldsymbol{f}^{new}=\begin{bmatrix}142.34\\63.46\\63.83\\26.72\\14.68\end{bmatrix}$$

由区域 r 的新需求而产生的区域 s 部门 1 的新产出（为 26.72）和部门 2 的新产出（为 14.68）反映了区域间的溢出效应——即除了发生外生变化的区域之外，另一个区域受到的经济刺激（在本例中，溢出从区域 r 到区域 s）。

要强调的是，区域间投入产出模型的最终需求是针对特定区域生产的产出。即，$f_1^r=100$ 意味着有 100 个单位的部门 1 商品的最终需求在区域 r 被生产出来。如果部门是飞机生产，区域 r 是华盛顿，则一家外国航空公司对波音商用飞机的新订单就包含在 f_1^r 的数值当中。

使用这些虚拟的数据，我们可以说明区域 r 单区域模型的结果和这个两区域的区域间模型的结果之间的差异。从单独的 $\boldsymbol{A}^{rr}$ 的信息，我们得到：

$$\boldsymbol{L}^{rr}=(\boldsymbol{I}-\boldsymbol{A}^{rr})^{-1}=\begin{bmatrix}1.3651&0.4253&0.2509\\0.5273&1.3481&0.5954\\0.5698&0.4890&1.2885\end{bmatrix}$$

利用单区域模型，且 $(\boldsymbol{f}^{r})^{new}=\begin{bmatrix}100\\0\\0\end{bmatrix}$，忽略式（3.4）所示的区域间的联系，我们有：

$$\boldsymbol{x}_S^r=\boldsymbol{L}^{rr}\boldsymbol{f}^{r}=\begin{bmatrix}1.3651&0.4253&0.2509\\0.5273&1.3481&0.5954\\0.5698&0.4890&1.2885\end{bmatrix}\begin{bmatrix}100\\0\\0\end{bmatrix}=\begin{bmatrix}136.51\\52.73\\56.99\end{bmatrix}$$

我们用大写的下标 S 来清晰地说明这些是单区域模型的产出，并且去掉上标“*new*”。

使用完整的两区域模型，对于区域 r，我们有：

$$x_T^r=\begin{bmatrix}142.34\\63.46\\63.83\end{bmatrix}$$

其中，x_T^r提醒我们这些是两区域的区域间模型的产出结果。针对区域 r 的两个模型的产出结果差异为：

$$x_T^r-x_S^r=\begin{bmatrix}142.34\\63.46\\63.83\end{bmatrix}-\begin{bmatrix}136.51\\52.73\\56.99\end{bmatrix}=\begin{bmatrix}5.83\\10.73\\6.84\end{bmatrix}$$

区域 r 的每个产出在区域间模型中都要大一些，因为这种模型包括了区域间的反馈效应。衡量这种“误差”的一个方法是忽略这些反馈——不使用区域间模型，而使用单区域模型，这样可以由仅仅使用单区域模型时无法包括在内的区域 r 产出的百分比来给出“误差”。两区域模型中区域 r 所有部门的总产出为 $i'x_T^r=269.63$。单区域模型所计算的总产出为$i'x_S^r=246.23$。用这种度量方法，使用单区域模型产生的低估量为 $i'x_T^r-i'x_S^r=23.40$，或者 $(23.40/269.63)\times100=8.7$，为总的真实产出（两区域模型）的 8.7%。正式地，总的度量误差可以计算如下：

$$\mathrm{OPE}=[(i'x_T^r-i'x_S^r)/(i'x_T^r)]\times100=[i'(x_T^r-x_S^r)/(i'x_T^r)]\times100$$

因此，在真实世界的区域投入产出模型中，评价区域间反馈的重要性成为一个有趣的实证问题。如果结果表明当估计新的区域 r 最终需求对区域 r 产出的影响时，忽略区域间的联系所导致的误差非常小，则人们可能会争辩说（至少对这类问题）区域间模型工具是不必要的。答案部分依赖于区域间联系的相对强度；在两区域模型中，这就意味着依赖于 A^{rs} 和 A^{sr} 中元素的大小。这个问题被严格地研究过；然而，结果是不确定的。早期的一系列尝试的结论是区域间反馈效应大多非常小（用上面给出的测量误差的总体百分比指标来验证，小于一个百分点的一半）（Miller，1966，1969）。其他的研究倾向于通过比较单区域和多区域投入产出模型的产出乘数来证实区域间反馈效应相对较小（第 6 章）。有的工作致力于推导在某些区域间投入产出模型中忽略反馈效应可能带来的预期误差百分比的上限（Gillen and Guccione，1980；Miller，1986；Guccione et al.，1988）。

区域 r 的自给水平对忽略区域间反馈所导致的误差有很强的影响——区域 r 是否相对依赖于从区域 s 输入的投入。这是因为更高依赖度反映在更大的系数 A^{sr} 中，就如式 (3.14) 所示，将反过来产生更大的反馈项。自给率也是区域地理规模的一个函数。在一个包括内布拉斯加州（区域 r）和美国其他地区（区域 s）的两区域模型中，A^{sr} 中元素的平均水平，大于区域 r 为密西西比州西部美国区域而区域 s 为密西西比州东部美国区域的两区域模型。然而，在内布拉斯加州（r）/美国其他地区（s）的例子中，A^{rs}（反映了美国其他地区对来自内布拉斯加州的投入的依赖度）通常会比美国西部（r）/美国东部（s）例子中的要小很多。因此，要归纳出相应区域的地理规模最终将会如何影响区域反馈的大小并不是件容易的事。

在任何情况下，单区域模型，根据定义，都不能给出细到区域/部门的区域外效应

（溢出），而有许多类型的经济效应问题都对一个国家经济中多于一个的区域产生影响。在这些情况下，某些类型的区域连接模型是必需的。区域间投入产出框架为我们提供了这样的方法。在第 6 章中，我们讨论乘数分解时将再研究投入产出模型中的反馈和溢出。

有些研究者（Oosterhaven，1981）建议更应该基于间接效应的百分比来构建反馈效应的测算方法，而不是基于总效应（直接加上间接），即在 $\text{OPE}=[(\boldsymbol{i}'\boldsymbol{x}_T^r-\boldsymbol{i}'\boldsymbol{x}_S^r)/(\boldsymbol{i}'\boldsymbol{x}_T^r)]\times 100$ 中，从指数系列中去掉第一项，或者从总产出中减去 $\boldsymbol{f}$。这就是说：

$$\begin{aligned}\text{OPE}^n &=\{[(\boldsymbol{i}'\boldsymbol{x}_T^r-\boldsymbol{i}'\boldsymbol{f})-(\boldsymbol{i}'\boldsymbol{x}_S^r-\boldsymbol{i}'\boldsymbol{f})]/(\boldsymbol{i}'\boldsymbol{x}_T^r-\boldsymbol{i}'\boldsymbol{f})\}\times 100\\ &=[(\boldsymbol{i}'\boldsymbol{x}_T^r-\boldsymbol{i}'\boldsymbol{x}_S^r)/(\boldsymbol{i}'\boldsymbol{x}_T^r-\boldsymbol{i}'\boldsymbol{f})]\times 100\end{aligned}$$

这个“净”指标的值比 OPE 大（除了无意义的 $\boldsymbol{f}=\boldsymbol{0}$ 的情况）；也就是说 $\text{OPE}^n=(\text{OPE})\left(\dfrac{\boldsymbol{i}'\boldsymbol{x}_T^r}{\boldsymbol{i}'\boldsymbol{x}_T^r-\boldsymbol{i}'\boldsymbol{f}}\right)$。在我们的数值例子中，$\left(\dfrac{\boldsymbol{i}'\boldsymbol{x}_T^r}{\boldsymbol{i}'\boldsymbol{x}_T^r-\boldsymbol{i}'\boldsymbol{f}}\right)=1.59$，$\text{OPE}^n=13.8$。另外，$100\times(\text{OPE}/\text{OPE}^n)=10\times\left(\dfrac{\boldsymbol{i}'\boldsymbol{x}_T^r-\boldsymbol{i}'\boldsymbol{f}}{\boldsymbol{i}'\boldsymbol{x}_T^r}\right)$表示净指标的数值占原指标的数值的百分比。在本例中，这个百分比为 63%。

□ 3.3.4 多于两区域的区域间模型

多于两个区域的模型的基本结构与第 3.3.1 节两个区域的情况是相同的，尽管矩阵的数量和它们的规模提高了。模型的目标是明确给出多区域经济中几个区域两两之间和多个之间的各种经济关联。例如，在三区域模型（区域 1、2 和 3）中，完整的系数矩阵应为：

$$\boldsymbol{A}=\begin{bmatrix}\boldsymbol{A}^{11} & \boldsymbol{A}^{12} & \boldsymbol{A}^{13}\\ \boldsymbol{A}^{21} & \boldsymbol{A}^{22} & \boldsymbol{A}^{23}\\ \boldsymbol{A}^{31} & \boldsymbol{A}^{32} & \boldsymbol{A}^{33}\end{bmatrix} \tag{3.15}$$

与式（3.10）相似的方程为：

$$\begin{aligned}(\boldsymbol{I}-\boldsymbol{A}^{11})\boldsymbol{x}^1-\boldsymbol{A}^{12}\boldsymbol{x}^2-\boldsymbol{A}^{13}\boldsymbol{x}^3&=\boldsymbol{f}^1\\ -\boldsymbol{A}^{21}\boldsymbol{x}^1+(\boldsymbol{I}-\boldsymbol{A}^{22})\boldsymbol{x}^2-\boldsymbol{A}^{23}\boldsymbol{x}^3&=\boldsymbol{f}^2\\ -\boldsymbol{A}^{31}\boldsymbol{x}^1-\boldsymbol{A}^{32}\boldsymbol{x}^2+(\boldsymbol{I}-\boldsymbol{A}^{33})\boldsymbol{x}^3&=\boldsymbol{f}^3\end{aligned} \tag{3.16}$$

其中，$\boldsymbol{x}=\begin{bmatrix}\boldsymbol{x}^1\\ \boldsymbol{x}^2\\ \boldsymbol{x}^3\end{bmatrix}$，$\boldsymbol{f}=\begin{bmatrix}\boldsymbol{f}^1\\ \boldsymbol{f}^2\\ \boldsymbol{f}^3\end{bmatrix}$，$\boldsymbol{I}=\begin{bmatrix}\boldsymbol{I} & \boldsymbol{0} & \boldsymbol{0}\\ \boldsymbol{0} & \boldsymbol{I} & \boldsymbol{0}\\ \boldsymbol{0} & \boldsymbol{0} & \boldsymbol{I}\end{bmatrix}$，一个完整的三区域的区域间投入产出模型仍然表示为 $(\boldsymbol{I}-\boldsymbol{A})\boldsymbol{x}=\boldsymbol{f}$。其潜在的逻辑与两区域模型相同，式（3.16）中的方程可以按照与式（3.10）中的方程相同的方式建立。同样可以具体给出区域间反馈效应的大小。

可直接推广到拥有 p 个区域的模型（例如，日本的九区域模型，见下面的第 3.3.5 节）。与式（3.16）类似，有：

$$
\begin{aligned}
&(\boldsymbol{I}-\boldsymbol{A}^{11})\boldsymbol{x}^1-\boldsymbol{A}^{12}\boldsymbol{x}^2-\cdots-\boldsymbol{A}^{1p}\boldsymbol{x}^p=\boldsymbol{f}^1\\
&\vdots\\
&-\boldsymbol{A}^{p1}\boldsymbol{x}^1-\boldsymbol{A}^{p2}\boldsymbol{x}^2-\cdots+(\boldsymbol{I}-\boldsymbol{A}^{pp})\boldsymbol{x}^p=\boldsymbol{f}^p
\end{aligned}
\tag{3.17}
$$

（有兴趣的读者可以建立 $\boldsymbol{A}$、$\boldsymbol{I}$、$\boldsymbol{f}$ 和 $\boldsymbol{x}$ 的类似表达式。）

随着区域数量的增加，数据需求迅速增加。假设所有区域分为 n 个部门（不是必要要求——每个区域可以有数量不同的部门），一个完整的两区域的区域间模型需要 4 个规模为 $n\times n$ 的系数矩阵，一个三区域模型包含 9 个 $n\times n$ 矩阵，一个四区域模型有 16 个这样的矩阵，一个 p 区域模型有 p^2 个这样的 $n\times n$ 矩阵。然而，区域数量相对小的区域间模型可能很有用，因为有一个区域总是可以被定义为“本国其他地区”或者“世界其他地区”。一个三区域模型可能集中研究一个特定的县，区域 2 可以为“本州其他地区”，区域 3 为“本国其他地区”（在本州以外）。

□ 3.3.5 区域间投入产出模型的实现

区域间投入产出模型需要大量详细的数据，这一点很显然。由于这个原因，该模型在现实世界中的应用很少。可能应用中最为雄心勃勃的尝试是令人印象深刻的日本基于调查的区域间序列表的编制，（最终）有 9 个区域 25 个部门，从 1960 年开始，每 5 年更新一次［见国际贸易和产业部（Ministry of International Trade and Industry，MITI）的多个年度的数据；由经济贸易和产业部（Ministry of Economy，Trade and Industry，METI）在 2001 年重新整理］。这个非常丰富的数据资源促进了大量日本区域比较的研究（Akita，1994，1999；Akita and Kataoka，2002）。

3.4 多个区域的模型：多区域方法

虽然第 3.3 节所描述的那类完全的区域间模型因为所需要的数据量巨大，通常不可能应用于很多区域和/或很多部门的情况，但这个方法在可操作性更大的框架上发展出了具有启发性的令人鼓舞的改进和简化。在这个方向上的一种尝试是使用“钱纳里-摩西”方法（在上面的第 3.3 节提到）来得到区域间模型所要求的区域内和区域间交易的一致性估计。这种方法作为多区域投入产出模型而被人熟知。它包含区域投入系数矩阵的相应部分，如矩阵 $\boldsymbol{A}^{rr}$，和区域间投入（贸易）系数矩阵，如矩阵 $\boldsymbol{A}^{rs}$。在所有的两种情况下，该尝试具体给出了一个数据更容易获取的模型。

普可仁研究和使用了 3 个版本的多区域模型——钱纳里-摩西版本（也叫“列系数”模型，原因在后面会详细介绍）、可选行系数版本，以及用列昂惕夫和斯特劳特（Leontief and Strout，1963）的引力模型方法的版本①。后两种方法的使用中存在的问题最终妨碍了它们的应用，列系数模型被选择作为建立美国多区域模型的结构框架［Polenske，1970a，1970b，1980，1995（section 2），2004（section 8）；Bon，1984］。

① Leontief 和 Strout（1963）“设计了多区域投入产出（multiregional input-output MRIO）账户”（Polenske and Hewings，2004，p. 274）。

□ 3.4.1 区域表

多区域投入产出模型使用区域技术系数矩阵 $\mathbf{A}^r$ 代替区域投入系数矩阵 $\mathbf{A}^{rr}$。这些区域技术系数 a_{ij}^r 能够通过回答"在制造你的产出时你上个年度购买了多少部门 i 的产品?"[第 3.2.2 节的问题(1)]来得到,此处它们与区域投入系数 a_{ij}^{rr} 不同。关于一个给定投入的来源区域的信息被忽略了;我们只需要区域 r 部门 j 使用的部门 i 的投入的价值量信息。这些交易通常被记为 $z_{ij}^{\cdot r}$,其中的点表示所有的部门 i 可能所在的地理位置被总括在一起①。这些系数被定义为 $a_{ij}^r=\frac{z_{ij}^{\cdot r}}{x_j^r}$ 及 $\mathbf{A}^r=[a_{ij}^r]$。

在实践中,当实际的区域技术数据无法获得时,有时会使用叫作产品组合方法的途径来进行区域技术系数矩阵的估计。其基本假定是一单位产出的投入需求在非常细的部门分类水平下在区域之间是不变的,但是在区域水平上生产的重要识别特征是当我们面对更为综合的部门时部门产出的构成。返回到我们对产品组合问题的较早说明,当双引擎商用飞机在华盛顿(或其他任何地方)被制造时,除了其他投入品,它们使用 2 个引擎作为投入;当佛罗里达州或任何其他州制造单引擎螺旋桨推进式私人飞机时,它们使用 1 个螺旋桨引擎作为生产中的投入品之一。但是需要引起注意的重要事实是,华盛顿表中叫作"飞机"的部门的产出与佛罗里达州(私人/公司飞机)的"飞机"部门的产出相比有着非常不同的产品构成。

作为说明,假设部门 2 是食品及同类产品,且只包含 3 个子部门,可以用它们的产出来命名部门:番茄汤(部门 2.1)、巧克力棒(部门 2.2)和番石榴果冻(部门 2.3)。假设从部门 8(纸及同类产品)到这 3 个子部门中每一个子部门的国家技术系数分别为 0.005、0.009 和 0.003(这些代表了包装标签、包装纸等的各种条目)。假设我们想推导出新泽西州(区域 J)和佛罗里达州(区域 F)从部门 8 到部门 2 的投入系数 a_{82}。我们需要的数据见表 3-3,其中 N 表示国家数据。在新泽西州,食品及同类产品部门仅仅由番茄汤(700 000 美元)和巧克力棒(300 000 美元)组成——没有番石榴果冻;而在佛罗里达州,这个部门则由番茄汤(80 000 美元)和番石榴果冻(420 000 美元)组成——没有巧克力棒。

在表 3-3 中的产出数值所属的时期中,作为投入的纸及同类产品的购买,在新泽西州食品及同类产品的生产过程中,被假设为以下项的合计:

$$a_{8,2.1}^N x_{2.1}^J=(0.005)(700\ 000)=3\ 500$$
$$a_{8,2.2}^N x_{2.2}^J=(0.009)(300\ 000)=2\ 700$$
$$a_{8,2.3}^N x_{2.3}^J=(0.003)(0)=0$$

在新泽西州部门 2 的生产中来自部门 8 的必需投入量总计为 6 200 美元。因为 $x_2^J=x_{2.1}^J+x_{2.2}^J+x_{2.3}^J=1\ 000\ 000$,所以:

$$a_{82}^J=6\ 200/1\ 000\ 000=0.006\ 2$$

类似地,对于佛罗里达州,有:

① 有时候用小。或者大一点的点,主要是因为容易读。

$$a_{8,2.1}^{N}x_{2.1}^{F}=(0.005)(80\ 000)=400$$
$$a_{8,2.2}^{N}x_{2.2}^{F}=(0.009)(0)=0$$
$$a_{8,2.1}^{N}x_{2.3}^{F}=(0.003)(420\ 000)=1\ 260$$

佛罗里达州部门 2 来自部门 8 的总投入估计为 1 660 美元。因为 $x_2^F=500\ 000$，我们有：

$$a_2^F=1\ 660/500\ 000=0.003\ 3$$

正式地，

$$a_{82}^{J}=\frac{(a_{8,2.1}^{N}x_{2.1}^{J}+a_{8,2.2}^{N}x_{2.2}^{J}+a_{8,2.3}^{N}x_{2.3}^{J})}{x_2^J}=a_{8,2.1}^{N}\left(\frac{x_{2.1}^{J}}{x_2^J}\right)+a_{8,2.2}^{N}\left(\frac{x_{2.2}^{J}}{x_2^J}\right)+a_{8,2.3}^{N}\left(\frac{x_{2.3}^{J}}{x_2^J}\right)$$
$$a_{82}^{F}=\frac{(a_{8,2.1}^{N}x_{2.1}^{F}+a_{8,2.2}^{N}x_{2.2}^{F}+a_{8,2.3}^{N}x_{2.3}^{F})}{x_2^F}=a_{8,2.1}^{N}\left(\frac{x_{2.1}^{F}}{x_2^F}\right)+a_{8,2.2}^{N}\left(\frac{x_{2.2}^{F}}{x_2^F}\right)+a_{8,2.3}^{N}\left(\frac{x_{2.3}^{F}}{x_2^F}\right)$$

用这种方法推导出的区域系数是国家的细分类系数的加权平均，其中权重为各州的子部门产出占部门总产出的比例（例如，$x_{2.1}^{J}/x_2^J$）。

表 3－3　　用产品组合方法将国家系数转化为区域系数所需要的数据

国家数据			
对部门 2：食品及同类产品			
子部门	2.1	2.2	2.3
	番茄汤	巧克力棒	番石榴果冻
来自部门 8：纸及同类产品			
	$a_{8,2.1}^{N}=0.005$	$a_{8,2.2}^{N}=0.009$	$a_{8,2.3}^{N}=0.003$
区域数据			
部门 2 的子部门产出（千美元）			
新泽西州		佛罗里达州	
$x_{2.1}^{J}=700$ $x_{2.2}^{J}=300$ $x_{2.3}^{J}=0$		$x_{2.1}^{F}=80$ $x_{2.2}^{F}=0$ $x_{2.3}^{F}=420$	
总产出（部门 2）			
$x_2^J=1\ 000$		$x_2^F=500$	

□ 3.4.2　区域间表

在多区域投入产出模型中，区域之间的相互联系通过与区域间投入产出框架完全不同的途径来反映。多区域模型中的贸易流量分部门进行估计，这仍然是通过利用可能获取的多种数据来进行的。对于部门 i，令 z_i^{rs} 表示从区域 r 到区域 s 的商品 i 的价值流量，不论接受区域的最终使用部门是什么。① 这些流量包括到区域 s 的生产部门以及最终需

① 为了与上面的符号 $z_{ij}^{\cdot r}$ 或 $z_{ij}^{\circ r}$ 保持一致，该符号为 $z_{i\cdot}^{rs}$ 或 $z_{i\circ}^{rs}$ 是恰当的。然而，当第二个下标位置为空白时，与第一个上标位置为空白相比，更容易区分，因此我们避免选择使用双下标。

求部门的输送量。因此，对每个部门，这类输送量矩阵见表 3-4。

表 3-4　　商品 i 的区域间输送量

来源区域	接受区域					
	1	2	…	s	…	p
1	z_i^{11}	z_i^{12}	…	z_i^{1s}	…	z_i^{1p}
2	z_i^{21}	z_i^{22}	…	z_i^{2s}	…	z_i^{2p}
⋮	⋮	⋮	…	⋮	…	⋮
r	z_i^{r1}	z_i^{r2}	…	z_i^{rs}	…	z_i^{rp}
⋮	⋮	⋮		⋮		⋮
p	z_i^{p1}	z_i^{p2}	…	z_i^{ps}	…	z_i^{pp}
总计	T_i^1	T_i^2	…	T_i^s	…	T_i^p

注意该表中的每个列和表示模型中从所有区域到该区域的商品 i 的总输送量；对于第 s 列的合计，在表中商品 i 用 T_i^s 表示：

$$T_i^s = z_i^{1s} + z_i^{2s} + \cdots + z_i^{rs} + \cdots + z_i^{ps} \tag{3.18}$$

如果第 s 列中的每个元素都用这个合计来除，我们就得到表示区域 s 中使用的来自每个区域 $r(r=1, \cdots, p)$ 的商品 i 的比例。这些比例用 c_i^{rs} 表示：

$$c_i^{rs} = \frac{z_i^{rs}}{T_i^s}$$

为了之后的应用，这些系数按照如下方式安排。对每个可能的来源和目的地对组，用 n 个元素的列向量 $\boldsymbol{c}^{rs}$ 表示：

$$\boldsymbol{c}^{rs} = \begin{bmatrix} c_1^{rs} \\ \vdots \\ c_n^{rs} \end{bmatrix}$$

这些元素表明了对于区域 s，在区域 s 使用的每一种商品的总量中来自区域 r 的部分所占的比例有多大。之后，建立 $\hat{\boldsymbol{c}}^{rs}$：

$$\hat{\boldsymbol{c}}^{rs} = \begin{bmatrix} c_1^{rs} & 0 & \cdots & 0 \\ 0 & c_2^{rs} & & \\ \vdots & & & \\ 0 & 0 & \cdots & c_n^{rs} \end{bmatrix} \tag{3.19}$$

对于 $r, s=1, \cdots, p$。注意在这个序列中，会包含区域内矩阵。例如，它会包含矩阵 $\hat{\boldsymbol{c}}^{ss}$，即：

$$\hat{\boldsymbol{c}}^{ss} = \begin{bmatrix} c_1^{ss} & 0 & \cdots & 0 \\ 0 & c_2^{ss} & & \\ \vdots & & & \\ 0 & 0 & \cdots & c_n^{ss} \end{bmatrix} \tag{3.20}$$

其元素 $c_i^{ss}=z_i^{ss}/T_i^s$，表示区域 s 所使用的商品 i 中来自本区域的比例。

□ 3.4.3　多区域模型①

考虑一个小的两部门、两区域的例子，其中：

$$\boldsymbol{A}^r=\begin{bmatrix}a_{11}^r & a_{12}^r\\ a_{21}^r & a_{22}^r\end{bmatrix},\ \boldsymbol{A}^s=\begin{bmatrix}a_{11}^s & a_{12}^s\\ a_{21}^s & a_{22}^s\end{bmatrix}$$

$$\hat{\boldsymbol{c}}^{rs}=\begin{bmatrix}c_1^{rs} & 0\\ 0 & c_2^{rs}\end{bmatrix},\ \hat{\boldsymbol{c}}^{ss}=\begin{bmatrix}c_1^{ss} & 0\\ 0 & c_2^{ss}\end{bmatrix}$$

则多区域投入产出模型使用矩阵

$$\hat{\boldsymbol{c}}^{rs}\boldsymbol{A}^s=\begin{bmatrix}c_1^{rs}a_{11}^s & c_1^{rs}a_{12}^s\\ c_2^{rs}a_{21}^s & c_2^{rs}a_{22}^s\end{bmatrix}$$

作为区域间投入产出模型中 $\boldsymbol{A}^{rs}$ 的一个估计。类似地，有：

$$\hat{\boldsymbol{c}}^{ss}\boldsymbol{A}^s=\begin{bmatrix}c_1^{ss}a_{11}^s & c_1^{ss}a_{12}^s\\ c_2^{ss}a_{21}^s & c_2^{ss}a_{22}^s\end{bmatrix}$$

在多区域模型中代替区域间模型中的 $\boldsymbol{A}^{ss}$。因此，多区域投入产出模型与使用估计的供给百分比的早期区域模型包含相同的假设。看 $\boldsymbol{c}^{rs}\boldsymbol{A}^s$ 和 $\hat{\boldsymbol{c}}^{s}\boldsymbol{A}^s$ 矩阵最上面的行，注意这里假设区域 s 的部门 1 和部门 2 使用相同比例的由区域 r 所供给的产品 1，即 c_1^{rs}，以及相同比例的由区域 s 自己所供给的产品 1——c_1^{ss}。

假设区域 r 和区域 s 的部门 1 都是电力生产，区域 s 的部门 2 是汽车制造，则如果 $c_1^{rs}=0.6$，表示区域 s 发电用的所有电有 60%来自区域 r，区域 s 汽车制造中使用的所有电力也有 60%来自区域 r。类似地，因为在这个两区域模型中，$c_1^{ss}=0.4$ 可能是正确的，区域 s 在电力生产和汽车生产中所用的电力都有 40%来自本区域内部。

因为表 3-4 中的区域间输送量在接受区域中，既包括对生产部门的销售量，也包括对最终需求使用者的销售量，因此区域 s 中的最终需求一部分由本区域的公司来满足（$\hat{\boldsymbol{c}}^{ss}\boldsymbol{f}^s$），一部分由从区域 r 的公司处购买来满足（$\hat{\boldsymbol{c}}^{rs}\boldsymbol{f}^s$）。继续用 $c_1^{rs}=0.6$ 的例子来说明，其中部门 1 是电力生产，区域 s 的电力最终需求也有 60%由区域 r 的生产者来满足。

因此，多区域模型中与式（3.10）的区域间模型相对应的部分为：

$$\begin{aligned}(\boldsymbol{I}-\hat{\boldsymbol{c}}^{rr}\boldsymbol{A}^r)\boldsymbol{x}^r-\hat{\boldsymbol{c}}^{rs}\boldsymbol{A}^s\boldsymbol{x}^s=\hat{\boldsymbol{c}}^{rr}\boldsymbol{f}^r+\hat{\boldsymbol{c}}^{rs}\boldsymbol{f}^s\\ -\hat{\boldsymbol{c}}^{sr}\boldsymbol{A}^r\boldsymbol{x}^r+(\boldsymbol{I}-\hat{\boldsymbol{c}}^{ss}\boldsymbol{A}^s)\boldsymbol{x}^s=\hat{\boldsymbol{c}}^{sr}\boldsymbol{f}^r+\hat{\boldsymbol{c}}^{ss}\boldsymbol{f}^s\end{aligned}\tag{3.21}$$

令：

$$\boldsymbol{A}=\begin{bmatrix}\boldsymbol{A}^r & \boldsymbol{0}\\ \boldsymbol{0} & \boldsymbol{A}^s\end{bmatrix},\ \boldsymbol{C}=\begin{bmatrix}\hat{\boldsymbol{c}}^{rr} & \hat{\boldsymbol{c}}^{rs}\\ \hat{\boldsymbol{c}}^{sr} & \hat{\boldsymbol{c}}^{ss}\end{bmatrix},\ \boldsymbol{x}=\begin{bmatrix}\boldsymbol{x}^r\\ \boldsymbol{x}^s\end{bmatrix},\ \boldsymbol{f}=\begin{bmatrix}\boldsymbol{f}^r\\ \boldsymbol{f}^s\end{bmatrix}$$

① 在本节中，我们强调处于多区域模型和区域间模型之间的类似结构。在本章的附录 3.1 中，多区域模型中的关系可从标准的经济和投入产出理论中推导出来。

则式（3.21）可以记为：

$$(\boldsymbol{I}-\boldsymbol{CA})\boldsymbol{x}=\boldsymbol{Cf} \tag{3.22}$$

给出的解为：

$$\boldsymbol{x}=(\boldsymbol{I}-\boldsymbol{CA})^{-1}\boldsymbol{Cf} \tag{3.23}$$

可以直接扩展到多于两个区域的模型。三区域模型的方程为：

$$\begin{aligned}
(\boldsymbol{I}-\hat{\boldsymbol{c}}^{11}\boldsymbol{A}^1)\boldsymbol{x}^1-\hat{\boldsymbol{c}}^{12}\boldsymbol{A}^2\boldsymbol{x}^2-\hat{\boldsymbol{c}}^{13}\boldsymbol{A}^3\boldsymbol{x}^3&=\hat{\boldsymbol{c}}^{11}\boldsymbol{f}^1+\hat{\boldsymbol{c}}^{12}\boldsymbol{f}^2+\hat{\boldsymbol{c}}^{13}\boldsymbol{f}^3\\
-\hat{\boldsymbol{c}}^{21}\boldsymbol{A}^1\boldsymbol{x}^1+(\boldsymbol{I}-\hat{\boldsymbol{c}}^{22}\boldsymbol{A}^2)\boldsymbol{x}^2-\hat{\boldsymbol{c}}^{23}\boldsymbol{A}^3\boldsymbol{x}^3&=\hat{\boldsymbol{c}}^{21}\boldsymbol{f}^1+\hat{\boldsymbol{c}}^{22}\boldsymbol{f}^2+\hat{\boldsymbol{c}}^{23}\boldsymbol{f}^3\\
-\hat{\boldsymbol{c}}^{31}\boldsymbol{A}^1\boldsymbol{x}^1-\hat{\boldsymbol{c}}^{32}\boldsymbol{A}^2\boldsymbol{x}^2+(\boldsymbol{I}-\hat{\boldsymbol{c}}^{33})\boldsymbol{A}^3\boldsymbol{x}^3&=\hat{\boldsymbol{c}}^{31}\boldsymbol{f}^1+\hat{\boldsymbol{c}}^{32}\boldsymbol{f}^2+\hat{\boldsymbol{c}}^{33}\boldsymbol{f}^3
\end{aligned}$$

[对比式（3.16）中的三区域的区域间模型。] 对矩阵 $\boldsymbol{A}$、$\boldsymbol{C}$、$\boldsymbol{x}$ 和 $\boldsymbol{f}$ 做恰当扩展，使其包括 3 个区域，基本模型仍然为 $(\boldsymbol{I}-\boldsymbol{CA})\boldsymbol{x}=\boldsymbol{Cf}$，如式（3.22），其解为 $\boldsymbol{x}=(\boldsymbol{I}-\boldsymbol{CA})^{-1}\boldsymbol{Cf}$，如式（3.23）。

最后，当有 p 个区域时，令：

$$\boldsymbol{A}=\begin{bmatrix}\boldsymbol{A}^1 & \boldsymbol{0} & \cdots & \boldsymbol{0}\\ \boldsymbol{0} & \boldsymbol{A}^2 & \cdots & \boldsymbol{0}\\ \vdots & \vdots & & \\ \boldsymbol{0} & \boldsymbol{0} & \cdots & \boldsymbol{A}^p\end{bmatrix},\ \boldsymbol{C}=\begin{bmatrix}\hat{\boldsymbol{c}}^{11} & \cdots & \hat{\boldsymbol{c}}^{1p}\\ \hat{\boldsymbol{c}}^{21} & \cdots & \hat{\boldsymbol{c}}^{2p}\\ \vdots & & \\ \hat{\boldsymbol{c}}^{p1} & \cdots & \hat{\boldsymbol{c}}^{pp}\end{bmatrix},\ \boldsymbol{x}=\begin{bmatrix}\boldsymbol{x}^1\\ \boldsymbol{x}^2\\ \vdots\\ \boldsymbol{x}^p\end{bmatrix},\ \boldsymbol{f}=\begin{bmatrix}\boldsymbol{f}^1\\ \boldsymbol{f}^2\\ \vdots\\ \boldsymbol{f}^p\end{bmatrix}$$

则 $(\boldsymbol{I}-\boldsymbol{CA})\boldsymbol{x}=\boldsymbol{Cf}$ 和 $\boldsymbol{x}=(\boldsymbol{I}-\boldsymbol{CA})^{-1}\boldsymbol{Cf}$ 仍旧表示这个系统和它的解；只有矩阵的维度改变了。

□ 3.4.4 数值例子：虚拟的具有两区域的多区域案例

假设我们有表 3－5 给出的流量数据，表示每个区域的生产部门所购买的总投入，不考虑这些投入是当地生产的，还是从其他区域调入的。这些是 $\boldsymbol{z}^r=[z_{ij}^r]$ 及 $\boldsymbol{z}^s=[z_{ij}^s]$ 的数据。

表 3－5　　虚拟的两区域的多区域模型流量数据

售出部门	购买部门					
	区域 r			区域 s		
	1	2	3	1	2	3
1	225	600	110	225	325	125
2	250	125	425	350	200	270
3	325	700	150	360	240	200

进一步假设 $\boldsymbol{x}^r=\begin{bmatrix}1\ 000\\ 2\ 000\\ 1\ 000\end{bmatrix}$ 及 $\boldsymbol{x}^s=\begin{bmatrix}1\ 200\\ 800\\ 1\ 500\end{bmatrix}$，则区域技术系数矩阵 $\boldsymbol{A}^r=[a_{ij}^r]$ 及 $\boldsymbol{A}^s=[a_{ij}^s]$ 为：

$$\boldsymbol{A}^r=\begin{bmatrix}0.225 & 0.300 & 0.110\\ 0.250 & 0.063 & 0.425\\ 0.325 & 0.350 & 0.150\end{bmatrix},\ \boldsymbol{A}^s=\begin{bmatrix}0.188 & 0.406 & 0.083\\ 0.292 & 0.250 & 0.180\\ 0.300 & 0.300 & 0.133\end{bmatrix}$$

对于贸易比例，我们需要每种商品 i 的总量指标，每个区域都是可以获取的，即式（3.18）中的 T_i^r 和 T_i^s 可得。表 3-6 给出了这些数据的一个例子（注意每个区域每个部门的行和必须是该区域该部门的总产出，就如适当的 $\boldsymbol{x}$ 向量所给出的）。所需的比例——$c_i^{rs}=z_i^{rs}/T_i^s$——很容易得出。此处有：

$$\boldsymbol{c}^{rr}=\begin{bmatrix}0.721\\ 0.812\\ 0.735\end{bmatrix},\ \boldsymbol{c}^{rs}=\begin{bmatrix}0.183\\ 0.583\\ 0.078\end{bmatrix},\ \boldsymbol{c}^{sr}=\begin{bmatrix}0.279\\ 0.188\\ 0.265\end{bmatrix},\ \boldsymbol{c}^{ss}=\begin{bmatrix}0.817\\ 0.417\\ 0.922\end{bmatrix}$$

表 3-6　　虚拟的具有两区域的多区域案例的区域间商品输送量

	商品 1		商品 2		商品 3	
	r	s	r	s	r	s
r	800	200	1 300	700	900	100
s	310	890	300	500	325	1 175
T	$T_1^r=1\ 110$	$T_1^s=1\ 090$	$T_2^r=1\ 600$	$T_2^s=1\ 200$	$T_3^r=1\ 225$	$T_3^r=1\ 275$

因此，本例中针对两区域的多区域投入产出模型的构建模块为：

$$\boldsymbol{A}=\begin{bmatrix}\boldsymbol{A}^r & \boldsymbol{0}\\ \boldsymbol{0} & \boldsymbol{A}^s\end{bmatrix}=\begin{bmatrix}0.225 & 0.300 & 0.110 & 0 & 0 & 0\\ 0.250 & 0.063 & 0.425 & 0 & 0 & 0\\ 0.325 & 0.350 & 0.150 & 0 & 0 & 0\\ & & & & & \\ 0 & 0 & 0 & 0.188 & 0.406 & 0.083\\ 0 & 0 & 0 & 0.292 & 0.250 & 0.180\\ 0 & 0 & 0 & 0.300 & 0.300 & 0.133\end{bmatrix}$$

且：

$$\boldsymbol{C}=\begin{bmatrix}\hat{\boldsymbol{c}}^{rr} & \hat{\boldsymbol{c}}^{rs}\\ \hat{\boldsymbol{c}}^{sr} & \hat{\boldsymbol{c}}^{ss}\end{bmatrix}=\begin{bmatrix}0.721 & 0 & 0 & 0.183 & 0 & 0\\ 0 & 0.812 & 0 & 0 & 0.583 & 0\\ 0 & 0 & 0.735 & 0 & 0 & 0.078\\ & & & & & \\ 0.279 & 0 & 0 & 0.817 & 0 & 0\\ 0 & 0.188 & 0 & 0 & 0.417 & 0\\ 0 & 0 & 0.265 & 0 & 0 & 0.922\end{bmatrix}$$

因此：

$$(\boldsymbol{I}-\boldsymbol{CA})^{-1}\boldsymbol{C}=\begin{bmatrix}1.127 & 0.447 & 0.300 & 0.478 & 0.418 & 0.153\\ 0.628 & 1.317 & 0.606 & 0.552 & 1.115 & 0.323\\ 0.512 & 0.526 & 1.101 & 0.335 & 0.470 & 0.247\\ & & & & & \\ 0.625 & 0.369 & 0.250 & 1.224 & 0.456 & 0.216\\ 0.238 & 0.385 & 0.205 & 0.278 & 0.650 & 0.167\\ 0.472 & 0.445 & 0.589 & 0.594 & 0.529 & 1.232\end{bmatrix}\tag{3.24}$$

并且，例如，每个区域的消费者对部门 1 产出新增的 100 单位最终需求的效应，即 $\boldsymbol{f}'=[100\quad 0\quad 0\quad\quad 100\quad 0\quad 0]$，如式（3.23）所示，为：

$$\boldsymbol{x}=(\boldsymbol{I}-\boldsymbol{CA})^{-1}\boldsymbol{Cf}=\begin{bmatrix}160.50\\118.00\\84.70\\\\184.90\\51.60\\106.60\end{bmatrix}$$

因此，有 $\boldsymbol{x}^r=\begin{bmatrix}160.50\\118.00\\84.70\end{bmatrix}$ 及 $\boldsymbol{x}^s=\begin{bmatrix}184.90\\51.60\\106.60\end{bmatrix}$。

类似地，如果 $\boldsymbol{f}'=[100\quad 0\quad 0\quad 0\quad 0\quad 0]$，表示只有区域 r 的消费者对部门 1 的最终需求新增 100 个单位，我们有：

$$\boldsymbol{x}=\begin{bmatrix}112.70\\62.80\\51.20\\\\62.50\\23.80\\47.20\end{bmatrix}$$

正如在区域间模型中一样，$\boldsymbol{x}^s=\begin{bmatrix}62.50\\23.80\\47.20\end{bmatrix}$ 反映了多区域系统中区域间的溢出效应，本式为从区域 r（最终需求变化的区域）到区域 s 的溢出。

牢牢记住一点很重要：从式（3.22）或式（3.23）中的多区域投入产出模型的一般描述可知，中间需求 $\boldsymbol{Ax}$ 和最终需求 $\boldsymbol{f}$ 都要被矩阵 $\boldsymbol{C}$ 左乘。这就把这些需求分配给了所有区域的供给部门。因此 $\boldsymbol{f}^r$ 和 $\boldsymbol{f}^s$ 分别表示区域 r 和区域 s 的最终需求部门的需求（对区域 r 和区域 s 最终需求部门的供货量），而不是对区域 r 和区域 s 的产品的最终需求（如区域间投入产出模型中那样）。运算 $\boldsymbol{Cf}$ 把这些需求转化为由每个区域提供的供货序列，即每个区域对满足最终需求的贡献。此处，在两区域模型中，$\boldsymbol{f}^r$ 一部分由区域 r 中的部门的生产量满足，即 $\hat{\boldsymbol{c}}^{rr}\boldsymbol{f}^r$，一部分由区域 s 中的部门的生产量满足，即 $\hat{\boldsymbol{c}}^{sr}\boldsymbol{f}^r$。$\boldsymbol{f}^r$ 中的一个典型元素的例子可以是区域 r 中的一个州的政府由于在该州新建一座州办公楼而产生的新的能源需求。一部分或者所有的能源需求都由区域 r 在内部满足，其余由区域外满足，依赖于特定的区域。这一点反映在 $\hat{\boldsymbol{c}}^{rr}$ 和 $\hat{\boldsymbol{c}}^{sr}$ 中的对应元素中。

因此，如果我们想要评估新增的具体区域的最终需求（例如第 3.3 节中的区域间例子中给出的外国航空公司对波音公司的新需求）的效应，必须将 $\boldsymbol{Cf}$ 替换为 $\boldsymbol{f}^*$，$\boldsymbol{f}^*$ 表示已经被恰当地分配到本区域或者有关区域中的新增最终需求，则可以得到：

$$x=(I-CA)^{-1}f^{*} \tag{3.25}$$

这与式（3.23）很不相同。仍然用本例中的数据：

$$(I-CA)^{-1}=\begin{bmatrix} 1.463 & 0.471 & 0.359 & 0.258 & 0.345 & 0.135 \\ 0.668 & 1.483 & 0.720 & 0.526 & 0.600 & 0.290 \\ 0.604 & 0.572 & 1.445 & 0.274 & 0.327 & 0.145 \\ 0.314 & 0.298 & 0.263 & 1.428 & 0.676 & 0.212 \\ 0.216 & 0.167 & 0.221 & 0.292 & 1.326 & 0.162 \\ 0.409 & 0.376 & 0.329 & 0.636 & 0.734 & 1.308 \end{bmatrix} \tag{3.26}$$

如果 $(f^{*})_{1}^{r}=100$ 表示外国航空公司对在区域 r 生产的飞机的新订单的价值，我们用式（3.25）可以得到：

$$x=\begin{bmatrix} 146.30 \\ 66.80 \\ 60.40 \\ 31.40 \\ 21.60 \\ 40.90 \end{bmatrix}$$

□ 3.4.5 美国多区域投入产出模型（MRIO）

多区域框架的第一个大规模的应用是由哈佛经济研究项目（HERP）发起的，后来卡伦·普可仁（Karen Polenske）教授和她在麻省理工学院（Massachusetts Institute of Technology，MIT）的同事对此进行了更深入的发展。在其最详细的描述中，这是一个关于 1963 年 51 个区域（50 个州和华盛顿特区）以及每个区域 79 个部门的模型。对该模型及其构建的完整描述是普可仁（Polenske，1980）给出的。第二个多区域投入产出框架的估计和使用是针对 1977 年的美国经济的，参与的研究者有的来自 MIT，还有的来自 Jack Faucett Associates 公司——一个经济咨询公司（1981—1983 年）。此后还有一些其他建立美国多区域投入产出模型的尝试。因为得到了广泛的应用，这个系统被视作区域间投入产出模型的替代；如我们下面将会看到的，它也可以被视作估计区域间投入产出框架的区域内和区域间元素的一种方法。①

区域间和多区域投入产出结构在最近几十年的实现多数是方法和估计过程的结合，这些方法和过程都是被设计来估计多区域投入产出框架所需要的数值（特别是区域间交易/系数）的。这就是通常被称为“混合”技术的方法；它们是一些调查信息、专家意见和自动化方法的混合。其中某些研究我们将在第 8 章中探讨。

□ 3.4.6 数值例子：中国 2000 年多区域模型

2003 年，发展经济研究所（东京）［Institute of Developing Economies (Tokyo)］

① 早期的 MRIO 和 IRIO 模型的比较由 Hartwick（1971）给出。

联合日本外部贸易组织（Japanese External Trade Organization）出版了一个雄心勃勃的中国 2000 年多区域投入产出数据集，包括 30 个部门，共 8 个区域［详细的编表讨论和用中国多区域投入产出框架做的若干区域经济比较分析见冈本和伊原（Okamoto and Ihara，2005）］。

表 3－7 至表 3－9 给出了这个关于中国的研究工作高度综合的数据版本，有 3 个部门和 3 个区域（仅仅是为了说明）。① 交易量的单位是万元（元即 CYN）② 在这个三区域的例子中，我们可以在遍及中国各部门和各区域的范围内，很容易地追踪假设的最终需求变化的影响。例如，假设北方制造业产品的出口需求增加了 10 万元。我们可以用：

$$(\Delta \boldsymbol{f}^N)' = [0 \quad 100 \quad 0 \qquad 0 \quad 0 \quad 0 \qquad 0 \quad 0 \quad 0]$$

表 3－7　中国 2000 年区域间和区域内交易　单位：1 万元

		北方			南方			其他区域		
		自然资源	制造业和建筑业	服务业	自然资源	制造业和建筑业	服务业	自然资源	制造业和建筑业	服务业
北方	自然资源	1 724	6 312	406	188	1 206	86	14	49	4
	制造业和建筑业	2 381	18 458	2 987	301	3 331	460	39	234	57
	服务业	709	3 883	1 811	64	432	138	5	23	5
南方	自然资源	149	656	42	3 564	8 828	806	103	178	15
	制造业和建筑业	463	3 834	571	3 757	34 931	5 186	202	1 140	268
	服务业	49	297	99	1 099	6 613	2 969	31	163	62
其他区域	自然资源	9	51	3	33	254	18	1 581	3 154	293
	制造业和建筑业	32	272	41	123	1 062	170	1 225	6 704	1 733
	服务业	4	25	7	25	168	47	425	2 145	1 000
总产出		16 651	49 563	15 011	27 866	81 253	23 667	11 661	21 107	8 910

结合表 3－9 的完全需求系数矩阵来评估这个最终需求变化在整个经济体中的影响。我们可以研究在其他区域中每个区域制造业产品出口需求增加同样数量的类似含义，用 $(\Delta \boldsymbol{f}^S)' = [0 \quad 0 \quad 0 \qquad 0 \quad 100 \quad 0 \qquad 0 \quad 0 \quad 0]$ 表示南方的出口需求，用 $(\Delta \boldsymbol{f}^R)' = [0 \quad 0 \quad 0 \qquad 0 \quad 0 \quad 0 \qquad 0 \quad 100 \quad 0]$ 表示中国其他区域的出口需求。

依次对这些向量左乘表 3－9 中的完全需求系数矩阵，就产生了表 3－10 中的结果。新增的出口需求产生对自己区域的不同的经济影响，依赖于产生新增出口需求的制造部门所在的区域。当对北方制造的产品有需求时，北方所有部门的总产出增加了 215 300 元。如果需求是针对南方生产的产品，则该区域新产出的总价值为236 100 元；

① 这些数据来自发展经济研究所-日本外部贸易组织（IDE-JETRO，2003）。区域和部门的合并细节可见附录 3.2。

② 常见的符号为￥，尽管有时候只用一横。用两横线，则与日元符号相同。

如果新需求是针对中国其他区域生产的产品，则该区域所有部门的产出增加203 900元。对其他区域的区域间溢出由表 3－10 底部行除本区域之外的其他单元格给出。当我们分别对北方、南方和中国其他区域给予刺激时，将溢出和区域自身影响加起来，我们看到对制造业的100 000 元刺激的全国总效应分别为259 800 元、268 500 元和240 200 元。

表 3－8　　中国 2000 年多区域经济的直接消耗系数

		北方			南方			其他区域		
		自然资源	制造业和建筑业	服务业	自然资源	制造业和建筑业	服务业	自然资源	制造业和建筑业	服务业
北方	自然资源	0.103 5	0.127 3	0.027 0	0.006 7	0.014 8	0.003 6	0.001 2	0.002 3	0.000 5
	制造业和建筑业	0.143 0	0.372 4	0.199 0	0.010 8	0.041 0	0.019 4	0.003 4	0.011 1	0.006 4
	服务业	0.042 6	0.078 3	0.120 6	0.002 3	0.005 3	0.005 8	0.000 4	0.001 1	0.000 6
南方	自然资源	0.008 9	0.013 2	0.002 8	0.127 9	0.108 7	0.034 0	0.008 9	0.008 4	0.001 7
	制造业和建筑业	0.027 8	0.077 4	0.038 1	0.134 8	0.429 9	0.219 1	0.017 3	0.054 0	0.030 1
	服务业	0.002 9	0.006 0	0.006 6	0.039 4	0.081 4	0.125 5	0.002 6	0.007 7	0.007 0
其他区域	自然资源	0.000 6	0.001 0	0.000 2	0.001 2	0.003 1	0.000 8	0.135 6	0.149 4	0.032 9
	制造业和建筑业	0.001 9	0.005 5	0.002 7	0.004 4	0.013 1	0.007 2	0.105 0	0.317 6	0.194 5
	服务业	0.000 2	0.000 5	0.000 4	0.000 9	0.002 1	0.002 0	0.036 4	0.101 6	0.112 2

表 3－9　　中国 2000 年多区域经济的列昂惕夫逆矩阵

		北方			南方			其他区域		
		自然资源	制造业和建筑业	服务业	自然资源	制造业和建筑业	服务业	自然资源	制造业和建筑业	服务业
北方	自然资源	1.163 1	0.256 1	0.096 5	0.022 7	0.058 2	0.026 8	0.006 4	0.016 1	0.008 5
	制造业和建筑业	0.300 8	1.727 5	0.408 0	0.053 7	0.159 6	0.084 9	0.019 1	0.052 9	0.0314
	服务业	0.084 0	0.168 6	1.179 4	0.011 5	0.030 6	0.020 2	0.003 5	0.009 3	0.005 4
南方	自然资源	0.032 5	0.068 1	0.032 1	1.191 9	0.250 4	0.111 4	0.024 5	0.045 9	0.023 2
	制造业和建筑业	0.119 4	0.294 3	0.158 8	0.325 8	1.919 3	0.503 6	0.074 2	0.201 0	0.118 7
	服务业	0.019 3	0.044 7	0.028 4	0.084 8	0.192 0	1.196 5	0.014 2	0.037 5	0.025 2
其他区域	自然资源	0.003 4	0.007 9	0.003 9	0.006 2	0.016 4	0.008 2	1.195 8	0.279 3	0.106 1
	制造业和建筑业	0.009 8	0.024 5	0.013 3	0.017 6	0.047 8	0.027 2	0.206 8	1.568 1	0.353 2
	服务业	0.002 1	0.005 1	0.003 0	0.004 5	0.011 4	0.007 5	0.073 0	0.191 6	1.171 6

在类似表 3－10 中的结果的帮助下，可以得到很多其他观测数据。例如，关于区域间溢出，很清楚，当需求是在北方时会发生最大的外部效应；南方产出 40 700 元的提高是该表底部行中所有效应中最大的。在这个来自中国的高度综合的例子中，可以明确

地看到是，从南方内部的效应（268 500 元）到北方对南方的溢出效应（40 700 元）都表明南方制造业在经济中占据了主导位置。我们将在第 6 章中更详细地研究区域内和区域间效应。

表 3-10　2000 年制造业产品的最终需求增加 10 万元的分区域分部门影响　单位：1 000 元

部门	北方生产			南方生产			其他区域生产		
	北方	南方	其他区域	北方	南方	其他区域	北方	南方	其他区域
自然资源	25.6	6.8	0.8	5.8	25.0	1.6	1.6	4.6	27.9
制造业和建筑业	172.8	29.4	2.5	16.0	191.9	4.8	5.3	20.1	156.8
服务业	16.9	4.5	0.5	3.1	19.2	1.1	0.9	3.8	19.2
总计	215.3	40.7	3.8	24.9	236.1	7.5	7.8	28.5	203.9

3.5　平衡的区域模型

3.5.1　平衡的区域模型结构

列昂惕夫等人（Leotief et al.，1953，Chapter 4）提出了一个具有不同区域特征类别的模型，该模型被用于一些具体的应用分析，其中包括将生产从军备产品转移到非军备的消费产品对美国经济产生的影响分析（Leontief et al.，1965）。这个模型被称为平衡的区域模型（或国家内模型）。该模型基本的数学结构与区域间投入产出模型相同，但是对模型的每个构成部分的解释则颇为不同。整个分析的结构基于一个实际观察到的情况，即在任何一个国家经济体中都存在具有不同市场区域类别的产品。有一些产品，其生产和消费只有在国家层级上才是相等（“平衡”）的。这些产品本质上有国家（或者，实际上是国际的）的市场范围——例如汽车、飞机（华盛顿总的飞机生产量＝对华盛顿飞机的总需求）、家具和农业等部门。此外，其他一些部门的生产和消费则会在更低一些的地理层级上达到平衡；它们为区域或当地市场服务，而不是为全国市场服务。可能的例子有电力、房地产、仓储以及个人和维修服务（一个城市地区擦鞋服务的生产量等于该地区对擦鞋的需求量）。很清楚，实际上，从服务于非常小的当地市场（修鞋）到很大的国家和国际市场（飞机）的部门有一个完整的可能分布范围。为了用一个简单的例子来说明这个模型的结构，我们假设所有部门可以归为国家（N）的或者区域（R）的类别（划分部门类别的一个可能的标准是某部门的产品区域间输送量对区域内输送量的比例）。

因此根据国家投入系数表，我们可以重新安排部门，例如，将所有的区域部门列在前面，将所有的国家部门列在后面。令部门 1，2，…，r 表示区域平衡的部门，令部门 $r+1$，…，n 表示国家平衡的部门。则重新排列的国家投入系数表为：

$$\mathbf{A}=\begin{bmatrix}\mathbf{A}^{RR} & \mathbf{A}^{RN}\\ \mathbf{A}^{NR} & \mathbf{A}^{NN}\end{bmatrix} \tag{3.27}$$

令 $\mathbf{x}^R$ 和 $\mathbf{f}^R$（具有 r 个元素的列向量）表示区域部门的总产出和最终需求，令 $\mathbf{x}^N$ 和

$\boldsymbol{f}^N$——为具有 $n-r$ 个元素的列向量——表示国家部门的产出和最终需求。定义：

$$\boldsymbol{x}=\begin{bmatrix}\boldsymbol{x}^R\\\boldsymbol{x}^N\end{bmatrix} \text{ 以及 } \boldsymbol{f}=\begin{bmatrix}\boldsymbol{f}^R\\\boldsymbol{f}^N\end{bmatrix}$$

则用与两区域的区域间投入产出模型完全相同的思想，我们有 $(\boldsymbol{I}-\mathbf{A})\boldsymbol{x}=\boldsymbol{f}$。此处为：

$$\begin{aligned}(\boldsymbol{I}-\mathbf{A}^{RR})\boldsymbol{x}^R-\mathbf{A}^{RN}\boldsymbol{x}^N&=\boldsymbol{f}^R\\-\mathbf{A}^{NR}\boldsymbol{x}^N+(\boldsymbol{I}-\mathbf{A}^{NN})\boldsymbol{x}^N&=\boldsymbol{f}^N\end{aligned}\tag{3.28}$$

重要的是，注意这里的上标 R 和 N 指的不是部门的地理位置，如在区域间模型中那样。它们被用于将部门分为两种类型——市场范围是全国的类型和市场范围是区域的类型。[①] 例如，在式（3.28）中向量 $\mathbf{A}^{RN}\boldsymbol{x}^N$ 的一个代表性元素 $a_{ij}^{RN}\ x_j^N$ 给出的是从部门 i（在区域平衡的部门集合中）到部门 j（在国家平衡的部门集合中）的投入。这在如下的数值例子中会更清晰。

更简洁一些，可用分块矩阵的形式：

$$\begin{bmatrix}(\boldsymbol{I}-\mathbf{A}^{RR}) & -\mathbf{A}^{RN}\\-\mathbf{A}^{NR} & (\boldsymbol{I}-\mathbf{A}^{NN})\end{bmatrix}\begin{bmatrix}\boldsymbol{x}^R\\\boldsymbol{x}^N\end{bmatrix}=\begin{bmatrix}\boldsymbol{f}^R\\\boldsymbol{f}^N\end{bmatrix}$$

因此：

$$\begin{bmatrix}\boldsymbol{x}^R\\\boldsymbol{x}^N\end{bmatrix}=\begin{bmatrix}(\boldsymbol{I}-\mathbf{A}^{RR}) & -\mathbf{A}^{RN}\\-\mathbf{A}^{NR} & (\boldsymbol{I}-\mathbf{A}^{NN})\end{bmatrix}^{-1}\begin{bmatrix}\boldsymbol{f}^R\\\boldsymbol{f}^N\end{bmatrix}\tag{3.29}$$

针对一个或多个国家部门和/或一个或多个区域部门产品的最终需求的外生变化，用正规的求解过程，我们求出在两种类别中每个部门的总产出。例如，在武器削减问题的研究中，假设军用相关产品的政府需求有 20%的全面下降，这些产品有些由国家部门生产（例如飞机），有些由区域部门生产（例如仓储），同时假设非军用最终需求全面增加。因此，$\boldsymbol{f}^R$ 和 $\boldsymbol{f}^N$ 中的元素都发生了变化。

至此，模型中没有明显的与空间的相关之处了。无论是国家平衡的还是区域平衡的部门分类，只是处理涉及的市场范围的规模。对于区域部门，我们需要有新的需求 $\boldsymbol{f}^R$，分布在各区域中。也就是说，我们需要得到 $\boldsymbol{f}^{R(s)}$，区域 s 中区域平衡的产品的最终需求，其中，$\sum_s \boldsymbol{f}^{R(s)}=\boldsymbol{f}^R$。此外，对每个区域 s，我们需要估计在每个在区域 s 中进行生产的国家平衡的部门的产出所占的比例，即：

$$\boldsymbol{p}^s=\begin{bmatrix}p_{r+1}^s\\\vdots\\p_n^s\end{bmatrix}$$

向量 $\hat{\boldsymbol{p}}^s\boldsymbol{x}^N$ 表示在新的国家产品的产出 $\boldsymbol{x}^N$ 中，必须由区域 s 的部门 $r+1$ 至部门 n 所生产的比例。因为 $\boldsymbol{p}^s$ 的元素表示总的国家产出中发生在区域 s 中的比例，因此对 $i=r+1$，

① 这种分块可被用于范围广泛的多种目的。例如，如果某人对能源生产部门尤其感兴趣，他就可能想把所有部门分成两组——生产能源的部门和不生产能源的部门。分块矩阵在本书剩下的部分中经常被使用。关于分块矩阵的逆的结果在附录 A 中给出。

…，n，有 $\sum_s p_i^s = 1$，或$\sum_s \hat{\boldsymbol{p}}^s = \boldsymbol{I}$。

区域 s 的总产出是一个具有 n 个元素的向量：

$$\boldsymbol{x}^{(s)} = \begin{bmatrix} \boldsymbol{x}^{R(s)} \\ \boldsymbol{x}^{N(s)} \end{bmatrix} \tag{3.30}$$

其中，$\boldsymbol{x}^{R(s)}$包含区域 s 制造的 r 种区域平衡的产品的产出，$\boldsymbol{x}^{N(s)}$（$=\hat{\boldsymbol{p}}^s\boldsymbol{x}^N$）表示在区域 s 生产的国家平衡的产品的产出。

$\boldsymbol{x}^{R(s)}$包括两个部分：(1) 区域 s 的产出，满足对区域平衡产品的特定区域的最终需求，$\boldsymbol{f}^{R(s)}$（例如，在密歇根州生产的电力，被用于满足对本州生产的电力的部门间需求和对本州生产的电力的新的最终需求）；(2) 区域 s 的产出，结果是国家平衡产品的一部分，$\boldsymbol{x}^{N(s)}$（例如，在密歇根州生产的电力被用作密歇根州的汽车生产，满足一部分全国范围内对汽车的需求）。即：

$$\begin{aligned} \boldsymbol{x}^{R(s)} &= (\boldsymbol{I}-\boldsymbol{A}^{RR})^{-1}\boldsymbol{f}^{R(s)} + (\boldsymbol{I}-\boldsymbol{A}^{RR})^{-1}\boldsymbol{A}^{RN}\boldsymbol{x}^{N(s)} \\ &= (\boldsymbol{I}-\boldsymbol{A}^{RR})^{-1}\boldsymbol{f}^{R(s)} + (\boldsymbol{I}-\boldsymbol{A}^{RR})^{-1}\boldsymbol{A}^{RN}\hat{\boldsymbol{p}}^s\boldsymbol{x}^N \end{aligned} \tag{3.31}$$

要记住的是，根据式（3.27），矩阵 $\boldsymbol{A}$ 中的所有系数都反映国家的技术；"R"和"N"被用于将这个国家技术分割成两类部门。每个特定区域的生产都假定用这一同样的技术，如在矩阵（$\boldsymbol{I}-\boldsymbol{A}^{RR}$）及其逆矩阵中所反映的。在附录 3.3 中，这些结果直接从式（3.29）分块矩阵的逆矩阵结果中推导出来。

由式（3.29）所给出的区域 R 分配到的国家平衡的产品份额，我们有：

$$\boldsymbol{x}^{N(s)} = \hat{\boldsymbol{p}}^s\boldsymbol{x}^N \tag{3.32}$$

通过这种途径，区域平衡模型就把新的需求$\boldsymbol{f}^R$和 $\boldsymbol{f}^N$的影响分配到每个区域的不同部门中了。

□ 3.5.2 数值例子

用一个例子可以清晰地说明这个模型如何实施。令：

$$\boldsymbol{A} = \begin{bmatrix} \boldsymbol{A}^{RR} & \boldsymbol{A}^{RN} \\ \boldsymbol{A}^{NR} & \boldsymbol{A}^{NN} \end{bmatrix} = \begin{bmatrix} 0.10 & 0.15 & 0.05 & 0.03 \\ 0.03 & 0.10 & 0.02 & 0.10 \\ 0.12 & 0.03 & 0.20 & 0.10 \\ 0.10 & 0.02 & 0.25 & 0.15 \end{bmatrix} \tag{3.33}$$

以及

$$\boldsymbol{f} = \begin{bmatrix} \boldsymbol{f}^R \\ \boldsymbol{f}^N \end{bmatrix} = \begin{bmatrix} 100 \\ 100 \\ 200 \\ 200 \end{bmatrix}$$

则可以得到 $\boldsymbol{x}$，如式（3.29）：

$$\boldsymbol{x}=\begin{bmatrix}\boldsymbol{x}^R\\ \boldsymbol{x}^N\end{bmatrix}=\begin{bmatrix}168.30\\163.40\\325.70\\354.70\end{bmatrix} \tag{3.34}$$

这些数字表示整个国家 4 个部门的总产出。

假设该国有 3 个区域，按具体区域分的最终需求 $\boldsymbol{f}^R$ 为：

$$\boldsymbol{f}^{R(1)}=\begin{bmatrix}40\\30\end{bmatrix},\ \boldsymbol{f}^{R(2)}=\begin{bmatrix}50\\30\end{bmatrix},\ \boldsymbol{f}^{R(3)}=\begin{bmatrix}10\\40\end{bmatrix}$$

并且 $\boldsymbol{p}^1=\begin{bmatrix}0.6\\0.3\end{bmatrix}$，$\boldsymbol{p}^2=\begin{bmatrix}0.2\\0.4\end{bmatrix}$及 $\boldsymbol{p}^3=\begin{bmatrix}0.2\\0.3\end{bmatrix}$。用 $\boldsymbol{A}$ 中的信息我们得到 $(\boldsymbol{I}-\boldsymbol{A}^{RR})^{-1}$：

$$(\boldsymbol{I}-\boldsymbol{A}^{RR})^{-1}=\begin{bmatrix}1.117 & 0.186\\0.037 & 1.117\end{bmatrix}$$

用式（3.31）有：

$$\boldsymbol{x}^{R(1)}=\begin{bmatrix}67.47\\51.75\end{bmatrix},\ \boldsymbol{x}^{R(2)}=\begin{bmatrix}72.73\\52.97\end{bmatrix},\ \boldsymbol{x}^{R(3)}=\begin{bmatrix}28.05\\58.65\end{bmatrix} \tag{3.35}$$

[注意，就如一致性的模型必须具备的，在式（3.34）中，$\boldsymbol{x}^R$ 确实等于 $\boldsymbol{x}^{R(1)}+\boldsymbol{x}^{R(2)}+\boldsymbol{x}^{R(3)}$。] 由 $\hat{\boldsymbol{p}}^1$、$\hat{\boldsymbol{p}}^2$ 和 $\hat{\boldsymbol{p}}^3$，得出国家平衡的产品在所有区域的分配为：

$$\boldsymbol{x}^{N(1)}=\hat{\boldsymbol{p}}^1\boldsymbol{x}^N=\begin{bmatrix}195.40\\106.40\end{bmatrix},\ \boldsymbol{x}^{N(2)}=\hat{\boldsymbol{p}}^2\boldsymbol{x}^N=\begin{bmatrix}65.14\\141.90\end{bmatrix},\ \boldsymbol{x}^{N(3)}=\hat{\boldsymbol{p}}^3\boldsymbol{x}^N=\begin{bmatrix}65.14\\106.40\end{bmatrix} \tag{3.36}$$

其中，根据 $\boldsymbol{p}$ 的定义方式，$\boldsymbol{x}^N$ 必须等于 $\boldsymbol{x}^{N(1)}+\boldsymbol{x}^{N(2)}+\boldsymbol{x}^{N(3)}$。

把这些结果代入式（3.35）和式（3.36），如式（3.30）中所示，我们有：

$$\boldsymbol{x}^{(1)}=\begin{bmatrix}67.47\\51.75\\195.40\\106.40\end{bmatrix},\ \boldsymbol{x}^{(2)}=\begin{bmatrix}72.73\\52.97\\65.14\\141.90\end{bmatrix},\ \boldsymbol{x}^{(3)}=\begin{bmatrix}28.05\\58.65\\65.14\\106.40\end{bmatrix} \tag{3.37}$$

式（3.34）中的全部产出都被分配到 3 个区域中。如之前所提到的，每个区域的生产都假定采用了相同的技术，如在 $(\boldsymbol{I}-\boldsymbol{A}^{RR})$ 中所体现的。但该模型能够识别具有全国市场范围的产品或具有国家以下市场范围的产品的生产是否在具体的某个地理区位发生，$\boldsymbol{f}^N$ 元素的分配和 $\boldsymbol{p}^s$ 向量中的信息反映了生产的这种空间分布。

3.6 区域模型的空间规模

为了让读者能感觉到“区域”投入产出应用中地理尺度的多种多样，我们列出了大量文献中的一小部分，从这一系列应用中的小规模空间开始。

- 科尔（Cole，1987）描述了一个纽约布法罗（Buffalo）市的模型，科尔（Cole，1999）关注布法罗的城市内街区。
- 罗比森和米勒（Robison and Miller，1988，1991）考虑小范围的爱达荷州木材经济（伐木/锯木）——后来的文献包括 6 个社区（其中 5 个包含锯木；合起来人口约 20 000）。他们称之为“社区”投入产出模型。在罗比森（Robison，1997）中，其模型是为爱达荷州中心两个县的农村地区建立的（总人口少于 12 000），分解为 7 个以社区为中心的县级以下区域。
- 休因斯、奥山和索因斯（Hewings，Okuyama，and Sonis，2001）给出了一个 4 区域的城市区域模型。其中的 3 个区域是芝加哥市的下级地区，第四个区域包含组成芝加哥大都市区的其余的县（共 6 个县）。
- 杰克逊等（Jackson et al.，2006）以及施瓦姆、杰克逊和奥山（Schwarm，Jackson，and Okuyama，2006）提出了一种生成美国 51 个州的模型数据的新方法（如第 3.4.5 节中所讨论的美国多区域投入产出模型）。
- 理查森、戈登和穆尔（Richardson，Gordon，and Moore，2007）以及大量的其他引文创建了一个 51 州的美国多区域模型。
- 布姆斯玛和奥斯特哈文（Boomsma and Oosterhaven，1992）描述了多种两区域的荷兰模型，包括一个重点关注区域，荷兰其他地区作为第二个区域。
- 韦斯特（West，1990）给出了澳大利亚单区域投入产出模型和区域连接框架的一个总结。
- 欧盟统计局（Eurostat，2002）以及霍恩（Hoen，2002）。这些文献论述了欧盟（EC）的一类多个区域（或者多个国家）模型的构建（和应用），这类模型是处于区域间投入产出模型和多区域投入产出模型之间的类型。
- IDE-JETRO（2006）。其关注点在于亚洲“多国家”或者“多边”表，连接 10 个国家或地区（中国、印度尼西亚、日本、韩国、马来西亚、菲律宾、新加坡、中国台湾、泰国和美国）。这些表的编制间隔为 5 年。
- 列昂惕夫（Leontief，1974），列昂惕夫、卡特和佩特（Leontief，Carter，and Petri，1977），方塔娜（Fontana，2004）以及达钦（Duchin，2004）。这些文献讨论了被称为列昂惕夫世界模型的多个方面。最初，这个模型的结构由 2 个“宏大的区域”组成（发达国家和欠发达国家）。在达钦和兰格（Duchin and Lange，1994）中，该应用使用了一个包含 16 个世界区域（国家的集合）的框架，涵盖了 189 个国家。
- 猪俣和桑森（Inomata and Kuwamori，2007），以及 IDE-JETRO（2007）。这些文献讨论了一个十部门的模型，该模型把多经济体特征——中国、日本、东盟 5 国（ASEAN 5，印度尼西亚、马来西亚、菲律宾、新加坡和泰国）、东亚（韩国和中国台湾）以及美国——和对中国的七区域分解以及对日本的八区域分解结合起来了。因此，有 18 个地理区域；某些是真正的国家以下区域（中国和日本的 15 个区域），一个是国家（美国），2 个是多国区域（东盟 5 国、东亚）。创建者把它称为跨国区域间投入产出模型（TIIO）。

这些应用中很多将在第 8 章中讨论。

3.7 总结

在本章中，我们探讨了当在区域水平上进行分析时，需要对基本投入产出模型（第2章）做的最重要的一些修正。我们看到，投入产出框架既可以被用于一个独立的单区域，又可以被用于研究在该模型中经济联系被清晰描述的一个或多个区域。虽然这些相联系的区域模型的描述显得相当复杂，它们还是基本投入产出结构的符合逻辑的扩展，这些扩展的设计是为了：(1) 反映不同区域相同部门可能的生产技术的不同；(2) 获取不同区域部门之间的贸易关系。

在最近的几十年中，使用多国家投入产出模型的工作有了进展，其中“区域”一词被“国家”所代替。这些都是国家之间经济上的相互依赖度增加的结果——例如，欧盟内部。我们将在第8章中探讨某些这类模型，因为它们通常涉及使用“混合”方法来估计必需的数据。最后，一个“全球”模型作为国家级经济体大组别的相互联系的集合被提出。在这类框架中，可以研究欠发达国家的不同发展政策的冲击对全球的影响（Leontief，1974；Leontief，Carter，and Petri，1977）。这也会在第8章中做简要的讨论。

附录3.1 多区域投入产出模型的基本关系

在标准的投入产出模型中，区域 s 对商品 i 的总需求由下式给出

$$\sum_{j=1}^{n} a_{ij}^{s} x_{j}^{s} + f_{i}^{s} \tag{A3.1.1}$$

区域 s 产品 i 的总供给为从其他区域运输到本区域的总量：

$$\sum_{r=1}^{p} z_{i}^{rs} \quad (r \neq s)$$

加上区域内部的供给量 z_i^{ss}。这正是 T_i^s，表3-8中第 s 列元素的合计，如式（3.18）中所定义的。因为运输量（供给）只在满足需要（需求）时发生，对每一种产品 i，我们有：

$$T_{i}^{s} = \sum_{j=1}^{n} a_{ij}^{s} x_{j}^{s} + f_{i}^{s} \tag{A3.1.2}$$

区域 r 中产品 i 的总生产量等价于从区域 r 运出的总运输量，包括保留在区域内部的部分：

$$x_{i}^{r} = \sum_{s=1}^{p} z_{i}^{rs} \tag{A3.1.3}$$

由第3.4.2节中区域间比例的定义，$c_i^{rs} = z_i^{rs}/T_i^s$，式（A3.1.3）可以重新写成：

$$x_{i}^{r} = \sum_{s=1}^{p} c_{i}^{rs} T_{i}^{s} \tag{A3.1.4}$$

如式（A3.1.2）中所定义的，将 T_i^s 代入式（A3.1.4）：

$$x_i^r = \sum_{s=1}^{p} c_i^{rs}\Big(\sum_{j=1}^{n} a_{ij}^s x_j^s + f_i^s\Big) \quad (i=1,\cdots,n) \tag{A3.1.5}$$

用熟悉的矩阵表示，令：

$$\boldsymbol{x}^r = \begin{bmatrix} x_1^r \\ \vdots \\ x_n^r \end{bmatrix},\ \boldsymbol{x}^s = \begin{bmatrix} x_1^s \\ \vdots \\ x_n^s \end{bmatrix},\ \boldsymbol{f}^s = \begin{bmatrix} f_1^s \\ \vdots \\ f_n^s \end{bmatrix}$$

$$\boldsymbol{A}^s = \begin{bmatrix} a_{11}^s & \cdots & a_{1n}^s \\ \vdots & & \vdots \\ a_{n1}^s & \cdots & a_{nn}^s \end{bmatrix},\ \hat{\boldsymbol{c}}^{rs} = \begin{bmatrix} c_1^{rs} & 0 & \cdots & 0 \\ 0 & c_2^{rs} & & \\ \vdots & & & \\ 0 & & & c_n^{rs} \end{bmatrix}$$

读者应该相信，整个区域 r 产品产出的 n 个方程能够表达为：

$$\boldsymbol{x}^r = \sum_{s=1}^{p} \hat{\boldsymbol{c}}^{rs}(\boldsymbol{A}^s\boldsymbol{x}^s + \boldsymbol{f}^s) = \sum_{s=1}^{p} \hat{\boldsymbol{c}}^{rs}\boldsymbol{A}^s\boldsymbol{x}^s + \sum_{s=1}^{p} \hat{\boldsymbol{c}}^{rs}\boldsymbol{f}^s \tag{A3.1.6}$$

将会有 p 个这样的矩阵方程，每一个都针对一个区域 $r(r=1, \cdots, p)$。再次使用矩阵表示，如第 3.4 节中那样，我们建立：

$$\boldsymbol{x} = \begin{bmatrix} \boldsymbol{x}^1 \\ \vdots \\ \boldsymbol{x}^s \\ \vdots \\ \boldsymbol{x}^p \end{bmatrix},\ \boldsymbol{f} = \begin{bmatrix} \boldsymbol{f}^1 \\ \vdots \\ \boldsymbol{f}^s \\ \vdots \\ \boldsymbol{f}^p \end{bmatrix},\ \boldsymbol{A} = \begin{bmatrix} \boldsymbol{A}^1 & \cdots & \boldsymbol{0} & \cdots & \boldsymbol{0} \\ \vdots & & & & \vdots \\ \boldsymbol{0} & & \boldsymbol{A}^s & & \boldsymbol{0} \\ \vdots & & & & \vdots \\ \boldsymbol{0} & \cdots & \boldsymbol{0} & \cdots & \boldsymbol{A}^p \end{bmatrix}$$

和

$$\boldsymbol{C} = \begin{bmatrix} \hat{\boldsymbol{c}}^{11} & \cdots & \hat{\boldsymbol{c}}^{1s} & \cdots & \hat{\boldsymbol{c}}^{1p} \\ \vdots & & \vdots & & \vdots \\ \hat{\boldsymbol{c}}^{r1} & \cdots & \hat{\boldsymbol{c}}^{rs} & \cdots & \hat{\boldsymbol{c}}^{rp} \\ \vdots & & \vdots & & \vdots \\ \hat{\boldsymbol{c}}^{p1} & \cdots & \hat{\boldsymbol{c}}^{ps} & \cdots & \hat{\boldsymbol{c}}^{pp} \end{bmatrix}$$

则式（A3.1.6）中的 p 个矩阵方程可以被简洁地表达为：

$$\boldsymbol{x} = \boldsymbol{C}(\boldsymbol{A}\boldsymbol{x} + \boldsymbol{f}) = \boldsymbol{C}\boldsymbol{A}\boldsymbol{x} + \boldsymbol{C}\boldsymbol{f}$$

从而有：

$$(\boldsymbol{I} - \boldsymbol{C}\boldsymbol{A})\boldsymbol{x} = \boldsymbol{C}\boldsymbol{f} \tag{A3.1.7}$$

以及

$$\boldsymbol{x} = (\boldsymbol{I} - \boldsymbol{C}\boldsymbol{A})^{-1}\boldsymbol{C}\boldsymbol{f} \tag{A3.1.8}$$

正如本章正文的式（3.22）和式（3.23）。

附录 3.2　2000 年中国多区域模型中部门与区域的合并

表 A3.2-1　　2000 年中国多区域模型中的区域分类

三区域合并	区域	省、自治区和直辖市
北方	东北	黑龙江、吉林、辽宁
	北部	北京、天津、河北、山东
南方	南部	海南、广东、福建
	中部	湖南、江西、湖北、河南、安徽、山西
	东部	江苏、上海、浙江
其他区域	西北	新疆、青海、甘肃、宁夏、陕西、内蒙
	西南	西藏、四川、云南、贵州、广西、重庆

表 A3.2-2　　2000 年中国多区域模型中的部门合并

三部门合并	产业部门
自然资源	农业、 采掘业
制造业和建筑业	轻工业、 能源工业、 重工业和化工业、 建筑业
服务业和其他部门	交通运输和通信服务、 商业服务、 其他

附录 3.3　平衡的区域模型与分块矩阵（$I-A$）的逆

我们使用附录 A 中关于分块矩阵的逆的结果。对于平衡的区域模型，令：

$$(\boldsymbol{I}-\boldsymbol{A})=\begin{bmatrix}(\boldsymbol{I}-\boldsymbol{A}^{RR}) & -\boldsymbol{A}^{RN}\\ -\boldsymbol{A}^{NR} & (\boldsymbol{I}-\boldsymbol{A}^{NN})\end{bmatrix}=\begin{bmatrix}\boldsymbol{E} & \boldsymbol{F}\\ \boldsymbol{G} & \boldsymbol{H}\end{bmatrix}\text{以及}(\boldsymbol{I}-\boldsymbol{A})^{-1}=\begin{bmatrix}\boldsymbol{S} & \boldsymbol{T}\\ \boldsymbol{U} & \boldsymbol{V}\end{bmatrix}$$

则由式（3.29）有：

$$\begin{aligned}\boldsymbol{x}^R&=\boldsymbol{S}\boldsymbol{f}^R+\boldsymbol{T}\boldsymbol{f}^N\\ \boldsymbol{x}^N&=\boldsymbol{U}\boldsymbol{f}^R+\boldsymbol{V}\boldsymbol{f}^N\end{aligned}\qquad\text{(A3.3.1)}$$

这就得到了区域平衡产品（$\boldsymbol{x}^R$）和国家平衡产品（$\boldsymbol{x}^N$）遍及国家的总产出。

在这个实例中，用上面分块逆的结果，我们有：

$$\begin{aligned}&\boldsymbol{S}=(\boldsymbol{I}-\boldsymbol{A}^{RR})^{-1}(\boldsymbol{I}+\boldsymbol{A}^{RN}\boldsymbol{U})\quad \boldsymbol{T}=(\boldsymbol{I}-\boldsymbol{A}^{RR})^{-1}\boldsymbol{A}^{RN}\boldsymbol{V}\\ &\boldsymbol{U}=\boldsymbol{V}\boldsymbol{A}^{NR}(\boldsymbol{I}-\boldsymbol{A}^{RR})^{-1}\quad \boldsymbol{V}=[(\boldsymbol{I}-\boldsymbol{A}^{NN})-\boldsymbol{A}^{NR}(\boldsymbol{I}-\boldsymbol{A}^{RR})^{-1}\boldsymbol{A}^{RN}]^{-1}\end{aligned}\qquad\text{(A3.3.2)}$$

替换式（A3.3.2）中的 $\boldsymbol{S}$ 和 $\boldsymbol{T}$，由式（A3.3.1）有：

$$\boldsymbol{x}^R=(\boldsymbol{I}-\boldsymbol{A}^{RR})^{-1}\boldsymbol{f}^R+(\boldsymbol{I}-\boldsymbol{A}^{RR})^{-1}\boldsymbol{A}^{RN}(\boldsymbol{U}\boldsymbol{f}^R+\boldsymbol{V}\boldsymbol{f}^N) \tag{A3.3.3}$$

然而，$\boldsymbol{x}^N$，如式（A3.3.2）中所示，恰好是式（A3.3.3）右端的（$\boldsymbol{U}\boldsymbol{f}^R+\boldsymbol{V}\boldsymbol{f}^N$）项，因此：

$$\boldsymbol{x}^R=(\boldsymbol{I}-\boldsymbol{A}^{RR})^{-1}\boldsymbol{f}^R+(\boldsymbol{I}-\boldsymbol{A}^{RR})^{-1}\boldsymbol{A}^{RN}\boldsymbol{x}^N \tag{A3.3.4}$$

要把 $\boldsymbol{x}^R$ 和 $\boldsymbol{x}^N$ 的生产都分配到单独的区域中，我们需要有区域平衡产品的最终需求在每个区域 s 的区域分布——$\boldsymbol{f}^{R(s)}$，同时我们需要有每种国家平衡产品的生产在每个区域的分布——$\boldsymbol{p}^s$。之后，加上空间维度，对一个具体的区域 s，$\boldsymbol{f}^R$ 变为 $\boldsymbol{f}^{R(s)}$，$\boldsymbol{x}^N$ 变为 $\boldsymbol{x}^{N(s)}$，即 $\hat{\boldsymbol{p}}^s\boldsymbol{x}^N$。因此：

$$\boldsymbol{x}^{R(s)}=(\boldsymbol{I}-\boldsymbol{A}^{RR})^{-1}\boldsymbol{f}^{R(s)}+(\boldsymbol{I}-\boldsymbol{A}^{RR})^{-1}\boldsymbol{A}^{RN}\hat{\boldsymbol{p}}^s\boldsymbol{x}^N \tag{A3.3.5}$$

这就是正文中的式（3.31）。

习题

3.1　习题 2.2 中的数据描述了一个小型的国家经济。考虑该国经济中的一个区域，它拥有在 3 个部门中的每一个进行生产的公司。假设该区域中的公司生产的技术结构估计与体现在国家数据中的一样，但是需要有进口到该区域（从该国其他地方的生产者那里）的一些投入，用于该区域每个部门的生产。特别地，所需要的来自部门 1、部门 2 和部门 3 的投入来自本地区内部的比例分别为 60%、90%和 75%。如果对该区域生产者产出的新的最终需求分别是 1 300、100 和 200，则为了满足这个需求，该区域 3 个部门的总产出是多少？

3.2　如下数据表示区域 r 和 s 中两个部门之间的销售量（单位：美元）。

	r		s	
r	40	50	30	45
	60	10	70	45
s	50	60	50	80
	70	70	50	50

此外，对最终需求购买者的销售量为 $\boldsymbol{f}^r=\begin{bmatrix}200\\200\end{bmatrix}$ 和 $\boldsymbol{f}^s=\begin{bmatrix}300\\400\end{bmatrix}$。这些数据足以创建一个两区域的区域间投入产出模型，连接区域 r 和 s。由于经济刺激，如果居民对区域 r 中部门 1 产出的需求提高 280 美元，对区域 r 中部门 2 产出的需求提高 360 美元，则为了满足这些新的最终需求，2 个区域中每个区域每个部门的必需的新增总产出是多少？即求出与 $\Delta\boldsymbol{f}$ 相关联的 $\Delta\boldsymbol{x}=\begin{bmatrix}\Delta\boldsymbol{x}^r\\\Delta\boldsymbol{x}^s\end{bmatrix}$。

3.3　假设你搜集了如下关于 2 个区域中每个区域的所有 2 种产品的购买量的价值的信息，以及区域之间 2 种产品中每种产品的运输量：

区域 r 的购买		区域 s 的购买	
$z_{11}^{r}=40$	$z_{12}^{r}=50$	$z_{11}^{s}=30$	$z_{12}^{s}=45$
$z_{21}^{r}=60$	$z_{22}^{r}=10$	$z_{21}^{s}=70$	$z_{22}^{s}=45$
产品 1 的运输量		产品 2 的运输量	
$z_{1}^{rr}=50$	$z_{1}^{rs}=60$	$z_{2}^{rr}=50$	$z_{2}^{rs}=80$
$z_{1}^{sr}=70$	$z_{1}^{ss}=70$	$z_{2}^{sr}=50$	$z_{2}^{ss}=50$

这些数据足以构建两区域的多区域投入产出模型所需要的矩阵，用以连接区域 r 和 s。将有 6 个必需的矩阵——$\boldsymbol{A}^r$、$\boldsymbol{A}^s$、$\hat{\boldsymbol{c}}^{rr}$、$\hat{\boldsymbol{c}}^{rs}$、$\hat{\boldsymbol{c}}^{sr}$ 和 $\hat{\boldsymbol{c}}^{ss}$。所有这些矩阵都是 2×2 的。如果下一个时期的计划需求为 $\boldsymbol{f}^r=[50\quad 50]^{\mathrm{T}}$ 和 $\boldsymbol{f}^s=[40\quad 60]^{\mathrm{T}}$，求出每个区域每个部门为满足这个新的最终需求所需要的总产出，即求出 $\boldsymbol{x}^r$ 和 $\boldsymbol{x}^s$。

3.4 一个联邦机构对一个三区域的国家搜集了如下关于 2 个部门的上年度投入的购买量数据：(1) 制造业、(2) 农业，以美元作为计量单位。这些流量是不分具体的来源区域的；即它们是 $z_{ij}^{\cdot s}$ 类型的。用 A、B 和 C 表示 3 个区域。

	区域 A		区域 B		区域 C	
	1	2	1	2	1	2
1	200	100	700	400	100	0
2	100	100	100	200	50	0

并且，在 3 个区域中每个区域 2 个部门中每个部门的总产出都是已知的。它们是：

$$\boldsymbol{x}^A=\begin{bmatrix}600\\300\end{bmatrix},\ \boldsymbol{x}^B=\begin{bmatrix}1\ 200\\700\end{bmatrix},\ \boldsymbol{x}^C=\begin{bmatrix}200\\0\end{bmatrix}$$

这个机构雇用你来给其提供一些关于这些信息的潜在应用的建议：

a. 你的第一个想法是对每个区域给出一个区域的技术系数表。有可能建立这样的表吗？如果可以，请计算出来；如果不可能，为什么？

b. 你还考虑到把这些数据放到一起创建一个全国的技术系数表。这可能吗？如果可能，请做出来；如果不可能，为什么？

c. 为什么不可能用给定的数据编制一个三区域的多区域投入产出模型？

d. 如果联邦政府考虑下个年度对制造业产品支出 5 000 美元，对农业产品支出 4 500 美元，你如何估计为了满足政府需求所必需的总产出？

e. 将 d 中部门 1 和部门 2 的国家总产出与上年给定数据集中的初始的总产出进行比较。这种比较说明了投入产出模型的什么特征？

3.5 考虑如下两区域的区域间投入产出交易表：

		北方			南方			总产出
		农业(1)	采掘业(2)	建筑和制造业(3)	农业(1)	采掘业(2)	建筑和制造业(3)	
北方	农业(1)	277 757	3 654	1 710 816	8 293	26	179 483	3 633 382
	采掘业(2)	319	2 412	598 591	15	112	30 921	743 965
	建筑和制造业(3)	342 956	39 593	6 762 703	45 770	3 499	1 550 298	10 931 024

续前表

		北方			南方			总产出
		农业(1)	采掘业(2)	建筑和制造业(3)	农业(1)	采掘业(2)	建筑和制造业(3)	
南方	农业(1)	7 085	39	98 386	255 023	3 821	1 669 107	3 697 202
	采掘业(2)	177	92	15 966	365	3 766	669 710	766 751
	建筑和制造业(3)	71 798	7 957	2 017 905	316 256	36 789	8 386 751	14 449 941

a. 求出每个区域的最终需求向量和技术系数矩阵。

b. 假设进口原油（经济对其的依赖度为99%）价格的上升迫使南方的制造业削减了10%的总产出，北方削减了5%的总产出。则相应能够提供的最终需求的量是多少？（假设部门间联系保持不变，即技术系数矩阵不变。）

c. 假设西欧和美国对这个国家的产品实施的严格的进口配额削减了该国北方建筑业和制造业产品15%的最终需求。对北方地区产出向量的影响是什么？用一个完整的两区域的区域间模型来分析。

d. 回答上面c中的问题，忽略区域间联系，即只使用北方地区的列昂惕夫逆矩阵。关于这个综合的经济版本中区域间联系的重要性，你能得出什么结论？

3.6　考虑表3-7中给出的中国多区域投入产出流量表。假设从南方地区到北方地区的所有投入都用中国其他区域的相应产业的产品来代替。如何在多区域投入产出模型中反映这种情况？北方地区制造业产品出口的100 000元最终需求对所有区域所有部门总产出的影响会是什么？

3.7　下一章的表A4.1-3中给出了一个三区域五部门的美国多区域投入产出经济版本。假设一项新的政府军事项目在美国西部发起，刺激了该地区新的最终需求（单位是百万美元）$\boldsymbol{f}^W=[0\quad 0\quad 100\quad 50\quad 25]^T$。美国西部的这个最终需求的刺激对美国经济的所有3个区域所有部门总产出带来的影响是什么？

3.8　考虑附录4.1中的表A4.1-1给出的日本1965年的三区域五部门的区域间投入产出经济版本。假设与习题3.7中给出的相同的最终需求向量被施加在日本南方地区的货物和服务生产上。南方地区的这一最终需求对日本3个区域所有部门的总产出的影响是什么？

3.9　考虑下表给出的2000年区域间投入产出模型，所针对的区域有中国、日本、美国和其他亚洲国家，包括印度尼西亚、马来西亚、菲律宾、新加坡和泰国。假设中国的最终需求的年增长率为8%，美国和日本为4%，其他亚洲国家为3%。计算与最终需求增长相对应的总产出增长百分比。

2000年		美国			日本			中国			其他亚洲国家		
		自然资源	制造业和建筑业	服务业	自然资源	制造业和建筑业	服务业	自然资源	制造业和建筑业	服务业	自然资源	制造业和建筑业	服务业
美国	自然资源	75 382	296 016	17 829	351	4 764	473	174	403	17	103	2 740	83
	制造业和建筑业	68 424	1 667 042	960 671	160	21 902	3 775	587	8 863	1 710	383	45 066	4 391
	服务业	95 115	1 148 999	3 094 357	118	6 695	807	160	1 466	296	197	7 393	953
日本	自然资源	7	52	53	8 721	78 963	11 206	13	66	2	14	180	27
	制造业和建筑业	859	41 484	11 337	28 088	1 414 078	484 802	764	20 145	2 809	462	72 258	4 108
	服务业	97	4 390	1 424	24 901	662 488	1 001 832	107	2 763	335	270	7 816	1 189
中国	自然资源	72	343	147	50	2 316	229	49 496	183 509	15 138	102	2 430	99
	制造业和建筑业	331	15 657	6 442	93	10 199	1 989	89 384	892 227	181 932	157	15 093	1 237
	服务业	38	2 218	1 099	17	1 780	280	25 391	210 469	136 961	23	2 078	132

续前表

2000 年		美国			日本			中国			其他亚洲国家		
		自然资源	制造业和建筑业	服务业	自然资源	制造业和建筑业	服务业	自然资源	制造业和建筑业	服务业	自然资源	制造业和建筑业	服务业
其他亚洲国家	自然资源	322	1 068	203	64	11 906	266	64	1 475	14	12 153	92 647	6 402
	制造业和建筑业	503	56 287	18 129	278	35 418	3 562	1 141	41 496	4 685	23 022	566 274	144 417
	服务业	152	4 578	1 921	41	3 982	447	138	3 669	422	15 163	213 470	239 053
总产出		468 403	5 866 935	11 609 307	140 622	3 883 455	4 658 191	408 153	2 000 741	702 248	173 080	1 727 367	1 225 460

3.10 假设你有一个很受限的计算机，只能直接计算不超过 2×2 的矩阵的逆，解释你会如何确定如下矩阵 **A** 的 **L**：

$$\mathbf{A}=\begin{bmatrix}0 & 0.1 & 0.3 & 0.2 & 0.2\\ 0.1 & 0.1 & 0.1 & 0 & 0\\ 0.2 & 0 & 0.1 & 0.3 & 0.1\\ 0.3 & 0 & 0 & 0.1 & 0.3\\ 0.3 & 0.2 & 0.1 & 0.1 & 0.2\end{bmatrix}$$

a. 按这种方式计算列昂惕夫逆矩阵。

b. 这样的过程对于非常大的矩阵的计算（例如 $n>1\ 000$）意味着什么？

参考文献

Akita, Takahiro, 1994. "Interregional Interdependence and Regional Economic Growth in Japan: An Input-Output Analysis," *International Regional Science Review*, **16**, 231-248.

1999. "The Role of the Kanto Region in the Growth of Japanese Regional Economies 1965—1985: An Extended Growth-Factor Decomposition Analysis," in Geoffrey J. D. Hewings, Michael Sonis, Moss Madded and Yoshio Kimura (eds.), *Understanding and Interpreting Economic Structure*. Berlin: Springer, pp. 155-166.

Akita, Takahiro and Mitsuhiko Kataoka. 2002. "Interregional Interdependence and Regional Economic Growth: An Interregional Input-Output Analysis of the Kyushu Region." *Review of Urban and Regional Development Studies*, **14**, 18-40.

Batey, Peter W. J. and Moss Madden. 1999. "Interrelational Employment Multipliers in an Extended Input-Output Modeling Framework," in Geoffrey J. D. Hewings, Michael Sonis, Moss Madden and Yoshio Kimura (eds.), *Understanding and Interpreting Economic Structure*. Berlin: Springer, pp. 73-89.

Beyers, William B. 1980. "Migration and the Development of Multiregional Economic Systems," *Economic Geography*, **56**, 320-334.

Beyers, William B., Philip J. Bourque, W. R. Seyfried and Eldon E. Weeks. 1970. "Input-Output Tables for the Washington Economy, 1967," Seattle, WA: University of Washington, Graduate School of Business Administration.

Blackwell, Jon. 1978. "Disaggregation of the Household Sector in Regional Input-Output Analysis: Some Models Specifying Previous Residence of Worker," *Regional Studies*, **12**, 367-377.

Bon, Ranko. 1984. "Comparative Stability Analysis of Multiregional Input-Output Models: Column, Row, and Leontief-Strout Gravity Coefficient Models," *Quarterly Journal of Economics*,

99, 791-815.

Boomsma, Piet and Jan Oosterhaven. 1992. "A Double-Entry Method for the Construction of Bi-Regional Input-Output Tables," *Journal of Regional Science*, **32**, 269-284.

Bourque, Philip J. 1987. "The Washington Input-Output Study for 1982: A Summary of Findings," Seattle, WA: University of Washington, Graduate School of Business Administration.

Bourque, Philip J. and Eldon E. Weeks. 1969. "Detailed Input-Output Tables for Washington State, 1963." Pullman, WA: Washington State University, Washington Agricultura Experiment Station, Circular 508.

Bourque, Philip J. and Richard S. Conway, Jr. 1977. "The 1972 Washington Input-Ouput Study," Seattle, WA: University of Washington, Graduate School of Business Administration.

Chase, Robert A. Philip J. Bourque and Richard S. Conway, Jr. 1993. *The 1987 Washington State Input-Output Study*. Report for Washington State Office of Financial Management, by Graduate School of Business, Universty of Washington, Seattle, September.

Chenery, Hollis B. 1953. "Regional Analysis," in Hollis B. Chenery, Paul G. Clark and Vera Cao Pinna (eds.), *The Structure and Growth of the Italian Economy*. Rome: US Mutural Security Ageney, pp. 97-129.

Cole, Sam. 1987. "Growth, Equity and Dependence in a De-Industrializing City Region," *International Journal of Urban and Regional Research*, **11**, 461-477.

1999. "In the Spirit of Miyazawa: Multipliers and the Metropolis," in Geoffrey J. D. Hewings, Michael Sonis, Moss Madden and Yoshio Kimura (eds.) *Understanding and Interpreting Economic Structure*. Berlin: Springer, pp. 263-286.

Development Studies Center, Institure of Developing Economies-Japan External Trade Organization (IDE-JETRO). 2007. *Transnational Interregional Input-Output Table between China and Japan, 2000*. Asian International Input-Output Series, No. 68. Tokyo: Development Studies Center, IDE-JETRO.

Duchin, Faye. 2004. "International Trade: Evolution in the Thought and Analysis of Wassily Leontief," in Erik Dietzenbacher and Michael L. Lahr (eds.). 2004 *Wassily Leontief and Input-Ouput Economics*. Cambridge, UK: Cambridge University Press, pp. 47-64.

Duchin, Faye and Glenn-Marie Lange. 1994. *The Future of the Environment*. New York: Oxford University Press.

Eurostat. 2002. "The ESA 95 Input-Output Manual. Compilation and Analysis," Version: August, 2002.

Fontana, Emilio. 2004. "Leontief and the Future of the World Economy," in Dietzenbacher and Lahr (eds.), pp. 30-46.

Gillen, William J. and Antonio Guccione. 1980. "Interregional Feedbacks in Input-Output Models: Some Formal Results," *Journal of Regional Sciencde*, **20**, 477-482.

Gordon, Peter and Jacques Ledent. 1981. "Towards an Interregional Demoeconomic Model," *Journal of Regional Science*, **21**, 79-87.

Guccione, Antonio. William J. Gillen, Peter D. Blair and Ronald E. Miller. 1988. "Interregional Feedbacks in Input-Output Models: The Least Upper Bound," *Journal of Regional Science*, **28**, 397-404.

Hartwick, John M. 1971. "Notes on the Isard and Chenery-Moses Interregional Input-Output Models," *Journal of Regional Science*, **11**, 73-86.

Hewings, Geoffrey J. D., Yasuhide Okuyama and Michael Sonis. 2001. "Economic Interdependence within the Chicago Metropolitan Area: A Miyazawa Analysis," *Journal of Regional Science*, **41**, 195-217.

Hirsch, Werner Z. 1959. "Interindustry Relations of a Metropolitan Area," *Review of Economics and Statistics*, 41, 360-369.

Hoen, Alex R. 2002. *An Input-Output Analysis of European Integration*. Amsterdam: Elsevier Science.

Institute of Developing Economies-Japan External Trade Organization (IDE-JETRO). 2003. *Multi-Regional Input-Output Model for China 2000*. Statistical Data Series, No. 86. Chiba (Tokyo): IDE-JETRO.

Institute of Developing Economies-Japan External Trade Organization (IDE-JETRO), 2006. *Asian International Input-Output Table 2000*. Vol. 1 "Explanatory Notes" (IDE Statistical Data Series No. 89). Chiba (Tokyo): IDE-JETRO.

Inomata, Satoshi and Hiroshi Kuwamori (eds.). 2007. *Papers and Proceedings of the International Workshop: Emergence of Chinese Economy and Re-organization of Asian Industrial Structure*. Asian International Input-Output Series, No. 69. Tokyo: Development Studies Center, IDE-JETRO.

Isard, Walter. 1951. "Interregional and Regional Input-Output Analysis: A Model of a Space Economy," *Review of Economics and Statistics*, **33**, 318-328.

Isard, Walter, David F. Bramball, Gerald A. P. Carrothers, John H. Cumberland, Leon N. Moese, Daniel O. Price and Eugene W. Schooler, 1960. *Methods of Regional Analysis: An Introduction to Regional Science*. New York: The Technology Press of MIT and Wiley.

Isard, Walter and Robert E. Kuenne. 1953. "The Impact of Steel upon the Greater New York-Philadelphia Industrial Region," *Review of Economics and Statistics*, **35**, 289-301.

Isard, Walter and Thomas Langford. 1971. *Regional Input-Output Study: Recollections, Reflections, and Diverse Notes on the Philadelphia Experience*. Cambridge, MA: The MIT Press.

Jack Faucett Associates, Inc. 1981—1983. *Multiregional Input-Output Accounts*, 1977. Vol. 1, Introduction and Summary (July, 1983); Vol. 2, State Estimates of Outputs, Employment and Payrolls (December, 1981); Vol. 3, Development of Value Added Estimates by MRIO Sector by State (December, 1981); Vol. 4, State Estimates of Final Demands (April, 1982); Vol. 5, State Estimates of Inputs to Industries (May, 1982); Vol. 6, Interregional Commodity Flows (August, 1982). Prepared for Office of the Assistant Secretary for Planning and Evaluation, U. S. Department of Health and Human Services, Washington, DC. Reproduced by the National Technical Information Service (NTIS), U. S. Department of Commerce, Washington, DC.

Jackson, Randall W., Walter R. Schwarm, Yasuhide Okuyama and Samia Islam. 2006. "A Method for Constructing Commodity by Industry Flow Matrices," *Annals of Regional Science*, **40**, 909-920.

Joun, Richard Y. P. and Richard S. Conway, Jr. 1983. "Regional Economic-Demographic Forecasting Models: A Case Study of the Washington and Hawaii Models," *Socio-Economic Planning Sciences*, **17**, 345-353.

Ledent, Jacques and Peter Gordon. 1981. "A Framework for Modeling Interregional Population Distribution and Economic Gowth," *International Regional Science Reveiw*, **6**, 85-90.

Leontief, Wassily. 1974. "Structure of the World Economy: Outline of a Simple Input-Output Formulation," *American Economic Review*, **64**, 823-834.

1986. *Input-Output Economics*. Second Edition. New York: Oxford University Press.

Leontief, Wassily and Alan Strout. 1963. "Multiregional Input-Output Analysis," in Tibor Barna (ed.), *Structural Interdependence and Economic Development*. London: Macmillan (St. Martin's Press), pp. 119-149. (Reprinted in Leontief, 1986, pp. 129-161.)

Leontief, Wassily, Hollis B. Chenery, Pual G. Clark, James S. Duesenberry, Allen R. Ferguson,

Anne P. Grosse, Robert H. Grosse, Mathilda Holzman, Walter Isard and Helen Kistin. 1953. *Studies in the Structure of the American Economy*. White Plains, NY: International Arts and Science Press (Reprint, 1976).

Leontief, Wassily, Alison Morgan, Karen Polenske, David Simpson and Edward Tower. 1965. "The Economic Impact-Industrial and Regional-of an Arms Cut," *Review of Economics and Statistics*, **47**, 217-241.

Leontief, Wassily, Anne P. Carter and Peter A. Petri. 1977. *The Future of the World Economy*. New York: Oxford University Press.

Madden, Moss and Peter W. J. Batey. 1983. "Linked Population and Economic Models: Some Methodological Issues in Forecasting, Analysis, and Policy Optimization," *Journal of Regional Science*, **23**, 141-164.

Miernyk, William H. 1982. *Regional Analysis and Regional Policy*. Cambridge, MA: Oelgeschlager, Gunn & Hain, Inc.

Miernyk, William H., Ernest R. Bonner, John H. Chapman, Jr. and Kenneth Shellhammer. 1967. *Impact of the Space Program on a Local Economy: An Input-Output Analysis*. Morgantown, WV: West Virginia University Library.

Miernyk, William H., Kenneth L. Shellhammer, Douglas M. Borwn, Ronald L. Coccari, Charles J. Gallagher and Wesley H. Wineman. 1970. *Sinulating Regional Economic Development: An Interindustry Analysis of the West Virginia Economy*. Lexington, MA: D. C. Heath and Co.

Miller, Ronald E. 1957. "The Impact of the Aluminum Industry on the Pacific Northwest: A Regional Input-Output Analysis," *Review of Economics and Statistics*, **39**, 200-209.

1966. "Interregional Feedback Effects in Input-Output Models: Some Preliminary Results," *Papers, Regional Science Association*, **17**, 105-125.

1969. "Interregional Feedbacks in Input-Output Models: Some Experimental Results," *Western Economic Journal*, **7**, 41-50.

1986. "Upper Bounds on the Sizes of Interregional Feedbacks in Multiregional Input-Output Models," *Journal of Regional Science*, **26**, 285-306.

1998. "Regional and Interregional Input-Output Analysis," Chapter 3 in Walter Isard, Iwan J. Azis, Matthew P. Drennan, Ronald E. Miller, Sidney Saltzman and Erik Thorbecke. *Methods of Interregional and Regional Analysis*. Aldershot, UK: Ashgate, pp. 41-133.

Ministry of International Trade and Industry. 1965, 1970, 1975, 1980, 1985, 1990. *Interregional Input-Output Tables*. Tokyo: Ministry of International Trade and Industry (MITI).

Miyazawa, Ken'ichi. 1976. *Input-Output Analysis and the Structure of Income Distribution*. Heidelberg: Springer.

Moore, Frederick T. and James W. Petersen. 1955. "Regional Analysis: An Interindustry Model of Utah," *Review of Economics and Statistics*, **37**, 368-383.

Moses, Leon N. 1955. "The Stability of Interregional Trading Patterns and Input-Output Analysis," *American Economic Review*, **45**, 803-832.

Okamoto, Nabuhiro and Takeo Ihara (eds.). 2005. *Spatial Structure and Regional Development in China. An Interregional Input-Output Approach*. Basingstoke, UK: Palgrave Macmillan.

Oosterhaven, Jan. 1981. *Interregional Input-Output Analysis and Dutch Regional Policy Problems*. Aldershot, UK: Gower.

Polenske, Karen R. 1970a. "An Empirical Test of Interregional Input-Output Models: Estimation of 1963 Japanese Production," *American Economic Review*. **60** (May), 76-82.

1970b. "Empirical Implementation of a Multiregional Input-Output Gravity Trade Model," in Anne P. Carter and Andrew Bródy (eds.), *Contributions to Input-Output Analysis*. Vol. 1 of *Proceedings of the Fourth International Conference on Input-Output Techniques*. Geneva, 1968. Amsterdam: North-Holland, pp. 143-163.

1980. *The U. S. Multiregional Input-Output Accounts and Model*. Lexington, MA: Lexington Books (D. C. Heath and Co.).

1995. "Leontief's Spatial Economic Analyses," *Structural Change and Economic Dynamics*, **6**, 309-318.

2004. "Leontief's 'Magnificent Machine' and Other Contributions to Applied Economics," in Erik Dietzenhacher and Michael L. Lahr (eds.), *Wassily Leontief and Input-Output Economics*. Cambridge, UK: Cambridge University Press, pp. 9-29.

Polenske, Karen R. and Geoffrey J. D. Hewings. 2004. "Trade and Spatial Economic Interdependence," *Papers in Regional Science*, 83. 269-289. [AlIso in Raymond J. C. M. Florax and David A. Plane (eds.). 2004. *Fifty Years of Regional Science*. Advances in Spatial Science Series, No. 18. New York: Springer, pp. 269-289.]

Richardson, Harry W., Peter Gordon and James E. Moore, II (eds.). 2007. *The Economic Costs and Consequences of Terrorism*. Cheltenham, UK: Edward Elgar.

Robison, M. Henry. 1997. "Community Input-Output Models for Rural Arca Analysis with an Example from Central Idaho," *Annals of Regional Science*, **31**, 325-351.

Robison, M. Henry and Jon R. Miller. 1988. "Cross-Hauling and Nonsurvey Input-Output Models: Some Lessons from Small-Area Timber Economics," *Environment and Planning A*, **20**, 1523-1530.

1991. "Central Place Theory and Intercommunity Input-Output Analysis," *Papers in Regional Science*, **70**, 399-417.

Schinnar, Arie P. 1976. "A Multi-Dimensional Accounting Model for Demographic and Economic Planning Interactions," *Environment and Planning A*, **8**, 455-475.

Schwarm, Walter R., Randall W. Jackson and Yasuhide Okuyama. 2006. "An Evaluation of Method [sic] for Constructing Commodity by Industry Flow Matrices," *Journal of Regional Analysis and Policy*, **36**, 84-93.

Tiebout, Charles M. 1969. "An Empirical Regional Input-Output Projection Model: The State of Washington 1980," *Review of Economics and Statistics*, **51**, 334-340.

West, Guy R. 1990. "Regional Trade Estimation: A Hybrid Approach," *International Regional Science Review*, **13**, 103-118.

第 4 章

投入产出模型基础数据的整理

4.1 引言

在实践中使用投入产出分析最艰巨的挑战是搜集编制投入产出表所需的详细的基础数据，这些投入产出表反映了人们所关注的经济领域，包括国家的、区域的或者可能是多区域。这些数据可以通过很多种方式来整理，例如，感兴趣的特定区域和时间段，或是根据其他数据来源调整。

在很多情况下，整理投入产出表所需的数据是一个出于各种各样社会经济原因而编制的大的数据集的组成部分。特别是对用高度发达的系统和标准搜集现有经济数据的国民经济，尤其如此，所搜集的这些数据可被用于分析经济政策对经济产生的影响、政府收入分配的职能，或是对经济运行健康程度进行简单度量。这些基础数据通常从社会核算数据中导出，而社会核算数据则采用国民（区域）经济信息系统①的形式，常常通过阶段性的普查或某些其他调查定期搜集。

4.2 对以专门调查为基础的投入产出表的考察

某些时候，投入产出表的数据搜集来自专门的为某一种目的设计的调查。这在区域

① 例如，美国国民经济账户由美国商务部定期编制。国家的投入产出表是定期从这些账户导出的。1968 年联合国公布了一个标准的国民账户体系（system of national accounts，SNA），与这里讨论的内容是一致的；这一体系在文献中得到了广泛应用［最初是联合国（United Nations，1968），最近是联合国（United Nations，1993）］。Viet（1994）对很多国家共同采用的实际做法与 SNA 进行了比较，这些讨论的很多内容将在第 5 章中被探讨。

层次上尤其常见，但是这种数据搜集很少成为该区域社会经济数据区域年度搜集的定期工作。为编制投入产出表而特意设计的专门调查的方法、规定和标准，根据条件的不同变化很大。在美国编表历史中包括了一些经典性的工作，例如列昂惕夫对于美国国家投入产出表的原创性工作（附录 C 进行了汇总），以及诸如犹他州（Moore and Peterson，1955）、圣路易斯地区（Hirsch，1959）、堪萨斯州（Emerson，1969）、费城的区域投入产出研究（Isard and Langford，1971）及华盛顿州序列投入产出表（Chase，Bourque，and Conway，1993）这些区域表的编制工作。当然，在世界各地的很多区域和国家，还有很多其他的例子。上面提到的这些研究者以及众多的其他同道出版了他们的经验记录，包括处理数据短缺时各种替代办法的精巧设计、使不一致信息协调一致的方法，以及很多其他编制这些所谓的以调查为基础的投入产出表的优秀实践。

4.3　对编制投入产出表的常用方法的考察

在对任何实际投入产出建模进行规划的过程中，如果恰好所研究的地理区域、感兴趣的时段以及感兴趣的部门细分程度都有坚实可靠的统计数据来源，这是最理想的，也是最不可能出现的情形。完全以调查为基础编制投入产出表是一项主要的任务，既复杂，通常又花费颇高。

人们面对的更为常见的情形则是通过对以前编制的投入产出表的改造，来反映更为当前的条件，或者假定感兴趣的地理区域与已有投入产出表的区域存在着相似性。对现有投入产出表进行跨时期或者跨空间调整的技术通常被称为非调查（nonsurvey）法。在某些时候，对特定的产业部门或其他机构的调查可能只是对所关注经济的完整调查的一个组成部分，在这种情况下，人们开发了很多方法把特定的新信息合并到方案中以编制新的投入产出表。这种技术通常被称为局部调查（partial survey）法。这些非调查法和局部调查法，作为完全以调查为基础的投入产出表编制的替代方法，成为三十多年来研究的热点领域，我们将在第 7 章和第 8 章对此进行探讨。

如上面所指出的，在很多情况下，使用投入产出模型已经成为政府经济结构和经济绩效分析的一部分，投入产出表编制所需的数据搜集已经成为更大型的、更为日常的国民经济统计的组成部分，这些国民经济统计数据是为范围广泛的社会经济计划和政策分析原因而搜集的。自 20 世纪 50 年代以来，很多国家逐渐采用通行的规则来搜集国民经济数据。在本章的剩余部分我们将考察这些规则中的主要部分。

在探讨特别是与投入产出分析相关的国民经济核算的最通行规则的过程中，我们也可以酝酿对投入产出框架进行某些关键的提升，以应对数据搜集中所产生的复杂问题。例如，投入产出表的数据，由于实践的原因（以及很多其他目的）必须从公司或基层单位来搜集，它们随后被汇总为具有特殊性质的特定产业部门的数据。然而，非常常见的是一个特定公司生产多种货物与服务，而它们与所定义的不同产业部门有关。因此，很重要的是在我们的账户规则中，要有一种标准方法来处理这种情形。国民经济核算中使用的很多规则被包含在已经众所周知的国民账户体系（SNA）中。在第 5 章中，我们将有很多种重要方法，通过使用这些规则来处理次要生产和经济账户其他性质上的复杂问题，但是现在我们要探讨 SNA 的基本概念。

4.4 国民经济账户体系

在具有里程碑意义的 1947 年联合国题为《国民收入的度量和社会账户的编制》(Measurement of National Income and the Construction of Social Accounts) 的报告的附录中，英国经济学家理查德·斯通 (Richard Stone) 公布了国民经济账户标准体系的基本框架，而这一体系在今天为全世界最广泛地采用 (United Nations, 1947; Stone, 1947)。这些概念在随后的 1950 年联合国报告，即《国民账户体系及附属表》(A System of National Accounts and Supporting Tables) 中被正式化，最终在 1968 年斯通领导团队制定了投入产出框架和国民账户体系的一体化(United Nations, 1968)。由于这些工作，再加上相关的和随后的贡献 (Stone, 1961)，"因为对国民账户体系发展所做的基础性贡献，以及因此极大改善了经济经验分析的基础"①，1984 年斯通被授予诺贝尔经济学奖。

在斯通关于国民收入和生产账户的工作中，他把投入产出交易表描述为"连接实际搜集关于生产过程的统计资料的能力和应用经济分析的需求之间的桥梁"(Stone, 1961)。然而，打造一种以有组织的方式"构建"这一桥梁的能力是使得投入产出成为实际工具的关键一步。在如下的部分，我们将描述投入产出表和国民（或区域）经济账户之间的联系，并在这一过程中表明投入产出表如何能够从这些账户推导而得到。我们所关注的上面提到的 SNA，仍在不断改进核算方法，使今天所广泛采用的定义和账户规则获得更大范围的标准化。联合国 (United Nations, 1993, 1999, 2004) 公布了对 SNA 标准和规定的更新。

在整个 SNA 的发展历程中，一个关键概念是采用一种账户结构，不仅经济生产可以被细分以显示产业之间的商品流，这正是列昂惕夫模型的传统基础，而且这一信息可以与所有相关信息协调一致，以追踪最终伴随这些流量的收入和财富的流动。这需要借助于针对经济关键部门的"平衡表"来实现。在本书中，特别是在本章中，我们关注于利用 SNA 以帮助构建投入产出模型，但重要的是要意识到，SNA 为提供一国的"平衡表"以及为描述和分析各种形式经济决策带来的经济变化提供了基础。②

SNA 中的数据还使得基本的投入产出框架得以扩展，以便于系统化地处理如上面所提到的经济中次要产品生产这样的问题。这些所谓的"商品×产业"概念，以及它们对于投入产出模型的含义，在第 5 章中将进行更为详细的研究，但是在本章要引入这些问题。此外，SNA 为更为广义的社会核算模型提供了基础，在列昂惕夫模型基础上进行再构建。这些扩展将在第 9 章、第 10 章和第 11 章中进行考察。

① 引自瑞典银行 1984 年的诺贝尔经济学奖颁奖辞，颁奖于 1984 年 12 月 8 日进行，正如 Sveriges Riksbank (1984) 所记录的那样。

② United Nations (1968), Chapter 1, p. 12.

□ 4.4.1 收入与消费支出的循环流

如早先所指出的，SNA 的主要目的是提供“一个框架，在这个框架中从所有的多个方面分析经济过程所需的统计信息可以被组织和联系起来”①。从概念上讲，这让我们回到很多经济思想的基本根源——由坎蒂隆（Cantillon）和魁奈（Quésnay）在 18 世纪所引入的经济中经济资源的循环流概念。这些概念的起源在附录 C 中进行了描述。

在一个最简单的经济中，企业生产货物与服务，而住户消费者购买它们。消费者同时经营企业和为企业工作，因而从企业处获得收入，这些收入的价值正好等于他们购买的总价值（见图 4-1）。生产的总价值可以用所有交付住户的货物和服务价值来度量，也可以按对消费者住户所提供的生产要素的支付来度量，正如图 4-1 所描述的，这也是收入和支出循环流的基本原则。

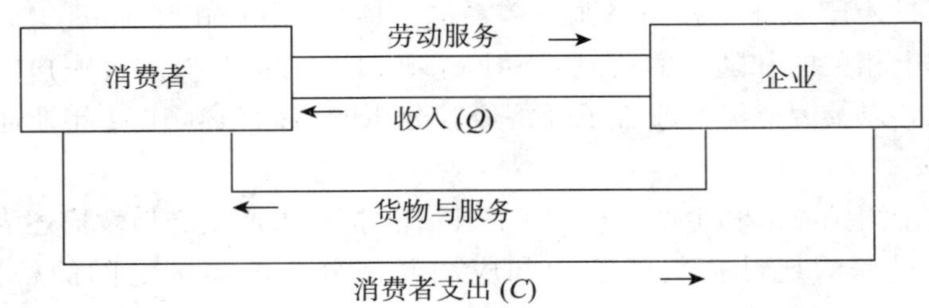

图 4-1 收入和支出的循环流

从现在开始在本章中我们将仅仅说明与交易相关的货币流，例如在图 4-1 中，消费者由于他们的劳动服务而获得收入，以及由于企业提供货物与服务，作为回报，由消费者进行支出。我们从图 4-2 所描述的一个简单例子开始，其中消费者由于为企业提供劳动服务，收到 575（百万美元）的收入（Q），而反过来，他们使用这一收入从企业购买相同价值的货物与服务（C）。如此，总支出等于总收入，所以在这个最简单的例子中，循环流可以用同样简单的式（4.1）进行描述：

$$Q=C \tag{4.1}$$

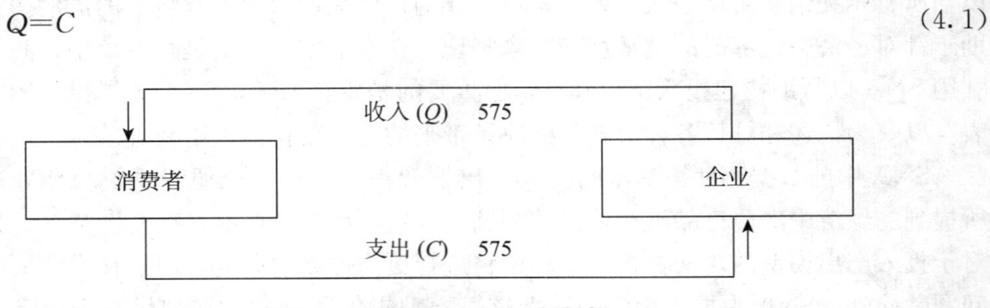

图 4-2 循环流例子：出发点

□ 4.4.2 储蓄与投资

如我们在开始所提炼的这个最简单经济，回想企业在生产提供给最终消费者的货物

① United Nations (1968), Chapter 1, p. 13.

与服务的过程中，同时消耗劳动服务以外的投入，例如原材料和资本设备。因此，与第 2 章一样，我们仍把对最终市场的交付称为最终需求（final demand），把对企业的货物与服务的交付称为中间产出（intermediate ouput），而把企业购买但并不是作为中间产品转售给其他企业或消费者的货物或服务，也就是成为长期可折旧的资产的货物与服务，称为资本投资（capital investment）。

我们将暂时忽略产业生产，以及在这一生产过程中的中间产出的使用，这些在我们的流量图中处于标记为“企业”的盒子中，它们是投入产出分析中的主要焦点。图 4-3 描述了在经济中增加资本支出作为总支出的一个组成部分。

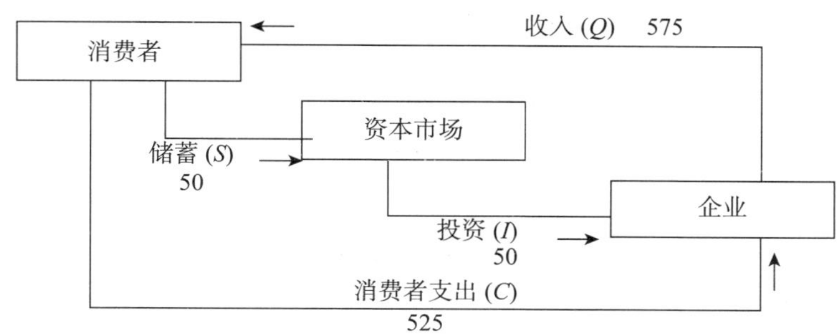

图 4-3 在收入和支出循环流中引入储蓄和投资

通常消费者收入的某个部分并不是花费在最终物品上，而是用于储蓄或投资以获得长期金融收益。在图 4-3 中，消费者收入中没有花费在最终物品上的部分被称为个人储蓄（S），同时在我们的简单经济中，我们扩大资本市场，替消费者保有个人储蓄，并出借给企业以购买资本品用于投资。

注意到在例子中（图 4-3），企业所产生的总收入仍然是 575（百万美元），但是现在消费者的支出减少为 525（百万美元），50（百万美元）的剩余没有被用于当前的消费，而是作为资本市场的储蓄（S）被保留下来，这又反过来为企业提供了同样数量的投资来源（I）以获得资本品。

随着我们逐步推进，在经济中对活动进行有步骤的分解，以反映更为现实的复杂性，我们将发现我们需要确定一种方法不仅包括对经济中交易或流量的估价，还包括寻求使这些交易与经济中资产和负债或存量的估价协调一致，而这将需要通过一国的“资产负债表”来实现。但是眼下，我们将只说明与存量积累有关的交易或流量，而不对存量本身进行估价。

回到例子中，我们通常对经济中一个标准的时段，例如一年内的关键经济流量、收入和支出的度量感兴趣。资本支出可以被放宽定义为货物和服务超过标准时段的延期使用，在经济中积累为存量，只是其中的一部分在当期阶段被“消耗掉”。这就是为什么在国民收入核算的术语中，资本投资的这一折旧常常被称为资本消耗补偿（capital consumption allowance）。图 4-4 包括了资本消耗补偿，将其标记为折旧（D），以反映现期累积的资本存量在当期的折旧。企业的投资流量（I）则由资本存量推导而得到。

我们可以开始在我们简单经济的例子中通过维持某些传统的核算平衡表（某些时候称其为“T”账户）的平衡关系来系统地对交易进行追踪，每一种表针对每种主要类型的经济活动：(1) 企业生产，常被称为国内生产账户（domestic product account）；(2) 消费者

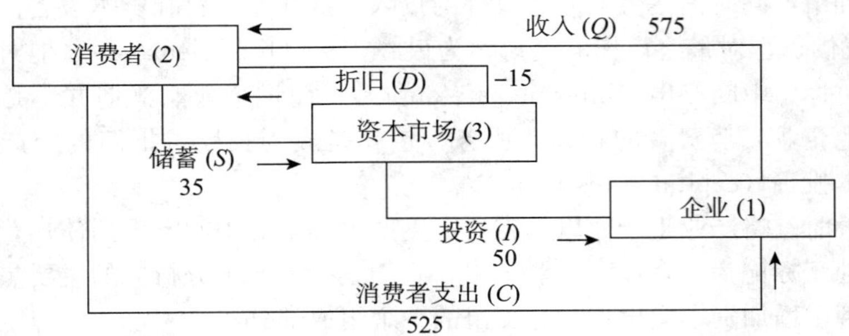

图 4-4　在收入和支出循环流中引入折旧

的消费，常被称为收入和支出账户（income and outlays account）；（3）资本市场的资本积累，常被称为资本交易账户（capital transactions account）。对于我们的例子而言，这些账户表示在表 4-1 中。①

表 4-1　　基本国民账户：示例经济

借方		贷方	
生产（国内生产账户）			
收入（Q）	575	消费品销售（C）	525
		资本品销售（I）	50
合计	575	合计	575
消费（收入与支出账户）			
消费品购买（C）	525	收入（Q）	575
储蓄（S）	35	折旧（D）	−15
合计	560	合计	560
积累（资本交易账户）			
资本品购买（I）	50	储蓄（S）	35
折旧（D）	−15		
	0		
合计	35	合计	35

我们还可以通过下列简单的平衡方程对这些复式记账的账户进行概括：

$$Q=C+I \tag{4.2}$$

$$C+S=Q+D \tag{4.3}$$

$$I+D=S \tag{4.4}$$

□ 4.4.3　增加国外交易：进口、出口及其他交易

我们下一步的细化是确认我们简单经济中的某些企业是否位于国外，由于各种原因

① 对于宏观经济、国民经济账户和投入产出分析之间联系的详细探讨参考 Gordon（1978）、Sommers（1985）以及特别是 United Nations（1968，1993，1999，2004）。

有必要对它们分别进行核算。我们可以通过定义和增加各种与国外企业的交易来实现这一目的，例如货物与服务的进口（M）和出口（X），消费者在国外的支出（被称为国外转移，O），国外资本贷出和借入的净值（国外净贷出，L）以及来自国外的消费者收入（H）。对于我们的例子，这些增加的交易在图 4-5 中进行了描述，与之相随的是将增加一个新的被称作"国外"的经济活动类别，以及相应的平衡表。

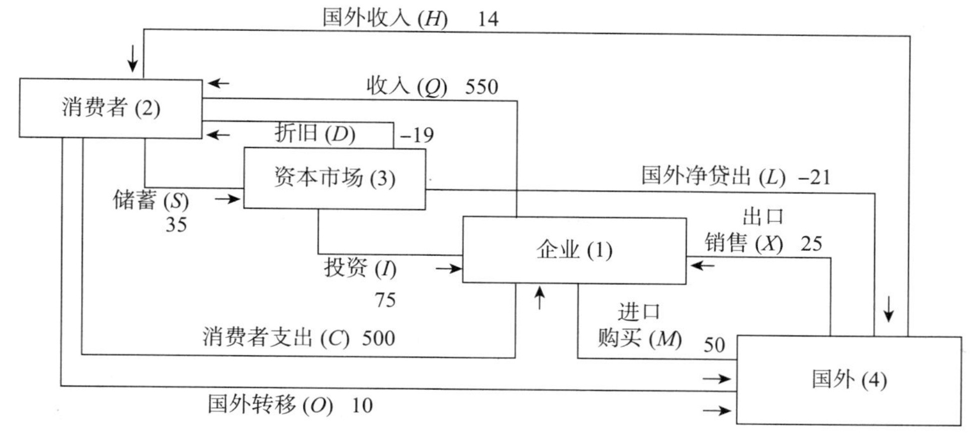

图 4-5 增加国外账户

相应的平衡表通常被称为国际收支账户，与其他修改的账户一起被包括在表 4-2 中。我们也可以通过下列一组平衡方程对这些扩展的复式记账账户进行归纳：

$$Q+M=C+I+X \tag{4.5}$$

$$C+S+O=Q+D+H \tag{4.6}$$

$$I+D+L=S \tag{4.7}$$

$$X+H=M+O+L \tag{4.8}$$

从概念上讲，让这些平衡方程直观化的一个有用的办法是给流量图中的每一个分块画一个圈，然后计算进入这些分块的所有交易的合计，它应该等于离开这些分块或账户的所有交易的合计。

表 4-2　　基本国民账户：包含国外

借方		贷方	
生产（国内生产账户）			
消费者收入支付（Q）	550	消费品销售（C）	500
进口购买（M）	50	资本品销售（I）	75
		出口销售（X）	25
合计	600	合计	600
消费（收入和支出账户）			
消费品购买（C）	500	收入（Q）	550
国外净转移（O）	10	折旧（D）	−19
储蓄（S）	35	国外净收入（H）	14
合计	545	合计	545

续前表

借方		贷方	
积累（资本交易账户）			
资本品购买（I）	75	储蓄（S）	35
折旧（D）	−19		
国外净贷出（L）	−21		
合计	35	合计	35
国外（国际收支账户）			
出口购买（X）	25	进口销售（M）	50
国外净收入（H）	14	国外净转移（O）	10
		国外净借入（L）	−21
合计	39	合计	39

□ 4.4.4 政府部门

最后，在大多数经济中政府的主要作用表明，政府的活动也应该作为一种主要活动被明确包含在国民经济账户里，并被标记为政府账户。这涉及被人们高度关注的政府交易，包括消费者的税收支付（T）、货物与服务的政府购买（G）以及政府赤字支出（B）。对于我们的例子，这些新增的内容反映在图 4－6 中。对应的修改后的国民账户表示在表 4－3 中。

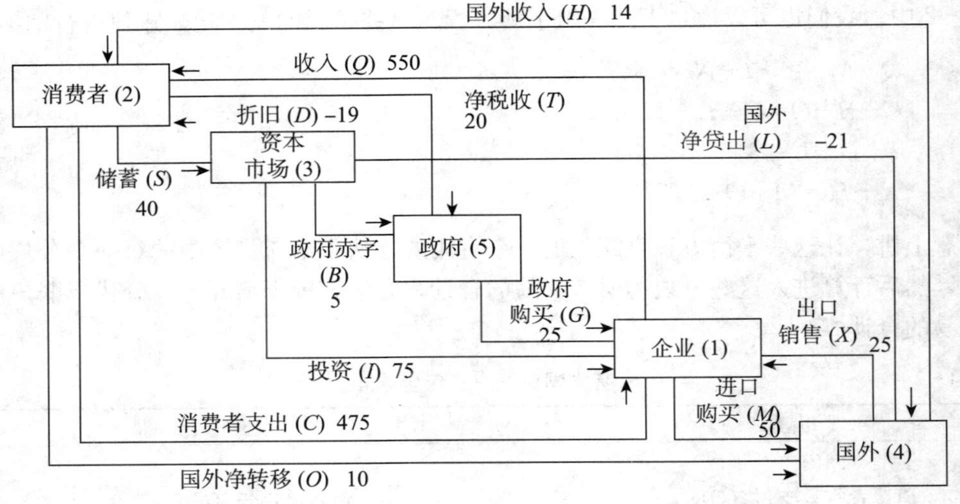

图 4－6 增加政府账户

我们仍采用如下的平衡方程对这些复式记账账户进行归纳：

$$Q+M=C+I+X+G \tag{4.9}$$

$$C+S+O+T=Q+D+H \tag{4.10}$$

$$I+D+L+B=S \tag{4.11}$$

$$X+H=M+O+L \tag{4.12}$$

$$G=T+B \tag{4.13}$$

表 4-3　基本国民账户：包含政府部门

借方		贷方	
生产（国内生产账户）			
消费者收入支付（Q）	550	消费品销售（C）	475
进口购买（M）	50	资本品销售（I）	75
		政府购买（G）	25
		出口销售（X）	25
合计	600	合计	600
消费（收入与支出账户）			
消费品购买（C）	475	收入（Q）	550
国外净转移（O）	10	折旧（D）	−19
税收（T）	20	国外净收入（H）	14
储蓄（S）	40		
合计	545	合计	545
积累（资本交易账户）			
资本品购买（I）	75	储蓄（S）	40
折旧（D）	−19		
政府赤字支出（B）	5		
国外净贷出（L）	−21		
合计	40	合计	40
国外（国际收支平衡账户）			
出口购买（X）	25	进口销售（M）	50
国外净收入（H）	14	国外净转移（O）	10
		国外净借入（L）	−21
合计	39	合计	39
政府（政府账户）			
政府购买（G）	25	税收（T）	20
		政府赤字支出（B）	5
合计	25	合计	25

□ 4.4.5　合并的国民账户平衡表

为方便起见，我们可以把我们积累的所有复式记账账户（以及相应的平衡方程）概括为更简洁的单一平衡表，如表 4-4 中所给出的。随后，甚至更为简洁地，我们可以用矩阵中的元素来表示这些交易（在我们现在的表中每项会出现两次），交易的性质（来源和去向）可以从矩阵中交易的位置来推断（表 4-5）。

通过这个例子，读者可能感觉到我们正逐步接近我们更熟悉的投入产出表的格式。通过对生产和消费交易的细分，表明特定产业的活动和产出以及特定产品的使用，这种感觉最终会变得很明显。例如，生产-消费交易，将由矩阵（通常被称为“使用矩阵”）而不是单一的数字（例如 475）来表示，其中的行表示特定的产品或商品，列表示特定的产业。

至此，我们把简单经济中主要经济活动的特征通过矩阵形式表现出来了，得到以下主要国民经济账户基本序列的信息：

(1) 货物与服务的生产或国内生产账户；
(2) 货物与服务的消费或收入与支出账户；
(3) 资本积累或资本交易账户；
(4) 进出口或国际收支账户；
(5) 政府或政府账户。

表 4-4　　基本国民账户的平衡表

借方					变量	经济交易	贷方				
生产	消费	资本积累	政府	国外			生产	消费	资本积累	政府	国外
	475				*C*	消费品	475				
		75			*I*	资本品	75				
				25	*X*	出口	25				
50					*M*	进口					50
550					*Q*	收入		550			
		−19			*D*	折旧		−19			
				14	*H*	国外收入		14			
	10				*O*	国外转移					10
	40				*S*	储蓄			40		
		−21			*L*	国外净贷出					−21
			25		*G*	政府支出	25				
	20				*T*	税收				20	
		5			*B*	政府赤字支出				5	
600	545	40	25	39		合计	600	545	40	25	39

表 4-5　　矩阵形式的基本国民账户平衡表

	生产	消费	资本积累	国外	政府	合计
生产		475	75	25	25	600
消费	550		−19	14		545
资本积累		40				40
国外	50	10	−21			39
政府		20	5			25
合计	600	545	40	39	25	

至此，除了部分与资本积累有关的交易，我们只说明了经济中的交易或流量。我们在很大程度上忽略了对经济中累积资产和负债，或存量的总价值进行说明。从概念上讲，我们可以把平衡表合并到包含经济期初净资产估价的核算资产负债表中来完善这一说明，也就是，持有的有形资产的折旧价值，加上任何作为资产持有的金融债权超过作为负债发行的金融债权的差额，被定义为经济的“净值”（net worth）。

如往常一样，我们用交易价值来度量所有这些活动，但到目前为止我们还没有设定交易估价所采用的价格，或者我们如何能够确定价格变化。从概念上讲，我们寻求把至此所描述的所有经济活动与货物与服务价格的市场变动合并在一起。如我们在第 2 章所了解的，在投入产出分析中，我们最常假设的是在任何给定的分析中假设价格固定，但是我们需要能够说明资产与负债年度间的重估价。

由于我们设计了一个国民账户“体系”来跟踪经济从一个阶段到下一个阶段的演化，对于任何给定的时间段，我们将追踪以两种等价方法把一个“期初”的资产负债表转换为一个“期末”的资产负债表：(1) 期末净值等于期初净值、当期国内和国外净投资，以及把以前获得的资产价值和以前发行的负债价值调整为所处期末的价格所需重估价的合计；(2) 期末净值等于期初净值，加上期间积累的新的储蓄，以及由于价格变动导致的重估价。

□ 4.4.6 表示为净值

现在我们可以把期初和期末资产价值概念增加进来，从前者到后者之间的转换则通过消费、生产、资本积累、净出口，以及由于货物与服务价格变动而导致的资产与负债的重估价。通过两个基本的考察，期初和期末资产负债表通过价格重估价和资本交易的净结果而联系起来。这两个基本的考察是：(1) 经济中的总储蓄等于净资本投资；(2) 净值只能通过有形资产和金融债权的价格变动所决定的重估价来进行价值重估。

对于我们的例子，期初和期末资产负债表之间的联系大致在图 4-7 中被描绘了出来。注意这一扩展的简图反映了两个变化：(1) 对图 4-6 进行了格式上的修改，突出了式 (4.11) 这一储蓄分配的平衡方程，也就是，消费者收入没有被用在当期消费上的部分，则被用来进行了投资，直接作为私人投资或者作为净税收的间接投资（税收的总支出和返给消费者的税收之间的差额，通常被称为福利转移）。当期的储蓄成为对积累的资本存量的一个增加项，因而期初资产价值由于储蓄量而增加，这部分储蓄量等价于扣除折旧后的投资水平、国外净贷出以及政府赤字支出，也就有：

$$S=I+D+L+B \tag{4.14}$$

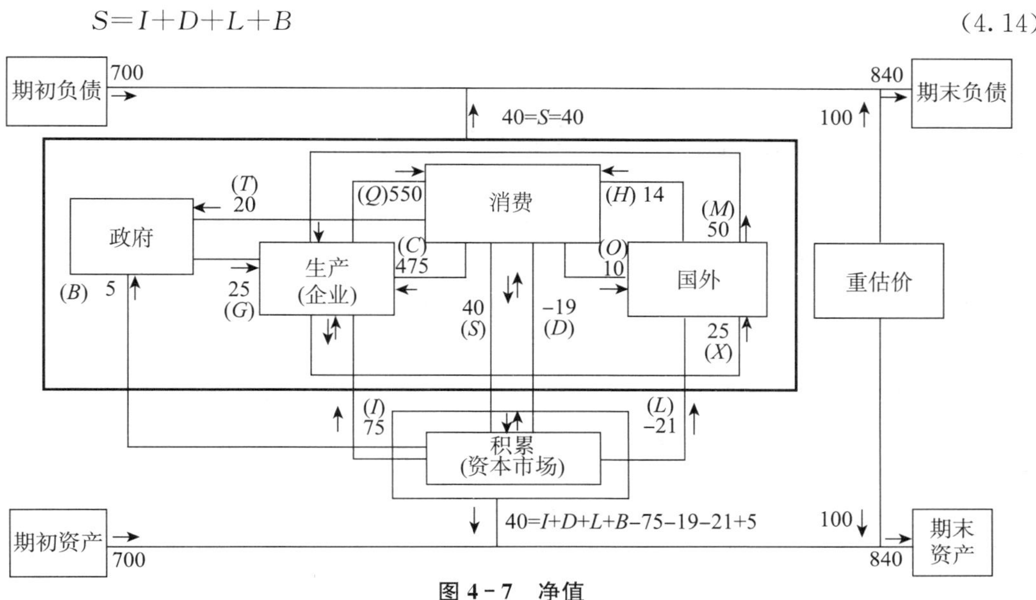

图 4-7 净值

对于我们的例子，积累的储蓄为 $S=40$，如果由于价格变化的重估价为 100，那么期初资产价值（净值）700 到期末通过积累的储蓄和重估价会增加到 $700+40+100=840$。我们可以采用更为简洁的方式对此进行表述，通过对表 4－5 中的基本矩阵进行扩展，把期初净值或期初净资产（net opening assets，NOA），以及包含重估价的期末净值或期末净资产（net closing assets，NCA）包括进来，如表 4－6 所示。

表 4－6　　国民账户矩阵：包含净值计算

	期初净资产	生产	消费	资本积累	国际收支	政府	重估价	期末净资产
期初净资产				700				
生产			475	75	25	25		
消费		550		−19	14			
资本积累	700		40				100	840
国际收支		50	10	−21				
政府			20	5				
重估价				100				
期末净资产				840				

我们现在可以对包含净值平衡的平衡方程进行简要重述，定义 R 为由于价格变化而造成的总的重估价，W_1 为期初净值，W_2 为期末净值，有：

$$Q+M=C+I+X+G \tag{4.15}$$

$$C+S+O+T=Q+D+H \tag{4.16}$$

$$I+D+L+B=S \tag{4.17}$$

$$X+H=M+O+L \tag{4.18}$$

$$G=T+B \tag{4.19}$$

$$W_2=W_1+S+R \tag{4.20}$$

4.5　国民收入与生产核算规则

在本章中我们已经充分地探讨了国民收入和生产账户体系，我们可以对编制这些账户经常使用的一些传统假定和规则进行回顾。这些规则中的大部分与第 2 章中所建立的基本投入产出框架是一致的，但是某些术语具有不同的特点，值得注意。其中重要的特点是这一系统是闭系统，也就是该系统把反映经济中所有活动的账户汇合在一起，使得生产的总价值等于总消费（生产和消费是平衡的）。这在第 11 章将更为引起注意，在第 11 章中投入产出表被扩展为社会核算矩阵，采用公式来专门表述国民账户闭系统的所有组成部分。

以下是最常见的国民账户体系包含的一些基本原则[①]：

① United Nations (1968，1993，1999)；Sommers (1985)；Gordon (1978).

- **复式记账。**国民经济账户通常保持传统的复式记账核算体系，在借方列出经济总产出，在贷方列出所产生的总的收入流量。也就是，通过采用金融记账"T"账户的习惯，我们可以把企业基层单位的生产账户（business establishment's production account，BEPA）概括为两列，账户的借方（支出和利润）记录在左边的列，贷方（销售和其他收入）记录在右边的列。两列通常用线条分开列示，就像一个T；所以它被命名"T"账户。如果税前净收入被看作对资本的支付，那么总收入，被记录为雇员报酬及不动产和金融财产的收益，则等于包含折旧的总成本。
- **产出等于需求。**经济系统的总产出正好等于总需求，或者等价地，国民生产总值与国民总支出相等。存货在本质上是一个蓄水池，这可能是一个关键的概念，表现为产出的闲置变量，或者为剩余变量。如果最终市场的需求（最终需求）小于产出，存货将上升——存货积累。如果需求超过产出，那么结果就是存货下降——负的需求或存货的清偿。通过在任何给定时期由存货提供一种处理剩余和短缺的会计惯例，使得结果总是产出等于需求。
- **要求总支出等于总收入。**在我们当前的例子中我们假设经济的总产出等于总支出，也等于所创造的总收入。这意味着如果消费者的支出少于他们所创造的总的收入，那么未用完的余额会进入储蓄，正如我们从最初的循环流概念中所看到的。相反，在当前期间企业的支出往往超过了它们所创造的收入，出现净投资。因此，正如这个例子所表明的，经济中的总储蓄通常等于总投资。
- **避免货物与服务产出的重复计算。**我们把经济产出度量为交付给最终需求的产出价值。如果由生产铜的公司生产的铜既在被交付给电路板制造者时计算，又在电路板的最终销售中计算，而电路板中包含了原铜，那么铜就被计算了两次。准确地说，我们把铜的价值看作体现在电路板的价值中，我们度量生产的每个阶段的增加值，把这些增加值加总为总的经济产出。
- **按市场价值对产出进行估价。**通常我们假定所有产业的产出按普遍的生产者市场价格或销售价格进行估价。但是某些产出并不经过市场，例如家庭农场生产和消费的食品。在这种情况下，通常对市场价值进行估计，并记录为虚拟收入或支出。
- **测算国内生产总值。**经济产出的价值既包括有形货物的价值，也包括新的建筑和服务的价值。这被称为国内生产总值（GDP），因为对GDP的贡献是按总值来度量的，也就是，在计算折旧（或折旧费）之前进行记录。注意到GDP度量的是一国地理边界内生产的货物与服务总量。一个相关的度量是国民生产总值（GNP），度量一国居民生产的货物与服务总量，而不考虑这些居民是在哪里生产了它们。例如，美国的GNP包括例如跨国企业在国外市场挣得的公司利润这样的项目，而按照GDP的概念，这一利润是对国外GDP的贡献。
- **排除重估价。**如早先所指出的，在任何给定期间内，国民账户不包括资本持有损益——价值的创造或毁损对实际经济产出或所创造的收入没有影响。也就是说，由价格变动导致的重估价提供了不同阶段之间的主要联系，但被排除在任何给定期间的估价中。

4.6 编制投入产出账户：美国的实例

我们最终的任务让我们从收入和支出的循环流的基本概念以及通过国民经济账户对收入和支出的追踪，回到我们第 1 章开始的内容，即投入产出交易表，并对国民经济账户进行扩展以包括产业和商品不同详细程度的分类。如先前所指出的，在实践中，提供这一详细的产业间交易所需的数据，通常通过对经济中基层单位或企业的所有经济活动进行的普查或调查来编制。例如，在美国，所谓的“基准”投入产出账户（IO accounts，IOAs）每 5 年编制一次，通常是逢 2 和 7 结尾的年份（例如，1992 年、1997 年、2002 年和 2007 年），以每 5 年一次的经济普查或其他数据来源为基础。① 基本数据从各种政府机构处搜集，例如劳工部的价格调查和商务部普查局的零售商和制造商调查，但是 IOAs 却是由商务部的一个机构，即经济分析局（Bureau of Economic Analysis，BEA）来编制的。

历史上，美国经济普查的主要目的是估计国家的 GDP（和 GNP），如在详细的分产业国内生产总值（gross domestic product by industry，GDPI）账户序列中所公布的（Yuskavage and Pho，2004），并最终包含在记录国家总体的收入形成和生产的正式国民经济账户，即国民收入和生产账户（national income and product accounts，NIPA）中。普查中搜集的详细分类的产业生产和中间消耗也为编制产业间 IOAs 提供了便利的基础，但是准备这些数据的顺序实际上正好与本章对这些问题讨论的顺序相反。也就是说，自 20 世纪 50 年代以来，为了让 BEA 所使用的各类经济核算体系之间具备尽可能的一致性，这些体系的编制在数据搜集过程中进行了相互协调，使得 IOAs 通常被首先编制，并包含了用于编制范围广泛的如 GDPI 和 NIPA（Jaszi，1986）等的国民经济账户的基本构件。

美国 IOAs 以两张表的形式发布，被定义为产业或可能生产超过一种商品的经济基层单位的群组对所定义的货物与服务或商品的生产和消耗。商品和产业都按照标准分类方案进行分组，例如 1997 年采用的北美产业分类体系（North American Industrial Classification System，NAICS）就是对之前的标准产业分类（Standard Industrial Classification，SIC）以及编制美国经济数据的其他体系的一个替代。②

IOAs 中的第一个关键的表就是所谓的“使用”表（如表 4－7），第二个为制造表（如表 4－8）。使用表提供了分产业或分最终需求部门如住户、政府、投资或出口的消耗或使用的信息。使用表的列是一个产业或一个最终需求部门，行则表示产业或最终需求部门对商品的使用。使用表中也包括对应于分产业的增加值各组成部分的行，例如雇员

① 编制美国基准 IOAs 中所使用的大量数据来自每 5 年一次的美国经济普查，但是还利用来自其他来源的补充数据，特别是对某些经济部门，例如自然资源和采掘、金融活动和服务；参考 Webb（1995）；Lawson 等（2002）以及 Moyer 等（2004a and 2004b）。

② NAICS 的采用更好地反映了自 20 世纪 80 年代早期以来北美经济结构的变化，包括特别是服务产业的大量增长。例如，NAICS 定义了 575 个服务提供产业，而 SIC 中只有 407 个。以投入产出产业分类为基础，在 NAICS 中所定义的 358 个新的产业中，有大约 250 个是服务产业（Horowitz and McCulla，2001；McCulla and Moylan，2003）。

表 4－7 商品×产业使用表

	产业								最终需求				商品总产出
	自然资源	建筑业	制造业	运输业	公用事业	信息	金融服务业	其他服务业	个人消费	投资	净出口	政府购买	
商品													
自然资源													
建筑													
制造业产品													
运输													
公用事业				产业间交易									
信息													
金融服务													
其他服务													
增加值													
雇员报酬													
企业间接税										国内生产总值			
其他增加值													
产业总产出													

表 4-8 产业×商品制造表

	商品								产业总产出
	自然资源	建筑	制造业产品	运输	公用事业	信息	金融服务	其他服务	
产业									
自然资源									
建筑业									
制造业									
运输业									
公用事业									
信息									
金融服务业									
其他服务业									
商品总产出									

报酬、营业税，以及其他增加值。使用表的基本结构表示在表 4－7 中。注意在这个表中，产业和商品的名称是相同的，也就是，使用矩阵是一个方阵，产业和商品具有相同的标签。这只是意味着我们用同样的部门定义对经济中的产业和商品来组织核算。这是美国投入产出表，以及其他许多国家表由于多种原因所采用的一个标准做法，但是也并非必然如此，正如我们将在本章后面，以及第 5 章中更细的分析中将看到的。产业和商品的数目以及它们的定义可以不同，在这种情况下使用表可能不是方阵。

IOAs 的第二个关键表是所谓的制造表，其转置有些时候也被称为供给表。制造表提供产业生产商品的信息。制造表的列对应于商品，而行表示不同产业的商品的生产。如果产业和商品之间存在着一一对应的关系，也就是，每个产业生产一种，且只有一种商品，那么制造表将是方阵，只是在其主对角上存在非零元素。在本章后面的部分以及在第 5 章更详细的讨论中，我们将考察以各种替代的方式把制造表和使用表的信息组合在一起形成投入产出模型中所使用的产业间交易矩阵。表 4－8 提供了制造表基本结构的一个示例。

最后，通常把制造表和使用表合并成一组 IOAs，其形式如表 4－9 所示。在第 2 章中，我们指出投入产出经济的最终需求和增加值部门可以被看作更紧密相互关联的产业部门体系的外生部分。最终需求的主要构成项目通常被认为包括个人消费支出（住户的购买）、政府购买、私人国内总资本投资，以及货物与服务的净出口——也就是货物与服务的出口减同样的那些货物与服务的任何进口价值。在表 4－9 中，所有这些交易被汇总到标记为总最终需求的列，具体确定对各种商品的总最终需求。

收入类别包括对产业的增加值投入，通常包括支付给雇员的工资和薪金、租金和财产收入、利润、税收、利息、存货变动，以及非竞争性进口，同时在表 4－9 中，所有这些交易都被汇总到标记为总增加值的行，具体确定对每个产业的总增加值投入。

表 4－9　　合并的制造和使用账户

<table>
<tr><td colspan="2" rowspan="2"></td><td colspan="8">商品</td><td colspan="8">产业</td><td rowspan="2">总最终需求</td><td rowspan="2">总产出</td></tr>
<tr><td>自然资源</td><td>建筑</td><td>制造业产品</td><td>运输</td><td>公用事业</td><td>信息</td><td>金融服务</td><td>其他服务</td><td>自然资源</td><td>建筑业</td><td>制造业</td><td>运输业</td><td>公用事业</td><td>信息</td><td>金融服务业</td><td>其他服务业</td></tr>
<tr><td>商品</td><td>自然资源
建筑
制造业产品
运输
公用事业
信息
金融服务
其他服务</td><td colspan="8"></td><td colspan="8">使用矩阵</td><td>最终需求</td><td>商品总产出</td></tr>
<tr><td>产业</td><td>自然资源
建筑业
制造业
运输业
公用事业
信息
金融服务业
其他服务业</td><td colspan="8">制造矩阵</td><td colspan="8"></td><td></td><td>产业总产出</td></tr>
<tr><td colspan="2">总增加值</td><td colspan="8"></td><td colspan="8">增加值</td><td>GDP</td><td></td></tr>
<tr><td colspan="2">总产出</td><td colspan="8">商品总产出</td><td colspan="8">产业总产出</td><td></td><td>总产出</td></tr>
</table>

4.7 附加讨论

编制投入产出账户中的重要挑战，除了单纯应对全面普查或调查的巨大规模和花费以外，还有这些数据的各种使用的时效性。如果一个产业的技术在快速变化，正如计算机产业在 20 世纪 80 年代到 90 年代的十年中那样，经济模型中使用的现有投入产出账户在时间上的长期滞后会对结果产生很大的误导。在这种情况下，就会经常使用在第 7 章和第 8 章中详细讨论的那种非调查的工具或局部调查。特别地，在美国对于基准 IOAs 之间的那些年度，由年度投入产出账户（annual input-output accounts, AIOA）提供数据，例如大久保、劳森和普兰廷（Okubo，Lawson，and Planting，2000）、库赫巴赫和普兰廷（Kuhbach and Planting，2001）以及普兰廷和库赫巴赫（Planting and Kuhbach，2001）中所提到的，在那种情况下会使用更频繁但更加汇总的年度调查来更新早先的基准投入产出账户。

从概念上讲，在构造投入产出模型中，国民经济账户体系中最重要的部分是：(1) 我们以之为起点的国民收入和生产账户（NIPAs）；(2) 产业间或投入产出账户（IOAs）。如我们在本章至此所发现的，前者提供了国民[①]经济加总的生产性产出，也就是 GDP，既从最终产品或最终需求的角度，也从收入类别或对产业的增加值投入的角度。[②] IOAs 提供了货物与服务的产业间流量，经过我们后面所描述的一系列调整，最终成为部门间交易矩阵。

NIPAs 和 IOAs 大致涵盖了国民经济账户（至少与投入产出分析相关的那些账户）的主要基础数据，而且如我们早先所指出的，它们通常是作为普查的一部分来编制的，所以经常从基层单位或单个企业单位中搜集。目前，我们将援引三个附加的简化假设以便于我们讨论使 IOAs 与 NIPAs 协调一致的问题：

- **存货调整。**我们暂时忽略存货调整的复杂性，也就是说，我们假设没有存货变化。生产的所有汽车都在当年被购买，不会保存到下一年。我们在早前所看到的存货调整本质上是保证总消耗和总产出之间平衡的基本条件。
- **次要产品。**通过商品和产业之间的区分，我们假设一个产业可以生产多种产品（被称为“次要生产”）。在基本框架中，我们考虑每个产业生产一种而且是唯一一种商品（或服务），例如汽车制造商只生产汽车，而不生产那些可能被分类为不同产业类别的汽车配件。这一区分的含义在第 5 章中将变得更清晰，通过利用制造矩阵按一种有组织的方式来分配次要生产，可以把模型中处理这些区分的方法直观地表示出来。
- **资本形成。**目前我们忽略产业之间的资本品交易；作为替代它们被安排给最终需求（私人国内总资本形成）。汽车制造商购买的新车组装设备是一种资本品的获得；作为制造商对资本的最终需求，而不是作为产业间交易记录。

这些假设在某种程度上具有局限性，通过以后章节介绍的一些附加修改可以被放

① 在很大程度上，以下的讨论将同时适用于区域和国民账户。

② 回想根据第 2 章，所有最终需求的合计等于 GNP，也等于所有收入类型或对应 GNP 的“收费”。

松。这些简化中的第一个在本章的后面会涉及，只要求一个相对小的调整，但是后两个则需要在我们构建投入产出模型的过程中做较大的变动。尽管有很多不同的方法来处理次要生产的问题，但是最终我们将寻求在本章后面所引入并在第5章中详细讨论的替代的商品×产业模型公式。资本形成的模型化是动态投入产出模型主要关心的问题，这会成为第13章的主题。

仅仅依靠本章我们所关注的基本投入产出账户，对于编制一个有用的投入产出模型是远远不够的。为了使得到的表成为一个有用的分析工具，我们必须处理早先所做的这些简化。现在我们讨论对基本投入产出核算框架的一些规定和修改，它们被设计用于处理这些简化假设中的某些部分（其他的将在随后的章节中讨论）。

□ 4.7.1 次要生产：再配置方法

如早先所指出的，在我们编制IOAs的过程中，由基层单位或单个企业单位编制数据；根据构成主要收入来源的基层单位的产出（主要产品）把基层单位分为所定义的"产业"类别。然而，很多企业单位可能生产大量的不属于主要产品产业分类的产品；这些产品被称为次要产品。例如，很多汽车制造商可能在整车之外还生产汽车配件，或者汽油炼油厂在生产汽油或其他石油产品的同时，还生产石化产品作为副产品。

早期的投入产出研究，例如1972年之前的美国国家表，按下列方式处理次要产品。对特定的次要产品进行"再配置"，也就是，次要生产的产出及其投入构成都被归属到把那一种产品定义为主要产出的部门。这一处理只适用于次要生产占总产出有显著份额的那些产业。对经济中所有其他的次要产品的处理正如把它们由生产它们的部门销售给那些该产品被分类为主要产品的部门。为完成这一处理，构建一个转移表来记录这些想象的销售。这一转移矩阵接着被增加到基本交易矩阵之上，因而会造成次要产品价值的重复计算，以及随之而来的总产出的放大。这一做法是为了确保次要产品被正确地分配给消耗者，其代价则是放大了作为次要生产者的某些产业的总产出。

例1：次要生产的再配置

刚才提到的次要生产的再配置（有时被称为"再定义"）涉及对所生产的次要产品的数量及这一生产中所使用的投入进行分解，并把两者都重新归属于把该产品分类为主要产品的产业。然而，这要求企业对它的投入在主要产品和次要产品生产之间进行分解；实际上，必须把企业分解为两个独立的子企业——一个是主要产品的生产者，另一个是次要产品的生产者。大部分企业并没有这种形式的数据记录能够允许很容易地进行这种核算，所以在投入产出研究中常常采用一种不太令人满意的次要生产处理方法。例如，美国商务部（在编制1972年国家投入产出表之前）把次要生产的产出再配置给以该活动为主要活动的部门，但是并不对投入进行再配置。这导致了次要生产所需投入的重复计算，在下面的例子中我们将看到这一点（Survey of Current Business，1969，1974；Vaccara，Shapiro，and Simon，1970）。

考虑一个包含3个产业的经济；表4-10给出了产业间交易矩阵和总产出向量。假设产业1和产业3中的企业是产业2中产品的次要生产者，也就是产业1在生产价值900（百万美元）的产品1的同时，生产了价值100（百万美元）的产品2，产业3在生产价值1 190（百万美元）产品3的同时，还生产了价值10（百万美元）的产品2。如早先所提到的，因为在投入产出研究中常常需要对产出进行合理分配，经常使用的习惯做法是把次要产品当作销售给以该产品为主要产品的产业来看待。

表 4-10　投入产出交易：例 1　单位：百万美元

	产业			总产出
	1	2	3	
产业 1	266	378	230	1 000
产业 2	267	110	224	1 500
产业 3	340	340	468	1 200

在这个例子中，如果所有生产者的次要生产都被“转移”到正确的主要产品生产者那里，那么修改后的交易矩阵 $\bar{\boldsymbol{Z}}$ 和相应的总产出向量 $\bar{\boldsymbol{x}}$ 将为：$\bar{\boldsymbol{Z}}=\begin{bmatrix}266 & 378 & 230\\ 367 & 110 & 234\\ 340 & 340 & 468\end{bmatrix}$ 和 $\bar{\boldsymbol{x}}=\begin{bmatrix}1\ 000\\ 1\ 610\\ 1\ 200\end{bmatrix}$。注意这是通过简单地将次要生产的量加到（被称为转移）将该次要产品分类为主要产品的产业中而完成的。也就是说，产业 1 生产的价值 100（百万美元）的产品 2 被加到原来的 z_{21} 交易中，正如由产业 2 卖给次要生产者产业 1 一样。类似地，产业 3 所生产的价值 10（百万美元）的产品 2 被加到原来的 z_{23} 交易中。最后，产业 2 的总产出增加的量为所有产品 2 的次要生产的合计。然而，产业 1 和产业 3 的总产出并没有减少，因为次要生产所需的投入并没有被再配置；这就放大了总产出，因为次要生产被计算了两次。

很多早期的投入产出研究（在大约 20 世纪 80 年代中期之前，特别是广泛采用 SNA 框架之前）使用这种次要生产的转移方法，但是对于次要生产占一个产业总产出很大份额的情况，次要产品和投入都要进行再配置。

□ 4.7.2　次要生产：商品×产业核算

一个更现实的分类方案是按商品类型而非产业类别来说明产业生产，从而消除在配置次要生产中核算的笨拙和偏差。更近期的研究，包括 1972 年以来编制的各年美国国家表，通过建立一组如之前所描述的“商品×产业”账户，对所有次要生产进行再定义。在第 5 章中，我们将详细考察商品×产业的核算框架。在此，当我们扩展国民核算体系中生产和消费的表现方法，把 IOAs 包括进来时，我们可以介绍商品×产业框架中核算次要产品的基本特征。

例 2：商品×产业账户

我们演示使用商品×产业账户来构建一个包含 2 个产业、2 种商品的投入产出模型的例子。考虑表 4-11 中的合并的商品×产业账户。在这个例子中，定义产业为 A 和 B，对应于包含在这 2 个产业定义中的基层单位的主要产品；也就是说，产业 A 的主要产品是商品 A，产业 B 的主要产品是商品 B。产业 A 只生产商品 A（在所定义的产业 A 中的所有基层单位都只生产商品 A；没有次要产品）。然而，属于产业 B 的基层单位在主要生产商品 B 的同时，还生产一定量的商品 A 作为次要产品。在这个简单经济中，产业 A 生产价值 90（百万美元）的商品 A，而产业 B 生产价值 100（百万美元）的商品 B，同时生产价值 10（百万美元）的商品 A。我们定义这个例子的制造矩阵为 $\boldsymbol{V}=\begin{bmatrix}90 & 0\\10 & 100\end{bmatrix}$。我们早先就发现尽管制造矩阵给出了一个完整的经济图景，但是它并没有提供经济中产业间活动的信息，例如交付商品给其他产业或最终需求。产业间活动可以在使用矩阵中找到，对应我们的例子就是 $\boldsymbol{U}=\begin{bmatrix}12 & 8\\10 & 7\end{bmatrix}$。

根据表 4－11 我们还可以定义商品的最终需求向量 $\boldsymbol{e}=\begin{bmatrix}80\\83\end{bmatrix}$、商品的总产出向量 $\boldsymbol{q}=\begin{bmatrix}100\\100\end{bmatrix}$、总增加值投入（行）向量 $\boldsymbol{v}'=[68 \quad 95]$ 以及产业总产出向量 $\boldsymbol{x}=\begin{bmatrix}90\\110\end{bmatrix}$。

表 4－11　　合并的投入产出账户：例 2　　单位：百万美元

		商品		产业		最终需求	合计
		A	B	A	B		
商品	A			12	8	80	100
	B			10	7	83	100
产业	A	90	0				90
	B	10	100				110
增加值				68	95	163	
合计		100	100	90	110		

□ 4.7.3　与国民账户的协调

回顾表 4－5 中所表示的我们国民账户概要例子的矩阵版本。我们可以对经济中消费的表述进行扩展，目前它反映在一个单一数据中，表明总消费的净值（我们的例子中为 545）。通过扩展可以获得单个产业和特定产品（货物与服务）在其中的作用。例如，让我们考虑一个具有 3 个产业的经济（自然资源业、制造业和服务业），生产 5 种产品（农产品、能源、制造业产品、金融服务和其他服务）。

我们假设产业在把它们自己的产品交付给其他产业及最终消费者的过程中，也消耗产品（商品），从而构成产业间交易。对于我们的例子，在表 4－11 中，我们在产业间交易和对最终消费者与政府的销售之间就商品总的消耗交易进行分配，根据表 4－5，它的总价值为 $C=550$（总国内消耗）。我们还对资本形成和国外净收入进行分配，根据表 4－5，它们的总数分别为 $D=-19$ 和 $H=14$。那么所有产出的合计为 545。当然，有多种可能的产业间交易表，可以使得 C、D 和 X 的相关的产业间合计与表 4－5 中提供的合计一致。表 4－12 就是这样一种交易表。

表 4－12 的产业间交易部分，用表中的阴影部分表示，读者应该把它看作如之前所定义的使用矩阵一样，因为它描述了每一个产业在生产其产出时所使用的商品。这当然如之前一样，与投入产出分析框架中的产业间交易矩阵是对应的，除了在基本框架中行和列都指代特定产业，而非行和列分别对应商品和产业。尽管我们可以容易地把交易矩

表 4－12　细分到单个产品和部门的生产账户

消耗-生产	自然资源	制造业	服务业	中间产出合计	个人消费支出	政府支出	资本积累	国外净收入	总产出
农业	25	10	15	50	62	23	−5	3	133
能源	13	7	9	29	35	25	−7	5	87
制造业	10	20	7	37	65	9	−4	2	109
金融服务业	10	10	25	45	55	25	−1	3	127
其他服务业	8	30	20	58	17	15	−2	1	89
合计				219	234	97	$D=-19$	$H=14$	545
最终消耗合计	$331=234+97$								
最终需求合计	$326=234+97-19+14$								
国内总消耗	$C=550=219+234+97=219+331$								

阵表示为产业×产业的形式，然而 SNA 采用了对商品的细分，以便于为产业生产函数提供一个更为清晰的图景。在本章后面以及更详细地在第 5 章中，我们还将看到其他好处。在国民核算的术语中，商品×产业的产业间交易表通常也被称为供给使用表。注意，如之前一样，使用矩阵要按商品（行）×产业（列）的维度来编制，并用矩阵表示，核算等式为：$\boldsymbol{q}=\boldsymbol{Ui}+\boldsymbol{e}$ 和 $\boldsymbol{x}'=\boldsymbol{i}'\boldsymbol{U}+\boldsymbol{v}'$。

经济中生产或供给的来源如之前一样，用制造矩阵来描述。制造矩阵按产业×商品的维度来表示，如之前一样，其中行的元素表示一个特定产业的商品的生产。因此，可以想到通过制造矩阵的行的合计得到经济中产业总生产向量，而通过列的合计得到经济中商品总生产向量。对于我们之前国民账户的同步的例子，有多种可能的制造矩阵，唯一严格的要求是行合计等于产业总产出，而列合计等于商品总产出。表 4－13 给出了这样的一个例子。

表 4－13　　产业×商品制造矩阵：同步的例子

	农产品	能源	制造业产品	金融服务	其他服务	产业总产出
自然资源	88	68	0	0	0	156
制造业	45	10	98	10	33	196
服务业	0	9	11	117	56	193
商品总产出	133	87	109	127	89	

对于我们同步的例子现在可以表示为一组完整的合并的商品×产业账户系列，表示使用矩阵和制造矩阵之间的联系，以及对产业总增加值、商品最终需求以及产业和商品总产出的度量。这些都表示在表 4－14 中。第 5 章将探讨根据这些账户构建投入产出模型。出于当前的目的，我们定义制造矩阵为 $\boldsymbol{V}$，其行向合计构成产业总产出向量，$\boldsymbol{x}=\boldsymbol{Vi}$，其列向合计构成商品总产出，$\boldsymbol{q}'=\boldsymbol{i}'\boldsymbol{V}$。

□ 4.7.4　生产者与消费者价格

大部分投入产出研究对投入产出账户（以及随后的交易矩阵）中元素的估价采用生产者价格，也就是卖者完成其交易的价格（有时被称为“离岸价格”或“FOB 价格”）。买者承担生产者价格加上贸易和运输加价（以及通常的消费税）。在大部分投入产出研究中习惯把一列中的所有产业间交易项上的加价分配给该加价所承担的产业。也就是说，一个产业中所有投入的批发和零售加价都被加总，并被记录为那一列中的“贸易”项。类似地，投入的所有运输加价被加总，并被记录为“运输”的投入项。因此，贸易和运输部门实际上并不被看作经济中的生产和消耗部门，而仅仅是“传递部门”（pass-through sector）。

这些规定只是表明投入产出表实际上并不追踪经过贸易和运输部门的流量，因为在这样所描述的经济中产业和最终消费者大部分的购买和销售都只是来自和销往这两个产业。实际上是相反的，交易被描述为直接从生产者到消费者的流量，而绕过了贸易和运输。通过这样的处理来表明生产者、消费者和最终消费者之间的联系。

表 4 - 14　合并的商品×产业投入产出账户：同步的例子

	商品					产业			最终需求	总产出
	农产品	能源	制造业产品	金融服务	其他服务	自然资源	制造业	服务业		
商品										
农产品						25	10	15	83	133
能源						13	7	9	58	87
制造业产品						10	20	7	72	109
金融服务						10	10	25	82	127
其他服务						8	30	20	31	89
产业										
自然资源	88	68	0	0	0					156
制造业	45	10	98	10	33					196
服务业	0	9	11	117	56					193
增加值						90	119	117		
总产出	133	87	109	127	89	156	196	193		

因为进入一个产业的所有交易中的贸易和运输加价都累积为对每个产业的一个单一价值量，它们实际上成为对那个产业的服务投入。因此，以生产者价格度量的所有投入合计加上被估价为服务投入（所以以实际的生产者价格估价）的所有运输和贸易加价价值，就是消费者价格的所有投入价值（交易矩阵的列合计）。

例 3：贸易和运输加价

假设我们有一个四部门的投入产出经济，其中有 2 个制造业部门 A 和 B，有 2 个服务部门贸易和运输（为简化起见，我们此刻回到产业×产业核算框架）。服务部门既担任其本来的身份即产业联系部门，同时也作为所有价格加成或加价的存放地。按百万美元付费的产业间交易同时包括贸易和运输加价——也就是按购买者或消费者价格（purchasers' or consumers' price）——记为 $\widetilde{\boldsymbol{Z}}$，包含加价的最终需求记为 $\bar{\boldsymbol{f}}$，包含加价的总产出记为 $\bar{\boldsymbol{x}}$，定义如下：

$$\widetilde{\boldsymbol{Z}}=\begin{bmatrix}36&46&83&24\\76&78&94&35\\8&7&8&4\\3&1&5&1\end{bmatrix},\ \bar{\boldsymbol{f}}=\begin{bmatrix}475\\263\\120\\150\end{bmatrix},\ \bar{\boldsymbol{x}}=\begin{bmatrix}664\\546\\147\\160\end{bmatrix}$$

假设按百万美元计价的贸易和运输加价在表 4－15 中给出。

表 4－15　　贸易与运输加价示例：例 2

	A	B	贸易	运输	最终需求
贸易加价					
产业 A	9	10	11	6	50
产业 B	5	8	7	4	20
运输	3	1	5	1	20
加价合计	17	19	23	11	90
运输加价					
产业 A	7	4	9	5	75
产业 B	6	8	7	6	13
贸易	8	7	8	4	50
加价合计	21	19	24	15	138

这两个表中加价的合计正是购买者价格和生产者价格之间的差额。例如，交易 $\tilde{z}_{11}=36$（百万美元）承担了 9（百万美元）的贸易加成和 7（百万美元）的运输加成，剩下的为所谓的 20（百万美元）的直接分配。同样地，交易 $\tilde{z}_{43}=5$ 为贸易服务上的运输加成，例如在批发和零售贸易之间与交易相关的运输成本。这一交易的直接分配为 0。类似地，交易 $\tilde{z}_{34}=4$ 是运输服务上的贸易加成，例如，主承运人从次要承运人处获得分包运输服务所收取的加成。如果我们从所有的购买者价格的产业间交易中分解出（扣减）加价，结果得到直接分配矩阵：

$$\boldsymbol{\psi}=\begin{bmatrix}20 & 32 & 63 & 13\\65 & 62 & 80 & 25\\0 & 0 & 0 & 0\\0 & 0 & 0 & 0\end{bmatrix},\ \boldsymbol{f}_d=\begin{bmatrix}250\\230\\100\\100\end{bmatrix},\ \boldsymbol{x}_d=\begin{bmatrix}478\\462\\100\\100\end{bmatrix}$$

注意到我们也从最终需求和总产出中分解出加价，并把这些向量分别记为$\boldsymbol{f}_d$和$\boldsymbol{x}_d$。贸易加价列向合计得到的向量，在表中标记为“加价合计”，表示对产业各个投入上的所有贸易加价的合计；例如这一向量的第一个元素 17（百万美元），是产业 A 中各个投入上的所有贸易加价的合计。如果我们把这个向量加到直接分配矩阵的贸易行，实际上我们就是把贸易加价作为贸易部门的服务进行了分配。类似地，如果我们把“运输加价合计”归属到直接分配矩阵的运输行，我们就把运输加价解释为运输产业的服务。用这种方式，我们并不追踪经过贸易和运输部门的货物与服务流量，而是把它们看作对生产部门的服务投入，并记录直接从生产者到消费者的流量。结果得到生产者价格的产业间交易矩阵：

$$\boldsymbol{Z}=\begin{bmatrix}20 & 32 & 63 & 13\\65 & 62 & 80 & 25\\17 & 19 & 23 & 11\\21 & 19 & 24 & 15\end{bmatrix},\ \boldsymbol{f}=\begin{bmatrix}350\\230\\190\\238\end{bmatrix},\ \boldsymbol{x}=\begin{bmatrix}478\\462\\260\\317\end{bmatrix}$$

现在使用的估价方法在布默-托马斯（Bulmer-Thomas，1982）的著作中有更详细的讨论。

□ 4.7.5　对进出口的核算

如先前简要提到的，投入产出框架中的进口通常分为两个基本类型：(1) 国内也生产的商品的进口（竞争性进口）；(2) 国内不生产的商品的进口（非竞争性进口）。[①] 当然，区别在于竞争性进口可以表示在技术系数矩阵中，而非竞争性进口则不行。竞争性进口通常采用把交易加到国内交易矩阵中的方法来处理，就好像它们就是国内生产的一样。然而，一个特定商品的所有进口的“国内海关价值”（domestic port value）（实际上就是生产者价格）以负的元素被包括在最终需求中。这一调整的目的是确保产业的总产出，计算为对其他产业的产业间交易和对最终需求的分配，是总的国内生产，而不含进口。

非竞争性进口被归属于新的产业类别，但是所有非竞争性进口的总价值在最终需求中取负值，使得就如竞争性进口的情形那样，总产出作为交易和最终需求的行向合计，将是总的国内生产，而在现在这种情况下是零。负的最终需求项在两类进口中都是要确保经济的总生产和 GNP 不会由于进口而出现偏差。

例 4：竞争性和非竞争性进口

表 4-16 表示了一个两部门投入产出经济的国内交易矩阵 $\boldsymbol{Z}$，最终需求向量为 $\boldsymbol{f}$，

① 在文献中，可比和不可比（comparable and noncomparable）进口的概念分别与竞争性和非竞争性进口可互换使用。注意这里概要说明的竞争性进口的处理只是在最近的投入产出研究中被采用，例如 1972 年美国国家投入产出表；在早期的研究中采用与次要产品相同的方式来对待竞争性进口；参考 Ritz (1979，1980)。

总产出向量为 $\boldsymbol{x}$，以百万美元为计价单位。

表 4-16 国内产业间交易：例 4 单位：百万美元

	A	B	最终需求	总产出
产业 A	10	20	70	100
产业 B	30	40	30	100

除了这些国内交易，产业 A 在消耗价值 30（百万美元）的国内生产的 B 之外，还消耗价值 10（百万美元）的进口的 B。产业 A 和 B 还消耗另一种产品 C，该产品只是由国外生产（非竞争性进口），分别消耗价值 5（百万美元）和 4（百万美元）的 A 和 B。通常采用的记录这些进口的习惯做法用表 4-17 中一个修正的交易表来表示。

表 4-17 修正的产业间交易：例 4 单位：百万美元

	A	B	C	最终需求		总产出
				进口调整	其他	
产业 A	10	20	0	0	70	100
产业 B	40	40	0	−10	30	100
C 的进口	5	4	0	−9	0	0

注意到 A 所需要的关于 B 的竞争性进口交易发生了转移，也就是加到了 z_{BA} 交易中，正如对次要生产的转移中的习惯做法，而且也记为负的最终需求。A 和 B 对于 C 的非竞争性进口在交易矩阵中被记录为新的一行，C 的所有进口的合计，即 9（百万美元），被记录为负的最终需求。因此，最终需求（扣除进口）和总产出与国内表相比没有改变；最终需求和总产出通常被定义为只包括国内生产。

□ 4.7.6 从总交易表中剔除竞争性进口

在第 2 章的表 2-6 和表 2-7 中，我们提供了美国 2003 年投入产出表的直接和完全需求表，其隐含的交易中“剔除”了竞争性进口，使得我们可以分析对国内经济的影响。如上面所指出的，定期公布的美国投入产出表把竞争性进口包含在产业间交易中作为其一部分，同时以负的元素将其作为进口加到最终需求中，使得中间生产和最终需求的合计等于总的国内生产，而所有最终需求的合计等于总的国内生产总值。在本节中，我们考虑从以这种形式所提供的表中移除进口的几种近似处理技术。

我们先假设产业间交易可以被区分为国内交易和进口，也就是 $\boldsymbol{Z}=\boldsymbol{D}+\boldsymbol{M}$，其中 $\boldsymbol{D}$ 是国内交易矩阵，$\boldsymbol{M}$ 是竞争性进口矩阵。[①] 所以 $\boldsymbol{M}$ 行向合计的向量是总进口向量，$\boldsymbol{m}=\boldsymbol{Mi}$。对于美国表，进口向量 $\boldsymbol{m}$ 表示负的最终需求，所以我们定义 $\boldsymbol{g}$ 为除进口以外的其他最终需求向量，使得 $\boldsymbol{f}=\boldsymbol{g}+(-\boldsymbol{m})$。我们还可以定义 $\widetilde{\boldsymbol{m}}'$ 为 $\boldsymbol{M}$ 的列向合计的向量，它的每个元素是一个产业所有进口的价值，$\widetilde{\boldsymbol{m}}'=\boldsymbol{i}'\boldsymbol{M}$。

如果 $\boldsymbol{M}$ 已知，那么 $\boldsymbol{x}=\boldsymbol{Zi}+\boldsymbol{f}$，所以我们可以得到 $\boldsymbol{x}=(\boldsymbol{D}+\boldsymbol{M})\boldsymbol{i}+(\boldsymbol{g}-\boldsymbol{m})$，分开各

① 对于本节的剩余部分，我们假设所有进口都是竞争性进口。

项，$\boldsymbol{x}=\boldsymbol{Di}+\boldsymbol{Mi}+\boldsymbol{g}-\boldsymbol{m}$。因为 $\boldsymbol{m}=\boldsymbol{Mi}$，$\boldsymbol{m}$ 和 $\boldsymbol{Mi}$ 项相互抵消，所以有：$\boldsymbol{x}=\boldsymbol{Di}+\boldsymbol{g}$。同时，因为总增加值被计算为中间生产和总产出价值的余值，也就是 $\boldsymbol{v}'=\boldsymbol{x}'-\boldsymbol{i}'\boldsymbol{Z}$，因此就有：$\boldsymbol{x}'=\boldsymbol{i}'\boldsymbol{Z}+\boldsymbol{v}'$。再一次分开各项，我们有：$\boldsymbol{x}'=\boldsymbol{i}'(\boldsymbol{D}+\boldsymbol{M})+\boldsymbol{v}'$ 或者 $\boldsymbol{x}'=\boldsymbol{i}'\boldsymbol{D}+\boldsymbol{i}'\boldsymbol{M}+\boldsymbol{v}'$，所以我们可以得到 $\boldsymbol{x}'=\boldsymbol{i}'\boldsymbol{D}+\widetilde{\boldsymbol{m}}'+\boldsymbol{v}'$。如果我们定义新的总增加值（行）向量为 $\tilde{\boldsymbol{v}}'=\widetilde{\boldsymbol{m}}'+\boldsymbol{v}'$，因为 $\boldsymbol{x}'=\boldsymbol{i}'\boldsymbol{D}+\tilde{\boldsymbol{v}}'$，很容易看到进口的总价值被简单地从产业间投入 $\boldsymbol{Z}$ 中转移到了增加值。

我们常常面对 $\boldsymbol{m}$ 已知而 $\boldsymbol{M}$ 未知的情形。也就是，我们可能知道钢铁进口的总价值，但是不知道每个单个产业的钢铁进口的价值。以下是估计国内交易矩阵和产业间进口矩阵的两个近似程序。它们都依赖于通常被称为进口相似性的假定，对于每种产品，进口和国内生产物品的配比对于所有消耗部门是一样的，但是对于每种产品可能是不同的。例如，进口的和国内生产的农产品的配比对于所有农产品的消费者是一样的，汽车生产中使用的进口钢材占汽车生产中所使用的总钢材的份额与造船业使用的总钢材中进口所占的份额是一样的。这一假定对于很多发达经济可能不是非常现实，但是由于可获得数据的局限，却常常是必需的。这些数据局限在 NRC（2006）中进行了讨论。

（1）近似方法Ⅰ。

如果 $\boldsymbol{M}$ 未知，我们可以采用以与中间产出分配相同的比例来分配 $\boldsymbol{m}$ 的方式进行近似。首先按 $\boldsymbol{B}=\hat{\boldsymbol{u}}^{-1}\boldsymbol{Z}$ 的比例建立中间产出矩阵，其中 $\boldsymbol{u}$ 是中间产出向量，$\boldsymbol{u}=\boldsymbol{Zi}$。所以我们定义 $\widetilde{\boldsymbol{M}}=\hat{\boldsymbol{m}}\boldsymbol{B}$ 作为 $\boldsymbol{M}$ 的近似，对此我们可以保证 $\boldsymbol{m}=\boldsymbol{Mi}=\widetilde{\boldsymbol{M}}\boldsymbol{i}$。因此，我们可以定义国内交易的近似 $\widetilde{\boldsymbol{D}}=\boldsymbol{Z}-\widetilde{\boldsymbol{M}}$，而且根据以前的 $\boldsymbol{g}=\boldsymbol{f}+\boldsymbol{m}$，有 $\boldsymbol{x}=\widetilde{\boldsymbol{D}}\boldsymbol{i}+\boldsymbol{g}$。

（2）近似方法Ⅱ。

近似方法Ⅰ（隐含地）假定最终需求不直接消耗进口，也就是 $\boldsymbol{m}=\boldsymbol{Mi}$，但这可能很少是实情。如果我们做出简单的假定，即进口供应的投入的份额对每个产业是一样的，而且这个份额同样适用于消费者和政府支出，那么总产出同样的份额可归因于进口。也就是说，假定对每个产业，这一份额由 r_i 给定，那么 $m_i=r_ix_i$。我们对方程 $x_i=(\sum_{j=1}^{n}z_{ij})+f_i$ 的等号左右同时乘以 r_i，得到 $r_ix_i=(r_i\sum_{j=1}^{n}z_{ij})+r_if_i$，或者回想 $u_i=\sum_{j=1}^{n}z_{ij}$，我们可以得到 $m_i=r_ix_i=r_iu_i+r_if_i$ 或 $r_i=\dfrac{m_i}{u_i+f_i}$。我们可以利用 r_i 来定义国内交易矩阵的一个估计 $\bar{d}_{ij}=z_{ij}-r_iz_{ij}=(1-r_i)z_{ij}$，或者，用矩阵术语 $\bar{\boldsymbol{D}}=\boldsymbol{Z}-\hat{\boldsymbol{r}}\boldsymbol{Z}$，我们可以定义 $\overline{\boldsymbol{M}}=\hat{\boldsymbol{r}}\boldsymbol{Z}$ 作为产业间进口矩阵的一个估计。我们可以定义 $\overline{\boldsymbol{m}}=\overline{\boldsymbol{M}}\boldsymbol{i}$ 作为产业间总进口向量。如果我们定义 $h_i=r_if$ 作为最终需求所直接消耗的进口向量，按矩阵形式由 $\boldsymbol{h}=\hat{\boldsymbol{r}}\boldsymbol{f}$ 给定，那么 $\boldsymbol{m}=\boldsymbol{h}+\overline{\boldsymbol{m}}$，所以我们可以利用 $\boldsymbol{x}=\boldsymbol{Zi}+\boldsymbol{f}$ 得到 $\boldsymbol{x}=(\bar{\boldsymbol{D}}+\overline{\boldsymbol{M}})\boldsymbol{i}+(\boldsymbol{g}-\boldsymbol{m})$。再次分开各项，有 $\boldsymbol{x}=\bar{\boldsymbol{D}}\boldsymbol{i}+\overline{\boldsymbol{M}}\boldsymbol{i}+\boldsymbol{g}-\boldsymbol{h}-\overline{\boldsymbol{m}}$，或者 $\boldsymbol{x}=\bar{\boldsymbol{D}}\boldsymbol{i}+\overline{\boldsymbol{M}}\boldsymbol{i}+\boldsymbol{g}-\hat{\boldsymbol{r}}\boldsymbol{f}-\overline{\boldsymbol{m}}$。如以前，$\overline{\boldsymbol{m}}$ 和 $\overline{\boldsymbol{M}}\boldsymbol{i}$ 相互抵消，所以 $\boldsymbol{x}=\bar{\boldsymbol{D}}\boldsymbol{i}+\boldsymbol{g}-\hat{\boldsymbol{r}}\boldsymbol{f}$。在近似方法Ⅰ中，我们定义 $\boldsymbol{g}$ 为除进口以外的其他最终需求向量，这时假定只有产业间进口，所以如果我们现在定义 $\bar{\boldsymbol{g}}$ 为不含产业间进口和最终需求直接消费的进口的最终需求向量，也就是 $\boldsymbol{g}$ 扣除最终需求中直接消费的进口（$\boldsymbol{h}$），那么 $\bar{\boldsymbol{g}}=\boldsymbol{g}-\boldsymbol{h}$，我们可以得到 $\boldsymbol{x}=\bar{\boldsymbol{D}}\boldsymbol{i}+\bar{\boldsymbol{g}}$。

尽管可能不是很明显，但很重要的是观察到近似方法Ⅰ与近似方法Ⅱ具有等价性，如果我们建立中间产出比例矩阵为 $\bar{\boldsymbol{B}}=\hat{\boldsymbol{x}}^{-1}\boldsymbol{Z}$，而不是 $\bar{\boldsymbol{B}}=\hat{\boldsymbol{u}}^{-1}\boldsymbol{Z}$，那么 $\overline{\boldsymbol{M}}=\hat{\boldsymbol{m}}\bar{\boldsymbol{B}}$。当然，近似方法Ⅱ不管采用何种计算，对大部分经济都是更为现实的一种近似。我们用下面的

例子来演示这两种方法。

例 5：进口剔除

我们定义一个投入产出经济：$\boldsymbol{Z}=\begin{bmatrix}350 & 0 & 0\\ 50 & 250 & 150\\ 200 & 150 & 550\end{bmatrix}$，$\boldsymbol{x}=\begin{bmatrix}1\ 000\\ 500\\ 1\ 000\end{bmatrix}$。根据 $\boldsymbol{Z}$ 和 $\boldsymbol{x}$，我们计算相应的值有：$\boldsymbol{f}=\boldsymbol{x}-\boldsymbol{Zi}=\begin{bmatrix}650\\ 50\\ 100\end{bmatrix}$，$\boldsymbol{u}=\boldsymbol{Zi}=\begin{bmatrix}350\\ 450\\ 900\end{bmatrix}$，$\boldsymbol{A}=\boldsymbol{Z}\hat{\boldsymbol{x}}^{-1}=\begin{bmatrix}0.350\ 0 & 0.000\ 0 & 0.000\ 0\\ 0.050\ 0 & 0.500\ 0 & 0.150\ 0\\ 0.200\ 0 & 0.300\ 0 & 0.550\ 0\end{bmatrix}$，$\boldsymbol{v}'=\boldsymbol{x}'-\boldsymbol{i}'\boldsymbol{Z}=[400\quad 100\quad 300]$以及 $\boldsymbol{L}=(\boldsymbol{I}-\boldsymbol{A})^{-1}=\begin{bmatrix}1.538\ 5 & 0.000\ 0 & 0.000\ 0\\ 0.448\ 7 & 2.500\ 0 & 0.833\ 3\\ 0.982\ 9 & 1.666\ 7 & 2.777\ 8\end{bmatrix}$。我们假设这是一个“美国型”表，其中交易矩阵包含竞争性进口，所以 $\boldsymbol{Z}=\boldsymbol{D}+\boldsymbol{M}$ 且 $\boldsymbol{f}=\boldsymbol{g}-\boldsymbol{m}$，我们定义（这个例子中任意地）$\boldsymbol{M}=\begin{bmatrix}100 & 0 & 0\\ 25 & 50 & 30\\ 25 & 50 & 100\end{bmatrix}$，这意味着 $\boldsymbol{D}=\boldsymbol{Z}-\boldsymbol{M}=\begin{bmatrix}250 & 0 & 0\\ 25 & 200 & 120\\ 175 & 100 & 45\end{bmatrix}$，$\boldsymbol{m}=\boldsymbol{Mi}=\begin{bmatrix}100\\ 105\\ 175\end{bmatrix}$，$\boldsymbol{g}=\boldsymbol{f}+\boldsymbol{m}=\begin{bmatrix}750\\ 155\\ 275\end{bmatrix}$，以及平衡方程 $\boldsymbol{x}=\boldsymbol{Di}+\boldsymbol{g}$ 成立：$\boldsymbol{x}=\begin{bmatrix}1\ 000\\ 500\\ 1\ 000\end{bmatrix}=\boldsymbol{Di}+\boldsymbol{g}=\begin{bmatrix}250 & 0 & 0\\ 25 & 200 & 120\\ 175 & 100 & 450\end{bmatrix}\begin{bmatrix}1\\ 1\\ 1\end{bmatrix}+\begin{bmatrix}750\\ 155\\ 275\end{bmatrix}$。那么，新的总增加值向量 $\tilde{\boldsymbol{v}}'=\tilde{\boldsymbol{m}}'+\boldsymbol{v}'=\boldsymbol{x}'-\boldsymbol{i}'\boldsymbol{D}=[550\quad 200\quad 430]$，与原来的总增加值向量 $\boldsymbol{v}'=[400\quad 100\quad 300]$相比，每个产业增加了所有进口的总价值 $\tilde{\boldsymbol{m}}'=[150\quad 100\quad 130]$。

当 $\boldsymbol{m}$ 已知而 $\boldsymbol{M}$ 未知时，下面我们将运用上面概述的两个近似方法来估计国内交易矩阵和产业间进口。

对于近似方法Ⅰ，我们得出 $\boldsymbol{B}=\hat{\boldsymbol{u}}^{-1}\boldsymbol{Z}=\begin{bmatrix}1.000\ 0 & 0.000\ 0 & 0.000\ 0\\ 0.111\ 1 & 0.555\ 6 & 0.333\ 3\\ 0.222\ 2 & 0.166\ 7 & 0.611\ 1\end{bmatrix}$，并用它对 $\boldsymbol{m}$ 在产业间产出中进行分配：$\widetilde{\boldsymbol{M}}=\hat{\boldsymbol{m}}\boldsymbol{B}=\begin{bmatrix}100.000\ 0 & 0.000\ 0 & 0.000\ 0\\ 11.666\ 7 & 58.333\ 3 & 35.000\ 0\\ 38.888\ 9 & 29.166\ 7 & 106.944\ 4\end{bmatrix}$。在这一技术中，$\boldsymbol{m}=\boldsymbol{Mi}=\widetilde{\boldsymbol{M}}\boldsymbol{i}$，所以我们可以计算：

$$\widetilde{\boldsymbol{D}}=\boldsymbol{Z}-\widetilde{\boldsymbol{M}}=\begin{bmatrix}250.000\ 0 & 0.000\ 0 & 0.000\ 0\\ 38.333\ 3 & 191.666\ 7 & 115.000\ 0\\ 161.111\ 1 & 120.833\ 3 & 443.055\ 6\end{bmatrix}$$

且平衡方程 $\boldsymbol{x}=\widetilde{\boldsymbol{D}}\boldsymbol{i}+\boldsymbol{g}$ 成立：

$$x=\begin{bmatrix}1\,000\\500\\1\,000\end{bmatrix}=\widetilde{D}i+g=\begin{bmatrix}250.000\,0 & 0.000\,0 & 0.000\,0\\38.333\,3 & 191.666\,7 & 115.000\,0\\161.111\,1 & 120.833\,3 & 443.055\,6\end{bmatrix}\begin{bmatrix}1\\1\\1\end{bmatrix}+\begin{bmatrix}750\\155\\275\end{bmatrix}$$

那么，在这个例子中，新的总增加值向量 $\tilde{v}'=x'-i'\widetilde{D}=[550.555\,6\quad 187.500\,0\quad 441.944\,4]$，与原来的增加值向量 $v'=[400\quad 100\quad 300]$ 相比，每个产业增加了所有进口的总价值，$\widetilde{m}'=[150.555\,5\quad 87.5\quad 141.944\,4]$，但是像上面的假定一样，最终需求不直接消耗进口。

对于近似方法Ⅱ，我们先计算调整因子 $r_i=\dfrac{m_i}{u_i+f_i}$，对这个例子中的各个元素就有 $r=\begin{bmatrix}0.1\\0.21\\0.175\end{bmatrix}$。我们可以接着计算 $\overline{D}=Z-\hat{r}Z=\begin{bmatrix}315 & 0 & 0\\39.5 & 197.5 & 118.5\\165 & 123.75 & 453.75\end{bmatrix}$，$\overline{M}=\hat{r}Z=\begin{bmatrix}35 & 0 & 0\\10.5 & 52.5 & 31.5\\35 & 26.25 & 96.25\end{bmatrix}$ 以及 $h=\hat{r}f=\begin{bmatrix}65\\10.5\\17.5\end{bmatrix}$，所以有 $\bar{g}=g-h=\begin{bmatrix}685\\144.5\\257.5\end{bmatrix}$。我们可以证明平衡方程 $x=\overline{D}i+\bar{g}$ 仍然成立：$x=\begin{bmatrix}1\,000\\500\\1\,000\end{bmatrix}=\overline{D}i+\bar{g}=\begin{bmatrix}315 & 0 & 0\\39.5 & 197.5 & 118.5\\165 & 123.75 & 453.75\end{bmatrix}\begin{bmatrix}1\\1\\1\end{bmatrix}+\begin{bmatrix}685\\144.5\\257.5\end{bmatrix}$。

这一平衡方程 $x=\overline{D}i+\bar{g}$ 现在只解释国内交易，而产业间进口则重新分配给总增加值。

新的总增加值向量 $\bar{v}'=x'-i'\overline{D}=[480.5\quad 178.75\quad 427.75]$，与原来的总增加值向量 $v'=[400\quad 100\quad 300]$相比，对每个产业增加了所有产业间进口，也就是说，这时 $\widetilde{m}'=[80.5\quad 78.75\quad 127.75]$，不含最终需求中直接消耗的进口价值。如上面所指出的，尽管直观上可能并不明显，但这一程序等同于建立如 $\overline{B}=\hat{x}^{-1}Z$ 的中间产出比例矩阵，而不是近似方法Ⅰ所定义的 $B=\hat{u}^{-1}Z$。例如：

$$\overline{B}=\hat{x}^{-1}Z=\begin{bmatrix}1/1\,000 & 0 & 0\\0 & 1/500 & 0\\0 & 0 & 1/1\,000\end{bmatrix}\begin{bmatrix}350 & 0 & 0\\50 & 250 & 150\\200 & 150 & 550\end{bmatrix}$$
$$=\begin{bmatrix}0.35 & 0 & 0\\0.1 & 0.5 & 0.3\\0.2 & 0.15 & 0.55\end{bmatrix}$$

所以：

$$\overline{M}=\hat{m}\overline{B}=\begin{bmatrix}100 & 0 & 0\\0 & 105 & 0\\0 & 0 & 275\end{bmatrix}\begin{bmatrix}0.35 & 0 & 0\\0.1 & 0.5 & 0.3\\0.2 & 0.15 & 0.55\end{bmatrix}$$

$$=\begin{bmatrix}35 & 0 & 0\\ 10.5 & 52.5 & 31.5\\ 35 & 26.25 & 96.25\end{bmatrix}$$

以及如前：

$$\bar{\boldsymbol{D}}=\boldsymbol{Z}-\bar{\boldsymbol{M}}=\begin{bmatrix}315 & 0 & 0\\ 39.5 & 197.5 & 118.5\\ 165 & 123.75 & 453.75\end{bmatrix}$$

有关这一例子的替代估计程序的应用在表 4－18 中进行了汇总。

估计假设的含义

在 $\boldsymbol{M}$ 不能直接得到的时候，近似方法Ⅱ差不多是剔除进口构建 $\boldsymbol{D}$ 最常用的方法。其应用于美国经济的例子有 OTA（1988）、郭和普兰廷（Guo and Planting，2000），以及 NRC（2006）。回想近似方法Ⅰ和近似方法Ⅱ的关键假定是进口的相似性，也就是，对于每个产业的同一种产品，进口品和国内生产物品的配比对于消耗那种产品的所有部门是一样的，但是对每一种产品，都有不同的配比。

NRC（2006）利用这一假定分析进口中的美国价值含量和美国出口中的国外价值含量，作为测量产业全球化对于美国经济整体健康的影响的一种可能的方式。迪策巴赫、阿尔比诺和库茨（Dietzenbacher，Albino，and Kühtz，2005）在近似方法Ⅰ和近似方法Ⅱ之外提出了另一种替代方法。

□ 4.7.7 对存货变化的调整

投入产出模型中的存货并不等同于这一概念传统的定义。在投入产出模型中，存货变化通常是指一个产业的主要产品的存货的变化，而不考虑哪个产业或哪些产业持有存货。例如，发电厂的煤炭存货被归类为煤炭存货。传统的定义通常把存货局限为生产该产品的产业所实际持有的。投入产出模型中所采用的这种定义修正是为了确保交易和最终需求的行向合计等于产业总的现期产出。如果我们忽略存货的减少和增加，那么行的总计为总消耗，而不是总产出。

□ 4.7.8 对废料的调整

投入产出账户常常是把废料（scrap）处理为副产品（by-product）生产。也就是说，假定没有产业按需要生产废料，所以废料是满足其他需求的生产带来的结果。通常的解决方式是通过计算每个产业非废料产出占产业产出的比例，然后将其用于市场份额矩阵，以说明总的产业产出。在第 5 章中，我们将开发各种方法来处理次要生产（secondary production）和副产品，但是最常采用的技术还是下列这种对废料的调整。

首先，我们回想 $\boldsymbol{g}=\boldsymbol{Vi}$（制造矩阵的行向合计），现在假定总商品生产 $\boldsymbol{g}$ 的某个部分是废料 $\boldsymbol{h}$，所以我们可以得到 $\boldsymbol{g}=\boldsymbol{Vi}+\boldsymbol{h}$。其次，如果如上面所指出的，我们假定废料生产与总生产之间保持一个固定的比率，我们可以得到 $h_i=c_i\bar{g}_i$，其中 c_i 为产业 i 中生产的废料价值与总产出之间的比率。按矩阵术语这可以表示为 $\boldsymbol{h}=\hat{\boldsymbol{c}}\boldsymbol{g}$。我们可以把 $\boldsymbol{g}=\boldsymbol{Vi}+\boldsymbol{h}$ 重新表示为 $\boldsymbol{g}-\boldsymbol{h}=\boldsymbol{Vi}$，用 $\boldsymbol{h}=\hat{\boldsymbol{c}}\boldsymbol{g}$ 替换得到 $\boldsymbol{g}-\hat{\boldsymbol{c}}\boldsymbol{g}=\boldsymbol{Vi}$，以及因此有 $(\boldsymbol{I}-\hat{\boldsymbol{c}})\boldsymbol{g}=\boldsymbol{Vi}$。最后，我们用 $(\boldsymbol{I}-\hat{\boldsymbol{c}})^{-1}$乘两边，得到 $\boldsymbol{g}=[(\boldsymbol{I}-\hat{\boldsymbol{c}})^{-1}\boldsymbol{V}]\boldsymbol{i}$，其中我们可以定义括号中的量为 $\bar{\boldsymbol{V}}$，作为废料调整后的制造矩阵。

表 4－18　　**剔除竞争性进口产业间交易的近似方法：例 5**

	美国型表			产业合计	最终需求	总产出	近似方法Ⅰ			产业合计	最终需求	总产出	近似方法Ⅱ			产业合计	最终需求	总产出
国内交易	250	0	0	250	750	1 000	250	0	0	250	750	1 000	315	0	0	315	685	1 000
	25	200	120	345	155	500	38.33	191.67	115	345	155	500	39.50	197.50	118.50	355.50	144.50	500
	175	100	450	725	275	1 000	161.11	120.83	443.06	725	275	1 000	165	123.75	453.75	742.50	257.59	1 000
产业间合计	450	300	570				449.44	312.50	558.06				519.5	321.25	572.25			
增加值	550	200	430		1 180		550.56	187.50	441.94		1 180		480.5	178.75	427.75		1 087	
总产出	1 000	500	1 000			2 500	1 000	500	1 000			2 500	1 000	500	1 000			2 500
产业间进口	100	0	0	100			100	0	0	100			35	0	0	35		
	25	50	30	105			11.67	58.33	35	105			10.50	52.50	31.50	94.50		
	25	50	100	175			38.89	29.17	106.94	175			35	26.25	96.25	157.50		
合计	150	100	130	380			150.56	87.50	141.94	380			80.50	78.75	127.75	287		
直接需求	0.250 0	0.000 0	0.000 0				0.250 0	0.000 0	0.000 0				0.315 0	0.000 0	0.000 0			
	0.025 0	0.400 0	0.120 0				0.038 3	0.383 3	0.115 0				0.039 5	0.395 0	0.118 5			
	0.175 0	0.200 0	0.450 0				0.161 1	0.241 7	0.443 1				0.165 0	0.247 5	0.453 8			
直接需求合计	0.450 0	0.600 0	0.570 0				0.449 4	0.625 0	0.558 1				0.519 5	0.642 5	0.572 3			
增加值	0.550 0	0.400 0	0.430 0				0.550 6	0.375 0	0.441 9				0.480 5	0.357 5	0.427 8			
完全需求	1.333 3	0.000 0	0.000 0				1.333 3	0.000 0	0.000 0				1.459 9	0.000 0	0.000 0			
	0.151 4	1.797 4	0.392 2				0.168 4	1.764 4	0.364 3				0.199 4	1.813 9	0.393 5			
	0.479 3	0.653 6	1.960 8				0.458 8	0.765 6	1.953 6				0.531 3	0.821 8	2.008 9			
合计	1.964 1	2.451 0	2.352 9				1.960 6	2.530 0	2.317 9				2.190 5	2.635 7	2.402 4			

续前表

	美国型表			产业合计	最终需求	总产出	近似方法Ⅰ			产业合计	最终需求	总产出	近似方法Ⅱ			产业合计	最终需求	总产出
交易	350	0	0	350	650	1 000												
	50	250	150	450	50	500												
	200	150	550	900	100	1 000												
产业间合计	600	400	700															
增加值	400	100	300		800													
总产出	1 000	500	1 000			2 500												
直接需求	0.350 0	0.000 0	0.000 0															
	0.050 0	0.500 0	0.150 0															
	0.200 0	0.300 0	0.550 0															
直接需求合计	0.600 0	0.800 0	0.700 0															
增加值	0.400 0	0.200 0	0.300 0															
完全需求	1.538 5	0.000 0	0.000 0															
	0.448 7	2.500 0	0.833 3															
	0.982 9	1.666 7	2.777 8															
合计	2.970 1	4.166 7	3.611 1															

4.8 估价与双缩减

在比较不同年度投入产出数据的时候，通常重要的是把价格所引起的变化与产生差异的其他原因区分开来。这在根本上引发了需要把原先按数据所在年度的名义价格（现价）估价的表，转换为按某个基准时期，通常为基年的不变价估价的表。实现这一转换的一种非常常用的方法被称为双缩减（double deflation），是一个两步过程（因此称之为“双”）：(1) 对核算期按现价估价的中间投入、最终需求和总产出，利用（乘以）对所有中间投入、最终需求和总产出的商品价格指数进行“缩减”；(2) 利用总产出的价值一定等于总投入的价值这一基本等式平衡关系，推导增加值价格指数。对于一个特定产业的所有产出，也就是对其他产业和最终需求的分配，利用针对该产业产出的价格指数进行调整。价格指数只是寻求估价年度的商品价格与对应基年价格的比率。

我们通过把价值量的产业间交易恢复为实物交易和相应价格，来演示双缩减过程，也就是：

$$z_{ij}=p_i s_{ij} \tag{4.21}$$

其中，z_{ij}是产业j所消耗的产业i产出的美元单位的交易；p_i是每实物单位的产业i产出的价格；s_{ij}是产业j所消耗的产业i的实物单位的交易。我们可以重新整理式 (4.21) 中的各项得 $s_{ij}=\frac{z_{ij}}{p_j}$。如果我们定义上标表示核算期，可以得到：对于1，2，…，n的核算期（通常为年），有 $s_{ij}=\frac{z_{ij}^1}{p_i^1}=\frac{z_{ij}^2}{p_i^2}=\cdots=\frac{z_{ij}^t}{p_i^t}=\cdots=\frac{z_{ij}^n}{p_i^n}$。如果我们选择任意一个年度为参考年或基年 ($b$)，我们可以得到 $s_{ij}=\frac{z_{ij}^b}{p_i^b}=\frac{z_{ij}^t}{p_i^t}$或$z_{ij}^b=\left(\frac{p_i^b}{p_i^t}\right)z_{ij}^t$。我们用$\left(\frac{p_i^b}{p_i^t}\right)$项表示产业$i$在$t$年相对于基年或参考年$b$的价格指数。类似地，我们定义产业$i$产出的最终需求和总产出分别为$d_i$和$q_i$，以对应于价值型的量$f_i$和$x_i$。因此，$f_i=p_id_i$，$x_i=p_iq_i$，同时，我们还是引入上标表示核算期，得到$d_i=\frac{f_i^1}{p_i^1}=\frac{f_i^2}{p_i^2}=\cdots=\frac{f_i^t}{p_i^t}=\cdots=\frac{f_i^n}{p_i^n}$，以及$q_i=\frac{x_i^1}{p_i^1}=\frac{x_i^2}{p_i^2}=\cdots=\frac{x_i^t}{p_i^t}=\cdots=\frac{x_i^n}{p_i^n}$。引入基年$b$，我们可以得到：$d_i=\frac{f_i^b}{p_i^b}=\frac{f_i^t}{p_i^t}$，以及$q_i=\frac{x_i^b}{p_i^b}=\frac{x_i^t}{p_i^t}$。移项，得到 $f_i^b=\left(\frac{p_i^b}{p_i^t}\right)f_i^t$ 以及 $x_i^b=\left(\frac{p_i^b}{p_i^t}\right)x_i^t$。

现在的和先前的交易的表达式让我们可以对交易进行“缩减”，把最终需求和总产出从t年调整到基年b，或者如果我们对多个年度采用这种处理方式，我们就可以把这些量的所有年度的价值表示为b年的价格，或者称其为不变价。综合以上，如果我们定义$\pi_i^t=\left(\frac{p_i^b}{p_i^t}\right)$为产业$i$的价格指数或缩减因子，那么我们可以得到$z_{ij}^b=\pi_i^t z_{ij}^t$，$f_i^b=\pi_i^t f_i^t$，$x_i^b=\pi_i^t x_i^t$。用矩阵相关术语，我们定义价格指数向量为$\boldsymbol{\pi}^t=[\pi_1^t \quad \pi_2^t \quad \cdots \quad \pi_n^t]$，使得我们可以得到$\boldsymbol{Z}^b=(\hat{\boldsymbol{\pi}}^t)\boldsymbol{Z}^t$，$\boldsymbol{f}^b=(\hat{\boldsymbol{\pi}}^t)\boldsymbol{f}^t$，$\boldsymbol{x}^b=(\hat{\boldsymbol{\pi}}^t)\boldsymbol{x}^t$。

因为我们已经用同样的价格指数对$\boldsymbol{Z}$、$\boldsymbol{f}$和$\boldsymbol{x}$进行了缩减，我们可以确保基本等式

$\boldsymbol{Z}^t i+\boldsymbol{f}^t=\boldsymbol{x}^t$ 和 $\boldsymbol{Z}^b i+\boldsymbol{f}^b=\boldsymbol{x}^b$ 同时成立，因为对于每个产业，我们只是用相同的价格乘以所有被分配给中间消耗和最终使用的产出。然而，我们还需要确保总产出等于总投入，也就是基本的等式 $\boldsymbol{i}'\boldsymbol{Z}^b+(\boldsymbol{v}^b)'=(\boldsymbol{x}^b)'$ 也必须成立，其中（$\boldsymbol{v}^b$）′是还没有确定如何缩减的增加值投入向量——没有确定是因为我们还没有确定增加值的价格指数。我们只有产业间投入的缩减因子。这里我们将考察如下情况：如果一个产业部门的所有中间投入（包括其自身产出的价格）都经历了价格变化，那么当投入价值仍保持等于产出价值时，增加值成为唯一剩下的可变动的量。因此，为了保持这一等式，我们可以把新的增加值计算为余值，也就是（$\boldsymbol{v}^b$）$'=(\boldsymbol{x}^b)'-\boldsymbol{i}'\boldsymbol{Z}^b$；我们可以针对每个产业，把增加值缩减因子简单定义为一种比率 $r_i^t=\left(\dfrac{v_i^b}{v_i^t}\right)$，因为 $v_i^b=r_i^t v_i^t$，或者按照矩阵相关术语，$\hat{\boldsymbol{v}}^b=\hat{\boldsymbol{r}}^t\hat{\boldsymbol{v}}^t$，通过移项，我们得到 $\hat{\boldsymbol{r}}^t=\hat{\boldsymbol{v}}^b(\hat{\boldsymbol{v}}^t)^{-1}$。

例 6：双缩减

我们在表 4－19 中定义一个年度 2 的三部门经济，有 2 个不同年度的产业价格，年度 1 和年度 2。为表示在年度 1（我们定义为基年）价格下的交易、最终需求和总产出，我们先计算 $\boldsymbol{\pi}^t$ 为 $\boldsymbol{\pi}^t=\begin{bmatrix}2/7\\2/6\\3/5\end{bmatrix}=\begin{bmatrix}0.286\\0.333\\0.600\end{bmatrix}$。因此，我们可以计算 $\boldsymbol{Z}^b=\hat{\boldsymbol{\pi}}^t\boldsymbol{Z}^t$，$\boldsymbol{f}^b=\hat{\boldsymbol{\pi}}^t\boldsymbol{f}^t$，$\boldsymbol{x}^b=\hat{\boldsymbol{\pi}}^t\boldsymbol{x}^t$ 如下：

$$\boldsymbol{Z}^b=\hat{\boldsymbol{\pi}}^t\boldsymbol{Z}^t=\begin{bmatrix}0.286&0&0\\0&0.333&0\\0&0&0.600\end{bmatrix}\begin{bmatrix}10&20&30\\5&25&12\\22&3&7\end{bmatrix}=\begin{bmatrix}2.9&5.7&8.6\\1.7&8.3&4.0\\13.2&1.8&4.2\end{bmatrix}$$

$$\boldsymbol{f}^b=\hat{\boldsymbol{\pi}}^t\boldsymbol{f}^t=\begin{bmatrix}0.286&0&0\\0&0.333&0\\0&0&0.600\end{bmatrix}\begin{bmatrix}65\\40\\104\end{bmatrix}=\begin{bmatrix}18.6\\13.3\\62.4\end{bmatrix}$$

$$\boldsymbol{x}^b=\hat{\boldsymbol{\pi}}^t\boldsymbol{x}^t=\begin{bmatrix}0.286&0&0\\0&0.333&0\\0&0&0.600\end{bmatrix}\begin{bmatrix}125\\82\\136\end{bmatrix}=\begin{bmatrix}35.7\\27.3\\81.6\end{bmatrix}$$

表 4－19　　双缩减：例 6

	产业间交易			最终需求	总产出	价格	价格
	1	2	3			年度 1	年度 2
1	10	20	30	65	125	2	7
2	5	25	12	40	82	2	6
3	22	3	7	104	136	3	5
增加值	88	34	87	209			

根据原始数据，有（$\boldsymbol{v}^t$）$'=[88\quad 34\quad 87]$。同时，我们可以计算确保总投入仍等于总产出的必需的增加值为：

$$(\boldsymbol{v}^b)'=(\boldsymbol{x}^b)'-\boldsymbol{i}'\boldsymbol{Z}^b=[18.0\quad 11.5\quad 64.8]$$

所以，我们可以求解增加值缩减因子为：

$$\hat{\boldsymbol{r}}^t=\hat{\boldsymbol{v}}^b(\hat{\boldsymbol{v}}^t)^{-1}=\begin{bmatrix}18 & 0 & 0\\ 0 & 11.5 & 0\\ 0 & 0 & 64.5\end{bmatrix}\begin{bmatrix}1/88 & 0 & 0\\ 0 & 1/34 & 0\\ 0 & 0 & 1/87\end{bmatrix}$$

$$=\begin{bmatrix}0.204 & 0 & 0\\ 0 & 0.338 & 0\\ 0 & 0 & 0.745\end{bmatrix}$$

双缩减方法尽管被广泛使用［如在 UN（1993）中］，但是缩减投入产出表还是有很多不足，交易矩阵中一行的所有元素采用同一个指数进行缩减，可能就是一个不小的问题。在很多经济中，产业间价格可能有相当大的变动，因此，用同一指数缩减可能带来偏差，甚至错误。即使一种商品的产业间价格没有变化，对那种商品采用单一价格指数可能只是在部门高度细分的情况下才是可信的，这时产品差别更大。在高度加总的情况下，表示的是多种产品，这一假定可能带来很大的误导。双缩减的这些及其他问题在霍恩（Hoen，2002）以及迪策巴赫和霍恩（Dietzenbacher and Hoen，1999）中进行了讨论。对双缩减的一个更受偏爱的替代大概是双比例调整（biproportional scaling，也被称为“RAS 技术”），这将在第 7 章中详细讨论。

4.9 加总问题：投入产出表的详细程度

投入产出表中所确定的产业部门数目（通常指的是部门加总水平）通常取决于所考虑的问题的内容，例如，对完整装配的汽车和由特定汽车制造厂分散生产的汽车部件之间做出区分是否重要；一个标记为“汽车及配件”的加总部门可能就足够了。其他的因素，例如计算上的花费或数据的可获得性，在这样的决策中可能也需要考虑。类似地，在多区域模型中，也就是如第 3 章所定义的区域间或多区域模型，所考虑的区域的数量（空间加总水平）也必须在所考虑的问题中进行抉择；例如，如果我们对增加煤炭发展对美国区域的影响感兴趣，将如何把州汇总为区域（假设基础数据是州的数据）以构建应用模型？一个附加的也常常是重要的考虑是在实行部门或空间加总的时候，如果有丢失，会丢失什么样的信息。

从 20 世纪 50 年代以来，人们对于在投入产出模型中建立对部门加总效应的度量标准给予了相当的重视。代表性的早期例子包括亚拉（Ara，1959），鲍尔德斯顿和惠廷（Balderston and Whitin，1954），畑中（Hatanaka，1952），麦克马纳斯（McManus，1956），马林沃德（Malinvaud，1956），泰尔（Theil，1957），森本（Morimoto，1970）以及更近期的凯曼（Kymn，1990），卡尔贝、孔特雷拉斯和米拉韦特（Cabrer，Contreras，and Miravete，1991）及奥尔森（Olsen，1993）。很多的这些努力主要是为了弥补当时有限的计算能力。今天，问题的中心更多的是由部门的或在多区域或区域间模型情况下空间的加总，或者投入产出模型中区域的定义所导致的偏差。加总水平问题（部门或区域的数目）在区域层次上可能更重要，这时的货物数据常常无法得到或者是难以获得，并且极其昂贵（Doeksen and Little，1968；Williamson，1970；Hewings，1972；Stevens and Lahr，1993）。米勒和布莱尔（Miller and Blair，1981）以及布莱尔和米勒（Blair and Miller，1983）的文献针对区域间和多区域投入产出模型，对空间加总这一主题进行了更详细的研究。

在本节中，我们研究加总对投入产出模型的基本效应。特别地，我们将考察几种由加总所引起的度量偏差或误差。

□ 4.9.1 加总矩阵

在研究加总效应之前，让我们建立一种在投入产出表中实现部门加总的系统方法。首先，定义一个矩阵 $\mathbf{S}$，作为加总矩阵，它是一个含 1 和 0 元素的 $k\times n$ 矩阵，其中 k 是将要建立的加总版本的投入产出表的部门数目，n 是表的现有的未加总版本的部门数目。在 $\mathbf{S}$ 矩阵的第 i 行中 1 的位置表示未加总表的部门将要汇总为加总表中的部门 i。

例如，设 $n=4$，$k=3$；假设细分表的部门 2 和部门 3 将要合并。那么实现这一过程的加总矩阵为 $\mathbf{S}=\begin{bmatrix}1&0&0&0\\0&1&1&0\\0&0&0&1\end{bmatrix}$。设 $\mathbf{Z}$ 表示未加总的 4×4 交易矩阵，$\mathbf{Z}^*$ 为对应的加总后的 3×3 交易矩阵。类似地，$\boldsymbol{f}$ 和 $\boldsymbol{f}^*$ 分别为未加总和加总后的最终需求向量。回想我们的目的是对未加总模型的部门 2 和部门 3 进行加总；对于 $\boldsymbol{f}$，可以很容易地通过左乘 $\mathbf{S}$ 实现相应的加总：

$$\boldsymbol{f}^*=\mathbf{S}\boldsymbol{f}=\begin{bmatrix}1&0&0&0\\0&1&1&0\\0&0&0&1\end{bmatrix}\begin{bmatrix}f_1\\f_2\\f_3\\f_4\end{bmatrix}=\begin{bmatrix}f_1\\f_2+f_3\\f_4\end{bmatrix} \tag{4.22}$$

对于 $\mathbf{Z}$，可以按如下方式实现：

$$\mathbf{Z}^*=\mathbf{SZS}'=\begin{bmatrix}1&0&0&0\\0&1&1&0\\0&0&0&1\end{bmatrix}\begin{bmatrix}z_{11}&z_{12}&z_{13}&z_{14}\\z_{21}&z_{22}&z_{23}&z_{24}\\z_{31}&z_{32}&z_{33}&z_{34}\\z_{41}&z_{42}&z_{43}&z_{44}\end{bmatrix}\begin{bmatrix}1&0&0\\0&1&0\\0&1&0\\0&0&1\end{bmatrix} \tag{4.23}$$

$$\mathbf{Z}^*=\begin{bmatrix}z_{11}&z_{12}+z_{13}&z_{14}\\z_{21}+z_{31}&z_{22}+z_{23}+z_{32}+z_{33}&z_{24}+z_{34}\\z_{41}&z_{42}+z_{43}&z_{44}\end{bmatrix}$$

这一新的对应总产出 $\boldsymbol{x}^*$ 的向量可以计算为：

$$\boldsymbol{x}^*=\mathbf{Z}^*\boldsymbol{i}+\boldsymbol{f}^* \tag{4.24}$$

其中，如以前一样，$\boldsymbol{i}$ 是元素为 1 的列向量。

我们还可以用加总矩阵来对部门重新排序。例如，上面给定的矩阵 $\mathbf{S}$ 在转换为加总矩阵的过程中引起最少的部门标签重新安排；也就是说，原先的第 1 个部门仍是部门

1，原先的“最后”一个部门 4，成为加总模型中“最后”一个部门 3。替代地，$\boldsymbol{S}=\begin{bmatrix}0&1&1&0\\1&0&0&0\\0&0&0&1\end{bmatrix}$把原来的部门 2 和部门 3 合并在一起，并在加总矩阵中标记为 1，把原先部门 1 标记为加总矩阵中的部门 2，把原先的部门 4 标记为加总矩阵中的部门 3。

如果我们给定一组新的最终需求 $\boldsymbol{f}$，我们希望计算满足这一最终需求所需的相应的总产出，我们可以同时计算未加总和加总版本的模型的列昂惕夫逆矩阵：$(\boldsymbol{I}-\boldsymbol{A})^{-1}$ 和 $(\boldsymbol{I}-\boldsymbol{A}^*)^{-1}$，其中 $\boldsymbol{A}=\boldsymbol{Z}\hat{\boldsymbol{x}}^{-1}$，$\boldsymbol{A}^*=\boldsymbol{Z}^*(\hat{\boldsymbol{x}}^*)^{-1}$。

像最初那组最终需求的情况一样，新最终需求的加总向量为 $\tilde{\boldsymbol{f}}^*=\boldsymbol{S}\tilde{\boldsymbol{f}}$。因此，影响分析得到 $\tilde{\boldsymbol{x}}=(\boldsymbol{I}-\boldsymbol{A})^{-1}\tilde{\boldsymbol{f}}$ 以及 $\tilde{\boldsymbol{x}}^*=(\boldsymbol{I}-\boldsymbol{A}^*)^{-1}\tilde{\boldsymbol{f}}^*$。注意到，除了在后面我们所描述的非常特殊的情况下，通常 $\tilde{\boldsymbol{x}}^*\neq\boldsymbol{S}\tilde{\boldsymbol{x}}$；$\tilde{\boldsymbol{x}}^*$ 和 $\boldsymbol{S}\tilde{\boldsymbol{x}}$ 两者之差则是投入产出表从 4 个部门加总为 3 个部门所带来的偏差的一种表示。

例 7：部门加总

我们从一个四个部门的投入产出模型开始，定义：

$$\boldsymbol{Z}=\begin{bmatrix}26.5&75.0&46.0&53.0\\34.0&5.0&68.0&68.0\\41.5&38.0&52.0&83.0\\33.5&6.0&53.0&67.0\end{bmatrix},\ \boldsymbol{r}=\begin{bmatrix}659.5\\1\,835.0\\2\,515.5\\1\,560.5\end{bmatrix},\ \boldsymbol{x}=\begin{bmatrix}860\\2\,010\\2\,730\\1\,720\end{bmatrix}$$

让我们考虑这一模型的两个替代的部门加总方法，其加总矩阵分别为 $\boldsymbol{S}_1=\begin{bmatrix}1&0&0&0\\0&1&0&0\\0&0&1&1\end{bmatrix}$ 和 $\boldsymbol{S}_2=\begin{bmatrix}0&1&0&0\\0&0&1&0\\1&0&0&1\end{bmatrix}$。$\boldsymbol{S}_1$把四部门模型中的部门 3 和部门 4 合并为三部门模型中的部门 3，部门 1 和部门 2 则不变。$\boldsymbol{S}_2$把四部门模型中的部门 1 和部门 4 合并为三部门模型中的部门 3，并把四部门模型中的部门 2 和部门 3 分别改变为三部门模型中的部门 1 和部门 2。

根据式（4.22）、式（4.23）和式（4.24），我们可以计算两种替代加总方案中相应的 $\boldsymbol{f}$、$\boldsymbol{Z}$ 和 $\boldsymbol{x}$ 的加总值。对于$\boldsymbol{S}_1$的加总方案，我们有：

$$\boldsymbol{f}_1^*=\boldsymbol{S}_1\boldsymbol{f}=\begin{bmatrix}659.5\\1\,835.0\\4\,076.0\end{bmatrix}$$

$$\boldsymbol{Z}_1^*=\boldsymbol{S}_1\boldsymbol{Z}\boldsymbol{S}_1'=\begin{bmatrix}26.5&75.0&99.0\\34.0&5.0&136.0\\75.0&44.0&255.0\end{bmatrix}$$

以及

$$\boldsymbol{x}_1^*=\boldsymbol{Z}_1^*\boldsymbol{i}+\boldsymbol{f}_1^*=\begin{bmatrix}860\\2\,010\\4\,450\end{bmatrix}$$

类似地，对于 $\boldsymbol{S}_2$ 的加总方案，我们有 $\boldsymbol{f}_2^*=\boldsymbol{S}_2\boldsymbol{f}=\begin{bmatrix}1\,835.0\\2\,515.5\\2\,220.0\end{bmatrix}$，$\boldsymbol{Z}_2^*=\boldsymbol{S}_2\boldsymbol{Z}\boldsymbol{S}_2'=\begin{bmatrix}5.0&68.0&102.0\\38.0&52.0&124.5\\81.0&99.0&180.0\end{bmatrix}$，以及 $\boldsymbol{x}_2^*=\boldsymbol{Z}_2^*\boldsymbol{i}+\boldsymbol{f}_2^*=\begin{bmatrix}2\,010\\2\,730\\2\,580\end{bmatrix}$。

让我们现在计算每种加总方案的技术系数矩阵和列昂惕夫逆矩阵。对于$\boldsymbol{S}_1$，我们有：

$$\boldsymbol{A}_1^*=\boldsymbol{Z}_1^*(\hat{\boldsymbol{x}}_1^*)^{-1}=\begin{bmatrix}0.031&0.037&0.022\\0.040&0.003&0.031\\0.087&0.022&0.057\end{bmatrix}$$

以及

$$(\boldsymbol{I}-\boldsymbol{A}_1^*)^{-1}=\begin{bmatrix}1.036&0.039&0.026\\0.044&1.005&0.034\\0.097&0.041&1.064\end{bmatrix}$$

对于$\boldsymbol{S}_2$，我们有：

$$\boldsymbol{A}_2^*=\boldsymbol{Z}_2^*(\hat{\boldsymbol{x}}_2^*)^{-1}=\begin{bmatrix}0.002&0.025&0.040\\0.019&0.019&0.048\\0.040&0.036&0.070\end{bmatrix}$$

以及

$$(\boldsymbol{I}-\boldsymbol{A}_2^*)^{-1}=\begin{bmatrix}1.005&0.027&0.044\\0.022&1.022&0.054\\0.044&0.041&1.079\end{bmatrix}$$

假设我们给定一个新的最终需求$\tilde{\boldsymbol{f}}$，对于该经济表示为 $\tilde{\boldsymbol{f}}=\begin{bmatrix}10\\10\\10\\10\end{bmatrix}$。对于两种替代的加总方案，对应的最终需求向量为 $\tilde{\boldsymbol{f}}_1^*=\boldsymbol{S}_1\tilde{\boldsymbol{f}}=\begin{bmatrix}10\\10\\20\end{bmatrix}$ 和 $\tilde{\boldsymbol{f}}_2^*=\boldsymbol{S}_2\tilde{\boldsymbol{f}}=\begin{bmatrix}10\\10\\20\end{bmatrix}$。对应的总产出向量为 $\tilde{\boldsymbol{x}}_1^*=(\boldsymbol{I}-\boldsymbol{A}_1^*)^{-1}\tilde{\boldsymbol{f}}_1^*=\begin{bmatrix}11.26\\11.16\\22.52\end{bmatrix}$ 和 $\tilde{\boldsymbol{x}}_2^*=(\boldsymbol{I}-\boldsymbol{A}_2^*)^{-1}\tilde{\boldsymbol{f}}_2^*=\begin{bmatrix}11.20\\11.51\\22.43\end{bmatrix}$。

如果我们在影响分析中利用未加总模型，总产出向量为 $\tilde{\boldsymbol{x}}=(\boldsymbol{I}-\boldsymbol{A})^{-1}\tilde{\boldsymbol{f}}=\begin{bmatrix}11.30\\11.20\\11.51\\11.13\end{bmatrix}$，

其中 $A=Z\hat{x}^{-1}$ 来自原先的未加总交易矩阵 Z 和总产出向量 x。如果我们用两种加总方案加总向量 $\tilde{x}$，我们得到 $S_1\tilde{x}=\begin{bmatrix}11.30\\11.20\\22.64\end{bmatrix}$ 以及 $S_2\tilde{x}=\begin{bmatrix}11.20\\11.51\\22.43\end{bmatrix}$。

注意到尽管 $\tilde{x}_1^*$ 和 $S_1\tilde{x}$ 完全不同，$\tilde{x}_2^*$ 和 $S_2\tilde{x}$ 却相等。也就是说，第二种加总方案S_2 并没有带来误差。我们将在后面更正式地分析为什么是这样，但是现在，我们可以研究原先的未加总的技术系数矩阵 $A=Z\hat{x}^{-1}=\begin{bmatrix}0.031 & 0.037 & 0.017 & 0.031\\0.040 & 0.003 & 0.025 & 0.040\\0.048 & 0.019 & 0.019 & 0.048\\0.039 & 0.003 & 0.019 & 0.039\end{bmatrix}$。注意到 A 的第一列和最后一列是相等的，也就是说，两个产业具有相同的生产特征。在S_2 的加总方案中，这两个产业加总为一个产业，但是，因为两个产业具有相同的生产函数，根据定义就是同一个产业，所以，加总将不会引起偏差。

□ 4.9.2 加总偏差的度量

总的加总偏差，例如在森本（Morimoto，1970）的文献中，被定义为加总体系中总产出向量与原来的非加总体系中的总产出加总而得到的向量之间的差。正如在上个例子中，对于某个新的最终需求向量 f，未加总模型中的总产出向量为 $x=(I-A)^{-1}f$。加总模型中的总产出向量为 $x^*=(I-A^*)^{-1}f^*$，总的加总偏差被定义为：

$$\tau=x^*-Sx \tag{4.25}$$

也就是说，$\tau=(I-A^*)^{-1}f^*-S(I-A)^{-1}f$ 或者 $\tau=[(I-A^*)^{-1}S-S(I-A)^{-1}]f$。利用幂级数的结果，有：

$$\begin{aligned}\tau&=[(I+A^*+A^{*2}+\cdots)S-S(I+A+A^2+\cdots)]f\\&=[(A^*S-SA)+(A^{*2}S-SA^2)+\cdots]f\end{aligned} \tag{4.26}$$

这个级数中的第一项被定义为“一阶”加总偏差（Theil，1957）；也就是：

$$\varphi=(A^*S-SA)f \tag{4.27}$$

我们给出有关加总偏差的两个基本定理，以及特别是它在什么时候会消失。一个与矩阵 A 和 A^* 的性质有关，也就是与经济的结构特性有关；另一个与所研究的最终需求向量 f 和 f^* 的性质有关。前者是：

定理 4.1 对于任何 φ，当且仅当$A^*S=SA$ 时，总加总偏差消失（也就是 $\tau=0$）。

根据式（4.26）关于 τ 的表达，这一性质成立。因为，如果$A^*S=SA$，那么：

$$A^{*2}S-SA^2=A^*A^*S-SAA=A^*(SA)-(A^*S)A=0$$

而且对于级数中更高阶的项也是类似的。这一定理表明，如果 2 个（或更多）部门有相同的产业间结构（也就是，如我们在例子中所发现的，矩阵 A 中有相等的列），那么这些部门的加总将导致总的加总偏差为 0。例如，考虑一个三部门的经济，其中部门 1 和部门 3 有相同的产业间投入结构：

$$\mathbf{A}=\begin{bmatrix}a_{11}&a_{12}&a_{13}\\a_{21}&a_{22}&a_{23}\\a_{31}&a_{32}&a_{33}\end{bmatrix},\ \mathbf{x}=\begin{bmatrix}x_1\\x_2\\x_3\end{bmatrix}$$

对相应的交易矩阵求解得到：

$$\mathbf{Z}=\mathbf{A}\hat{\mathbf{x}}=\begin{bmatrix}a_{11}&a_{12}&a_{13}\\a_{21}&a_{22}&a_{23}\\a_{31}&a_{32}&a_{33}\end{bmatrix}\begin{bmatrix}x_1&0&0\\0&x_2&0\\0&0&x_3\end{bmatrix}=\begin{bmatrix}a_{11}x_1&a_{12}x_2&a_{13}x_3\\a_{21}x_1&a_{22}x_2&a_{23}x_3\\a_{31}x_1&a_{32}x_2&a_{33}x_3\end{bmatrix}$$

合并部门 1 和部门 3 的相应加总矩阵为 $\mathbf{S}=\begin{bmatrix}1&0&1\\0&1&0\end{bmatrix}$。因此，加总的交易矩阵和总产出向量为：

$$\mathbf{Z}^*=\mathbf{SZS}'=\begin{bmatrix}1&0&1\\0&1&0\end{bmatrix}\begin{bmatrix}a_{11}x_1&a_{12}x_2&a_{13}x_3\\a_{21}x_1&a_{22}x_2&a_{23}x_3\\a_{31}x_1&a_{32}x_2&a_{33}x_3\end{bmatrix}\begin{bmatrix}1&0\\0&1\\1&0\end{bmatrix}$$

或者

$$\mathbf{Z}^*=\begin{bmatrix}a_{11}x_1+a_{31}x_1+a_{11}x_3+a_{31}x_3&a_{12}x_2+a_{32}x_2\\a_{21}x_1+a_{21}x_3&a_{22}x_2\end{bmatrix}$$

以及 $\mathbf{x}^*=\mathbf{Sx}=\begin{bmatrix}1&0&1\\0&1&0\end{bmatrix}\begin{bmatrix}x_1\\x_2\\x_3\end{bmatrix}=\begin{bmatrix}x_1+x_3\\x_2\end{bmatrix}$。因此，对加总的技术系数矩阵求解得到：

$$\mathbf{A}^*=\mathbf{Z}^*(\hat{\mathbf{x}}^*)^{-1}=\begin{bmatrix}\dfrac{(a_{11}+a_{31})(x_1+x_3)}{x_1+x_3}&\dfrac{(a_{12}+a_{32})x_2}{x_2}\\\dfrac{a_{21}(x_1+x_3)}{x_1+x_3}&\dfrac{a_{22}x_2}{x_2}\end{bmatrix}$$
$$=\begin{bmatrix}a_{11}+a_{31}&a_{12}+a_{32}\\a_{21}&a_{22}\end{bmatrix}$$

定理 4.1 表明当两列相同时，也就是说，当 $\mathbf{A}^*\mathbf{S}=\mathbf{SA}$ 时，将不存在加总偏差。对于我们的一般例子，可以表示为：

$$\mathbf{A}^*\mathbf{S}=\begin{bmatrix}a_{11}+a_{31}&a_{12}+a_{32}\\a_{21}&a_{22}\end{bmatrix}\begin{bmatrix}1&0&1\\0&1&0\end{bmatrix}=\begin{bmatrix}a_{11}+a_{31}&a_{12}+a_{32}&a_{11}+a_{31}\\a_{21}&a_{22}&a_{21}\end{bmatrix}$$

以及

$$\mathbf{SA}=\begin{bmatrix}1&0&1\\0&1&0\end{bmatrix}\begin{bmatrix}a_{11}&a_{12}&a_{13}\\a_{21}&a_{22}&a_{23}\\a_{31}&a_{32}&a_{33}\end{bmatrix}=\begin{bmatrix}a_{11}+a_{31}&a_{12}+a_{32}&a_{11}+a_{31}\\a_{21}&a_{22}&a_{21}\end{bmatrix}$$

两者是相同的。

第二个有关加总偏差的定理如下：

定理 4.2 如果某些部门不被加总，新的最终需求只存在于未加总的部门，那么一阶加总偏差将消失。

对于一个一般的三部门经济，未加总和加总的技术系数矩阵分别为 $\boldsymbol{A}$ 和 $\boldsymbol{A}^*$，有：

$$\boldsymbol{A}=\begin{bmatrix}\dfrac{z_{11}}{x_1} & \dfrac{z_{12}}{x_2} & \dfrac{z_{13}}{x_3}\\ \dfrac{z_{21}}{x_1} & \dfrac{z_{22}}{x_2} & \dfrac{z_{23}}{x_3}\\ \dfrac{z_{31}}{x_1} & \dfrac{z_{32}}{x_2} & \dfrac{z_{33}}{x_3}\end{bmatrix} \text{和 } \boldsymbol{A}^*=\begin{bmatrix}\dfrac{z_{11}}{x_1} & \dfrac{z_{12}+z_{13}}{x_2+x_3}\\ \dfrac{z_{21}+z_{31}}{x_1} & \dfrac{z_{22}+z_{23}+z_{32}+z_{33}}{x_2+x_3}\end{bmatrix}$$

未加总的部门是部门 1（在加总和未加总模型中）。考虑最终需求向量，其中只有未加总元素是非零的：$\boldsymbol{f}=\begin{bmatrix}f_1\\0\\0\end{bmatrix}$ 和 $\boldsymbol{f}^*=\boldsymbol{S}\boldsymbol{f}=\begin{bmatrix}f_1\\0\end{bmatrix}$。这一定理宣称对于那些如上面所给定的 $\boldsymbol{f}$ 和 $\boldsymbol{f}^*$ 这样的最终需求，一阶加总偏差 $\boldsymbol{\varphi}=(\boldsymbol{A}^*\boldsymbol{S}-\boldsymbol{S}\boldsymbol{A})\boldsymbol{f}$ 为零。例如：

$$\boldsymbol{S}\boldsymbol{A}=\begin{bmatrix}1 & 0 & 0\\ 0 & 1 & 1\end{bmatrix}\begin{bmatrix}\dfrac{z_{11}}{x_1} & \dfrac{z_{12}}{x_2} & \dfrac{z_{13}}{x_3}\\ \dfrac{z_{21}}{x_1} & \dfrac{z_{22}}{x_2} & \dfrac{z_{23}}{x_3}\\ \dfrac{z_{31}}{x_1} & \dfrac{z_{32}}{x_2} & \dfrac{z_{33}}{x_3}\end{bmatrix}=\begin{bmatrix}\dfrac{z_{11}}{x_1} & \dfrac{z_{12}}{x_2} & \dfrac{z_{13}}{x_3}\\ \dfrac{z_{21}+z_{31}}{x_1} & \dfrac{z_{22}+z_{32}}{x_2} & \dfrac{z_{23}+z_{33}}{x_3}\end{bmatrix}$$

以及

$$\boldsymbol{A}^*\boldsymbol{S}=\begin{bmatrix}\dfrac{z_{11}}{x_1} & \dfrac{z_{12}+z_{13}}{x_2+x_3} & \dfrac{z_{12}+z_{13}}{x_2+x_3}\\ \dfrac{z_{21}+z_{31}}{x_1} & \dfrac{z_{22}+z_{23}+z_{32}+z_{33}}{x_2+x_3} & \dfrac{z_{22}+z_{23}+z_{32}+z_{33}}{x_2+x_3}\end{bmatrix}。$$

因此，如之前所定义的，一阶偏差 $\boldsymbol{\varphi}$ 为：

$$\begin{aligned}\boldsymbol{\varphi}&=(\boldsymbol{A}^*\boldsymbol{S}-\boldsymbol{S}\boldsymbol{A})\boldsymbol{f}\\ &=\begin{bmatrix}0 & \left(\dfrac{z_{12}+z_{13}}{x_2+x_3}-\dfrac{z_{12}}{x_2}\right) & \left(\dfrac{z_{12}+z_{13}}{x_2+x_3}-\dfrac{z_{13}}{x_3}\right)\\ 0 & \left(\dfrac{z_{22}+z_{23}+z_{32}+z_{33}}{x_2+x_3}-\dfrac{z_{22}+z_{32}}{x_2}\right) & \left(\dfrac{z_{22}+z_{23}+z_{32}+z_{33}}{x_2+x_3}-\dfrac{z_{23}+z_{33}}{x_3}\right)\end{bmatrix}\begin{bmatrix}f_1\\0\\0\end{bmatrix}\\ &=\begin{bmatrix}0\\0\end{bmatrix}\end{aligned}$$

如此，如果人们研究的是在一个 n 部门的模型中新的最终需求只对部门 1 的产出的影响，部门 2 到部门 n 的任何的或所有的部门合并为更少部门将不会产生一阶加总偏差。尽管这些定理是以部门加总的术语来表述的，但它们对于地区间模型中的空间加总同样具有意义。一般地，在人们对区域间投入产出模型进行区域合并时，定理 4.1 中的合并一定不会遇到，但是定理 4.2 中的条件则是在很多情况下都会遇到的。

区域间和多区域投入产出模型的加总偏差在米勒和布莱尔（Miller and Blair，1981）以及布莱尔和米勒（Blair and Miller，1983）中进行了详细的讨论。部门加总偏差基于统计性质的其他定理在吉本斯、沃尔斯基和托利（Gibbons，Wolsky，and Tolley，1982）中进行了讨论。附录 4.1 给出了三区域的日本区域间和美国多区域投入产出模型的部门加总的例子，可供有兴趣的读者参考。

4.10 总结

本章我们探讨了与投入产出分析应用有关的某些最重要的实际问题，也就是作为国民核算规则和数据搜集体系的一个组成部分的基本投入产出表的编制。本章主要关注国民账户体系（SNA），包括从收入和支出循环流的基本概念所推演得到的完整的投入产出账户（IOAs）。为了在 SNA 内定义产业间生产和消费，这一框架包括在商品和产业之间进行区分的规则，也就是所定义的货物与服务或商品，以及生产那些商品的产业或经济基层单位的群组，一个单个产业可能生产超过一种商品。这一商品×产业框架为第 5 章中对商品×产业模型更为详细的考察，或者替代地在第 7 章和第 8 章中完全基于调查编制投入产出表，以及在以后的章节中对基本投入产出框架的扩展提供了基础，正如 SNA 成为第 11 章中更广的社会核算的基础一样。最后，本章考察了在投入产出模型中定义部门详细程度的某些关键的考虑因素，特别是度量部门加总所导致的度量偏差。

附录 4.1 IRIO 与 MRIO 模型中的空间加总

我们考虑两种多区域投入产出模型空间加总的两个例子：(1) 日本的三区域的区域间（IRIO）模型；(2) 美国的多区域（MRIO）模型，并应用第 4.8.2 节所引入的加总偏差的基本度量。

□ A4.1.1 IRIO 模型的空间加总

IRIO 模型的空间加总在很多方面与部门加总是等同的。作为 IRIO 情形的一个例子，我们考虑表 A4.1-1 中所定义的一个高度加总的三区域五部门的日本 IRIO 模型。在以下部分，我们考虑把这一模型加总为两区域的一个例子，在三区域模型中，区域 1（中部）是未加总的。加总模型的第二个区域是由三区域模型中的区域 2（北部）和区域 3（南部）合并构成的。因此，利用第 3 章的记号来表示 IRIO 交易，并用 a（中部）和 b（北部加南部）来表示加总模型的区域，新的交易矩阵可以求解为（在所有情形下 i，$j=1，2，\cdots，5$）$z_{ij}^{aa}=z_{ij}^{11}$，$z_{ij}^{ab}=z_{ij}^{12}+z_{ij}^{13}$，$z_{ij}^{ba}=z_{ij}^{21}+z_{ij}^{31}$，$z_{ij}^{bb}=z_{ij}^{22}+z_{ij}^{23}+z_{ij}^{32}+z_{ij}^{33}$。类似地，总产出求解为 $x_i^a=x_i^1$ 和 $x_i^b=x_i^2+x_i^3$。

表 A4.1-1　日本三区域五部门区域间投入产出表的投入系数（1965 年）

		中部					北部					南部					总产出*
		1	2	3	4	5	1	2	3	4	5	1	2	3	4	5	
中部																	
1	农业	0.053	0.000	0.009	0.011	0.009	0.001	0.000	0.007	0.000	0.001	0.001	0.000	0.001	0.000	0.000	1 307
2	采掘业	0.000	0.001	0.001	0.001	0.002	0.000	0.000	0.001	0.000	0.000	0.000	0.000	0.000	0.000	0.000	123
3	建筑与制造业	0.428	0.723	0.250	0.240	0.180	0.012	0.004	0.052	0.001	0.013	0.017	0.005	0.044	0.000	0.014	16 400
4	运输业	0.000	0.001	0.010	0.090	0.012	0.000	0.000	0.002	0.015	0.001	0.000	0.000	0.001	0.007	0.001	1 342
5	其他	0.012	0.029	0.042	0.117	0.125	0.000	0.001	0.015	0.001	0.010	0.000	0.000	0.007	0.001	0.014	8 591
北部																	
1	农业	0.004	0.000	0.000	0.000	0.000	0.089	0.001	0.017	0.039	0.021	0.002	0.000	0.000	0.000	0.000	1 308
2	采掘业	0.000	0.000	0.000	0.000	0.000	0.002	0.005	0.002	0.007	0.011	0.000	0.000	0.000	0.000	0.000	201
3	建筑与制造业	0.068	0.041	0.020	0.000	0.002	0.362	0.521	0.160	0.233	0.129	0.034	0.028	0.012	0.000	0.001	4 167
4	运输业	0.000	0.002	0.000	0.014	0.000	0.000	0.008	0.010	0.025	0.011	0.000	0.000	0.000	0.023	0.000	394
5	其他	0.003	0.034	0.001	0.000	0.001	0.010	0.033	0.027	0.095	0.103	0.002	0.008	0.000	0.000	0.001	2 759
南部																	
1	农业	0.002	0.000	0.002	0.000	0.000	0.002	0.000	0.006	0.000	0.000	0.072	0.000	0.011	0.016	0.010	2 131
2	采掘业	0.000	0.000	0.000	0.000	0.000	0.000	0.000	0.001	0.000	0.000	0.001	0.004	0.001	0.002	0.004	267
3	建筑与制造业	0.036	0.021	0.082	0.000	0.013	0.012	0.012	0.056	0.000	0.007	0.473	0.719	0.303	0.264	0.196	22 053
4	运输业	0.000	0.000	0.001	0.024	0.000	0.000	0.000	0.001	0.022	0.000	0.000	0.003	0.009	0.068	0.012	1 546
5	其他	0.001	0.005	0.006	0.000	0.003	0.000	0.001	0.009	0.000	0.003	0.012	0.050	0.037	0.112	0.110	9 968

* 总产出以 10 亿日元度量。

注意到正如我们在部门加总情形下所做的，我们可以通过构造一个加总矩阵 $\boldsymbol{S}$，比较容易地实现这一空间加总：

$$\boldsymbol{S}=\begin{bmatrix} 1&0&0&0&0&0&0&0&0&0&0&0&0&0&0\\ 0&1&0&0&0&0&0&0&0&0&0&0&0&0&0\\ 0&0&1&0&0&0&0&0&0&0&0&0&0&0&0\\ 0&0&0&1&0&0&0&0&0&0&0&0&0&0&0\\ 0&0&0&0&1&0&0&0&0&0&0&0&0&0&0\\ 0&0&0&0&0&1&0&0&0&0&1&0&0&0&0\\ 0&0&0&0&0&0&1&0&0&0&0&1&0&0&0\\ 0&0&0&0&0&0&0&1&0&0&0&0&1&0&0\\ 0&0&0&0&0&0&0&0&1&0&0&0&0&1&0\\ 0&0&0&0&0&0&0&0&0&1&0&0&0&0&1 \end{bmatrix}$$

我们可以利用 $\boldsymbol{S}$ 来构造 $\boldsymbol{x}^{*}=\boldsymbol{S}\boldsymbol{x}$，$\boldsymbol{Z}^{*}=\boldsymbol{S}\boldsymbol{Z}\boldsymbol{S}'$，其中 $\boldsymbol{x}^{*}$ 是加总的 10×1 最终需求向量（未加总向量 $\boldsymbol{x}$ 为 15×1）；$\boldsymbol{Z}^{*}$ 是加总的 10×10 产业间交易矩阵（未加总交易矩阵 $\boldsymbol{Z}$ 是 15×15）。

我们随后可以计算新的加总的总产出向量为 $\boldsymbol{x}^{*}=\boldsymbol{S}\boldsymbol{x}=[1\,307\quad 123\quad 16\,400\quad 1\,342\quad 8\,591\quad 3\,440\quad 468\quad 26\,220\quad 1\,940\quad 12\,727]'$。新的加总的 IRIO 投入系数矩阵为：

$$\boldsymbol{A}^{*}=\boldsymbol{Z}^{*}(\hat{\boldsymbol{x}}^{*})^{-1}$$

$$=\begin{bmatrix} 0.053&0&0.009&0.011&0.009&0.001&0&0.002&0&0\\ 0&0.001&0.001&0.001&0.002&0&0&0&0&0\\ 0.428&0.723&0.25&0.24&0.18&0.015&0.005&0.045&0&0.14\\ 0&0.001&0.01&0.09&0.012&0&0&0.001&0.009&0.001\\ 0.012&0.029&0.042&0.117&0.125&0&0&0.008&0.001&0.013\\ 0.006&0&0.002&0&0&0.08&0&0.013&0.021&0.012\\ 0&0&0&0&0&0.001&0.004&0.001&0.003&0.006\\ 0.104&0.062&0.102&0&0.015&0.456&0.655&0.299&0.258&0.184\\ 0&0.002&0.001&0.038&0&0&0.005&0.009&0.082&0.012\\ 0.004&0.039&0.007&0&0.004&0.012&0.048&0.037&0.109&0.110 \end{bmatrix}$$

对应的列昂惕夫逆矩阵为：

$(\boldsymbol{I}-\boldsymbol{A}^*)^{-1}$

$$=\begin{bmatrix} 1.063 & 0.012 & 0.015 & 0.019 & 0.014 & 0.004 & 0.004 & 0.005 & 0.002 & 0.002 \\ 0.001 & 1.002 & 0.001 & 0.002 & 0.003 & 0 & 0.001 & 0.001 & 0 & 0 \\ 0.639 & 1.016 & 1.380 & 0.413 & 0.299 & 0.075 & 0.081 & 0.101 & 0.041 & 0.050 \\ 0.008 & 0.013 & 0.016 & 1.107 & 0.019 & 0.002 & 0.002 & 0.003 & 0.012 & 0.002 \\ 0.050 & 0.088 & 0.071 & 0.170 & 1.161 & 0.012 & 0.016 & 0.021 & 0.011 & 0.023 \\ 0.013 & 0.008 & 0.007 & 0.004 & 0.002 & 1.099 & 0.018 & 0.023 & 0.033 & 0.021 \\ 0.001 & 0.001 & 0.001 & 0 & 0 & 0.003 & 1.007 & 0.003 & 0.005 & 0.007 \\ 0.267 & 0.267 & 0.217 & 0.092 & 0.076 & 0.754 & 1.050 & 1.480 & 0.477 & 0.335 \\ 0.005 & 0.009 & 0.006 & 0.049 & 0.003 & 0.009 & 0.018 & 0.017 & 1.098 & 0.018 \\ 0.021 & 0.064 & 0.020 & 0.015 & 0.010 & 0.049 & 0.105 & 0.065 & 0.155 & 1.140 \end{bmatrix}$$

让我们现在计算区域 2 和区域 3 合并所带来的加总偏差。考虑下列未加总模型（三区域五部门）中的最终需求向量：$\tilde{\boldsymbol{f}}=[100\quad 100\quad \cdots\quad 100]'$。对应的加总（两区域五部门）版本为 $\tilde{\boldsymbol{f}}^*=[100\quad 100\quad 100\quad 100\quad 100\quad 200\quad 200\quad 200\quad 200\quad 200]'$。

我们可以计算 $\tilde{\boldsymbol{x}}^*=(\boldsymbol{I}-\boldsymbol{A}^*)^{-1}\tilde{\boldsymbol{f}}^*$ 和 $\tilde{\boldsymbol{x}}=(\boldsymbol{I}-\boldsymbol{A})^{-1}\tilde{\boldsymbol{f}}$，其中 $\boldsymbol{A}$ 是原来的未加总的技术系数矩阵。为了比较 $\tilde{\boldsymbol{x}}^*$ 和 $\tilde{\boldsymbol{x}}$，我们必须加总 $\tilde{\boldsymbol{x}}$，可以用早先给定的部门加总矩阵 $\boldsymbol{S}$ 来实现，也就是 $\boldsymbol{S}\tilde{\boldsymbol{x}}$。表 A4.1－2 给出了向量 $\tilde{\boldsymbol{x}}^*$、$\boldsymbol{S}\tilde{\boldsymbol{x}}$ 以及对应元素之间的离差。未加总区域 a（中部）绝对差 $|\boldsymbol{S}\tilde{\boldsymbol{x}}-\tilde{\boldsymbol{x}}^*|$ 的合计为那一区域的总产出也就是 $\boldsymbol{S}\tilde{\boldsymbol{x}}\boldsymbol{i}$ 的一个百分比，为 $100\%\times\left(\frac{|\boldsymbol{S}\tilde{\boldsymbol{x}}-\tilde{\boldsymbol{x}}^*|\boldsymbol{i}}{\boldsymbol{S}\tilde{\boldsymbol{x}}\boldsymbol{i}}\right)=100\%\times\left(\frac{3.768}{954.792}\right)=0.395\%$，区域 b（北部加南部）的相应值为 $100\%\times\left(\frac{73.319}{1\,851.735}\right)=3.959\%$。这表明，正如所预期的，加总区域比未加总区域产出预测存在更大的误差。总体误差（对于两区域）为 $100\%\times\left(\frac{77.087}{2\,806.527}\right)=2.747\%$。

表 A4.1－2　　　　IRIO 模型的空间加总：日本 IRIO 表的结果

		三区域模型加总的总产出 $\boldsymbol{S}\tilde{\boldsymbol{x}}$	加总的两区域模型产出 $\tilde{\boldsymbol{x}}^*$	加总误差 $\boldsymbol{S}\tilde{\boldsymbol{x}}-\tilde{\boldsymbol{x}}^*$	加总误差占三区域模型总产出的百分比 $100\%\times\left(\frac{\lvert\boldsymbol{S}\tilde{\boldsymbol{x}}-\tilde{\boldsymbol{x}}^*\rvert}{\boldsymbol{S}\tilde{\boldsymbol{x}}}\right)$
区域 a	部门				
	1	116.801	115.749	1.052	0.901
	2	101.649	101.394	0.255	0.251
	3	443.529	444.330	−0.801	−0.181
	4	121.260	120.363	0.896	0.739
	5	171.553	170.789	0.764	0.446
区域 a 合计（绝对数）		954.792	952.625	3.768	

续前表

		三区域模型加总的总产出 $S\tilde{x}$	加总的两区域模型产出 $\tilde{x}^*$	加总误差 $S\tilde{x}-\tilde{x}^*$	加总误差占三区域模型总产出的百分比 $100\%\times\left(\frac{\mid S\tilde{x}-\tilde{x}^*\mid}{S\tilde{x}}\right)$
区域 b	部门				
	1	246.876	242.116	4.769	1.928
	2	206.519	205.343	1.176	0.570
	3	853.242	911.145	−57.904	−6.786
	4	235.381	238.800	−3.418	−1.452
	5	309.717	315.778	−6.061	−1.957
区域 b 合计（绝对数）		1 851.735	1 913.182	73.319	
合计（绝对数）		2 806.527	2 865.807	77.087	

注意根据表 A4.1-2，计算的所有三个加总偏差是很小的，也就是区域 a、区域 b 以及整体，特别是未加总区域。米勒和布莱尔（Miller and Blair，1981）证明了 IRIO 模型的空间加总通常导致的只是适度的偏差。这表明，如果我们感兴趣的是在一个相互联系的区域间系统中一个区域的最终需求对那一区域的某些部门的影响（例如，加利福尼亚州新的联邦支出对加利福尼亚州经济的影响，加利福尼亚州就是相互联系的 48 个州之一），那么关于加利福尼亚州和美国剩下的州的一个“两区域”模型就足够了。

□ A4.1.2 MRIO 模型的空间加总

考虑一个高度加总的（三区域五部门）美国 MRIO 投入产出模型，由表 A4.1-3 给出。我们考虑对基本的三区域模型的区域 2（中部）和区域 3（西部）进行加总。我们用上标 a（东部）和 b（中部加西部）来指代加总部门中的区域，所以新的区域间流量矩阵可以按如下方式求解（在所有情形下，i，$j=1$，…，5）：$z_{ij}^a=z_{ij}^1$，$z_{ij}^b=z_{ij}^2+z_{ij}^3$。类似地，区域总产出为 $x_i^a=x_i^1$，$x_i^b=x_i^2+x_i^3$。所以加总模型的投入系数可求解得到$a_{ij}^a=\dfrac{z_{ij}^a}{x_j^a}$，$a_{ij}^b=\dfrac{z_{ij}^b}{x_j^b}$。

表 A4.1-3　　美国三区域五部门多区域投入产出表（1963 年）

	农业	采掘业	建筑与制造业	服务业	运输与公用事业
区域交易（百万美元）					
东部					
农业	2 013	0	7 863	44	0
采掘业	35	335	3 432	44	843
建筑与制造业	2 029	400	78 164	11 561	2 333
服务业	1 289	294	19 699	26 574	2 301
运输与公用事业	225	384	7 232	4 026	3 534

续前表

	农业	采掘业	建筑与制造业	服务业	运输与公用事业
区域交易（百万美元）					
中部					
农业	10 303	0	13 218	97	0
采掘业	82	472	8 686	15	1 271
建筑与制造业	4 422	1 132	93 816	10 155	2 401
服务业	4 952	2 378	21 974	22 358	2 473
运输与公用事业	667	406	9 296	3 468	4 513
西部					
农业	2 915	0	3 452	65	0
采掘业	4	292	2 503	0	353
建筑与制造业	1 214	466	27 681	4 925	1 015
服务业	1 307	721	8 336	10 809	991
运输与公用事业	338	160	2 936	1 659	1 576
商品贸易流量与总产出（百万美元）					
农业	东部	西部	中部		
东部	6 007	2 124	208		
西部	3 845	28 885	2 521		
中部	403	2 922	7 028		
采掘业	东部	西部	中部		
东部	2 904	415	53		
西部	1 108	10 942	271		
中部	71	772	3 996		
建筑与运输业	东部	西部	中部		
东部	158 679	42 150	8 368		
西部	44 589	201 025	11 778		
中部	4 702	6 726	61 385		
服务业	东部	西部	中部		
东部	146 336	16 116	2 955		
西部	9 328	121 079	3 185		
中部	1 939	3 643	58 663		
运输与公用事业	东部	西部	中部		
东部	21 434	4 974	263		
西部	4 396	23 811	1 948		
中部	1 009	1 334	9 635		
总产出	东部	西部	中部		
农业	10 259	33 939	9 753		
采掘业	4 084	12 129	4 319		
建筑与制造业	207 948	249 840	81 512		
服务业	157 468	140 850	64 803		
运输与公用事业	26 847	30 130	11 841		

得到的分块对角加总技术系数矩阵，记为 $\boldsymbol{A}^*$，给定如下：

$$\boldsymbol{A}^*=\begin{bmatrix}0.082 & 0.003 & 0.012 & 0.005 & 0.61 & 0 & 0 & 0 & 0 & 0\\ 0 & 0.196 & 0.043 & 0 & 0 & 0 & 0 & 0 & 0 & 0\\ 0.156 & 0.211 & 0.302 & 0.076 & 0.110 & 0 & 0 & 0 & 0 & 0\\ 0.096 & 0.133 & 0.131 & 0.220 & 0.101 & 0 & 0 & 0 & 0 & 0\\ 0.012 & 0.001 & 0.061 & 0.002 & 0.234 & 0 & 0 & 0 & 0 & 0\\ 0 & 0 & 0 & 0 & 0 & 0.046 & 0.002 & 0.030 & 0.007 & 0.075\\ 0 & 0 & 0 & 0 & 0 & 0 & 0.302 & 0.057 & 0.001 & 0\\ 0 & 0 & 0 & 0 & 0 & 0.103 & 0.143 & 0.281 & 0.075 & 0.115\\ 0 & 0 & 0 & 0 & 0 & 0.207 & 0.151 & 0.127 & 0.216 & 0.101\\ 0 & 0 & 0 & 0 & 0 & 0.010 & 0.001 & 0.075 & 0.002 & 0.230\end{bmatrix}$$

原来的未加总模型的区域间商品流量矩阵为 $z_i=z_i^{rs}$，构成一个区域 r，$s=1$，2，3，部门 $i=1$，…，5 的共 5 个 3×3 矩阵。把商品流量从三区域加总为两区域可以通过构建一个空间加总矩阵 $\boldsymbol{R}$ 来实现，正如在部门加总中的情形一样；例如 $\boldsymbol{R}=\begin{bmatrix}1 & 0 & 0\\ 0 & 1 & 1\end{bmatrix}$。我们定义 $\boldsymbol{R}$ 以区别于之前定义的部门加总矩阵 $\boldsymbol{S}$。对于 $i=1$，…，5 的产业，加总的（2×2）区域间流量矩阵 $\boldsymbol{Z}_i^*$ 通过 $\boldsymbol{Z}_i^*=\boldsymbol{R}\boldsymbol{Z}_i\boldsymbol{R}'$ 来求解。

之后，我们可以构建加总的贸易系数 $c_i^{ab}=\dfrac{z_i^{ab}}{T_i^b}$。加总的 MRIO 模型的贸易系数矩阵 $\boldsymbol{C}^*$ 为：

$$\boldsymbol{C}^*=\begin{bmatrix}\hat{\boldsymbol{c}}^{aa} & \hat{\boldsymbol{c}}^{ab}\\ \hat{\boldsymbol{c}}^{ba} & \hat{\boldsymbol{c}}^{bb}\end{bmatrix}$$

$$=\begin{bmatrix}0.621 & 0 & 0 & 0 & 0 & 0.047 & 0 & 0 & 0 & 0\\ 0 & 0.586 & 0 & 0 & 0 & 0 & 0.053 & 0 & 0 & 0\\ 0 & 0 & 0.738 & 0 & 0 & 0 & 0 & 0.144 & 0 & 0\\ 0 & 0 & 0 & 0.824 & 0 & 0 & 0 & 0 & 0.121 & 0\\ 0 & 0 & 0 & 0 & 0.721 & 0 & 0 & 0 & 0 & 0.157\\ 0.379 & 0 & 0 & 0 & 0 & 0.953 & 0 & 0 & 0 & 0\\ 0 & 0.414 & 0 & 0 & 0 & 0 & 0.947 & 0 & 0 & 0\\ 0 & 0 & 0.262 & 0 & 0 & 0 & 0 & 0.856 & 0 & 0\\ 0 & 0 & 0 & 0.176 & 0 & 0 & 0 & 0 & 0.879 & 0\\ 0 & 0 & 0 & 0 & 0.279 & 0 & 0 & 0 & 0 & 0.843\end{bmatrix}$$

对应的 MRIO 乘数矩阵为：

$(\boldsymbol{I}-\boldsymbol{C}^{*}\boldsymbol{A}^{*})^{-1}\boldsymbol{C}^{*}$

$$
=\begin{bmatrix}
0.658 & 0.004 & 0.12 & 0.005 & 0.039 & 0.053 & 0.002 & 0.006 & 0.002 & 0.015 \\
0.004 & 0.680 & 0.032 & 0.003 & 0.004 & 0.002 & 0.088 & 0.014 & 0.002 & 0.003 \\
0.124 & 0.180 & 1.007 & 0.084 & 0.129 & 0.045 & 0.078 & 0.271 & 0.037 & 0.071 \\
0.103 & 0.142 & 0.161 & 1.031 & 0.127 & 0.055 & 0.068 & 0.077 & 0.193 & 0.065 \\
0.017 & 0.015 & 0.063 & 0.008 & 0.895 & 0.008 & 0.010 & 0.036 & 0.005 & 0.243 \\
0.425 & 0.013 & 0.028 & 0.007 & 0.061 & 1.008 & 0.015 & 0.048 & 0.012 & 0.095 \\
0.013 & 0.678 & 0.066 & 0.008 & 0.014 & 0.013 & 1.358 & 0.100 & 0.010 & 0.017 \\
0.118 & 0.202 & 0.493 & 0.064 & 0.128 & 0.153 & 0.264 & 1.213 & 0.109 & 0.189 \\
0.138 & 0.176 & 0.131 & 0.281 & 0.111 & 0.237 & 0.274 & 0.218 & 1.115 & 0.180 \\
0.021 & 0.022 & 0.066 & 0.009 & 0.433 & 0.025 & 0.025 & 0.105 & 0.013 & 1.083
\end{bmatrix}
$$

我们现在计算这一空间合并所带来的加总偏差。考虑如下未加总（三区域五部门）模型的一个假设的 15 个元素的最终需求向量 $\tilde{\boldsymbol{f}}=[100 \quad 100 \quad \cdots \quad 100]'$。相应的加总（两区域五部门）版本为 $\tilde{\boldsymbol{f}}^{*}=[100 \quad 100 \quad 100 \quad 100 \quad 100 \quad 200 \quad 200 \quad 200 \quad 200 \quad 200]'$。我们可以计算 $\tilde{\boldsymbol{x}}^{*}=(\boldsymbol{I}-\boldsymbol{C}^{*}\boldsymbol{A}^{*})^{-1}\boldsymbol{C}^{*}\tilde{\boldsymbol{f}}^{*}$ 和 $\tilde{\boldsymbol{x}}=(\boldsymbol{I}-\boldsymbol{CA})^{-1}\boldsymbol{C}\tilde{\boldsymbol{f}}$，其中 $\boldsymbol{A}$ 和 $\boldsymbol{C}$ 来自原来的未加总模型。为了比较 $\tilde{\boldsymbol{x}}^{*}$ 和 $\tilde{\boldsymbol{x}}$，我们必须加总 $\tilde{\boldsymbol{x}}$，这可以通过下列部门加总矩阵 $\boldsymbol{S}$ 来实现：

$$
\boldsymbol{S}\tilde{\boldsymbol{x}}=\begin{bmatrix}
1 & 0 & 0 & 0 & 0 & 0 & 0 & 0 & 0 & 0 & 0 & 0 & 0 & 0 & 0 \\
0 & 1 & 0 & 0 & 0 & 0 & 0 & 0 & 0 & 0 & 0 & 0 & 0 & 0 & 0 \\
0 & 0 & 1 & 0 & 0 & 0 & 0 & 0 & 0 & 0 & 0 & 0 & 0 & 0 & 0 \\
0 & 0 & 0 & 1 & 0 & 0 & 0 & 0 & 0 & 0 & 0 & 0 & 0 & 0 & 0 \\
0 & 0 & 0 & 0 & 1 & 0 & 0 & 0 & 0 & 0 & 0 & 0 & 0 & 0 & 0 \\
0 & 0 & 0 & 0 & 0 & 1 & 0 & 0 & 0 & 0 & 1 & 0 & 0 & 0 & 0 \\
0 & 0 & 0 & 0 & 0 & 0 & 1 & 0 & 0 & 0 & 0 & 1 & 0 & 0 & 0 \\
0 & 0 & 0 & 0 & 0 & 0 & 0 & 1 & 0 & 0 & 0 & 0 & 1 & 0 & 0 \\
0 & 0 & 0 & 0 & 0 & 0 & 0 & 0 & 1 & 0 & 0 & 0 & 0 & 1 & 0 \\
0 & 0 & 0 & 0 & 0 & 0 & 0 & 0 & 0 & 1 & 0 & 0 & 0 & 0 & 1
\end{bmatrix}
\begin{bmatrix}
117 \\ 127 \\ 254 \\ 240 \\ 155 \\ 139 \\ 192 \\ 293 \\ 277 \\ 175 \\ 126 \\ 145 \\ 191 \\ 219 \\ 135
\end{bmatrix}
$$

表 A4.1-4 给出了向量 $\tilde{\boldsymbol{x}}^{*}$、$\boldsymbol{S}\tilde{\boldsymbol{x}}$ 以及相应元素之间的差。未加总区域 a（东部）绝对差 $\boldsymbol{S}\tilde{\boldsymbol{x}}-\tilde{\boldsymbol{x}}^{*}$ 的合计占那一区域总产出即 $\boldsymbol{S}\tilde{\boldsymbol{x}}\boldsymbol{i}$ 的百分比，为 $100\%\times\left(\frac{|\boldsymbol{S}\tilde{\boldsymbol{x}}-\tilde{\boldsymbol{x}}^{*}|\boldsymbol{i}}{\boldsymbol{S}\tilde{\boldsymbol{x}}\boldsymbol{i}}\right)=$

$100\% \times \left(\frac{8.352}{945.679}\right) = 0.883\%$，而区域 b（中部加西部）的相应值为 $100\% \times \left(\frac{41.625}{1\,854.456}\right) = 2.245\%$。这表明，如所预期的，加总区域比未加总区域的产出预测值存在更大的误差。总体误差（两区域）为 $100\% \times \left(\frac{49.977}{2\,800.135}\right) = 1.785\%$。

表 A4.1-4　　MRIO 模型的空间加总：美国 MRIO 模型的结果

		三区域模型加总的总产出 $S\tilde{x}$	加总的两区域模型产出 $\tilde{\boldsymbol{x}}^*$	加总误差 $S\tilde{x}-\tilde{\boldsymbol{x}}^*$	加总误差占三区域模型总产出的百分比 $100\% \times \left(\frac{\lvert S\tilde{x}-\tilde{x}^*\rvert}{S\tilde{x}}\right)$
区域 a	部门				
	1	131.718	135.265	0.547	0.405
	2	109.863	110.036	0.173	0.157
	3	352.078	358.354	6.276	1.751
	4	133.305	134.171	0.866	0.645
	5	215.715	216.205	0.490	0.226
区域 a 合计（绝对数）		954.679	954.031	8.352	
区域 b	部门				
	1	311.061	318.149	7.088	2.228
	2	229.036	229.359	0.324	0.141
	3	658.678	633.958	−24.720	−3.899
	4	262.909	257.744	−5.164	−2.004
	5	392.772	388.443	−4.329	−1.115
区域 b 合计（绝对数）		1 854.456	1 827.653	41.625	
合计（绝对数）		2 800.135	2 781.684	49.977	

如我们在 IRIO 模型中所发现的，MRIO 模型中的空间加总只是产生了适度的加总偏差，至少从例子的结果来判断是这样的（Blair and Miller，1983）。因此，针对一个或更多特定区域的问题，看起来让 MRIO 模型中那些区域保持独立，而经济中剩下的则加总成“剩余”区域，可能完全足够了。

习题

4.1　考虑如下图形所提供的一个宏观经济，其中的交易以百万美元为度量单位。为生产、收入和资本交易建立相应的“T”账户系列。写出账户平衡方程。

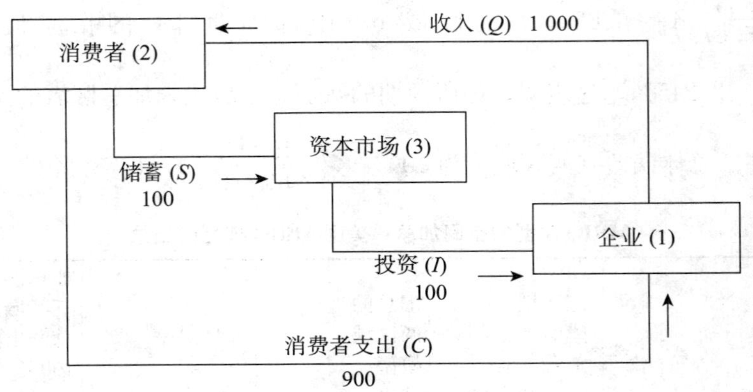

4.2 对于习题 4.1 中表示的宏观经济，为账户增加资本消耗补偿，以补偿占总投资（I）10%的资本投资折旧。再增加“国外”账户来安排 75（百万美元）的进口购买、50（百万美元）的出口销售以及来自海外贷款人 25（百万美元）的资本市场可获得的储蓄［导致 125（百万美元）企业可获得新的总资本量］。编制修改的“T”账户系列，以及相应的平衡方程。

4.3 给定的一个经济的国民经济平衡表如下：

借方					经济交易	贷方				
生产	消费	资本积累	政府	国外		生产	消费	资本积累	政府	国外
	475				消费品（C）	475				
		54			资本品（I）	54				
				46	出口（X）	46				
46					进口（M）					46
554					收入（Q）		554			
		−29			折旧（D）		−29			
	30				储蓄（S）			30		
			25		政府	25				
					支出（G）					
	20				税收（T）				20	
		5			政府赤字支出（B）				5	
600	525	30	25	46	合计	600	525	30	25	46

a. 为这一经济写出完整系列的宏观平衡方程。

b. 编制以矩阵表示的合并的国民账户。

4.4 考虑如下 2005 年度四部门投入产出交易表，以及 2000 年度和 2005 年度的产业价格。

	产业交易				总产出	价格 2000 年	价格 2005 年
	1	2	3	4			
1	24	86	56	64	398	2	5
2	32	15	78	78	314	3	6
3	104	49	62	94	469	5	9
4	14	16	63	78	454	7	12

计算产业间交易矩阵和技术系数，以及缩减为 2000 年度价值量的总产出向量。

4.5 考虑习题 2.8 中给定的交易数据。估计加总效应的一种方法如下。利用全为 1 的最终需求向量，决定在下列一系列逐步增强的加总模型中，在整个经济范围内（也就是对所有部门进行合计）对总产出的效应（记住每次加总部门时，要加总最终需求向量）。

- 情形 1：(8×8) 没有部门加总；
- 情形 2：(7×7) 合并部门 6 和部门 2；
- 情形 3：(6×6) 再合并部门 5 和部门 1；
- 情形 4：(5×5) 再合并部门 8 和部门 3；
- 情形 5：(4×4) 再把部门 7 与之前合并的部门 6 和部门 2 进行合并；
- 情形 6：(3×3) 再把部门 4 与之前合并的部门 5 和部门 1 进行合并。

4.6 考虑附录 B 中给出的美国经济（1972 年）的七部门投入产出表的技术系数。给定最终需求向量为：

$$\Delta \boldsymbol{f}=[100 \quad 100 \quad 100 \quad 100 \quad 100 \quad 100 \quad 100]$$

把农业和采掘业合并，建筑业和制造业合并，交通公用事业与服务业以及其他部门合并，得到一个新的三部门模型，计算一阶的和总的加总偏差。

4.7 考虑下列国民核算方程：

$$Q+M=C+I+X+G$$
$$C+S+T=Q+D$$
$$L+I+D+B=S$$
$$X=M+L$$
$$G=T+B$$

其中，Q=消费者总收入支付；M=进口购买；C=消费品总销售；S=消费者总储蓄；T=对政府的总的税收支付；I=资本品的总购买；D=总资本消耗补偿（折旧）；L=从国外的净借入；B=政府总的赤字支出；X=总的出口销售；G=政府总购买。已知如下：$Q=500$，$M=75$，$S=60$，$T=20$，$D=10$，$L=20$ 以及 $B=10$。写出以矩阵形式表示的国民账户合并表。

4.8 考虑如下国民账户表：

	生产	消费	资本积累	国外	政府	合计
生产		410	80	55	30	575
消费	500		−10			490
资本积累		60				60
国外	75		−20			55
政府		20	10			30
合计	575	490	60	55	30	

假设可以得到下列各表，它们提供了这一经济产业间供给和使用的细节。

产业所使用的商品：

商品	产业			中间产出合计
	自然资源	制造业	服务业	
农产品	20	12	18	50
采掘业产品	5	30	12	47
制造业产品	10	13	11	34
服务	12	17	40	69

商品生产的最终使用：

	住户	政府	投资	出口
农产品	30	6	16	5
采掘业产品	60	9	16	17
制造业产品	50	3	40	22
服务	70	12	8	11
合计	210	30	80	55

产业所供给的商品：

产业	商品				产业产出合计
	农产品	采掘业产品	制造业产品	服务	
自然资源	99			10	109
制造业	8	143	137	10	298
服务业		6	12	150	168
商品产出合计	107	149	149	170	575

编制一个合并的供给和使用账户系列，包括产业间交易的部门详细信息。

4.9 我们定义一个投入产出经济：$\boldsymbol{Z}=\begin{bmatrix}500 & 0 & 0\\ 50 & 300 & 150\\ 200 & 150 & 550\end{bmatrix}$，$\boldsymbol{x}=\begin{bmatrix}1\,000\\ 750\\ 1\,000\end{bmatrix}$。假设这是一个“美国型”的投入产出表，其中的产业间交易包括竞争性进口，但是所有产业对特定产品的所有进口的合计作为负项被包括在最终需求中。

a. 利用进口相似性假定，如果求出竞争性进口的总价值向量为 $\boldsymbol{m}=\begin{bmatrix}150\\ 105\\ 210\end{bmatrix}$，计算国内交易矩阵，其中的竞争性进口从产业间交易中被剔除。计算相应的 $\boldsymbol{A}$ 和 $\boldsymbol{L}$。

b. 如果我们随后知道 $\boldsymbol{M}=\begin{bmatrix}100 & 0 & 0\\ 25 & 50 & 30\\ 25 & 50 & 100\end{bmatrix}$，计算国内交易矩阵，以及相应的 $\boldsymbol{A}$ 和 $\boldsymbol{L}$。

c. 现在计算 a 和 b 中算出的完全需求矩阵之间的平均绝对离差（离差绝对值的平均值）。

4.10 考虑表 3-7、表 3-8 和表 3-9 所给出的三区域三部门 2000 年度中国区域间模型，分别为 $\boldsymbol{Z}$、$\boldsymbol{A}$ 和 $\boldsymbol{L}$。加总区域 1 和区域 2，并保持区域 3 不变，得到一个两区域模型。以未加总模型给定的最终需求向量 $\tilde{f}=[100\quad 100\quad \cdots\quad 100]'$ 作为参照，计算加总偏差占总产出的百分比。

参考文献

Ara. Kenjiro. 1959. “The Aggregation Problem in Input-Output Analysis,” *Econometrica*. **27**, 257-262.

Balderston, J. B. and T. M. Whitin. 1954. “Aggregation in the Input-Output Model,” in Oskar Morgenstern (ed.). *Economic Activity Analysis*. New York: Wiley. pp. 79-128.

Blair, Peter D. and Ronald E. Miller. 1983. “Spatial Aggregation in Multiregional Input-Output Models,” *Environment and Planning A*, **15**, 187-206.

Bourque, Philip J. and Richard S. Conway. Jr. 1977. *The 1972 Washington Input-Output Study*. Seattle, WA: University of Washington, Graduate School of Business Administration.

Bulmer-Thomas, Victor. 1982. *Input-Output Analysis in Developing Countries*. New York: John Wiley and Sons.

Cabref, B., D. Contreras and Eugenio J. Miravete. 1991. "Aggregation in Input-Output Tables: How to Select the Best Cluster Linkage," *Economic Systems Research*, **3**, 99-109.

Chase, Robert A., Philip Bourque, and Richard S. Conway. 1993. *The 1987 Washington State Input-Output Study*. Report for Washington State Office of Financial Management, by Graduate School of Business, University of Washington, Seattle, September.

Dietzenbacher, Erik and Alex R. Hoen. 1999. "Deflation of Input-Output Tables from the Users Point of View: A Heuristic Approach," *Review of Income and Wealth*, **44**, 111-122.

Dietzenbacher, Erik, Vito Albino and Silvana Kühtz. 2005. "The Fallacy of Using US-Type Input-Output Tables," Paper Presented at The 15th International Conference on Input-Output Techniques, Beijing China, June 27-July 1, 2005. Available at www. iioa. org.

Doeksen, G A. and C. H. Little. 1968. "Effects of the Size of the Input-Output Model on the Results of an Impact Analysis," *Agricultural Economics Research*, **20**, 134-138.

Emerson, M. Jarvin. 1969. *Interindustry Structure of the Kansas Economy*, Kansas Department of Economic Development, Report No. 21.

Gibbons, Joel C., Alan Wolsky and George Tolley. 1982. "Approximate Aggregation and Error in Input-Output Models," *Resources and Energy*, **4**, 203-230.

Gordon, Robert J. 1978. *Macroeconomics*. Boston, MA: Little, Brown and Company.

Guo, Jiemin and Mark A. Planting. 2000. "Using Input-Output Analysis to Measure U. S. Economic Structural Change Over a 24 Year Period," Paper presented at The 13th Intemational Conference on Input-Output Techniques, Macerata, Italy, August 21-28, 2000. Available at www. iioa. org.

Hatanaka, M. 1952. "Note on Consolidation Within a Leontief System," *Econometrica*, **20**, 301-303.

Hirsch, Werner Z. 1959. "Interindustry Relations of a Metropolitan Area," *Review of Economics and Statistics*, **41**, 360-369.

Hewings, Geoffrey J. D. 1972. "Aggregation for Regional Impact Analysis," *Growth and Change*, **2**, 15-19.

Hoen, Alex R. 2002. *An Input-Output Analysis of European Integration*, Arnsterdam: Elsevier,

Horowitz, Karen J. and Stephanie H. McCulla. 2001. "Upcoming Changes in the NAICS-Based 1997 Benchmark Input-Output Accounts," *Survey of Current Business*, **81** (December), 71-73.

Isard, Walter and Thomas Langford. 1971. *Regional Input-Output Study: Recollections, Reflections and Diverse Notes on the Philadelphia Experience*. Cambridge, MA: MIT Press.

Jaszi, George. 1986. "An Economic Accountant's Audit," *American Economic Review*, Papers and Proceedings of the Ninety-Eighth Annual Meeting of the American Economic Association, **76**, 411-418.

Kuhbach, Peter D. and Mark A. Planting. 2001. "Annual Input-Output Accounts of the U. S. Economy, 1997," *Survey of Current Business*, **81** (January), 9-47.

Kymn, Kern O. 1990. "Aggregation in Input-Output Models: A Comprehensive Review, 1946—1971," *Economic Systems Research*, **2**, 65-93.

Lawson, Ann M., Kurt S. Bersani, Mahnaz Fahim-Nader and Jiemin Guo. 2002. "Benchmark Input-Output Accounts of the United States 1997," *Survey of Current Business*, **82** (December), 19-56.

Malinvaud, E. 1956. "Aggregation Problems in Input-Output Models," in Tibor Barna (ed.), *The Structural Interdependence of the Economy*. New York: Wiley, pp. 189-202.

McCulla, Stephanie H. and Carol E. Moylan. 2003. "Preview of Revised NIPA Estimates for 1997: Proposed Definitional and Statistical Changes Effects of Incorporating the 1997 Benchmark I-O Accounts," *Survey of Current Business*, **83** (January), 10-16.

McManus, M. 1956. "General Consistent Aggregation in Leontief Models," *Yorkshire Bulletin of Economic and Social Research*, **8**, 28-48.

Miller, Ronald E. and Peter D. Blair. 1981. "Spatial Aggregation in Interregional Input-Output Models," *Papers, Regional Science Association*, **48**, 150-164.

Moore, Frederick and James W. Peterson. 1955. "Regional Analysis: An Interindustry Model of Utah," *Review of Economics and Statistics*, **37**, 369-383.

Morimoto, Y. 1970. "On Aggregation Problems in Input-Output Analysis," *Review of Economic Studies*, **37**, 119-126.

Moyer, Brian C., Mark A. Planting, Paul V. Kern and Abigail M. Kish. 2004a. "Improved Annual Industry Accounts for 1998—2003: Integrated Annual Input-Output Accounts and Gross-Domestic-Product-by-Industry Accounts," *Survey of Current Business*, **84** (June), 21-57.

Moyer, Brian C., Mark A. Planting. Mahnaz Fahim-Nader and Sherlene K. S. Lum. 2004b. "Preview of the Comprehensive Revision of the Annual Industry Accounts: Integrating the Annual Input-Output Accounts and Gross-Domestic-Product-by-Industry Accounts," *Survey of Current Business*, **84** (March), 38-51.

NRC. 2006. *Analyzing the U. S. Content of Imports and the Foreign Content of Exports*. Committee on Analyzing the US Content of Imports and the Foreign Content of Exports. Center for Economic, Governance, and International Studies, Division of Behavioral and Social Sciences and Educa-tion, National Research Council. Washington, DC: The National Academies Press. Available at www. nap. edu.

Okubo, Sumiye, Ann M. Lawson and Mark A. Planting. 2000. "Annual Input-Output Accounts of the U. S. Economy, 1996," *Survey of Current Business*, **80** (January), 37-87.

Olsen, J. Asger. 1993. "Aggregation in Input-Output Models: Prices and Quantities," *Economic Systems Research*, **5**, 253-275.

OTA. 1988. US Congress, Office of Technology Assessment, *Technology in the American Economic Transition*, OTA-TET-283, May. Available at www. govinfo. library. unt. edu.

Planting, Mark A. and Peter D. Kuhbach. 2001. "Annual Input-Output Accounts of the U. S. Economy, 1998," *Survey of Current Business*, **81** (December), 41-66.

Ritz, Philip. 1979. "The Input-Output Structure of the U. S. Economy: 1972," *Survey of Current Business*, **59** (February), 34-72.

1980. "Definitions and Conventions of the 1972 Input-Output Study," US Department of Com-merce, Bureau of Economic Analysis Staff Paper 80-034 (July, 1980). Washington, DC: US Government Printing Office.

Sommers, Albert T. 1985. *The U. S. Economy Demystified*. Lexington, MA: Lexington Books.

Stevens, Benjamin H. and Michael L. Lahr. 1993. "Sectoral Aggregation Error in Regional Input-Output Models: A Simulation Study," RSRI Discussion Paper No. 132, Hightstown, NJ, Regional Science Research Institute.

Stone, Richard. 1947. "Definition and Measurement of the National Income and Related Totals," in United Nations, *Measurement of National Income and the Construction of Social Accounts*. New York: United Nations, Appendix.

1961. *Input-Output and National Accounts*. Paris: Organization for European Economic Co-operation.

Survey of Current Business. 1969. "The Input-Output Structure of the U. S. Economy: 1963," **49** (November), 16-47.

1974. "The Input-Output Structure of the U. S. Economy: 1967," **54** (February), 24-56.

Sveriges Riksbank. 1984. "The Sveriges Riksbank Prize in Economic Sciences in Memory of Alfred Nobel 1984," Press Release, October 18, 1984.

Theil, Henri. 1957. "Linear Aggregation in Input-Output Analysis," *Econometrica*, **25**, 111-122.

United Nations. 1947. *Measurentent of National Income and the Construction of Social Accounts*. New York: United Nations.

1950. *A System of National Accounts and Supporting Tables*. New York: United Nations.

United Nations, Department of Economic and Social Affairs. 1968. *A System of National Accounts*. Studies in Methods, Series F, No. 2, rev. 3. New York: United Nations.

1993. *A System of National Accounts 1993*. Studies in Methods, Series F, No. 2. rev. 4. New York: United Nations.

1999. *Handbook of Input-Output Table Compilation and Analysis*. Studies in Methods, Series F, No. 74. New York: United Nations.

2004. *Handbook of National Accounting*. *National Accounts*: *A Practical Introduction*. Studies in Methods Series F, No. 85. New York: United Nations.

Vaccara, Beatrice, Arlene Shapiro and Nancy Simon. 1970. "The Input-Output Structure of the U. S. Economy: 1947," Mimeograph, US Department of Commerce. Office of Business Economics, March.

Viet, Vu Quang. 1994. "Practices in Input-Output Table Compilation," *Regional Science and Urban Economics*, **24**, 27-54.

Webb, Roy. 1995. "The National Income and Product Accounts," in *Macroeconomic Data*: *A User's Guide*. Richmond, VA: Federal Reserve Bank of Richmond, pp. 11-17.

Williamson, Robert B. 1970. "Simple Input-Output Models for Area Analysis," *Land Economics*, **46**, 333-338.

Yuskavage, Robert E. and Yvon H. Pho. 2004. "Gross Domestic Product by Industry for 1987—2000: New Estimates on the North American Industry Classification System," *Survey of Current Business*, **84** (November), 33-53.

第 5 章

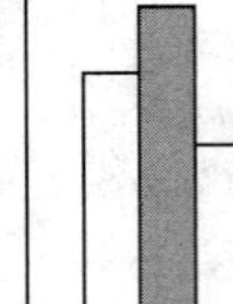

投入产出模型中的商品×产业方法

5.1 引言

在本章中，我们将研究建立投入产出模型所用的基础数据集的一种变化。用“商品-产业”的格式，我们能够说明一个产业可以生产多于一种商品（产品）的实际情况。这是引入商品-产业核算体系的一个主要原因——明确描述“非主要”生产，如次要产品和副产品。此外，用这种方法组织的数据更加容易与范围更广的一国的国民账户体系（SNA）整合起来，如我们在第 4 章中所看到的一样。这些商品-产业账户导出的投入产出模型具有比第 2 章和第 3 章中投入产出模型更为复杂的结构；本章关注的是商品-产业模型。大型的欧盟统计手册（Eurostat/European Commission，2008）提供了这个框架的非常好的、全面的讨论。其中，如许多其他出版文献所述，“产品”被用于代替“商品”。我们在本书中将使用“商品”，因为它是这个体系在 20 世纪 60 年代和 70 年代时早期的推导和讨论中使用最为广泛的专有术语，并且仍然被许多分析者所使用。

商品×产业核算框架主要由理查德·斯通（Richard Stone）和他的同事所创建（Stone，1961；Cambridge University，1963）。这个框架在 1968 年由联合国提出作为数据搜集的标准，在全世界的国家实施（United Nations，1968），随后成为数据搜集的一个专项，之后投入产出统计在事实上被普及开来（United Nations et al.，1993）。同样，维耶（Viet，1994）对 53 个国家在 20 世纪 70 年代和 80 年代期间的投入产出数据搜集和编制实践做了综述。具体的例子包括加拿大，该国从 20 世纪 60 年代早期开始就在国家和区域范围内都使用了这个框架，以及美国，该国从 1972 年表开始，搜集国家数据并以商品×产业的形式发布。① 该框架同样成为欧洲共同体国家的模版［Eurostat，1996，描

① 对于许多国家在使用某种版本的商品-产业账户中的数据搜集与建模的工作和惯例的广泛讨论见于 Franz 和 Rainer（1989）以及 Viet（1994）。

述了欧洲账户体系（European System of Accounts，ESA，1995）］——例如丹麦（从1996年开始的年度表）、荷兰和挪威。商品-产业方法确实提供了一种框架，其中次要产品、副产品等能够被更为明确的核算；然而，它也导致了新问题（包括负系数或交易的可能性），我们将在后面看到。

基本的观察事实是产业用商品来制造商品，就是用于产业生产过程的投入和用于满足最终需求的商品。一个产业可以被认为是用其主要产品（商品）来定义的，但是某些产业也生产其他的商品作为次要产品（有几种类型的非主要的或者次要产品——联合产品、副产品、辅助产品；我们将在后面探讨这些区分）。为了强调商品和产业之间的差异，假设商品指标 i 从 1 到 m，产业指标 j 从 1 到 n。如果一个经济中生产的每种商品对该经济体中某个产业是主要的，则商品的数量和产业的数量是相同的，$m=n$。首先我们将比较详细地探讨这种情况。当 $m\neq n$ 时复杂性会提高，我们将在第 5.6 节中对其进行讨论。[①]

□ 5.1.1 使用矩阵

在一般的具有 n 个部门的投入产出模型中，$n\times n$ 交易矩阵 $\boldsymbol{Z}=[z_{ij}]$ 中的一个元素代表产业 j 所购买的产业 i 的产出量的价值。此外，一个有 n 个元素的部门的总产出向量 $\boldsymbol{x}=[x_j]$，其中：

$$x_j=z_{j1}+\cdots+z_{jn}+f_j \tag{5.1}$$

f_j 是产业 j 对最终需求的销售量。用矩阵形式表示为：

$$\boldsymbol{x}=\boldsymbol{Zi}+\boldsymbol{f} \tag{5.2}$$

直接投入（技术）系数 $\boldsymbol{A}=[a_{ij}]$，其 定义为：

$$\boldsymbol{A}=\boldsymbol{Z}\hat{\boldsymbol{x}}^{-1} \tag{5.3}$$

自始至终，形容词“一般的”和“原始的”将与“投入产出”被一起使用，来指从式（5.1）～式（5.3）推导出的模型，如第 2 章中以及后面的式（5.11）和式（5.12）所述。这些关系就是列昂惕夫首先完整表述的，并且在美国 1972 年之前出版的投入产出数据中反映出来。

在商品×产业方法中，产业间交易矩阵 $\boldsymbol{Z}$ 开始时被使用矩阵 $\boldsymbol{U}_{(c\times i)}=[u_{ij}]$ 所代替，其中 u_{ij} 表示产业 j 所购买的商品 i 的价值。[②] 因此“产业用商品制造商品”的“产业使用商品”部分就在 $\boldsymbol{U}$ 中用数量表示出来了（$\boldsymbol{U}$ 有时被称为吸收或投入矩阵）。使用矩阵与产业的总产出 $\boldsymbol{x}$ 一同确定了与一般的技术系数 a_{ij} 类似的系数，为：

$$b_{ij}=u_{ij}/x_j$$

或者

① 如果 $m>n$，商品账户的合并将进行直到 $m=n$；类似地，如果 $m<n$，产业账户被合并。这常常被用在实践中（Franz and Rainer，1989）。但合并当然会掩盖初始的更为详细的数据集中的信息。

② 一般说来，矩阵下方的圆括号表示其维度——行的数量和列的数量。在本节中，我们有时使用如（$c\times i$）这样的表述来帮助我们记住哪个维度给出商品的数量（在这种情况下是行）以及哪个维度给出产业的数量（在这种情况下是列）。因此我们将 $\boldsymbol{U}$ 记为具有“商品×产业的维度”。

$$B=U\hat{x}^{-1} \tag{5.4}$$

其中的第 j 列表示产业 j 的价值 1 美元的产出中每种商品的投入的价值。[①] 因此 $\boldsymbol{B}$ 的维度为商品×产业。然而，我们将会看到出现在这个体系中的其他矩阵，有的会具有"商品×商品"的维度，有的会具有"产业×商品"或"产业×产业"的维度结构。由于这个原因，在余下的内容中，我们将用通用的术语"商品-产业"来表示这个核算框架以及从中所推导出的模型。如果我们还有商品对最终需求的销售量，这个框架可以有如表 5-1 所示的结构安排。

表 5-1　两种商品、两个产业的虚拟例子的使用表和其他数据　　单位：美元

	产业 1	产业 2	商品最终需求（$\boldsymbol{e}$）	商品总产出（$\boldsymbol{q}$）
商品 1	12	8	80	100
商品 2	10	7	83	100
增加值（$\boldsymbol{v}'$）	68	95		
产业总产出（$\boldsymbol{x}'$）	90	110		

□ 5.1.2　制造矩阵

可以推知，给出产业如何制造商品的矩阵被命名为制造矩阵，通常用 $\boldsymbol{V}$ 表示（也被称为产出矩阵）。[②] 表 5-2 给出了一个例子。

表 5-2　具有两种商品、两个产业的制造矩阵和其他数据的虚拟示例　　单位：美元

		商品		产业总产出（$\boldsymbol{x}$）
		1	2	
产业	1	90	0	90
	2	10	100	110
商品总产出（$\boldsymbol{q}'$）		100	100	

$\boldsymbol{V}$ 的一个元素 v_{ij} 表示产业 i 所生产的商品 j 的产出的价值（因此，$\boldsymbol{V}$ 的维度为产业×商品）。在本例中，产业 1 只生产它的主要产品，即商品 1，但是产业 2 的产出不仅包含价值为 100 美元的主要产品，即商品 2，还包含价值为 10 美元的商品 1，在产业 2 中其为次要产品（在一个不存在次要生产的经济中，制造矩阵将是对角矩阵，如我们下面将看到的，所有的商品-产业结果被简化为原本的列昂惕夫的基于产业的方法）。表 5-3 给出了一个把所有的数据放在商品-产业框架中的途径。

① 符号 $\boldsymbol{B}=[b_{ij}]$ 也用于表示供给侧模型中的系数矩阵（第 12 章），以及动态投入产出模型中的资本系数（第 13 章）。它在第 5.4 节商品×产业文献中的使用也相当广泛，总的来说任何讨论的上下文都应该能够清晰表明其意思。

② 使用 $\boldsymbol{V}$ 表示制造矩阵以及 $\boldsymbol{v}'$ 表示增加值元素的行向量在投入产出文献中也是标准用法，同样，在恰当的上下文中读到应该不会导致混淆。如我们稍后将看到的，制造矩阵 $\boldsymbol{V}$ 的转置 $\boldsymbol{V}'$ 也被称为供给矩阵。

表 5-3　完整的商品-产业数据集

		商品 1	商品 2	产业 1	产业 2	最终需求	总产出
商品	1			12	6	80	100
	2			10	7	83	100
				$\boldsymbol{U}$		$\boldsymbol{e}$	$\boldsymbol{q}$
产业	1	90	0				90
	2	10	100				110
		$\boldsymbol{V}$					$\boldsymbol{x}$
增加值				60	95	163	
				$\boldsymbol{v}'$			
总产出		100	100	90	100		
		$\boldsymbol{q}'$		$\boldsymbol{x}'$			

5.2　基本的核算关系

在一般的投入产出模型中，关于总产出的基本的核算关系由式（5.1）和式（5.2）给出。在商品-产业框架中，产业的总产出（$\boldsymbol{x}$）和商品的总产出（$\boldsymbol{q}$）都要核算。根据制造矩阵中的数据，任意一个产业的总产出都是该产业所生产的所有商品的加总。这些总值是 $\boldsymbol{V}$ 的行合计：

$$x_j = v_{j1} + \cdots + v_{jm} \tag{5.5}$$

或：

$$\boldsymbol{x} = \boldsymbol{V}\boldsymbol{i} \tag{5.6}$$

类似地，任意一种商品的总产出都是所有生产该商品的产业的总计。这些合计值是 $\boldsymbol{V}$ 的列向加总（或者 V'的行向加总）：

$$q_j = v_{1j} + \cdots + v_{nj} \text{ 以及 } \boldsymbol{q}' = \boldsymbol{i}'\boldsymbol{V} \tag{5.7}$$

或

$$\boldsymbol{q} = (\boldsymbol{V}')\boldsymbol{i} \tag{5.8}$$

或者，由表 5-1 的示例：

$$q_j = u_{j1} + \cdots + u_{jn} + e_j \tag{5.9}$$

或

$$\boldsymbol{q} = \boldsymbol{U}\boldsymbol{i} + \boldsymbol{e} \tag{5.10}$$

初始的投入产出模型联结了式（5.2）和式（5.3）。由式（5.3），$\boldsymbol{Z} = \boldsymbol{A}\hat{\boldsymbol{x}}$；代入式

(5.2) 得到：

$$x=Ax+f \tag{5.11}$$

(因为 $\hat{x}i=x$)，该模型的形式变为：

$$x=(I-A)^{-1}f=Lf \tag{5.12}$$

其推动力量是对产业产出的最终需求的外生向量。与列昂惕夫逆（完全需求）矩阵相联系，满足最终需求所必需的产业产出就被确定了。

商品-产业方法分别用与式（5.2）和式（5.3）相同的途径来使用式（5.10）和式（5.4）。由式（5.4），$U=B\hat{x}$，代入式（5.10）得到：

$$q=Bx+e \tag{5.13}$$

作为与普通投入产出模型式（5.11）类似的式子。问题在于，与式（5.11）不同，我们不能像式（5.12）中那样生成一个完全需求系数矩阵，因为式（5.13）的左侧包含商品产出（q），右侧包含产业产出（x）。

5.3 商品-产业方法中的技术和完全需求系数矩阵

式（5.13）中的问题的一个解决方法是找到一个表达式把产业产出 x 转化为商品产出 q——或者，反过来，把商品产出（以及商品最终需求 e）转化为产业项。这种转换所需要的数据可以从制造矩阵中获得，其行的合计为产业产出，其列的合计为商品产出。下面论述了两种不同的使用制造矩阵中的信息的方法。这些数学上的不同选择具有非常不同的经济解释。

□ 5.3.1 商品产出的产业来源

定义 $d_{ij}=v_{ij}/q_j$（V 的第 j 列中的每个元素都除以第 j 列的合计 q_j），因此 d_{ij} 表示由产业 i 生产的商品 j 的产出占商品 j 总产出的比例。建立一个商品产出比例矩阵，$\underset{(i\times c)}{D}=[d_{ij}]$，我们有：

$$D=V\hat{q}^{-1} \tag{5.14}$$

对于这个数值例子：

$$D=\begin{bmatrix}0.9 & 0\\0.1 & 1\end{bmatrix}$$

例如，在列 1 中，我们看到经济中所生产的商品 1 总量的 90%是由产业 1 生产的，10%是由产业 2 生产的（D 经常被称为市场份额矩阵）。根据定义，D 中每一列的合计都是 1。

□ 5.3.2 产业产出的商品构成

定义 $c_{ij}=v_{ij}/x_i$（V 的第 i 行中的每个元素除以第 i 行的合计 x_i），因此 c_{ij} 表示产业 i 具有商品 j 的形式的产出占的比例。为了后面的分析目的，将这些产业产出比例安排到一个维度为商品×产业的矩阵中会是很方便的做法（记住 $\mathbf{V}$ 具有产业×商品的维度）。定义 $\mathbf{V}'$ 为供给矩阵，具有商品×产业的维度；则这些产业产出比例的矩阵为①：

$$\mathbf{C}=\mathbf{V}'\hat{\mathbf{x}}^{-1} \tag{5.15}$$

对数值举例：

$$\mathbf{C}=\begin{bmatrix}1 & 0.0909\\0 & 0.9091\end{bmatrix}$$

例如，列 2 表示产业 2 的产出价值中 90.9%由商品 2 构成，9.1%属于商品 1（$\mathbf{C}$ 有时被称为产品比例矩阵或者商品比例矩阵）。根据定义，$\mathbf{C}$ 中每列的合计为 1。

□ 5.3.3 生成完全需求系数矩阵

式（5.14）和式（5.15）中的结果——结合式（5.6）和式（5.8）——提供了商品和产业产出之间的两种线性转换的方式。用式（5.14）有：

$$\mathbf{D}=\mathbf{V}\hat{\mathbf{q}}^{-1}\Rightarrow\mathbf{D}\hat{\mathbf{q}}=\mathbf{V}\Rightarrow\mathbf{D}\hat{\mathbf{q}}\mathbf{i}=\mathbf{V}\mathbf{i}$$

由式（5.6）得：

$$\mathbf{D}\mathbf{q}=\mathbf{x} \tag{5.16}$$

这也意味着：

$$\mathbf{q}=\mathbf{D}^{-1}\mathbf{x} \tag{5.17}$$

如果 $\mathbf{D}$ 是方阵且非奇异。②

式（5.13）和式（5.16）中给出的关系的一个简洁表述如下③：由式（5.16）得，$\mathbf{x}-\mathbf{D}\mathbf{q}=\mathbf{0}$；由式（5.13）得，$-\mathbf{B}\mathbf{x}+\mathbf{q}=\mathbf{e}$。这是关于 $\mathbf{x}$ 和 $\mathbf{q}$ 的两个矩阵方程；用分块矩阵形式，他们可以表示为：

$$\begin{bmatrix}\mathbf{I} & -\mathbf{D}\\-\mathbf{B} & \mathbf{I}\end{bmatrix}\begin{bmatrix}\mathbf{x}\\\mathbf{q}\end{bmatrix}=\begin{bmatrix}\mathbf{0}\\\mathbf{e}\end{bmatrix}$$

另外，使用式（5.15）：

$$\mathbf{C}=\mathbf{V}'\hat{\mathbf{x}}^{-1}\Rightarrow\mathbf{C}\hat{\mathbf{x}}=\mathbf{V}'\Rightarrow\mathbf{C}\hat{\mathbf{x}}\mathbf{i}=\mathbf{C}\mathbf{x}=(\mathbf{V}')\mathbf{i}$$

由式（5.8）得：

$$\mathbf{C}\mathbf{x}=\mathbf{q} \tag{5.18}$$

因此：

$$\mathbf{x}=\mathbf{C}^{-1}\mathbf{q} \tag{5.19}$$

---

① 在投入产出文献中，$\mathbf{C}$ 是另一个为多于一个的目的服务的字母。回忆第 3 章中，$\mathbf{C}$ 也用于表示区域贸易比例矩阵。

② 此时我们将假定 $\mathbf{D}$（和 $\mathbf{C}$）是非奇异的。后面我们将探讨这些假定有多重要（可能性如何）。

③ 这与 Jack Faucett Associates，Inc.（1981—1983，Vol. 5，pp. 11-14 and 11-15）中的表述类似，它是在美国 1977 年多区域投入模型的背景下建立的。

同样，给定 $\boldsymbol{C}$ 是方阵且非奇异。

式（5.13）和式（5.18）中的结果的简洁表述为：由式（5.18）得，$\boldsymbol{Cx}-\boldsymbol{q}=\boldsymbol{0}$，由式（5.13）又得，$-\boldsymbol{Bx}+\boldsymbol{q}=\boldsymbol{e}$。这对关于 $\boldsymbol{x}$ 和 $\boldsymbol{q}$ 的关系可以以分块矩阵形式表示为：

$$\begin{bmatrix} \boldsymbol{C} & -\boldsymbol{I} \\ -\boldsymbol{B} & \boldsymbol{I} \end{bmatrix}\begin{bmatrix} \boldsymbol{x} \\ \boldsymbol{q} \end{bmatrix}=\begin{bmatrix} \boldsymbol{0} \\ \boldsymbol{e} \end{bmatrix}$$

使用 $\boldsymbol{D}$

解决式（5.13）中 $\boldsymbol{x}$ 和 $\boldsymbol{q}$ 同时出现的困难的一个方法在式（5.16）中被给出了。在式（5.13）中，将 $\boldsymbol{x}$ 用 $\boldsymbol{Dq}$ 代替：

$$\boldsymbol{q}=\boldsymbol{B}(\boldsymbol{Dq})+\boldsymbol{e}=(\boldsymbol{BD})\boldsymbol{q}+\boldsymbol{e}$$

由此：

$$\boldsymbol{q}=(\boldsymbol{I}-\boldsymbol{BD})^{-1}\boldsymbol{e} \tag{5.20}$$

右侧的逆矩阵，被称为商品×商品完全需求系数矩阵，将商品最终需求和商品产出联系起来。因此，它起到了一般投入产出模型式（5.12）中 $(\boldsymbol{I}-\boldsymbol{A})^{-1}$ 的作用。注意到一般模型中的矩阵 $\boldsymbol{A}$（直接消耗系数矩阵）的“等价矩阵”现在表现为 $\boldsymbol{BD}$［不是简单地只有 $\boldsymbol{B}$，如开始时在式（5.4）中定义 $\boldsymbol{B}$ 的情况］。

使用式（5.20），因为 $\boldsymbol{Dq}=\boldsymbol{x}$，得：

$$\boldsymbol{x}=[\boldsymbol{D}(\boldsymbol{I}-\boldsymbol{BD})^{-1}]\boldsymbol{e} \tag{5.21}$$

右侧括号中的矩阵将商品最终需求与产业产出联系起来。这是产业×商品完全需求系数矩阵。

对于完全需求系数矩阵，有另一种可能的表示。例如，在式（5.13）的左右两侧都左乘 $\boldsymbol{D}$，因为 $\boldsymbol{Dq}=\boldsymbol{x}$，得：

$$\boldsymbol{x}=\boldsymbol{DBx}+\boldsymbol{De}$$

以及

$$\boldsymbol{x}=[(\boldsymbol{I}-\boldsymbol{DB})^{-1}\boldsymbol{D}]\boldsymbol{e} \tag{5.22}$$

因此右侧括号中的式子也是产业×商品完全需求系数矩阵。①

使用 $\boldsymbol{C}$

使用式（5.19）容易得到式（5.13）的第二种变换——只要 $\boldsymbol{C}^{-1}$ 存在。用 $\boldsymbol{C}^{-1}\boldsymbol{q}$ 代替式（5.13）中的 $\boldsymbol{x}$：

$$\boldsymbol{q}=\boldsymbol{B}(\boldsymbol{C}^{-1}\boldsymbol{q})+\boldsymbol{e}=(\boldsymbol{BC}^{-1}\boldsymbol{q})+\boldsymbol{e}$$

由此：

$$\boldsymbol{q}=(\boldsymbol{I}-\boldsymbol{BC}^{-1})^{-1}\boldsymbol{e} \tag{5.23}$$

① 这反映了一般的矩阵代数的结果（对于非奇异的 $\boldsymbol{D}$）。例如，从式（5.22）开始，$(\boldsymbol{I}-\boldsymbol{DB})^{-1}\boldsymbol{D}=[\boldsymbol{D}^{-1}(\boldsymbol{I}-\boldsymbol{DB})]^{-1}=(\boldsymbol{D}^{-1}-\boldsymbol{B})^{-1}=(\boldsymbol{D}^{-1}-\boldsymbol{BDD}^{-1})-1=[(\boldsymbol{I}-\boldsymbol{BD})\boldsymbol{D}^{-1}]^{-1}=\boldsymbol{D}(\boldsymbol{I}-\boldsymbol{BD})^{-1}$。这就是式（5.21）中的完全需求系数矩阵。

显然右侧的逆矩阵也是商品×商品完全需求系数矩阵，联系商品最终需求和商品产出，而它与式（5.20）中同名的表达式不同。因此，在一般列昂惕夫逆中矩阵 $\boldsymbol{A}$ 的另一个“等价矩阵”为 $\boldsymbol{BC}^{-1}$。

使用式（5.23），因为 $\boldsymbol{C}^{-1}\boldsymbol{q}=\boldsymbol{x}$，所以有：

$$\boldsymbol{x}=[\boldsymbol{C}^{-1}(\boldsymbol{I}-\boldsymbol{BC}^{-1})^{-1}]\boldsymbol{e} \tag{5.24}$$

此处我们有右侧的产业×商品完全需求系数矩阵，它与式（5.21）中同名的表达式不同。①

为了使得这些对一般投入产出模型中列昂惕夫逆的大量多种替代式成体系，探究背后的矩阵代数并研究支撑这些结果的基本假定是有利的，就如式（5.20）、式（5.21）与式（5.23）、式（5.24）相比较的结果那样。回顾之前的内容，制造矩阵中数据的变换给出产业产出比例，即矩阵 $\boldsymbol{C}$，以及商品产出比例，即矩阵 $\boldsymbol{D}$。在本节余下的部分中，我们遵循商品产业讨论从开始时就使用的传统的分类方法，例如联合国（1968）所论述的国民账户体系中的方法；此后（第 5.5.3 节）我们会给出另一种更新的观点。

□ 5.3.4 “基于产业的” 技术（产业技术假定）

式（5.20）中商品×商品的完全需求系数矩阵由：

$$\boldsymbol{q}=(\boldsymbol{BD})\boldsymbol{q}+\boldsymbol{e}$$

推导出。

矩阵 $\boldsymbol{BD}$ 起到技术系数矩阵的作用，反映价值每 1 美元的商品产出的商品投入。对于我们的例子有：

$$\boldsymbol{B}=\begin{bmatrix}12 & 8\\10 & 7\end{bmatrix}\begin{bmatrix}1/90 & 0\\0 & 1/110\end{bmatrix}=\begin{bmatrix}0.1333 & 0.0727\\0.1111 & 0.0636\end{bmatrix}$$

则：

$$\boldsymbol{BD}=\begin{bmatrix}0.1333 & 0.0727\\0.1111 & 0.0636\end{bmatrix}\begin{bmatrix}0.9 & 0\\0.1 & 1\end{bmatrix}=\begin{bmatrix}0.1273 & 0.0727\\0.1064 & 0.0636\end{bmatrix}$$

用 $\boldsymbol{B}_1$ 和 $\boldsymbol{B}_2$ 表示 $\boldsymbol{B}$ 中的两列，这个乘积可以表示为：

$$\boldsymbol{BD}=[\boldsymbol{B}_1(0.9)+\boldsymbol{B}_2(0.1)\quad \boldsymbol{B}_1(0)+\boldsymbol{B}_2(1)]$$

可以看到，$\boldsymbol{BD}$ 的列是 $\boldsymbol{B}$ 的列的凸组合，其中权重来自矩阵 $\boldsymbol{D}$ 每列中的元素（简单来说就是 $\boldsymbol{BD}=\alpha_1\boldsymbol{B}_1+\alpha_2\boldsymbol{B}_2$，其中 α_1，$\alpha_2\geqslant 0$ 且 $\alpha_1+\alpha_2=1$）。因此 $\boldsymbol{BD}$ 包含的假定为对商品 j 的生产的商品投入是生产商品 j 所属产业的商品投入（由矩阵 $\boldsymbol{B}$ 得到）的加权平均，权重为每个产业对商品 j 总产出的贡献（由矩阵 $\boldsymbol{D}$ 得到）。一种给定的商品如果由多于一个产业生产，会有不同的投入结构。在本例中，$\boldsymbol{BD}$ 的第一列反映的事实为经济中可以获取的商品 1 的总数量中有 90%由产业 1 生产（使用 $\boldsymbol{B}_1$ 中所包含的生产技术），有 10%的商品 1 的总产出是由产业 2 生产的（使用产业 2 的生产技术，即 $\boldsymbol{B}_2$ 中所包含

① 使用与上一个脚注中相同的代数推导，该式可以表示为 $\boldsymbol{x}=[(\boldsymbol{I}-\boldsymbol{C}^{-1}\boldsymbol{B})^{-1}]\boldsymbol{C}^{-1}\boldsymbol{e}$。

的）。

假定某个产业生产的所有商品具有相同的投入结构，即该产业在矩阵 $\boldsymbol{B}$ 的列中所给出的结构。这一点可以举例说明，产业 2 生产的技术投入比例 $\boldsymbol{B}_2$ 出现在矩阵 $\boldsymbol{BD}$ 的全部 2 个列中。商品 1 在产业 2 生产的那部分（10%）和商品 2 在产业 2 生产的部分（100%）都是根据 $\boldsymbol{B}_2$ 所给出的产业 2 的生产技术来制造的。[①] 因此，我们认为 $\boldsymbol{BD}$ 包含基于产业的技术（或者后面简单称为产业技术），因为其维度为商品×商品，有时用来表示 $\underset{(c\times c)}{\boldsymbol{A}_I}$ [②]：

$$\underset{(c\times c)}{\boldsymbol{A}_I}=\boldsymbol{BD}$$

因此式（5.20）中的逆矩阵 $(\boldsymbol{I}-\boldsymbol{BD})^{-1}$ 就被认为是在更为完整的产业技术假定下的商品×商品完全需求系数矩阵。

与最初的投入产出模型中的矩阵 $\boldsymbol{A}$（给出每单位产业产出的产业投入）更为类似的技术系数矩阵在式（5.22）的推导中提出，其中：

$$\boldsymbol{x}=(\boldsymbol{DB})\boldsymbol{x}+\boldsymbol{De}$$

显然，$\boldsymbol{DB}$ 表示在产业生产的每 1 美元产出中来自所有产业的投入。其维度为产业×产业，因此被视为与初始的产业×产业投入产出模型中技术系数矩阵 $\boldsymbol{A}$ 类似；我们将用 $\underset{(i\times i)}{\boldsymbol{A}_I}$ 来表示它。

在本节的小规模数值例子中，对 $\boldsymbol{B}$ 左乘 $\boldsymbol{D}$，确切地表明商品投入（在 $\boldsymbol{B}$ 中）如何被分配回把它生产出来的产业中：

$$\underset{(i\times i)}{\boldsymbol{A}_I}=\boldsymbol{DB}=\begin{bmatrix}0.9 & 0\\0.1 & 1\end{bmatrix}\begin{bmatrix}0.133\,3 & 0.072\,7\\0.111\,1 & 0.063\,6\end{bmatrix}=\begin{bmatrix}0.120\,0 & 0.065\,5\\0.124\,4 & 0.070\,9\end{bmatrix}$$

用 $\boldsymbol{D}_1$ 和 $\boldsymbol{D}_2$ 表示矩阵 $\boldsymbol{D}$ 的两个列：

$$\boldsymbol{DB}=[\boldsymbol{D}_1(0.133\,3)+\boldsymbol{D}_2(0.111\,1)\quad \boldsymbol{D}_1(0.072\,7)+\boldsymbol{D}_2(0.063\,6)]$$

例如，考虑 $\boldsymbol{DB}$ 中的列 2。它将 $b_{12}=0.072\,7$（在产业 2 价值每 1 美元的产出中商品 1 的投入）和 $b_{22}=0.063\,6$（在产业 2 价值每美元的产出中商品 2 的投入）分解到两个部分（向量）中。第一个为：

$$\begin{bmatrix}0.9\\0.1\end{bmatrix}(0.072\,7)=\begin{bmatrix}0.065\,5\\0.007\,3\end{bmatrix}$$

这说明了产业 1（90%）和产业 2（10%）对所需要的总量为 0.0727 单位的商品 1 的贡献。类似地，产业 1 和产业 2 占产业 2 所使用的 0.063 6 单位的商品 2 的比例为 0 和 1（$\boldsymbol{D}_2$ 的元素），因此，该向量说明了商品 2 对产业 2 的投入的产业来源为：

$$\begin{bmatrix}0\\1\end{bmatrix}(0.063\,6)=\begin{bmatrix}0\\0.063\,6\end{bmatrix}$$

---

① 对作为一个产业生产过程中的副产品的商品来说，这一假定被论证为合理的假定。

② 这一符号可能显得累赘，但从本节和接下来的几节中将会出现的多种不同的直接消耗系数来看，有必要同时精确地确定维度和这些矩阵所基于的技术假定。

这 2 个向量的合计表示价值每 1 美元的产业 2 的产出分别来自产业 1 和产业 2 的投入。这是 $\underset{(i\times i)}{\boldsymbol{A}_I}$ 的列 2；对于列 1 也有类似的解释。

□ 5.3.5 “基于商品”的技术（商品技术假定）

基于产业技术假定，产业投入结构（体现在矩阵 $\boldsymbol{B}$ 的列中）是基础信息，从而商品投入结构通过这些列的加权平均得到。另一个观点认为一种给定的商品应该在所有生产它的产业中具有相同的投入结构。[①] 在这种情况下，产业 j 的商品投入（矩阵 $\boldsymbol{B}$ 第 j 列的元素）被视作产业 j 所生产的每一种商品的商品投入的加权平均，权重是在产业 j 总产出中每种商品的比例，这被称为基于商品的技术假定，或者被简称为商品技术假定。

由我们的例子，得到：

$$\boldsymbol{C}=\begin{bmatrix}1 & 0.0909\\0 & 0.9091\end{bmatrix}$$

其维度为商品×产业。我们知道 $\boldsymbol{B}$，其维度也是商品×产业。商品×商品技术系数矩阵（当前未知）可以表示为 $\underset{(c\times c)}{\boldsymbol{A}_C}$。商品技术假定为：$\boldsymbol{B}=(\underset{(c\times c)}{\boldsymbol{A}_C})\boldsymbol{C}$。对于该例，令 $\underset{(c\times c)}{\boldsymbol{A}_C}=[\boldsymbol{A}_{C1}\ \ \boldsymbol{A}_{C2}]$，有：

$$\boldsymbol{B}=[\boldsymbol{A}_{C1}\quad \boldsymbol{A}_{C2}]\begin{bmatrix}1 & 0.0909\\0 & 0.9091\end{bmatrix}$$

或者

$$[\boldsymbol{B}_1\quad \boldsymbol{B}_2]=[(\boldsymbol{A}_{C1})(1)+(\boldsymbol{A}_{C2})(0)\quad (\boldsymbol{A}_{C1})(0.0909)+(\boldsymbol{A}_{C2})(0.9091)]$$

由 $\boldsymbol{B}=(\underset{(c\times c)}{\boldsymbol{A}_C})\boldsymbol{C}$，价值 1 美元的商品生产的商品投入矩阵（未知）按照 $\underset{(c\times c)}{\boldsymbol{A}_C}=\boldsymbol{B}\boldsymbol{C}^{-1}$ 计算得到（再次提醒，给定 $\boldsymbol{C}$ 是方阵且非奇异）。此处有：

$$\underset{(c\times c)}{\boldsymbol{A}_C}=\boldsymbol{B}\boldsymbol{C}^{-1}=\begin{bmatrix}0.1333 & 0.0727\\0.1111 & 0.0636\end{bmatrix}\begin{bmatrix}1 & -0.1\\0 & 1.1\end{bmatrix}=\begin{bmatrix}0.1333 & 0.0667\\0.1111 & 0.0589\end{bmatrix}$$

因此，例如，式（5.23）中的 $(\boldsymbol{I}-\boldsymbol{B}\boldsymbol{C}^{-1})^{-1}$ 被恰当地描述为商品技术下的商品×商品完全需求系数矩阵。

价值 1 美元的商品产出的直接商品投入矩阵在产业技术假定下为：

$$\underset{(c\times c)}{\boldsymbol{A}_I}=\boldsymbol{B}\boldsymbol{D}=\begin{bmatrix}0.1333 & 0.0727\\0.1111 & 0.0636\end{bmatrix}\begin{bmatrix}0.9 & 0\\0.1 & 1\end{bmatrix}=\begin{bmatrix}0.1273 & 0.0727\\0.1064 & 0.0636\end{bmatrix}$$

显然，这两种技术假定能够且一般也将会得出不同的商品直接消耗系数矩阵，如本例中的结果。这种差异的“规模”，以及可能是更为重要的，与其相对应的完全需求系数矩阵 $(\boldsymbol{I}-\boldsymbol{B}\boldsymbol{D})^{-1}$ 和 $(\boldsymbol{I}-\boldsymbol{B}\boldsymbol{C}^{-1})^{-1}$ 的结果的差异是一个被持续研究并使用现实世界的数据集进行经验检验的主题。

由式（5.13）和式（5.19）得：

---

① 这个假定对于某产业用独立的设备、使用与该产业的主要产品所使用的技术相类似的技术来生产的次要产品来说是合理的。

$$x = C^{-1}Bx + C^{-1}e \tag{5.25}$$

因此，基于商品技术假定，显然矩阵 $C^{-1}B$ 充当了 DB 在产业技术模型中以及 A 在一般投入产出模型中的角色，即它记录了每 1 美元产业产出的产业投入。令 $\underset{(i\times i)}{A_C} = C^{-1}B$；由数值例子得：

$$\underset{(i\times i)}{A_C} = C^{-1}B = \begin{bmatrix} 1 & -0.1 \\ 0 & 1.1 \end{bmatrix} \begin{bmatrix} 0.133\,3 & 0.072\,7 \\ 0.111\,1 & 0.063\,6 \end{bmatrix} = \begin{bmatrix} 0.122\,2 & 0.066\,4 \\ 0.122\,2 & 0.070\,0 \end{bmatrix}$$

如所预期的，该矩阵与之前计算的 $\underset{(i\times i)}{A_I} = DB$ 不同（在这个特定的数值例子中，这个差异不太大，但是一般没有理由预期 $DB = C^{-1}B$）。

我们考察运算 $C^{-1}B$ 的经济含义。令 $C^{-1}B = T$ ［为简化符号，不用 $\underset{(i\times i)}{A_C}$］。对于一般的两产业的情况，有：

$$T = \begin{bmatrix} t_{11} & t_{12} \\ t_{21} & t_{22} \end{bmatrix}$$

则：

$$B = CT = \begin{bmatrix} 1 & 0.090\,9 \\ 0 & 0.909\,1 \end{bmatrix} \begin{bmatrix} t_{11} & t_{12} \\ t_{21} & t_{22} \end{bmatrix}$$

例如：

$$B_2 = \begin{bmatrix} b_{12} \\ b_{22} \end{bmatrix} = \begin{bmatrix} 1 \\ 0 \end{bmatrix} (t_{12}) + \begin{bmatrix} 0.090\,9 \\ 0.909\,1 \end{bmatrix} (t_{22})$$

与 t_{12} 相乘的向量将产业 1 的投入分解到商品产出中——商品 1（100%）和商品 2（0%）——反映了产业 1 产出的商品构成（矩阵 C 的列 1）。类似地，与 t_{22} 相乘的向量将产业 2 的投入区分为商品 1 的构成（9.1%）和商品 2 的构成（90.9%），为矩阵 C 的列 2。将这两部分加到一起就得出了 B_2，表示产业 2 每个美元的产出中商品 1 和商品 2 的投入。同样也可以进行类似的关于 B_1 构成的分析。

□ 5.3.6　从基础数据推导出的直接消耗系数（技术系数）矩阵

在一般投入产出模型中，直接消耗系数可直接从产业间流量 Z 和产业产出 x 中推导出，即式（5.3）中的 $A = Z\hat{x}^{-1}$。在式（5.4）中，我们看到产品对产业流量 U 和产业产出 x 如何用于计算关于价值每 1 美元的产业产出的商品投入的直接消耗系数——$B = U\hat{x}^{-1}$。在商品技术假定模型中，描述价值 1 美元的商品产出的商品投入的矩阵为 $\underset{(c\times c)}{A_C} = BC^{-1}$。因为 $C = V'\hat{x}^{-1}$，$\underset{(c\times c)}{A_C}$ 可直接从表 5-2 和表 5-3 的基础数据中得到，为：

$$\underset{(c\times c)}{A_C} = BC^{-1} = [U\hat{x}^{-1}][V'\hat{x}^{-1}]^{-1} = [U\hat{x}^{-1}][\hat{x}(V')^{-1}] = U(V')^{-1} \tag{5.26}$$

描述价值每 1 美元的产业产出的产业投入的矩阵为：

$$\underset{(i\times i)}{A_C} = C^{-1}B = [\hat{x}(V')^{-1}][U\hat{x}^{-1}]$$

与式（5.26）不同，它不可能进行进一步的简化。

在产业技术假定的模型中，$\underset{(c\times c)}{A_I}=BD$ 给出价值每 1 美元的商品产出的商品投入。因为 $D=V\hat{q}^{-1}$，有：

$$\underset{(c\times c)}{A_I}=BD=[U\hat{x}^{-1}][V\hat{q}^{-1}] \tag{5.27}$$

最后，价值 1 美元的产业产出的产业投入在产业技术假定下由基础数据得到，为：

$$\underset{(i\times i)}{A_I}=DB=[V\hat{q}^{-1}][U\hat{x}^{-1}]$$

如果想比较直接消耗系数矩阵，比如说，1972 年之前和之后的美国经济，则 $\underset{(i\times i)}{A_I}=DB$ 和 $\underset{(i\times i)}{A_C}=C^{-1}B$ 可以与 A 类比，因为它们具有早期表中产业×产业的维度。注意这四个直接消耗系数矩阵的定义在任何产业都没有次要生产的情况下是相等的。这意味着 V 是对角矩阵，$V=\hat{x}=\hat{q}$，因此在所有的上述四种情况下，$A=UV^{-1}=U(V')^{-1}$。

□ 5.3.7 完全需求系数矩阵

方法Ⅰ：从技术系数出发

关于完全需求系数矩阵［从式（5.20）到式（5.24）］的结果一起整理在表 5－4 中。因为在每种情况下，驱动模型的外生力量都是对商品的最终需求，这些被称为商品需求驱动模型。此时，我们仍旧假定 C 是非奇异的。这四种情况的另一种描述在后面的第 5.5.3 节中探讨。

这些商品×商品的结果由式（5.13）推出，通过以下变换生成：

$$q=\underset{(c\times c)}{A_I}q+e \text{ 或 } q=\underset{(c\times c)}{A_C}q+e$$

进一步有：

$$q=(I-\underset{(c\times c)}{A_I})^{-1}e \text{ 或 } q=(I-\underset{(c\times c)}{A_C})^{-1}e$$

这些完全需求系数矩阵与初始的投入产出模型中的列昂惕夫逆具有完全相同的结构——一个单位矩阵减去包含技术系数的矩阵之后求逆。

表 5－4　　完全需求系数矩阵（商品需求驱动模型）

	产业技术	商品技术
商品×商品	$(I-BD)^{-1}$	$(I-BC^{-1})^{-1}$
产业×商品	$[D(I-BD)^{-1}]$	$[C^{-1}(I-BC^{-1})^{-1}]$

同样可以对产业驱动的模型推导出完全需求系数矩阵，在适当的方程中［从式（5.20）到式（5.25）］把 e 用涉及 f 的等价表达式代替。在商品-产业模型中，基本的前提条件之一为商品是产业的产品，所以是商品被用来满足最终需求。因此“产业最终需求”的观念，f（一般投入产出模型中的外生驱动力量），在商品-产业模型中就不是很有意义了。然而，对于一个经济体的结构变化分析来说，具有两年或更多年的一致性的数据集是必要的。例如，对于比较美国的跨时投入产出表（其中有些数据是 1972 年之前的），它具有产业×产业的形式是有益的，因为这种形式在初始的投入产出模型及它们的逆矩阵中是固有的，见式（5.12）。

对于产业技术模型，其中 $Dq=x$，可以假定商品到产业的同样变换对最终需求是有效的，也就是，$De=f$。类似地，对于商品技术模型——其中 $Cx=q$——能对最终需求使用同样的产业到商品的变换——$Cf=e$。例如，根据式（5.22），因为 $De=f$，$x=(I-DB)^{-1}f$，使用 $q=D^{-1}x$，我们有 $q=D^{-1}(I-DB)^{-1}f$。后者仅为要求 D^{-1} 存在的产业技术的结果。对商品技术模型可以推导出类似的结果。这些结果一起整理在表 5－5 中（与表 5－4 一样，显然从产业技术到商品技术的转换从头到尾涉及 C^{-1} 对 D 的替代）。

表 5－5　　完全需求系数矩阵（产业需求驱动模型）

	产业技术	商品技术
产业×产业	$(I-DB)^{-1}$	$(I-C^{-1}B)^{-1}$
商品×产业	$[D^{-1}(I-DB)^{-1}]$	$[C(I-C^{-1}B)^{-1}]$

值得再次强调的是，多数对商品-产业投入产出模型的现实世界应用假定对商品的最终需求是外生的驱动力量，因此主要的令人感兴趣的是表 5－4 中的结果。在表 5－5 中，产业×产业的情况（行 1）主要对比较商品产业表与初始投入产出形式的早期数据的研究而言是有用的，如式（5.11）和式（5.12）。因此，举例来说，如果比较 1972 年之前美国经济的完全需求系数矩阵，$(I-DB)^{-1}$ 和 $(I-C^{-1}B)^{-1}$ 都是可选的。商品×产业的结果（行 2）包含在表 5－5 中，主要为了完整性而存在——它们很少有实际用途。

方法Ⅱ：在商品技术情况下避免使用 C^{-1}

在产业技术模型的完全需求系数矩阵中出现 D^{-1} 的唯一情况是相对不重要的商品×产业形式。而另一方面，在商品技术模型中，到处有 C^{-1}，如果 C 奇异，就会出现问题（同样也出现了一贯都存在的如果它包含负元素的问题，我们在后面将会看到这一点）。然而，有一种替代的推导可以避免奇异性问题，尽管这种方法不能像在方法Ⅰ中那样建立与技术系数矩阵相似的矩阵。仍然从式（5.13）和式（5.18）开始，有：

$$Cx=Bx+e\Rightarrow(C-B)x=e\Rightarrow x=(C-B)^{-1}e \tag{5.28}$$

因此，$(C-B)^{-1}$ 同样作为产业×商品完全需求系数矩阵使用。[①] 同样，在式（5.28）的两边都左乘 C，因为 $Cx=q$，有：

$$q=C(C-B)^{-1}e \tag{5.29}$$

这是表 5－4 中的商品×商品完全需求系数矩阵 $(I-BC^{-1})^{-1}$ 的另一种选择，不要求矩阵 C 非奇异。

用 Cf 代替式（5.28）和式（5.29）右侧的 e 生成维度为产业×产业和商品×产业的完全需求系数矩阵，与表 5－5 中的结果可比：

$$x=(C-B)^{-1}Cf \tag{5.30}$$

以及

---

① 简单的矩阵代数将 $(C-B)^{-1}$ 转化为 $[C^{-1}(I-BC^{-1})^{-1}]$（或者相反），但是仅当 C^{-1} 存在时可以如此。其关键点在于完全需求系数矩阵——式（5.28）或式（5.29）中的 $(C-B)^{-1}$——不依赖于 C 的逆矩阵。

$$q=C(C-B)^{-1}Cf \tag{5.31}$$

重要的是，在商品技术假定下，完全需求系数矩阵所有的这四种结果——从式（5.28）到式（5.31）——不需要 C 是非奇异的（在下一小节会对此进行数据说明）。

这些结果与产业技术假定的相应部分一起整理在表 5-6 中。① 将后者包括进来主要是为了完整性；其很少有实际价值，因为它们全都需要 D^{-1}，在表 5-4 和表 5-5 中的四个产业技术假定的结果中有三个都避免了这一逆矩阵。

表 5-6　　完全需求系数矩阵的另一种形式

	产业技术	商品技术
商品需求驱动模型		
商品×商品	$D^{-1}(D^{-1}-B)^{-1}$	$C(C-B)^{-1}$
产业×商品	$(D^{-1}-B)^{-1}$	$(C-B)^{-1}$
产业需求驱动模型		
产业×产业	$(D^{-1}-B)^{-1}D^{-1}$	$(C-B)^{-1}C$
商品×产业	$D^{-1}(D^{-1}-B)^{-1}D^{-1}$	$C(C-B)^{-1}C$

观察表 5-6 的任一列，显然该列有一个本列所有的完全需求系数矩阵都用到的逆矩阵。对于产业技术假定，这个逆矩阵是 $(D^{-1}-B)^{-1}$，对于商品技术假定，该逆矩阵是 $(C-B)^{-1}$。这些是在产业×商品情况下的完整的完全需求系数矩阵。在该表的第一列（产业技术假定），显然其他的完全需求系数矩阵与 $(D^{-1}-B)^{-1}$ 的差别在于用 D^{-1} 左乘或者右乘（或者两边都乘）。如我们所看到的，在产业技术假定下，用 D^{-1} 左乘，作用是将一个矩阵（或向量）的行向维度从产业转化为商品。因此 $D^{-1}(D^{-1}-B)^{-1}$ 将产业×商品的完全需求系数矩阵变为商品×商品的形式，即表 5-6 中的第一个矩阵。

用 D^{-1} 右乘一个完全需求系数矩阵相当于用 D^{-1} 左乘最终需求向量；在产业需求驱动的模型中，我们看到最终需求向商品指标的转化由 $e=D^{-1}f$ 得到。这就解释了表 5-6 第一列中的最后两个矩阵。第二列（商品技术）中的矩阵具有类似的关系。回顾在商品技术下，用 C 左乘将产业口径的行转化为商品口径；$e=Cf$。

奇异性可能是真实世界模型的一个问题吗？在最初的表 5-3 中的数值示例中，我们有：

$$V=\begin{bmatrix}90 & 0\\10 & 100\end{bmatrix},\ x=\begin{bmatrix}90\\110\end{bmatrix},\ q=\begin{bmatrix}100\\100\end{bmatrix}$$

由此，我们得到：

$$C=V'\hat{x}^{-1}=\begin{bmatrix}90 & 10\\0 & 100\end{bmatrix}\begin{bmatrix}1/90 & 0\\10 & 1/110\end{bmatrix}=\begin{bmatrix}1 & 0.090\,9\\0 & 0.909\,1\end{bmatrix}$$

$$D=V\hat{q}^{-1}=\begin{bmatrix}90 & 0\\10 & 100\end{bmatrix}\begin{bmatrix}1/100 & 0\\0 & 1/100\end{bmatrix}=\begin{bmatrix}0.9 & 0\\0.1 & 1\end{bmatrix}$$

① 推导过程与商品技术模型的情况类似，对有兴趣的读者可将此留作练习。

$\boldsymbol{C}$ 和 $\boldsymbol{D}$ 都是非奇异的。

对于 $\boldsymbol{C}$ 是奇异的情况，必然有 $|\boldsymbol{C}|=0$，这意味着 $|\boldsymbol{V}'|=0$（或 $|\boldsymbol{V}|=0$）。类似地，对于 $\boldsymbol{D}$ 是奇异的情况，要求 $|\boldsymbol{D}|=0$；这也意味着 $|\boldsymbol{V}|=0$。作为一个示例，假设 $\boldsymbol{V}$ 的第二列与第一列相同，则 $\tilde{\boldsymbol{V}}=\begin{bmatrix}90 & 90\\10 & 10\end{bmatrix}$，相应的 $\tilde{\boldsymbol{x}}=\tilde{\boldsymbol{V}}\boldsymbol{i}=\begin{bmatrix}180\\20\end{bmatrix}$ 且 $\tilde{\boldsymbol{C}}=\tilde{\boldsymbol{V}}'(\hat{\tilde{\boldsymbol{x}}})^{-1}=\begin{bmatrix}0.5 & 0.5\\0.5 & 0.5\end{bmatrix}$。① 显然 $\tilde{\boldsymbol{C}}$ 奇异［相应的 $\tilde{\boldsymbol{D}}=\tilde{\boldsymbol{V}}\hat{\boldsymbol{q}}^{-1}$，读者很容易就能验证］，因此产业技术假定下如表 5-4 和表 5-5 所示的完全需求系数矩阵无法得到。

由于产业产出与最初的例子相比改变了，因此 $\boldsymbol{B}$ 也改变了，现在我们有：

$$\tilde{\boldsymbol{B}}=\boldsymbol{U}(\hat{\tilde{\boldsymbol{x}}})^{-1}=\begin{bmatrix}0.0667 & 0.4\\0.0556 & 0.35\end{bmatrix}\text{以及}(\tilde{\boldsymbol{C}}-\tilde{\boldsymbol{B}})=\begin{bmatrix}0.4333 & 0.1\\0.4444 & 0.15\end{bmatrix}$$

由于（$\tilde{\boldsymbol{C}}-\tilde{\boldsymbol{B}}$）非奇异，我们可以得到：

$$(\tilde{\boldsymbol{C}}-\tilde{\boldsymbol{B}})^{-1}=\begin{bmatrix}7.2973 & -4.8649\\-21.6216 & 21.0811\end{bmatrix}$$

该矩阵看上去可以作为商品技术假定下的产业×产品的完全需求系数矩阵，如表 5-6 所示。这很容易被验证。例如，使用不变的商品最终需求（表 5-3），我们发现：

$$(\tilde{\boldsymbol{C}}-\tilde{\boldsymbol{B}})^{-1}\boldsymbol{e}=\begin{bmatrix}7.2973 & -4.8649\\-21.6216 & 21.0811\end{bmatrix}\begin{bmatrix}80\\83\end{bmatrix}=\begin{bmatrix}180\\20\end{bmatrix}=\tilde{\boldsymbol{x}}$$

这恰好就是我们所预期的（为满足商品需求所需要的产业产出）。类似地，有：

$$\tilde{\boldsymbol{C}}(\tilde{\boldsymbol{C}}-\tilde{\boldsymbol{B}})^{-1}\boldsymbol{e}=\begin{bmatrix}0.5 & 0.5\\0.5 & 0.5\end{bmatrix}\begin{bmatrix}7.2973 & -4.8649\\-21.6216 & 21.0811\end{bmatrix}\begin{bmatrix}80\\83\end{bmatrix}=\begin{bmatrix}100\\100\end{bmatrix}=\boldsymbol{q}$$

$\tilde{\boldsymbol{C}}(\tilde{\boldsymbol{C}}-\tilde{\boldsymbol{B}})^{-1}$ 是商品技术假定下商品×商品的完全需求系数矩阵（表 5-6）。

$(\tilde{\boldsymbol{C}}-\tilde{\boldsymbol{B}})^{-1}$ 的难题在于它包含了负元素。这是没什么道理的；例如，对商品 1 的最终需求增加引发了产业 2 产出的降低。我们将在第 5.5 节中更详细探讨完全需求系数矩阵中的负元素问题。此处，我们简要说明负元素所产生的问题。例如，假设我们要以标准的途径使用（$\tilde{\boldsymbol{C}}-\tilde{\boldsymbol{B}}$）$^{-1}$，即评估商品最终需求的某些变化（$\Delta\boldsymbol{e}$）对产业产出带来的效应（$\Delta\tilde{\boldsymbol{x}}$）。读者很容易验证，对于 $\Delta\boldsymbol{e}=\begin{bmatrix}100\\85\end{bmatrix}$，$\Delta\tilde{\boldsymbol{x}}=\begin{bmatrix}316\\-370\end{bmatrix}$，如果不可能给出有意义的解释，这个结果难以令人信服。记住最开始时 $\boldsymbol{e}=\begin{bmatrix}80\\83\end{bmatrix}$，$\tilde{\boldsymbol{x}}=\begin{bmatrix}180\\20\end{bmatrix}$，因此需求的提高 $\boldsymbol{e}^{new}=\begin{bmatrix}180\\168\end{bmatrix}$ 产生了 $\tilde{\boldsymbol{x}}^{new}=\begin{bmatrix}496\\-350\end{bmatrix}$。如我们将在第 5.5 节中看到的，即使 $\boldsymbol{C}$ 是非奇异的，负元素仍是商品技术假定的一个问题。

① 为了有奇异性，矩阵中的所有行和列都必须是成比例的。此处，为了简化，我们使用唯一可能的例证，使得产品产出（$\boldsymbol{V}$ 和 $\tilde{\boldsymbol{V}}$ 的列和）当 $\boldsymbol{q}=\begin{bmatrix}100\\100\end{bmatrix}$ 时不变。

在任何情况下，在真实世界模型中 $\boldsymbol{C}$（$\boldsymbol{D}$ 或 $\boldsymbol{V}$）有多大的概率是奇异的？答案是不太大。在这个小规模示例中，$\underset{(i\times c)}{\widetilde{\boldsymbol{V}}}=\begin{bmatrix}90 & 90\\10 & 10\end{bmatrix}$的含义是产业 1 生产 90%的商品 1 的产出，并且也生产 90%的商品 2 的产出。但如果产业基于它们的主要产品命名，每个产业只能有一种主要产品，产业 1 不可能生产商品 2 产出的 90%，根据定义商品 2 是产业 2 的主要产品。实际上，如果该商品的确是该产业的主要产品，每个产业应该生产超过一半的其主要产品的产出。

以下是非常适用的矩阵代数的结果。矩阵 $\boldsymbol{M}$ 被称为是对角占优的，如果：

$$|m_{jj}|>\sum_{\substack{i=1\\i\neq j}}^{n}|m_{ij}| \quad \text{对于 } j=1,\cdots,n$$

也就是说，对于一个具有非负元素的矩阵（如 $\boldsymbol{V}$，因此不需要求绝对值），每列处于主对角位置的元素比该列中所有其他元素的合计大。① 重要的是，可以证明具有对角占优特点的 $n\times n$ 矩阵总是非奇异的。对于矩阵 $\boldsymbol{V}$，对角占优意味着每种商品（矩阵 $\boldsymbol{V}$ 的每列）超过一半的产出会由相应的以该商品作为主要产品的产业（行）所生产。并且，如我们刚刚提到的，因为产业是通过它们的主要产品命名的，$\boldsymbol{V}$ 的对角占优性是可预料到的。这意味着 $\boldsymbol{C}$（或 $\boldsymbol{D}$）的奇异性在多数真实世界的商品-产业投入产出模型中不会成为问题。②

5.4 另一种可选的直接消耗系数矩阵与完全需求系数矩阵的数值实例

由表 5－3 中的数值实例，我们有：

$$\boldsymbol{B}=\begin{bmatrix}0.1333 & 0.0727\\0.1111 & 0.0636\end{bmatrix},\ \boldsymbol{C}=\begin{bmatrix}1 & 0.0909\\0 & 0.9091\end{bmatrix},\ \boldsymbol{D}=\begin{bmatrix}0.9 & 0\\0.1 & 1\end{bmatrix},$$

$$\boldsymbol{C}^{-1}=\begin{bmatrix}1 & -0.1\\0 & 1.1\end{bmatrix},\ \boldsymbol{D}^{-1}=\begin{bmatrix}1.1111 & 0\\-0.1111 & 1\end{bmatrix}$$

（注意 $\boldsymbol{C}^{-1}$ 中的负元素。）本节中我们把相对应的直接消耗系数矩阵和完全需求系数矩阵整理到一起。

□ 5.4.1 直接消耗系数矩阵

$$\underset{(c\times c)}{\boldsymbol{A}_I}=\boldsymbol{BD}=\begin{bmatrix}0.1273 & 0.0727\\0.1064 & 0.0636\end{bmatrix},\ \underset{(i\times i)}{\boldsymbol{A}_I}=\boldsymbol{DB}=\begin{bmatrix}0.1200 & 0.0655\\0.1244 & 0.0709\end{bmatrix},$$

① 对于对角占优矩阵，还有其他几种定义，但是这些定义在此处对我们来说是不必要的。例如，见 Takayama (1985, Chapter 4) 或者 Lancaster (1968, Chapter R7)。这些文献都涵盖了相关概念的讨论，包括 Frobenius 定理和不可分解矩阵的概念；这些论题也超出了我们此处需要的范围。

② 读者可能会思考随着商品/产业数目的增加，对角占优的可能性会更大还是更小。两种商品两个产业的简化可能会带来误导。

$$\underset{(c\times c)}{A_C}=BC^{-1}=\begin{bmatrix}0.1333 & 0.0667\\0.1111 & 0.0589\end{bmatrix},\ \underset{(i\times i)}{A_C}=C^{-1}B=\begin{bmatrix}0.1222 & 0.0664\\0.1222 & 0.0700\end{bmatrix}$$

□ 5.4.2 完全需求系数矩阵

商品需求驱动模型

产业技术 **商品技术**

商品×商品

$$(I-BD)^{-1}=\begin{bmatrix}1.1568 & 0.0898\\0.1314 & 1.0782\end{bmatrix}\qquad (I-BC^{-1})^{-1}=\begin{bmatrix}1.1644 & 0.0825\\0.1375 & 1.0723\end{bmatrix}$$

产业×产业

$$D(I-BD)^{-1}=\begin{bmatrix}1.0411 & 0.0809\\0.2471 & 1.0871\end{bmatrix}\qquad C^{-1}(I-BC^{-1})^{-1}=\begin{bmatrix}1.1507 & -0.0247\\0.1512 & 1.1795\end{bmatrix}$$

产业需求驱动模型

产业技术 **商品技术**

产业×产业

$$(I-DB)^{-1}=\begin{bmatrix}1.1478 & 0.0809\\0.1537 & 1.0871\end{bmatrix}\qquad (I-C^{-1}B)^{-1}=\begin{bmatrix}1.1507 & 0.0821\\0.1512 & 1.0861\end{bmatrix}$$

商品×商品

$$D^{-1}(I-DB)^{-1}=\begin{bmatrix}1.2753 & 0.0898\\0.0262 & 1.0782\end{bmatrix}\qquad C(I-C^{-1}B)^{-1}=\begin{bmatrix}1.1644 & 0.1808\\0.1375 & 0.9873\end{bmatrix}$$

注意负元素出现在这些完全需求系数矩阵的其中一个中。这反映了 C^{-1} 中的负元素（实际上，C^{-1} 也出现在其他三个商品技术完全需求系数矩阵中，但是负元素的影响在乘积 BC^{-1} 和 $C^{-1}B$ 中被减轻了）。我们将在接下来的一节中较为详细地考察商品-产业模型中的负元素。

5.5 商品-产业框架中的负元素

在最初的投入产出模型中，我们不会预期出现负元素，无论是在产业间交易矩阵（Z）中还是在总产出向量（x）中。这意味着在技术系数矩阵（A）或列昂惕夫逆矩阵中不会有任何负元素。[①] 然而，在核算次要产品中用于改进初始的列昂惕夫框架的商品-产业结构形式，却引起了其自身的一个新问题——负值的可能性。

□ 5.5.1 商品技术

直接消耗系数矩阵考虑结构 $\underset{(c\times c)}{A_C}=BC^{-1}=U(V')^{-1}$，对一般的 2×2 情况有：

① 初始框架的扩展可能包含负元素，就如在污染产生模型中那样，负的 z_{ij} 可能表示产业 j 的生产活动所伴随产生的污染物 i 的量。相应的 a_{ij} 也可能是负的（产业 j 每单位产出所排放的污染物 i 的量）。

$$\underset{(c\times c)}{\boldsymbol{A}_C}=\begin{bmatrix}u_{11} & u_{12}\\ u_{21} & u_{22}\end{bmatrix}\begin{bmatrix}v_{11} & v_{21}\\ v_{12} & v_{22}\end{bmatrix}^{-1}=(1/|\mathbf{V}|)\begin{bmatrix}u_{11} & u_{12}\\ u_{21} & u_{22}\end{bmatrix}\begin{bmatrix}v_{22} & -v_{21}\\ -v_{12} & v_{11}\end{bmatrix}$$

$$=(1/|\mathbf{V}|)\begin{bmatrix}u_{11}v_{22}-u_{12}v_{12} & -u_{11}v_{21}+u_{12}v_{11}\\ u_{21}v_{22}-u_{22}v_{12} & -u_{21}v_{21}+u_{22}v_{11}\end{bmatrix}$$

如果 $\mathbf{V}$ 是对角占优矩阵，如所预期的那样，则 $|\mathbf{V}|=v_{11}v_{22}-v_{12}v_{21}>0$，$\underset{(c\times c)}{\boldsymbol{A}_C}$ 中的元素符号将取决于 u_{ij} 和 v_{ij} 的相对大小。

作为示例，假设 $\boldsymbol{U}$ 为表 5-3 中所给出的那样，且 $\mathbf{V}$ 中所有元素除了 v_{21} 都保持相同。当 v_{21} 是什么值时至少使 $\underset{(c\times c)}{\boldsymbol{A}_C}$ 中有一个元素为负（注意 v_{21} 只出现在 $\underset{(c\times c)}{\boldsymbol{A}_C}$ 的第二列）？这意味着，v_{21} 为什么值时 v_{21} 比（$u_{12}v_{11}/u_{11}$）或者（$u_{22}v_{11}/u_{21}$）大？在这个例子中，我们分别有 $v_{21}>60$ 或 $v_{21}>63$，从而在该点当 $v_{21}>60$ 时 $(\underset{(c\times c)}{a_C})_{12}$ 变为负值，当 $v_{21}>63$ 时 $(\underset{(c\times c)}{a_C})_{22}$ 变为负值。例如，读者容易验证，如果 $v_{21}=60$，有：

$$\underset{(c\times c)}{\boldsymbol{A}_C}=\boldsymbol{U}(\mathbf{V}')^{-1}=\begin{bmatrix}12 & 8\\ 10 & 7\end{bmatrix}\begin{bmatrix}90 & 60\\ 0 & 100\end{bmatrix}^{-1}$$

$$=\begin{bmatrix}12 & 8\\ 10 & 7\end{bmatrix}\begin{bmatrix}0.0111 & -0.0067\\ 0 & 0.01\end{bmatrix}=\begin{bmatrix}0.1333 & 0\\ 0.1111 & 0.0033\end{bmatrix}$$

而对于 $v_{21}=61$，$\underset{(c\times c)}{\boldsymbol{A}_C}=\begin{bmatrix}0.1333 & -0.0013\\ 0.1111 & 0.0022\end{bmatrix}$，对于 $v_{21}=64$，$\underset{(c\times c)}{\boldsymbol{A}_C}=\begin{bmatrix}0.1333 & -0.0053\\ 0.1111 & -0.0011\end{bmatrix}$。因此，$\underset{(c\times c)}{\boldsymbol{A}_C}$ 表现出令人不满的不稳定性；没有任何的理由说明为什么 $v_{21}=60$ 比 $v_{21}=61$ 更有经济上的说服力。

可是这一单位的变化却意味着合理的直接消耗系数矩阵和合理性差很多的直接消耗系数矩阵之间的差异。例如，$\underset{(c\times c)}{\boldsymbol{A}_C}=\begin{bmatrix}0.1333 & -0.0013\\ 0.1111 & 0.0022\end{bmatrix}$的含义是商品 2 的生产释放出而不是消耗了某个数量的商品 1，即使如 $\boldsymbol{U}$ 中所示产业 2 消耗了正数量的该商品作为生产投入。当 $v_{21}=64$ 时，$\underset{(c\times c)}{\boldsymbol{A}_C}=\begin{bmatrix}0.1333 & -0.0053\\ 0.1111 & 0.0011\end{bmatrix}$更加没有道理。

由 $\underset{(c\times c)}{\boldsymbol{A}_C}=\boldsymbol{U}(\mathbf{V}')^{-1}$ 以及 2×2 矩阵的逆的基本定义——该种情况下 $(\mathbf{V}')^{-1}=(1/|\mathbf{V}|)[\mathrm{adj}(\mathbf{V}')]$——我们认识到 $\underset{(c\times c)}{\boldsymbol{A}_C}$ 中的负元素意味着 $\mathbf{V}'$ 中至少有一个非对角元素为负。① 上述示例说明了 $(\mathbf{V}')^{-1}$ 中的负元素会或者不会导致 $\underset{(c\times c)}{\boldsymbol{A}_C}$ 中的一个或多个负元素——对于 $v_{21}=60$，不会导致负元素，但是对于 $v_{21}=61$ 以及更大的值，则会导致负元素。

用这个 2×2 的小规模的例子仔细地考察 $\underset{(c\times c)}{\boldsymbol{A}_C}$ 中涉及的运算是有意义的，其中 $\underset{(c\times c)}{\boldsymbol{A}_C}=(1/|\mathbf{V}|)\begin{bmatrix}u_{11}v_{22}-u_{12}v_{12} & -u_{11}v_{21}+u_{12}v_{11}\\ u_{21}v_{22}-u_{22}v_{12} & -u_{21}v_{21}+u_{22}v_{11}\end{bmatrix}$。为了简化这个表达式，假设 $v_{12}=0$；也

① 当然，如果 $\mathbf{V}$ 是对角矩阵，$(\mathbf{V}')^{-1}$ 中不会有非对角元素。对角矩阵 $\mathbf{V}$ 意味着经济中所有的生产都是主要产品生产，没有次要产品生产，则没有必要建立完整的商品-产业框架。（见第 5.6 节。）严格来说，这些观测结果只对两种商品/两个产业的实例成立。m 种商品和 n 个产业的情况需要更为一般的讨论，其中 $m=n>2$，$|\mathbf{V}'|$ 和 $[\mathrm{adj}(\mathbf{V}')]$ 具有更为复杂的结构。

就是说，产业 1 只生产商品 1，而产业 2 两种商品都生产一些。在这种情况下，读者可以验证 $\underset{(c\times c)}{\boldsymbol{A}_C}$ 将变为：

$$\underset{(c\times c)}{\boldsymbol{A}_C}=\begin{bmatrix} u_{11}/v_{11} & u_{12}/v_{22}-(u_{11}/v_{11})(v_{21}/v_{22}) \\ u_{21}/v_{11} & u_{22}/v_{22}-(u_{21}/v_{11})(v_{21}/v_{22}) \end{bmatrix}$$

考虑衡量商品 2 单位产出的商品 1 投入的元素——$(\underset{(c\times c)}{a_C})_{12}=u_{12}/v_{22}-(u_{11}/v_{11})(v_{21}/v_{22})$。$u_{12}/v_{22}$标准化了商品 1 对产业 2 的投入 u_{12}，假定产业 2 的所有产出都是商品 2 的形式。然而，有些 u_{12}进入产业 2 是为了其中的商品 1 的生产。在商品技术假定下，商品 1 的生产投入结构在两个产业中都是相同的，由 $\underset{(c\times c)}{\boldsymbol{A}_C}$ 的第一列，我们知道（u_{11}/v_{11}）表示商品 1 单位产出的商品 1 投入，无论在什么地方生产。由 $\boldsymbol{V}$ 的第二行，我们知道产业 2 生产了 v_{21}单位的商品 1 的同时也生产了 v_{22}单位的商品 2——因此，（v_{21}/v_{22}）表示产业 2 中每单位商品 2 的生产对应的商品 1 的生产。因此，必须每单位商品 1 的投入乘以数量——（$(u_{11}/v_{11})(v_{21}/v_{22})$）——从 u_{12}/v_{22}中减掉以核算产业 2 的实际情况，即产业 2 用 u_{12}既生产商品 2 又生产商品 1。我们在$(\underset{(c\times c)}{a_C})_{12}$中想要的仅仅是商品 2 的生产所要用到的商品 1 的投入。对于$(\underset{(c\times c)}{a_C})_{22}$也有类似的讨论。① 由 $\underset{(c\times c)}{\boldsymbol{A}_C}$ 的第二列可知，显然如果任一元素的负项超过正项，负系数就会出现。

交易矩阵

在初始的投入产出模型中，基础的产业间交易矩阵可以反过来从 $\boldsymbol{A}$ 和 $\boldsymbol{x}$ 计算得到，即 $\boldsymbol{Z}=\boldsymbol{A}\hat{\boldsymbol{x}}$［例如式（5.3)］。类似地，商品技术模型中的商品间交易矩阵（商品投入支撑商品产出）也能够推导出来；用 $\underset{(c\times c)}{\boldsymbol{Z}_C}$ 来表示。在第 5.3 节中，我们看到 $\boldsymbol{q}=(\boldsymbol{BC}^{-1})\boldsymbol{q}+\boldsymbol{e}$，其中 $\boldsymbol{BC}^{-1}$作为直接消耗系数矩阵——$\underset{(c\times c)}{\boldsymbol{A}_C}=\boldsymbol{BC}^{-1}$。则可得 $\underset{(c\times c)}{\boldsymbol{Z}_C}=\underset{(c\times c)}{\boldsymbol{A}_C}\hat{\boldsymbol{q}}(=\boldsymbol{BC}^{-1}\hat{\boldsymbol{q}})$。$\underset{(c\times c)}{\boldsymbol{A}_C}$ 中负元素的含义是基础的交易为负，而这通常被认为是没有道理的。因为 $\underset{(c\times c)}{\boldsymbol{A}_C}$ 被一个（正的）对角矩阵右乘，$\underset{(c\times c)}{\boldsymbol{A}_C}$ 中的任何负元素都将直接转化为 $\underset{(c\times c)}{\boldsymbol{Z}_C}$ 中相应位置的负元素。

对于变化后的例子，其中 $v_{21}=64$，因此 $\boldsymbol{V}=\begin{bmatrix} 90 & 0 \\ 64 & 100 \end{bmatrix}$，我们得到 $\underset{(c\times c)}{\boldsymbol{A}_C}=\begin{bmatrix} 0.1333 & -0.0053 \\ 0.1111 & -0.0011 \end{bmatrix}$。在这种情况下，相应的商品产出向量为 $\boldsymbol{q}=\begin{bmatrix} 90 \\ 164 \end{bmatrix}$，因此得到的交易矩阵为 $\underset{(c\times c)}{\boldsymbol{Z}_C}=\underset{(c\times c)}{\boldsymbol{A}_C}\hat{\boldsymbol{q}}=\begin{bmatrix} 20.53 & -0.53 \\ 17.11 & -0.11 \end{bmatrix}$，在所预期位置有负流量。

使用根据 $\boldsymbol{U}$、$\boldsymbol{V}$、$\boldsymbol{q}$ 和 $\boldsymbol{x}$ 建立的 $\boldsymbol{B}$、$\boldsymbol{C}$ 和 $\boldsymbol{D}$ 的定义，同时使用乘积、对角矩阵的转置和求逆的矩阵代数运算，也容易说明 $\underset{(c\times c)}{\boldsymbol{Z}_C}=\boldsymbol{U}(\boldsymbol{D}')^{-1}$。② 用这种形式，通过用一个“转化”矩阵右乘，初始的商品对产业交易矩阵 $\boldsymbol{U}$ 就被转化为商品对商品交易矩阵。我们在附录 5.1 来讨论在商品技术（$\underset{(c\times c)}{\boldsymbol{Z}_C}$ 或 $\underset{(i\times i)}{\boldsymbol{Z}_C}$）或产业技术（$\underset{(c\times c)}{\boldsymbol{Z}_I}$ 或 $\underset{(i\times i)}{\boldsymbol{Z}_I}$）假定下将 $\underset{(c\times i)}{\boldsymbol{U}}$ 转化为 $\underset{(c\times c)}{\boldsymbol{Z}}$ 或 $\underset{(i\times i)}{\boldsymbol{Z}}$ 的思想。在附录 5.2 中，在附录 5.1 结果的基础上，我们探讨当 $\underset{(c\times c)}{\boldsymbol{Z}_C}$ 中出现

---

① 如果 $v_{12}\neq 0$ 且 $v_{21}\neq 0$ 都成立，构成 $\underset{(c\times c)}{\boldsymbol{A}_C}$ 的更为复杂的表达式背后的经济逻辑更加难以理顺。对于大于 2×2的情况则更为糟糕。

② 从 $\boldsymbol{BC}^{-1}$到 $\boldsymbol{U}(\boldsymbol{D}')^{-1}$的步骤纯粹是代数的。对这类矩阵代数感兴趣的读者可以完成细节推导。

负元素时消除它们的方法（Almon，2000）。

由第 5.3 节，我们看到 $\boldsymbol{C}^{-1}\boldsymbol{B}$ 起到了商品技术模型中产业对产业直接消耗系数矩阵的作用，因此基础的交易矩阵是 $\underset{(i\times i)}{\boldsymbol{Z}_C}=\underset{(i\times i)}{\boldsymbol{A}_C}\hat{x}=\boldsymbol{C}^{-1}\boldsymbol{B}\hat{\boldsymbol{x}}=\boldsymbol{C}^{-1}\boldsymbol{U}$。同样，$\underset{(i\times i)}{\boldsymbol{A}_C}$ 中任何（不合理的）负元素必定反映了相应的负交易量（同样不合理）。因为：

$$\underset{(i\times i)}{\boldsymbol{A}_C}=\boldsymbol{C}^{-1}\boldsymbol{B}=\hat{\boldsymbol{x}}(\boldsymbol{V}')^{-1}\boldsymbol{U}\hat{\boldsymbol{x}}^{-1}$$

$(\boldsymbol{V}')^{-1}$ 中的负元素对直接消耗系数矩阵的影响与 $\underset{(c\times c)}{\boldsymbol{A}_C}$ 相比不那么直接。然而，仅仅通过一点计算，就能发现对于这个例子，当 $v_{12}=0$ 时，可能的负元素将位于 $\underset{(i\times i)}{\boldsymbol{A}_C}$ 最上面的一行，且如果（1）$v_{21}>u_{11}v_{22}/u_{21}$ 或者（2）$v_{21}>u_{12}v_{22}/u_{22}$，负元素会出现。求解分别可得（1）$v_{21}>120$ 和（2）$v_{21}>114.3$。就我们的例子而言，这些较大的 v_{21} 数值中的任何一个都是非常不可能的，因为它们中的每一个都超过了 $v_{11}=90$——我们预期 $\boldsymbol{V}$ 为对角占优。[①] 特别地，使用 $v_{21}=64$ 的情况，如上，相应的新的产业产出向量为 $\boldsymbol{x}=\begin{bmatrix}154\\100\end{bmatrix}$（$\boldsymbol{V}$ 矩阵的列和），我们得到 $\underset{(i\times i)}{\boldsymbol{A}_C}=\begin{bmatrix}0.062\ 2 & 0.021\ 5\\0.182\ 2 & 0.070\ 0\end{bmatrix}$，没有负元素。

完全需求系数矩阵

负元素也会出现在完全需求系数矩阵中。使用当 $v_{21}=60$ 时的上述 $\underset{(c\times c)}{\boldsymbol{A}_C}$，在商品需求驱动模型（表 5-4）中完全需求系数矩阵包含了一个负元素：

$$(\boldsymbol{I}-\boldsymbol{B}\boldsymbol{C}^{-1})^{-1}=\begin{bmatrix}1.153\ 8 & 0\\0.128\ 6 & 1.003\ 3\end{bmatrix}\text{及 }\boldsymbol{C}^{-1}(\boldsymbol{I}-\boldsymbol{B}\boldsymbol{C}^{-1})^{-1}=\begin{bmatrix}1.076\ 7 & -0.602\ 0\\0.205\ 8 & 1.605\ 4\end{bmatrix}$$

然而，当 $v_{21}=61$ 时，两个矩阵中都有负元素：

$$(\boldsymbol{I}-\boldsymbol{B}\boldsymbol{C}^{-1})^{-1}=\begin{bmatrix}1.153\ 6 & -0.001\ 5\\0.128\ 5 & 1.002\ 1\end{bmatrix}\text{及 }\boldsymbol{C}^{-1}(\boldsymbol{I}-\boldsymbol{B}\boldsymbol{C}^{-1})^{-1}=\begin{bmatrix}1.075\ 3 & -0.612\ 8\\0.206\ 8 & 1.613\ 3\end{bmatrix}$$

对于 $v_{21}=64$ 同样如此。

这些矩阵中的第一个，即 $(\boldsymbol{I}-\boldsymbol{B}\boldsymbol{C}^{-1})^{-1}$，将商品最终需求和商品产出联系起来，因此在 $v_{21}=61$ 的情况下的负元素意味着对商品 2 的最终需求的增加导致了商品 1 产出的下降。第二个矩阵，即 $\boldsymbol{C}^{-1}(\boldsymbol{I}-\boldsymbol{B}\boldsymbol{C}^{-1})^{-1}$，将商品最终需求与产业产出联系了起来，因此商品 2 最终需求的增加导致了产业 1 产出的降低。相反，读者容易证明，产业需求驱动模型中的两个完全需求系数矩阵（表 5-5）——$(\boldsymbol{I}-\boldsymbol{C}^{-1}\boldsymbol{B})^{-1}$ 和 $\boldsymbol{C}(\boldsymbol{I}-\boldsymbol{C}^{-1}\boldsymbol{B})^{-1}$——在关于 v_{21} 的任一假定下都是非负的。然而，如前所述，商品需求驱动模型通常是大家所感兴趣的，因为对商品的需求通常被首选作为建立在商品-产业数据集基础上的模型的外生刺激。

□ 5.5.2 产业技术

直接消耗系数矩阵

与商品技术下的情况相反，产业技术下的直接消耗系数矩阵——$\underset{(c\times c)}{\boldsymbol{A}_I}=\boldsymbol{B}\boldsymbol{D}=\boldsymbol{U}\hat{\boldsymbol{x}}^{-1}\boldsymbol{V}\hat{\boldsymbol{q}}^{-1}$，如式（5.27）所示——永远不会包含负元素（只要 $\boldsymbol{U}$ 和 $\boldsymbol{V}$ 中没有负值），因为（正的）

① 在我们这个小规模的数值例子中，这些结果当然完全依赖于 $\boldsymbol{U}$ 和 $\boldsymbol{V}$ 中的具体数值。

产业和商品产出的对角矩阵的逆将永不会产生负元素。例如，在 $v_{21}=64$ 的假定下——此时 $\underset{(c\times c)}{\boldsymbol{A}_C}$ 的列 2 中的两个元素结果都为负—— $\underset{(c\times c)}{\boldsymbol{A}_I}$ 中没有负元素：

$$\underset{(c\times c)}{\boldsymbol{A}_I}=\boldsymbol{U}\hat{\boldsymbol{x}}^{-1}\boldsymbol{V}\hat{\boldsymbol{q}}^{-1}=\boldsymbol{BD}$$

$$=\begin{bmatrix}12 & 8\\10 & 7\end{bmatrix}\begin{bmatrix}1/90 & 0\\0 & 1/164\end{bmatrix}\begin{bmatrix}90 & 0\\64 & 100\end{bmatrix}\begin{bmatrix}1/154 & 0\\0 & 1/100\end{bmatrix}$$

$$=\begin{bmatrix}0.1333 & 0.0485\\0.1111 & 0.0424\end{bmatrix}\begin{bmatrix}0.5844 & 0\\0.4156 & 1\end{bmatrix}=\begin{bmatrix}0.0982 & 0.0488\\0.0827 & 0.0427\end{bmatrix}$$

类似地，$\underset{(i\times i)}{\boldsymbol{A}_I}=\boldsymbol{DB}=[\boldsymbol{V}\hat{\boldsymbol{q}}^{-1}]\ [\boldsymbol{U}\hat{\boldsymbol{x}}^{-1}]$，且永远不会出现负元素。同样，对于 $v_{21}=64$ 的例子，有：

$$\underset{(i\times i)}{\boldsymbol{A}_I}=\boldsymbol{DB}=\begin{bmatrix}0.0779 & 0.0283\\0.1665 & 0.0626\end{bmatrix}$$

在产业技术下，我们将永远不必处理可能的负交易问题——无论是 $\underset{(c\times c)}{\boldsymbol{Z}_I}$ 还是 $\underset{(i\times i)}{\boldsymbol{Z}_I}$ 。

完全需求系数矩阵

直接消耗系数矩阵在产业技术下是非负的事实保证相应的完全需求系数矩阵除了其中一个之外所有的矩阵也都会是非负的。继续使用 $v_{21}=64$ 的例子中的数据，得到这些矩阵，为：

$$(\boldsymbol{I}-\boldsymbol{BD})^{-1}=\begin{bmatrix}1.1139 & 0.0564\\0.0960 & 1.0726\end{bmatrix},\ \boldsymbol{D}(\boldsymbol{I}-\boldsymbol{BD})^{-1}=\begin{bmatrix}0.6510 & 0.0330\\0.5590 & 1.0726\end{bmatrix},$$

$$(\boldsymbol{I}-\boldsymbol{BD})^{-1}=\begin{bmatrix}1.0905 & 0.0330\\0.1937 & 1.0726\end{bmatrix},\ \boldsymbol{D}^{-1}(\boldsymbol{I}-\boldsymbol{BD})^{-1}=\begin{bmatrix}1.8659 & 0.0564\\-0.5817 & 1.0492\end{bmatrix}$$

尽管直接消耗系数矩阵为正，但我们发现 $\boldsymbol{D}^{-1}(\boldsymbol{I}-\boldsymbol{DB})^{-1}$ 包含一个负元素，反映 $\boldsymbol{D}^{-1}$ 中负元素的影响。然而，$\boldsymbol{D}^{-1}(\boldsymbol{I}-\boldsymbol{DB})^{-1}$ 是唯一在产业技术下可能包含负元素的完全需求系数矩阵，这一点没什么价值，如之前所提到的，该矩阵是这些矩阵中最不受关注的。

□ 5.5.3 模型选择

选择哪个模型

对于商品-产业框架中多种模型的优点和缺点有大量的讨论文献。然而，对于哪一个更受偏好看法并不一致。例如，滕亚、查克拉博蒂和斯莫尔（ten Raa，Chakraborty，and Small，1984）排除了产业技术模型，赞成商品技术。后来，滕亚（ten Raa，1988）拒绝了商品技术模型［由此还有混合技术模型（下面的第 5.7 节）］，以远离“挫折”。然后科普·贾森和滕亚（Kop Jansen and ten Raa，1990）研究了另一种由制造和使用矩阵创建的技术系数矩阵——$\boldsymbol{A}(\boldsymbol{U},\boldsymbol{V})$ ——在商品技术假定下［$\boldsymbol{A}(\boldsymbol{U},\boldsymbol{V})=\boldsymbol{U}(\boldsymbol{V}')^{-1}$，如式（5.26）］、产业技术假定下［$\boldsymbol{A}(\boldsymbol{U},\boldsymbol{V})=\boldsymbol{U}\langle\boldsymbol{Vi}\rangle^{-1}\boldsymbol{V}\langle\boldsymbol{V}'\boldsymbol{i}\rangle^{-1}$，如式（5.27），回顾 $\boldsymbol{Vi}=\boldsymbol{x}$ 以及 $\boldsymbol{V}'\boldsymbol{i}=\boldsymbol{q}$］和多种混合技术假定下的技术系数矩阵。他们在四个“理想性质”的背景下评估了这些矩阵：物质平衡［$\boldsymbol{x}=\boldsymbol{Ax}+\boldsymbol{y}$ 变为 $\boldsymbol{A}(\boldsymbol{U},\boldsymbol{V})\boldsymbol{V}'\boldsymbol{i}=\boldsymbol{Ui}$］；财务平衡［总收入=各部门总成本，表示为 $\boldsymbol{i}'\boldsymbol{A}(\boldsymbol{U},\boldsymbol{V})\boldsymbol{V}'=\boldsymbol{i}'\boldsymbol{U}$］；价格不变［新的相对价格 $\boldsymbol{p}>\boldsymbol{0}$，意味着使用和制造矩阵中的新价值 $\hat{\boldsymbol{p}}\boldsymbol{U}$ 和 $\boldsymbol{V}\hat{\boldsymbol{p}}$ 所得到的系数矩阵应为 $\boldsymbol{A}(\hat{\boldsymbol{p}}\boldsymbol{U},\boldsymbol{V}\hat{\boldsymbol{p}})=$

$\hat{p}A(U, V)\hat{p}^{-1}$]；规模报酬不变［每个部门 i 的所有投入和产出乘以一个常数 s_i，应该得到不变的系数，因此，对于 $s>0$，$A(U\hat{s}, \hat{s}V)=A(U, V)$]。只有商品技术模型满足所有四个标准（在所研究的七个不同的模型中）。

差异巨大的不同观点还在不断出现。对欧盟成员国的数据搜集建立了推荐标准的欧盟统计手册（Eurostat/European Commission，2008）支持产业技术模型——例如，$\underset{(c\times c)}{A_I}=BD=[U\hat{x}^{-1}][V\hat{q}^{-1}]$［式（5.27）］或者 $\underset{(i\times i)}{A_I}=DB=[V\hat{q}^{-1}][U\hat{x}^{-1}]$。该手册推荐了一个不同的分类目录，反映科尼恩和斯蒂恩格（Konijn and Steenge，1995，pp. 34-35）等所得到的观测结果，科尼恩和斯蒂恩格（Konijn and Steenge，1995，pp. 34－35）描述如下：

> 相对容易理解，这些技术假定（商品技术和产业技术）不被用于建立产业×产业表。在建立产业×产业表时，假定是基于产品（商品）的来源和去向建立的，而不是在生产技术上建立的。因此，我们发现传统的方法介绍是不正确的。

这引出了另一种描述（见表 5－7，改编自 Eurostat/European Commission，2008，Figure 11.3，p. 310）。

表 5－7　　另一种分类，完全需求系数矩阵，商品需求驱动模型

	商品技术	产业技术	固定的产业销售结构	固定的商品销售结构
商品×商品	$(I-BC^{-1})^{-1}$ 模型 A	$(I-BD)^{-1}$ 模型 B		
产业×产业			$(I-C^{-1}B)^{-1}C^{-1}$ 模型 C	$(I-BD)^{-1}D$ 模型 D

模型 A：每种商品都用它自己特定的方法生产，不考虑它所生产的产业，会出现负元素。

模型 B：每个产业都有它自己特定的生产方法，不论它的产品组合是什么，没有负元素出现。

模型 C：每个产业都有它自己特定的销售结构，不论它的产品组合如何，负元素可能出现。

模型 D：每种产品都有它自己特定的销售结构，不论它在哪个产业生产，没有负元素出现。

然后构造了模型 D 的示例：

> 基于固定产品销售结构（模型 D）的产业×产业表没有涉及任何技术假定（A 和 B），不需要为了调整负值而使用在某些时候有些随意的方法。

这本手册给出了说明不同假设的结果的大量数值实例。强调了根据供给和使用表（SUTs）的数据编制对称投入产出表（SIOTs）——意思是具有商品×商品或者产业×产业维度的表——的问题。感兴趣的读者可参考该手册或者塔格（Thage，2002，2005）及塔格和滕亚（Thage and ten Raa，2006）以获得更为详细的信息［该手册和塔格（Thage，2005）中有有用的数值实例］。

目前该论题主要是关于会出现在商品技术模型中的负值问题的；我们接下来回到该问题上。

负值处理

使用现实世界投入产出数据的研究者屡屡发现商品技术模型产生负的直接消耗系数和交易量（常常相对较小）。例如："有大量的（商品技术）方法导致出现负系数的实例，显然从经济角度看这没有意义"［United Nations et al.，1993，Section 15.147；被阿尔蒙（Almon，2000，p.28）引用]。表5-8给出了一些实例。

表5-8　　现实世界中商品技术直接消耗系数矩阵中有负元素的实例

参考文献	维度	国家及年度	负元素数量	负元素占元素总量的比例
ten Raa、Chakraborty 和 Small（1984）	43×43	加拿大，1977年	10[a][在$(\boldsymbol{I}-\boldsymbol{A}_{CB})^{-1}$中]	0.5
ten Raa 和 van der Ploeg（1989）	39×39	英国，1975年	22[b]	1.4
Rainer（1989）	175×175	奥地利，1976年	在$c \times c$模型中，负元素的值占中间流量总值的1.4%	
Steenge（1989）	79×79	美国，1977年	116[b]	1.9
Steenge（1990）	14×14	美国，1977年	7[b]	3.6

a. 选择的标准：>|0.03|。

b. 选择的标准：≥|0.001|。

对这些"无意义"的结果产生了两种应对措施。一种是完全放弃商品技术模型——例如，德梅纳德（de Mesnard，2004）① 或欧盟统计局/欧盟委员会（Eurostat/European Commission，2008）以及上述塔格的文献。其他研究发现抛弃商品技术模型是过于武断的判断（Rainer and Richter，1992）。另一种应对措施是提出对商品技术模型的调整来避免负元素并在负元素实际出现时处理这些元素。同时包括这两个应对措施的补充文献，以及其他文献，包括（大概按照年月顺序）：范赖克格姆（Van Rijckeghem，1967）；施塔默（Stahmer，1985）；滕亚和范德普洛格（ten Raa and van der Ploeg，1989）；斯蒂恩格（Steenge，1989，1990）；雷纳（Rainer，1989）；雷纳和里克特（Rainer and Richter，1989）；马泰和滕亚（Mattey and ten Raa，1997）；隆代罗（Londero，1990，1999，2001）；滕亚（ten Raa，1995，2005）；阿尔蒙（Almon，2000）；滕亚和吕埃达-坎图什（ten Raa and Rueda-Cantuche，2003，2007）。显然这仍然是一个非常开放的问题。

当负元素的绝对值较小时，它们有时简单地被改为0。例如，在斯通指导下剑桥（英国）增长项目的工作（Armstrong，1975）。这种方法的一个问题是什么等同于"相对小"的元素。或者，在某些研究中，负元素被一个小的正元素代替，同时"矩阵的其他元素也被做了补偿性的调整从而总的行和列的核算约束仍然被满足"（Armstrong，1975，p.80）。"补偿性的调整"在某种程度上是权宜之计，不同的研究者可能做出不同的调整安排。在附录5.2中，作为处理基于商品技术的模型中的负元素的一种方法示例，我们考察了一个几十年中被成功用于许多INFORUM研究的方法（Almon，2000）。

5.6　非方阵的商品-产业系统

如果在投入产出核算中商品数量与产业数量不同，则商品-产业模型体系的多种矩

① de Mesnard（2004）反对任何出现$\boldsymbol{C}^{-1}$（具有负元素）的模型版本。他通过将不同模型视为经济回路（直接的刺激）来进行论证。感兴趣的读者可以参见这篇文章。

阵将是“矩形”的，而不是正方形的。① 在本节中，我们探讨了 $m\neq n$ 的可能的含义。理论上，其意思是 $m>n$ 或者 $m<n$。

我们依次考虑这些情况。商品数量多于产业数量的情况（$m>n$）在现实世界的投入产出核算中经常遇到。不常见的是商品数量少于产业数量的情况（$m<n$），尽管这有时在数据集的细分版本中会出现——例如在数据搜集阶段，当“虚拟”产业被用于核算类似于废品、旧货/二手货或者进口关税的产品时。因为通常的实际做法是在使用投入产出模型之前合并到 $m\geqslant n$ 的水平，我们在本节只考虑 $m>n$ 的情况。在网络附录 5W.1 中，我们给出了重要性小很多的 $m<n$ 的情况。

作为示例，令 $m=3$（商品），$n=2$（产业）。组成商品-产业模型模块的矩阵维度为 $\underset{(3\times2)}{\boldsymbol{U}}$、$\underset{(2\times3)}{\boldsymbol{V}}$、$\underset{(2\times1)}{\boldsymbol{x}}$ 和 $\underset{(3\times1)}{\boldsymbol{q}}$。这导致：

$$\underset{(3\times2)}{\boldsymbol{B}}=\underset{(3\times2)}{\boldsymbol{U}}\underset{(2\times2)}{\hat{\boldsymbol{x}}^{-1}},\ \underset{(3\times2)}{\boldsymbol{C}}=\underset{(3\times2)}{\boldsymbol{V}'}\underset{(2\times2)}{\hat{\boldsymbol{x}}^{-1}},\ \underset{(2\times3)}{\boldsymbol{D}}=\underset{(2\times3)}{\boldsymbol{V}}\underset{(3\times3)}{\hat{\boldsymbol{q}}^{-1}}$$

稍后本节将使用如下三种商品、两个产业的数据作为示例加以说明（表 5－9）。在这种情况下，我们容易得到：

$$\boldsymbol{B}=\begin{bmatrix}0.1667 & 0.1446\\0.1852 & 0.1928\\0.0185 & 0.0723\end{bmatrix},\ \boldsymbol{C}=\begin{bmatrix}0.8333 & 0.1205\\0.0926 & 0.7952\\0.0741 & 0.0843\end{bmatrix},$$

$$\boldsymbol{D}=\begin{bmatrix}0.9 & 0.1316 & 0.5333\\0.1 & 0.8684 & 0.4667\end{bmatrix}$$

表 5－9　　三种商品、两个产业的例子

		商品			产业		最终需求	总产出
		1	2	3	1	2		
商品	1				18	12	70	100
	2				20	16	40	76
	3				2	6	7	15
					$\boldsymbol{U}$		$\boldsymbol{e}$	$\boldsymbol{q}$
产业	1	90	10	8				108
	2	10	66	7				83
			$\boldsymbol{V}$					$\boldsymbol{x}$
增加值					68	49	117	
					$\boldsymbol{v}'$			
总投入		100	76	15	108	83		
			$\boldsymbol{q}'$		$\boldsymbol{x}'$			

① 严格说来，正方形是其所有的边都具有相同长度的矩形。然而，一般在商品-产业文献中，“矩形”用于表示“非正方形”体系，其中商品的数量不等于产业的数量。

□ 5.6.1 商品技术

在商品技术下，当我们试图将 $\boldsymbol{x}$ 转化为关于式（5.13）中右侧的 $\boldsymbol{q}$ 的函数时，有一个直接的问题。回顾为了将 $\boldsymbol{q}=\boldsymbol{Bx}+\boldsymbol{e}$［式（5.13）］转化为 $\boldsymbol{q}=\boldsymbol{BC}^{-1}\boldsymbol{q}+\boldsymbol{e}$，由 $\boldsymbol{Cx}=\boldsymbol{q}$［式（5.18）］得到 $\boldsymbol{x}=\boldsymbol{C}^{-1}\boldsymbol{q}$［式（5.19）］，由此我们得到 $\underset{(c\times c)}{\boldsymbol{A}_C}=\boldsymbol{BC}^{-1}$。同样，再次使用式（5.13），但是现在用 $\boldsymbol{C}^{-1}$ 左乘两侧，由此我们得到 $\boldsymbol{x}=\boldsymbol{C}^{-1}\boldsymbol{q}=\boldsymbol{C}^{-1}\boldsymbol{Bx}+\boldsymbol{C}^{-1}\boldsymbol{e}$，因此 $\underset{(i\times i)}{\boldsymbol{A}_C}=\boldsymbol{C}^{-1}\boldsymbol{B}$。显然，这些操作在没有定义良好的 $\boldsymbol{C}^{-1}$ 时，就会出现麻烦。我们在网络附录 5W.1 中（为对数学细节感兴趣的读者所准备）讨论了为什么矩形矩阵的逆的数学概念在这里没有帮助。结论是商品技术模型在商品多于产业的情况下不能生成直接消耗系数矩阵。结果，也无法得到完全需求系数矩阵。通常的做法是将商品（也有可能是产业）合并到 $m=n$ 水平上。

注意第 5.3.7 节中的方法Ⅱ（完全规避了直接消耗系数矩阵）在这里没有帮助。特别地，因为 $\boldsymbol{B}$ 和 $\boldsymbol{C}$ 都是 $m\times n$（此处为 3×2）矩阵，式（5.28）中需要的逆矩阵——$(\boldsymbol{C}-\boldsymbol{B})^{-1}$——恰恰与单独的 $\boldsymbol{C}^{-1}$ 一样是有问题的。

□ 5.6.2 产业技术

直接消耗系数矩阵

在产业技术下，矩形形式不会带来任何问题。将式（5.16）——$\boldsymbol{Dq}=\boldsymbol{x}$——代入式（5.13）——$\boldsymbol{q}=\boldsymbol{Bx}+\boldsymbol{e}$——是简洁明了且不需要求逆的；$\boldsymbol{q}=\boldsymbol{BDq}+\boldsymbol{e}$。由表 5-9 中的 $\boldsymbol{B}$ 和 $\boldsymbol{D}$，得：

$$\underset{(c\times c)}{\boldsymbol{A}_I}=\underset{(3\times 2)}{\boldsymbol{B}}\underset{(2\times 3)}{\boldsymbol{D}}=\begin{bmatrix}0.1645 & 0.1475 & 0.1564\\ 0.1859 & 0.1918 & 0.1887\\ 0.0239 & 0.0652 & 0.0436\end{bmatrix}$$

［如式（5.27）所示］具有正确的 3×3 的维度（商品×商品）并且 $\underset{(i\times i)}{\boldsymbol{A}_I}=\underset{(2\times 3)}{\boldsymbol{D}}\underset{(3\times 2)}{\boldsymbol{B}}=\begin{bmatrix}0.1842 & 0.1940\\ 0.1861 & 0.2156\end{bmatrix}$是联系产业投入和产业产出的适合的 2×2 矩阵。

完全需求系数矩阵

关于完全需求矩阵，我们由表 5-4、表 5-5 和前一节可知产业技术下唯一的问题发生在表 5-5 的商品×产业矩阵中，其中 $\boldsymbol{D}^{-1}$ 在 $\boldsymbol{D}^{-1}(\boldsymbol{I}-\boldsymbol{DB})^{-1}$ 中起作用。问题与 $\boldsymbol{D}$ 非奇异的情况完全相同。该问题在试图从式（5.16）$\boldsymbol{Dq}=\boldsymbol{x}$ 转到式（5.17）$\boldsymbol{q}=\boldsymbol{D}^{-1}\boldsymbol{x}$ 时发生，现在只是因为 $\boldsymbol{D}$ 是矩形的，而不是因为非奇异性。我们也在网络附录 5W.1 中简要讨论了该问题。

在表 5-4 和表 5-5 中，其余的完全需求系数矩阵不受矩形形式的牵制。读者可以利用表 5-9 中的数据核对这一点，为：

$$(\boldsymbol{I}-\boldsymbol{BD})^{-1}=\begin{bmatrix}1.2599 & 0.2505 & 0.2554\\ 0.3020 & 1.3173 & 0.3093\\ 0.0521 & 0.0961 & 1.0731\end{bmatrix}$$

$$\boldsymbol{D}(\boldsymbol{I}-\boldsymbol{BD})^{-1}=\begin{bmatrix}1.2014 & 0.4500 & 0.8429\\ 0.4126 & 1.2139 & 0.7949\end{bmatrix}$$

$$(\boldsymbol{I}-\boldsymbol{DB})^{-1}=\begin{bmatrix}1.2992 & 0.3214\\0.3083 & 1.3511\end{bmatrix}$$

5.7 商品-产业框架中的混合技术

即使在非常详细的产业和商品的细分水平上，仍然会有许多产业生产超过一种的产品。例如，丹麦年度表（1966—1998 年）建立在具有大约 2 750 种商品和 130 个产业的供给和使用表的基础上，荷兰的年度表始于 800 种商品和 250 个产业的数据（Thage，2002，pp. 3 and 13）。

在美国，投入产出商品/产业六位编码标准和四位的 1987 年美国标准产业分类编码（Standard Industrial Classification，SIC）① 之间的对应表明在 SIC2211“宽幅纺织物、棉织物”之下，差不多有 4 页（单倍行距）147 种单独的商品，其中有“床单和布料、棉织品”（“在同一个机构中制造”），以及诸如尿布织物、蚊帐和印花织物等多种条目。② SIC2211 的产出（以及其他四位编码 SIC 产业）被归在 I-O 产业 16.0100，即“宽幅纺织物和纺织制成品”中。而在 SIC2392“室内装饰，除了窗帘和帷幔”之下，有 43 种商品，包括“被单、纤维织物-mfpm（用所购买的材料制造）”，以及诸如船垫、防尘布和鞋袋之类的产品。SIC2392 的产出被记在 I-O 产业 19.0200，即“室内装饰，除了窗帘和帷幔”中。

当然，由于数据被合并到更少的商品和产业分类中，所有这些不同的产品混在一起，使得产业产出中的异质性更大——例如，SIC2392 与 SIC2391、2393-2397 一起被合并到三位 SIC 产业 239“多种纺织制成产品”，反过来，产业 239 又是两位 SIC 产业 23“服装和其他纺织品及类似材料的制成品”的一部分。

关于分类的不同定义有大量的且常常是矛盾的文献，其中涉及次要产品、辅助产品、联合产品和副产品等。通常，一个多产品生产过程的“首要的”（或者“主要的”）产出是占最大产值（有时使用最大增加值）的那种产品；其余产出（如果有）被归类为“次要的”。主要产品和次要产品有时一起被称为“联合产品”，则“副产品”有时被定义为比其他联合产品的“重要性低得多……”的联合产品［联合国（1966，2.60），在隆代罗（Londero，2001，p. 39）中被引用③］。这些区分对于帮助确立是商品技术模型还是产业技术模型对某个特定的次要产品而言更为合理能够起到作用。

这些分类的变化通过以下途径确定了几种次要产品（Bulmer-Thomas，1982，Chapter 9）。

（1）一种产品的产出水平独立于生产它的机构的主要产品水平，并且：

---

① 这后来被再定义为北美产业分类（North American Industrial Classification，NAIC）体系，但是规则保持不变。1997NAIC 体系和 1987SIC 体系之间的对比可参见 www. census. gov：80/epcd/www/naicstab. htm。

② 研究多种美国 SIC“产业”的内容是很有助益的。这很容易在上一个脚注中提到的网站中完成，也可以在 www. osha. gov/oshastats/sicser. html 中做到。

③ 该文献同样包括关于在各种出版物中使用的令人混淆的且矛盾的语言的某些讨论——包括几种来自联合国的。

a. 按照将其作为主要产品生产的产业所用的技术来生产。例如，计算机制造商（例如 IBM）制造的计算机硬盘根据其他的计算机硬盘制造商所使用的生产“投入比例”生产，并卖给其他计算机制造商；纺织厂（如前所述）制造的棉被单。类似这样的次要产品使用商品技术假定是合理的。

b. 按照生产次要产品的产业中所使用的技术进行生产。例如，飞机制造单位（例如波音）所开发的计算机服务就被作为次要产品出售。这在产业技术假定下进行处理是合理的。

（2）在一个单位中，一种产品的产出水平不独立于该单位中的主要产品，并且：

a. 有另一个产业把这种产品作为主要产品。该产品被归类为“副产品”。例如，石油冶炼过程中生产的乙烯（但是同样在“天然气”厂生产）。这类次要产品不能完全遵循任何技术假定。

b. 没有其他另一个产业将其作为主要产品。这被归类为联合生产。例如，羊毛与绵羊被牧场协同生产；兽皮来自家畜饲养；放射性废料在核电站的电力生产中产生；煤炭火力发电站产生的灰，在某些类型的路面（例如机场跑道）被用作硬化剂。此时至少很明显商品技术模型不合适。

在任何活动中，其问题都在于在商品-产业投入产出体系中如何将多种次要产品的每一种“分配”给某个特定的生产技术。在实际中，存在的方法多到和现实世界中的账户和模型一样多。①

在采用商品-产业核算体系之前的时期中，投入产出建模者认识到在许多产业（即前商品-产业时期内的“部门”）中有次要产品的显著事实，并用多种方法处理这个问题。假定产业 j 不仅仅生产商品 j（其主要产品），还生产某些商品 k（产业 k 的主要产品）作为次要产品。一个一般性的方法是从产业 j 的总产出价值中减去代表商品 k 生产的价值的数量，并把这个数量加到产业 k 的产出价值上。对于投入做同样的处理：从产业 j 的总投入向量中减去用于商品 k 生产的那些投入的向量，并把这些投入加到产业 k 的投入列上，这被称为再定义（或者，由于我们稍后将会看到的原因，被称为特殊再定义）。通常，产业再定义说起来比做起来容易，特别是在考虑投入时。另一种方法是建立次要产品的变换——在投入产出用语中，这意味着产业 j 的商品 k 的产出被作为产业 j 卖给产业 k 来对待，并被加到产业 k 的总产出中。②

商品-产业核算方法引入了范围更广泛的选择。它产生了被称为次要产品的自动再定义（mechanical redefinition）的方式——通过使用商品技术假定（如 $\underset{(c\times c)}{\boldsymbol{A}_C}=\boldsymbol{BC}^{-1}$ 给出的）或者产业技术假定（如 $\underset{(c\times c)}{\boldsymbol{A}_I}=\boldsymbol{BD}$ 给出的）。这两种技术途径能够以多种方式使用。例如，在美国的模型中，从 1972 年开始，“明显”[但是已定义的；例如，参见（1）a] 在商品技术下生产的次要产品被明确地再定义到它们的主要产业中，对于剩下的，采用

① 在商品-产业体系的早些年里，关于美国的方法的详细解释见 Ritz (1980)。Rainer 和 Richter (1992) 考察了澳大利亚的经验。关于其他一些国家的综述，见 Franz 和 Rainer (1989)；关于全面的方法分类，见 ten Raa 和 Rueda-Cantuche (2003，esp. Table 2)。

② Fukui 和 Seneta (1985) 考察并分出四类 1980 年代中期处理联合产品的“传统”方法。

产业技术的自动再定义模型。①

另一种商品-产业核算可以采用的再定义是在同一个模型中，既用商品技术又用产业技术自动再定义，因此绕过了只用商品技术的模型或者只用产业技术的模型。这在被称为“混合技术”或“混合”模型的方法中达成。

基本的思想是把制造矩阵 $\mathbf{V}$ 分解为两个部分，因此：

$$\mathbf{V}=\mathbf{V}_1+\mathbf{V}_2 \tag{5.32}$$

其中，$\mathbf{V}_1$给出了被确认为最适合两个假定中的一个的商品的制造，$\mathbf{V}_2$给出了与另一种技术假定密切关联的商品的制造。② 我们能够定义这两个技术假定下的产业总产出向量，为：

$$\boldsymbol{x}_1=\mathbf{V}_1\boldsymbol{i} \text{ 以及 } \boldsymbol{x}_2=\mathbf{V}_2\boldsymbol{i} \tag{5.33}$$

（其中，如之前一样，i 是元素都为 1 的列向量）。则产业总产出为：

$$\boldsymbol{x}=\boldsymbol{x}_1+\boldsymbol{x}_2=(\mathbf{V}_1+\mathbf{V}_2)\boldsymbol{i}$$

类似地，总商品产出确定为：

$$\boldsymbol{q}_1=(\mathbf{V}_1')\boldsymbol{i} \text{ 以及 } \boldsymbol{q}_2=(\mathbf{V}_2')\boldsymbol{i} \tag{5.34}$$

因此：

$$\boldsymbol{q}=\boldsymbol{q}_1+\boldsymbol{q}_2=(\mathbf{V}_1'+\mathbf{V}_2')\boldsymbol{i}$$

□ 5.7.1 V_1中的商品技术

把商品技术与 $\mathbf{V}_1$ 中记录的生产联系在一起并将产业技术与 $\mathbf{V}_2$联系在一起，我们来说明一般的思想。（这种分派是随意的；我们同样可以选择在 $\mathbf{V}_1$ 中反映产业技术而在 V_2 中反映商品技术。我们将在下一节探讨这一点。）使用 $\mathbf{V}_1$，定义：

$$\boldsymbol{C}_1=(\mathbf{V}_1')(\hat{\boldsymbol{x}}_1)^{-1} \tag{5.35}$$

这样建立了一个商品×产业矩阵，其第 i 行第 j 列元素给出产业 j（商品技术）的产出中以商品 i 的方式形成的比例。这与式（5.15）中 $\boldsymbol{C}$ 的定义在本质上是相同的。由式（5.35），$\boldsymbol{C}_1\hat{\boldsymbol{x}}_1\boldsymbol{i}=(\mathbf{V}_1')\boldsymbol{i}$，利用式（5.34），$\boldsymbol{C}_1\boldsymbol{x}_1=\boldsymbol{q}_1$，或者：

$$\boldsymbol{x}_1=\boldsymbol{C}_1^{-1}\boldsymbol{q}_1 \tag{5.36}$$

假设 $\boldsymbol{C}_1$非奇异。该式给出了 $\boldsymbol{x}_1$和 $\boldsymbol{q}_1$之间的一个变换［如果没有下标，则这与式（5.18）和式（5.19）中在纯商品技术情况下的 $\boldsymbol{C}$ 给出的 $\boldsymbol{x}$ 和 $\boldsymbol{q}$ 之间的联系完全等价］。

为了说明 $\mathbf{V}_2$中记录的产出的产业技术特征，定义产业×商品矩阵 $\boldsymbol{D}_2$为：

$$\boldsymbol{D}_2=\mathbf{V}_2\hat{\boldsymbol{q}}^{-1} \tag{5.37}$$

① 提到美国从 1972 年开始对商品-产业方法的使用，Ritz 写道：“对于所有次要产品自动再定义而不是那些特殊再定义的使用，是对早期投入产出研究中使用的变换方法的极大改进”（Ritz，1980，p. 51）。

② 详细的推导、例子、变换和讨论可参见 United Nations（1968）、Aidenoff（1970）、Gigantes（1970）、Cressy（1976）、Armstrong（1975）以及 ten Raa、Chakraborty 和 Small（1984）等。

注意 V_2 的“标准化”是使用总的商品产出完成的，而不仅仅是 V_2 中给出的产出［这与纯产业技术情况下式（5.14）中的 D 的定义类似］。[1] D_2 中第 i 行第 j 列的元素确定了商品 j 所有产品由产业 i 在产业技术假定下制造的比例。因为 $x_2=V_2i$［如式（5.33）］，与上述对 C_1 所使用的相类似的论证引出 x_2 和 q（而不是 q_2）之间的变换；即：

$$x_2=D_2q \tag{5.38}$$

如果我们将 x 的两个部分放到一起，由式（5.36）和式（5.38），我们有：

$$x=x_1+x_2=C_1^{-1}q_1+D_2q$$

我们的兴趣是所有 x 和所有 q 之间的变换；这意味着我们需要用 q 的某个函数代替右端的 q_1。

为了这个目的，我们较详细地考察 q 的组成部分。如上，$q=q_1+q_2$。我们知道 $q_2=(V_2')i$ 且 $D_2=V_2\hat{q}^{-1}$，因此 $q_2=(D_2\hat{q})'i$。根据关于维度匹配的矩阵乘积转置的矩阵代数规则——$(MN)'=N'M'$——以及两个对角矩阵乘积的矩阵代数规则（乘的顺序不会带来差异），我们得到[2]：

$$q_2=(D_2\hat{q})'i=\langle D_2'i\rangle q=\langle i'D_2\rangle q$$

由于 $q_1=q-q_2=q-\langle i'D_2\rangle q$，这就使得 x 被表示为：

$$x=C_1^{-1}(q-\langle i'D_2\rangle q)+D_2q=[C_1^{-1}(I-\langle i'D_2\rangle)+D_2]q$$

如果我们定义：

$$R=[C_1^{-1}(I-\langle i'D_2\rangle)+D_2] \tag{5.39}$$

我们看到的是与早前的结果相对应的结果。此处产业产出与商品产出之间的变换由 $x=Rq$ 给出。之前，在纯产业技术下，它为 $x=Dq$，在纯商品技术下，它为 $x=C^{-1}q$。注意 R 包含前面所有两种变换的元素，即 C_1^{-1} 以及 D_2。在这个特定的混合技术假定下，得到完全需求系数矩阵，用 R 代替了 C^{-1} 或 D，这与在纯商品技术或纯产业技术下的完全需求系数矩阵恰好对应。

□ 5.7.2 V_1 中的产业技术

为了对 V_1 实行产业技术假定，我们定义：

$$D_1=V_1\hat{q}_1^{-1} \tag{5.40}$$

［比较它与式（5.14），现在同时比较它与式（5.37）。］这确定了一个产业×商品矩阵，其第 i 行第 j 列的元素给出了在产业技术假定下由产业 i 使用其技术制造的总的商品 j 的比例。连同定义 $x_1=V_1i$［如式（5.33）］，我们得到：

---

① 此处除数不是 q_2 的元素而是 q 的元素，在这个意义上，该定义与 C_1 的定义不能“对应”。其中的原因在用代数方法给出时将变得清晰。可以使用（已经使用）D_2 的其他定义，具有不同的代数结果。

② 具体的步骤为：$(D_2\hat{q})'i=\hat{q}'D_2'i$（乘积的转置）$=\hat{q}D_2'i$（对角矩阵的转置）$=\hat{q}\langle D_2'i\rangle i$（由一个矩阵的行和形成的向量与该向量形成的对角矩阵的行和所生成的向量相同）$=\langle D_2'i\rangle\hat{q}i$（两个对角矩阵相乘顺序不会带来差异）$=\langle D_2'i\rangle q$。

$$\boldsymbol{x}_1=\boldsymbol{D}_1\boldsymbol{q}_1 \tag{5.41}$$

该式给出了 $\boldsymbol{x}_1$ 和 $\boldsymbol{q}_1$ 之间的变换［如果没有下标，则与纯产业技术情况下 $\boldsymbol{D}$ 的定义完全等同，见式（5.16）］。

为了描述 $\boldsymbol{V}_2$ 中产出的商品技术特征，定义商品×产业矩阵 $\boldsymbol{C}_2$ 为：

$$\boldsymbol{C}_2=\boldsymbol{V}_2'\hat{\boldsymbol{x}}^{-1} \tag{5.42}$$

［与式（5.15）对比，并且也与式（5.35）相比较。］此处 $\boldsymbol{V}_2$ 的"标准化"使用产业总产出，而不只是属于 $\boldsymbol{V}_2$ 中的生产的产出来进行。① $\boldsymbol{C}_2$ 中第 i 行第 j 列的元素描述了产业 j 的所有产出在商品技术下以商品 i 的生产形式形成的产出的比例。与上述类似的论证说明，关于 $\boldsymbol{C}_2$ 的这个定义连同 $\boldsymbol{q}_2=(\boldsymbol{V}_2')\boldsymbol{i}$ 引出了 $\boldsymbol{q}_2$ 和 $\boldsymbol{x}$（而不是 $\boldsymbol{x}_2$）之间的变换；即：

$$\boldsymbol{q}_2=\boldsymbol{C}_2\boldsymbol{x} \tag{5.43}$$

由式（5.33）和 $\boldsymbol{C}_2$ 的定义，$\boldsymbol{x}_2=(\boldsymbol{C}_2\hat{\boldsymbol{x}})'\boldsymbol{i}$，并采用与此前脚注中相同的论证，我们发现：

$$\boldsymbol{x}_2=\langle \boldsymbol{C}_2'\boldsymbol{i}\rangle\boldsymbol{x}=\langle \boldsymbol{i}'\boldsymbol{C}_2\rangle\boldsymbol{x} \tag{5.44}$$

使用 $\boldsymbol{q}_1=\boldsymbol{q}-\boldsymbol{q}_2=\boldsymbol{q}-\boldsymbol{C}_2\boldsymbol{x}$，则 $\boldsymbol{x}$ 的组成部分可表示如下：

$$\boldsymbol{x}=\boldsymbol{x}_1+\boldsymbol{x}_2=\boldsymbol{D}_1(\boldsymbol{q}-\boldsymbol{C}_2\boldsymbol{x})+\langle \boldsymbol{i}'\boldsymbol{C}_2\rangle\boldsymbol{x}$$

重新整理，将 $\boldsymbol{x}$ 单独放在等式的左边，得到：

$$\boldsymbol{x}=[(\boldsymbol{I}+\boldsymbol{D}_1\boldsymbol{C}_2-\langle \boldsymbol{i}'\boldsymbol{C}_2\rangle)^{-1}\boldsymbol{D}_1]\boldsymbol{q}$$

我们可以定义：

$$\boldsymbol{T}=[(\boldsymbol{I}+\boldsymbol{D}_1\boldsymbol{C}_2-\langle \boldsymbol{i}'\boldsymbol{C}_2\rangle)^{-1}\boldsymbol{D}_1] \tag{5.45}$$

我们又一次得到与之前类似的结果。现在，产业产出和商品产出之间的变换由 $\boldsymbol{x}=\boldsymbol{T}\boldsymbol{q}$ 给出。因此 $\boldsymbol{T}$ 起到在之前混合技术情况下 $\boldsymbol{R}$ 所起的作用，以及更早的 $\boldsymbol{D}$ 和 $\boldsymbol{C}^{-1}$ 所起的作用。同样，产业技术的元素（此处在 $\boldsymbol{D}_1$ 中）以及商品技术的元素（此处在 $\boldsymbol{C}_2$ 中）都包括在变换矩阵 $\boldsymbol{T}$ 中。在这个不同的混合技术假定下，完全需求系数矩阵中由 $\boldsymbol{T}$ 代替了其他情况下的 $\boldsymbol{C}^{-1}$、$\boldsymbol{D}$ 或 $\boldsymbol{R}$。

□ 5.7.3　混合技术假定的数值实例

我们同样继续使用表 5－3 中虚拟的数据集。特别地，有：

$$\boldsymbol{B}=\begin{bmatrix}0.1333 & 0.0727\\0.1111 & 0.0636\end{bmatrix},\ \boldsymbol{V}=\begin{bmatrix}90 & 0\\10 & 100\end{bmatrix}$$

假设我们将 $\boldsymbol{V}$ 分解如下②：

---

① 在 $\boldsymbol{C}_1$ 和 $\boldsymbol{D}_2$ 的情况下，$\boldsymbol{C}_2$ 的定义与 $\boldsymbol{D}_1$ 的定义不能"对应"，因为除数不是 $\boldsymbol{x}_2$ 的元素而是 $\boldsymbol{x}$ 的元素。同样，可以用其他具有不同的代数结果的定义。

② 利用如此小规模的（2×2）的例子，$\boldsymbol{V}$ 的元素可在 $\boldsymbol{V}_1$ 和 $\boldsymbol{V}_2$ 之间进行分解的方式灵活性相对小，特别是因为似乎 v_{11} 和 v_{22} 所表示的所有生产都可以被分配给 $\boldsymbol{V}_1$ 或者 $\boldsymbol{V}_2$（当然，在如此高的合并层次上，如我们的 2×2 的例子，不可能想象任何商品实际上只是一种产品）。

$$V_1=\begin{bmatrix}90 & 0\\ 3 & 100\end{bmatrix},\ V_2=\begin{bmatrix}0 & 0\\ 7 & 0\end{bmatrix}$$

例 1：V_1 中为商品技术

此处我们假定 V_1 反映商品技术，V_2 包含产业技术。必需的信息为如下几条：

$$x_1=\begin{bmatrix}90\\ 103\end{bmatrix},\ x_2=\begin{bmatrix}0\\ 7\end{bmatrix},\ q_1=\begin{bmatrix}93\\ 100\end{bmatrix},\ q_2=\begin{bmatrix}7\\ 0\end{bmatrix}$$

因此：

$$C_1=\begin{bmatrix}90 & 3\\ 0 & 100\end{bmatrix}\begin{bmatrix}90 & 0\\ 0 & 103\end{bmatrix}^{-1}=\begin{bmatrix}1 & 0.029\,1\\ 0 & 0.970\,9\end{bmatrix}$$

$$D_2=\begin{bmatrix}0 & 0\\ 7 & 0\end{bmatrix}\begin{bmatrix}100 & 0\\ 0 & 100\end{bmatrix}^{-1}=\begin{bmatrix}0 & 0\\ 0.07 & 0\end{bmatrix}$$

由式（5.39），有：

$$R=\begin{bmatrix}0.93 & -0.03\\ 0.07 & 1.03\end{bmatrix}$$

注意，对于这个数值示例，$i'C_1=i'$ 且 $i'R=i'$［习题 5.6 让读者使用式（5.35）和式（5.39）中的定义说明这一点总是成立］。

由这个信息，我们能够得到四个完全需求系数矩阵，为：

商品×商品

$$(I-BR)^{-1}=\begin{bmatrix}1.159\,1 & 0.087\,6\\ 0.133\,2 & 1.076\,4\end{bmatrix}$$

商品×产业

$$R^{-1}(I-RB)^{-1}=\begin{bmatrix}1.237\,2 & 0.121\,1\\ 0.064\,4 & 1.046\,9\end{bmatrix}$$

产业×商品

$$R(I-BR)^{-1}=\begin{bmatrix}1.073\,9 & 0.049\,2\\ 0.218\,4 & 1.114\,8\end{bmatrix}$$

产业×产业

$$(I-RB)^{-1}=\begin{bmatrix}1.148\,7 & 0.081\,2\\ 0.153\,0 & 1.086\,8\end{bmatrix}$$

如果对比第 5.4.2 节中的矩阵，我们看到这些结果处于“纯”产业技术模型的结果和“纯”商品技术模型的结果之间。

例 2：V_1 中为产业技术

现在我们将 V_1 中的生产归于产业技术假定。在这种情况下，我们有：

$$D_1=\begin{bmatrix}90 & 0\\ 3 & 100\end{bmatrix}\begin{bmatrix}93 & 0\\ 0 & 100\end{bmatrix}^{-1}=\begin{bmatrix}0.967\,7 & 0\\ 0.032\,3 & 1\end{bmatrix}$$

$$C_2=\begin{bmatrix}0 & 7\\ 0 & 0\end{bmatrix}\begin{bmatrix}90 & 0\\ 0 & 110\end{bmatrix}^{-1}=\begin{bmatrix}0 & 0.063\,6\\ 0 & 0\end{bmatrix}$$

由此，有：

$$T=\begin{bmatrix}0.965\,6 & -0.065\,6\\ 0.034\,4 & 1.065\,6\end{bmatrix}$$

这些结果说明 $i'D_1=i'$ 以及 $i'T=i'$［同样，习题 5.6 要求给出一般性的证明，这种情况下使用式（5.40）和式（5.45）]。给出四个完全需求系数矩阵，为：

商品×商品

$$(\boldsymbol{I}-\boldsymbol{BT})^{-1}=\begin{bmatrix}1.161\,7 & 0.085\,0\\0.135\,4 & 1.074\,3\end{bmatrix}$$

商品×产业

$$\boldsymbol{T}^{-1}(\boldsymbol{I}-\boldsymbol{TB})^{-1}=\begin{bmatrix}1.197\,6 & 0.153\,5\\0.104\,1 & 1.014\,6\end{bmatrix}$$

产业×商品

$$\boldsymbol{T}(\boldsymbol{I}-\boldsymbol{BT})^{-1}=\begin{bmatrix}1.112\,9 & 0.011\,6\\0.184\,2 & 1.147\,7\end{bmatrix}$$

产业×产业

$$(\boldsymbol{I}-\boldsymbol{TB})^{-1}=\begin{bmatrix}1.149\,6 & 0.081\,6\\0.152\,1 & 1.086\,4\end{bmatrix}$$

同样，此处完全需求系数矩阵处于第 5.4.2 节中的两种“纯”技术模型示例的结果之间。

□ 5.7.4 其他的混合技术变形

然而，有一种混合技术的方法被称为副产品技术模型。此处，所有次要产品都被归类为副产品，并被作为负投入处理。因为 u_{ij} 是产业 j 生产中商品 i 的总投入，商品 i 对产业 j 的净投入变为 $u_{ij}-v_{ji}$（对 $i\neq j$）。在矩阵 $\boldsymbol{M}$ 上使用“帽子”符号来表示元素为 $\boldsymbol{M}$ 中 m_{ii} 的对角矩阵，使用“上下颠倒”的“帽子”符号表示其元素 m_{ii} 被 0 所代替的矩阵 $\boldsymbol{M}$（因此 $\boldsymbol{M}=\hat{\boldsymbol{M}}+\check{\boldsymbol{M}}$），可以看到，净使用矩阵为：

$$\boldsymbol{U}-\check{\boldsymbol{V}}'=\begin{bmatrix}u_{11} & u_{12}\\u_{21} & u_{22}\end{bmatrix}-\begin{bmatrix}0 & v_{21}\\v_{12} & 0\end{bmatrix}$$

将商品投入与商品产出联系起来的技术矩阵，在副产品技术假定下，可以表示为：

$$\boldsymbol{A}_B=(\boldsymbol{U}-\check{\boldsymbol{V}}')(\hat{\boldsymbol{V}})^{-1}\tag{5.46}$$

对于我们的数值示例，有：

$$\boldsymbol{A}_B=\left\{\begin{bmatrix}12 & 8\\10 & 7\end{bmatrix}-\begin{bmatrix}0 & 10\\0 & 0\end{bmatrix}\right\}\begin{bmatrix}90 & 0\\0 & 100\end{bmatrix}^{-1}=\begin{bmatrix}0.133\,3 & -0.020\,0\\0.111\,1 & 0.070\,0\end{bmatrix}$$

我们看到，与在商品技术模型中一样，可能出现负元素。与之相关联的完全需求系数矩阵（毫不意外，具有负元素）为：

$$(\boldsymbol{I}-\boldsymbol{A}_B)^{-1}=\begin{bmatrix}1.150\,7 & -0.024\,7\\0.137\,5 & 1.072\,3\end{bmatrix}$$

也可以有其他的变化形式。例如，滕亚、查克拉博蒂和斯莫尔（ten Raa，Chakraborty，and Small，1984）提出混合技术假定与副产品技术假定的结合。令 $\boldsymbol{V}_1$ 包含主要产品和普通的次要产品（被定义为会使用商品技术的那些副产品），滕亚、查克拉博蒂和斯莫尔提出对 $\boldsymbol{V}_2$ 使用副产品技术假定而不是产业技术假定。在这种情况下，直接消耗系数矩阵被称为 $\boldsymbol{A}_{CB}$，为：

$$\boldsymbol{A}_{CB}=(\boldsymbol{U}-\boldsymbol{V}_2')(\boldsymbol{V}_1')^{-1}\tag{5.47}$$

对于这个数值示例，可以解得：

$$\boldsymbol{A}_{CB}=\left\{\begin{bmatrix}12 & 8\\10 & 7\end{bmatrix}-\begin{bmatrix}0 & 7\\0 & 0\end{bmatrix}\right\}\begin{bmatrix}90 & 3\\0 & 100\end{bmatrix}^{-1}=\begin{bmatrix}0.133\,3 & 0.006\,0\\0.111\,1 & 0.066\,7\end{bmatrix}$$

以及

$$(\boldsymbol{I}-\boldsymbol{A}_{CB})^{-1}=\begin{bmatrix}1.154\,8 & 0.007\,4\\0.137\,5 & 1.072\,3\end{bmatrix}$$

如果对所有次要产品都实行商品技术模型，则 $\boldsymbol{V}_1=\boldsymbol{V}$，$\boldsymbol{V}_2=0$，因此 $\boldsymbol{A}_{CB}=\boldsymbol{A}_B=\boldsymbol{A}_C$，如式（5.26）所示。另一方面，如果所有次要产品都是使用产业技术的副产品，则 $\boldsymbol{V}_1=\hat{\boldsymbol{V}}$，$\boldsymbol{V}_2=\check{\boldsymbol{V}}$，因此 $\boldsymbol{A}_{CB}=\boldsymbol{A}_B$，如式（5.46）所示。次要产品是普通产品还是副产品，其中的区分是经验性的；滕亚、查克拉博蒂和斯莫尔研究了这个问题，使用回归分析考察一个产业的主要产品和次要产品是否成比例。如果是成比例的，次要产品就被归类为副产品；如果不是，则被归类为普通次要产品。

当一个产业生产的某种特定商品（作为副产品）比它在生产中所使用的该种商品多的时候，直接消耗系数矩阵中会有负值出现。一种直接的处理方法是将这些负值改为零。这种处理等价于把式（5.46）"净交易"矩阵 $\boldsymbol{U}-\check{\boldsymbol{V}}'$ 中的负元素设为零。其逻辑是：如果一个具体的元素 $u_{ij}-v_{ji}$（$i\neq j$）是非负的，则副产品方法正确记录了产业 j 对商品 i 的净使用；如果 $u_{ij}-v_{ji}<0$，则作为第一个近似，我们可以假定 j 对商品 i 的所有需求都由 j 自己的生产所满足，因此 j 对商品 i 的净使用为零。对我们的例子使用该方法，有：

$$\boldsymbol{A}_{B_1}=\begin{bmatrix}0.133\,3 & 0\\0.111\,1 & 0.070\,0\end{bmatrix}\text{且}(\boldsymbol{I}-\boldsymbol{A}_{B_1})^{-1}=\begin{bmatrix}1.153\,8 & 0\\0.137\,9 & 1.075\,3\end{bmatrix}$$

一个更为极端的方法是将次要产品从一个产业的主要产品中减去后直接忽略所有次要产品。在这种情况下，$\check{\boldsymbol{V}}$ 变为零矩阵（主要产品是唯一被核算的产品），因此，由式（5.46），得：

$$\boldsymbol{A}_{B_2}=\boldsymbol{U}\hat{\boldsymbol{V}}^{-1}=\begin{bmatrix}0.133\,3 & 0.080\,0\\0.111\,1 & 0.070\,0\end{bmatrix}\text{且}(\boldsymbol{I}-\boldsymbol{A}_{B_2})^{-1}=\begin{bmatrix}1.166\,7 & 0.100\,4\\0.139\,4 & 1.087\,3\end{bmatrix}$$

最为极端的方法是强制假定根本没有次要产品，将 $\boldsymbol{V}$ 每一行的所有元素都放到对角元中。之后，这就简化为初始的列昂惕夫体系。在本例中，$\boldsymbol{V}$ 将被 $\boldsymbol{\upsilon}=\langle \boldsymbol{Vi}\rangle=\begin{bmatrix}90 & 0\\0 & 110\end{bmatrix}$代替。在式（5.46）中使用 $\boldsymbol{\upsilon}$（注意 $\hat{\boldsymbol{\upsilon}}=\boldsymbol{\upsilon}$ 且 $\check{\boldsymbol{\upsilon}}=0$）：

$$\boldsymbol{A}_L=\boldsymbol{U}\boldsymbol{\upsilon}^{-1}=\begin{bmatrix}12 & 8\\10 & 7\end{bmatrix}\begin{bmatrix}90 & 0\\0 & 110\end{bmatrix}^{-1}=\begin{bmatrix}0.133\,3 & 0.072\,7\\0.111\,1 & 0.063\,6\end{bmatrix}\tag{5.48}$$

且

$$(\boldsymbol{I}-\boldsymbol{A}_L)^{-1}=\begin{bmatrix}1.165\,5 & 0.090\,5\\0.138\,3 & 1.078\,7\end{bmatrix}$$

在这种情况下，$\boldsymbol{\upsilon}=\hat{\boldsymbol{x}}=\hat{\boldsymbol{q}}$，第 5.3.6 节中的所有四个直接消耗系数矩阵——$\underset{(c\times c)}{\boldsymbol{A}_C}$、$\underset{(i\times i)}{\boldsymbol{A}_C}$、$\underset{(c\times c)}{\boldsymbol{A}_I}$ 和 $\underset{(i\times i)}{\boldsymbol{A}_I}$——将会相同［等于式（5.48）中的 $\boldsymbol{A}_L$］，商品-产业核算在这个简化下完全被去除。

5.8 总结

在本章中，我们考察了商品×产业核算方法所引出的问题。该框架开始时是作为一种尝试顺应现实世界中部门（产业）通常不止生产一种产品的事实而引入的，这种事实违背了初始投入产出模型中（见第 2 章）“一个产业/一种产品”的假设。这就导致可能出现“矩形”投入产出体系，即商品（产品）数量不必与产业数量相同。反过来，这种矩形性质在考虑到逆矩阵时导致了计算上的问题。然而，商品×产业方法在商品和产业数量相同时也完全有效；也就是说，它仍然允许对经济更为现实的描述，其中某些产业生产多于一种的产品。

我们在表 5－10 中给出总结，该表是从欧盟统计手册（Eurostat/Economic Commission，2008）中更大的表中精炼出来的，欧盟统计手册中的表记录了欧盟中 24 个国家 1995—2003 年的次要产品的实际数量（不是所有国家在所有年度都有报告）。这些数字可以帮助观察在这些国家中次要生产行为是（或者不是）多么重要。该手册总结道（p. 309）：

在大多欧盟国家中，产业的次要产品报告的级别如次要产业中的产品生产一样相对低。(因此) 产品×产品投入产出表和产业×产业投入产出表差异相对小。两种变换都可以被视为效应分析的有效选择。

表 5－10　次要产品产出在产业总产出中的比例（欧盟国家，60 部门水平）

	1995 年	1999 年	2003 年
最高	19.0 （捷克共和国）	16.7 （比利时）	12.0 （匈牙利）
最低	1.8 （法国）	1.7 （希腊）	3.1 （卢森堡）
欧盟平均	6.1	6.2	7.4

资料来源：Selected from Eurostat/Economic Commission，2008，Table 11.8，p. 308.

附录 5.1　推导交易矩阵的其他方法

由使用矩阵 $\boldsymbol{U}$ 中的商品×产业交易数据生成商品×商品或产业×产业交易矩阵，可以被视为“调整” $\boldsymbol{U}$ 将其转化为适当的商品×商品或者产业×产业维度的矩阵。由于 $\boldsymbol{U}$ 的维度为商品×产业，调整的方法必须为如下之一：(1) 用产业行代替商品行；(2) 用商品列代替产业列。接下来，我们假设已知合理的技术系数矩阵，并研究相应的交易矩阵的必然结构。

□ A5.1.1　产业技术

商品×商品需求系数矩阵

此处 $\underset{(c\times c)}{\boldsymbol{A}_I}=\boldsymbol{BD}$；因此（由之前的章节可知等同于 $\boldsymbol{A}=\boldsymbol{Z}\hat{\boldsymbol{x}}^{-1}\Rightarrow\boldsymbol{A}\hat{\boldsymbol{x}}=\boldsymbol{Z}$）有：

$$\underset{(c\times c)}{\boldsymbol{Z}_I}=(\boldsymbol{BD})\hat{\boldsymbol{q}}=[\boldsymbol{U}\hat{\boldsymbol{x}}^{-1}][\boldsymbol{V}\hat{\boldsymbol{q}}^{-1}]\hat{\boldsymbol{q}}=\boldsymbol{U}\hat{\boldsymbol{x}}^{-1}\boldsymbol{V} \tag{A5.1.1}$$

因为$\boldsymbol{C}=\boldsymbol{V}'\hat{\boldsymbol{x}}^{-1}$，则$\boldsymbol{C}'=\hat{\boldsymbol{x}}^{-1}\boldsymbol{V}$，因此，由式（A5.1.1）得：

$$\underset{(c\times c)}{\boldsymbol{Z}_I}=\underset{(c\times i)}{\boldsymbol{U}}\underset{(i\times c)}{\boldsymbol{C}'} \tag{A5.1.2}$$

在定义$\boldsymbol{A}=\boldsymbol{BD}$时使用$\boldsymbol{D}$并继而得到$\underset{(c\times c)}{\boldsymbol{Z}_I}$的定义，如式（A5.1.1）中的$\boldsymbol{BD}(\hat{\boldsymbol{q}})$，这就确定了产业技术假定。矩阵$\boldsymbol{C}$与商品技术假定相关联；它在式（A5.1.2）式$\underset{(c\times c)}{\boldsymbol{Z}_I}$表述中的出现（$\boldsymbol{C}'$）是为了代数上的方便；简单来说，这就是$\boldsymbol{C}$的代数定义的结果，该定义使得我们可以对式（A5.1.1）在数学上做重新整理。

用$\boldsymbol{C}'$右乘$\boldsymbol{U}$，如式（A5.1.2）所示，用于重新安排商品销售（行）的“目的地”（列）至商品类别购买者而不是产业类别购买者。因为根据定义，$\boldsymbol{C}$中的列合计都为1，$\boldsymbol{C}'$的行合计也都为1。因此，$\underset{(c\times c)}{\boldsymbol{Z}_I}\boldsymbol{i}=\boldsymbol{UC}'\boldsymbol{i}=\underset{(c\times i)}{\boldsymbol{U}}\boldsymbol{i}$；$\underset{(c\times c)}{\boldsymbol{Z}_I}$和$\underset{(c\times i)}{\boldsymbol{U}}$的行和相同。这是顺理成章的；$\underset{(c\times c)}{\boldsymbol{Z}_I}=\boldsymbol{UC}'$所实现的重新分配不改变任何商品的总中间销售量，只有所卖给的购买者的名字改变。

里茨（Ritz，1980，p. 41）注意到式（A5.1.2）可以重新表达为：

$$\underset{(c\times c)}{\boldsymbol{Z}_I}=\boldsymbol{U}(\boldsymbol{I}+\boldsymbol{C}'-\boldsymbol{I})=\boldsymbol{U}+\boldsymbol{U}(\boldsymbol{C}'-\boldsymbol{I}) \tag{A5.1.3}$$

并且$\boldsymbol{U}(\boldsymbol{C}'-\boldsymbol{I})$项中的运算“涵盖了转移投入并生成商品×商品使用矩阵所需要的‘自动再定义’（换句话说，使得产业分类目录精确符合商品分类目录）”［因为$\boldsymbol{C}'\boldsymbol{i}=1$且$\boldsymbol{Ii}=\boldsymbol{i}$，$(\boldsymbol{C}'-\boldsymbol{I})\boldsymbol{i}=\boldsymbol{0}$，在这种形式下，$\underset{(c\times c)}{\boldsymbol{Z}_I}\boldsymbol{i}=\boldsymbol{Ui}$依然保持正确］。接下来的数值实例说明了该调整技术的逻辑。

用表5-3中的数据示例，得到式（A5.1.3）中的$\underset{(c\times c)}{\boldsymbol{Z}_I}$，为：

$$\begin{aligned}\underset{(c\times c)}{\boldsymbol{Z}_I}&=\begin{bmatrix}12&8\\10&7\end{bmatrix}+\begin{bmatrix}12&8\\10&7\end{bmatrix}\left\{\begin{bmatrix}1&0\\0.090\,9&0.909\,1\end{bmatrix}-\begin{bmatrix}1&0\\0&1\end{bmatrix}\right\}\\&=\begin{bmatrix}12&8\\10&7\end{bmatrix}+\begin{bmatrix}12&8\\10&7\end{bmatrix}\begin{bmatrix}0&0\\0.090\,9&-0.090\,9\end{bmatrix}\\&=\begin{bmatrix}12&8\\10&7\end{bmatrix}+\begin{bmatrix}0.727\,2&-0.727\,2\\0.636\,3&-0.636\,3\end{bmatrix}\\&=\begin{bmatrix}12.727\,2&7.272\,8\\10.636\,3&6.363\,7\end{bmatrix}\end{aligned} \tag{A5.1.4}$$

作为说明，考虑右上的元素；$z_{12}=8+12\times0+8\times(-0.090\,9)=7.272\,8$。初始的8被修正，以反映商品2只包含了90.9%的产业2的总产出的事实。因此100%－90.91%＝9.09%的商品1对产业2的投入肯定被用于商品1的生产了，因此8×0.0909＝0.727 2从初始的数量为8的交易u_{12}中被扣除。此外，12单位的商品1被用作产业1生产中的投入（u_{11}）。我们由矩阵$\boldsymbol{C}$知道产业1不生产商品2，因此这个交易的任何部分都不应该被加到z_{12}的估计上。在式（A5.1.4）的$\boldsymbol{Z}$中，其他元素背后的逻辑也是类似的。

产业×产业消耗系数矩阵

此处，$\boldsymbol{A}=\boldsymbol{DB}$；因此，由于 $\boldsymbol{U}=\boldsymbol{B}\hat{\boldsymbol{x}}$，得：

$$\underset{(i\times i)}{\boldsymbol{Z}_I}=(\boldsymbol{DB})\hat{x}=\underset{(i\times c)}{\boldsymbol{D}}\underset{(c\times i)}{\boldsymbol{U}} \tag{A5.1.5}$$

用 $\boldsymbol{D}$ 左乘 $\boldsymbol{U}$ 将产业购买（列）的“来源”（行）重新安排至产业类别的卖方而不是商品类别的卖方。根据定义，$\boldsymbol{D}$ 中的所有列合计都为 1，$\boldsymbol{i}'\underset{(i\times i)}{\boldsymbol{Z}_I}=\boldsymbol{i}'\boldsymbol{DU}=\boldsymbol{i}'\underset{(c\times i)}{\boldsymbol{U}}$。$\underset{(i\times i)}{\boldsymbol{Z}_I}$ 和 $\underset{(c\times i)}{\boldsymbol{U}}$ 的列和是相同的，这也是顺理成章的；通过 $\underset{(i\times i)}{\boldsymbol{Z}_I}=\boldsymbol{DU}$ 所实现的重新分配不应该改变任何产业的总的中间购买量，仅仅是卖方（行）的名字发生了改变。

此外，因为 $(\boldsymbol{I}+\boldsymbol{D}-\boldsymbol{I})=\boldsymbol{D}$，式（A5.1.5）中的 $\underset{(i\times i)}{\boldsymbol{Z}_I}$ 可以表述为：

$$\underset{(i\times i)}{\boldsymbol{Z}_I}=(\boldsymbol{I}+\boldsymbol{D}-\boldsymbol{I})\boldsymbol{U}=\boldsymbol{U}+(\boldsymbol{D}-\boldsymbol{I})\boldsymbol{U} \tag{A5.1.6}$$

在这种情况下，$(\boldsymbol{D}-\boldsymbol{I})\boldsymbol{U}$ 项给出了将 $\boldsymbol{U}$ 转化为产业×产业使用矩阵的调整元素。由于 $\boldsymbol{i}'\boldsymbol{D}=\boldsymbol{i}'$ 且 $\boldsymbol{i}'\boldsymbol{I}=\boldsymbol{i}'$，$\boldsymbol{i}'(\boldsymbol{D}-\boldsymbol{I})=\boldsymbol{0}$，$\underset{(i\times i)}{\boldsymbol{Z}_I}$ 和 $\boldsymbol{U}$ 的列和保持相等。

从教材给出的数值示例，得：

$$\begin{aligned}\underset{(i\times i)}{\boldsymbol{Z}_I}&=\begin{bmatrix}12&8\\10&7\end{bmatrix}+\left\{\begin{bmatrix}0.9&0\\0.1&1\end{bmatrix}-\begin{bmatrix}1&0\\0&1\end{bmatrix}\right\}\begin{bmatrix}12&8\\10&7\end{bmatrix}\\&=\begin{bmatrix}12&8\\10&7\end{bmatrix}+\begin{bmatrix}-0.1&1\\0.1&0\end{bmatrix}\begin{bmatrix}12&8\\10&7\end{bmatrix}=\begin{bmatrix}12&8\\10&7\end{bmatrix}+\begin{bmatrix}-1.2&-0.8\\1.2&0.8\end{bmatrix}\\&=\begin{bmatrix}10.8&7.2\\11.2&7.8\end{bmatrix}\end{aligned} \tag{A5.1.7}$$

同样考虑右上的元素：$z_{12}=8+(-0.1)\times8+0\times7=7.2$。初始的 8，表示商品 1 对产业 2 的投入，现在需要转换为产业 1 对产业 2 的投入。由矩阵 $\boldsymbol{D}$，我们知道 90%的商品 1 由产业 1 生产。因此，在初始的 8 中的 100%－90%＝10%必须被扣除，因为它表示商品 1 由产业 2 生产的部分。此外，7 个单位的商品 2 同样被用于产业2(u_{22})。然而，我们从矩阵 $\boldsymbol{D}$ 知道，所有这些商品 2 没有来自产业 1 的部分，因此对初始的 8 的第二个（潜在的）调整是 0×7＝0。对式（A5.1.7）的 $\underset{(i\times i)}{\boldsymbol{Z}_I}$ 中的其他元素可以做同样的解释。

□ A5.1.2 商品技术

商品×商品需求系数矩阵

此处 $\boldsymbol{A}=\boldsymbol{BC}^{-1}$；因此：

$$\underset{(c\times c)}{\boldsymbol{Z}_C}=(\boldsymbol{BC}^{-1})\hat{\boldsymbol{q}}=[\boldsymbol{U}\hat{\boldsymbol{x}}^{-1}][\hat{\boldsymbol{x}}(\boldsymbol{V}')^{-1}]\hat{\boldsymbol{q}}=\boldsymbol{U}(\boldsymbol{V}')^{-1}\hat{\boldsymbol{q}} \tag{A5.1.8}$$

因为 $\boldsymbol{D}=\boldsymbol{V}\hat{\boldsymbol{q}}^{-1}$，$\boldsymbol{D}'=\hat{\boldsymbol{q}}^{-1}\boldsymbol{V}'$ 且 $(\boldsymbol{D}')^{-1}=(\boldsymbol{V}')^{-1}\hat{\boldsymbol{q}}$，因此：

$$\underset{(c\times c)}{\boldsymbol{Z}_C}=\underset{(c\times i)}{\boldsymbol{U}}\underset{(i\times c)}{(\boldsymbol{D}')^{-1}} \tag{A5.1.9}$$

这要求 $\boldsymbol{V}$ 从而 $\boldsymbol{V}'$ 都是非奇异的，因此 $\boldsymbol{C}$ 和 $\boldsymbol{D}'$ 也是非奇异的。该矩阵是在商品技术假定下的商品×商品交易矩阵，因为矩阵 $\boldsymbol{C}$（更为准确的是 $\boldsymbol{C}^{-1}$）被用于定义式（A5.1.8）中的 $\boldsymbol{A}=\boldsymbol{BC}^{-1}$ 和 $\underset{(c\times c)}{\boldsymbol{Z}_C}=(\boldsymbol{BC}^{-1})\hat{\boldsymbol{q}}$。矩阵 $\boldsymbol{D}$（产业技术假定）仅仅由于数学上的重新整理

而出现，这个重新整理的可能性来自 $\boldsymbol{D}=\hat{\boldsymbol{V}}\boldsymbol{q}^{-1}$。这与在产业技术假定下式（A5.1.1）和式（A5.1.2）中 $\boldsymbol{C}$ 矩阵出现在商品×商品需求系数矩阵表达式中的途径是相似的。

与式（A5.1.2）中一样，右乘 $\boldsymbol{U}$ 以重新安排商品销售（行）的目的地（列）——再一次，对购买者从产业到商品重贴标签。我们知道 $\boldsymbol{D}$ 的列和都为 1，因此 $\boldsymbol{D}'\boldsymbol{i}=\boldsymbol{i}$，由此得到 $(\boldsymbol{D}')^{-1}\boldsymbol{i}=\boldsymbol{i}$。因此，由式（A5.1.9），$\underset{(c\times c)}{\boldsymbol{Z}_C}\boldsymbol{i}=\underset{(c\times i)}{\boldsymbol{U}}\boldsymbol{i}$—$\underset{(c\times c)}{\boldsymbol{Z}_C}$ 以及 $\underset{(c\times i)}{\boldsymbol{U}}$ 的行和相同，与预期一样，且我们在上述产业技术假定下的式（A5.1.2）中看到的 $\underset{(c\times c)}{\boldsymbol{Z}_I}$ 和 $\underset{(c\times i)}{\boldsymbol{U}}$ 也是如此。

此外，使用与前面相同类型的代数推导，式（A5.1.9）可以写为：

$$\underset{(c\times c)}{\boldsymbol{Z}_C}=\boldsymbol{U}[\boldsymbol{I}+(\boldsymbol{D}')^{-1}-\boldsymbol{I}]=\boldsymbol{U}+\boldsymbol{U}[(\boldsymbol{D}')^{-1}-\boldsymbol{I}] \tag{A5.1.10}$$

在这种情况下，矩阵 $[(\boldsymbol{D}')^{-1}-\boldsymbol{I}]$ 提供了将初始使用矩阵转化为商品×商品口径的调整项，但现在这是在商品技术假定下的［与式（A5.1.3）中的调整相反，式（A5.1.3）中也是调整至商品×商品口径，但这是在产业技术假定下的］。容易说明 $[(\boldsymbol{D}')^{-1}-\boldsymbol{I}]\boldsymbol{i}=\boldsymbol{0}$，因此同样 $\boldsymbol{U}$ 的列重贴标签不会改变行和。

由数值示例，得：

$$\begin{aligned}\underset{(c\times c)}{\boldsymbol{Z}_C}&=\begin{bmatrix}12&8\\10&7\end{bmatrix}+\begin{bmatrix}12&8\\10&7\end{bmatrix}\left\{\begin{bmatrix}1.1111&-1.1111\\0&1\end{bmatrix}-\begin{bmatrix}1&0\\0&1\end{bmatrix}\right\}\\&=\begin{bmatrix}12&8\\10&7\end{bmatrix}+\begin{bmatrix}12&8\\10&7\end{bmatrix}\begin{bmatrix}1.1111&-1.1111\\0&0\end{bmatrix}\\&=\begin{bmatrix}12&8\\10&7\end{bmatrix}+\begin{bmatrix}1.3332&-1.3332\\1.1111&-1.1111\end{bmatrix}\\&=\begin{bmatrix}13.3332&6.6668\\11.1111&5.8889\end{bmatrix}\end{aligned} \tag{A5.1.11}$$

注意这与式（A5.1.4）的 $\underset{(c\times c)}{\boldsymbol{Z}_I}$ 不同，式（A5.1.4）的 $\underset{(c\times c)}{\boldsymbol{Z}_I}$ 是在产业技术假定下推出的。尽管式（A5.1.11）中的数值示例说明了与式（A5.1.4）和式（A5.1.7）中的调整的相似性，但对 $[(\boldsymbol{D}')^{-1}-\boldsymbol{I}]$ 中的元素的解释并不像式（A5.1.4）中的 $(\boldsymbol{C}'-\boldsymbol{I})$ 或式（A5.1.7）中的 $(\boldsymbol{D}-\boldsymbol{I})$ 的情况那样直接。在这种情况下的运算通过回到式（A5.1.8）或式（A5.1.9）来看更为容易理解，即：

$$\boldsymbol{U}=\underset{(c\times c)}{\boldsymbol{Z}_C}[(\boldsymbol{V}')^{-1}\hat{\boldsymbol{q}}]^{-1}\text{或}\boldsymbol{U}=\underset{(c\times c)}{\boldsymbol{Z}_C}\boldsymbol{D}' \tag{A5.1.12}$$

即如果商品×商品使用矩阵 $\underset{(c\times c)}{\boldsymbol{Z}_C}$ 已知，则右乘 $\boldsymbol{D}'$ 就会从商品组到产业组重新安排列标签（购买者）。由数值示例，得：

$$\underset{(c\times i)}{\boldsymbol{D}'}=\begin{bmatrix}0.9&0.1\\0&1\end{bmatrix}$$

因此，得：

$$\underset{(c\times i)}{\boldsymbol{U}}=\underset{(c\times c)}{\boldsymbol{Z}_C}\underset{(c\times i)}{\boldsymbol{D}'}=\begin{bmatrix}(z_{11})(0.9)+(z_{12})(0)&(z_{11})(0.1)+(z_{12})(1)\\(z_{21})(0.9)+(z_{22})(0)&(z_{21})(0.1)+(z_{22})(1)\end{bmatrix} \tag{A5.1.13}$$

考虑该矩阵中的元素 u_{12}（商品 1 对产业 2 的总投入）。其中的第二项即 $(z_{12})(1)$ 反映商品 2 产出的 100%由产业 2 生产的事实，因此所有的商品 1 对商品 2 生产的销售（z_{12}）都可以很好地被等同于认为是产业 2 的购买。此外，因为商品 1 产出的 10%是产业 2 生产的，商品 1 对商品 1 生产的销售（z_{11}）的 10%会被产业 2 购买。因此，$u_{12}=(z_{11})(0.1)+(z_{12})(1)$。对其他元素可以做类似的解释。

产业×产业需求系数矩阵

此处 $\boldsymbol{A}=\boldsymbol{C}^{-1}\boldsymbol{B}$，且

$$\underset{(i\times i)}{\boldsymbol{Z}_C}=(\boldsymbol{C}^{-1}\boldsymbol{B})\hat{\boldsymbol{x}}=\underset{(i\times C)}{\boldsymbol{C}^{-1}}\underset{(C\times i)}{\boldsymbol{U}} \tag{A5.1.14}$$

由于 $\boldsymbol{i}'\boldsymbol{C}=\boldsymbol{i}'$，$\boldsymbol{i}'\boldsymbol{C}^{-1}=\boldsymbol{i}'$，$\underset{(i\times i)}{\boldsymbol{Z}_C}$ 与 $\underset{(C\times i)}{\boldsymbol{U}}$ 的列和也是一样的。用 $\boldsymbol{C}^{-1}$ 左乘 $\boldsymbol{U}$ 可以将行从商品到产业作为卖方重新标签。接着之前的例子，式（A5.1.14）中的 $\underset{(i\times i)}{\boldsymbol{Z}_C}$ 可以被重新表述为：

$$\underset{(i\times i)}{\boldsymbol{Z}_C}=(\boldsymbol{I}+\boldsymbol{C}^{-1}-\boldsymbol{I})\boldsymbol{U}=\boldsymbol{U}+(\boldsymbol{C}^{-1}-\boldsymbol{I})\boldsymbol{U} \tag{A5.1.15}$$

现在，显然矩阵（$\boldsymbol{C}^{-1}-\boldsymbol{I}$）表示在商品技术假定下将 $\boldsymbol{U}$ 转化为产业×产业维度的调整机制。式（A5.1.15）中的调整（第二）项列和都为 0，因此对行重贴标签使得 $\underset{(i\times i)}{\boldsymbol{Z}_C}$ 与 $\underset{(c\times i)}{\boldsymbol{U}}$ 的列和相等。

使用数值示例，有：

$$\begin{aligned}\underset{(i\times i)}{\boldsymbol{Z}_C}&=\begin{bmatrix}12 & 8\\10 & 7\end{bmatrix}+\left\{\begin{bmatrix}1 & -0.1\\0 & 1.1\end{bmatrix}-\begin{bmatrix}1 & 0\\0 & 1\end{bmatrix}\right\}\begin{bmatrix}12 & 8\\10 & 7\end{bmatrix}\\&=\begin{bmatrix}12 & 8\\10 & 7\end{bmatrix}+\begin{bmatrix}0 & -0.1\\0 & 0.1\end{bmatrix}\begin{bmatrix}12 & 8\\10 & 7\end{bmatrix}=\begin{bmatrix}12 & 8\\10 & 7\end{bmatrix}+\begin{bmatrix}-1 & -0.7\\1 & 0.7\end{bmatrix}\\&=\begin{bmatrix}11 & 7.3\\11 & 7.7\end{bmatrix}\end{aligned} \tag{A5.1.16}$$

这与式（A5.1.7）中在产业技术假定下推导出的矩阵 $\underset{(i\times i)}{\boldsymbol{Z}_I}$ 不同（尽管在该例中只是轻微不同）。

直接使用上面的商品×商品需求系数矩阵的例子，通过重写式（A5.1.14）容易看出该调整的逻辑，为：

$$\underset{(c\times i)}{\boldsymbol{C}}\underset{(i\times i)}{\boldsymbol{Z}_C}=\underset{(c\times i)}{\boldsymbol{U}} \tag{A5.1.17}$$

如果产业×产业使用矩阵 $\underset{(i\times i)}{\boldsymbol{Z}_C}$ 已知，用 $\underset{(c\times i)}{\boldsymbol{C}}$ 左乘可以从产业到商品重新安排行标签（卖者）。此处有：

$$\boldsymbol{C}=\begin{bmatrix}1 & 0.0909\\0 & 0.9091\end{bmatrix}$$

因此：

$$\underset{(c\times i)}{\boldsymbol{U}}=\underset{(c\times i)}{\boldsymbol{C}}\underset{(i\times i)}{\boldsymbol{Z}_C}=\begin{bmatrix}(1)(z_{11})+(0.0909)(z_{21}) & (1)(z_{12})+(0.0909)(z_{22})\\(0)(z_{11})+(0.9091)(z_{21}) & (0)(z_{12})+(0.9091)(z_{22})\end{bmatrix} \tag{A5.1.18}$$

我们再次考虑 u_{12}，表示商品 1 对产业 2 生产的总投入。由 $\boldsymbol{C}$ 的第一行，我们知道产业 1 产出的 100%由商品 1 构成，产业 2 产出的 9.09%是商品 1。因此，所有的产业

对产业的交易 z_{12} 都可以被看作商品 1 对产业 2 的销售，而产业对产业的交易 z_{22} 的商品 1 的构成由（0.090 9）（z_{22}）表示。因此 $u_{12}=(1)(z_{12})+(0.0909)(z_{22})$。式（A5.1.18）中的其他元素有类似的解释。

附录 5.2 商品技术模型中负值的消除

A5.2.1 问题

商品技术假定实践中的主要问题是，在直接消耗系数矩阵从而相应的交易矩阵中，负元素出现的可能性很高。我们在第 5.5 节探讨了这个问题。表 A5.2-1 总结了其中从 2×2 的数值示例中得到的结果。

表 A5.2-1 两种商品/两个产业的结果总结

$\boldsymbol{U}$	$\boldsymbol{V}$	$\underset{(c\times c)}{\boldsymbol{A}_C}$	$\underset{(c\times c)}{\boldsymbol{Z}_C}$
$\begin{bmatrix}12 & 8\\10 & 7\end{bmatrix}$	$\begin{bmatrix}90 & 0\\60 & 100\end{bmatrix}$	$\begin{bmatrix}0.1333 & 0\\0.1111 & 0.0033\end{bmatrix}$	$\begin{bmatrix}20 & 0\\16.67 & 0.33\end{bmatrix}$
$\begin{bmatrix}12 & 8\\10 & 7\end{bmatrix}$	$\begin{bmatrix}90 & 0\\61 & 100\end{bmatrix}$	$\begin{bmatrix}0.1333 & -0.0013\\0.1111 & 0.0022\end{bmatrix}$	$\begin{bmatrix}20.13 & -0.13\\16.78 & 0.22\end{bmatrix}$
$\begin{bmatrix}12 & 8\\10 & 7\end{bmatrix}$	$\begin{bmatrix}90 & 0\\64 & 100\end{bmatrix}$	$\begin{bmatrix}0.1333 & -0.0053\\0.1111 & -0.0011\end{bmatrix}$	$\begin{bmatrix}20.53 & -0.53\\17.11 & -0.11\end{bmatrix}$

这些例子可能被认为过于简单（规模太小），或者太过夸张，有 40%甚至更多的商品 1 在产业 2 中生产（v_{21} 相对于 v_{11} 较大）。此处是一些规模更大的例子，这些例子也会在直接消耗系数矩阵（没有给出）以及相应的交易矩阵（给出）中生成负元素。

3×3 示例

$$\boldsymbol{U}=\begin{bmatrix}4 & 2 & 4\\2 & 5 & 2\\6 & 1 & 3\end{bmatrix},\ \boldsymbol{V}=\begin{bmatrix}20 & 2 & 1\\5 & 25 & 7\\3 & 2 & 15\end{bmatrix},\ \underset{(c\times c)}{\boldsymbol{Z}_C}=\begin{bmatrix}5.340 & -0.667 & 5.327\\2.225 & 4.556 & 2.219\\8.364 & -1.778 & 3.414\end{bmatrix}$$

4×4 示例

$$\boldsymbol{U}=\begin{bmatrix}1 & 4 & 5 & 6\\3 & 1 & 2 & 5\\10 & 6 & 1 & 7\\15 & 3 & 4 & 2\end{bmatrix},\ \boldsymbol{V}=\begin{bmatrix}30 & 4 & 10 & 10\\8 & 20 & 5 & 8\\5 & 1 & 50 & 2\\5 & 5 & 5 & 60\end{bmatrix}$$

$$\underset{(c\times c)}{\boldsymbol{Z}_C}=\begin{bmatrix}-2.327 & 4.856 & 6.882 & 6.589\\3.181 & -0.443 & 2.143 & 6.119\\13.961 & 4.656 & -1.079 & 6.462\\23.949 & -1.648 & 2.202 & -0.503\end{bmatrix}$$

5×5 示例（Almon，2000）

$$\boldsymbol{U}=\begin{bmatrix}0&0&0&0&0\\0&0&0&0&0\\3&37&0&0&0\\15&5&0&0&0\\28&72&30&5&0\end{bmatrix},\ \boldsymbol{V}=\begin{bmatrix}70&20&0&0&0\\30&180&0&0&0\\0&0&100&0&0\\0&0&0&20&0\\0&0&0&0&535\end{bmatrix},$$

$$\underset{(c\times c)}{\boldsymbol{Z}_C}=\begin{bmatrix}0&0&0&0&0\\0&0&0&0&0\\-1.67&41.67&0&0&0\\21.67&-1.67&0&0&0\\30&70&30&5&0\end{bmatrix}$$

□ A5.2.2 消除负元素的方法

无论读者是否发现这些例子的说服力，投入产出的实践者在现实世界的应用中不断发现商品技术模型生成了负元素（上述第 5.5.1 节）。显然，如果我们想要使用商品技术投入产出模型，这是必须解决的问题。在第 5.5.1 节中，我们注意到大量文献采用多种方法来解决这个问题。

此处我们研究阿尔蒙（Almon，2000）所提出的解决负元素的方法。他和他的同事多次使用这种方法，成功地将所得的使用矩阵 $\underset{(c\times c)}{\boldsymbol{U}}$ 转换为无负值的基于商品技术的商品×商品交易矩阵 $\underset{(c\times c)}{\boldsymbol{Z}_C}$。① 构建所用的模块与通常的商品-产业核算相同——使用矩阵和制造矩阵 **V**，从中可得 $\boldsymbol{D}=\boldsymbol{V}\hat{\boldsymbol{q}}^{-1}$，与往常相同。开始时，我们将探讨针对 3×3 模型的方法。②

给定：

$$\underset{(c\times i)}{\boldsymbol{U}}=\begin{bmatrix}u_{11}&u_{12}&u_{13}\\u_{21}&u_{22}&u_{23}\\u_{31}&u_{32}&u_{33}\end{bmatrix}\text{以及}\ \underset{(i\times c)}{\boldsymbol{D}}=\begin{bmatrix}d_{11}&d_{12}&d_{13}\\d_{21}&d_{22}&d_{23}\\d_{31}&d_{32}&d_{33}\end{bmatrix}$$

我们想要得到相对应的

$$\underset{(c\times c)}{\boldsymbol{Z}_C}=\boldsymbol{Z}=\begin{bmatrix}z_{11}&z_{12}&z_{13}\\z_{21}&z_{22}&z_{23}\\z_{31}&z_{32}&z_{33}\end{bmatrix}$$

其中不包含负元素。

我们简化了 $\underset{(c\times c)}{\boldsymbol{Z}_C}$ 中元素的表述（只用 z_{ij} 来表示它们）以使得符号尽可能整齐。附录 5.1 中的式（A5.1.9）是我们的出发点——$\boldsymbol{Z}=\boldsymbol{U}(\boldsymbol{D}')^{-1}$ 或

① 这种方法在马里兰大学的 INFORUM 项目中被使用了几十年。它在文献中被提及至少与 Almon（1970）以及 Almon 等（1974）一样早。相关的非负直接消耗系数矩阵容易从非负交易中推出。

② 之后将清晰说明，两种商品和两个产业的示例规模太小，无法确切说明该技术的复杂性。

$$\boldsymbol{ZD}'=\boldsymbol{U} \tag{A5.2.1}$$

重写为$\boldsymbol{U}-\boldsymbol{ZD}'=\boldsymbol{0}$，并把$\boldsymbol{Z}$加到两边，我们得到：

$$\boldsymbol{Z}=\boldsymbol{U}+\boldsymbol{Z}(\boldsymbol{I}-\boldsymbol{D}') \tag{A5.2.2}$$

这提出了可以用于构建$\boldsymbol{Z}$的估计的迭代方法。令下一次［第$(k+1)$次］的估计$\boldsymbol{Z}^{k+1}$以如下的方式依赖于当前第（k）次的估计和$\boldsymbol{U}$：

$$\boldsymbol{Z}^{(k+1)}=\boldsymbol{U}+\boldsymbol{Z}^{(k)}(\boldsymbol{I}-\boldsymbol{D}') \tag{A5.2.3}$$

给定$\boldsymbol{D}$的特征，从而有（$\boldsymbol{I}-\boldsymbol{D}'$）的性质，就有可能说明这样的过程序列实际上将是收敛的。① 这个过程从如下假设开始（$k=0$）：

$$\boldsymbol{Z}^{(0)}=\boldsymbol{U} \tag{A5.2.4}$$

我们知道这个设定会被证明是错误的，因为$\boldsymbol{U}$具有商品×产业的维度，而我们的交易矩阵$\boldsymbol{Z}$必须具有商品×商品的维度。但是注意到因为$\boldsymbol{U}$和我们最终的$\boldsymbol{D}$在行向维度上是商品，从前者到后者的转化必须保持行和不变。接下来，由式（A5.2.3）有：

$$\boldsymbol{Z}^{(1)}=\boldsymbol{U}+\boldsymbol{Z}^{(0)}(\boldsymbol{I}-\boldsymbol{D}')$$

以及

$$\begin{aligned}\boldsymbol{Z}^{(2)}&=\boldsymbol{U}+\boldsymbol{Z}^{(1)}(\boldsymbol{I}-\boldsymbol{D}')\\ &\;\;\vdots\qquad\vdots\\ \boldsymbol{Z}^{(n)}&=\boldsymbol{U}+\boldsymbol{Z}^{(n-1)}(\boldsymbol{I}-\boldsymbol{D}')\end{aligned} \tag{A5.2.5}$$

考虑在该过程中某一步中的一行。令${}_i\boldsymbol{U}=[u_{i1}\quad u_{i2}\quad u_{i3}]$（$\boldsymbol{U}$的第$i$行，为已知）且${}_i\boldsymbol{Z}=[z_{i1}\quad z_{i2}\quad z_{i3}]$（$\boldsymbol{Z}$的第$i$行，是我们想要求出的）。则式（A5.2.2）可以被表示为：

$${}_i\boldsymbol{Z}={}_i\boldsymbol{U}+{}_i\boldsymbol{Z}(\boldsymbol{I}-\boldsymbol{D}') \tag{A5.2.6}$$

对于$i=1,2,3$，更明确地有：

$$[z_{i1}\quad z_{i2}\quad z_{i3}]=[u_{i1}\quad u_{i2}\quad u_{i3}]+[z_{i1}\quad z_{i2}\quad z_{i3}]\begin{bmatrix}1-d_{11} & -d_{21} & -d_{31}\\ -d_{12} & 1-d_{22} & -d_{32}\\ -d_{13} & -d_{23} & 1-d_{33}\end{bmatrix} \tag{A5.2.7}$$

式（A5.2.3）中的迭代过程可以在每行上实行。即：

$${}_i\boldsymbol{Z}^{(k+1)}={}_i\boldsymbol{U}+{}_i\boldsymbol{Z}^{(k)}(\boldsymbol{I}-\boldsymbol{D}') \tag{A5.2.8}$$

有：

$${}_i\boldsymbol{Z}^{(0)}={}_i\boldsymbol{U} \tag{A5.2.9}$$

则式（A5.2.8），从$k=0$开始，得：

$${}_i\boldsymbol{Z}^{(1)}={}_i\boldsymbol{U}+{}_i\boldsymbol{Z}^{(0)}(\boldsymbol{I}-\boldsymbol{D}') \tag{A5.2.10}$$

---

① 细节超出我们在此处的需要。进一步的讨论见 Almon（2000）。

如式（A5.2.5）所示。

特别地，对于 3×3 的示例，这里在式（A5.2.8）中有三个线性方程，对于 $i=1$ 明确写出其元素［$\boldsymbol{Z}^{(k+1)}$第一行的元素］：

$$z_{11}^{(k+1)}=u_{11}+(1-d_{11})z_{11}^{(k)}-d_{12}z_{12}^{(k)}-d_{13}z_{13}^{(k)}$$
$$z_{12}^{(k+1)}=u_{12}-d_{21}z_{11}^{(k)}+(1-d_{22})z_{12}^{(k)}-d_{23}z_{13}^{(k)}$$
$$z_{13}^{(k+1)}=u_{13}-d_{31}z_{11}^{(k)}-d_{32}z_{12}^{(k)}+(1-d_{33})z_{13}^{(k)}$$

为了进一步增加具体性，我们使用上述 3×3 数值示例中的矩阵 $\boldsymbol{D}$：

$$\boldsymbol{D}=\boldsymbol{V}(\hat{\boldsymbol{q}})^{-1}=\begin{bmatrix}20&2&1\\5&25&7\\3&2&15\end{bmatrix}\begin{bmatrix}28&0&0\\0&29&0\\0&0&23\end{bmatrix}^{-1}=\begin{bmatrix}0.7143&0.0690&0.0435\\0.1786&0.8621&0.3043\\0.1071&0.0690&0.6522\end{bmatrix}$$

因此，有：

$$\begin{aligned}z_{11}^{(k+1)}&=4+0.2857z_{11}^{(k)}-0.0690z_{12}^{(k)}-0.0435z_{13}^{(k)}\\z_{12}^{(k+1)}&=2-0.1786z_{11}^{(k)}+0.1379z_{12}^{(k)}-0.3043z_{13}^{(k)}\\z_{13}^{(k+1)}&=4-0.1071z_{11}^{(k)}-0.0690z_{12}^{(k)}+0.3478z_{13}^{(k)}\end{aligned}\tag{A5.2.11}$$

总的来说，在一个小规模的数值示例（例如 3×3）中对商品和产业提出一个具有说服力的名称集是不容易的——“农业”“制造业”“服务业”都太过综合，作为“商品”没有太大意义。在更精细的细分水平上——例如，“奶酪”“冰淇淋”“其他食品”——通常难以创建一个合理的数值示例，除非使用矩阵中的许多元素都为 0；例如，冰淇淋不太可能是奶酪制造的投入。① 同时，对式（A5.2.11）中所描述的进行整理以得到一些特性是有帮助的，因此［对阿尔蒙（Almon，2000）致以歉意］我们选择 1=奶酪，2=冰淇淋，3=其他食品，不去仔细分析 $\boldsymbol{U}$ 中每一个元素是否合理。

考虑其他食品（$j=3$）商品生产过程中奶酪投入（$i=1$）的第（$k+1$）次估计如何在当前估计（第 k 次迭代）的基础上构建，例如 $z_{13}^{(k+1)}$，式（A5.2.11）中三个方程中的第三个。

我们从右侧 u_{13}——奶酪对其他食品产业的初始观测投入（4 单位）——开始。因为其他食品产业生产副产品——奶酪（$v_{31}=3$）和冰淇淋（$v_{32}=2$）——我们需要将其他食品制造中用于非主要产品的奶酪扣除（记住我们在建立商品对商品的交易表）。首先，我们处理其他食品产业作为次要产品生产的奶酪。$z_{11}^{(k)}$是商品 1 投入商品 1 生产的“当前”估计（奶酪对奶酪），但 10.71%的奶酪生产在其他食品产业中出现。因此，$(0.1071)z_{11}^{(k)}$解释了其他食品产业用于制造次要产品奶酪的奶酪，是从交易 u_{13} 中扣除的：$(0.1071)z_{11}^{(k)}$。其次，类似地，$z_{12}^{(k)}$是商品 1 对商品 2 生产的投入的当前估计（奶酪对冰淇淋），但是 6.9%的冰淇淋是作为其他食品产业的次要产品生产的，因此 $(-0.0690)z_{12}^{(k)}$是从其他食品产业对其另一种次要产品的奶酪使用 u_{13} 中扣除的。

最后，我们有 $(+34.78)z_{13}^{(k)}$。这反映了其他食品商品的 34.78%不是由其他食品产业而是由奶酪产业（4.35%；$d_{13}=0.0435$）和冰淇淋产业（30.43%；$d_{23}=0.3043$）所生

① 用规模更大一些的例子会更容易些，正如我们将在下面的 5×5 例子中看到的那样。

产的实际情况。因此，我们需要把这些在其他地方作为次要产品而制造的其他食品所使用的奶酪的数量加到 u_{13} 中：$(0.0435)z_{13}^{(k)}$ 是奶酪产业制造时所使用的，$(0.3043)z_{13}^{(k)}$ 是冰淇淋产业制造时所使用的。

根据矩阵 $\boldsymbol{D}$ 的列和为 1 的性质，我们确认加到 $z_{13}^{(k+1)}$ 中的量——$(0.3478)z_{13}^{(k)}$——完全正确，即 $(0.0435)z_{13}^{(k)}+(0.3043)z_{13}^{(k)}$。从式（A5.2.11）前两个方程中扣除的用于其他食品的奶酪的绝对量恰恰是加回到第三个方程中的交易量的部分。两个方程中扣除的量加回到另一个方程中——交易量被简单地“重新安排”了，没有任何“丢失”。

□ A5.2.3 迭代过程的结果

3×3 示例

此处是基于商品假定的商品×商品交易矩阵（$\underset{(c\times c)}{\boldsymbol{Z}^A}$），是对第 A5.2.1 节3×3示例使用迭代方法得到的：

$$\underset{(c\times c)}{\boldsymbol{Z}^A}=\begin{bmatrix}5.087 & 0 & 4.913\\ 2.225 & 4.556 & 2.219\\ 7.270 & 0 & 2.730\end{bmatrix}$$

表 A5.2-2 简单陈述了该方法的几个步骤。迭代在任一特定行满足某种标准时停止——例如，当所有 $z_{ij}^{(k)}$ 连续两个值之间的差异小于前定水平的时候。为了对过程如何发展给出直观感觉，我们给出了四位小数的结果（在实践中，每一行进行了更多次迭代，直到只有第六位小数改变，但是这样细的水平对于这个简单的示例是不必要的）。

表 A5.2-2　　3×3 示例的迭代过程的步骤

k	$z_{i1}^{(k)}$	$z_{i2}^{(k)}$	$z_{i3}^{(k)}$
${}_1\boldsymbol{Z}^{(k)}$（行 1）			
0	4	2	4
1	4.831 0	0.344 2	4.824 8
2	5.024 2	0.047 5	4.928 3
3	5.069 3	0.006 5	4.924 1
4	5.081 7	0.000 9	4.917 4
5	5.085 6	0.000 1	4.914 3
6	5.086 8	0.000 0	4.913 2
${}_2\boldsymbol{Z}^{(k)}$（行 2）			
0	2	5	2
1	2.139 6	4.723 8	2.136 5
2	2.192 7	4.619 2	2.188 1
3	2.212 8	4.579 6	2.207 6
4	2.220 4	4.564 7	2.214 9
5	2.223 3	4.559 0	2.217 7
6	2.224 4	4.556 9	2.218 8
7	2.224 8	4.556 0	2.219 1

续前表

k	$z_{i1}^{(k)}$	$z_{i2}^{(k)}$	$z_{i3}^{(k)}$
${}_3\boldsymbol{Z}^{(k)}$（行 3）			
0	6	1	3
1	6.983 4	0.137 9	2.878 7
2	7.200 9	0.019 0	2.780 1
3	7.252 5	0.002 6	2.744 9
4	7.265 4	0.000 4	2.734 2
5	7.268 8	0.000 1	2.731 2
6	7.269 7	0.000 0	2.730 3

如我们所预期的，对于没有负元素的 $\underset{(c\times c)}{\boldsymbol{Z}_C}$ 的行，迭代方法恰好生成了与 $\underset{(c\times c)}{\boldsymbol{Z}^A}$ 中相同的向量（此处为第二行）。正如读者能够证明的，从一次迭代转移到下一次，从初始的给定行的 u 中扣减的量刚好被加到同一行其他的 u 中的量所平衡（保持初始矩阵 $\boldsymbol{U}$ 中的行和不变）。例如，对于第一行，从 $k=0$ 到 $k=1$，$4.831\,0-4+4.824\,8-4=1.655\,8=2-0.344\,2$。①

4×4 示例

初始的交易矩阵

$$\underset{(c\times c)}{\boldsymbol{Z}_C}=\begin{bmatrix}-2.327 & 4.856 & 6.882 & 6.589\\ 3.181 & -0.443 & 2.143 & 6.119\\ 13.961 & 4.656 & -1.079 & 6.462\\ 23.949 & -1.648 & 2.202 & -0.503\end{bmatrix}$$

被转化为：

$$\underset{(c\times c)}{\boldsymbol{Z}^A}=\begin{bmatrix}0 & 4.031 & 5.966 & 6.003\\ 2.983 & 0 & 2.118 & 5.899\\ 12.859 & 4.730 & 0 & 6.412\\ 21.646 & 0 & 2.354 & 0\end{bmatrix}$$

5×5 示例

该示例来自阿尔蒙（Almon，2000），其中给出了不合要求的矩阵 $\boldsymbol{Z}$（具有负元素），但是修正的迭代过程得到的结果（没有负值）没有被给出。我们看到在上述5×5的例子中，矩阵 $\boldsymbol{U}$ 和 $\boldsymbol{V}$ 生成：

① 对于阿尔蒙的方法还有其他我们在此处不需要讨论的方面。这些方面影响了达到收敛所需要的“速度”——例如，对于 $\underset{(c\times c)}{\boldsymbol{Z}_C}$ 中一个结果会为负的元素，在每一步迭代中有多少被扣减。

$$\underset{(c\times c)}{\boldsymbol{Z}_C}=\begin{bmatrix}0 & 0 & 0 & 0 & 0\\ 0 & 0 & 0 & 0 & 0\\ -1.7 & 41.7 & 0 & 0 & 0\\ 21.7 & -1.7 & 0 & 0 & 0\\ 30 & 70 & 30 & 5 & 0\end{bmatrix}$$

包含“很差的负流量”（Almon，2000，p. 31）。使用迭代方法之后，我们得到：

$$\underset{(c\times c)}{\boldsymbol{Z}^A}=\begin{bmatrix}0 & 0 & 0 & 0 & 0\\ 0 & 0 & 0 & 0 & 0\\ 0 & 40 & 0 & 0 & 0\\ 20 & 0 & 0 & 0 & 0\\ 30 & 70 & 30 & 5 & 0\end{bmatrix}$$

在伴随这个例子的相对有趣的故事中，商品为：（1）奶酪；（2）冰淇淋；（3）巧克力；（4）凝乳①；（5）其他。注意到在 $\underset{(c\times c)}{\boldsymbol{Z}^A}$ 中，特别地，没有巧克力被用于制造奶酪（令人欣慰）（$\boldsymbol{Z}_{31}^A=0$），也没有凝乳用于（结果将是被凝结）冰淇淋中（$\boldsymbol{Z}_{42}^A=0$）。

作为最终的说明，此处是一个 5×5 使用矩阵，与我们最初的使用矩阵差别很小：

$$\widetilde{\boldsymbol{U}}=\begin{bmatrix}0 & 0 & 0 & 0 & 0\\ 0 & 0 & 0 & 0 & 0\\ 4 & 36 & 0 & 0 & 0\\ 14 & 6 & 0 & 0 & 0\\ 28 & 72 & 30 & 5 & 0\end{bmatrix}$$

有 4 个元素与它们在 $\boldsymbol{U}$ 中初始的相应部分的差异仅为 1 个单位——$\tilde{u}_{31}$ 和 $\tilde{u}_{42}$ 的差异大于 1 个单位，$\tilde{u}_{32}$ 和 $\tilde{u}_{41}$ 的差异小于 1 个单位。在这种情况下，结合初始的 $\mathbf{V}$，有：

$$\underset{(c\times c)}{\widetilde{\boldsymbol{Z}}_C}=\begin{bmatrix}0 & 0 & 0 & 0 & 0\\ 0 & 0 & 0 & 0 & 0\\ 0 & 40 & 0 & 0 & 0\\ 20 & 0 & 0 & 0 & 0\\ 30 & 70 & 30 & 5 & 0\end{bmatrix}$$

这与初始的 5×5 的 $\boldsymbol{U}$ 和 $\boldsymbol{V}$ 推导出的 $\underset{(c\times c)}{\boldsymbol{Z}^A}$ 完全相同，而这是合理的。从 $\boldsymbol{U}$ 到 $\widetilde{\boldsymbol{U}}$ 的 1 个单位的变化，在迭代方法从 $\boldsymbol{U}$ 生成一个合理的商品-商品交易矩阵时，实质上被忽略了。

这个例子还包含了另一个（可能的）意外情况。如果我们选择用产业技术假定而不是商品技术假定，那么我们得到的交易矩阵为：

$$\underset{(c\times c)}{\hat{\boldsymbol{Z}}_I}=\boldsymbol{BD}\hat{\boldsymbol{q}}=\begin{bmatrix}0 & 0 & 0 & 0 & 0\\ 0 & 0 & 0 & 0 & 0\\ 8.25 & 31.75 & 0 & 0 & 0\\ 11.75 & 8.25 & 0 & 0 & 0\\ 32.06 & 67.94 & 30 & 5 & 0\end{bmatrix}$$

① 凝乳是一种牛奶凝结剂，在制造奶酪中使用而在制造冰淇淋中不使用。

这可以说是（恰当而有力地）“胡说八道”，称其为商品-商品表“……会有一点儿丢人”（Almon，2000，p. 31）。为什么？因为现在我们发现巧克力成为制造奶酪的投入了，凝乳则成了冰淇淋配方的一部分。这是一个糟糕的烹调方案；却是一个好例子，用于说明任何技术假定都不是完美的。

习题

5.1　在一个商品×产业核算系统中，假设我们定义了三种商品和两个产业。给出制造矩阵 **V** 和使用矩阵 **U**，如下：

$$\boldsymbol{U}=\begin{bmatrix}3 & 5\\ 2 & 7\\ 2 & 3\end{bmatrix},\ \boldsymbol{V}=\begin{bmatrix}15 & 5 & 10\\ 5 & 25 & 0\end{bmatrix}$$

a. 计算商品最终需求向量、产业增加值投入向量、商品总产出向量以及产业总产出向量。

b. 假定“基于产业”的技术成立，计算产业×商品完全需求系数矩阵。

5.2　考虑如下某地区的商品和产业核算体系：

		商品		产业		最终需求	总产出
		1	2	1	2		
商品	1			1	2	7	10
	2			3	4	3	10
产业	1	10	2				12
	2	0	8				8
增加值				8	2	10	
总投入		10	10	12	8		

a. 计算商品×产业直接消耗系数矩阵。

b. 分别在基于产业和基于商品两个技术假定下，计算产业×商品完全需求系数矩阵。

c. 如果该地区在建一个新的海军设施，用商品最终需求表示 $\Delta \boldsymbol{e}=[6\quad 5]'$，为了支持该设施，该地区所需要的每个产业的总生产量应该为多少？

5.3　考虑习题 5.1 中给出的账户体系。假定我们能够将 **V** 分解为两个部分，$\boldsymbol{V}_1=\begin{bmatrix}5 & 5 & 5\\ 5 & 5 & 0\end{bmatrix}$和 $\boldsymbol{V}_2=\begin{bmatrix}10 & 0 & 5\\ 0 & 20 & 0\end{bmatrix}$，从而 $\boldsymbol{V}=\boldsymbol{V}_1+\boldsymbol{V}_2$。在第 5.7.1 节和第 5.7.2 节中给出的两种“混合技术”假定，哪一种是我们在计算该账户体系的产业×商品完全需要矩阵中能够使用的？计算这个矩阵。我们为什么不能使用其他假定？我们能够使用基于商品的技术假定或者基于产业的技术假定吗？

5.4　使用两种混合技术假定推导习题 5.2 给出的账户体系的产业×商品完全需求系数矩阵。

5.5　在一个商品×产业账户体系中，假设我们定义了四种产品、三个产业。给定制造矩阵 **V** 和使用矩阵 **U**，如下：

$$U=\begin{bmatrix}20 & 12 & 18\\ 5 & 30 & 12\\ 10 & 13 & 11\\ 12 & 17 & 40\end{bmatrix},\ V=\begin{bmatrix}99 & 0 & 0 & 10\\ 8 & 143 & 137 & 10\\ 0 & 6 & 12 & 150\end{bmatrix}$$

a. 使用基于产业的技术假定计算总的商品×产业完全需求系数矩阵是可能的吗？如果不可能，为什么？如果可能，计算该矩阵。

b. 使用基于产业的技术假定，计算商品需求驱动的产业×商品需求系数矩阵。

c. 在制造和使用矩阵中将前两种商品合并成一种商品。假设你可以将得到的 $\boldsymbol{V}$ 分解为 $\boldsymbol{V}_1$ 和 $\boldsymbol{V}_2$，其中 $\boldsymbol{V}_1=\begin{bmatrix}99 & 0 & 0\\ 0 & 10 & 0\\ 0 & 0 & 30\end{bmatrix}$。假设 $\boldsymbol{V}_1$ 基于商品的技术，$\boldsymbol{V}_2$ 基于产业的技术。计算商品需求驱动的四个完全需求系数矩阵（也就是，商品×商品、产业×商品、商品×产业、产业×产业）。

5.6　第 5.7.3 节中的数值结果说明 $\boldsymbol{R}$ 和 $\boldsymbol{T}$ 的列和都为 1。

a. 证明 $\boldsymbol{i}'\boldsymbol{C}_1=\boldsymbol{i}'$ 和 $\boldsymbol{i}'\boldsymbol{R}=\boldsymbol{i}'$。

b. 证明 $\boldsymbol{i}'\boldsymbol{D}_1=\boldsymbol{i}'$ 和 $\boldsymbol{i}'\boldsymbol{T}=\boldsymbol{i}'$。

5.7　对于习题 5.5 中给定的制造和使用矩阵，假设三个产业为：农业、原油生产、制造业。四种商品为：农产品、原油、天然气、制造业产品。我们能够解释其中的意思，在这种情况下天然气被视为原油产业的次要产品。对于制造业产品 100 个单位的最终需求，产生了原油产业什么水平的产出？为了满足这个最终需求，生产了多少天然气产品？

5.8　考虑如下的制造和使用矩阵：

$$U=\begin{bmatrix}20 & 15 & 18\\ 5 & 30 & 12\\ 10 & 16 & 11\end{bmatrix},\ V=\begin{bmatrix}30 & 0 & 0\\ 10 & 50 & 35\\ 0 & 25 & 150\end{bmatrix}$$

使用基于商品的技术假定计算相应的商品×商品交易表。注意其中有负元素。使用附录 5.2 中构造的迭代方法生成改进的商品×商品交易表，其中不包含负元素。

5.9　考虑附录 B 给出的美国 2003 年投入产出表的使用和制造矩阵，用于构建基于产业技术的商品×产业的 $\boldsymbol{A}$ 和 $\boldsymbol{L}$。表 5－11 给出了总最终需求的详细组成部分。注意矿业的总最终需求数值为负。这是因为交易余额为负，即净出口值（出口减去进口）为负，大到足以抵消最终需求的其他部分致使总最终需求为负。假设制造业商品的总进口值预计比将 2003 年增加 1 万亿美元，为简单起见，总最终需求其他所有元素保持与 2003 年相同。这对国民生产总值的影响如何？这对该经济所有部门总产出的影响如何？

表 5－11　　美国 2003 年投入产出表的商品最终需求

商品/最终需求	个人消费支出	私有固定投资	私有存货变化	货物和服务出口	货物和服务进口	政府消费支出和总投资	总最终需求
农业	47 922	—	175	24 859	(26 769)	(1 136)	45 050
采掘业	72	35 698	1 912	4 739	(125 508)	702	(82 384)
建筑业	—	704 792	—	71	—	224 468	929 331
制造业	1 301 616	573 197	8 983	506 780	(1 075 128)	94 705	1 410 152
商业运输业和公用事业	1 549 792	125 271	2 994	131 884	8 065	10 289	1 828 294
服务业	4 780 516	303 426	461	175 546	(44 060)	30 256	5 246 145
其他	80 963	(75 404)	(15 748)	98 989	(177 578)	1 716 238	1 627 459
总计	7 760 881	1 666 980	(1 224)	942 868	(1 440 979)	2 075 522	11 004 047

参考文献

Aidenoff, Abraham. 1970. "Input-Output Data in the United Nations System of National Accounts," in Anne P. Carter and Andrew Bródy (eds.), *Applications of Input-Output Analysis*, Vol. 2 of *Proceedings of the Fourth International Conference on Input-Output Techniques*. Geneva, 1968. Amsterdam: North-Holland, pp. 349-368.

Almon, Clopper. 1970. "Investment in Input-Output Models and thc Treatment of Secondary Prod-ucts," in Anne P. Carter and Andrew Bródy (eds.). *Applications of Input-Output Analysis*, Vol. 2 of *Proceedings of the Fourth International Conference on Input-Output Techniques*. Geneva. 1968. Amsterdam: North-Holland, pp. 103-116.

2000. "Product-to-Product Tables via Product Technology with No Negative Flows," *Economic Systems Research*, **12**, 27-43.

Almon, Clopper, Margaret B. Buckler, Lawrence M. Horowitz and Thomas C. Reimbold. 1974. *1985: Interindustry Forecasts of the American Economy*. Lexington, MA: D. C. Heath (Lexington Books).

Armstrong, A. G. 1975. "Technology Assumptions in the Construction of U. K. Input-Output Tables," in R. I. G. Allen and W. F. Gossling (eds.), *Estimating and Projecting Input-Output Coefficients*. London: Input-Output Publishing Co., pp. 68-93.

Bulmer-Thomas, Victor. 1982. *Input-Output Analysis in Developing Countries*. London: John Wiley and Sons, Ltd.

Cambridge University, Department of Applied Economics. 1963. Input-Output Relationships, 1954—1966. Vol. 3 of *A Programme for Growth*. London: Chapman and Hall.

Cressy, Robert C. 1976, "Commodity and Industry Technology: Symbols and Assumptions," *Manchester School of Economics and Social Studies*, **44**, 112-131.

Eurostat, 1996. *European System of Accounts*, *ESA*, 1995. Luxembourg: Office for Official Publications of the European Communities. (November.) Available at www. ec. europa. eu/eurostat under "publications/methodologies and working papers."

Eurostat/European Commission. 2008. *Eurostat Manual of Supply, Use and Input-Output Tables*. Luxembourg: Office for Official Publications of the European Communities. (March.) Available at www. ec. europa. eu/eurostat under "publications/methodologies and working papers."

Franz, Alfred and Norbert Rainer (eds.), 1989. *Compilation of Input-Output Data*. Proceedings of the 2nd International Meeting on Problems of Compilation in Input-Output Tables, organized by the Austrian Statistical Society, Baden near Vienna, Austria, March 13-19, 1988. (Scriftenreihe der Oesterreichischen Statistischen Gesellschaft, Band 4.) Vienna: Orac.

Fukui, Yukio and E. Seneta. 1985. "A Theoretical Approach to the Conventional Treatment of Joint Product in Input-Output Tables," *Economics Letters*, **18**, 175-179.

Gigantes, T. 1970. "The Representation of Technology in Input-Output Systems," in Anne P. Carter and Andrew Bródy (eds.), *Applications of Input-Output Analysis*, Vol. 2 of *Proceedings of the Fourth International Conference on Input-Output Techniques*. Geneva, 1968. Amsterdam: North-Holland, pp. 270-290.

Jack Faucett Associates, Inc. 1981—1983. *Multiregional Input-Output Accounts*, *1977*. Vol. 1, Introduction and Summary (July, 1983); Vol. 2, State Estimates of Outputs, Employment and Payrolls

(December, 1981); Vol. 3, Development of Value Added Estimates by MRIO Sector by State (December, 1981); Vol. 4, State Estimates of Final Demands (April, 1982); Vol. 5, State Estimates of Inputs to Industries (May, 1982); Vol. 6, Interregional Commodity Flows (August, 1982). Prepared for Office of the Assistant Secretary for Planning and Evaluation, US Department of Health and Human Services, Washington, DC. Reproduced by the National Technical Information Service (NTIS), US Department of Commerce, Washington, DC.

Konijn, P. J. A. and Albert E. Steenge. 1995. "Compilation of Input-Output Data from the National Accounts," *Economic Systems Research*, **7**, 31-45.

Kop Jansen, Pieter and Thijs ten Raa. 1990. "The Choice of Model in the Construction of Input-Output Coefficients Matrices," *International Economic Review*, **31**, 213-227.

Lancaster, Kelvin. 1968. *Mathematical Economics*. New York: Dover.

Londero, Elio. 1990. "On the Treatment of Secondary Products and By-Products in the Preparation of Input-Output Tables," *Economic Systems Research*, **2**, 321-322.

1999. "Secondary Products, By-Products and the Commodity Technology Assumption," *Economic Systems Research*, **11**, 195-203.

2001. "By-Products," *Economic Systems Research*, **13**, 35-45.

Mattey, Joe and Thijs ten Raa, 1997. "Primary versus Secondary Production Techniques in U. S. Manufacturing," *Review of Income and Wealth*, **43**, 449-464.

de Mesnard, Louis. 2004. "Understanding the Shortcomings of Commodity-Based Technology in Input-Output Models: An Economic Circuit Approach," *Journal of Regional Science*, **44**, 125-141.

ten Raa, Thijs. 1988. "An Alternative Treatment of Secondary Products in Input-Output Analysis: Frustration," *Review of Economics and Statistics*, **70**, 535-538.

1995. *Linear Analysis of Competitive Economies*. Hertfordshire: Harvester Wheatsheaf.

2005. *The Economics of Input-Output Analysis*. Cambridge: Cambridge University Press.

ten Raa, Thijs, Debesh Chakraborty and J. Anthony Small. 1984. "An Alternative Treatment of Secondary Products in Input-Output Analysis," *Review of Economics and Statistics*, **66**, 88-97.

ten Raa, Thijs and Rick van der Ploeg. 1989. "A Statistical Approach to the Problem of Negatives in Input-Output Analysis," *Economic Modelling*, **6**, 2-19.

ten Raa, Thijs and José Manuel Rueda-Cantuche. 2003. "The Construction of Input-Output Coefficients Matrices in an Axiomatic Context: Some Further Considerations," *Economic Systems Research*, **15**, 439-455.

2007. "A Generalized Expression for the Commodity and the Industry Technology Models in Input-Output Analysis," *Economic Systems Research*, **19**, 99-104.

Rainer, Norbert. 1989. "Descriptive versus Analytical Make-Use Systems: Some Austrian Experiences," in Ronald E. Miller, Karen R. Polenske and Adam Z. Rose (eds.), *Frontiers of Input-Output Analysis*. New York: Oxford University Press, pp. 51-64.

Rainer, Norbert and Joseph Richter. 1989. "The SNA Make-Use Framework as a Descriptive Basis for IO Analysis," in Franz and Rainer (eds.). pp. 233-255.

1992. "Some Aspects of the Analytical Use of Descriptive Make and Absorption Tables," *Economic Systems Research*, **4**, 159-172.

Ritz, Philip M. 1980. "Definitions and Conventions of the 1972 Input-Output Study." US Department of Commerce, Bureau of Economic Analysis Staff Paper 80-034 (July, 1980). Washington, DC: US Government Printing Office.

Stahmer, Carsten. 1985. "Transformation Matrices in Input-Output Compilation," in Anatoli Smyshlyaev (ed.), *Input-Output Modeling*. Proceedings of the Fifth IISAS (International Institute for Applied Systems Analysis) Task Force Meeting on Input-Output Modeling. Lecture Notes in Economics and Mathematical Systems, No. 251. Laxenburg, Austria, October 4-6, 1984. Berlin: Springer, pp. 225-236.

Statistics Canada, Input-Output Division. 1981. "The Input-Output Structure of the Canadian Economy in Constant 1971 Prices, 1971-77," Catalogue 15-202E.

Steenge, Albert E. 1989. "Second Thoughts on the Commodity Technology and the Industry Technology Approaches," in Franz and Rainer (eds.), pp. 411-429.

1990. "The Commodity Technology Revisited: Theoretical Basis and an Application to Error Location in the Make-Use Framework," *Economic Modelling*, **7**, 376-387.

Stone, Richard. 1961. *Input-Output and Notional Accounts*. Paris: Office of European Economic Cooperation.

Takayama, Akira. 1985. *Mathematical Economics*. New York: Cambridge University Press.

Thage, Bent. 2002. "Symmetric Input-Output Tables and Quality Standards for Official Statistics." Paper prepared for the 14th International Conference on Input-Output Techniques, October 10-15, 2002. Montréal, Canada.

2005. "Symmetric Input-Output Tables: Quality Issues." Paper prepared for the 15th International Conference on Input-Output Techniques. June 27 to July 1, 2005. Beijing.

Thage, Bent and Thijs ten Raa. 2006. "Streamlining the SNA 1993 Chapter on Supply and Use Tables and Input-Output." Paper prepared for the 29th General Conference of The International Association for Research in Income and Wealth, August 20-26, 2006. Joensuu, Finland.

United Nations. Department of Economic and Social Affairs. 1968. *A System of National Accounts*. Studies in Methods, Series F, No. 2, rev. 3. New York: United Nations.

United Nations, Eurostal, International Monetary Fund, Organisation for Economic Co-operation and Development, World Bank. 1993. *A System of National Accounts*, 1993. Brussels, Luxembourg, New York, Paris. Washington, DC.

van Rijckeghem, W. 1967. "An Exact Method for Determining the Technology Matrix in a Situation with Secondary Products," *Review of Economics and Statistics*, **49**, 607-608.

Viet, Vu Quang. 1994. "Practices in Input-Output Table Compilation," *Regional Science and Urban Economics*, **24**, 27-54.

第 6 章

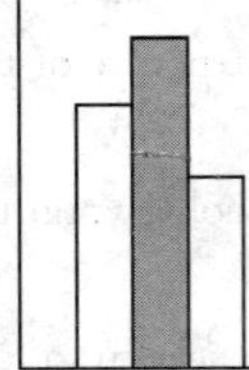

投入产出模型中的乘数

6.1 引言

投入产出模型信息的一个主要用处是确定经济中模型外生因素的变化对该经济的影响。例如：

> 列昂惕夫投入产出经济学的意义主要来自利用产出乘数来度量事先计算好的最终需求的变化所带来的直接和间接影响的综合效应。(Steenge，1990，p. 377)

在第 2 章和第 3 章中，对于假定的最终需求元素的变化（例如，联邦政府支出、住户消费、出口）通过适当的列昂惕夫逆矩阵，转换为相应的经济中产业部门的产出变化，我们对这种转换的方式给出了几个数值例子。当外生的变动是由仅仅一个"影响主体"（或少数这种主体）的行为所带来的，以及预期将要发生的变化是短期（例如下一年）变化的时候，通常称这种分析为影响分析。这样的例子有联邦政府国防支出的变动或者消费者对休闲车的需求的变动。

此外，当我们所研究的是长期或更广泛的变动时，我们就要面对规划和预测的问题。如果我们对一个经济中所有部门产出的五年最终需求水平进行规划，进而利用列昂惕夫逆矩阵估计为满足这一需求所需的所有部门的产出，这就是一种预测上的应用。随着规划期限的延长，这一应用的准确性趋于下降，不仅因为我们准确预测新最终需求（$\boldsymbol{f}$ 的元素）的能力在降低，也因为系数矩阵——$\boldsymbol{A}$ 以及进而 $\boldsymbol{L}$ 中的元素——可能已经变得过时（投入产出系数在时期上的稳定性问题在第 7 章中研究）。如果模型是根据商品-产业账户来构建的，那么矩阵 $\boldsymbol{B}$、$\boldsymbol{C}$ 和/或 $\boldsymbol{D}$ 可能变得过时。

在影响分析或者预测中，模型的一般形式是 $\boldsymbol{x}=\boldsymbol{L}\boldsymbol{f}$（或者 $\Delta\boldsymbol{x}=\boldsymbol{L}\Delta\boldsymbol{f}$），结果有用与

否将依赖于列昂惕夫逆矩阵和最终需求向量两者的“正确性”。在本节中我们主要关心的是元素a_{ij}，以及随之而来的$\boldsymbol{L}=(\boldsymbol{I}-\boldsymbol{A})^{-1}$。$\boldsymbol{f}$（或$\Delta\boldsymbol{f}$）向量包含了一个或多个最终需求元素的一种假设的或规划的行为，而这些元素估计的准确性对得到准确的结果也是至关重要的。如果问题是一种影响，那么一个或多个最终需求价值通常完全是被事先设定的——例如，联邦政府对部门j产出的一笔价值 2.5（百万美元）的新的订单带来的影响是什么？那么$\Delta\boldsymbol{f}$在第j行包含 2.5（百万美元），而其他行则为 0。

替代地，为求解某个未来年份的$\boldsymbol{x}$，需要对那一年的$\boldsymbol{A}$和$\boldsymbol{f}$进行推测。我们将在第 7 章中考察随时间对$\boldsymbol{A}$进行调整的某些方法。对$\boldsymbol{f}$的规划作为一个问题常常通过计量经济模型来解决。阿尔蒙等（Almon et al.，1974，Chapters 8 and 9）对美国经济 1985 年的产业产出（和就业）的投入产出推测就需要对最终需求中每个分量进行详细而费力的规划，包括个人消费支出，资本设备、建筑物和存货上的投资，进出口以及政府支出（1974，Chapters 2 through 7）。在部分而非所有的投入产出和计量经济“联合”模型中，计量经济模型提供对最终需求的预测，之后“拉动”投入产出模型（越来越多的文献对有关投入产出模型和经济计量模型之间相互结合的问题展开讨论，特别是在区域层次。其中的一些将在第 14 章中被探讨）。

在影响分析中常常采用从$\boldsymbol{L}$的元素中推导出的一些汇总的度量；这些就是投入产出乘数。我们在本章中研究这些乘数。

6.2 乘数分析的一般结构

几种最常用的乘数类型是那些针对如下问题估计外生变动效应的乘数：(a) 经济中部门的产出；(b) 由于新的产出，每个部门住户挣得的收入；(c) 由于新的产出，每个部门预期可产生的就业（用实物单位，职位）；(d) 由于新的产出，经济中每个部门所创造的增加值。我们在本节对这些进行考察。

乘数概念依赖于外生变化的初始效应和该变化的总效应之间的差。总效应可以被定义为直接和间接效应（由住户外生的投入产出开模型求解得到），或者被定义为直接、间接和引致效应（由住户内生的投入产出闭模型求解得到）。① 包含直接和间接效应的乘数也被称为简单乘数（simple multipliers）。在直接、间接和引致效应都被包括在内的情况下，它们常被称为总乘数（total multipliers）。

6.2.1 产出乘数

将部门j的产出乘数定义为为了满足对部门j产出价值 1 美元的最终需求所需要的经济中所有部门的生产总价值。

① 在投入产出模型中关于乘数的某些讨论中，我们所说的初始效应被称为直接效应。为了以后的研究——例如在考虑求解乘数的简便方法的时候——这时将利用幂级数近似：

$$(\boldsymbol{I}-\boldsymbol{A})^{-1}=\boldsymbol{I}+\boldsymbol{A}+\boldsymbol{A}^2+\boldsymbol{A}^3+\cdots$$

在我们看来更喜欢把“初始”用于$\boldsymbol{I}$项，把“直接”用于$\boldsymbol{A}$项，而把“间接”用于剩下的项$\boldsymbol{A}^2+\boldsymbol{A}^3+\cdots$

简单产出乘数

对于简单产出乘数（simple output multipliers），这一总生产是由一个住户外生的模型所得到的。将经济的初始产出效应定义为只是为了满足新增的最终需求，所需要的部门 j 产出的初始美元价值。那么正式地，产出乘数就是直接和间接效应与单独的初始效应的比率。

我们继续第 2 章第 2.3 节的小例子，其中：

$$\boldsymbol{A}=\begin{bmatrix}0.15 & 0.25\\0.20 & 0.05\end{bmatrix}$$

且

$$\boldsymbol{L}=\begin{bmatrix}1.254 & 0.330\\0.264 & 1.122\end{bmatrix}$$

（在本书剩下的部分，我们有时会保留小数点后边三位，有时会保留四位，取决于数值示例的目的。）注意到 $\Delta\boldsymbol{f}(1)=\begin{bmatrix}1\\0\end{bmatrix}$表示只是增加对部门 1 产出的最终需求的美元价值，而 $\Delta\boldsymbol{f}(2)=\begin{bmatrix}0\\1\end{bmatrix}$类似，表示只是增加对部门 2 产出的最终需求的美元价值。考虑 $\Delta\boldsymbol{f}(1)$；对部门 1 和部门 2 的影响可求解为 $\boldsymbol{L}\Delta\boldsymbol{f}(1)$。把它记为 $\Delta\boldsymbol{x}(1)$，所以：

$$\Delta\boldsymbol{x}(1)=\begin{bmatrix}1.254 & 0.330\\0.264 & 1.122\end{bmatrix}\begin{bmatrix}1\\0\end{bmatrix}=\begin{bmatrix}1.254\\0.264\end{bmatrix} \tag{6.1}$$

这当然只是 $\boldsymbol{L}$ 的第一列$\begin{bmatrix}l_{11}\\l_{21}\end{bmatrix}$。

仅仅对部门 1 产出 1 美元新的最终需求，需要来自部门 1 的新增产出 1.254 美元、来自部门 2 的新增产出 0.264 美元。来自部门 1 的 1.254 美元表示 1 美元用于满足初始的新最终需求，加上新增的 0.254 美元用于产业内和产业间使用。来自部门 2 的 0.264 美元只是用于产业内和产业间使用。将部门 1 的产出乘数$m(o)_1$定义为 $\Delta\boldsymbol{x}(1)$ 中列元素的合计，也就是 1.518 美元除以 1 美元；$m(o)_1=1.518/1=1.518$，是一个无量纲的数。分母中的 1 美元是对部门 1 产品新的美元价值的最终需求对部门 1 产出的初始效应；最终需要的美元价值作为对部门 1 产出总的直接和间接效应的级数估计中的第一项，成为新增的美元价值的部门 1 产出。正式地，如通常做法，利用 $\boldsymbol{i}'=[1,1]$ 来求列和：

$$m(o)_1=\boldsymbol{i}'\Delta\boldsymbol{x}(1)=\sum^{n}l_{i1} \tag{6.2}$$

在这个例子中 $n=2$。

类似地，有：

$$\Delta\boldsymbol{x}(2)=\begin{bmatrix}1.254 & 0.330\\0.264 & 1.122\end{bmatrix}\begin{bmatrix}0\\1\end{bmatrix}=\begin{bmatrix}0.330\\1.122\end{bmatrix}=\begin{bmatrix}l_{12}\\l_{22}\end{bmatrix}$$

且

$$m(o)_2=\boldsymbol{i}'\Delta\boldsymbol{x}(2)=\sum_{i=1}^{n}l_{i2} \tag{6.3}$$

这里$m(o)_2=1.452$。一般地，部门 j 的简单产出乘数为：

$$m(o)_j = \sum_{i=1}^{n} l_{ij} \tag{6.4}$$

如此，例如，如果政府机构试图决定在一个部门的产出上支出新增美元（100 美元、1 000 000 美元或者任何数目），不同部门所具有的不同效应，比较产出乘数就能表明，从对整个经济所产生的总的美元价值的产出来说，把这种支出投向哪里，具有最大的影响。注意当最大的总产出效应是政府支出的唯一目标时，把所有货币支出到具有最大产出乘数的部门总是合理的。甚至对于 1 000 000 美元的预期支出，如果只是依据产出乘数，也没有理由把这些支出在不同部门进行分割。

当然，会有其他理由例如考虑到战略因素、公平、部门生产能力的制约等，把新增最终需求的某些部分用于其他一个（或一些，当 $n>2$ 时）部门的产出。还注意到如果某些部门正处于或接近其生产能力处经营，这类乘数可能夸大对所研究的经济的影响，因此某些所需要的新的投入将不得不从该经济之外进口，以及/或者来自某些部门的产出将从出口中被转移从而保留在该经济中用于投入。诸如这些现象在区域模型中将表现得更为重要。

我们看到 $\mathbf{L}$ 是一个部门对部门的乘数矩阵，l_{ij} 把部门 j 的最终需求与部门 i 的产出联系起来。产出乘数（$\mathbf{L}$ 的列合计）表示部门对经济的乘数，把部门 j 的最终需求与整体经济的产出联系起来。对于一个 n 部门的模型，这些乘数的行向量用 $\mathbf{m}(o)=[\mathbf{m}(o)_1, \cdots, \mathbf{m}(o)_n]$ 表示。[1] 同时 $\underset{(1\times n)}{\mathbf{i}'}=[1, \cdots, 1]$，我们有：

$$\mathbf{m}(o)=\underbrace{\mathbf{i}'\overbrace{\mathbf{L}}^{\text{部门需求对部门产出乘数}}}_{\text{部门需求对经济整体产出乘数}} \tag{6.5}$$

我们将看到在这一表述的基础上，将有很多其他投入产出乘数的变形。所有那些变形所需要的就是改变乘数矩阵中的元素，使得由 $(\Delta \boldsymbol{f}_j=1)\rightarrow(\Delta \boldsymbol{x}_i)$ 变为 $(\Delta \boldsymbol{f}_j=1)\rightarrow(\Delta\ \boldsymbol{x}_i$ 的某个函数），例如就业、能源使用或污染排放。

总产出乘数

如果我们考虑把住户封闭进来的一个投入系数矩阵（如第 2.5 节中所描述的），在模型中通过对劳动服务的支付所产生的住户收入，以及相应的对各个部门所生产物品的消费支出，我们就获得了由此额外引致的效应。继续沿用第 2.5 节的例子，增加住户部门行和列的扩展的系数矩阵为：

$$\overline{\mathbf{A}}=\begin{bmatrix}0.15 & 0.25 & 0.05\\ 0.20 & 0.05 & 0.40\\ 0.30 & 0.25 & 0.05\end{bmatrix}$$

列昂惕夫逆矩阵（所含的元素为$\bar{l}_{ij}$）为：

---

① 严格地说，人们习惯在表示行向量的记号中包含一个“上撇号”，如以前章节中的 $\boldsymbol{x}$ 和 $\boldsymbol{x}'$，但是在这里以及整个对乘数的讨论中，我们不加上撇号来定义各种乘数行，以去除符号上的复杂性而简化表示。

$$\overline{\mathbf{L}}=(\mathbf{I}-\overline{\mathbf{A}})^{-1}=\begin{bmatrix}1.365 & 0.425 & 0.251\\0.527 & 1.348 & 0.595\\0.570 & 0.489 & 1.289\end{bmatrix}=\begin{bmatrix}\overline{\mathbf{L}}_{11} & \overline{\mathbf{L}}_{12}\\\overline{\mathbf{L}}_{21} & \overline{\mathbf{L}}_{22}\end{bmatrix} \tag{6.6}$$

与式（2.27）一样，但是这里保留三位小数。我们还增加了分块矩阵的表述，因为这将对本章后续的大部分内容有好处。显然，$\overline{\mathbf{L}}=[\bar{l}_{ij}]$ 中的元素也与最终需求变动对部门产出的影响有关，只是现在在模型中存在一个内生的住户，因此这种效应会更大。

为估算新的价值 1 美元的最终需求对部门 1 产出的影响，我们将构造一个包含三个元素的向量 $\Delta\bar{\mathbf{f}}(1)=\begin{bmatrix}1\\0\\0\end{bmatrix}$（意味着对部门 2 或对劳动服务没有外生的需求变化），这正是求解 $\overline{\mathbf{L}}$ 的第一列，也就是：

$$\Delta\bar{\mathbf{x}}(1)=\overline{\mathbf{L}}\Delta\bar{\mathbf{f}}(1)=\begin{bmatrix}1.365\\0.527\\0.570\end{bmatrix}$$

[与上面的式（6.1）比较。] 像式（6.2）那样把这些元素相加：

$$\overline{m}(o)_1=\mathbf{i}'\Delta\bar{\mathbf{x}}(1)=\sum_{i=1}^{n+1}\bar{l}_{i1}=2.462 \tag{6.7}$$

如之前一样，$n=2$，但是现在 $i'=[1, 1, 1]$（后面我们假设 $\mathbf{i}$ 或者 $\mathbf{i}'$ 在所涉及的乘法运算中总是有适当的维数）。

$\overline{\mathbf{L}}$ 的每一列中的前 n 个元素的合计（在我们的例子中 $n=2$）表示只是原来 n 个部门的总产出乘数（total output multipliers）效应——一种截短的产出乘数。它们可以求解为 $\mathbf{i}'\overline{\mathbf{L}}_{11}$。当我们关心的是原来的 n 个部门的总产出乘数时（例如，对同样的这 n 个部门，与简单产出乘数比较），这些截短的产出乘数正是我们的兴趣所在。用 $\overline{m}[o(t)]_j$ 来标记这些截短的总产出乘数；这里 $\overline{m}[o(t)]_1=1.892$。

部门 2 的总产出乘数为：

$$\overline{m}(o)_2=\sum_{i=1}^{n+1}\bar{l}_{i2}=2.262 \tag{6.8}$$

且 $\overline{m}[o(t)]_2=1.773$。一般地，对于部门 j，总产出乘数由下式给出：

$$\overline{m}(o)_j=\sum_{i=1}^{n+1}\bar{l}_{ij} \tag{6.9}$$

而截短的总产出乘数为 $\overline{m}[o(t)]_j=\sum_{i=1}^{n}\bar{l}_{ij}$。采用简略的矩阵术语为：

$$\overline{\mathbf{m}}(o)=\mathbf{i}'\overline{\mathbf{L}},\ \overline{\mathbf{m}}[o(t)]=\mathbf{i}'\overline{\mathbf{L}}_{11} \tag{6.10}$$

例子：美国 2003 年度投入产出模型

我们再次利用美国 2003 年度七部门模型。第 2 章中的表 2-7 表示了列昂惕夫逆矩阵，这里不再重复。简单产出乘数容易求解得到：

$$m(o)=[1.9195 \quad 1.6051 \quad 1.7218 \quad 1.9250 \quad 1.4868 \quad 1.6081 \quad 1.5985]$$

在这个例子中，最大的乘数与制造业（4）和农业（1）相关。考虑七部门的加总水平，这并不令人奇怪。

商品-产业模型中的产出乘数

对于商品×产业模型，并不涉及新的规则。如通常一样，产出乘数可以求解为相关的完全需求系数矩阵（开的，或针对住户的闭的）的列合计。在表 6-1 中，我们根据第 5 章的表 5-4 和表 5-5 汇总了完全需求系数矩阵的结果。

例如，对于产业技术假定下的商品×商品完全需求系数矩阵，这些产出乘数的行向量为 $\mathbf{i}'(\mathbf{I}-\mathbf{BD})^{-1}$。注意到因为 $\mathbf{i}'\mathbf{D}=\mathbf{i}'$（$\mathbf{D}$ 的列合计都为 1），对于产业×商品的完全需求系数矩阵将求得相同的产出乘数：$\mathbf{i}'[\mathbf{D}(\mathbf{I}-\mathbf{BD})^{-1}]=\mathbf{i}'(\mathbf{I}-\mathbf{BD})^{-1}$。对于表中任何其他对的矩阵（纵向）同样如此。这是因为：(1) $\mathbf{i}'\mathbf{C}=\mathbf{i}'$（$\mathbf{C}$ 就是这样构造的，所以是正确的）；(2) $\mathbf{i}'\mathbf{D}^{-1}=\mathbf{i}'$（给定 $\mathbf{i}'\mathbf{D}=\mathbf{i}'$，这容易证明）；(3) 类似地，$\mathbf{i}'\mathbf{C}^{-1}=\mathbf{i}'$。这一结果正是我们所期望的——完全需求矩阵沿列向加总（对所有行）将得出同样的结果，而与行的标签（“商品”或“产业”）无关。

表 6-1　　　　商品-产业模型中的完全需求系数矩阵

	产业技术	商品技术
商品需求拉动模型		
商品×商品	$(\mathbf{I}-\mathbf{BD})^{-1}$	$(\mathbf{I}-\mathbf{BC}^{-1})^{-1}$
产业×商品	$[\mathbf{D}(\mathbf{I}-\mathbf{BD})^{-1}]$	$[\mathbf{C}^{-1}(\mathbf{I}-\mathbf{BC}^{-1})^{-1}]$
产业需求拉动模型		
产业×产业	$(\mathbf{I}-\mathbf{DB})^{-1}$	$(\mathbf{I}-\mathbf{C}^{-1}\mathbf{B})^{-1}$
商品×产业	$[\mathbf{D}^{-1}(\mathbf{I}-\mathbf{DB})^{-1}]$	$[\mathbf{C}(\mathbf{I}-\mathbf{C}^{-1}\mathbf{B})^{-1}]$

针对第 5 章数值例子中的完全需求系数矩阵，有下列结果。它们表示了各对矩阵的结果相同。

商品需求拉动模型

产业技术　　　　**商品技术**

商品×商品

$$(\mathbf{I}-\mathbf{BD})^{-1}=\begin{bmatrix}1.1568 & 0.0898\\ 0.1314 & 1.0782\end{bmatrix}\qquad (\mathbf{I}-\mathbf{BC}^{-1})^{-1}=\begin{bmatrix}1.1644 & 0.0825\\ 0.1375 & 1.0723\end{bmatrix}$$

产出乘数　$[1.2882 \quad 1.1680]$　　　　$[1.3019 \quad 1.1548]$

产业×商品

$$\mathbf{D}(\mathbf{I}-\mathbf{BD})^{-1}=\begin{bmatrix}1.0411 & 0.0809\\ 0.2471 & 1.0871\end{bmatrix}\qquad \mathbf{C}^{-1}(\mathbf{I}-\mathbf{BC}^{-1})^{-1}=\begin{bmatrix}1.1507 & -0.0247\\ 0.1512 & 1.1795\end{bmatrix}$$

产出乘数　$[1.2882 \quad 1.1680]$　　　　$[1.3019 \quad 1.1548]$

产业需求拉动模型

	产业技术	商品技术
	产业×产业	
	$(\boldsymbol{I}-\boldsymbol{DB})^{-1}=\begin{bmatrix}1.1478 & 0.0809\\0.1537 & 1.0871\end{bmatrix}$	$(\boldsymbol{I}-\boldsymbol{C}^{-1}\boldsymbol{B})^{-1}=\begin{bmatrix}1.1507 & 0.0821\\0.1512 & 1.0861\end{bmatrix}$
产出乘数	[1.301 5　1.168 0]	[1.301 9　1.168 2]
	商品×产业	
	$\boldsymbol{D}^{-1}(\boldsymbol{I}-\boldsymbol{BD})^{-1}=\begin{bmatrix}1.2753 & 0.0898\\0.0262 & 1.0782\end{bmatrix}$	$\boldsymbol{C}(\boldsymbol{I}-\boldsymbol{C}^{-1}\boldsymbol{B})^{-1}=\begin{bmatrix}1.1644 & 0.1808\\0.1375 & 0.9873\end{bmatrix}$
产出乘数	[1.301 5　1.168 0]	[1.301 9　1.168 2①]

□ 6.2.2　收入/就业乘数

通常分析人员可能更关注用所创造的职位、增加的住户收入、产生的增加值等而不是简单的分部门的总产出来度量新的最终需求的经济影响。在这一节中我们将考察对住户的影响；不管我们是以职位（实物）还是以收入（货币）来度量这种影响，其方法都完全一样。在以下的部分，我们采用收入来演示，但是它同样完全适用于职位。

收入乘数

一种直接的方法就是简单地利用劳动投入系数，可以是货币的（单位产出所获得的工资，如 $[a_{n+1,1}, \cdots, a_{n+1,n}]$），也可以是实物的（人年，或者是某个单位产出的这类度量），把 $\boldsymbol{L}$ 中的元素转换为美元价值的就业。我们从交易的信息开始：设 $\boldsymbol{h}'$（对应住户）表示这些数据的行向量。在货币的情形下，这就是 $\boldsymbol{h}'=[z_{n+1,1}, \cdots, z_{n+1,n}]$；按实物单位核算可能是基期每个部门就业数的某种度量。那么 $\boldsymbol{h}'_c=\boldsymbol{h}'\hat{\boldsymbol{x}}^{-1}$ 为相应的住户投入系数行。② 仍采用货币单位，这些是 $[a_{n+1,1}, \cdots, a_{n+1,n}]$ 中的元素，在上面的例子中把住户封闭到模型中（$a_{n+1,j}=z_{n+1,j}/x_j$），表示每 1 美元价值的部门产出所获得的住户收入。

相对于 $\Delta\boldsymbol{f}=\begin{bmatrix}1\\0\end{bmatrix}$，我们就像在式（6.1）中一样，求解 $\boldsymbol{L}$ 第一列中的产出效应 $\begin{bmatrix}l_{11}\\l_{21}\end{bmatrix}$。可以通过用 $a_{n+1,1}$ 对第一个元素加权、用 $a_{n+1,2}$ 对第二个元素加权来实现将这第一列转换为收入量，得到 $\begin{bmatrix}a_{n+1,1}l_{11}\\a_{n+1,2}l_{21}\end{bmatrix}$。一般地，利用 $m(h)_j$ 来表示部门 j 的简单住户收入乘数：

$$m(h)_j=\sum_{i=1}^{n}a_{n+1,i}l_{ij} \tag{6.11}$$

"简单"仍然指的是这些乘数利用 $\boldsymbol{L}$ 中的元素求解，而住户是外生的事实。

---

① 这不等于 0.180 8+0.987 3 只是因为完全需求矩阵中进行了四舍五入。

② 之前当把住户封闭在模型中时，把它定义为 $\boldsymbol{h}_R$。现在我们修改符号以强调这是一个系数行向量，并考虑到向其他种类乘数的推广。

继续这一个例子，我们有 $a_{n+1,1}=0.3$ 和 $a_{n+1,2}=0.25$。因此：

$$m(h)_1=(0.3)(1.254)+(0.25)(0.264)=0.376+0.066=0.442$$

以及

$$m(h)_2=(0.3)(0.33)+(0.25)(1.122)=0.099+0.281=0.380$$

这里，$m(h)_1=0.442$ 表示对部门 1 产出每新增 1 美元的最终需求将产生 0.44 美元新的住户收入，这时所有直接和间接效应被转化为收入的美元估计。如果感兴趣的是单个部门的所得，我们看到部门 1 的雇员挣得的为 0.376 美元，而部门 2 雇员挣得的为 0.066 美元。$m(h)_2=0.380$ 也可以类似地分解为每个部门的所得。从这个例子中采用这种对效应的度量可以看出，相同数额美元的最终需求，例如新的政府购买，它们被花费在部门 1 产出上要比被花费在部门 2 产出上产生更多的新增美元的住户收入。

如果对 $\bar{\boldsymbol{L}}$ 中的元素进行类似的加权，就得到总（直接加间接加引致）收入效应或住户收入乘数。如以前，利用上横线表示从 $\bar{\boldsymbol{L}}$ 得到的乘数，与式（6.11）中的 $m(h)_j$ 相对应，有：

$$\overline{m}(h)_j=\sum_{i=1}^{n+1}a_{n+1,i}\bar{l}_{ij} \tag{6.12}$$

对于我们的数值例子，$a_{n+1,3}=0.05$，有：

$$\overline{m}(h)_1=(0.3)(1.365)+(0.25)(0.527)+(0.05)(0.570)=0.570$$

以及

$$\overline{m}(h)_2=(0.3)(0.425)+(0.25)(1.348)+(0.05)(0.489)=0.489$$

这些对部门 1 和部门 2 的总收入乘数等于［在 $\bar{\boldsymbol{L}}$ 式（6.6）中］$\bar{\boldsymbol{L}}_{21}$ 中的元素 $\bar{l}_{n+1,1}$ 和$\bar{l}_{n+1,2}$。回想对任何元素$\bar{l}_{i,j}$的解释，它度量的是部门 j 产出的价值 1 美元的新增需求对部门 i 产出的总（直接、间接和引致）效应。如此，$\bar{l}_{n+1,j}$是部门j 物品的价值 1 美元的新增最终需求对住户部门产出（所需劳动服务的总价值）的总效应。这恰好就是我们所指的总住户收入效应或总住户收入乘数。所以：

$$\overline{m}(h)_j=\bar{l}_{n+1,j} \tag{6.13}$$

（在附录 6.1 中，利用分块矩阵逆的矩阵代数结果，具体给出了总住户收入乘数和 $\bar{\boldsymbol{L}}$ 的最底下一行的元素之间的关系。）如果我们仍只是对 n 个原来部门所发生的住户收入创造效应感兴趣，我们可以通过只对 $\bar{\boldsymbol{L}}_{11}$ 中的列进行加总，计算截短的总住户收入乘数 $\overline{m}[h(t)]_1$。在这个例子中，$\overline{m}[h(t)]_1=0.541$，$\overline{m}[h(t)]_2=0.465$。

在这里以及本章后续的讨论中，如果 $\boldsymbol{A}$ 和 $\boldsymbol{L}$ 被理解为商品-产业模型中的直接消耗系数矩阵和完全需求系数矩阵，就像例子 $\underset{(C\times C)}{\boldsymbol{A}_I}=\boldsymbol{BD}$，$\underset{(C\times C)}{\boldsymbol{L}_I}=(\boldsymbol{I}-\boldsymbol{BD})^{-1}$一样，那么所有结果都将成立。我们在第 6.2.1 节中针对各种商品-产业模型来演示上述产出乘数的例子。

类型Ⅰ和类型Ⅱ的收入乘数

对于收入乘数，什么可以合乎逻辑地被称作新增最终需求的初始效应，人们有不同的选择。对于产出乘数，很明显对部门 j 产出的价值 1 美元的新增最终需求的初始效应

是部门 j 的生产必须增加 1 美元（而且最终，当然会超过那 1 美元）。对于收入效应，对部门 j 同样美元价值的新增需求，最初会成为同样美元价值的部门 j 的新增产出；这就是上面在构造住户收入乘数时所考虑的初始效应。然而，部门 j 初始的美元价值的新增产出意味着对部门 j 工人最初的新增收入支付 $a_{n+1,j}$。因此，$a_{n+1,j}$ 可以被看作对部门 j 产出新增需求的初始收入效应。

如此，对于任意部门 j，有另一种简单收入乘数，通常被称为类型Ⅰ收入乘数。它具有直接和间接收入效应，也就是以简单住户收入乘数［式(6.11)］作为分子，不是以初始美元价值的产出，而是以它的初始劳动收入效应 $a_{n+1,j}$ 作为分母。[①] 设 $m(h)_j^{\mathrm{I}}$ 表示部门 j 这种类型Ⅰ的收入乘数，所以：

$$m(h)_j^{\mathrm{I}}=\frac{\sum_{i=1}^{n}a_{n+1,i}l_{ij}}{a_{n+1,j}}=\frac{m(h)_j}{a_{n+1,j}} \tag{6.14}$$

对于我们的数值例子，有：

$$m(h)_1^{\mathrm{I}}=0.442/0.3=1.473$$
$$m(h)_2^{\mathrm{I}}=0.380/0.25=1.520$$

同样，如果系数矩阵对于住户是封闭的，可以计算类似于类型Ⅰ乘数的收入效应；这些被称作类型Ⅱ收入乘数[②]：

$$m(h)_j^{\mathrm{II}}=\frac{\sum_{i=1}^{n+1}a_{n+1,i}\bar{l}_{ij}}{a_{n+1,j}}=\frac{\overline{m}(h)_j}{a_{n+1,j}} \tag{6.15}$$

同样，对于数值例子，有：

$$m(h)_1^{\mathrm{II}}=\frac{0.570}{0.3}=1.900$$

$$m(h)_2^{\mathrm{II}}=\frac{0.489}{0.25}=1.956$$

这一度量与式（6.14）中类型Ⅰ效应之间的对应关系和总住户收入乘数 $\overline{m}(h)_j$ 和简单住户收入乘数 $m(h)_j$ 之间的对应关系是一样的。根据式（6.11），对应 $m(h)_j^{\mathrm{I}}$ 的分子为 $m(h)_j$；根据式（6.12）或式（6.13），对应 $m(h)_j^{\mathrm{II}}$ 的分子为 $\overline{m}(h)_j$。如此，基于同 $\overline{m}(h)_j$ 完全同样的理由，我们可以替代地定义 $m(h)_j^{\mathrm{II}}$ 为：

$$m(h)_j^{\mathrm{II}}=\bar{l}_{n+1,j}/a_{n+1,j} \tag{6.16}$$

这些乘数表明在通过 $\overline{\mathbf{L}}$ 考虑直接、间接和引致效应（源于住户收入增加所导致的住户支出）的情况下，初始的收入效应（0.3 和 0.25）在多大程度上被放大。截短的类型Ⅱ收入乘数可以像往常一样，只是考虑 $\overline{\mathbf{L}}_{11}$ 中的列。在这个例子中，它们为 $m[h(t)]_1^{\mathrm{II}}=1.803$ 以及 $m[h(t)]_2^{\mathrm{II}}=1.860$。

---

① 这些也被称作“标准化”乘数；例如在 Oosterhaven (1981) 中。

② “类型Ⅰ”和“类型Ⅱ”的称号似乎最初来源于 Moore (1955)。Moore 和 Petersen (1955) 开创性地（在区域背景下）对犹他州，以及此后 Hirsch (1959) 对圣路易斯州进行了这些度量的计算。

通常认为类型Ⅰ乘数可能低估了经济影响（因为缺乏住户活动），而类型Ⅱ乘数可能会存在高估（因为在劳动收入和随之而来的消费者支出方面固定不变的假定）。例如，奥斯特哈文、皮耶克和施特尔德（Oosterhaven，Piek，and Stelder，1986，p.69）建议道：

这两个乘数（类型Ⅱ和类型Ⅰ）可以被看作最终需求增加的实际间接效应的上限和下限；现实的估计通常处在类型Ⅰ和类型Ⅱ乘数之间大致中间的位置。

简单和总收入乘数之间，或类型Ⅰ和类型Ⅱ收入乘数之间的关系

住户外生的投入产出分析结果在相当程度上会低估总效应，因此总乘数或类型Ⅱ乘数可能比简单乘数或类型Ⅰ乘数在估计潜在影响方面更有用。或者如上面所指出的，在两个数据之间的某个值可能更为现实，但是准确决定这两个极端值之间的那个位置可能比较困难。如果人们主要的兴趣在于对部门进行排序，哪个部门乘数值最大，哪个第二大，等等，那么类型Ⅰ与类型Ⅱ乘数将一样有用（而且通常易于获得），因为可以证明类型Ⅱ与类型Ⅰ乘数的比率对于所有部门都是一个常数。因为 $m(h)_j^{\mathrm{II}}=\overline{m}(h)_j/a_{n+1,j}$ 以及 $m(h)_j^{\mathrm{I}}=m(h)_j/a_{n+1,j}$，因此 $m(h)_j^{\mathrm{II}}/m(h)_j^{\mathrm{I}}=\overline{m}(h)_j/m(h)_j$。现在所要表明的是对于所有的 j，$m(h)_j^{\mathrm{II}}/m(h)_j^{\mathrm{I}}=k$（一个常数）。此外，$k$ 可以很容易被求解，根本不需要 $\overline{\boldsymbol{L}}$。这表明了一种计算上的优势。为了说明这个比率是一个常数，需要我们运用有关分块矩阵逆 $\overline{\boldsymbol{L}}$ 的某些事实。这一工作在附录 6.2 中给出，有兴趣的读者可以参考。在我们演示的例子中，得到 $m(h)_1=0.442$，$\overline{m}(h)_1=0.570$，$m(h)_2=0.380$，$\overline{m}(h)_2=0.489$，$m(h)_1^{\mathrm{I}}=1.473$，$m(h)_1^{\mathrm{II}}=1.900$，$m(h)_2^{\mathrm{I}}=1.520$，以及 $m(h)_2^{\mathrm{II}}=1.956$。因此（保留两位小数），$\overline{m}(h)_1/m(h)_1=0.570/0.442=1.29$，$m(h)_1^{\mathrm{II}}/m(h)_1^{\mathrm{I}}=1.90/1.47=1.29$，对于 $\overline{m}(h)_2/m(h)_2$ 和 $m(h)_2^{\mathrm{II}}/m(h)_2^{\mathrm{I}}$ 求解可以得到相同的值，所以对这个例子，$k=1.29$。

使用哪种乘数

作为一个实际的问题，在以 $m(h)_j$ ［和 $\overline{m}(h)_j$］还是 $m(h)_j^{\mathrm{I}}$ ［和 $m(h)_j^{\mathrm{II}}$］来度量的乘数效应之间进行选择取决于所研究的那种影响的外生变动的性质。如果那种变动，例如，是对飞机部门产出的联邦政府支出的增加，那么最有用的数字可能是那些把新增政府支出的全部的美元价值转换为经济中住户挣得的全部的新增收入的乘数——收入乘数 $m(h)_j$ 和 $\overline{m}(h)_j$。利用得自例子的 $m(h)_1=0.442$ 和 $m(h)_2=0.380$，我们可以估计一项关税政策，可能增加对部门 1 商品 100 000 美元的国外需求，并将最终导致获得的收入增加 $0.442\times100\ 000=44\ 200$ 美元，而增加对部门 2 货物 100 000 美元出口需求的一项政策，将使住户获得的收入新增 $0.380\times100\ 000=38\ 000$ 美元。如果我们还试图在闭模型中得到与获得的收入相关的消费者支出，我们可以利用 $\overline{m}(h)_1$ 和 $\overline{m}(h)_2$，并分别求解得到 $0.570\times100\ 000=57\ 000$ 美元，$0.489\times100\ 000=48\ 900$ 美元。在两个例子中，我们发现对部门 1 产出的出口需求的刺激，如所期望的，产生了更大的效应，因为 $\overline{m}(h)_j/m(h)_j=k$（这里是 1.29），所以最大的简单乘数对应最大的总乘数。

下降的影响同样可以被容易地估算。假设两个不同产业 i 和 j 的管理团队，因为国外更低的劳动成本，正考虑把一个大型装配厂转移到国外。如果这些工厂的年度应付薪金分别为 p_i 和 p_j，若人们想把引致的住户消费效应包括进来，那么由预期的转移造成的整个国民经济总住户收入的损失可以用 $m(h)_i^{\mathrm{I}}p_i$ 和 $m(h)_j^{\mathrm{I}}p_j$，或者 $m(h)_i^{\mathrm{II}}p_i$ 和

$m(h)_j^{\mathrm{II}} p_j$ 来度量。例如，根据我们的例子，利用 $m(h)_1^{\mathrm{I}}=1.473$ 和 $m(h)_2^{\mathrm{I}}=1.520$，如果一个年度应付薪金 100 000 美元的产业 1 中的工厂将要移出本国，我们将估计整个经济总的收入损失为 1.473×100 000=147 300 美元。类似地，如果产业 2 中的工厂，年度应付薪金为 250 000 美元，被移出本国经济，我们可以估计由于这种移出，整个经济的住户收入的总的损失为 1.520×250 000=380 000 美元。如果我们再利用闭模型获得消费者支出，利用 $m(h)_1^{\mathrm{II}}=1.900$ 和 $m(h)_2^{\mathrm{II}}=1.956$，我们的估计将是产业 1 中工厂的移出将导致 1.900×100 000=190 000 美元的收入损失，而产业 2 中工厂的消失将导致 1.956×250 000=489 000 美元的收入下降。

更多的收入乘数

如上面所指出的（第 3.2.3 节），在布尔德、科罗拉多、迈尔尼克等（Boulder，Colorado，Miernyk et al.，1967）一个重要的早期研究中，他们使用了一个模型，把一个区域新居民的消费倾向与本地居民的消费倾向区别开来。此外，当前的居民被分为不同的收入阶层（在该研究中被分为四个），对每个收入阶层估计独立的区域消费函数。这一方法的结果被称为类型Ⅲ收入乘数，对于各个部门它们都要比类型Ⅱ收入乘数小。这是能够预料到的，因为边际消费系数与当前居民的消费习惯有关，要比平均消费系数小，这些平均消费系数与新居民的消费习惯有关，也是构建类型Ⅱ乘数的唯一基础。①

尽管类型Ⅲ对类型Ⅱ收入乘数的比率各个部门并不相同，但变化区间仅为 0.87～0.91，平均值为 0.88。因为在这一研究中类型Ⅱ和类型Ⅰ收入乘数的（不变的）比率是 1.34，这意味着类型Ⅲ和类型Ⅰ收入乘数的比率平均为 1.18。如果在对其他区域的研究中，对住户进行类似的细分，求解得到类型Ⅲ和类型Ⅰ收入乘数比率的一个较窄的范围，就可能通过对类型Ⅰ乘数的适当“放大”，来对所有部门的类型Ⅲ收入乘数进行近似。在布尔德的研究中，这一放大因子为 1.18。

进一步，马登和贝蒂（Madden and Batey，1983 and elsewhere）得到一种类型Ⅳ收入乘数。像类型Ⅲ乘数一样，这些乘数（通常）大于类型Ⅰ乘数，但小于类型Ⅱ收入乘数。这里的区别在于当前雇用的当地居民和当前失业的当地居民两者支出模式之间的区别。② 产生这四种乘数的模型在贝蒂和威克斯（Batey and Weeks，1989）中进行了讨论和总结。表 6-2 提供了一个概览。

实物就业乘数

如果我们感兴趣的是实物量的职位的计算，上述所有类型的乘数都能很好适用。我们在 $\boldsymbol{h}'$ 中的最初信息将是人年，或者某种类似的度量单位，而从式（6.11）到式（6.16）的所有结果仍然有效，其解释将是实物量的，而非货币量的。

① 在布尔德的研究中，对当地经济所有 31 个部门产品的平均（总的）住户消费系数，为 0.40（这就是 $\boldsymbol{i}'\boldsymbol{h}_C$，在布尔德研究中利用的是住户列）。边际（总的）住户消费系数，针对同样的 31 个部门的产品，对应四个收入阶层为 0.31、0.21、0.16 和 0.02；它们平均为 0.173 0［分别根据 Miernyk et al.（1967）中的表Ⅳ-2 和表Ⅴ-4a 计算］。布尔德研究中的类型Ⅲ乘数不是根据细分的住户内生模型的列昂惕夫逆矩阵来求解的，而是采用一种迭代的、一轮又一轮的方式来计算的。

② Conway (1977) 建议用术语“类型 A”和“类型 B”乘数表示“类型Ⅰ”和“类型Ⅱ”乘数的分子。其好处是有助于开展对乘数值随时间而变动的研究。当乘数是一个比率时，其中的分子和分母元素随时间都在变化，乘数值的变动可能反映的是分子、分母，或者二者同时的变化。

表 6-2　　关于住户对模型封闭

模型	度量的效应		模型封闭	收入乘数
	直接+间接	引致的*		
1	直接+间接	无	无	类型Ⅰ
2	直接+间接	内涵的	单一住户行和列	类型Ⅱ
3	直接+间接	内涵的+外延的	两个住户行和列	类型Ⅲ
4	直接+间接	内涵的+外延的+再分配的	三个住户行和列	类型Ⅳ

* 内涵效应与本地工人和边际消费系数有关。外延效应与迁移居民和平均消费系数有关。再分配效应与失业居民和他们基于保险费支出的消费倾向有关。

□ 6.2.3　增加值乘数

另一类乘数是把作为对初始外生冲击反应的每个部门所创造的新的增加值与那种初始冲击联系起来。背后的原理是一样的，式（6.11）到式（6.16）的结果也仍然有效。需要的唯一新的信息是一组部门增加值系数，即 $\boldsymbol{v}'_c=\boldsymbol{v}'\hat{\boldsymbol{x}}^{-1}$。我们让读者自己来补充这些细节。常常认为增加值作为对一个部门经济贡献的度量，比总产出更好，因为它真实捕捉到部门从事生产所增加的价值——一个部门的总产出和中间投入成本之间的差。

□ 6.2.4　矩阵表述

矩阵表述提供了一种简洁而有效的方式来表示乘数。式（6.5）中的产出乘数可以表示为：

$$\boldsymbol{m}(o)=\boldsymbol{i}'\boldsymbol{L}$$

对于收入乘数（简单），利用 $\boldsymbol{h}'_c=\boldsymbol{h}'\hat{\boldsymbol{x}}^{-1}$，我们有：

$$\boldsymbol{m}(h)=[m(h)_1,\ \cdots,\ m(h)_n]=\boldsymbol{h}'_c\boldsymbol{L} \tag{6.17}$$

式（6.5）中的求和行 $\boldsymbol{i}'$，这里被劳动投入系数行 $\boldsymbol{h}'_c$ 替代了。我们可以按下列方式对它进行解构：

$$\boldsymbol{m}(h)=\boldsymbol{h}'_c\boldsymbol{L}=\boldsymbol{h}'\hat{\boldsymbol{x}}^{-1}\boldsymbol{L}=\underbrace{\boldsymbol{i}'\overbrace{\hat{\boldsymbol{h}}'\hat{\boldsymbol{x}}^{-1}\boldsymbol{L}}^{\substack{\text{部门需求对部门收入乘数}\\[\boldsymbol{M}(h)]}}}_{\substack{\text{部门需求对整体经济收入乘数}\\[\boldsymbol{m}(h)]}} \tag{6.18}$$

特别地，$\hat{\boldsymbol{h}}'\hat{\boldsymbol{x}}^{-1}\boldsymbol{L}$ 把 $\boldsymbol{L}$ 中最终需求到产出的乘数的逆矩阵转换为最终需求到收入的乘数的矩阵 $\boldsymbol{M}(h)$。之后 $\boldsymbol{i}'\hat{\boldsymbol{h}}'\hat{\boldsymbol{x}}^{-1}\boldsymbol{L}=\boldsymbol{h}'\hat{\boldsymbol{x}}^{-1}\boldsymbol{L}=\boldsymbol{h}'_c\boldsymbol{L}$ 产生整体经济的一个收入乘数向量 $\boldsymbol{m}(h)$，也就是转换逆矩阵的列合计。注意到在这种通用形式中，式（6.5）中的简单产出乘数可以被看作：

$$\boldsymbol{m}(o)=\boldsymbol{i}'\boldsymbol{L}=\boldsymbol{x}'\hat{\boldsymbol{x}}^{-1}\boldsymbol{L}=\boldsymbol{i}'\hat{\boldsymbol{x}}'\hat{\boldsymbol{x}}^{-1}\boldsymbol{L}$$

对于封闭模型，n 个部门总收入乘数的 n 维向量为：

$$\bar{\boldsymbol{m}}(h)=[\bar{m}(h)_1,\ \cdots,\ \bar{m}(h)_n]=\underset{[1\times(n+1)]}{[\boldsymbol{h}'_c\quad a_{n+1,n+1}]}\underset{[(n+1)\times n]}{\begin{bmatrix}\bar{\boldsymbol{L}}_{11}\\ \bar{\boldsymbol{L}}_{21}\end{bmatrix}}=\bar{\boldsymbol{h}}'_c\begin{bmatrix}\bar{\boldsymbol{L}}_{11}\\ \bar{\boldsymbol{L}}_{21}\end{bmatrix} \tag{6.19}$$

两个原因使得 $\bar{m}(h)_j > m(h)_j$ 显而易见：(1) 尽管两个模型中 $\boldsymbol{h}_c'$ 中的权数是一样的，但 $\bar{\boldsymbol{L}}_{11}$ 中的逆矩阵元素始终大于 $\boldsymbol{L}$ 中的逆矩阵元素； (2) 每个 $\bar{m}(h)_j$ 包含了额外的项 $a_{n+1,n+1}\bar{l}_{n+1,j}$。[在截短的乘数情形下，只有 (1) 起作用。]

每个部门类型Ⅰ收入乘数的 n 个元素的行向量 $\boldsymbol{m}(h)^{\mathrm{I}}$，可以简洁地用式 (6.18) 中的 $\boldsymbol{m}(h)$ 来表示，也就是：

$$\boldsymbol{m}(h)^{\mathrm{I}} = \boldsymbol{m}(h)(\hat{\boldsymbol{h}}_c')^{-1} = \boldsymbol{h}_c'\boldsymbol{L}(\hat{\boldsymbol{h}}_c')^{-1} \tag{6.20}$$

原来 n 个部门的类型Ⅱ收入乘数行向量可以利用 $\bar{\boldsymbol{L}}_{21} = [\bar{l}_{n+1,1}, \bar{l}_{n+1,2}, \cdots, \bar{l}_{n+1,n}]$ 来定义，也就是：

$$\boldsymbol{m}(h)^{\mathrm{II}} = \bar{\boldsymbol{L}}_{21}(\hat{\boldsymbol{h}}_c')^{-1} \tag{6.21}$$

□ 6.2.5 小结

表 6-3 对第 6.2.1 节至第 6.2.3 节中的结果进行了总结。表 6-4 用一组通用模板对这些乘数结果进行了汇总。我们用"$\boldsymbol{z}_c'$"表示通过交易 ($\boldsymbol{z}'$) 和产出 ($\boldsymbol{x}$) 求解 $\boldsymbol{z}_c' = \boldsymbol{z}'\hat{\boldsymbol{x}}^{-1}$ 得到的相应的系数行向量。当 $\boldsymbol{z}' = \boldsymbol{x}'$，$\boldsymbol{z}_c' = \boldsymbol{i}'$ 时，我们得到传统的产出乘数。[与随后的记号相反，我们记这些为 $\boldsymbol{m}(o)$，表示产出，而非 $\boldsymbol{m}(x)$。] 注意类型Ⅰ和类型Ⅱ产出乘数是无意义的；因为 $\hat{\boldsymbol{i}}' = \boldsymbol{I}$，它们等于简单产出乘数和总产出乘数。当 $\boldsymbol{z}' = \boldsymbol{h}'$ 或 $\boldsymbol{z}' = \boldsymbol{v}'$ 时，我们分别得到住户（或者是收入或就业）或增加值乘数。还可能有很多其他类型的乘数。例如，如果把 $\boldsymbol{z}' = \boldsymbol{e}'$ 作为一行，度量每个部门生产中排放的污染量，我们将得到环境（污染产生）乘数，或者如果把 $\boldsymbol{z}' = \boldsymbol{n}'$ 作为一行，表示部门的能源消耗，我们将得到能源使用乘数。能源使用、污染产生，以及其他诸如此类的乘数通常求解为截短的形式，如 $\boldsymbol{z}_c'\bar{\boldsymbol{L}}_{11}$，它与表 6-4 中设定的 $\bar{\boldsymbol{z}}_c' = [\boldsymbol{z}_c' \quad \boldsymbol{0}]$ 是相等的。这些能源和环境扩展的某些内容将在第 10 章中讨论。

表 6-3　　投入产出乘数

	产出效应	收入效应[a]	
外生变化	$\Delta f_j = 1$	$\Delta f_j = 1$	
初始效应 (N) (部门 j)	$\Delta x_j = 1$	$\Delta x_j = 1$	Δ部门 j 对劳动的支付 $= a_{n+1,j}$
开模型中的总效应 (T)(直接+间接)	$\sum_{i=1}^{n} l_{ij}$	$\sum_{i=1}^{n} a_{n+1,i} l_{ij}$	
简单乘数 (T/N) (开模型)	简单产出乘数 $m(o)_j = \sum_{i=1}^{n} l_{ij}/\Delta f_j = \sum_{i=1}^{n} l_{ij}$ [式(6.4)]	简单收入乘数 $m(h)_j$ $= \sum_{i=1}^{n} a_{n+1,i} l_{ij}/\Delta f_j = \sum_{i=1}^{n} a_{n+1,i} l_{ij}$ [式(6.11)]	类型Ⅰ收入乘数 $m(h)_j^{\mathrm{I}} = \sum_{i=1}^{n} a_{n+1,i} l_{ij}/a_{n+1,j} = m(h)_j/a_{n+1,j}$ [式(6.14)]
闭模型中的总效应 (T)(直接+间接+引致)	$\sum_{i=1}^{n+1} \bar{l}_{ij}$	$\sum_{i=1}^{n+1} a_{n+1,i} \bar{l}_{ij}$	

续前表

	产出效应	收入效应[a]	
总乘数（$\bar{T}/N$）（闭模型）[b]	总产出乘数 $\bar{m}(o)_j=\sum_{i=1}^{n+1}\bar{l}_{ij}/\Delta f_j=\sum_{i=1}^{n+1}\bar{l}_{ij}$ [式(6.9)]	总收入乘数 $\bar{m}(h)_j=\sum_{i=1}^{n+1}a_{n+1,i}\bar{l}_{ij}/\Delta f_j=\sum_{i=1}^{n+1}a_{n+1,i}\bar{l}_{ij}$ [式(6.12)] $=l_{n+1,j}$ [式(6.13)]	类型Ⅱ收入乘数 $m(h)_j^{\mathrm{II}}=\sum_{i=1}^{n+1}a_{n+1,i}\bar{l}_{ij}/a_{n+1,j}$ $=\bar{m}(h)_j/a_{n+1,j}$ [式(6.15)] $=\bar{l}_{n+1,j}/a_{n+1,j}$ [式(6.16)]

a. 对于收入效应，$a_{n+1,j}=z_{n+1,j}/x_j$，其中$z_{n+1,j}$=部门j对住户（劳动）的支付。对于就业效应，用部门j以实物单位度量的就业来替代$z_{n+1,j}$。对于增加值效应，用部门j的增加值支付来替代$z_{n+1,j}$。

b. 对于截短的总乘数效应，对$i=1$，…，n求合计，而不是$i=1$，…，$n+1$。

表 6-4　　通用乘数公式

乘数	矩阵定义
简单	$\boldsymbol{m}(z)=\boldsymbol{z}_c'\boldsymbol{L}$
总	$\bar{\boldsymbol{m}}(z)=\bar{\boldsymbol{z}}_c'\begin{bmatrix}\bar{\boldsymbol{L}}_{11}\\ \bar{\boldsymbol{L}}_{21}\end{bmatrix}$，其中$\bar{\boldsymbol{z}}_c'=[\boldsymbol{z}_c' \quad z_{n+1,n+1}/x_{n+1}]$
截短的	$\bar{\boldsymbol{m}}[z(t)]=\boldsymbol{z}_c'\bar{\boldsymbol{L}}_{11}$
类型Ⅰ	$\boldsymbol{m}(z)^{\mathrm{I}}=\boldsymbol{z}_c'\boldsymbol{L}(\hat{\boldsymbol{z}}_c')^{-1}$
类型Ⅱ	$\boldsymbol{m}(z)^{\mathrm{II}}=\bar{\boldsymbol{L}}_{21}(\hat{\boldsymbol{z}}_c')^{-1}$

6.3　区域模型中的乘数

在第6.2节中，我们提出了各种投入产出乘数的基本概念。所有这些乘数，以及之所以能够对所研究经济所受的影响进行量化，都依赖于矩阵$\boldsymbol{A}$（以及相应的收入、就业、增加值等系数）能够表示该经济内部的产业间联系。特别地，如果部门i是农业，而部门j是食品加工，a_{ij}可以表示该经济每1美元价值的食品加工部门产出所需要的该经济内生产的（非进口的）农产品的投入价值。

□ 6.3.1　区域乘数

研究人员经常对区域层次的影响感兴趣。例如，联邦政府可能试图决定把新的军事合同放到哪里，其中的一项考虑就是刺激一个或多个欠发达地区的经济发展。州政府可能希望把用于劳动技能培训的基金在当期高于平均失业水平的几个县的一个或更多个产业中进行分配，等等。在一个像第3.2节中的单区域投入产出模型中，$\boldsymbol{A}^r=\hat{\boldsymbol{p}}^r\boldsymbol{A}$矩阵表示试图获得区域不同部门之间相互联系的一种方法，上述讨论的各种乘数通过利用$\boldsymbol{A}^r$中的元素及其相应的列昂惕夫逆矩阵，会获得一种空间维度。

例如，由于假设区域r中部门1和部门2的基本生产技术与$\boldsymbol{A}$的两列所反映的技术在本质上是一样的，但是预期来自区域内部门1和部门2所需的投入比例为$p_1^r=0.8$和

$p_2^r=0.6$，所以 $\boldsymbol{p}^r=\begin{bmatrix}0.8\\0.6\end{bmatrix}$，对第 3.2 节中国家表的 $\boldsymbol{A}=\begin{bmatrix}0.15 & 0.25\\0.20 & 0.05\end{bmatrix}$ 进行修正：

$$\boldsymbol{A}^r=\hat{\boldsymbol{p}}^r\boldsymbol{A}=\begin{bmatrix}0.12 & 0.20\\0.12 & 0.03\end{bmatrix} \text{且} \boldsymbol{L}^r=(\boldsymbol{I}-\boldsymbol{A}^r)^{-1}=\begin{bmatrix}1.169 & 0.241\\0.145 & 1.061\end{bmatrix}$$

因此，如式（6.4）一样，区域简单产出乘数为 $m(o)_1^r=1.314$ 和 $m(o)_2^r=1.302$。回想第 6.2.1 节原来 **A** 中的产出乘数为 $m(o)_1=1.518$ 和 $m(o)_2=1.452$。当然，差别是由于 **A** 中的元素利用区域比例 $\boldsymbol{p}^r$ 进行了缩减，以反映需要进口来提供某些必要的生产。类似地，外部的产出乘数（非该区域的——记为 $\tilde{r}$），部门 1 为 $m(o)_1^{\tilde{r}}=1.518-1.314=0.204$，而部门 2 为 $m(o)_2^{\tilde{r}}=1.452-1.302=0.150$。这些解释类似于对其他产出乘数的解释：对于区域内，部门 1 产出每 1 美元价值的最终需求，将需要区域外所有部门企业 20.4 美分价值的投入。对于区域内，部门 2 产出每 1 美元价值的最终需求，这一数值为 15 美分。

如果我们有住户投入、住户消费和区域内所获得的收入的估计，模型可以把住户封闭进来，计算区域总产出乘数。如果我们假设区域内的住户投入系数与国家总体的系数相同，这些系数就表示生活在区域内的工人的劳动供给，那么 $a_{31}^r=0.30$，$a_{32}^r=0.25$，$a_{33}^r=0.05$。同时，如果我们假设部门 1 和部门 2 分别供给消费者需求的 80%和 60%（与它们供给生产需求的百分比相同），那么 $a_{13}^r=0.8\times0.05=0.04$，$a_{23}^r=0.6\times0.40=0.24$，所以：

$$\bar{\boldsymbol{A}}^r=\begin{bmatrix}0.12 & 0.20 & 0.04\\0.12 & 0.03 & 0.24\\0.30 & 0.25 & 0.05\end{bmatrix} \text{且} \bar{\boldsymbol{L}}^r=(\boldsymbol{I}-\bar{\boldsymbol{A}}^r)^{-1}=\begin{bmatrix}1.217 & 0.282 & 0.123\\0.263 & 1.164 & 0.305\\0.453 & 0.395 & 1.172\end{bmatrix}$$

因此，如式（6.9）中那样，区域总产出乘数为 $\bar{m}(o)_1^r=1.933$ 和 $\bar{m}(o)_2^r=1.841$。

利用有关区域劳动投入（货币量）和住户消费系数的信息，可以对区域求解各种收入乘数。增加值乘数也可以按完全对应的方式求解。从估算国家表的乘数效应，到估算单一区域表的乘数效应，并不需要涉及新的原则。但是，对于多区域投入产出模型，可能有更多种类的乘数。我们将在区域间和多区域的情形下分别对此进行研究。

□ 6.3.2 区域间投入产出乘数

利用区域间和多区域投入产出模型的产出，可以计算各种乘数效应：(a) 对于单一区域（区域 r）；(b) 对于其他的每一个区域；(c) 对于“其他经济”（对 r 之外所有区域的加总）；(d) 对于总的多区域（国民）经济。

我们利用两区域模型的一组假设数据来演示各种可能性。考虑下列区域间模型的系数矩阵，每个区域有（同样的）三个部门：

$$\boldsymbol{A}=\begin{bmatrix}\boldsymbol{A}^{rr} & \boldsymbol{A}^{rs}\\\boldsymbol{A}^{sr} & \boldsymbol{A}^{ss}\end{bmatrix}=\begin{bmatrix}0.150 & 0.250 & 0.050 & 0.021 & 0.094 & 0.017\\0.200 & 0.050 & 0.400 & 0.167 & 0.125 & 0.133\\0.300 & 0.250 & 0.050 & 0.050 & 0.050 & 0.000\\0.075 & 0.050 & 0.060 & 0.167 & 0.313 & 0.067\\0.050 & 0.013 & 0.025 & 0.125 & 0.125 & 0.047\\0.025 & 0.100 & 0.100 & 0.250 & 0.250 & 0.133\end{bmatrix} \tag{6.22}$$

以及

$$L=\begin{bmatrix}L_{11} & L_{12}\\ L_{21} & L_{22}\end{bmatrix}=\begin{bmatrix}1.462 & 0.506 & 0.332 & 0.259 & 0.382 & 0.147\\ 0.721 & 1.514 & 0.761 & 0.558 & 0.629 & 0.324\\ 0.678 & 0.578 & 1.378 & 0.318 & 0.390 & 0.147\\ 0.318 & 0.253 & 0.251 & 1.428 & 0.649 & 0.190\\ 0.177 & 0.123 & 0.124 & 0.268 & 1.315 & 0.114\\ 0.346 & 0.365 & 0.365 & 0.598 & 0.695 & 1.300\end{bmatrix} \tag{6.23}$$

回顾第 3 章，因为L^{rr}和L^{ss}被分别用于表示（$I-A^{rr}$）$^{-1}$和（$I-A^{ss}$）$^{-1}$，我们用下标数字表示分块的区域间矩阵 L 的元素（子矩阵）。

区域内效应

对于区域 r 物品的最终需求的外生变化（f 向量六个元素的前三个元素），3×3 子矩阵L_{11}的元素表示对区域 r 中部门产出的影响。这里：

$$L_{11}=\begin{bmatrix}1.462 & 0.506 & 0.332\\ 0.721 & 1.514 & 0.761\\ 0.678 & 0.578 & 1.378\end{bmatrix} \tag{6.24}$$

区域 r 的简单区域内产出乘数被求解为L_{11}的列合计：

$$m(o)^{rr}=i'[L_{11}]=[2.861 \quad 2.598 \quad 2.471] \tag{6.25}$$

类似地，对于区域 s：

$$m(o)^{ss}=i'[L_{22}]=[2.294 \quad 2.659 \quad 1.604] \tag{6.26}$$

如果我们有货币量的区域 $r(a_{n+1,j}^{rr})$ 和区域 $s(a_{n+1,j}^{ss})$ 的住户投入系数，我们可以求解在简单区域内住户收入乘数和类型Ⅰ收入乘数。注意求解区域内总产出乘数、住户收入乘数或类型Ⅱ收入乘数，需要我们有劳动投入系数（货币量），以及四个不同矩阵的住户消费系数。区域 r 的投入系数矩阵，即式（6.22）中的A^{rr}，必须把住户封闭进来。然后还要求向 A^{rs} 中增加一行，以及向 A^{sr} 中增加一列。前者表示来自区域 r 的对区域 s 中部门 1、部门 2 和部门 3 生产的劳动投入（例如，上下班远距离往返的人）。后者表示位于区域 r 的消费者对区域 s 中部门 1、部门 2 和部门 3 产出的购买（消费者货物的进口）。考虑到整体的一致性，为了获得整个（这里为两区域）系统的收入形成效应，区域 s 的投入系数矩阵，即式（6.22）中的A^{ss}，也应该把住户封闭进来。然后在 A^{sr} 中需要额外的一个新的行，以及在 A^{rs} 中需要额外的一个新的列。这些新的系数分别表示从区域 s 向区域 r 生产的劳动投入，以及区域 s 的消费者购买区域 r 生产的货物。如此，矩阵 $\bar{A}$ 和 $\bar{L}$，对于我们的数值例子，将从 6×6 增加到 8×8。

给定这一矩阵 $\bar{L}$，区域 r 的区域内总产出乘数、住户收入乘数以及类型Ⅱ收入乘数，可以利用来自 $\bar{L}$ 中左上的子矩阵（现在为 4×4）的元素进行求解。类似地，利用两个区域的区域内实物劳动投入系数，或增加值系数，可以求解区域内总就业或增加值乘数，以及类型Ⅱ乘数。

区域间效应

区域间（或多区域）投入产出模型的本质是它包含了另一个区域的变化所导致的对

一个区域的影响；这些常被称为区域间扩散效应。在我们的例子中，这些反映在矩阵 $\boldsymbol{L}_{12}$ 和 $\boldsymbol{L}_{21}$ 中；这里：

$$\boldsymbol{L}_{21}=\begin{bmatrix}0.318 & 0.253 & 0.251\\0.177 & 0.123 & 0.124\\0.346 & 0.365 & 0.365\end{bmatrix} \tag{6.27}$$

考虑 $(l_{21})_{23}=0.124$；这指的是对于区域 r 中部门 3 产出的每 1 美元价值的最终需求，需要来自区域 s 中部门 2 的 12.4 美分价值的产出作为投入。

如此，在一个区域间投入产出模型中，我们可以计算简单区域间乘数 $m(o)_j^{sr}$——为满足对区域 r 中部门 j 每 1 美元价值的最终需求，所需要的来自区域 s 的所有部门的产出的总价值。这里：

$$\boldsymbol{m}(o)^{sr}=\boldsymbol{i}'[\boldsymbol{L}_{21}]=[0.841 \quad 0.741 \quad 0.740] \tag{6.28}$$

这些是跨区域边界传递的产出影响——这里是从 r（外生变化发生的地区）到 s（生产发生的地区）。读者现在大概能够想象到，利用与区域内效应相同类型的计算，现在是利用 $\boldsymbol{L}_{21}$（如果区域把住户封闭进来，就用 $\bar{\boldsymbol{L}}_{21}$），我们可以得到一组可供选择的用来度量各种区域间收入效应、区域间就业效应，以及区域间总效应的方法。区域 s 中新增最终需求引发的区域间效应可以利用 $\boldsymbol{L}_{12}$（或 $\bar{\boldsymbol{L}}_{12}$）的元素来计算。这里：

$$\boldsymbol{m}(o)^{rs}=\boldsymbol{i}'[\boldsymbol{L}_{12}]=[1.135 \quad 1.401 \quad 0.618] \tag{6.29}$$

国家效应

再次假定对区域 r 货物的最终需求，进而区域 r 部门的产出有一个外生的增加，我们可以把 $\boldsymbol{L}_{11}$ 和 $\boldsymbol{L}_{21}$ 中的列的合计称为国家效应（这些在逻辑上也可以被称为总效应，但是我们已经把总用于与简单相对应，用于住户内生化的矩阵所计算的效应之中了）。整理为行向量：

$$\begin{aligned}\boldsymbol{m}(o)^{r}&=\boldsymbol{i}'\begin{bmatrix}\boldsymbol{L}_{11}\\\boldsymbol{L}_{21}\end{bmatrix}=[3.702 \quad 3.339 \quad 3.211]\\\boldsymbol{m}(o)^{s}&=\boldsymbol{i}'\begin{bmatrix}\boldsymbol{L}_{12}\\\boldsymbol{L}_{22}\end{bmatrix}=[3.429 \quad 4.060 \quad 2.222]\end{aligned} \tag{6.30}$$

对于两区域的区域间系统，设 $\boldsymbol{m}(o)=[\boldsymbol{m}(o)^{r} \quad \boldsymbol{m}(o)^{s}]$。这里：

$$\boldsymbol{m}(o)=\boldsymbol{i}'\boldsymbol{L}=[3.702 \quad 3.339 \quad 3.211 \qquad 3.429 \quad 4.060 \quad 2.222] \tag{6.31}$$

这些数值的政策含义是对区域 s 中部门 2 产出 1 美元价值的政府支出，将对两区域经济整体带来最大的影响，且度量为两个区域所有部门所需要的总产出（直接加间接）。类似地，当政府的兴趣是从部门 1 或部门 3 获得货物时，如果购买是来自区域 r 的企业，那么国家（全部两个区域）经济将产生最大的影响。

利用每个区域的劳动投入或增加值信息，简单的和类型Ⅰ的收入、就业和增加值效应同样可以在国家（所有区域）层次进行计算。类似地，对于一个所有区域包含住户的封闭系统，可以求解国家总的产出、收入、就业和增加值效应，以及类型Ⅱ乘数。

部门效应

作为最后一种乘数，我们可以求解由于对某个区域部门 j 的每 1 美元价值的最终需求，在整个国家中对部门 i 的影响（因为这跨越区域边界，也是一种“国家”效应）。把这种简单产出乘数记为 $m(o)_{ij}^{\cdot r}$ 和 $m(o)_{ij}^{\cdot s}$。对于我们的例子，有：

$$m(o)_{13}^{\cdot r}=(l_{11})_{13}+(l_{21})_{13}=0.332+0.251=0.583$$

$$m(o)_{21}^{\cdot s}=(l_{22})_{21}+(l_{12})_{21}=0.268+0.558=0.826$$

如此等等。给定其他区域性的信息（劳动投入或增加值系数），我们可以求解各种简单的或类型Ⅰ效应；利用来自 $\bar{\boldsymbol{L}}$ 的元素，我们可以求解总乘数和类型Ⅱ乘数（这些种类的部门效应只有当每个区域包含同样部门的时候才有意义）。

多于两个区域

对于多于两个区域的模型，并不涉及新的原则，尽管可选择的方法增加了。例如，对于三区域，人们现在可以用六种不同的方法来追踪区域间效应：(1) 区域 1 的外生变化影响区域 2 和/或区域 3 的产出；(2) 区域 2 的外生变化影响区域 1 和/或区域 3 的产出；(3) 区域 3 的外生变化影响区域 1 和/或区域 2 的产出。

□ 6.3.3 多区域投入产出乘数

在区域间投入产出模型中所求解得到的所有乘数都对应地存在于多区域模型中。这是可以预料到的，因为多区域模型试图使用更为简单的数据集来获得区域间模型中的所有联系。区域间情形中的每个构成部分，例如 $\boldsymbol{A}^{rr}$ 和 $\boldsymbol{A}^{rs}$，都存在一个对应的估计，即多区域情形中的 $\hat{\boldsymbol{c}}^{rr}\boldsymbol{A}^{r}$ 和 $\hat{\boldsymbol{c}}^{rs}\boldsymbol{A}^{s}$。迪帕斯奎尔和普可仁（DiPasquale and Polenske，1980）对多区域投入产出模型中的乘数进行了深入的研究。

多区域模型的最终形式为：

$$\boldsymbol{x}=(\boldsymbol{I}-\boldsymbol{CA})^{-1}\boldsymbol{Cf} \tag{6.32}$$

这里 $\boldsymbol{A}=\begin{bmatrix}\boldsymbol{A}^{r} & \boldsymbol{0}\\ \boldsymbol{0} & \boldsymbol{A}^{s}\end{bmatrix}$ 是一个分块对角矩阵，它的子矩阵表示区域技术（而非区域投入）系数，而 $\boldsymbol{C}$ 中子矩阵的各构成部分 $\boldsymbol{C}=\begin{bmatrix}\hat{\boldsymbol{c}}^{rr} & \hat{\boldsymbol{c}}^{rs}\\ \hat{\boldsymbol{c}}^{sr} & \hat{\boldsymbol{c}}^{ss}\end{bmatrix}$ 表示区域间的流量，表示一个区域来自区域内和来自其他每一个区域的商品的比率。

记住最重要的一点是在区域间模型中，外生部门表示对特定区域内生产者所制造的货物的最终需求，而不管这些需求位于何处。在多区域模型中，$\boldsymbol{f}$ 表示位于给定区域的外生部门对货物所提出的需求，而不管这些货物在哪里生产。对于一个两区域模型，矩阵 $\hat{\boldsymbol{c}}^{rr}$ 和 $\hat{\boldsymbol{c}}^{sr}$ 把区域 r 中的最终需求在区域 r 中的生产者和区域 s 中的生产者之间进行空间上的分配。

例如，假设在两个区域中每个区域内都有两个部门，我们想对位于区域 r 的住户对商品 1 增加 100 美元的最终需求所带来的对两区域系统的整体影响进行估算，如此 $\boldsymbol{f}^{r}=\begin{bmatrix}100\\ 0\end{bmatrix}$，$\boldsymbol{f}^{s}=\begin{bmatrix}0\\ 0\end{bmatrix}$，有：

第 6 章 投入产出模型中的乘数

$$f=\begin{bmatrix} f^r \\ f^s \end{bmatrix}=\begin{bmatrix} 100 \\ 0 \\ 0 \\ 0 \end{bmatrix}$$

设：

$$\hat{c}^{rr}=\begin{bmatrix} 0.7 & 0 \\ 0 & 0.4 \end{bmatrix},\ \hat{c}^{rs}=\begin{bmatrix} 0.2 & 0 \\ 0 & 0.3 \end{bmatrix},\ \hat{c}^{sr}=\begin{bmatrix} 0.3 & 0 \\ 0 & 0.6 \end{bmatrix},\ \hat{c}^{ss}=\begin{bmatrix} 0.8 & 0 \\ 0 & 0.7 \end{bmatrix}$$

那么：

$$C=\begin{bmatrix} \hat{c}^{rr} & \hat{c}^{rs} \\ \hat{c}^{sr} & \hat{c}^{ss} \end{bmatrix}=\begin{bmatrix} 0.7 & 0 & 0.2 & 0 \\ 0 & 0.4 & 0 & 0.3 \\ 0.3 & 0 & 0.8 & 0 \\ 0 & 0.6 & 0 & 0.7 \end{bmatrix}$$

在式（6.32）中右乘 $(I-CA)^{-1}$ 的 Cf 项为：

$$Cf=\begin{bmatrix} 0.7 & 0 & 0.2 & 0 \\ 0 & 0.4 & 0 & 0.3 \\ 0.3 & 0 & 0.8 & 0 \\ 0 & 0.6 & 0 & 0.7 \end{bmatrix}\begin{bmatrix} 100 \\ 0 \\ 0 \\ 0 \end{bmatrix}=\begin{bmatrix} 70 \\ 0 \\ 30 \\ 0 \end{bmatrix}$$

新增 100 美元的影响并不是全部在区域 r，而是只有 70 美元（70%）是对区域 r 所生产的商品 1 的新增需求，而 30 美元（30%）则是对区域 s 中商品 1 的新增需求。

矩阵 C 对多区域模型中的最终需求根据 C 的构成所体现的百分比在供给区域中进行分配。用 $(I-CA)^{-1}$ 左乘 Cf，那么这些分配的最终需求按照通常的方式被转换为每个区域每个部门必需的产出。如此，在多区域模型中通过矩阵 $(I-CA)^{-1}C$ 得到各种乘数。

在第 3.4.4 节的数值例子中，有两个区域，每个区域有三个部门，我们得到式（3.31）中的如下结果：

$$(I-CA)^{-1}C=\begin{bmatrix} 1.127 & 0.447 & 0.300 & 0.478 & 0.418 & 0.153 \\ 0.628 & 1.317 & 0.606 & 0.552 & 1.115 & 0.323 \\ 0.512 & 0.526 & 1.101 & 0.335 & 0.470 & 0.247 \\ 0.625 & 0.369 & 0.250 & 1.224 & 0.456 & 0.216 \\ 0.238 & 0.385 & 0.205 & 0.278 & 0.650 & 0.167 \\ 0.472 & 0.445 & 0.589 & 0.594 & 0.529 & 1.232 \end{bmatrix}$$

这一矩阵在多区域模型的乘数分析中，与式（6.23）中区域间情形下的 $L=(I-A)^{-1}=\begin{bmatrix} L_{11} & L_{12} \\ L_{21} & L_{22} \end{bmatrix}$ 发挥着同样的作用。我们考察其中一些可行的方法；它们与区域间情形的对应关系应该比较明显，所以无须太过详细的演示。为强调对应关系，我们定义：

$$\mathcal{L}=(\boldsymbol{I}-\boldsymbol{CA})^{-1}\boldsymbol{C}=\begin{bmatrix}\mathcal{L}_{11} & \mathcal{L}_{12}\\ \mathcal{L}_{21} & \mathcal{L}_{22}\end{bmatrix}$$

区域内效应

$\mathcal{L}_{11}$ 和 $\mathcal{L}_{22}$ 中元素的列合计是简单区域内产出乘数。这些乘数对应上面的式（6.25）和式（6.26）；这里有：

$$\begin{aligned}\boldsymbol{m}(o)^{rr}&=\boldsymbol{i}'\mathcal{L}_{11}=[2.267\quad 2.290\quad 2.007]\\ \boldsymbol{m}(o)^{ss}&=\boldsymbol{i}'\mathcal{L}_{22}=[2.096\quad 1.635\quad 1.615]\end{aligned}\tag{6.33}$$

如以前一样，如果我们有必需的附加数据，我们就可以计算收入、就业或增加值乘数。对于住户内生的多区域模型，为了能计算总乘数和类型Ⅱ乘数，需要把区域劳动投入系数行和住户消费系数列附加到 $\boldsymbol{A}$ 中的每个区域投入矩阵中，需要估计 $c_{n+1,n+1}^{rr}$、$c_{n+1,n+1}^{rs}$ 等，这些是对来自每一区域内部和外部所提供的劳动服务的住户需求部分。这些系数将被增加到每个对角矩阵 $\hat{\boldsymbol{c}}^{rr}$、$\hat{\boldsymbol{c}}^{rs}$ 等的右下方。给定 $(\boldsymbol{I}-\overline{\boldsymbol{C}}\overline{\boldsymbol{A}})^{-1}\overline{\boldsymbol{C}}$，利用上横线来表示住户内生化的模型，我们可以根据左上和右下子矩阵，按通常方式求解各种区域内乘数。同时，利用每个区域每个部门增加值的信息，就像区域间情形一样，可以求解增加值乘数。

区域间效应

如在区域间模型中那样，这些效应可以根据 $\mathcal{L}_{12}$ 和 $\mathcal{L}_{21}$ 而得到。这里，对应式（6.28）和式（6.29），我们有：

$$\begin{aligned}\boldsymbol{m}(o)^{sr}&=\boldsymbol{i}'[\mathcal{L}_{21}]=[1.335\quad 1.199\quad 1.044]\\ \boldsymbol{m}(o)^{rs}&=\boldsymbol{i}'[\mathcal{L}_{12}]=[1.365\quad 2.003\quad 0.723]\end{aligned}\tag{6.34}$$

国家效应

对应式（6.30），我们有如下的简单产出乘数，反映所有（这里是两个）区域所有部门为满足对特定商品 1 美元价值新增最终需求进行的生产。这里有：

$$\begin{aligned}\boldsymbol{m}(o)^{r}&=\boldsymbol{i}'\begin{bmatrix}[\mathcal{L}_{11}]\\ [\mathcal{L}_{21}]\end{bmatrix}=[3.602\quad 3.489\quad 3.051]\\ \boldsymbol{m}(o)^{s}&=\boldsymbol{i}'\begin{bmatrix}[\mathcal{L}_{12}]\\ [\mathcal{L}_{22}]\end{bmatrix}=[3.461\quad 3.638\quad 2.338]\end{aligned}\tag{6.35}$$

如此，区域 r 住户对商品 2 的新增 1 美元价值的需求，在整个多区域系统中产生了总计为 3.49 美元的新增产出。与式（6.31）对应，整理为一个单一行向量，我们有：

$$\boldsymbol{m}(o)=\boldsymbol{i}'\mathcal{L}=[3.602\quad 3.489\quad 3.051\quad 3.461\quad 3.638\quad 2.338]\tag{6.36}$$

从这些数字中还可以获得类似种类的政策含义。例如，假定政府可以刺激对特定区域特定产品的消费者需求（例如，通过税收抵免刺激寒冷区域保温材料和风雪护窗的需求）。通过这些简单国家产出乘数的测度，最大的总（国家）效应将来自区域 s 对商品 2 的消费者需求。

部门效应

如区域间模型一样，我们可以估计区域 r 对商品 j 的每 1 美元价值的新增最终需求通过整个经济对部门 i 的影响。例如，$m(o)_{13}^{\cdot r}=(\ell_{11})_{13}+(\ell_{21})_{13}=0.300+0.250=0.550$，$m(o)_{21}^{\cdot s}=(\ell_{22})_{21}+(\ell_{12})_{21}=0.278+0.552=0.830$，如此等等。

对特定区域制造的货物的最终需求

如果人们利用多区域投入产出模型形式，估计特定区域新增最终需求的影响（如国外航空公司对华盛顿州制造的波音喷气客机的新订单的例子），那么其中：

$$x=(I-CA)^{-1}f^{*}$$

如第 3 章中的式（3.32），那么上面列出的所有的乘数的计算可以通过 $(I-CA)^{-1}$ 中的元素，而非 $(I-CA)^{-1}C$ 中的元素来求解。这个数值例子的 $(I-CA)^{-1}$ 矩阵在那一章的式（3.33）中给定。感兴趣的读者可能希望求解例如从式（6.33）到式（6.35）的各种乘数。

多于两个区域

如以前一样，对于超过两个区域的模型，并不涉及新的原则，尽管乘数计算可选择的方法增加了。例如，对于三区域（模型），就有三种可能的方式来计算各种区域内乘数效应和六种方式来计算区域间效应。

在第 3.4.6 节中，我们引入了一个三部门三区域加总的中国 2000 年度多区域模型。模型的 $\mathcal{L}=(I-CA)^{-1}C$ 矩阵在表 6-5 中进行了复述（就是第 3 章中的表 3-9）。这张表使用的区域加总导致了非常大的地理聚合，不同地区表现出相对一致的简单产出乘数，这一点正如表中所遵循和反映出的一样。这一中国模型的简单区域内和区域间产出乘数表示在表 6-6 中。此外，表中还显示了国家（所有区域）乘数。

表 6-5　　中国多区域经济的列昂惕夫逆矩阵 $\mathcal{L}$（2000 年）

		北方			南方			中国其他地区		
		自然资源	制造和建筑业	服务业	自然资源	制造和建筑业	服务业	自然资源	制造和建筑业	服务业
北方	自然资源	1.163 1	0.256 1	0.096 5	0.022 7	0.058 2	0.026 8	0.006 4	0.016 1	0.008 5
	制造和建筑业	0.300 8	1.727 5	0.408 0	0.053 7	0.159 6	0.084 9	0.019 1	0.052 9	0.031 4
	服务业	0.084 0	0.168 6	1.179 4	0.011 5	0.030 6	0.020 2	0.003 5	0.009 3	0.005 4
南方	自然资源	0.032 5	0.068 1	0.032 1	1.191 9	0.250 4	0.111 4	0.024 5	0.045 9	0.023 2
	制造和建筑业	0.119 4	0.294 3	0.158 8	0.325 8	1.919 3	0.503 6	0.074 2	0.201 0	0.118 7
	服务业	0.019 3	0.044 7	0.028 4	0.084 8	0.192 0	1.196 5	0.014 2	0.037 5	0.025 2
中国其他地区	自然资源	0.003 4	0.007 9	0.003 9	0.006 2	0.016 4	0.008 2	1.195 8	0.279 3	0.106 1
	制造和建筑业	0.009 8	0.024 5	0.013 3	0.017 6	0.047 8	0.027 2	0.206 8	1.568 1	0.353 2
	服务业	0.002 1	0.005 1	0.003 0	0.004 5	0.011 4	0.007 5	0.073 0	0.191 6	1.171 6

例如，在北方对制造和建筑业（部门 2）1 元最终需求的变动，需要来自南方所有部门的 0.41 元和中国其他地区的 0.04 元。考虑到这一模型中部门的划分，在每个区域以及国家总体，制造和建筑业（部门 2）都有最大的简单产出乘数，服务业有第二大乘数，而自然资源部门则处在较低的第三位，这一结果并不奇怪。

就区域的依存关系而言，我们看到为了满足南方每一部门一个单位的最终需求，南方相比于中国其他地区，更依赖于北方的投入。根据是北方的行中对应南方需求变动的三个元素的合计为 0.468 3，而中国其他地区行的三个元素合计为 0.146 7。对于其他区域可以推导出类似的加总度量。

表 6-6　　中国多区域投入产出系统的简单区域内和区域间产出乘数（2000 年）

满足最终需求变动的总产出	最终需求变动 1 个单位的区域与部门								
	北方			南方			中国其他地区		
	1	2	3	1	2	3	1	2	3
北方	1.547 9	2.152 2	1.684 0	0.087 9	0.248 5	0.131 9	0.028 9	0.078 3	0.045 4
南方	0.171 1	0.407 1	0.219 3	1.602 4	2.361 6	1.811 5	0.112 8	0.284 4	0.167 0
中国其他地区	0.015 4	0.037 5	0.020 2	0.028 3	0.075 6	0.042 8	1.475 5	2.038 9	1.630 9
全国	1.734 4	2.596 7	1.923 4	1.718 7	2.685 6	1.986 2	1.617 3	2.401 6	1.843 3

特定部门的简单产出乘数 $m(o)_{ij}^{r}$ 显示在表 6-7 中，不同区域间很不一致。例如，位于北方、南方或中国其他地区的住户对制造和建筑业产出 1 元的新增需求产生的国家影响，在部门 1 上所带来的新增产出的人民币价值三个区域分别为 0.332 1 元、0.324 9 元、0.341 3 元。类似地，1 元人民币价值对服务业的新增最终需求，产生的三个区域制造和建筑业新增产出的投入需求分别为 0.580 1 元、0.615 7 元、0.503 3 元。表 6-7 中的其他行数字通常比较接近。这主要还是因为在这个演示中的三个区域的规模都非常大。

表 6-7　　中国多区域投入产出系统特定部门的简单产出乘数（2000 年）

	最终需求变动 1 个单位的部门和区域								
	自然资源			制造和建筑业			服务业		
	北方	南方	中国其他地区	北方	南方	中国其他地区	北方	南方	中国其他地区
1	1.199 0	1.220 8	1.226 7	0.332 1	0.324 9	0.341 3	0.132 5	0.146 4	0.137 8
2	0.430 0	0.397 0	0.300 0	2.046 2	2.126 7	1.822 0	0.580 1	0.615 7	0.503 3
3	0.105 4	0.100 8	0.090 6	0.218 4	0.234 0	0.238 4	1.210 8	1.224 1	1.202 2

日置（Hioki，2005）利用同样的但是更大程度加总水平的中国 MRIO 数据，对中国经济提供了一个经验分析。这是一种对区域扩散或“涓滴”（trickle down）效应程度的分析，特别是从中国东部（沿海）地区到欠发达的西部（内陆）地区。一个八区域十七部门版本的 CMRIO 模型，研究计算区域内和区域间简单产出乘数。这一研究所得到的解释性的结论是观察到中部地区大约 20%的总产出是由沿海地区的最终需求所引发的。这表明政府从 20 世纪 80 年代开始的促进沿海地区发展的战略（被认为接着会扩散到内地）已经“实际上开始取得很大成效”了。①

6.4 宫泽乘数

宫泽（Miyazawa，1976）在投入产出模型中住户内生化方面的重要工作产生了各

① 我们将在第 8.7 节研究这一多区域模型的某些构造细节。

种乘数矩阵。[①] 对宫泽模型结构中简明的人口-经济相互作用，及其应用的一个综合的概述可以在休因斯等（Hewings et al.，1999）的这本论文集中找到。在本节中，为了与宫泽所使用的记号一致，我们放弃本书中其他地方使用的某些记号，实际上随后的宫泽框架的所有讨论和应用都继续使用他的记号。特别地，这意味着我们现在将定义 $\boldsymbol{B}=(\boldsymbol{I}-\boldsymbol{A})^{-1}$（而不是 $\boldsymbol{L}$，因为宫泽把 $\boldsymbol{L}$ 用于其他目的，如下面我们将要看到的）。

□ 6.4.1 细分的住户收入群体

我们假定住户可以被分为 q 个不同的收入群体，能够确定生产者对那些群体中每一个群体的工资收入者的支付。设 $\underset{(q\times n)}{\boldsymbol{V}}=[v_{gj}]$，其中 v_{gj} 表示在每 1 美元价值的部门 j 的产出中支付给收入群体 g（$g=1, \cdots, q$）中工资收入者的收入。这是对第 2 章中单个的住户投入系数行或劳动投入系数行 $\boldsymbol{h}_R=[a_{n+1,1}, \cdots, a_{n+1,n}]$ 的一个推广（推广到 q 行）。类似地，设 $\underset{(n\times q)}{\boldsymbol{C}}=[c_{ih}]$，其中 c_{ih} 是收入群体 $h(h=1, \cdots, q)$ 中的住户每 1 美元收入消费的部门 i 产出的数量；这是对第 2 章单个住户消费系数列 $\boldsymbol{h}_C=\begin{bmatrix}a_{1,n+1}\\ \vdots \\ a_{n,n+1}\end{bmatrix}$ 的推广（推广为 q 列），同时也是投入产出讨论中对 $\boldsymbol{C}$ 的另一种使用。所以，扩展的系数矩阵为 $\bar{\boldsymbol{A}}=\begin{bmatrix}\underset{(n\times n)}{\boldsymbol{A}} & \underset{(n\times q)}{\boldsymbol{C}}\\ \underset{(q\times n)}{\boldsymbol{V}} & \underset{(q\times q)}{\boldsymbol{0}}\end{bmatrix}$，扩展的投入产出系统为：

$$\begin{bmatrix}\boldsymbol{x}\\ \boldsymbol{y}\end{bmatrix}=\begin{bmatrix}\boldsymbol{A} & \boldsymbol{C}\\ \boldsymbol{V} & \boldsymbol{0}\end{bmatrix}\begin{bmatrix}\boldsymbol{x}\\ \boldsymbol{y}\end{bmatrix}+\begin{bmatrix}\boldsymbol{f}^*\\ \boldsymbol{g}\end{bmatrix} \tag{6.37}$$

其中，$\underset{(q\times 1)}{\boldsymbol{y}}$ 是每一个收入群体的总收入向量，$\underset{(n\times 1)}{\boldsymbol{f}^*}$ 是不含住户消费（现在内生化了）的最终需求向量，$\underset{(q\times 1)}{\boldsymbol{g}}$ 是收入群体的外生收入向量（如果有的话）。

假设 $\underset{(q\times 1)}{\boldsymbol{g}}=\boldsymbol{0}$；那么式（6.37）系统中的两个矩阵方程为：

$$\boldsymbol{x}=\boldsymbol{A}\boldsymbol{x}+\boldsymbol{C}\boldsymbol{y}+\boldsymbol{f}^* \text{ 以及 } \boldsymbol{y}=\boldsymbol{V}\boldsymbol{x} \tag{6.38}$$

根据式（6.37）有：

$$\begin{bmatrix}\boldsymbol{x}\\ \boldsymbol{y}\end{bmatrix}=\begin{bmatrix}\boldsymbol{I}-\boldsymbol{A} & -\boldsymbol{C}\\ -\boldsymbol{V} & \boldsymbol{I}\end{bmatrix}^{-1}\begin{bmatrix}\boldsymbol{f}^*\\ \boldsymbol{0}\end{bmatrix} \tag{6.39}$$

利用分块矩阵逆的结果（附录 A），不难证明式（6.39）中的分块逆的元素可以表示为：

$$\begin{bmatrix}\boldsymbol{x}\\ \boldsymbol{y}\end{bmatrix}=\begin{bmatrix}\boldsymbol{B}[\boldsymbol{I}+\boldsymbol{C}(\boldsymbol{I}-\boldsymbol{VBC})^{-1}\boldsymbol{VB}] & \boldsymbol{BC}(\boldsymbol{I}-\boldsymbol{VBC})^{-1}\\ (\boldsymbol{I}-\boldsymbol{VBC})^{-1}\boldsymbol{VB} & (\boldsymbol{I}-\boldsymbol{VBC})^{-1}\end{bmatrix}\begin{bmatrix}\boldsymbol{f}^*\\ \boldsymbol{0}\end{bmatrix} \tag{6.40}$$

其中，已指出 $\boldsymbol{B}=(\boldsymbol{I}-\boldsymbol{A})^{-1}$。

---

① 关键性的作品是 Miyazawa（1976），尽管在那本专著之前还有数篇论文。其中大部分都发表于 20 世纪 60 年代和 70 年代早期的《一桥经济杂志》（*Hitotsubashi Journal of Economics*）上，而且并不被日本之外的读者所广泛知晓。最近 Sonis 和 Hewings（1993，1995）有关扩展的多区域宫泽乘数的文献也可以在这本杂志以及其他一些期刊上找到［例如 Sonis 和 Hewings（2000）］。

根据宫泽的研究，如果我们定义 $\boldsymbol{VBC}=\boldsymbol{L}$ 以及 $\boldsymbol{K}=(\boldsymbol{I}-\boldsymbol{L})^{-1}=(\boldsymbol{I}-\boldsymbol{VBC})^{-1}$，上式可以被简化，所以有：

$$\begin{bmatrix}\boldsymbol{x}\\\boldsymbol{y}\end{bmatrix}=\begin{bmatrix}\underset{(n\times n)}{\boldsymbol{B}(\boldsymbol{I}+\boldsymbol{CKVB})} & \underset{(n\times q)}{\boldsymbol{BCK}}\\\underset{(q\times n)}{\boldsymbol{KVB}} & \underset{(q\times q)}{\boldsymbol{K}}\end{bmatrix}\begin{bmatrix}\boldsymbol{f}^{*}\\\boldsymbol{0}\end{bmatrix}\tag{6.41}$$

宫泽定义 $\boldsymbol{L}$ 为“收入群体间系数”（inter-income-group coefficients）矩阵，$\boldsymbol{K}$ 为“相互间收入乘数”（interrelational income multiplier）矩阵。$\boldsymbol{L}$ 的典型元素为 $l_{gh}=v_{gi}b_{ij}c_{jh}$；这表明源于群体 h 收入的一个单位增加形成的支出所带来的群体 g 收入的直接增加。从右往左读，群体 h 对部门 j 产出的住户需求（支出）c_{jh}，需要来自部门 i 的产出 $b_{ij}c_{jh}$，这反过来意味着部门 i 以数量 $v_{gi}b_{ij}c_{jh}$ 对群体 g 中的住户进行收入支付。类似地，$\boldsymbol{K}=(\boldsymbol{I}-\boldsymbol{L})^{-1}$ 中的每个元素表示由另一个群体新增一个单位收入的支出导致的一个群体收入总的增加（直接的、间接的和引致的）。[这一方法的一个演示是罗斯和李（Rose and Li，1999）中美国 1987 年度表中 11 个收入群体的相互间收入乘数矩阵 $\boldsymbol{K}$。]

根据式（6.41）有：

$$\boldsymbol{x}=\boldsymbol{B}(\boldsymbol{I}+\boldsymbol{CKVB})\boldsymbol{f}^{*}\tag{6.42}$$

以及

$$\boldsymbol{y}=\boldsymbol{KVB}\boldsymbol{f}^{*}\tag{6.43}$$

在式（6.42）中，最终需求的产出效应被看作两个不同矩阵的乘积。第一个是开模型的列昂惕夫逆矩阵 $\boldsymbol{B}$。第二个是（$\boldsymbol{I}+\boldsymbol{CKVB}$）；它用 $\boldsymbol{CKVB}\boldsymbol{f}^{*}$ 扩充了最终需求的刺激 $\boldsymbol{I}\boldsymbol{f}^{*}$，使总收入支出效应内生化。再一次，从右端开始，$\boldsymbol{B}\boldsymbol{f}^{*}$ 产生了初始的产出（没有住户支出），$\boldsymbol{VB}\boldsymbol{f}^{*}$ 表示由此而产生的对每个群体的初始的收入支付，$\boldsymbol{KVB}\boldsymbol{f}^{*}$ 则把它放大成每个群体获得的总收入，这就是式（6.43）中所准确描述的结果，以及最后 $\boldsymbol{CKVB}\boldsymbol{f}^{*}$ 把收到的收入转换为每个群体对每个部门产出的消费（需求）。宫泽把 $\boldsymbol{KVB}$ 定义为“多部门收入乘数”矩阵（或“收入形成矩阵乘数”），表示初始最终需求所产生的每个收入群体的直接、间接和引致的收入。

□ 6.4.2 宫泽的推导

宫泽在不借助分块矩阵的情况下，第一个研究方向是推导了相互间乘数矩阵的结果[Miyazawa，1976，Chapter 1，section，Ⅱ（2）-Ⅲ（1）；分块矩阵的结构出现在后面的第 1 章中的第Ⅲ（3）节]。在书的后面他广泛采用了分块矩阵——特别是在第 2 部分关于内部和外部矩阵乘数的描述中。这是一个在索尼斯、休因斯和其他人的很多作品中进行了深度探讨和扩展的方向（Sonis and Hewings，1999；其中还包含针对他们作品的一组范围广泛的参考文献）。第二个研究方向是扩展投入产出框架以包含经济和人口两个组成部分之间的相互作用，这一研究与贝蒂、马登和其他研究者的众多出版物有联系（Batey and Madden，1999；其中同样附上了很多参考文献）。

这里为了完整性，且因为在文献中经常被（简要地）讨论的结果常常采用这一形式，我们给出宫泽最初的方法。根据式（6.38），从如下公式开始：

$$x=Ax+CVx+f^*$$

据此有：

$$x=(I-A-CV)^{-1}f^* \tag{6.44}$$

利用 $B=(I-A)^{-1}$，直接利用矩阵代数得到：

$$(I-A-CV)=(B^{-1}-CV)BB^{-1}=(1-CVB)B^{-1}$$

替换到式（6.44）中，有：

$$x=[(I-CVB)B^{-1}]^{-1}f^*$$

且根据乘积求逆的规则，有：

$$x=B(I-CVB)^{-1}f^* \tag{6.45}$$

在这种形式中，我们看到最初的列昂惕夫逆矩阵 B 右乘宫泽所谓的“增补的逆矩阵”（subjoined inverse matrix）$(I-CVB)^{-1}$。

可以做进一步的变形，且在某些时候会采用这种变形。从式（6.45）开始，如先前，利用 $VBC=L$ 和 $K=(I-L)^{-1}$，那么：

$$K(I-VBC)=I$$

用 C 左乘两端，同时用 VB 右乘两端，

$$CK(I-VBC)VB=CVB \text{ 或者 } CK(VB-VBCVB)=CVB$$

左边分解出 VB，然后两边从 I 中去减，得到：

$$I-CKVB(I-CVB)=I-CVB \text{ 或 } I=CKVB(I-CVB)+I-CVB$$

重新整理各项，得：

$$I=(I+CKVB)(I-CVB)$$

所以，根据基本的求逆定义，有：

$$(I-CVB)^{-1}=(I+CKVB)$$

把这一结果代入式（6.45），得到

$$x=B(I+CKVB)f^* \tag{6.46}$$

与式（6.42）结果相同。

宫泽建议如果 V 中的劳动投入系数和 C 中的住户消费系数不如产业间系数（在 A 中，以及相应地在 B 中）稳定，那么用式（6.46）的形式要比式（6.45）存在一个优势。也就是说，对阶数为 n 的增补逆矩阵 $(I-CVB)^{-1}$ 的一个变形，可以利用 K 来求解，而 K 的阶数 q “……在大多数情况下会远小于 n……”（Miyazawa，1976，p. 7）。然而，对大矩阵求逆在 20 世纪 70 年代已经不在话下。

根据式（6.46），住户收入 $y=Vx$ 可以被看作：

$$y=VB(I+CKVB)f^*=(I+VBCK)VBf^*=(I+LK)VBf^*$$

但是因为 $\boldsymbol{K}=(\boldsymbol{I}-\boldsymbol{L})^{-1}$，$(\boldsymbol{I}-\boldsymbol{L})\boldsymbol{K}=\boldsymbol{I}$，$\boldsymbol{LK}=\boldsymbol{K}-\boldsymbol{I}$，所以 $(\boldsymbol{I}+\boldsymbol{LK})=\boldsymbol{K}$，且：

$$\boldsymbol{y}=\boldsymbol{KVBf}^{*} \tag{6.47}$$

与式（6.43）相同。

□ 6.4.3 数值例子

我们对第 2 章中的数值例子进行扩展，假设在三部门的经济中住户被分为两个收入群体。设扩展的系数矩阵为：

$$\bar{\boldsymbol{A}}=\begin{bmatrix}\boldsymbol{A} & \boldsymbol{C}\\ \boldsymbol{V} & \boldsymbol{0}\end{bmatrix}=\begin{bmatrix}0.15 & 0.25 & 0.05 & 0.1 & 0.05\\ 0.2 & 0.05 & 0.4 & 0.2 & 0.1\\ 0.3 & 0.25 & 0.05 & 0.01 & 0.1\\ 0.05 & 0.1 & 0.08 & 0 & 0\\ 0.12 & 0.05 & 0.1 & 0 & 0\end{bmatrix}$$

特别地，两个住户群体的劳动投入系数给定为 $\boldsymbol{V}=\begin{bmatrix}0.05 & 0.1 & 0.08\\ 0.12 & 0.05 & 0.1\end{bmatrix}$ 中的两行，那两个群体的消费系数给定为 $\boldsymbol{C}=\begin{bmatrix}0.1 & 0.05\\ 0.2 & 0.1\\ 0.01 & 0.1\end{bmatrix}$ 中的两列。

给定 $\boldsymbol{V}$、$\boldsymbol{C}$ 和 $\boldsymbol{B}=(\boldsymbol{I}-\boldsymbol{A})^{-1}=\begin{bmatrix}1.3651 & 0.4253 & 0.2509\\ 0.5273 & 1.3481 & 0.5954\\ 0.5698 & 0.4890 & 1.2885\end{bmatrix}$，相关的宫泽矩阵容易求解为：

$$\boldsymbol{VBC}=\begin{bmatrix}0.0574 & 0.0454\\ 0.0601 & 0.0480\end{bmatrix},\ \boldsymbol{K}=(\boldsymbol{I}-\boldsymbol{VBC})^{-1}=\begin{bmatrix}1.0642 & 0.0507\\ 0.0671 & 1.0536\end{bmatrix}$$

例如，在这个例子中，群体 1 的住户收入直接增加了 1 美元，导致对群体 2 中住户的收入支付增加了 6.7 美分（k_{21}）。类似地，有：

$$\boldsymbol{KVB}=\begin{bmatrix}0.1898 & 0.2162 & 0.1960\\ 0.2716 & 0.1894 & 0.2106\end{bmatrix}$$

例如，在这个例子中，对部门 1 的商品增加了一个单位的最终需求，产生了群体 2 新增收入 27.16 美分。进一步，有：

$$\boldsymbol{B}(\boldsymbol{I}-\boldsymbol{CVB})^{-1}=\begin{bmatrix}1.4445 & 0.4994 & 0.3234\\ 0.6496 & 1.4609 & 0.7062\\ 0.6577 & 0.5644 & 1.3648\end{bmatrix},\ \boldsymbol{BCK}=\begin{bmatrix}0.2476 & 0.1545\\ 0.3642 & 0.2492\\ 0.1923 & 0.2258\end{bmatrix}$$

（读者可以对每一个矩阵中的元素做出合适的解释。）

在这个例子中，扩展体系的列昂惕夫逆矩阵可以容易地被直接求解；就是[①]：

① 为与宫泽的文献保持一致，我们仍采用 $\bar{\boldsymbol{B}}$，而不是 $\bar{\boldsymbol{L}}$。

$$(\boldsymbol{I}-\bar{\boldsymbol{A}})^{-1}=\bar{\boldsymbol{B}}=\begin{bmatrix}\bar{\boldsymbol{B}}_{11} & \bar{\boldsymbol{B}}_{12}\\ \bar{\boldsymbol{B}}_{21} & \bar{\boldsymbol{B}}_{22}\end{bmatrix}$$

$$=\begin{bmatrix}1.4445 & 0.4994 & 0.3234 & 0.2476 & 0.1545\\ 0.6496 & 1.4609 & 0.7062 & 0.3642 & 0.2492\\ 0.6577 & 0.5644 & 1.3648 & 0.1923 & 0.2258\\ 0.1898 & 0.2162 & 0.1960 & 1.0642 & 0.0507\\ 0.2716 & 0.1894 & 0.2106 & 0.0671 & 1.0536\end{bmatrix}$$

而与 $\bar{\boldsymbol{B}}$ 中元素的对应也完全与预想的一样，也就是 $\boldsymbol{K}=\bar{\boldsymbol{B}}_{22}$，$\boldsymbol{KVB}=\bar{\boldsymbol{B}}_{21}$，$\bar{\boldsymbol{B}}\boldsymbol{CK}=\bar{\boldsymbol{B}}_{12}$ 以及 $\boldsymbol{B}(\boldsymbol{I}-\boldsymbol{CVB})^{-1}=\bar{\boldsymbol{B}}_{11}$。

□ 6.4.4　增加空间维度

我们在第 3 章中看到区域间或多区域投入产出模型可以方便地用分块矩阵的形式来表示。为把宫泽结构融入 IRIO 或 MRIO 类型的模型中，假设我们有 p 个区域（k，$l=1$，…，p），每个区域有 n 个部门（i，$j=1$，…，n），而且对每个区域我们界定 q 个住户收入群体（g，$h=1$，…，q）。那么扩展的矩阵 $\mathbf{A}$ 将是：

$$\bar{\mathbf{A}}=\begin{bmatrix}\underset{(np\times np)}{\mathbf{A}} & \underset{(np\times pq)}{\mathbf{C}}\\ \underset{(pq\times np)}{\mathbf{V}} & \underset{(pq\times pq)}{\mathbf{0}}\end{bmatrix}$$

其中：

$$\underset{(nq\times np)}{\mathbf{A}}=\begin{bmatrix}\underset{(n\times n)}{\mathbf{A}^{11}} & \cdots & \underset{(n\times n)}{\mathbf{A}^{1p}}\\ \vdots & \ddots & \vdots\\ \underset{(n\times n)}{\mathbf{A}^{p1}} & \cdots & \underset{(n\times n)}{\mathbf{A}^{pp}}\end{bmatrix}=[a_{ij}^{kl}],\quad \underset{(np\times qp)}{\mathbf{C}}=\begin{bmatrix}\underset{(n\times q)}{\mathbf{C}^{11}} & \cdots & \underset{(n\times q)}{\mathbf{C}^{p1}}\\ \vdots & \ddots & \vdots\\ \underset{(n\times q)}{\mathbf{C}^{p1}} & \cdots & \underset{(n\times q)}{\mathbf{C}^{pp}}\end{bmatrix}=[c_{ih}^{kl}]$$

以及

$$\underset{(pq\times np)}{\mathbf{V}}=\begin{bmatrix}\underset{(q\times n)}{\mathbf{V}^{11}} & \cdots & \underset{(q\times n)}{\mathbf{V}^{1p}}\\ \vdots & \ddots & \vdots\\ \underset{(q\times n)}{\mathbf{V}^{p1}} & \cdots & \underset{(q\times n)}{\mathbf{V}^{pp}}\end{bmatrix}=[v_{gj}^{kl}]$$

注意到消费系数需要每个区域中各个收入群体消费者对来自各个区域各个部门商品支出习惯的信息。类似地，劳动投入系数需要每个区域每个部门对各个区域中各个收入群体劳动者的支付信息。

式（6.41）中分块逆矩阵中的元素将与 $\bar{\mathbf{A}}$ 有相同的维度，也就是：

$$\begin{bmatrix}\boldsymbol{x}\\ \boldsymbol{y}\end{bmatrix}=\begin{bmatrix}\underset{(np\times np)}{\boldsymbol{B}(\boldsymbol{I}+\boldsymbol{CKVB})} & \underset{(np\times pq)}{\boldsymbol{BCK}}\\ \underset{(pq\times np)}{\boldsymbol{KVB}} & \underset{(pq\times pq)}{\boldsymbol{K}}\end{bmatrix}\begin{bmatrix}\boldsymbol{f}^{*}\\ \mathbf{0}\end{bmatrix}$$

显然，这潜在地提出了更多的数据要求。然而，在休因斯、奥山和索因斯（Hewings，Okuyama，and Sonis，2001）中我们可以得到一个四区域五十三部门（芝加哥和三个周边郊区）的模型演示的应用，但是没有区分收入群体，也就是 $n=53$，$p=4$，

$q=1$。在这个例子中，收入形成的影响经过不同区域，而不是收入群体。特别地，$\boldsymbol{K}$ 是一个 4×4 的矩阵；显示在表 6-8 中。①

表 6-8　　区域间相互间收入乘数

收到收入的区域	收入来源区域				
	1	2	3	4	行合计
1	1.23	0.12	0.16	0.07	1.57
2	0.11	1.28	0.13	0.05	1.57
3	0.11	0.03	1.06	0.01	1.14
4	0.44	0.56	0.50	1.77	3.28
列合计	1.81	1.99	1.85	1.90	

资料来源：Hewings，Okuyama，and Sonis，2001，Table 9.

沿着这个例子的第一列往下看，我们发现区域 1 收入增加 1 美元，区域 1 的收入将额外增加 0.23 美元，区域 2 和区域 3 将增加 0.11 美元，而区域 4 将增加 0.44 美元。列的合计有着与普通产出乘数类似的解释；它们表示在列的最上部的区域收入增加 1 美元，在整个四区域系统（芝加哥城市区域）中所产生的新增收入。行合计则是每个区域收入增加 1 美元带来的对左边各个区域的收入增加的度量（与普通列昂惕夫逆矩阵的行合计一样，它们与列合计相比，通常结果用处不大）。通常，经验上推导的相互间乘数矩阵的结果需要以某种方式进行标准化，以考虑到所研究区域规模上的差异等。完整的区域间宫泽分析要求我们将每个区域区分为几个收入阶层（也就是 $q>1$），然后对（每个区域）每个这种阶层建立消费系数和劳动投入系数。

6.5　投入产出模型中的总乘数与净乘数

□ 6.5.1　引言

列昂惕夫最早的表达式（针对美国 1919 年、1929 年和 1939 年的数据）是依据“净”账户的。基本的平衡方程没有 z_{ii} 或 a_{ii} 项；在经验表中，对角元素是零。

> （产业间交易表）自然会有很多空的方格。那些沿主对角的位置必须是空的，因为我们的账户规则没有考虑记录同一企业内的任何交易……（Leontief，1951，p. 13）
>
> 产业的产出……被定义为不含同一产业内生产并被消耗的产品。如此根据定义 $a_{11}=a_{22}=\cdots=a_{ii}=\cdots=a_{nn}=0$。（Leontief，1951，p. 189）

在埃文斯和霍芬伯格（Evans and Hoffenberg，1952）中讨论并发布了 1947 年美国投入产出表包含对角的交易、系数以及逆矩阵元素；在这个意义上，这些表是“总”（gross）的。他们指出逆矩阵的数值可以被调整为不含部门内交易，但是他们并不认为

① 有关这一应用的更多数据和细节，参见 Hewings 和 Parr（2007）。

这是一种更受欢迎的做法。① 在列昂惕夫等（Leontief et al.，1953）由列昂惕夫所写的第 2 章中，书中的方程是总的，但是在第 2 章的数学注释中表和方程是净的（net）。实际上，所有后来的出版物（Leontief，1966，Chapters 2 and 7）都包含对角元素。②［对净和总的投入产出账户的深入讨论参见詹森（Jensen，1978）。］这种净/总的区别导致了投入产出“净”乘数的概念，我们将在下面对此进行探讨。

□ 6.5.2 净投入产出模型中的乘数

我们只考虑方阵系统。净模型的产生只是意味着 $\mathbf{Z}$ 和 $\mathbf{A}$ 的主对角只包含零，而总产出向量被减去每个部门产业内交易的量。如往常一样，用 $\hat{\mathbf{Z}}$ 表示包含元素 z_{ii} 的对角矩阵。那么设 $\mathbf{Z}_{net}=\mathbf{Z}-\hat{\mathbf{Z}}$ 且 $\hat{\mathbf{x}}_{net}=\hat{\mathbf{x}}-\hat{\mathbf{Z}}$；后者是净系统中部门产出的对角矩阵，从其中移除了对角（部门内）交易。③ 如往常一样，对净系统求解投入系数，有：

$$\mathbf{A}_{net}=\mathbf{Z}_{net}(\hat{\mathbf{x}}_{net})^{-1}=(\mathbf{Z}-\hat{\mathbf{Z}})(\hat{\mathbf{x}}-\hat{\mathbf{Z}})^{-1}$$

以及

$$(\mathbf{I}-\mathbf{A}_{net})=\mathbf{I}-(\mathbf{Z}-\hat{\mathbf{Z}})(\hat{\mathbf{x}}-\hat{\mathbf{Z}})^{-1}$$

我们现在考察对右端的一个替代表述［这一表述看起来最早是在德语的韦伯（Weber，1998）中提出的。显然这并不为大家广泛知晓，至少在德语世界以外］。利用所观察到的 $(\hat{\mathbf{x}}-\hat{\mathbf{Z}})(\hat{\mathbf{x}}-\hat{\mathbf{Z}})^{-1}=\mathbf{I}$，可以证明④：

$$(\mathbf{I}-\mathbf{A}_{net})=[(\mathbf{I}-\mathbf{A})\hat{\mathbf{x}}](\hat{\mathbf{x}}-\hat{\mathbf{Z}})^{-1}$$

两边求逆：

$$\mathbf{L}_{net}=(\mathbf{I}-\mathbf{A}_{net})^{-1}=\{[(\mathbf{I}-\mathbf{A})\hat{\mathbf{x}}](\hat{\mathbf{x}}-\hat{\mathbf{Z}})^{-1}\}^{-1}$$

利用矩阵代数积的求逆规则（对于适当规模的矩阵），$(\mathbf{MNP})^{-1}=\mathbf{P}^{-1}\mathbf{N}^{-1}\mathbf{M}^{-1}$，有：

$$\mathbf{L}_{net}=(\hat{\mathbf{x}}-\hat{\mathbf{Z}})\hat{\mathbf{x}}^{-1}(\mathbf{I}-\mathbf{A})^{-1}=\hat{\mathbf{x}}_{net}\hat{\mathbf{x}}^{-1}\mathbf{L} \tag{6.48}$$

由此得：

$$(\hat{\mathbf{x}}_{net})^{-1}\mathbf{L}_{net}=\hat{\mathbf{x}}^{-1}\mathbf{L} \tag{6.49}$$

［注意根据式（6.48），$\mathbf{L}_{net}=(\hat{\mathbf{x}}-\hat{\mathbf{Z}})\hat{\mathbf{x}}^{-1}\mathbf{L}=(\mathbf{I}-\hat{\mathbf{A}})\mathbf{L}$，其中 $\hat{\mathbf{A}}=\hat{\mathbf{Z}}\hat{\mathbf{x}}^{-1}$。］⑤

考虑两个系统的住户收入乘数。给定分部门的住户总收入向量，$\mathbf{z}_h=[z_{n+1,1},\cdots,z_{n+1,n}]$，那么 $\mathbf{h}=\mathbf{z}_h\hat{\mathbf{x}}^{-1}$ 和 $\mathbf{h}_{net}=\mathbf{z}_h(\hat{\mathbf{x}}_{net})^{-1}$ 分别为总系统和净系统中的收入系数向量。根

---

① 相反，Georgescu-Roegen（1971）主张投入产出模型中的对角元素（“内部流量”）必须被删除。

② 早期的英国投入产出表（例如，1954 年表和 1963 年表）被表述为“净”的形式（UK，Central Statistical Office，1961 and 1970）。Allen 和 Lecomber（1975）以及 Barker（1975）中出现了 15 个部门版本的这些表。

③ 替代的符号是用 $\check{\mathbf{Z}}$ 来代替 $\mathbf{Z}_{net}$，类似地对 $\mathbf{A}_{net}$ 和 $\mathbf{x}_{net}$ 进行替代。我们避免这一习惯符号是因为当向量 $\mathbf{x}_{net}$ 需要一个帽子来表示相应的对角矩阵的时候，在“ˇ”的上面再加上“ˆ”就太多了。

④ 这一单位矩阵的特殊表达式可能看似平常，但是它聪明地实现了对表达式（$\mathbf{I}-\mathbf{A}_{net}$）进行有意义的改写。对于有兴趣的读者，推导过程为：$(\mathbf{I}-\mathbf{A}_{net})=(\hat{\mathbf{x}}-\hat{\mathbf{Z}})(\hat{\mathbf{x}}-\hat{\mathbf{Z}})^{-1}-(\mathbf{Z}-\hat{\mathbf{Z}})(\hat{\mathbf{x}}-\hat{\mathbf{Z}})^{-1}=[(\hat{\mathbf{x}}-\hat{\mathbf{Z}})-(\mathbf{Z}-\hat{\mathbf{Z}})](\hat{\mathbf{x}}-\hat{\mathbf{Z}})^{-1}=(\hat{\mathbf{x}}-\mathbf{Z})(\hat{\mathbf{x}}-\hat{\mathbf{Z}})^{-1}=[(\mathbf{I}-\mathbf{Z}\hat{\mathbf{x}}^{-1})\hat{\mathbf{x}}](\hat{\mathbf{x}}-\hat{\mathbf{Z}})^{-1}=[(\mathbf{I}-\mathbf{A})\hat{\mathbf{x}}](\hat{\mathbf{x}}-\hat{\mathbf{Z}})^{-1}$。

⑤ 这一事实由 Evans 和 Hoffenberg（1952，p. 140）所指出，他利用语言而非矩阵代数进行论证。

据式（6.49），有：

$$z_h(\hat{x}_{net})^{-1}L_{net}=z_h\hat{x}^{-1}L$$

或者

$$h_{net}L_{net}=hL$$

如此，两个系统中的收入乘数相等，所以对于对各类乘数结果感兴趣的研究而言，使用哪种模型并没有差异。

这一结果对其他大部分乘数都有效，如增加值、住户收入、污染产生、能源使用等与生产活动相关的乘数（见表 6－4）。唯一的例外是产出乘数，$m(o)=i'L$ 而 $m(o)_{net}=i'L_{net}$；它们不相等，[①] 因为根据式（6.48），$L_{net}=\hat{x}_{net}\hat{x}^{-1}L$。然而，两者可以直接相互转换，也就是：

$$m(o)_{net}=i'L_{net}=i'\hat{x}_{net}\hat{x}^{-1}L$$

或者

$$m(o)=i'L=i'\hat{x}(\hat{x}_{net})^{-1}L_{net}$$

（注意对角矩阵乘的顺序不会带来差别。）

数值例子[②]

设 $Z=\begin{bmatrix}150 & 500 & 50\\ 200 & 100 & 400\\ 300 & 500 & 50\end{bmatrix}$，所以 $Z_{net}=Z-\hat{Z}=\begin{bmatrix}0 & 500 & 50\\ 200 & 0 & 400\\ 300 & 500 & 0\end{bmatrix}$。如果 $x=\begin{bmatrix}1\,000\\ 2\,000\\ 1\,000\end{bmatrix}$，$A=\begin{bmatrix}0.15 & 0.25 & 0.05\\ 0.2 & 0.05 & 0.4\\ 0.3 & 0.25 & 0.05\end{bmatrix}$，$x_{net}=\begin{bmatrix}850\\ 1\,900\\ 950\end{bmatrix}$，$A_{net}=Z_{net}\ (\hat{x}_{net})^{-1}=\begin{bmatrix}0 & 0.263\,2 & 0.052\,6\\ 0.235\,3 & 0 & 0.421\,1\\ 0.352\,9 & 0.263\,2 & 0\end{bmatrix}$，那么 $L=\begin{bmatrix}1.365\,1 & 0.425\,3 & 0.250\,9\\ 0.527\,3 & 1.348\,1 & 0.5954\\ 0.569\,8 & 0.489\,0 & 1.288\,5\end{bmatrix}$ 且 $L_{net}=(I-A_{net})^{-1}=\begin{bmatrix}1.160\,3 & 0.361\,5 & 0.213\,3\\ 0.501\,0 & 1.280\,7 & 0.565\,6\\ 0.541\,4 & 0.464\,6 & 1.224\,1\end{bmatrix}$。

在这个例子中，有：

$$m(o)=i'L=[2.462\,3\quad 2.262\,4\quad 2.134\,8]$$
$$m(o)_{net}=i'L_{net}=[2.202\,6\quad 2.106\,7\quad 2.003\,0]$$

这里 $\hat{x}(\hat{x}_{net})^{-1}=\begin{bmatrix}1.176\,5 & 0 & 0\\ 0 & 1.052\,6 & 0\\ 0 & 0 & 1.052\,6\end{bmatrix}$，所以如预想的，$m\ (o)\ =i'\hat{x}\ \ (\hat{x}_{net})^{-1}L_{net}=$ $[1.176\,5\quad 1.052\,6\quad 1.052\,6]\begin{bmatrix}1.160\,3 & 0.361\,5 & 0.213\,3\\ 0.501\,0 & 1.280\,7 & 0.565\,6\\ 0.541\,4 & 0.464\,6 & 1.224\,1\end{bmatrix}=[2.462\,3\quad 2.262\,4\quad 2.134\,8]$。

---

① 除了 $x=x_{net}$ 时琐碎而无趣的情形。

② 我们很早就使用 3×3 的例子了，但是现在不管部门 3 是住户，仍简单地把它看作一般的三部门模型的例子。

最后，设 z_h =[100，120，80]（住户收入支付）；那么：

$$\boldsymbol{h}=[0.10 \quad 0.06 \quad 0.08] \text{且} \boldsymbol{h}_{net}=[0.117\,6 \quad 0.063\,2 \quad 0.084\,2]$$

由此，仍有如所预想的：

$$\boldsymbol{hL}=\boldsymbol{h}_{net}\boldsymbol{L}_{net}=[0.213\,7 \quad 0.162\,5 \quad 0.163\,9]$$

□ 6.5.3 其他乘数变量

（间接效应）/（直接效应）

很多研究者持有一种看法，就是乘数不应该包括最初的刺激，正如他们对“总效应”/“直接效应”这一基本定义的看法一样。例如，对于产出乘数，这意味着对部门 j 的1美元新增最终需求转换为部门 j 中1美元新增的产出。通常的解决办法是简单地从 $m(o)$ 的每个元素中扣除1。这等价于在 $m(o)$ 的公式中用（$\boldsymbol{L}-\boldsymbol{I}$）来替换 $\boldsymbol{L}$，因为 $\boldsymbol{i}'(\boldsymbol{L}-\boldsymbol{I})=\boldsymbol{i}'\boldsymbol{L}-\boldsymbol{i}'\boldsymbol{I}=\boldsymbol{m}(\boldsymbol{o})-\boldsymbol{i}'$（Oosterhaven，Piek，and Stelder，1986）。[①] 当然这并不改变部门的排位，但是一定会对其他类型的利用乘数的计算产生影响。

对于任何类型Ⅰ或类型Ⅱ乘数（见表6-3），可以进行同样的调整［扣减1或利用（$\boldsymbol{L}-\boldsymbol{I}$）］。作为一个例子，当 $\boldsymbol{r}=\boldsymbol{h}$ 时，类型Ⅰ乘数 $\boldsymbol{m}(\boldsymbol{h})=\boldsymbol{hL}\hat{\boldsymbol{h}}^{-1}$ 将转换为 $\boldsymbol{h}(\boldsymbol{L}-\boldsymbol{I})\hat{\boldsymbol{h}}^{-1}=\boldsymbol{hL}\hat{\boldsymbol{h}}^{-1}-\boldsymbol{hI}\hat{\boldsymbol{h}}^{-1}=\boldsymbol{m}(\boldsymbol{h})-\boldsymbol{i}'$。

“均衡增长”乘数

政策制定者可能希望知道所有部门最终需求的一致扩大，或者是最终需求模式的改变，产生的对特定部门的影响（例如，为帮助确定“瓶颈”）。一种方法就涉及所谓的“均衡增长”（growth-equalized）乘数（Gray et al.，1979；Gowdy，1991）。其动机很清楚：“……经济部门之间规模的变化阻碍了对乘数进行有意义的比较……对某些部门增加1美元产出，与其他部门相比，代表着一个更大的增长率”（Gray et al.，1979，pp. 68，72）。

考虑产出乘数；其原则对所有其他可能的乘数是一样的。基本想法是从乘数矩阵 $\boldsymbol{M}(o)=\boldsymbol{L}$ 开始。行合计 $\boldsymbol{M}(o)\boldsymbol{i}=\boldsymbol{Li}$，表示对每个部门的最终需求增加1美元时各个部门的产出效应。这通常被认为是一种不可能的情形；明显的变化会带来不同部门最终需求不一致的增长。例如，可以用 $\boldsymbol{L}\langle \boldsymbol{f}\langle \boldsymbol{i}'\boldsymbol{f}\rangle^{-1}\rangle\boldsymbol{i}$ 而不是用 $\boldsymbol{Li}$，其中 $\langle \boldsymbol{f}\langle \boldsymbol{i}'\boldsymbol{f}\rangle^{-1}\rangle$ 是一个对角矩阵，把每个部门的最终需求表示为总最终需求 $f_j/\sum_j f_j$ 的一个比例；也就是，一个相对的部门规模（或重要性）的度量。（也可以用基年产出比例 $x_j/\sum_j x_j$。）矩阵 $\boldsymbol{L}\langle \boldsymbol{f}\langle \boldsymbol{i}'\boldsymbol{f}\rangle^{-1}\rangle$ 中的元素（i，j）表示部门 j 最终需求增加 $(f_j/\sum_j f_j)$ 美元对部门 i 产出的影响。因此，$\boldsymbol{L}\langle \boldsymbol{f}\langle \boldsymbol{i}'\boldsymbol{f}\rangle^{-1}\rangle\boldsymbol{i}$ 表示1美元最终需求增加，按它们在总最终需求中的比例在各部门中分配，对每个部门产出的乘数效应。

另一种可能性是利用相等的百分比，而非绝对数的各部门需求的增加。这是一种“均等增长”（growth equalization）。例如，列向量的元素 $[\boldsymbol{M}(o)](0.01)\boldsymbol{f}=(0.01)\boldsymbol{Lf}$

① 因为 $(\boldsymbol{L}-\boldsymbol{I})=\boldsymbol{L}(\boldsymbol{I}-\boldsymbol{L}^{-1})=\boldsymbol{LA}$ 或者 $(\boldsymbol{L}-\boldsymbol{I})=(\boldsymbol{I}-\boldsymbol{L}^{-1})\boldsymbol{L}=\boldsymbol{AL}$，这些修改的乘数也可以被求解为 $\boldsymbol{i}'\boldsymbol{AL}$ 或 $\boldsymbol{i}'\boldsymbol{LA}$（de Mesnard，2002；Dietzenbacher，2005）。

表示当对每个部门的最终需求都增长1%时对各个部门的产出效应，而$(0.01)\boldsymbol{i}'\boldsymbol{L}\boldsymbol{f}=(0.01)[\boldsymbol{m}(o)]\boldsymbol{f}$则表示整个经济由此产生的总产出。我们用同样的三部门数据进行演示。例如：

$$\boldsymbol{f}=\begin{bmatrix}300\\1\ 300\\150\end{bmatrix}\text{且}\langle\boldsymbol{f}\langle\boldsymbol{i}'\boldsymbol{f}\rangle^{-1}\rangle=\left[f_j/\sum_j f_j\right]=\begin{bmatrix}0.171\ 4&0&0\\0&0.742\ 9&0\\0&0&0.085\ 7\end{bmatrix}$$

在这个例子中：

$$\boldsymbol{L}\langle\boldsymbol{f}\langle\boldsymbol{i}'\boldsymbol{f}\rangle^{-1}\rangle=\begin{bmatrix}0.234\ 0&0.315\ 9&0.021\ 5\\0.090\ 4&1.001\ 5&0.051\ 0\\0.097\ 7&0.363\ 3&0.110\ 4\end{bmatrix}\text{且}[\boldsymbol{L}\langle\boldsymbol{f}\langle\boldsymbol{i}'\boldsymbol{f}\rangle^{-1}\rangle]\boldsymbol{i}=\begin{bmatrix}0.571\ 4\\1.142\ 9\\0.571\ 4\end{bmatrix}$$

利用1%的增长来演示均等增长：

$$\boldsymbol{L}\langle(0.01)\boldsymbol{f}\rangle=\begin{bmatrix}4.095\ 3&5.528\ 4&0.376\ 4\\1.582\ 0&17.525\ 0&0.893\ 0\\1.709\ 5&6.357\ 6&1.932\ 8\end{bmatrix}$$

且

$$\boldsymbol{i}'\boldsymbol{L}\langle(0.01)\boldsymbol{f}\rangle=[7.386\ 8\quad 29.411\ 0\quad 3.202\ 2]$$

回想对于这个例子，简单产出乘数为：

$$\boldsymbol{m}(o)=\boldsymbol{i}'\boldsymbol{L}=[2.462\ 3\quad 2.262\ 4\quad 2.134\ 8]$$

我们看到部门的相对重要性在改变（现在对部门2的最终需求有最大的刺激作用；而之前，在$m(o)$中，是部门1）。

另一种净乘数

标准的投入产出乘数（见表6-3和表6-4）被设计用于（乘以）最终需求。奥斯特哈文和施特尔德（Oosterhaven and Stelder，2002a，2002b）观察到在真实世界中，“实践者”在某些时候（大概经常）不正确地使用了它们去乘部门总产出（增加值或就业）。所以他们提出了净乘数（该词可能会引起混淆;这些不是像第6.5.2节的净模型中的乘数那样的乘数）。本质上，他们只是对标准乘数进行了转换，使得它可以用于与总产出相联系。例如，他们的类型Ⅰ净产出乘数为$\boldsymbol{i}'\boldsymbol{L}\hat{\boldsymbol{f}}_c$，其中$f_c=[f_j/x_j]$；在他们的术语中，$f_j/x_j$是部门$j$产出的一部分，可以“正确地被看成是外生的”（Oosterhaven and Stelder，2002a，p. 536）。特别地，他们把$\boldsymbol{i}'\boldsymbol{L}\boldsymbol{f}$“分解”为如下部分：

$$\boldsymbol{i}'\boldsymbol{L}\boldsymbol{f}=\boldsymbol{m}(o)\boldsymbol{f}=\boldsymbol{m}(o)\hat{\boldsymbol{f}}\boldsymbol{i}=\boldsymbol{m}(o)\hat{\boldsymbol{f}}\hat{\boldsymbol{x}}^{-1}\hat{\boldsymbol{x}}\boldsymbol{i}=\boldsymbol{m}(o)\hat{\boldsymbol{f}}_c\boldsymbol{x}=\boldsymbol{i}'\boldsymbol{L}\hat{\boldsymbol{f}}_c\boldsymbol{x}$$

如此，净乘数矩阵为$\boldsymbol{L}\hat{\boldsymbol{f}}_c$，相应的经济整体的乘数向量为$\boldsymbol{i}'\boldsymbol{L}\hat{\boldsymbol{f}}_c=\boldsymbol{m}(o)\hat{\boldsymbol{f}}_c$。其他乘数可以进行类似的修改。

这一工作引起了大量的讨论，以及长期、详细的交流（de Mesnard，2002，2007a，2007b；Dietzenbacher，2005；Oosterhaven，2007），产生了各种解释和替代的词汇。最终，建议用“净贡献”（net contribution）或“净后向关联”（net backward linkage）指数作为比“乘数”更合适的标签。我们将在第12章有关投入产出模型中关联的度量中回到这一问题。

6.6 乘数与弹性

□ 6.6.1 产出弹性

弥补产业规模差异的另一种方法是从只是考虑最终需求百分比的变化（如上面的均衡增长乘数）而更进一步。其想法是对刺激及其效应都按百分比进行度量——在这种情形下，度量的是由给定产业最终需求的百分比变化导致的总产出（或收入、就业等）的百分比变化（Mattas and Shrestha，1991；Ciobanu，Mattas，and Psaltopoulos，2004）。这些（百分比变化）/（百分比变化）的度量在经济学术语中就是“弹性”。

特别地，考虑仅仅f_j的百分比变化，所以$(\Delta \boldsymbol{f})'=[0, \cdots, (0.01)f_j, \cdots, 0]$。那么，$\Delta \boldsymbol{x}=\boldsymbol{L}\Delta \boldsymbol{f}=\begin{bmatrix} l_{1j} \\ \vdots \\ l_{nj} \end{bmatrix}(0.01)f_j$。经济整体的产出变化为：$\boldsymbol{i}'\Delta \boldsymbol{x}=\boldsymbol{i}'\begin{bmatrix} l_{1j} \\ \vdots \\ l_{nj} \end{bmatrix}(0.01)f_j=\boldsymbol{m}(o)_j(0.01)f_j$。这一个由$(0.01)f_j$所产生的总产出的百分比变化（通过所有产业）被标记为产业j的产出弹性（oe_j），并被定义为：

$$oe_j=100\times(\boldsymbol{i}'\Delta \boldsymbol{x}/\boldsymbol{i}'\boldsymbol{x})=100\times \boldsymbol{m}(o)_j[(0.01)f_j/\boldsymbol{i}'\boldsymbol{x}]=\boldsymbol{m}(o)_j[f_j/\boldsymbol{i}'\boldsymbol{x}]$$

（更准确地是称之为产出对最终需求的弹性，以区别于下面的其他弹性。）

对第 6.2.2 节中其他各种乘数的修正，通过用$[f_j/\boldsymbol{i}'\boldsymbol{x}]$相乘，产生了完全对应的结果，得到收入、就业等对最终需求的弹性。注意这些非常类似于上面的“均衡增长”乘数；在那种情况下，修改是通过$\left[f_j/\sum_j f_j\right]$得到的，而这里是通过$\left[f_j/\sum_j x_j\right]$。

□ 6.6.2 产出对产出乘数及其弹性

直接效应

从$z_{ij}=a_{ij}x_j$开始，考虑产业j产出一个外生变化的直接效应（Δx_j），即$\Delta x_j \to \Delta z_{ij}=a_{ij}\Delta x_j$。这个$\Delta z_{ij}$表示由$j$所直接需要的$i$的新的产出，所以$\Delta x_i=\Delta z_{ij}$，如此$\Delta x_i=a_{ij}\Delta x_j$，或者$\Delta x_i/\Delta x_j=a_{ij}$。现在考虑产业$j$产出1%的增长$\Delta x_j=(0.01)x_j$；这意味着$\Delta x_i=(0.01)a_{ij}x_j$。因此，矩阵$(0.01)\boldsymbol{A}\hat{\boldsymbol{x}}$的第$(i, j)$个元素度量产业$j$产出1%的增加对产业$i$的影响。表示为$i$产出的一个百分比，我们有$100(\Delta x_i/x_i)=100(0.01)a_{ij}x_j/x_i=a_{ij}x_j/x_i$。用矩阵形式表示，这是矩阵$\hat{\boldsymbol{x}}^{-1}\boldsymbol{A}\hat{\boldsymbol{x}}$中的第$(i, j)$个元素，表明由产业$j$的产出1%的变化导致的对产业$i$产出的直接效应（百分比变化）。这是直接的产出对产出弹性。我们将在第 12 章再次遇到矩阵$\hat{\boldsymbol{x}}^{-1}\boldsymbol{A}\hat{\boldsymbol{x}}$，在那里，我们将探讨供给侧的投入产出模型。

完全效应

列昂惕夫逆矩阵的元素把最终需求转换为总产出的变化，即$\Delta x_i=l_{ij}\Delta f_j$以及$l_{ij}=\Delta x_i/\Delta f_j$。这些包括直接效应和间接效应，它们是本章前几节所探讨的乘数的核心问题。仍把l_{ij}称为产出对最终需求的乘数（output-to-final-demand multiplier），可能有点冗长，其实很准确。考虑l_{jj}，$\boldsymbol{L}$ 中第 j 列的对角元素 $l_{jj}=\Delta x_j/\Delta f_j$，或者 $\Delta x_j=l_{jj}\Delta f_j$。定义 l_{ij}^* 为 l_{ij}/l_{jj}；那么：

$$l_{ij}^*=l_{ij}/l_{jj}=[\Delta x_i/\Delta f_j]/[\Delta x_j/\Delta f_j]=\Delta x_i/\Delta x_j$$

或者 $\Delta x_i=l_{ij}^*\Delta x_j$。如此，$l_{ij}^*$ 可以（已经）被看作总的产出对产出乘数。

这些乘数矩阵 $\boldsymbol{L}^*=[l_{ij}^*]$ 是通过令 $\boldsymbol{L}$ 中列的每个元素除以那一列的对角元素构造出来的，即 $\boldsymbol{L}^*=\boldsymbol{L}(\hat{\boldsymbol{L}})^{-1}$（如往常一样，$\hat{\boldsymbol{L}}$ 是由 $\boldsymbol{L}$ 中对角元素构造的对角矩阵）。那么 $\boldsymbol{L}^*$ 的第 j 列的每个元素表示如果产业 j 的产出增加 1 美元，所需要的产业 i 产出（行标签）的变化量。①

那么，假定产业 j 计划把它的产出增加至某个新的数量$\bar{x}_j$。用向量 $\bar{\boldsymbol{x}}$ 右乘$\boldsymbol{L}^*$，$\bar{\boldsymbol{x}}$ 中的第 j 个元素为$\bar{x}_j$，而其他元素为零，将得到一个新的总产出向量$\boldsymbol{x}^*$，这是由于产业 j 中外生决定的产出而要求经济中每个产业所必须产出的量。也就是：

$$\boldsymbol{x}^*=\boldsymbol{L}^*\bar{\boldsymbol{x}} \tag{6.50}$$

我们将在第 13 章“混合”投入产出模型的内容中回到这个矩阵，在那一种模型中，最终需求（对某些产业）和总产出（对其他产业）是外生给定的。

转到弹性概念，$(0.01)\boldsymbol{L}\hat{\boldsymbol{x}}$ 的第（i，j）个元素给出了产业 j 中 1%的产出增加所导致的产业 i 的（总的）新产出。所以，与上述直接弹性的情形完全对应，$\hat{\boldsymbol{x}}^{-1}\boldsymbol{L}\hat{\boldsymbol{x}}$ 的第（i，j）个元素给出了由于产业 j 产出最初的外生的 1%的增加，产业 i 总产出百分比的增长，也就是“产业 i 相对于产业 j 产出的直接和间接的产出弹性”（Dietzenbacher，2005，p. 426）。我们将在第 12 章讨论供给侧的投入产出模型中再次遇到这个矩阵 $\hat{\boldsymbol{x}}^{-1}\boldsymbol{L}\hat{\boldsymbol{x}}$。

6.7 乘数分解

人们提出了一些路径以分析投入产出数据所描绘的经济“结构”。乘数分解是这一研究中较为突出的部分，我们将在这一节探讨其中的两个。②

□ 6.7.1 基本内容

我们从基本的投入产出核算关系开始：

$$\underset{(n\times 1)}{\boldsymbol{x}}=\underset{(n\times n)}{\boldsymbol{A}}\underset{(n\times 1)}{\boldsymbol{x}}+\underset{(n\times 1)}{\boldsymbol{f}} \tag{6.51}$$

由此 $\boldsymbol{x}=(\boldsymbol{I}-\boldsymbol{A})^{-1}\boldsymbol{f}=\boldsymbol{L}\boldsymbol{f}$。我们现在引入某些代数，初看起来动机不明，但很快就会清

① 这等价于希梅尔的“总流量”方法（Szyrmer，1992）。它举了一个例子说明通常的（来自标准的需求拉动的投入产出模型）产出乘数并不适合被用于对各种真实世界的影响研究。某些分析家争论初始的 1 美元刺激应该从“总效应”的计算中移除。正如上面所看到的（第 6.5.3 节），可以通过用 $(\boldsymbol{L}-\boldsymbol{I})$ 替代 $\boldsymbol{L}$ 来实现。有兴趣的读者应该参见 de Mesnard（2002）和 Dietzenbacher（2005）以获得更多细节。

② 对于这些和几个其他路径的概述，参考 Sonis 和 Hewings（1988），或者下面第 14.2 节注释中的补充参考文献。

楚它所要达到的目的。给定某个 $\underset{(n\times n)}{\bar{\boldsymbol{A}}}$，在式（6.51）中加上并减掉 $\bar{\boldsymbol{A}}\boldsymbol{x}$，重新整理得到：

$$\boldsymbol{x}=\boldsymbol{A}\boldsymbol{x}-\bar{\boldsymbol{A}}\boldsymbol{x}+\bar{\boldsymbol{A}}\boldsymbol{x}+\boldsymbol{f}\Rightarrow(\boldsymbol{I}-\bar{\boldsymbol{A}})\boldsymbol{x}=(\boldsymbol{A}-\bar{\boldsymbol{A}})\boldsymbol{x}+\boldsymbol{f} \tag{6.52}$$

且求解[①] $\boldsymbol{x}$，得：

$$\boldsymbol{x}=(\boldsymbol{I}-\bar{\boldsymbol{A}})^{-1}(\boldsymbol{A}-\bar{\boldsymbol{A}})\boldsymbol{x}+(\boldsymbol{I}-\bar{\boldsymbol{A}})^{-1}\boldsymbol{f}$$

设 $\boldsymbol{A}^*=(\boldsymbol{I}-\bar{\boldsymbol{A}})^{-1}(\boldsymbol{A}-\bar{\boldsymbol{A}})$；那么，有：

$$\boldsymbol{x}=\boldsymbol{A}^*\boldsymbol{x}+(\boldsymbol{I}-\bar{\boldsymbol{A}})^{-1}\boldsymbol{f} \tag{6.53}$$

接着，用 $\boldsymbol{A}^*$ 左乘式（6.53）的两边：

$$\boldsymbol{A}^*\boldsymbol{x}=(\boldsymbol{A}^*)^2\boldsymbol{x}+\boldsymbol{A}^*(\boldsymbol{I}-\bar{\boldsymbol{A}})^{-1}\boldsymbol{f} \tag{6.54}$$

并以此替代式（6.53）中右边的 $\boldsymbol{A}^*\boldsymbol{x}$：

$$\boldsymbol{x}=(\boldsymbol{A}^*)^2\boldsymbol{x}+\boldsymbol{A}^*(\boldsymbol{I}-\bar{\boldsymbol{A}})^{-1}\boldsymbol{f}+(\boldsymbol{I}-\bar{\boldsymbol{A}})^{-1}\boldsymbol{f}=(\boldsymbol{A}^*)^2\boldsymbol{x}+(\boldsymbol{I}+\boldsymbol{A}^*)(\boldsymbol{I}-\bar{\boldsymbol{A}})^{-1}\boldsymbol{f} \tag{6.55}$$

再一次求解 $\boldsymbol{x}$，得：

$$\boldsymbol{x}=\underbrace{[\boldsymbol{I}-(\boldsymbol{A}^*)^2]^{-1}}_{\boldsymbol{M}_3}\underbrace{(\boldsymbol{I}+\boldsymbol{A}^*)}_{\boldsymbol{M}_2}\underbrace{(\boldsymbol{I}-\bar{\boldsymbol{A}})^{-1}}_{\boldsymbol{M}_1}\boldsymbol{f} \tag{6.56}$$

以这种方式，通常的列昂惕夫逆（乘数）矩阵 $(\boldsymbol{I}-\boldsymbol{A})^{-1}$ 被分解为三个矩阵的乘积。

这一代数可以继续下去。用 $\boldsymbol{A}^*$ 左乘式（6.55）的两边：

$$\boldsymbol{A}^*\boldsymbol{x}=(\boldsymbol{A}^*)^3\boldsymbol{x}+[\boldsymbol{A}^*+(\boldsymbol{A}^*)^2](\boldsymbol{I}-\bar{\boldsymbol{A}})^{-1}\boldsymbol{f} \tag{6.57}$$

仍然替代式（6.53）中右边的 $\boldsymbol{A}^*\boldsymbol{x}$：

$$\boldsymbol{x}=(\boldsymbol{A}^*)^3\boldsymbol{x}+[\boldsymbol{I}+\boldsymbol{A}^*+(\boldsymbol{A}^*)^2](\boldsymbol{I}-\bar{\boldsymbol{A}})^{-1}\boldsymbol{f} \tag{6.58}$$

求解 $\boldsymbol{x}$，我们现在得到：

$$\boldsymbol{x}=\underbrace{[\boldsymbol{I}-(\boldsymbol{A}^*)^3]^{-1}}_{\boldsymbol{M}_3}\underbrace{[\boldsymbol{I}+\boldsymbol{A}^*+(\boldsymbol{A}^*)^2]}_{\boldsymbol{M}_2}\underbrace{(\boldsymbol{I}-\bar{\boldsymbol{A}})^{-1}}_{\boldsymbol{M}_1}\boldsymbol{f} \tag{6.59}$$

[与式（6.56）中的结果相比较。]

在社会核算矩阵（第 11 章）的内容中，很多相关乘数分解的基础工作起源于此，$\boldsymbol{M}_1$ 被称作获得一种“转移”效应，$\boldsymbol{M}_2$ 体现“开环”效应，而 $\boldsymbol{M}_3$ 包含“闭环”效应（Pyatt and Round，1979）。这些标签的逻辑在下面的区域间内容中将变得清晰。

这些迭代可以继续任何次数。在 k 次以后，对应于式（6.58），有：

$$\boldsymbol{x}=(\boldsymbol{A}^*)^k\boldsymbol{x}+[\boldsymbol{I}+\boldsymbol{A}^*+(\boldsymbol{A}^*)^2+\cdots+(\boldsymbol{A}^*)^{k-1}](\boldsymbol{I}-\bar{\boldsymbol{A}})^{-1}\boldsymbol{f} \tag{6.60}$$

而对应于式（6.59），有：

$$\boldsymbol{x}=\underbrace{[\boldsymbol{I}-(\boldsymbol{A}^*)^k]^{-1}}_{\boldsymbol{M}_3}\underbrace{[\boldsymbol{I}+\boldsymbol{A}^*+(\boldsymbol{A}^*)^2+\cdots+(\boldsymbol{A}^*)^{k-1}]}_{\boldsymbol{M}_2}\underbrace{(\boldsymbol{I}-\bar{\boldsymbol{A}})^{-1}}_{\boldsymbol{M}_1}\boldsymbol{f} \tag{6.61}$$

---

① 这里以及所有地方，我们假设矩阵是非奇异的，如其逆矩阵所表明的。

□ 6.7.2 区域间内容中的分解

对于一个两区域的区域间模型（第 3.3 节），投入产出核算关系 $\boldsymbol{x}=\boldsymbol{A}\boldsymbol{x}+\boldsymbol{f}$ 成为：

$$\begin{bmatrix}\boldsymbol{x}^r\\\boldsymbol{x}^s\end{bmatrix}=\begin{bmatrix}\boldsymbol{A}^{rr} & \boldsymbol{A}^{rs}\\\boldsymbol{A}^{sr} & \boldsymbol{A}^{ss}\end{bmatrix}\begin{bmatrix}\boldsymbol{x}^r\\\boldsymbol{x}^s\end{bmatrix}+\begin{bmatrix}\boldsymbol{f}^r\\\boldsymbol{f}^s\end{bmatrix}$$

出于对分解的考虑，我们可以分离出 $\boldsymbol{A}$ 中的区域内和区域间元素；设：

$$\boldsymbol{A}=\begin{bmatrix}\boldsymbol{A}^{rr} & \boldsymbol{A}^{rs}\\\boldsymbol{A}^{sr} & \boldsymbol{A}^{ss}\end{bmatrix}=\begin{bmatrix}\boldsymbol{A}^{rr} & \boldsymbol{0}\\\boldsymbol{0} & \boldsymbol{A}^{ss}\end{bmatrix}+\begin{bmatrix}\boldsymbol{0} & \boldsymbol{A}^{rs}\\\boldsymbol{A}^{sr} & \boldsymbol{0}\end{bmatrix}$$

定义 $\bar{\boldsymbol{A}}=\begin{bmatrix}\boldsymbol{A}^{rr} & \boldsymbol{0}\\\boldsymbol{0} & \boldsymbol{A}^{ss}\end{bmatrix}$，由此 $(\boldsymbol{I}-\bar{\boldsymbol{A}})=\begin{bmatrix}\boldsymbol{I}-\boldsymbol{A}^{rr} & \boldsymbol{0}\\\boldsymbol{0} & \boldsymbol{I}-\boldsymbol{A}^{ss}\end{bmatrix}$。那么，利用式（6.56）中的分解，例如：

$$\boldsymbol{M}_1=(\boldsymbol{I}-\bar{\boldsymbol{A}})^{-1}=\begin{bmatrix}(\boldsymbol{I}-\boldsymbol{A}^{rr})^{-1} & \boldsymbol{0}\\\boldsymbol{0} & (\boldsymbol{I}-\boldsymbol{A}^{ss})^{-1}\end{bmatrix}$$

（根据规则，分块矩阵的逆是由主对角矩阵的逆构成的。）而且：

$$\begin{aligned}\boldsymbol{A}^*&=(\boldsymbol{I}-\bar{\boldsymbol{A}})^{-1}(\boldsymbol{A}-\bar{\boldsymbol{A}})\\&=\begin{bmatrix}(\boldsymbol{I}-\boldsymbol{A}^{rr})^{-1} & \boldsymbol{0}\\\boldsymbol{0} & (\boldsymbol{I}-\boldsymbol{A}^{ss})^{-1}\end{bmatrix}\begin{bmatrix}\boldsymbol{0} & \boldsymbol{A}^{rs}\\\boldsymbol{A}^{sr} & \boldsymbol{0}\end{bmatrix}\\&=\begin{bmatrix}\boldsymbol{0} & (\boldsymbol{I}-\boldsymbol{A}^{rr})^{-1}\boldsymbol{A}^{rs}\\(\boldsymbol{I}-\boldsymbol{A}^{ss})^{-1}\boldsymbol{A}^{sr} & \boldsymbol{0}\end{bmatrix}\end{aligned}$$

所以，仍根据式（6.56），有：

$$\boldsymbol{M}_2=\boldsymbol{I}+\boldsymbol{A}^*=\begin{bmatrix}\boldsymbol{I} & (\boldsymbol{I}-\boldsymbol{A}^{rr})^{-1}\boldsymbol{A}^{rs}\\(\boldsymbol{I}-\boldsymbol{A}^{ss})^{-1}\boldsymbol{A}^{sr} & \boldsymbol{I}\end{bmatrix}$$

最后，根据直接的矩阵相乘，有：

$$(\boldsymbol{A}^*)^2=\begin{bmatrix}(\boldsymbol{I}-\boldsymbol{A}^{rr})^{-1}\boldsymbol{A}^{rs}(\boldsymbol{I}-\boldsymbol{A}^{ss})^{-1}\boldsymbol{A}^{sr} & \boldsymbol{0}\\\boldsymbol{0} & (\boldsymbol{I}-\boldsymbol{A}^{ss})^{-1}\boldsymbol{A}^{sr}(\boldsymbol{I}-\boldsymbol{A}^{rr})^{-1}\boldsymbol{A}^{rs}\end{bmatrix}$$

所以：

$$\begin{aligned}\boldsymbol{M}_3&=[\boldsymbol{I}-(\boldsymbol{A}^*)^2]^{-1}\\&=\begin{bmatrix}[\boldsymbol{I}-(\boldsymbol{I}-\boldsymbol{A}^{rr})^{-1}\boldsymbol{A}^{rs}(\boldsymbol{I}-\boldsymbol{A}^{ss})^{-1}\boldsymbol{A}^{sr}]^{-1} & \boldsymbol{0}\\\boldsymbol{0} & [\boldsymbol{I}-(\boldsymbol{I}-\boldsymbol{A}^{ss})^{-1}\boldsymbol{A}^{sr}(\boldsymbol{I}-\boldsymbol{A}^{rr})^{-1}\boldsymbol{A}^{rs}]^{-1}\end{bmatrix}\end{aligned}$$

（仍根据分块对角矩阵的求逆规则。）

就区域内和区域间效应而言，$\boldsymbol{M}_1$ 中的矩阵获得区域内（列昂惕夫逆矩阵或“转移”）效应，$\boldsymbol{M}_2$ 中的矩阵包含区域间扩散（“开环”）效应，而 $\boldsymbol{M}_3$ 中的矩阵记录区域间反馈（“闭环”）效应（Round，1985，2001；Dietzenbacher，2002）。[①] 如往常，定义：

---

① 这些各种各样的效应在投入产出文献中还有其他定义，大致从 Miller（1966，1969）开始，但也包含在 Yamada 和 Ihara（1969）、Round（1985，2001）或者 Sonis 和 Hewings（2001）的著作中。

$$L^{rr}=(I-A^{rr})^{-1},\ L^{ss}=(I-A^{ss})^{-1}$$

这些是每个区域的区域内效应（M_1）。M_2 中的两个扩散矩阵可以表示为：

$$S^{rs}=L^{rr}A^{rs},\ S^{sr}=L^{ss}A^{sr}$$

而M_3 中的两个反馈矩阵可以被定义为：

$$F^{rr}=[I-L^{rr}A^{rs}L^{ss}A^{sr}]^{-1},\ F^{ss}=[I-L^{ss}A^{sr}L^{rr}A^{rs}]^{-1}$$

或者

$$F^{rr}=[I-S^{rs}S^{sr}]^{-1},\ F^{ss}=[I-S^{sr}S^{rs}]^{-1}$$

所以，在两区域的区域间框架下，$x=M_3M_2M_1f$ 成为：

$$\begin{bmatrix}x^r\\x^s\end{bmatrix}=\begin{bmatrix}F^{rr}&0\\0&F^{ss}\end{bmatrix}\begin{bmatrix}I&S^{rs}\\S^{sr}&I\end{bmatrix}\begin{bmatrix}L^{rr}&0\\0&L^{ss}\end{bmatrix}\begin{bmatrix}f^r\\f^s\end{bmatrix}\tag{6.62}$$

或者，相乘后得到：

$$\begin{bmatrix}x^r\\x^s\end{bmatrix}=\begin{bmatrix}F^{rr}L^{rr}&F^{rr}S^{rs}L^{ss}\\F^{ss}S^{sr}L^{rr}&F^{ss}L^{ss}\end{bmatrix}\begin{bmatrix}f^r\\f^s\end{bmatrix}\tag{6.63}$$

□ 6.7.3 斯通的加法分解

一种替代的分解可以分离出净效应。从式（6.56）［式（6.59）或式（6.61）］中相乘的结果开始，也就是 $x=Mf$，其中 $M=M_3M_2M_1$，斯通（Stone，1985）建议采用加法形式：

$$M=I+\underbrace{(M_1-I)}_{\widetilde{M}_1}+\underbrace{(M_2-I)M_1}_{\widetilde{M}_2}+\underbrace{(M_3-I)M_2M_1}_{\widetilde{M}_3}$$

（通过简单的对右端的代数运算，很容易看出这是正确的。）因此：

$$x=Mf=If+\underbrace{(M_1-I)}_{\widetilde{M}_1}f+\underbrace{(M_2-I)M_1}_{\widetilde{M}_2}f+\underbrace{(M_3-I)M_2M_1}_{\widetilde{M}_3}f\tag{6.64}$$

为解释斯通（Stone，p. 162），在区域间模型框架内，我们从最初的注入矩阵 If 开始。第二项（$\widetilde{M}_1f$）增加M_1 中所得到的净区域内效应。接着（在 $\widetilde{M}_2f$ 中）我们增加M_2 中的净区域间扩散效应。第四项（$\widetilde{M}_3f$）得到M_3 中的净区域间反馈效应。在两区域的例子中，这些为：

$$\widetilde{M}_1=M_1-I=\begin{bmatrix}L^{rr}-I&0\\0&L^{ss}-I\end{bmatrix}$$

$$\widetilde{M}_2=(M_2-I)M_1=\begin{bmatrix}0&S^{rs}\\S^{sr}&0\end{bmatrix}\begin{bmatrix}L^{rr}&0\\0&L^{ss}\end{bmatrix}=\begin{bmatrix}0&S^{rs}L^{ss}\\S^{sr}L^{rr}&0\end{bmatrix}$$

$$\widetilde{M}_3=(M_3-I)M_2M_1=\begin{bmatrix}F^{rr}L^{rr}-L^{rr}&F^{rr}S^{rs}L^{ss}-S^{rs}L^{ss}\\F^{ss}S^{sr}L^{rr}-S^{sr}L^{rr}&F^{ss}L^{ss}-L^{ss}\end{bmatrix}$$

尽管这些看起来（而且确实是）越来越复杂，但它们确实把复杂的净的区域内、扩散和反馈效应区分出来了。

□ 6.7.4 区域间反馈的一个注释

两区域投入产出模型的区域间反馈效应在第3.3.2节进行了探讨。它们早在米勒（Miller，1966，1969）中就进行了定义，针对仅仅是区域 r 最终需求的变化的特定情景，所以 $\Delta\boldsymbol{f}^r\neq\boldsymbol{0}$ 而 $\Delta\boldsymbol{f}^s=\boldsymbol{0}$。那么，区域间反馈效应的度量就被求解为由完整两区域模型所得到的区域 r 产出变化与单一区域模型所计算的区域 r 产出变化之间的差。这些产出是：

$$\Delta\boldsymbol{x}_T^r=[(\boldsymbol{I}-\boldsymbol{A}^{rr})-\boldsymbol{A}^{rs}\boldsymbol{L}^{ss}\boldsymbol{A}^{sr}]^{-1}\Delta\boldsymbol{f}^r,\ \Delta\boldsymbol{x}_S^r=(\boldsymbol{I}-\boldsymbol{A}^{rr})^{-1}\Delta\boldsymbol{f}^r$$

（下标分别表示“两区域”和“单一区域”模型。）考虑 $\Delta\boldsymbol{x}_T^r$ 中的逆矩阵 $[(\boldsymbol{I}-\boldsymbol{A}^{rr})-\boldsymbol{A}^{rs}(\boldsymbol{I}-\boldsymbol{A}^{ss})^{-1}\boldsymbol{A}^{sr}]^{-1}$。

（1）分离出（$\boldsymbol{I}-\boldsymbol{A}^{rr}$），得到：

$$\{(\boldsymbol{I}-\boldsymbol{A}^{rr})[\boldsymbol{I}-(\boldsymbol{I}-\boldsymbol{A}^{rr})^{-1}\boldsymbol{A}^{rs}(\boldsymbol{I}-\boldsymbol{A}^{ss})^{-1}\boldsymbol{A}^{sr}]\}^{-1}$$

（2）利用规则 $(\boldsymbol{MN})^{-1}=\boldsymbol{N}^{-1}\boldsymbol{M}^{-1}$，我们有：

$$[\boldsymbol{I}-(\boldsymbol{I}-\boldsymbol{A}^{rr})^{-1}\boldsymbol{A}^{rs}(\boldsymbol{I}-\boldsymbol{A}^{ss})^{-1}\boldsymbol{A}^{sr}]^{-1}(\boldsymbol{I}-\boldsymbol{A}^{rr})^{-1}$$

利用 $\boldsymbol{L}^{rr}=(\boldsymbol{I}-\boldsymbol{A}^{rr})^{-1}$ 和 $\boldsymbol{L}^{ss}=(\boldsymbol{I}-\boldsymbol{A}^{ss})^{-1}$，我们有：

$$\Delta\boldsymbol{x}_T^r=[\boldsymbol{I}-\boldsymbol{L}^{rr}\boldsymbol{A}^{rs}\boldsymbol{L}^{ss}\boldsymbol{A}^{sr}]^{-1}\boldsymbol{L}^{rr}\Delta\boldsymbol{f}^r,\Delta\boldsymbol{x}_S^r=\boldsymbol{L}^{rr}\Delta\boldsymbol{f}^r$$

最后，利用从上面 $\boldsymbol{M}_3$ 中得到的 $\boldsymbol{F}^{rr}=[\boldsymbol{I}-\boldsymbol{L}^{rr}\boldsymbol{A}^{rs}\boldsymbol{L}^{ss}\boldsymbol{A}^{sr}]^{-1}$，有：

$$\Delta\boldsymbol{x}_T^r-\Delta\boldsymbol{x}_S^r=\boldsymbol{F}^{rr}\boldsymbol{L}^{rr}\Delta\boldsymbol{f}^r-\boldsymbol{L}^{rr}\Delta\boldsymbol{f}^r=(\boldsymbol{F}^{rr}\boldsymbol{L}^{rr}-\boldsymbol{L}^{rr})\Delta\boldsymbol{f}^r=(\boldsymbol{F}^{rr}-\boldsymbol{I})\boldsymbol{L}^{rr}\Delta\boldsymbol{f}$$

$\boldsymbol{F}^{rr}\boldsymbol{L}^{rr}$ 项正是式（6.63）中乘法分解得到的乘数矩阵的左上元素，而 $(\boldsymbol{F}^{rr}-\boldsymbol{I})\boldsymbol{L}^{rr}$ 项（两个模型中总产出的差）正是净效应加法分解得到的 $\widetilde{\boldsymbol{M}}_3$ 中的左上元素。

□ 6.7.5 数值例子

我们基于这些可能的分解，重新考虑来自第3章中的两区域例子。在那个例子中，我们有：

$$\boldsymbol{Z}=\begin{bmatrix}\boldsymbol{Z}^{rr} & \boldsymbol{Z}^{rs}\\ \boldsymbol{Z}^{sr} & \boldsymbol{Z}^{ss}\end{bmatrix}=\begin{bmatrix}150 & 500 & 50 & 25 & 75\\ 200 & 100 & 400 & 200 & 100\\ 300 & 500 & 50 & 60 & 40\\ 75 & 100 & 60 & 200 & 250\\ 50 & 25 & 25 & 150 & 100\end{bmatrix}$$

且

$$\boldsymbol{x}=\begin{bmatrix}\boldsymbol{x}^r\\ \boldsymbol{x}^s\end{bmatrix}=\begin{bmatrix}1\ 000\\ 2\ 000\\ 1\ 000\\ 1\ 200\\ 800\end{bmatrix}$$

第6章 投入产出模型中的乘数

相关的直接和完全需求矩阵分别为：

$$\boldsymbol{A}=\begin{bmatrix}\boldsymbol{A}^{rr} & \boldsymbol{A}^{rs}\\ \boldsymbol{A}^{sr} & \boldsymbol{A}^{ss}\end{bmatrix}=\begin{bmatrix}0.1500 & 0.2500 & 0.0500 & 0.0208 & 0.0938\\ 0.2000 & 0.0500 & 0.4000 & 0.1667 & 0.1250\\ 0.3000 & 0.2500 & 0.0500 & 0.0500 & 0.0500\\ 0.0750 & 0.0500 & 0.0600 & 0.1667 & 0.3125\\ 0.0500 & 0.0125 & 0.0250 & 0.1250 & 0.1250\end{bmatrix}$$

以及

$$\boldsymbol{L}=\begin{bmatrix}1.4234 & 0.4652 & 0.2909 & 0.1917 & 0.3041\\ 0.6346 & 1.4237 & 0.6707 & 0.4092 & 0.4558\\ 0.6383 & 0.5369 & 1.3363 & 0.2501 & 0.3108\\ 0.2672 & 0.2000 & 0.1973 & 1.3406 & 0.5473\\ 0.1468 & 0.0908 & 0.0926 & 0.2155 & 1.2538\end{bmatrix}$$

此外①：

$$\boldsymbol{L}^{rr}=(\boldsymbol{I}-\boldsymbol{A}^{rr})^{-1}=\begin{bmatrix}1.3651 & 0.4253 & 0.2509\\ 0.5273 & 1.3481 & 0.5954\\ 0.5698 & 0.4890 & 1.2885\end{bmatrix}$$

以及

$$\boldsymbol{L}^{ss}=(\boldsymbol{I}-\boldsymbol{A}^{ss})^{-1}=\begin{bmatrix}1.2679 & 0.4528\\ 0.1811 & 1.2075\end{bmatrix}$$

通过这些我们可以得到这些分解所需的加法项，也就是：

$$\boldsymbol{S}^{rs}=\boldsymbol{L}^{r}\boldsymbol{A}^{rs}=\begin{bmatrix}0.1119 & 0.1937\\ 0.2654 & 0.2477\\ 0.1578 & 0.1790\end{bmatrix}\text{和 }\boldsymbol{S}^{sr}=\boldsymbol{L}^{s}\boldsymbol{A}^{sr}=\begin{bmatrix}0.1177 & 0.0691 & 0.0874\\ 0.0740 & 0.0242 & 0.0411\end{bmatrix}$$

$$\boldsymbol{F}^{rr}=(\boldsymbol{I}-\boldsymbol{S}^{rs}\boldsymbol{S}^{sr})^{-1}=\begin{bmatrix}1.0296 & 0.0134 & 0.0191\\ 0.0535 & 1.0262 & 0.0359\\ 0.0343 & 0.0164 & 1.0228\end{bmatrix}$$

以及

$$\boldsymbol{F}^{ss}=(\boldsymbol{I}-\boldsymbol{S}^{sr}\boldsymbol{S}^{rs})^{-1}=\begin{bmatrix}1.0488 & 0.0599\\ 0.0228 & 1.0297\end{bmatrix}$$

乘法分解的矩阵 $\boldsymbol{M}$ 可以容易地求解为：

① 记住 $\boldsymbol{L}^{rr}$ 不是表示 L 的 3×3 的左上子矩阵，类似地，$\boldsymbol{L}^{ss}$ 不是 $\boldsymbol{L}$ 的 2×2 右下子矩阵。

$$M_1=\begin{bmatrix}1.3651 & 0.4253 & 0.2509 & 0 & 0\\ 0.5273 & 1.3481 & 0.5954 & 0 & 0\\ 0.5698 & 0.4890 & 1.2885 & 0 & 0\\ 0 & 0 & 0 & 1.2679 & 0.4528\\ 0 & 0 & 0 & 0.1811 & 1.2075\end{bmatrix}$$

对于区域内转移效应，如所预想的，只有$\boldsymbol{L}^{rr}$和$\boldsymbol{L}^{ss}$出现在这个矩阵中。接着：

$$M_2=\begin{bmatrix}1 & 0 & 0 & 0.1119 & 0.1937\\ 0 & 1 & 0 & 0.2654 & 0.2477\\ 0 & 0 & 1 & 0.1578 & 0.1790\\ 0.1177 & 0.0691 & 0.0874 & 1 & 0\\ 0.0740 & 0.0242 & 0.0411 & 0 & 1\end{bmatrix}$$

只包含区域间扩散（“开环”）效应，从 r 传递到 s（右上），并从 s 传递到 r（左下）。最后：

$$M_3=\begin{bmatrix}1.0296 & 0.0134 & 0.0191 & 0 & 0\\ 0.0535 & 1.0262 & 0.0359 & 0 & 0\\ 0.0343 & 0.0164 & 1.0228 & 0 & 0\\ 0 & 0 & 0 & 1.0488 & 0.0599\\ 0 & 0 & 0 & 0.0228 & 1.0297\end{bmatrix}$$

表示区域间反馈（“闭环”）效应。

我们先利用乘法分解求解 $\boldsymbol{x}^{new}=\boldsymbol{M}_3\boldsymbol{M}_2\boldsymbol{M}_1\boldsymbol{f}^{new}$，对于我们的例子（第 3 章），有 $(\boldsymbol{f}^{new})'=[100\quad 0\quad 0\quad 0\quad 0]$。这将得到 $\boldsymbol{x}^{new}=\begin{bmatrix}142.34\\ 63.46\\ 63.83\\ 26.72\\ 14.68\end{bmatrix}$，如我们在那一章中所求解的。

然而现在，效应可以被分解。特别地，有：

(1) $\boldsymbol{M}_1\boldsymbol{f}^{new}=\begin{bmatrix}136.51\\ 52.73\\ 56.98\\ 0\\ 0\end{bmatrix}$表示区域 r 中最初的影响，源于最终需求变化。

(2) $\boldsymbol{M}_2\boldsymbol{M}_1\boldsymbol{f}^{new}=\begin{bmatrix}136.51\\ 52.73\\ 56.98\\ 24.69\\ 13.71\end{bmatrix}$增加 (1) 中由于来自 r 的扩散效应，区域 s 的两个部门

中的增量。注意 r 中的产出与（1）比没有改变，因为这一计算只涉及扩散效应。显然结果（2）与（1）之间的差异，$\boldsymbol{M}_2\boldsymbol{M}_1\boldsymbol{f}^{new}-\boldsymbol{M}_1\boldsymbol{f}^{new}$，将只是 s 中变化的向量。

（3）$\boldsymbol{M}_3\boldsymbol{M}_2\boldsymbol{M}_1\boldsymbol{f}^{new}=\begin{bmatrix}142.34\\63.46\\63.83\\26.72\\14.68\end{bmatrix}=\boldsymbol{L}\boldsymbol{f}^{new}$ 增加两个区域中的反馈效应，在 r 中增加初始的刺激，在 s 中增加由扩散效应带来的刺激。在这个例子中，结果（3）和（2）之间的差 $\begin{bmatrix}5.83\\10.73\\6.84\\2.03\\0.97\end{bmatrix}$ 扣除了反馈效应本身。前三个元素 $\begin{bmatrix}5.83\\10.73\\6.84\end{bmatrix}$ 正是我们对第 3 章中区域 r 求解所得到的区域间反馈量。

现在考虑加法分解的元素：

$$\boldsymbol{x}^{new}=\boldsymbol{M}\boldsymbol{f}^{new}=\boldsymbol{I}\boldsymbol{f}^{new}+\underbrace{(\boldsymbol{M}_1-\boldsymbol{I})}_{\widetilde{\boldsymbol{M}}_1}\boldsymbol{f}^{new}+\underbrace{(\boldsymbol{M}_2-\boldsymbol{I})\boldsymbol{M}_1}_{\widetilde{\boldsymbol{M}}_2}\boldsymbol{f}^{new}+\underbrace{(\boldsymbol{M}_3-\boldsymbol{I})\boldsymbol{M}_2\boldsymbol{M}_1}_{\widetilde{\boldsymbol{M}}_3}\boldsymbol{f}^{new}$$

这些提供了净效应。对于这个例子，这些乘数矩阵为：

$$\widetilde{\boldsymbol{M}}_1=\begin{bmatrix}0.3651 & 0.4253 & 0.2509 & 0 & 0\\0.5273 & 0.3481 & 0.5954 & 0 & 0\\0.5698 & 0.4890 & 0.2885 & 0 & 0\\0 & 0 & 0 & 0.2679 & 0.4528\\0 & 0 & 0 & 0.1811 & 0.2075\end{bmatrix}$$

$$\widetilde{\boldsymbol{M}}_2=\begin{bmatrix}0 & 0 & 0 & 0.1769 & 0.2845\\0 & 0 & 0 & 0.3814 & 0.4193\\0 & 0 & 0 & 0.2325 & 0.2876\\0.2469 & 0.1859 & 0.1833 & 0 & 0\\0.1371 & 0.0841 & 0.0858 & 0 & 0\end{bmatrix}$$

$$\widetilde{\boldsymbol{M}}_3=\begin{bmatrix}0.0583 & 0.0400 & 0.0400 & 0.0148 & 0.0195\\0.1073 & 0.0756 & 0.0753 & 0.0278 & 0.0365\\0.0684 & 0.0478 & 0.0477 & 0.0176 & 0.0232\\0.0203 & 0.0141 & 0.0141 & 0.0727 & 0.0944\\0.0097 & 0.0067 & 0.0067 & 0.0343 & 0.0463\end{bmatrix}$$

式（6.64）中分解的各部分为：

（1）$\boldsymbol{I}\boldsymbol{f}^{new}=\begin{bmatrix}100\\0\\0\\0\\0\end{bmatrix}$就是初始“冲击。”

（2）$\widetilde{\boldsymbol{M}}_1\boldsymbol{f}^{new}=\begin{bmatrix}36.51\\52.73\\56.98\\0\\0\end{bmatrix}$说明 r 中的间接效应；根据定义，（1）和（2）的合计就是 $\boldsymbol{M}_1\boldsymbol{f}^{new}$。

（3）$\widetilde{\boldsymbol{M}}_2\boldsymbol{f}^{new}=\begin{bmatrix}0\\0\\0\\24.69\\13.71\end{bmatrix}$得到扩散效应；同样根据定义，这是 $\boldsymbol{M}_2\boldsymbol{M}_1\boldsymbol{f}^{new}-\boldsymbol{M}_1\boldsymbol{f}^{new}$。

（4）$\widetilde{\boldsymbol{M}}_3\boldsymbol{f}^{new}=\begin{bmatrix}5.83\\10.73\\6.84\\2.03\\0.97\end{bmatrix}$从区域间反馈效应中分离出其贡献；根据定义这是 $\boldsymbol{M}_3\boldsymbol{M}_2\boldsymbol{M}_1\boldsymbol{f}^{new}-\boldsymbol{M}_2\boldsymbol{M}_1\boldsymbol{f}^{new}$。

这些分解的各个矩阵构成部分 $\boldsymbol{M}$ 和 $\widetilde{\boldsymbol{M}}$ 是乘数矩阵，如果感兴趣的是就业、增加值或其他经济影响，各种乘数都可以按本章早前对 $\boldsymbol{L}$ 所做的同样的方式来计算，例如，进行简单的列合计或者加权求和。

张和赵（Zhang and Zhao，2005）中给出了应用这些种类分解的一个经验例子。他们提供了一组详细的关于初始、扩散和反馈效应的分解，而这些效应是根据 2000 年度中国多区域（CMRIO）模型的十七部门版本，空间加总为两个大区域，即沿海区域和非沿海区域，推导而得到的。

6.8 总结

本章我们给读者介绍了种类繁多的投入产出框架下在真实世界频繁计算和使用的乘数。尽管这一连串的乘数初看起来有点令人眼花缭乱，实际上它并不完整。例如，在式（6.11）中可以不用住户投入系数得到住户收入乘数，而是用对应的“政府投入”系数概念对 $\boldsymbol{L}$ 中的列的元素进行加权，表示一个部门每 1 美元价值的那个部门的产出带来的美元价值的政府支出。这些将是在矩阵 $\boldsymbol{A}$ 中增加一行所需要的元素，从而将政府行为而不是住户行为封闭到模型中。类似地，还可以计算与外生部门相关的其他乘数，例如外贸乘数。

由于最终需求的变化，利用乘数，使用投入产出框架进行影响分析，成为模型最经常的应用之一。在随后的章节中，我们将探讨各种扩展以专门处理能源（第 9 章）和环境问题（第 10 章），以及模型的各种替代用处，把数据转变为对经济活动的一种替代的汇总度量，例如随时间变化的分解和联系分析，由此评估部门的相对“重要性”。

我们探讨了宫泽“闭”模型公式所增加的丰富内涵，可以将各种收入-消费-产出影响分离出来。我们还考察了早期乘数公式众多变化中的一部分，例如，当方法从（直接＋间接效应）/（直接效应）转变为（间接效应）/（直接效应）时，从根本上讲这意味着从传统乘数中减 1。我们还考察了把（乘数）效应转换为弹性量，给出一个产业最终需求或产出百分之一的增加所带来的百分比的变动。最后，我们考察了分解乘数效应的两种方法；它们提供了明确界定初始外生刺激传递路径的机制（分解经济结构的附加方法在第 14 章简要探讨）。我们在空间情形下对这些区域间扩散和反馈效应进行了演示。该方法对于扩展的投入产出模型具有同样的洞察力，就像宫泽结构所演示的那样。这是运用社会核算矩阵（SAMs）的很多研究的一个特征，我们将在第 11 章做进一步的讨论。

附录 6.1　总住户收入乘数与$(I-\bar{A})^{-1}$最底下一行元素相等

考虑把住户封闭在内的 3×3 模型的一般表述，对其逆矩阵进行类似的分块。

$$(\boldsymbol{I}-\bar{\boldsymbol{A}})=\begin{bmatrix}(1-a_{11}) & -a_{12} & -a_{13}\\ -a_{21} & (1-a_{22}) & -a_{23}\\ -a_{31} & -a_{32} & (1-a_{33})\end{bmatrix}=\begin{bmatrix}\boldsymbol{E} & \boldsymbol{F}\\ \boldsymbol{G} & \boldsymbol{H}\end{bmatrix}$$

$$(\boldsymbol{I}-\bar{\boldsymbol{A}})^{-1}=\bar{\boldsymbol{L}}=\begin{bmatrix}\bar{l}_{11} & \bar{l}_{12} & \bar{l}_{13}\\ \bar{l}_{21} & \bar{l}_{22} & \bar{l}_{23}\\ \bar{l}_{31} & \bar{l}_{32} & \bar{l}_{33}\end{bmatrix}=\begin{bmatrix}\boldsymbol{S} & \boldsymbol{T}\\ \boldsymbol{U} & \boldsymbol{V}\end{bmatrix}$$

根据附录 A 中分块矩阵逆的结果，特别是式（A.4）中的（2），$\boldsymbol{GS}+\boldsymbol{HU}=\boldsymbol{0}$。这里，因为$\boldsymbol{H}=1-a_{33}$，我们可以写成$\boldsymbol{U}=a_{33}\boldsymbol{U}-\boldsymbol{GS}$，或者：

$$[\bar{l}_{31}\quad \bar{l}_{32}]=a_{33}[\bar{l}_{31}\quad \bar{l}_{32}]+[a_{31}\quad a_{32}]\begin{bmatrix}\bar{l}_{11} & \bar{l}_{12}\\ \bar{l}_{21} & \bar{l}_{22}\end{bmatrix}$$

展开并重新整理，就有：

$$\bar{l}_{31}=a_{31}\bar{l}_{11}+a_{32}\bar{l}_{21}+a_{33}\bar{l}_{31}$$
$$\bar{l}_{32}=a_{31}\bar{l}_{12}+a_{32}\bar{l}_{22}+a_{33}\bar{l}_{32}$$

右端的三项正是式（6.12）中的项，即对于 $j=1$ 和 $j=2$，$\overline{m}(h)_j=\sum_{i=1}^{n+1}a_{n+1,i}\bar{l}_{ij}$，其中 $(n+1)=3$，而 $i=3$ 是住户行（或列）中的那些项。如此，$\overline{m}(h)_1=\bar{l}_{31}$且$\overline{m}(h)_2=$

$\bar{l}_{32}$，这对于任何 $\overline{m}(h)_j$ 以及住户内生化的任何规模的模型，都是正确的。这就是式(6.13)，也就是 $\overline{m}(h)_j=\bar{l}_{n+1,j}$。

附录 6.2 类型Ⅰ与类型Ⅱ收入乘数之间的关系

为考察类型Ⅱ与类型Ⅰ收入乘数的比值，我们再次利用分块矩阵逆的结果。在开始之前我们强调，对于任何部门 j，式（6.14）和式（6.15）中的两个乘数有相同的分母 $a_{n+1,j}$，如此对部门 j 的两个乘数的比率为：

$$R_j=\frac{m(h)_j^{\mathrm{II}}}{m(h)_j^{\mathrm{I}}}=\frac{\bar{l}_{n+1,j}}{\sum_{i=1}^{n}a_{n+1,i}l_{ij}} \tag{A6.2.1}$$

采用矩阵术语，利用 $\bar{\boldsymbol{L}}=\begin{bmatrix}\bar{\boldsymbol{L}}_{11} & \bar{\boldsymbol{L}}_{12}\\ \bar{\boldsymbol{L}}_{21} & \bar{\boldsymbol{L}}_{22}\end{bmatrix}$，式（A6.2.1）中比率的分子为 $\bar{\boldsymbol{L}}_{21}$ 的第 j 个元素，分母则是 $\boldsymbol{h}_c'\boldsymbol{L}$ 中对应的元素。如此，这些比率的 n 个元素的行向量为：

$$\boldsymbol{R}=[R_1,\cdots,R_n]=\bar{\boldsymbol{L}}_{21}[\langle\boldsymbol{h}_c'\boldsymbol{L}\rangle]^{-1} \tag{A6.2.2}$$

读者应该清楚这一矩阵运算是用相应的 $\sum_{i=1}^{n}a_{n+1,i}l_{ij}$ 除每个 $\bar{l}_{n+1,1}$，…，$\bar{l}_{n+1,n}$（同时回想当向量被对角化表示为含有多个元素的矩阵表达式的时候，加一个“帽子”并不合适，所以采用记号 $\langle\boldsymbol{x}\rangle$ 而不是 $\hat{\boldsymbol{x}}$）。

仍利用附录 A 关于分块矩阵逆的结果［特别是式（A.5)］，利用 $(\boldsymbol{I}-\bar{\boldsymbol{A}})=\begin{bmatrix}(1-a_{11}) & -a_{12} & -a_{13}\\ -a_{12} & (1-a_{22}) & -a_{23}\\ -a_{31} & -a_{32} & (1-a_{33})\end{bmatrix}=\begin{bmatrix}\boldsymbol{E} & \boldsymbol{F}\\ \boldsymbol{G} & \boldsymbol{H}\end{bmatrix}$，我们看到式（A6.2.2）中的各部分为：

$$\bar{\boldsymbol{L}}_{21}=-\bar{\boldsymbol{L}}_{22}(\boldsymbol{G}\boldsymbol{E}^{-1})=-\bar{\boldsymbol{L}}_{22}(\boldsymbol{G}\boldsymbol{L}),\ \boldsymbol{h}_c'\boldsymbol{L}=-\boldsymbol{G}\boldsymbol{L}$$

如此 $\boldsymbol{R}=-\underset{(1\times1)}{\bar{\boldsymbol{L}}_{22}}\underset{(1\times n)}{(\boldsymbol{G}\boldsymbol{L})}[\underset{(n\times n)}{\langle-\boldsymbol{G}\boldsymbol{L}\rangle}]^{-1}=\underset{(1\times1)}{\bar{\boldsymbol{L}}_{22}}\underset{(1\times n)}{[1,\cdots,1]}=\bar{\boldsymbol{L}}_{22}\boldsymbol{i}'$；也就是，所有比率相同，都等于闭模型逆的右下部分的元素。

对于第 6.2.2 节中的数值例子，我们求解这些乘数的这一比率，用 k 来表示，等于 1.29。回想式（6.6）中我们小型例子中的逆，也就是 $\bar{\boldsymbol{L}}=\begin{bmatrix}1.365 & 0.425 & 0.251\\ 0.527 & 1.348 & 0.595\\ 0.570 & 0.489 & 1.289\end{bmatrix}$，其中特别地（保留两位小数），$\bar{\boldsymbol{L}}_{22}=1.29$（差别是由于四舍五入，以及逆运算在细节上的精确程度）。

两种类型乘数比率的相等显然最早是由桑多瓦尔（Sandoval，1967）证明的，在一篇论文中他证明了这一比率等于 $|(\boldsymbol{I}-\bar{\boldsymbol{A}})|/|(\boldsymbol{I}-\boldsymbol{A})|$，即闭模型和开模型的列昂惕夫矩阵（不是逆矩阵）行列式的比率。［熟悉行列式的读者针对本章的数值例子，可以容易地证明这一点，$|(\boldsymbol{I}-\boldsymbol{A})|=0.757\,5$，$|(\boldsymbol{I}-\bar{\boldsymbol{A}})|=0.587\,875$，以及（保留到两位小

数）$|(\boldsymbol{I}-\boldsymbol{A})|/|(\boldsymbol{I}-\bar{\boldsymbol{A}})|=1.29$。］在得到这一结果的过程中，桑多瓦尔并没有利用分块矩阵逆的结果，而是根据求逆中有关行列式和余子式的一般定义（Bradley and Gander，1969；Katz，1980；ten Raa and Chakraborty，1983）。

习题

6.1　对习题 2.1、习题 2.2 和习题 2.4～2.9（包括习题 2.10，如果已经做了）中的数据所表示的经济，按照每个经济中产出乘数所度量的部门的重要性对部门进行排序。

6.2　考虑第 2 章的一个（或多个）习题。利用产出乘数，根据习题 6.1，结合第 2 章习题中新的最终需求，推导与新的最终需求相关的产出总价值（对所有部门）。把这一结果与第 2 章习题中作为求解结果的总产出向量中的元素加总得到的总产出进行比较。［用矩阵记号，就是对 $\boldsymbol{m}(o)\Delta\boldsymbol{f}$ 与 $\boldsymbol{i}'\Delta\boldsymbol{x}=\boldsymbol{i}'\boldsymbol{L}\Delta\boldsymbol{f}$ 进行比较；我们知道它们一定相等，因为产出乘数是列昂惕夫逆矩阵的列合计，即 $\boldsymbol{m}(o)=\boldsymbol{i}'\boldsymbol{L}$。］

6.3　利用习题 2.3 中的数据，求解产出乘数，以及这两个部门的类型Ⅰ和类型Ⅱ收入乘数。验证类型Ⅱ和类型Ⅰ收入乘数的比率，两个部门相等。

6.4　你已经搜集了两个部门的下列事实，这两个部门构成了你要研究的小国经济（数据属于最近的季度）。对部门 1 和部门 2 的总的产业间投入分别为 50 美元和 100 美元。部门 1 对最终需求的销售为 60 美元，部门 1 的总产出为 100 美元。部门 2 对部门 1 的销售为 30 美元，这占部门 2 总产出的 10%。在国家选举之后，在来年的第一个季度中，该国可能将会采用不同的政府政策。

a. 在两个部门中，100 美元政府购买的增加对哪个部门的影响更大？

b. 相比于把 100 美元用于其他部门的购买，它会大多少？

6.5　考虑定义为 $\boldsymbol{Z}=\begin{bmatrix}140 & 350\\800 & 50\end{bmatrix}$ 和 $\boldsymbol{x}=\begin{bmatrix}1\,000\\1\,000\end{bmatrix}$ 的投入产出经济。

a. 在习题所描述的情形下，如果要求你设计一个广告宣传活动以刺激该国生产的一种货物的出口销售，你将努力集中于部门 1 的产品，还是部门 2 的产品，或者是两者的某种组合？为什么？

b. 如果区域中两个部门的劳动投入系数被确定为 $a_{31}=0.1$，$a_{32}=0.18$，你对问题（a）的回答如果有改变，将如何改变？

6.6　利用来自习题 3.2 中的完整的两区域的区域间列昂惕夫逆矩阵中的元素，求：

a. 部门 1 和部门 2 的简单区域内产出乘数［如式（6.25）和式（6.26）中的向量 $\boldsymbol{m}(o)^{rr}$ 和 $\boldsymbol{m}(o)^{ss}$］；

b. 部门 1 和部门 2 的简单国家（总）产出乘数［如正文中式（6.30）向量 $\boldsymbol{m}(o)^{r}$ 和 $\boldsymbol{m}(o)^{s}$ 所做的］；

c. 区域 r 和 s 中部门 1 和部门 2 的部门简单国家产出乘数。｛这意味着在 $\boldsymbol{m}(o)^{\cdot\cdot r}=[m(o)_{11}^{\cdot\cdot r}\ m(o)_{21}^{\cdot\cdot r}\ m(o)_{12}^{\cdot\cdot r}\ m(o)_{22}^{\cdot\cdot r}]$ 和 $\boldsymbol{m}(o)^{\cdot\cdot s}$ 中求解类似定义的四个乘数。｝

6.7　以上面习题 6.6 中的结果为基础：

a. 对区域 r 中哪个部门产出的新增最终需求，带来了那个区域内最大的总产出刺激？对区域 s 中呢？

b. 对哪个区域哪个部门的最终需求的增加，具有最大的国家（两区域）影响？

c. 为了在国家范围内增加部门 1 的产出（也就是在两个区域），实施政策来增加在区域 r 还是在区域 s 的住户需求会更好？

d. 如果现在的目的是在国家范围增加部门 2 的产出，回答问题（c）。

6.8　对于多区域情形，利用来自习题 3.3 的 $(\boldsymbol{I}-\boldsymbol{CA})^{-1}\boldsymbol{C}$ 中的元素，回答上述习题 6.6 和习题 6.7 的问题。

6.9　习题 3.4 中的政府有兴趣开展一个海外广告和促销活动，试图增加该国产品的出口销售。

在该国的各区域存在专业化的生产；特别地，产品如下表所示。

	区域 A	区域 B	区域 C
制造	剪刀	衣服	陶器
农业	橙子	核桃	无

哪种产品（或几种产品）增加出口销售会对国民经济带来最大的刺激？

6.10 如果你有软件（或耐心），对于我们的数值例子，其中 $\mathbf{A}=\begin{bmatrix}0.15 & 0.25\\0.20 & 0.05\end{bmatrix}$，且 $\bar{\mathbf{A}}=\begin{bmatrix}0.15 & 0.25 & 0.05\\0.20 & 0.05 & 0.40\\0.30 & 0.25 & 0.05\end{bmatrix}$，求解 $|(\mathbf{I}-\bar{\mathbf{A}})|/|(\mathbf{I}-\mathbf{A})|$，证明它等于 $(1/g)=1.29$，如附录 6.2 中一样。

参考文献

Allen, R. I. G. and J. R. C. Lecomber 1975. "Some Tests on a Generalised Version of RAS," in R. I. G. Allen and W. F. Gossling (eds.), *Estimating and Projecting Input-Output Coefficients*. London: Input-Output Publishing Co., pp. 43-56.

Almon, Clopper, Margaret B. Buckler, Lawrence M. Horowitz and Thomas C. Reimbold. 1974. *1985: Interindustry Forecasts of the American Economy*. Lexington. MA: D. C. Heath (Lexington Books).

Barker, Terry S. 1975. "An Analysis of the Updated 1963 Input-Output Transactions Table." in R. I. G. Allen and W. F. Gossling (eds.), *Estimating and Projecting Input-Output Coefficients*. London: Input-Output Publishing Co.. pp. 57-67.

Batey, Peter W. J. and Melvyn J. Weeks. 1989. "The Effects of Household Disaggregation in Extended Input-Output Models," in Ronald E. Miller, Karen R. Polenske and Adam Z. Rose (eds.), *Frontiers of Input-Output Analysis*. New York: Oxford University Press. pp. 119-133.

Batey, Peter W. J. and Moss Madden. 1999. "Interrelational Employment Multipliers in an Extended Input-Output Modeling Framework," in Hewings, Sonis, Madden and Kimuta (eds.), pp. 73-89.

Bradley, Iver E. and James P. Gander. 1969. "Input-Output Multipliers: Some Theoretical Comments," *Journal of Regional Science*, **9**, 309-317.

Ciobanu, Claudia, Konstadinos Mattas and Dimistris Psaltopoulos. 2004. "Structural Change in Less Developed Areas: An Input-Output Framework," *Regional Studies*, **38**, 603-614.

Conway, Richard S., Jr. 1977. "The Stability of Regional Input-Output Multipliers," *Environment and Planning A*, **9**, 197-214.

Dietzenbacher, Erik. 2002. "Interregional Multipliers: Looking Backward, Looking Forward," *Regional Studies*, **36**, 125-136.

2005. "More on Multipliers," *Journal of Regional Science*, **45**, 421-426.

DiPasquale, Denise and Karen R. Polenske. 1980. "Output, Income, and Employment Input-Output Multipliers," in Saul Pleeter (ed.), *Impact Analysis: Methodology and Applications*. Leiden: Martinus Nijhoff, pp. 85-113.

Evans, W. Duane and Marvin Hoffenberg. 1952. The Interindustry Relations Study for 1947," *Review of Economics and Statistics*, **34**, 97-142.

Georgescu-Roegen, N. 1971. *The Entropy Law and the Economic Process*. Cambridge, MA: Harvard University Press.

Gowdy, John M. 1991. "Structural Change in the USA and Japan: an Extended Input-Output Analysis," *Economic Systems Research*, **3**, 413-423.

Gray, S. Lee, John R. McKean, Edward W. Sparling and Joseph C. Weber. 1979. "Measurement of Growth Equalized Employment Multiplier Effects: An Empirical Example," *Annals of Regional Science*, **13**, 68-75.

Hewings, Geoffrey J. D., Michael Sonis, Moss Madden and Yoshio Kimura (eds.). 1999. *Understanding and Interpreting Economic Structure*. Berlin: Springer.

Hewings, Geoffrey J. D., Yasuhide Okuyama and Michael Sonis. 2001. "Economic Interdependence within the Chicago Metropolitan Area: A Miyazawa Analysis," *Journal of Regional Science*, **41**, 195-217.

Hewings, Geoffrey J. D. and John B. Parr. 2007. "Spatial Interdependence in a Metropolitan Setting," *Spatial Economic Analysis*, **2**, 7-22.

Hioki, Shiro. 2005. "The Magnitude of Interregional Input-Output Spillovef Effects in China and its Implications for China's Uneven Regional Growth," in Nobuhiro Okamoto and Takeo Ihara (eds.), *Spatial Structure and Regional Development in China: An Interregional Input-Output Approach*. Basingstoke, UK: Palgrave Macmillan (for IDE/JETRO). pp. 154-177.

Hirsch, Werner Z. 1959. "Interindustry Relations of a Metropolitan Area," *Review of Economics and Statistics*, **41**, 360-369.

Jensen, Rodney C. 1978. "Some Accounting Procedures and their Effects on Input-Output Multipliers," *International Regional Science Review*, **12**, 21-38.

Katz, Joseph L. 1980. "The Relationship Between Type I and Type II Income Multipliers in an Input-Output Model," *International Regional Science Review*, **5**, 51-56.

Leontief, Wassily. 1951. *The Structure of American Economy 1919—1939*. Second Edition, Enlarged. White Plains, NY: International Arts and Science Press (Reprint, 1976).

1966. *Input-Output Economics*. New York: Oxford University Press.

Leontief, Wassily, Hollis B. Chenery, Paul G. Clark, James S. Duesenberry, Allen R. Ferguson, Anne P. Grosse, Robert H. Grosse, Mathilda Holzman, Walter Isard and Helen Kistin. 1953. *Studies in the Structure of the American Economy*. White Plains, NY: International Arts and Science Press (Reprint, 1976).

Madden, Moss and Peter W. J. Batey. 1983. "Linked Population and Economic Models: Some Methodological Issues in Forecasting, Analysis, and Policy Optimization," *Journal of Regional Science*, **23**, 141-164.

Mattas, Konstadinos A. and Chandra M. Shrestha. 1991. "A New Approach to Determining Sectoral Priorities in an Economy: Input-Output Elasticities," *Applied Economics*, **23**, 247-254.

de Mesnard, Louis. 2002. "Note About the Concept of 'Net Multipliers'," *Journal of Regional Science*, **42**, 545-548.

2007a. "A Critical Comment on Oosterhaven-Stelder Net Multipliers," *Annals of Regional Science*, **41**, 249-271.

2007b. "Reply to Oosterhaven's: the Net Multiplier is a New Key Sector Indicator," *Annals of Regional Science*, **41**, 285-296.

第 7 章

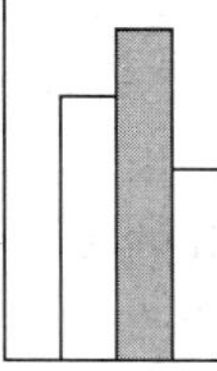

非调查与局部调查方法：基础

7.1 引言

任何投入产出分析的核心都是描述一个特定经济体投入和产出关系的投入产出系数表。对一个经济体编制一张基于对该经济体的机构的调查的表是既昂贵又耗时的任务，不只是在国家层面，在区域层面（州、县、大城市地区等）也是如此。在本章中，我们考察了几种试图调整旧表来反映更近期经济状况或者借用一个经济体表中的信息来用于不同的经济体的方法。一般而言，这些可以分别被视为是跨时间或跨空间的表的修正。

7.2 投入产出数据的稳定性问题

在应用工作中，投入产出表使用者最为关切的事是对他们来说他们所研究的这个经济体可用的技术系数表一般反映的是更早年度的数据。例如，基于调查的或被称为基准的基于 2002 年交易的美国投入产出表到 2007 年就不可用了。这些时间滞后反映了一个事实，即如果调查不同产业企业的投入购买和产出销售信息，要花费大量时间获取数据，组织这些信息，调整不一致之处——例如，报告的产业 j 的企业对部门 i 产品的购买可能与报告的部门 i 对部门 j 企业的销售不同（我们将在第 8.9 节回到这个有关一致性的问题）。这是基于调查的表的一般的且一直存在的问题。

很显然，由于各种原因，生产技术将会随时间而改变。这些原因有：

（1）技术本身有变化，其中在一个部门中引进了新生产技术（例如，在汽车制造业中机器人对人类劳动的替代）。

(2) 如果对一个特定部门产品的需求有一个大的提高，产出将提高（当然受生产能力制约），生产者将经历规模经济。例如，如果一个公司在其经营规模很小时被调查，则它每 1 美元产出的相对多的材料投入可能会被记录下来。之后，生产水平提高，规模经济将反映在单位美元产出的至少某些投入的更低数量上，如图 2-1 (b) 所示，那种规模经济意味着每条等产量线在生产的初始条件下代表更高的产出。

(3) 新产品（如塑料）的发明意味着：(a) 在一个足够细分的表中会有一个全新的部门——在行上和列上，或至少已有的某个部门产品组成比例会改变，如果新产品的类别被分到这个部门；(b) 该新产品可能被用于代替作为其他部门生产投入的旧产品（例如，软饮料用塑料瓶而不是玻璃瓶制造）。

(4) 相对价格改变，这会导致生产过程中投入品的替代（例如，当原油价格大幅度提高后，能源从原油到天然气的转变）。

(5) 投入产出表越综合，在一个部门分类下包含的不同产品数量就越大。重温第 3 章中的极端例子，如果食品和类似产品部门在一年中主要生产番茄汤，就会对包装产品的锡罐有需求。如果在后来的一年中，食品和类似产品部门的产出主要是巧克力棒，则为了包装产品需要纸，而不是锡。因此，在一个部门中混合到一起的产品的相对比例会影响该部门综合生产的"配方"(列向投入系数)。

(6) 从国内生产的投入品到进口投入品的变化，或者从进口投入品到国内生产的投入品的变化会改变国内经济中部门之间的经济联系。这在区域间和多区域投入产出模型中尤其引人注意。

由于这些原因，一个经济体的技术系数矩阵会随着时间而变化。量化这些变化的尝试经常被称为结构演变研究。许多早期研究主要是关于这种变化的衡量指标的，我们在这一部分考察几种这样的指标。另一种探寻的途径集中在对变化的分解上，总变化被分解为两种或者多种构成。我们将在第 13.1 章探索几种这样的研究。

□ 7.2.1 国家系数的稳定性

列昂惕夫 (Leontief, 1951, 1953) 最先用国家投入产出模型研究结构变化，特别是对 1919—1939 年期间美国的经济。他所认为的结构变化是系统的技术系数矩阵的变化。列昂惕夫也引入了在新的技术系数矩阵中替换一列或者多列（最终是全部）旧系数的思想。金光和大西 (Kanemitsu and Ohnishi, 1989) 用类似的局部替代的方法研究了日本经济在 1970—1980 年期间的技术改变。

在 1953 年出版的书中，列昂惕夫通过使得：(1) 1919年的美国经济满足 1929 年的最终需求（并将结果与 1929 年的实际产出相比较），(2) 1929 年的美国经济满足 1939 年的最终需求（并将结果与 1939 年的实际产出相比较），考察了结构变化的总体效应。这已经成为衡量技术变化总体效应的一种标准方法。早期的一个应用见拉斯穆森 (Rasmussen, 1957, esp. Chapter 9)，其中度量了丹麦经济在 1947—1949 年期间的结构变化。

遵循这种方法，卡特 (Carter, 1970) 分析了 1939 年、1947 年和 1958 年美国投入产出数据所反映出的一些细节中美国经济的变化。对于分为 50 个部门的分类，每年的技术系数表都会包含 2 500 个 a_{ij} 系数，或者在每个列昂惕夫逆矩阵中，会有 2 500 个元素。比较三个有 2 500 个系数的集合以判断它们哪里不同，这种做法如何好并不是可以直接看出的。因而，总的来说，提出进行比较的归纳性衡量指标变得必要。我们简要探究两种比较方式：一种直接用a_{ij}系数，另一种基于列昂惕夫逆。

直接消耗系数的比较

如果构建二维散点图，其中横轴用于衡量相对早期（t_0）的年度的特定系数的大小，纵轴衡量相对晚的年度（t_1）的系数的大小，两个坐标轴的比例尺相同，则一个特定的a_{ij}系数会有它在横轴或纵轴上的坐标所显示的该系数在时期t_0和时期t_1的值——$a_{ij}(t_0)$和$a_{ij}(t_1)$。对于一个有n个部门的经济，图中将会有n^2个点。

如果所有的系数在该时期中都保持不变，则所有的点都会落在45°线上。此外，对于在该时间段提高了的系数，它们的点会落在45°线的上方。类似地，如果系数在该时间段下降了，点会倾向于落在45°线的下方。卡特研究了给定作为投入的部门集合（即对特定部门i的a_{ij}）的这类图，发现了，例如"一般投入"部门（能源、交通、贸易、通信和其他服务）的消耗系数倾向于随时间而提高，而材料投入的系数则不然。具体产业分析表明，例如，衡量对生产部门的钢铁投入的系数（a_{ij}，其中i=钢铁）一般在45°线下方集聚，$t_0=1947$，$t_1=1958$；类似地，在同一时期，铝的投入系数（a_{ij}，i=铝）倾向于在45°线上方聚集。这清晰地反映了在1947—1958年期间，作为对生产过程的投入，对钢铁消耗的下降以及对铝消耗的上升。

列昂惕夫逆矩阵的比较

一种在综合的途径上量化投入产出系数随时间变化的效应的方法是比较对于给定的一个最终需求集合所需要的产出向量，使用从不同的技术系数矩阵得到的列昂惕夫逆。例如，卡特使用美国1961年的实际最终需求$\boldsymbol{f}(1961)$，结合$\boldsymbol{L}(1939)=[\boldsymbol{I}-\boldsymbol{A}(1939)]^{-1}$、$\boldsymbol{L}(1947)$和$\boldsymbol{L}(1958)$来计算$\boldsymbol{x}(1961/1939)$、$\boldsymbol{x}(1961/1947)$和$\boldsymbol{x}(1961/1958)$。例如：

$$\boldsymbol{x}(1961/1939)=\boldsymbol{L}(1939)\boldsymbol{f}(1961)$$

其中，$\boldsymbol{x}(1961/1939)$表示如果生产结构是1939年的，则为了满足1961年的最终需求所需要的经济中每个部门的总产出（在所有情况下，这些是除了居民之外的技术系数矩阵）。为了满足1961年的最终需求（1947年时的百万美元，xy=39、47或58），关于总的中间产出——总产出$\boldsymbol{x}(1961/19xy)$减去最终需求$\boldsymbol{f}(1961)$，代表性的结果（Carter，1970，Table 4.1，pp. 35－36）如下：

- 使用1939年的系数——324 288
- 使用1947年的系数——336 296
- 使用1958年的系数——336 941
- 1961年的实际产出——334 160

其含义是，在不同时间上，中间投入需求是相对稳定的。卡特认为总中间投入的微小上升代表了部门内部专业化的小的提升和后来年度中劳动和资本使用的相对下降。总的来说，尽管特定部门有显著的变化，但这项研究体现出的是多数部门的结构变化是渐进的。自然，这就为投入产出系数表对许多年度都是有用的这一点提供了支持，尽管系数所编制的年度使它们看上去过时了。

后来同样使用这类一般性方法的研究实例包括：

- 瓦卡拉（Vaccara，1970）是用美国 1947 年 和 1958 年的投入产出表研究 1947 年、1958 年和 1961 年美国的结构变化，既关注总产出又关注中间产出，后者剔除了对最终需求销售的可能的主要影响。
- 贝兹德克（Bezdek，1978）关注同样的结构变化的问题，将瓦卡拉的分析扩展到 1963 年和 1966 年，使用的数据基于某些不同的规则（例如，考虑转让）。[①]
- 贝兹德克和邓纳姆（Bezdek and Dunham，1978）同样采用了这类研究路线。他们使用了具有 80 个种类的数据集（1947 年、1958 年和 1963 年）的综合，合并到 11 个“功能产业”（functiional industries），并把他们关于中间产出在 1947—1963 年的变化的结果与卡特（Carter，1970）关于美国的类似的工作（用其他的合并）做比较。他们还把他们 1958—1963 年的结果与斯塔林和韦塞尔斯（Stäglin and Wessels，1972）所报告的对西德在 1958—1962 年的目的类似的研究中的结果做了比较。

在许多类似的使用几个连续时期的数据的研究中，其目标经常是试图确定早些时期观察到的趋势是否在后面的时期中持续出现。在规律可以被揭示的程度上，希望在于在缺少全面调查的情况下，它们可能给用于更新或者估计产业间数据的方法一些启发。通常，这个目标被证明是难以达到的；就如在一项研究中所观测到的，那些变化看上去好像“非常反常，不稳定，且没有模式”（Bezdek，1978，p. 224）。

布莱尔和威科夫（Blair and Wyckoff，1989）研究了美国经济在 1963—1980 年间的变化。他们不仅考虑端点年度（1963 年表和 1980 年表，后者是 1977 年的更新表）还考虑中间点年度 1967 年、1972 年和 1977 年基于调查的投入产出表数据。为了评估最终需求变化的影响，他们保持 1980 年状态时的生产技术，用这种技术结构来依次满足 1972 年度、1977 年度、1980 年度和 1984 年度的最终需求。此外，他们还固定一个最终需求向量（1984 年），使用 1972 年、1977 年和 1980 年等不同年度的技术系数来满足这个最终需求向量。通过这些实验，他们给出结论，这两种评价结构变化的方法总体上得到的是大体相似的结果。

其他的归纳性指标

矩阵 $\mathbf{A}$ 的列和（具有外生的居民部门）显示出一个给定的部门在投入上如何依赖其他部门。如果 $\sum_i a_{ij}(t_0)=0.32$ 且 $\sum_i a_{ij}(t_1)=0.54$，我们可以给出结论，在 t_0 到 t_1 时期，部门 j 变得更加依赖于其他部门，且部门 j 对初始投入——劳动、资本和进口的依赖减弱。这代表了在一个经济体中的各种部门“关联”，就如列昂惕夫逆矩阵的列和那样（产出乘数，第 6 章）。这些及其他关于关联的概念将在第 12 章中讲述。此处主要是简单提醒一下，他们提供了其他类别的归纳指标，可以用于研究系数随时间的变化。

美国经济的数据

附录 B 包含了一个代表性的美国经济投入产出的历史数据集，综合到了 7 个部门。关于美国和另外的其他经济体的部门的更为详细的其他数据可参见网站：www. cambridge. org/millerandblair。

---

① Vaccara 和/或 Bezdek 以及其他在商务经济局（the Office of Business Economics，OBE）或者最近的在美国商务部经济分析局的于某个时间与美国投入产出项目有关系的研究者还有大量其他的研究，但不是所有的都被发表了。

□ 7.2.2 不变价与现价

在试图识别结构（技术）变化的研究中，如卡特所做的，将投入产出表用不变价来表示是合理的。假设 $z_{ij}(t_0)=40$ 美元，$x_j(t_0)=1\,000$ 美元，$z_{ij}(t_1)=160$ 美元，$x_j(t_1)=2\,000$ 美元。回顾（第 2 章）以价值单位表示的交易，z_{ij}，是由从 i 到 j 的实物流量乘以部门 i 的价格 p_i 得到的。分别用现价（时间 t_0 和 t_1）表示，$a_{ij}(t_0)=0.04$ 以及 $a_{ij}(t_1)=0.08$。从部门 i 到部门 j 的投入系数的加倍可能被解释为对技术变化的反映——部门 j 生产过程中产品 i 的重要性的加倍。然而，如果投入 i 的价格在这个时期中上升了，则 $a_{ij}(t_0)$ 和 $a_{ij}(t_1)$ 之间的差异至少有一部分可以被归结为价格的变化，那么如果情况确实如此，就无法反映任何的技术关系变化。引用一个极端的例子，如果产品 i 的价格翻倍了，并且在时期 t_1 使用了同样的实物流量，则 $z_{ij}(t_1)=s_{ij}(t_1)p_i(t_1)=160$ 美元完全反映了产品 i 价格的变化。如果将其缩减到时期 t_0 的价格水平——如果 $p_i(t_1)$ 除以 2——则不变价格（时期 t_0 的价格水平）而不是当前价格（时期 t_1 的价格水平）的 $z_{ij}(t_1)$ 只有 80 美元；因此，用不变价格表示，$a_{ij}(t_1)=80/2\,000=0.04$，我们可以得出结论，部门 j 的生产中使用投入 i 的方式根本没有任何的结构变化。这就是为什么在试图确定一个经济体中的结构变化的研究中通常使用不变价的比较。

然而，在解决时间上系数稳定性的问题中（最终也就是“旧的”表能不能在“新的”时间合理使用的问题），当前价值是合适的。有两个原因。第一，当投入的价格上升时，投入所生产出的产出的价格也将趋于上升。回想 a_{ij} 的分母是 x_j，它是实物的产出 s_j 乘以 j 的价格 p_j。在上面的例子中，如果产品 i 是部门 j 的唯一投入且其价格上升，则 j 的价格虽然不可能也翻倍，但是从时期 t_0 到时期 t_1 的这个阶段中，它也会略有提高。然而，如果部门 j 的所有（或者大部分）投入的价格都在这个时期提高了，则部门 j 的价格几乎肯定也会上升，因此在 a_{ij} 的分子和分母会有互相抵消的变化。因此，使用现价的系数可能表现出更多的稳定性，因为价格变化会在分子和分母中都有反映。这一点被不断地提到；早期的研究包括蒂兰纳斯和雷（Tilanus and Rey，1964）在国家水平上的，以及康韦（Conway，1980）在区域水平上的。更近地，在一项非常大型的研究中，宍户等（Shishido et al.，2000）使用 20 个国家和一个中国区域的 45 张独立的系数表（对许多国家有几个不同年度的表）来考察经济发展时系数的改变。

第二，由于处理综合分类的必要性，部门包括了种类广泛的独立产品。假设产品 a 和 b 在分类中属于部门 i（例如能源部门中供热用石油和天然气）。如果这些产品中的某一个的价格，例如 a，相对于其他产品提高了，则在部门 j 中 a 和 b 之间具备替代可能性的生产单位中，会出现高价格的投入 a 被低价格的投入 b 所代替的情况。当价值量用现价来衡量时，这种替代反过来会稳定交易 z_{ij} 的价值，即使这个交易在时期 t_1 的实物构成与在时期 t_0 相比有很大的不同（例如，如果石油价格相对于天然气的价格上升了，则时期 1 与时期 0 相比，从能源部门到部门 j 的交易可能会包含相对于石油更多的天然气）。

□ 7.2.3 区域系数的稳定性

在第 3 章中，我们看到区域技术系数 a_{ij}^{r} 能够被分解为区域投入系数 a_{ij}^{rr} 和 $a_{ij}^{\bar{r}r}$ 的合计，其中 $a_{ij}^{\bar{r}r}$ 表示其他区域生产并用于区域 r 部门 j 单位美元产出的产品 i 的数量（其中

$\bar{r}$ 表示区域 r 之外的区域)；$a_{ij}^{rr}=a_{ij}^{r}-a_{ij}^{\bar{r}r}$（对于关注某个具体区域的研究，不必使用上标来表示特定区域，常常使用更为简单的符号 $r_{ij}=a_{ij}-m_{ij}$ 来表示区域投入系数，技术系数和“进口”系数)。[①] 技术系数和代表贸易模式的进口系数都可能随时间而变化。这就引发了区域系数可能比技术系数更不稳定的推测，因为它们由两个不稳定的部分构成——技术系数和进口系数。例如，假设 $a_{ij}(t_0)=0.1$，$a_{ij}(t_1)=0.2$，$m_{ij}(t_0)=0.05$，$m_{ij}(t_1)=0.1$，则 $r_{ij}(t_0)=0.05$，$r_{ij}(t_1)=0.1$，且从时期 t_0 到时期 t_1，a_{ij}、m_{ij} 和 r_{ij} 提高的百分比都是 100。此外，如果 $m_{ij}(t_1)=0.08$，则 $r_{ij}(t_0)=0.05$，$r_{ij}(t_1)=0.12$，从而 a_{ij}、m_{ij} 和 r_{ij} 提高的百分比分别是 100、60 和 140。因此，在这种情况下，区域投入系数与技术系数或者进口系数相比都更不稳定，即使后两者在时期 t_0 和 t_1 中在相同的方向上变动。

关于区域水平上系数稳定性的早期研究可见于拜尔斯（Beyers，1972)，他使用了华盛顿州 1963 年、1967 年和 1972 年的三个年度的基于调查的投入产出表（Bourque and Weeks，1969；Beyers et al.，1970；Bourque and Conway，1977)。对 1963 年和 1967 年华盛顿基于调查的现价表的区域投入系数研究的结果没有确定的结论（Beyers，1972，Table 4，p. 372)。例如，对 888 个在 1963—1967 年经历了变化的系数 a_{ij} 的研究揭示出在 21.3%的情况下 m_{ij} 没有任何变化；r_{ij} 的变化与 a_{ij} 的变化相同。

在 16.2%的情况下，a_{ij} 和 m_{ij} 在相同的方向上变化，而 r_{ij} 没有变化；在这些情况下，a_{ij} 和 m_{ij} 在 r_{ij} 的定义中的存在都是“补偿”。在 10.4%的情况下，a_{ij} 和 m_{ij} 在相反的方向上变化，因此引发 r_{ij} 不稳定性。然而，在剩下的 52.1%的情况下，影响是不明确的——a_{ij}、m_{ij} 和 r_{ij} 都在相同的方向上变化，或者 a_{ij} 和 m_{ij} 在相反的方向上变化（这些种类的运动可能会也可能不会引起 r_{ij} 比 a_{ij} 或 m_{ij} 更大的不稳定性)。例如，如果 $a_{ij}(t_0)=0.2$，$a_{ij}(t_1)=0.19$，$m_{ij}(t_0)=0.05$，$m_{ij}(t_1)=0.01$，则 $r_{ij}(t_0)=0.15$ 和 $r_{ij}(t_1)=0.18$，虽然 a_{ij} 和 m_{ij} 都随时间下降了，r_{ij} 却上升了，r_{ij} 变化（按绝对值）的百分比比 a_{ij} 变化的百分比大——分别是 20%的变化和 5%的变化。

对两个年度的区域投入系数和区域技术系数的列昂惕夫逆矩阵的研究表明“区域（投入系数）矩阵显示出比（区域）技术需求矩阵更差的稳定性”（Beyers，1972，p. 372)。然而，变化的量对于总体的影响分析来说相对不重要。例如，在列昂惕夫-卡特类型的一个分析中，用 1963 年系数矩阵和 1967 年最终需求计算的 1967 年总产出与 1967 年的实际总产出相比发现只高了 2.3%；中间产品高了 10.5%。然而，通常要警示的是，某些单独的部门的产出在使用 1963 年的矩阵时会有很差的估计（最差的有 77%的过高估计)。对华盛顿基于调查的数据的进一步分析（Conway，1977，1980）得到了类似的结论。

使用基于调查的州一级数据的另一个早期研究见埃默森（Emerson，1976)，该研究是基于堪萨斯 1965 年 和 1970 年表的，包括了完整的进口和出口矩阵。结果如同对华盛顿的研究一样，并没有非常确凿。虽然进口矩阵中有一些变化，继而堪萨斯区域投入系数有变化，问题“并不急迫，但足够重要，值得关注”（Emerson，1976，p. 275)。并且，巴斯特（Baster，1980）在关于苏格兰的斯特拉斯克莱德区的研究中提供了关于

① 在区域间和多区域模型中，我们通常在来自本国经济其他区域的投入和从本国之外进口的投入之间做出区分。在本章一般性的讨论中，“进口”的意思是“不是在本区域生产的”。

贸易系数相对稳定性的一些证据。在单独的公司或者单位的等级上，79%的系数表明来自苏格兰其他区域的进口在1974—1976年是不变的，其他13.5%的系数在该时期的变化不超过10%。在部门的水平上（也就是合并单位），超过90%的进口系数是稳定的。

□ 7.2.4 小结

在国家水平和区域水平上的系数都会随时间改变，这是无疑的。对于综合类型的度量标准，例如与具体的最终需求向量相关联的整个经济范围的产出，使用一张“旧”表所产生的误差明显也不大。此外，有其他预测总产出的更为简单的方法也不太坏。例如，康韦（Conway，1975）估计了华盛顿1967年的产出 $\boldsymbol{i}'\boldsymbol{x}^W$（1967），用已知的1963年和1967年的总最终需求——$\boldsymbol{i}'\boldsymbol{f}^W$（1963）和 $\boldsymbol{i}'\boldsymbol{f}^W$（1967）——以及1963年的总产出 $\boldsymbol{i}'\boldsymbol{x}^W$（1963）。他的估计是简单的：

$$i'x^W(1967)=[\boldsymbol{i}'\boldsymbol{x}^W(1963)]\left[\frac{\boldsymbol{i}'\boldsymbol{f}^W(1967)}{\boldsymbol{i}'\boldsymbol{f}^W(1963)}\right]$$

这就是“最终需求放大”方法；在这个关于华盛顿的实例中，这种方法有3.1%的高估（Conway，1975，p. 67），与上面提到的投入产出方法所产生的2.3%的误差不同（Beyers，1972，p. 368）。也就是说，在这个非常综合的水平上，有更加简单的也不太坏的方法。当然，投入产出模型的重点是它精确得到部门水平上的结果，对于这类详细的有时滞的表，它会产生相当大的误差。因此，改进更新或预测投入产出数据的技术一直受到持续的关注。我们在接下来的章节中探讨一些这类方法。

7.3 更新与估计系数：趋势、边际系数及最佳实践方法

□ 7.3.1 趋势与外推

在早期投入产出模型的历史中，曾经认为对投入产出系数的趋势分析可能是解决投入产出系数随时间的可能变化的估计问题的有吸引力的方法。给定两个或者更多个针对一个经济体同一部门集所定义的系数矩阵，可以对每个特定的系数建立线性（或非线性）趋势，之后对所研究的年度进行外推（负系数集为0）。例如，如果一个特定的系数 a_{ij} 在时间 t_0 等于0.2，且如果同一 i 和 j 的系数三年后（t_0+3）是0.15，则线性趋势外推意味着在时间 t_0+6，a_{ij} 会等于0.10。这当然是非常基础类型的“分析”。两个早期的研究发现，丝毫不奇怪，这种外推比简单地使用最近的系数表产生的结果更差；见蒂兰纳斯（Tilanus，1966）对荷兰的研究，以及艾伦和戈斯林（Allen and Gossling，1975，Ch. 2）对英国表的研究。这类方法不再受到任何关注。

□ 7.3.2 边际投入系数

假设我们根据当前年度 t 预测未来，预测某个未来年度 $t+s$。给定 $\boldsymbol{A}(t)$ 和 $\boldsymbol{f}(t+s)$ 的一个预测，则我们估计 $\boldsymbol{x}(t+s)$ 为：

$$\boldsymbol{x}(t+s)=\boldsymbol{L}(t)\boldsymbol{f}(t+s) \tag{7.1}$$

其中，$\boldsymbol{L}(t)=[\boldsymbol{I}-\boldsymbol{A}(t)]^{-1}$。假定除了当前年度数据，还有一个之前年度 $t-r$ 的投入产出数据集。则我们可以计算一个边际投入系数集 a_{ij}^*，定义为：

$$a_{ij}^*(t)=\frac{z_{ij}(t)-z_{ij}(t-r)}{x_j(t)-x_j(t-r)}=\frac{\Delta z_{ij}}{\Delta x_j}$$

这些系数将产业 j 所购买的投入 i 的数量变化（从年度 $t-r$ 到年度 t）与产业 j 生产的总产出量的变化联系起来（跨同一时期）。在平均系数和边际系数的差异程度上，后者反映了规模效应。可以论证边际系数更好地反映了由于新的（预测的）最终需求，当部门 j 的产出变化时从 i 到 j 的投入。

例如，令 $z_{ij}(t-r)=500$ 美元，$z_{ij}(t)=560$ 美元，$x_j(t-r)=5\,000$ 美元，$x_j(t)=6\,000$ 美元，则 $a_{ij}(t)=560/6\,000=0.093\,3$，$a_{ij}^*(t)=60/1\,000=0.06$。我们回溯到年度 $t-r$，$a_{ij}(t-r)=500/5\,000=0.01$。如果我们在时间 $t-r$ "预测" $x_j(t)$ 为 6 000 美元，则我们对 $z_{ij}(t)$ 的估计，基于通常的平均投入系数，将会是 $a_{ij}(t-r)x_j(t)=0.1\times 6\,000=600$ 美元。然而，如果我们在 $t-r$ 时有边际系数 $a_{ij}^*(t-r)$，我们将会预测 $z_{ij}(t)$ 为 $z_{ij}(t)=z_{ij}(t-r)+\Delta z_{ij}=z_{ij}(t-r)+a_{ij}^*(t-r)\Delta x_j=500+a_{ij}^*(t-r)\times 1\,000$。特别地，如果我们估计 $a_{ij}^*(t-r)$ 为 0.06［这是我们的 $a_{ij}^*(t)$］，则我们对 $z_{ij}(t)$ 的估计将会是完美的，为 560 美元。这就是使用边际系数做预测的背后的基本思想。如式（7.1）那样，直接估计时期 $t+s$ 的新产出水平的另一种办法，是使用边际系数预测产出的变化，并将其加到当前产出水平上；也就是：

$$\boldsymbol{x}(t+s)=\boldsymbol{x}(t)+\Delta\boldsymbol{x}=\boldsymbol{L}(t)\boldsymbol{f}(t)+\boldsymbol{L}^*(t)\Delta\boldsymbol{f} \tag{7.2}$$

其中 $\Delta\boldsymbol{f}=\boldsymbol{f}(t+s)-\boldsymbol{f}(t)$，$\boldsymbol{L}^*(t)=[I-A^*(t)]^{-1}$，$\boldsymbol{A}^*(t)$ 是边际投入系数矩阵。由于 $\boldsymbol{x}(t+s)$ 中的元素通过使用当前平均系数 $\boldsymbol{A}(t)$ 和边际系数 $\boldsymbol{A}^*(t)$ 的结合来得到，这确实是一种在分析中引入不同时间系数变化的有效途径。

尽管使用边际系数来反映投入产出结构变化的思想有着相当具有逻辑性的吸引力，蒂兰纳斯（Tilanus，1967）早期关于荷兰十三个连续年度（1948—1960 年）的国家投入产出表序列的实验却并不令人振奋。对于 $r=5$（即在前五年的时间段上计算边际系数）有 $s=1, 2, 3, 4\frac{1}{2}, 6\frac{1}{2}$（所预测的年度），在这种方法中的边际系数给出的结果不如使用最近年度的平均系数表得到的结果好——结果是式（7.1）的方法比式（7.2）的方法好。

□ 7.3.3 "最佳实践"公司

另一种推算未来投入产出表中的技术的方法是梅尔尼克（Miernyk，1965）所最先提出来的"最佳实践"公司的思想。在构建一个短期未来预测的表时——比如 3～6 年——梅尔尼克建议不用从每个部门的所有公司中搜集当前信息或从公司的随机样本中搜集信息。我们宁可只从一个部门的"最佳实践"公司中获取数据——那些公司在技术上在当前是最先进的。这类公司可以被定义为那些雇员或工资支出与总产出的比率相对低的一类公司（"低劳动密度"）或者那些有着相对高的利润对总产出比的公司。当某些公司满足这些（或类似）标准中的任何一个或者只有当它们满足这些（或类似）标准中的几个时，可以被确认为属于最佳实践群体。

这里的逻辑是，这些公司，它们在当前某种程度上有点例外（对于它们的部门，在“好于平均水平”的意义上），可能代表了未来将会广泛使用的技术——今天最佳的将成为未来平均的。针对这种思想，存在很多显而易见的异议——为什么对所有部门今天“最佳的”五年后对应成为“平均的”？这种方法对未来的三年、五年或七年有效吗？如此等等。然而，该方法的好处是事实上它是可应用的、可行的，帮助我们构建出比代表现在每个部门平均结构的表更能代表未来生产结构的系数矩阵。

7.4 更新与预测系数：RAS 法及混合法

7.4.1 RAS 法

早期在斯通指导下完成的更新投入产出信息的研究发表在斯通（Stone，1961）、斯通和布朗（Stone and Brown，1962）、剑桥大学应用经济系（Cambridge University，Department of Applied Economics，1963）以及巴哈拉赫（Bacharach，1970）等成果中。因为这种技术需要的信息与构成基于调查的投入产出表的基础的方法在调查中通常需要获取的信息相比要少，所以它经常被称为局部调查或非调查方法。现在，公认完全的调查通常是做不到的，需要一种“混合的”方法，在这种方法中某些种类的优势信息（来自小的、针对性的调查、专家意见等）被包含在其他的“非调查”方法中。[①] 在本节中，我们研究广泛使用的“RAS”法（也被称为“双比例”矩阵平衡技术）；这个名称的由来接下来会阐述清楚。对这种方法，已有大量的变种——改善和改进这种方法的尝试，并且这类研究仍然持续活跃。[②] 后面我们将看到额外的信息如何被包含在基本的 RAS 法过程中，得到一个混合技术的例子。

作为开始，假定我们有过去的给定年度的一张 n 部门经济的投入产出直接消耗系数表（之后我们将其叫作年度“0”），我们想把这些系数更新到更近的年度（例如当前年度，我们称之为年度“1”）。用清晰的符号表示，我们有 $\mathbf{A}(0)$，想得到 $\mathbf{A}(1)$，即更近年度或当前年度经济 n 个部门的 n^2 个系数。[③]

RAS 法从 $3n$ 条所研究年度（年度 1）的信息中得到这些系数的估计。这些信息是：(1) 总产出，x_j（基于调查的交易信息也需要这些）；(2) 分部门的部门间（中间）销售总和——对于部门 i，就是 $\sum_{j=1}^{n} z_{ij}$，与部门 i 的总产出减去部门 i 对最终需求的销售相等（因为 $x_i = \sum_{j=1}^{n} z_{ij} + f_i$）；(3) 分部门的部门间购买总计——对于部门 j，就是

---

① 完整的讨论和大量的文献见 Lahr (1993)。Richardson (1985，p. 624) 指出：“如果基于调查的模型太昂贵，国家系数的转换太机械，捷径太不可靠，混合方法会在未来兴起。”

② RAS 法的一个优秀的综述和类似的矩阵调整技术可见于 Allen 和 Gossling (1975) 的某几个章节，其中也包含了很好的早期文献清单。完整的批判性的综述也可见于 Polenske (1997)。较新的重要文献为 June (2004)，发表于《经济系统研究》(*Economic Systems Research*)，它是关于“投入产出分析中的双比例技术”的专刊，由 Lahr 和 de Mesnard 编辑。特别地，参见编辑的引言文章 [Lahr 和 de Mesnard (2004)]。

③ RAS 法通常在更新系数的背景下给出，我们在本节保留这种做法。就如我们在后面将要看到的，我们可以使用 RAS 法更新交易，然后从更新后的交易中推出更新的系数。

$\sum_{i=1}^{n} z_{ij}$，与 $x_j - v_j$（部门 j 总产出减去部门 j 从支付部门的总购买——对部门 j 的劳动投入、对部门 j 的进口投入、对政府服务支付的税、为资本借贷支付的利息、对土地支付的租金等）相同。

在 RAS 法的文献中定义 $u_i = \sum_{j=1}^{n} z_{ij}$ 以及 $v_j = \sum_{i=1}^{n} z_{ij}$ 已经成为惯例；写成向量，它们是 $\boldsymbol{u} = \begin{bmatrix} u_1 \\ \vdots \\ u_n \end{bmatrix}$ 和 $\boldsymbol{v} = \begin{bmatrix} v_1 \\ \vdots \\ v_n \end{bmatrix}$。因为需要知道年度 1 的这些信息，它们被表示为 $\boldsymbol{u}(1)$ 和 $\boldsymbol{v}(1)$。[在 $\boldsymbol{u}$ 和 $\boldsymbol{v}$ 的使用上，我们遵循非调查技术文献中的惯例。我们也在本书中自始至终同样遵循惯例，使用 $\boldsymbol{v}'$ 表示增加值（行）向量。同样，在第 5 章的商品×产业投入产出核算框架中，我们遵循另一个惯例，对于使用矩阵和制造矩阵分别用 $\boldsymbol{U}$ 和 $\boldsymbol{V}$ 表示。上下文应该总能清楚显示指什么。]

因此，RAS 法要解决的问题是：给定 $n \times n$ 的矩阵 $\mathbf{A}(0)$，以及更近年度的 3 个具有 n 个元素的向量——$\boldsymbol{x}(1)$、$\boldsymbol{u}(1)$ 和 $\boldsymbol{v}(1)$，来估计 $\mathbf{A}(1)$。我们把估计值用 $\widetilde{\mathbf{A}}(1)$ 表示。如果我们处理的是，比如，25 个部门的经济，我们是根据 75 条信息估计 $\widetilde{\mathbf{A}}(1)$ 中的 625 个系数的。这些信息为：(1) 未知交易矩阵 $\boldsymbol{Z}(1)$ 的 25 个行和，即 $\boldsymbol{u}(1) = \boldsymbol{Z}(1)\boldsymbol{i}$；(2) 该矩阵的 25 个列和，$\boldsymbol{v}(1)' = \boldsymbol{i}'\boldsymbol{z}(1)$ [或 $\boldsymbol{v}(1) = \boldsymbol{Z}(1)'\boldsymbol{i}$]；(3) 25 个年度 1 的总产出 $\boldsymbol{x}(1)$，这是将 $z_{ij}(1)$ 的估计值转化为技术系数 $a_{ij}(1)$ 的估计所必需的。

我们针对一般的 3×3 的情况建立这个过程，然后给出一个 3×3 的数值例子。该方法的潜在实用性体现在现实世界的应用中，其中部门数量比 3 个多很多，因此 n^2 和 $3n$ 的差异很大。例如，一个具有 80 个部门的表，$n^2 = 6\,400$，而 $3n = 240$。对于一般的 3×3 的情况，我们假定基年的系数是已知的，有：

$$\mathbf{A}(0) = \begin{bmatrix} a_{11}(0) & a_{12}(0) & a_{13}(0) \\ a_{21}(0) & a_{22}(0) & a_{23}(0) \\ a_{31}(0) & a_{32}(0) & a_{33}(0) \end{bmatrix} \tag{7.3}$$

对于“目标”年度我们有：

$$\boldsymbol{x}(1) = \begin{bmatrix} x_1(1) \\ x_2(1) \\ x_3(1) \end{bmatrix}, \boldsymbol{u}(1) = \begin{bmatrix} u_1(1) \\ u_2(1) \\ u_3(1) \end{bmatrix}, \boldsymbol{v}(1) = \begin{bmatrix} v_1(1) \\ v_2(1) \\ v_3(1) \end{bmatrix} \tag{7.4}$$

开始时，假定 $\mathbf{A}(0) = \mathbf{A}(1)$，即技术系数在这段时间保持稳定。为了检验这个假定的可靠性，我们考察它是否与年度 1 关于中间销售和购买的信息一致。这些是交易矩阵的行和及列和，所以将系数转化为交易量是必需的——这意味着我们对目标交易矩阵的初始估计为：$\boldsymbol{Z}^0 = \mathbf{A}(0)\hat{\boldsymbol{x}}(1)$。① 此时，初始估计为：

① 我们用 $\boldsymbol{Z}^0$ 表示，因为这代表了基于 $\mathbf{A}(0)$ 无变化时对 $\boldsymbol{Z}(1)$ 的估计。对真实 $\boldsymbol{Z}(1)$ 的系列估计将用 $\boldsymbol{Z}^1$，$\boldsymbol{Z}^2$，…，$\boldsymbol{Z}^k$ 表示。

$$\boldsymbol{Z}^0=\boldsymbol{A}(0)\hat{\boldsymbol{x}}(1)=\begin{bmatrix}a_{11}(0) & a_{12}(0) & a_{13}(0)\\ a_{21}(0) & a_{22}(0) & a_{23}(0)\\ a_{31}(0) & a_{32}(0) & a_{33}(0)\end{bmatrix}\begin{bmatrix}x_1(1) & 0 & 0\\ 0 & x_2(1) & 0\\ 0 & 0 & x_3(1)\end{bmatrix}$$

$$=\begin{bmatrix}a_{11}(0)x_1(1) & a_{12}(0)x_2(1) & a_{13}(0)x_3(1)\\ a_{21}(0)x_1(1) & a_{22}(0)x_2(1) & a_{23}(0)x_3(1)\\ a_{31}(0)x_1(1) & a_{32}(0)x_2(1) & a_{33}(0)x_3(1)\end{bmatrix} \tag{7.5}$$

问题是式（7.5）中的矩阵的行和及列和是否与我们关于目标年度的经济的信息——$\boldsymbol{u}(1)$ 和$\boldsymbol{v}(1)$ 相一致（或者一致的程度如何）。从行和开始，我们需要比较 $\boldsymbol{u}^0=\boldsymbol{z}^0\boldsymbol{i}=[\boldsymbol{A}(0)\hat{\boldsymbol{x}}(1)]\boldsymbol{i}$ 和$\boldsymbol{u}(1)$。①

如果 $\boldsymbol{u}^0=\boldsymbol{u}(1)$，$\boldsymbol{Z}^0$ 有正确的行和。则剩下的需要看 $\boldsymbol{Z}^0$ 的列和是否与 $\boldsymbol{v}(1)$ 中给定的产业间购买量相匹配。如果 $\boldsymbol{i}'\boldsymbol{z}^0=\boldsymbol{v}(1)$，我们的工作就完成了，因为旧的技术系数矩阵 $\boldsymbol{A}(0)$，结合新的总产出 $\boldsymbol{x}(1)$，产生了正确的目标年度的产业间销售量和购买量。因为 $\boldsymbol{u}(1)$ 及 $\boldsymbol{v}(1)$ 是（未知的）矩阵 $\boldsymbol{Z}(1)$ 的行和及列和，它们有时候被称为 $\boldsymbol{Z}(1)$ 的“边界值”或“行和列边界值”。

更加有可能出现的情况是无变化的假定失败——$\boldsymbol{u}^0\neq\boldsymbol{u}(1)$ 和/或 $\boldsymbol{v}^0\neq\boldsymbol{v}(1)$。特别地，假定式（7.5）中矩阵的行和不满足要求：

$$\begin{aligned}a_{11}(0)x_1(1)+a_{12}(0)x_2(1)+a_{13}(0)x_3(1)=u_1^0\neq u_1(1)\\ a_{21}(0)x_1(1)+a_{22}(0)x_2(1)+a_{23}(0)x_3(1)=u_2^0\neq u_2(1)\\ a_{31}(0)x_1(1)+a_{32}(0)x_2(1)+a_{33}(0)x_3(1)=u_3^0\neq u_3(1)\end{aligned} \tag{7.6}$$

如果某个特定的 $u_i^0>u_i(1)$，第 i 行的元素——本例中的 $a_{i1}(0)$、$a_{i2}(0)$、$a_{i3}(0)$ ——比它们应该具有的值大，因为 $x_1(1)$、$x_2(1)$ 和 $x_3(1)$ 包含了“更新的”（目标年度）的信息[类似地，如果 $u_k^0<u_k(1)$，$\boldsymbol{A}(0)$ 中第 k 行的元素比它们应该具有的值小。]

令 $u_i(1)/u_i^0=r_i^1$（将成为调整项的序列中的第一个）；当 $u_i^0>u_i(1)$ 时，$r_i^1<1$。为了说明，令 $i=1$。如果 $\boldsymbol{A}(0)$ 中第一行的每个元素都被 r_i^1 乘，这些元素中的每一个都会被缩减。特别地，这项操作产生了该行系数的新序列，当用 $\boldsymbol{x}(1)$ 去乘的时候，该行的系数会加总得到 $u_1(1)$，这恰恰是我们想要的。② 令 $r_1^1a_{11}(0)=a_{11}^1$，$r_1^1a_{12}(0)=a_{12}^1$，以及 $r_1^1a_{13}(0)=a_{13}^1$，$\boldsymbol{A}(0)$ 的第一行被转化为系数的新系列，从它们精确满足了 $u_1(1)$ 中目标年度信息的意义上说，它们构成了我们更好估计值序列的第一个估计。

类似地，如果 $u_2^0<u_2(1)$，我们构建 $r_2^1=u_2(1)/u_2^0>1$。将 $\boldsymbol{A}(0)$ 第二行的元素乘以 r_2^1，其效果是每个元素都得到足够的提高，从而，这个新的第二行的合计将会等于已知的 $u_2(1)$（这个证明与脚注中的论证完全一样）。令 $r_2^1a_{21}(0)=a_{21}^1$，$r_2^1a_{22}(0)=a_{22}^1$ 以及 $r_2^1a_{23}(0)=a_{23}^1$，我们得到了修正的 $\boldsymbol{A}(0)$ 的第二行，在这个例子中，本行的所有元素都得到了提高。这是我们对 $\boldsymbol{A}(0)$ 第二行数值较好序列的第一个估计。类似地，对于第三行进行操作，因为在式（7.6）中，$u_3^0\neq u_3(1)$，我们用 $r_3^1=u_3(1)/u_3^0$ 乘 $\boldsymbol{A}(0)$ 第三行中

---

① 类似地，$u_0=\boldsymbol{Z}_0i$ 将会是真实 $\boldsymbol{u}(1)$ 的估计系列中的第一个，也是基于无变化的假定。

② 由式（7.6），我们有 $a_{11}(0)x_1(1)+a_{12}(0)x_2(1)+a_{13}(0)x_3(1)=u_1^0$，其中 $u_1^0>u_1(1)$。令 $r_1^1=u_1(1)/u_1^0$，用 r_1^1 乘遍，我们有 $r_1^1a_{11}(0)x_1(1)+r_1^1a_{12}(0)x_2(1)+r_1^1a_{13}(0)x_3(1)=r_1^1u_1^0=\left[\frac{u_1(1)}{u_1^0}\right]u_1^0=u_1(1)$。

的每个系数——如果 $u_3(1)<u_3^0$，将它们缩减，如果 $u_3(1)>u_3^0$，将它们增大——产生已知目标年度的行和 $u_3(1)$。

这就是行调整的逻辑。数学上，我们想对 $\boldsymbol{A}(0)$ 的第一行乘 r_1^1，对 $\boldsymbol{A}(0)$ 的第二行乘 r_2^1，对 $\boldsymbol{A}(0)$ 的第三行乘 r_3^1，可以用一个由 r^1 构成的对角矩阵来完成（如我们在本书中较早看到的那样，对任意矩阵 $\boldsymbol{M}$ 左乘以一个对角矩阵 $\boldsymbol{D}=[d_i]$，就得到对矩阵 $\boldsymbol{M}$ 的第 i 行乘以元素 d_i 的效果）。因此，目标年度矩阵 $\boldsymbol{A}$ 的第一个估计，用 $\boldsymbol{A}^1$ 来表示，由下式给出：

$$\boldsymbol{A}^1=\begin{bmatrix} r_1^1 & 0 & 0 \\ 0 & r_2^1 & 0 \\ 0 & 0 & r_3^1 \end{bmatrix}\boldsymbol{A}(0) \tag{7.7}$$

在 RAS 法的描述中，上标（当前为 1）指的是调整过程中的“步骤”；$\boldsymbol{A}^1$ 是我们的第一个估计，其意思是在调整过程的第一步之后我们的估计；$\boldsymbol{A}^2$ 将是我们的第二个估计（而不是“$\boldsymbol{A}$ 的平方”）；如此等等。这种标记一开始显得麻烦，但是我们将会看到，它最终被证明是很有用的标记符号。令 $\boldsymbol{r}^1=[r_1^1,\ r_2^1,\ r_3^1]$，有：

$$\hat{\boldsymbol{r}}^1=\begin{bmatrix} r_1^1 & 0 & 0 \\ 0 & r_2^1 & 0 \\ 0 & 0 & r_3^1 \end{bmatrix}$$

式（7.7）中的结果可以表示为：

$$\boldsymbol{A}^1=\hat{\boldsymbol{r}}^1\boldsymbol{A}(0) \tag{7.8}$$

$\hat{\boldsymbol{r}}^1$ 的结构容易表述，用“帽子”符号又把一个向量转化成了一个对角矩阵，别忘了一个对角矩阵的逆矩阵是另一个对角矩阵，其元素是原始矩阵元素的倒数。因此：

$$\hat{\boldsymbol{r}}^1=[\hat{\boldsymbol{u}}(1)](\hat{\boldsymbol{u}}^0)^{-1} \tag{7.9}$$

根据对 $\boldsymbol{A}(0)$ 的第一次调整，我们得到 $\boldsymbol{Z}(1)$ 的更好估计，即 $\boldsymbol{Z}^1=\boldsymbol{A}^1\hat{\boldsymbol{x}}(1)=\hat{\boldsymbol{r}}^1\boldsymbol{A}(0)\hat{\boldsymbol{x}}(1)$，具有行和序列 $\boldsymbol{u}^1$，恰好对应 $\boldsymbol{u}(1)$。由式（7.9）和 $\boldsymbol{A}(0)\hat{\boldsymbol{x}}(1)=\hat{\boldsymbol{u}}^0$，我们知道：

$$\boldsymbol{u}^1=\boldsymbol{Z}^1\boldsymbol{i}=[\hat{\boldsymbol{r}}^1\boldsymbol{A}(0)\hat{\boldsymbol{x}}(1)]\boldsymbol{i}=\{[\hat{\boldsymbol{u}}(1)](\hat{\boldsymbol{u}}^0)^{-1}\hat{\boldsymbol{u}}^0\}\boldsymbol{i}=\boldsymbol{u}(1) \tag{7.10}$$

[这是为了保证这个等式成立做了从 $\boldsymbol{A}(0)$ 到 $\boldsymbol{A}^1$ 的修正；这在前面的脚注中做了证明。]

那么接下来的问题是，改进的矩阵 $\boldsymbol{A}^1$ 是否抓住了目标年度的列和信息。对这个问题我们需要比较 $\boldsymbol{v}(1)$ 和新的列和 $(\boldsymbol{Z}^1)'\boldsymbol{i}=\boldsymbol{v}^1=[v_1^1\quad v_2^1\quad v_3^1]'$。即：

$$\begin{aligned} a_{11}^1x_1(1)+a_{21}^1x_1(1)+a_{31}^1x_1(1)&=(a_{11}^1+a_{21}^1+a_{31}^1)x_1(1)=v_1^1 \\ a_{12}^1x_2(1)+a_{22}^1x_2(1)+a_{32}^1x_2(1)&=(a_{12}^1+a_{22}^1+a_{32}^1)x_2(1)=v_2^1 \\ a_{13}^1x_3(1)+a_{23}^1x_3(1)+a_{33}^1x_3(1)&=(a_{13}^1+a_{23}^1+a_{33}^1)x_1(1)=v_3^1 \end{aligned} \tag{7.11}$$

如果 $v_1^1=v_1(1)$，$v_2^1=v_2(1)$，以及 $v_3^1=v_3(1)$，则 $\boldsymbol{A}^1=\widetilde{\boldsymbol{A}}(1)$，因为它产生了与实际观测到的 $\boldsymbol{u}(1)$ 和 $\boldsymbol{v}(1)$ 一致的行和及列和。

然而，在多数情况下，$\boldsymbol{v}^1\neq\boldsymbol{v}(1)$，因此有必要一列一列地修正 $\boldsymbol{A}^1$ 中的元素。例如，如果 $v_1^1>v_1(1)$ ——式(7.11) 中 $\boldsymbol{A}^1$ 的第一行的行和比它的应有值大——令 $v_1(1)/v_1^1=s_1^1$，并

乘到式子式（7.11）的第一个方程中。① s_1^1 的上标表示这是我们为了满足列和信息的第一次系数修正。则在第一列中修正的系数为 $s_1^1a_{11}^1$、$s_1^1a_{21}^1$ 和 $s_1^1a_{31}^1$；我们将这些表示为 a_{11}^2、a_{21}^2 和 a_{31}^2。系数中的第二个上标表示这是我们从初始矩阵 $\mathbf{A}(0)$ 开始进行的第二次修正。

类似地，令 $s_2^1=v_2(1)/v_2^1$，$s_3^1=v_3(1)/v_3^1$。如果具体的 $v_j(1)>v_j^1$，则相关的 $s_j^1>1$，当乘 s_j^1 时，$\mathbf{A}^1$ 的第 j 列元素都同时提高。此外，如果 $v_k(1)<v_k^1$，则 $s_k^1<1$，当乘 s_k^1 时，$\mathbf{A}^1$ 中第 k 列的元素被缩减。如果某个 $v_m(1)=v_m^1$，相应的 $s_m^1=1$，$\mathbf{A}^1$ 的第 m 列元素不变。

数字上，我们想要 $\mathbf{A}^1$ 的第一列乘 s_1^1，第二列乘 s_2^1，第三列乘 s_3^1。用一个对角矩阵右乘矩阵 $\boldsymbol{M}$，效果就是 $\boldsymbol{M}$ 的第 j 列用元素 d_j 乘，由此我们构建了第二个估计 $\mathbf{A}^2$，为：

$$\mathbf{A}^2=\mathbf{A}^1\begin{bmatrix} s_1^1 & 0 & 0 \\ 0 & s_2^1 & 0 \\ 0 & 0 & s_3^1 \end{bmatrix} \tag{7.12}$$

令 $\boldsymbol{s}^1=[s_1^1,\ s_2^1,\ s_3^1]$，则

$$\mathbf{A}^2=\mathbf{A}^1\hat{\boldsymbol{s}}^1 \tag{7.13}$$

给定 $\boldsymbol{v}(1)$ 和 $\boldsymbol{v}^1$，我们看到：

$$\hat{\boldsymbol{s}}^1=[\hat{\boldsymbol{v}}(1)](\hat{\boldsymbol{v}}^1)^{-1} \tag{7.14}$$

[比较这个调整序列和式（7.9）中的 $\hat{\boldsymbol{r}}^1$，我们知道列和是正确的；$\boldsymbol{Z}^2=\mathbf{A}^2[\hat{\boldsymbol{x}}(1)]$ 且：

$$(\boldsymbol{Z}^2)'i=[\mathbf{A}^2\hat{\boldsymbol{x}}(1)]'\boldsymbol{i}=\boldsymbol{v}(1) \tag{7.15}$$

这是准确的，因为做了从 $\mathbf{A}^1$ 到 $\mathbf{A}^2$ 的改变，它保证这个等式成立。

注意，由式（7.8）和式（7.13），得：

$$\mathbf{A}^2=\hat{\boldsymbol{r}}^1\mathbf{A}(0)\hat{\boldsymbol{s}}^1 \tag{7.16}$$

忽略上标、“帽子”、小写字母和表示基年信息的（0），我们在式（7.16）的右侧得到“RAS”，这就是这种方法名字的由来。此处的重点是，$\boldsymbol{R}$ 指调整行的元素的对角矩阵，$\mathbf{A}$ 指被修正的系数矩阵，$\boldsymbol{S}$ 指列调整元素的对角矩阵。

尽管在式（7.13）中，$\mathbf{A}^2$ 现在包含的元素与 $\boldsymbol{x}(1)$ 相结合，满足 $\boldsymbol{v}(1)$ 边界［如在式（7.15）中］，但在通常情况下，在把 $\mathbf{A}^1$ 修正为 $\mathbf{A}^2$ 时我们会干扰式（7.10）中 $\mathbf{A}^1$ 的行和性质［除了 $\hat{\boldsymbol{s}}^1=1$ 的情况，这意味着 $\mathbf{A}^1$ 也恰好满足所有的列边界，则 $\mathbf{A}^1$ 就是我们想要的 $\tilde{\mathbf{A}}(1)$］。因此，我们现在必须检验 $\mathbf{A}^2$ 行和的一致性，用我们原来检验 $\mathbf{A}(0)$ 的相同途径，读者就能看到结果如何。每个修正后的行通常将会推翻之前的列修正结果，反之也一样——列修正也将会推翻前面的行修正结果。我们进行更多的迭代——行修正，之后列修正。

因此，我们计算 $\boldsymbol{Z}^2\boldsymbol{i}$；即：

$$\begin{bmatrix} a_{11}^2 & a_{12}^2 & a_{13}^2 \\ a_{21}^2 & a_{22}^2 & a_{23}^2 \\ a_{31}^2 & a_{32}^2 & a_{33}^2 \end{bmatrix}\begin{bmatrix} x_1(1) & 0 & 0 \\ 0 & x_2(1) & 0 \\ 0 & 0 & x_3(1) \end{bmatrix}\begin{bmatrix} 1 \\ 1 \\ 1 \end{bmatrix}=\begin{bmatrix} u_1^2 \\ u_2^2 \\ u_3^2 \end{bmatrix} \tag{7.17}$$

① 这就给出了 $s_1^1(a_{11}^1+a_{21}^1+a_{31}^1)x_1(1)=s_1^1v_1^1=[v_1(1)/v_1^1]v_1^1=v_1(1)$，正是我们需要的。

令 $\boldsymbol{u}^2=\begin{bmatrix}u_1^2\\u_2^2\\u_3^2\end{bmatrix}$。($\boldsymbol{u}$ 的上标表示我们的行和估计的第二个序列。)如果 $\boldsymbol{u}^2\neq\boldsymbol{u}(1)$，我们重复用于构造行修正对角矩阵的步骤——$r_1^2=u_1(1)/u_1^2$，$r_2^2=u_2(1)/u_2^2$ 和 $r_3^2=u_3(1)/u_3^2$——并定义：

$$\hat{\boldsymbol{r}}^2=\begin{bmatrix}r_1^2&0&0\\0&r_2^2&0\\0&0&r_3^2\end{bmatrix}=[\hat{\boldsymbol{u}}(1)](\hat{\boldsymbol{u}}^2)^{-1} \tag{7.18}$$

[与式(7.9)中的 $\hat{\boldsymbol{r}}^1$ 相比较。] 注意比例 r_i 中的分子总是相同的，即 $u_i(1)$ ——我们想要的数值。分母改变，因为它们代表“最新的”估计——此处 u_i^2 代替了 u_i^1。

现在整个过程按照我们已经建立的模式进行。如果 $\hat{\boldsymbol{r}}^2=\boldsymbol{I}$，则 $\boldsymbol{A}^2$ 包含的元素既满足列边界又满足行边界，我们将它作为 $\widetilde{\boldsymbol{A}}(1)$。如果不是——如果 $\boldsymbol{u}^2\neq\boldsymbol{u}(1)$ ——则我们生成 $\boldsymbol{A}(0)$ 的进一步估计，为：

$$\boldsymbol{A}^3=\hat{\boldsymbol{r}}^2\boldsymbol{A}^2 \tag{7.19}$$

$\hat{\boldsymbol{r}}^2$ 的构造现在保证了行边界条件被满足。

那么，现在的问题(再一次)是 $\boldsymbol{A}^3$ 的列和性质是否满足已知的目标年度 $\boldsymbol{v}(1)$ 中的信息。因此如式(7.11)中那样，计算出 v_1^2、$v_2^3 2$ 和 v_3^2，此处用 a_{ij}^3 代替式中的 a_{ij}^1。令 $\boldsymbol{v}^2=\begin{bmatrix}v_1^2\\v_2^2\\v_3^2\end{bmatrix}$；如果 $\boldsymbol{v}^2=\boldsymbol{v}(1)$，则我们有了一个矩阵 $\boldsymbol{A}^3$ 既满足行边界又满足列边界，我们将它作为 $\widetilde{\boldsymbol{A}}(1)$。如果 $\boldsymbol{v}^2\neq\boldsymbol{v}(1)$，我们构造：

$$\hat{\boldsymbol{s}}^2=[\hat{\boldsymbol{v}}(1)](\hat{\boldsymbol{v}}^2)^{-1} \tag{7.20}$$

正如式(7.14)中一样，但是用的是 $\boldsymbol{v}^2$ 中的元素而不是 $\boldsymbol{v}^1$ 中的元素。然后我们对 $\boldsymbol{A}(0)$的下一个估计由

$$\boldsymbol{A}^4=\boldsymbol{A}^3\hat{\boldsymbol{s}}^2 \tag{7.21}$$

给出。

注意，从式(7.16)和式(7.19)，有：

$$\boldsymbol{A}^3=[\hat{\boldsymbol{r}}^2\hat{\boldsymbol{r}}^1]\boldsymbol{A}(0)[\hat{\boldsymbol{s}}^1] \tag{7.22}$$

由式(7.21)，得：

$$\boldsymbol{A}^4=[\hat{\boldsymbol{r}}^2\hat{\boldsymbol{r}}^1]\boldsymbol{A}(0)[\hat{\boldsymbol{s}}^1\hat{\boldsymbol{s}}^2] \tag{7.23}$$

显而易见，$\hat{\boldsymbol{r}}^1$、$\hat{\boldsymbol{r}}^2$、$\hat{\boldsymbol{s}}^1$ 和 $\hat{\boldsymbol{s}}^2$ 都是对角矩阵(本例中为 3×3)，因此，举例来说：

$$[\hat{\boldsymbol{r}}^2\hat{\boldsymbol{r}}^1]=\begin{bmatrix}r_1^2r_1^1&0&0\\0&r_2^2r_2^1&0\\0&0&r_3^2r_3^1\end{bmatrix}$$

对于 $[\hat{s}^1\hat{s}^2]$ 也类似。重复这些过程，我们得到：

$$\begin{aligned}&\boldsymbol{A}^5=[\hat{\boldsymbol{r}}^3\hat{\boldsymbol{r}}^2\hat{\boldsymbol{r}}^1]\boldsymbol{A}(0)[\hat{\boldsymbol{s}}^1\hat{\boldsymbol{s}}^2]\\&\boldsymbol{A}^6=[\hat{\boldsymbol{r}}^3\hat{\boldsymbol{r}}^2\hat{\boldsymbol{r}}^1]\boldsymbol{A}(0)[\hat{\boldsymbol{s}}^1\hat{\boldsymbol{s}}^2\hat{\boldsymbol{s}}^3]\\&\vdots\\&\boldsymbol{A}^{2n}=[\hat{\boldsymbol{r}}^n\cdots\hat{\boldsymbol{r}}^1]\boldsymbol{A}(0)[\hat{\boldsymbol{s}}^1\cdots\hat{\boldsymbol{s}}^n]\end{aligned}\tag{7.24}$$

令 $\hat{\boldsymbol{r}}=[\hat{\boldsymbol{r}}^n\cdots\hat{\boldsymbol{r}}^1]$ 以及 $\hat{\boldsymbol{s}}=[\hat{\boldsymbol{s}}^1\cdots\hat{\boldsymbol{s}}^n]$，再一次，忽略“帽子”、小写字母和（0），式（7.24）的右侧为“RAS”。就如早些时候所提到的，这是这种方法名字的由来。

有人可能会很合理地问：直到调整的矩阵满足年度 1 的行边界和及列边界和，将会需要使用行和列平衡因子进行多少次的迭代？并且，就这一点，我们知道最终这些条件会被满足吗？或者，是否有可能调整的结果使得事情持续变差而不是变好？一般地，我们发现 RAS 法实际上确实会收敛。也就是说，行调整 $\hat{\boldsymbol{r}}^{k+1}$ 之后，与前一次的调整 $\hat{\boldsymbol{r}}^k$ 之后相比，我们与 $\boldsymbol{u}(1)$ 更为接近了，并且列调整 $\hat{\boldsymbol{s}}^{k+1}$ 之后，与 $\hat{\boldsymbol{s}}^k$ 之后相比，我们与 $\boldsymbol{v}(1)$ 更加接近了。[①] 调整需要的次数至少部分依赖于我们所需要的调整矩阵的行边界及列边界有多接近于已知目标年度的 $\boldsymbol{u}(1)$ 和 $\boldsymbol{v}(1)$ 的值。一个标准是持续矩阵调整，直到所有 $[\,|\boldsymbol{u}(1)-\boldsymbol{u}^k|\,]$ 和 $[\,|\boldsymbol{v}(1)-\boldsymbol{v}^k|\,]$中的元素都不大于 ε，其中 ε 为某个小的正数，比如说 0.001。这意味着 u_i^k 在想要的 $u_i(1)$ 的 0.001 范围之内，同时每个 v_j^k 也在其相对应的 $v_j(1)$ 的 0.001 范围之内。

对于人们的兴趣在于评价某个未来事件对经济的影响的情况，基于现有的技术系数矩阵进行预测就是所需要的。一个方法是再次使用 RAS 法，现在向量 $\boldsymbol{u}$、$\boldsymbol{v}$ 和 $\boldsymbol{x}$ 中的数值必须预测至未来年度 τ；这些估计 $\boldsymbol{u}(\tau)$、$\boldsymbol{v}(\tau)$ 和 $\boldsymbol{x}(\tau)$ 将与当前或者最近的基年矩阵 $\boldsymbol{A}(0)$ 一起使用。

□ 7.4.2 RAS 法的实例

我们用一个 3×3 的例子来进行数学说明。令：

$$\boldsymbol{A}(0)=\begin{bmatrix}0.120&0.100&0.049\\0.210&0.247&0.265\\0.026&0.249&0.145\end{bmatrix}\tag{7.25}$$

目标年度 $\boldsymbol{A}(1)$ 完全基于调查的系数表所必需的信息会包括部门间流量 $\boldsymbol{Z}(1)$ 和总产出 $\boldsymbol{x}(1)$。实际上，假定我们有：

$$\boldsymbol{Z}(1)=\begin{bmatrix}98&72&75\\65&8&63\\88&27&44\end{bmatrix}\tag{7.26}$$

以及

$$\boldsymbol{x}(1)=\begin{bmatrix}421\\284\\283\end{bmatrix}\tag{7.27}$$

① 这些技术上的事情，即处理 RAS 法的性质，包括收敛性，超出了本书的范围。

相应有：

$$\boldsymbol{u}(1)=[245 \quad 136 \quad 159]' \tag{7.28}$$

且

$$\boldsymbol{v}(1)=[251 \quad 107 \quad 182]' \tag{7.29}$$

以及

$$\boldsymbol{A}(1)=[\boldsymbol{Z}(1)][\hat{\boldsymbol{x}}(1)]^{-1}=\begin{bmatrix}0.2328 & 0.2535 & 0.2650\\0.1544 & 0.0282 & 0.2226\\0.2090 & 0.0951 & 0.1555\end{bmatrix} \tag{7.30}$$

局部调查技术的要点是在缺失 $\boldsymbol{Z}(1)$ 交易的完整序列的信息时建立 $\boldsymbol{A}(1)$ 中元素的合理估计。为使用 RAS 法，我们仅仅需要 $\boldsymbol{u}(1)$ 和 $\boldsymbol{v}(1)$ 的边界信息，及 $\boldsymbol{x}(1)$——如式（7.27）、式（7.28）和式（7.29）——以及初始或基年系数矩阵 $\boldsymbol{A}(0)$，如式（7.25）。

从系数不变的猜想开始，我们首先根据 $\boldsymbol{u}(1)$ 考察 $\boldsymbol{A}(0)\hat{\boldsymbol{x}}(1)$ 的行和，如式（7.5）。此处有：

$$\boldsymbol{Z}^1=\boldsymbol{A}(0)\hat{\boldsymbol{x}}(1)=\begin{bmatrix}50.520 & 28.400 & 13.867\\88.410 & 70.148 & 74.995\\10.946 & 70.716 & 41.035\end{bmatrix}$$

且

$$\boldsymbol{u}^1=\boldsymbol{Z}^1\boldsymbol{i}=[92.787 \quad 233.553 \quad 122.697]'$$

很明显，这没有与式（7.28）中的 $\boldsymbol{u}(1)$ 接近的地方，需要进行调整。其次，作为开始，$r_1^1=u_1(1)/u_1^1=245/92.787=2.6405$，$r_2^1=0.5823$ 以及 $r_3^1=1.2959$。按照式（7.9）构造 $\hat{\boldsymbol{r}}^1$，我们有：

$$\hat{\boldsymbol{r}}^1=[\hat{\boldsymbol{u}}(1)](\hat{\boldsymbol{u}}^1)^{-1}=\begin{bmatrix}2.6405 & 0 & 0\\0 & 0.5823 & 0\\0 & 0 & 1.2959\end{bmatrix}$$

并且我们的第一个调整的矩阵 $\boldsymbol{A}^1$ 为：

$$\boldsymbol{A}^1=\hat{\boldsymbol{r}}^1\boldsymbol{A}(0)=\begin{bmatrix}0.3169 & 0.2640 & 0.1294\\0.1223 & 0.1438 & 0.1543\\0.0337 & 0.3227 & 0.1879\end{bmatrix} \tag{7.31}$$

$\hat{\boldsymbol{r}}^1$ 中的元素保证 $\boldsymbol{A}^1\hat{\boldsymbol{x}}(1)$ 的行和等于 $\boldsymbol{u}(1)$，如式（7.10）。根据 $\boldsymbol{v}(1)$ 检查 $\boldsymbol{A}^{-1}\hat{\boldsymbol{x}}(1)$ 的列和，我们有：

$$\boldsymbol{v}^1=[\boldsymbol{A}^1\hat{\boldsymbol{x}}(1)]'i=[199.06 \quad 207.48 \quad 133.46]'$$

这很离谱，因为：

$$\boldsymbol{v}(1)=[251 \quad 107 \quad 182]$$

则根据式（7.14），有：

$$\hat{s}^1=[\hat{v}(1)](\hat{v}^1)^{-1}=\begin{bmatrix}1.2609 & 0 & 0\\ 0 & 0.5157 & 0\\ 0 & 0 & 1.3637\end{bmatrix}$$

根据式（7.13），有

$$A^2=A^1\hat{s}^1=\begin{bmatrix}0.3995 & 0.1219 & 0.1764\\ 0.1542 & 0.0661 & 0.2104\\ 0.0425 & 0.1664 & 0.2562\end{bmatrix}$$

在这个例子中，我们任意设定 $\varepsilon=0.005$，意思是行和列的迭代调整持续到第 k 步，当 $|u_i(1)-u_i^k|\leqslant 0.005$ 且 $|v_j(1)-v_j^k|\leqslant 0.005$，对 $i,j=1,2,3$ 都成立时。对于本例，$k=12$（需要 6 次行调整和 6 次列调整）。最终的矩阵 A^{12} 为：

$$\widetilde{A}(1)=A^{12}=\begin{bmatrix}0.3924 & 0.1219 & 0.1596\\ 0.1509 & 0.0661 & 0.1897\\ 0.0592 & 0.1887 & 0.2938\end{bmatrix} \tag{7.32}$$

表 7-1 给出了两个代表性系数 a_{11} 和 a_{23} 从初始的矩阵 $A(0)$ 开始持续 RAS 法整个过程中每一步迭代的连续数值，而不是给出从 A^1 到 A^{11} 所有的现有矩阵。在表 7-2 中，我们记录了当 k 从 0 至 13 时 $[u(1)-u^k]$ 的三个元素和 $[v(1)-v^k]$ 的三个元素（为了表述方便，将其转化为行向量）。$k=0$ 的行用 $A(0)\hat{x}(1)$ 给出了行和列的差异，即假设 $A(0)=A(1)$。如我们所预期的，当 $k=1$ 时，$u(1)$ 的行边界恰好满足——$[u(1)-u^1]$ 的所有元素都是 0——但是 $v(1)$ 的列边界不满足。之后，第二步调整针对这些列约束——得到 $[v(1)-v^2]$ 的 0 元素——但是失掉了行和与 $u(1)$ 的平衡。因此，对于奇数的 k，u 的差异都是 0；对于偶数的 k，v 的差异都是 0。当 $k=13$ 时（即在 $k=12$ 之后），所有的差异绝对值第一次达到都小于 0.005 的状态，因此 RAS 法调整结束。最终，在表 7-3 中，我们给出了每个矩阵的元素，从 $\hat{r}^1$ 到 $\hat{r}^7$ 以及从 $\hat{s}^1$ 到 $\hat{s}^7$，即式（7.24）中的 A^{2n}。

表 7-1　　a_{11} 和 a_{23} 在 RAS 法调整过程中每一步的数值

k	a_{11}	a_{23}
0	0.120	0.265
1	0.3169	0.1543
2	0.3995	0.2104
3	0.3812	0.1966
4	0.3957	0.1913
5	0.3902	0.1912
6	0.3931	0.1900
7	0.3920	0.1900
8	0.3926	0.1898
9	0.3923	0.1898
10	0.3925	0.1897
11	0.3924	0.1897
12	0.3924	0.1897

表 7-2　　RAS 法调整过程中每一步的行边界和列边界的差异

k	$[\boldsymbol{u}(1)-\boldsymbol{u}^k]'$			$[\boldsymbol{v}(1)-\boldsymbol{v}^k]'$		
0	152.213 0	−97.553 0	36.303 0	101.124 0	−62.264 0	52.103 0
1	0	0	0	51.937 6	−100.475 9	48.538 3
2	−11.805 5	−9.532 8	21.338 3	0	0	0
3	0	0	0	9.212 0	−4.167 9	−5.044 1
4	−3.445 8	−0.072 3	3.518 1	0	0	0
5	0	0	0	1.858 6	−0.686 2	−1.172 4
6	−0.709 8	−0.002 4	0.712 2	0	0	0
7	0	0	0	0.379 8	−0.139 4	−0.240 4
8	−0.145 2	−0.000 7	0.145 9	0	0	0
9	0	0	0	0.077 8	−0.028 6	−0.049 2
10	−0.029 7	−0.000 2	0.029 9	0	0	0
11	0	0	0	0.015 9	−0.005 9	−0.010 1
12	−0.006 1	0	0.006 1	0	0	0
13	0	0	0	0.003 3	−0.001 2	−0.002 1

表 7-3　　对角矩阵 $\hat{r}^k$ 和 $\hat{s}^k$ 的元素（k=1，…，7）

k	$\hat{r}^k$			$\hat{s}^k$		
1	2.640 5	0.582 3	1.295 9	1.260 9	0.515 7	1.363 7
2	0.954 0	0.934 5	1.155 0	1.038 1	0.962 5	0.973 0
3	0.986 1	0.999 5	1.022 6	1.007 5	0.993 6	0.993 6
4	0.997 1	1.000 0	1.004 5	1.001 5	0.998 7	0.998 7
5	0.999 4	1.000 0	1.000 9	1.000 3	0.999 7	0.999 7
6	0.999 9	1.000 0	1.000 2	1.000 1	0.999 9	0.999 9
7	1.000 0	1.000 0	1.000 0	1.000 0	1.000 0	1.000 0

把我们用 RAS 法生成的目标年度的矩阵 $\widetilde{\boldsymbol{A}}(1)$ 与式（7.30）中的 $\boldsymbol{A}(1)$ 进行比较是有意思的，如果 $\boldsymbol{Z}(1)$ 中完整的产业间交易序列都是已知的，其中矩阵 $\boldsymbol{A}(1)$ 对我们来说是可以得到的，则：

$$\widetilde{\boldsymbol{A}}(1)=\begin{bmatrix}0.392\,4 & 0.121\,9 & 0.159\,6\\ 0.150\,9 & 0.066\,1 & 0.189\,7\\ 0.052\,9 & 0.188\,7 & 0.293\,8\end{bmatrix} \text{ 以及 } \boldsymbol{A}(1)=\begin{bmatrix}0.232\,8 & 0.253\,5 & 0.265\,0\\ 0.154\,4 & 0.028\,2 & 0.222\,6\\ 0.209\,0 & 0.095\,1 & 0.155\,5\end{bmatrix}$$

即使粗略的检查也表明这两个矩阵中的大部分元素都存在显著的差异。

定义误差矩阵 $\boldsymbol{E}(\boldsymbol{A})$ 为 $\boldsymbol{E}(\boldsymbol{A})=\widetilde{\boldsymbol{A}}(1)-\boldsymbol{A}(1)$。此处：

$$\boldsymbol{E}(\boldsymbol{A})=\begin{bmatrix}0.1596 & -0.1316 & -0.1054\\ -0.0035 & 0.0379 & -0.0329\\ -0.1561 & 0.0936 & 0.1383\end{bmatrix}$$

注意到 $\boldsymbol{E}(\boldsymbol{A})$ 的列和为 0；这反映出 $\widetilde{\boldsymbol{A}}(1)$ 和 $\boldsymbol{A}(1)$ 的列和是相等的，不考虑本例中的舍入。[①]

表示每个系数的误差的另一种方法是将 $\boldsymbol{E}(\boldsymbol{A})$ 中的元素转化为百分比。定义 $\boldsymbol{P}(\boldsymbol{A})=[p(a)_{ij}]$，其中：

$$p(a)_{ij}=[|\tilde{a}_{ij}-a_{ij}(1)|/a_{ij}(1)]\times 100=[|e(a)_{ij}|/a_{ij}(1)]\times 100$$

这些是误差的绝对数值与相应的 $\boldsymbol{A}(1)$ 中真实系数的百分比。在本例中：

$$\boldsymbol{P}(\boldsymbol{A})=\begin{bmatrix}68.6 & 51.9 & 39.8\\ 2.3 & 134.4 & 14.8\\ 74.7 & 98.4 & 88.9\end{bmatrix}$$

用这种方法来看，很明显，某些 RAS 法估计的系数与调查获得的相应部分的数据相比差别巨大。9 个 RAS 法生成的系数中有 6 个的误差超过了 50%——不是一个特别成功的估计。

有许多可选择的指标来量化两个矩阵的“差异”。我们来说明它们中的几个。平均绝对偏差（mean absolute deviation，MAD）简单地对 $\boldsymbol{E}(\boldsymbol{A})$ 中的元素做平均，忽略符号，有：

$$\text{MAD}=(1/n^2)\sum_{i=1}^{n}\sum_{j=1}^{n}|e(a)_{ij}|$$

在我们的例子中，MAD=(1/9)×0.858 9=0.095 4。这代表估计的系数与真实系数差异的平均数量（不论正负）。平均绝对百分比误差（mean absolute percentage error，MAPE）对 $\boldsymbol{P}(\boldsymbol{A})$ 中的元素实施同样的平均，即：

$$\text{MAPE}=(1/n^2)\sum_{i=1}^{n}\sum_{j=1}^{n}p(a)_{ij}$$

在本例中，MAPE =(1/9)×575.38 =63.76，其意思是，平均来看，每个系数将比它的真实值大或者小 63.8%；即它的“误差”将会是 63.8%。[如果认为误差的方向是重要的，则我们可以在生成矩阵 $\boldsymbol{P}(\boldsymbol{A})$ 中的元素时保留符号。然而，在那种情况下，得到所有元素的平均值并没有太大意义，因为正误差和负误差会相互抵消。] 通过这些指标（以及其他的我们没有在这里讨论的指标），用 RAS 法生成的矩阵在这个小规模例子中看上去并不是对 $\boldsymbol{A}(1)$ 的特别好的反映。至少这些通过对 $\widetilde{\boldsymbol{A}}(1)$ 和 $\boldsymbol{A}(1)$ 的比较来一个元素接一个元素检验 $\widetilde{\boldsymbol{A}}(1)$ 准确性的指标具有这样的含义。在更大规模的例子中，能更好地代表真实世界的投入产出表，对要调整的任意行和列，有更多的可得元素，在那种情况下，生成目标年度矩阵的估计时有更大的灵活性。

① RAS法的边界约束保证 $\boldsymbol{i}'\widetilde{\boldsymbol{Z}}(1)=\boldsymbol{i}'\boldsymbol{Z}(1)$。因为 $\widetilde{\boldsymbol{Z}}(1)=\widetilde{\boldsymbol{A}}(1)\hat{\boldsymbol{x}}(1)$ 且 $\boldsymbol{Z}(1)=\boldsymbol{A}(1)\hat{\boldsymbol{x}}(1)$，$\boldsymbol{i}'\widetilde{\boldsymbol{A}}(1)\hat{\boldsymbol{x}}(1)=\boldsymbol{i}'\boldsymbol{A}(1)\hat{\boldsymbol{x}}(1)$，因此右乘 $[\hat{\boldsymbol{x}}(1)]^{-1}$，$\boldsymbol{i}'\widetilde{\boldsymbol{A}}(1)=\boldsymbol{i}'\boldsymbol{A}(1)$。

另一个观点是，尽管单个单元格的准确性（有时被称作局部准确性）可能对某些类型的问题是重要的，但最终投入产出系数序列检验的是它们在实践中怎么样（有时也被称为整体准确性）。① 可能我们应该更为关注与 $\widetilde{\boldsymbol{A}}(1)$ 和 $\boldsymbol{A}(1)$ 相对应的列昂惕夫逆矩阵的相对准确性。此处：

$$\boldsymbol{L}(1)=\begin{bmatrix}1.5651 & 0.4684 & 0.6146\\ 0.3463 & 1.1599 & 0.4144\\ 0.4264 & 0.2465 & 1.3829\end{bmatrix} \tag{7.33}$$

以及

$$\widetilde{\boldsymbol{L}}(1)=[\boldsymbol{I}-\widetilde{\boldsymbol{A}}(1)]^{-1}=\begin{bmatrix}1.7703 & 0.3298 & 0.4888\\ 0.3310 & 1.1940 & 0.3955\\ 0.2210 & 0.3438 & 1.5583\end{bmatrix} \tag{7.34}$$

相对应的误差矩阵为：

$$\boldsymbol{E}(\boldsymbol{L})=\begin{bmatrix}0.2052 & -0.1386 & -0.1258\\ -0.0153 & 0.0341 & -0.0189\\ -0.2054 & 0.0973 & 0.1754\end{bmatrix}$$

以及

$$\boldsymbol{P}(\boldsymbol{L})=\begin{bmatrix}13.1 & 29.6 & 20.5\\ 4.4 & 2.9 & 4.6\\ 48.2 & 39.5 & 12.7\end{bmatrix}$$

对于本例，与列昂惕夫逆矩阵相联系的 $\boldsymbol{P}(\boldsymbol{L})$ 中的百分比误差一般比 $\boldsymbol{P}(\boldsymbol{A})$ 中的小很多。

此外，考虑与 $\boldsymbol{L}(1)$ 和 $\widetilde{\boldsymbol{L}}(1)$ 相对应的产出乘数 $\boldsymbol{m}(o)=[2.3378 \quad 1.8748 \quad 2.4119]$ 以及 $\widetilde{\boldsymbol{m}}(o)=[2.3223 \quad 1.8676 \quad 2.4426]$。百分比误差向量用 $[m(o)_j-\widetilde{m}(o)_j]$ 对 $m(o)_j$ 的百分比表示，为 $\boldsymbol{p}(\boldsymbol{m})=[0.66 \quad 0.38 \quad -1.27]$。这表示估计的乘数与真实的乘数更为接近，与 $\boldsymbol{E}(\boldsymbol{A})$ 和 $\boldsymbol{P}(\boldsymbol{A})$ 甚至与 $\boldsymbol{E}(\boldsymbol{L})$ 和 $\boldsymbol{P}(\boldsymbol{L})$ 所可能预期到的接近程度相比更接近。

这里用 $\boldsymbol{L}$ 和 $\widetilde{\boldsymbol{L}}$ 的指数展开序列是有帮助的，即：

$$\boldsymbol{L}=\boldsymbol{I}+\boldsymbol{A}+\boldsymbol{A}^2+\boldsymbol{A}^3+\cdots \text{ 以及 } \widetilde{\boldsymbol{L}}=\boldsymbol{I}+\widetilde{\boldsymbol{A}}+\widetilde{\boldsymbol{A}}^2+\widetilde{\boldsymbol{A}}^3+\cdots$$

由此，乘数差异（行）向量可以表示为：

$$\begin{aligned}\boldsymbol{i}'\boldsymbol{L}-\boldsymbol{i}'\widetilde{\boldsymbol{L}} &=\boldsymbol{i}'(\boldsymbol{L}-\widetilde{\boldsymbol{L}})\\ &=\boldsymbol{i}'(\boldsymbol{I}-\boldsymbol{I})+\boldsymbol{i}'(\boldsymbol{A}-\widetilde{\boldsymbol{A}})+\boldsymbol{i}'(\boldsymbol{A}^2-\widetilde{\boldsymbol{A}}^2)+\boldsymbol{i}'(\boldsymbol{A}^3-\widetilde{\boldsymbol{A}}^3)+\cdots\end{aligned}$$

很明显，$\boldsymbol{i}'(\boldsymbol{I}-\boldsymbol{I})=\boldsymbol{0}$，并且 $\boldsymbol{i}'(\boldsymbol{A}-\widetilde{\boldsymbol{A}})=\boldsymbol{i}'\boldsymbol{E}(\boldsymbol{A})=\boldsymbol{0}$，如上所述。因此：

$$\boldsymbol{i}'\boldsymbol{L}-\boldsymbol{i}'\widetilde{\boldsymbol{L}}=\boldsymbol{0}+\boldsymbol{0}+\boldsymbol{i}'(\boldsymbol{A}^2-\widetilde{\boldsymbol{A}}^2)+\boldsymbol{i}'(\boldsymbol{A}^3-\widetilde{\boldsymbol{A}}^3)+\cdots$$

我们看到该产出乘数差异表达式中的前两项为零（在表 2-5 的例子中，我们看到指数

① 这些指标来自 Jensen (1980)。

展开序列的前两项解释了85%～92%的总产出影响)。

乘数的比较是对所使用的具有特定最终需求向量的模型的检验——分别是[1，0，0]′、[0，1，0]′和[0，0，1]′。我们还可以比较使用任意选择的 $\boldsymbol{f}(1)$ 向量时的结果。例如，令 $\boldsymbol{f}(1)=\begin{bmatrix}800\\700\\300\end{bmatrix}$；则由式(7.33)和式(7.34)的列昂惕夫逆矩阵，得：

$$\boldsymbol{x}(1)=\begin{bmatrix}1\ 764.20\\1\ 213.29\\928.54\end{bmatrix} \text{及 } \tilde{\boldsymbol{x}}(1)=\begin{bmatrix}1\ 793.74\\1\ 219.25\\884.95\end{bmatrix}$$

再次将差异表示为 $x_i(1)$ 的百分比，有：

$$\boldsymbol{p}(\Delta\boldsymbol{x})=\begin{bmatrix}1.67\\0.49\\-4.69\end{bmatrix}$$

对部门3的总产出的影响被低估了大约5%，而其他两个部门的产出被估计得更准确。当然，这类结果依赖于用于说明的任意 $\boldsymbol{f}(1)$ 向量。

本例的结论为：(1) RAS法可以生成技术系数矩阵，该矩阵看上去与完全调查得到的矩阵不太像；(2) 一个用RAS法估计的矩阵 $\mathbf{A}$ 可以在实践中得到相对好的结果，也就是说，当转化为与之相对应的列昂惕夫逆时，就它与给定的 $\boldsymbol{f}(1)$ 向量一起产生的部门总产出而言，是相对好的。在第8章中，当研究区域投入产出模型的产出乘数的差异时，我们将考察另一个衡量结果如何的整体指标。

□ 7.4.3 更新系数与更新交易量

早期关于这种方法的讨论假设我们从一个基年A开始；这一点在“RAS”这个名称中是显而易见的。似乎是戴明和斯蒂芬(Deming and Stephan，1940)首次使用双比例调整方法，后来它被称为RAS法。列昂惕夫(Leontief，1941)提出了一对类似的一起说明系数变化的影响力量(对行和对列)。斯通和他在剑桥的同事于1962年提出该方法时显然没有注意到这个工作(Bacharach，1970，p. 4；Lahr and de Mesnard，2004)。剑桥的工作强调对基年系数矩阵的操作，即使巴哈拉赫(Bacharach，1970，p. 20)认为最终的兴趣点在于目标年度的交易矩阵。

实际上，双比例矩阵平衡方法同样可以很好地被直接用于基年交易矩阵 $\mathbf{Z}(0)$，结合需要的边界信息 $\boldsymbol{x}(1)$、$\boldsymbol{u}(1)$ 和 $\boldsymbol{v}(1)$。在这种情况下，没有必要为了检查与 $\boldsymbol{u}(1)$ 和 $\boldsymbol{v}(1)$ 的一致性程度，在每一步都把系数矩阵 $\mathbf{A}^k$ 转化为交易 $\mathbf{Z}^k$。在文献中，对于两种实践——直接更新 $\mathbf{A}$ 与直接更新 $\mathbf{Z}$——的最终结果是否相同，好像有些不确定。①

在前一种情况下(更新 $\mathbf{A}$)，用 $\widetilde{\mathbf{A}}^A(1)=\hat{\boldsymbol{r}}^A\mathbf{A}(0)\hat{\boldsymbol{s}}^A$ 表示，得到 $\widetilde{\mathbf{Z}}^A(1)=\widetilde{\mathbf{A}}^A(1)\hat{\boldsymbol{x}}(1)$，在后一种情况下(更新 $\mathbf{Z}$)，令 $\widetilde{\mathbf{Z}}^Z(1)=\hat{\boldsymbol{r}}^Z\mathbf{Z}(0)\hat{\boldsymbol{s}}^Z$，引出 $\widetilde{\mathbf{A}}^Z(1)=\widetilde{\mathbf{Z}}^Z(1)\hat{\boldsymbol{x}}(1)^{-1}$。问题是

---

① 例如，不同的意见在Okuyama等人(2002)、Jackson和Murray(2004)以及Oosterhaven(2005)中有表述。

是否 $\widetilde{\boldsymbol{A}}^{A}(1)=\widetilde{\boldsymbol{A}}^{Z}(1)$ 或 $\widetilde{\boldsymbol{Z}}^{A}(1)=\widetilde{\boldsymbol{Z}}^{Z}(1)$（其中上标表示在更新过程中用的是哪个矩阵）。答案是更新过程中使用哪种类型的矩阵（系数或交易）作为基础不会带来差异；两种方法的结果是相同的（Dietzenbacher and Miller，2009）。

数值说明

这是第 2 章中闭模型的数据集。把这个数据集作为年度 0 的数据：

$$\boldsymbol{Z}(0)=\begin{bmatrix}150 & 500 & 50\\ 200 & 100 & 400\\ 300 & 500 & 50\end{bmatrix},\ \boldsymbol{x}(0)=\begin{bmatrix}1\,000\\ 2\,000\\ 1\,000\end{bmatrix},\ \boldsymbol{A}(0)=\begin{bmatrix}0.15 & 0.25 & 0.05\\ 0.20 & 0.05 & 0.40\\ 0.30 & 0.25 & 0.05\end{bmatrix}$$

假定我们有如下年度 1 的信息（RAS 法所必需的）：

$$\boldsymbol{x}(1)=\begin{bmatrix}1\,200\\ 2\,500\\ 1\,400\end{bmatrix},\ \boldsymbol{u}(1)=\begin{bmatrix}780\\ 810\\ 1\,050\end{bmatrix},\ \boldsymbol{v}(1)=\begin{bmatrix}740\\ 1\,270\\ 630\end{bmatrix}$$

（1）系数更新。从 $\boldsymbol{A}(0)$ 开始。在本例中我们得到：

$$\widetilde{\boldsymbol{A}}^{A}(1)=\hat{\boldsymbol{r}}^{A}\boldsymbol{A}(0)\hat{\boldsymbol{s}}^{A}=\begin{bmatrix}0.137\,0 & 0.220\,5 & 0.046\,0\\ 0.175\,2 & 0.042\,3 & 0.352\,9\\ 0.304\,6 & 0.245\,2 & 0.051\,1\end{bmatrix}$$

为了方便表述，我们对所有系数保留四位小数，对所有交易保留整数。在本例中，相对应的交易矩阵为：

$$\widetilde{\boldsymbol{Z}}(1)^{A}=\widetilde{\boldsymbol{A}}^{A}\hat{\boldsymbol{x}}(1)=\begin{bmatrix}164 & 551 & 64\\ 210 & 106 & 494\\ 365 & 613 & 72\end{bmatrix}$$

（2）交易更新。从 $\boldsymbol{Z}(0)$ 开始。RAS 法给出更新：

$$\widetilde{\boldsymbol{Z}}^{Z}(1)=\hat{\boldsymbol{r}}^{Z}\boldsymbol{Z}(0)\hat{\boldsymbol{s}}^{Z}=\begin{bmatrix}164 & 551 & 64\\ 210 & 106 & 494\\ 365 & 613 & 72\end{bmatrix}$$

说明 $\hat{\boldsymbol{Z}}^{A}(1)=\hat{\boldsymbol{Z}}^{Z}(1)$。同样，由此：

$$\widetilde{\boldsymbol{A}}^{Z}(1)=\widetilde{\boldsymbol{Z}}^{Z}(1)[\hat{\boldsymbol{x}}(1)]^{-1}=\begin{bmatrix}0.137\,0 & 0.220\,5 & 0.046\,0\\ 0.175\,2 & 0.042\,3 & 0.352\,9\\ 0.304\,6 & 0.245\,2 & 0.051\,1\end{bmatrix}$$

且 $\widetilde{\boldsymbol{A}}^{A}(1)=\widetilde{\boldsymbol{A}}^{Z}(1)$。这没有证明但是说明了一般的结果是什么。

□ 7.4.4 RAS 法的经济解释

在前面的部分，我们说明了 RAS 法为了生成更近年度的矩阵 $\boldsymbol{A}(1)$，在假定只知道目标年度 1 的 $\boldsymbol{x}(1)$、$\boldsymbol{u}(1)$ 和 $\boldsymbol{v}(1)$ 的情况下对给定矩阵 $\boldsymbol{A}(0)$ 的行和列进行连续调整的过程中的数学方法。当调整过程结束时——因为行和列的边界距离 $\boldsymbol{u}(1)$ 和 $\boldsymbol{v}(1)$ 中的元素达到了前定的误差范围 ε——我们有：

$$\boldsymbol{A}(1)=\hat{\boldsymbol{r}}A(0)\hat{\boldsymbol{s}} \tag{7.35}$$

如我们所看到的，$\hat{\boldsymbol{r}}$ 中的每个元素 r_i 乘以 $\boldsymbol{A}(0)$ 第 i 行的每个元素，$\hat{\boldsymbol{s}}$ 中的每个元素 s_j 乘以 $\boldsymbol{A}(0)$ 第 j 列的每个元素——对所有的 $i, j=1, \cdots, n$。

在这个"更新"过程中，人们很可能会问为什么 $\boldsymbol{A}(0)$ 的行和列的元素应该预期发生同一比例的变化。在早期 RAS 法的发展中，斯通（Stone，1961）将沿着 $\boldsymbol{A}$ 中任一行和任一列的同一变化描述为反映了他分别称为替代效应和制造效应的经济现象。前者指的是作为生产投入的替代的发生；即一种投入对另一种投入的替代——例如，塑料产品（在整个工业过程中）的使用代替了金属产品。其含义是塑料行（i）的所有 a_{ij} 会提高（例如，乘以 1.4），金属行（k）中的所有元素 a_{kj} 会降低（例如，乘以 0.82）。制造效应指的是改变一个部门的总购买中增加值项目的比例。例如，随着时间的推移，某个特定部门的产品可能变得更加依赖于高技术的资本设备和/或熟练劳动力。因此，该部门价值 1 美元的产品可能包含的部门间投入按比例缩小，增加值投入按比例增大，代表所研究的产业的列中的 a_{ij} 将会降低（例如，乘以 0.79）。

生产类型上的技术变化可以反映在替代效应和制造效应的范围内，RAS 法有经济上的逻辑基础。然而，许多研究者对这种以简单的方式将该类变化分配到整个经济体中的观点持保留意见。相反，他们将 RAS 法视为纯粹的数学过程。可以表明，RAS 法实际上是一个约束优化问题的解，这个优化问题受约束于 $\boldsymbol{u}(1)$ 和 $\boldsymbol{v}(1)$ 中给定的行和列边界，我们的目标是要生成一个新的系数矩阵 $\boldsymbol{A}(1)$，使得该矩阵与我们前面所实测到的 $\boldsymbol{A}(0)$ 的差异尽可能小。潜在的逻辑很简单，在缺少新信息时，我们假设 $\boldsymbol{A}(0)$ 仍然是产业间关系的最佳代表。然而，给定一些更新信息——以 $\boldsymbol{x}(1)$、$\boldsymbol{u}(1)$ 和 $\boldsymbol{v}(1)$ 给出——则常常需要修正的矩阵 $\boldsymbol{A}(1)$。

RAS 法的两个性质值得关注。第一，永远不会有 $a_{ij}(0)>0$ 被改变成一个负值的系数，在这个意义上，符号被保留。根据 $\hat{\boldsymbol{r}}$ 和 $\hat{\boldsymbol{s}}$ 的基础定义所清晰体现的，所有调整 $\boldsymbol{A}(0)$ 的元素 r_i 和 s_j 都是非负的。因此，不论一个特定的 $a_{ij}(0)$ 如何被修正，它都将保持非负。第二，任意等于 0 的 $a_{ij}(0)$ 将在整个 RAS 法过程中一直保持为 0，因为对它所做的所有事是乘以非负的数字。假定部门 i 代表土豆，部门 j 代表汽车；如果 $a_{ij}(0)=0$，这表示（可信的）事实是在年度 0 土豆不会被购买用作汽车制造的直接投入。RAS 法保证在更新的矩阵中 $a_{ij}(1)$ 将仍然是 0。这个特点有好处也有坏处。在某些情况下，例如土豆和汽车，可能保留 0 系数是好的；在年度 0 土豆不会被用作汽车的直接投入，在年度 1 很可能也不会。此外，如果部门 k 是塑料，部门 j 是汽车，可能有 $a_{kj}(0)=0$（如果年度 0 足够早），但是我们知道对于我们更近的年度 1，有 $a_{kj}(1)\neq 0$，而 RAS 法自身将预测 $a_{kj}(1)=0$。

□ 7.4.5 将其他外生信息包含到 RAS 法计算中

如上所述，RAS 法假定仅仅知道目标年度关于 $\boldsymbol{x}$、$\boldsymbol{u}$ 和 $\boldsymbol{v}$ 的信息。通常，我们可以得到关于具体交易或具体系数的特有信息。如果特别地，$z_{ij}(1)$ 是外生已知的，则因为 $x_j(1)$ 也已知，所以知道 $a_{ij}(1)$。这样的信息可以来自对经济中一个"重要"产业的调查，来自一个特定部门对一个或多个部门销售量的独立预测，来自专家对特定部门生产实践的意见，等等。

假定一个特定的 $z_{ij}(1)$ 已知，则我们可以同时从 $u_i(1)$ 和 $v_j(1)$ 中减去 $z_{ij}(1)$；这就相当于在 $\boldsymbol{Z}(0)$ 的第 i 行第 j 列的位置记入 0，因此 $\boldsymbol{A}(0)$ 的同样位置也为 0。继续使用我们的一般的 3×3 的例子，假设 $z_{31}(1)$ 已知。因为 $x_1(1)$ 也已知，$a_{31}(1)$ 同样是已知的。

定义 $\bar{\boldsymbol{A}}(0)$，除了 $a_{31}(0)$ 用 0 代替之外，其余与 $\boldsymbol{A}(0)$ 相同。定义一个 3×3 矩阵 $\boldsymbol{K}$ 为：

$$\boldsymbol{K}=\begin{bmatrix} 0 & 0 & 0 \\ 0 & 0 & 0 \\ a_{31}(1) & 0 & 0 \end{bmatrix}$$

这仅是一个零矩阵，其中 k_{31} 被已知目标年度的系数 $a_{31}(1)$ 代替。则 $\boldsymbol{A}(0)=\bar{\boldsymbol{A}}(0)+\boldsymbol{K}$。用 $\bar{\boldsymbol{u}}(1)$ 和 $\bar{\boldsymbol{v}}(1)$ 分别表示从 $u_3(1)$ 和 $v_1(1)$ 中减去了 $z_{31}(1)$ 之后保留下来的向量。这些就成为相关的新的边界，如通常一样，使用 RAS 法，但是用 $\bar{\boldsymbol{A}}(0)$ 作为基年矩阵，根据（改变了的）目标年度的行和及列和信息 $\bar{\boldsymbol{u}}(1)$ 和 $\bar{\boldsymbol{v}}(1)$ 进行修正。RAS 法将保持新的 0 元素 $a_{31}(0)$ 不变。当近似技术完成时，我们构建对 $\boldsymbol{A}(1)$ 的估计为[①]：

$$\widetilde{\boldsymbol{A}}(1)_{31}=\boldsymbol{K}+\hat{\boldsymbol{r}}\bar{\boldsymbol{A}}(0)\hat{\boldsymbol{s}} \tag{7.36}$$

显然，在一个由更多数目的部门所代表的经济中，我们可以有几个 $z_{ij}(1)$ 的估计，因此目标年度的系数也有几个 $a_{ij}(1)$ 的估计。实际上，如果已知一个“关键”部门在经济中具有特别重要的位置，一整个列（关键部门的中间投入）和/或一整个行（关键部门的中间销售）都可以知道，或者在某种程度上可以独立地被确定。确实，可能有超过一个关键部门。在所有这些情况下，与前面所描述的方法没有任何差异。当然，矩阵 $\boldsymbol{K}$ 将包含更多非零（已知）元素，矩阵 $\bar{\boldsymbol{A}}(0)$ 将包含更多零元素，对 $\boldsymbol{u}(1)$ 和 $\boldsymbol{v}(1)$ 的调整——用以生成 $\bar{\boldsymbol{u}}(1)$ 和 $\bar{\boldsymbol{v}}(1)$ ——范围将更大。[②]

□ 7.4.6 修正的例子：一个系数提前已知

此处给出一个例子来说明。假设在第 7.4.2 节的例子中 a_{31} 提前已知；由式（7.30）得，$a_{31}(1)=0.209$，因此：

$$\boldsymbol{K}=\begin{bmatrix} 0 & 0 & 0 \\ 0 & 0 & 0 \\ 0.209 & 0 & 0 \end{bmatrix}$$

从而：

$$\bar{\boldsymbol{A}}(0)=\begin{bmatrix} 0.120 & 0.100 & 0.049 \\ 0.210 & 0.247 & 0.265 \\ 0 & 0.249 & 0.145 \end{bmatrix}$$

---

① 我们用下标“31”表示用其真实值所替代的元素。这不能够简单地归纳到多于一个元素被外生信息所替代的情况中，但是足以满足当前的目的。

② 见后面的第 7.4.8 节，关于引起不可行问题时 0 的作用——其中 RAS 法无法得到解。

这就是式（7.25）中的$\boldsymbol{A}(0)$，其中$a_{31}(1)$用0代替。

为了对$\bar{\boldsymbol{A}}(0)$使用RAS法，我们求出$\bar{\boldsymbol{u}}(1)$和$\bar{\boldsymbol{v}}(1)$。（已知的）目标年度从部门3到部门1的部门间流量为$z_{31}(1)=a_{31}(1)x_1(1)=0.209\times 421=87.989$；因此这部分必须同时从$u_3(1)$和$v_1(1)$中扣除，得到$\bar{\boldsymbol{u}}(1)=[245\quad 136\quad 71.011]'$和$\bar{\boldsymbol{v}}(1)=[163.011\quad 107\quad 182]'$。根据式（7.36）我们求出：

$$\widetilde{\boldsymbol{A}}(1)_{31}=\begin{bmatrix}0.2909 & 0.1892 & 0.2431\\ 0.0963 & 0.0884 & 0.2486\\ 0.2090 & 0.0992 & 0.1514\end{bmatrix} \tag{7.37}$$

回顾式（7.30），有：

$$\boldsymbol{A}(1)=\begin{bmatrix}0.2328 & 0.2535 & 0.2650\\ 0.1544 & 0.0282 & 0.2226\\ 0.2090 & 0.0951 & 0.1555\end{bmatrix}$$

这个估计的误差矩阵$\boldsymbol{E}(\boldsymbol{A})=\widetilde{\boldsymbol{A}}(1)_{31}-\boldsymbol{A}(1)$为：

$$\boldsymbol{E}(\boldsymbol{A})=\begin{bmatrix}-0.0581 & -0.0643 & -0.0219\\ 0.0581 & 0.0602 & 0.0260\\ 0 & 0.0041 & -0.0041\end{bmatrix}$$

在本例中，读者容易发现MAD=1/9×0.296 8=0.033 0以及MAPE=36.5；在初始的例子中，没有任何关于系数值的前定信息，我们发现MAD=0.095 4以及MAPE=63.8。用这些方法，式（7.37）中包含了目标年度关于$a_{31}(1)$的外生信息的RAS法估计比式（7.32）中的$\widetilde{\boldsymbol{A}}(1)$更为准确。

然而，对修正的RAS的预测成绩的评价非常依赖于衡量矩阵之间的差异的标准，特别是$\widetilde{\boldsymbol{A}}(1)-\boldsymbol{A}(1)$（没有外生信息）和$\widetilde{\boldsymbol{A}}(1)_{ij}-\boldsymbol{A}(1)$［真实值$a_{ij}(1)$的替代］。表7-4说明了这个从第7.4.2节开始持续使用到上述部分的数值例子的敏感性。该表给出了MAD（为了读起来更容易乘了100）和MAPE指标，与每一个通过使用某个单独的$a_{ij}(1)$的前定信息生成的$\widetilde{\boldsymbol{A}}(1)_{ij}$相对应。在这个小规模例子中，用MAD来衡量时有改进（相对于无前定信息的情况），但是用MAPE指标时我们发现a_{32}（用黑体给出）的正确前定信息使得总体的估计变差［德梅纳德和米勒（de Mesnard and Miller，2006）用数值例子讨论了比较矩阵的接近程度的不同“度量指标”的敏感性］。

表7-4　在RAS法估计中当一个系数提前已知时的MAD和MAPE

已知元素	MAD(×100)	MAPE
None	9.55	63.8
a_{11}	5.52	31.6
a_{12}	7.24	36.6
a_{13}	8.53	62.1
a_{21}	9.49	63.0
a_{22}	8.80	48.6

续前表

已知元素	MAD(×100)	MAPE
a_{23}	9.45	60.8
a_{31}	3.30	36.5
a_{32}	9.17	**69.4**
a_{33}	7.48	47.7

这个结果（具有更好的信息时结果反而更差）在之前的文献中被讨论过，尽管矩阵之间距离的度量标准的重要性没有被强调。在经常被引用的一项早期工作中，迈尔尼克（Miernyk，1977）给出了这个违反直觉的结果，用“平均百分比误差”作为度量预测的和目标年度真实的矩阵之间差距的指标。这个思想后来被米勒和布莱尔（Miller and Blair，1985）在本书第一版中沿用，其中更进一步的例子证明了同一个论点。事实上，这两个结果都被发现自身有缺陷——RAS 法有错误（不正确的计算机程序，过于宽松的停止标准，等等）。[①] 后来的数据实验用的数据集大很多，更能反映在真实世界中的应用，但是却也确定了存在附加（正确的）信息产生更差的 RAS 法估计的例子，其中用的是非常普遍的距离度量指标（Szyrmer，1989 and Lahr，2001）。然而，压倒多数的证据指向反面。作为一个通常的规则，RAS 法中引入准确的外生信息改善了结果的预测值。这正是设计混合模型想要达到的结果。

□ 7.4.7 混合模型：具有附加信息的 RAS 法

在 RAS 法被提出之后的几十年中，在国家和区域层面都出现了许多应用。这就引发了大量对该方法的改变、修正和扩展。对本领域许多期刊的内容列表和年度索引的研究表明——特别是《经济系统研究》（*Economic Systems Research*）和《区域科学杂志》（*Journal of Regional Science*）——有大量的文章以“RAS 法”、“局部调查方法”（Partial survey methods）、“非调查方法”（nonsurrey methods）、“双比例方法”（biproportional methods）或“混合模型”（hybrid model）为标题。在这些修正中，有的方法被标记为“TRAS”（由其建立者确认为“三阶段 RAS”或“两阶段 RAS 算法”；Gilchrist and St. Louis，1999，p. 186；Gilchrist and St. Louis，2004，p. 150），“GRAS”法标记的方法（为“广义”的 RAS，包括负数值的矩阵；Junius and Oosterhaven，2003）或者“ERAS”（为“扩展的”RAS；Israilevich，1986）。

确实，目前（从 21 世纪开始）所生成的表的优势是采用“混合的”思想，在引入“优先”信息之后结合某种表的平衡方法（通常使用 RAS 法或 RAS 法的变化），就如第 7.4.4 节和第 7.4.5 节中的例子那样。例如，美国商务部的经济分析局使用调整的 RAS 法生成美国非基准表年度的年度投入产出表。[②] 在欧洲，欧盟统计局是负责搜集和编制欧盟成员国投入产出数据的机构。非基准年度的表用欧盟统计局方法生成，这是一种修正和扩展的 RAS 法（Eurostat，2002，esp. Chapter 14。）

---

① 这些在 de Mesnard 和 Miller（2006）中有详细介绍。

② 在 Planting 和 Guo（2004）中有描述。作者写道：“……新的自动更新和平衡的方法”（p. 157）。

这些类别的应用中的主要诀窍是确定对于经济来说最为“重要”的部门（列、行或者单独的单元格元素），因为这些是优先信息所指向的元素。基于它们的投入产出数据，在第 12 章中，我们将考察一些确认经济中“重要”部门的方法。正如所提出的，这类研究同样可确认重点系数（系数集），对于这些系数，理想的情况是，我们想有优先的数据来结合 RAS 法或者某些类似的方法来得到其余的元素。在这个问题上有大量的文献，我们将在第 12 章中考察其中的一些。这些方法中有些本质上是数学性质的——例如，那些关于一个矩阵中的一个或多个元素的误差对相对应的逆矩阵中出现的元素的影响——其他的具有更多的经济性质，其中，这些方法尝试确认经济中重要，或者“关键”的部门。在现实中，这类区分趋向于模糊化，因为有影响的元素通常属于被证明是重要的部门的。

□ 7.4.8 约束优化角度下的 RAS 法

两个矩阵之间的“差异”是一个非常敏感的概念；有许多不同的衡量标准。RAS 法可以被看作最小化：

$$D[\mathbf{A}(0):\tilde{\mathbf{A}}(1)]=\sum_i\sum_j\left\{\tilde{a}_{ij}(1)\ln\left[\frac{\tilde{a}_{ij}(1)}{a_{ij}(0)}\right]\right\}$$

受约束于由 $\mathbf{u}(1)=[(\tilde{\mathbf{A}})(1)\hat{\mathbf{x}}(1)]\mathbf{i}$ 和 $\mathbf{v}(1)=\mathbf{i}'[(\tilde{\mathbf{A}})(1)\hat{\mathbf{x}}(1)]$ 给出的行和及列和的约束条件（本章附录 7.2 讨论了这个问题）。目标函数，$D[\mathbf{A}(0):\tilde{\mathbf{A}}(1)]$，有一个解释为 $\mathbf{A}(0)$ 和 $\tilde{\mathbf{A}}(1)$ 之间的“信息”距离度量。在某种意义上，它生成 $\tilde{\mathbf{A}}(1)$，该矩阵在给定 $\mathbf{A}(0)$ 以及 $\mathbf{x}(1)$、$\mathbf{u}(1)$ 和 $\mathbf{v}(1)$ 的信息时带来最小的“意外”。

有许多其他具备潜在吸引力的度量标准被提出来，代表估计的矩阵和基年矩阵的差异（或距离）。这些就成为相关的约束优化问题中的目标函数。约束条件仍然是行和列的边界，与在 RAS 法中一样。然而，对所有的 i 和 j，都必须加上 $\tilde{a}_{ij}\geqslant 0$ 作为 n^2 个约束，因为与 RAS 法不同，这些规划问题不能保证解的非负性。有时候，对于元素所能允许的相对变化范围会施加边界约束。例如，$(0.5)a_{ij}(0)\leqslant\tilde{a}_{ij}(1)\leqslant(1.5)a_{ij}(0)$ 能够保证每个初始系数不会提高或者降低超过 50%。

在投入产出的更新条件下，所提出的目标中有些为①：

- 总绝对离差：$\sum_i\sum_j|a_{ij}(1)-\tilde{a}_{ij}(1)|$。除以 n^2，被称作平均绝对离差（MAD）。这个目标和接下来的两个目标可以被转化为线性形式，因此建立了一个容易解决的线性规划（Jackson and Murray，2004）。
- 加权绝对离差：$\sum_i\sum_j a_{ij}(0)\,|a_{ij}(1)-\tilde{a}_{ij}(1)|$（Lahr，2001）。
- 相对离差：$\sum_i\sum_j\dfrac{|a_{ij}(0)-\tilde{a}_{ij}(1)|}{a_{ij}(0)}$（Matuszewski，Pitts，and Sawyer，1964）。再乘以 100，除以 n^2，被称作平均绝对百分比误差（MAPE）。
- 平方（二次方）离差：$\sum_i\sum_j[a_{ij}(0)-\tilde{a}_{ij}(1)]^2$（Almon，1968）。这个目标和下

---

① 约束条件总是包括 $\tilde{a}_{ij}(1)$ 的非负约束，与行和列边界一起，即分别是 $\sum_j\tilde{a}_{ij}(1)x_j=u_i$ 和 $\sum_i\tilde{a}_{ij}(1)x_j=v_j$。

面的两个目标需要解决非线性规划，这可能会出现问题。

- 加权平方离差：$\sum_i \sum_j a_{ij}(0)[a_{ij}(0) - \tilde{a}_{ij}(1)]^2$ [Canning and Wang，2005；在被设计用来估计多区域投入产出模型的组成部分 $z_{ij}^{\cdot r}$ 和 z_{ij}^{rs} 的规划中，使用加权的二次惩罚函数（第 3 章）]。
- 相对平方离差：$\sum_i \sum_j \frac{[a_{ij}(0) - \tilde{a}_{ij}(1)]^2}{a_{ij}(0)}$（Friedlander，1961）。这是 Pearson 的卡方（Chi-square）标准，早期被戴明和斯蒂芬（Deming and Stephan，1940）所使用。
- 保留符号的绝对差异：$\sum_i \sum_j |a_{ij}(0) - y_{ij}a_{ij}(0)|$，其中 $y_{ij}a_{ij}(0) = \tilde{a}_{ij}(1)$（Junius and Oosterhaven，2003）。①

非线性的选择需要求解可能会是大型和复杂的非线性规划，具有其自身的困难，包括计算的问题（尽管有强大的计算机程序和软件）、局部的而不是全局的最优解，等等。早期关于不同最小化目标中某一些的概述可见于勒孔布（Lecomber）的分析、艾伦和戈斯林（Allen and Gossling，1975，Ch. 1）以及休因斯和詹森（Hewings and Janson，1980，Appendix）。许多最近的研究和广泛的讨论包括在如下文献中：拉尔和德梅纳德（Lahr and de Mesnard，2004）、德梅纳德（de Mesnard，2004）以及杰克逊和默里（Jackson and Murray，2004）。特别是，杰克逊和默里对一个总的 10 模型公式（包括上述列出的那些）的应用给出了广泛的结果，用于根据 1968 年矩阵和 1972 年边界条件来估计美国 23 部门产业×产业数据的问题。他们发现，总体上，RAS 法生成的结果最好。坎宁和王（Canning and Wang，2005）给出了一个数学规划方法用于受约束的矩阵平衡问题的优势讨论，对文献中的一些重要贡献做了综述。

□ 7.4.9　不可行问题

在一般的情况下，RAS 法在经过合理次数的迭代后收敛于可接受的限度内——经常小于 50 次。然而，文献中也出现过不收敛的例子。通常的解释是，要调整的矩阵过于稀疏——包含了太多的 0。非常细分的交易矩阵（几百个部门）或者区域间交易流量矩阵与高度综合的表（如国家表）相比，有很多的 0。② 直观来看，有 0 的问题是变化的全部负担都被迫加到了其余非 0 的元素上了，从而可能不足以完成任务（很大部分依赖于 0 元素相对于非 0 元素的位置）。

以下是一个很简单的例子，来说明这个问题。③ 令：

$$\mathbf{Z}(0) = \begin{bmatrix} 5 & 0 \\ 4 & 3 \end{bmatrix},\ \mathbf{u}(1) = \begin{bmatrix} 10 \\ 2 \end{bmatrix},\ \mathbf{v}(1) = \begin{bmatrix} 7 \\ 5 \end{bmatrix}$$

---

① 在这种情况下，约束为 y_{ij} 的非负以及边界约束 $\sum_j y_{ij}a_{ij}(0)x_j = u_i$ 和 $\sum_i y_{ij}a_{ij}(0)x_j = v_j$。线性化是可能的，就如前三种情况一样。

② 例如，在建立美国 1967 年多区域模型中使用州间贸易表时就发生了不收敛（Mohr，Crown，and Polenske，1987）。

③ 来自 de Mesnard（2003）。

当我们看所需要的与 $\tilde{\mathbf{Z}}(1)$ 具有的结构相关的新的边界条件时，该问题的困难很明显，即：

$$\begin{bmatrix} \tilde{z}_{11}(1) & 0 \\ \tilde{z}_{21}(1) & \tilde{z}_{22}(1) \end{bmatrix} \begin{bmatrix} 10 \\ 2 \end{bmatrix}$$
$$\begin{bmatrix} 7 & 5 \end{bmatrix}$$

为了满足 $u_1(1)=10$，显然 $\tilde{z}_{11}(1)=10$，原因在于在 RAS 法中 0 是保持不变的，从而 $\tilde{z}_{12}(1)=0$。显然，如果 $u_1(1)=10$，则为了满足 $v_1(1)=7$，$\tilde{z}_{21}(1)$ 必须为-3，但是这是不可能的，因为 RAS 法不能从那些正值元素中生成负值元素。一个直接的解决这个问题的方法是给基础矩阵中的 0 值元素赋予小的正数。① 在这个小规模例子中，将 $z_{12}(0)$ 从 0 改为，如 0.5，这就恰好引入了所需要的灵活性，则结果是 RAS 法将会产生（四舍五入）②：

$$\tilde{\mathbf{Z}}(1)=\begin{bmatrix} 6.5911 & 3.4089 \\ 0.4099 & 1.5901 \end{bmatrix}$$

为这种方法辩护的一个论点是，初始的 0 值元素可能是舍入的结果；也就是说，这些元素实际上是非常小的流量，在数据的记录中，降到了“缩减到 0”的阈值之下。另一方面，有些 0 值代表真实的技术事实——正如在上面有的例子中，从土豆到汽车的一个 0 值流量，就需要在目标矩阵中保留。此外，在一个大规模的问题中，并不需要把所有的 0 改为小的正数，则问题就在于确定哪些 0 应该被改变。一种方法是使用线性规划来选择要扩大（从 0 到正值）的元素子集；见莫尔、克朗和普可仁（Mohr，Crown，and Polenske，1987）关于这种方法的讨论和证明。

7.5 总结

本章我们研究了当完整的部门间交易矩阵无法被获取时估计投入产出系数表的方法。不存在预期能够生成与进行完全调查情况下所能得到的表一样完美的表的非调查或局部调查方法。此外，即使是在最佳的基于调查的表的编制中，也会存在许多类别的误差和折中，因此，可以认为即使基于调查的表也不是经济体的一个完整且精确的反映。针对更新问题出现了许多方法，通常在某个阶段包括 RAS 法调整，经常在特定的关键元素上结合调查数据或者专家意见——特定元素有时是单独的系数，有时是整行或整列。这种混合策略是同时获得几种方法的优势的一种尝试——这些优势包括有选择的调查信息、专家意见以及 RAS 法令人瞩目的数学性质。

① 显然，这最初是由休因斯 1969 年在他的博士论文中做出的［在 de Mesnard（2003）中被引用］。

② 9 次迭代后，对所有 i 用 $|u_i(1)-u_i^k|\leqslant 0.001$ 和 $|v_i(1)-v_i^k|\leqslant 0.001$ 作为停止标准。

附录 7.1 RAS 法作为带约束的最小信息距离问题的解

该问题是确定 $\widetilde{\mathbf{A}}(1)$ 中的元素，以最小化 $\mathbf{A}(0)$ 和 $\widetilde{\mathbf{A}}(1)$ 之间的信息距离指标，即：

$$D[\mathbf{A}(0):\widetilde{\mathbf{A}}(1)]=\sum_{i=1}^{n}\sum_{j=1}^{n}\tilde{a}_{ij}(1)\ln\left[\frac{\tilde{a}_{ij}(1)}{a_{ij}(0)}\right] \tag{A7.1.1}$$

受约束于：

$$\sum_{j=1}^{n}\tilde{a}_{ij}(1)x_j(1)=u_i(1)(i=1,\cdots,n) \tag{A7.1.2}$$

$$\sum_{i=1}^{n}\tilde{a}_{ij}(1)x_j(1)=v_j(1)(j=1,\cdots,n) \tag{A7.1.3}$$

注意到式（A7.1.1）中的表达式只在 $a_{ij}(0)\neq 0$ 时有定义。相关的拉格朗日函数为：

$$L=\sum_{i=1}^{n}\sum_{j=1}^{n}\tilde{a}_{ij}(1)\ln\left[\frac{\tilde{a}_{ij}(1)}{a_{ij}(0)}\right]-\sum_{i=1}^{n}\lambda_i\left[\sum_{j=1}^{n}\tilde{a}_{ij}(1)x_j(1)-u_i(1)\right]-\sum_{j=1}^{n}\mu_j\left[\sum_{i=1}^{n}\tilde{a}_{ij}(1)x_j(1)-v_j(1)\right] \tag{A7.1.4}$$

一阶偏导为：

$$\partial L/\partial\tilde{a}_{ij}(1)=1+\ln\tilde{a}_{ij}(1)-\ln a_{ij}(0)-\lambda_i x_j(1)-\mu_j x_j(1) \tag{A7.1.5}$$

设 $\partial L/\partial\tilde{a}_{ij}(1)=0$ 得到：

$$\ln\tilde{a}_{ij}(1)=\ln a_{ij}(0)-1+\lambda_i x_j(1)+\mu_j x_j(1)$$

取反对数，有：

$$\tilde{a}_{ij}(1)=a_{ij}(0)e^{[-1+\lambda_i x_j(1)+\mu_j x_j(1)]}$$

重新整理，得：

$$\tilde{a}_{ij}(1)=\mathrm{e}^{[\lambda_i x_j(1)-1/2]}a_{ij}(0)\mathrm{e}^{[\mu_j x_j(1)-1/2]} \tag{A7.1.6}$$

令：

$$r_i=\mathrm{e}^{[\lambda_i x_j(1)-1/2]} \tag{A7.1.7}$$

仅仅是关于 λ_i 的函数（即行约束），并令：

$$s_j=\mathrm{e}^{[\mu_i x_j(1)-1/2]} \tag{A7.1.8}$$

仅仅是关于 μ_j 的函数（即列约束）。则式（A7.1.6）的右侧可以表示为：

$$\tilde{a}_{ij}(1)=r_i a_{ij}(0)s_j \tag{A7.1.9}$$

新的系数 $\tilde{a}_{ij}(1)$ 通过对旧的系数 $a_{ij}(0)$ 用行约束项 r_i 和列约束项 s_j 进行修正推导出来。

该问题的约束条件，式（A7.1.2）和式（A7.1.3），如往常一样，当我们设 $\partial L/\partial \lambda_i=0$（$i=1$，…，$n$）和 $\partial L/\partial \mu_j=0$（$j=1$，…，$n$）时，在其余的一阶条件中被复制出来。将式（A7.1.9）代入这两个约束条件，得出：

$$r_i = u_i(1)/\sum_{j=1}^{n} a_{ij}(0)s_j x_j(1)$$

和

$$s_j = v_j(1)/\sum_{j=1}^{n} r_i a_{ij}(0)x_j(1)$$

r_i 和 s_j 的值通过对这两个方程的迭代求解得出。这就是 RAS 法的实现方法（Macgill，1977；Bacharach，1970）。

式（A7.1.9）的等价矩阵为：

$$\tilde{\boldsymbol{A}}(1)=\tilde{\boldsymbol{r}}\boldsymbol{A}(0)\hat{\boldsymbol{s}} \tag{A7.1.10}$$

与本书式（7.35）中一样，其中：

$$\hat{\boldsymbol{r}}=\begin{bmatrix} r_1 & 0 & \cdots & 0 \\ 0 & r_2 & & 0 \\ \vdots & & & \vdots \\ 0 & & & r_n \end{bmatrix}$$

$$\hat{\boldsymbol{s}}=\begin{bmatrix} s_1 & 0 & \cdots & 0 \\ 0 & s_2 & & 0 \\ \vdots & & & \vdots \\ 0 & & & s_n \end{bmatrix}$$

检验二阶偏导，我们得到：

$$\partial^2 L/\partial \tilde{a}_{ij}(1)^2=1/\tilde{a}_{ij}(1) \tag{A7.1.11}$$

当所有 $\tilde{a}_{ij}(1)>0$ 时，该式严格为正。根据式（A7.1.9），意味着所有 $a_{ij}(0)>0$，因为 $r_i>0$ 且 $s_j>0$［式（A7.1.7）和式（A7.1.8）］。因此 RAS 解最小化了式（A7.1.1）中的 $D[\boldsymbol{A}(0)：\tilde{\boldsymbol{A}}(1)]$。

习题

7.1　考虑如下美国 1997 年①、2003 年和 2005 年投入产出表（单位：百万美元）。

① 这个 1997 年表与附录 B 中给出的表不同，因为它们反映的是“再定义之前”搜集的数据，如第 4 章中所讨论的。

美国 1997 年使用表	1	2	3	4	5	6	7	进口
1 农业	74 938	15	1 121	150 341	2 752	13 400	11	(23 123)
2 采掘业	370	19 461	4 281	112 513	53 778	5 189	30	(64 216)
3 建筑业	1 122	29	832	7 499	11 758	50 631	27	—
4 制造业	49 806	19 275	178 903	1 362 660	169 915	418 412	1 914	(765 454)
5 商业、交通及公用事业	21 650	11 125	76 056	380 272	199 004	224 271	612	6 337
6 服务业	32 941	45 234	107 723	483 686	545 779	1 592 426	3 801	(16 942)
7 其他	63	781	422	33 905	19 771	26 730	—	(126 350)
美国 1997 年制造表	**1**	**2**	**3**	**4**	**5**	**6**	**7**	**产业产出**
1 农业	284 511	—	65	356	455	1 152	—	286 539
2 采掘业	—	158 239	109	9 752	295	258	—	168 653
3 建筑业	—	—	670 210	—	—	—	—	670 210
4 制造业	—	727	1 258	3 703 275	39 720	36 034	3 669	3 784 683
5 商业、交通及公司事业	556	381	21 393	15 239	2 201 532	141 674	—	2 380 776
6 服务业	—	410	54 850	1 306	109 292	6 444 098	1 821	6 611 778
7 其他	—	—	6 206	—	—	7 010	947 023	960 238
商品产出	285 067	159 757	754 091	3 729 928	2 351 295	6 630 226	952 513	14 862 876
美国 2003 年使用表	**1**	**2**	**3**	**4**	**5**	**6**	**7**	**进口**
1 农业	61 946	1	1 270	147 559	231	18 453	2 093	(26 769)
2 采掘业	441	33 299	6 927	174 235	89 246	1 058	11 507	(125 508)
3 建筑业	942	47	1 278	8 128	10 047	65 053	48 460	—
4 制造业	47 511	22 931	265 115	1 249 629	132 673	516 730	226 689	(1 075 128)
5 商业、交通及公司事业	24 325	13 211	100 510	382 630	190 185	297 537	123 523	8 065
6 服务业	25 765	42 276	147 876	509 084	490 982	2 587 543	442 674	(44 060)
7 其他	239	1 349	2 039	48 835	35 110	83 322	36 277	(177 578)

续前表

美国 2003 年制造表	1	2	3	4	5	6	7	产业产出
1 农业	273 244	—	—	67	—	1 748	—	275 058
2 采掘业	—	232 387	—	10 843	—	—	—	243 231
3 建筑业	—	—	1 063 285	—	—	—	—	1 063 285
4 制造业	—	—	—	3 856 583	—	30 555	3 278	3 890 416
5 商业、交通及公司事业	—	570	—	—	2 855 126	41	957	2 856 693
6 服务业	—	475	—	—	133	9 136 001	3 278	9 139 886
7 其他	3 359	896	—	3 936	104 957	323 996	1 827 119	2 264 263
商品产出	276 602	234 328	1 063 285	3 871 429	2 960 216	9 492 341	1 834 631	19 732 832
美国 2005 年使用表	**1**	**2**	**3**	**4**	**5**	**6**	**7**	**进口**
1 农业	71 682	1	1 969	174 897	335	18 047	1 671	(31 248)
2 采掘业	524	57 042	8 045	297 601	123 095	1 290	16 570	(226 059)
3 建筑业	1 597	74	1 329	7 886	12 449	74 678	54 282	—
4 制造业	61 461	34 860	339 047	1 452 738	183 135	589 452	255 456	(1 372 424)
5 商业、交通及公司事业	26 501	17 197	136 193	460 348	244 153	362 324	127 266	6 790
6 服务业	27 274	52 297	165 179	543 690	610 978	3 017 728	529 779	(50 588)
7 其他	240	1 323	2 021	61 316	44 561	90 071	39 656	(208 971)
美国 2005 年制造表	**1**	**2**	**3**	**4**	**5**	**6**	**7**	**产业产出**
1 农业	310 868	—	—	65	—	1 821	—	312 754
2 采掘业	—	373 811	—	22 752	—	—	—	396 563
3 建筑业	—	—	1 302 388	—	—	—	—	1 302 388
4 制造业	—	—	—	4 454 957	—	26 106	4 467	4 485 529
5 商业、交通及公司事业	—	808	—	—	3 354 043	47	1 046	3 355 944
6 服务业	—	556	—	—	152	10 473 161	3 771	10 477 640
7 其他	4 657	1 410	—	4 111	115 428	339 582	2 061 136	2 526 325
商品产出	315 525	376 586	1 302 388	4 481 885	3 469 622	10 840 717	2 070 419	22 857 143

对这三个年度，利用基于产业的技术假定计算产业×产业交易表。假定这些表的历史价格指数在如下的表中给出（相对于之前某个任意年度的百分比的价格指数）：

	1997 年	2003 年	2005 年
农业	100	113.5	122.7
采掘业	96.6	131.3	201
建筑业	181.6	188.9	209.9
制造业	133.7	150.8	156.9
商业、交通及公用事业	200.4	205.7	217.1
服务业	129.3	151.6	219.8
其他	140	144.7	161.4

以 2005 年为价格基年，计算这些年度的系列不变价投入产出表。

7.2 对习题 7.1 中建立的不变价表，假设我们用两个年度 A 中相同产业部门的列和之差的平均绝对值来衡量年度之间的变化。从 1997 年到 2005 年，哪三个部门显示出最大的变化？与用名义货币而不是不变货币衡量时的这三个变化最大的部门相比较，差异如何？它们为什么不同？

7.3 用习题 7.1 中的现价投入产出表，计算 1997 年和 2005 年之间的边际投入系数。

7.4 考虑如下产业间交易和 2000 年两部门投入产出经济的总产出。

2000 年	A	B	总产出
A	1	2	10
B	3	4	10
增加值	6	4	

假定对 2010 年得到了下表中给出的总最终需求向量、总增加值和总产出。

2010 年	最终需求	增加值	总产出
A	12	10	25
B	6	8	20

用 2000 年表作为基年，并利用 2010 年最终需求、增加值和总产出的估计，用 RAS 法计算 2010 年技术系数表的估计。

7.5 利用习题 7.1 建立的以 1997 年价格表示的 1997 年投入产出表以及来自相对应的 2005 年投入产出表的中间投入、中间产出和总产出向量，用 1997 年作为基年计算 2005 年表的 RAS 估计。与 2005 年“实际”表相比较，计算 2005 年 RAS 法估计表的平均绝对百分比误差（MAPE）。

7.6 假定我们有基年的交易矩阵，定义为 $\mathbf{Z}(0)=\begin{bmatrix}100 & 55 & 25\\ 50 & 75 & 45\\ 25 & 10 & 110\end{bmatrix}$。我们有中间投入和中间产出的估计，分别是 $\boldsymbol{v}(1)=\begin{bmatrix}265\\ 225\\ 325\end{bmatrix}$ 和 $\boldsymbol{u}(1)=\begin{bmatrix}325\\ 235\\ 255\end{bmatrix}$。

a. 利用 RAS 法，用 $\mathbf{Z}(0)$、$\boldsymbol{v}(1)$ 和 $\boldsymbol{u}(1)$ 计算下个年度交易表的估计 $\tilde{\mathbf{Z}}^r(1)$。

b. 假定我们知道总产出向量 $\boldsymbol{x}(1)=\begin{bmatrix}750\\ 500\\ 1\,000\end{bmatrix}$，对应于 $\mathbf{Z}(0)$，同时我们有下一年度总产出的估计

$\mathbf{x}(1)=\begin{bmatrix}1\ 000\\750\\1\ 500\end{bmatrix}$。计算 $\mathbf{A}(0)$，并用 $\mathbf{A}(0)$ 以及 $\mathbf{v}(0)$ 和 $\mathbf{u}(0)$ 生成下个年度技术系数矩阵的估计 $\widetilde{\mathbf{A}}^{A}(1)$。最后计算 $\widetilde{\mathbf{A}}^{Z}(1)=\widetilde{\mathbf{Z}}^{Z}(1)\hat{\mathbf{x}}(1)^{-1}$。$\widetilde{\mathbf{A}}^{A}(1)=\widetilde{\mathbf{A}}^{Z}(1)$ 成立吗？为什么？

7.7 对习题 7.6 中描述的经济，假定我们获得了下个年度基于调查的技术系数表 $\mathbf{A}(1)=\begin{bmatrix}0.2 & 0.1 & 0.033\\0.035 & 0.167 & 0.05\\0.03 & 0.033 & 0.133\end{bmatrix}$。在调查开始时，我们仅仅知道 $a(1)_{32}=0.033$，我们用这个信息以及 $\mathbf{A}(0)$、$\mathbf{v}(0)$ 和 $\mathbf{u}(0)$ 来得到整个系数矩阵 $\widetilde{\mathbf{A}}^{*}(1)$ 的一个中间估计。如果我们用两个矩阵 MAPE 来测量它们的差，$\mathbf{A}(1)$ 的哪种估计比较好——$\widetilde{\mathbf{A}}(1)$ 还是 $\widetilde{\mathbf{A}}^{*}(1)$？假定在调查期的早期，我们确定 $a(1)_{11}=0.2$ 而不是已知 $a(1)_{32}$。$\mathbf{A}(1)$ 的哪个估计比较好——$\widetilde{\mathbf{A}}(1)$ 还是 $\widetilde{\mathbf{A}}^{*}(1)$？这种情况与 $a(1)_{32}$ 已知的情况有什么差别？

7.8 考虑交易矩阵 $\mathbf{Z}(0)=\begin{bmatrix}100 & 55 & 25\\0 & 75 & 25\\25 & 10 & 110\end{bmatrix}$，计划的中间投入和中间产出向量分别为 $\mathbf{v}(1)=\begin{bmatrix}125\\140\\160\end{bmatrix}$ 和 $\mathbf{u}(1)=\begin{bmatrix}180\\100\\145\end{bmatrix}$。用 RAS 法估计 $\widetilde{\mathbf{Z}}(1)$。假定我们知道 $v_1(0)=100$ 而不是 125，有可能用 RAS 法计算 $\widetilde{\mathbf{Z}}(1)$ 吗？为什么？

7.9 对于美国 1997 年和 2005 年投入产出表（来自习题 7.1，用当年价表示而不是用不变价表示），用 $\mathbf{A}(1997)$、$\mathbf{v}(2005)$ 和 $\mathbf{u}(2005)$ 计算 RAS 法估计 $\widetilde{\mathbf{A}}(2005)$。计算 $\widetilde{\mathbf{A}}(2005)$ 与 $\mathbf{A}(2005)$ 相比较的 MAPE。与 $\widetilde{\mathbf{L}}(2005)=[\mathbf{I}-\widetilde{\mathbf{A}}(2005)]^{-1}$ 和 $\mathbf{L}(2005)$ 之间的 MAPE 相比，该误差如何？

参考文献

Allen, R. I. G. and W. F. Gossling (eds.). 1975. *Estimating and Projecting Input-Output Coefficients*. London: Input-Output Publishing Co.

Almon, Clopper. 1968. "Recent Methodological Advances in Input-Output in the United States and Canada." Unpublished paper, Fourth International Conferencc on Input-Output Techniques, Geneva.

Bacharach, Michael. 1970. *Biproportional Matrices and Input-Output Change*. Cambridge University Press.

Barker, Terry S. 1975. "Some Experiments in Projecting Intermediate Demand," in Allen and Gossling (eds.), *Estimating and Projecting Input-Output Coefficients*. London: Input-Output Publishing Co., pp. 26-42.

Baster, J. 1980. "Stability of Trade Patterns in Regional Input-Output Tables," *Urban Studies*, **17**, 71-75.

Beyers, William B. 1972. "On the Stability of Regional Interindustry Models: The Washington Data for 1963 and 1967," *Journal of Regional Science*, **12**, 363-374.

Beyers, William B., Philip J. Bourque, Warren R. Seyfried and Eldon E. Weeks. 1970. "Input-Output Tables for the Washington Economy, 1967," Seattle, WA: University of Washington. Graduate School of Business Administration.

Bezdek, Roger H. 1978. "Postwar Structural and Technological Changes in the American Economy," *OMEGA. The International Journal of Management Science*, **6**, 211-225.

Bezdek, Roger H. and Constance R. Dunham. 1978. "Structural Change in the American Economy, by Functional Industry Group," *Review of Income and Wealth*, **24**, 93-104.

Blair, Peter D. and Andrew W. Wyckoff. 1989. "The Changing Structure of the U. S. Economy: An Input-Output Analysis," in Ronald E. Miller, Karen R. Polenske and Adam Z. Rose (eds.), *Frontiers of Input-Output Analysis*. New York: Oxford University Press, pp. 293-307.

Bourque, Philip J. and Eldon E. Weeks. 1969. "Detailed Input-Output Tables for Washington State. 1963," Pullman, WA: Washington State University, Washington Agricultural Experiment Station, Circular 508.

Bourque, Philip J. and Richard S. Conway, Jr. 1977. "The 1972 Washington Input-Output Study," Seattle, WA: University of Washington, Graduate School of Business Administration.

Cambridge University, Department of Applied Economics. 1963. "Input-Output Relationships, 1954—1966," Vol. 3, A Programme for Growth. London: Chapman and Hall.

Canning, Patrick and Zhi Wang. 2005. "A Flexible Mathematical Programming Model to Estimate Interregional Input-Output Accounts," *Journal of Regional Science*, **45**, 539-563.

Carter, Anne P. 1970. *Structural Change in the American Economy*. Cambridge, MA: Harvard University Press.

Conway, Richard S., Jr. 1975. "A Note on the Stability of Regional Interindustry Models," *Journal of Regional Science*, **15**, 67-72.

1977. "The Stability of Regional Input-Output Multipliers," *Environment and Planning A*, **9**, 197-214.

1980. "Changes in Regional Input-Output Coefficients and Regional Forecasting," *Regional Science and Urban Economics*, **10**, 158-171.

Deming, W. Edwards and Frederick F. Stephan. 1940. "On a Least-squares Adjustment of a Sampled Frequency Table when the Expected Marginal Totals are Known," *Annals of Mathematical Statistics*, **11**, 427-444.

Dietzenbacher, Erik and Ronald E. Miller. 2009. "RAS-ing the Transactions or the Coefficients: It Makes No Difference," *Journal of Regional Science*, **49**.

Emerson, M. Jarvin. 1976. "Interregional Tradc Effects in Static and Dynamic Input-Output Models," in Karen R. Polenske and Jiří V. Skolka (eds.), *Advances in Input-Output Analysis. Proceedings of the Sixth International Conference on Input Output Techniques*. Vienna, April 22-26, 1974. Cambridge, MA: Ballinger, pp. 263-277.

Eurostat. 2002. "The ESA 95 Input-Output Manual. Compilation and Analysis," Version: August, 2002.

Friedlander, D. 1961. "A Technique for Estimating Contingency Tables, Given Marginal Totals and Some Supplemental Data," *Journal of the Royal Statistical Society*, *A*, **124**, 412-420.

Gilchrist, Donald A. and Larry V. St. Louis. 1999. "Completing Input-Output Tables using Partial Information, with an Application to Canadian Data," *Economic Systems Research*, **11**, 185-193.

2004. "An Algorithm for the Consistent Inclusion of Partial Information in the Revision of Input-Output Tables," *Economic Systems Research*, **16**, 149-156.

Hewings, Geoffrcy J. D. 1969. *Regional Interindustry Models Derived from National Data: The Structure of the West Midlands Economy*. Ph. D. dissertation, University of Washington, Seattle.

Hewings, Geoffrey J. D. and Bruce N. Janson. 1980. "Exchanging Regional Input-Output Coefficients: A Reply and Further Comments," *Environment and Planning A*, **12**, 843-854.

Israilevich, Philip R. 1986. *Biproportional Forecasting of Input-Output Tables*. Ph. D. dissertation, University of Pennsylvania, Philadelphia, PA.

Jackson, Randall W. and Alan T. Murray. 2004. "Alternative Input-Ontput Matrix Updating Formulations," *Economic Systems Research*, **16**, 135-148.

Jensen, Rodney C. 1980. "The Concept of Accuracy in Input-Output," *International Regional Science Review*, **5**, 139-154.

Junius, Theo and Jan Oosterhaven. 2003. "The Solution of Updating or Regionalizing a Matrix with both Positive and Negative Entries," *Economic Systems Research*, **15**, 87-96.

Kanemitsu, Hideo and Hiroshi Ohnishi. 1989. "An Input-Output Analysis of Technological Changes in the Japanese Economy: 1970—1980," in Ronald E. Miller, Karen R. Polenske and Adam Z. Rose (eds.), *Frontiers of Input-Output Analysis*. New York: Oxford University Press, pp. 308-323.

Lahr, Michael L. 1993. "A Review of the Literature Supporting the Hybrid Approach to Constructing Regional Input-Output Tables," *Economic Systems Research*, **5**, 277-293.

2001. "A Strategy for Producing Hybrid Regional Input-Output Tables," in Michael L. Lahr and Erik Dietzenbacher (eds.), *Input-Output Analysis: Frontiers and Extensions*. New York: Palgrave, pp. 211-242.

Lahr, Michael L. and Louis de Mesnard. 2004. "Biproportional Techniques in Input-Output Analysis: Table Updating and Structural Analysis," *Economic Systems Research*, **16**, 115-134.

Lecomber, J. R. C. 1975. "A Critique of Methods of Adjusting, Updating and Projecting Matrices," in Allen and Gossling (eds.), pp. 43-56.

Leontief, Wassily. 1941. *The Structure of American Economy 1919—1929*. New York: Oxford University Press.

1951. *The Structure of American Economy 1919—1939*. New York: Oxford University Press.

Leontief, Wassily, Hollis B. Chenery, Paul G. Clark, James S. Duesenberry, Alan R. Ferguson, Anne P. Grosse, Robert N. Grosse, Mathilda Holzman, Walter Isard and Helen Kistin. 1953. *Studies in the Structure of the American Economy*. New York: Oxford University Press.

Macgill, S. M. 1977. "Theoretical Properties of Biproportional Matrix Adjustments," *Environment and Planning A*, **9**, 687-701.

Matuszewski, T., P. R. Pitts and J. A. Sawyer. 1964. "Linear Programming Estimates of Changes in Input-Output Coefficients," *Canadian Journal of Economics and Political Science*, **30**, 203-211.

de Mesnard, Louis. 2003. "What is the Best Method of Matrix Adjustment? A Formal Answer by a Return to the World of Vectors," Paper presented at the 50th Annual North American Meetings of the Regional Science Association International, Philadelphia, November 20-22.

2004. "Biproportional Methods of Structural Change Analysis: A Typological Survey," *Economic Systems Research*, **16**, 205-230.

de Mesnard, Louis and Ronald E. Miller. 2006. "A Note on Added Information in the RAS Procedure: Reexamination of Some Evidence," *Journal of Regional Science*, **46**, 517-528.

Miernyk, William H. 1965. *The Elements of Input-Output Analysis*. New York: Random House.

1977. "The Projection of Technical Coefficients for Medium-Term Forecasting," in W. F. Gossling (ed.), *Medium-Term Dynamic Forecasting*. (The 1975 London Input-Output Conference.) London: Input-Output Publishing Co., pp. 29-41.

Miller, Ronald E. and Peter D. Blair. 1985. *Input-Output Analysis: Foundations and Extensions*. Englewood Cliffs, NJ: Prentice-Hall.

Möhr, Malte, William H. Crown and Karen R. Polenske. 1987. "A Linear Programming Approach to Solving Infeasible RAS Problems," *Journal of Regional Science*, **27**, 587-603.

Oosterhaven, Jan. 2005. "GRAS versus Minimizing Absolute and Squared Differences: A Comment," *Economic Systems Research*, **17**, 327-331.

Okuyama, Yasuhide, Geoffrey J. D. Hewings, Michael Sonis and Philip R. Israilevich. 2002. "An Econometric Analysis of Biproportional Properties in an Input-Output System," *Journal of Regional Science*, **42**, 361-387.

Planting, Mark A. and Jiemin Guo. 2004. "Increasing the Timeliness of US Annual Input-Output Accounts," *Economic Systems Research*, **16**, 157-167.

Polenske, Karen R. 1997. "Current Uses of the RAS Technique: A Critical Review," in András Simonovits and Albert E. Steenge (eds.), *Prices, Growth and Cycles: Essays in Honour of András Bródy*. London: Macmillan, pp. 55-88.

Rasmussen, P. Nørregaard. 1957. *Studies in Inter-sectoral Relations*. Amsterdam: North-Holland.

Richardson, Harry W. 1985. "Input-Output and Economic Base Multipliers: Looking Backward and Forward," *Journal of Regional Science*, **25**, 607-661.

Shishido, Shuntaro, Makoto Nobukuni, Kazumi Kawamura, Takahiro Akita and Shunichi Furukawa. 2000. "An International Comparison of Leontief Input-Output Coefficients and its Application to Structural Growth Patterns," *Economic Systems Research*, **12**, 45-64.

Stäglin, Reiner and Hans Wessels. 1972. "Intertemporal Analysis of Structural Changes in the German Economy," in Andrew Bródy and Anne P. Carter (eds.), *Input-Output Techniques*. Vol. 1 of *Proceedings of the Fifth International Conference on Input-Output Techniques*. Geneva, 1971. Amsterdam: North-Holland, pp. 370-392.

Stone, Richard. 1961. *Input-Output and National Accounts*. Paris: Organization for European Economic Cooperation.

Stone, Richard and Alan Brown. 1962. *A Computable Model of Economic Growth*. Vol. 1, A Programme for Growth. London: Chapman and Hall.

Szyrmer, Janusz. 1989. "Trade-Off between Error and Information in the RAS Procedure," in Ronald E. Miller, Karen R. Polenske and Adam Z. Rose (eds.), *Frontiers of Input-Output Analysis*. New York: Oxford University Press, pp. 258-278.

Tilanus, C. B. 1966. *Input-Output Experiments: The Netherlands, 1948—1961*. Rotterdam: Rotterdam University Press.

1967. "Marginal vs. Average Input Coefficients in Input-Output Forecasting," *Quarterly Journal of Economics*, **81**, 140-145.

Tilanus, C. B. and G. Rey. 1964. "Input-Output Volume and Value Predictions for the Netherlands. 1948—1958," *International Economic Review*, **5**, 34-45.

Vaccara, Beatrice N. 1970. "Changes Over Time in Input-Output Coefficients for the United States," in Anne P. Carter and Andrew Bródy (eds.). *Applications of Input-Output Analysis*, Vol. 2 of *Proceedings of the Fourth International Conference on Input-Output Techniques*, Geneva, 1968. Amsterdam: North-Holland, pp. 238-260.

第 8 章

非调查与局部调查方法：扩展

8.1 引言

区域投入产出表和国家投入产出表同样都有编制时间滞后的问题。然而，地理范围小会带来区域表的其他问题。例如，如果仅把密歇根汽车装配工厂关闭，而将相同工厂转移到田纳西，全国投入产出表仍旧体现这个汽车装配活动（尽管新工厂可能采用更现代化的技术），而同样的活动从密歇根投入产出表中完全消失，同时作为全新的活动出现在田纳西的投入产出表中。此外，州、县或者更小的经济区对于编制基于调查的投入产出表所需要的各类数据来讲，所能提供的资源往往更少，虽然经济体小（若干平方英里、若干工厂等）所需要的调查努力可能少。如果在涉及的模型中有两个或多个区域相互联系（或者一个地区与本地区之外的本国其他地区），这些地区的货物调入或调出就会处于更为重要的地位——前者提供生产中的投入，后者代表产出的市场。因此，要得到 IRIO 或者 MRIO 模型（第 3 章）中的系数 a_{ij}^{rs} 或 c_{i}^{rs} 的近似估计，需要投入相当大的精力去估计地区间的商品流量。

就如第 3 章中所说明的，早期估算地区水平的部门间关系的工作采用了全国投入系数和地区供给比例的估计；对于每个供给部门，这个比例体现了某种商品可以预期的地区总需求与本地区内所生产的数量比。得到这些估计的一种方法是：对部门 i，找到其总产出减出口与总产出减出口加进口的比值。如第 3 章所给出的，对特定的地区 r，有：

$$p_i^r=\frac{x_i^r-e_i^r}{x_i^r-e_i^r+m_i^r}$$

因此，当产品 i 无进口时，$p_i^r=1$，此时假定该地区所有对 i 的需求都由内部供给满足。地区直接消耗系数矩阵可以估计为：

$$\mathbf{A}^{rr}=\hat{\mathbf{p}}\mathbf{A}^{n}$$

这里 $\mathbf{p}=[p_i^r]$，$\mathbf{A}^n$ 是全国的技术系数矩阵。如在第 3 章中所见，本式代表了$\mathbf{A}^n$每一行中元素的相同变换，即$\mathbf{A}^n$第 i 行元素同乘以p_i^r。

如第 3.2 节所示，地区投入系数a_{ij}^{rr}被定义为地区技术系数a_{ij}^r和地区进口系数a_{ij}^{sr}的差，这里 s 表示地区 r 之外的区域（当特定区域明确后，可简化表示为$r_{ij}=a_{ij}-m_{ij}$）。如果我们有可行的完备的地区内和地区间数据集（例如构建地区间投入产出模型所需要的数据），我们就可以直接观察到a_{ij}^{rr}和a_{ij}^{sr}。然而，如果我们试图从全国投入产出表来估计a_{ij}^{rr}，估计问题可以通过以下途径解决：(1) 根据相应的全国系数a_{ij}^n估计地区技术系数a_{ij}^r；(2) 按照地区技术系数的一定比例估计地区投入系数a_{ij}^{rr}，也就是$a_{ij}^{rr}=p_{ij}^r a_{ij}^r$，$0\leqslant p_{ij}^r\leqslant 1$。我们估计$a_{ij}^r$和$p_{ij}^r$，来代替估计$a_{ij}^r$和$a_{ij}^{rr}$。因此，由$a_{ij}^n$估计$a_{ij}^{rr}$的过程有两步。(1) 求出$\alpha_{ij}^r\geqslant 0$，使得：

$$a_{ij}^r=(\alpha_{ij}^r)(a_{ij}^n) \tag{8.1}$$

(2) 求出 β_{ij}^r ($0\leqslant\beta_{ij}^r\leqslant 1$) 使得：

$$a_{ij}^{rr}=(\beta_{ij}^r)(a_{ij}^r) \tag{8.2}$$

[当然，如果对每个 i 和 j，我们确实能找到α_{ij}^r和β_{ij}^r，那就等同于找到了$a_{ij}^{rr}=(\gamma_{ij}^r)(a_{ij}^n)$，$\gamma_{ij}^r=(\beta_{ij}^r)(\alpha_{ij}^r)$。]

基本的情况是没有足够的区域的信息去找到α_{ij}^r和β_{ij}^r。例如，在本部分一开始所描述的简单方法中，我们看到：(1) 假定a_{ij}^r等于a_{ij}^n；就式 (8.1) 而言，对所有 i 和 j，$\alpha_{ij}^r=1$，区域 r 和全国的生产配方是相同的；(2) 本区域的投入 i 的每个购买者 j 都被假定从本区域购买的那些投入的比例相同，就式 (8.2) 而言，对所有 i，有$\beta_{ij}=p_i^r$。

在特定调查信息缺失的情况下，至少开始时通常会采用假定 1。这样就忽略了一个部门内部产品组合在地区间的可能差异（第 3 章所讨论过的），特别是在非最细水平的细分部门情况下，这种做法忽略了特定地区某部门中的不同公司的规模和年限（例如有不同的效率）、资本存量的质量差异等。20 世纪 80 年代中期流行的观点是：

> *……在关于这些特征的许多信息缺失的情况下，所剩的唯一选择是采用一种非常保守的策略，也就是，在修正过程中使用的推断最小。*(Hewings, 1985, p. 47)

现在，我们将研究一些国家系数地区化的非调查技术，通过在已发表的关于地区的分产业的就业、收入或产出的文献基础上做调整，看看这些技术什么地方符合式 (8.1) 和式 (8.2) 给出的一般方案。之后，我们将研究更新的、更复杂的地区化方法。然而，由于历史上许多关于地区的研究都使用了在接下来的第 8.2 节中所讨论的技术，因此理解它们是非常必要的。

8.2 区位商及相关技术

□ 8.2.1 简单区位商

令x_i^r和x^r分别表示区域 r 中部门 i 的产出以及区域 r 中所有部门的总产出，令x_i^n和

x^n分别表示国家水平上部门 i 的产出和所有部门的总产出。则区域 r 部门 i 的简单区位商（location quotation，LQ）的定义为：

$$LQ_i^r=\left(\frac{x_i^r/x^r}{x_i^n/x^n}\right) \tag{8.3}$$

（在文献中其经常被表示为SLQ_i。）在区域的产出数据不总是可获取的情况下，或者在研究者觉得合适的情况下，其他的衡量区域和国家经济行为的指标也经常用到，包括分部门的就业（也许最广泛）、个人收入、增加值等。

对这个指标的解释是直接的。式（8.3）的分子表示在区域 r 的产出中部门 i 所贡献的比例，分母表示整个国家范围内国家的总产出中由部门 i 贡献的比例。如果$LQ_i^r=0.034/0.017=2$，部门 i 占了地区总产出的 3.4%，而在国家水平上，部门 i 的总产出只占国家总产出的 1.7%。在这种情况下，实际上只要$LQ_i^r>1$，就表示在地区水平上与在整个国家水平上相比，部门 i 更加区域化，或更加集中化。相反，如果$LQ_i^r=0.015/0.045=0.33$，我们的理解是在国家总产出中部门 i 的产出占了 4.5%，而地区总产出中部门只占了 1.5%。在这种情况下，地区 r 与国家整体相比，部门 i 的区域化或集中化程度要更小一些。

通过简单的数学变化可以得到另一种表述，为：

$$LQ_i^r=\left(\frac{x_i^r/x_i^n}{x^r/x^n}\right)$$

这种表达方式给我们讲了一个不同的“故事”。分子衡量了部门 i 在地区 r 的总产出占部门 i 全国总产出的比例。分母表示在全国的所有商品的总产出中地区 r 的产出占的比例。然而，区位商的解释基本相同；$LQ_i^r>1$ 表示商品 i 在地区 r 的生产相对更加区域化或集中化。

简单区位商被视作用来衡量某地区内的部门 i 满足（供给）该地区其他部门（以及最终需求）对部门 i 的需求的能力，方式如下。如果部门 i 在该地区的集中化小于全国（$LQ_i^r<1$），则认为该部门满足本地区内对其产出需求的能力差一些，从而其地区的直接消耗系数a_{ij}^{rr}（$j=1$，…，n）通过减少国家的直接消耗系数a_{ij}^n得到，方法是用区位商LQ_i^r乘以国家直接消耗系数a_{ij}^n（$j=1$，…，n）。如果部门 i 在该地区比在全国更加集中化，则假定部门 i 在国家范围的直接消耗系数a_{ij}^n（$j=1$，…，n）适用于该地区，而部门 i 在该地区的生产的“剩余”将被调出到该国其他地区。因此，地区表的每一行 i 被估计为：

$$a_{ij}^{rr}=\begin{Bmatrix}(LQ_i^r)a_{ij}^n & \text{当} LQ_i^r<1 \text{ 时}\\ a_{ij}^n & \text{当} LQ_i^r\geqslant 1 \text{ 时}\end{Bmatrix} \tag{8.4}$$

[如果某个国家部门在地区中没有（$LQ_i^r=0$），则对应的行和列从系数矩阵$\mathbf{A}^n$中被简单删除。]

根据式（8.1）和式（8.2）中的一般方案，可以看到这个过程等价于：(1) 假定对所有 i 和 j，$\alpha_{ij}^r=1$；(2) 令$LQ_i^r<1$ 时$\beta_{ij}^r=LQ_i^r$，$LQ_i^r\geqslant 1$ 时$\beta_{ij}^r=1$。注意在这个方法中有明显的不对称，当一个部门是进口（调入）导向的时（$LQ_i^r<1$），国家系数的修正随着调入导向强度而改变，$a_{ij}^{rr}=(LQ_i^r)a_{ij}^n$。当一个部门是出口（调出）导向的时（$LQ_i^r>1$），导向的强度并没有被反映在修正中，$a_{ij}^{rr}=(1)a_{ij}^{n}$。

当使用LQ系数得到的区域的产业产出对于某些产业来说高于其实际产出时，就会出现问题。在这种情况下，为了保证区域内每个部门的产出不被高估，用这种方法得到的系数常常需要被平衡。平衡方法的思想很简单，当估计的系数所得到的该区域部门 i 的产出太大时（意思是$\tilde{x}_i^r>x_i^r$），则第 i 行的系数估计值应该统一乘以$x_i^r/\tilde{x}_i^r$来缩减。

例如，计算根据区域产业实际产出所估计的部门 i 的产出（这些数据对于这种修正来说是必需的）以及用LQ估计的区域直接消耗系数（以及区域最终需求购买系数）。对于部门 i，有：

$$\tilde{x}_i^r=\sum\nolimits_j a_{ij}^{rr}x_j^r+\sum\nolimits_f c_{if}^{rr}f_f^r \tag{8.5}$$

这里：

$\tilde{x}_i^r$＝该区域部门 i 的估计产出，

f_f^r＝该区域最终需求部门 f 的区域最终需求总量，

c_{if}^{rr}＝所估计的该区域最终需求部门 f 从产业 i 的最终需求购买系数。

系数c_{if}^{rr}反映了区域最终需求部门对本区域生产的产出 i 的购买。通常，地区最终需求部门包括个人消费支出、投资、州及地方政府支出，以及对国外和国内其他地方的出口（其中一部分是联邦政府购买的，但要除去位于该地区的联邦机构购买）。可以发现这些估计与a_{ij}^{rr}的估计方式几乎相同，也就是说，利用国家的数据和有区域特征的区位商。特别地：

$$c_{if}^{rr}=\begin{cases}(LQ_i^r)c_{if}^n & \text{当}LQ_i^r<1\text{时}\\ c_{if}^n & \text{当}LQ_i^r\geqslant 1\text{时}\end{cases} \tag{8.6}$$

这里：

$$c_{if}^n=f_{if}/f_f$$

f_{if}＝国家的产业 i 对最终需求部门 f 的销售量，

f_f＝国家的最终需求部门 f 的总购买量。

因此，当$LQ_i^r\geqslant 1$时，假定最终需求部门 f 对产品 i 的购买在区域中所占比例与在国家中所占比例相同。例如，在国家层面上，居民消费对电力的购买占总消费支出的3%（$c_{if}^n=0.03$），如果$LQ_i^r\geqslant 1$，则假定区域 r 居民消费支出的3%会用在本地区生产的电力上，$c_{if}^{rr}=0.03$。当$LQ_i^r<1$时，则将国家的比例向下修正。如果$LQ_i^r=0.67$，则在区域 r 居民的总消费中只有2%被用于区域 r 生产的电力上，$c_{if}^{rr}=0.02$。

平衡过程的下一步是计算估计产出与实际地区产出的比例，用Z_i^r表示，则：

$$Z_i^r=x_i^r/\tilde{x}_i^r \tag{8.7}$$

Z_i^r小于1的每个部门，其相应的所估计的地区直接消耗系数矩阵的行都向下调整。也就是说，调整的（“平衡的”）地区直接消耗系数可被估计为：

$$\bar{a}_{ij}^{rr}=\begin{cases}Z_i^r a_{ij}^{rr} & \text{当}Z_i^r<1\text{时}\\ a_{ij}^{rr} & \text{当}Z_i^r\geqslant 1\text{时}\end{cases} \tag{8.8}$$

如上所述，在这种LQ和其他的商方法中，都假定$\alpha_{ij}^r=1$。观测到的国家生产技术在所有地区都一致；地区直接消耗系数仅仅因为地区满足自身需求的能力的变化而变化。对某些种类的生产来讲，这是非常合理的，但对其他的就不合理了。波士顿生产的可口可乐与洛杉矶生产的可口可乐配方可能相同（即使给定投入下的地方供给可能不同）。然而，西雅图生产的一架飞机（例如，具有两个喷气式引擎的波音商用飞机）与威奇托生产的一架飞机（例如，具有一个螺旋桨引擎的塞斯纳私人飞机）则不同。因此在一个飞机制造部门高度综合的模型中，很明显，美国各州的飞机制造部门的生产配方是不一致、不平均的，$\alpha_{ij}^{r}=1$ 的假定无效。这是产品混合的情况，其聚合的水平是决定性的。在一个有“商用飞机，两个喷气式引擎”部门的模型中，很显然无论在哪里生产，每架飞机都用到两个引擎。类似地，对于“私人飞机，一个螺旋桨引擎”部门，一架飞机用一个螺旋桨引擎。在这样的分解水平上，各地区技术相同的假定（$\alpha_{ij}^{r}=1$）是合理的。

对这一方法（以及下面所考察的许多该方法的变形）的另一个诟病是它对区域贸易的低估。原因在于，这种方法忽略了双向流动——这种情况指一个区域同时出口和进口同一种产品。双向流动是广泛存在的现象，但是同时很难在估计技术中体现出来。举一个简单的例证，在包含“农业”部门的综合水平上，一个特定区域（例如华盛顿）出口桃子（例如出口到加利福尼亚），同时进口鳄梨（从加利福尼亚进口）。二者都是“农业”部门的产品。用 LQ 方法时，一个给定地区的给定部门是某种产品的净出口者，或者是此种产品的净进口者。当$LQ_i^r>1$ 时，产业 i 被认为是生产的量多于它在全国产出中的使用量，区域 r 被假定为多余产出 i 的净出口者。相反，如果$LQ_j^r<1$，这个地区的产品 j 自给不足，因而会是这种产品的净进口者（当$LQ_k^r=1$ 时，该地区既不出口也不进口产品 k）。区位商方法的这种癖好会导致对区域间贸易的低估（农产品不能从华盛顿运到加利福尼亚，或从加利福尼亚运到华盛顿），并因此高估地区内的经济活动，从而倾向于产生过大的区域乘数。[①] 之后在这一部分中，我们将考察一种试图克服这个问题的方法。

简单区位商方法有多种变形，所有这些方法都采用总体上相同的方式将国家系数调整为地区系数。接下来我们考察某些这类方法。因为式（8.4）中的简单区位商方法永不会提高国家系数（不变或者变小），这种过程又叫作缩减国家系数表，因此这种方法有时被称为缩减技术。

LQ 方法这种$a_{ij}^{rr}\leqslant a_{ij}^{n}$的特征也被质疑（McCann and Dewhurst，1998）。部门 j 的一个生产者可能使用比国家表中部门 j 系数所反映的少的进口投入，因此至少有些区域所供给的本地区部门 j 单位产出的投入与国家整体相比可能更大一些。总的来讲，如果国家系数是观测的所有地区系数的平均，则有些地区的有些系数预期应该高于平均值，而其他地区的系数预期应该低于平均值。之后我们将讨论一种修正的方法，允许$a_{ij}^{rr}>a_{ij}^{n}$。

□ 8.2.2 使用者区位商

区域 r 部门 i 的使用者区位商（purchased-only location quotient，PLQ）联系了区域和国家对于部门 i 供给的投入能力，但是只对使用 i 作为投入的那些部门是这样。也即：

① Robison 和 Miller（1991）计算了爱达荷多个乡镇地区的区域内贸易的高估量。

$$\mathrm{PLQ}_i^r=\left(\frac{x_i^r/x^{*r}}{x_i^n/x^{*n}}\right) \tag{8.9}$$

这里，x_i^r和x_i^n是区域和国家产品 i 的产出，x^{*r}和x^{*n}表示使用部门 i 产品作为投入的那些部门的区域和国家产出。此处的思想是简单的，即如果部门 k 不使用投入 i，则部门 k 的产出与决定该地区是否能供给其对投入 i 的需求无关［例如，区域 r 能否满足它对土豆（部门 i）的需求可能不受区域 r 汽车（部门 k）产量的影响，因为土豆不是汽车制造的直接投入］。PLQ_i^r的用法与LQ_i^r相同，也是对国家系数表中第 i 行的元素进行统一调整，如式（8.4）所示。

□ 8.2.3 产业间区位商

另外一种变形是产业间区位商（cross-industry quotient，CLQ）。这种方法允许在国家矩阵给定行内进行不同的调整，即允许$\mathbf{A}^n$中每个元素的不同调整，而不是每一行的统一调整。现在的兴趣不仅在于卖出部门 i 而且在于购买部门 j 在地区和在国家的相对重要性。具体地，有：

$$\mathrm{CIQ}_{ij}^r=\left(\frac{x_i^r/x_i^n}{x_j^r/x_j^n}\right) \tag{8.10}$$

于是：

$$a_{ij}^{rr}=\begin{cases}(\mathrm{CIQ}_{ij}^r)a_{ij}^n & \text{当}\mathrm{CIQ}_{ij}^r<1\text{ 时}\\ a_{ij}^n & \text{当}\mathrm{CIQ}_{ij}^r\geqslant 1\text{ 时}\end{cases} \tag{8.11}$$

其思想是：如果部门 i 的区域产出相对于国家产出的比大于部门 j 区域产出相对于国家产出的比（$\mathrm{CIQ}_{ij}^r>1$），则 j 对投入 i 的所有需求可由区域内供给。类似地，如果部门 i 在地区水平上相对于部门 j 在地区水平上要小（$\mathrm{CIQ}_{ij}^r<1$），则假定部门 j 对投入 i 的部分需求需要靠进口满足。注意到$\mathrm{CIQ}_{ij}^r=\mathrm{LQ}_i^r/\mathrm{LQ}_j^r$，并且$\mathrm{CIQ}_{ii}^r=1$（沿主对角线，$i=j$），因此这种方法对对角线系数没有调整。这被认为是有问题之处。通常，对角元素用相应的LQ_i^r而不是CIQ_{ii}^r来调整（Simth and Morrison，1974；Flegg，Webber，and Elliott，1995）。更完整地，有：

$$a_{ij}^{rr}=\begin{cases}(\mathrm{CIQ}_{ij}^r)a_{ij}^n & \text{当}\mathrm{CIQ}_{ij}^r<1\text{ 时}\\ a_{ij}^n & \text{当}\mathrm{CIQ}_{ij}^r\geqslant 1\text{ 时}\end{cases}\quad \text{对于 } i\neq j$$

$$a_{ij}^{rr}=\begin{cases}(\mathrm{LQ}_i^r)a_{ij}^n & \text{当}\mathrm{LQ}_i^r<1\text{ 时}\\ a_{ij}^n & \text{当}\mathrm{LQ}_i^r\geqslant 1\text{ 时}\end{cases}\quad \text{对于 } i=j$$

□ 8.2.4 半对数商及其变形，FLQ 和 AFLQ

将式（8.3）中的LQ_i^r重新写为$\mathrm{LQ}_i^r=(x_i^r/x_i^n)\div(x^r/x^n)$，这样就清晰地分出部门 i 在区域 r（卖出部门）的相对规模(x_i^r/x_i^n)，以及区域 r 的总的相对规模(x^r/x^n)，但是购买部门的规模就被忽略了。产业间区位商同时包含了卖出部门(x_i^r/x_i^n)和购买部门(x_j^r/x_j^n)，但不包含(x^r/x^n)项。在 20 世纪 70 年代，朗德（Round）设想合适的方法应该同时包括这三项指标。他和其他人提出了被称为“半对数商”（semilogarithmic quotient，SLQ）的方法（Round，1978a，p. 182），为：

$$SLQ_{ij}^{r}=LQ_{i}^{r}/\log_{2}(1+LQ_{j}^{r})$$

表明它是“……简单地用一种维持 LQ 和 CIQ 方法基本特征的方法来考虑所有三个比例的。”[①] 注意当$LQ_{j}^{r}=1$ 时$\log_{2}(1+LQ_{j}^{r})=1$，此种情况下$SLQ_{ij}^{r}=LQ_{i}^{r}$；对于$LQ_{j}^{r}>1$，$\log_{2}(1+LQ_{j}^{r})>1$，调整意味着$SLQ_{ij}^{r}<LQ_{i}^{r}$；当$LQ_{j}^{r}<1$ 时，情况相反。将SLQ_{ij}^{r}重写，得到：

$$SLQ_{ij}^{r}=[(x_{i}^{r}/x_{i}^{n})\div(x^{r}/x^{n})]/\log_{2}\{1+[(x_{j}^{r}/x_{j}^{n})\div(x^{r}/x^{n})]\}$$

可以看到，伴随产业 i 和产业 j 的相对规模，这种方法的分子和分母同时包含区域规模成分，但不是以可消去项的方式出现的。

或许令人吃惊的是，这种 SLQ 方法的应用总体上并没有能够比简单方法如 LQ 和 CIQ 有特别的改进。[②] 这就促进了寻找包含这三种因素而执行效果又好的方法的工作和尝试。一种方法是弗莱格（Flegg）等人在几篇文章中建立的——因此缩写为 FLQ（Flegg，Webber，and Elliott，1995；Flegg and Webber，1997，2000）。这种方法通过包含进一个附加的体现区域相对规模的指标的方式来修正CIQ_{ij}^{r}，也就是：

$$FLQ_{ij}^{r}=(\lambda)CIQ_{ij}^{r}$$

这里，$\lambda=\{\log_{2}[1+(x_{E}^{r}/x_{E}^{n})]\}^{\delta}$，$0\leqslant\delta<1$。[③] 则：

$$a_{ij}^{rr}=\begin{cases}(FLQ_{ij}^{r})a_{ij}^{n} & \text{当}FLQ_{ij}^{r}<1\text{ 时}\\ a_{ij}^{n} & \text{当}FLQ_{ij}^{r}\geqslant 1\text{ 时}\end{cases}$$

弗莱格等人，以及其他许多进行区域分析的专家，利用就业而不是产出作为衡量区域和国家活动的指标；就是分别对应于区域和国家的x_{E}^{r}和x_{E}^{n}，因此x_{E}^{r}/x_{E}^{n}给出了反映区域相对规模的代替产出比例x^{r}/x^{n}的指标。他们也使用就业作为部门 i 和部门 j 活动（产出）的衡量指标。总体思想是对于规模大的区域，对国家系数做较小的缩减，这一点基于较大区域相对较小区域进口较少的信念。[④] 然而问题是，分析者必须事先为 δ（或者脚注中提到的较早公式中的 β）确定一个数值，而这个数值或数值的范围应该是什么样的一点也不清楚。实证研究显示 $\delta=0.3$ 似乎在很多情况下效果良好（见引用的弗莱格等人的文章）。这种方法至少在一个研究中被证明是一种改进，该研究比较了 LQ、CIQ 和早期版本的 FLQ，研究的区域是芬兰的一个地区，该地区有基于调查所得到的系数，可以用作比较估计值的标准（Tohmo，2004）。（习题 8.4 请读者研究在不同的x_{E}^{r}/x_{E}^{n}和

① “半对数的形式是任意的，但是是保持‘商’值基本特征的最简单函数，没有更进一步的参数化。”（Round，1978a，p. 182，note 4.）第一个提到这种商的好像是 Smith 和 Morrison（1974，p. 43）；他们指出是在 1971 年与朗德的一次私人交流中朗德建议的。又见 Flegg、Webber 和 Elliott（1995）。

② 如 Smith 和 Morrison（1974）和 Harrigan、McGilvray 和 MicNicoll（1981）。

③ Flegg 和 Webber（1997）在他们的式子中使用的是 λ^{*}，因为他们在早期的不太成功的公式版本中用的是 λ——$FLQ_{ij}^{r}=(\lambda^{\beta})CIQ_{ij}^{r}$，其中 $\lambda=(x_{E}^{r}/x_{E}^{n})/\{\log_{2}[1+(x_{E}^{r}/x_{E}^{n})]\}$。

④ 这个逻辑受到了质疑。见 Bland（1997）、McCann 和 Dewhurst（1998）以及来自 Flegg 和 Webber 的回应（分别于 1997 年和 2000 年）。

δ 下 λ 值的行为，看看这个调整是如何起作用的。）

另外一个 FLQ 变形的设计反映了区域的独特特点（Flegg and Webber，2000）。这个方法的产生是由于观察到这种区域特点可能导致区域购买水平的提高，从而产生了比对应的国家系数高的区域直接消耗系数（McCann and Dewhurst，1998）。如之前所提到的，到目前为止所考察的商技术都不可能提高国家系数。在这种情况下，给出的 FLQ 的扩展（记为 AFLQ）为：

$$AFLQ_{ij}^r=\begin{cases}[\log_2(1+LQ_j^r)]FLQ_{ij}^r & \text{当}LQ_j^r>1\text{ 时}\\ FLQ_{ij}^r & \text{当}LQ_j^r\leqslant 1\text{ 时}\end{cases}$$

因此：

$$a_{ij}^{rr}=\begin{cases}(AFLQ_{ij}^r)a_{ij}^n & \text{当}LQ_j^r>1\text{ 时}\\ (FLQ_{ij}^r)a_{ij}^n & \text{当}LQ_j^r\leqslant 1\text{ 时}\end{cases}$$

调整项$\log_2(1+LQ_j^r)$ 就是用于朗德的SLQ_{ij}^r的修正项，只是现在它作为乘数而不是除数出现。现在 FLQ 在且只在以下情况下提高：当部门 j 在区域 r 相对突出时，即当$LQ_j^r>1$，因而$\log_2(1+LQ_j^r)>1$ 时。例如，LQ_j^r 从 1 增加到 5，$\log_2(1+LQ_j^r)$ 从 1 变化到 2.585（在有些情况下考虑国家系数被提高到大于 1 的可能性）。论据在于特定地区的一个大规模产业 j 会引起向本地区其他供给 j 的部门的公司移入，因此 j 的区域内投入的购买会大于国家系数所给出的。然而，有限的经验例证说明这种对 FLQ 的扩展成效不大。

□ 8.2.5 供求混合方法

供求混合（supply-demand pool，SDP）技术从国家系数估计区域系数的方法与简单区位商技术估计区域系数的平衡方法几乎相同。国家技术系数是区域系数的初始近似。如前，用适当的该部门的区域实际产出乘以这些系数（最终需求部门也类似，但用的是国家的最终需求投入比例c_{if}^n）并求和：

$$\tilde{x}_i^r=\sum\nolimits_j a_{ij}^n x_j^r+\sum\nolimits_f c_{if}^n f_f^r \tag{8.12}$$

然后计算产业 i 的区域商品差额b_i^r，$b_i^r=x_i^r-\tilde{x}_i^r$。

如果差额为正或者零，使用国家系数作为区域系数的估计不会造成区域生产的高估，因此$a_{ij}^{rr}=a_{ij}^n$以及$c_{if}^{rr}=c_{if}^n$是可以接受的估计。然而，如果差额为负，国家系数就太大了，意味着会产生不切实际的区域的分部门高产出。因此，$a_{ij}^{rr}=a_{ij}^n(x_i^r/\tilde{x}_i^r)$ 和$c_{if}^{rr}=c_{if}^n(x_i^r/\tilde{x}_i^r)$，国家系数被缩减到使得部门的区域差额等于 0 的数量上。总结为：

$$a_{ij}^{rr}=\begin{cases}\left(\dfrac{x_i^r}{\tilde{x}_i^r}\right)a_{ij}^n & \text{当}b_i^r<0\text{ 时}\\ a_{ij}^n & \text{当}b_i^r\geqslant 0\text{ 时}\end{cases} \tag{8.13}$$

根据式（8.1）和式（8.2）的一般方法，我们可以看到供求混合技术假定$\alpha_{ij}^r=1$，以上提到的所有商技术也都是如此。进一步，当$x_i^r-\tilde{x}_i^r<0$ 时，$\beta_{ij}^r=x_i^r/\tilde{x}_i^r$；当$x_i^r-\tilde{x}_i^r\geqslant 0$ 时，$\beta_{ij}^r=1$。与基于 LQ 的技术相同，国家系数只可能被缩减，无法考虑双向流动。

□ 8.2.6 制造效应

朗德（Round，1972，1978a，1983）提出了考虑使区域"制造效应"（fabrication effect）不同的调整方法，"制造"效应反映特定部门区域之间增加值/产出比的不同。定义部门 j 的区域制造效应为：

$$\rho_j^r=\frac{1-(w_j^r/x_j^r)}{1-(w_j^n/x_j^n)} \tag{8.14}$$

分子中的w_j^r是区域r 部门j 的总增加值，x_j^r是区域r 部门j 的总产出。因此（w_j^r/x_j^r）是区域 r 部门j 增加值要素占总产出的比例。$1-(w_j^r/x_j^r)$ 是产业间投入占总产出的比例（包括进口）。粗略看，分子代表了区域 r 部门j 对来自自身和其他部门的投入的相对依赖。例如，如果$w_j^r=400$ 美元，$x_j^r=1\ 000$ 美元，则 $1-\left(\frac{w_j^r}{x_j^r}\right)=0.6$，部门 j 总产出的价值中 60%是从生产部门的投入中得来的。式（8.14）的分母同样是国家层面上部门 j 的产业依赖的衡量。假定$w_j^n=300\ 000$ 美元，$x_j^n=1\ 000\ 000$ 美元，则式（8.14）的分母为 0.7，在国家水平上，相对地，部门 j 对产业投入的依赖性更强，对增加值投入的依赖性相对更弱。在这个例子中，$\rho_j^r=\frac{0.6}{0.7}=0.857$。

朗德建议用ρ_j^r作为式（8.1）中的α_{ij}^r，则a_{ij}^r（$i=1$，…，n）的估计值为：

$$a_{ij}^r=(\rho_j^r)a_{ij}^n$$

与商技术的行向修正不同，这是列向修正，$\mathbf{A}^n$的整个第 j 列都乘了ρ_j^r，得到$\mathbf{A}^r$第 j 列的估计。这里的思想是，由于对区域 r 的部门j 来讲，其产业间投入的重要性要小于国家水平，部门 j 的国家系数应该被下调。类似地，如果$\rho_k^r>1$，则$\mathbf{A}^n$中第 k 列的元素都要被上调，来得到a_{ik}^r的估计（$i=1$，…，n）。与许多基于 LQ 的技术不同，在这种方法中，国家系数可以被提高。① a_{ij}^r可以进一步用商修正方法来调整得到a_{ij}^{rr}的估计。

□ 8.2.7 区域购买系数

区域科学研究所（Regional Science Research Institute，RSRI）的工作（Stevens and Trainer，1976，1980；Stevens et al.，1983）致力于第 8.1 节所提到的区域供给比例p_i^r（更早的见第 3 章）本质是什么的估计。这些比例在 RSRI 的工作中被称为区域购买系数（regional purchase coefficients，RPC）；与基于 LQ 的方法一样，这些系数也是在行上统一调整。根据式（8.1），有$\alpha_{ij}^r=1$，以及根据式（8.2），有$\beta_{ij}^r=p_i^r(=\mathrm{RPC}_i^r)$。

某个部门的区域购买系数被定义为该地区对该部门的需求由本地区生产所满足的比例。形式上，对于区域 r 的商品 i，有：

$$\mathrm{RPC}_i^r=z_i^{rr}/(z_i^{rr}+z_i^{sr})$$

① 这里的"制造"调整与 RAS 法更新过程中的列调整（s 的调整）本质上相似，在 RAS 法中，系数矩阵的第 k 列元素都乘以s_k。这就是斯通命名的"制造效应"——一个部门的增加值投入占总产出的比例随时间变化的可能性。

其中，与第 3 章相同，z_i^{rr}表示区域 r 产品 i 的生产者卖给区域 r 的购买者的数量，z_i^{sr}表示区域 r 购买者从本地区之外购买的该种进口品。① 分子与分母同时除以z_i^{rr}，有：

$$\mathrm{RPC}_i^r=1/[1+1/(z_i^{rr}/z_i^{sr})]$$

相关的研究工作集中于估计相对交易项z_i^{rr}/z_i^{sr}数量的估计。假定那些相对项表明区域 r 的数值与国家的数值的比例，相对交易量被估计为相对交货成本（由相对的单位生产成本和相对的单位运输成本构成）的函数。而这反过来依赖于相对工资、相对产出水平以及区域内外生产者之间的平均运输距离。RPC_i^r和这些相对项的替代变量之间的不同关系用回归技术拟合得到，数据来源于美国已出版数据资料，例如《县级企业模式》（*County Business Patterns*）、《交通运输普查》（*Census of Transportation*）、《制造业普查》（*Census of Manufactures*）以及国家投入产出技术系数表。与基于 LQ 的方法的比较显示了这种方法的优势（Stevens，Treyz，and Lahr，1989）。另一种估计 RPC 的方法是林达尔、奥尔森和阿尔瓦德（Lindall，Olson，and Alward，2006）在估计县域间商品流量的引力模型背景下给出的②。

□ 8.2.8 "社区"投入产出模型

在第 3.6 节中，我们引用了罗宾逊和米勒的工作（Robison and Miller，1988，1991；Robison，1997），作为空间范围非常小的"区域"投入产出建模的例子：

> 我们与传统投入产出方法的最大背离源于对区域概念基本的重新定义。传统投入产出方法的模型构建了同质的区域，例如县和多县地区、州，等等。与之相反，我们为极小区域建立模型，例如，为单个城市、镇和小村庄建立模型。（Robison，1997，p. 326）

罗宾逊和米勒（Robison and Miller，1991）在建立这种小地区经济模型的过程中，引入了中心地理论的思想，这里指爱达荷一个小的林场经济（伐木和锯木），即"西-中爱达荷高原乡村 55 号公路经济"（6 个社区，其中 5 个有锯木厂，合起来人口约有 20 000）。作者提出，该理论中的原理有助于指导建立"社区间"投入产出模型。例如，他们考虑了一个社区内和社区间系数矩阵 $\mathbf{A}=\begin{bmatrix}\mathbf{A}_{11} & \cdots & \mathbf{A}_{1m}\\ \vdots & \ddots & \vdots\\ \mathbf{A}_{m1} & \cdots & \mathbf{A}_{mm}\end{bmatrix}$，其中社区 1，…，$m$ 从左上到右下按照层级降序排列。因而严格的分层级贸易（意思是指货物主要从高层级的地方流向低层级的地方）会反映在矩阵 $\mathbf{A}$ 中，即矩阵 $\mathbf{A}$ 是（或者接近于）上三角矩阵（主对角线下为零）。③ 在这样的多区域经济中，双向流动不太可能被反映出来，因此无法考虑双向流动的估计技术（例如上面提到的 LQ 和 SDP 方法）在此处是可以接受的区域化的方法。

---

① 在多区域投入产出模型情况下（见第 3 章），这些系数为c_i^{rr}——例如，如式（3.27）所示。然而，在 MRIO 模型中，它们被用来修正区域矩阵$\mathbf{A}^r$，这个矩阵并没有简单地被假定为与国家表$\mathbf{A}^n$相同。根据式（8.1）和式（8.2），在 MRIO 中，至少对某些 i、j 和 r，有$\alpha_{ij}^r\neq1$，以及对所有 i，有 $\beta_{ij}^r=c_i^r$。

② 由于这些作者用了引力模型形式，他们的工作将会在后面的第 8.6.1 节做深入讨论。

③ 作者认识到层级之上会有交易量："从低层级到高层级的相反方向贸易会怎样呢？乡村地区的例子包括农产品和其他原材料被运送到高层级地区来加工。乡村经济是简单的，通常初始材料贸易通过观测而不是技术得到"（Robison，1997，pp. 335－336）。

罗宾逊（Robison，1997）讨论了估计此类具有层级结构的区域地区间贸易的混合方法（矩阵 **A** 对角线右上方的元素），以及这些小区域农村经济的独有特点，例如其极端开放性和跨界收入及支出流量的重要性。这种情况的一个应用是对爱达荷中心一个包括两个县的乡村地区（总人口少于 12 000）所做的，这个地区被分成了 7 个以社区为中心的次县级区域。

源于计划的效应分析（impact analysis for planning，IMPLAN）的县级数据为大部分的估计提供了基础，但需要进一步分解到县级以下的社区水平上。对有些数据，用调查得到；对其他一些数据，已出版资料提供了信息（例如，地方电话薄上的商务指南）；再有其他的，可使用 SDP 和（或者）LQ 估计。这些思想的其他应用见汉密尔顿等（Hamilton et al.，1994）。

□ 8.2.9 小结

值得注意的是这些方法（或它们的变形）经常被用于应用区域分析中。即使是在第 8.2.1 节中直接的区位商也经常被使用。例如，在美国，任何一个单县区域或者多县区域的乘数都可以通过它们的区域影响模型系统（Regional Impact Modeling System，即为RIMS Ⅱ）从美国商务部经济分析局买到。① 这个系统用区位商推导出区域内直接消耗系数的估计值。如之前所提到的，这些区域内直接消耗系数倾向于被高估；实际上，罗宾逊和米勒（Robison and Miller，1988）建议谨慎使用 RIMS 或者 IMPLAN 的估计，特别是在小区域的研究中：

> 我们认为用于类似 IMPLAN 和 RIMS Ⅱ的非调查模型中的混合或者商方法不应该被用于单独一个县的情况，或者不能用于在某种意义上说不是功能经济地区的任何县域综合水平上。(p. 1523) ……由于州或者功能经济边界改变（偏离）时双向流动发生的可能性，我们怀疑许多这类模型对乘数会高估……RIMS Ⅱ报告的州的乘数可能有大的误差。(p. 1529)

另一个例子，格尔金等（Gerking et al.，2001）大量讨论了如何填充县域水平上被删除的数据（出于保密原因），目的是为了估计县域水平上分产业的就业。这些就业数据被用于计算县域水平上的区位商，而区位商按照通常的方法用于将国家直接消耗系数表区域化。作者称在最低可能的部门综合水平上的估计具有最小化区位商缩减技术的无双向流动特征所带来的后果。对怀俄明某个县的能源项目经济效应的分析证实了这种方法。

一个广泛的看法是以上讨论的缩减技术不是完全成功的，但是对区域水平上的投入产出数据的需求持续提高，激励了大量讨论和方法的产生。这些方法经常是混合技术，包括了伴随附加信息的 RAS 法（原本被用于更新国家投入产出信息）。接下来我们将介绍某些这样的发展，先来看看 RAS 法在区域化国家投入产出表中的应用。

8.3 区域背景下的 RAS 法

正如我们在第 7.4 节所看到的那样，给定某特定年度的总产出 **x**(1)、部门间总销售

① 目前，这些系统是基于 2004 年国家投入产出核算和 2004 年区域投入产出核算的，见美国商务部（US Department of Commerce，1997）。

量 $\boldsymbol{u}(1)$ 和部门间总购买量 $\boldsymbol{v}(1)$，以之前年度的系数矩阵 $\boldsymbol{A}(0)$ 作为起始点，RAS 法可以生成本年度的一个系数矩阵 $\boldsymbol{A}(1)$。虽然本质是一种数学技术，但我们同时看到一致的替代效应和制造效应的经济概念与这个方法是相容的。由于区域投入产出模型的系数表对于区域分析是必要的，对一个国家许多区域都可行的获得更广泛种类的表的方法是使用 RAS 法原理，其做法是使用一张国家投入产出表（相对最新的）$\boldsymbol{A}^n$，以及当前区域经济行为的边界信息 $\boldsymbol{x}^r$、$\boldsymbol{u}^r$ 和 $\boldsymbol{v}^r$。关于这点，也可以不用 $\boldsymbol{A}^n$，我们可能有本国某个其他地区 s 的当前投入产出表，这样就可以用已知的 $\boldsymbol{A}^s$ 作为要调整的系数矩阵，使其满足观测到的区域 r 的边界信息。因此，RAS 法除了可以被用于跨时间的系数矩阵调整（更新问题），还可以被用于跨空间的系数矩阵调整（区域化问题）。在某种程度上国家表 $\boldsymbol{A}^n$ 反映了一个国家许多地区投入产出关系的平均，RAS 法所固有的“信息距离”最小化或者“意外”最小化在区域水平上也是恰当的。或者，有一张区域 s 的投入产出系数表，被认为与要研究的区域 r 在经济上是类似的，则同样 RAS 法“最小意外”的特征也可能是具有吸引力的。

对于利用与 RAS 法类似的方法更新已有区域表的（不同）问题，见麦克梅纳明和哈林（McMenamin and Haring，1974）及贾拉塔尼（Giarratani，1975）对此研究的评论①，以及马利齐亚和邦德（Malizia and Bond，1974）。许多研究工作比较了 RAS 法的结果与第 8.2 节中一种或多种从国家投入产出表推导区域表的缩减方法的结果。我们将在接下来的部分将说明这种比较。近年来，分析者将这两种方法与混合方法结合起来。我们在第 8.5 节中考察几个例子。之后，为了建立两个或者更多相联系区域的模型，在第 8.7 节中，我们将考虑估计区域间流量的其他问题。

8.4 数值说明

在表 8－1 中，我们给出了某些方法的应用结果说明，这些方法用于根据中国 2000 年三地区三部门的数据集估计区域 1（中国北方）的矩阵（这些结果被用于第 3 章第 3.4.6 节的说明）。对于更详细的结果，例如完整的 3×3 系数矩阵以及相应的列昂惕夫逆，有兴趣的读者可参见网络附录 8W.1。这个比较结果只是部分被完成了，因为当比较矩阵的时候，用合计的指标时，许多个体的细节信息总是不可避免地遗失了。系数和逆矩阵用 LQ、CIQ、FLQ、AFLQ、RPC 和 RSA 法估计，首先未调整的国家表 $\boldsymbol{A}^n$ 通过第 3 章中数据的空间合并得到，其次某个区域的技术系数矩阵 $\boldsymbol{A}^r$ 用朗德的制造效应调整得到，$\boldsymbol{A}^r=\boldsymbol{A}^n\hat{\rho}^r$。

基于调查的区域内总中间投入和每个估计矩阵中的总中间投入（$\boldsymbol{A}^{rr}$ 的列和以及每个估计矩阵 $\widetilde{\boldsymbol{A}}^{rr}$）的差是将 n^2（这里为 9）条信息压缩为 n 条的一种途径。列昂惕夫逆（区域内产出乘数）$\boldsymbol{L}^{rr}$ 和 $\widetilde{\boldsymbol{L}}^{rr}$ 的列和之差是另外一种（更为常用的）汇总度量方法。这两种方法在列加总的过程中都掩盖了单个元素的差异。我们还考虑了另外一种指标，平均

① 麦克梅纳明-哈林方法的独特之处是在整个交易矩阵上使用 RAS 法的技术，包括对最终需求部门的销售和从增加值部门的购买。也就是，不需要 $\boldsymbol{u}^r$ 和 $\boldsymbol{v}^r$，只需要用 $\boldsymbol{x}^r$。这放松了对数据的要求，但是却不仅对部门间交易还对最终需求和增加值施加了双比例假定。这就是 Giarratani（1975）提出的基本的一点。

绝对百分比误差（MAPE），它已在第 7.4.2 节中使用过。它是 $\boldsymbol{A}^r$ 和 $\widetilde{\boldsymbol{A}}^r$ 或者 $\boldsymbol{L}^r$ 和 $\widetilde{\boldsymbol{L}}^r$ 对应元素百分比差异的平均值（与正负无关），因此也掩盖了广泛存在的个体差异的不同。

表 8-1　几种区域化方法得到的区域 1（中国北方）的区域内总中间投入和区域内产出乘数

	区域内总中间投入			百分比误差[a]			平均百分比误差[b]	MAPE[c]
调查值	0.289 1	0.578 1	0.346 6					
用 $\boldsymbol{A}^n$								
LQ	0.316 6	0.677 4	0.401 9	9.54	17.19	15.96	14.23	12.41
CIQ	0.316 9	0.671 7	0.402 2	9.64	16.20	16.03	13.96	12.54
FLQ	0.254 1	0.518 9	0.311 3	−12.10	−10.23	−10.18	−10.84	13.04
AFLQ	0.254 1	0.529 0	0.311 3	−12.10	−8.50	−10.18	−10.26	12.49
RPC	0.282 7	0.585 0	0.349 5	−2.19	1.19	0.84	1.41[d]	7.17
RAS	0.289 1	0.578 1	0.346 6	0	0	0	0	6.94
用朗德的方法 $\boldsymbol{A}^r=\boldsymbol{A}^n\hat{\rho}^r$								
LQ	0.322 2	0.672 0	0.394 3	11.45	16.24	13.75	13.82	12.17
CIQ	0.322 5	0.666 3	0.394 5	11.56	15.27	13.82	13.55	12.31
FLQ	0.258 5	0.514 8	0.305 4	−10.57	−10.95	−11.90	−11.14	13.33
AFLQ	0.258 5	0.524 7	0.305 4	−10.57	−9.23	−11.90	−10.57	12.79
RPC	0.287 7	0.580 3	0.342 9	−0.48	0.38	−1.08	0.65[d]	7.11
RAS	0.289 1	0.578 1	0.346 6	0	0	0	0	6.94
	区域内产出乘数			百分比误差[e]			平均百分比误差	MAPE[f]
调查值	1.531 1	2.111 5	1.662 0					
用 $\boldsymbol{A}^n$								
LQ	1.676 5	2.568 4	1.920 1	9.50	21.63	15.53	15.55	25.06
CIQ	1.673 4	2.548 0	1.914 8	9.29	20.67	15.21	15.06	23.74
FLQ	1.430 9	1.929 4	1.551 5	−6.55	−8.63	−6.65	−7.28	15.93
AFLQ	1.435 3	1.959 0	1.557 8	−6.26	−7.22	−6.27	−6.58	14.81
RPC	1.510 8	2.131 8	1.670 0	−1.33	0.96	0.48	0.92[d]	3.50
RAS	1.521 9	2.114 5	1.661 8	−0.60	0.14	−0.01	0.25[d]	2.79
用朗德的方法 $\boldsymbol{A}^r=\boldsymbol{A}^n\hat{\rho}^r$								
LQ	1.684 1	2.542 5	1.893 3	9.99	20.41	13.92	14.77	23.76
CIQ	1.681 0	2.522 6	1.888 2	9.79	19.47	13.61	14.29	22.46
FLQ	1.436 9	1.917 2	1.537 5	−6.15	−9.20	−7.49	−7.62	16.45
AFLQ	1.441 3	1.946 3	1.543 6	−5.87	−7.82	−7.12	−6.94	15.35
RPC	1.517 9	2.116 3	1.652 4	−0.86	0.23	−0.58	0.56[d]	3.13
RAS	1.521 9	2.114 5	1.661 8	−0.60	0.14	−0.01	0.25[d]	2.79

a. 计算公式为 $\{[(i'\widetilde{\mathbf{A}}-i'\mathbf{A})\oslash i'\mathbf{A}]\times 100\}$，其中 $\oslash$ 表示元素对应相除。

b. 这里是简单的非加权的平均。也有多种权重（例如每个部门规模的衡量指标）被经常使用。

c. 按公式 $\left(\sum_{i=1}^{n}\sum_{j=1}^{n}\frac{|a_{ij}-\tilde{a}_{ij}|}{a_{ij}}\right)\times 100$ 计算。

d. 这是差的绝对值的平均，因此正负没有抵消。

e. 按照 $\{[(\boldsymbol{i}'\widetilde{\boldsymbol{L}}-\boldsymbol{i}'\boldsymbol{L})\oslash\boldsymbol{i}'\boldsymbol{L}]\times 100\}$ 计算。

f. 按照 $\left(\sum_{i=1}^{n}\sum_{j=1}^{n}\frac{|l_{ij}-\tilde{l}_{ij}|}{l_{ij}}\right)\times 100$ 计算。

注意 RAS 法总是可以正确估计区域内总中间投入。在这个小规模的例子中，无论是基于中间投入还是乘数，RPC 法都是商技术中最好的，RAS 法是所有方法中最好的。朗德所提出的制造调整显示出只对 RPC 法有显著帮助，并且只在基于平均百分比误差进行评估时如此。对 RAS 法没有任何差别，因为有或者没有制造调整的初始矩阵非常接近。这些结果只适合于这个小规模的例子。就方法的排序而言，其他应用（和其他误差衡量指标）很容易产生不同的结果。习题 8.9 将请读者对其他两个区域的任一个（或两个）——中国南方和其他地区（第 3 章中的中国数据）——做出类似的结果。如所看到的，误差的规模在这三个区域的结果中变化很大，其中的一个例子中 FLQ 和 AFLQ 的效果很差。总体上，RAS 法的结果最好。

这些年来，有许多实证研究比较了许多不同的区位商方法和 RAS 法对区域系数的估计，通常比表 8-1 中的例子规模大多了，不出意外，这些结果差别很大。例子包括但不局限于查曼斯基和马利齐亚（Czamanski and Malizia，1996），谢弗和楚（Schaffer and Chu，1969），休因斯（Hewings，1969，1971），朗德（Round，1972），莫里森和史密斯（Morrison and Smith，1974），史密斯和莫里森（Smith and Morrison，1974），埃斯凯利宁和索尔萨（Eskelinen and Suorsa，1980），卡特莱特、比米勒和古斯塔利（Cartwright，Beemiller，and Gusteley，1981），阿尔瓦德和帕尔默（Alward and Palmer，1981），哈里根、麦吉尔夫雷和麦克尼科尔（Harrigan，McGilvray，and McNicoll，1981），索耶和米勒（Sawyer and Miller，1983），史蒂文斯、特雷和拉尔（Stevens，Treys，and Lahr，1989），弗莱格和韦伯（Flegg and Webber，2000），托赫莫（Tohmo，2004）以及里丁顿、吉布森和安德森（Riddington，Gibson，and Anderson，2006）。与通常一样，结果常常依赖于评价这些方法的统计量。

8.5 交换系数矩阵

在早期应用区域投入产出的工作中，研究者认为另一种代替调整国家表来反映特定区域经济特征的方法是调整另外某一个区域的已有表，或者，甚至是简单用一个区域的表来代表另一个区域。例如，北达科他的一个生产小麦的县的系数表可能非常好地反映北达科他另外一个生产小麦的县的经济关系，或者也可能反映南达科他或者内布拉斯加的一个小麦生产县的经济关系。然而，费城的一张基于调查的表被用于代表波士顿的经济关系就没有说服力了，代表旧金山就更不可能了。修正多少和哪种修正是必要的，这是复杂得多的问题。关于这点，只能做很宽泛的一般性论述；例如，如果根据专家的建议，两个地区经济上非常相似，那么就有可能其中一个地区的系数表被证明对另外一个也是有用的。或者经过适当修正是有用的；问题常常在于怎么确定修正什么和怎么修正。

作为区域水平上系数交换的例子，休因斯（Hewings，1977）用华盛顿 1963 年基于调查的表（Bourque and Weeks，1969）来估计堪萨斯 1965 年的部门间结构；他还用堪萨斯 1965 年基于调查的表（Emerson，1969）来估计华盛顿 1963 年的结构。两个表经过适当的分类调整后成为部门可比较的表。通过检查，很清楚有许多系数在两个表中的差别非常大。在简单的系数变化中，用堪萨斯的技术来估计华盛顿的产出，为$\mathbf{x}^{W}=(\mathbf{I}-\mathbf{A}^{KK})^{-1}\mathbf{f}^{W}$，以及简单地用华盛顿的技术估计堪萨斯的产出，为$\mathbf{x}^{K}=(\mathbf{I}-\mathbf{A}^{WW})^{-1}\mathbf{f}^{K}$，可以发现，华盛顿的总误差（对总产出，所有部门相加）是4.8%（过高估计），堪萨斯是−12.6%（过低估计）。然而，如通常使用误差的综合衡量指标时一样，单个部门的估计经常就离谱了；华盛顿最差的是高估了336%，堪萨斯最差的是高估了114%。因此，直接的系数交换不会是成功的。

然而，用RAS法结合堪萨斯分部门总中间产出、总中间投入和总产出的调查信息，就可以产生好得多的结果，即对华盛顿的表（代替了国家表）用RAS法做了平衡，以符合堪萨斯的边界信息。利用修正，估计的堪萨斯的总产出仅仅低估了0.008%，单个部门产出最大的误差只有0.195%。

为了突出RAS法边界信息的相对重要性，休因斯还平衡了一个由随机数（列和小于1）构成的虚构出来的系数矩阵。也就是说，基础矩阵完全是虚构的，与任何国家或区域表都没有关系。用随机生成的新的最终需求向量，他比较了“真实”总产出（用堪萨斯实际的表）与RAS法调整的华盛顿表以及RAS法调整的随机表。在这两种情况下，堪萨斯所有部门加总的总产出仅分别高估了0.028%和低估了0.192%。单个部门产出最糟的误差是3.7%（华盛顿表）和5.6%（随机表）。这个实验的主要经验表明具体区域的分部门总中间产品（产出）$\mathbf{u}$和总中间投入$\mathbf{v}$，以及分部门的总产出$\mathbf{x}$等方面的信息在RAS法调整过程中具有极为显著的重要性（与基础矩阵相反）[对休因斯的研究的评论及其回应，见图曼（Thumann，1978）以及休因斯和詹森（Hewings and Janson，1980）。也可见希梅尔（Szyrmer，1989），其中讨论了说明RAS法中正确的目标年度边界信息的重要性的实验]。

8.6 估计区域间流量

在本章前面的部分，我们考察了一些从已有的区域或国家表来估计区域直接消耗系数的方法。如果要把两个或者两个以上的区域在一个模型中联系起来，则区域间系数也是必要的。在第3章中，我们给出了在区域间和多区域情况下需要的都是什么样的数据，并给出了一个中国2000年多区域数据的例子（见第3.3.5节）。

因为一个完整的区域间模型所必需的数据极为详细，也因为美国多区域模型本身就是耗资极大并且耗时很多的项目，所以没有多少已有的区域间商品流量表或者与其相关的系数可供基年表进行更新、转化或者交换。当然，有很多探索如何估计这些部门之间和区域之间流量的研究。这些技术有时相对前沿，对其进行全面的考察超出了本书的范围。这里我们仅给出几种应用广泛的方法。

□ 8.6.1 引力模型的构建

研究者提出和探索了多种版本的引力模型公式来估计区域之间的商品流量。基本的思想是从区域r到区域s的产品i的流量是以下几种因素的函数：(1) 某种衡量r中i的产出的指标，$x_i^{r\cdot}$；(2) 某种衡量s中i的总购买量的指标，$x_i^{\cdot s}$；(3) 两个区域之间的距离（作为“阻抗”的衡量），d^{rs}。一个直接的函数形式借鉴了牛顿对引力的观测公式（这类方法由此得名），包含了两个“质量”（$x^{r}\cdot{}_{i}$和$x_i^{\cdot s}$）的乘积，再除以距离的平方。更一般地，有：

$$z_i^{rs}=\frac{(c_i^r x_i^{r\cdot})(d_i^s x_i^{\cdot s})}{(d^{rs})^{e_i}}=(k_i^{rs})\frac{x_i^{r\cdot}x_i^{\cdot s}}{(d^{rs})^{e_i}} \tag{8.15}$$

其中，c_i^r、d_i^s（或者k_i^{rs}）和e_i为待估参数（在严格的牛顿式方程中，$e_i=2$）。

如第 3 章所注明的，引力方法最初是列昂惕夫和斯特劳特（Leontief and Strout，1963）在一个有关投入产出的研究中提出来的；泰尔（Theil，1967）也对其进行过研究。列昂惕夫和斯特劳特提出相对简化的形式：

$$z_i^{rs}=\frac{x_i^{r\cdot}x_i^{\cdot s}}{x_i^{\cdot\cdot}}Q_i^{rs} \tag{8.16}$$

其中，$x_i^{r\cdot}$为区域r产品i的供给池，$x_i^{\cdot s}$为区域s产品i的“需求池”，$x_i^{\cdot\cdot}$为系统中商品i的总产出，Q_i^{rs}为参数。作者写道：

> 商品i在出口区域的总产出量和它在进口区域的总投入量以乘法形式进入式(8.15)，这就允许我们以一种特殊类型的引力或势能模型来描述它的特征。它意味着，如果这两个量中的任何一个等于0，则从区域r到区域s的流量将为0。将商品的总产出量引入分母中，意味着如果总产出量$x_i^{\cdot\cdot}$以及区域r的产出量$x_i^{r\cdot}$和区域s的总投入量$x_i^{\cdot s}$同时翻倍，则这种商品从区域r到区域s的流量也会翻倍。（Leontief，1966，p. 226. 作者用g和h代替r和s。）

注意式（8.16）中的分母与空间无关，即其数量大小与r和s之间的任何“距离”的度量无关。相反，它有必要的灵活性，从而若对于商品i、r的供给池，s的需求池和总产出都提高$p\%$，则z_i^{rs}也提高同样的百分比（假定$Q_i^{rs}>0$）。因此Q_i^{rs}项与式（8.15）中的$\frac{k_i^{rs}}{(d^{rs})^{e_i}}$看上去类似。

这类公式的一个重要特征是允许双向流动，即商品i可以同时从r运送到s和从s运送到r。特别地，如果$x_i^{r\cdot}$、$x_i^{\cdot r}$、$x_i^{\cdot s}$和$x_i^{s\cdot}$都非 0，同时$Q_i^{rs}>0$，$Q_i^{sr}>0$，则$z_i^{rs}>0$和$z_i^{sr}>0$都成立。

最优的情景是$x_i^{r\cdot}$、$x_i^{\cdot s}$、$x_i^{\cdot\cdot}$和z_i^{rs}的值从某个基期或者运量数据的某个子集得到。在这种情况下，可以从这些数据估计Q_i^{rs}，为：

$$Q_i^{rs}=\frac{\overline{z}_i^{rs}\overline{x}_i^{\cdot\cdot}}{\overline{x}_i^{r\cdot}\overline{x}_i^{\cdot s}}$$

其中，上划线表示已知数值。列昂惕夫和斯特劳特也讨论了几种在没有基期信息的情况下估计Q_i^{rs}的其他方法。

普可仁（Polenske，1970a）用日本区域间流量数据测试了列昂惕夫-斯特劳特引力方法。她还比较了引力模型和钱纳里-摩西的 MRIO 模型（见第 3.4 节），以及另一种方法，叫作 MRIO 模型的“行系数”版。引力模型和 MRIO 模型的表现几乎一样好，且比行系数模型的结果好得多（Polenske，1970b）。其他人的工作如乌里贝、德莱乌和泰尔（Uribe，de Leeuw，and Theil，1966）以及戈登（Gordon，1976）等也有基于引力模型的估计。林达尔、奥尔森和阿尔瓦德（Lindall，Olson，and Alward，2006）用引力模型估计美国 3 140 个县 509 种商品的总贸易。其中一个成果是，他们的结果允许为每个县估计一系列的区域购买系数（RPC），方法是使用他们结果中每个县的商品i在本区域内的贸易除以对商品 i 的县总需求。

引力方法在威尔逊的一些文章中被嵌入综合的极大熵框架中。威尔逊给出了一个概述（Wilson，1970，especially Chapter 3）。[①] 与信息理论的结合也被提出来，这一点巴滕（Batten，1982，1983）做了完全的探索，斯尼卡斯（Snickars，1979）进行了应用。巴滕的经验研究结合了迭代方法（类似 RAS 法）和极大熵方法，如果需要，还有其他的变形［“极小信息增益”（minimum information gain）方法］（Batten，1983，especially Chapter 5 and Appendix E）。巴滕和博伊斯（Batten and Boyce，1986）评论了引力模型和其他的空间相互作用模型。

□ 8.6.2 两区域的区域间模型

一些区域间模型的估计方法是上面所讨论的商技术的简化或者变形。基本上，使用的是某个区域对每种商品的进口或出口定位的一些衡量指标。如果发现区域 r 是商品 i 的出口者，则假定区域 r 对 i 的所有需要都由当地生产满足，因此，区域 r 没有产品 i 的进口（无双向流动）。两区域的区域间模型的一个重要特征是一个区域的（国内）特定产品的出口是另一区域的（国内）进口。由式（8.4），由于：

$$a_{ij}^{rr}=\begin{cases}(LQ_i^r)a_{ij}^n & \text{当} LQ_i^r<1 \text{ 时}\\ a_{ij}^n & \text{当} LQ_i^r\geqslant 1 \text{ 时}\end{cases}$$

因此在两区域的区域间模型（包括区域 r 和 s）中，有：

$$a_{ij}^{sr}=\begin{cases}(1-LQ_i^r)a_{ij}^n & \text{当} LQ_i^r<1 \text{ 时}\\ 0 & \text{当} LQ_i^r\geqslant 1 \text{ 时}\end{cases}$$

例如，如果 $LQ_i^r=0.65$，则假定有 35%的区域 r 所有部门对投入 i 的需求将由从区域 s 的进口满足。

内文、罗和朗德（Nevin，Roe，and Round，1966）的早期研究使用了这类简单的方法，用于英国的一个两区域模型；范温斯伯格（Vanwynsberghe，1976）将这种方法用于一个三区域的比利时模型。对于区域间（特别是两区域）建模的非调查技术的一个广泛、全面的考察可见于朗德的一系列文章中（1972，1978a，1978b，1979，1983），有兴趣的读者可以参考。安德森（Andersson，1975）描述了在几个瑞典区域研究中使用的另一种方法，比斯滕（Bigsten，1981）给出了改进。如我们在后面将要看到的，有一些尝试试图改进两区域模型以用于有更多区域的情况。

□ 8.6.3 两区域的逻辑向多区域的扩展

两区域模型中内在的平衡逻辑，即一个区域的（国内）i 的出口是另一个区域的（国内）i 的进口，最初由胡卢和休因斯扩展到多于两区域的情况（Hulu and Hewings，1993；五区域）；此后的实例包括休因斯、奥山和索尼斯（Hewings，Okuyama，and Sonis，2001；四区域）以及博内特（Bonet，2005；七区域）。基本的思想是使用区位

① 对 MRIO 引力和极大熵模型的密集的讨论还可以见 Toyomane（1988）。他还建立和应用另一种交易系数多项式 logit 模型，用于印度尼西亚的例子。Amona 和 Fujita（1970）将 MRIO 与计量模型相结合，以使得投入系数和交易系数都随时间可变。这些模型的详细情况超出了本书的范围。

商、两区域模型序列，以及一种 RAS 平衡方法。用三区域情况足以说明这个过程。

（1）考虑一个两区域的情况，其中区域 2 和区域 3 被合并到了一起；令 r=区域 1，$\tilde{r}$=该经济体的其他部分（剩下的两个区域）。首先，用 r 的区位商使用通常的方法从国家系数矩阵 $\boldsymbol{A}^n$ 来估计 $\boldsymbol{A}^{rr}=[a_{ij}^{rr}]$；$a_{ij}^{rr}=\begin{cases}(LQ_i^r)a_{ij}^n & 当LQ_i^r<1\text{ 时}\\ a_{ij}^n & 当LQ_i^r\geqslant 1\text{ 时}\end{cases}$。其次，从其余地区向 r 的进口系数，$\boldsymbol{A}^{\tilde{r}r}=[a_{ij}^{\tilde{r}r}]$，用 $a_{ij}^{\tilde{r}r}=a_{ij}^n-a_{ij}^{rr}$ 得到。类似地，用该经济体合并起来的其他区域（本例中为区域 2 和区域 3）的区位商得到 $\boldsymbol{A}^{\tilde{r}\tilde{r}}=[a_{ij}^{\tilde{r}\tilde{r}}]$。最后，其他区域从区域 1 的进口 $\boldsymbol{A}^{r\tilde{r}}=[a_{ij}^{r\tilde{r}}]$，用 $a_{ij}^{r\tilde{r}}=a_{ij}^n-a_{ij}^{\tilde{r}\tilde{r}}$ 得到。结果是 $\begin{bmatrix}\boldsymbol{A}^{11} & \boldsymbol{A}^{1\tilde{1}}\\ \boldsymbol{A}^{\tilde{1}1} & \boldsymbol{A}^{\tilde{1}\tilde{1}}\end{bmatrix}$。

（2）对其他可能的两区域划分情况重复上述过程（$r=2$；$\tilde{r}=1$，3 以及 $r=3$；$\tilde{r}=1$，2），得到 $\begin{bmatrix}\boldsymbol{A}^{22} & \boldsymbol{A}^{2\tilde{2}}\\ \boldsymbol{A}^{\tilde{2}2} & \boldsymbol{A}^{\tilde{2}\tilde{2}}\end{bmatrix}$ 和 $\begin{bmatrix}\boldsymbol{A}^{33} & \boldsymbol{A}^{3\tilde{3}}\\ \boldsymbol{A}^{\tilde{3}3} & \boldsymbol{A}^{\tilde{3}\tilde{3}}\end{bmatrix}$。这些信息可以安排在如下表格中。缺少的部分当然是区域间系数（阴影区域）。

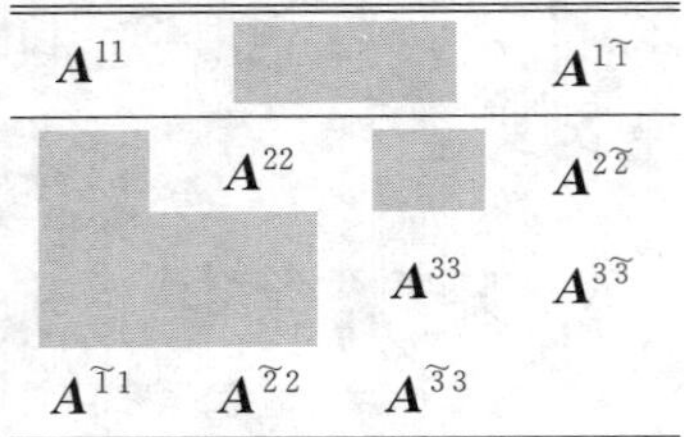

$\boldsymbol{A}^{11}$			$\boldsymbol{A}^{1\tilde{1}}$
	$\boldsymbol{A}^{22}$		$\boldsymbol{A}^{2\tilde{2}}$
		$\boldsymbol{A}^{33}$	$\boldsymbol{A}^{3\tilde{3}}$
$\boldsymbol{A}^{\tilde{1}1}$	$\boldsymbol{A}^{\tilde{2}2}$	$\boldsymbol{A}^{\tilde{3}3}$	

（3）将系数转化成流量。例如，用已知的产出 $\boldsymbol{x}^1$ 和 $\boldsymbol{x}^{\tilde{1}}$，得到 $\begin{bmatrix}\boldsymbol{A}^{11} & \boldsymbol{A}^{1\tilde{1}}\\ \boldsymbol{A}^{\tilde{1}1} & \boldsymbol{A}^{\tilde{1}\tilde{1}}\end{bmatrix}\begin{bmatrix}\hat{\boldsymbol{x}}^1 & \boldsymbol{0}\\ \boldsymbol{0} & \hat{\boldsymbol{x}}^{\tilde{1}}\end{bmatrix}=\begin{bmatrix}\boldsymbol{Z}^{11} & \boldsymbol{Z}^{1\tilde{1}}\\ \boldsymbol{Z}^{\tilde{1}1} & \boldsymbol{Z}^{\tilde{1}\tilde{1}}\end{bmatrix}$。对于 $r=2$ 和 $r=3$ 也可以做类似的计算，得到：

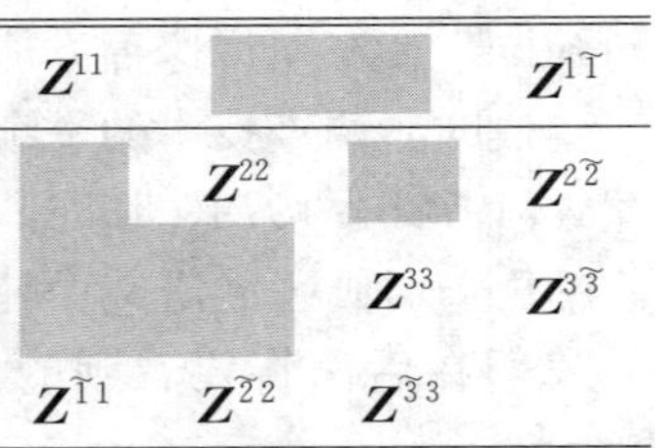

$\boldsymbol{Z}^{11}$			$\boldsymbol{Z}^{1\tilde{1}}$
	$\boldsymbol{Z}^{22}$		$\boldsymbol{Z}^{2\tilde{2}}$
		$\boldsymbol{Z}^{33}$	$\boldsymbol{Z}^{3\tilde{3}}$
$\boldsymbol{Z}^{\tilde{1}1}$	$\boldsymbol{Z}^{\tilde{2}2}$	$\boldsymbol{Z}^{\tilde{3}3}$	

（计算中得到的三个 $\boldsymbol{Z}^{\tilde{r}\tilde{r}}$ 已省略。）

（4）（阴影部分）非对角流量矩阵还需要估计。如果这些空单元格用初始估计值填满了，就可以使用 RAS 法。极端简化的假设是任何特定区域的进口平均地从其他区域（这里是两个）得来；例如，$\boldsymbol{Z}^{21}=\boldsymbol{Z}^{31}=\left(\frac{1}{2}\right)\boldsymbol{Z}^{\tilde{1}1}$。因此此时所有单元格都填上了初始估计值。

$\boldsymbol{Z}^{11}$	$\boldsymbol{Z}^{12}$	$\boldsymbol{Z}^{13}$	$\boldsymbol{Z}^{1\tilde{1}}$
$\boldsymbol{Z}^{21}$	$\boldsymbol{Z}^{22}$	$\boldsymbol{Z}^{23}$	$\boldsymbol{Z}^{2\tilde{2}}$
$\boldsymbol{Z}^{31}$	$\boldsymbol{Z}^{32}$	$\boldsymbol{Z}^{33}$	$\boldsymbol{Z}^{3\tilde{3}}$
$\boldsymbol{Z}^{\tilde{1}1}$	$\boldsymbol{Z}^{\tilde{2}2}$	$\boldsymbol{Z}^{\tilde{3}3}$	

（5）去掉对角线上的矩阵。给出行和列的边界值，这些值只考虑区域间流量（阴影的部分），用 RAS 法产生一个平衡表（根据构建本表所用的方法，它的列和是一致的，但是行和不一致）。

$\mathbf{0}$	$\boldsymbol{Z}^{12}$	$\boldsymbol{Z}^{13}$	$\boldsymbol{Z}^{1\tilde{1}}$
$\boldsymbol{Z}^{21}$	$\mathbf{0}$	$\boldsymbol{Z}^{23}$	$\boldsymbol{Z}^{2\tilde{2}}$
$\boldsymbol{Z}^{31}$	$\boldsymbol{Z}^{32}$	$\mathbf{0}$	$\boldsymbol{Z}^{3\tilde{3}}$
$\boldsymbol{Z}^{\tilde{1}1}$	$\boldsymbol{Z}^{\tilde{2}2}$	$\boldsymbol{Z}^{\tilde{3}3}$	

如果零矩阵的存在产生了收敛问题（正如在引用的文章中那样），则重新引入对角线上的矩阵，相应地改变边界值，重新使用 RAS 法。

□ 8.6.4　州以下区域商品流入的估计

刘和维兰（Liu and Vilain，2004）的研究从已知的美国商品流量数据开始，这些数据来自 1993 年美国商品流调查（US Department of Commerce，1993）和商品×产业投入产出数据。作者利用供给侧的特点、商品×产业模型和区域产业结构的二手数据推导州以下地区的商品流入量。他们的两个步骤的第一步是将每种商品的国家“产出系数”（使用第 12 章中供给方投入产出模型的术语）调整到州水平上。这些系数是卖出部门对产业部门的商品销售，是卖出部门总产出的一定比例；它们表示在买者中而不是在通常投入产出模型的卖者中的分配。第二步，将州一级的系数调整到区域水平（州以下）。在两种情况下，调整都用区位商，但针对的都是产出系数，而不是像第 8.2 节的方法，针对的是投入系数。

给定国家的使用表 $\boldsymbol{U}^N$ 和总商品产出 $\boldsymbol{q}^N$，得到 $\boldsymbol{B}^N=(\hat{\boldsymbol{q}}^N)^{-1}\boldsymbol{U}^N$，其中 b_{ij}^N 表示卖给产业 j 的商品 i 产出占商品 i 总产出的比例。① 将这些国家的产出比例系数用州的区位商转化为州水平上的比例系数。［作者用产业收益作为区位商的基础，但是认为用其他指标（例如，从业人数）也是可能的。］计算出 $\boldsymbol{B}^S=\boldsymbol{B}^N\langle \mathbf{lq}^S\rangle$，其中 $\mathbf{lq}^S=[\mathrm{LQ}_i^S]$，$\mathrm{LQ}_i^S$ 是该州部门 i 基于收益的区位商。② 与区位商用于区域化国家投入系数的方法（第 8.2.1 节～第 8.2.4 节）相反，当给定 $\mathrm{LQ}_i^S>1$ 时，相关的 b_{ij}^N（对所有 j）是提高的。接下来，通过除以每行行和，标准化 $\boldsymbol{B}^S$ 中每一行的元素，从而标准化的矩阵中所有行和都等于 1，$\widetilde{\boldsymbol{B}}^S=\boldsymbol{B}^S\langle \boldsymbol{B}^S\boldsymbol{i}\rangle^{-1}$，$\tilde{b}_{ij}^S=b_{ij}^S/\sum_j b_{ij}^S$。每一个 $\tilde{b}_{ij}^S$ 是输送到某个州的商品 i 被用于该州产业 j 的比例的估计。③ 令 $\boldsymbol{m}^S$ 为该州 m 种商品的流入量向量（从商品流调查中得到）。则矩阵 $\boldsymbol{\rho}^S=\hat{\boldsymbol{m}}^S\widetilde{\boldsymbol{B}}^S$ 将 m 种商品的流入量分配到 n 个产业中（包括居民）；ρ_{ij}^S 是该州商品 i 流入产业 j 中的数量（在第 3 章的脚注中，这是 MRIO 模型中的元素 $z_{ij}^{\cdot S}$ 的估计）。

下一步变换到区域水平（州以下）。估计另一个区位商矩阵，$\mathbf{LQ}^R$，这次是对地区，

① 我们用大写上标“N”“S”“R”分别表示国家、（国家以下）州和（州以下）地区，因为小写上标通常用作表示单个和特定地区（例如“r”和“s”）。

② 这个标注与传统不同。州的区位商向量用小写黑体字母表示，$\mathbf{lq}^S$（本书中我们表示向量的习惯），但是它的元素是大写 LQ_i^S，以便与通常表示区位商的习惯保持一致（如在第 8.2.1 节中），即使通常向量 $\mathbf{lq}^S$ 的元素表示为 lq_i^S。

③ 标准化是为了保证每种商品百分之百的流入量被该州购买部门用光。作者用的是闭模型，因此考虑了进口商品的居民消费。

评估该地区每个产业的相对代表性。然后，定义$\boldsymbol{\rho}^R=\boldsymbol{\rho}^S\langle \mathbf{lq}^R\rangle=\hat{\boldsymbol{m}}^S\widetilde{\boldsymbol{B}}^S\langle \mathbf{lq}^R\rangle$；$\rho_{ij}^R$是输送到该州的商品 i 用于所研究的地区部门 j 的数量的近似。① 根据运输规划，$\boldsymbol{\rho}^R$的行和也可能是要关注的点，它们是输送到该地区的每种商品总量的估计，$\boldsymbol{\varphi}^R=\boldsymbol{\rho}^R\boldsymbol{i}=[\phi_i^R]$，其中，$\phi_i^R$是商品 i 的地区总流入量。

作者把这种方法用到 7 个州的商品流入量上，并把它们的结果与已知流入量相比较（从 1993 年商品流调查中得到；即他们假定“地区”实际上是州，以使他们的估计结果能有数据进行比较）。对于 7 个州中的 6 个，平均绝对百分比误差（MAPE）在 16 和 30 之间（不同商品有大的差异），对于另一个州，MAPE 是 71。我们把这种方法与杰克逊等人的方法的结果做了比较，下面马上就会讨论。

□ 8.6.5 补充研究：美国各州之间的商品流

区域间社会核算模型

杰克逊等学者在两篇文章中（Jackson et al.，2006；Schwarm，Jackson，and Okuyama，2006）用从 IMPLAN 中推导出的数据建立了单个州的 SAM［在第二篇文章中，将区域间社会核算账户生成程序（Interregional Social Accounts Generator）按首字母缩写为 ISAG］。在利用美国交通统计局（Bureau of Transportation Statistics）改善商品流调查（commodity flow survey，CFS）数据的尝试中，作者估计了联系这些州的区域间商品×产业流。这个系统包括 51 个区域（各州加上华盛顿特区）、54 个产业/商品部门、4 种生产要素和 18 个机构。主要工作是推导一个估计方程，在模型中分配已知的从每个区域到其他每个国内区域的区域国内出口（来自单区域 SAM）（区域间流量产生于每个单区域 SAM 的构建，假定这些流量是正确的）。作者假定从一个区域到所有其他区域的出口分配是固定的，而出口水平随着区域生产而变化。

首选的估计方程是交通成本（区域间距离）和分区域商品需求的函数。它的形式为：

$$z_i^{rs}=\frac{(w_i^s)^{\alpha_i}\exp(-\beta_i d^{rs})}{\sum_s (w_i^s)^{\alpha_i}\exp(-\beta_i d^{rs})}z_i^r$$

其中，w_i^s是区域 s 对商品 i 进口需求的度量，d^{rs}是 r 和 s 之间距离的某种度量，α和β分别是对商品需求和距离的弹性。这些弹性是用优化模型估计的，在该优化模型中，估计的流量与相应的基准观测流量之间绝对离差值被最小化［许多细节，包括一系列基准数值如何产生，相对复杂。有兴趣的读者请参见杰克逊等（Jackson et al.，2006）］。在许多有差异之处，需要双比例调整（RAS）来保证与已知的国家数值的一致性。

国家的州际经济模型。

南加州大学的恐怖事件风险与经济分析中心（Center for Risk and Economic Analysis of Terrorism Events，CREATE）正在实施一个雄心勃勃要复兴美国 MRIO 模型的项目。这个项目致力于更新已过时的美国 1963 年和 1977 年（第 3 章）有 47 个部门和 52 个区域（50 个州、哥伦比亚地区以及世界其他地区）的 MRIO 模型，并把这个模型用于许多经验应用中。约从 2005 年开始，有大量出版物讨论这个模型的推导和不同的扩展以及应用。这些出版物包括帕克等（Park et al.，2004）以及理查森、戈登和

① 注意这些与 Oosterhaven 和他的荷兰同事提出的地区销售系数相似（第 8.7.2 节）。

莫尔（Richardson，Gordon，and Moore，2007，especially the chapters by Park et al. and Richarson et al.）。

模型建立的基本思想是在MRIO框架中整合从2001年IMPLAN州级投入产出模型（为得到州内系数）得到的数据和从美国交通部1997年商品流调查（为得到区域间系数）中得到的商品流数据。单单数据集就有许多问题——例如，协调IMPLAN的509个部门和CFS数据的43个部门，以及处理州际服务贸易的缺失和其他许多CFS数据中的空缺。NIEMO不用引力模型方法（如在上述杰克逊等人的工作中的方法），而是使用了一种双约束Fratar模型（一种双比例矩阵平衡技术，与RAS法类似，来自交通工程文献）来生成区域间系数。

这项研究被扩展到了许多方向：(a) 供给驱动模型，例如量化对港口恐怖袭击的影响（进口破坏）；(b) 价格敏感的供给模型，包含内生的需求价格弹性；(c) 系数可变的模型，作为自然灾害和恐怖袭击的后果，在该模型中投入和产出系数矩阵在一个RAS法过程中被改变。并且，在几个应用中，有对疯牛病爆发、墨西哥-美国边境关闭和主题公园遭袭的部门/空间影响的评估。

区域间流量的优化模型

在坎宁和王（Canning and Wang，2005）的工作中，作者建立了一个二次规划问题来估计一个国家区域系统中区域间部门间交易流量。他们选择数学规划方法是因为这种模型包含约束方面的灵活性（合并约束、单个变量值的上限和/或下限约束，等等）。虽然最终目标是估计几个区域的区域间投入产出（IRIO）模型的元素，出于实际考虑使用的是简单的多区域（MRIO）模型（这些模型我们在第3章中考察过）。要估计的变量是区域投入（忽略来源区域）$z_{ij}^{\cdot r}$和区域间流量（忽略使用部门）z_i^{rs}。这种方法需要国家投入产出表和区域总产出x_i^r、增加值v_i^r、最终需求f_i^r、对国外目的地的出口e_i^r以及从国外的进口m_i^r。

特别地，MRIO模型中针对变量z_i^{rs}和$z_{ij}^{\cdot r}$的一致性条件要求：

(1) 对每种商品i和区域r，总产出被完全分配给所有地区和国外的使用者（中间和最终）：

$$\sum_{s=1}^{p} z_i^{rs} + e_i^r = x_i^r$$

(2) 对每个i和r，总产出数值可归因于中间投入（忽略来源地）加上初始投入（增加值）：

$$\sum_{j=1}^{n} z_{ji}^{\cdot r} + v_i^r = x_i^r$$

(3) 区域r中对i的总需求（中间加上最终）完全由来自所有地区的输入加上国外进口来满足：

$$\sum_{j=1}^{n} z_{ij}^{\cdot r} + f_i^r = \sum_{s=1}^{p} z_i^{rs} + m_i^r$$

(4) 区域r中部门j对商品i的中间购买，当所有区域都加起来时，必须等于国家（用上标N表示）交易量：

$$\sum_{r=1}^{p} z_{ij}^{\cdot r} = z_{ij}^{N}$$

此外，来自国民账户的约束要求每种商品的区域产出、增加值、最终需求、对外出口和进口所有区域加起来，等于它们相应的国家总计。也就是，$\sum_{r=1}^{p} x_i^r = x_i^N$，$\sum_{r=1}^{p} v_i^r = v_i^N$，$\sum_{r=1}^{p} f_i^r = f_i^N$，$\sum_{r=1}^{p} e_i^r = e_i^N$，以及$\sum_{r=1}^{p} m_i^r = m_i^N$。这些线性方程可以很容易作为约束条件被包含在线性规划模型中。

受约束于这些条件（或类似条件），作者给出了一个目标函数，此目标函数最小化与预先设定的未知量的“估计值”的离差。在他们的规划中，目标函数是加权的二次函数的形式。如何确定目标函数有许多种选择，其细节超出了本书的范围。

作者给出了一个四区域十部门数据集的应用。[①] 这个应用的结果显示出在区域间流量z_{ij}^{rs}估计方面的成功，其平均百分比误差在4%～7%的范围中，而区域投入的平均百分比误差就不那么理想了（在15%～20%的范围中）。注意，考虑到加总约束的好处，两区域模型（区域r和其他地区）可以放在这种框架下。

8.7 混合方法

在这一节中，我们将总结世界各地的研究者们使用的推导区域投入产出数据的多种方法中的几种。这仅代表了现实世界研究的一个小样本，实际上所有这些研究都使用了混合方法，将高级别数据或局部调查与RAS法或者其他技术相结合。正如将要看到的，这些方法经常将区域（区域内）表的估计问题嵌入一个更大的多区域系统中。因为它们聚焦于区域表的特点（至少刚开始是这样），我们将它们总结在这里而不是放在后面估计区域间流量的第8.8节。然而，这种划分是有点随意的，因为后面章节中的某些方法也可以估计区域内的数据。

□ 8.7.1 区域投入产出表生成法

澳大利亚的詹森和韦斯特以及他们的同事在推导该国许多区域的投入产出表的方法上做了大量工作，他们从国家表出发，采用分配和商方法，如果有可能的话关注“优先数据”和专家意见。他们称之为GRIT技术（Jensen，Mandeville，and Karunaratne，1979；West，1990）。它有很长的历史，从20世纪70年代末开始（那些结果现在被称为“GRIT Ⅰ”）。通过改进得到20世纪80年代的“GRIT Ⅱ”，然后是估计两个或更多区域的表并将它们融入一个区域间表中的版本（GRIT Ⅲ）。[②] 它通常被描述为包括5个步骤（Hewings and Jensen，1980）。

（1）确认并调整“母”表。该表通常会是该国第$t-1$期的国家表，所关注的区域位于其中。该表可以是交易表或者系数表。假设该表包含竞争性进口，从而系数是真实的

① 这里的“区域”是大区域——日本、美国、欧盟和世界其他地区。

② 对此历史的很多叙述可见West、Morison和Jensen（1982）。

国家技术系数$A^{\cdot n}(t-1)$。这就通常需要从第$t-1$期更新到第t期，用RAS法或者其他技术——$A^{\cdot n}(t-1)\rightarrow A^{\cdot n}(t)$。①

(2) 用某种分配或者商方法把国家系数转化为区域系数；$a_{ij}^{\cdot r}(t)=r_{ij}^{r}a_{ij}^{\cdot n}(t)$，然后调整区域进口［例如用区域购买系数产生一个区域内投入系数的初始估计，$a_{ij}^{rr}(t)=\rho_{ij}^{r}a_{ij}^{\cdot r}(t)$］。

(3) 插入从调查、专家意见等得到的优先数据。

(4) 定义合适的区域部门，经常通过国家部门的（加权）综和得到。综合之后，再次插入优先数据，其中此类信息只在更综合的水平上能够知道。特别地，这可能只对关键（例如“逆重要的”）元素来进行操作，但是是已确定的（见第12.3.3节）。此结果是区域交易表的雏形，$\boldsymbol{Z}^{rr}(p)=[z(p)_{ij}^{rr}]$，伴随与其相联系的系数矩阵$\boldsymbol{A}^{rr}(p)$和列昂惕夫逆，$\boldsymbol{L}^{rr}(p)=[I-\boldsymbol{A}^{rr}(p)]^{-1}$。

(5) 再次使用优先数据和专家意见——例如，通过比较从第四步的$\boldsymbol{L}^{rr}(p)$导出的乘数与“类似”区域的乘数——推导出最终的$\boldsymbol{Z}^{rr}$、$\boldsymbol{A}^{rr}$和$\boldsymbol{L}^{rr}$。

近期，对从开始时获取优先数据的关注持续提高，包括对已发表数据（公共的或私人的来源）的广泛搜索和对国家、州和地方政府的需要进行调查的特别要求。

□ 8.7.2 复式双区域投入产出表

荷兰的研究者为该国建立了一个大范围的区域（和区域间）投入产出表系列［见奥斯特哈文（Oosterhaven，1981）直到20世纪80年代的工作，布姆斯玛和奥斯特哈文（Boomsma and Oosterhaven，1992）对复式双区域投入产出表（double-entry bi-regional input-output table，DEBRIOT）方法的论述，以及埃丁等（Eding et al.，1999）从区域制造（供给）表和使用表开始的方法］。这些工作大部分是两区域类型的——所关心的区域（r）和该国其他区域（s）。主要目标是估计区域内交易矩阵$\boldsymbol{Z}^{rr}$（表8-2中浅灰色部分的元素）。针对这一目标，该方法需要估计区域对国内市场的销售和区域对国内产品的使用，即表中深灰色部分的元素。作为这些账户两区域情况下的特性的结果，这种方法还会得到$\boldsymbol{Z}^{rs}$、$\boldsymbol{Z}^{sr}$和$\boldsymbol{Z}^{ss}$（中度灰色区域的矩阵）。②

表8-2　　DEBRIOT方法的结构

区域内和区域间交易	到区域r	到区域s	本区域对国内市场的销售
从区域r	$\boldsymbol{Z}^{rr}$，$\boldsymbol{F}^{rr}$	$\boldsymbol{Z}^{rs}$，$\boldsymbol{F}^{rs}$	$\boldsymbol{Z}^{rn}$，$\boldsymbol{F}^{rn}$
从区域s	$\boldsymbol{Z}^{sr}$，$\boldsymbol{F}^{sr}$	$\boldsymbol{Z}^{ss}$，$\boldsymbol{F}^{ss}$	$\boldsymbol{Z}^{sn}$，$\boldsymbol{F}^{sn}$
本区域对国内产品的使用	$\boldsymbol{Z}^{nr}$，$\boldsymbol{F}^{nr}$	$\boldsymbol{Z}^{ns}$，$\boldsymbol{F}^{ns}$	

这种方法基于对荷兰企业的实际观测，它们对自己产品所销售的空间目的地信息的

① 如果初始表是国家交易流量（去掉出口），则每个部门（列）的进口元素必须被分配到该列的所有单个格中。

② 在所有情况下，在使用矩阵$\boldsymbol{F}$时允许对最终需求进行细分，包括居民可能按照收入等级区分等。在最简单的模型中，我们用$\boldsymbol{f}$向量。在这个简要的总结中，我们用（交易）矩阵$\boldsymbol{Z}$。在商品×产业核算背景下，可能要处理（使用）矩阵$\boldsymbol{U}$。

了解要好于它们对所购买产品的空间来源地信息的了解。因此，关注点主要不是关于购买的数据，而是关于部门和空间的销售目的地的信息。同时，几乎没有用到商方法，因此，伴随那些方法的无双向流动特点的固有的上偏可以被减轻。

DEBRIOT 的主要组成部分有：

(1) $\boldsymbol{Z}_{ij}^{nr}=[z_{ij}^{nr}]$，区域 r 的区域国内使用矩阵。这里，上标 n 表示国家，即 $r+s$。[①] 因此，z_{ij}^{nr} 是区域 r 的部门 j 所使用的国内生产的商品 i，可以来自区域 r 或者区域 s。通过使用国家技术系数来估计区域技术矩阵（交易矩阵），假定（$z_{ij}^{\cdot n}/x_j^n$）已知，区域总使用也已知：$z_{ij}^{\cdot r}=(z_{ij}^{\cdot n}/x_j^n)x_j^r$。[②] 接下来假定每个 $z_{ij}^{\cdot r}$ 都能够被分解到它的国内和国外部分：$z_{ij}^{\cdot r}=z_{ij}^{nr}+m_{ij}^r$。这可以用国家进口系数 m_{ij}^n 来实现，用国家的商品 i 进口占其总使用的比例来缩减 $z_{ij}^{\cdot r}$：

$$z_{ij}^{nr}=z_{ij}^{\cdot r}-\left(\frac{m_{ij}^n}{z_{ij}^{\cdot n}}\right)z_{ij}^{\cdot r}=\left[1-\left(\frac{m_{ij}^n}{z_{ij}^{\cdot n}}\right)\right]z_{ij}^{\cdot r}$$

类似地，根据其余地区产出 x_j^s 的信息构建 $\boldsymbol{Z}^{ns}=[z_{ij}^{ns}]$，同样可构建 $\boldsymbol{F}^{nr}$ 和 $\boldsymbol{F}^{ns}$。

(2) $\boldsymbol{Z}^{rn}=[z_{ij}^{rn}]$，区域 r 的区域对国内销售量矩阵。通过调查得到区域 r 部门 i 总的区域对国内输出系数，$t_i^{rs}=(z_i^{rs}+f_s^{rs})/(x_i^r-e_i^r)$。分母是区域 r 制造的部门 i 产品的总区域内销售量，分子表示区域 r 生产的产品 i 输出到区域 s 的总量，因此这个比率是区域 r 的总销售量中输出到 s 的比例。类似地，$(1-t_i^{rs})=t_i^{rr}$ 是保留在区域 r 的比例。[③] 用 t_i^{rs} 将非调查的区域 r 对国内销售系数估计为本国其他地区和所研究区域需求结构的加权平均：

$$s_{ij}^{rn}=t_i^{rs}[z_{ij}^{ns}/(z_{i\cdot}^{ns}+f_{i\cdot}^{ns})]+(1-t_i^{rs})[z_{ij}^{nr}/(z_{i\cdot}^{nr}+f_{i\cdot}^{nr})]$$

第一个括号中的表达式的分母是区域 s 对所有国内来源（$r+s$）的部门 i 产品的需求总量，因此括号中表达式是 s 中部门 j 所使用的 i 占总量的比例。用 t_i^{rs}（区域 r 的部门 i 产品的总销售量中输出到 s 的比例）来乘，得到了区域 s 部门 j 所使用的来自 r 的部门 i 产品的国内供给的比例估计。右端第二个括号中的项表示区域 r 部门 j 使用的来自所有国内来源地的部门 i 产品总量的比例。因此，右端的合计表示该国的部门 j 使用的由区域 r 供给的国内部门 i 产品的比例。那么区域对国内市场的销售量估计为 $z_{ij}^{rn}=s_{ij}^{rn}(x_i^r-e_i^r)$。类似地，构建 $\boldsymbol{Z}^{sn}$、$\boldsymbol{F}^{rn}$ 和 $\boldsymbol{F}^{sn}$。

(3) 构建 $\boldsymbol{Z}^{rr}$、$\boldsymbol{Z}^{rs}$ 和 $\boldsymbol{Z}^{sr}$。注意，初始地，有：

$$z_{ij}^{rr}(\max)=\min(z_{ij}^{nr},z_{ij}^{rn})$$

从而：

$$z_{ij}^{rs}(\min)=z_{ij}^{rn}-z_{ij}^{rr}(\max)$$

以及

① 回顾类似 $\boldsymbol{Z}^{rs}$ 的符号表示在空间上区分的两个区域 r 和 s 的部门之间的交易。这里，$\boldsymbol{Z}^{nr}$ 描述区域 r 的部门从国家的国内总产出中购买的商品，有些来自区域 r 的部门，有些来自区域 s 的部门。

② Boomsma 和 Oosterhaven 用 $z_{ij}^{\cdot r}=[z_{ij}^{\cdot n}/(x_j^n-v_j^n)](x_j^r-v_j^r)$ 来核算 Round 的制造效应（见上述），但是在此不需要关注其细节。

③ 这些被称为区域销售系数（RSC），与第 3 章和更早章节中所讨论的区域购买系数（RPC）相反。

$$z_{ij}^{sr}(\min)=z_{ij}^{mr}-z_{ij}^{rr}(\max)$$

通过调查“重要”元素（再次说明，无论怎么定义都可以）来得到具体元素的国内出口系数 t_{ij}^{rs}。之后 $z_{ij}^{rs}=t_{ij}^{rs}z_{ij}^{m}$，从中通过扣减得到 $z_{ij}^{rr}=z_{ij}^{m}-z_{ij}^{rs}=(1-t_{ij}^{rs})z_{ij}^{m}$。对 $\boldsymbol{Z}^{rr}$ 中的所有其他元素，z_{ij}^{rr}（最大）被降低直到它达到与总的国内出口系数 t_{i}^{rs} 相一致的水平，从中也可以得到 z_{ij}^{rs} 和 z_{ij}^{sr}。①

（4）最后，$\boldsymbol{Z}^{ss}=\boldsymbol{Z}^{mn}-\boldsymbol{Z}^{rr}-\boldsymbol{Z}^{rs}-\boldsymbol{Z}^{sr}$。

□ 8.7.3 中国 2000 年多区域投入产出模型（CMRIO）

中国的全国投入产出表的早期工作显然是从 20 世纪 60 年代开始的。从 1987 年开始，中国国家统计局（National Bureau of Statistics，NBS）每 5 年编制一次基于调查的投入产出表（1987 年、1992 年、1997 年，等等），区域（省）编制它们自己的区域投入产出表（西藏和海南除外），与国家表的部门分类和编表年度都相同［见陈、郭和杨（Chen，Guo，and Yang，2005）。中国投入产出工作的历史介绍（至 1991 年）也可见于普可仁和陈（Polenske and Chen，1991）］。

也有一些早期工作是关于区域连接模型的，有 3 个区域和 10 个部门。更加有雄心的中国多区域模型是 2000 年的，有 8 个区域（省份）和 4 个层次的综合水平——三部门、八部门、十七部门和三十部门。［主要文献参见发展经济研究所-日本外部贸易组织（IDE-JETRO，2003）；Okamoto and Ihara，2005。② IDE-JETRO 的出版物包括三部门、八部门和十七部门；三十部门的数据在随赠的光盘上。］关于这项雄心勃勃的数据集编制工作的细节见冈本和张（Okamoto and Zhang，2003），他们认为区域经济的差异“……成为中国政府关注的主要问题”（p. 9），强调了对多区域投入产出方法的需求。冈本和井原（p. 201）做了类似的评述③：

> 最近关于中国区域发展的研究表明区域差异已成为一个重要的问题，吸引了许多政策制定者和研究者关注如何发展国家不发达地区的议题。然而，应该注意的是，至今，多数方法关注的是具体的特定区域的情况，而不是考虑区域之间的相互依赖。因此，为了在以前的这些研究上增加一些有意义的内容，我们觉得有必要量化地考虑区域之间的反馈效应和/或者相互作用。这就是我们编制完整规模的中国区域间投入产出模型作为有用的分析工具来考察空间经济的主要原因。

编制过程包括三个主要阶段，每个阶段主要有两个步骤：

（1）外生数据的搜集和估计。搜集省级投入产出数据（这些没有公开出版，不能被外国人获取），并检查与国家数据的一致性。需要估计省增加值、最终需求、对外贸易。这个阶段的最终结果是每个区域的区域投入系数集。

---

① 有很多细节，可见于 Boomsma 和 Oosterhaven（1992）。

② 位于日本东京的 IDE 成立于 1960 年，之后成为国际贸易和产业部（MITI，现在是经济贸易和产业部）下属的机构，作为社会科学研究所从事发展中国家和地区的经济学、政治学和社会问题领域的基础和综合的研究工作。在 1998 年 7 月，这个机构归属于日本外部贸易组织（JETRO），变成 IDE-JETRO。现在是进行投入产出数据整理和分析的主要单位。

③ 作者在广泛的意义上使用“区域间”。其实施的是一种混合方法，但本质上是“多区域”类型（区域间交易流量估计的是 z_{i}^{rs}，而不是 z_{ij}^{rs}）。

（2）区域间商品流量的估计。调查数据从500家“重点”企业中搜集得到。对其他商品，使用列昂惕夫-斯特劳特引力模型方法（第8.6.1节）得到估计值，由可得到的先行确定的数据补充。这个阶段产生区域间贸易系数集合。

（3）多区域投入产出模型的编制。本阶段将前面两个阶段的结果结合起来，且对（不可避免的）矛盾之处进行协调。

冈本和井原（Okamoto and Ihara，2005）在多个不同章节中探讨了很多CMRIO模型的应用，目标是分析区域间乘数、反馈和溢出以及空间联系等重要的区域经济现象。

8.8 国际投入产出模型

8.8.1 引言

把几个区域的投入产出模型框架扩展到几个国家的想法显然是旺纳科特（Wonnacott，1961）首次提出的，他建立了一个连接加拿大和美国的两国家模型。在接下来的内容中，我们探讨这个想法的几个更为细致的应用——包含多于两个国家——包括亚洲、欧共体以及其他多国模型的例子。模型的结构完全遵循区域间或多区域情况的逻辑线索。在某些例子中，数据搜集比较容易，是因为那些“区域”的“国家”特征。例如，对于区域来讲，“出口”和“进口”数据经常很粗略或者不存在，而对于国家的外部贸易，这些数据常常在不同的形式中都可以获取。[①]

8.8.2 亚洲国际投入产出表

由于许多亚洲经济体之间出现的相互依赖，在亚洲经济体之间建立投入产出关联模型的思想变得有吸引力了。最初的工作是日本的发展经济研究所（IDE）发起进行的。它最初的尝试是开始于1965年的“国际”投入产出表；涵盖了6个“大区域”（北美、欧洲、大洋洲、拉丁美洲、亚洲和日本）。[②] 在各类刊物中，这些以及随后的表也被称为是“多国”和“多边”的。这些是更为适合的标签，因为这个工作是建立在MRIO框架基础上的（钱纳里-摩西）。

关于IDE在国际投入产出表方面的工作的完整历史可见于发展经济研究所（Institute of Developing Economies，2006a），特别是第一部分：“亚洲国际投入产出表的编制”（Furukawa，1986）。其历史综述包括三个阶段。

第一个阶段（1973—1977年）推进了针对东亚和南亚国家的国际投入产出结构的全面发展——编制了三个国家表（印度尼西亚、新加坡和泰国）和三个“双边”表（韩国-日本，美国-日本和菲律宾-日本）。

第二个阶段（1978—1982年）完成1975年东盟（Association of Southeast Asian Nations，ASEAN）国家、日本、韩国和美国等国家之间的多边表的编制。这包括必要

① 关于一个国家的出口和进口数据，可能有很多一致性的问题——例如，区分竞争性和非竞争性进口，进口估值按照关税已付价，出口按照生产者价格，等等。

② 这可以被视作一个“全球”或“世界”模型的早期例子。见之后的第8.8.5节。

的1975年国家表的估计（并更新马来西亚、菲律宾、新加坡和美国的表，编制印度尼西亚-日本、泰国-日本和韩国-日本的双边表）。最后，这些表合在一起成为一个单独的1975年国际（多边）投入产出表。这项工作于1983年完成。

在第三个阶段，建立了1985年的国际表，包括了中国。从那时开始IDE每5年编制一次多边表——因此目前有1990年表、1995年表和2000年表，包含10个国家以及七部门、二十四部门和七十六部门的综合水平。①

可以想象，数据编制的问题是非常多的。例如，10个不同的国家表有许多不同之处。为了能包含在同一个总的多国表中（作为对角块），这些表必须都被调整得“一致”。② 在估计中，国际交易、出口向量和进口矩阵在一系列非常烦琐的过程中建立(然后转化为生产者价格)。依赖进口统计比依赖出口统计更多一些，因为每个国家由于关税原因，进口数据的搜集更为细致。例如，在IDE-JETRO（2006a，Part 1，Ⅲ）“表的连接”中，可以找到详细描述。

这项工作为使用依赖于投入产出数据的分析方法的经验研究提供了极为丰富的数据集。其中有关联分析（即有部门的又有空间的）和其他用来评价部门（或区域）相对重要性的技术。这些论题包括在第12章的某些详细论述中。代表性的例子包括佐野和长田（Sano and Osada，1998）（部门关联）；孟等人（Meng et al.，2006）（1985年、1990年、1995年和2000年每个国家内部和跨国的部门间的关联）；孟（Meng，2006）[单个国家内跨时期的部门关联，总中间投入（部门投入结构）和总最终需求（部门需求结构）在不同时期中的演进，国家之间的关联，北京奥运会相关投资对中国区域经济增长的影响]。用1990年和2000年亚洲投入产出数据集，桑守（Kuwamori，2007）通过“假设提取”方法（见第12章）研究了10个国家中每一个国家对其他每个国家的相对重要性，以及那些国家的具体产业。通过比较1990年和2000年数据分析的某些结果，中国经济的影响被很清楚地显示出来。

□ 8.8.3 “混合”的EC多个区域模型

欧洲共同体（European Community，EC，简称“欧共体”，前身是始于1958年的欧洲经济共同体）的建立引发了对每个成员国经济活动的具备一致性的经济数据的兴趣和需求，不仅仅是内部的交易，还包括国家之间的联系。范德林登和奥斯特哈文(Van der Linden and Oosterhaven，1995）提出为了分析多种重要的政策论题，例如区域间的和国家间的收入溢出，需要欧共体的国家内部和国家之间具有一致性的投入产出表系列。

目前，欧共体统计局对EC作为一个整体，编制了统一的表，包括每个成员国的$\boldsymbol{Z}^{rr}$和$\boldsymbol{x}^{r}$的表。③ 附加的信息，包括$\boldsymbol{Z}^{\cdot r}$（其中“.”表示从所有其他欧共体国家的运输量）和其他进口数据，也可以得到。由这些数据，作者建立了一类多个区域（或者多个国

① 这些国家有中国、印度尼西亚、韩国、马来西亚、菲律宾、新加坡、泰国和美国等。这些数据可见于发展经济研究所（Institute of Developing Economies，2006b）。

② IDE-JETRO（2006a，p.15）：“……编制中最为复杂、最伤脑筋的任务之一是把国家表调整为符合一致的形式。”

③ 全面的讨论见Eurostat（2002）。有些年度没有所有成员国的表。具体细节见van der Linden和Oosterhaven（1995）或Hoen（2002）。

家）的 EC 模型，这类模型介于区域间投入产出模型（IRIO）和多区域投入产出模型（MRIO）之间。① $\boldsymbol{Z}^{rr}$ 和 $\boldsymbol{x}^{r}$ 的存在允许区域间类型的国家内部投入系数矩阵的计算，即 $\boldsymbol{A}^{rr}=\boldsymbol{Z}^{rr}(\hat{\boldsymbol{x}}^{r})^{-1}$。根据进口数据，作者估计了 $c_i^{sr}=m_i^{sr}/m_i^{\cdot r}$；这些数据按照 $\boldsymbol{Z}^{\cdot r}$ 的行来近似模拟标准形式的 MRIO 模型中的 $\boldsymbol{Z}^{sr}(s\neq r)$，即 $\boldsymbol{Z}^{sr}=\hat{\boldsymbol{c}}^{sr}\boldsymbol{Z}^{\cdot r}$。该模型存在与服务核算和可得数据的价格类别相关的问题（例如，生产者价格与到岸或海关交货价格）。同样，有使用 MRIO 法产生的进口和出口数据的不一致问题；例如国家 r 对其他 EC 国家的产品 i 的总出口的初始估计不同于把每个国家从 r 进口的产品 i 的合计值。作者用 RAS 平衡方法来处理这些问题。

关于 EC 国家间模型中所出现的这些问题的说明见霍恩（Hoen，2002），他将这些 EC 表作为欧洲一体化经济影响的投入产出分析的出发点。例如，他考察了多种乘数和溢出，他提出了增加值增长的分解及其他，这些都基于投入产出数据。然而，为了这些目的，他需要不变价的数据系列，而不是现价（就如在范德林登和奥斯特哈文的工作中所提出的那样）。为了实现这一点，霍恩采用了 RAS 法，并把他的结果与通常的“双缩减”方法的结果相比较。实际上，他提出双缩减可以被视作更为一般性的 RAS 法的一种特例。

□ 8.8.4 中国-日本 2000 年“跨地区区域间”投入产出模型

这是 IDE-JETRO 的另一项雄心勃勃的工作。它是一个有 10 个部门的模型，结合了“多国家及地区”的特征——中国、日本、ASEAN5（印度尼西亚、马来西亚、菲律宾、新加坡和泰国）、韩国、中国台湾和美国——以及中国的区域分解（分解为 7 个区域）和日本的区域分解（分解为 8 个区域）。因此，有 18 个地理区域；有些是真正的国家及地区以下区域（中国和日本的 15 个区域），有一个国家和两个多地区区域（Inomata and Kuwamori，2007；IDE-JETRO，2007）。这被称为“跨地区区域间投入产出（TIIO）”模型。

这些表从 2000 年亚洲数据（第 8.8.3 节）及中国（第 8.7.3 节）和日本的区域间表开始编制。不出所料，有许多关于数据一致性的问题，需要许多假设来将国家贸易数据转化成区域水平的数据（中国和日本的情况）。这一目标高远的项目的总体结构如表 8-3 所示。每个格包括一个 10×10 的交易（或系数）矩阵。我们这里讨论浅色阴影区域估计的细节，即中国对日本在两个国家区域水平上的出口。

中国对日本中间需求的出口

我们用日本（J）作为外部国家的例子——表 8-3 中浅色阴影的部分。ASEAN5、韩国、中国台湾和美国的处理过程对接受（进口）地区不涉及区域的分解。这里的目标是将区域和部门来源地为中国、目的地为日本的中国对日本出口的特征包括进来，如表 8-4 所示，其中 $\boldsymbol{Z}^{rs}=[z_{ij}^{rs}]$，$i$，$j=1$，…，10。

① 这项工作在 Schilderinck（1984）的基础上建立，Schilderinck（1984）首次尝试给出连接 EC 国家的具有一致性的表的系列。

表 8-3　　　　TIIO 模型的结构

	ASEAN5	C1	…	C7	J1	…	J8	韩国和中国台湾	美国
ASEAN5									
C1									
⋮									
C7									
J1									
⋮									
J8									
韩国和中国台湾									
美国									

表 8-4　　　　TIIO 中中国对日本的中间贸易量

		日本区域				
		J1	…	Js	…	J8
中国区域	C1	$\boldsymbol{Z}^{11}$	…	$\boldsymbol{Z}^{1s}$	…	$\boldsymbol{Z}^{18}$
	⋮	⋮		⋮		⋮
	Cr	$\boldsymbol{Z}^{r1}$	…	$\boldsymbol{Z}^{rs}$	…	$\boldsymbol{Z}^{r8}$
	⋮	⋮		⋮		⋮
	C7	$\boldsymbol{Z}^{71}$	…	$\boldsymbol{Z}^{7s}$	…	$\boldsymbol{Z}^{78}$

如下信息从贸易数据中获知（$\breve{m}$ 表示日本进口数据，$\hat{e}$ 表示中国出口数据）：

z_{ij}^{CJ} =中国产品 i 对日本部门 j 的总出口量（=日本的部门 j 从中国进口的产品 i 的总量），

$\breve{m}_{i\cdot}^{Cs}$ =日本区域 s 从中国进口的产品 i，

$\breve{m}_{i\cdot}^{CJ} = \sum_{s=1}^{8} \breve{m}_{i\cdot}^{Cs}$ = 日本从中国进口的产品 i 的总量，

$[(\breve{m}_{i\cdot}^{Cs} / \breve{m}_{i\cdot}^{CJ}) \times 100]$=日本从中国进口的产品 i 进入日本的区域 s 的百分比（类似于 MRIO 模型中的 $c_{i\cdot}^{rs}$ 数据），

$\hat{e}_{i\cdot}^{rJ}$ =中国区域 r 对日本出口的产品 i，

$\hat{e}_{i\cdot}^{CJ} = \sum_{r=1}^{7} \hat{e}_{i\cdot}^{rJ}$ = 中国对日本出口的产品 i 的总量，

$[(\hat{e}_{i\cdot}^{rJ} / \hat{e}_{i\cdot}^{CJ}) \times 100]$=从中国的区域 r 出口到日本的产品 i 占中国产品 i 对日本总出口量的比例。

我们做如下假定。

（1）日本区域 s 的每个部门 j 有$[(\breve{m}_{i\cdot}^{Cs} / \breve{m}_{i\cdot}^{CJ}) \times 100]\%$的产品 i 来自中国（这是标准的 MRIO 模型的假定）。也就是：

$$\tilde{z}_{ij}^{Cs}=(\breve{m}_{i\cdot}^{Cs}/\breve{m}_{i\cdot}^{CJ})z_{ij}^{CJ}$$

假定 $[(\breve{m}_{i\cdot}^{Cs}/\breve{m}_{i\cdot}^{CJ})\times 100]=12$（意思是日本区域 s 每个部门的投入品 i 中有 12%来自中国）；则如果 $z_{ij}^{CJ}=2\ 000$，$\tilde{z}_{ij}^{Cs}=240$。

（2）中国的每个区域 r 贡献了中国对日本出口的产品 i 的 $[(\widehat{e}_{i\cdot}^{rJ}/\widehat{e}_{i\cdot}^{CJ})\times 100]$%。则：

$$\tilde{z}_{ij}^{rs}=(\widehat{e}_{i\cdot}^{rJ}/\widehat{e}_{i\cdot}^{CJ})\tilde{z}_{ij}^{Cs}=(\widehat{e}_{i\cdot}^{rJ}/\widehat{e}_{i\cdot}^{CJ})(\breve{m}_{i\cdot}^{Cs}/\breve{m}_{i\cdot}^{CJ})z_{ij}^{CJ}$$

假定 $[(\widehat{e}_{i\cdot}^{rJ}/\widehat{e}_{i\cdot}^{CJ})\times 100]=10$；其意思是中国对日本出口的产品 i 中有 10%来自中国的区域 r。则 $\tilde{z}_{ij}^{rs}=24$。

作者承认这确实是一个强的假定［发展研究中心（Development Studies Center，2007，p. 67）］：

一般地，好像不太有把握假定中国区域 1 的部门 1 投入占北海道（日本区域 1）日常生活相关产业整体的投入的比例与中国区域 1 的部门 1 投入占关东地区（日本区域 8）日常生活相关产业的投入的比例相等。即使如此，因为没有可获取的信息证明这“不是真实的”，在这个假定下进行的估计（中国区域的投入提供比例数据）对所有区域（8 个日本区域）都是适用的。

这就产生了 $\boldsymbol{Z}^{rs}$ 的 100 个元素中一个元素的估计 $\tilde{z}_{ij}^{rs}$。$\boldsymbol{Z}^{rs}$ 中其他每个元素也都需要类似的计算，表 8 - 4 中剩余的 55 个矩阵中的每个也都需要类似的计算。

应用

这个数据集促进了大量的国际关联的研究，研究内容包括对单个国家整体（所有产业）以及单个部门的反馈和溢出（第 3 章）。某些结果可见于猪俣和佐野（Inomata and Sato，2007），一系列类似研究可以从猪俣和桑守（Inomata and Kuwamori，2007）中找到。[①]

□ 8.8.5 列昂惕夫的世界模型

另一个说明投入产出方法的扩展的例子可见于列昂惕夫的世界模型。[②] 这个从 20 世纪 70 年代开始的大项目由联合国资助，作为其探索“……促进发展同时保持和改善环境的可能政策选择”的一部分（United Nations，1973，p. 2）。

最终的形式包括 15 个区域［4 个发达的工业国家、4 个中央计划经济体和 2 个发展中国家的群体（其中有 3 个资源丰富国家、4 个资源匮乏国家）］，每个区域有 48 个部门，包括 8 种可耗竭资源以及 8 种主要污染物和 5 种减排活动（因为动机是环境影响之一）。数据搜集的基年是 1970 年，模型对 1980 年、1990 年和 2000 年做了预测。国家投入产出表形成了区域内数据集的基础；不同的核算规则和部门设计造成了许多一致性问题。

---

① Oosterhaven 和 Stelder（2007）的一篇文章包括了 4 种用 IDE-JETRO 亚洲 2000 年表的“混合”模型的广泛和信息丰富的比较。4 种不同的方法反映了现实世界可以获取的不同种类的国家进口和出口数据——例如具有或者不具有单独进口矩阵（完税后交货价格），具有或不具有出口矩阵（生产者价格），以及在过程中的不同阶段使用 RAS 法。

② 这方面的概述可见于 Leontief（1974，他的诺贝尔奖获奖演说）。该模型的发展情况在 Fontana（2004）中给出，更多的背景也可见于 Duchin（2004）。

对于区域间数据，列昂惕夫创造了“世界贸易池”（world trade pools）来模拟每种贸易产品的贸易关系。对于每个区域的每种产品都有两个参数系列：进口系数和出口比例。对于区域 r 的产品 i，后者的元素具体说明了由区域 r 供给的产品 i 世界出口总量占产品 i 的世界总量池的比例，$e_i^r = x_i^{r\cdot} / \sum_{q=1}^{p} x_i^{q\cdot}$。进口比例说明了竞争性进口占同样产品国内生产的比例大小，$m_i^r = x_i^{\cdot r}/x_i^r$。这些参数基于观测数据（$x$ 的）和专家意见估计得到。

世界池的思想避免了用每种产品的国家对国家流量来建立投入产出世界贸易模型的需要……利用列昂惕夫的世界池的思想……对于区域之间的双边关系不需要知道任何信息。（Fontana，2004，p. 34）

实际上，这种方法实施的是区域间投入产出模型 IRIO 的简化，比 MRIO 模型的简化更进了一步：z_{ij}^{rs}（IRIO）→$z_{i\cdot}^{rs}$（MRIO）→$z_{i\cdot}^{r\cdot}$ 和 $z_{i\cdot}^{\cdot s}$（世界模型）。

这个项目的结果在列昂惕夫、卡特和彼得里（Leontief，Carter，and Petri，1977）中出版。其他的应用包括列昂惕夫、马里斯卡尔和索恩（Leontief，Mariscal，and Sohn，1983b），列昂惕夫等（Leontief et al.，1983a），以及列昂惕夫和达钦（Leontief and Duchin，1983）。然而，就如达钦（Duchin，2004）所提到的，这个模型长期来看并没有多少人感兴趣。

即使是那些在投入产出领域的经济学家，对世界模型的关注也相对较少……列昂惕夫世界模型的后续模型最后用于完成于 20 世纪 90 年代早期的研究（Duchin and Lange，1994），做这项分析的团队后来解散了（p. 59）。

在达钦和兰格（Duchin and Lange，1994）中，世界模型框架用于研究地球不同的环境未来。包括 16 个世界区域和 50 个部门。这个具有雄心的世界模型中必需的粗线条方法的理念在附录 8.1 中给出，其中 189 个国家被分成模型中所使用的 16 个地理分类。①

达钦（Duchin，2005）给出了世界模型线性规划形式的推广，被设计成特别适用于分析处理环境影响和可持续发展的情景。就如方塔纳（Fontana，2004，p. 37）所提到的“列昂惕夫世界模型对于世界经济的长期未来的探索来说是一个里程碑”。

8.9 协调问题

在第 7.2 节中，我们注解说在编制基于调查的部门间交易表的工作中，当一个部门的行和与该相同部门的列和不同时，就会出现问题。这同样会在更新以及区域化的混合方法中发生。由于进行调整的一个通用途径是使用 RAS 法，这个讨论被推后到在更为一般的更新或区域化任务中引入 RAS 法之时进行。

某些投入产出表（特别是区域层次的）只基于经济体中各部门的购买量信息来编制。在每个部门中，对抽取的机构样本进行调查询问来确定它们投入的量，分部门并且分区域——或者至少确认投入是来自所研究的区域内部还是从该区域之外输入（进口）。

① 所有国家和它们在世界区域中的地理归类的完整列表可见于附录 C，为 Duchin 和 Lange（1994）中的“世界模型的地理分类”。

这种方法有时被称为“只按购买”或者“只按列”方法，因为交易表（因此直接投入系数矩阵）是一列一列编制的。它依赖于来自基层单位的关于其成本分配的信息（这被用于建立1959年费城496部门表；Isard and Langford，1971）。类似地，“只按销售”或“只按行”方法完全依赖于关于一个特定部门对所有其他区域部门以及对最终需求购买者的销售量信息。这依靠来自基层单位的关于它们产品的分配的信息。[关于这种方法应用的研究，见汉森和蒂伯特（Hansen and Tiebout，1963），回顾 DEBRIOT（第8.7.2节）强调销售信息甚于购买信息。]

通常，会有一些（但不是全部）关于购买量的信息和一些（但也不是全部）关于销售量的信息——例如，对公司的调查表上同时会询问公司的销售和购买数据。因此，对许多元素，会有两个对交易 z_{ij}^r 的估计。如果我们有关于区域总产出 x_j^r 的独立估计，来自公开出版的数据，则这当然意味着会有两个关于区域直接消耗系数的估计。那么论题就是对两个估计值的一致性协调（Bourque et al.，1967；Beyers et al.，1970；Bourque and Conway，1977；Miernyk et al.，1967；Miernyk et al.，1970）。

一致性协调往往完全基于研究者的判断，反映了他们关于区域经济和与国家系数的比较的知识；布尔克等（Bourque et al.，1967）给出了一个这样的例子。詹森和麦克高尔（Jensen and McGaurr，1976）在迈尔尼克等（Miernyk et al.，1970）一般性讨论的基础上提出了两阶段方法，迈尔尼克等（Miernyk et al.，1970）的工作试图估计不同信息片段的相对准确性（可靠性）。令关于第 i 行第 j 列元素的交易值的两个估计为 r_{ij} 和 c_{ij}，分别来自“只按行”和“只按列”信息。在对抽样过程的了解和对数据的其他特征以及可能的错误来源的了解基础上，对这两个估计选择被詹森和麦克高尔命名为可靠性权重的一对值。令 k_{ij} 表示只按行的估计的权重（$k_{ij}\geqslant 0$），则（$1-k_{ij}$）为只按列的估计的权重。之后，对第 i 行第 j 列元素进行一致性协调的交易估计的第一个近似就得到了，是简单加权合计 $z_{ij}^1=k_{ij}r_{ij}+(1-k_{ij})c_{ij}$。上标 1 表示这是第一轮估计。例如，如果我们相信只按行的估计 r_{ij} “几乎”完全准确，它的权重 k_{ij} 可能被设置为 0.9；如果在研究者的判断中，对某个特定元素的行估计和列估计有相等的可能性是正确的，该元素的 k_{ij} 可能是 0.5，如此等等。

除了总产出向量 $\mathbf{x}^r$ 之外，假定对从每个部门的最终需求购买的量又做了独立的估计，则最终需求列向量已知，同样假定有分部门的增加值支出的估计，则增加值行向量 $\mathbf{va}^r$ 也已知。[①] 那么产业间交易的总值由 $T^r=\mathbf{i}'(\mathbf{x}^r-\mathbf{f}^r)=\sum_i(x_i^r-f_i^r)$ 给出，或者，等价地，由 $T^r=(\mathbf{x}^r-\mathbf{va}^r)\mathbf{i}=\sum_j(x_j^r-va_j^r)$ 给出。接下来，就必须检查估计的交易的总和 $Z^1=\sum_i\sum_j z_{ij}^1$ 与这个总值（独立估计的）T^r 的比较。非常可能地，如果它们不相等，每个 z_{ij}^1 通过乘以 T^r/Z^1 来进行上调或者下调。这就得到了第二个一致性调整的交易的估计集，$z_{ij}^2=z_{ij}^1[T^r/Z^1]$。这些估计值在总量上是一致的，因为 $\sum_i\sum_j z_{ij}^2=T^r$，第一阶段就到此为止。

尽管交易 z_{ij}^2 现在被调整到它们的合计为恰当的总流量，它们也必须与每个行和及每个列和相一致。这就是需要 RAS 法之处。因为 x_i^r 和 f_i^r 是独立估计的，则每个部门总

① 此处我们集中采用 va_j^r 表示区域 r 部门 j 的增加值，因为 v_j^r 将要在之后的 RAS 平衡法中被用于表示总中间投入。

的中间产出 u_i^r 可以由 $u_i^r = x_i^r - f_i^r$ 计算出。类似地，给定 va_j^r 的估计，每个部门总的中间投入可以由 $v_j^r = x_j^r - va_j^r$ 计算出。则问题在于对每个部门（$i=1, \cdots, n$）是否有 $\sum_j z_{ij}^2 = u_i^r$，以及对每个部门（$j=1, \cdots, n$）是否有 $\sum_i z_{ij}^2 = v_j^r$。一般地，不是所有这些约束等式都被满足，因此 z_{ij}^2 的估计必须进一步调整到与每个行和每个列的边界信息一致。这正是 RAS 法所适用的问题，也是詹森和麦克高尔所建议的方法。这就是第二个阶段的调整。其结果将是第三个也是最后一个交易估计的数据集 z_{ij}^3。给定 x_i^r 的估计，直接消耗系数可以被估计出来。①

讨论这种方法是因为它代表了一种规范化的试图在一致性调整过程中同时包含主观判断（通过可靠性权重）和一定数量的客观结构（通过 RAS 法调整）的途径。许多研究者结合不同的方法协调有冲突的估计。其中一个例子可见于上面的 DEBRIOT 方法的步骤 3（第 8.7.2 节），布姆斯玛和奥斯特哈文（Boomsma and Oosterhaven，1992）对此有大量的详细描述。

在随机投入产出模型的情形下，格尔丁提出了一个完全不同的方法（Gerking，1976a，b)。他提出系数可以被估计，协调性问题可以使用回归技术解决（Gerking，1976c，1979b)。这在文献中引起了大量的批判评论和回应（Brown and Giarratani，1979；Miernyk，1976，1979；Gerking，1979a，c)。一致性协调问题还远远没有被解决；从完全主观到完全数学化的可能性范围实在是很广泛。

8.10 总结

在本章中，首先，我们关注了当完整的区域交易不可获取时一些估计区域投入产出系数表的可行方法。在区域情景下，区位商方法和区域购买系数信息的获得受益于可比较的区域经济信息和该区域所在的国家的经济信息。其次，RAS 法对于区域化的问题与上一章中它针对更新问题时一样具有适用性。再次，通常是寻找一种局部调查信息、专家意见和 RAS（或者类似 RAS）法的组合，结合在一种混合方法中，得到优良的结果。最后我们还探讨了这些技术在国家以下以及跨地区层面的研究中在现实世界的应用。

附录 8.1 世界投入产出模型中的地理分类

世界投入产出模型涵盖了 189 个国家的 16 个世界区域，分别为（Duchin and Lange，1994)：

---

① 如果 f_j^r 和 va_j^r 独立的估计无法得到，则我们可以把与上面概述的方法相同的方法用于扩展的交易表；这就会不仅仅包括来自公司的产业间交易，也包括公司对最终需求部门的销售和来自增加值部门的购买。在这种情况下，第一步的一致性协调会是调整所有交易从而使得它们的合计为 $\sum_i x_i^r (= \boldsymbol{i}'\boldsymbol{x})$，第二步的一致性协调将会是把行和及列和与每个 x_i^r 和 x_j^r 相比较。实际上，这就是 Jensen 和 McGaurr（1976，1977）在他们的讨论和经验研究中所采用的方法。

高收入的北美国家（5）
新兴的工业化中的拉美国家（5）
低收入的拉美国家（40）
高收入的西欧国家（23）
中等收入的西欧国家（8）
东欧国家（8）
苏联
中央计划的亚洲国家（3）
日本
新兴的工业化中的亚洲国家（7）
低收入的亚洲国家（16）
主要的石油生产国（15）
北非和其他中东国家（16）
撒哈拉以南非洲国家（34）
南部非洲国家（5）
大洋洲国家（3）

习题

8.1 小人国的经济由如下投入产出表描述：

	产业间交易		总产出
	A	B	
A	1	6	20
B	4	2	15

巨人国的经济由另外一个投入产出表描述：

	产业间交易		总产出
	A	B	
A	7	4	35
B	1	5	15

遥远的慧马国的经济则由另一个投入产出表描述：

	产业间交易		总产出
	A	B	
A	20	30.67	100
B	2.86	38.33	15

a. 计算每个经济体的增加值向量、中间投入向量、最终需求向量和中间产出向量。

b. 一个小人国的经济学家对研究大人国的经济结构有兴趣。同样地，一个大人国的经济学家对研究小人国的经济结构有兴趣。然而，每个经济学家所能获取的只有外国经济的增加值、最终需求和总产出向量。每个经济学家都知道 RAS 法，并使用该方法，使用时以他自己国家经济的技术系数矩阵作为基础矩阵 **A**。用平均绝对离差衡量（**A** 的所有元素），哪个经济学家对外国经济的技术系数矩阵做出了更好的估计？

c. 遥远的慧马国的经济学家通过一次世界旅行知道了另外两个经济体。他开始对这两个外国的经济结构感兴趣，但是从世界旅行中只能获得每个经济的最终需求、增加值和总产出向量。该经济学家使用 RAS 法，并以他自己国家的矩阵 **A** 作为基础来估计两个遥远国度的部门间结构。按照平均绝对离差衡量，他对哪个经济估计得更准确？你注意到小人国、巨人国和慧马国经济的比较结构有什么独特之处吗？

d. 小人国计划修建一座新的发电站，需要其经济中每个产业的产出价值（单位：百万美元）（是直接的，因此可以看作赋予小人国经济的最终需求）为 $\boldsymbol{f}=[100 \quad 150]^{\prime}$。用平均绝对离差衡量，慧马国所估计的小人国经济为修建该电站所需要的总产业活动（产出）的准确性如何？

8.2 假设习题 8.1 中给出的经济实际上是三部门经济，其中小人国经济由如下投入产出表描述：

	产业间交易			总产出
	A	B	C	
A	1	6	6	20
B	4	2	1	15
C	4	1	1	12

邻近的巨人国经济由另一个投入产出表描述：

	产业间交易			总产出
	A	B	C	
A	7	4	8	35
B	1	5	1	15
C	6	2	7	30

遥远的慧马国经济则由另一个投入产出表描述：

	产业间交易			总产出
	A	B	C	
A	5.5	33	33	1 101
B	22	11	5.5	82.5
C	22	5.5	5.5	66

对这些新的经济，解决习题 8.1 中的问题 a、b 和 c。

8.3 考虑如下区域 1 的投入产出表：

	A	B	总产出
A	1	2	10
B	3	4	10

我们对确定另一个区域（区域 2）的某个特定最终需求的影响感兴趣。假设我们有关于区域 2 的如下信息。

	增加值	最终需求	总产出
A	10	11	15
B	13	12	20

假定用区域 1 的矩阵 $\boldsymbol{A}$ 作为基础表计算区域 2 的投入产出表，RAS 法估计的成本为 nc_1，其中 n 为 RAS 法的迭代次数。一次迭代被定义为一行和一列的调整，即 $\boldsymbol{A}'=\text{RAS}$（作为最后一次迭代的单独行调整也被记为一次迭代）。我们最终希望计算区域 2 新的最终需求的影响。这个影响（为满足新最终需求需要的总产出）可以被精确计算，或者用逆矩阵的一轮又一轮的近似来计算。我们知道：(1) 用计算机精确计算逆矩阵的成本为 c_1，在影响分析中使用该逆矩阵的成本为 c_2（我们假定 $c_2=10c_1$ 即计算逆矩阵的成本是用它进行影响分析的成本的 10 倍）；(2) 一轮又一轮的近似进行影响分析的成本为 mc_1，其中 m 是一轮又一轮逼近的阶数，即 $\boldsymbol{f}+\boldsymbol{Af}+\boldsymbol{A}^2\boldsymbol{f}+\cdots+\boldsymbol{A}^m\boldsymbol{f}$。

a. 假设 4 阶多轮逼近足够准确（$m=4$），为了使成本最小化我们应该使用哪种方法——(1) 还是 (2)？

b. 进行影响分析的总成本是多少？包括 RAS 法近似值计算的成本（容忍限值为 0.01）和你所选择的影响分析的方案的成本。

c. 如果整个影响分析计算的成本预算为 $7c_1$，你能够负担得起的容忍限值是多少，0.01、0.001、0.000 1、0.000 01 还是 0.000 001？

8.4　研究将区位商方法 FLQ 转化为 FLQA 的调整项的作用，对 $x^r/x^n=0.01$，0.1，0.25，0.5，0.75 以及 1，$\lambda=\{\log_2[1+(x^r/x^n)]\}^\delta$，同时与 $\delta=0$，0.1，0.3，0.5 和 1 交叉分组。

8.5　某个国家经济的技术系数矩阵 $\boldsymbol{A}^N$，总产出向量 $\boldsymbol{x}^N$，以及相对应的目标区域的数值 $\boldsymbol{A}^R$ 和 $\boldsymbol{x}^R$ 为：

$$\boldsymbol{A}^N=\begin{bmatrix}0.1830 & 0.0668 & 0.0087\\0.1377 & 0.3070 & 0.0707\\0.1603 & 0.2409 & 0.2999\end{bmatrix}\quad \boldsymbol{x}^N=\begin{bmatrix}518\,288.6\\4\,953\,700.6\\14\,260\,843.0\end{bmatrix}$$

$$\boldsymbol{A}^R=\begin{bmatrix}0.1092 & 0.0324 & 0.0036\\0.0899 & 0.0849 & 0.0412\\0.1603 & 0.1170 & 0.2349\end{bmatrix}\quad \boldsymbol{x}^R=\begin{bmatrix}8\,262.7\\95\,450.8\\170\,690.3\end{bmatrix}$$

计算简单区位商（SLQ）矩阵以及使用 SLQ 得到的区域技术系数矩阵的估计。

8.6　对于习题 8.5 给出的国家和区域数据，计算产业间区位商（CLQ）以及用 CLQ 得到的区域技术系数矩阵的估计。

8.7　再次考虑习题 8.5 给出的国家和区域数据。用 RAS 法估计区域技术系数矩阵。

8.8　比较习题 8.5、习题 8.6 和习题 8.7 中计算的区域技术系数矩阵的估计值。按照与实际区域技术系数之间的平均绝对离差，那种技术给出了最精确的估计？

8.9　用表 3-7 中的中国 2000 年三部门三区域的 MRIO 数据，建立区域内投入系数的估计以及与此相联系的区域 2（中国南方）和区域 3（中国其他地方）的列昂惕夫逆矩阵，使用与表 8-1 中区域 1（中国北方）所使用的相同的缩减技术和差异的衡量标准。

8.10　如下是华盛顿 1997 年技术系数矩阵和总产出向量，以及美国 2003 年技术系数矩阵，其中部门被定义为 (1) 农业，(2) 采掘业，(3) 建筑业，(4) 制造业，(5) 贸易、交通和公用事业，(6) 服务业，(7) 其他。

$$\boldsymbol{A}^W=\begin{bmatrix}0.1154 & 0.0012 & 0.0082 & 0.0353 & 0.0019 & 0.0033 & 0.0016\\0.0008 & 0.0160 & 0.0057 & 0.0014 & 0.0022 & 0.0002 & 0.0001\\0.0072 & 0.0084 & 0.0066 & 0.0043 & 0.0074 & 0.0196 & 0.0133\\0.0868 & 0.0287 & 0.0958 & 0.0766 & 0.0289 & 0.0244 & 0.0205\\0.0625 & 0.0278 & 0.0540 & 0.0525 & 0.0616 & 0.0317 & 0.0480\\0.0964 & 0.1207 & 0.0704 & 0.0596 & 0.1637 & 0.1991 & 0.2224\\0.0020 & 0.0031 & 0.0056 & 0.0019 & 0.0045 & 0.0051 & 0.0066\end{bmatrix}$$

$$\boldsymbol{x}^W=\begin{bmatrix}7\ 681.0\\581.7\\17\ 967.1\\77\ 483.7\\56\ 967.2\\109\ 557.6\\4\ 165.5\end{bmatrix}$$

$$\boldsymbol{A}^{US}=\begin{bmatrix}0.222\ 5&0.000\ 0&0.001\ 2&0.037\ 5&0.000\ 1&0.002\ 0&0.001\ 0\\0.002\ 1&0.136\ 0&0.007\ 2&0.045\ 3&0.031\ 1&0.000\ 3&0.005\ 3\\0.003\ 4&0.000\ 2&0.001\ 2&0.002\ 1&0.003\ 5&0.007\ 1&0.021\ 4\\0.172\ 4&0.094\ 5&0.248\ 8&0.320\ 4&0.046\ 8&0.057\ 2&0.100\ 4\\0.085\ 3&0.052\ 7&0.091\ 2&0.095\ 0&0.064\ 3&0.031\ 4&0.052\ 6\\0.090\ 2&0.167\ 6&0.133\ 9&0.126\ 1&0.165\ 5&0.272\ 5&0.188\ 2\\0.010\ 1&0.014\ 0&0.010\ 3&0.021\ 4&0.020\ 6&0.020\ 0&0.024\ 7\end{bmatrix}$$

使用美国技术系数矩阵作为起始点，用 RAS 法估计华盛顿的表。计算估计的技术系数矩阵和该州实际的矩阵之间的平均绝对离差。

8.11 假设在习题 8.10 中我们不知道华盛顿经济的全部技术系数 $\boldsymbol{A}^W$，但是我们知道其中几个，即 a_{11}^W、a_{62}^W 和 a_{65}^W。使用 RAS 法作为估计方法，用 $\boldsymbol{A}^{US}$ 作为初始估计，并利用你在习题 8.10 中求出的总产出、总中间投入和总中间产出，我们如何只在估计华盛顿技术系数的平衡过程中结合已知的这些系数？计算华盛顿经济的修正的估计。它与你在习题 8.10 中求出的初始估计相比如何？

8.12 假设在习题 8.11 中，你能够从外生的数据来源中确定其他一些技术系数，即 a_{67}^W、a_{42}^W 和 a_{54}^W。用这些已知的系数，计算华盛顿州技术系数矩阵的修正的估计。同时用这些系数和前面确定的已知的系数（习题 8.11），计算另一个估计。与你在习题 8.10 和习题 8.11 中求出的估计矩阵相比，这个再次修正的华盛顿技术系数矩阵的估计如何？

参考文献

Alward, Gregory S. and Charles J. Palmer. 1981. "IMPLAN: An Input-Output Analysis System for Forest Service Planning." Fort Collins, CO: US Forest Service.

Amano, Kozo and Masahisa Fujita. 1970. "A Long-Run Economic Effect Analysis of Alternative Transportation Facility Plans-Regional and National," *Journal of Regional Science*, **10**, 297-323.

Andersson, Atke E. 1975. "A Closed Nonlinear Growth Model for International and Interregional Trade and Location," *Regional Science and Urban Economics*, **5**, 427-444.

Batten, David F. 1982. "The Interregional Linkages Between National and Regional Input-Output Models," *International Regional Science Review*, **7**, 53-67.

1983. *Spatial Analysis of Interacting Economies*. Boston, MA: Kluwer-Nijhoff Publishing.

Batten, David F. and David E. Boyce. 1986. "Spatial Interaction, Transportation, and Interregional Commodity Flow Models," in Peter Nijkamp (ed.), *Handbook of Regional and Urban Economics, Volume I*, Amsterdam, North-Holland, pp. 357-406.

Beyers, William B., Philip J. Bourque, Warren R. Seyfried and Eldon E. Weeks. 1970. "Input-Output Tables for the Washington Economy, 1967." Seattle, WA: University of Washington, Graduate School of Business Administration.

Bigsten, Arne. 1981. "A Note on the Estimation of Interregional Input-Output Coefficients," *Regional Science and Urban Economics*, **11**, 149-153.

Bonet, Jaime. 2005. "Regional Structural Changes in Colombia: An Input-Output Approach," Bank of Colombia, Working Paper No. 341.

Boomsma, Pier and Jan Oosterhaven. 1992. "A Double-Entry Method for the Construction of Bi-Regional Input-Output Tables," *Journal of Regional Science*, **32**, 269-284.

Bourque, Philip J. and Eldon E. Weeks. 1969. "Detailed Input-Output Tables for Washington State, 1963." Pullman, WA: Washington State University, Washington Agricultural Experiment Station, Circular 508.

Bourque, Philip J. and Richard S. Conway, Jr. 1977. "The 1972 Washington Input-Output Study." Seattle, WA: University of Washington, Graduate School of Business Administration.

Bourque, Philip J., Edward J. Chambers, John S. Y. Chiu, Frederick L. Denman, Barney Dowdle, Guy Gordon, Morgan Thomas, Charles Tiebout and Eldon E. Weeks. 1967. "The Washington Economy: An Input-Output Study." Seattle, WA: University of Washington, Graduate School of Business Administration.

Brand, Steven. 1997. "On the Appropriate Use of Location Quotients in Generating Regional Input-Output Tables: A Comment," *Regional Studies*, **31**, 791-794.

Brown, Douglas M. and Frank Giarratani. 1979. "Input-Output as a Simple Econometric Model: A Comment," *Review of Economics and Statistics*, **61**, 621-623.

Canning, Patrick and Zhi Wang. 2005. "A Flexible Mathematical Programming Model to Estimate Interregional Input-Output Accounts," *Journal of Regional Science*, **45**, 539-563.

Cartwright, Joseph V., Richard N. Beemiller and Richard D. Gusteley. 1981. "RIMS Ⅱ: Regional Input-Output Modeling System. Estimation, Evaluation and Application of a Disaggregated Regional Impact Model." Washington, DC: US Department of Commerce, Bureau of Economic Analysis.

Chen, Xikang, Ju-e Guo and Cuihong Yang. 2005. "Chinese Economic Development and Input-Output Extension." Paper presented at the Fifteenth International Input-Output Conference, Beijing, June 27, 2005.

Czamanski, Stanislaw and Emil E. Malizia. 1969. "Applicability and Limitations in the Use of National Input-Output Tables for Regional Studies," *Papers, Regional Science Association*, **23**, 65-77.

Development Studies Center, Institute of Developing Economies-Japan External Trade Organization [IDE-JETRO]. 2007. *Transnational Interregional Input-Output Table between China and Japan, 2000*. Asian International Input-Output Series, No. 68. Tokyo: Development Studies Center, IDE-JETRO.

Duchin, Faye. 2004. "International Trade: Evolution in the Thought and Analysis of Wassily Leontief," in Erik Dietzenbacher and Michael L. Lahr (eds.), *Wassily Leontief and Input-Output Economics*. Cambridge University Press, pp. 47-64.

2005. "A World Trade Model Based on Comparative Advantage with *m* Regions, *n* Goods, and *k* Factors," *Economic Systems Research*, **17**, 141-162.

Duchin, Faye and Glenn-Marie Lange. 1994. *The Future of the Environment*. New York: Oxford University Press.

Eding, Gerard J., Jan Oosterhaven, Bas de Vet and Henk Nijmeijer. 1999. "Constructing Regional Supply and Use Tables: Dutch Experiences," in Geoffrey J. D. Hewings, Michael Sonis, Moss Madden and Yoshio Kimura (eds.), *Understanding and Interpreting Economic Structure*. Berlin: Springer, pp. 237-263.

Emerson, M. Jarvin. 1969. "The Interindustry Structure of the Kansas Economy." Topeka, KS: Kansas Office of Economic Analysis and Planning Division, Kansas Department of Economic Development.

Eskelinen, Heikki and Martti Suorsa. 1980. "A Note on Estimating Interindustry Flows," *Journal of Regional Science*, **20**, 261-266.

Eurostat. 2002. "The ESA 95 Input-Output Manual. Compilation and Analysis," Version: August, 2002.

Flegg, A. T., C. D. Webber and M. V. Elliott. 1995. "On the Appropriate Use of Location Quotients in Generating Regional Input-Output Tables," *Regional Studies*, **29**, 547-561.

Flegg, A. T. and C. D. Webber. 1997. "On the Appropriate Use of Location Quotients in Generating Regional Input-Output Tables: Reply," *Regional Studies*, **31**, 795-805.

2000. "Regional Size, Regional Specialization and the FLQ Formula," *Regional Studies*, **34**, 563-569.

Fontana, Emilio. 2004. "Leontief and the Future of the World Economy," in Erik Dietzenbacher and Michael L. Lahr (eds.), *Wassily Leontief and Input-Output Economics*. Cambridge University Press, pp. 30-46.

Furukawa, Shunichi. 1986. *International Input-Output Analysis: Compilation and Case Studies of Interaction between ASEAN, Korea, Japan, and the United States, 1975*. IDE Occasional Papers Series No. 21. Tokyo: Institute of Developing Economies.

Gerking, Shelby D. 1976a. *Estimation of Stochastic Input-Output Models*. Leiden: Martinus Nijhoff.

1976b. "Input-Output as a Simple Econometric Model," *Review of Economics and Statistics*, **58**, 274-282.

1976c. "Reconciling 'Rows Only' and 'Columns Only' Coefficients in an Input-Output Model," *International Regional Science Review*, **1**, 30-46.

1979a. "Input-Output as a Simple Econometric Model: Reply," *Review of Economics and Statistics*, **61**, 623-626.

1979b. "Reconciling Reconciliation Procedures in Regional Input-Output Analysis," *International Regional Science Review*, **4**, 23-36.

1979c. "Reply to Reconciling Reconciliation Procedures in Regional Input-Output Analysis," *International Regional Science Review*, **4**, 38-40.

Gerking, Shelby, Andrew Isserman, Wayne Hamilton, Todd Pickton, Oleg Smirnov and David Sorenson. 2001. "Anti-Suppressants and the Creation and Use of Non-Survey Regional Input-Output Models," in Michael L. Lahr and Ronald E. Miller (eds.), *Regional Science Perspectives in Economic Analysis. A Festschrifi in Memory of Benjamin H. Stevens*. Amsterdam: North-Holland, pp. 379-406.

Giarratani, Frank. 1975. "A Note on the McMenamin-Haring Input-Output Projection Technique," *Journal of Regional Science*, **15**, 371-373.

Gordon, Ian R. 1976. "Gravity Demand Functions, Accessibility and Regional Trade," *Regional Studies*, **10**, 25-37.

Hamilton, Joel R., M. Henry Robison, Norman K. Whittlesey and John Ellis. 1994. "Interregional Spillovers in Regional Impact Assessment: New Mexico, Texas, and the Supreme Court," *Growth and Change*, **25**, 75-89.

Hansen, W. Lee and Charles M. Tiebout. 1963. "An Intersectoral Flows Analysis of the California Economy," *Review of Economics and Statistics*, **45**, 409-418.

Harrigan, Frank, James W. McGilvray and Iain H. McNicoll. 1981. "The Estimation of Interregional Trade Flows," *Journal of Regional Science*, **21**, 65-78.

Hewings, Geoffrey J. D. 1969. "Regional Input-Output Models Using National Data: the Structure of the West Midlands Economy," *Annals of Regional Science*, **3**, 179-190.

1971. "Regional Input-Output Models in the UK: Some Problems and Prospects for the Use of Non-survey Techniques," *Regional Studies*, **5**, 11-22.

1977. "Evaluating the Possibilities for Exchanging Regional Input-Output Coefficients," *Environment and Planning A*, **9**, 927-944.

1985. *Regional Input-Output Analysis*. Beverly Hills, CA: Sage Publications.

Hewings, Geoffrey J. D. and Bruce N. Janson. 1980. "Exchanging Regional Input-Output Coefficients: A Reply and Further Comments," *Envilonment and Planning A*, **12**, 843-854.

Hewings, Geoffrey J. D. and Rodney C. Jensen. 1986. "Regional, Interregional and Multiregional Input-Output Analysis," in Peter Nijkamp (ed.), *Handbook of Regional and Urban Economics*, *Volume I*. Amsterdam: North-Holland. pp. 295-355.

Hewings, Geoffrey J. D., Yasuhide Okuyama and Michael Sonis. 2001. "Economic Interdependence within the Chicago Metropolitan Area: A Miyazawa Analysis," *Journal of Regional Science*, **41**, 195-217.

Hoen, Alex R. 2002. *An Input-Output Analysis of European Integration*. Amsterdam: Elsevier Science. Hulu, Edison and Geoffrey J. D. Hewings. 1993. "The Development and Use of Interregional Input- Output Models for Indonesia Under Conditions of Limited Information," *Reviewof Urban and Regional Development Studies*, **5**, 135-153.

Inomata, Satoshi and Hiroshi Kuwamori (eds.). 2007. *Papers and Proceedings of the International Workshop: Emergence of Chinese Economy and Re-organization of Asian Industrial Structure*. Asian International Input-Output Series, No. 69. Tokyo: Development Studies Center, IDE- JETRO.

Inomata, Satoshi and Hajime Sato. 2007. "Introduction to 2000 Transnational Interregional Input-Output Table between China and Japan." Paper presented to the Sixteenth International Conference of the International Input-Output Association, Istanbul, Turkey.

Institute of Developing Economies-Japan External Trade Organization (IDE-JETRO). 2003. *Multi-Regional Input-Output Model for China 2000*. (IDE Statistical Data Series No. 86.) Chiba (Tokyo), Japan: IDE-JETRO.

2006a. *Asian International Input-Output Table 2000*. Vol. 1 "Explanatory Notes" (IDE Statistical Data Series No. 89). Chiba (Tokyo), Japan: IDE-JETRO.

2006b. *Asian International Input-Output Table 2000*. Vol. 2 "Data" (IDE Statistical Data Series No. 90). Chiba (Tokyo), Japan: IDE-JETRO.

Isard, Walter and Thomas Langford. 1971. *Regional Input-Output Study: Recollections, Reflections, and Diverse Notes on the Philadelphia Expetrience*. Cambridge, MA: The MIT Press.

Jackson, Randall W., Walter R. Schwarm, Yasuhide Okuyama and Samia Islam. 2006. "A Method for Constructing Commodity by Industry Flow Matrices," *Annals of Regional Science*, **40**, 909-920.

Jensen, Rodney C. and D. McGaurr. 1976. "Reconciliation of Purchases and Sales Estimates in an Input-Output Table," *Urban Studies*, **13**, 59-65.

Jensen, Rodney C. and D. McGaurr. 1977. "Reconciliation Techniques in Input-Ouput Analysis: Some Comparisons and Implications," *Urban Studies*, **14**, 327-337.

Jensen, Rodney C., T. D. Mandeville and N. D. Karunaratne. 1979. *Regional Economic Planning: Generation of Regional Input-Output Analysis*. London: Croom Helm.

Kuwamori, Hiroshi. 2007. "Industrial Linkages between China and Asian Countries," in Satoshi Inomata and Hiroshi Kuwamori (eds.), *Papers and Proceedings of the International Workshop: Emer-*

gence of Chinese Economy and Reorganization of Asian Industrial Structure. Asian International Input-Output Series, No. 69. Tokyo: Development Studies Center, IDE-JETRO, pp. 289-307.

Kuwamori, Hiroshi and Bo Meng (eds.). 2006. *The Industrial Structure of the Asia-Pacific Region (V)*. Papers and Proceedings of the International Workshop: Frontiers of International Input-Output Analysis-A Challenge of the 2000 Asian I-O Table. Asian International Input-Output Series, No. 67. Tokyo: Development Studies Center, IDE-JETRO.

Leontief, Wassily. 1966. *Input-Output Economics*. New York: Oxford University Press.

1974. "Structure of the World Economy: Outline of a Simple Input-Output Formulation," *American Economic Review*, **64**, 823-834.

Leontief, Wassily and Alan Strout. 1963. "Multiregional Input-Output Analysis," in Tibor Barna (ed.), *Structural Interdependence and Economic Development*. London: Macmillan (St. Martin's Press), pp. 119-149. (Reprinted in Wassily W. Leontief. 1966. *Input-Output Economics*. New York: Oxford University Press, pp. 223-257.)

Leontief, Wassily, Anne P. Carter and Peter Petri. 1977. *The Future of the World Economy*. New York: Oxford University Press.

Leontief, Wassily and Faye Duchin. 1983. *Military, Spending: Facts and Figures and Prospects for the Future*. New York: Oxford University Press.

Leontief, Wassily, James C. M. Koo, Sylvia Nasar and Ira Sohn. 1983a. *The Future of Non-fuel Minerals in the U. S. and World Economy*. Lexington, MA: D. C. Heath, Lexington Books.

Leontief, Wassily, Jorge Mariscal and Ira Sohn. 1983b. "Prospects for the Soviet Economy to the Year 2000," *Journal of Policy, Modeling*, **5**, 1-18.

Lindall, Scott, Doug Olson and Greg Alward. 2006. "Deriving Multi-Regional Models Using the IMPLAN National Trade Flows Model," *Journal of Regional Analysis and Policy*, **36**, 76-83.

Liu, Louie Nan and Pierre Vilain. 2004. "Estimating Commodity Inflows to a Substate Region Using Input-Output Data: Commodity Flow Survey Accuracy Tests," *Journal of Transportation and Statistics*, **7**, 23-37.

Malizia, Emil and Daniel L. Bond. 1974. "Empirical Tests of the RAS Method of Interindustry Coefficient Adjustment," *Journal of Regional Science*, **14**, 355-365.

McCann, Philip and John H. Ll. Dewhurst. 1998. "Regional Size, Industrial Location and Input-Output Expenditure Coefficients," *Regional Studies*, **32**, 435-444.

McMenamin, David G. and Joseph E. Haring. 1974. "An Appraisal of Nonsurvey Techniques for Estimating Regional Input-Output Models," *Journal of Regional Science*, **14**, 191-205.

Meng, Bo, Hajime Sato, Jun Nakamura, Nobuhiro Okamoto, Hiroshi Kuwamore and Satoshi Inomata. 2006. "Interindustrial Structure of the Asia-Pacific Region: Growth and Integration, by Using 2000 AIO Table." Discussion Paper No. 50. Tokyo: IDE-JETRO.

Miemyk, William H. 1976. "Comments on Recent Developments in Regional Input-Output Analysis," *International Regional Science Review*, **1**, 47-55.

1979. "Comment on 'Reconciling Reconciliation Procedures in Regional Input-Output Analysis'," *International Regional Science Review*, **4**, 36-38.

Miernyk, William H., Kenneth L. Shellhammer, Douglas M. Brown, Ronald L. Coccari, Charles J. Gallagher and Wesley H. Wineman. 1970. *Simulating Regional Economic Development: An Interindustry' Analysis of the West Virginia Economy*. Lexington, MA: D. C. Heath and Co.

Miernyk, William H., Ernest R. Bonner, John H. Chapman, Jr. and Kenneth Shellhammer. 1967. *Impact of the Space Program on a Local Economy: An Input-Output Analysis*. Morgantown,

WV: West Virginia University Library.

Morrison, William I and P. Smith. 1974. "Nonsurvey Input-Output Techniques at the Small Area Level: An Evaluation," *Journal of Regional Science*, **14**, 1–14.

Nevin, E. T., A. R. Roe and Jeffery I. Round. 1966. *The Structure of the Welsh Economy*. Cardiff: University of Wales Press.

Okamoto, Nobuhiro and Yaxiong Zhang. 2003. "Compilation Procedure of Multi-regional Input-Output Model for China 2000," in IDE/JETRO, pp. 9–20.

Okamoto, Nobuhiro and Takeo Ihara (eds.). 2005. *Spatial Structure and Regional Development itl China. An Interregional Input-Output Apprcach*. Basingstoke, UK: Palgrave Macmillan (for IDE/JETRO).

Oosterhaven, Jan. 1981. *Interregional Input-Output Analysis and Dutch Regional Policy Problems*. Aldershot, UK: Gower.

Oosterhaven, Jan and Dirk Stelder. 2007. "Evaluation of Non-Survey International IO Construction Methods with the Asian-Pacific Input-Output Table," in Inomata and Kuwamori (eds.), pp. 243–259.

Park, JiYoung, Peter Gordon, James E. Moore, II and Harry W. Richardson. 2004. "Con- struction of a U. S. Multiregional Input-Output Model Using IMPLAN," Proceedings of the 2004 National IMPLAN User's Conference, Shepherdstown, WV, October 6–8, pp. 118–141.

Park, JiYoung, Peter Gordon, James E. Moore II, Harry W. Richardson and Lanlan Wang. 2007. "Simulating the State-by-State Effects of Terrorist Attacks on Three Major U. S. Ports: Applying NIEMO (National Interstate Economic Model)", in Richardson, Gordon and Moore (eds.), pp. 208–234.

Polenske, Karen R. 1970a. "An Empirical Test of Interregional Input-Output Models: Estimation of 1963 Japanese Production," *American Economic Review*, **60**, 76–82.

1970b. "Empirical Implementation of a Multiregional Input-Output Gravity Trade Model," in Anne P. Carter and Andrew Bródy (eds.), *Contributions to Input-Output Analysis*, Vol. 1 *of Proceedings of the Fourth International Conference on Input-Output Techniques*. Geneva, 1968. Amsterdam: North-Holland, pp. 143–163.

Polenske, Karen R. and Xikang Chen (eds.). 1991. *Chinese Economic Planning and Input-Output Analysis*. New York: Oxford University Press.

Richardson, Harry W., Peter Gordon and James E. Moore, II (eds.). 2007. *The Economic Costs and Consequences of Terrorism*. Cheltenham, UK: Edward Elgar.

Richardson, Harry W., Peter Gordon, James E. Moore, II, SooJung Kim, JiYoung Park and Qisheng Pan. 2007. "Tourism and Terrorism: The National and Interregional Economic Impacts of Attacks on Major U. S. Theme Parks," in Richardson, Gordon and Moore (eds.), pp. 235–256.

Riddington, Geoff. Hervey Gibson and John Anderson. 2006. "Comparison of Gravity Model, Survey and Location Quotient-based Local Area Tables and Multipliers," *Regional Studies*, **40**, 1069–1081.

Robison, M. Henry. 1997. "Community Input-Output Models for Rural AreaAnalysis with an Example from Central Idaho," *Annals of Regional Science*, **31**, 325–351.

Robison, M. Henry and Jon R. Miller. 1988. "Cross-Hauling and Nonsurvey Input-Output Models: Some Lessons from Small-Area Timber Economies," *Environment and Planning A*, **20**, 1523–1530.

1991. "Central Place Theory and Intercommunity Input-Output Analysis," *Papers in Regional Science*, **70**, 399–417.

Round, Jeffery I. 1972. "Regional Input-Output Models in the UK: A Reappraisal of Some Techniques," *Regional Studies*, **6**, 1–9.

1978a. "An Interregional Input-Output Approach to the Evaluation of Nonsurvey Methods," *Journal of Regional Science*, **18**, 179-194.

1978b. "On Estimating Trade Flows in Interregional Input-Output Models," *Regional Science and Urban Economics*, **8**, 289-302.

1979. "Compensating Feedback Effects in Interregional Input-Output Models," *Journal of Regional Science*, **19**, 145-155.

1983. "Nonsurvey Techniques: A Critical Review of the Theory and the Evidence," *International Regional Science Review*, **8**, 189-212.

Sano, Takao and Hiroshi Osada (eds.). 1998. *Deepening Industrial Linkages Among East Asian Countries, in the Light of International Input-Output Analysis*. IDE Spot Survey. Tokyo: IDE.

Sawyer, Charles and Ronald E. Miller. 1983. "Experiments in Regionalization of a National Input-Output Table," *Environment and Planning A*, **15**, 1501-1520.

Schaffer, William and Kong Chu. 1969. "Nonsurvey Techniques for Constructing Regional Interindustry Models," *Papers. Regional Science Association*, **23**, 83-101.

Schilderinck, J. H. F. 1984. *Interregional Structure of the European Community, Part II, Interregional Input-Output Tables of the European Community; 1959, 1965, 1970 and 1975* (Tilburg University).

Schwarm, Walter R., Randall W. Jackson and Yasuhide Okuyama. 2006. "An Evaluation of Method [sic] for Constructing Commodity by Industry Flow Matrices," *Journal of Regional Analysis and Policy*, **36**, 84-93.

Smith, P. and William I. Morrison. 1974. *Simulating the Urban Economy*. London: Pion.

Snickars, Folke. 1979. "Construction of Interregional Input-Output Tables by Efficient Information Adding," in Cornelis P. A. Bartels and Ronald H. Ketellapper (eds.), *Exploratory and Explanatory Statistical Analysis of Spatial Data*. Boston, MA: Martinus Nijhoff, pp. 73-112.

Stevens, Benjamin H. and Glynnis A. Trainer. 1976. "The Generation of Error in Regional Input- Output Impact Models." Working Paper No. A1-76, Regional Science Research Institute, Amherst, MA.

1980. "Error Generation in Regional Input-Output Analysis and Its Implications for Nonsurvey Models," in Saul Pleeter (ed.), *Economic Impact Analysis: Methodology and Applications*. Boston, MA: Martinus Nijhoff, pp. 68-84.

Stevens, Benjamin H., George I. Treyz, David J. Ehrlich and James R. Bower. 1983. "A New Technique for the Construction of Non-Survey Regional Input-Output Models and Comparison with Two Survey-Based Models," *International Regional Science Review*, **8**, 271-286.

Stevens, Benjamin H., George I. Treyz and Michael L. Lahr. 1989. "On the Comparative Accuracy of RPC Estimating Techniques," in Ronald E. Miller, Karen R. Polenske and Adam Z. Rose (eds.), *Frontiers of Input-Output Analysis*. New York: Oxford University Press, pp. 245-257.

Szyrmer, Janusz. 1989. "Trade-Off between Error and Information in the RAS Procedure," in Ronald E. Miller, Karen R. Polenske and Adam Z. Rose (eds.), *Frontiers of Input-Output Analysis*. New York: Oxford University Press, pp. 258-278.

Theil, Henri. 1967. *Economics and Information Theory*. New York: American Elsevier.

Thumann, R. G. 1978. "A Comment on 'Evaluating the Possibilities for Exchanging Regional Input- Output Coefficients'," *Environment and Planning A*, **10**, 321-325.

Tohmo, Timo. 2004. "New Developments in the Use of Location Quotients to Estimate Regional Input-Output Coefficients and Multipliers," *Regional Studies*, **38**, 43-54.

Toyomane, Norimichi. 1988. *Multiregional Input-Output Models in Long-Run Simulation*. Dordrecht: Kluwer.

United Nations, Department of Economic and Social Affairs. 1973. *Brief Outline of the United Nations Study on the Impact of Prospective Environmental Issues and Policies on the International Development Strategy*. New York: United Nations.

US Department of Commerce, Census Bureau. 1993. *1993 Commodity Flow Survey*, CD-CFS-93-1. Washington, DC.

US Department of Commerce, Bureau of Economic Analysis. 1997. *Regional Multipliers. A User Handbook for the Regional Input-Output Modeling System (RIMS Ⅱ)*. Third Edition. Washington, DC: US. Government Printing Office (March).

Uribe, Pedro, C. G. de Leeuw and Henri Theil. 1966. "The Information Approach to the Prediction of Interregional Trade Flows," *Review of Economic Studies*, **33**, 209-220.

Van der Linden, Jan A. and Jan Oosterhaven. 1995. "European Community Intercountry Input-Output Relations: Construction Method and Main Results for 1965—1985," *Economic Systems Research*, **7**, 249-269.

Vanwynsberghe, D. 1976. "An Operational Nonsurvey Technique for Estimating a Coherent Set of Interregional Input-Output Tables," in Karen R. Polenske and Jiří V. Skolka (eds.), *Advances in Input-Output Analysis. Proceedings of the Sixth International Conference on Input-Output Techniques.* Vienna, April 22-26, 1974. Cambridge, MA: Ballinger, pp. 279-294.

West, Guy R. 1990. "Regional Trade Estimation: A Hybrid Approach," *International Regional Science Review*, **13**, 103-118.

West, Guy R., J. B. Morison and Rodney C. Jensen. 1982. "An Interregional Input-Output Table for Queensland, 1978/79. GRIT Ⅲ." Report to the Department of Commercial and Industrial Development. Department of Economics, University of Queensland, St. Lucia, Queensland (October).

Wilson, Alan. 1970. *Entropy in Urban and Regional Modelling*. London: Pion.

Wonnacott, Ronald J. 1961. *Canadian American Dependence: An Interindustry Analysis of Production and Prices*. Amsterdam: North Holland.

第 9 章

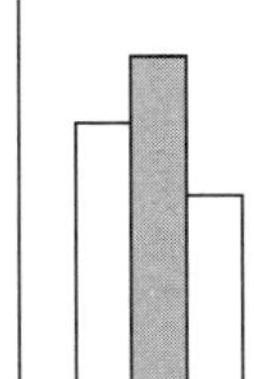

能源投入产出分析

9.1 引言

列昂惕夫最初的投入产出框架（Leontief，1936）所设想的产业生产函数经常指的是生产的"配方"按照实物单位衡量，例如指定技术系数为某个产业单位美元产出或每吨钢铁产出所需要的作为投入的煤炭吨数或者小麦的蒲式耳数。然而，数据搜集的需求和许多其他的约束使得该框架用实物单位太不方便，在当时甚至今天都无疑被限制在更小的范围中。因此，投入产出分析基本方法，无论理论还是应用的发展，都用具有隐含固定价格的价值单位计量所有数量，如前面章节详细介绍的。然而，即使在他生命的晚期，列昂惕夫教授都在持续研究使得该框架能够以实物单位而不是价值单位得到更广泛使用的途径（Leontief，1989）。许多研究者，例如达钦（Duchin，1992）① 持续进行该项研究并发展该框架。

许多研究者的贡献在于在运用实物单位计量的方向上逐步拓展了投入产出框架，在此过程中，帮助新的研究领域例如工业生态和生态经济学等奠定了基础，这些专题我们将在第 10 章做更详细的论述。此外，该框架在相关的研究领域也有了很大的发展，在这些研究领域中，公共政策的关注鼓励这种发展，数据的搜集也有助于该框架的应用。在这些专题中，如我们将在本章中看到的那样，投入产出分析提供了追踪能源使用以及与部门间活动相关联的其他相关特征例如环境污染或物质流等方面的有用框架。

投入产出分析技术在广泛得多的概念层次上有很多推广，例如在所谓的社会核算矩

① 该工作的其他参考文献包括 Duchin 和 Lange（1987，1994），Duchin 和 Hertwich（2003），以及 Weisz 和 Duchin（2006）。

阵以及其他描述与部门间活动相关联的不同经济体社会经济特征的有关框架中核算社会指标（第 11 章）。类似推广都是从更简单的将投入产出模型与其他同样描述部门间活动的可衡量数量指标的国民收入核算技术联系起来的方法开始的，例如能源使用、环境污染以及就业。对这些推广的模型在第 10 章中我们用其最为初步的形式做了介绍，作为对发展出来处理能源和环境因素的基本构想的扩展，但是当前更新的、更为缜密和广泛的扩展以及与国民经济核算体系的联系在第 11 章中探讨。

□ 9.1.1 能源投入产出分析的早期方法

在 20 世纪 60 年代后期及 70 年代，美国经济的发展越来越依赖于国外石油资源，从而必须解决 20 世纪 70 年代由石油输出国组织（Organization of Petroleum Exporting Countries，OPEC）的禁运带来的供给短缺问题。同时，人们也越来越关注由于能源使用而带来的环境问题，特别是使用煤炭带来的空气污染问题。由于能源是许多地区许多产业生产的关键要素，政府的政策制定者和学者们开始集中研究能源在经济中的地位。特别地，集中于研究能源使用的投入产出模型在 20 世纪 70 年代的石油危机中得到了广泛的发展，而近年来，这些模型又重新被用于分析能源使用和气候变化的关系。早期的能源投入产出分析文献按时间顺序包括了坎伯兰（Cumberland，1966）、斯特尔特（Strout，1967）、艾尔斯和尼斯（Ayres and Kneese，1969）、布拉德和海伦丁（Bullard and Herendeen，1975b）、格里芬（Griffin，1976），以及布莱尔（Blair，1979，1980）等。此后，文献中相当大的研究关注点为扩展列昂惕夫的投入产出框架，以更清晰地描述和分析能源及相关环境活动。这些应用许多都在本章和第 10 章中提到。

对列昂惕夫框架最为简单和直接的能源上的扩展是简单地加上一系列线性能源系数来明确地核算能源使用，这些能源系数定义了各产业部门单位美元产出所使用的能源量。这种在 20 世纪 70 年代早期发展起来并被广泛使用的方法虽然有许多方法论和实用上的限制，但今天仍然被经常使用，其原因很大程度上是因为获取必要的额外数据来解决一个关键不足经常是困难的，这个关键不足就是核算整个经济中能源供给和使用的时候保证内在一致性。这些早期能源投入产出分析方法的优点和缺点在附录 9.1 中讨论。在本章的大部分内容中，我们建立了被称为“混合单位”的方法，开始时是布拉德和海伦丁（Bullard and Herendeen，1975b）提出的，解决了能源投入产出分析中最简单方法的主要缺点。

□ 9.1.2 当代的能源投入产出分析

能源投入产出分析的混合单位模型定义了能源系数，这些能源系数自然地符合一系列“能量守恒条件”（energy conservation conditions）。能够证明这些条件从分析上等价于保证经济中核算能源物理流量的内在一致性。另一种方法，以及之前提到的在附录 9.1 中给出的由于数据获取的局限性而更为普遍使用的模型，都只有在所有能源使用部门的部门间能源价格一致时才能满足这些条件。

部门间能源价格相同的条件可以在某些应用中设定，例如某些区域经济或者发展中经济体，但是这样的条件对于其他情况特别是大的现代经济体则不是普遍的。布拉德和海伦丁的早期工作被其他人在 20 世纪 80 年代和 90 年代的时候进一步发展，特别是关于描述经济结构变化的地位及其对于能源和环境排放的含义方面，例如布莱尔（Blair，

1980)、王和庄（Wang and Chuang，1987）、布莱尔和威科夫（Blair and Wyckoff，1989）、OTA（1990）、罗丝和陈（Rose and Chen，1991）、韩和拉卡斯曼安（Han and Lakshmanan，1994）、卡斯勒（Casler，2001）、迪策巴赫和塞奇（Dietzenbacher and Sage，2006）也在本章后面做了描述。

9.2 能源投入产出分析的概念概述

我们先从如何扩展基本投入产出框架来核算部门间能源流量开始，如前所述，其应用在20世纪70年代后期和20世纪80年代早期的阿拉伯石油禁运以及对美国经济的影响中尤其广泛。在第10章中，我们增加了其他扩展，例如对污染消除和产生的核算或者材料的回收。所有这些扩展的数学框架几乎都反映了我们在前面章节中所讨论过的经典的列昂惕夫模型。然而，当我们追求保证，例如能源消费的测度水平（用实物单位表示）和经济活动（通常用货币单位计量）之间的一致性时，我们必须在基本的分析框架之上做扩展。

一般地，典型的能源投入产出分析决定了对最终需求交付一单位产品需要的完全能源使用量，既包括了一个产业生产过程中直接消耗的能源量，也包括了包含在这个产业投入中的间接能源使用量。用工程的说法，计算能源完全需要量是常常被称为过程分析（process analysis）的结果：选定一种目标产品，或者是商品或者是服务，然后列出一系列提供这种产品所直接需要的商品或者服务。在目标生产过程中的这些投入包括了燃料（直接的能源投入），以及其他非能源商品和服务。之后分析确定这些非能源投入在其生产过程中的投入，这些投入又包括一些燃料和非能源商品和服务。

这种过程分析可将投入品追溯至初始资源；第一轮的能源投入是直接能源需求，接下来一系列轮次的能源投入构成了间接能源需求。直接和所有间接能源需求的合计为完全能源需求。例如，在汽车装配过程中直接使用的能源为能源直接需求，而包含在装配厂所使用的原材料等投入中的（提供这些材料所使用的）能源会构成间接能源需求。

当一个生产过程的投入的很大比例为进口时，就出现了额外的复杂性，而这类情况在这些方法的历史应用中是重要的。此外，某些部门将能源作为副产品或者联合产品来生产——与前面章节中使用的次要生产相同的概念。副产品的例子包括电力生产作为石油冶炼活动的副产品，或者沼气生产作为垃圾填埋活动的副产品。联合生产的例子可以是电力和蒸汽的联合生成，其中电力提供给电网设施或者可能在当地被用于制造业企业中，蒸汽被用作工业加工热力源。这些情况的协调也将需要扩展基本框架。图9－1的能源流量图用于2002年的美国经济。投入产出框架非常适合用一种全面的方式分析这些能源流量，因为它们与部门间活动相关。

在能源投入产出框架中，计算产业的完全能源需求，有时被称为能源强度，类似于计算完全的货币需求或传统投入产出模型中的列昂惕夫逆。然而，在能源投入产出分析中，我们常常最关心用实物单位计量的能源——例如，英制热量单位（BTU）或者千兆英制热量单位（Quad），如图9－1所示，原油桶、煤炭吨，等等，而不是用美元或价值单位。可以预期，得到用这些实物单位计量的数量的一个方法是先用传统的投入产出分析计算完全的货币需求，然后用联系了货币产出与能源产出的价格工具将这些价值转

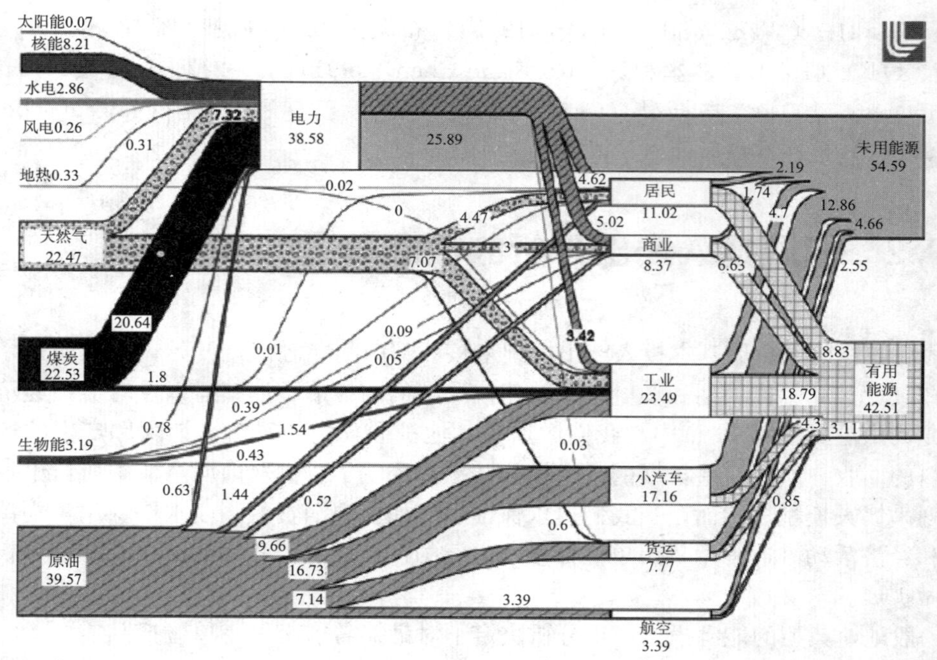

图 9-1　2006 年美国能源使用（千兆英热单位）

资料来源：劳伦斯·利弗莫尔实验室（Lawrence Livermore Laboratory，2007）。

化为英制热量单位（BTU）或者其他合适的实物单位。但是我们最终将看到，该方法（附录 9.1 给出描述，实质上是通常被使用的方法）在所得到的能源消费核算中导致了不一致性，在某些情况下为保证结果的合理性必须在该方法过程中做调整。

为了说明刚刚描述的潜在问题，在计算一种产品的能源强度（如上所定义的）时，我们将区分一次能源部门（例如原油、煤炭开采或者太阳能）和二次能源部门（例如石油冶炼或电力）。二次能源部门接受一次能源作为投入并将其转化为二次能源的形式。因此，如果我们同时计算生产某个产业产出所需要的一次能源总量和生产同样产出所需要的二次能源数量，它们必须是相等的，扣除从一次能源到二次能源形式转化中的能源损失，例如从煤炭生产中扣除电力能源损失。当然，不同的技术有不同的能源转化效率，某些能源，例如核能或者太阳能，具有其他复杂的特征。然而一般地，我们的能源投入产出公式应该包括这个条件，即某种产品的完全一次能源强度等于该产品的完全二次能源强度加能源转化中的能源损失量或用作其他目的的量。① 我们把这个条件叫做能量守恒条件。这个条件在评估一个特定的能源投入产出模型公式是否准确刻画了经济中的能源流量时是一个基本的决定因素。

□ 9.2.1　基本公式

我们从最为现代的能源投入产出框架开始，其中我们建立了使用“混合单位”的交易表。也就是，我们对经济中的能源流量用英热单位（BTU）（或者其他方便的能源单位）

① 某些商品既可以被用作能源又被用作原材料，例如石油。

来描述，而非能源流量使用价值单位如美元。① 后面我们将在附录 9.1 中看到，该类模型一般比文献中广泛使用的其他模型好，虽然在某些情况下由于数据的可获取性不那么容易使用。我们将探讨该框架的使用很重要，而同时其他选择也合适或者也可以被接受时的情况。

在能源投入产出分析中，我们想要建立类似 $\mathbf{Z}$、$\mathbf{A}$ 和 $\mathbf{L}$ 的矩阵，即能源交易或流量矩阵（这次用能源的实物投入衡量，例如 BTU）、直接能源需求系数矩阵，以及完全能源需求系数矩阵。将之前我们在第 2 章的基本投入产出框架中建立部门间交易矩阵时的方法做微小改变，我们就能建立这些能源投入产出矩阵。

我们从传统的投入产出核算等式开始，$\mathbf{Zi}+\mathbf{f}=\mathbf{x}$，这里，$\mathbf{Z}$ 是部门间交易，$\mathbf{f}$ 是总最终需求向量，$\mathbf{x}$ 是总产出向量，都用价值单位计量。我们感兴趣的是用实物单位衡量能源流量，因此假设我们有类似的等式为：$\mathbf{Ei}+\mathbf{q}=\mathbf{g}$，这里，$\mathbf{E}$ 是从能源生产部门到所有部门（作为能源消耗者）的能源流量矩阵，$\mathbf{q}$ 是最终需求的能源使用向量②，$\mathbf{g}$ 是能源总消耗量向量，所有向量和矩阵仍然都用实物单位计量。注意如果经济中有 n 个部门，其中 m 个为能源部门，则 $\mathbf{Z}$ 为 $n\times n$ 矩阵，而 $\mathbf{E}$ 的维度将是 $m\times n$。类似地，$\mathbf{f}$ 和 $\mathbf{x}$ 为维度为 $n\times 1$ 的向量，而 $\mathbf{q}$ 和 $\mathbf{g}$ 为维度为 $m\times 1$ 的向量。

如果与之前相同，仍旧设 $\mathbf{A}$ 为技术系数矩阵，则 $\mathbf{Z}=\mathbf{A}\hat{\mathbf{x}}$，结果有 $\mathbf{L}=(\mathbf{I}-\mathbf{A})^{-1}$，这是我们熟悉的列昂惕夫逆，因此完全需求可以表示为 $\mathbf{x}=\mathbf{Lf}$。我们期望有类似于 $\mathbf{L}$ 的能在方程 $\mathbf{g}=\boldsymbol{\alpha}\mathbf{f}$ 中产生完全能源需求的矩阵，其中 $\boldsymbol{\alpha}$ 为 $m\times n$ 的矩阵。

□ 9.2.2 完全能源需求系数矩阵

如果我们假定在某一时刻矩阵 $\boldsymbol{\alpha}$ 已经存在，则一般地，我们可以在能源投入产出模型中界定体现一次和二次能源部门之间关系的能量守恒条件。这些条件最初由海伦丁（Herendeen，1974）表达出来，这里做了一些调整，这些条件如下：

$$\alpha_{kj}x_j=\sum_{i=1}^{n}\alpha_{ki}z_{ij}+g_{kj} \tag{9.1}$$

这里，α_{kj} 表示生产部门 j（原文为 a dollar's worth of sector i's output，有误，此处应为部门 j 而不是部门 i——译者注）单位美元产出对第 k 种类型能源的完全需要量，x_j 表示部门 j 的总产出，z_{ij} 表示部门 j 生产中使用部门 i 以价值单位表示的产品量，g_{kj} 表示能源部门的能源产出量，当 $k=j$ 时，$g_{kj}=g_k$，否则 $g_{kj}=0$，令 $\mathbf{G}_{m\times n}=[g_{kj}]$。除了对应能源部门的为能源总产出外，$\mathbf{G}$ 的大多数元素都为零。为了描述的方便，如果能源部门 $k=1$，…，m 被置于产业部门标记 $j=1$，…，n 的前面部分，也即序列 $k=1$，…，m 和 $j=1$，…，m 都指的是同样的产业部门集，则非零元素出现在 $\mathbf{G}$ 的主对角上③，或者等价地，$\mathbf{G}$ 中非零元素的位置位于 $k=j$ 处。

从概念上看，对所有经济部门 j（$j=1$，…，n）来说，能量守恒条件可以被描述为：某一部门产出 x_j 中包含的能源量等于它所消耗的所有投入 z_{ij}（$i=1$，…，n）中包

① 这个“混合”公式是 Bullard 和 Herendeen（1975a）提出的；在 Blair（1979）、Griffin（1976）、Casler 和 Wilbur（1984）和其他文献中有讨论。

② 注意这 $\mathbf{q}$ 在此处以及本章的大部分地方都不应与它在商品×产业核算框架中表示总商品产出的用法相混淆；在讨论的上下文背景中，$\mathbf{q}$ 是哪种用法应该总是清晰的。

③ 我们定义非方形矩阵 $\mathbf{A}$ 的主对角为元素 a_{ii}。

含的能源量再加上初始能源投入 g_{kj}，该变量只有一次能源部门非零。转化为矩阵形式，式（9.1）变为①：

$$\boldsymbol{\alpha}\hat{\boldsymbol{x}}=\boldsymbol{\alpha}\boldsymbol{Z}+\boldsymbol{G} \tag{9.2}$$

我们以三部门经济（i，$j=1$，2，3）的情况为例来说明，其中三个部门中的前两个部门被指定为能源部门（$k=1$，2）。则式（9.2）被表示为：

$$\begin{bmatrix}\alpha_{11} & \alpha_{12} & \alpha_{13}\\ \alpha_{21} & \alpha_{22} & \alpha_{23}\end{bmatrix}\begin{bmatrix}x_1 & 0 & 0\\ 0 & x_2 & 0\\ 0 & 0 & x_3\end{bmatrix}=\begin{bmatrix}\alpha_{11} & \alpha_{12} & \alpha_{13}\\ \alpha_{21} & \alpha_{22} & \alpha_{23}\end{bmatrix}\begin{bmatrix}z_{11} & z_{12} & z_{13}\\ z_{21} & z_{22} & z_{23}\\ z_{31} & z_{32} & z_{33}\end{bmatrix}+\begin{bmatrix}g_{11} & 0 & 0\\ 0 & 0 & 0\end{bmatrix}$$

注意到在本例中矩阵 $\boldsymbol{G}$ 中只有一个非零元素，这表明只有一个一次能源部门。将该式展开得到：

$$\begin{aligned}&\begin{bmatrix}\alpha_{11}x_1 & \alpha_{12}x_2 & \alpha_{13}x_3\\ \alpha_{21}x_1 & \alpha_{22}x_2 & \alpha_{23}x_3\end{bmatrix}\\ &=\begin{bmatrix}\alpha_{11}z_{11}+\alpha_{12}z_{21}+\alpha_{13}z_{31} & \alpha_{11}z_{12}+\alpha_{12}z_{22}+\alpha_{13}z_{32} & \alpha_{11}z_{13}+\alpha_{12}z_{23}+\alpha_{13}z_{33}\\ \alpha_{21}z_{11}+\alpha_{22}z_{21}+\alpha_{23}z_{31} & \alpha_{21}z_{12}+\alpha_{22}z_{22}+\alpha_{23}z_{32} & \alpha_{21}z_{13}+\alpha_{22}z_{23}+\alpha_{23}z_{33}\end{bmatrix}+\begin{bmatrix}g_{11} & 0 & 0\\ 0 & 0 & 0\end{bmatrix}\end{aligned}$$

该矩阵的每一项一般由式（9.1）定义；例如，位于左上角的项是 $\alpha_{11}x_1=(\alpha_{11}z_{11}+\alpha_{12}z_{21}+\alpha_{13}z_{31})+g_{11}$，与 $k=1$，$j=1$ 以及 $i=1$，2，3 时的式（9.1）相等。因为 $\boldsymbol{Z}=\boldsymbol{A}\hat{\boldsymbol{x}}$，我们能够从式（9.2）直接写出 $\boldsymbol{\alpha}\hat{\boldsymbol{x}}=\boldsymbol{\alpha}\boldsymbol{A}\hat{\boldsymbol{x}}+\boldsymbol{G}$。重新整理这些项，我们推出 $\boldsymbol{\alpha}(\boldsymbol{I}-\boldsymbol{A})\hat{\boldsymbol{x}}=\boldsymbol{G}$ 和 $\boldsymbol{\alpha}(\boldsymbol{I}-\boldsymbol{A})=\boldsymbol{G}\hat{\boldsymbol{x}}^{-1}$，或者：

$$\boldsymbol{\alpha}=\boldsymbol{G}\hat{\boldsymbol{x}}^{-1}(\boldsymbol{I}-\boldsymbol{A})^{-1} \tag{9.3}$$

该式定义了完全能源需求系数矩阵。

至此，我们还没有明确完全能源系数满足式（9.1）定义的能量守恒条件的条件，但是当我们在后面用所谓的“混合”单位定义部门间交易流量矩阵的时候，这一点就很清晰了。用混合单位来描述部门间交易流量实际上使用初始的部门间交易矩阵 $\boldsymbol{Z}$，并用实物单位的能源流量矩阵 $\boldsymbol{E}$ 来代替矩阵 $\boldsymbol{Z}$ 中对应能源部门的行。我们定义了新的交易矩阵 $\boldsymbol{Z}^*$，其中能源行用实物单位计量，非能源行如往常一样用价值单位计量。当然，我们必须相应地重新定义总产出向量 $\boldsymbol{x}^*$，以及最终需求向量 $\boldsymbol{f}^*$，它们中对应的能源部门数量和非能源部门数量也类似地分别用能源实物单位和价值单位计量。使用我们前面的符号，这些数量定义如下：

$$\boldsymbol{Z}^*=[z_{ij}^*]=\begin{cases}z_{ij} & \text{其中 } i \text{ 为非能源部门}\\ e_{kj} & \text{其中 } k \text{ 为能源部门}\end{cases}$$

$\boldsymbol{Z}^*$ 的维度为 $n\times n$；

$$\boldsymbol{f}^*=[f_i^*]=\begin{cases}f_i & \text{其中 } i \text{ 为非能源部门}\\ q_k & \text{其中 } k \text{ 为能源部门}\end{cases}$$

① 定义能量守恒时，式（9.1）中描述的能源投入 g_{kj} 是唯一外生于经济体的投入，也就是一次能源投入；所有其他投入隐含在使用部门 j 的投入 $i=1$，…，n 中。这将在后面的例 9.1 中说明。

$\boldsymbol{f}^*$ 为 $n\times1$ 的向量。

$$\boldsymbol{x}^*=[x_i^*]=\begin{cases}x_i & \text{其中 } i \text{ 为非能源部门}\\ q_k & \text{其中 } k \text{ 为能源部门}\end{cases}$$

$\boldsymbol{x}^*$ 为 $n\times1$ 的向量。最后我们定义 $\boldsymbol{g}^*$：

$$\boldsymbol{g}^*=[g_i^*]=\begin{cases}0 & \text{其中 } i \text{ 为非能源部门}\\ q_k & \text{其中 } k \text{ 为能源部门}\end{cases}$$

$\boldsymbol{g}^*$ 为 $n\times1$ 的向量。

相应的矩阵 $\boldsymbol{A}^*=\boldsymbol{Z}^*(\hat{\boldsymbol{X}}^*)^{-1}$，$\boldsymbol{L}^*=(\boldsymbol{I}-\boldsymbol{A}^*)^{-1}$，根据上述条件直接可以得到。然而，其特点与传统投入产出模型不同，例如 $\boldsymbol{A}^*$ 的列和不一定如传统投入产出模型中那样小于 1，实际上由于计量单位不同，列求和也没有意义——将每 1 美元产出的英制热量单位（BTU）与每 1 美元产出的美元价值的投入加起来没有意义。

注意直接需要系数矩阵 $\boldsymbol{A}^*$ 的单位和完全需要系数矩阵 $\boldsymbol{L}^*$ 的单位都反映的是混合单位。例如，考虑两个部门的情况，其中第一个部门为能源部门，第二个部门为非能源部门。对矩阵中的每个元素，该模型的单位为混合单位，表示为 $\boldsymbol{Z}^*=\begin{bmatrix}\text{BTU} & \text{BTU}\\ \text{美元} & \text{美元}\end{bmatrix}$，$\boldsymbol{f}^*=\begin{bmatrix}\text{BTU}\\ \text{美元}\end{bmatrix}$，$\boldsymbol{x}^*=\begin{bmatrix}\text{BTU}\\ \text{美元}\end{bmatrix}$，$\boldsymbol{g}^*=\begin{bmatrix}\text{BTU}\\ \text{美元}\end{bmatrix}$，从而我们得到：

$$\boldsymbol{A}^*=\boldsymbol{Z}^*(\hat{\boldsymbol{x}}^*)^{-1}=\begin{bmatrix}\text{BTU/BTU} & \text{BTU/美元}\\ \text{美元/BTU} & \text{美元/美元}\end{bmatrix} \tag{9.4}$$

矩阵 $\boldsymbol{L}^*$ 也具有与 $\boldsymbol{A}^*$ 相同的单位，当然，不同的是，它们是表示每单位（BTU 或美元）最终需求的需要量［英制热量单位（BTU）或者美元］（即完全需求），而不是每单位产出的需求量（直接需求）。

要得到之前所提到的直接能源需求系数矩阵和完全能源需求系数矩阵，我们只需要分别从 $\boldsymbol{A}^*$ 和 $\boldsymbol{L}^*$ 中分出能源部门的行即可。一个方便的用于分出能源行的方法是建立矩阵乘积 $\boldsymbol{G}(\hat{\boldsymbol{x}}^*)^{-1}$，与前面定义的矩阵乘积 $\boldsymbol{G}\hat{\boldsymbol{x}}^{-1}$类似，但是具有不同的性质。回想 $\boldsymbol{G}$ 中的非负元素为 $\boldsymbol{g}$ 中能源部门的元素。由于 $\boldsymbol{g}$ 中的非负元素（同样 $\boldsymbol{g}^*$ 中的非负元素）与 $\boldsymbol{x}^*$ 中相应的数值相等（同样回想 x_i^* 的定义），该乘积的结果是元素为 1 和 0 的矩阵，其中 1 表示能源部门的位置。如果我们用 $\boldsymbol{L}^*$ 右乘该向量（此处应为矩阵——译者注），结果仅仅包含完全能源系数的行，即 $\boldsymbol{L}^*$ 的能源行。类似地，我们用该矩阵左乘 $\boldsymbol{A}^*$，就把 $\boldsymbol{A}^*$ 中的直接能源系数取出来了，即 $\boldsymbol{A}^*$ 中的能源行。因此，我们定义直接和完全能源系数矩阵（当然这两个矩阵在两部门的示例中实际上是行向量，因为只有一个能源部门）分别为 $\boldsymbol{\delta}$ 和 $\boldsymbol{\alpha}$：

$$\boldsymbol{\delta}=\boldsymbol{G}(\hat{\boldsymbol{x}}^*)^{-1}\boldsymbol{A}^* \tag{9.5}$$

$$\boldsymbol{\alpha}=\boldsymbol{G}(\hat{\boldsymbol{x}}^*)^{-1}\boldsymbol{L}^* \tag{9.6}$$

例 9.1：两部门混合单位投入产出分析示例

我们考虑两部门的例子，来说明能源投入产出问题的“混合单位”公式的基本特点。表 9－1 包括了货币单位的部门间交易和相关的单位为千兆英制热量单位（10^{15} BTU）

的能源流量表，对应能源部门到其他部门的货币交易，给出了对最终需求和总产出的交付量。

表 9-1　　能源和货币流量：例 9.1

	小机械	能源	最终需求	总产出
价值交易量（百万美元）				
小机械	10	20	70	100
能源	30	40	50	120
能源交易量（千兆 BTU）				
能源	60	80	100	240

由刚刚描述的混合单位模型公式的做法，我们可以定义 $\boldsymbol{Z}^*=\begin{bmatrix}10 & 20\\60 & 80\end{bmatrix}$，$\boldsymbol{x}^*=\begin{bmatrix}100\\240\end{bmatrix}$，推导出 $\boldsymbol{A}^*=\boldsymbol{Z}^*(\hat{\boldsymbol{x}}^*)^{-1}=\begin{bmatrix}0.100 & 0.083\\0.600 & 0.333\end{bmatrix}$，$\boldsymbol{L}^*=\begin{bmatrix}1.212 & 1.515\\1.091 & 1.636\end{bmatrix}$。由式（9.4）和式（9.5）我们计算出直接和完全的能源需求系数矩阵（对这个两部门的例子，这些矩阵实际上是行向量）：

$$\boldsymbol{\delta}=\boldsymbol{G}(\hat{\boldsymbol{x}}^*)^{-1}\boldsymbol{A}^*=[0\quad 240]\begin{bmatrix}1/100 & 0\\0 & 1/240\end{bmatrix}\begin{bmatrix}0.100 & 0.083\\0.600 & 0.333\end{bmatrix}=[0.600\quad 0.333]$$

或

$$\boldsymbol{\delta}=[0\quad 1]\begin{bmatrix}0.100 & 0.083\\0.600 & 0.333\end{bmatrix}=[0.600\quad 0.333]$$

以及

$$\boldsymbol{\alpha}=\boldsymbol{G}(\hat{\boldsymbol{x}}^*)^{-1}\boldsymbol{L}^*=[0\quad 240]\begin{bmatrix}1/100 & 0\\0 & 1/240\end{bmatrix}\begin{bmatrix}1.212 & 1.515\\1.091 & 1.636\end{bmatrix}=[1.091\quad 1.636]$$

注意在使用能源投入产出模型做效应分析时——类似于传统列昂惕夫模型中的 $\boldsymbol{x}=\boldsymbol{L}\boldsymbol{f}$——对应完全需求系数矩阵的最终需求必须是混合单位的，即 $\boldsymbol{g}=\boldsymbol{\alpha}\boldsymbol{f}^*$。对本例，我们证明，因为 $\boldsymbol{f}^*=\begin{bmatrix}70\\100\end{bmatrix}$，所以 $\boldsymbol{g}=\boldsymbol{\alpha}\boldsymbol{f}^*=[1.091\quad 1.636]\begin{bmatrix}70\\100\end{bmatrix}=240$。

例 9.2：多个能源种类的扩展

在初始的能源投入产出公式中，我们定义向量 $\boldsymbol{g}$ 长度为 m（能源部门的数量），表示能源部门的总能源产出（单位为 BTU）。在进一步建立混合单位符号时，我们定义向量 $\boldsymbol{g}^*$ 长度为 n（产业部门的总数，包括能源部门），其中代表能源部门的元素（n 个元素中的 m 个）表示这些部门中的总能源产出（单位为 BTU）；其余元素定义为零。

考虑一个四部门的经济，其中三个部门是能源部门，分别为原油、精炼油和电力。第四个部门是汽车制造，为唯一的非能源部门。注意该经济中唯一的一次能源部门是原油，因为精炼油和电力部门都将原油转化为二次能源产品。该经济的货币交易在表 9-2 中给出；该经济的能源流量［用千兆英制热量单位（10^{15} BTU）计量］在表 9-3 中给出。

表 9-2　　部门间经济交易：例 9.2　　单位：百万美元

	原油	精炼油	电力	汽车	最终需求	总产出
原油	0	5	5	0	0	10
精炼油	2.5	2.5	0	2.5	12.5	20
电力	2.5	1.25	1.25	2.5	12.5	20
汽车	0	0	0	0	20	20

表 9-3　　能源流量矩阵　　单位：10^{15} BTU

	原油	精炼油	电力	汽车	最终需求	总产出
原油	0	20	20	0	0	40
精炼油	1	3	0	1	15	20
电力	2.5	1.25	1.25	2.5	12.5	20

使用表 9-2 和表 9-3 中的数据，代入混合单位能源投入产出公式，有：

$$\boldsymbol{Z}^{*}=\begin{bmatrix}0 & 20 & 20 & 0\\1 & 3 & 0 & 1\\2.5 & 1.25 & 1.25 & 2.5\\0 & 0 & 0 & 0\end{bmatrix},\ \boldsymbol{f}^{*}=\begin{bmatrix}0\\15\\12.5\\20\end{bmatrix},\ \boldsymbol{X}^{*}\begin{bmatrix}40\\20\\20\\20\end{bmatrix}$$

由此得到：

$$\boldsymbol{A}^{*}=\begin{bmatrix}0 & 1 & 1 & 0\\0.025\,0 & 0.150\,0 & 0 & 0.050\,0\\0.062\,5 & 0.062\,5 & 0.062\,5 & 0.012\,5\\0 & 0 & 0 & 0\end{bmatrix}$$

以及

$$\boldsymbol{L}^{*}=\begin{bmatrix}1.109 & 1.391 & 1.183 & 0.217\\0.033 & 1.217 & 0.035 & 0.065\\0.076 & 0.174 & 1.148 & 0.152\\0 & 0 & 0 & 1\end{bmatrix}$$

在完全能源系数 $\boldsymbol{\alpha}$ 的推导中，本例中 $\boldsymbol{\alpha}$ 的维度为 3×4，我们首先计算了矩阵 $\boldsymbol{G}$，如之前所定义的，描述每种类型的总能源消费为 $\boldsymbol{G}=\begin{bmatrix}x_1^{*} & 0 & 0 & 0\\0 & x_2^{*} & 0 & 0\\0 & 0 & x_3^{*} & 0\end{bmatrix}=\begin{bmatrix}40 & 0 & 0 & 0\\0 & 20 & 0 & 0\\0 & 0 & 20 & 0\end{bmatrix}$。回想 $\boldsymbol{G}$ 的建立，是取每个能源部门的总能源生产数值（原油、精炼油和电力分别为 40、20 和 20），将它们界定为 $\boldsymbol{G}$ 的元素 g_{ii}^{*}。给定 $\boldsymbol{G}$ 和 $\boldsymbol{x}^{*}$，我们得到：

$$\boldsymbol{G}(\hat{\boldsymbol{x}}^*)^{-1}=\begin{bmatrix}40&0&0&0\\0&20&0&0\\0&0&20&0\end{bmatrix}\begin{bmatrix}1/40&0&0&0\\0&1/20&0&0\\0&0&1/20&0\\0&0&0&1/20\end{bmatrix}=\begin{bmatrix}1&0&0&0\\0&1&0&0\\0&0&1&0\end{bmatrix}$$

则接下来直接得到：

$$\boldsymbol{\alpha}=\boldsymbol{G}(\hat{\boldsymbol{x}}^*)^{-1}(\boldsymbol{I}-\boldsymbol{A}^*)^{-1}=\begin{bmatrix}1&0&0&0\\0&1&0&0\\0&0&1&0\end{bmatrix}\begin{bmatrix}1.109&1.391&1.183&0.217\\0.033&1.217&0.035&0.065\\0.076&0.174&1.148&0.152\\0&0&0&1\end{bmatrix}$$

如前所述，这就简单地将 $\boldsymbol{L}^*$ 的前三行（能源）提取出来了，或者：

$$\boldsymbol{\alpha}=\begin{bmatrix}1.109&1.391&1.183&0.217\\0.033&1.217&0.035&0.065\\0.076&0.174&1.148&0.152\end{bmatrix}$$

注意 $\boldsymbol{\alpha}$ 的独特特征。除了对应经济的一次能源部门的第一列之外，第二行和第三行的合计等于第一行；而对应于第一列的为一次能源部门，其第二行和第三行元素的合计与其第一行元素相差 1。接下来我们说明这两个结果精确地定义了经济中的能量守恒条件。

□ 9.2.3 混合单位的方程和能量守恒条件

用式（9.1）我们正式地定义了能源投入产出模型的能量守恒条件，为：

$$\alpha_{kj}x_j=\sum_{i=1}^{n}\alpha_{ki}z_{ij}+g_{kj} \tag{9.7}$$

其中，同前，α_{kj} 是生产部门 i 价值每 1 美元的产出所需要的能源数量；x_j 是部门 j 的货币总产出；z_{ij} 是部门 j 消耗的部门 i 产品的货币价值量。对于这种讨论，我们将限定 g_{kj} 仅为初次能源部门的总能源产出。① 任何部门产出 x_j 中包含的能源都等于该部门所有投入 z_{ij}（$i=1$，…，n）中包含的能源数量加上一次能源投入 g_{kj}，只对一次能源部门为非零。如前所述，转化为矩阵项，能量守恒条件可以表示为：

$$\boldsymbol{\alpha}\hat{\boldsymbol{x}}=\boldsymbol{\alpha Z}+\boldsymbol{G} \tag{9.8}$$

在混合单位的公式中，式（9.7）中的 $\boldsymbol{x}$、$\boldsymbol{A}$ 和 $\boldsymbol{g}$ 被相对应的 $\boldsymbol{x}^*$、$\boldsymbol{A}^*$ 和 $\boldsymbol{G}$ 的值代替，或者 $\boldsymbol{\alpha}\hat{\boldsymbol{x}}^*=\boldsymbol{\alpha Z}^*+\boldsymbol{G}$。有：

$$\boldsymbol{\alpha}\hat{\boldsymbol{X}}^*=\boldsymbol{\alpha Z}^*+\boldsymbol{G}$$

用混合单位表示的投入产出流量矩阵包括了用实物单位表示的能源流量，因而能量守恒条件能够用一系列实物单位表示的关系（独立于能源价格）表达，我们在下面的例 9.2（再次考察）中说明这一点。在附录 9.1 中，我们更为一般性地说明了混合单位模

① 在定义能量守恒时，式（9.1）描述的能源投入 g_{kj} 仅为经济体的外生投入，也就是说，一次能源；所有其他投入包含在使用部门 j 的投入 $i=1$，2，…，n 中。

型满足能量守恒条件，而当不用混合单位表述这些关系时，仅仅在有限的情况下才满足能量守恒条件。

例 9.2（再次考察）：推广到多种能源类型

回想例 9.2 中的完全能源需求系数矩阵：

$$\boldsymbol{\alpha}=\begin{bmatrix}1.109 & 1.391 & 1.183 & 0.217\\ 0.033 & 1.217 & 0.035 & 0.065\\ 0.076 & 0.174 & 1.148 & 0.152\end{bmatrix}$$

第一个能源部门是一次能源部门，而另外两个则是二次能源部门。考虑 $\boldsymbol{\alpha}$ 的最后一列，即汽车制造部门（本例中唯一的一个非能源部门）。$\alpha_{14}=0.217$ 是该经济体中生产汽车的完全一次能源强度，也就是为得到汽车制造部门价值 1 美元的产出需要消耗 0.217（十亿 BTU）的原油（既包括直接的能源需求也包括间接的能源需求）。类似地，$\alpha_{24}=0.065$，$\alpha_{34}=0.152$ 是汽车制造部门的二次能源完全消耗强度，即生产汽车制造部门 1 美元的产出需要消耗 0.065（十亿 BTU）的精炼油和 0.152（十亿 BTU）的电力。然而，由于精炼油和电力在该经济中最终都是来源于原油（因为原油是唯一的一次能量部门），能量守恒要求汽车生产的二次能源强度的合计等于一次能源强度（减去将原油转化为电力和精炼油时的能源损失，我们此处忽略这一点）。对于本例，有 $\alpha_{24}+\alpha_{34}=\alpha_{14}=0.217$。这个条件当然应该对所有部门适用，除了一次能源部门，一次能源部门从经济系统之外获取能源（原始资源）。

换句话说，如果我们将二次能源行（本例中为第二行和第三行）——完全二次能源强度——加起来，结果应该与一次能源强度相同（本例中为第一行）。如果一次能源部门多于 1 个，则一次能源强度是所有一次能源强度的合计。然而对于第一列（原油），完全二次能源强度为 $\alpha_{21}+\alpha_{31}=0.109$，而 $\alpha_{11}=1.109$。差异可以解释为单位原油产出需要从经济系统之外取得的原油数量，即所有的原油量，因为它是一次能源。

9.3 进一步的方法讨论

我们现在考察一些在能源投入产出分析的应用中变得重要的其他方法上的构想。

□ 9.3.1 调整能源转化效率

在到目前为止所讨论的处理二次能源生产的能源投入产出模型版本中，我们没有考虑能源转化效率的影响。例如，将煤炭转化为电力，从整个经济平均来看，煤炭所包含的能源只有三分之一作为电力被各部门所使用，而其余能量则作为废弃能量消散。前面我们假定二次能源部门生产的能源必须等于其生产中消耗的一次能源的合计。做一个很直接的扩展就可以将我们的混合单位模型修正到考虑转化效率的情景。

对这样的调整首先需要意识到对于二次能源，$g_k^* \neq x_k^*$，这里 g_k^* 为第 k 种能源生产中的总能源投入量，x_k^* 为第 k 种能源的产出量，因此，二者的比例就是能源转化效率，其含义是，如果知道了某种二次能源的产出量，为了确定所需要的作为投入的一次能源数量，我们乘以转化效率 x_k^*/g_k^* 的倒数就可以。我们在例 9.3 中说明能源转化效率调整的过程。

例 9.3：能源转化效率的调整

考虑一个三部门的经济，它具有一个一次能源部门（煤炭）和一个二次能源部门（电力），在表 9-4 中给出描述。

本例相应的完全需求系数矩阵为：

$$\boldsymbol{L}^* = \begin{bmatrix} 1.25 & 3.75 & 0.75 \\ 0.1 & 1.5 & 0.3 \\ 0 & 0 & 1 \end{bmatrix}$$

在本例中，煤炭部门将其所有的产出都给电力，其产出为 300×10^{15} BTU，即 $g_1^*=300$，但是电力的总产出为 $x_2^*=120$；从而意味着用煤炭生产电力的转化效率为 $x_2^*/g_1^*=0.4$。因此我们记 $\boldsymbol{G}(\hat{\boldsymbol{x}}^*)^{-1}=\begin{bmatrix} 0 & 0 & 0 \\ 0 & 300/120 & 0 \end{bmatrix}$，$\boldsymbol{\alpha}=\boldsymbol{G}(\hat{\boldsymbol{x}}^*)^{-1}\boldsymbol{L}^*=\begin{bmatrix} 1.25 & 3.75 & 0.75 \\ 0.25 & 3.75 & 0.75 \end{bmatrix}$。$\boldsymbol{\alpha}$ 的每个元素反映了 $\boldsymbol{G}(\hat{\boldsymbol{x}}^*)^{-1}$ 所隐含的能源转化效率［记住 $\boldsymbol{G}(\hat{\boldsymbol{x}}^*)^{-1}$ 中的非零项被定义为转化效率的倒数］。例如，为了得到 $\boldsymbol{L}^*$ 中第二行给出的电力数量所需要的煤炭总量为 2.5 乘以该行给出的数量，因为能源转化效率为 0.4。因此，$\boldsymbol{\alpha}$ 中的第二行是 2.5 乘以 $\boldsymbol{L}^*$ 中的第二行。

表 9-4　　混合单位的部门间交易：例 9.3

	煤炭	电力	汽车	最终需求	总产出
煤炭（千兆 BTU）	0	300	0	0	300
电力（千兆 BTU）	20	20	20	60	120
汽车（千兆 BTU）	0	0	0	100	100

□ 9.3.2　进口的核算

如第 4 章所述，许多投入产出研究包括了转移的（transfered）或者竞争性（competitive）的进口作为总产出的一部分，即进口商品与国内生产的商品竞争。为了利用我们的完全能源需求系数矩阵计算国内的完全能源强度，该矩阵必须被调整为只反映国内产出。总产出 $\boldsymbol{x}^*$ 减去转移的进口 $\boldsymbol{x}_I^*$，我们记 $\boldsymbol{D}=\boldsymbol{E}(\hat{\boldsymbol{x}}^*-\hat{\boldsymbol{x}}_I^*)^{-1}$ 及 $\boldsymbol{A}^*=\boldsymbol{Z}^*(\hat{\boldsymbol{x}}^*-\hat{\boldsymbol{x}}_I^*)^{-1}$。回想 $\boldsymbol{\alpha}=\boldsymbol{G}(\hat{\boldsymbol{x}}^*)^{-1}\boldsymbol{L}^*$，因此用调整的完全产出向量，我们推出 $\boldsymbol{\alpha}=\boldsymbol{G}(\hat{\boldsymbol{x}}^*-\hat{\boldsymbol{x}}_I^*)^{-1}[\boldsymbol{I}-\boldsymbol{Z}^*(\hat{\boldsymbol{x}}^*-\hat{\boldsymbol{x}}_I^*)^{-1}]^{-1}$。重新整理这些项，$\boldsymbol{\alpha}=\boldsymbol{G}[\hat{\boldsymbol{x}}^*-\hat{\boldsymbol{x}}_I^*-\boldsymbol{Z}^*]^{-1}$。对于 $\boldsymbol{x}_I^*=0$ 的情况，$\boldsymbol{\alpha}=\boldsymbol{G}(\hat{\boldsymbol{x}}^*-\boldsymbol{Z}^*)^{-1}$。读者能够证明这与我们之前的定义 $\boldsymbol{\alpha}=\boldsymbol{G}(\hat{\boldsymbol{x}}^*)^{-1}\boldsymbol{L}^*$ 等价。在国内能源生产为主要关注点的研究中，刚介绍的调整是重要的。海伦丁（Herendeen，1974）详细考察了这种调整。

□ 9.3.3　商品×产业能源模型

在第 5 章中，我们介绍了商品×产业核算等式，$\boldsymbol{x}=\boldsymbol{Vi}$。这个方程将产业总产出向量定义为制造矩阵 $\boldsymbol{V}$ 的行和。另外商品乘产业核算等式是 $\boldsymbol{q}=\boldsymbol{Ui}+\boldsymbol{e}$。这个方程定义商品总产出向量 $\boldsymbol{q}$（不要与本章大部分内容中 $\boldsymbol{q}$ 用于表示能源最终需求的用法混淆）为商品投入的使用矩阵 $\boldsymbol{U}$ 的行和，以及与商品的最终需求向量 $\boldsymbol{e}$ 的合计。

在第 5 章中，我们考察了推导完全需求系数矩阵的两个主要假定，即投入产出经济中基于产业的技术定义或者基于商品的技术定义。对于该讨论我们假定是前者，但是类似的结果对后者也容易推出。从第 5 章中，用产业技术假定，我们有 $\boldsymbol{U}=\boldsymbol{B}\hat{\boldsymbol{X}}$，$\boldsymbol{V}=\boldsymbol{D}\hat{\boldsymbol{q}}$，从中我们很容易得到 $\boldsymbol{q}=\boldsymbol{B}\boldsymbol{X}+\boldsymbol{e}=\boldsymbol{B}\boldsymbol{V}\boldsymbol{i}+\boldsymbol{e}=\boldsymbol{B}\boldsymbol{D}\boldsymbol{q}+\boldsymbol{e}$，从而 $\boldsymbol{q}=(\boldsymbol{I}-\boldsymbol{B}\boldsymbol{D})^{-1}\boldsymbol{e}$，其中，$(\boldsymbol{I}-\boldsymbol{B}\boldsymbol{D})^{-1}$是商品×商品的完全需求系数矩阵。

现在回到我们之前给出的针对传统列昂惕夫模型的能源平衡方程式［见之前的式(9.8)］：$\boldsymbol{\alpha}\hat{\boldsymbol{x}}=\boldsymbol{\alpha}\boldsymbol{Z}+\boldsymbol{G}$。对应于产品×产品模型的方程为 $\boldsymbol{\alpha}\hat{\boldsymbol{q}}=\boldsymbol{\alpha}\boldsymbol{B}\boldsymbol{D}\hat{\boldsymbol{q}}+\boldsymbol{G}$，其中 $\boldsymbol{\alpha}$ 仍然表示完全能源强度矩阵；但是此处我们将其定义为商品能源强度矩阵而不是部门能源强度矩阵（此时 $\boldsymbol{G}$ 也必须根据商品来定义）。根据通常的矩阵代数，重写之后，我们有 $\boldsymbol{\alpha}(\boldsymbol{I}-\boldsymbol{B}\boldsymbol{D})\hat{\boldsymbol{q}}=\boldsymbol{G}$，因此 $\boldsymbol{\alpha}=\boldsymbol{G}\hat{\boldsymbol{q}}^{-1}(\boldsymbol{I}-\boldsymbol{B}\boldsymbol{D})^{-1}$。

在前面我们计算 $\boldsymbol{G}\hat{\boldsymbol{X}}^{-1}$来确认 $\boldsymbol{L}^*$ 的能源行，与此相同，如果 $\boldsymbol{q}$ 用“混合单位”衡量，即与之前相同——能源部门用 BTU 而非能源部门用货币单位，我们可以用 $\boldsymbol{G}\hat{\boldsymbol{q}}^{-1}$来确认 $(\boldsymbol{I}-\boldsymbol{B}\boldsymbol{D})^{-1}$的能源行。

如在第 5 章中所讨论的，在某些产业中总产出（用价值单位）明显有一部分归于次要生产。在那种情况下，商品×产业核算的使用就是重要的。并且，非能源部门能源的次要生产——例如电力的工业联合生产——可以很容易融入这个框架之中。

9.4 应用

现在我们考虑能源投入产出模型在几个现代问题中的应用。我们的目的不是详细研究这些应用，而是说明能源投入产出框架中所考虑的问题类型。

□ 9.4.1 净能源分析

许多研究者将净能源分析定义为一个或者一系列工序所生产的能源与创建和维持该工序所需要消耗的能源的比较（图 9-2）。如本章之前所提到的，这里我们对净能源分析的讨论被限制在这个目的上，而不是它偶尔被用于的倡导“能量价值论”中（下面会进一步讨论）。在净能源分析中，一个给定的能源生产系统中待加工的能源是直接的能源需求，如我们对能源投入产出模型所定义的一样。类似地，创立和运行该工序所需要的直接能源和该产业投入中包含的能源的合计被解释为完全能源需求。净能源分析的其他方法，包括下面总结的投入产出方法，详细请见斯普伦（Spreng，1988）。

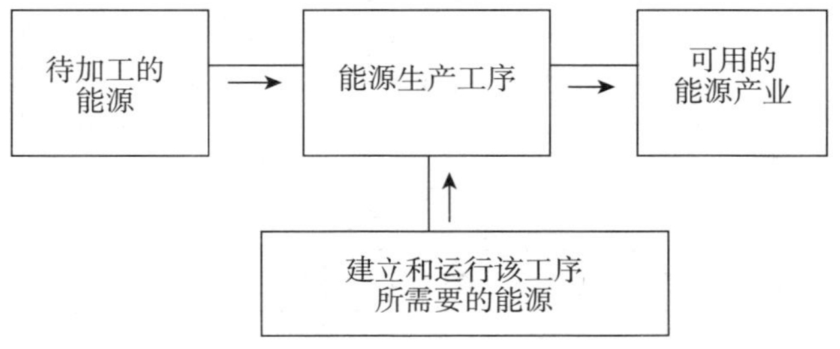

图 9-2　净能源分析

20 世纪 70 年代早期，能源投入产出分析框架得到发展的同一时期，许多学者从工程和化学的热力效率角度研究一些相同的问题，如贝里（Berry，1972）。贝里、费尔斯和牧野（Berry，Fels，and Makino，1974）考察了汽车的“能源成本”。贝里、萨蒙和希尔（Berry，Salmon，and Heal，1978）接下来更为正式地研究了经济效率和热力效率之间的关系。经济学和热力学之间关系的研究使得净能源分析的研究者建立了有争议的“能量价值论”（Hannon，1973；Gilliland，1975）以及可能更加具有争议性的“熵价值论”（Georgescu-Roegen，1971），这个理论引用了热力学第二定律（“有用能源会有损耗”）来断言经济面临增长的限制。

“隐含的能量价值论”（embodied energy theory of value）的倡导者奥德姆（Odum，1971）或科斯坦萨和海伦丁（Costanza and Herendeen，1984）坚持认为商品和服务中的价值可被假定为与其中包含的直接和间接的能量有关。然而，当前许多能源分析者不认同能量价值论，其中许多原因与经济学家不认同重农主义者建立的劳动价值论一样（见附录 C）。尽管如此，许多学者发现，作为更为标准的经济分析框架的补充，净能源分析所提出的追溯能源流的老方法仍然具有相当大的优点。将这个框架在该方向上推进的实例可见于普鲁普斯（Proops，1977），布拉德、彭纳和皮拉蒂（Bullard，Penner，and Pilati，1978），布莱尔（Blair，1979，1980），特雷洛尔（Treloar，1997），克利夫兰（Cleveland，1999）等，还有本章后面和第 13 章中分析经济中的结构变化的研究。

例 9.4：净能源分析

考虑一个高度综合的关于 1963 年美国经济的混合单位投入产出模型，在表 9－5 中描述。该表中有 5 个能源部门：煤炭、原油和天然气、精炼油、电力和燃气。该经济中的一次能源包括原油和天然气、煤炭以及由核电站和水电站生产的电力。由于水电和核电的数量相对很小，为了方便起见，这部分能源只是用与其等价的化石能源表示，通过将其除以化石能源转化为电力的效率系数得到。①

表 9－5　混合单位的美国投入产出流量表（1967 年）*

	煤炭	原油和天然气	精炼油	电力	燃气	化学	农业	采掘和制造业	运输和商业	其他	最终需求	总产出
(1) 煤炭	96			7 750	14	551	71	4 702			2 740	15 924
(2) 原油和天然气		1 113	23 326		17 737	148					499	42 823
(3) 精炼油	32	43	1 624	906	14	741	847	4 030	3 691	2 037	14 037	28 002
(4) 电力	16	43	56	445		381	71	1 343	75	509	1 181	4 120
(5) 燃气		86	896	3 148	977	868	212	1 343	151	1 528	4 948	14 157
(6) 化学	48	171	616	41		4 025	2 540	10 075	75	1 018	2 672	21 281
(7) 农业						763	19 898	36 270	75	3 055	10 498	70 559
(8) 采掘和制造业	350	1 328	868	943	283	3 008	6 562	255 235	4 897	49 902	348 295	671 671
(9) 运输和商业	32	171	1 344	610	42	653	1 552	16 120	6 102	17 313	31 412	75 333
(10) 其他	366	4 197	2 968	3 650	849	1 271	11 007	82 616	13 108	99 294	289 873	509 199

* 非能源部门交易的单位是百万美元，能源部门交易的单位是 Quad（千兆 BTU）。

① 美国 1967 年投入产出表是美国第一个基于完全调查生成用实物单位计量相应能源交易的表，用于本章建立的能源投入产出模型。

我们可以将某个产业完全的一次能源强度①表示为 $\bar{\boldsymbol{\alpha}}=[\bar{\alpha}_j]$，其中 $\bar{\alpha}_j=\alpha_{1j}+\alpha_{2j}+(\beta/\eta)\alpha_{4j}$。由于定义一次能源强度只考虑一次能源部门，对于所举例子中的经济（表 9-5）精炼油和燃气是二次能源部门。因此，只有煤炭、原油和天然气以及电力中的一部分出现在式子中，即完全能源需求系数矩阵的第 1、2 和 4 行中的项。β 项表示直接由水电资源和核电资源生产的比例；η 是用化石能源生产电力的转化效率。回想 α_{kj} 表示产业 j 每个货币单位的最终需求对第 k 种类型能源的完全能源强度。

表 9-6 和表 9-7 分别给出了从表 9-5 美国交易流量表得到的 $\boldsymbol{A}^*$ 和 $\boldsymbol{L}^*$。完全一次能源强度 $\bar{\boldsymbol{\alpha}}$ 在表 9-8 中给出。注意矩阵 $\boldsymbol{A}^*$ 和 $\boldsymbol{L}^*$ 是混合单位的；因此如之前所讨论的，$\boldsymbol{A}^*$ 的列和不必小于 1。回想之前所述 $\boldsymbol{L}^*$ 的能源行组成了完全能源需求系数 $\boldsymbol{\alpha}$。为了我们说明的目的，我们假定 $\beta=0.1$，$\eta=0.33$。

表 9-6　　技术系数矩阵：例 9.4

$\boldsymbol{A}^*$	煤炭	原油和天然气	精炼油	电力	燃气	化学	农业	采掘和制造业	运输和商业	其他
(1) 煤炭	0.006	0.000	0.000	1.881	0.001	0.026	0.001	0.007	0.000	0.000
(2) 原油和天然气	0.000	0.026	0.833	0.000	1.253	0.007	0.000	0.000	0.000	0.000
(3) 精炼油	0.002	0.001	0.058	0.220	0.001	0.035	0.012	0.006	0.049	0.004
(4) 电力	0.001	0.001	0.002	0.108	0.000	0.018	0.001	0.002	0.001	0.001
(5) 燃气	0.000	0.002	0.032	0.764	0.069	0.041	0.003	0.002	0.002	0.003
(6) 化学	0.003	0.004	0.022	0.010	0.000	0.189	0.036	0.015	0.001	0.002
(7) 农业	0.000	0.000	0.000	0.000	0.000	0.036	0.282	0.054	0.001	0.006
(8) 采掘和制造业	0.022	0.031	0.031	0.229	0.020	0.141	0.093	0.380	0.065	0.098
(9) 运输和商业	0.002	0.004	0.048	0.148	0.003	0.030	0.022	0.024	0.081	0.034
(10) 其他	0.023	0.098	0.106	0.886	0.060	0.060	0.156	0.123	0.174	0.195

表 9-7　　列昂惕夫逆：例 9.4

$\boldsymbol{L}*$	煤炭	原油和天然气	精炼油	电力	燃气	化学	农业	采掘和制造业	运输和商业	其他
(1) 煤炭	1.009	0.004	0.012	2.151	0.007	0.086	0.013	0.023	0.006	0.006
(2) 原油和天然气	0.005	1.036	0.977	1.489	1.397	0.166	0.043	0.033	0.063	0.019
(3) 精炼油	0.003	0.004	1.072	0.305	0.007	0.061	0.028	0.020	0.061	0.011
(4) 电力	0.001	0.002	0.005	1.132	0.003	0.027	0.004	0.005	0.002	0.002
(5) 燃气	0.002	0.005	0.047	0.954	1.081	0.081	0.014	0.012	0.008	0.008
(6) 化学	0.005	0.007	0.039	0.064	0.012	1.248	0.071	0.039	0.008	0.009
(7) 农业	0.004	0.008	0.018	0.092	0.015	0.092	1.422	0.133	0.017	0.028
(8) 采掘和制造业	0.046	0.080	0.177	0.966	0.160	0.372	0.298	1.704	0.174	0.221
(9) 运输和商业	0.006	0.013	0.079	0.310	0.026	0.070	0.060	0.063	1.108	0.056
(10) 其他	0.041	0.146	0.320	1.837	0.288	0.249	0.354	0.317	0.289	1.301

① 这个概念在 Bullard 和 Herendeen（1975a）以及他们的许多其他文章中被详细发展。

表 9-8　　　　　　　　　　完全一次能源强度：例 9.4

产业部门	一次能源强度
(1) 煤炭	1.016
(2) 原油和天然气	1.039
(3) 精炼油	0.980
(4) 电力	3.985
(5) 燃气	1.405
(6) 化学	0.263
(7) 农业	0.058
(8) 采掘和制造业	0.057
(9) 运输和商业	0.069
(10) 其他	0.028

假定我们考虑两种电站的设计方案，都具有每小时 1 000 兆瓦特的电力生产能力，每年可以运行 7 000 小时，运行 30 年。这就意味着每个电站在其生命周期中将生产 21×10^{10} 千瓦时（或者 0.7×10^{15} BTU）的电力，表 9-9 给出了建设、运行和维护（除了燃料之外）这两个电站所需要的材料。为了效应分析的目的，我们将这些支出都作为经济中新的最终需求。

我们用 $\boldsymbol{r}^{\mathrm{I}}$ 和 $\boldsymbol{r}^{\mathrm{II}}$ 分别表示表 9-9 中给出的这两个电站的支出向量。则这两个电站的综合一次能源强度分别为 $\boldsymbol{\alpha r}^{\mathrm{I}}=683$ 和 $\boldsymbol{\alpha r}^{\mathrm{II}}=962$，单位是 10^{12} BTU。作为衡量技术的总体“能源效率”的指标，定义能源比率（energy ratio，ER）为一个电站的总能源产出与其生命周期中总的一次能源强度的比率。对于我们的例子，这两个电站的能源比率分别为 1.025 和 0.728；从净能源角度考虑，电站 1 的设计比电站 2 更有效率。当两个电站总产出相同时，则两个电站的一次能源强度给出了与能源比率 ER 相同的“排序”。

表 9-9　　　　　　　　　　电站投入：例 9.4

产业部门	电站Ⅰ	电站Ⅱ
(1) 煤炭	0	0
(2) 原油和天然气	0	0
(3) 精炼油	0	0
(4) 电力	100	200
(5) 燃气	100	0
(6) 化学	100	100
(7) 农业	0	0
(8) 采掘和制造业	1 000	1 000
(9) 运输和商业	500	1 000
(10) 其他	1 000	500

□ 9.4.2　商品和服务的能源成本

我们可以利用能源投入产出框架来估计最终需求支出的完全能源成本，例如，家庭汽车的生产和使用中消费的总燃料（直接能耗）和间接能耗。布拉德和海伦丁（Bullard and Herendeen，1975a）证明汽车使用的总能耗中只有30％是汽油，其余部分包括能源的能源成本（炼油中的损耗），汽车、零部件制造中的直接和间接能耗，维护，修路等的能耗，等等。自然，我们可以用这种计算方法来比较不同的交通方式的能源效率，例如汽车和公交。对这个问题的详细研究见汉农和皮埃尔（Hannon and Puelo，1974）。

类似地，我们可能想要研究家庭支出的能源强度关于收入的函数（Herendeen，1974）。美国劳动统计局常规搜集个人消费支出数据，可被用于能源投入产出分析。可能这项研究工作最有意思的一个结果是直接的能源消费（例如汽油）显示出随着收入的提高而下降。而当个人消费支出利用能源投入产出模型转化为间接能源消费时，结果则是由家庭支出引起的完全能源消费不随收入的提高而降低。因此，海伦丁认为只是基于直接能源消费估计能源影响会有很大程度的误导。

这种研究最终需求变化对能源影响的方法当然不仅仅局限于居民消费，也可以用于研究最终需求其他部分的影响。例如，贝兹德克和汉农（Bezdek and Hannon，1974）研究了多种联邦公共工程项目的影响，布莱尔（Blair，1979）研究了建造新的发电设施对区域的影响，巴蒂斯、诺曼和比塞奥（Battjes，Noorman，and Biesiot，1998）研究了进口产品的能源强度，贝兹德克和温德林（Bezdek and Wendling，2005a，2005b）研究了汽车燃料标准的经济含义。

促进资源在经济中的可持续利用的努力使得学者们也开始研究产品生命周期的成本，特别是可能包括能源成本。当然，投入产出分析是特别适合的研究工业生产和使用的完全资源成本的工具，也在这类分析中得到了广泛应用，例如，亨德里克森、拉夫和马修斯（Hendrickson，Lave，and Matthews，2006）以及达钦（Duchin，1992）关于产业生态的研究。该专题在第10章做了更为一般性的和更为详细的讨论。

□ 9.4.3 新能源技术的影响

贾斯特（Just，1974）利用投入产出模型研究了新能源技术对美国经济的影响，例如汽化煤炭或者燃气-蒸汽循环联合电力设备。他的方法是估计技术系数的列，$\mathbf{A}_N$代表新技术。如果$\mathbf{A}_j$是可能被$\mathbf{A}_N$替换的技术，则构造新的列$\mathbf{A}_j^{new}$，反映新技术的使用，$\mathbf{A}_j^{new}=g\mathbf{A}_N+(1-g)\mathbf{A}_j$，$g$表示部门$j$的生产中期望使用新技术的比例。格罗迪和米勒（Gowdy and Miller，1968）利用类似的方法研究日本和美国的技术能源效率。其他利用投入产出分析研究能源技术影响的工作包括海伦丁和普兰特（Herendeen and Plant，1981）、布莱尔（Blair，1979）、卡斯勒和汉农（Casler and Hannon，1989）。

□ 9.4.4 能源税

布拉德和海伦丁（Bullard and Herendeen，1975）研究了对能源使用征税的影响。他们假定所有税收会直接由消费者承担。结果表明税收将以高能源强度产品价格的大幅度提高来进行分配。海伦丁（Herendeen，1974）建立了367部门投入产出模型，估计了这种税收对美国经济的效应。最近这方面的研究采用了投入产出与计量经济模型相结合的方法。更为现代的模型结合了投入产出和计量技术，在本章后面和第14章中会有讨论。

□ 9.4.5 能源与结构变化

美国经济历史中的一个迷人时期是从20世纪70年代晚期一直到20世纪末，这时美国经济开始了基本结构转变，从制造业和相关活动为主的经济到服务业的主导性不断增长。在多大程度上经济中伴随的能源使用变化被视为经济中更为广泛的结构变化的原因或者结果（更可能的是二者兼有）是个存在争论的问题，并且至少部分解释了为什么能源使用方式结合经济结构变化从 20 世纪 80 年代开始被广泛研究，我们可以预期到，投入产出分析在很多这样的研究中是一个常用工具。这类工作包括帕克（Park，1982）、普罗普斯（Proops，1984，1988）、OTA（1988，1990）、布莱尔和威科夫（Blair and Wyckoff，1989）、罗丝和陈（Rose and Chen，1991），所有这些工作都利用了更为早期的工作，即斯特劳特（Strout，1967）、卡特（Carter，1970）和里尔登（Reardon，1976）以及其他。许多研究将美国在 20 世纪 70 年代和 20 世纪 80 年代的能源消费方式的改变归因为多种力量的结合：经济增长，更有能源效率的技术的采用，远离高能源强度产业例如钢铁生产而靠近高增加值的制造业和服务业的商品和服务的经济比例的变化，最后这些力量之间的相互影响（Kelly，Blair，and Gibbons，1989）。

分析经济中的能源使用和结构变化实际上是被称为结构分解分析（Structural Decomposition Analysis，SDA）的更为广泛的研究工作的一个部分，SDA 一般通过构造投入产出表中关键数据的比较静态调整研究经济结构变化，通常考虑在某些年度这样一个时期中的变化。更为一般的背景下的 SDA 将在第 13 章中详细讨论。SDA 被广泛用于研究能源使用和部门间活动的关系，包括上面引用的工作，但是某些研究者，如罗斯和陈（Rose and Chen，1991），昂（Ang，1995），林和普可仁（Lin and Polenske，1995），穆霍帕迪亚和查克拉博蒂（Mukhopadhyay and Chakraborty，1999），维尔廷、比塞奥和莫尔（Wilting，Biesiot，and Moll，1999），雅各布森（Jacobsen，2000），卡斯勒（Casler，2001），以及香川和稻村（Kagawa and Inamura，2001，2004）等构造了更为精细的反映能源使用变化的不同原因的分解。为了本章的目标，作为一个示例，我们描述了 OTA（1990）或卡斯勒和布莱尔（Casler and Blair，1997）中的相对简单的方法，尽管迪策巴赫和塞奇（Dietzenbacher and Sage，2006）概述了在 SDA 中使用混合单位表示的能源投入产出模型的一些限制。

考虑两个不同年份 1972 年和 1985 年的完全能源系数矩阵，分别为$\boldsymbol{\alpha}^{72}$和$\boldsymbol{\alpha}^{85}$。从而，我们可以定义$\boldsymbol{g}^{72}=\boldsymbol{\alpha}^{72}\boldsymbol{f}^{72}$，$\boldsymbol{g}^{85}=\boldsymbol{\alpha}^{85}\boldsymbol{f}^{85}$，其中 $\boldsymbol{f}$ 和 $\boldsymbol{g}$ 为上标所表示的相应年度的最终需求向量和总能源消费向量。回想 $\boldsymbol{\alpha}$ 是 $m\times n$ 的，$\boldsymbol{f}$ 是 $n\times 1$，$\boldsymbol{g}$ 是 $m\times 1$，其中 m 是能源部门个数，n 是产业部门总数。如果我们将 1972 年作为基年，则我们寻求衡量 1972—1985 年间由生产配方变化（在技术系数矩阵 $\mathbf{A}$ 中反映）和最终需求 $\boldsymbol{f}$ 变化导致的能源消费变化的根源。因此，相对于基年，任何其他年度例如 1985 年的消费，都可以写为 $\boldsymbol{g}^{85}=(\boldsymbol{\alpha}^{72}+\Delta\boldsymbol{\alpha})(\boldsymbol{f}^{72}+\Delta\boldsymbol{f})$，或者展开这些项，$\boldsymbol{g}^{85}=\boldsymbol{\alpha}^{72}\boldsymbol{f}^{72}+\boldsymbol{\alpha}^{72}\Delta\boldsymbol{f}+\Delta\boldsymbol{\alpha}\boldsymbol{f}^{72}+\Delta\boldsymbol{\alpha}\Delta\boldsymbol{f}$，其中 $\Delta\boldsymbol{\alpha}$ 是 1985—1972 年间的技术系数变化矩阵，$\Delta\boldsymbol{f}$ 是最终需求变化向量。对上述 $\boldsymbol{g}^{72}$ 使用该式，我们能够定义 1985—1972 年间能源消费的差异，对 $\boldsymbol{g}^{85}$ 使用上面的表达式，为：

$$\boldsymbol{g}^{85}-\boldsymbol{g}^{72}=\boldsymbol{\alpha}^{72}\boldsymbol{f}^{72}+\boldsymbol{\alpha}^{72}\Delta\boldsymbol{f}+\Delta\boldsymbol{\alpha}\boldsymbol{f}^{72}+\Delta\boldsymbol{\alpha}\Delta\boldsymbol{f}-\boldsymbol{\alpha}^{72}\boldsymbol{f}^{72}$$

通过合并项，我们有 $\boldsymbol{g}^{85}-\boldsymbol{g}^{72}=\boldsymbol{\alpha}^{72}\Delta\boldsymbol{f}+\Delta\boldsymbol{\alpha}\boldsymbol{f}^{72}+\Delta\boldsymbol{\alpha}\Delta\boldsymbol{f}^{72}$，如果我们定义这些变化为 $\Delta\boldsymbol{\alpha}=\boldsymbol{\alpha}^{85}-\boldsymbol{\alpha}^{72}$ 和 $\Delta\boldsymbol{f}=\boldsymbol{f}^{85}-\boldsymbol{f}^{72}$，则我们有：

$$\boldsymbol{g}^{85}-\boldsymbol{g}^{72}=\boldsymbol{\alpha}^{85}\boldsymbol{f}^{85}-\boldsymbol{\alpha}^{72}\boldsymbol{f}^{72}=\boldsymbol{\alpha}^{72}(\boldsymbol{f}^{85}-\boldsymbol{f}^{72})+(\boldsymbol{\alpha}^{85}-\boldsymbol{\alpha}^{72})\boldsymbol{f}^{72}+(\boldsymbol{\alpha}^{85}-\boldsymbol{\alpha}^{72})(\boldsymbol{f}^{85}-\boldsymbol{f}^{72})$$

其中$\boldsymbol{\alpha}^{72}(\boldsymbol{f}^{85}-\boldsymbol{f}^{72})$为最终需求变化的影响，$(\boldsymbol{\alpha}^{85}-\boldsymbol{\alpha}^{72})\boldsymbol{f}^{72}$为生产函数变化的影响，$(\boldsymbol{\alpha}^{85}-\boldsymbol{\alpha}^{72})(\boldsymbol{f}^{85}-\boldsymbol{f}^{72})$为最终需求变化和生产函数变化的交叉影响。

OTA（1990）的某些简化结果总结在图 9-3 中。该图说明尽管在时期 1972—1985 年间，美国总能源消费变化相对小，但这个小的净变化掩盖了能源效率的大幅度提升（占能源消费减少的总效应的将近三分之二），以及整体国民经济中从较高能源强度产业到较低能源强度产业的转移。

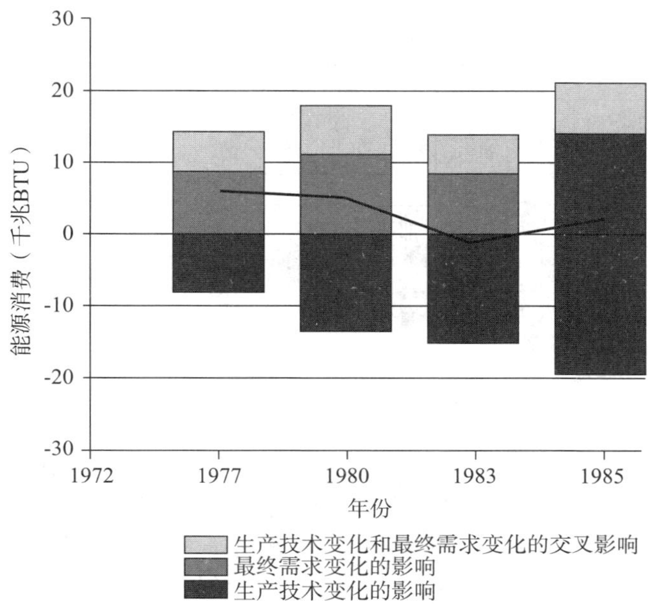

图 9-3　美国能源消费变化：1972—1985 年

□ 9.4.6　能源投入产出与计量经济学模型

在用于公共政策问题的分析时，投入产出分析相对的简化特征既有优势又有限制。一方面，隐含在经典投入产出框架中的关于固定投入需求（固定投入系数）和相对价格不变的概念上的简化假定带来了应用上的方便，尽管满足数据要求仍然是相当困难的。另一方面，这些假定使得这个分析框架在非常有效地处理现代经济系统的基本特征时受到限制，例如价格或者弹性。然而可以包含这些特点的现代经济模型仍与投入产出框架有着基本的联系。

此外，有些模型力图通过正式地将投入产出系数定义为资本、劳动、能源及其他原材料等的综合价格的相对价格函数来使得投入产出本身更为灵活，而在更为细致的模型中还将其定义为关于更为具体的产业产出价格的函数。这些模型最重要的是应用于长期的能源政策评价，见赫德森和乔根森（Hudson and Jorgenson，1974）的工作，以及他们的大量后续工作，还有他们与其他同事所做的同时用于能源和环境政策的工作。这一模型也被商业化地发展并作为数据资源公司的长期部门间模型（Long-Term Inter-industry Model，LTIM）应用多年。

接下来我们简单描述赫德森-乔根森（Hudson-Jorgenson，HJ）模型的关键特征，来说明基本投入产出框架的一个扩展，这个扩展在过去几十年中得到了发展。对计量经济学/投入产出模型更为广泛的发展的补充讨论将在第 14 章中进行。

HJ 模型以最简单的形式建立，它基于宏观经济总量增长的计量经济模型与价格灵敏的投入产出部门间模型之间的相互作用。宏观经济增长模型用于给出总投入价格和最终需求，这些变量被部门间模型用于计算经济的初始投入需求，如图 9－4 所示，但宏观经济增长模型超出了本书的范围。

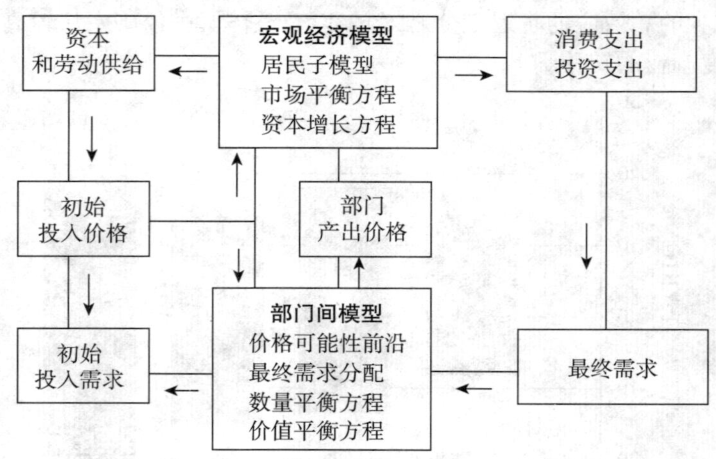

图 9－4　HJ 模型

最初版本的 HJ 模型（Hudson and Jorgenson，1974）用的是九部门投入产出框架，包括 4 个高度综合的非能源部门和 5 个能源部门，与经济分析局（Bureau of Economic Analysis）采用的合并方案相同，分别为：（1）农业、非能源矿物和建筑业，（2）制造业，（3）运输业，（4）通信、贸易和服务业，（5）煤炭开采，（6）原油和天然气开采，（7）石油冶炼，（8）电力，（9）燃气。为了方便与模型的其他部分连接，该框架将增加值也分为 3 个部分：（1）出口，（2）资本服务，（3）劳动服务。类似地，总最终需求分为：（1）个人消费支出，（2）国内个人投资，（3）政府商品和服务购买，（4）出口。

HJ 模型利用前面提到的宏观经济增长模型（或者简称宏观增长模型）计算所有产业的最终需求。对于 5 个能源部门，价格和进口水平外生，而这一点在后来的模型版本中做了改进，例如乔根森和威尔科克森（Jorgenson and Wilcoxen，1990，1993），乔根森、史雷斯尼克和威尔科克森（Jorgenson，Slesnick，and Wilcoxen，1992），或乔根森和斯特奥（Jorgenson and Stiroh，2000）。对于 4 个非能源部门，进口价格也是外生的（重申一下，指在最初的模型版本中），但进口量和劳动及资本的服务量随后由部门间模型修正为内生决定，如下面的修正。

资本和劳动服务的价格也通过宏观经济增长模型生成，而出口量和各产业部门政府购买量与总投资在所有产业中的分配一起外生决定（尽管总投资本身由宏观增长模型生成）。HJ 模型对经典投入产出框架的唯一改进也许在于它的部门间模型通过确定生产函数（技术系数矩阵的列）包含了生产者行为，这里生产函数是关于要素投入相对价格（部门产出价格、资本和劳动服务的价格）的函数。①

这个框架仍然需要行和列的部门间等式成立。也就是说，部门间交易的行和加上对

① 该模型的另一种方法，其生产函数是关于价格的函数，是 Liew（1980）以及随后的工作给出的，这将在第 14 章中讨论。

最终需求的交付等于总产出，部门间交易价值的列和加上增加值服务（在本例中，为资本和劳动服务）加上进口价值也等于总产出。行和为：

$$x_i = \sum_{j=1}^{9} z_{ij} + f_i \quad 对\ i = 1, \cdots, 9$$

列和为：

$$p_i x_i = \sum_{j=1}^{9} p_j z_{ji} + p_k x_{ki} + p_l x_{li} + p_{ri} x_{ri} \quad 对\ i = 1, \cdots, 9$$

其中，

x_{ki} =第 i 个部门使用的资本服务数量；

x_{li} =第 i 个部门使用的劳动服务数量；

x_{ri} =第 i 个部门产出中使用的竞争性进口品数量；

p_k =资本服务的综合价格；

p_l =劳动服务的综合价格；

p_{ri} =第 i 个部门使用的竞争性进口品的价格。

在 HJ 模型中，由于价格变成变量，价格在增加值等式中被明确决定。在各个产业中资本和劳动服务的价格实际上不同（意味着 p_k 和 p_l 都应该有一个额外的下标 i），但是它们由宏观经济增长模型生成的综合价格和外生决定的资本服务价格对每个产业的比率的乘积来计算，因此，它们实际上完全由宏观经济增长模型决定，只由外生的具体比例来调整。因此，为简便起见，这里我们只是用综合价格来表示。

HJ 模型采用了一系列所谓的价格可能性前沿，该前沿函数以计量经济模型的形式，将一个部门的产出表示为产业投入的相对价格、资本价格、劳动价格以及进口价格的函数。在 HJ 模型中，对九部门中的每一个，确定了以下三个关系：

（1）一个部门产出的价格是 4 种总投入即劳动、资本、能源和材料的价格函数；

（2）每个部门综合能源投入的价格是模型中确定的 5 种类型能源价格的函数，包括煤炭、原油和天然气、精炼油、电力以及燃气。

（3）每个部门综合非能源投入的价格是 5 种非能源投入价格的函数，包括农业、制造业、交通、通信和竞争性进口。

价格可能性前沿的正式的详细说明在本书范围之外，但是关于价格可能性前沿的详细论述见克里斯滕森、乔根森和刘（Christensen，Jorgenson，and Lau，1971，1973），其中假定关于任何价格可能性前沿的有用的局部二阶近似都可以表示为部门投入价格的对数二次函数。这就是所谓的超越数的对数价格可能性前沿，或者简称为超越对数价格可能性前沿（translog price possibility frontiers），以如下形式作为示例：

$$\ln a_i + \ln p_i = \alpha_0^i + \alpha_K^i \ln p_k + \alpha_L^i \ln p_L + \alpha_E^i \ln p_E + \alpha_M^i \ln p_M + \frac{1}{2}[\beta_{KK}^I (\ln p_k)^2 + \beta_{KL}^I (\ln p_k \ln p_L) + \cdots]$$

这里，本例中 a_i 是投入 i 的相对比例，p_i 是商品 i 的价格，p_k、p_L、p_E 和 p_M 分别是资本、劳动、能源和原料的价格。超越对数生产函数使得价格特别是能源价格在本例中可以作为变量被包含在这个修正的部门间模型中。这样的结果就是，与传统的静态投入产出模型相比，具备了可以在丰富得多的经济条件变化下反映能源的供给和需求、能源价格和成本以及能源进口和出口的能力。

HJ 模型被用于研究能源税的潜在经济意义，这里能源税被定义为所谓的“BTU 税”，因为税率是在所有能源热能价值的基础上估计的，更特别的是还有“对能源生产部门之外使用的所有燃料含有的能量征收统一税率”（Hudson and Jorgenson，1974）。在当时，这是国会作为追求获得美国“能源独立”的工具而考虑的政策选择之一。在 HJ 模型中，税收是作为所有能源资源价格涨幅被引入的，新的经济和能源使用预测被计算出来。作者得出结论，能源使用的主要减少量（在 20 世纪 70 年代早期）在美国经济中不用付出主要经济成本就可以达到。

□ 9.4.7 其他应用

除了刚刚描述的之外，能源投入产出模型被用于研究其他范围广泛的各种问题。这些问题包括了美国进口-出口余额的详细特征（Bullard and Herendeen，1975b），不同能源保护项目的成本对收益的分析（Henry，1977），能源消费分析（Bullard and Herendeen，1975a），区域能源贸易平衡关系（Bourque，1981）和其他与具体政策推行在能源方面的政策含义相关的问题，包括阿尔蒙等（Almon et al.，1974），布拉德、彭纳和皮拉蒂（Bullard，Penner，and Pilati，1978），波伦斯基（Polenske，1976），普伦普斯（Proops，1977，1984，1988）以及贝兹德克和温德林（Bezdek and Wendling，2005a，b）。

从 20 世纪 90 年代早期开始，文献中记录的投入产出分析在能源问题中的应用主要集中在三个领域：（1）工业联合企业中的能源和物质流的更为详细的分析，例如阿尔比诺、迪策巴赫和库茨（Albino，Dietzenbacher，and Khtz，2003）或者吉尔琼姆和胡巴切克（Giljum and Hubacek，2004）；（2）在例如全球气候变化和可持续发展等领域中分析能源使用和环境问题的关系，例如伦曾、佩德和蒙斯卡（Lenzen，Pade，and Munksgaard，2004），克雷特纳和施莱克尔（Kratena and Schleicher，1999），张和福尔默（Zhang and Folmer，1998），或者对前述 HJ 模型的扩展（Jorgenson and Wilcoxen，1990，1993；Jorgenson and Stiroh，2000）（其中某些能源-环境扩展模型在第 10 章中有更详细的描述）；（3）分析与经济中的能源使用方式改变相关的经济结构变化，例如香川和稻村（Kagawa and Inamura，2004）和本章前面提到的其他文献。结构分解的专题在第 13 章中进行了更为详细和更为一般性的考察。

9.5 总结

在本章中，我们通过构建所谓“实物单位”的直接和完全能源系数给出了一个能源投入产出模型。如前所述，在附录 9.1 中讨论了不同的方法选择。这些方法在 20 世纪 60 年代晚期和 20 世纪 70 年代早期得到广泛使用并由于多种实际原因今天也继续在普遍使用。然而，这些模型生成的能源系数依赖于对应能源投入产出模型的最终需求，我们在附录 9.1 说明这是一个重要的缺点，尽管该缺点的严重性依情况而不同。混合单位方法不受这个限制。我们说明了混合单位方法生成了与能量守恒条件的基本定义相一致的能源系数；附录 9.1 给出的其他模型只有在部门间能源价格在所有使用部门均相同的时候才满足这些条件。表 9-10 总结了本章建立的能源投入产出关系。

表 9-10　　能源投入产出关系总结：原始公式

	经济（$n\times n$）	能源（$m\times n$）
交易	$\boldsymbol{Z}$ $\boldsymbol{Zi}+\boldsymbol{f}=\boldsymbol{x}$	$\boldsymbol{Z}^*$，$\boldsymbol{E}$ $\boldsymbol{Z}^*\boldsymbol{i}+\boldsymbol{g}^*=\boldsymbol{x}^*$ $\boldsymbol{Ei}+\boldsymbol{q}=\boldsymbol{g}$
直接消耗系数	$\boldsymbol{A}=\boldsymbol{Z}\hat{\boldsymbol{x}}^{-1}$ $\boldsymbol{Ax}+\boldsymbol{f}=\boldsymbol{x}$	$\boldsymbol{A}^*=\boldsymbol{Z}^*(\hat{\boldsymbol{x}}^*)^{-1}$；$\boldsymbol{\delta}=\boldsymbol{G}(\hat{\boldsymbol{x}})^{-1}\boldsymbol{A}^*$ $\boldsymbol{A}^*\boldsymbol{x}^*+\boldsymbol{f}^*=\boldsymbol{x}^*$；$\boldsymbol{\delta x}^*+\boldsymbol{q}=\boldsymbol{g}$
完全需求系数	$\boldsymbol{L}=(\boldsymbol{I}-\boldsymbol{A})^{-1}$ $\boldsymbol{x}=\boldsymbol{Lf}$	$\boldsymbol{L}^*=(\boldsymbol{I}-\boldsymbol{A}^*)^{-1}$；$\boldsymbol{\alpha}=\boldsymbol{G}(\hat{\boldsymbol{x}}^*)^{-1}\boldsymbol{L}^*$ $\boldsymbol{x}^*=\boldsymbol{L}^*\boldsymbol{f}^*$；$\boldsymbol{g}=\boldsymbol{\alpha f}^*$

附录 9.1 给出了类似的表（表 A9.1-4），说明最初的列昂惕夫模型、此处建立的混合单位模型和附录中论述的另一种能源投入产出模型之间的关系。

对经典列昂惕夫模型的能源投入产出扩展在文献中得到普遍应用，我们总结了某些扩展和应用。最后，我们对更为前沿的扩展做了描述——例如联结部门间模型和需求行为以及宏观经济增长的计量经济模型，从而为分析公共政策问题带来更大的灵活性。这类模型为在第 14 章中描述的更加灵活的一般均衡模型奠定了基础。

附录 9.1　能源投入产出模型的早期建模

□ A9.1.1　引言

在本附录中我们给出能源投入产出模型的另一种形式。尽管在文献中应用广泛，该方法却具有限制，在某些情况下应避免其应用。该模型最开始被斯特劳特（Strout，1967）以及布拉德和海伦丁（Bullard and Herendeen，1975b）采用。然而，在另外一些情况下，如我们将说明的，该模型能够被接受，或者甚至与第 9.2 节给出的公式等价。

回忆 $m\times n$ 的能源流量矩阵 $\boldsymbol{E}$，本章定义了该矩阵并将其用于基本的核算关系中。

$$\boldsymbol{Ei}+\boldsymbol{q}=\boldsymbol{g} \tag{A9.1.1}$$

能源投入产出分析的传统方法是定义直接能源系数矩阵，$\boldsymbol{D}=[d_{kj}]$，其中 $d_{kj}=e_{kj}/x_j$，即生产每个生产部门（$j=1$，…，n）价值 1 美元的产出所直接需要的第 k 种能源的数量（用 BTU 或者其他方便使用的能源单位，k=1，…，m）。用矩阵形式表示，为 $\boldsymbol{D}=\boldsymbol{E}\hat{\boldsymbol{x}}^{-1}$。当然，这刚好类似于直接消耗系数，$\boldsymbol{A}=\boldsymbol{Z}\hat{\boldsymbol{x}}^{-1}$，但矩阵 $\boldsymbol{D}$ 一般将不会是方阵，因为 $m<n$。

为了之后的清晰表述，定义直接能源系数，等价于先定义一个隐含能源价格矩阵 $\boldsymbol{P}$，其元素被定义为 $p_{kj}=z_{kj}/e_{kj}$（$k=1$，…，m；$j=1$，…，n），只对 $e_{kj}\neq 0$ 时有定义。

则 p_{kj} 的单位是对使用部门 j 交付单位第 k 种能源所支付的货币数量。这些价格是"隐含的"，因为这种方法计算的价格通常不必与支付的实际价格相一致，但是它们的重要性很快将清晰起来。现在，隐含价格可以被用于推出直接能源系数，为 $d_{kj}=\frac{a_{kj}}{p_{kj}}$。这与我们前面定义的 $\boldsymbol{D}$ 等价，因为 $d_{kj}=\frac{a_{kj}}{p_{kj}}=\left(\frac{z_{kj}}{x_j}\right)\left(\frac{e_{kj}}{z_{kj}}\right)=\frac{e_{kj}}{x_j}$ 或者用矩阵形式 $\boldsymbol{D}=\boldsymbol{E}\hat{\boldsymbol{x}}^{-1}$ 直接得出 $\boldsymbol{E}=\boldsymbol{D}\hat{\boldsymbol{x}}$，由初始的能源交易平衡方程 $\boldsymbol{Ei}+\boldsymbol{q}=\boldsymbol{g}$，我们得到 $\boldsymbol{D}\hat{\boldsymbol{x}}\boldsymbol{i}+\boldsymbol{q}=\boldsymbol{g}$，但是因为 $\hat{\boldsymbol{x}}\boldsymbol{i}=\boldsymbol{x}$，$\boldsymbol{Dx}+\boldsymbol{q}=\boldsymbol{g}$，如前所述，这恰好类似于传统列昂惕夫模型的 $\boldsymbol{Ax}+\boldsymbol{f}=\boldsymbol{x}$。传统的方法继续被用于建立完全能源系数，先用 $\boldsymbol{x}=(\boldsymbol{I}-\boldsymbol{A})^{-1}\boldsymbol{f}$ 代替 $\boldsymbol{x}$ 得到：

$$\boldsymbol{Dx}=\boldsymbol{D}(\boldsymbol{I}-\boldsymbol{A})^{-1}\boldsymbol{f} \tag{A9.1.2}$$

矩阵 $\boldsymbol{D}(\boldsymbol{I}-\boldsymbol{A})^{-1}$ 被定义为完全部门间能源系数矩阵。

为了核算最终需求直接消耗的能源，即能源交易平衡方程式（A9.1.1）中的第二项，我们回到隐含能源价格的概念，这一次是针对交付给最终需求的能源（如前面在部门间交易中定义 p 时一样——回想直接能源系数只针对部门间能源交易来定义）。现在我们有 $\boldsymbol{p}_f=[p_{kf}]$，其中：

$$p_{kf}=f_k/q_k \tag{A9.1.3}$$

这里 f_k 是用货币单位表示的对能源部门 k 的产出的最终需求，p_{kf} 是相应的单位第 k 种能源的货币单位的最终需求（对于 $q_k\neq0$；对 $q_k=0$ 我们定义 $p_{kf}=0$）。这个关系允许我们用类似于与部门间交易相关的部门间能源需求的方式来表示最终需求和相应的能源需求，将式（A9.1.3）重写为 $q_k=(1/p_{kf})f_k$ 或者用矩阵形式表示为 $\boldsymbol{q}=\tilde{\boldsymbol{Q}}\boldsymbol{f}$，其中 $\tilde{\boldsymbol{Q}}=[\tilde{q}_k]$ 是一个 $m\times n$ 的最终需求隐含能源价格倒数的矩阵，其元素被定义为：

$$\tilde{q}_k=\begin{cases}1/p_{kf}\text{，当能源部门 }k\text{ 和产业部门 }j\text{ 指向同一个部门时}\\0\text{，其他}\end{cases}$$

当然，在 $\tilde{\boldsymbol{Q}}$ 中将最多有 m 个非零元素，因为 $\boldsymbol{q}$ 中只有 m 个元素。通过构建维度为 $m\times n$ 的 $\tilde{\boldsymbol{Q}}$，我们将其与部门间能源系数联结起来产生完全（部门间加上最终需求）能源系数矩阵，得到 $\boldsymbol{g}=\boldsymbol{Dx}+\boldsymbol{q}$，或者用 $(\boldsymbol{I}-\boldsymbol{A})^{-1}\boldsymbol{f}$ 代替 $\boldsymbol{x}$，我们有 $\boldsymbol{g}=\boldsymbol{D}(\boldsymbol{I}-\boldsymbol{A})^{-1}\boldsymbol{f}+\tilde{\boldsymbol{Q}}\boldsymbol{f}$，整理这些项，我们有：

$$\boldsymbol{g}=[\boldsymbol{D}(\boldsymbol{I}-\boldsymbol{A})^{-1}+\tilde{\boldsymbol{Q}}]\boldsymbol{f} \tag{A9.1.4}$$

括号中的量，我们用 $\boldsymbol{\varepsilon}$ 表示，就是完全能源系数矩阵，类似于建立能量守恒条件过程中定义的 $\boldsymbol{\alpha}$，$\boldsymbol{\alpha}$ 表示每种能源类型完全需要的能源数量（BTU）$\boldsymbol{g}$，既有直接的又有间接的，作为最终需求 $\boldsymbol{f}$ 的函数。

这种方法的各种变形在文献中大量出现，有时忽略最终需求直接消费的能源，有时假定所有使用部门的能源价格一致，但是几乎总是用这种方式定义一系列直接能源系数，因此忽略或者回避一次和二次能源部门技术上的能量守恒关系。

□ A9.1.2 传统方法含义的说明

接下来的例子说明了使用刚刚描述的传统方法及其变形带来的不一致性。

例 9.5　能源投入产出的另一种模型

考虑一个简单的三部门投入产出经济，其中两个部门是能源部门，即煤炭和电力。假定某个给定年度测得的交易矩阵（单位是百万美元）在表 A9.1－1 中给出。这里，$\boldsymbol{Z}$、$\boldsymbol{f}$ 和 $\boldsymbol{x}$ 为 $\boldsymbol{Z}=\begin{bmatrix}0 & 40 & 0\\10 & 10 & 10\\0 & 0 & 0\end{bmatrix}$，$\boldsymbol{f}=\begin{bmatrix}0\\30\\10\end{bmatrix}$，$\boldsymbol{x}=\begin{bmatrix}40\\60\\100\end{bmatrix}$。假定对应的该经济体的能源流量在表 A9.1－2 中给出，单位是千兆英热单位（10^{15} BTU）。因此，使用前面引入的符号有：$\boldsymbol{E}=\begin{bmatrix}0 & 120 & 0\\20 & 20 & 20\end{bmatrix}$，$\boldsymbol{q}=\begin{bmatrix}0\\60\end{bmatrix}$，$\boldsymbol{g}=\begin{bmatrix}120\\120\end{bmatrix}$。

表 A9.1－1　　例 9.5 的货币交易　　单位：百万美元

	煤炭	电力	汽车	最终需求	总产出
煤炭	0	40	0	0	40
电力	10	10	10	30	60
汽车	0	0	0	100	100

表 A9.1－2　　例 9.5 的能源流量　　单位：10^{15} BTU

	煤炭	电力	汽车	最终能源需求	能源总产出
煤炭	0	120	0	0	120
电力	20	20	20	60	120

注意该能源经济的某些特殊特征。首先，煤炭部门将其所有产品销售给另一个能源部门电力部门。因此，如之前所讨论的，煤炭部门是我们所知的一次能源部门，电力是二次能源部门。其次，注意使用的煤炭总量与经济中消耗的电力数量相等，这看来是合理的，因为电力部门所有的一次能源都来自煤炭部门（此处不考虑转化效率）。本例的另外一个重要特性是隐含能源价格矩阵，$\boldsymbol{P}=[z_{kj}/e_{kj}]=\begin{bmatrix}0 & 40/120 & 0\\10/20 & 10/20 & 10/20\end{bmatrix}=\begin{bmatrix}0 & 0.333 & 0\\0.5 & 0.5 & 0.5\end{bmatrix}$，$pf=[f_k/q_k]=\begin{bmatrix}0\\0.5\end{bmatrix}$。注意电力的价格在所有使用部门都是相同的，包括最终需求（0.5）。因此，用之前的构造方法，最终需求的能源价格倒数矩阵 $\widetilde{\boldsymbol{Q}}$ 和直接能源系数矩阵 $\boldsymbol{D}$ 为 $\widetilde{\boldsymbol{Q}}=\begin{bmatrix}q_1 & 0 & 0\\0 & q_2 & 0\end{bmatrix}=\begin{bmatrix}0 & 0 & 0\\0 & 2 & 0\end{bmatrix}$和 $\boldsymbol{D}=\begin{bmatrix}0 & 120 & 0\\20 & 20 & 20\end{bmatrix}\begin{bmatrix}1/40 & 0 & 0\\0 & 1/60 & 0\\0 & 0 & 1/100\end{bmatrix}=\begin{bmatrix}0 & 2 & 0\\0.5 & 0.333 & 0.2\end{bmatrix}$。最后，我们可以计算 $\boldsymbol{A}=\boldsymbol{Z}\hat{\boldsymbol{x}}^{-1}=\begin{bmatrix}0 & 0.667 & 0\\0.25 & 0.167 & 0.1\\0 & 0 & 0\end{bmatrix}$，$(\boldsymbol{I}-\boldsymbol{A})^{-1}=\begin{bmatrix}1.25 & 1.00 & 0.10\\0.38 & 1.50 & 0.15\\0 & 0 & 1.00\end{bmatrix}$。已知 $\boldsymbol{D}$，$(\boldsymbol{I}-\boldsymbol{A})^{-1}$ 和 $\widetilde{\boldsymbol{Q}}$，使用式（A9.1.4），我们能够求出完全能源需求，$\boldsymbol{\varepsilon}=\boldsymbol{D}(\boldsymbol{I}-\boldsymbol{A})^{-1}+\widetilde{\boldsymbol{Q}}=\begin{bmatrix}0.75 & 3 & 0.3\\0.75 & 3 & 0.3\end{bmatrix}$。

不应该意外，至少对本例，$\boldsymbol{\varepsilon}$ 的行是相等的，因为前述该能源经济的特性。然而，假定我们仅仅稍微改变这个例子，去除能源价格在使用部门间的一致性会怎样。

例 9.6　能源投入产出示例（修改后）

仅仅稍微修改例 9.5，我们只重新定义表 A9.1－3 中的 $\boldsymbol{E}$ 和 $\boldsymbol{Q}$，即提高汽车部门消耗的电力数量，从 20 单位提高到 30 单位，减少最终需求消耗的电力数量，从 60 单位降到 50 单位（在表中用粗体表示）。

表 A9.1－3　　例 1 中修改后的能源流量　　单位：10^{15} BTU

	煤炭	电力	汽车	最终能源需求	总产出
煤炭	0	120	0	0	120
电力	20	20	**30**	**50**	120

注意我们没有改变表 A9.1－2 中的总能源消费 120 单位，我们也没有改变美元计量的经济交易 $\boldsymbol{Z}$。然而，因为某些用千兆英制热量单位计量的能源交易改变了，相应的部门间和最终需求的相对能源价格也改变了。部门间和最终需求销售的新的隐含能源价格以及隐含能源价格倒数的矩阵分别为 $\boldsymbol{P}=\begin{bmatrix}0 & 0.333 & 0\\0.5 & 0.5 & 0.333\end{bmatrix}$，$\boldsymbol{p}_f=\begin{bmatrix}0\\0.599\end{bmatrix}$以及$\widetilde{Q}=\begin{bmatrix}0 & 0 & 0\\0 & 1.67 & 0\end{bmatrix}$。注意价格不再是一致的。最后，完全能源系数矩阵 $\boldsymbol{\varepsilon}$ 变为 $\boldsymbol{\varepsilon}=\begin{bmatrix}0.75 & 3 & 0.3\\0.75 & 2.667 & 0.4\end{bmatrix}$。看第三列的元素，这个新的完全能源需求系数矩阵确定价值 1 美元的汽车需要 0.4×10^{15} BTU 的电力来生产该产出，但是只需要 0.3×10^{15} BTU 的煤炭。这就违背了本例的能量守恒条件，因为电力生产部门从煤炭部门获取它所有的一次能源（电力是煤炭的传递部门）。换句话说，根据对本例的设计，这两个完全能源需求系数矩阵的行应该完全相同。

很显然，该能源投入产出模型的应用简单地得到传统列昂惕夫模型乘以一系列转化因子——隐含能源价格的结果。这样的模型在文献中常常被用到，但是接下来我们更为一般性地说明该模型只有当每种能源类型的这些能源价格在所有使用部门（包括最终需求）中都相同时，或者当经济中出现的新的最终需求非常接近于投入产出模型最初从其中推导出来的最终需求时，才给出内在一致的结果。

只有在那种情况下该模型才总能忠实地复制最初的数据。格里芬（Griffin，1976）说明价格在所有能源使用部门的一致性在美国经济历史中并不成立。韦茨和达钦（Weisz and Duchin，2006）也证明了类似的结果。对该模型更可被接受的可能情况在后面做了讨论。作为参考，表 A9.1－4 总结了刚刚描述的不同能源模型与本章建立的类似的“混合单位”模型和所谓的实物型投入产出模型的比较。

我们现在进一步探讨能量守恒的条件和该替代模型能够应用的条件，首先通过一个例子说明，然后更为一般性地说明。但是，首先，作为参考，在表 A9.1－4 中，我们总结了到目前为止建立的关系，包括传统列昂惕夫模型，本章正文中定义的我们将其称为方法Ⅱ的混合单位产业间模型，以及最后，我们将刚刚定义的另一种替代的能源模型称为方法Ⅰ。

表 A9.1-4　　能源投入产出关系总结

	经济模型	混合单位能源模型 方法Ⅱ	另一种能源模型 方法Ⅰ
交易	$\boldsymbol{Z}$ $\boldsymbol{Zi}+\boldsymbol{f}=\boldsymbol{x}$	$\boldsymbol{Z}^*$，$\boldsymbol{E}$ $\boldsymbol{Z}^*\boldsymbol{i}+\boldsymbol{f}^*=\boldsymbol{x}^*$ $\boldsymbol{Ei}+\boldsymbol{q}=\boldsymbol{g}$	$\boldsymbol{E}$ $\boldsymbol{g}=\boldsymbol{Ei}+\boldsymbol{q}$
直接需求系数	$\boldsymbol{A}=\boldsymbol{Z}\hat{\boldsymbol{x}}^{-1}$	$\boldsymbol{A}^*=\boldsymbol{Z}^*\hat{\boldsymbol{x}}^{-1}$；$\boldsymbol{\delta}=\boldsymbol{G}(\hat{\boldsymbol{x}}^*)^{-1}\boldsymbol{A}^*$	$\boldsymbol{D}=\boldsymbol{E}\hat{\boldsymbol{x}}^{-1}$
	$\boldsymbol{Ax}+\boldsymbol{f}=\boldsymbol{x}$	$\boldsymbol{A}^*\boldsymbol{x}+\boldsymbol{f}^*=\boldsymbol{x}^*$；$\boldsymbol{\delta x}^*+\boldsymbol{q}=\boldsymbol{g}$	$\boldsymbol{Dx}+\boldsymbol{q}=\boldsymbol{g}$
完全需求系数	$(\boldsymbol{I}-\boldsymbol{A})^{-1}$	$(\boldsymbol{I}-\boldsymbol{A}^*)$；$\boldsymbol{\alpha}=\boldsymbol{G}(\hat{\boldsymbol{x}}^*)^{-1}(\boldsymbol{I}-\boldsymbol{A}^*)^{-1}$	$\boldsymbol{\varepsilon}=\boldsymbol{D}(\boldsymbol{I}-\boldsymbol{A})^{-1}+\widetilde{\boldsymbol{Q}}$
	$\boldsymbol{x}=(\boldsymbol{I}-\boldsymbol{A})^{-1}\boldsymbol{f}$	$\boldsymbol{x}^*=(\boldsymbol{I}-\boldsymbol{A}^*)^{-1}\boldsymbol{f}^*$；$\boldsymbol{g}=\boldsymbol{\alpha f}^*$	$\boldsymbol{g}=\boldsymbol{\varepsilon f}$

例 9.1 的扩展

回想本章正文中例 9.1 给出的两部门经济，其中我们用方法Ⅱ建立了如下混合单位能源投入产出关系：$\boldsymbol{Z}^*=\begin{bmatrix}10 & 20\\60 & 80\end{bmatrix}$，$\boldsymbol{x}^*=\begin{bmatrix}100\\240\end{bmatrix}$。本例的直接和完全能源需求矩阵（方法Ⅱ）为 $\boldsymbol{A}^*=\boldsymbol{Z}^*(\hat{\boldsymbol{x}}^*)^{-1}=\begin{bmatrix}0.100 & 0.083\\0.600 & 0.333\end{bmatrix}$，$\boldsymbol{L}^*=\begin{bmatrix}1.212 & 1.515\\1.091 & 1.636\end{bmatrix}$，因此 $\boldsymbol{\delta}=\boldsymbol{G}(\hat{\boldsymbol{x}}^*)^{-1}\boldsymbol{A}^*=[0.600\quad 0.333]$，$\boldsymbol{\alpha}=\boldsymbol{G}(\hat{\boldsymbol{x}}^*)^{-1}\boldsymbol{L}^*=[1.091\quad 1.636]$。使用方法Ⅰ，该替代类型能源投入产出模型的类似信息由能源交易 $\boldsymbol{E}=[60\quad 80]$ 和 $\boldsymbol{q}=[100]$，以及产业间货币交易 $\boldsymbol{Z}=\begin{bmatrix}10 & 20\\30 & 40\end{bmatrix}$和总产出 $\boldsymbol{x}=\begin{bmatrix}100\\200\end{bmatrix}$等给出。因此，直接和完全的能源需求矩阵为 $\boldsymbol{A}=\boldsymbol{Z}\hat{\boldsymbol{x}}^{-1}=\begin{bmatrix}0.100 & 0.0167\\0.300 & 0.333\end{bmatrix}$和 $(\boldsymbol{I}-\boldsymbol{A})^{-1}=\begin{bmatrix}1.212 & 0.303\\0.546 & 1.636\end{bmatrix}$。使用 $\boldsymbol{q}$，我们有$\widetilde{\boldsymbol{Q}}=[0\quad 100/50]=[0\quad 2]$ 以及 $\boldsymbol{D}=\boldsymbol{E}\hat{\boldsymbol{x}}^{-1}=[60\quad 80]\begin{bmatrix}1/100 & 0\\0 & 1/120\end{bmatrix}=[0.600\quad 0.667]$。

由式（A9.1.4）直接得到 $\boldsymbol{\varepsilon}=\boldsymbol{E}\hat{\boldsymbol{x}}^{-1}(\boldsymbol{I}-\boldsymbol{A})^{-1}+\widetilde{\boldsymbol{Q}}=\boldsymbol{D}(\boldsymbol{I}-\boldsymbol{A})^{-1}+\widetilde{\boldsymbol{Q}}$，对于本例有 $\boldsymbol{\varepsilon}=[0.600\quad 0.667]\begin{bmatrix}1.212 & 0.303\\0.546 & 1.636\end{bmatrix}+[0\quad 2]=[1.091\quad 3.273]$。注意，除了 $\boldsymbol{\alpha}$ 中涉及能源消费的元素简单地乘以相关的能源价格之外 $\boldsymbol{\varepsilon}$ 等同于 $\boldsymbol{\alpha}$。这是合理的，因为 $\boldsymbol{\varepsilon}$ 用于连接 $\boldsymbol{f}$ 而不是连接 $\boldsymbol{f}^*$。即当 $\boldsymbol{f}^*=\begin{bmatrix}70\\100\end{bmatrix}$，能源价格为 2 时，$\boldsymbol{f}^*$ 与 $f=\begin{bmatrix}70\\50\end{bmatrix}$等价，因此，我们有 $\boldsymbol{\varepsilon f}=[1.091\quad 3.272]\begin{bmatrix}70\\50\end{bmatrix}=240$，以及 $\boldsymbol{\alpha f}^*=[1.091\quad 1.636]\begin{bmatrix}70\\100\end{bmatrix}=240$。第一个表达式 $\boldsymbol{\varepsilon f}$，生成了提供最终需求 $\boldsymbol{f}$ 所需要的完全能源需求（240×10^{15} BTU）。第二个表达式 $\boldsymbol{\alpha f}^*$ 产生了同样的结果，但是这是就满足等价的用混合单位计量的最终需求 $\boldsymbol{f}^*$ 而言的。

该结果应该一点都不令人意外，因为在部门间能源价格一致的条件下，$\boldsymbol{\varepsilon}$ 的计算就是简单的对 $\boldsymbol{\alpha}$ 的价格调整。为了在我们的标记中反映这一点，我们定义一个两元素的向量$\boldsymbol{r}=[1\ 2]$，其中第一个元素是将初始模型中的非能源单位转化为混合模型中的非能源单位的数值。显然，这些单位是相同的，因此该元素的数值总是为 1。第二个元素是部门间能源价格的倒数。

给定该向量 $\boldsymbol{r}$，我们容易写出 $\boldsymbol{f}^*=\hat{\boldsymbol{r}}\boldsymbol{f}$。对于本例，为 $\boldsymbol{f}^*=\hat{\boldsymbol{r}}\boldsymbol{f}=\begin{bmatrix}70\\100\end{bmatrix}=\begin{bmatrix}1&0\\0&2\end{bmatrix}\begin{bmatrix}70\\50\end{bmatrix}$。同样，$\boldsymbol{x}^*=\hat{\boldsymbol{r}}\boldsymbol{x}$，或者 $\boldsymbol{x}=\hat{\boldsymbol{r}}^{-1}\boldsymbol{x}^*$。对于本例，为 $\boldsymbol{x}^*=\hat{\boldsymbol{r}}\boldsymbol{x}=\begin{bmatrix}100\\240\end{bmatrix}=\begin{bmatrix}1&0\\0&2\end{bmatrix}\begin{bmatrix}100\\120\end{bmatrix}$。其含义如下：对于部门价格一致的情况，根本没有必要用 BTU 核算能源，因为这等价于推出货币单位的产出并通过简单地乘以能源价格的倒数（此处英文原文为乘以能源价格，疑有误。——译者注）转化为 BTU。然而，如我们之前所发现的那样，如果价格对所有使用者（既包括部门间又包括最终需求使用者）不一致，该方法就是不适当的。

重要的是要注意上述结果，即存在向量 $\boldsymbol{r}$ 使得 $\boldsymbol{x}^*=\hat{\boldsymbol{r}}\boldsymbol{x}$ 及 $\boldsymbol{f}^*=\hat{\boldsymbol{r}}\boldsymbol{f}$，通常只有在能源价格一致的条件下才成立，接下来我们将说明这一点。回想例 9.1 使用替代公式的情况，当该条件不满足时，模型给出不合理的结果。我们可以检验，看看当我们再次考虑对具有新的能源流量和相应能源价格的例 9.1 中两部门模型放松能源价格一致性的条件时，是否混合单位模型结果更好（见表 A9.1-5）。

注意货币单位数量 $\boldsymbol{Z}$、$\boldsymbol{f}$、$\boldsymbol{x}$、$\boldsymbol{A}$ 和 $(\boldsymbol{I}-\boldsymbol{A})^{-1}$ 与之前相比没有任何改变。然而，混合单位数量改变了，因为能源交易改变了，交付给最终需求的能源数量减少了 20 千兆英热单位（10^{15}BTU），能源部门自身消耗的能源数量提高了同样的数量，因此保持总能源产出量不变。当能源流量改变但是相应的货币交易没有改变时，能源价格改变，不再对所有使用者都一致，如表 A9.1-6 所示。如前，由替代公式（方法Ⅰ）的规则和混合单位公式（方法Ⅱ）的规则，我们可以推出结果，在表 A9.1-7 中给出。

现在我们可以用这两种方法计算完全能源系数。

表 A9.1-5　　例 9.1（修改后）的能源和货币流量

	小机械	能源	最终需求	总产出
	价值交易量（单位：百万美元）			
小机械	10	20	70	100
能源	30	40	50	120
	能源交易量（单位：千兆 BTU）			
能源	60	**100**	**80**	240

表 A9.1-6　　例 9.1（修改后）的隐含能源价格

10^{15} BTU/10^6 美元	小机械	能源	最终需求	总产出
能源	2	2.5	1.6	2

表 A9.1-7　　例 9.1（修改后）的结果

方法Ⅰ：替代公式	方法Ⅱ：混合单位公式
$\boldsymbol{Z}=\begin{bmatrix}10&20\\30&40\end{bmatrix}\boldsymbol{x}=\begin{bmatrix}100\\120\end{bmatrix}$	$\boldsymbol{Z}^*=\begin{bmatrix}10&20\\60&100\end{bmatrix}\boldsymbol{x}^*=\begin{bmatrix}100\\240\end{bmatrix}$

续前表

方法Ⅰ：替代公式	方法Ⅱ：混合单位公式
$\mathbf{A}=\mathbf{Z}\hat{\mathbf{x}}^{-1}=\begin{bmatrix}0.100 & 0.167\\0.300 & 0.333\end{bmatrix}$	$\mathbf{A}^*=\mathbf{Z}^*(\hat{\mathbf{x}}^*)^{-1}=\begin{bmatrix}0.100 & 0.083\\0.600 & 0.417\end{bmatrix}$
$\mathbf{L}=(\mathbf{I}-\mathbf{A})^{-1}=\begin{bmatrix}1.212 & 0.303\\0.546 & 1.636\end{bmatrix}$	$\mathbf{L}^*=(\mathbf{I}-\mathbf{A}^*)^{-1}=\begin{bmatrix}1.228 & 0.175\\1.263 & 1.895\end{bmatrix}$

方法Ⅰ

$$\mathbf{D}=\mathbf{E}\hat{\mathbf{x}}^{-1}=[60 \quad 100]\begin{bmatrix}1/100 & 0\\0 & 1/120\end{bmatrix}=[0.6 \quad 0.833]$$

$$\begin{aligned}\boldsymbol{\varepsilon}&=\mathbf{D}(\mathbf{I}-\mathbf{A})^{-1}+\widetilde{\mathbf{Q}}\\&=[0.6 \quad 0.833]\begin{bmatrix}1.212 & 0.303\\0.546 & 1.636\end{bmatrix}+[0 \quad 8/5]=[1.182 \quad 3.145]\end{aligned}$$

由此我们可以证明，因为 $\mathbf{f}=\begin{bmatrix}70\\50\end{bmatrix}$，$\boldsymbol{\varepsilon}\mathbf{f}=[1.182 \quad 3.145]\begin{bmatrix}70\\50\end{bmatrix}=240$。

方法Ⅱ

$$\mathbf{G}\hat{\mathbf{x}}^{-1}=[0 \quad 240]\begin{bmatrix}1/100 & 0\\0 & 1/240\end{bmatrix}=[0 \quad 1]$$

$$\boldsymbol{\alpha}=\mathbf{G}(\hat{\mathbf{x}}^*)^{-1}(\mathbf{I}-\mathbf{A}^*)^{-1}=[0 \quad 1]\begin{bmatrix}1.228 & 0.175\\1.263 & 1.895\end{bmatrix}=[1.263 \quad 1.895]$$

由此我们可以证明，因为 $\mathbf{f}^*=\begin{bmatrix}70\\80\end{bmatrix}$，$\boldsymbol{\alpha}\mathbf{f}^*=[1.263 \quad 1.895]\begin{bmatrix}70\\80\end{bmatrix}=240$。

因此两种方法对最初建立模型时的基本数据都产生了相同的总能源需求。然而，这并不总是正确的。考虑新最终需求向量的两种情况，对这两种情况我们想要同时用方法Ⅰ和方法Ⅱ计算完全能源需求。

情况 1

考虑两个最终需求向量 $\mathbf{f}$ 和 $\mathbf{f}^*$，这两个向量描述了同样的最终需求，因为最终需求的能源价格为 8/5，因此 $\mathbf{f}=\begin{bmatrix}100\\333.1\end{bmatrix}$，$\mathbf{f}^*=\begin{bmatrix}100\\533\end{bmatrix}$，即 f_2^* 和 f_2 之间的关系为 $f_2^*=f_2(8/5)=333.1\times(8/5)=533$。用两种方法计算完全能源需求：

方法Ⅰ	方法Ⅱ
$\boldsymbol{\varepsilon}\mathbf{f}=[1.182 \quad 3.145]\begin{bmatrix}100\\333.1\end{bmatrix}=1\ 166$	$\boldsymbol{\alpha}\mathbf{f}^*=[1.263 \quad 1.895]\begin{bmatrix}100\\533\end{bmatrix}=1\ 136$

情况 2

考虑另一个等价的最终需求对，定义为 $\mathbf{f}=\begin{bmatrix}1\ 000\\10\end{bmatrix}$，$\mathbf{f}^*=\begin{bmatrix}1\ 000\\16\end{bmatrix}$，对此，两种方法计算的完全能源需求为：

方法Ⅰ	方法Ⅱ
$\boldsymbol{\varepsilon f}=[1.182\quad 3.145]\begin{bmatrix}1\,000\\10\end{bmatrix}=1\,031.90$	$\boldsymbol{\alpha f}^{*}=[1.263\quad 1.895]\begin{bmatrix}1\,000\\16\end{bmatrix}=1\,293.32$

注意在情况 1 中，使用方法Ⅰ比使用方法Ⅱ得到更高的完全能源需求结果，而在情况 2 中，则得到比方法Ⅱ更低数量的完全能源需求。接下来，我们将说明方法Ⅱ总是能够正确地计算完全能源需求。然后我们可以给出结论，在情况 1 和情况 2 中，方法Ⅰ分别高估和低估了完全能源需求。

□ A9.1.3　替代公式的一般局限性

我们简要回顾之前推导出并在式（A9.1.4）中定义的完全能源系数的替代公式：$\boldsymbol{g}=[\boldsymbol{D}(\boldsymbol{I}-\boldsymbol{A})^{-1}+\widetilde{\boldsymbol{Q}}\ ]\boldsymbol{f}$。给定任意的最终需求，用 $\boldsymbol{f}^{mew}$ 表示，相应的总能源需求为 $\boldsymbol{g}^{mew}$，则我们定义用于界定完全能源系数的总产出向量为 $\boldsymbol{x}^{old}$。$\boldsymbol{D}$ 计算为 $\boldsymbol{D}=\boldsymbol{E}(\hat{\boldsymbol{x}}^{old})^{-1}$。联结 $\boldsymbol{g}^{new}$ 和 $\boldsymbol{D}$ 的表达式，我们得到：

$$\boldsymbol{g}^{new}=\boldsymbol{E}(\hat{\boldsymbol{x}}^{old})^{-1}(\boldsymbol{I}-\boldsymbol{A})^{-1}\boldsymbol{f}^{new}+\widetilde{\boldsymbol{Q}}\boldsymbol{f}^{new}=\boldsymbol{E}(\hat{\boldsymbol{x}}^{old})^{-1}\boldsymbol{x}^{new}+\widetilde{\boldsymbol{Q}}\boldsymbol{f}^{new} \tag{A9.1.5}$$

如果 $\boldsymbol{x}^{old}=\boldsymbol{x}^{new}$，则乘积 $(\hat{\boldsymbol{x}}^{old})^{-1}\boldsymbol{x}^{new}$ 将是元素为 1 的列向量。另外，根据定义，$\boldsymbol{q}=\widetilde{\boldsymbol{Q}}\boldsymbol{f}^{new}$，因此式（A9.1.5）变为 $\boldsymbol{g}^{new}=\boldsymbol{Ei}+\boldsymbol{q}$，这是最初推导完全能源系数的式（A9.1.1）。然而，如果 $\boldsymbol{x}^{old}\neq\boldsymbol{x}^{new}$，多数应用都是这种情况，模型就不能简化为式（A9.1.1），就不能准确反映新最终需求所带来的能源流量。

我们可以给出结论，方法Ⅱ（混合单位公式）在所有情况下都能正确地计算任何部门任意最终需求的完全能源需求，与我们的能量守恒条件一致，方法Ⅰ只有在有限情况下才产生正确的结果，即在最开始时模型推导中所用的最终需求的基本情况下，或者，在结果证明新最终需求向量是最终需求参考示例的一个线性组合（同样的标量乘以最终需求向量的每个元素，可以被解释为同一经济增长）的情况下。因此，一般地，如果必需的数据可以获取，在实际中使用方法Ⅰ的唯一依据是影响分析涉及的新的最终需求与该模型推导时所用的基本数据没有大的差异，或者整个经济中的部门间能源价格一致。①

习题

9.1　考虑如下三部门投入产出经济；两个部门是能源部门（原油是一次能源部门，精炼油是二次能源部门）：

产业间交易（十万美元）	原油	精炼油	制造业	最终需求	总产出
原油	0	20	0	0	20
精炼油	2	2	2	24	30
制造业	0	0	0	20	20

① Herendeen（1974）提出了一个加强一致性的特别的修正方法。

同时能源部门的交易用千兆英热单位（10^{15}BTU）计量，如下表所示：

能源部门交易（10^{15} BTU）	原油	精炼油	制造业	最终需求	总产出
原油	0	20	0	0	20
精炼油	1	1	1	17	20

给定这些信息，完成如下任务：

a. 使用附录 9.1 中建立的方法，计算：(1) 隐含能源价格倒数的矩阵；(2) 直接能源消耗系数矩阵；(3) 完全能源需求系数矩阵（包括核算最终能源需求）。你注意到完全能源需求系数矩阵有什么独特之处吗？

b. 重新把该问题表述为混合单位投入产出模型；即非能源部门使用价值单位，能源部门使用能源单位（BTU），重新计算技术系数和列昂惕夫逆。这个模型符合能量守恒条件吗？

9.2 考虑如下价值（单位：百万美元）的两产业投入产出交易表——产业 A 和 B：

	A	B	总产出
A	2	4	100
B	6	8	100

假定我们有该经济的直接能源需求矩阵，为：

$$\boldsymbol{D}=\begin{bmatrix}0.2 & 0.3\\ 0.1 & 0.4\end{bmatrix}\begin{matrix}10^{15}\text{BTU 每百万美元原油产出}\\ 10^{15}\text{BTU 每百万美元煤炭产出}\end{matrix}$$

a. 计算完全能源需求系数矩阵（忽略最终需求能源消费）。

b. 假定产业 A 和 B 的下一年度最终需求分别计划为 2 亿美元和 1 亿美元。为满足新的最终需求（忽略最终需求直接消耗的能源，因为你没有做这项计算的信息）所需要的能源（包括原油和天然气）的净增长是多少？这个净增长多大部分是直接能源需求，多大部分是间接能源需求（完全能源需求减去直接能源需求）？

c. 假定产业 B 的一项能源保护措施导致了该产业对煤炭的直接能源需求从 0.4 减少到 0.3（产业 B 的 10^{15}BTU 每 1 美元煤炭产出）。这将如何改变为满足问题 b 中给出的新最终需求所需要的直接和完全能源需求？

9.3 考虑如下投入产出表（单位：百万美元）。

	交易			总产出
	汽车	原油	电力	
汽车	2	6	1	10
原油	0	0	20	20
电力	3	2	1	30

假定该经济的隐含能源价格倒数矩阵如下表所示（单位：每十亿 BTU 的美元数量）。

	汽车	原油	电力	最终需求
原油	0	0	0.408 2	0
电力	0.333 3	0.285 7	0.5	1.291 2

a. 计算当前的能源流量矩阵，即每种类型的能源在该经济各产业中的分配，用 BTU 计量。

b. 计算直接能源消耗系数矩阵。

c. 如果一个有价值 2 百万美元的汽车和 18 千兆英热单位（10^{15} BTU）的电力的最终需求向量被赋予该经济，为了满足该最终需求所需要的完全的能源数量是多少？

d. 用附录 9.1 中的替代方法计算完全能源需求。

9.4 回想投入产出模型中能量守恒的条件，可以被表述为 $\hat{x}=\boldsymbol{\alpha}\boldsymbol{Z}+\boldsymbol{G}$，其中 $\boldsymbol{\alpha}$ 为完全能源系数矩阵，$\boldsymbol{Z}$ 为部门间交易矩阵，$\boldsymbol{x}$ 为总产出向量，$\boldsymbol{G}$ 为一次能源产出矩阵。

a. 说明一般而言满足这些条件的能源投入产出模型的混合单位形式——其中 $\boldsymbol{x}$ 被 $\boldsymbol{x}^*$ 代替，$\boldsymbol{Z}$ 被 $\boldsymbol{Z}^*$ 代替。

b. 给定如下两个完全能源系数表，解释它们中哪一个满足能量守恒条件，说明为什么。使用的规则是原油为一次能源部门，精炼油和电力为二次能源部门。

情况 1	原油	精炼油	电力	汽车
原油	0	0.6	0.5	0.3
精炼油	0	0.4	0.5	0.2
电力	0	0.2	0	0.1
情况 2	原油	精炼油	电力	汽车
原油	0	0.6	0.5	0.3
精炼油	0	0.4	0.2	0.1
电力	0	0.2	0	0.1

9.5 一个能源投入产出模型被定义为（单位：百万美元）$\boldsymbol{Z}=\begin{bmatrix}0 & 10 & 0\\ 5 & 5 & 5\\ 0 & 0 & 0\end{bmatrix}$，$\boldsymbol{f}=\begin{bmatrix}0\\ 25\\ 20\end{bmatrix}$，$\boldsymbol{x}=\begin{bmatrix}10\\ 40\\ 20\end{bmatrix}$。产业Ⅰ和产业Ⅱ是能源产业，产出分配模式用能源单位表示（10^{15} BTU），为 $\boldsymbol{E}=\begin{bmatrix}0 & 40 & 0\\ 5 & 5 & 15\end{bmatrix}$，$\boldsymbol{g}=\begin{bmatrix}0\\ 15\end{bmatrix}$。

a. 计算 $\boldsymbol{\varepsilon}$，即完全能源需求系数矩阵（通过附录 9.1 中描述的传统方法）。

b. 现在计算 $\boldsymbol{\alpha}$，即混合单位的完全能源需求矩阵。

9.6 考虑如下混合单位的交易矩阵和总产出向量，也就是，前三行能源部门（原油、煤炭和电力）用百万 BTU 计量，最后一行制造业用百万美元计量：$\boldsymbol{z}^*=\begin{bmatrix}0 & 0 & 40 & 0\\ 0 & 0 & 60 & 0\\ 2 & 3 & 12 & 48\\ 15 & 20 & 30 & 40\end{bmatrix}$，$\boldsymbol{x}=\begin{bmatrix}40\\ 60\\ 100\\ 200\end{bmatrix}$。

假定对制造业商品的最终需求提高了 2 000 亿美元。为了满足这个最终需求的增长，需要的完全一次能源的增加应该是多少？

9.7 对习题 9.6 中给出的经济，对发电提出了两种可选的技术，这两种技术涉及对描述经济中电力生产不同"配方"的技术系数矩阵的可选的新设定 $\boldsymbol{A}^{*(\mathrm{I})}$ 和 $\boldsymbol{A}^{*(\mathrm{II})}$。在技术系数矩阵中初始的电力生产列由 $\boldsymbol{A}^*$ 给出。假定对应两种技术的两种不同的改变了的技术系数矩阵的列分别为 $\boldsymbol{A}_{\cdot 3}^{*(\mathrm{I})}=\begin{bmatrix}0.2\\ 0.7\\ 0.1\\ 0.4\end{bmatrix}$ 和 $\boldsymbol{A}_{\cdot 3}^{*(\mathrm{II})}=\begin{bmatrix}0.5\\ 0.4\\ 0.12\\ 0.4\end{bmatrix}$，最终需求的变化为 $\Delta\boldsymbol{f}^*=\begin{bmatrix}0\\ 0\\ 20\\ 30\end{bmatrix}$。

哪种经济［包括所确定的 $\mathbf{A}^*$，$\mathbf{A}^{*(\mathrm{I})}$ 或 $\mathbf{A}^{*(\mathrm{II})}$ 矩阵］反映了能源强度最大的制造业？也就是，这两种新技术中哪一个制造业的单位最终需求消耗最少的一次能源？为满足最终需求的变化 $\Delta \mathbf{f}^*$，该技术与其他技术相比少消耗了多少一次能源？

9.8　对习题 9.6 中定义的初始的能源经济（$\mathbf{A}^*$），假设发展了一种能源节省制造工艺，可以描述为技术系数矩阵中制造业的新一列，为 $\mathbf{A}_{:4}^{*(\text{new})}=\begin{bmatrix}0\\0\\0.12\\0.20\end{bmatrix}$。如果这个新工艺被采用了，该经济中会节省多少一次能源，其中既有制造过程中以燃料形式直接使用的直接能源，又包括制造过程中在投入中间接包含的能源？

9.9　假定习题 9.6 中使用的初始的能源经济面临石油供给短缺的问题，经济中可获得的原油总投入有 10%的减少。相应的 GDP 将降低多少？为了做这个计算，你需要知道最终需求的能源价格，由 $\mathbf{p}_f=[p_{kf}]=\begin{bmatrix}2\\1\\3\end{bmatrix}$ 给出。如果习题 9.7 中新的电力生产技术Ⅰ和习题 9.8 中能源节省的制造工艺同时包含在经济中，则在同样的石油短缺情况下 GDP 的改变为多少？

9.10　如下是 1963 年和 1980 年美国九部门的投入产出表，用混合单位表示［能源部门是千兆英热单位（10^{15} BTU），非能源部门是百万美元］。前五个部门是能源部门：(1) 煤炭，(2) 原油，(3) 精炼油，(4) 电力，(5) 天然气。剩下的四个部门是非能源部门：(6) 自然资源，(7) 制造业，(8) 交通，(9) 服务业。使用第 9.4.5 节推导出的方法，确定 1963—1980 年间每种能源类型总能源使用的变化量，并且确定该变化归因于生产函数变化、最终需求变化，以及生产函数变化和最终需求变化的交叉的部分各有多大。

1980 年	1	2	3	4	5	6	7	8	9	总产出
1	0.001 2	0.000 0	0.000 7	1.546 4	0.000 0	0.000 0	0.000 2	0.000 0	0.000 0	18 597
2	0.000 1	0.031 9	0.896 0	0.000 1	0.870 7	0.000 0	0.000 1	0.000 0	0.000 0	36 84 2
3	0.006 3	0.002 4	0.061 2	0.334 4	0.000 8	0.000 5	0.000 2	0.002 3	0.000 2	31 215
4	0.002 6	0.002 1	0.003 5	0.082 2	0.002 0	0.000 0	0.000 1	0.000 0	0.000 1	7 827
5	0.000 6	0.046 1	0.030 1	0.485 6	0.072 0	0.000 1	0.000 3	0.000 0	0.000 1	19 244
6	0.209 2	1.402 7	0.504 0	7.825 4	0.435 0	0.089 6	0.062 8	0.035 5	0.028 9	6 194 571
7	2.632 3	0.848 0	2.409 0	3.515 5	0.180 4	0.267 2	0.378 0	0.049 3	0.062 6	18 081 173
8	0.177 3	0.080 6	2.183 1	4.819 5	0.079 4	0.019 9	0.025 1	0.128 9	0.014 1	2 240 904
9	1.857 6	2.615 9	2.794 5	8.517 3	1.230 2	0.183 1	0.123 8	0.122 4	0.202 7	23 803 723
1963 年	1	2	3	4	5	6	7	8	9	总产出
1	0.001 9	0.000 0	0.000 8	1.741 5	0.001 0	0.000 0	0.000 4	0.000 1	0.000 0	12 476
2	0.000 0	0.042 3	0.799 6	0.000 7	0.930 8	0.000 0	0.000 3	0.000 0	0.000 0	30 384
3	0.001 5	0.001 1	0.060 0	0.197 3	0.003 1	0.000 4	0.000 3	0.002 1	0.000 2	19 878
4	0.001 5	0.000 7	0.001 8	0.096 3	0.000 2	0.000 0	0.000 1	0.000 0	0.000 0	3 128
5	0.000 1	0.003 5	0.033 0	0.704 6	0.091 9	0.000 0	0.000 3	0.000 1	0.000 1	13 194
6	0.045 6	0.458 2	0.592 6	7.962 3	0.656 5	0.111 1	0.083 5	0.041 5	0.042 6	4 865 092
7	0.868 4	0.408 1	1.170 0	1.093 3	0.093 7	0.234 0	0.403 5	0.049 8	0.049 6	11 333 710
8	0.110 5	0.065 5	1.196 4	4.563 2	0.396 5	0.023 1	0.025 6	0.086 3	0.012 1	1 131 226
9	0.479 4	2.238 8	1.946 1	8.064 3	1.101 6	0.112 1	0.088 1	0.120 3	0.172 1	10 588 385

参考文献

Albino, Vito, Erik Dietzenbacher and Silvana Kühtz. 2003. "Analyzing Materials and Energy Flows in an Industrial District using an Enterprise Input-Output Model," *Economic Systems Research*, **15**, 457–480.

Almon, Clopper, Margaret B. Buckler, Lawrence M. Horowitz and Thomas C. Reimbold. 1974. *1985: Interindustrv Forecasts of the American Economy*. Lexington, MA: D. C. Heath (Lexington Books).

Ang, Beng Wah. 1995. "Multilevel Decomposition of Industrial Energy Consumption," *Energy Economics*, **17**, 39–51.

Ayres. Robert and Alan Kneese. 1969. "Production, Consumption and Externalities," *American Economic Review*, **59**, 282–297.

Battjes, J. J., K. J. Noorman and W. Biesiot. 1998. "Assessing the Energy Intensities of Imports," *Energy, Economics*, **20**, 67–83.

Berry, Stephen. 1972. "Recycling, Thermodynamics and Environmental Thrift," *Bulletin of Atomic Scientists*, **28**, May, 8.

Berry, Stephen R., Margaret Fels and H. Makino. 1974. "A Thermodynamic Valuation of Resource Use: Making Automobiles and Other Processes," in Macrakis (ed.), pp. 113–127.

Berry, Stephen R., Peter Salmon and Geoffrey Heal. 1978. "On a Relation Between Economic and Thermodynamic Optima," *Resources and Energy*, **1**, 123–137.

Bezdek, Roger and Bruce Hannon. 1974. "Energy, Manpower and the Highway Trust Fund," *Science*, **185**, 669–675.

Bezdek, Roger and Robert M. Wendling. 2005a. "Fuel Efficiency and the Economy," *American Scientist*, **93**, 132–139.

Bezdek, Roger and Robert M. Wendling. 2005b. "Potential Long-Term Impacts of Changes in the U. S. Vehicle Fuel Efficiency Standards," *Energy Policy*, **33**, 407–419.

Blair, Peter. 1979. *Multiobjective Regional Energy Planning*. Boston, MA: Martinus Nijhoff.

1980. "Hierarchies and Priorities in Regional Energy Planning," *Regional Science and Urban Economics*, **10**, 387–405.

Blair, Peter and Andrew Wyckoff. 1989. "The Changing Structure of the U. S. Economy: An Input-Output Analysis," in Ronald E. Miller, Karen R. Polenske and Adam Z. Rose (eds.), *Frontiers of Input-Output Analysis*. New York: Oxford University Press, pp. 293–307.

Bourque, Philip. 1981. "Embodied Energy Trade Balances Among Regions," *International Regional Science Review*, **6**, 121–136.

Bullard, Clark and Robert Herendeen. 1975a. "Energy Impact of Consumption Decisions," *Proceedings of the IEEE*, **63**, 484–493.

1975b. "The Energy Costs of Goods and Services," *Energy Policy*, **1**, 268–277.

Bullard, Clark, Peter Penner and David Pilati. 1978. "Net Energy Analysis: A Handbook for Combining Process and Input-Output Analysis," *Resources and Energy*, **1**, 267–313.

Carter, Anne P. 1970. *Structural Change in the American Economy*. Cambridge, MA: Harvard University Press.

Casler, Stephen D. 2001. "Interaction Terms and Structural Decomposition: An Application to the Defense Cost of Oil," in Michael L. Lahr and Erik Dietzenbacher (eds.), *Input-Output Analysis: Frontiers and Extensions*. New York: Palgrave, pp. 143-160.

Casler, Stephen D. and Peter D. Blair. 1997. "Economic Structure, Fuel Combustion, and Pollution Emissions," *Ecological Economics*, **22**, 19-27.

Casler, Stephen and Suzanne Wilbur. 1984. "Energy Input-Output Analysis: A Simple Guide," *Resources and Energy*, **6**, 1-15.

Casler, Stephen and Bruce Hannon. 1989. "Readjustment Potentials in Industrial Energy Efficiency and Structure," *Journal of Environmental Economics and Management*, **17**, 93-108.

Christensen, Laurits R., Dale W. Jorgenson and Lawrence J. Lau. 1971. "Conjugate Duality and the Transcendental Lograrithmic Utility Function," *Econometrica*, **39**, 255-256.

1973. "Transcendental Logarithmic Utility Functions," *Review of Economics and Statistics*, **55**, 28-45.

Cleveland, Cutler J. 1999. "Biophysical Economics: From Physiocracy to Ecological Economics and Industry Ecology," in John M. Gowdy and Kozo Mayumi (eds.), *Bieconomics and Sustainability: Essays in Honor of Nicholas Georgescu-Roegen*. Cheltenham, UK: Edward Elgar, pp. 125-154.

Costanza, Robert and Robert A. Herendeen. 1984. "Embodied Energy and Economic Value in the United States Economy: 1963, 1967 and 1972," *Resources and Energy*, **6**, 129-163.

Cumberland, John H. 1966. "A Regional Interindustry Model for Analysis of Development Objectives," *Papers of the Regional Science Association*, **17**, 65-94.

Dietzenbacher, Erik and Jesper Sage. 2006. "Mixing Oil and Water? Using Hybrid Input-Output Tables in a Structural Decomposition Analysis," *Economic Systems Research*, **18**, 85-95.

Duchin, Faye. 1992. "Industrial Input-Output Analysis: Implications for Industrial Ecology," *Proceedings of the National Academy of Sciences*, **89**, 851-855.

Duchin, Faye and Glenn-Mari Lunge. 1987. "Modeling The Impact of Technological Change," *Mechanical Engineering*, **109**, 40-44.

1994. *Ecological Economics, Technological Change and the Future of the Environment*. New York: Oxford University Press.

Duchin, Faye and Edgar Hertwich. 2003. "Industrial Ecology," *Ecological Economics Encyclopaedia* [sic]. McLean, VA: International Society for Ecological Economics. Available at www.ecologicaleconomics.org.

Georgescu-Roegen, Nicholas. 1971. *The Entropy Law and the Economic Process*. Cambridge, MA: Harvard University Press.

Giljum, Stefan and Klaus Hubacek. 2004. "Alternative Approaches of Physical Inpul-Output Analysis to Estimate Primary Material Inputs of Production and Consumption Activities," *Economic Systems Research*, **16**, 301-310.

Gilliland, Martha W. 1975. "Energy Analysis and Public Policy," *Science*, **189**, 1051-1056.

Gowdy, John M. and Jack L. Miller. 1968. "An Input-Output Approach to Energy Efficiency in the USA and Japan (1960—1980)," *Energy*, **16**, 897-902.

Griffin, James. 1976. *Energy Input-Output Modeling*. Palo Alto, CA: Electric Power Research Institute, November.

Han, Xiaoli and T. K. Lakshmanan. 1994. "Structural Changes and Energy Consumption in the Japanese Economy 1975—1985: An Input-Output Analysis," *The Energy Journal*, **15**, 165-188.

Hannon, Bruce. 1973. "An Energy Standard of Value," *Annals of the American Academy for Political and Social Sciences*, **410**, 139-153.

Hannon, Bruce and F. Puelo. 1974. "Transferring from Urban Cars to Buses: The Energy and Employment Impacts," Center for Advanced Computation, Document 98, University of Illinois at Urbana-Champaign.

Hendrickson, Chris T., Lester B. Lave and H. Scott Matthews. 2006. *Environmental Life Cycle Assessment of Goods and Services: An Input-Output Approach*. Baltimore, MD: Johns Hopkins University Press.

Henry, E. W. 1977. "An Input-Output Approach to Cost-Benefit Analysis of Energy Conservation Methods," *Economic and Social Review*, **9**, 1-26.

Herendeen, Robert. 1974. "Affluence and Energy Demand," *Mechanical Engineering*, **96**, 18-22.

Herendeen, Robert and R. L. Plant. 1981. "Energy Analysis of Four Geothermal Technologies," *Energy*, **6**, 73-82.

Hudson, Edward A. and Dale W. Jorgenson. 1974. "U. S. Energy Policy and Economic Growth, 1975—2000," *Bell Journal of Economics and Management Science*, **5**, 461-514.

Jacobsen, Henrik K. 2000. "Energy Demand, Structural Change and Trade: A Decomposition Analysis of the Danish Manufacturing Industry," *Economic Systems Research*, **12**, 319-338.

Jorgenson, Dale W., Daniel T. Slesnick and Peter J. Wilcoxen. 1992. "Carbon Taxes and Economic Welfare," in Martin N. Baily and Clifford Winston (eds.), *Brookings Papers on Economic Activity: Microeconomics*, Washington, DC: The Brookings Institution, pp. 393-454.

Jorgenson, Dale W. and Kevin J. Stiroh. 2000. "US Economic Growth at the Industry Level," *American Economic Review*, Papers and Proceedings of the American Economic Association, **90**, 161-167.

Jorgenson, Dale W. and Peter J. Wilcoxen. 1990. "Environmental Regulation and US Economic Growth," *RAND Journal of Economics*, **21**, 314-340.

1993. "Reducing U. S. Carbon Emissions: An Econometric General Equilibrium Assessment," *Resource and Energy Economics*, **15**, 7-25.

Just, James. 1974. "Impacts of New Energy Technology Using Generalized Input-Output Analysis," in Michael Macrakis (ed.), pp. 113-127.

Kagawa, Shigemi and Hajime Inamura. 2001. "A Structural Decomposition of Energy Consumption Based on a Hybrid Rectangular Input-Output Framework: Japan's Case," *Economic Systems Research*, **13**, 339-363.

2004. "A Spatial Structural Decomposition Analysis of Chinese and Japanese Energy Demand: 1985—1990," *Economic Systems Research*, **16**, 279-299.

Kelly, Henry C., Peter D. Blair and John H. Gibbons. 1989. "Energy Use and Productivity: Current Trends and Policy Implications," *Annual Review of Energy*, **14**, 321-352.

Kratena, Kurt and Stefan Schleicher. 1999. "Impact of Carbon Dioxide Emissions Reduction on the Austrian Economy," *Economic Systems Research*, **11**, 245-261.

Lenzen, Manfred, Lise-Lotte Pade and Jesper Munksgaard. 2004. "CO_2 Multipliers in Multi-Region Input-Output Models," *Economic Systems Research*, **16**, 391-412.

Leontief, Wassily. 1936. "Quantitative Input and Output Relations in the Economic System of the United States," *Review of Economics and Statistics*, **18**, 105-125.

1989. "Input-Output and Technological Change," *Economic Systems Research*, **1**, 287-295.

Liew, Chong K. 1980. "The Impact of Higher Energy Prices on Growth and Inflation in an Industrializing Economy: the Korean Experience," *Journal of Policy, Modeling*, **2**, 389-408.

Lin, Xiannuan and Karen Polenske. 1995. "Input-Output Anatomy of China's Energy Use Changes in the 1980s," *Economic Systems Research*, **7**, 67-84.

Macrakis, Michael (ed.). 1974. *Energy: Demand, Conservation and Institutional Problems*. Cambridge, MA: MIT Press.

Mukhopadhyay. Kakali and Debesh Chakraborty. 1999. "India's Energy Consumption Changes during 1973/74 to 1991/92," *Economic Systems Research*, **11**, 423-437.

Odum, Howard T. 1971. *Environment, Power and Society*. New York: Wiley-Interscience.

Office of Technology Assessment. 1988. *Technology and the American Economic Transition: Choices for the Future*. US Congress, OTA-TET-284, May.

1990. *Energy Use and the US Economy*. US Congress, OTA-BP-E-57, June.

Park. Se-Hark. 1982. "An Input-Output Framework for Analyzing Energy Consumption," *Energy Economics*, **4**, 105-110.

Polenske, Karen R. 1976. "Multiregional Interactions Between Energy and Transportation," in Karen R. Polcnske and Jiří V. Skolka (eds.), *Advances in Input-Output Analysis. Proceedings of the Sixth International Conference on Input-Output Techniques*. Vienna, April 22 - 26, 1974. Cambridge, MA: Ballinger, pp. 433-460.

Proops, John, L. 1977. "Input-Output Analysis and Energy Intensities: A Comparison of Some Methodologies," *Applied Mathematical Modelling*, **1**, 181-188.

1984. "Modeling the Energy-Output Ratio," *Energy Economics*, **6**, 47-51.

1988. "Energy Intensities, Input-Output Analysis and Economic Development," in Maurizio Cias- chini (ed.), *Input-Output Analysis- Current Developments*. London: Chapman and Hall, pp. 201-215.

Reardon, William, A. 1976. *An Input-Output Analysis of Energy Use Changes From 1947 to 1958, 1958 to 1963 and 1963 to 1967*. Richland, WA: Battelle Pacific Northwest Laboratories.

Rose, Adam and C. Y. Chen. 1991. "Sources of Change in Energy Use in the U. S. Economy 1972—1982," *Resources and Energy*, **13**, 1-21.

Strout, Alan. 1967. "Technological Change and U. S. Energy Consumption." Ph. D. dissertation, University of Chicago.

Spreng, Danicl T. 1988. *Net Energy Analysis and the Energy Requirements of Energy Systems*. New York: Praeger.

Treloar, Graham J. 1997. "Extracting Embodied Energy Paths from Input-Output Tables: Towards an Input-Output-Based Hybrid Energy Analysis Method," *Economic Systems Research*, **9**, 375-391.

Wang, Hsiao-Fan and Hih-Chyi Chuang. 1987. "An Input-Output Model for Energy Policy Evaluation," *Energy Syztems and Policy*, **11**, 21-38.

Weisz, Helga and Fayc Duchin. 2006. "Physical and Monetary Input-Output Analysis: What Makes the Difference?" *Ecological Economics*, **57**, 534-541.

Wilting, Harry C., Wouter Biesiot and Henri C. Moll. 1999. "Analyzing Potentials for Reducing the Energy Requirement of Households in the Netherlands," *Economic Systems Research*, **11**, 233-244.

Zhang, Zhong Xiang and Henk Folmer. 1998. "Economic Modelling Approaches to Cost Estimates for the Control of Carbon Dioxide Emissions," *Energy Economics*, **20**, 101-120.

第 10 章

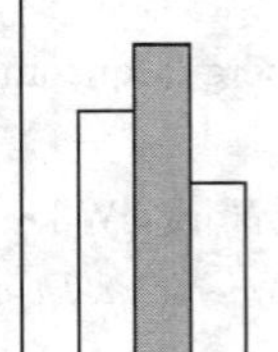

环境投入产出分析

10.1 引言

自 20 世纪 60 年代以来，不少研究者已经通过扩展投入产出模型来研究与产业间活动有关联的环境污染及减排。列昂惕夫（Leontief，1970）提供了一种关键的方法论上的拓展。此后，这一方法论的拓展在被广泛应用的同时，又被更加深入地发展了。在本章中，我们将讨论其中几个最重要的环境投入产出公式，同时讨论每个公式的特征、优势和局限性。同我们在第 9 章中讨论的如何通过修正传统的列昂惕夫模型来讨论能源的问题类似，在研究环境问题时，为了能够整合产业间生产、污染和污染控制活动，我们必须扩展我们的模型。

10.2 基本思路

环境投入产出模型中一个有待解决的核心问题便是采用何种单位度量环境或是生态指标。例如，用货币或者是物质单位来作为测量单位。在本章中，我们将会看到每一种方法所采用的具体公式。我们将会探讨三种基本的环境投入产出模型。

（1）广义投入产出模型。

这些模型由扩展的技术系数矩阵形成，即通过给技术系数矩阵增加额外的行（或者列）来反映污染的产生和消除活动。我们重点分析这个模型的两种主要变形——其中一种的目的在于分析环境影响，另一种的目的则是为了做规划。

(2) 经济-生态模型。

这些模型是通过扩展产业关联结构来引入额外的生态系统部门的，这些模型会沿着区域间投入产出模型的主线记录各种流量在经济部门和生态系统部门之间的流动。

(3) 商品×产业模型。

这些模型在商品-产业投入产出表中将环境因素考虑为一种“商品”。我们在第4章、第5章中已经讨论过相关的问题了。

10.3 投入产出分析：基本框架

一个非常常见的公共政策课题是分析一个新的经济方面的支出计划（通常是政府的计划，当然不仅仅是政府的计划）的意义。我们在前几章中已经探讨过传统的影响分析，并且研究了支出计划对多种经济或是环境变量的影响，例如就业、污染或者资本支出等。在这一部分中，我们开发了一个一般框架用于跟踪支出计划所诱发的通过产业间关联而产生的影响。这里的支出计划就是经济系统的最终需求向量。

10.3.1 解释污染影响

设污染产出矩阵或者直接影响系数为$\mathbf{D}^p=[d_{kj}^p]$，该矩阵的每个元素代表部门j每生产1美元的价值所产生的污染物k（例如，二氧化硫）的数量。因此，给定一个总的产出向量，污染水平由以下公式得到：

$$\mathbf{x}^{p*}=\mathbf{D}^p\mathbf{x} \tag{10.1}$$

其中$\mathbf{x}^{p*}$是表示污染水平的向量。因此，通过加入传统的列昂惕夫模型，$\mathbf{x}=\mathbf{L}\boldsymbol{f}$，其中$\mathbf{L}=(\mathbf{I}-\mathbf{A})^{-1}$，我们就能够将$\mathbf{x}^{p*}$表示成最终需求的函数。也就是说，最终需求$\boldsymbol{f}$所诱发的直接和间接污染可表示为：

$$\mathbf{x}^{p*}=[\mathbf{D}^p\mathbf{L}]\boldsymbol{f} \tag{10.2}$$

我们将括号内的部分看作环境影响系数矩阵。它的任一元素表示的是一单位的最终需求所诱发的污染物排放量。

10.3.2 广义的影响

尽管在这一章中我们主要关心的问题是用投入产出分析做环境方面的扩展，事实上我们可以很容易用一个和多部门活动相联系的任何要素来替换污染系数矩阵。例如，就业或能源消耗。这里面所暗含的假定是，这些要素的使用量随着产出做线性变化。第9章的附录9.1给出了能源投入产出模型。就业系数的应用在实质上和第6章所介绍的就业乘数这一概念是等价的。在第11章中，我们将会在社会核算矩阵的框架下介绍如何更加详尽地细分最终需求部门和附加价值部门，并探讨它们和其他经济活动的相互作用和影响。在本章中，我们将这个广义框架限制在能源、环境和就业这三个方面。因此，本章可以被当作一个更一般的情况的举例。我们先从一个具体的案例开始。

例 10.1：广义投入产出分析

如表 10-1 所示，考虑一个两部门投入产出表。相应的技术系数和列昂惕夫逆矩阵为 $\boldsymbol{A}=\begin{bmatrix}0.3 & 0.2\\0.1 & 0.7\end{bmatrix}$和 $\boldsymbol{L}=\begin{bmatrix}1.58 & 1.05\\0.53 & 3.68\end{bmatrix}$。现在我们分别定义三个和总产出相关的直接影响系数矩阵，它们分别为能源需求、污染物排放和就业直接影响系数矩阵[①]（见表 10-2）：

$$\boldsymbol{D}^e=\begin{bmatrix}0.2 & 0.3\\0.1 & 0.4\end{bmatrix},\ \boldsymbol{D}^p=\begin{bmatrix}0.5 & 1.1\\0.7 & 0.7\end{bmatrix},\ \boldsymbol{D}^l=\begin{bmatrix}0.1 & 0.2\end{bmatrix}$$

表 10-1　　投入产出交易（百万美元）

	部门		最终需求	总产出
	A	B		
部门 A	3	2	5	10
部门 B	1	7	2	10

表 10-2　　直接影响系数

直接影响系数	部门		直接影响/百万美元产出
	A	B	
能源			
石油	0.2	0.3	十亿 BTU（英制热量单位）
煤炭	0.1	0.4	
污染			
二氧化硫	0.5	1.1	千磅
烃	0.7	0.7	
就业			
就业	0.1	0.2	人年

为了方便，我们可以很容易将这些矩阵串联起来产生一个直接影响系数矩阵 $\boldsymbol{D}$（即将一个矩阵放在另一个上面组成一个以这三个矩阵为子矩阵的单独的矩阵）：

$$\boldsymbol{D}=\begin{bmatrix}\boldsymbol{D}^e\\\boldsymbol{D}^p\\\boldsymbol{D}^l\end{bmatrix}=\begin{bmatrix}0.2 & 0.3\\0.1 & 0.4\\0.5 & 1.1\\0.7 & 0.7\\0.1 & 0.2\end{bmatrix}$$

我们可以类似地定义一个总影响向量：$\boldsymbol{x}^*$。我们可以通过将 $\boldsymbol{x}^{e*}=\boldsymbol{D}^e\boldsymbol{x}$，$\boldsymbol{x}^{p*}=$

① 回顾第 9 章中我们为能源开发出这样的系数，特别是利用了附录 9.1 中的方法，必须小心应用这一方法以免得出不一致的结果。

$D^p x$ 和$x^{l*}=D^l x$ 串成一列来生成$x^*=\begin{bmatrix} x^{e*} \\ x^{p*} \\ x^{l*} \end{bmatrix}$。因此，$x^*=Dx$。为了核算方便，我们将总影响向量$x^*$ 和诱发x^* 的最终需求向量串联起来，定义一个新的总影响向量，即$\bar{x}=\begin{bmatrix} x^* \\ f \end{bmatrix}$。同时，我们可以通过将矩阵 D 和（$I-A$）串成一列来扩展直接影响系数矩阵；我们定义这个通过扩展得到的新的直接影响系数矩阵为：$G=\begin{bmatrix} D \\ (I-A) \end{bmatrix}$。

在我们的例子中，每个部门的总产出为 10 000 000 美元，部门 A 和部门 B 总计需要石油和煤炭各 5 000 000 BTU，总计产生了 16 000 磅的二氧化硫排放以及 14 000 磅的烃污染。同时，和这一工业产出水平相联系的就业水平是 3 000 人年。因此我们可以写成 $\bar{x}=Gx$。具体计算公式为：

$$\bar{x}=Gx=\begin{bmatrix} 0.2 & 0.3 \\ 0.1 & 0.4 \\ 0.5 & 1.1 \\ 0.7 & 0.7 \\ 0.1 & 0.2 \\ 0.7 & -0.2 \\ -0.1 & 0.3 \end{bmatrix}\begin{bmatrix} 10 \\ 10 \end{bmatrix}=\begin{bmatrix} 5 \\ 5 \\ 16 \\ 14 \\ 3 \\ 5 \\ 2 \end{bmatrix}=\begin{bmatrix} x^* \\ f \end{bmatrix}$$

这一公式特别适用于投入产出数学规划模型（Thoss，1976；Blair，1979）。在这一章的后面部分我们将会给出一个这一方面的例子。

与之前的公式不同的是，我们可能希望将总体影响写成最终需求的一个函数。例如，我们希望在影响分析中，能像利用传统的列昂惕夫逆矩阵一样利用影响系数矩阵。即我们可能会计算能源、污染物排放和就业的总影响，这里能源、污染物排放与就业是与一个给定的最终需求水平相关的。这一公式最初被贾斯特（Just，1974）应用，福克和汉农（Folk and Hannon，1974）利用这一公式来检验新能源技术的影响。福塞尔和普可仁（Forssell and Polenske，1998）对这个公式的更多应用进行了总结，特别是对加尧姆（Qayum，1994）、谢弗和施塔默（Schäfer and Stahmer，1989）和兰格（Lange，1998）的文章进行了总结。

我们能够将之前关于总影响的表达式$x^*=Dx$ 等价地写成$x^*=[DL]f$，在这里，就像之前单独的污染系数一样，括号里的乘积表示的是总影响系数。令括号内的乘积为D^*。我们采用如下公式计算最终需求所诱发的能源、污染物排放和就业：

$$\bar{x}^*=D^*f=\begin{bmatrix} 0.2 & 0.3 \\ 0.1 & 0.4 \\ 0.5 & 1.1 \\ 0.7 & 0.7 \\ 0.1 & 0.2 \end{bmatrix}\begin{bmatrix} 1.58 & 1.05 \\ 0.53 & 3.68 \end{bmatrix}\begin{bmatrix} 5 \\ 2 \end{bmatrix}\begin{bmatrix} 0.47 & 1.32 \\ 0.37 & 1.58 \\ 1.37 & 4.58 \\ 1.47 & 3.32 \\ 0.26 & 0.84 \end{bmatrix}\begin{bmatrix} 5 \\ 2 \end{bmatrix}\begin{bmatrix} 5 \\ 5 \\ 16 \\ 14 \\ 3 \end{bmatrix}$$

注意在这里我们将$\boldsymbol{x}^*$看作$\boldsymbol{f}$的函数，而在$\boldsymbol{x}^*=\boldsymbol{D}\boldsymbol{x}$这一公式中我们将$\boldsymbol{x}^*$看作$\boldsymbol{x}$的函数。最后，为了方便，我们希望在我们的总影响向量中引入$\boldsymbol{x}$本身。我们可以通过将$\boldsymbol{x}$和总影响向量列成一列来实现这一过程，这和我们将$\boldsymbol{x}^*$和$\boldsymbol{f}$列成一列构成$\bar{\boldsymbol{x}}$是同样的方法。我们定义总影响的一个新的扩展向量为$\bar{\boldsymbol{x}}$：

$$\bar{\boldsymbol{x}}=\begin{bmatrix}\boldsymbol{x}^*\\ \boldsymbol{x}\end{bmatrix}=\begin{bmatrix}5\\5\\16\\14\\3\\10\\10\end{bmatrix}$$

我们可以类似地通过将列昂惕夫逆矩阵和总影响系数矩阵列成一列来扩展总影响系数矩阵；我们令这个扩展的总影响系数矩阵为$\boldsymbol{H}$，即$\boldsymbol{H}=\begin{bmatrix}\boldsymbol{D}^*\\ \boldsymbol{L}\end{bmatrix}$。因此，我们有如下的例子：

$$\bar{\boldsymbol{x}}=\begin{bmatrix}\boldsymbol{x}^*\\ \boldsymbol{x}\end{bmatrix}=\boldsymbol{H}\boldsymbol{f}=\begin{bmatrix}0.47&1.32\\0.37&1.58\\1.37&4.58\\1.47&3.32\\0.26&0.84\\1.58&1.05\\0.53&3.68\end{bmatrix}\begin{bmatrix}5\\2\end{bmatrix}=\begin{bmatrix}5\\5\\16\\14\\3\\10\\10\end{bmatrix}$$

注意这里$\boldsymbol{x}$和$\bar{\boldsymbol{x}}$等价地描述了同样的问题，因为在列昂惕夫模型中$\boldsymbol{x}$和$\boldsymbol{f}$存在一一对应关系——对于每一个给定的$\boldsymbol{f}$，存在且仅存在唯一的$\boldsymbol{x}$，反之亦然。同时应该注意的是我们能构造一个影响矩阵，这一影响矩阵由最终需求向量的对角化矩阵$\hat{\boldsymbol{f}}$生成$\boldsymbol{H}\hat{\boldsymbol{f}}$。

在最后一个例子中，我们可以给出$\boldsymbol{H}\hat{\boldsymbol{f}}=\begin{bmatrix}2.37&2.63\\1.84&3.16\\6.84&9.16\\7.37&6.63\\1.32&1.68\\7.89&2.11\\2.63&7.37\end{bmatrix}$。例如，为了满足最终需求$\boldsymbol{f}'=[5\quad 2]$而消费的$5\times10^9$ BTU 石油中有2.37×10^9 BTU 石油被分配给了部门 A；2.63×10^9BTU 石油分配给了部门 B。（这些值在行向的加总因为四舍五入而不等于$\bar{\boldsymbol{x}}$。）这一情况和从$\boldsymbol{Z}=\boldsymbol{A}\hat{\boldsymbol{x}}$中取出$\boldsymbol{Z}$是一样的。

□ 10.3.3 小结：广义投入产出公式

直接影响系数矩阵，$\boldsymbol{D}=[d_{kj}]$，使广义的投入产出模型成为可能。d_{kj}代表的是影

响变量 k 的量。例如，部门 j 生产 1 美元总产出所产生的污染或消耗的能源。利用 $\boldsymbol{D}$ 我们将广义投入产出模型应用到影响分析和规划分析中：

情景 1：影响分析

$$\bar{\boldsymbol{x}}=\boldsymbol{H}\boldsymbol{f} \quad 其中\ \boldsymbol{H}=\begin{bmatrix}\boldsymbol{D}^*\\ \boldsymbol{L}\end{bmatrix},\ \bar{\boldsymbol{x}}=\begin{bmatrix}\boldsymbol{x}^*\\ \boldsymbol{x}\end{bmatrix},\ \boldsymbol{D}^*=\boldsymbol{DL}$$

情景 2：规划分析

$$\tilde{\boldsymbol{x}}=\boldsymbol{G}\boldsymbol{x} \quad 其中\ \boldsymbol{G}=\begin{bmatrix}\boldsymbol{D}\\ (\boldsymbol{I}-\boldsymbol{A})\end{bmatrix},\ \tilde{\boldsymbol{x}}=\begin{bmatrix}\boldsymbol{x}^*\\ \boldsymbol{f}\end{bmatrix}$$

影响分析是投入产出分析中传统的考虑问题的视角。它所关心的问题是最终需求所诱发的能源消耗、环境污染和就业。约翰逊和贝内特（Johnson and Bennett，1981）以及汉农、康斯坦萨和海伦丁（Hannon，Costanza，and Herendeen，1983）等都采用这一范式。此外，规划分析在某些具体的应用方面也具有其优势。例如，它可以被用来最优化一个特定目标而不是隐含在传统投入产出模型中的目标。① 接下来我们将探讨如何将本章的框架扩展到规划分析的例子中。

10.4 广义投入产出模型：规划分析的扩展

在第 1 章和第 2 章中我们建立了基本的投入产出框架，这一框架是含有 n 个未知数的 n 个线性方程组的解，而这个框架最吸引人的一个特征便是它非常简单明了并且有唯一解。在这本书的很多地方我们都放松投入产出框架中的基本假定来适应某些特殊情况。例如，在计量扩展模型中，我们允许技术系数作为相对价格的一个函数；在动态投入产出模型中我们加入了资本系数；在多区域或是区域间模型中，我们加入了贸易系数。类似地，在规划分析中，我们通过控制生产行为最优化某个具体的目标函数。因此，我们将投入产出模型看作一个非常简单的线性规划模型。

□ 10.4.1 线性规划：借助列昂惕夫模型的一个简单的介绍

回顾第 2 章中（图 A2.2 - 1）列昂惕夫模型的最基本的两部门公式。我们重新整理和合并同类项得到：

$$\begin{aligned}(1-a_{11})x_1-a_{12}x_2&=f_1\\ -a_{21}x_1+(1-a_{22})x_2&=f_2\end{aligned}$$

图 10 - 1 用图像的形式描述了上述方程组的一般情况，两条线的交点就是这个方程组的解。假定我们通过放松等式条件将方程变成一个不等式：总产出减去中间需求不少于最终需求：

① 之后我们将会看到在投入产出模型中这一隐含的目标函数是最大化所有最终需求的总和，或者等价地，最小化所有增加值投入的总和。

$$(1-a_{11})x_1-a_{12}x_2 \geqslant f_1$$
$$-a_{21}x_1+(1-a_{22})x_2 \geqslant f_2$$

或者等价地，我们引入一个“剩余变量”（一个我们之后将会用到的概念），这一变量等于总产出与中间需求加最终需求之和的差：

$$(1-a_{11})x_1-a_{12}x_2-s_1=f_1$$
$$-a_{21}x_1+(1-a_{22})x_2-s_2=f_2$$

这里s_1和s_2是剩余变量（$\geqslant 0$）。

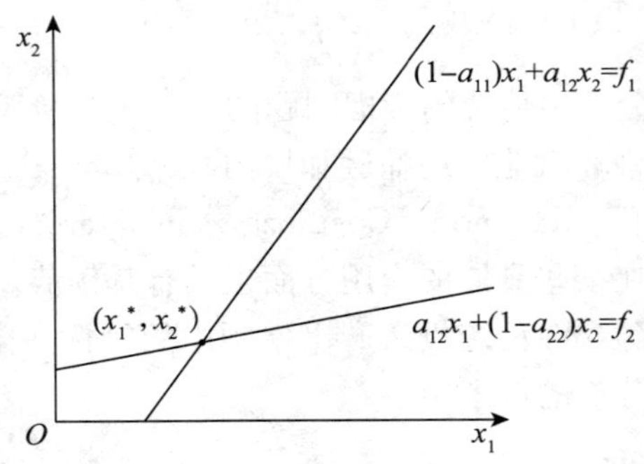

图 10-1 两部门列昂惕夫模型

考虑一个例子，其中 $\mathbf{A}=\begin{bmatrix}0.3 & 0.2\\0.1 & 0.7\end{bmatrix}$，$\boldsymbol{f}=\begin{bmatrix}5\\5\end{bmatrix}$。我们有 $\mathbf{A}\boldsymbol{x}+\boldsymbol{f}\geqslant\boldsymbol{x}$ 或者 $(\boldsymbol{I}-\mathbf{A})\boldsymbol{x}\geqslant\boldsymbol{f}$，例如$\begin{bmatrix}0.7 & -0.2\\-0.1 & 0.3\end{bmatrix}\begin{bmatrix}\boldsymbol{x}_1\\\boldsymbol{x}_2\end{bmatrix}\geqslant\begin{bmatrix}5\\5\end{bmatrix}$，或者等价地，利用剩余变量来解释这一不等式：

$$0.7x_1-0.2x_2-s_1=5$$
$$-0.1x_1+0.3x_2-s_2=5$$

图 10-2 用图像的方式描述了上述方程。图像阴影区域显示了所有可能的非负解，这里最终需求至少能够被产品x_1和x_2的某些组合所满足，同时$s_1\geqslant 0$，$s_2\geqslant 0$。如果$s_1=s_2=0$，则这里没有剩余生产，两个方程可以解出两个未知数x_1和x_2，$\boldsymbol{x}^*=(x_1^*,\ x_2^*)=(13.15,\ 21.05)$，即图中两个方程的交点。当然，这和图 10-1 中所显示的解是等价的。

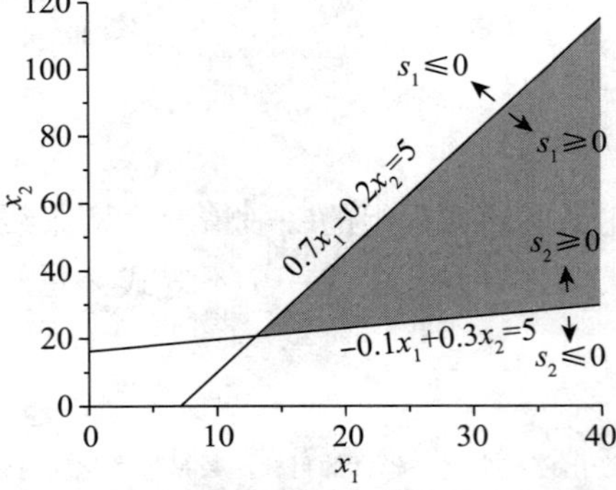

图 10-2 投入产出和线性规划：例 10.1

让我们就图中阴影部分所代表的生产的可能性探索这个解的更多含义。在第 2 章中两部门经济的增加值系数被定义为：$v_k=1-(a_{1k}+a_{2k})$，$k=1$，2。因此我们有 $(\boldsymbol{I}-\boldsymbol{A})\boldsymbol{x}\geqslant\boldsymbol{f}$ 或是 $\begin{bmatrix}0.7 & -0.2\\-0.1 & 0.3\end{bmatrix}\begin{bmatrix}x_1\\x_2\end{bmatrix}\geqslant\begin{bmatrix}5\\5\end{bmatrix}$，并且这个经济中总的增加值能够通过加总所有部分的增加值得到，这里我们将其称为 q。在两部门的情况下，$q=v_1x_1+v_2x_2$，在本例中：$q=0.6x_1+0.1x_2$。图 10－3 表示的是先前的情形，但是这里用线表示不同的 q 值。我们可以寻求 q 的最小值，这里我们称其为 q^*，且这一最小值满足给定的最终需求水平。等价地，当在满足给定最终需求水平的前提下最小化 q 时，x_1 和 x_2 的值是什么？这个图表明这一最优值是 $q^*=10$。在第 2 章中我们提到，在一个列昂惕夫经济中，GNP 是所有增加值的加总或者所有最终需求的加总。在这里我们可以验证这一结果；例如 $q^*=f_1+f_2=5+5=10\equiv v_1+v_2=7.895+2.105=10$。这是一个简单的规划问题的解。这个阴影面积叫作可行域，或者是所有满足不等式约束 $(\boldsymbol{I}-\boldsymbol{A})\boldsymbol{x}\geqslant\boldsymbol{f}$ 的解的集合。目标函数，即我们在线性规划问题中寻找的最小值，就等于之前所定义的总增加值（GNP）。

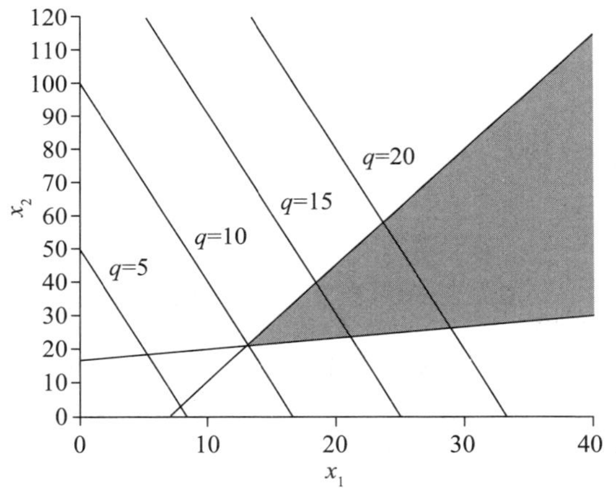

图 10－3　例 10.1 中 GNP 的不同值

以下符号经常被用于描述线性规划问题：

$$
\begin{aligned}
&\text{Min } q=v_1x_1+v_2x_2\\
&\text{S. T. } (1-a_{11})x_1-a_{12}x_2\geqslant f_1\\
&\qquad -a_{21}x_1+(1-a_{22})x_2\geqslant f_2
\end{aligned}
$$

我们可以想象对于任何一个超过两个变量的线性规划问题，这个线性规划问题的解都会变得非常复杂以至于我们不能像图 10－3 一样给出一个图像化的表示。

通常具有 m 个变量和 n 个方程的线性规划问题在数学上被描述为最小化（或者最大化）定义在一个凸多面体上的线型函数。在运筹学领域中这是一个已经很成熟的工具（Miller，2000）。更多关于列昂惕夫模型作为一个线性规划问题的扩展的经济学解释可以从多尔夫曼、萨缪尔森和索洛（Dorfman，Samuelson，and Solow，1958）以及英特里利盖托（Intriligator，1971）的文章中找到。至少对于我们这篇文章的目的而言，用这种方法表示投入产出模型的一个重要的优势在于我们自由地选择一个新的目标函数和

（或者）添加新的约束作为规划问题的一部分。

图 10－2 和图 10－3 中的阴影区域决定了满足列昂惕夫经济结构条件的所有的可行解x_1和x_2。我们已经验证，如果将总增加值作为规划问题的目标函数，这一规划问题与传统的投入产出模型是一致的。但我们可能更感兴趣的是找到符合这些结构条件又最小化污染物排放、能源消耗或者任何其他随着工业产出而变化的要素的 $\boldsymbol{x}$ 的组合。

为了说明这一问题，让我们回顾例 10.1，但增加在第 10.3 节所建立的广义影响系数。聪明的读者将会注意到这个被用于解释线性规划问题的列昂惕夫经济和之前用于建立广义投入产出框架的经济是一样的。广义投入产出模型具有影响分析和规划分析两种形式。现在我们利用的是规划分析：$\tilde{\boldsymbol{x}}=\boldsymbol{G}\boldsymbol{x}=\begin{bmatrix}\boldsymbol{D}\\(\boldsymbol{I}-\boldsymbol{A})\end{bmatrix}\boldsymbol{x}$，其中 $\boldsymbol{D}$ 是与能源消耗、污染物排放和就业等影响要素有关的直接影响系数矩阵。例如：我们有：

$$\tilde{\boldsymbol{x}}=\boldsymbol{G}\boldsymbol{x}=\begin{bmatrix}0.2 & 0.3\\0.1 & 0.4\\0.5 & 1.1\\0.7 & 0.7\\0.1 & 0.2\\0.7 & -0.2\\-0.1 & 0.3\end{bmatrix}\begin{bmatrix}10\\10\end{bmatrix}=\begin{bmatrix}5\\5\\16\\14\\3\\5\\2\end{bmatrix}=\begin{bmatrix}\boldsymbol{x}^*\\\boldsymbol{f}\end{bmatrix}$$

其中$\boldsymbol{x}^*$代表与产出 $\boldsymbol{x}=\begin{bmatrix}10\\10\end{bmatrix}$以及最终需求 $\boldsymbol{f}=\begin{bmatrix}5\\5\end{bmatrix}$相联系的能源消耗、污染物排放和就业的总影响水平。我们用 $\boldsymbol{G}$ 来代表更一般化的结构关系，这个结构关系不仅控制着列昂惕夫生产可能性，而且也控制着与这些产生可能结果相关联的被消耗的能源、被排放的污染物和所支撑的就业水平。因此，我们可以将线性规划问题重新写成如下简化形式：

$$\text{Min } q=\boldsymbol{v}'\boldsymbol{x}$$
$$\text{S. T. } \boldsymbol{G}\boldsymbol{x}\geqslant\tilde{\boldsymbol{x}}$$

然而，一般来说，影响系数 $\boldsymbol{D}$ 所对应的不等式可以为任一方向（≤或者≥）。例如，在一些环境问题的应用中，我们设定只有当某个污染物排放水平处于某个临界值之下时，人类才能正常工作。①

由于投入产出模型对于一个给定的最终需求水平有唯一解，并且这些条件是约束方程 $\boldsymbol{G}\boldsymbol{x}\geqslant\tilde{\boldsymbol{x}}$ 的一部分，所以可能会出现如下两种情况：（1）约束方程中超出列昂惕夫条件的约束（如能源、环境和就业方程）过度限制我们的规划问题。因为存在冲突的约束，因而该问题没有可行域，并且因此没有可行的线性规划问题的解。（2）这些额外的约束不是紧的约束，即它们可以被列昂惕夫条件充分满足。到目前为止，我们的例子都是符合第二种情况的，并且线性规划问题的解和之前的影响分析的解是相同的。如果是

① 对于一个线性不等式，如果两边同时乘以一个负数，则运算符号方向将会改变，但是不会改变这个约束所包含的信息。因此，在不失一般性的情况下，我们可以用符号 $\boldsymbol{G}\boldsymbol{x}\geqslant\tilde{\boldsymbol{x}}$ 来描述所有的约束。

第一种情况，当没有可行域的时候，我们就需要诉诸另一种方法去找到一个解。我们将会在这一章随后的部分探究这一方法。

□ 10.4.2 多重目标

广义投入产出线性规划模型同样给了我们在解规划问题时能够引入另一个甚至是多重目标函数的灵活性。例如，人们可能希望同时最小化满足给定最终需求的附加价值总额、最小化污染排放和能源消耗。在运筹学中，多重目标的决策问题也是另一个已经发展很成熟的领域，并且被开发出很多种方法。这些方法的概述我们可以在科恩（Cohen，1978），科克兰和泽莱尼（Cochrane and Zeleny，1973），尼茨坎普和里特维德（Nijkamp and Rietveld，1976），恰斯卡利克和米奇尼克（Trzaskalik and Michnik，2002），以及谷野、田中和犬口（Tanino，Tanaka，and Inuiguchi，2003）中找到。在本书中，我们考虑一个常用的多重目标线性规划问题，即线性目标规划（goal programming，GP）。它能够很直接地被用于拓展列昂惕夫框架来处理环境问题。

□ 10.4.3 冲突目标和现行目标规划

考虑下面一个非常简单的线性规划问题：

$$\begin{aligned}&\text{Max } q=x_1+2x_2\\&\text{S. T. } x_1+x_2\leqslant 8\\&\qquad x_1\leqslant 7\\&\qquad x_2\leqslant 4.5\end{aligned}$$

如图 10－4 所示，读者可以证明这个优化问题的解是$\boldsymbol{x}^*=(x_1^*, x_2^*)=(3.5, 4.5)$并且$q^*=12.5$。

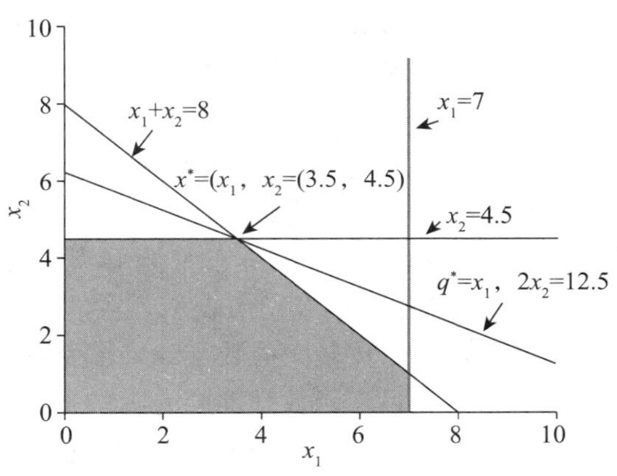

图 10－4 线性规划问题的解

假定这个线性规划问题有两个目标。第一个目标是传统线性规划问题中所包含的隐含目标：最优解必须落在被不等式约束决定的可行域之内（图 10－4 中的阴影区域）。第二个目标是最大化目标函数 q，同时必须满足已经有的第一个目标。概念上，将一个线性规划问题转换为一个目标规划（GP）问题①的关键在于考虑将这一隐含目标考虑成显性目标。为了做到这一点，我们对之前为了建立线性规划问题而引入的剩余变量进行改进并定义为偏离变量d_1、d_2、d_3，这三个变量从约束方程右手边的值测量“偏离”，另一个d_4测量的是与显性目标 q 之间的偏离。在所有的情况下我们都假定$d_k \geqslant 0$。

偏离变量代表了超额完成已经建立的目标的情形或没有完成已经建立的目标的情形。对于超额完成的目标 k 我们将这个正的偏离量记为d_k^+（类似于之前用过的剩余变量）。同样，当低于已经建立的目标时，我们将这个与用一个非零数表示的目标之间的负的偏离量记为d_k^-（就像之前提到的松弛变量）。需要注意的是如果$d_k^+ \geqslant 0$，则$d_k^- = 0$，反之亦然，即在正偏离量d_k^+和负偏离量d_k^-这一对变量中间最多有一个变量能够比 0 大。如果它们都为 0，则目标刚好能实现。

在目标规划问题中，为了解释目标优先的相对顺序，我们给目标指定优先等级，每一个目标用P_l来表示，其中 $l=1$，…，L，L 表示的是优先等级的总数。在我们的例子，规划问题首先满足三个约束条件，其次满足最大化目标函数，它们分别对应P_1和P_2这两个目标优先等级。在具有隐含优先顺序的线性规划问题中，为了和我们的上述例子保持一致，我们指定源自线性规划问题约束方程的目标函数为P_1等级，而指定这个线性规划问题中的显性目标函数 q 为P_2等级，我们可以写成如下方式：

$$\text{Min } P_1(d_1^+ + d_2^+ + d_3^+) + P_2(d_4^+) \tag{10.3}$$

$$\text{S. T. } x_1 + x_2 + d_1^- - d_1^+ = 8 \tag{10.4}$$

$$x_1 + d_2^- - d_2^+ = 7 \tag{10.5}$$

$$x_2 + d_3^- - d_3^+ = 4.5 \tag{10.6}$$

$$x_1 + 2x_2 + d_4^- - d_4^+ = 20 \tag{10.7}$$

值得注意的是，在一般情况下最小化正的偏离变量等价于满足一个≤的约束或是最小化一个目标函数。最小化一个负的偏离变量等价于满足一个≥的约束或者最大化一个目标函数。因此，对于 $k=1$，2，3，将d_k^+设为 0 等价于在满足原始线性规划问题中的显性约束条件，而将d_4^-设为 0 等价于在最大化原始线性规划问题中明确的目标函数。实际上，在目标规划问题中我们不再真正地区分线性规划方程中的目标方程和约束方程②，甚至将它们都考虑为能够在一个具有明确的优先权的优先顺序③中都能被优化的目标方程。例如，所有前者的目标函数和约束方程都能够用目标规划中的目标方程式（10.4）、式（10.5）、式（10.6）和式（10.7）来表示。在这个例子中，最后一个方程［即式（10.7）］的右手边，我们用一个比较大的数（20）作为目标，因为以较高的目标去最小化目标函数的负偏差和最大化目标函数是等价的。

我们用图 10-5～图 10-8 说明这个例子。概念上我们能够将这一解看作成功地缩

---

① 目标规划首先被 Charnes 和 Cooper（1961）想到，这一方法非常有用的特征以及更多的细微改动可以从 Lane（1970）、Lee（1971，1972，1973）、Ignizio（1976）的文章中找到。

② 线性规划问题中的约束条件一般用不等式来具体明确，但是通过引入松弛变量或盈余变量，它们可以被表达为等式的形式。

③ 这里采用了目标规划问题的线性版本；其他形式的目标规划问题，比如在 Lane（1970）或 Cohen（1978）中所建立的规划问题，处理了线性版本在接下来的讨论中所展示出来的很明显的一些局限性，例如在约束很紧的时候。

小了解的可行域的范围直到这个可行域被缩小到一个点，即最优解。

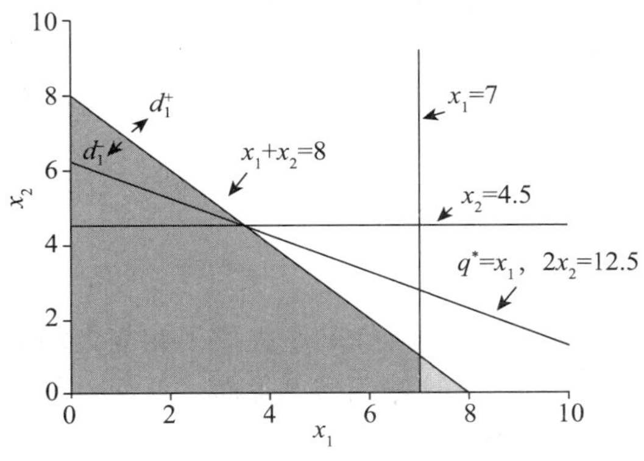

图 10-5　目标规划解：目标 1

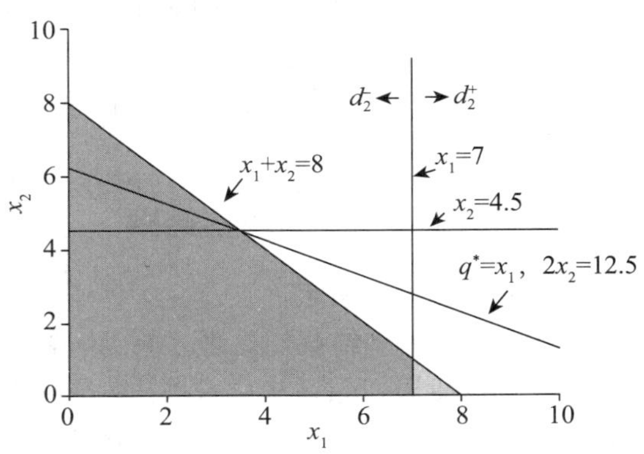

图 10-6　目标规划解：目标 2

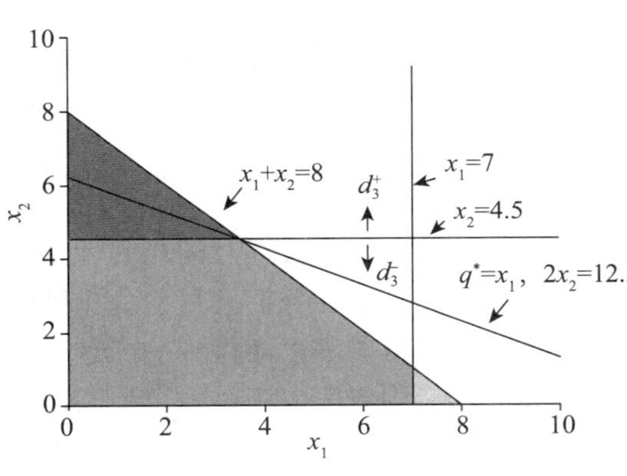

图 10-7　目标规划解：目标 3

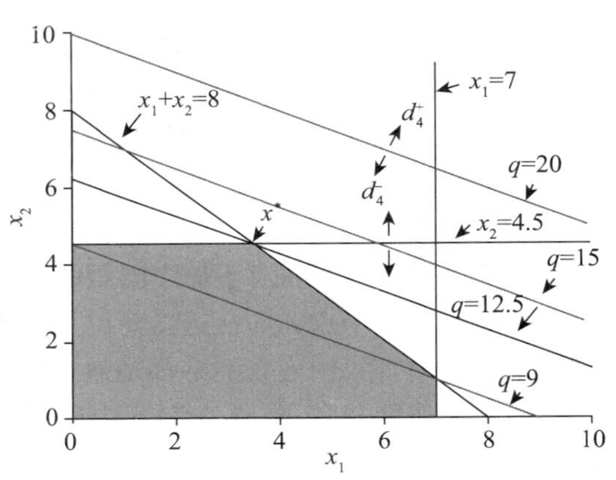

图 10-8　目标规划解：目标 4

● 目标 1：第一个目标是最小化d_1^+。我们能够在式（10.4）中将d_1^+最小化成 0，这样就会将解的可行域从所有x_1和x_2的非负值开始缩小到图 10-5 中直线$x_1+x_2=8$下边的点（阴影区域）。

● 目标 2：第二个目标是最小化d_2^+。我们能够在式（10.5）中将d_2^+最小化成 0，这样就会将解的可行域范围从图 10-5 中的阴影部分（在图中直线$x_1+x_2=8$下边所有的点）缩小到这一阴影区域和直线$x_1=7$左边的区域的交集，如图 10-6 中的深色阴影区域。

● 目标 3：第三个目标是最小化d_3^+。我们能够在式（10.6）中将d_3^+最小化为 0，这样就会将解的可行域从图 10-6 中的阴影部分（优化所有到目前为止的目标）缩小到这一深色阴影部分和直线$x_2=4.5$下边的区域的交集，如图 10-7 所示。

● 目标 4：最后一个目标是最小化d_4^-。我们可以连续测试值 $q=5$，9，12.5，15，20，如果我们能够使得d_4^-变成 0，则 q 将会是 20。然而，在这一个值的情况下我们就违反了几个之前的更高优先等级的目标。最远我们能够到达并且仍然满足更高优先等级的目标值是 $q=12.5$（$d_4^-=7.5$），也就是点$\boldsymbol{x}^*=(3.5，4.5)$，如图 10-8 所示。由于我们这里将目标规划优先等级和相应的线性规划问题的隐含目标和显性目标的顺序设定为一致，所以该目标规划问题和线性规划问题是等价的。然而，如果我们重新设定规划优先等级，其他的解也是可能的。虽然我们会在接下来的广义投入产出规划模型中展示这种操作的灵活性，但是在这里我们将这个问题留给读者，请读者用之前的例子去检验这种情况。

□ 10.4.4 其他观察结果

对目标函数的指定

目标规划模型给我们处理多重目标甚至是有冲突的多重目标问题提供了相当大的灵活性。对线性规划问题从可行域出发寻找最优解。因为就这些偏离变量而言任何点都能够被完全确定，所以在目标规划问题中可行域实质上不是被具体给定的。通过指定一个目标的优先顺序，使这些相互冲突的目标也可能找到一个解。因此，目标的优先顺序决定了问题的最优解，而如何决定优先顺序成了一个最核心和复杂的问题。在实际的政策考量中，经常会有一些相互对立的政策目标，比如说经济增长和环境质量。布莱尔（Blair，1979）运用一个叫作分析分层（Saaty，1980）的方法来确定目标的优先顺序。其他的文献，例如尼茨坎普和德尔夫特（Nijkamp and Delft，1977）以及科恩（Cohen，1978），也提到了更多多重目标的决策方法。

紧约束问题

线性目标函数（和对于那个问题的线性规划问题）的另一个常被提及的局限性是紧约束问题对于一个点如何接近给定的目标是不敏感的。因为至少在我们到目前为止已经建立的方法中，我们建立的解都是通过满足目标的优先次序（顺序）而得到的。这个顺序有时被称作字典顺序。这意味着在解决下一个问题之前必须先完全满足一个更高次序的目标方程。这就会导致不合逻辑的解，特别是在严格约束的问题中。例如，如果就业目标比污染控制目标具有更高的优先次序，那么为了实现就业目标的最后一单位可能要付出一个非常大的污染代价。已经有文献提出了解决这个问题的方法，例如莱恩（Lane，1970）。

算法

对于线性规划问题而言，当变量和方程的数目超出两个之后，解法程序就会变得非常复杂。目标规划问题有多种算法。就像我们刚在例子中看到的一样，目标规划问题通过序贯地导入约束条件找寻最优解。目标规划问题有时候可以被理解为“在约束内部加权”。然而，在我们用图像表示的解中我们并没有区别目标的不同优先等级和同一个优先等级内不同目标之间的差别。在实践中，在同一优先等级中不同目标的解不是被依次决定，而是被同时决定的。线性目标规划问题（至少对本文唯一提到过的这一个类型而言）能够通过一个类似线性规划问题中通常使用的单纯型算法解出（Blair，1979；Lee，1971，1972，1973）。其他的解法在井尼（Ijiri，1965）、科恩 Cohen，1978）和伊格尼西奥（Ignizio，1976）中也有涉及。

□ 10.4.5 广义投入产出问题的应用

让我们再次用例 10.1（广义投入产出规划）来说明目标规划解。约束方程在目标规划的框架下不再被称作约束而被称作目标方程。我们将目标方程之间的联系共称为系统过程函数集：

$$\tilde{x}=Gx=\begin{bmatrix}D\\I-A\end{bmatrix}x=\begin{bmatrix}0.2&0.3\\0.1&0.4\\0.5&1.1\\0.7&0.7\\0.1&0.2\\0.7&-0.2\\-0.1&0.3\end{bmatrix}\begin{bmatrix}10\\10\end{bmatrix}=\begin{bmatrix}5\\5\\16\\14\\3\\5\\2\end{bmatrix}=\begin{bmatrix}x^*\\f\end{bmatrix}$$

这里矩阵 G 的每一部分分别对应能源、环境、就业和经济（列昂惕夫）方程。

图 10－9 描述了这些关系，这些关系是一个不重要的例子，因为右手边的数量是由影响模型决定的。也就是说，能源消耗、污染物排放和就业水平是由 $f=\begin{bmatrix}5\\2\end{bmatrix}$决定的。然而，如果我们可以选择$x^*$ 和 f 的不同取值，问题将会变得十分有趣。如果部门 B 的最终需求增长了，最终需求向量 $f=\begin{bmatrix}5\\10\end{bmatrix}$。同时，能源和环境目标相应地被重新设为 $x^{e*}=\begin{bmatrix}20\\20\end{bmatrix}$，$x^{p*}=\begin{bmatrix}16\\20\end{bmatrix}$，在这里模型追求的目标是不超过这个上限约束。我们将就业目标重设为$x^{l*}=12$，在这里模型追求的目标是不低于这个下限约束。

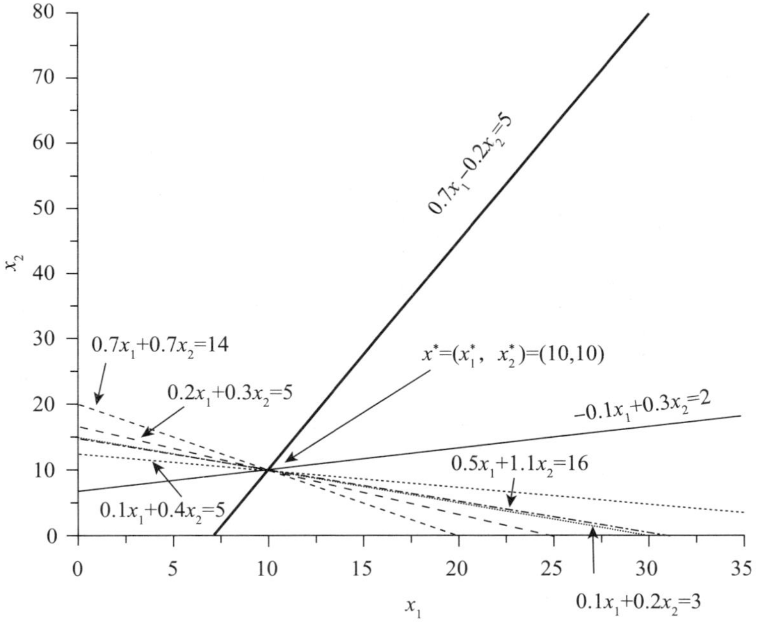

图 10－9　目标规划广义投入产出的初始解

我们的问题可以被重述为以下形式：

$$\tilde{x}=Gx=\begin{bmatrix}D\\I-A\end{bmatrix}x=\begin{bmatrix}0.2 & 0.3\\0.1 & 0.4\\0.5 & 1.1\\0.7 & 0.7\\0.1 & 0.2\\0.7 & -0.2\\-0.1 & 0.3\end{bmatrix}\begin{bmatrix}x_1\\x_2\end{bmatrix}\begin{matrix}\leqslant\\\leqslant\\\leqslant\\\leqslant\\\geqslant\\\geqslant\\\geqslant\end{matrix}\begin{bmatrix}20\\20\\16\\20\\12\\5\\10\end{bmatrix}=\begin{bmatrix}x^*\\f\end{bmatrix}$$

如果转换为一个目标规划问题，则目标方程会变成：

$$0.2x_1+0.3x_2\leqslant 20\rightarrow 0.2x_1+0.3x_2+d_1^--d_1^+=20\text{（最小化 }d_1^+\text{）}\tag{10.8}$$

$$0.1x_1+0.4x_2\leqslant 20\rightarrow 0.1x_1+0.4x_2+d_2^--d_2^+=20\text{（最小化 }d_2^+\text{）}\tag{10.9}$$

$$0.5x_1+1.1x_2\leqslant 16\rightarrow 0.5x_1+1.1x_2+d_3^--d_3^+=16\text{（最小化 }d_3^+\text{）}\tag{10.10}$$

$$0.7x_1+0.7x_2\leqslant 20\rightarrow 0.7x_1+0.7x_2+d_4^--d_4^+=20\text{（最小化 }d_4^+\text{）}\tag{10.11}$$

$$0.1x_1+0.2x_2\geqslant 12\rightarrow 0.1x_1+0.2x_2+d_5^--d_5^+=12\text{（最小化 }d_5^-\text{）}\tag{10.12}$$

$$0.7x_1-0.2x_2\geqslant 5\rightarrow 0.7x_1-0.2x_2+d_6^--d_6^+=5\text{（最小化 }d_6^-\text{）}\tag{10.13}$$

$$-0.1x_1+0.3x_2\geqslant 10\rightarrow -0.1x_1+0.3x_2+d_7^--d_7^+=10\text{（最小化 }d_7^-\text{）}\tag{10.14}$$

我们假定就业处于最高优先等级而其他目标处于比较低的等级，目标函数可以被表示为如下形式：

$$P_1(d_5^-)+P_2(d_6^-+d_7^-)+P_3(d_1^++d_2^+)+P_4(d_3^++d_4^+)\tag{10.15}$$

在同时考虑具有优先次序的目标方程的情况下，我们用图 10－10～图 10－15 展示这个问题的解。

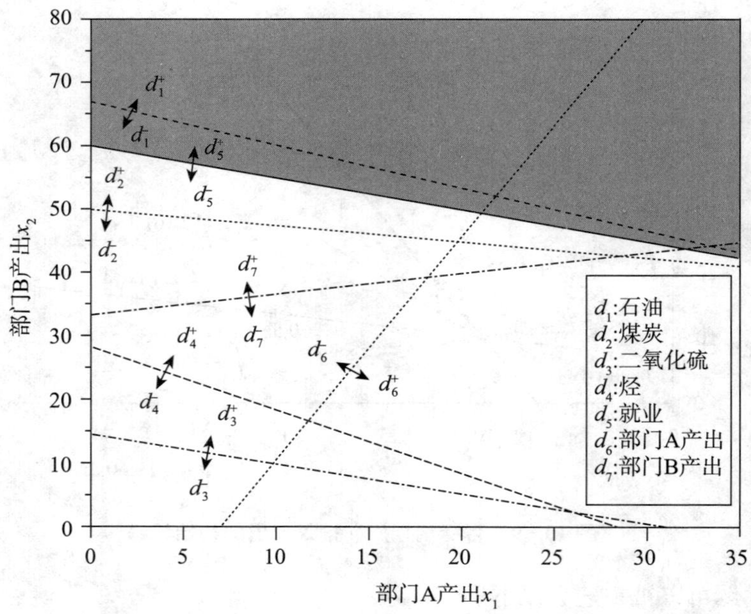

图 10－10　广义投入产出目标规划：例 10.1（目标 1）

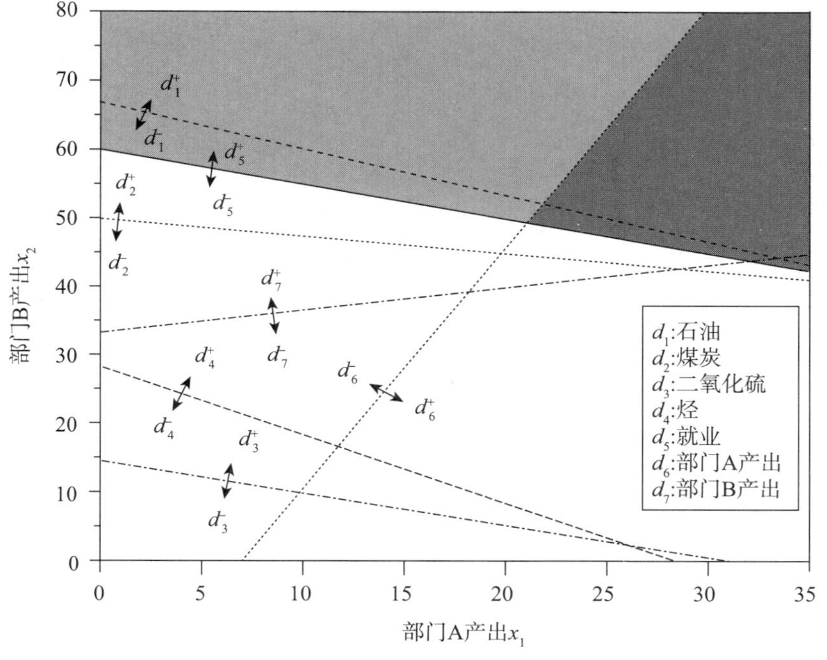

图 10-11　广义投入产出目标规划：例 10.1（目标 2）

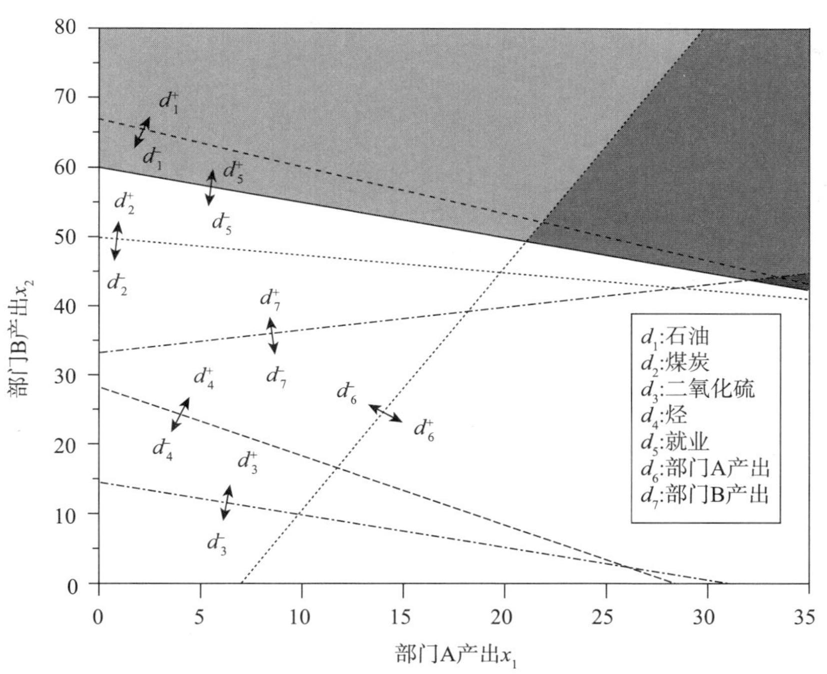

图 10-12　广义投入产出目标规划：例 10.1（目标 3）

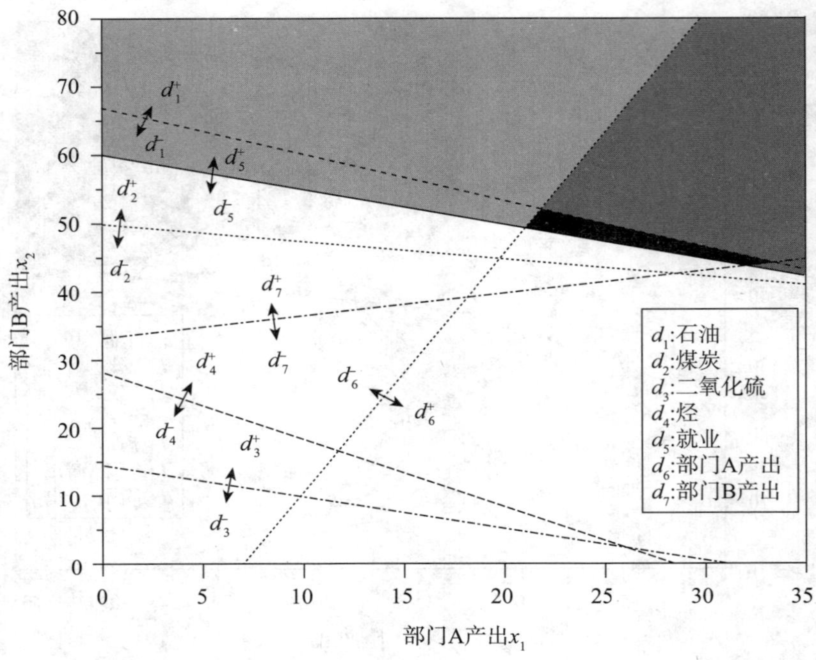

图 10-13　广义投入产出目标规划：例 10.1（目标 4）

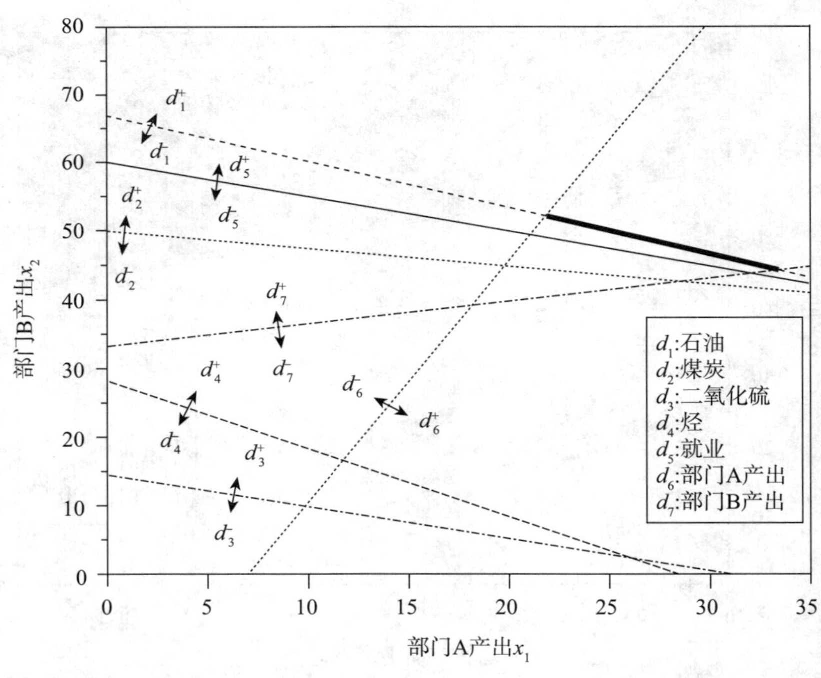

图 10-14　广义投入产出目标规划：例 10.1（目标 5）

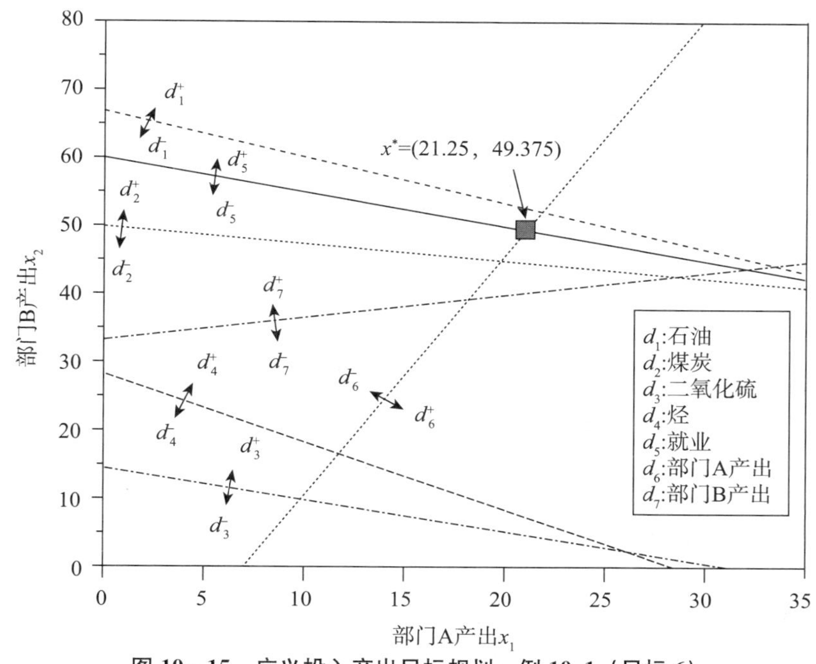

图 10－15　广义投入产出目标规划：例 10.1（目标 6）

● 目标 1：第一个目标是最小化式（10.12）中的d_5^-，这样就会将解的可行域从所有x_1和x_2的非负区域限制到图 10－10 中直线$0.1x_1+0.2x_2=12$ 以上的区域。在式（10.12）中我们能够将d_5^-最小化至 0，即图 10－10 中的阴影部分。

● 目标 2：第二个目标是在目标 1 给出的约束的基础上，最小化式（10.13）中的d_6^-。可行域为直线$0.1x_1+0.2x_2=12$ 之上（最优化目标 1）的区域和直线$0.7x_1-0.5x_2=2$ 右边区域的交集，即图 10－11 中显示的深色阴影区域。因此，我们能够将d_6^-最小化至 0。

目标 3：接下来的目标是在之前给定的约束（优化目标 1 和 2）的基础上最小化式（10.14）中的d_7^-。这样就通过将可行域限制在直线$-0.1x_1+0.3x_2=10$ 以上进一步限制可行域，如图 10－12 中的深色阴影区域所示。

● 目标 4：接下来的目标是在之前给定的约束（优化目标 1、2 和 3）的基础上最小化式（10.8）中的d_1^+。如图 10－13 中的深色阴影区域所示，这样就将可行域限制在直线 $0.2x_1+0.3x_2=20$ 下边的区域。这样我们能够将d_1^+最小化至 0。

● 目标 5：接下来的目标是在之前给定的约束的基础最小化式（10.9）中的d_2^+。如果不对有更高优先权的目标进行妥协，无论用什么方法我们都不能将d_2^+最小化至 0。如图 10－14 中所示，我们的解决方法是将可行域缩减到直线$0.1x_1+0.2x_2=12$ 上的点(其实就是目标 1 所规定的可行域的下界)。

● 目标 6：接下来的一个目标是最小化式（10.10）中的d_3^+。如果不对之前的约束进行妥协，我们也不能将d_3^+降至 0。我们能够得到的最近的解是将可行域限制到图 10－15 中的点$\boldsymbol{x}^*$。

● 目标 7：试图朝着任何一个其他目标移动都会违反某个更高优先次序的目标。因此我们已经找到了目标规划的解，即$\boldsymbol{x}^*=(x_1^*,\ x_2^*)=(21.25,\ 49.375)$。

如果我们改变目标规划中目标函数的优先权次序，当然我们会得到一个不同的解。例如，假设具有最高的优先权的目标是最小化二氧化硫排放，同时我们将最大化就业降低为具有最低优先权的目标。目标规划的目标函数则变成$P_1(d_3^+)+P_2(d_6^-+d_7^-)+P_3(d_1^++d_2^+)+P_4(d_4^+)+P_5(d_5^+)$。新的目标规划问题的解就是点$\mathbf{x}^*=(x_1^*, x_2^*)=(10, 10)$。我们将上述问题留给读者作为一个习题。

□ 10.4.6 政策规划

布莱尔（Blair，1979）在一个叫作政策规划的综合方法中将广义投入产出模型的影响分析与规划分析和目标规划进行了结合。在这个方法中，布莱尔（Blair，1979）定义了一些未来地区能源发展的愿景，并称之为未来情景。这些情景都必须与之前定义的一个广义投入产出系统过程方程集合不冲突。也就是说，每一个关于产业产出、能源消耗、污染排放或是区域就业的未来情景都满足列昂惕夫矩阵的基本特点，并且补充了能源使用、环境污染排放以及区域就业的直接影响系数矩阵。如果这些变量取值与系统过程方程相协调，我们则称这些变量取值的集合为一致情景。

在政策规划中，分层解析[①]的方法被应用于定义偏好情景，这里的偏好情景只是未来情景的简单线性组合。我们采用解析分层方法得出相对权重，这一权重反映了未来情景的相对偏好并被用于计算未来情景的线性组合。偏好情景被用于在规划进程中搜集一些政策制定者或是决策制定者的每一个设想，例如，电力公共事业、政府监管局或者是工业消费者。由于偏好情景是相合情景的线性组合，通过以上的定义可知它们也是一致的［来自布莱尔（Blair，1979）的一个定理］。我们将会在接下来的章节中予以说明。

系统过程方程所定义的变量则被分在了不同的群组里边，不同的政策制定者（或者是其他和规划问题相关的人）对这些群组有着不同程度的影响。解析分层的方法在这里再一次被应用，这一次是为了定义政策制定者对决策变量群组的相对影响权重。复合情景则是通过将所有变量群组汇集到一起，这些变量的值都源自从偏好情景中得到的相关变量值的群组，而获得这些偏好情景的权重考虑到了决策制定者对这些群组的相对影响。然而符合情景不太可能与系统过程方程相合，因为群组的相对权重是独立得到的，并且复合情景也不是一致情景的一个线性组合。我们将通过回顾我们之前的例子来证明这一说法。

在之前的例子（例10.1）中我们定义了一个基本的相合未来情景。这一设想能够在影响分析或者规划分析这两个等价的描述相同情景的方法中表示出来。

影响分析

$$\bar{\mathbf{x}}=\mathbf{H}\mathbf{f}=\begin{bmatrix}\mathbf{D}^*\\ \mathbf{L}\end{bmatrix}\mathbf{f}=\begin{bmatrix}0.47 & 1.32\\ 0.37 & 1.58\\ 1.37 & 4.58\\ 1.47 & 3.32\\ 0.26 & 0.84\\ 1.58 & 1.05\\ 0.53 & 3.68\end{bmatrix}\begin{bmatrix}5\\ 2\end{bmatrix}=\begin{bmatrix}5\\ 5\\ 16\\ 14\\ 3\\ 10\\ 10\end{bmatrix}$$

① 分层解析方法，通常被称为分层解析过程，是一个基于从备用选项的两两比较中得到优先顺序的决策制定的理论和方法；见 Satty（1980）。

规划分析

$$\tilde{x}=\begin{bmatrix}x^*\\ f\end{bmatrix}=Gx=\begin{bmatrix}D\\ (I-A)\end{bmatrix}x=\begin{bmatrix}0.2 & 0.3\\ 0.1 & 0.4\\ 0.5 & 1.1\\ 0.7 & 0.7\\ 0.1 & 0.2\\ 0.7 & -0.2\\ -0.1 & 0.3\end{bmatrix}\begin{bmatrix}10\\ 10\end{bmatrix}=\begin{bmatrix}5\\ 5\\ 16\\ 14\\ 3\\ 5\\ 2\end{bmatrix}$$

我们将三个和不同的可能的未来情景相对应的最终需求向量$\boldsymbol{f}_1$、$\boldsymbol{f}_2$和$\boldsymbol{f}_3$定义为$\boldsymbol{f}_1=\begin{bmatrix}6\\ 3\end{bmatrix}$、$\boldsymbol{f}_2=\begin{bmatrix}2\\ 7\end{bmatrix}$和$\boldsymbol{f}_3=\begin{bmatrix}4.5\\ 4.5\end{bmatrix}$。对于每一个最终需求向量，我们根据$\tilde{\boldsymbol{x}}_i=\boldsymbol{H}\boldsymbol{f}_i$，其中$i=1$，2，3，能够计算出每个情景的广义影响。为了方便，如果我们定义矩阵$\boldsymbol{F}=[\boldsymbol{f}_1\quad \boldsymbol{f}_2\quad \boldsymbol{f}_3]$，这个矩阵的每一列都是一个最终需求向量。接下来，我们可以很容易的定义$\tilde{\boldsymbol{X}}=[\tilde{\boldsymbol{x}}_1\quad \tilde{\boldsymbol{x}}_2\quad \tilde{\boldsymbol{x}}_3]$作为相应的广义影响向量矩阵，这样就可以得到以下表达式：

$$\tilde{X}=HF=[\tilde{x}_1\quad \tilde{x}_2\quad \tilde{x}_3]=\begin{bmatrix}x_1^* & x_2^* & x_3^*\\ \bar{x}_1 & \bar{x}_2 & \bar{x}_3\end{bmatrix}=\begin{bmatrix}6.8 & 10.1 & 8.1\\ 7 & 11.8 & 8.8\\ 21.9 & 34.7 & 26.7\\ 18.8 & 26.1 & 21.6\\ 4.1 & 6.4 & 5\\ 12.6 & 10.5 & 11.8\\ 14.2 & 26.8 & 18.9\end{bmatrix}$$

由于在每一种情况下都是$\boldsymbol{x}_i^*=\boldsymbol{DL}\boldsymbol{f}_i$，其中$i=1$，2，3，这些情景（每个都被矩阵$\tilde{\boldsymbol{X}}$中的一列代表）都是相合的。如果我们定义一个复合情景作为这些未来情景的一个线性组合，则很容易证明这个复合情景也是相合的。例如，如果复合情景$\boldsymbol{f}_c$被定义为未来情景的一个简单的平均，即$\boldsymbol{f}_c=\sum_{i=1}^{3}\beta_i\boldsymbol{f}_i$，这里$\beta_i=1/3$，$i=1$，2，3（注意这里$\sum_{i=1}^{3}\beta_i=1$）。很容易证明$\boldsymbol{x}_c^*=\boldsymbol{DL}\boldsymbol{f}_c$，也就证实了上面定义的复合情景是相合的。布莱尔（Blair，1979）证明这一结论对于任意相合未来情景的线性组合（不仅仅是上面的简单平均）都成立。例如，考虑$\beta_1=0.2$，$\beta_2=0.3$，$\beta_3=0.5$（再次注意这里$\sum_{i=1}^{3}\beta_i=1$，尽管这不是复合情景相合的必要条件）的情况：

$$\tilde{x}_c=Hf_c=H[\beta_1 f_1+\beta_2 f_2+\beta_3 f_3]=H\left(0.2\begin{bmatrix}6\\ 3\end{bmatrix}+0.3\begin{bmatrix}2\\ 7\end{bmatrix}+0.5\begin{bmatrix}4.5\\ 4.5\end{bmatrix}\right)$$

$$=\boldsymbol{H}\begin{bmatrix}4.05\\4.95\end{bmatrix}=\begin{bmatrix}8.4\\9.3\\28.2\\22.4\\5.2\\11.6\\20.4\end{bmatrix}$$

由于 $\boldsymbol{x}=\begin{bmatrix}\boldsymbol{x}^*\\\boldsymbol{x}\end{bmatrix}$，我们可以写成 $\boldsymbol{x}_c=\begin{bmatrix}\boldsymbol{x}_c^*\\\boldsymbol{x}_c\end{bmatrix}$，并且如果 $\boldsymbol{x}_c^*=\boldsymbol{D}\boldsymbol{x}_c$，则前面定义的复合情景是相合的；这一说法对于任何相合未来情景的线性组合都是成立的。

假定我们现在有能源、污染和就业等的情景定义变量群组（如表 10-2）。如果我们定义一个不同的复合情景，这一情景的每一个群组的组合未来情景的相对权重都是不同的。我们很容易证明所得到的复合情景未必是相合的，并且在一般情况下不是相合的。因此我们将情景 $i=1$，2，3 的每一个变量群组的权重定义为 β_i^e、β_i^p 和 β_i^l，而不是 β_1、β_2 和 β_3。其中 e、p 和 l 和之前一样相应地表示能源、污染和就业的变量群组。设这些权重（我们假定经济产出变量在这三种情景中有相同的权重）如表 10-3 所示。

表 10-3　　政策规划：复合情景权重

变量群组		情景		
		$i=1$	$i=2$	$i=3$
能源	e	0.1	0.7	0.2
污染	p	0.8	0.1	0.1
就业	l	0.3	0.2	0.5

为了解释变量群组，我们将每一个未来情景 i 表示为 $\boldsymbol{x}_i=\begin{bmatrix}\boldsymbol{x}_i^e\\\boldsymbol{x}_i^p\\\boldsymbol{x}_i^l\\\boldsymbol{x}_i\end{bmatrix}$ 或是等价地表示为 $\bar{\boldsymbol{x}}_i=\begin{bmatrix}\boldsymbol{x}_i^e\\\boldsymbol{x}_i^p\\\boldsymbol{x}_i^l\\\boldsymbol{f}_i\end{bmatrix}$。因此，我们能够定义一个复合情景反映每个变量群组的不同权重，即：

$$\bar{\boldsymbol{x}}_c=\begin{bmatrix}\sum_{i=1}^{3}\beta_i^e\boldsymbol{x}_i^e\\\sum_{i=1}^{3}\beta_i^p\boldsymbol{x}_i^p\\\sum_{i=1}^{3}\beta_i^l\boldsymbol{x}_i^l\\\sum_{i=1}^{3}\boldsymbol{x}_i\end{bmatrix}=\begin{bmatrix}0.1\begin{bmatrix}6.8\\7.0\end{bmatrix}+0.7\begin{bmatrix}10.1\\11.8\end{bmatrix}+0.2\begin{bmatrix}8.1\\8.8\end{bmatrix}\\0.8\begin{bmatrix}21.9\\18.8\end{bmatrix}+0.1\begin{bmatrix}34.7\\26.1\end{bmatrix}+0.1\begin{bmatrix}26.7\\21.6\end{bmatrix}\\0.3[4.1]+0.2[6.4]+0.5[5]\\1/3\begin{bmatrix}12.6\\14.2\end{bmatrix}+1/3\begin{bmatrix}10.5\\26.8\end{bmatrix}+1/3\begin{bmatrix}11.8\\18.9\end{bmatrix}\end{bmatrix}=\begin{bmatrix}9.4\\10.7\\23.7\\19.5\\5.0\\11.6\\20.0\end{bmatrix}$$

如果我们现在检验这些新的复合情景是不是相合的，我们可以发现它并不是相合的，即 $\boldsymbol{x}_c^* \neq \boldsymbol{D}\boldsymbol{x}_c$：

$$\boldsymbol{x}_c^* = \begin{bmatrix} 9.4 \\ 10.7 \\ 23.7 \\ 19.5 \\ 5.0 \end{bmatrix} \neq \boldsymbol{D}\boldsymbol{x}_c = \begin{bmatrix} 0.2 & 0.3 \\ 0.1 & 0.4 \\ 0.5 & 1.1 \\ 0.7 & 0.7 \\ 0.1 & 0.2 \end{bmatrix} \begin{bmatrix} 11.6 \\ 20.0 \end{bmatrix} = \begin{bmatrix} 8.3 \\ 9.2 \\ 27.8 \\ 22.1 \\ 5.2 \end{bmatrix}$$

通过目标规划可以解决如何定义一个相合的复合情景的问题。目标规划可以被用来找到一个与复合情景尽量接近但完全与系统过程函数相协调的相合情景。文献中包括各种应用于环境问题的扩展投入产出模型框架。除了我们在这里介绍的这种方法之外，决策模型会应用各种不同的多重目标决策制定工具（Hipel，1992）。

□ 10.4.7 生态商品

在先前的讨论和第 9 章中，我们将直接和间接影响，如能源消耗、污染排放和就业，定义为要素，即与工业活动相关的要素。在估算许多环境问题时，我们可能会希望能够区分在工业生产过程中被看作投入的要素，例如能源和就业，以及在工业生产过程中被看作产出的要素，如污染。

我们可能会将所有的这些要素看作一个生态系统的流入和流出，即生态投入和产出商品。更进一步，由于我们能够通过列昂惕夫模型自身充分地分析市场商品（有时需要一定的调整，正如我们在之前章节中所探讨的），我们可以将生态商品的定义限制到非市场原料。

我们在此定义一系列的生态商品投入，例如，水、土地或空气。我们用矩阵 $\boldsymbol{M}=[m_{kj}]$ 表示这些商品的数量，其元素反映了经济生产部门 j 所使用的生态商品 k 的数量。类似地，我们也可定义生态商品产出，例如，二氧化硫空气污染量。令生态商品产出流矩阵为 $\boldsymbol{N}=[n_{kj}]$，其元素代表与部门 j 的产出相联系的生态商品产出 k 的数量。

约翰逊和贝内特（Johnson and Bennett，1981）根据生态商品的来源及最终处置地对它们进行分类。例如，表 10－4 展示经济商品和生态商品的流量。

表 10－4　经济-生态商品流

	产业间交易 消费部门					生态商品产出	
	农业	采掘业	制造业	最终需求	总产出	二氧化硫	碳化氢
生产部门							
农业	1	3	5	3	12	0	1
采掘业	0	2	10	0	12	0	2
制造业	0	2	6	16	24	4	3
生态商品投入							
水	5	4	8				
土地	10	10	1				

为了说明这个例子，我们考虑用货币单位度量产业间交易，同时用物质单位度量生态商品的投入和产出，例如水的英亩-英尺，土地的英亩以及二氧化硫或者碳化氢的吨。在表 10－4 中我们区分生态商品的投入和产出，即 $\boldsymbol{M}$ 和 $\boldsymbol{N}$。同时以 $\boldsymbol{Z}$ 表示产业间交易，$\boldsymbol{f}$ 表示最终需求向量，$\boldsymbol{x}$ 表示总产出向量。

在前面的章节中，我们定义了技术系数矩阵 $\boldsymbol{A}=\boldsymbol{Z}\hat{\boldsymbol{x}}^{-1}$。相似地，我们能够用与之前定义直接影响系数差不多的方式定义生态商品投入和产出系数；因此，我们将生态商品投入系数定义为 $\boldsymbol{R}=\boldsymbol{M}\hat{\boldsymbol{x}}^{-1}$，其中 $\boldsymbol{M}$ 定义了生态商品投入系数矩阵。$\boldsymbol{R}=[r_{kj}]$ 表示部门 j 的一单位产出所需要的生态商品 k 的数量。$\boldsymbol{Q}=\boldsymbol{N}'\hat{\boldsymbol{x}}^{-1}$ 定义了生态商品产出系数，即 $\boldsymbol{Q}=[q_{kj}]$，它表示部门 j 的一单位产出所产生的生态商品 k 的数量。注意到 $\boldsymbol{N}'$ 是生态商品产出流矩阵的转置。用表 10－4 中给出的数据，我们可以得到：

$$\boldsymbol{A}=\boldsymbol{Z}\hat{\boldsymbol{x}}^{-1}=\begin{bmatrix}1&3&5\\0&2&10\\0&2&6\end{bmatrix}\begin{bmatrix}1/12&0&0\\0&1/12&0\\0&0&1/24\end{bmatrix}=\begin{bmatrix}0.083&0.250&0.208\\0&0.167&0.417\\0&0.167&0.250\end{bmatrix}$$

$$\boldsymbol{R}=\boldsymbol{M}\hat{\boldsymbol{x}}^{-1}=\begin{bmatrix}5&4&8\\10&10&1\end{bmatrix}\begin{bmatrix}1/12&0&0\\0&1/12&0\\0&0&1/24\end{bmatrix}=\begin{bmatrix}0.417&0.333&0.333\\0.833&0.833&0.042\end{bmatrix}$$

$$\boldsymbol{Q}=\boldsymbol{N}'\hat{\boldsymbol{x}}^{-1}=\begin{bmatrix}0&0&4\\1&2&3\end{bmatrix}\begin{bmatrix}1/12&0&0\\0&1/12&0\\0&0&1/24\end{bmatrix}=\begin{bmatrix}0&0&0.167\\0.083&0.167&0.125\end{bmatrix}$$

利用上面计算的 $\boldsymbol{R}$ 和 $\boldsymbol{Q}$，总的影响系数（在这种情况下，生态商品投入和产出系数作为最终需求的函数）可以被相应地写成 $\boldsymbol{R}^*=\boldsymbol{R}(\boldsymbol{I}-\boldsymbol{A})^{-1}$ 和 $\boldsymbol{Q}^*=\boldsymbol{Q}(\boldsymbol{I}-\boldsymbol{A})^{-1}$。例如：

$$\boldsymbol{R}^*=\boldsymbol{R}(\boldsymbol{I}-\boldsymbol{A})^{-1}=\begin{bmatrix}0.417&0.333&0.333\\0.833&0.833&0.042\end{bmatrix}\begin{bmatrix}1.091&0.436&0.545\\0&1.350&0.075\\0&0.300&1.500\end{bmatrix}$$

$$=\begin{bmatrix}0.455&0.732&0.977\\0.909&1.501&1.142\end{bmatrix}$$

$$\boldsymbol{Q}^*=\boldsymbol{Q}(\boldsymbol{I}-\boldsymbol{A})^{-1}=\begin{bmatrix}0&0&0.167\\0.083&0.167&0.125\end{bmatrix}\begin{bmatrix}1.091&0.436&0.545\\0&1.350&0.750\\0&0.300&1.500\end{bmatrix}$$

$$=\begin{bmatrix}0&0.050&0.250\\0.011&0.299&0.358\end{bmatrix}$$

$\boldsymbol{R}^*=[r_{ij}^*]$ 中的元素反映了为满足一单位部门 j 的最终需求，直接或间接的生态投入 i 的总量。例如，$r_{11}^*=0.455$ 表明为了满足一单位的农业最终需求需要 0.455 单位的水。类似地，$\boldsymbol{Q}^*=[q_{ij}^*]$ 中的元素反映了为满足一单位部门 j 的最终需求，直接或者间接诱发的生态产出 i 的总量。例如，$q_{23}^*=0.358$ 意味着为了满足一单位的制造业最终需求需要排出 0.358 单位的二氧化硫。

10.5 扩展型列昂惕夫模型

在传统列昂惕夫模型中分析污染产生和处理的另一个简单的方法是在技术系数矩阵中增加污染产生和（或）处理系数。在污染产生的情况下，这些系数反映了每 1 美元总产出所产生的污染。污染处理系数则代表污染处理的投入。列昂惕夫（Leontief，1970）首次提出这一模型。加尧姆（Qayum，1991）以及卢普塔克和博姆（Luptacik and Böhm，1994，1999）则对这一模型做了进一步的发展。

10.5.1 污染产生

表 10－5 呈现了一个两部门投入产出表（最初在第 2 章中提出）。如表 10－6 所示，假定部门 1 的总产出为 1 000 美元，并生产了 50 单位的污染或废弃物（例如，向空气中排放了 50 磅固体污染物）。[①] 部门 2 为了生产 2 000 美元的总产出产生了 80 磅同样的固体污染物。污染或是废弃物产生量除以总产出则得到污染产生或废弃物产生系数，即单位总产出的污染产生或废弃物产生（正如前面章节中的 $\boldsymbol{Q}$ 一样）。

表 10－5　经济-生态商品流：矩阵定义

	产业间交易					生态商品产出	
	消费部门						
	农业	采掘业	制造业	最终需求	总产出	二氧化硫	碳化氢
生产部门							
农业	$\boldsymbol{Z}$			$\boldsymbol{f}$	$\boldsymbol{x}$	$\boldsymbol{N}$	
采掘业							
制造业							
生态商品投入							
水	$\boldsymbol{M}$						
土地							

由于这些污染是一个给定生产过程的产出或副产品，它们可以被解释为“负投入”，在这种情况下我们可能会在生产部门 1 或部门 2 的矩阵 $\boldsymbol{A}$ 的行中用负数计入这些污染。然而，如果我们将污染物的产生理解为对污染物处理服务（例如，废弃物处理服务）的需求，则上述计入方式是没必要的。因此我们用被处理掉的废物的单位或产生的废物的单位来度量废弃物处理服务。

① 当然，这里（并且通常会是这样）会有与任何产生过程相关联的几种不同种类的污染。然而一种单一的污染物已经足以说明这一基本观点。在 Ayres 和 Kneese（1969）、Gutmanis（1975）以及 Leontief 和 Ford（1972）的文章中都提到了将这一方法扩展至涵盖几种污染类型。

表 10-6　　　　污染产生示例：美元交易

		购买部门		最终需求	总产出
		1	2		
销售部门	1	150	500	350	1 000
	2	200	100	1 700	2 000

令 p 表示污染产生，$z_{p1}=50$ 磅表示部门 1 生产了 50 磅的污染；类似地，$z_{p2}=80$ 磅表示部门 2 生产了 80 磅的污染。因此，污染产生系数是$\frac{z_{p1}}{x_1}=a_{p1}=\frac{50}{1\,000}=0.05$，$\frac{z_{p2}}{x_2}=a_{p2}=\frac{80}{2\,000}=0.04$；两个系数的单位都是磅/美元。

假定这些系数所代表的技术关系和其他投入产出分析中的系数一样被尽可能稳定地保留了下来，对于任意给定的x_1和x_2的值，释放到空气中的固体污染物的总数x_p可以被给定为$x_p=a_{p2}x_1+a_{p2}x_2$，或者在本例中$x_p=0.05\,x_1+0.04\,x_2$。

我们可以用广义的两部门模型计算污染产出。传统模型为：

$$\begin{aligned}&(1-a_{11})x_1-a_{12}x_2=f_1\\&-a_{21}x_1+(1-a_{22})x_2=f_2\end{aligned}\tag{10.16}$$

通过加入一个新的变量x_p（它不会出现在前两个方程中）和一个新的方程，我们可以得到如下方程组：

$$\begin{aligned}&(1-a_{11})x_1-a_{12}x_2+0\,x_p=f_1\\&-a_{21}x_1+(1-a_{22})x_2+0\,x_p=f_2\\&-a_{p1}x_1-a_{p2}x_2+x_p=0\end{aligned}$$

或者，如用矩阵形式表示，则有：$\begin{bmatrix}(1-a_{11}) & -a_{12} & 0\\ -a_{21} & (1-a_{22}) & 0\\ -a_{p2} & -a_{p2} & 1\end{bmatrix}\begin{bmatrix}x_1\\x_2\\x_p\end{bmatrix}=\begin{bmatrix}f_1\\f_2\\0\end{bmatrix}$。我们通过加入一行污染产生系数和一列零向量扩展了原始矩阵（$\boldsymbol{I}-\boldsymbol{A}$）。同时向量 $\boldsymbol{x}$ 和 $\boldsymbol{f}$ 也被适当地扩展了。将这个扩展的系数矩阵表示为（$\boldsymbol{I}-\boldsymbol{A}_p$）。实际上，这个处理方式和加入家庭部门的封闭列昂惕夫模型是类似的，就像我们之前在第 2 章中所做的一样。

实际上这使得我们可以在给定最终需求f_1和f_2的情况下，与x_1和x_2一起计算污染产生量x_p。当然，这个计算也可以分两步完成：第一步利用之前的式（10.16）解得x_1和x_2，然后第二步用x_1、x_2和直接影响系数矩阵，通过第 10.3 节中的式（10.1）估计x_p。

利用扩展的逆矩阵、第 2.3 节的例子中的数据（特别是数值例子：虚拟数值——方法Ⅰ）以及假设的a_{p1}和a_{p2}的值，我们可以得到：

$$\begin{bmatrix}x_1\\x_2\\x_p\end{bmatrix}=\begin{bmatrix}0.85 & -0.25 & 0\\-0.20 & 0.95 & 0\\-0.05 & -0.04 & 1\end{bmatrix}\begin{bmatrix}600\\1\,500\\0\end{bmatrix}$$

如果我们为这个数值例子计算逆矩阵，我们发现原始矩阵（$\boldsymbol{I}-\boldsymbol{A}$）$^{-1}$的元素仍然出现在扩展逆矩阵 $(\boldsymbol{I}-\boldsymbol{A}_p)^{-1}$ 的左上方区域。这个新的逆矩阵是 $(\boldsymbol{I}-\boldsymbol{A}_p)^{-1}=\left(\frac{1}{0.785}\right)\begin{bmatrix}0.950 & 0.250 & 0\\0.200 & 0.850 & 0\\0.055 & 0.046 & 0.758\end{bmatrix}$ 或 $(\boldsymbol{I}-\boldsymbol{A}_p)^{-1}=\begin{bmatrix}1.254 & 0.330 & 0\\0.264 & 1.122 & 0\\0.073 & 0.061 & 1\end{bmatrix}$。因此 $\begin{bmatrix}x_1\\x_2\\x_p\end{bmatrix}=\begin{bmatrix}1.254 & 0.330 & 0\\0.264 & 1.122 & 0\\0.073 & 0.061 & 1\end{bmatrix}\begin{bmatrix}600\\1\ 500\\0\end{bmatrix}$。因此在满足最终需求 $f_1=600$ 和 $f_2=1\ 500$ 的条件下所产生的污染是 $x_p=0.073\times600+0.061\times1\ 500=43.80+91.50=135.30$ 磅。四舍五入成整数得 $44+92=136$ 磅。

显然地，我们之前的计算得到 $x_1=1\ 247$ 和 $x_2=1\ 842$，并且有污染产生系数（$a_{p1}=0.05$ 和 $a_{p2}=0.04$），所以由这一产出所导致的污染可以直接简单地被计算出来，即 $x_p=0.05\times1\ 247+0.04\times1\ 842=62.35+73.68=136.03$。再一次四舍五入到整数可以得到 $62+74=136$ 磅［两种方法所得到的结果不同，是由于在计算 $(\boldsymbol{I}-\boldsymbol{A}_p)$ 的逆矩阵时产生了四舍五入的误差］。

由于计算 $(\boldsymbol{I}-\boldsymbol{A}_p)$ 的逆矩阵包含了一些额外的计算，我们希望利用这一逆矩阵的方法能够有一些优势，而且它的确有优势。它使得我们能够将污染的产生归咎于最终使用者。这些最终使用者的需求，f_1 和 f_2，对生产负责。矩阵 $(\boldsymbol{I}-\boldsymbol{A}_p)^{-1}$ 最下面一行的前两个元素就含有丰富的含义；部门 1 的一单位最终需求导致 0.073 磅的污染产生，部门 2 的一单位最终需求导致 0.061 磅的污染产生。因此在 136 磅的污染当中，f_1 是 44 磅污染产生的原因而 f_2 是 92 磅污染产生的原因。需要注意的是，从生产者的视角来看，部门 1 的总产出 x_1 生产了 62 磅污染；部门 2 的总产出 x_2 则是剩下的 74 磅污染产生的原因。污染产生的责任分配取决于我们是从生产（供给）方的视角来看还是从最终消费（需求）方的视角来看。部门 1 总产出 100 美元的缩减将会减少 5 磅的固体污染物；部门 1 总需求的 100 美元的缩减则会减少 7.33 磅的固体污染物。

就某些环境政策而言，将责任归结于最终消费者而不是生产者是有意义的。矩阵 $(\boldsymbol{I}-\boldsymbol{A}_p)^{-1}$ 最下面一行的“污染乘子”揭示了最终需求对污染的影响。它的政策含义是：例如，政府可以通过征收消费税降低消费者的最终需求，以此降低污染物排放。①

□ 10.5.2　污染物处理

利用相似的方法，我们可以通过在矩阵中加入一行或多行，从而在列昂惕夫框架中引入污染物削减或废物处理。新加入的一行或多行代表一个或多个新的部门，这个部门的功能是减少或消除污染。考虑这样一个部门，它的行代表污染产生，而它的列系数（除了最后一个）将代表污染处理的技术过程投入。如果这个过程自身也产生额外的污染，它将会在污染产生的行中以一个系数的形式出现。现在令 x_p 代表污染处理总量。如果所有的污染都被处理掉了，相关的方程组将会是：

$$(1-a_{11})x_1-a_{12}x_2-a_{1p}x_p=f_1$$

① Chatterji（1975）对扩展的列昂惕夫模型进行了进一步扩展以融入平衡区域模型的概念，之前第 3 章已经讨论过这个概念了。

$$-a_{21}x_1+(1-a_{22})x_2-a_{2p}x_p=f_2 \tag{10.17}$$
$$-a_{p1}x_1-a_{p2}x_2+(1-a_{pp})x_p=0$$

系数a_{1p}和a_{2p}代表为了除去污染从其他部门进行的投入，第三个方程简单地将污染产生和消除的总和定义为$x_p=a_{p1}x_1+a_{p2}x_2+a_{pp}x_p$。

将所有的污染全部消除在技术或者经济上都是不可行的，令x_p表示被消除的总数，f_p表示没有被消除的总数（因此，在某些方面，如果不是确切地“被需求”，则是可以被社会容忍的）。与传统列昂惕夫模型中的中间产出类似，产生的污染的总数是$a_{p1}x_1+a_{p2}x_2+a_{pp}x_p$。我们必须减去被容忍的污染的总数（加上一个负值$f_p$）来计算出被消除的总污染$x_p$。则式（10.17）中的第三个方程将会是$-a_{p1}x_1-a_{p2}x_2+(1-a_{pp})x_p=-f_p$。因此式（10.17）中的关系将会变成：

$$(1-a_{11})x_1-a_{12}x_2-a_{1p}x_p=f_1$$
$$-a_{21}x_1+(1-a_{22})x_2-a_{2p}x_p=f_2$$
$$-a_{p1}x_1-a_{p2}x_2+(1-a_{pp})x_p=-f_p$$

而且产生的污染的总数将会是$x_p+f_p=a_{p1}x_1+a_{p2}x_2+a_{pp}x_p$。

例 10.2：污染活动的扩展型列昂惕夫模型

我们讨论表 10－7 所给出的包含污染水平的流量表。流量表的行和表示中间投入的总和与污染产生的总和。最终需求列则代表经济部门的总需求与被社会容忍的污染总数（被作为一个负数计入）。由于x_p是被消除的污染总数，因此$x_p=6$ 应该等于污染产生的总数（$z_{p1}=5$ 加上$z_{p2}=4$，即 9 单位）减去被容忍的总数（在表中被记为$-f_p=-3$）。

表 10－7　　投入产出流量：扩展的污染模型的一个例子

	制造业	服务业	污染消除	中间产出	最终需求	总产出
制造业	15	25	0.6	40.6	59.4	100
服务业	20	5	1.2	26.2	73.8	100
污染产生	5	4	0	9	−3	6

通过将被容忍的污染记为负的最终需求允许我们保留列昂惕夫模型的特点，即中间产出加最终需求等于污染部门的总产出（或是经济部门的总产出）。需要注意的是，在这个例子中，我们假定污染消除部门在消除从其他部门和最终需求中产生的污染的过程中不再产生污染（$a_{pp}=0$）。

对于这个例子：

$$\mathbf{A}_p=\begin{bmatrix}15 & 25 & 0.6\\25 & 5 & 1.2\\5 & 4 & 0\end{bmatrix}\begin{bmatrix}\frac{1}{100} & 0 & 0\\0 & \frac{1}{100} & 0\\0 & 0 & \frac{1}{6}\end{bmatrix}=\begin{bmatrix}0.15 & 0.25 & 0.10\\0.25 & 0.05 & 0.20\\0.05 & 0.04 & 0\end{bmatrix}$$

这个矩阵的最后一行（即污染产生行）表明经济部门即制造部门和服务部门的单位总产出相

应地产生了 0.05 单位和 0.04 单位的污染，因此$(\boldsymbol{I}-\boldsymbol{A}_p)=\begin{bmatrix}0.85 & -0.25 & -0.10\\ -0.20 & 0.95 & -0.20\\ -0.05 & -0.04 & 0\end{bmatrix}$以

及$\boldsymbol{x}_p=(\boldsymbol{I}-\boldsymbol{A}_p)^{-1}\boldsymbol{f}_p=\begin{bmatrix}1.630 & 1.806 & 0.195\\ 0.283 & 1.138 & 0.256\\ 0.075 & 0.063 & 1.020\end{bmatrix}\begin{bmatrix}59.4\\ 73.8\\ -3.0\end{bmatrix}=\begin{bmatrix}100\\ 100\\ 6\end{bmatrix}$

□ 10.5.3 非负解的存在性

在第 2 章中我们展示了在列昂惕夫模型中对于一个给定的最终需求（正向量）的一系列保证计算的总产出是非负解的条件，即霍金斯-西蒙条件。与传统的列昂惕夫框架相比，环境投入产出模型的非负解的存在性条件更加重要。附加污染产生或者污染消除部门的扩展型列昂惕夫模型的非负解的存在性条件能够直接从原始的霍金斯-西蒙条件中获得。

引入污染产生和消除的简单扩展模型可以用矩阵形式表示为：

$$\begin{bmatrix}1-a_{11} & -a_{12} & -a_{1p}\\ -a_{21} & 1-a_{22} & -a_{2p}\\ -a_{p1} & -a_{p2} & 1-a_{pp}\end{bmatrix}\begin{bmatrix}x_1\\ x_2\\ x_p\end{bmatrix}=\begin{bmatrix}f_1\\ f_2\\ -f_p\end{bmatrix}$$

根据它们子矩阵的组成我们可以将这一关系重新写成：

$$\begin{bmatrix}1-a_{11} & -a_{12}\\ -a_{21} & 1-a_{22}\end{bmatrix}\begin{bmatrix}x_1\\ x_2\end{bmatrix}+\begin{bmatrix}-a_{1p}\\ -a_{2p}\end{bmatrix}x_p=\begin{bmatrix}f_1\\ f_2\end{bmatrix}$$

$$\begin{bmatrix}-a_{p1} & -a_{p2}\end{bmatrix}\begin{bmatrix}x_1\\ x_2\end{bmatrix}+(1-a_{pp})x_p=-f_p$$

注意到在第一个方程中我们能够辨别出这个 2×2 的子矩阵$\begin{bmatrix}1-a_{11} & -a_{12}\\ -a_{21} & 1-a_{22}\end{bmatrix}$就是简单的（$\boldsymbol{I}-\boldsymbol{A}$）矩阵，即还没有加入污染产生和消除部门的列昂惕夫矩阵。我们可以假定（$\boldsymbol{I}-\boldsymbol{A}$）矩阵是满足霍金斯-西蒙条件的。重新排列上述第一个方程中的子矩阵我们可以得到$\begin{bmatrix}\boldsymbol{x}_1\\ \boldsymbol{x}_2\end{bmatrix}=(\boldsymbol{I}-\boldsymbol{A})^{-1}\left\{\begin{bmatrix}f_1\\ f_2\end{bmatrix}+\begin{bmatrix}a_{1p}\\ a_{2p}\end{bmatrix}x_p\right\}$。我们想要证明保证向量$\boldsymbol{x}=\begin{bmatrix}x_1\\ x_2\end{bmatrix}$的所有元素都为正的条件。由于我们假定（$\boldsymbol{I}-\boldsymbol{A}$）矩阵自己满足霍金斯-西蒙条件，所以（$\boldsymbol{I}-\boldsymbol{A}$）$^{-1}$的所有元素都是正的。此外，$\boldsymbol{f}=\begin{bmatrix}f_1\\ f_2\end{bmatrix}$是正的最终需求向量，并且由于$a_{1p}$和$a_{2p}$代表其他部门对污染部门的投入，它们同样是非负的。因此当x_p是非负的时候向量 $\boldsymbol{x}$ 的所有元素都是非负的。x_p非负的条件可以通过重新整理第二个方程来得到：

$$x_p=(1-a_{pp})^{-1}\left\{\begin{bmatrix}a_{p1} & a_{p2}\end{bmatrix}\begin{bmatrix}x_1\\ x_2\end{bmatrix}-f_p\right\}$$

正如之前讨论过的那样，a_{pp}是描述和污染消除活动有关的污染产生的技术系数；因此它是非负的。因此如果a_{pp}满足$a_{pp}<1$，即污染消除部门所产生的污染的总数比它消除的污染总数少，则（$1-a_{pp}$）以及$\frac{1}{(1-a_{pp})}$是非负的。最后，如果$\begin{bmatrix} a_{p1} & a_{p2} \end{bmatrix}\begin{bmatrix} x_1 \\ x_2 \end{bmatrix}-f_p$是非负的，即$\begin{bmatrix} a_{p1} & a_{p2} \end{bmatrix}\begin{bmatrix} x_1 \\ x_2 \end{bmatrix}>f_p$，则$x_p$将会是非负的。正如之前定义的一样，$f_p$代表没有消除或者是被容忍的污染的总数，这一总数被定义为是非负的。系数a_{p1}和a_{p2}相应地给出了每一单位产出x_1和x_2所产生的污染，这一系数也被定义为是非负的。这样就简单地暗示x_p将会是正的；因此，当在经济中产生的污染的总数大于被容忍的总数时，霍金斯-西蒙条件对于扩展模型也是满足的。更加一般地，这也表明对于被污染的区域（即本地污染超出被容忍的水平）而言，这一扩展模型满足霍金斯-西蒙条件。如果这一条件不满足，则这一扩展是没有必要的。

例 10.2（重提）：污染活动的扩展型列昂惕夫模型

我们可以通过扩展例 10.2 中给定的列昂惕夫模型得到：

$$\begin{bmatrix} x_1 \\ x_2 \end{bmatrix}=\begin{bmatrix} 1.254 & 0.330 \\ 0.264 & 1.122 \end{bmatrix}\left\{\begin{bmatrix} f_1 \\ f_2 \end{bmatrix}+\begin{bmatrix} 0.1 \\ 0.2 \end{bmatrix}x_p\right\}\text{及}x_p=(1.0)\left\{\begin{bmatrix} 0.05 & 0.04 \end{bmatrix}\begin{bmatrix} x_1 \\ x_2 \end{bmatrix}-f_p\right\}$$

显然（$\boldsymbol{I}-\boldsymbol{A}$）单独满足霍金斯-西蒙条件（与第 2 章中定义的一样），即$|\boldsymbol{I}-\boldsymbol{A}|=0.757\,5>0$，$1-a_{11}=0.15>0$以及$1-a_{22}=0.05>0$。因此，正如前面证明的一样，$(\boldsymbol{I}-\boldsymbol{A})^{-1}$的所有元素都是非负的。这本例中$a_{pp}=0$，因此$1-a_{pp}=1$。这样，这一元素也满足霍金斯-西蒙条件。由于（$1-a_{pp}$）$>0$，这将保证污染消除部门能够消除比它产生的污染更多的污染。由于（$1-a_{pp}$）是非负的，如果$\begin{bmatrix} a_{p1} & a_{p2} \end{bmatrix}\begin{bmatrix} x_1 \\ x_2 \end{bmatrix}>f_p$，或者对于本例这种情况$\begin{bmatrix} 0.05 & 0.04 \end{bmatrix}\begin{bmatrix} x_1 \\ x_2 \end{bmatrix}>f_p$，所得出的$x_p$将会是非负的。以下我们将说明这一条件的内涵意义。扩展型列昂惕夫矩阵的逆存在，即$(\boldsymbol{I}-\boldsymbol{A}_p)^{-1}=\begin{bmatrix} 1.630 & 1.806 & 0.195 \\ 0.283 & 1.138 & 0.256 \\ 0.075 & 0.063 & 1.020 \end{bmatrix}$。考虑由两个最终需求向量$\boldsymbol{f}_p^{\mathrm{I}}=\begin{bmatrix} 1.0 \\ 1.0 \\ -0.1 \end{bmatrix}$以及$\boldsymbol{f}_p^{\mathrm{II}}=\begin{bmatrix} 1.0 \\ 1.0 \\ -0.5 \end{bmatrix}$所决定的情况Ⅰ和情况Ⅱ。

情况Ⅰ中各个最终需求均为 1 而可容忍的污染水平为 0.1。情况Ⅱ中各个最终需求均为 1 而可容忍的污染水平为 0.5。相对应的$\boldsymbol{x}_p^{\mathrm{I}}$和$\boldsymbol{x}_p^{\mathrm{II}}$为：$\boldsymbol{x}_p^{\mathrm{I}}=(\boldsymbol{I}-\boldsymbol{A}_p)^{-1}\boldsymbol{f}_p^{\mathrm{I}}=\begin{bmatrix} 1.591 \\ 1.395 \\ 0.035 \end{bmatrix}$以及$\boldsymbol{x}_p^{\mathrm{II}}=(\boldsymbol{I}-\boldsymbol{A}_p)^{-1}\boldsymbol{f}_p^{\mathrm{II}}=\begin{bmatrix} 1.513 \\ 1.293 \\ -0.373 \end{bmatrix}$。在情况Ⅱ中，$x_p=-0.373$，消除的污染的总数是负的。这很难解释，它违反了霍金斯-西蒙条件。更特别的是，回顾之前定义的子矩阵方程条件，对于情况Ⅰ，$\begin{bmatrix} a_{p1} & a_{p2} \end{bmatrix}\begin{bmatrix} x_1 \\ x_2 \end{bmatrix}>f_p$或者$\begin{bmatrix} 0.05 & 0.04 \end{bmatrix}\begin{bmatrix} 1.591 \\ 1.395 \end{bmatrix}=$

0.135>0.1。对于情况Ⅱ，我们有 $\begin{bmatrix} a_{p1} & a_{p2} \end{bmatrix}\begin{bmatrix} x_1 \\ x_2 \end{bmatrix} < f_p$ 或者 $\begin{bmatrix} 0.05 & 0.04 \end{bmatrix}\begin{bmatrix} 1.513 \\ 1.293 \end{bmatrix} = 0.127 < 0.5$。在情况Ⅰ中产生的污染的总量是 0.135 单位，这一数值大于能被社会容忍的 0.1 单位。然而在情况Ⅱ中，污染产生的总量是 0.127 单位，这一数值小于能被社会容忍的 0.5 单位。因此霍金斯-西蒙条件没有被满足，即 x_p 可能会是负的。如果非负条件不被满足，扩展的模型是没必要的。$x_p = -0.373$ 表明在情况Ⅱ中产生的污染的总数 0.373 要小于能被容忍的污染的总数。

我们在这里只讨论只有一个污染变量的情况，我们的框架能够很容易地被扩展到有几种污染的情形（Ayres，1978）。更多的关于扩展型列昂惕夫模型的评论和改善在弗利克（Flick，1974）、斯蒂恩格（Steenge，1978）、李（Lee，1982）、陈（Chen，1973）以及瑞伊和米拉沃夫斯基（Rhee and Miranowski，1984）中都有给出。

最后，回收利用的可能性（当然只是对一些特定种类的污染是可行的）可以通过改变系数矩阵中的污染产生行被纳入模型中。例如，由于部门 2 有利用一些废弃物当作生产投入的能力，部门 2 一单位的总产出只产生一半的污染（例如 a_{p2} 可能是 0.02 而不是 0.04）。另外，我们可以引入全新的回收利用部门。它们的产出将会是回收利用这一过程的产品（如废金属）；它们的投入将会来自其他生产性部门和废弃物产生部门的采购。

10.6 经济生态模型

第 10.2 节介绍了生态商品的概念，它被定义为生产过程利用的非市场产品或者在生产过程中排出的非市场产品。根据这个定义，我们可以很容易地将商品×产业核算的概念扩展到与环境有关的活动中，以分析生态商品。而且，就像我们在上一部分处理污染及消除污染的时候所做的一样，我们可以构造“生态子矩阵”，并将其与经济矩阵相连接。这个处理方法类似于区域间投入产出模型连接区域的方法。这种模型常被称为完全整合模型。

□ 10.6.1 完全整合模型

达利（Daly，1968）和伊萨德（Isard et al.，1972）都发展了类似的依此技术路线将环境活动纳入投入产出框架的方法。两种方法都在经济活动内部和环境活动内部以及二者之间定义了流量矩阵。如表 10－8 所示，交易可以被分组到四个基本的子矩阵中；对角线子矩阵表明了经济和生态系统内部的流量，非对角线子矩阵表明了经济和生态系统之间的流量，反之亦然。

表 10－8　　经济-生态模型的基本结构

	产业	生态过程
产业	在经济部门之间的流量	从产业到生态系统的流量
生态过程	从生态系统到产业的流量	生态系统内部的流量

达利的版本采用了一个高度加总的产业对产业的经济子矩阵（表 10-8 中左上方的子矩阵）和生态系统过程的分类。它包括生命过程，例如植物和动物，以及非生命过程，例如在大气中的化学反应。伊萨德等承认生态副产品的存在，如污染产生，这与传统列昂惕夫模型中的纯部门假定是不相容的。

伊萨德等采取了第 5 章所描述的商品×产业核算表，这一核算允许单个产业生产的多种商品（经济的和生态的）的核算。伊萨德等的模型中的技术系数矩阵是直接用技术数据估计得到的，但是由于这一个模型并没有被真正地应用，这样的估计数据的适用性是非常难判断的。理查森（Richardson，1972）、维克托（Victor，1972）和伊萨德（Isard et al.，1972）更为详细地讨论了这一方法的优势和局限性。生态系统子矩阵的数据的可得性是最难的。

□ 10.6.2 限制的经济生态模型

维克托（Victor，1972）限制了伊萨德等的完全整合经济-生态模型的范围，仅解释从环境进入经济的生态商品以及从经济进入环境的废物生产。因此，通过限制分析的范围，这些数据通常是可行的，模型也能够在较容易的情况下被应用。基本的核算框架在表 10-9 中以表格的形式给出。

表 10-9　限制的商品×产业经济-生态模型

	经济子系统			生态系统		
	商品	产业	最终需求	总产出	商品	
商品		$\boldsymbol{U}$	$\boldsymbol{e}$	$\boldsymbol{q}$	$\boldsymbol{R}$	
产业	$\boldsymbol{V}$			$\boldsymbol{x}$		
增加值		$\boldsymbol{v}'$	GNP			
总产出	$\boldsymbol{q}'$	$\boldsymbol{x}'$				
经济商品		$\boldsymbol{X}$				

表 10-9 是常用的商品×产业格式，但是通过生态投入（$\boldsymbol{T}$）的行以及生态产出（$\boldsymbol{R}$）的列进行了扩展，子矩阵被定义为如下形式。

经济子系统

$\boldsymbol{U}=[u_{ij}]$是经济的“使用”矩阵；u_{ij} 代表被产业部门 j 使用的经济商品 i 的总数。对于 n 个产业以及 m 个商品，$\boldsymbol{U}$ 是 $m\times n$ 的。$\boldsymbol{V}=[v_{ij}]$是经济的“制造”矩阵；v_{ij} 代表产业部门 i 所生产的经济商品 j 的总数，$\boldsymbol{V}$ 是 $m\times n$ 的。经济商品的最终需求向量是 $\boldsymbol{e}=[e_i]$。经济商品总产出向量是 $\boldsymbol{q}=[q_i]$，其中 $\boldsymbol{q}$ 是 $m\times 1$ 的。产业增加值投入向量是$\boldsymbol{v}'=[v_j]$；$\boldsymbol{v}_j$ 代表产业 j 总的增加值投入，$\boldsymbol{v}'$是 $1\times n$ 的（我们注意到之前 $\boldsymbol{v}$ 被当作传统的增加值，$\boldsymbol{V}$ 表示在商品×产业模型中的制造矩阵）。最后，和以前一样，产业总产出向量是$\boldsymbol{x}=[x_j]$；x_j 代表产业 j 的总产出；$\boldsymbol{x}$ 是 $n\times 1$ 的。注意所有经济系统的这些子矩阵都在第 5 章讨论商品×产业核算的时候给出过定义。

生态子系统

$\boldsymbol{R}=[r_{ik}]$是经济商品的生态商品产出矩阵；r_{ik} 是经济商品 i 生产过程中所产生的生态商品 k 的数量；如果有 l 种生态商品，$\boldsymbol{R}$ 是 $m\times l$ 的。$\boldsymbol{T}=[t_{kj}]$是产业的生态商品投入矩阵；t_{kj} 是产业 j 所使用的生态商品 k 的数量；$\boldsymbol{T}$ 是 $l\times n$ 的。

商品×产业

正如在第 4 章中所提到的那样，通过传统的商品×产业核算，我们有 $\boldsymbol{B}=\boldsymbol{U}\hat{\boldsymbol{x}}^{-1}$，其中 $\boldsymbol{B}=[b_{ij}]$ 是产业的经济商品直接投入矩阵；b_{ij} 是产业 j 一单位总产出所需要的经济商品 i 的投入；$\boldsymbol{B}$ 是 $m\times n$ 的。我们也可以从第 4 章和第 5 章中得到矩阵 $\boldsymbol{C}=\boldsymbol{V}'\hat{\boldsymbol{x}}^{-1}$，其中 $\boldsymbol{C}=[c_{ij}]$ 是产业产出比例矩阵；c_{ij} 是产业 j 的产品中商品 i 的比例；$\boldsymbol{C}$ 是 $m\times n$ 的。

通过扩展这一核算系统引入生态商品，我们能够定义 $\boldsymbol{G}=\boldsymbol{T}\hat{\boldsymbol{x}}^{-1}$，其中 $\boldsymbol{G}=[g_{kj}]$ 是生态商品的投入系数矩阵；$g_{kj}=\dfrac{t_{kj}}{x_j}$ 是产业 j 一单位总产出所需的生态商品 k 的投入；$\boldsymbol{G}$ 是 $l\times n$ 的。

例 10.3：限制的经济-生态模型

为了说明维克托的方法，我们回顾一下在前面第 10.3 节的例子中给出的商品×产业核算。我们为这个体系附加上生态商品的核算。它其实就是经济商品的生态商品产出（$\boldsymbol{R}$）和表 10－10 中产业的生态商品投入（$\boldsymbol{T}$）。

表 10－10　　经济-生态模型：例 10.3

	商品		产业		最终需求	总产出	生态商品	
	A	B	A	B			二氧化硫	水
商品			$\boldsymbol{U}$		$\boldsymbol{f}$	$\boldsymbol{q}$	$\boldsymbol{R}$	
A			10	10	80	100	0	9
B			10	7	83	100	0	0
产业	$\boldsymbol{V}$					$\boldsymbol{x}$		
A	90	0				90		
B	10	100				110		
增加值			$\boldsymbol{v}'$		GNP			
			70	93	163			
总投入	$\boldsymbol{q}'$		$\boldsymbol{x}'$					
	100	100	90	110		200		
			$\boldsymbol{T}$					
二氧化硫			0	0				
水			10	7				

为了说明这些，我们考虑第 5 章中描述的产业技术模型。这意味着我们假定一个产业以固定比例消耗经济（以及生态）商品的投入。既然这样，我们需要计算出商品投入比例矩阵 $\boldsymbol{D}$，以及产业的经济商品直接投入矩阵，即 $\boldsymbol{B}=\boldsymbol{U}\hat{\boldsymbol{x}}^{-1}=\begin{bmatrix}0.111 & 0.091\\0.111 & 0.064\end{bmatrix}$，而且 $\boldsymbol{D}=\boldsymbol{V}\hat{\boldsymbol{q}}^{-1}=\begin{bmatrix}0.9 & 0\\0.1 & 1\end{bmatrix}$。因此，与之前一样，商品×产业总需求矩阵是 $\boldsymbol{D}(\boldsymbol{I}-\boldsymbol{BD})^{-1}=\begin{bmatrix}1.022 & 0.099\\0.243 & 1.092\end{bmatrix}$。生态商品消耗系数矩阵是 $\boldsymbol{G}=\boldsymbol{T}\hat{\boldsymbol{x}}^{-1}=\begin{bmatrix}0 & 0\\0.111 & 0.182\end{bmatrix}$。

我们能计算出 $\boldsymbol{T}$ 的行和，它是经济中所有产业的生态商品投入量的向量。也就是说，产业 A 在其生产过程中消耗 10 单位的水而产业 B 消耗 20 单位的水；总的水消耗量是 30 单位。我们将总的生态商品消耗量的向量（总投入）表示为 $\bar{t}$；因此，矩阵关系 $\bar{t}=\boldsymbol{Ti}=\begin{bmatrix}0 & 0\\20 & 30\end{bmatrix}\begin{bmatrix}1\\1\end{bmatrix}$。

由于 $\boldsymbol{T}=\boldsymbol{G}\hat{\boldsymbol{x}}$，所以 $\bar{t}=\boldsymbol{G}\hat{\boldsymbol{x}}\boldsymbol{i}$；但由于 $\hat{\boldsymbol{x}}\boldsymbol{i}=\hat{\boldsymbol{x}}$，$\bar{t}=\boldsymbol{Gx}$。因此，对于一个给定的生态商品最终需求向量 $\boldsymbol{e}$，生态商品的总需求为 $\boldsymbol{x}=\boldsymbol{D}(\boldsymbol{I}-\boldsymbol{BD})^{-1}\boldsymbol{E}$ 及 $\bar{t}=\boldsymbol{Gx}=[\boldsymbol{GD}(\boldsymbol{I}-\boldsymbol{BD})^{-1}]\boldsymbol{e}$。括号中的量是生态投入强度（经济商品对生态商品的完全需求系数矩阵）。

值得注意的是，通过使用在第 5 章中得到的商品×产业完全需求系数矩阵，正如我们在这里所展示的那样，我们可以简单算出，例如，作为产业最终需求（商品最终需求）的函数的生态投入量和产出量。正如我们在这里展示的，汉农、科斯坦萨和海伦丁（Hannon，Costanza，and Herendeen，1983）证明了在何种条件下，基于商品与基于产业的技术假定能在研究生态系统模型时给出相同的结果。

10.7 污染物扩散

在我们到目前为止处理过的与环境有关的投入产出模型中，我们已经依据各种污染物的排放量或排出量对污染进行了测量。某一区域的污染物排放的效果不仅取决于污染物生成的总量，也取决于污染物排放到环境中的方式。例如，发电厂产生的二氧化硫是从高的烟囱里排放并扩散的。某区域的污染物的浓度取决于各种技术、气候和地理要素，例如烟囱高度、风向和风速以及当地的地势。

□ 10.7.1 高斯扩散模型

大量的研究者，例如，贝尔林斯基、卡特和弗斯特（Berlinsky，Carter，and First，1973）与库普（Coupe，1977），在投入产出模型中考虑了污染物扩散。他们中的大部分假定空气污染物源自固定点（区别于源自运动物体，例如汽车），像“高斯烟羽”（Gaussian plume）一样扩散。在一个高斯烟羽中，污染物以烟羽的中心线（x 轴）为中心，同时在 y 和 z 方向（分别在水平和垂直方向）对称地扩散。高斯烟羽的交叉区域是一个椭圆形，表明水平方向的扩散程度大于垂直方向。帕斯奎尔（Pasquill，1962）、吉福德（Gifford，1961）、塞恩菲尔德（Seinfeld，1975），以及其他研究者给出了描述扩散的公式，它能给出下风向的“接收点”（x，y，z）上的污染物浓度。x 轴描述顺风向的距离，y 轴描述离 x 轴的水平距离，z 轴测量与 x 轴的垂直距离。计算地面（$z=0$）的污染物浓度的公式是：

$$C(x, y, 0)=\frac{Q}{2\pi u\sigma_y\sigma_z}\exp\left\{-\frac{1}{2}\left[\left(\frac{y}{\sigma_y}\right)^2+\left(\frac{H}{\sqrt{\sigma_z}}\right)^2\right]\right\}$$

这里：

$C(x, y, 0)$＝污染物浓度（$\mu g/m^3$，微克/立方米）；

H＝污染源的高度（米）；

Q=污染物排放速度（微克/分钟）；

σ_y，σ_z=水平和垂直方向扩散分布的标准差（通常是 x 的函数）；

u=风速（米/分钟）。

因子σ_y和σ_z是当地气象状态尤其是大气层的稳定性或空气乱流特征的函数。σ_y和σ_z的获取方法已超出本书范围，但塞恩菲尔德（Seinfeld，1975）及其他文献发展了更精密的污染物扩散模型。

□ 10.7.2 耦合污染扩散与投入产出模型

在耦合扩散模型与投入产出模型中，霍迪克（Hordijk，1980）与其他文献严格区分了污染排放（在污染源）、初始污染物浓度（在特定的接收点），以及累积污染物水平（随时间积累在接收点上）。污染物排放量常被假定为与工业的经济产出线性相关。因此，我们可以确定污染排放源的位置和排放源的数量，根据这种污染物是平均地还是依次地消散。我们接下来可以选择一定数量的接收点，我们关心这些点上的污染物浓度。它们可以是某些特定的接收点，也可以是区域内地图上的所有点。我们通过加总，由不同污染源导致的浓度可以得到各个接收点的总浓度。

例 10.4：耦合投入产出模型与污染物扩散模型

我们接下来讨论图 10-16 所定义的区域。那里有两个污染源以及四个我们希望测量污染物浓度的接收点。接下来的投入产出模型描述了该区域行业间的活动（数百万美元）：$\mathbf{Z}=\begin{bmatrix}1 & 2\\3 & 4\end{bmatrix}$，$\mathbf{x}=\begin{bmatrix}10\\10\end{bmatrix}$。当地政府决定依据投入产出模型，通过财政政策拉动经济。假定刺激量为 $\Delta\mathbf{f}=\begin{bmatrix}\Delta f_1\\\Delta f_2\end{bmatrix}$，在这里$\Delta f_1$和$\Delta f_2$分别是 4 百万美元和 3 百万美元。

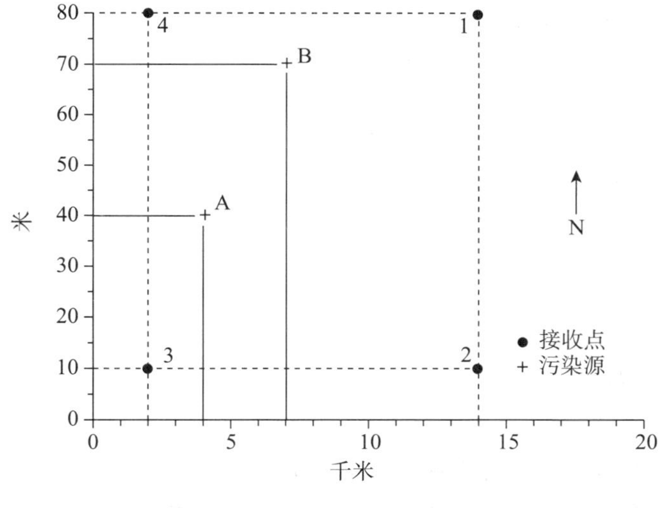

图 10-16

假定产业 A 的经济活动与污染物排放速度有关，为每百万美元产出 30.77 克/秒，产业 B 的污染物排放速度为每百万美元产出 27.59 克/秒。进一步，我们假定西风风速为 u=15 米/秒，H=250 米，同时$\sigma_y=\sigma_z=a\,x^b$，a=0.24，b=0.88 是实证分析得到的常数。我们感兴趣的是接收点的污染物浓度（在地平线处 $z=0$），所以我们应用上述的高斯烟羽方程。随着工业活动的逐渐提升，污染物浓度也与总产出量成比例提升。区域内新的总产出水平等于之前的总产出水平 $\boldsymbol{x}$，加上新的最终需求刺激下的总产出，有：

$$\boldsymbol{x}^{new}=\boldsymbol{x}+(\boldsymbol{I}-\boldsymbol{A})^{-1}\Delta\boldsymbol{f}=\begin{bmatrix}10\\10\end{bmatrix}+\begin{bmatrix}1.250 & 0.416\\0.625 & 1.875\end{bmatrix}\begin{bmatrix}4\\3\end{bmatrix}=\begin{bmatrix}16.250\\18.125\end{bmatrix}$$

假定一直吹西风，污染源位于接收点 3 和 4 的东边，这些点的环境污染物浓度都是 0。接收点 1 和 2 的污染物浓度则需要通过扩散公式来计算。因此在接收点 1 处，$C=4.31\times10^{-5}\mu g/m^3$；在接收点 2 处，$C=4.16\times10^{-5}\mu g/m^3$。

10.8 其他应用

许多研究者应用投入产出分析来检验许多环境政策的效果，例如减少化石燃料燃烧产生的温室气体的尝试（Kratena，Schleicher，1999；Lenzen，Pade，and Munksgaard，2004），回收利用对经济和环境的效果（Nakamura，1999），魏斯科夫（Weisskoff，2000）所做的生态环境重建，以及与国际贸易相关联的经济和环境问题（Reinert and Roland-Holst，2001；Ahmad and Wyckoff，2003）。

一些研究通过扩展环境投入产出框架来分析环境污染产生和消除所产生的社会成本，如斯蒂恩格和沃格特（Steenge and Voogt，1994）或斯蒂恩格（Steenge，2004）。也有研究通过改良国民收入与生产核算体系来更好地适应对产业间活动的环境保护成本与收益的分析，如达钦和兰格（Duchin and Lange，1994）、达钦和斯蒂恩格（Duchin and Steenge，1999）和联合国（United Nations，2000）。20 世纪 70 年代和 80 年代，研究者在空气污染分析方面做了大量工作，如贝尔林斯基、卡特和弗斯特（Berlinksy，Carter，and First，1973）。新一些的研究有卢茨（Lutz，2000）。

近年来的一些环境投入产出分析的成果出现在生态经济的杂志上。这些研究讨论人类经济与自然生态系统之间的动态和空间关联，例如达钦和兰格（Duchin and Lange，1994）。最终，投入产出分析作为一个被广泛使用的方法来测量材料的生命周期经济与环境成本，例如劳埃德和拉夫（Lloyd and Lave，2003）或亨德里克森、拉夫和马修斯（Hendrickson，Lave，and Matthews，2006）。

10.9 总结

在这一章中我们探讨了几种在投入产出框架下讨论污染产生与消除的方法，包括包含污染物生成系数的列昂惕夫逆矩阵、投入产出框架下的数学规划模型、整合列昂惕夫模型与考虑生态商品的生态系统模型的经济-生态模型，以及考虑污染物的地理扩散的环境投入产出模型。

从 20 世纪 70 年代开始，不少投入产出模型开始被应用于环境问题，包括战略环境评估系统（House，1977）、迈尔尼克和西尔斯（Miernyk and Sears，1974）、坎伯兰和斯特兰（Cumberland and Stram，1976）、列昂惕夫和福特（Leontief and Ford，1972）、康弗斯（Converse，1971）、佩奇（Page，1973）、斯通（Stone，1972）以及劳（Lowe，1979）。最近更多的投入产出模型被应用到评估污染物控制的可选技术手段的效益上，例如凯特卡（Ketkar，1999）、罗斯（Rose，1983）和福塞尔（Forssell，1998）。福塞尔（Forssell，1998）是基于迈尔尼克（Miernyk，1973）、坎伯兰（Cumberland，1966）和贾兰塔尼（Giarrantani，1974）的工作。最后，现在的环境模型前沿方法与 1970 年代的能源模型很接近。计量经济学变得更为重要（正如第 9 章描述的一样）。近期出现了更多模型的环境扩展，例如动态模型（Duchin，1990，1992）、一般均衡模型（Conrad and Schmidt，1998；Zhang，1998）以及结构分解分析（Wier，1998）。

习题

10.1 假定我们有下列产业 A 和产业 B 的关于能源、空气污染和就业的直接系数矩阵（$\boldsymbol{D}^e$、$\boldsymbol{D}^p$ 和$\boldsymbol{D}^l$）。其中$\boldsymbol{D}^e=\begin{bmatrix}0.1 & 0.1\\ 0.2 & 0.3\end{bmatrix}$，$\boldsymbol{D}^p=\begin{bmatrix}0.2 & 0.5\\ 0.2 & 0.3\end{bmatrix}$，$\boldsymbol{D}^p=[0.2 \quad 0.5]$。产业 B 是一个高污染且劳动密集型的产业。假定当地政府有机会来花 1 000 万美元开展一个本地发展计划，有两个候选项目：(1) 计划 1 会拨款 60%给产业 A，拨款 40%给产业 B，计划拨款的最小额度为 400 万美元；(2) 计划 2 会适当拨款 30%给产业 A，拨款 70%给产业 B；计划拨款的最小额度是 200 万美元。政府可以采纳其中任何一个计划或者综合两个计划（只要每个计划的拨款额不小于最小额度，并且未超出总的预算总额）。换句话说，我们可以将政府的选项描述成：$\begin{bmatrix}\beta_a\\ \beta_b\end{bmatrix}=\alpha_1\begin{bmatrix}0.6\\ 0.4\end{bmatrix}+\alpha_2\begin{bmatrix}0.3\\ 0.7\end{bmatrix}$，其中$\alpha_1$和$\alpha_2$是分别分配给计划 1 和计划 2 的预算。$\beta_a$和$\beta_b$分别是分配给产业 A 和产业 B 的拨款额，计划 1 和计划 2 的组合既是本区域内的最终需求。考虑四种可选的计划组合：

(1) $\begin{cases}\alpha_1=4\\ \alpha_2=2\end{cases}$，(2) $\begin{cases}\alpha_1=5\\ \alpha_2=5\end{cases}$，(3) $\begin{cases}\alpha_1=10\\ \alpha_2=0\end{cases}$，(4) $\begin{cases}\alpha_1=0\\ \alpha_2=10\end{cases}$

下表展示了该区域内能源消耗和环境污染的上限规定：

	行业内最大允许量
石油消耗量（10^{15} BTU）	3
煤炭消耗量（10^{15} BTU）	无限制
二氧化硫排放量（吨）	14.5
氮化物排放量（吨）	10

最后，设我们有描述区域经济的如下投入产出表（单位：百万美元）：

	A	B	总产出
A	1	3	10
B	5	1	10

a. 上述哪一个计划组合在能源消耗和空气污染的上限规定下能够运转，并在预算的限制之下？

b. 你认为哪一个满足问题 a 要求的计划组合可以雇用最多的工人？

10.2　假定一个区域经济有两个产业：A和B。在生产两种商品的过程中，我们观察到去年空气污染排放与工业活动相关。产业A每创造1美元产出需排放3磅二氧化硫和1磅氮化物；产业B每创造1美元产出需排放5磅二氧化硫和2磅氮化物。产业A和产业B在这一年分别消耗了1百万吨煤和6百万吨煤。同时，产业A还消耗了2百万桶油。区域内的雇员总量是10万人（40%的雇员属于产业A，其余的属于产业B)。区域规划者创建了如下的区域内投入产出产业间活动表（单位：百万美元）：

	A	B	总产出
A	2	6	10
B	6	12	10

假定该区域下一年的新最终需求向量将是 $[15 \quad 25]'$。请构建一个广义投入产出模型，并求解以下问题：

a. 下一年每种能源类型（煤炭和石油）的总消耗量；

b. 下一年每种污染物的排放量总和；

c. 下一年总的雇佣情况。

10.3　一个区域规划者启动了一个区域发展计划。考虑如下4个计划，它们分别代表政府所采购的本区域所生产的商品，即本区域的最终需求（见下表）。

区域产业	计划支出（百万美元）			
	计划1	计划2	计划3	计划4
A	2	4	2	2
B	2	0	0	2
C	2	2	4	3

同时，令技术系数矩阵为 $\mathbf{A}=\begin{bmatrix}0.04 & 0.23 & 0.38\\ 0.33 & 0.52 & 0.41\\ 0 & 0 & 0.1\end{bmatrix}$。我们有如下数量与总产出的关系：

	产业		
	1	2	3
污染排放（克/美元产出）	4.2	7	9.1
能耗（桶油/美元产出）	7.6	2.6	0.5
就业（员工数/美元产出）	7.3	3.3	6.3

a. 4个计划中的哪一个能贡献出最多的区域总产出？

b. 哪一个计划会导致区域内的能耗增长最大？

c. 哪一个计划为区域贡献出最多的就业？

10.4　考虑一个投入产出经济，$\boldsymbol{Z}=\begin{bmatrix}140 & 350\\ 800 & 50\end{bmatrix}$ 和 $\boldsymbol{x}=\begin{bmatrix}1\,000\\ 1\,000\end{bmatrix}$。假定该经济有比较严重的问题。联邦政府能采用政策工具去刺激某个部门的商品需求。假定部门1每生产1美元的植物可以吸收0.3磅的空中悬浮颗粒（0.31磅/美元产出）。而部门2每生产1美元的商品会排放0.51磅的空中悬浮颗粒。两个部门的劳动投入系数分别为0.005和0.007。

a. 对于政府所制定的政策，工会与环保主义者会发生冲突吗？（你不需要构建一个封闭的关于居民部门或是污染物产生行为的矩阵来考虑这个问题。）

b. 你能找出一个技术上的理由来说明冲突是否会出现吗？

10.5　考虑如下产业间流量表：

		购买部门		总产出
		1	2	
销售部门	1	140	350	2 000
	2	800	50	1 850

部门 1 产生 10 单位的污染物，而部门 2 产生的污染物为 25 单位。部门 1 通过污染治理减少了 5 单位的污染物排放，而部门 2 通过污染治理减少了 12 单位的污染物排放。本地法规所允许的总排放为 12 单位。若采用污染活动的扩展型列昂惕夫模型做计算，每个部门的总产出分别是多少？如果两部门的最终需求都增加 100 单位，那么总的污染物产生量是多少？

10.6　在习题 8.5 中，国家与区域的投入产出表包含三个部门（自然资源、制造业、服务业）。其技术系数矩阵和总产出向量分别为：

$$\boldsymbol{A}^N=\begin{bmatrix}0.182\,0 & 0.066\,8 & 0.008\,7\\0.137\,7 & 0.307\,0 & 0.070\,7\\0.160\,3 & 0.240\,9 & 0.299\,9\end{bmatrix},\ \boldsymbol{X}^N\equiv\begin{bmatrix}518 & 288.6\\4\,953 & 700.6\\14\,260 & 843.0\end{bmatrix},$$

$$\boldsymbol{A}^R=\begin{bmatrix}0.1092 & 0.0324 & 0.0036\\0.0899 & 0.0849 & 0.0412\\0.1603 & 0.1170 & 0.2349\end{bmatrix},\ \boldsymbol{X}^R\equiv\begin{bmatrix}8 & 262.7\\95 & 450.8\\170 & 690.3\end{bmatrix}$$

下表定义了能耗、污染和就业系数。这些系数同时被应用于地区与国家经济：

	产业		
	自然资源	制造业	服务业
污染排放（克/美元产出）	4.2	7	9.1
能耗（BTU/美元产出）	7.6	2.6	0.5
就业情况（员工数/美元产出）	7.3	3.3	6.3

假定联邦政府主动开展的一个公共工程令政府购买向量发生如下变化，$\Delta \boldsymbol{f}'=[250\quad 3\,000\quad 7\,000]$，而其中的 20%将被花费到该区域中。请将该区域在能耗、污染、就业以及总产出方面的百分比变化与整个国家的上述变化进行比较。

10.7　对于习题 10.6 中描述的区域经济，如果在可用能源上有 10%的缺口，与之对应的 GDP 影响是什么？

10.8　在投入产出经济中，我们有 $\boldsymbol{A}=\begin{bmatrix}0.3 & 0.1\\0.2 & 0.5\end{bmatrix}$和 $\boldsymbol{f}=\begin{bmatrix}4\\5\end{bmatrix}$。请给出一个线性规划方程（LP）来求解 $\boldsymbol{x}$，即总产出向量。用图求解这一线性问题。假定产业 1 和产业 2 每生产 1 美元的总产出就分别排放 2.5 单位和 2 单位的污染物。将该线性规划问题的目标函数改成最小化污染物排放。用图求解这个线性问题，然后将其解与第一个线性规划问题的解进行比较。

10.9　对于习题 10.8 所给出的经济，假定产业 1 和产业 2 每生产 1 美元的总产出就分别雇用 6 单位和 3 单位的劳动。而且产业 2 有一个具有最高优先级的雇佣指标，即雇用不少于 7.5 单位的劳动。以产业 2 的雇佣指标为最高优先级约束，以满足令污染物排放最少时的总排放量不多于 10 单位的最终需求为次优先级约束，请求解出总产出向量。

10.10　采用附录 B 中所提供的 1997 年美国投入产出表，假定排放系数向量，即各部门生产 1 美元总产出的二氧化碳排放量为 $\boldsymbol{d}=[2\quad 3\quad 4\quad 7\quad 10\quad 5\quad 4]'$。假定新技术的导入能够使 2005 年制造业部门的 1 美元产出的排放量减少 10%，使建设部门 1 美元产出的排放量减少 15%。2005 年的投入产出表也在附录 B 中给出。因此，相对于 1997 年的水平，2005 年美国的二氧化碳排放量增加或是减少了多少？

参考文献

Ahmad，Nadim and Andrew Wyckoff. 2003. "CO_2 Emissions Embodied in International Trade of Goods，" STIWorking Paper Series DSTI/Doc 15. Paris：OECD.

Ayres，Robert. 1978. Resources，*Environment and Economics*：*Applications of the Materials/Energy Balance Principle*. New York：Wiley Interscience.

Ayres，Robert and Allen Kneese. 1969. "Production，Consumption，and Externalities，" *American Economic Review*，**59**，282-297.

Berlinsky，E.，Anne Carter and Michael First. 1973. "National Production，Emissions Control and Local Air Pollution in the Integration Iron and Steel Industry：An Input-Output Model，" Third International Clean Air Congress，Dusseldorf，West Germany.

Blair，Peter. 1979. *Multiobjective Regional Energy Planning*. Boston，MA：Martinus Nijhoff.

Borrego，Carlos and Guy Schayes（eds.）. 2002. *Air Pollution Modeling and Its Application*. Norwell，MA：Kluwer.

Charnes，Abraham and William W. Cooper. 1961. *Management Models and Industrial Applications of Linear Programming*，Volumes 1 and 2. New York：Wiley.

Chatterji，Manas. 1975. "A Balanced Regional Input-Output Model for Identifying Responsibility for Pollution Created by Industries which Serve National Markets，" *International Regional Science Review*，**1**，87－94.

Chen，Kan. 1973. "Input-Output Economic Analysis of Environmental Impacts，" *IEEE Transactions on Systems*，*Man and Cybernetics*，SMC-3，539-547.

Cochrane，James and Milan Zeleny（eds.）. 1973. *Multicriteria Decision-Making*. Columbia，SC：University of South Carolina Press.

Cohen，Jared L. 1978. *Multiobjective Programming and Planning*. New York：Elsevier.

Conrad，Klaus and Tobias F. N. Schmidt. 1998. "Economic Effects of an Uncoordinated Versus a Coordinated Carbon Dioxide Policy in the European Union：An Applied General Equilibrium Analysis，" *Economic Systems Research*，**10**，161-182.

Converse，A. O. 1971. "On the Extension of Input-Output Analysis to Account for Environmental Externalities，" *American Economic Review*，**61**，197－198.

Coupe，B. E. M. G. 1977. *Regional Economic Structure and Environmental Pollution*. Leiden：Martinus Nijhoff.

Cumberland，John H. 1966. "A Regional Interindustry Model for Analysis of Development Objectives，" *Papers of the Regional Science Association*，**17**，64-94.

Cumberland，John H. and Bruce Stram. 1976. "Empirical Application of Input-Output Models to Environmental Problems，" in Karen R. Polenske and Jiří V. Skolka（eds.），*Advances in Input-Output Analysis*. *Proceedings of the Sixth International Conference on Input-Output Techniques*. Vienna，April

22-26, 1974. Cambridge, MA: Ballinger, pp. 365-382.

Daly, Herman. 1968. "On Economics as a Life Science," *Journal of Political Economy*, **76**, 392-406.

Dorfman, Robert, Paul Samuelson and Robert Solow. 1958. *Linear Programming and Economic Analysis*. New York: McGraw-Hill.

Duchin, Faye. 1990. "The Conversion of Biological Materials and Wastes to Useful Products," *Structural Change and Economic Dynamics*, **1**, 243-261.

1992. "Industrial Input-Output Analysis: Implications for Industrial Ecology," *Proceedings of the National Academy of Sciences*, **10**, 851-855.

1994. "Input-Output Analysis and Industrial Ecology," *The Greening of Ecosystems*. Washington, DC: National Academy of Sciences, pp. 61-68.

Duchin, Faye and Glenn Marie Lange. 1994. *The Future of the Environment*. New York: Oxford University Press.

Duchin, Faye and Albert E. Steenge. 1999. "Input-OutputAnalysis, Technology and the Environment," in J. C. J. M. Van den Burgh (ed.), *Handbook of Environmental and Resource Economics*. Cheltenham, UK: Edward Elgar, pp. 1037-1059.

Flick, Warren A. 1974. "Environmental Repercussions and the Economic Structure: An Input-Output Approach (A Comment)," *Review of Economics and Statistics*, **56**, 107-109.

Folk, Hugh and Bruce Hannon. 1974. "An Energy, Pollution, and Employment Policy Model," in Michael Macrakis (ed.), *Energy: Demand Conservation and Institutional Problems*. Cambridge, MA: MIT Press, pp. 159-173.

Forssell, Osmo. 1998. "Extending Economy-Wide Models with Environment-Related Parts," *Economic Systems Research*, **10**, 183-199.

Forssell, Osmo and Karen R. Polenske. 1998. "Introduction: Input-Output and the Environment," *Economic Systems Research*, **10**, 91-97.

Giarrantani, Frank. 1974. "Air Pollution Abatement: Output and Relative Price Effects, A Regional Input-Output Simulation," *Environment and Planning A*, **6**, 307-312.

Gifford, F. A. 1961. "Uses of Routine Meteorological Observations for Estimating Atmospheric Dispersion," *Nuclear Safety*, **2**, 47-51.

Gutmanis, Ivars. 1975. "Input-Output Models in Economic and Environmental Policy Analyses," *Proceedings of the IEEE*, **63**, 431-437.

Hannon, Bruce, Robert Costanza and Robert Herendeen. 1983. "Measures of Energy Cost and Value in Ecosystems," University of Illinois at Urbana-Champaign, Center forAdvanced Computation, September.

Hendrickson, Chris T., Lester B. Lave and H. Scott Matthews. 2006. *Environmental Life Cycle Assessment of Goods and Services: An Input-Output Approach*. Washington, DC: RFF Press.

Hipel, Keith W. 1992. "Multiple Objective Decision Making in Water Resources," *Journal of the American Water Resources Association*, **28**, 3-12.

Hordijk, L. 1980. "Economic Structure and the Environment," in *Production and Energy Consumption in the Netherlands 1973/1985*. Institute for Environmental Studies, Free University, Amsterdam, the Netherlands.

House, Peter. 1977. *Trading Off Environment, Economics and Energy*. Lexington, MA: Lexington Books.

Intriligator, Michael. 1971. *Mathematical Optimization and Economic Theory*. Englewood Cliffs,

NJ: Prentice-Hall.

Ignizio, James P. 1976. *Goal Programming and Extensions*. Lexington, MA: Lexington Books.

Ijiri, Yuji. 1965. *Managerial Goals and Accounting for Control*. Amsterdam: North-Holland.

Isard, Walter. 1968. "On the Linkage of Socio-Economic and Ecological Systems," *Papers of the Regional Science Association*, **21**, 79-99.

Isard, Walter, Kenneth Bassett, Charles Choguill, John Furtado, Ronald Izumita, John Kissin, Eliahu Romanoff, Richard Seyfarth and Richard Tatlock. 1972. *Ecologic-Economic Analysis for Regional Development*. New York: The Free Press.

Jacobson, Mark Z. 1998. *Fundamentals of Atmospheric Modeling*. Cambridge, UK: Cambridge University Press.

Johnson, Manuel H. and James T. Bennett. 1981. "Regional Environmental and Economic Impact Evaluation," *Regional Science and Urban Economics*, **11**, 215-230.

Just, James. 1974. "Impacts of New EnergyTechnology Using Generalized Input-Output Analysis," in Michael Macrakis (ed.), *Energy: Demand Conservation and Institutional Problems*. Cambridge, MA: MIT Press, pp. 113-128.

Ketkar, Kusum W. 1999. "Pollution Control and Inputs to Production," *Journal of Environmental Economics and Management*, **10**, 50-59.

Kratena, Kurt and Stefan Schleicher. 1999. "Impact of CO2 Emissions Reduction on the Austrian Economy," *Economic Systems Research*, **11**, 245-261.

Lane, Morton N. 1970. "Goal Programming and Satisficing Models in Economic Analysis." Ph. D. Dissertation, University of Texas, Austin.

Lange, Glenn-Marie. 1998. "Applying an Integrated Natural Resource Accounts and Input-Output Model to Development Planning in Indonesia," *Economic Systems Research*, **10**, 113-134.

Lee, Kwang-Soo. 1982. "A Generalized Input-Output Model of an Economy with Environmental Protection," *Review of Economics and Statistics*, **64**, 466-473.

Lee, Sang. 1971. "Decision Analysis through Goal Programming," *Decision Sciences*, **2**, 172-180.

1972. *Goal Programming for Decision Analysis*. Philadelphia, PA: Auerbach.

1973. "Goal Programming for Decision Analysis of Multiple Objectives," *Sloan Management Review*, **14**, 11-24.

Lenzen, Manfred, Lise-Lotte Pade and Jesper Munksgaard. 2004. "CO2 Multipliers in Multi-Regional Input-Output Models," *Economic Systems Research*, **16**, 391-412.

Leontief, Wassily. 1970. "Environmental Repercussions and the Economic Structure: An Input-Output Approach," *Review of Economics and Statistics*, **52**, 262-271.

Leontief, Wassily and Daniel Ford. 1972. "Air Pollution and Economic Structure: Empirical Results of Input-Output Computations," in Andrew Brody and Anne P. Carter (eds.), Input-Output Techniques, Proceedings of the Fifth International Conference on *Input-Output Techniques*, Geneva, 1971. New York: Elsevier, pp. 9-30.

Lloyd, Shannon M. and Lester B. Lave. 2003. "Life Cycle Economic and Environmental Implications of Using Nanocomposites in Automobiles," *Environmental Science & Technology*, **37**, 3458-3466.

Lowe, Peter R. 1979. "Pricing Problems in an Input-Output Approach to Environmental Protection," *Review of Economics and Statistics*, **61**, 110-117.

Luptacik, Mikulas and Bernard Bohm. 1994. "Reconsideration of Non-negative Solutions for the Augmented Leontief Model," *Economic Systems Research*, **6**, 167-170.

1999. "A Consistent Formulation of the Leontief Pollution Model," *Economic Systems Research*, **11**,

263-275.

Lutz, Christian. 2000. "NOx Emissions and the Use of Advance Pollution Abatement Techniques in West Germany," *Economics Systems Research*, **12**, 305-318.

Miernyk, William H. 1973. "A Regional Input-Output Pollution Abatement Model," *IEEE Transactions on Systems, Man and Cybernetics*, Vol. SMC-3, 575-577.

Miernyk, William H. and John T. Sears. 1974. *Air Pollution Abatement and Regional Economic Development*. Lexington, MA: Lexington Books.

Miller, Ronald E. 2000. *Optimization: Foundations and Applications*. New York: John Wiley and Sons, Inc.

Nakamura, S. 1999. "An Interindustry Approach to Analyzing Economic and Environmental Effects of RecyclingWaste," *Ecological Economics*, **28**, 133-145.

Nijkamp, Peter and Piet Rietveld. 1976. "Multiobjective Programming Models: NewWays In Regional Decision Making," *Regional Science and Urban Economics*, **6**, 253-274.

Nijkamp, Peter and Ad van Delft. 1977. *Multicriteria Analysis and Regional Decision-Making*. Leiden: Martinus Nijhoff.

Page, Talbot. 1973. "Pollution Affecting Producers in an Input-Output Context," *IEEE Transactions on Systems, Man and Cybernetics*, Vol. SMC-3, 555-561.

Pasquill, Frank. 1962. *Atmospheric Diffusion*. London: Van Nostrand.

Qayum, Abdul. 1991. "A Reformulation of the Leontief Pollution Model," *Economic Systems Research*, **3**, 428-430.

1994. "Inclusion of Environmental Goods in National Income Accounting," *Economic Systems Research*, **6**, 159-169.

Rhee, Jeonog J. and John A. Miranowski. 1984. "Determination of Income, Production and Employment under Pollution Control: An Input-Output Approach," *Review of Economics and Statistics*, **66**, 146-150.

Reinert, Kenneth A. and David W. Roland-Holst. 2001. "Industrial Pollution Linkages in North America: A Linear Analysis," *Economic Systems Research*, **13**, 197-208.

Richardson, Harry. 1972. *Input-Output and Regional Economics*. New York: John Wiley and Sons (Halsted Press).

Rose, Adam. 1983. "Modeling the Macroeconomic Impact of Air Pollution Abatement," *Journal of Regional Science*, **23**, 441-459.

Saaty, Thomas L. 1980. *The Analytic Hierarchy Process*. New York: McGraw-Hill.

Schafer, Dieter and Carsten Stahmer. 1989. "Input-Output Model for the Analysis for Environmental Protection Activities," *Economic Systems Research*, **1**, 203-228.

Seinfeld, John. 1975. *Air Pollution*. New York: McGraw-Hill.

Steenge, Albert E. 1978. "Environmental Repercussions and the Economic Structure: Further Comments," *Review of Economics and Statistics*, **60**, 482-486.

2004. "Social Cost in the Leontief Environmental Model: Rules and Limits to Policy," in Erik Dietzenbacher and Michael L. Lahr (eds.), *Wassily Leontief and Input-Output Economics*. Cambridge, UK: Cambridge University Press, pp. 367-386.

Steenge, Albert E. and Monique H. Voogt. 1994. "A Linear Programming Model for Calculating Green National Incomes," in Ulrich Derigs, Achim Bachem andAndreas Drexl (eds.), *Operations Research Proceedings 1994*. Berlin: Springer, pp. 376-381.

Stone, Richard. 1972. "The Evaluation of Pollution: Balancing Gains and Losses," *Minerva*, **10**,

412-425.

Tanino, Tetsuzo, Tamaki Tanaka and Masahiro Inuiguchi (eds.). 2003. *Multi-Objective Programming and Goal Programming: Theory and Applications*, Heidelberg: Springer.

Thoss, Rainer. 1976. "A Generalized Input-Output Model for Residuals Management," in Karen R. Polenske and Jiˇri V. Skolka (eds.), *Advances in Input-Output Analysis. Proceedings of the Sixth International Conference on Input-Output Techniques*. Vienna, April 22 - 26, 1974. Cambridge, MA: Ballinger, pp. 411-432.

Trzaskalik, Tadeusz and Jerzy Michnik (eds.). 2002. *Multiple Objective and Goal Programming: Recent Developments*. Heidelberg: Springer.

Turner, David. 1961. *Workbook of Atmospheric Diffusion Estimates*. US Public Health Service, Publication No. 999-AP-26.

United Nations. 2000. *Integrated Environmental and Economic Accounting: An Operational Manual*. Studies on Methods, Series F, No. 78. New York: United Nations.

Victor, Peter A. 1972. *Pollution: Economy and Environment*. London: George Allen and Unwin Ltd.

Weisskoff, Richard. 2000. "Missing Pieces in Ecosystem Restoration: The Case of the Florida Everglades," *Economic Systems Research*, **12**, 271-303.

Wier, Matte. 1998. "Sources of Changes in Emissions from Energy: A Structural Decomposition Analysis," *Economic Systems Research*, **10**, 99-112.

Zhang, Zhong Xiang. 1998. "Macro-Economic and Sectoral Effects of Carbon Taxes: A General Equilibrium Analysis for China," *Economic Systems Research*, **10**, 135-159.

第 11 章 社会核算矩阵

11.1 引言

第 4 章描述的国民账户体系（SNA）是从经济中收入和支出循环流的基本概念发展而来的。如那一章所指出的，SNA 提供了一个便利的、本质上标准化的框架，用于编制和组织总量国民统计（aggregate national statistics），以描述一个经济体的经济图景特征。当 SNA 与投入产出账户结合在一起，把经济中与货物和服务的中间的和最终的生产、消费相关的产业间活动包括进来时，经济图景变得更加全面。然而，在本书中至此所讨论的框架对经济中人和社会机构的作用，例如，劳动和住户、人力资本以及社会福利，提供的认识则相对较少。

因此本章的逻辑目的和关注点就是对 SNA/IO 框架进行扩展，以增加对经济中劳动、住户和社会机构的作用的更详细的描述。特别地，我们寻求获得经济更为详细的就业特征，包括例如来自就业的收入及其处置、劳动成本以及构成劳动市场供求的劳动人口统计等各种因素。此外，在很多国家所编制的国民统计中，还没有一种框架来确保各种数据来源的统计之间的一致性，更不用说让它们与基本经济账户相协调。这两个方面的目的都可以通过所谓的社会核算矩阵（Social Accounting Matrix，SAM）来实现，对它的研究是本章的主要关注点。

11.2 社会核算矩阵：背景

SAM 可以被看作第 4 章所构建的 SNA 框架的一个推广，但是我们将发现其新的主要特征是在经济中包含了与收入分配有关的机构之间的交易和转移。[①] 在编制 SAM 的过程中，我们将发现它与第 9 章和第 10 章所建立的能源和环境投入产出扩展，特别是第 4 章和第 5 章中所建立的商品×产业或供给和使用[②]框架存在着类似性。特别地，通过把 SAM 融入供给和使用框架，我们可以开发扩展的投入产出模型，以使用更综合的方式分析社会和经济政策。

从概念上讲，编制 SAM 的一个有用的出发点是回到对经济中收入和支出循环流的记录这一非常简单的概念（见第 4 章图 4－1）上。如果我们改变看待收入和支出循环流的观察视角，把它们看作机构之间的交易，而不是与产业和商品流相关的交易或这之外的交易，这有助于明确界定那些交易发生的地点，也就是市场。也就是说，考虑描述收入和支出流的图 11－1，现在包含产品市场和要素市场。对于产品市场，其交易涉及货物与服务的消费；对于要素市场，其交易则针对生产中的增加值要素，例如给雇员的工资和薪金、企业家才能或利润、税收以及包括土地在内的固定资本的消耗。

在编制 SAM 的过程中，我们寻求对产品和要素市场中所发生的一切给以明确的详细核算，特别是对劳动力、政府政策如税收和福利转移以及其他收入分配特征进行描述。

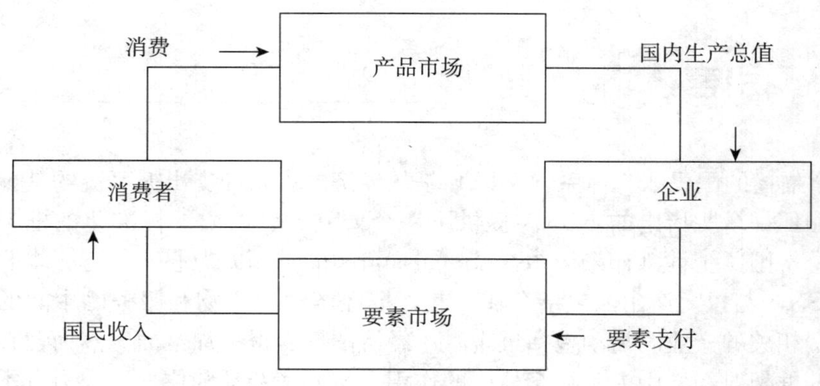

图 11－1　收入和支出循环流与市场

11.3　社会核算矩阵：基本概念

首先我们回顾在第 4 章中所引入的矩阵形式的国民经济账户，如表 11－1 所给出的，同时，我们再次引入利用 SNA 规则定义基本国民经济账户所使用的变量。

---

① Pyatt（1991a，1991b，1994a，1994b，1999）或 Pyatt 和 Round（1977，1985a，1985b）提供了对 SAM 的理论基础及其发展的大量讨论。

② 在有关 SAM 的讨论中，常常用术语供给与使用替代商品×产业，因为在产业间交易之外还包括很多附加的部门，尽管从概念上讲这两个术语是一样的。

表 11-1　　矩阵形式的基本的国民账户平衡表

	生产	消费	资本积累	国际收支	政府
生产		C	I	X	G
消费	Q		D	H	
资本积累		S			
国际收支	M	O	L		
政府		T	B		

表中所反映的交易如下：

C=经济中货物与服务的总消费

I=资本品总投资

X=货物与服务总出口

G=政府支出

Q=经济中形成的总收入

D=折旧或资本品消耗

H=国外形成的收入

S=私人总储蓄

M=货物与服务总进口

O=国外的货币转移

L=来自国外的资源净贷出

T=消费者总的直接税

B=政府总赤字支出

读者还要回顾第 4 章中这一矩阵的行和列合计所构成的一组宏观经济核算平衡方程，它们同时对应于一组核算“T 账户”，与每一组主要经济活动相对应：

- 生产账户：$Q+M=C+I+X+G$
- 消费账户：$C+S+O+T=Q+D+H$
- 资本积累账户：$I+D+L+B=S$
- 国际收支账户：$X+H=M+O+L$
- 政府账户：$G=T+B$

在第 4 章中，根据收入和支出循环流的基本概念所建立的 SNA 规则通过较早的表 4-5 给出的一个例子（图形表示见图 4-6）进行了演示，这里我们在表 11-2 中再次给出。

表 11-2　　（表 4-5 重述）矩阵形式的基本国民账户平衡表：例子

	生产	消费	资本积累	国际收支	政府	合计
生产		475	75	25	25	600
消费	550		−19	14		545
资本积累		40				40
国际收支	50	10	−21			39
政府		20	5			25
合计	600	545	40	39	25	

从对第 4 章的回忆中，读者了解到这些表是通过不断扩展核算细节而逐步发展起来的。从详细记录生产（被定义为生产账户）和消费（被定义为消费账户）之间收入和支出的循环流开始，相继增加新的账户，以区分主要类型的经济活动，例如储蓄和投资（资本积累账户）、进口和出口（国际收支账户）以及政府的作用（政府账户）。最终，我们还扩展了消费账户的表现形式，以表现单个产业和特定产品（货物与服务）的作用，从而提供了与投入产出分析的联系。

在以下的部分中，我们将对账户框架做进一步的扩展，以包括劳动和住户更为详细的特征，这将表明我们等同于定义了一个 SAM。我们从扩展与劳动和住户相关的消费账户开始，但是我们还将相继在其他主要账户中扩展劳动和住户的作用。最后，我们还可以在扩展的框架中包含非货币因素，例如环境信息，为此我们将提到更为广义的扩展的投入产出模型（如在第 9 章中与产业间活动相关的能源生产和使用，以及第 10 章中环境污染的产生和削减）。

11.4 住户账户

表 11-3 表明了国民账户矩阵所做的扩展，对现期消费在中间消费者（产业）和最终消费者（住户）之间进行了区分，从而将住户作为劳动服务的提供者与其作为生产的增加值要素所起的作用区别出来。这一扩展导致了额外增加一行和一列，均标记为住户，我们将其记录在一个新的账户中，并定义为住户账户。

表 11-3　矩阵形式的基本的国民账户平衡表扩展到包含住户账户

	生产	消费	资本积累	国际收支	政府	住户
生产		$\mathbf{U}$	I	X	G	$\mathbf{F}$
消费	$\mathbf{Q}$		D	H		
资本积累						S
国际收支	M		L			O
政府			B			T
住户		$\mathbf{V}$				

因为我们的主要目的是在企业的中间消耗和住户的最终消费之间进行区分，注意表中所发生的几个变化。C——货物与服务的总消费——消失了，并被三个新的变量所替代，与之相伴随的是其他几个变量的某些变化。三个新的变量，在表中用粗体突出表示，具体如下：

U=企业货物与服务的总“使用”

F=住户货物与服务的总最终消费

V=企业消耗的总“增加值”投入

到目前为止，我们假定所有的增加值投入，例如劳动和资本，都由住户提供。同时注意 S、O 和 T 的值已经移动到住户列，因为这些交易与住户消费有关，而不是企业对货物与服务的中间消耗。也就是说，总储蓄（S）指的是收入分配给最终消费者的储蓄

（主要是住户），并积累起来供企业（或其他部门）使用；国外转移（O）指的是住户收入的国外转移，而税收（T）指的是住户支付的直接税，并提供给政府作为主要的收入。我们将在以后加入企业支付的税，被称为间接税，因为它们并不是直接对消费者征的税，而是显示为销售给消费者的货物与服务的价格的一个部分。

作为对账户表的修改，现在包括住户，对应的平衡方程为：

- 生产账户：$Q+M=U+F+I+X+G$
- 消费账户：$U+V=Q+D+H$
- 资本积累账户：$I+D+L+B=S$
- 国际收支账户：$X+H=M+O+L$
- 政府账户：$G=T+B$
- 住户账户：$V=F+T+S+O$

这个例子对应的表格为表 11－4。

表 11－4　　矩阵形式的基本的国民账户平衡表：例子（扩展到包含住户账户）

	生产	消费	资本积累	国际收支	政府	住户	合计
生产		**219**	75	25	25	**256**	600
消费	550		−19	14			545
资本积累						**40**	40
国际收支	50		−21			**10**	39
政府			5			**20**	25
住户		**326**					326
合计	600	545	40	39	25	326	

11.5　增加值账户

在以前的章节中，我们把产业生产中的增加值投入定义为所包含的生产的初始要素，例如资本和劳动，这些都是从中间货物与服务的生产者和消费者的产业间网络的外部获取的。这些初始要素包括政府服务（税收形式的支付，指的是之前所说的间接税）、资本品消耗（折旧）、土地（租金支付）以及企业家才能（企业正常利润）。我们现在可以在我们的账户系列中引入增加值账户来表现这些投入。很多这些投入来自住户（就我们的假定而言），他们是资本和劳动的主要提供者，但是我们需要同时安排其他来源，例如政府和国外来源。

作为一个起点，表 11－5 中矩阵形式的国民账户现在扩展到包括增加值账户。注意表 11－5 中包括新的增加值行和列，以及一个新的变量 W，它被定义为对住户的总增加值支付（工资和薪金、资本利息等），以及相应的针对增加值账户的新的平衡方程，至少就目前而言可以简单表示为 $V=W$。此外，住户账户平衡方程成为 $W=F+T+S+O$。这一例子的相应表格在表 11－6 中给出。

表 11-5　　矩阵形式的基本的国民账户平衡表（扩展到包含增加值账户）

	生产	消费	资本积累	国际收支	政府	住户	增加值
生产		U	I	X	G	F	
消费	Q		D	H			
资本积累						S	
国际收支	M		L			O	
政府			B			T	
住户							W
增加值		V					

表 11-6　　矩阵形式的基本的国民账户平衡表：例子（扩展到包含增加值账户）

	生产	消费	资本积累	国际收支	政府	住户	增加值	合计
生产		**219**	75	25	25	**256**		600
消费	550		−19	14				545
资本积累						**40**		40
国际收支	50		−21			**10**		39
政府			5			**20**		25
住户							326	326
增加值		**326**						326
合计	600	545	40	39	25	326	326	

由表 11-5 和表 11-6 表示的这种 SAM 常常被称为“宏观 SAM”（macro SAM），因为它把所有交易的部门信息都加总为一个单一的宏观经济交易。在下一节中，我们将探讨如何扩展 SAM 以包含更多的部门交易信息。

11.6　产业间交易及其与投入产出框架的联系

在表 11-5 和表 11-6 中，从住户和增加值账户所得到的行和列的合计是相等的，因为我们目前假定所有的增加值投入都是住户形成的。此外，至此，我们还隐含地做出了一些某种限制性的假定，例如只有住户支付税收并产生储蓄。我们将在后面回到这个框架来处理这些假定，但是我们先要扩展消费账户来确认包含在货物与服务中间消耗中的产业间交易（它的总价值是 U），以及交付给最终市场的部门细节，包括对不同最终市场类型进行区分，也就是个人消费支出（F）、净出口（X）、政府支出（G）以及投资或资本积累（I）。这些扩展将允许我们在社会核算矩阵中重组投入产出关系。

让我们从一个非常简单的投入产出例子开始，把它重组为 SAM。考虑表 11－7 中表示的基本投入产出交易表（表中随意设定了不存在服务的中间交付）。我们现在在表 11－8 中利用至此已建立起来的规则，把投入产出表重组为一个 SAM。

表 11－7　　SAM 框架例子：投入产出表述

	自然资源	制造	服务	住户	总产出
自然资源	50	30	0	60	140
制造	60	40	40	40	180
服务	0	0	0	100	100
增加值					
劳动	10	70	10		
资本	20	40	50		
总投入	140	180	100		

表 11－8　　SAM 框架例子（利用社会核算规则）

	支出						总产出
	自然资源	制造	服务	劳动	资本	住户	
收入							
自然资源	50	30	0			60	140
制造	60	40	40			40	180
服务	0	0	0			100	100
劳动	10	70	10				90
资本	20	40	50				110
住户				90	110		200
总投入	140	180	100	90	110	200	

基本投入产出表的表述和 SAM 表述之间的差别在这个简单例子中看起来并不大，但是当我们考虑更复杂的特征，例如供给与使用（产业和商品）之间的区分，或者在增加值或住户消费类别中增加更多细节的时候，关键的概念是需要通过要求所有项目的行列合计相等来维持平衡方程。当我们增加有关资本、劳动、住户以及新增账户的细节的时候，结果将是一个拥有更多细节的经济图景，不仅包括产业间收入和产出的投入产出表，还包括与最终需求和增加值部门相关的机构的收入和支出。如我们所看到的，通过与 SNA 的联系，实际上这是从 SNA 推导而来的，这一框架在本质上还提供了一个在经济中收入和支出循环流的完整核算。

11.7 扩展社会账户

现在我们反转我们的过程，从本章先前建立的加总的 SNA 的例子开始，其最终的设置表示在表 11－6 中。我们现在增加货物与服务供给和使用的部门细节，以及增加值收入和最终消费的类别。考虑表 11－9 中的投入产出表，它与表 11－6 中描述的 SAM 是一致的。也就是，在表 11－9 中，扩充了生产和消费账户，以包括部门和商品细节。当然这个例子是多种可能性中的一种。表中账户的深色阴影部分包含了在第 4 章和第 5 章中所定义的使用矩阵，而浅色阴影部分则包含了制造矩阵。

表 11－9　　表 11－6 投入产出账户的重新审视

	商品					产业			最终需求	总产出	
	农产品	能源	制造业产品	金融服务	其他服务	自然资源	制造业	服务业			
商品											
农产品						**25**	**10**	**15**	83	133	600
能源						**13**	**7**	**9**	58	87	
制造业产品						**10**	**20**	**7**	72	109	
金融服务						**10**	**10**	**25**	82	127	
其他服务						**8**	**30**	**20**	86	144	
增加值						90	174	117	381		
产业											
自然资源	**88**	**68**	**0**	**0**	**0**					156	600
制造业	**45**	**10**	**98**	**10**	**88**					251	
服务业	**0**	**9**	**11**	**117**	**56**					193	
总产出	133	87	109	127	144	156	251	193			
	600					600					

我们可以进一步对表 11－9 中的增加值和最终需求部门进行扩展，以包括各种类型增加值收入和最终商品消费模式的更多细节。这些扩展的增加值和最终需求账户分别表示在表 11－10 和表 11－11 中。

表 11－10　　扩展的增加值账户

增加值项目	产业		
	自然资源	制造业	服务业
折旧	－5	－10	－4
出口收入	3	6	5

续前表

增加值项目	产业		
	自然资源	制造业	服务业
税收	10	45	31
福利转移	25	33	4
间接税	30	55	44
利息收入	27	45	37
增加值合计	**90**	**174**	**117**
	381		

表 11-11　　扩展的最终需求账户

商品	最终需求项目				最终需求合计	
	住户	投资	政府	出口		
农产品	61	9	3	10	**83**	**381**
能源	45	6	2	5	**58**	
制造业产品	50	12	5	5	**72**	
金融服务	50	20	10	2	**82**	
其他服务	50	28	5	3	86	

最后，我们可以详细地说明增加值收入的来源如何与最终需求相联系，完成如表 11-12 所表明的经济中收入与支出的循环。如表 11-13 所示，对应的扩展的投入产出账户和这些账户的 SAM 表述包含了来自表 11-10、表 11-11 以及表 11-12 的各部分所构成的新表，并完成了收入和支出的循环流。SAM 的表述显示在表 11-14 中。

表 11-12　　增加值收入的来源

	增加值部门						合计	
	折旧	出口收入	消费者税收	福利转移	间接税	利息收入		
最终需求部门								
住户			86	51	119		256	381
投资	−19				10	84	75	
政府						25	25	
出口		14		11			25	
合计	−19	14	86	62	129	109		
	381							

表 11 - 13　　扩展的投入产出账户

	商品					产出			最终需求部门				合计	
	农产品	能源	制造业产品	金融服务	其他服务	自然资源	制造业	服务业	住户	投资	政府	出口		
商品														
农产品						25	10	15	61	9	3	10	133	600
能源						13	7	9	45	6	2	5	87	
制造业产品						10	20	7	50	12	5	2	109	
金融服务						10	10	25	50	20	10	2	127	
其他服务						8	30	20	50	28	5	3	144	
产业														
自然资源	88	68	0	0	0								156	600
制造业	45	10	98	10	88								251	
服务业	0	9	11	117	56								193	
增加值投入														
折旧						−5	−10	−4					−19	
出口收入						3	6	5					14	381
税收						10	45	31					86	
福利转移						25	33	4					62	
间接税						30	55	44					129	
利息收入						27	45	37					109	
合计	133	87	109	127	144	156	251	193	256	75	25	25		
	600					600			381					

表 11-14　　扩展的投入产出账户的 SAM 表述

	商品					产业			增加值部门						最终需求部门				总产出	
	农产品	能源	制造业产品	金融服务	其他服务	自然资源	制造业	服务业	折旧	出口收入	消费者税收	福利转移	间接税	利息收入	住户	投资	政府	出口		
商品																				
农产品						25	10	15							61	9	3	10	133	
能源						13	7	9							45	6	2	5	87	
制造业产品						10	10	7							50	12	5	5	109	600
金融服务						10	20	25							50	20	10	2	127	
其他服务						8	30	20							50	28	5	3	144	
产业																				
自然资源	88	68	0	0	0														156	
制造业	45	10	98	10	88														251	600
服务业	0	9	11	117	56														193	
增加值																				
折旧						−5	−10	−4											−19	
出口收入						3	6	5											14	
消费者税收						10	45	31											86	
福利转移						25	33	4											62	381
间接税						30	55	44											129	
利息收入						27	45	37											109	

续前表

	商品					产业			增加值部门						最终需求部门				总产出
	农产品	能源	制造业产品	金融服务	其他服务	自然资源	制造业	服务业	折旧	出口收入	消费者税收	福利转移	间接税	利息收入	住户	投资	政府	出口	
最终需求部门																			
住户											86	51	119						256
投资									−19				10	84					75
政府														25					25
出口										14		11							25
收入合计	133	87	109	127	144	156	251	193	−19	14	86	62	129	109	256	75	25	25	
	600					600			381						381				381（住户、投资、政府、出口合计）

	商品	产业	增加值部门	最终需求部门	合计
商品		***U***		***F***	***g***
产业	***V***				***x***
增加值部门		***W***			GDP
最终需求部门			***R***		GDP
合计	***g***	***x***	GDP	GDP	

U=产业使用的商品（使用矩阵）

V=产业供给的商品（制造矩阵）

F=商品的最终需求（***g*** 是商品总产出）

W=对产业的增加值投入（***x*** 是产业总产出）

R=增加值收入的来源

GDP=所有增加值投入合计或所有最终需求合计

注意在表 11－14 中，由于我们扩展了账户以包括更多的部门信息，我们已经改变了经济总收入的记号（消费行和生产列之间的交易，本章此前用 Q 来表示），用我们更熟悉的投入产出制造矩阵的记号矩阵 $\mathbf{V}$ 来表示。我们还用矩阵 $\mathbf{R}$ 来替换增加值收入来源的记号（之前我们用 V 来表示）。

11.8 其他社会核算变量

在以下各节中，为了使表述不至于太复杂，我们通过回到产业×产业框架从而在某种程度上简化 SAM/SNA 框架，其中的产业间交易记录为一个单个的交易矩阵，而不是 SNA 框架下相互补充的一对供给和使用矩阵。我们仍然从宏观 SAM 开始，这时我们仍用 Q 表示经济的总收入（消费行和生产列之间的交易），用 V 表示总增加值收入。然而，这里提出的所有概念同样适用于商品×产业框架。

在表 11－5 和表 11－6 中，住户和增加值账户的行列合计是相等的，因为我们至此仍假定所有增加值投入是由住户形成的。此外，至此我们还隐含地做出了若干具有某种限制的假定，诸如只有住户支付税收并形成储蓄。我们从现在开始可以放松这些假定，引入一些新的变量：

P＝政府对住户的转移，如福利转移

S_G＝政府储蓄

S_F＝国外储蓄

T_B＝间接税或企业支付的税

T_I＝进口货物与服务的税收

我们在表 11－15 中把这些刚刚定义的变量引入我们的国民账户矩阵中，作为对所涉及的相关矩阵产生影响的交易。例如，政府收入现在不仅来自消费者支付的税收和赤字支出，还来自企业所支付的间接税，以及进口货物与服务的税收。类似地，积累的资本不仅来自私人储蓄，而且现在还来自国际收支和政府。最后，住户收入不仅来自增加值投入的贡献所获得的回报，还来自政府的福利转移。

表 11－15　　矩阵形式的基本的国民账户平衡表（扩展到包含其他宏观交易）

	生产	消费	资本积累	国际收支	政府	住户	增加值
生产		U	I	X	G	F	
消费	Q		D	H			
资本积累				$\mathbf{S}_F$	$\mathbf{S}_G$	S	
国际收支	M		L			O	
政府	$\mathbf{T}_I$	$\mathbf{T}_B$	B			T	
住户					$\mathbf{P}$		W
增加值		V					

相应的平衡方程变为：

- 生产账户：$Q+M+T_I=U+F+I+X+G$

第 11 章　社会核算矩阵

- 消费账户：$U+V+T_B=Q+D+H$
- 资本积累账户：$I+D+L+B=S+S_G+S_F$
- 国际收支账户：$X+H+S_F=M+O+L$
- 政府账户：$G+P+S_G=T+B+T_B+T_I$
- 住户账户：$P+W=F+T+S+O$
- 增加值账户：$V=W$

这个例子的表格为表 11-16。

表 11-16　矩阵形式的扩展的国民账户平衡表：例子（扩展到包含其他宏观交易）

	1 生产	2 消费	3 资本积累	4 国际收支	5 政府	6 住户	7 增加值	合计
1. 生产		219	75	21	17	**268**		600
2. 消费	550		−19	14				545
3. 资本积累				**4**	**6**	30		40
4. 国际收支	48		−21			12		39
5. 政府	**2**	**3**	5			20		30
6. 住户					**7**		**323**	330
7. 增加值		**323**						323
合计	600	545	40	39	30	330	323	

11.9　“完整表述的”SAM

至此我们建立了一种我们通常称之为“宏观 SAM”的 SAM，因为这种表把很多交易的部门信息加总为一个单一的宏观经济交易，例如所有应该成为制造和使用矩阵的内容被加总为针对每个部分的一个总数。对表 11-16 所表示的宏观经济交易进行扩展，以包括部门间和机构间详细的交易，从而得到有时被称为“完整表述的”SAM 的 SAM，尽管这通常也意味着在矩阵的住户和增加值分块中包含更多的细节，并被用于分析与劳动、住户消费和收入、社会制度、人力资本以及社会福利有关的问题。

11.10　SAM 乘数

在第 6 章中我们探讨了投入产出分析的一个主要运用，即估算经济模型的外生因素变动对经济的影响，在研究中采用的方法是通过从列昂惕夫逆矩阵的元素推导得到被称为乘数的各种综合度量。那一章主要集中于乘数研究，包括总产出、收入、就业以及增加值投入乘数。在任何分析中运用乘数的一个关键决策是决定对于投入产出模型，哪些部门可以看作外生的，而哪些部门将被内生化到模型结构中。例如，把住户部门“封闭”到模型中，从而把所谓的类型Ⅱ乘数与类型Ⅰ乘数区分开来。正如人们可能预想的那样，在构建SAM乘数时，也一定面临类似的决策。

因为SAM通常被设计用来试图获得一个系统中所有经济行为人之间的交易和转移，这在某种程度上是人为的一种决定，为此，交易和转移被认为对于模型目的是外生的。朗德（Round，1988）观察到在构建用于建模的SAM中，以及在乘数的个别计算中，政府、资本，以及“国际收支”账户通常被认为是外生的。

□ 11.10.1 SAM乘数：基本结构

我们先定义一个“完整表述的”SAM为矩阵 $\bar{\boldsymbol{G}}$，它包括所有经济行为人之间所有基本的经济交易和转移，类似于投入产出闭模型中的产业间交易矩阵。SAM中的 $\bar{\boldsymbol{Z}}$，就像一个完全闭的列昂惕夫模型一样，是一个方阵，其中行和列的合计是相等的，我们把它定义为 $\boldsymbol{x}$。

同时，用类似于基本投入产出框架的方式，我们把经济中的某个部分外生设定为如第2章中所描述的投入产出模型中的“开的部分”。为此，我们首先定义 $\bar{\boldsymbol{G}}=\begin{bmatrix}\bar{\boldsymbol{Z}} & \boldsymbol{F}\\ \boldsymbol{W} & \boldsymbol{B}\end{bmatrix}$，其中 $\boldsymbol{F}$ 是外生的最终支出矩阵（行指标为产业，列指标为最终支出类别），$\boldsymbol{W}$ 是外生的收入形成矩阵（行指标为外生的收入类别，列指标为产业），$\boldsymbol{B}$ 为外生的对最终支出的收入分配矩阵（行指标为外生的收入类别，列指标为最终支出类别）。然而，$\boldsymbol{F}$ 的列将只是我们选择设定为外生的最终需求类别，例如资本支出、政府支出或出口。$\boldsymbol{W}$ 的行，像 $\boldsymbol{F}$ 一样，将只包括我们选择设定为外生的类别——这里是增加值类别，例如资本投入、政府补贴和进口。我们关于 $\boldsymbol{F}$、$\boldsymbol{W}$ 和 $\boldsymbol{B}$ 的定义意味着我们选择把某些最终需求和增加值类别设为内生的，在这种情况下，我们把它们包括在矩阵分块 $\bar{\boldsymbol{Z}}$ 中，它们将构成SAM的内生部分。因此，$\bar{\boldsymbol{Z}}$ 的行和列指标将是产业，以及任何我们选择作为内生处理的最终需求和增加值类别。通常对 $\bar{\boldsymbol{G}}$ 用其列和将其标准化，并将其定义为标准化的支出份额矩阵 $\boldsymbol{G}=\bar{\boldsymbol{G}}\hat{\boldsymbol{g}}^{-1}$，其中 $\boldsymbol{g}=\bar{\boldsymbol{G}}\boldsymbol{i}=\boldsymbol{i}'\bar{\boldsymbol{G}}$。

最后，为了构建SAM模型，我们需要在 $\bar{\boldsymbol{Z}}$ 中，对产业间交易、最终需求和增加值类别的交易进行区分。为此，我们进一步把矩阵分块为 $\bar{\boldsymbol{Z}}=\begin{bmatrix}\boldsymbol{Z} & \boldsymbol{0} & \bar{\boldsymbol{C}}\\ \bar{\boldsymbol{V}} & \boldsymbol{0} & \boldsymbol{0}\\ \boldsymbol{0} & \bar{\boldsymbol{Y}} & \bar{\boldsymbol{H}}\end{bmatrix}$，其中 $\bar{\boldsymbol{C}}$ 是我们设定为内生变量的最终需求支出矩阵，$\bar{\boldsymbol{V}}$ 是我们设定为内生的增加值投入矩阵，$\bar{\boldsymbol{Y}}$ 是对那些选择设定为内生的增加值类别收入分配的交易矩阵，$\bar{\boldsymbol{H}}$ 是把机构和住户收入分配到我们选择设定为内生的最终需求部门中的交易矩阵。我们现在定义SAM系数矩阵为 $\boldsymbol{S}=\bar{\boldsymbol{Z}}\hat{\boldsymbol{x}}^{-1}$，对应于 $\bar{\boldsymbol{Z}}$ 的分块，对 $\boldsymbol{S}$ 进行的分块定义为：

$$\boldsymbol{S}=\begin{bmatrix}\boldsymbol{A} & \boldsymbol{0} & \boldsymbol{C}\\ \boldsymbol{V} & \boldsymbol{0} & \boldsymbol{0}\\ \boldsymbol{0} & \boldsymbol{Y} & \boldsymbol{H}\end{bmatrix} \tag{11.1}$$

其中，$\boldsymbol{A}$ 是产业间技术系数矩阵，$\boldsymbol{C}$ 是内生的最终支出系数矩阵，$\boldsymbol{V}$ 是内生的增加值投入份额矩阵，$\boldsymbol{Y}$ 是收入分配给增加值类别的内生系数矩阵，而 $\boldsymbol{H}$ 是机构和住户收入分配的内生系数矩阵。

我们还定义向量 $\bar{\boldsymbol{x}}=\begin{bmatrix}\boldsymbol{x}\\\boldsymbol{v}\\\boldsymbol{y}\end{bmatrix}$，其中 $\boldsymbol{x}$ 是总的产业间部门产出向量，$\boldsymbol{v}$ 是总的增加值投入向量，而 $\boldsymbol{y}$ 是总的住户收入向量。我们现在可以设定基本的 SAM 模型如下：

$$\bar{\boldsymbol{x}}=\boldsymbol{S}\bar{\boldsymbol{x}}+\bar{\boldsymbol{f}} \tag{11.2}$$

其中 $\bar{\boldsymbol{f}}=\begin{bmatrix}\boldsymbol{f}\\\boldsymbol{w}\\\boldsymbol{h}\end{bmatrix}$，$\boldsymbol{f}$ 是外生设定的商品需求向量，$\boldsymbol{w}$ 是外生设定的增加值投入向量，而 $\boldsymbol{h}$ 是总量外生设定的住户收入类别向量。因为 $\boldsymbol{S}=\bar{\boldsymbol{Z}}\hat{\bar{\boldsymbol{x}}}^{-1}$，我们可以重写式（11.2）为 $\bar{\boldsymbol{x}}=(\boldsymbol{I}-\boldsymbol{S})^{-1}\bar{\boldsymbol{f}}$，我们定义 $\boldsymbol{M}=(\boldsymbol{I}-\boldsymbol{S})^{-1}$ 为 SAM 乘数矩阵。读者应该马上注意到它与列昂惕夫模型框架中的 $\boldsymbol{L}=(\boldsymbol{I}-\boldsymbol{A})^{-1}$ 的类似性。

利用上述定义的 $\boldsymbol{S}$ 的分块，以及与产业产出、增加值和住户收入合计相关的向量，我们可以解释 $\boldsymbol{M}$ 的相应分块；这是下一节的主题。在开展讨论的过程中，重要的是回顾第 6.7 节中有关乘数分解的对应章节，以及利用附录 A 分块矩阵求逆的某些特性。

□ 11.10.2 SAM 乘数的分解①

让我们从类似式（11.1）和式（11.2）所给出的一个简单的或简约版本的 SAM 模型开始，定义如下：

$$\boldsymbol{S}=\begin{bmatrix}\boldsymbol{A} & \boldsymbol{C}\\\boldsymbol{H} & \boldsymbol{0}\end{bmatrix} \tag{11.3}$$

其中 $\boldsymbol{A}$ 是产业间技术系数矩阵，$\boldsymbol{C}$ 是内生的最终消费系数矩阵，而 $\boldsymbol{H}$ 是分配住户收入为增加值类别的系数矩阵（对于这一简化版本，我们把所有增加值合并到住户中）。

我们可以容易地把 $\boldsymbol{S}$ 定义为按如下方式定义的两个矩阵 $\boldsymbol{Q}$ 和 $\boldsymbol{R}$ 的合计：

$$\boldsymbol{S}=\boldsymbol{Q}+\boldsymbol{R} \quad \boldsymbol{Q}=\begin{bmatrix}\boldsymbol{A} & \boldsymbol{0}\\\boldsymbol{0} & \boldsymbol{0}\end{bmatrix} \quad \boldsymbol{R}=\begin{bmatrix}\boldsymbol{0} & \boldsymbol{C}\\\boldsymbol{H} & \boldsymbol{0}\end{bmatrix} \tag{11.4}$$

所以：

$$\bar{\boldsymbol{x}}=\boldsymbol{S}\bar{\boldsymbol{x}}+\bar{\boldsymbol{f}} \tag{11.5}$$

其中 $\bar{\boldsymbol{x}}=\begin{bmatrix}\boldsymbol{x}\\\boldsymbol{y}\end{bmatrix}$ 和 $\bar{\boldsymbol{f}}=\begin{bmatrix}\boldsymbol{f}\\\boldsymbol{g}\end{bmatrix}$。向量 $\boldsymbol{x}$ 仍为总产出向量，$\boldsymbol{y}$ 是住户总收入向量，$\boldsymbol{f}$ 是外生的最终需求向量，而 $\boldsymbol{g}$ 为外生的住户收入向量。利用式（11.4）中的定义，我们可以重写式（11.5）为：

$$\bar{\boldsymbol{x}}=\boldsymbol{Q}\bar{\boldsymbol{x}}+\boldsymbol{R}\bar{\boldsymbol{x}}+\bar{\boldsymbol{f}}=\begin{bmatrix}\boldsymbol{x}\\\boldsymbol{y}\end{bmatrix}=\boldsymbol{Q}\begin{bmatrix}\boldsymbol{x}\\\boldsymbol{y}\end{bmatrix}+\boldsymbol{R}\begin{bmatrix}\boldsymbol{x}\\\boldsymbol{y}\end{bmatrix}+\begin{bmatrix}\boldsymbol{f}\\\boldsymbol{g}\end{bmatrix} \tag{11.6}$$

① 在 Pyatt 和 Round（1979，1985b）、Round（1985）以及 Thorbecke（1998）中有更多详细的关于 SAM 乘数分解的细节，尽管这里的讨论与 Holland 和 wyeth（1993）的讨论更为相似，并采用了很多那一表述中的定义，因为它们与本章早先使用的符号有着更为直接的联系。

直接得到 $\bar{x}-Q\bar{x}=R\bar{x}+\bar{f}$，或

$$\bar{x}=(I-Q)^{-1}R\bar{x}+(I-Q)^{-1}\bar{f} \tag{11.7}$$

我们定义 $T=(I-Q)^{-1}R$，所以式（11.7）成为：

$$\bar{x}=T\bar{x}+(I-Q)^{-1}\bar{f} \tag{11.8}$$

如果用 T 乘式（11.8）两边，我们得到：

$$T\bar{x}=T^2\bar{x}+T(I-Q)^{-1}\bar{f}=T(T\bar{x})+T(I-Q)^{-1}\bar{f}$$

但是从式（11.8）还直接得到 $T\bar{x}=\bar{x}-(I-Q)^{-1}\bar{f}$，所以：

$$\bar{x}=T[T\bar{x}+(I-Q)^{-1}\bar{f}]+(I-Q)^{-1}\bar{f}$$

$$\bar{x}=(I-T^2)^{-1}(I+T)(I-Q)^{-1}\bar{f} \tag{11.9}$$

或更简单地，有：

$$\bar{x}=M_3M_2M_1\bar{f} \tag{11.10}$$

其中，$M_1=(I-Q)^{-1}$，$M_2=(I+T)$ 且 $M_3=(I-T^2)^{-1}$。这与在第 6.7 节中的列昂惕夫模型中的乘数分解的讨论相似。因为我们定义 $M=(I-S)^{-1}$，显然 $M=M_3M_2M_1$，所以 M_1、M_2 以及 M_3 构成了 M 的乘法分块。

我们现在可以利用附录 A 分块求逆的特例，采用类似于针对 S 的最初分块也就是 A、C 和 H 的乘数分解方式，来决定 M_1、M_2 以及 M_3 的更详细的结构。对于 M_1 的情形，根据附录 A 的分块矩阵逆的一个特例①，可以直接得到：

$$M_1=(I-Q)^{-1}=\begin{bmatrix}(I-A) & 0\\ 0 & I\end{bmatrix}^{-1}=\begin{bmatrix}(I-A)^{-1} & 0\\ 0 & I\end{bmatrix} \tag{11.11}$$

这一矩阵定义了我们常说的“直接效应”乘数，因为它们包含了我们熟悉的列昂惕夫产出乘数，但是不包括与其他部门相关的乘数效应，例如增加值或住户，它们在投入产出模型中被认为是外生的。这些乘数有时也被称作“组内”（intragroup）乘数或“自身”（own）乘数。

对于 M_2 的情形，我们仍利用同样的分块逆矩阵的特例，得到：

$$M_2=I+T=I+(I-Q)^{-1}R=\begin{bmatrix}I & (I-A)^{-1}C\\ H & I\end{bmatrix} \tag{11.12}$$

矩阵 M_2 常被称为间接乘数矩阵，因为它记录了各种类型的外生投入效应如何传递到住户部门，但是住户收入的增加（或减少）并没有对随后的商品消费产生反馈。这些乘数有时被称为“组外”（extragroup）或“开环”（open loop）乘数，因为对住户消费和增加值影响的反馈环并没有包括进来。

对于 M_3 的情形，我们从 $M_3=(I-T^2)^{-1}=(I-[(I-Q)^{-1}R]^2)^{-1}$ 开始。仍利用分块逆矩阵的特例，得到：

---

① 在这种情况下，如果 $M=\begin{bmatrix}E & 0\\ 0 & F\end{bmatrix}$，那么 $M^{-1}=\begin{bmatrix}E^{-1} & 0\\ 0 & F^{-1}\end{bmatrix}$，所以如果 $F=I$，那么 $M^{-1}=\begin{bmatrix}E^{-1} & 0\\ 0 & I\end{bmatrix}$。

$$\boldsymbol{M}_3=(\boldsymbol{I}-\boldsymbol{T}^2)^{-1}=(\boldsymbol{I}-[(\boldsymbol{I}-\boldsymbol{Q})^{-1}\boldsymbol{R}]^2)^{-1}$$

或者

$$\boldsymbol{M}_3=\begin{bmatrix}[\boldsymbol{I}-(\boldsymbol{I}-\boldsymbol{A})^{-1}\boldsymbol{CH}]^{-1} & \boldsymbol{0}\\ \boldsymbol{0} & [\boldsymbol{I}-\boldsymbol{H}(\boldsymbol{I}-\boldsymbol{A})^{-1}\boldsymbol{C}]^{-1}\end{bmatrix} \tag{11.13}$$

矩阵乘数 $\boldsymbol{M}_3$ 常被称为“交叉”(cross)或“闭环”(closed loop)乘数矩阵，因为它们包含了反馈效应。例如，对于商品出口的增加，为满足这一外生的需求，将伴随着产业间生产的增加，以及住户收入的增加，而它反过来反馈为对商品需求进一步的增加，如此等等。

例 11.1：简约形式的例子

我们从一个基本的 SAM 交易矩阵（表 11-17）开始，将其定义为 $\boldsymbol{Z}$，包括我们所关注的经济交易，某些部分出于建模的目的在 SAM 模型中被考虑为内生的，而另一些则在模型中被考虑为外生的。[①] 对于这个例子，我们考虑前六个所定义的部门，包括三个产业部门和三种住户类别，作为内生部门，我们考虑把资本、政府以及“国际收支”部门作为外生设定部门。

对于这个例子，我们定义 $\boldsymbol{S}=\boldsymbol{Z}\hat{\boldsymbol{x}}^{-1}$，其中 $\boldsymbol{Z}$ 由表 11-17（$\boldsymbol{G}$）左上的六行和六列构成，$\boldsymbol{x}$ 由最后一列（$\boldsymbol{g}$）的前六个元素构成。$\boldsymbol{S}$ 也可以由标准化的支出份额矩阵 $\boldsymbol{G}=\overline{\boldsymbol{G}}\hat{\boldsymbol{g}}^{-1}$ 左上的六行和六列构成，并得到相同的结果。此外，为有助于解释乘数，我们进一步把 $\boldsymbol{S}$ 剖分成与产业间交易（$\boldsymbol{A}$）、内生最终消费（$\boldsymbol{C}$）以及住户收入（$\boldsymbol{H}$）相关的部门：

$$\boldsymbol{S}=\begin{bmatrix}\boldsymbol{A} & \boldsymbol{C}\\ \boldsymbol{H} & \boldsymbol{0}\end{bmatrix}=\begin{bmatrix}0.246 & 0.003 & 0.005 & 0.012 & 0.009 & 0.008\\ 0.345 & 0.253 & 0.215 & 0.845 & 0.756 & 0.691\\ 0.049 & 0.14 & 0.296 & 0.121 & 0.058 & 0.115\\ 0.03 & 0.042 & 0.032 & 0 & 0 & 0\\ 0.059 & 0.143 & 0.134 & 0 & 0 & 0\\ 0.123 & 0.154 & 0.14 & 0 & 0 & 0\end{bmatrix}$$

为设定乘数，回想我们曾经把 $\boldsymbol{S}$ 分成两个加法矩阵 $\boldsymbol{Q}$ 和 $\boldsymbol{R}$，如此 $\boldsymbol{S}=\boldsymbol{Q}+\boldsymbol{R}$，其中

$$\boldsymbol{Q}=\begin{bmatrix}\boldsymbol{A} & \boldsymbol{0}\\ \boldsymbol{0} & \boldsymbol{0}\end{bmatrix}=\begin{bmatrix}0.246 & 0.003 & 0.005 & 0\\ 0.345 & 0.253 & 0.215 & 0\\ 0.049 & 0.14 & 0.296 & 0\\ 0 & 0 & 0 & 0\end{bmatrix}$$，而：

$$\boldsymbol{R}=\begin{bmatrix}\boldsymbol{0} & \boldsymbol{C}\\ \boldsymbol{H} & \boldsymbol{0}\end{bmatrix}=\begin{bmatrix}0 & 0 & 0 & 0.012 & 0.009 & 0.008\\ 0 & 0 & 0 & 0.845 & 0.756 & 0.691\\ 0 & 0 & 0 & 0.121 & 0.058 & 0.115\\ 0.03 & 0.042 & 0.032 & 0 & 0 & 0\\ 0.059 & 0.143 & 0.134 & 0 & 0 & 0\\ 0.123 & 0.154 & 0.14 & 0 & 0 & 0\end{bmatrix}$$

① 这个简单的例子是从 Holland 和 Wyeth（1993）提供的一个更复杂的采用 1982 年数据的美国 SAM 版本改造而来的。

表 11－17　　完整表述的 SAM 的简约形式：例 11.1

	产业			住户			外生			合计
	自然资源	制造业	服务业	低收入住户	中等收入住户	高收入住户	资本	政府	国际收支	
产业										
自然资源	50	93	10	5	8	7	0	20	10	203
制造业	70	900	400	350	650	600	40	200	350	3 560
服务业	10	500	550	50	50	100	200	150	250	1 860
住户										
低收入住户	6	150	60					200	(2)	414
中等收入住户	12	510	250					89	(1)	860
高收入住户	25	550	260					35	(2)	868
外生										
资本	15	200	75	(20)	60	100		(10)	290	710
政府	10	400	125	20	50	25	140	25	(15)	780
国际收支	5	257	130	9	42	36	330	71	0	880
合计	203	3 560	1 860	414	860	868	710	780	880	10 135

回顾在推导三类乘数时，有必要定义矩阵 $\boldsymbol{T}=(\boldsymbol{I}-\boldsymbol{Q})^{-1}\boldsymbol{R}$，它常被用于定义乘数的表达式，对于我们的例子，有：

$$\boldsymbol{T}=(\boldsymbol{I}-\boldsymbol{Q})^{-1}\boldsymbol{R}=\begin{bmatrix} 0 & 0 & 0 & 0.023 & 0.018 & 0.017 \\ 0 & 0 & 0 & 1.265 & 1.108 & 1.04 \\ 0 & 0 & 0 & 0.425 & 0.305 & 0.372 \\ 0.03 & 0.042 & 0.032 & 0 & 0 & 0 \\ 0.059 & 0.143 & 0.134 & 0 & 0 & 0 \\ 0.123 & 0.154 & 0.14 & 0 & 0 & 0 \end{bmatrix}$$

对于这个例子，我们现在拥有所有的信息来设定三类乘数，即 $\boldsymbol{M}_1$、$\boldsymbol{M}_2$ 以及 $\boldsymbol{M}_3$，具体如下：

$$\boldsymbol{M}_1=(\boldsymbol{I}-\boldsymbol{Q})^{-1}=\begin{bmatrix} (\boldsymbol{I}-\boldsymbol{A})^{-1} & \boldsymbol{0} \\ \boldsymbol{0} & \boldsymbol{I} \end{bmatrix}=\begin{bmatrix} 1.331 & 0.007 & 0.012 & 0 & 0 & 0 \\ 0.68 & 1.423 & 0.44 & 0 & 0 & 0 \\ 0.229 & 0.284 & 1.508 & 0 & 0 & 0 \\ 0 & 0 & 0 & 1 & 0 & 0 \\ 0 & 0 & 0 & 0 & 1 & 0 \\ 0 & 0 & 0 & 0 & 0 & 1 \end{bmatrix}$$

回顾之前 $\boldsymbol{M}_1$ 所定义的“直接效应”乘数，其中只包括列昂惕夫产出乘数。因此，对于本例，$[\boldsymbol{M}_1]_{12}=0.007$ 反映美元价值的自然资源产出，直接和间接地支持外生设定的 1 美元价值对制造业产品的最终需求（对制造业产品的资本和政府支出，以及制造业产品出口的合计）。该乘数不包括与其他部门如增加值或住户相关的乘数效应，这些通常在投入产出模型中被作为外生的，但是被包括在 $\boldsymbol{M}$ 中的其他项中，这些项在整个 SAM 中是内生设定的。

$$\boldsymbol{M}_2=\boldsymbol{I}+\boldsymbol{T}=\begin{bmatrix} \boldsymbol{I} & (\boldsymbol{I}-\boldsymbol{A})^{-1}\boldsymbol{C} \\ \boldsymbol{H} & \boldsymbol{I} \end{bmatrix}=\begin{bmatrix} 1 & 0 & 0 & 0.023 & 0.018 & 0.017 \\ 0 & 1 & 0 & 1.265 & 1.108 & 1.04 \\ 0 & 0 & 1 & 0.425 & 0.305 & 0.372 \\ 0.03 & 0.042 & 0.032 & 1 & 0 & 0 \\ 0.059 & 0.143 & 0.134 & 0 & 1 & 0 \\ 0.123 & 0.154 & 0.14 & 0 & 0 & 1 \end{bmatrix}$$

回顾之前 $\boldsymbol{M}_2$ 所定义的间接乘数，记录每种外生投入的效应如何被传输到住户部门。例如 $[\boldsymbol{M}_2]_{41}=0.03$ 反映外生的价值 1 美元的自然资源的最终需求所直接和间接带来的低收入住户美元价值的收入。这些乘数不包括 $\boldsymbol{M}_3$ 中所反映的住户收入的增加（或减少）对商品消费的反馈效应：

$$\boldsymbol{M}_3=(\boldsymbol{I}-\boldsymbol{T}^2)^{-1}=\begin{bmatrix} [\boldsymbol{I}-(\boldsymbol{I}-\boldsymbol{A})^{-1}\boldsymbol{C}\boldsymbol{H}]^{-1} & \boldsymbol{0} \\ \boldsymbol{0} & [\boldsymbol{I}-\boldsymbol{H}(\boldsymbol{I}-\boldsymbol{A})^{-1}\boldsymbol{C}]^{-1} \end{bmatrix}$$

或者，对于本例有：

$$
M_3=(I-T^2)^{-1}=\begin{bmatrix} 1.007 & 0.012 & 0.011 & 0 & 0 & 0 \\ 0.449 & 1.721 & 0.648 & 0 & 0 & 0 \\ 0.146 & 0.23 & 1.207 & 0 & 0 & 0 \\ 0 & 0 & 0 & 1.131 & 0.11 & 0.109 \\ 0 & 0 & 0 & 0.464 & 1.389 & 0.387 \\ 0 & 0 & 0 & 0.499 & 0.418 & 1.416 \end{bmatrix}
$$

回顾之前 M_3 所定义的“交叉”乘数，它们反映了住户和产业间交易的反馈效应。左上矩阵分块体现由收入增加导致的收入引致的生产增加，而增加的收入本身则反映在右下分块，是由外生设定的最终需求带来的。例如，$[M_3]_{44}=1.131$ 反映由于所有住户类别收入增加而引起产业间消耗增加从而产生的低收入住户收入的美元价值。也就是，任何外生设定的需求的增加，将伴随产业间生产的增加，以满足该需求，以及所产生的住户收入的增加，而这反过来反馈为对商品需求的进一步增加，如此等等。

最后，总的 SAM 乘数矩阵为：

$$
M=M_3M_2M_1=(I-S)^{-1}=\begin{bmatrix} 1.351 & 0.027 & 0.034 & 0.043 & 0.35 & 0.033 \\ 1.916 & 2.628 & 1.741 & 2.463 & 2.113 & 2.039 \\ 0.627 & 0.672 & 1.923 & 0.808 & 0.626 & 0.691 \\ 0.141 & 0.134 & 0.136 & 1.131 & 0.11 & 0.109 \\ 0.439 & 0.47 & 0.51 & 0.464 & 1.389 & 0.387 \\ 0.55 & 0.505 & 0.542 & 0.499 & 0.418 & 1.416 \end{bmatrix}
$$

它是所有 M_1、M_2 以及 M_3 效应的累积。

□ 11.10.3 扩展的 SAM 中的乘数

现在我们移除增加值和住户之间不做区分的简化假定，回到扩展的情形中，其概略版本如式（11.1）所示：

$$
S=\begin{bmatrix} A & 0 & C \\ V & 0 & 0 \\ 0 & Y & H \end{bmatrix}
$$

如同对于简约形式版本所做的，我们把 S 分解为两个加法矩阵，即 Q 和 R，所以 $S=Q+R$，其中 $Q=\begin{bmatrix} A & 0 & 0 \\ 0 & 0 & 0 \\ 0 & 0 & H \end{bmatrix}$，$R=\begin{bmatrix} 0 & 0 & C \\ V & 0 & 0 \\ 0 & Y & 0 \end{bmatrix}$。因此，沿着简约形式所采用的方法，$\bar{x}=S\bar{x}+\bar{f}$［见式（11.2）］，其中 $\bar{x}=\begin{bmatrix} x \\ v \\ y \end{bmatrix}$，$\bar{f}=\begin{bmatrix} f \\ w \\ h \end{bmatrix}$，而 x 仍为总产出向量，v 是总增加值向量，y 是住户总收入向量，f 是外生最终需求向量，w 是外生增加值收入向量，而 h 为外生住户收入向量。仿照简约形式版本，我们可以重写式（11.2）为如下形式：

$$
\begin{aligned} \bar{x}&=(R+Q)\bar{x}+\bar{f} \\ \bar{x}&=(I-Q)^{-1}R\bar{x}+(I-Q)^{-1}\bar{f} \end{aligned} \tag{11.14}
$$

仍定义 $\boldsymbol{T}=(\boldsymbol{I}-\boldsymbol{Q})^{-1}\boldsymbol{R}$，式（11.14）成为：

$$\bar{\boldsymbol{x}}=\boldsymbol{T}\bar{\boldsymbol{x}}+(\boldsymbol{I}-\boldsymbol{Q})^{-1}\bar{\boldsymbol{f}} \tag{11.15}$$

用 $\boldsymbol{T}$ 乘式（11.15）两边，我们得到 $\boldsymbol{T}\bar{\boldsymbol{x}}=\boldsymbol{T}^2\bar{\boldsymbol{x}}+\boldsymbol{T}(\boldsymbol{I}-\boldsymbol{Q})^{-1}\bar{\boldsymbol{f}}$。另外，直接从式（11.15）也可以得到 $\boldsymbol{T}\bar{\boldsymbol{x}}=\bar{\boldsymbol{x}}-(\boldsymbol{I}-\boldsymbol{Q})^{-1}\bar{\boldsymbol{f}}$，如此 $\bar{\boldsymbol{x}}=\boldsymbol{T}[\boldsymbol{T}\bar{\boldsymbol{x}}+(\boldsymbol{I}-\boldsymbol{Q})^{-1}\bar{\boldsymbol{f}}]+(\boldsymbol{I}-\boldsymbol{Q})^{-1}\bar{\boldsymbol{f}}$ 或者

$$\bar{\boldsymbol{x}}=\boldsymbol{T}^2\bar{\boldsymbol{x}}+\boldsymbol{T}(\boldsymbol{I}-\boldsymbol{Q})^{-1}\bar{\boldsymbol{f}}+(\boldsymbol{I}-\boldsymbol{Q})^{-1}\bar{\boldsymbol{f}} \tag{11.16}$$

到现在为止，它与简约形式模型是一样的。因为在这个扩展形式中有三个分块，按下列方式把方程进一步展开是有好处的，两边仍再乘 $\boldsymbol{T}$，把结果替换回式（11.15）中，重新整理各项（Holland and Wyeth，1993）得：

$$\begin{aligned}\boldsymbol{T}\bar{\boldsymbol{x}}&=\boldsymbol{T}[\boldsymbol{T}^2\bar{\boldsymbol{x}}+\boldsymbol{T}(\boldsymbol{I}-\boldsymbol{Q})^{-1}\bar{\boldsymbol{f}}+(\boldsymbol{I}-\boldsymbol{Q})^{-1}\bar{\boldsymbol{f}}]\\&=\boldsymbol{T}^3\bar{\boldsymbol{x}}+\boldsymbol{T}^2(\boldsymbol{I}-\boldsymbol{Q})^{-1}\bar{\boldsymbol{f}}+\boldsymbol{T}(\boldsymbol{I}-\boldsymbol{Q})^{-1}\bar{\boldsymbol{f}}\end{aligned} \tag{11.17}$$

把这一关于 $\boldsymbol{T}\bar{\boldsymbol{x}}$ 的表达式代回式（11.15），得到：

$$\begin{aligned}\bar{\boldsymbol{x}}&=\boldsymbol{T}^3\bar{\boldsymbol{x}}+\boldsymbol{T}^2(\boldsymbol{I}-\boldsymbol{Q})^{-1}\bar{\boldsymbol{f}}+\boldsymbol{T}(\boldsymbol{I}-\boldsymbol{Q})^{-1}\bar{\boldsymbol{f}}+(\boldsymbol{I}-\boldsymbol{Q})^{-1}\bar{\boldsymbol{f}}\\\bar{\boldsymbol{x}}&=(\boldsymbol{I}-\boldsymbol{T}^3)^{-1}(\boldsymbol{I}+\boldsymbol{T}+\boldsymbol{T}^2)(\boldsymbol{I}-\boldsymbol{Q})^{-1}\bar{\boldsymbol{f}}\end{aligned} \tag{11.18}$$

我们可以通过展开式（11.18）进行验证。如简约形式的版本一样，我们仍把它表示为 $\bar{\boldsymbol{x}}=\boldsymbol{M}_3\boldsymbol{M}_2\boldsymbol{M}_1\bar{\boldsymbol{f}}$，但是是一种扩展的情形，其中 $\boldsymbol{M}_1=(\boldsymbol{I}-\boldsymbol{Q})^{-1}$，$\boldsymbol{M}_2=(\boldsymbol{I}+\boldsymbol{T}+\boldsymbol{T}^2)$，$\boldsymbol{M}_3=(\boldsymbol{I}-\boldsymbol{T}^3)^{-1}$。针对 $\boldsymbol{A}$、$\boldsymbol{C}$、$\boldsymbol{Y}$、$\boldsymbol{V}$ 以及 $\boldsymbol{H}$ 的关于 $\boldsymbol{M}_1$、$\boldsymbol{M}_2$ 以及 $\boldsymbol{M}_3$ 的扩展的表达式将成为如下形式，我们把验证工作留给读者：

$$\boldsymbol{M}_1=\begin{bmatrix}(\boldsymbol{I}-\boldsymbol{A})^{-1}&\boldsymbol{0}&\boldsymbol{0}\\\boldsymbol{0}&\boldsymbol{I}&\boldsymbol{0}\\\boldsymbol{0}&\boldsymbol{0}&(\boldsymbol{I}-\boldsymbol{H})^{-1}\end{bmatrix} \tag{11.19}$$

伴随着这一关于 $\boldsymbol{M}_1$ 的表达式的简约形式的例子，应注意这些乘数仍然只是得到“自效应”，而没有受到其他主要部门的影响。矩阵 $\boldsymbol{M}_2$ 为：

$$\boldsymbol{M}_2=\begin{bmatrix}\boldsymbol{I}&(\boldsymbol{I}-\boldsymbol{A})^{-1}\boldsymbol{C}(\boldsymbol{I}-\boldsymbol{H})^{-1}\boldsymbol{Y}&(\boldsymbol{I}-\boldsymbol{A})^{-1}\boldsymbol{C}\\\boldsymbol{V}&\boldsymbol{I}&\boldsymbol{V}(\boldsymbol{I}-\boldsymbol{A})^{-1}\boldsymbol{C}\\(\boldsymbol{I}-\boldsymbol{H})^{-1}\boldsymbol{Y}\boldsymbol{V}&(\boldsymbol{I}-\boldsymbol{H})^{-1}\boldsymbol{Y}&\boldsymbol{I}\end{bmatrix} \tag{11.20}$$

对于 $\boldsymbol{M}_2$，“开环”乘数仍表示外生投入对每个主要部门的影响。

最后，矩阵 $\boldsymbol{M}_3$ 为：

$$\boldsymbol{M}_3=\begin{bmatrix}[\boldsymbol{I}-(\boldsymbol{I}-\boldsymbol{A})^{-1}\boldsymbol{C}(\boldsymbol{I}-\boldsymbol{H})^{-1}\boldsymbol{Y}\boldsymbol{V}]^{-1}&\boldsymbol{0}&\boldsymbol{0}\\\boldsymbol{0}&[\boldsymbol{I}-\boldsymbol{V}(\boldsymbol{I}-\boldsymbol{A})^{-1}\boldsymbol{C}(\boldsymbol{I}-\boldsymbol{H})^{-1}\boldsymbol{Y}]^{-1}&\boldsymbol{0}\\\boldsymbol{0}&\boldsymbol{0}&[\boldsymbol{I}-(\boldsymbol{I}-\boldsymbol{H})^{-1}\boldsymbol{Y}\boldsymbol{V}(\boldsymbol{I}-\boldsymbol{A})^{-1}\boldsymbol{C}]^{-1}\end{bmatrix} \tag{11.21}$$

矩阵 $\boldsymbol{M}_3$ 获得后续轮次对每个部门影响的最终反馈效应。如以前一样，$\boldsymbol{M}=\boldsymbol{M}_3\boldsymbol{M}_2\boldsymbol{M}_1$。

例 11.2：扩展形式的例子

考虑表 11-18 中的 SAM 交易矩阵，与例 11.1 中所用的矩阵相似，除了我们现在

新引入的增加值和机构部门之外。

对于扩展形式的例子，加法的分块矩阵 $\boldsymbol{Q}$ 和 $\boldsymbol{R}$，在本例中它们都是 12×12 的，对应内生部门的数目，它们被定义为：

$$\boldsymbol{Q}=\begin{bmatrix}\boldsymbol{A} & \boldsymbol{0} & \boldsymbol{0}\\ \boldsymbol{0} & \boldsymbol{0} & \boldsymbol{0}\\ \boldsymbol{0} & \boldsymbol{0} & \boldsymbol{H}\end{bmatrix},\boldsymbol{R}=\begin{bmatrix}\boldsymbol{0} & \boldsymbol{0} & \boldsymbol{C}\\ \boldsymbol{V} & \boldsymbol{0} & \boldsymbol{0}\\ \boldsymbol{0} & \boldsymbol{Y} & \boldsymbol{0}\end{bmatrix}$$

其中：

$$\boldsymbol{A}=\begin{bmatrix}0.275 & 0.023 & 0.005\\ 0.325 & 0.304 & 0.213\\ 0.050 & 0.100 & 0.361\end{bmatrix},\boldsymbol{Y}=\begin{bmatrix}0.87 & 0 & 0\\ 0 & 0.149 & 0\\ 0 & 0.851 & 0\\ 0 & 0 & 0\\ 0 & 0 & 0\\ 0 & 0 & 0\end{bmatrix},$$

$$\boldsymbol{V}=\begin{bmatrix}0.1 & 0.325 & 0.26\\ 0.2 & 0.175 & 0.1\\ 0.025 & 0.05 & 0.02\end{bmatrix},$$

$$\boldsymbol{C}=\begin{bmatrix}0 & 0 & 0 & 0.011 & 0.008 & 0.006\\ 0 & 0 & 0 & 0.874 & 0.688 & 0.572\\ 0 & 0 & 0 & 0.092 & 0.081 & 0.082\end{bmatrix},\boldsymbol{H}=\begin{bmatrix}0 & 0 & 0 & 0 & 0 & 0\\ 0 & 0 & 0 & 0 & 0 & 0\\ 0 & 0 & 0 & 0 & 0 & 0\\ 0.094 & 0.071 & 0.088 & 0 & 0 & 0\\ 0.438 & 0.429 & 0.141 & 0 & 0 & 0\\ 0.469 & 0.5 & 0.265 & 0 & 0 & 0\end{bmatrix}$$

如之前所指出的，为了便于简洁地构建乘数，我们有：

$$\boldsymbol{T}=(\boldsymbol{I}-\boldsymbol{Q})^{-1}\boldsymbol{R}$$

$$=\begin{bmatrix}0 & 0 & 0 & 0 & 0 & 0 & 0 & 0 & 0 & 0.062 & 0.048 & 0.039\\ 0 & 0 & 0 & 0 & 0 & 0 & 0 & 0 & 0 & 1.396 & 1.103 & 0.924\\ 0 & 0 & 0 & 0 & 0 & 0 & 0 & 0 & 0 & 0.367 & 0.303 & 0.277\\ 0.1 & 0.325 & 0.26 & 0 & 0 & 0 & 0 & 0 & 0 & 0 & 0 & 0\\ 0.2 & 0.175 & 0.1 & 0 & 0 & 0 & 0 & 0 & 0 & 0 & 0 & 0\\ 0.025 & 0.05 & 0.02 & 0 & 0 & 0 & 0 & 0 & 0 & 0 & 0 & 0\\ 0 & 0 & 0 & 0.87 & 0 & 0 & 0 & 0 & 0 & 0 & 0 & 0\\ 0 & 0 & 0 & 0 & 0.149 & 0 & 0 & 0 & 0 & 0 & 0 & 0\\ 0 & 0 & 0 & 0 & 0.851 & 0 & 0 & 0 & 0 & 0 & 0 & 0\\ 0 & 0 & 0 & 0.082 & 0.086 & 0 & 0 & 0 & 0 & 0 & 0 & 0\\ 0 & 0 & 0 & 0.38 & 0.184 & 0 & 0 & 0 & 0 & 0 & 0 & 0\\ 0 & 0 & 0 & 0.408 & 0.3 & 0 & 0 & 0 & 0 & 0 & 0 & 0\end{bmatrix}$$

表 11-18　完整表述的SAM的扩展形式：例 11.1

	产业			增加值			住户与机构						外生			合计
	自然资源	制造业	服务业	劳动	资本	税收	工资	利润	企业	低收入住户	中等收入住户	高收入住户	外生资本	政府	国际收支	
产业																
自然资源	55	90	10				0	0	0	5	8	7	−2	8	19	200
制造业	65	1 215	425				0	0	0	380	680	625	40	450	120	4 000
服务业	10	400	722				0	0	0	40	80	90	313	145	200	2 000
增加值																
劳动	20	1 300	520													1 840
资本	40	700	200													940
税收	5	200	40													245
住户与机构																
工资				1,600	0	0	0	0	0	0	0	0	0	0	0	1 600
利润				0	140	0	0	0	0	0	0	0	0	0	0	140
企业				0	800	0	0	0	0	0	0	0	0	50	0	850
低收入住户				0	0	0	150	10	75	0	0	0	0	204	−4	435
中等收入住户				0	0	0	700	60	120	0	0	0	0	113	−5	988
高收入住户				0	0	0	750	70	225	0	0	0	0	50	−2	1 093
外生																
外生资本	0	0	0	0	0	0	0	0	380	−20	50	151	0	−200	10	371
政府	0	0	0	240	0	245	0	0	50	20	150	200	0	315	−20	1 200
国际收支	5	95	83	0	0	0	0	0	0	10	20	20	20	65	0	318
合计	200	4 000	2 000	1 840	940	245	1 600	140	850	435	988	1 093	371	1 200	318	16 220

乘数矩阵 $\boldsymbol{M}_1$、$\boldsymbol{M}_2$ 以及 $\boldsymbol{M}_3$ 可以计算如下：

$$\boldsymbol{M}_1=(\boldsymbol{I}-\boldsymbol{Q})^{-1}$$

$$=\begin{bmatrix}
1.403 & 0.049 & 0.027 & 0 & 0 & 0 & 0 & 0 & 0 & 0 & 0 & 0\\
0.723 & 1.534 & 0.516 & 0 & 0 & 0 & 0 & 0 & 0 & 0 & 0 & 0\\
0.223 & 0.244 & 1.648 & 0 & 0 & 0 & 0 & 0 & 0 & 0 & 0 & 0\\
0 & 0 & 0 & 1 & 0 & 0 & 0 & 0 & 0 & 0 & 0 & 0\\
0 & 0 & 0 & 0 & 1 & 0 & 0 & 0 & 0 & 0 & 0 & 0\\
0 & 0 & 0 & 0 & 0 & 1 & 0 & 0 & 0 & 0 & 0 & 0\\
0 & 0 & 0 & 0 & 0 & 0 & 1 & 0 & 0 & 0 & 0 & 0\\
0 & 0 & 0 & 0 & 0 & 0 & 0 & 1 & 0 & 0 & 0 & 0\\
0 & 0 & 0 & 0 & 0 & 0 & 0 & 0 & 1 & 0 & 0 & 0\\
0 & 0 & 0 & 0 & 0 & 0 & 0.094 & 0.071 & 0.088 & 1 & 0 & 0\\
0 & 0 & 0 & 0 & 0 & 0 & 0.438 & 0.429 & 0.141 & 0 & 1 & 0\\
0 & 0 & 0 & 0 & 0 & 0 & 0.469 & 0.5 & 0.265 & 0 & 0 & 1
\end{bmatrix}$$

如以前的例子一样，$\boldsymbol{M}_1$ 是分块对角矩阵，定义对应外生设定的最终需求的每个部门组的“直接效应”乘数，即产业、增加值，以及住户机构。例如，$[\boldsymbol{M}_1]_{11,7}=0.438$ 反映由支付给工资收入者的 1 美元价值的最终消费所产生的中等收入住户收入的美元价值。如以前一样，这些乘数不包括产品或服务组之间的乘数效应，因此对于例如增加值组的乘数包含单位矩阵，不应感到奇怪，因为对增加值的需求不是外生设定的。

$$\boldsymbol{M}_2=(\boldsymbol{I}+\boldsymbol{T}+\boldsymbol{T}^2)$$

$$=\begin{bmatrix}
1 & 0 & 0 & 0.039 & 0.026 & 0 & 0 & 0 & 0 & 0.062 & 0.048 & 0.039\\
0 & 1 & 0 & 0.91 & 0.6 & 0 & 0 & 0 & 0 & 1.396 & 1.103 & 0.924\\
0 & 0 & 1 & 0.258 & 0.17 & 0 & 0 & 0 & 0 & 0.367 & 0.303 & 0.277\\
0.1 & 0.325 & 0.26 & 1 & 0 & 0 & 0 & 0 & 0 & 0.555 & 0.442 & 0.376\\
0.2 & 0.175 & 0.1 & 0 & 1 & 0 & 0 & 0 & 0 & 0.293 & 0.233 & 0.197\\
0.025 & 0.05 & 0.02 & 0 & 0 & 1 & 0 & 0 & 0 & 0.079 & 0.062 & 0.53\\
0.087 & 0.283 & 0.226 & 0.87 & 0 & 0 & 1 & 0 & 0 & 0 & 0 & 0\\
0.03 & 0.026 & 0.015 & 0 & 0.149 & 0 & 0 & 1 & 0 & 0 & 0 & 0\\
0.17 & 0.149 & 0.085 & 0 & 0.851 & 0 & 0 & 0 & 1 & 0 & 0 & 0\\
0.025 & 0.042 & 0.03 & 0.082 & 0.086 & 0 & 0 & 0 & 0 & 1 & 0 & 0\\
0.075 & 0.156 & 0.117 & 0.38 & 0.184 & 0 & 0 & 0 & 0 & 0 & 1 & 0\\
0.101 & 0.185 & 0.136 & 0.408 & 0.3 & 0 & 0 & 0 & 0 & 0 & 0 & 1
\end{bmatrix}$$

矩阵 $\boldsymbol{M}_2$ 仍定义间接乘数。也就是，一个外生设定的部门组的需求，仍然被分为产业、增加值或住户机构，这些乘数设定了在其他组中产生的影响。因此，分块对角元素都是单位矩阵，因为那些分块与组内的影响有关。例如，如果我们定义 $\boldsymbol{M}$ 的分块为 $\boldsymbol{M}=\begin{bmatrix}\boldsymbol{M}_{AA} & \boldsymbol{M}_{AY} & \boldsymbol{M}_{AC}\\ \boldsymbol{M}_{YA} & \boldsymbol{M}_{YY} & \boldsymbol{M}_{YC}\\ \boldsymbol{M}_{CA} & \boldsymbol{M}_{CY} & \boldsymbol{M}_{CC}\end{bmatrix}$，那么 $\boldsymbol{M}_{CA}$ 和 $\boldsymbol{M}_{CY}$ 表示由产业间产出和增加值产出组 1 美元价值的最

终需求所产生的住户机构产出。

$$M_3=(I-T^3)^{-1}$$

$$=\begin{bmatrix} 1.018 & 0.034 & 0.025 & 0 & 0 & 0 & 0 & 0 & 0 & 0 & 0 & 0 \\ 0.417 & 1.792 & 0.586 & 0 & 0 & 0 & 0 & 0 & 0 & 0 & 0 & 0 \\ 0.118 & 0.225 & 1.166 & 0 & 0 & 0 & 0 & 0 & 0 & 0 & 0 & 0 \\ 0 & 0 & 0 & 1.725 & 0.478 & 0 & 0 & 0 & 0 & 0 & 0 & 0 \\ 0 & 0 & 0 & 0.381 & 1.251 & 0 & 0 & 0 & 0 & 0 & 0 & 0 \\ 0 & 0 & 0 & 0.102 & 0.067 & 1 & 0 & 0 & 0 & 0 & 0 & 0 \\ 0 & 0 & 0 & 0 & 0 & 0 & 1 & 0 & 0 & 0.924 & 0.76 & 0.646 \\ 0 & 0 & 0 & 0 & 0 & 0 & 0 & 1 & 0 & 0.86 & 0.069 & 0.058 \\ 0 & 0 & 0 & 0 & 0 & 0 & 0 & 0 & 1 & 0.492 & 0.391 & 0.332 \\ 0 & 0 & 0 & 0 & 0 & 0 & 0 & 0 & 0 & 1.139 & 0.111 & 0.094 \\ 0 & 0 & 0 & 0 & 0 & 0 & 0 & 0 & 0 & 0.524 & 1.417 & 0.355 \\ 0 & 0 & 0 & 0 & 0 & 0 & 0 & 0 & 0 & 0.621 & 0.494 & 1.42 \end{bmatrix}$$

矩阵 M_3 仍定义“交叉”乘数，因为它们表示部门组之间的反馈效应。这些乘数有时被称为“闭环”乘数，因为它们所描述的是一个组中所产生的需求对另一组产生的影响，反过来又对原先组产生影响。因此只有分块对角部分是非零的。

最后，M 仍表示所有三种类型乘数的累积效应 $M=M_3M_2M_1$：

$$M=\begin{bmatrix} 1.459 & 0.109 & 0.087 & 0.077 & 0.051 & 0 & 0.089 & 0.088 & 0.045 & 0.12 & 0.094 & 0.079 \\ 2.011 & 2.912 & 1.901 & 1.798 & 1.185 & 0 & 2.068 & 2.045 & 1.034 & 2.741 & 2.174 & 1.834 \\ 0.588 & 0.635 & 2.041 & 0.51 & 0.336 & 0 & 0.586 & 0.581 & 0.293 & 0.749 & 0.607 & 0.535 \\ 0.952 & 1.122 & 1.157 & 1.725 & 0.478 & 0 & 0.833 & 0.824 & 0.417 & 1.098 & 0.874 & 0.743 \\ 0.703 & 0.595 & 0.554 & 0.381 & 1.251 & 0 & 0.438 & 0.434 & 0.219 & 0.579 & 0.46 & 0.39 \\ 0.149 & 0.161 & 0.138 & 0.102 & 0.067 & 1 & 0.117 & 0.116 & 0.059 & 0.155 & 0.123 & 0.104 \\ 0.828 & 0.976 & 1.006 & 1.5 & 0.415 & 0 & 1.725 & 0.717 & 0.363 & 0.954 & 0.76 & 0.646 \\ 0.105 & 0.089 & 0.083 & 0.057 & 0.186 & 0 & 0.065 & 1.065 & 0.033 & 0.086 & 0.069 & 0.058 \\ 0.598 & 0.506 & 0.472 & 0.324 & 1.065 & 0 & 0.373 & 0.369 & 1.187 & 0.492 & 0.391 & 0.332 \\ 0.138 & 0.143 & 0.142 & 0.173 & 0.146 & 0 & 0.199 & 0.176 & 0.141 & 1.139 & 0.111 & 0.094 \\ 0.492 & 0.536 & 0.542 & 0.726 & 0.412 & 0 & 0.835 & 0.822 & 0.34 & 0.524 & 1.417 & 0.354 \\ 0.599 & 0.636 & 0.638 & 0.817 & 0.57 & 0 & 0.94 & 0.966 & 0.5 & 0.621 & 0.494 & 1.42 \end{bmatrix}$$

对于这个例子，我们把它作为一个练习留给读者去验证 $M=M_3M_2M_1=(I-S)^{-1}$，但是我们可以换一种方式解释这个例子中的乘数。一种简单的方式是探讨产业间活动、最终需求以及增加值部门之间的联系。例如，利用先前给出的 M 的分块的定义，列合计的平均 $M_{AA}=3.91$ 将反映产业总产出是如何与对产业产出的最终需求联系在一起的（根据第 6 章的传统列昂惕夫乘数），作为比较，列合计的平均 $M_{CA}=2.84$ 将反映住户总收入是如何与对产业产出的最终需求联系在一起的。

□ 11.10.4 加法乘数

在很多有关乘数的分析中，比较方便的方法是对它们构造公式，使得由它们合计而不是由它们连续相乘得到总乘数。这些“加法”乘数最早是由斯通（Stone，1985）提出的，并由皮亚特和朗德（Pyatt and Round，1985a）进一步发展。沿着第 6.7 节的研究，斯通对下列构造进行公式化：

$$\boldsymbol{M}=(\boldsymbol{I}-\boldsymbol{S})^{-1}=\boldsymbol{N}_1+\boldsymbol{N}_2+\boldsymbol{N}_3$$

其中，$\boldsymbol{N}_1$被定义为直接或“自身”乘数矩阵，与$\boldsymbol{M}_1$相同，也就是$\boldsymbol{N}_1=\boldsymbol{M}_1$。间接或“开环”乘数矩阵$\boldsymbol{N}_2$被定义为$\boldsymbol{N}_2=\boldsymbol{M}_2\boldsymbol{M}_3\boldsymbol{M}_1-\boldsymbol{M}_3\boldsymbol{M}_1$，交叉或“闭环”乘数矩阵$\boldsymbol{N}_3$被定义为$\boldsymbol{N}_3=\boldsymbol{M}_3\boldsymbol{M}_1-\boldsymbol{M}_1$。我们可以根据以下关系来验证 $\boldsymbol{M}=\boldsymbol{N}_1+\boldsymbol{N}_2+\boldsymbol{N}_3$：

$$\begin{aligned}
&\boldsymbol{M}=\boldsymbol{N}_1+\boldsymbol{N}_2+\boldsymbol{N}_3\\
&\boldsymbol{M}=\boldsymbol{M}_1+[\boldsymbol{M}_2\boldsymbol{M}_3\boldsymbol{M}_1-\boldsymbol{M}_3\boldsymbol{M}_1]+[\boldsymbol{M}_3\boldsymbol{M}_1-\boldsymbol{M}_1]\\
&\boldsymbol{M}=\boldsymbol{M}_1+\boldsymbol{M}_2\boldsymbol{M}_3\boldsymbol{M}_1-\boldsymbol{M}_3\boldsymbol{M}_1+\boldsymbol{M}_3\boldsymbol{M}_1-\boldsymbol{M}_1\\
&\boldsymbol{M}=\boldsymbol{M}_2\boldsymbol{M}_3\boldsymbol{M}_1
\end{aligned}$$

因为乘数的乘法形式可以被推导为 $\boldsymbol{M}=\boldsymbol{M}_3\boldsymbol{M}_2\boldsymbol{M}_1$，我们必须证明 $\boldsymbol{M}_2\boldsymbol{M}_3=\boldsymbol{M}_3\boldsymbol{M}_2$。根据附录 A 中描述的分块求逆的特例，以及以前所分析的，可以直接得到：

$$\boldsymbol{M}=(\boldsymbol{I}-\boldsymbol{S})^{-1}=\boldsymbol{N}_1+\boldsymbol{N}_2+\boldsymbol{N}_3=\boldsymbol{M}_2\boldsymbol{M}_3\boldsymbol{M}_1=\boldsymbol{M}_3\boldsymbol{M}_2\boldsymbol{M}_1$$

对于上面的例 11.1，之前已经计算了总乘数矩阵 $\boldsymbol{M}$；这个例子的加法乘数如下：

$$\boldsymbol{N}_1=\boldsymbol{M}_1=\begin{bmatrix}1.331 & 0.007 & 0.012 & 0 & 0 & 0\\ 0.68 & 1.423 & 0.44 & 0 & 0 & 0\\ 0.229 & 0.284 & 1.508 & 0 & 0 & 0\\ 0 & 0 & 0 & 1 & 0 & 0\\ 0 & 0 & 0 & 0 & 1 & 0\\ 0 & 0 & 0 & 0 & 0 & 1\end{bmatrix}$$

$$\boldsymbol{N}_2=\boldsymbol{M}_2\boldsymbol{M}_3\boldsymbol{M}_1-\boldsymbol{M}_3\boldsymbol{M}_1=\begin{bmatrix}0 & 0 & 0 & 0.043 & 0.035 & 0.033\\ 0 & 0 & 0 & 2.463 & 2.113 & 2.039\\ 0 & 0 & 0 & 0.808 & 0.626 & 0.691\\ 0.141 & 0.134 & 0.136 & 0 & 0 & 0\\ 0.439 & 0.47 & 0.51 & 0 & 0 & 0\\ 0.55 & 0.505 & 0.542 & 0 & 0 & 0\end{bmatrix}$$

$$\boldsymbol{N}_3=\boldsymbol{M}_3\boldsymbol{M}_1-\boldsymbol{M}_1=\begin{bmatrix}0.021 & 0.02 & 0.022 & 0 & 0 & 0\\ 1.236 & 1.214 & 1.301 & 0 & 0 & 0\\ 0.398 & 0.388 & 0.415 & 0 & 0 & 0\\ 0 & 0 & 0 & 0.131 & 0.11 & 0.109\\ 0 & 0 & 0 & 0.464 & 0.389 & 0.387\\ 0 & 0 & 0 & 0.499 & 0.418 & 0.416\end{bmatrix}$$

我们把它作为一个练习留给读者去验证：对于扩展的情形和例 11.2，加法乘数加总为乘法乘数的积且都等于总乘数。

11.11 投入产出乘数与 SAM 乘数之间的关系

投入产出乘数和 SAM 乘数有很多相似性，并寻求获得同样的效应。它们之间的关系类似于宫泽模型所提出的乘数与第 6.4 节中所考察的乘数之间的关系。在本节中，我们将对这一关系给予明确的说明。

回顾表 11－7 提供的简单投入产出例子，其被改造为表 11－8 中的 SAM。投入产出技术系数矩阵和列昂惕夫逆矩阵为 $\mathbf{A}=\begin{bmatrix}0.357 & 0.167 & 0\\ 0.429 & 0.222 & 0.4\\ 0 & 0 & 0\end{bmatrix}$，$(\mathbf{I}-\mathbf{A})^{-1}=\begin{bmatrix}1.815 & 0.389 & 0.156\\ 1 & 1.5 & 0.6\\ 0 & 0 & 1\end{bmatrix}$。假定住户为外生部门，对应的总支出份额矩阵为 $\bar{\mathbf{S}}$，以及对应的 SAM 系数矩阵为 $\mathbf{S}$，有：

$$\bar{\mathbf{S}}=\begin{bmatrix}\mathbf{S} & \mathbf{F}\\ \mathbf{W} & \mathbf{0}\end{bmatrix}=\begin{bmatrix}0.357 & 0.167 & 0 & 0 & 0 & 0.3\\ 0.429 & 0.222 & 0.4 & 0 & 0 & 0.2\\ 0 & 0 & 0 & 0 & 0 & 0.5\\ 0.071 & 0.389 & 0.1 & 0 & 0 & 0\\ 0.143 & 0.222 & 0.5 & 0 & 0 & 0\\ 0 & 0 & 0 & 1 & 1 & 0\end{bmatrix}$$

进一步，$\mathbf{S}$ 被分块为 $\mathbf{S}=\begin{bmatrix}\mathbf{A} & \mathbf{C}\\ \mathbf{H} & \mathbf{0}\end{bmatrix}=\begin{bmatrix}0.357 & 0.167 & 0 & 0 & 0\\ 0.429 & 0.222 & 0.4 & 0 & 0\\ 0 & 0 & 0 & 0 & 0\\ 0.071 & 0.389 & 0.1 & 0 & 0\\ 0.143 & 0.222 & 0.5 & 0 & 0\end{bmatrix}$。在这个例子中，SAM 乘数的计算很简单。$\mathbf{S}$ 加法被剖分为 $\mathbf{Q}$ 和 $\mathbf{R}$，为：

$$\mathbf{Q}=\begin{bmatrix}0.357 & 0.167 & 0 & 0 & 0\\ 0.429 & 0.222 & 0.4 & 0 & 0\\ 0 & 0 & 0 & 0 & 0\\ 0 & 0 & 0 & 0 & 0\\ 0 & 0 & 0 & 0 & 0\end{bmatrix},\ \mathbf{R}=\begin{bmatrix}0 & 0 & 0 & 0 & 0\\ 0 & 0 & 0 & 0 & 0\\ 0 & 0 & 0 & 0 & 0\\ 0.071 & 0.389 & 0.1 & 0 & 0\\ 0.143 & 0.222 & 0.5 & 0 & 0\end{bmatrix}$$

所以相应的乘数计算成为：

$$M_1=(I-Q)^{-1}=\begin{bmatrix}(I-A)^{-1} & 0\\ 0 & I\end{bmatrix}=\begin{bmatrix}1.815 & 0.389 & 0.156 & 0 & 0\\ 1 & 1.5 & 0.6 & 0 & 0\\ 0 & 0 & 1 & 0 & 0\\ 0 & 0 & 0 & 1 & 0\\ 0 & 0 & 0 & 0 & 1\end{bmatrix}$$

$$M_2=I+T=I+(I-Q)^{-1}R=\begin{bmatrix}I & (I-A)^{-1}C\\ H & I\end{bmatrix}=\begin{bmatrix}0 & 0 & 0 & 0 & 0\\ 0 & 0 & 0 & 0 & 0\\ 0 & 0 & 0 & 0 & 0\\ 0.071 & 0.389 & 0.1 & 0 & 0\\ 0.143 & 0.222 & 0.5 & 0 & 0\end{bmatrix}$$

$$M_3=(I-T^2)^{-1}=\begin{bmatrix}I-(I-A)^{-1}CH & 0\\ 0 & I-H(I-A)^{-1}C\end{bmatrix}^{-1}=\begin{bmatrix}1 & 0 & 0 & 0 & 0\\ 0 & 1 & 0 & 0 & 0\\ 0 & 0 & 1 & 0 & 0\\ 0 & 0 & 0 & 1 & 0\\ 0 & 0 & 0 & 0 & 1\end{bmatrix}$$

$$M=(I-S)^{-1}=M_3M_2M_1=\begin{bmatrix}1.815 & 0.389 & 0.156 & 0 & 0\\ 1 & 1.5 & 0.6 & 0 & 0\\ 0 & 0 & 1 & 0 & 0\\ 0.519 & 0.611 & 0.344 & 1 & 0\\ 0.481 & 0.389 & 0.656 & 0 & 1\end{bmatrix}$$

其中以前给出的常用的关于 T 的表达式被定义为：

$$T=(I-Q)^{-1}R=\begin{bmatrix}0 & 0 & 0 & 0 & 0\\ 0 & 0 & 0 & 0 & 0\\ 0 & 0 & 0 & 0 & 0\\ 0.071 & 0.389 & 0.1 & 0 & 0\\ 0.143 & 0.222 & 0.5 & 0 & 0\end{bmatrix}$$

这个例子可能看起来并不十分有趣，因为没有内生的最终需求，也就是 $C=0$，因此最终需求和增加值之间的反馈效应不存在，这是投入产出模型的一个基本假定，除非我们把住户“封闭”到模型中，这与构建一个内生化最终需求的 SAM 在本质上是一样的。注意因为没有内生的最终需求，不应该奇怪 M 左下分块的列的每个合计都等于 1。如果我们把现有最终需求向量区分为内生部分和外生部分，我们可以得到一个更为有趣的结果。

为此，在表 11 - 19 中我们定义一个新的 SAM 交易表 $\bar{Z}$。注意来自住户的内生和外生最终需求的合计与上面表 11 - 18 中总的住户数相同。

表 11-19　　利用社会核算规则的 SAM 框架例子

（修正以包含内生最终需求）

	支出							产出合计
	自然资源	制造业	服务业	劳动	资本	内生住户	外生住户	
收入								
自然资源	50	30	0			40	20	140
制造业	60	40	40			15	25	180
服务业	0	0	0			0	100	100
劳动	10	70	10					90
资本	20	40	50					110
内生住户				45	10			55
外生住户				45	100			145
投入合计	140	180	100	90	110	55	145	

对应的标准化的总支出份额矩阵为：

$$\boldsymbol{G}=\begin{bmatrix} 0.357 & 0.167 & 0 & 0 & 0 & 0.727 & 0.138 \\ 0.429 & 0.222 & 0.4 & 0 & 0 & 0.273 & 0.172 \\ 0 & 0 & 0 & 0 & 0 & 0 & 0.69 \\ 0.071 & 0.389 & 0.1 & 0 & 0 & 0 & 0 \\ 0.143 & 0.222 & 0.5 & 0 & 0 & 0 & 0 \\ 0 & 0 & 0 & 0.5 & 0.091 & 0 & 0 \\ 0 & 0 & 0 & 0.5 & 0.909 & 0 & 0 \end{bmatrix}$$

我们可以运用扩展形式来计算 SAM 乘数，从按如下分块矩阵来设定 SAM 系数开始：

$$\boldsymbol{S}=\begin{bmatrix} \boldsymbol{A} & \boldsymbol{0} & \boldsymbol{C} \\ \boldsymbol{V} & \boldsymbol{0} & \boldsymbol{0} \\ \boldsymbol{0} & \boldsymbol{Y} & \boldsymbol{H} \end{bmatrix}=\begin{bmatrix} 0.357 & 0.167 & 0 & 0 & 0 & 0.727 \\ 0.429 & 0.222 & 0.4 & 0 & 0 & 0.273 \\ 0 & 0 & 0 & 0 & 0 & 0 \\ 0.071 & 0.389 & 0.1 & 0 & 0 & 0 \\ 0.143 & 0.222 & 0.5 & 0 & 0 & 0 \\ 0 & 0 & 0 & 0.5 & 0.091 & 0 \end{bmatrix}$$

所以，有：$Q=\begin{bmatrix} 0.357 & 0.167 & 0 & 0 & 0 & 0 \\ 0.429 & 0.222 & 0.4 & 0 & 0 & 0 \\ 0 & 0 & 0 & 0 & 0 & 0 \\ 0 & 0 & 0 & 0 & 0 & 0 \\ 0 & 0 & 0 & 0 & 0 & 0 \\ 0 & 0 & 0 & 0 & 0 & 0 \end{bmatrix}$，$R=\begin{bmatrix} 0 & 0 & 0 & 0 & 0 & 0.727 \\ 0 & 0 & 0 & 0 & 0 & 0.273 \\ 0 & 0 & 0 & 0 & 0 & 0 \\ 0.071 & 0.389 & 0.1 & 0 & 0 & 0 \\ 0.143 & 0.222 & 0.5 & 0 & 0 & 0 \\ 0 & 0 & 0 & 0.5 & 0.091 & 0 \end{bmatrix}$

且 $T=(I-Q)^{-1}R=\begin{bmatrix} 0 & 0 & 0 & 0 & 0 & 1.426 \\ 0 & 0 & 0 & 0 & 0 & 1.136 \\ 0 & 0 & 0 & 0 & 0 & 0 \\ 0.071 & 0.389 & 0.1 & 0 & 0 & 0 \\ 0.143 & 0.222 & 0.5 & 0 & 0 & 0 \\ 0 & 0 & 0 & 0.5 & 0.091 & 0 \end{bmatrix}$。如此乘数的相应计算如下：

$$M_1=(I-Q)^{-1}=\begin{bmatrix} 1.815 & 0.389 & 0.156 & 0 & 0 & 0 \\ 1 & 1.5 & 0.6 & 0 & 0 & 0 \\ 0 & 0 & 1 & 0 & 0 & 0 \\ 0 & 0 & 0 & 1 & 0 & 0 \\ 0 & 0 & 0 & 0 & 1 & 0 \\ 0 & 0 & 0 & 0 & 0 & 1 \end{bmatrix}$$

列昂惕夫逆矩阵再次成为 M_1 的左上分块，在这个经济中，没有增加值和住户对产出的直接乘数效应，因为唯一的外生支出来自住户对产业产出的支出：

$$M_2=I+T+T^2=\begin{bmatrix} 1 & 0 & 0 & 0 & 0.713 & 0.13 & 1.426 \\ 0 & 1 & 0 & 0 & 0.568 & 0.103 & 1.136 \\ 0 & 0 & 1 & 0 & 0 & 0 & 0 \\ 0.071 & 0.389 & 0.1 & 1 & 1 & 0 & 0.544 \\ 0.143 & 0.222 & 0.5 & 0 & 0 & 1 & 0.456 \\ 0.049 & 0.215 & 0.095 & 0.5 & 0.091 & 0.091 & 1 \end{bmatrix}$$

间接乘数 M_2 在分块对角上仍为单位矩阵。

$$M_3=(I-T^3)^{-1}=\begin{bmatrix} 1.101 & 0.446 & 0.198 & 0 & 0 & 0 \\ 0.081 & 1.355 & 0.158 & 0 & 0 & 0 \\ 0 & 0 & 1 & 0 & 0 & 0 \\ 0 & 0 & 0 & 1.396 & 0.072 & 0 \\ 0 & 0 & 0 & 0.332 & 1.06 & 0 \\ 0 & 0 & 0 & 0 & 0 & 1.456 \end{bmatrix}$$

最后，闭环乘数 $\boldsymbol{M}_3$ 反映了部门组之间的反馈环。特别地，在这个例子中，这表明了在 SAM 模型中把来自住户的最终需求的一部分作为内生变量所带来的潜在影响。

总乘数矩阵仍求解为 $\boldsymbol{M}=(\boldsymbol{I}-\boldsymbol{S})^{-1}=\boldsymbol{M}_3\boldsymbol{M}_2\boldsymbol{M}_1$，对于这个例子，我们有：

$$\boldsymbol{M}=\begin{bmatrix} 2.444 & 1.097 & 0.637 & 1.038 & 0.189 & 2.077 \\ 1.502 & 2.064 & 0.984 & 0.827 & 0.15 & 1.655 \\ 0 & 0 & 1 & 0 & 0 & 0 \\ 0.758 & 0.881 & 0.528 & 1.396 & 0.072 & 0.792 \\ 0.683 & 0.615 & 0.81 & 0.332 & 1.06 & 0.664 \\ 0.441 & 0.496 & 0.338 & 0.728 & 0.132 & 1.456 \end{bmatrix}$$

表 11－20 表明了对这个例子所计算的三类乘数的平均总乘数之间的差异。

表 11－20　投入产出与 SAM 乘数比较

乘数类型	自然资源	制造业	服务业
投入产出	2.815	1.889	1.756
SAM（无内生最终需求）	3.815	2.889	2.756
SAM（有内生最终需求）	5.828	5.154	4.296

注意因为 SAM 内生交易没有事前包括在投入产出产业间账户中，SAM 乘数一般要大于投入产出乘数，内生化最终需求以后，SAM 乘数则更大。

11.12　平衡 SAM 账户

根据 SAM 结构上的要求和规则，例如要求方形交易矩阵的行和与列和相等，这对于不同来源数据的可能不一致将起到协调作用。第 7 章中发展的 RAS 技术常被用于平衡 SAM。例如，考虑表 11－21 中的"不平衡"SAM，它的不平衡是因为行和与列和不等。在下面的内容中，我们考虑表 11－21 中平衡 SAM 的两种情形。我们运用 RAS 法，并利用第 7.4.3 节所发展的交易矩阵。

表 11－21　不平衡 SAM：第 11.12.1 节和第 11.12.2 节中的例子

	生产者	消费者	资本	国际收支	合计
生产者	0	600	65	45	710
消费者	700	0	−25	15	690
资本	0	40	0	0	40
国际收支	50	10	0	0	60
合计	750	650	40	60	1 500

□ 11.12.1　例子：平衡 SAM

假定我们决定总产出的最好的估计是对行和列的总数取平均值，$\boldsymbol{x}'=[780\quad 670$

40　60]，然后我们对行和列的总数运用 RAS。因为 $\bar{\mathbf{Z}}=\begin{bmatrix} 0 & 600 & 65 & 45 \\ 700 & 0 & -25 & 15 \\ 0 & 40 & 0 & 0 \\ 50 & 10 & 0 & 0 \end{bmatrix}$，利用 $\mathbf{x}'$作为行和列的约束进行 RAS 法调整的结果为：$\bar{\mathbf{Z}}^{RAS}=\begin{bmatrix} 0 & 630 & 40 & 60 \\ 670 & 0 & 0 & 0 \\ 0 & 40 & 0 & 0 \\ 50 & 10 & 0 & 0 \end{bmatrix}$。这一结果可能看起来难以接受，因为消费者对资本和出口的交易被推导为 0，所以，如果有任何这样的信息，可能会授权对 RAS 法施加某些约束以使得补充信息保持不变。对此，我们将在下一个例子中探讨。

□ 11.12.2　例子：利用附加信息平衡 SAM

假定我们对表 11－21 中消费者资本投资的估计，也就是 $g_{23}=-25$ 有很强的信心。我们仍运用 RAS 法，但是利用在第 7.4.7 节中所列出的程序把 g_{23} 单元格修改为－25，结果为：

$$\bar{\mathbf{Z}}=\begin{bmatrix} 0 & 620 & 65 & 45 \\ 680 & 0 & -25 & 15 \\ 0 & 40 & 0 & 0 \\ 50 & 10 & 0 & 0 \end{bmatrix}$$

注意这时用 RAS 法调整得到了一个更受欢迎的平衡的 SAM，因为资本和出口项不再被推导为 0。

11.13　SAM 的某些应用

SAM 在文献中有广泛的应用，特别是在如理查德·斯通所最初构想的，并随着他的诺贝尔经济学奖获奖演说而载入史册的协调社会核算数据的领域，该演说发表在斯通（Stone，1997）、斯通（Stone，1985）、斯通和克罗夫特-默里（Stone and Croft-Murray，1959）以及斯通等（Stone et al.，1962）的文献中，以及很多其他作者如皮亚特（Pyatt，1985，1988，1991a，1991b，1994a，1994b，1999）、朗德（ Round，1985）以及科伊宁（Keuning，1991）的作品中。

SAM 的应用对于很多其他政策问题也同样具有吸引力，例如皮亚特和朗德（Pyatt and Round，1977，1985b）、皮亚特和索贝克（Pyatt and Thorbecke，1976）以及朗德（Round，1988，2003）的区域发展政策，朗德（Round，1991）的欧洲市场一体化的含义，欧盟（European Commission，2003）的劳动生产率分析，登马克在马斯登和詹森-巴特勒（Masden and Jensen-Butler，2005）中对丹麦收入和财富形成的空间模式的分析，以及在玻利维亚对社会和环境指标的扩展（Alarcón，van Heemst，and de Jong，2000）。

11.14 总结

本章我们引入了社会核算矩阵（SAM）的基本假定和规则，考察了它如何与国民账户和投入产出分析相联系。我们探讨了 SAM 所提供的基本的附加信息，相比较于投入产出表，它表现为对住户与劳动、政府税收与福利转移，以及收入分配方面更详细的核算。最后，我们考察了 SAM 乘数的概念，以及它们如何与传统投入产出乘数相联系。

习题

11.1 考虑图 11-2 中所描述的一个宏观经济，构建这一经济的“宏观 SAM”表述。出口销售的缺损值 X 是多少？以两种形式表示 SAM：(a) 把最终消费者部门包括在消费者部门中，作为其中的一部分；(b) 把最终消费者部门作为一个独立定义的部门。

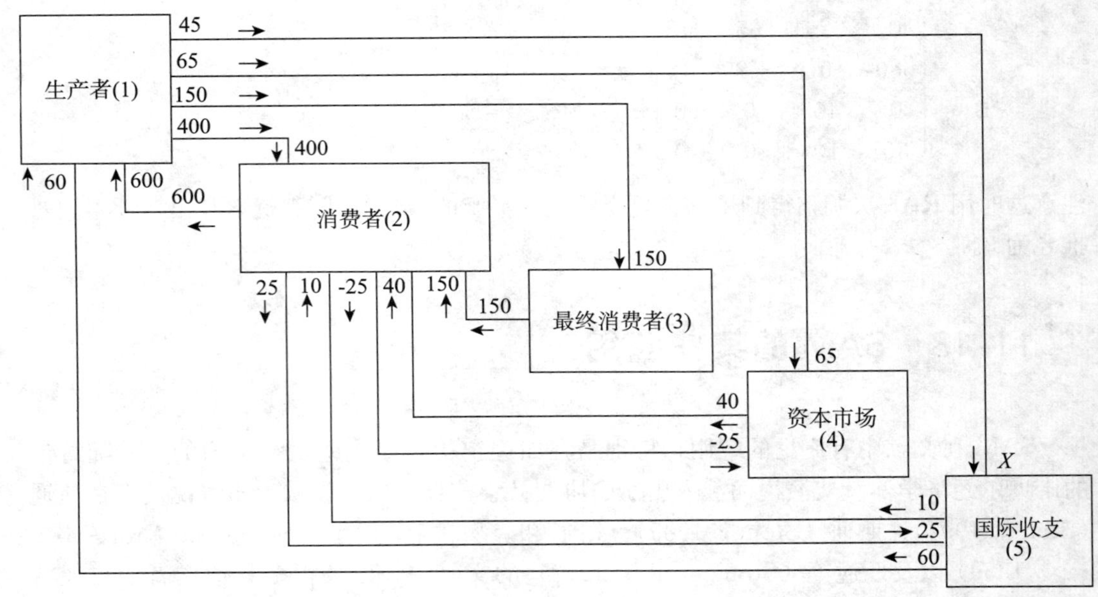

图 11-2 宏观经济示例：习题 11.1

11.2 对于习题 11.1 中所描述的经济，假定搜集到下列投入产出账户：

	商品		产业		最终需求	合计	总计
	制造业产品	服务	制造业	服务业			
商品							
制造业产品			94	96	110	300	660
服务			94	117	148	360	

续前表

	商品		产业		最终需求	合计	总计
	制造业产品	服务	制造业	服务业			
产业							
制造业	295	0				296	660
服务业	5	360				365	
增加值			106	152	260		
合计	300	360	295	365			
总计	660		660				

编制“完整表述的”SAM，也就是，把这些投入产出账户所提供的产业间详细信息包含在内。把最终需求分配作为消费者需求的一部分，用v_{ii}表示商品进口，作为产业 i 的竞争性进口。没有唯一解。

11.3　习题 11.2 中完整表述的 SAM 扩展了 SAM，包含了为消费者需求和出口所定义的部门。仍不存在唯一解，但是 SAM 必须平衡，也就是行和与列和相等。

11.4　对于习题 11.3 所提出的 SAM：

a. 计算总支出份额矩阵。

b. 假定最终需求和增加值部门被看作这一经济的外生交易。计算 SAM 系数矩阵。

c. 计算这个 SAM 的“直接效应”。

11.5　考虑以下发展中国家斯里兰卡的 SAM①：

如果我们把盈余/赤字和国际收支看作是 SAM 之外的，计算加法形式的直接、间接、交叉以及总的乘数。

斯里兰卡 SAM（1970 年）	增加值	机构	间接税	盈余/赤字	生产	国际收支	合计
增加值					11 473		11 473
机构	11 360	2 052	1 368			3	14 783
间接税		389			885	94	1 368
盈余/赤字		−425				425	0
生产		11 312			4 660	2 113	18 085
国际收支	113	1 455			1 067		2 635
合计	11 473	14 783	1 368	0	18 085	2 635	

11.6　考虑下表中给出的不平衡的 SAM。独立的分析得到每个部门的总产出；这些在表中用专门附加的列给出。利用双比例调整（biproportional scaling）建立一个平衡的 SAM，使行和与列和都等于独立的部门产出估计。

① 由 Pyatt 和 Round（1979）第 852～853 页修改得到。

	生产者	消费者	资本	国际收支	合计	估计的合计
生产者	0	600	65	45	710	660
消费者	700	0	−25	15	690	600
资本	0	40	0	0	40	40
国际收支	50	10	0	0	60	60
合计	750	650	40	60	1500	1360

11.7　对于习题 11.6 中给出的不平衡的 SAM，如果除了估计的总数之外，我们觉察到平衡的 SAM 中的元素 $z_{23}=-25$、$z_{24}=15$、$z_{42}=10$ 是固定的，利用双比例调整，固定这些选定的元素建立一个平衡的 SAM。

11.8　考虑下列 1988 年美国经济的“宏观 SAM”①：

美国的 SAM (1988 年)	生产	商品	劳动	财产	企业	住户	政府	资本	国际收支	税收	误差与遗漏	合计
生产		4 831										4 831
商品						3 235	970	750	431			5 386
劳动	2 908											2 908
财产	1 556								117			1 673
企业				1 589		95	93					1 777
住户			2 463		1 045		556					4064
政府	377		445		138	587		96		18		1 661
资本					594	145			117		−10	846
国际收支		537		84		2	42					665
税收		18										18
误差与遗漏	−10											−10
合计	4 831	5 386	2 908	1 673	1 777	4 064	1 661	846	665	18	−10	

如果我们考虑前五个部门为内生部门，计算乘法形式的直接、间接、交叉以及总的乘数。

11.9　对于习题 11.8 中设定的宏观 SAM，计算加法形式的直接、间接以及总的乘数。将加法形式的直接乘数与乘法形式的直接乘数相比较，你注意到了什么？

11.10　考虑美国的 SAM（1988 年），用表 11－22 中表示的产业间详细信息进行扩展。如果我们考虑前九个部门为内生部门，计算总乘数。

① 由 Reinert 和 Roland-Holst（1992）第 173～187 页提出。

表 11-22 美国具有扩展的产业间信息的 SAM(1988 年)[a]

美国的 SAM (1988 年，10 亿美元)	1 农业	2 采掘业	3 建筑业	4 非耐用品制造业	5 耐用品制造业	6 运输与公用事业	7 贸易	8 金融业	9 服务业	10 劳动	11 财产	12 企业	13 住户	14 政府	15 资本	16 国际收支	17 关税	18 误差与遗漏	合计
1. 农业	42	0	2	98	8	0	3	8	7	0	0	0	18	7	1	22	0	0	214
2. 采掘业	0	10	2	82	8	35	0	0	0	0	0	0	1	0	2	8	0	0	148
3. 建筑业	2	12	1	7	9	21	6	36	18	0	0	0	0	134	358	0	0	0	602
4. 非耐用品制造业	30	1	35	370	83	37	24	14	149	0	0	0	453	38	4	93	0	0	1 332
5. 耐用品制造业	4	3	175	55	480	19	7	4	81	0	0	0	236	97	296	187	0	0	1 643
6. 运输与公用事业	5	1	17	66	65	78	46	31	84	0	0	0	310	34	13	26	0	0	774
7. 贸易	8	1	72	57	73	11	14	7	50	0	0	0	529	11	56	43	0	0	932
8. 金融业	10	3	10	18	25	14	52	20	79	0	0	0	771	16	22	25	0	0	1 065
9. 服务业	5	1	53	68	74	31	124	93	214	0	0	0	917	632	0	27	0	0	2 240
10. 劳动	33	18	197	218	430	212	385	217	1198	0	0	0	0	0	0	0	0	0	2908
11. 财产	60	56	32	142	69	207	147	511	332	0	0	0	0	0	0	117	0	0	1 673
12. 企业	0	0	0	0	0	0	0	0	0	0	1 589	0	96	92	0	0	0	0	1778
13. 住户	0	0	0	0	0	0	0	0	0	2 463	0	1 046	0	556	0	0	0	0	4 064
14. 政府	8	12	7	28	18	35	127	113	30	445	0	138	587	0	96	0	16	0	1 659
15. 资本	0	0	0	0	0	0	0	0	0	0	0	594	145	0	0	117	0	−10	846
16. 国际收支	8	31	0	115	295	75	0	12	2	0	83	0	2	42	0	0	0	0	665
17. 关税	0	0	0	8	8	0	0	0	0	0	0	0	0	0	0	0	0	0	16
18. 误差与遗漏	0	0	−1	−1	−1	−1	−1	−2	−2	0	0	0	0	0	0	0	0	0	−10
合计	214	148	602	1 332	1643	774	932	1 065	2 240	2 908	1 673	1 778	4 064	1 659	846	665	16	−10	

a. 参见 Reinert 和 Rolane Holst(1992)。

参考文献

Alarcón, Jorge, Jan van Heemst and Nick de Jong. 2000. "Extending the SAM with Social and Environmental Indicators: An Application to Bolivia," *Economic Systems Reseawh*, **12**, 476-496.

European Commission. 2003. *Handbook on Socicl Accounting Matrices and Labour Accounts*.

Holland, David and Peter Wyeth. 1993. "SAM Multipliers: Their Interpretation and Relationship to Input-Output Multipliers," in Daniel M. Otto and Thomas G. Johnson (eds.), *Microcomputer-Based Input-Modeling*. Boulder, CO: Westview Press.

Keuning, Stephen J. 1991. "A Proposal for a SAM which Fits into the Next System of National Accounts," *Economic Systems Research*, **3**, 233-248.

Masden, Bjarne and Chris Jensen-Butler. 2005. "Spatial Accounting Methods and the Construction of Spatial Social Accounting Matrices," *Economic Systems Research*, **17**, 187-210.

Pyatt Graham. 1985. "Commodity Balances and National Accounts: A SAM Perspective," *The Review of Income and Wealth*, **31**, 155-169.

1988. "A SAM Approach to Modelling," *Journal of Policy Modelling*, **10**, 327-352.

1991a. "Fundamentals of Social Accounting," *Economic Systems Research*, **3**, 315-341.

1991b. "SAMs, the SNA and National Accounting Capabilities," *The Review of Income and Wealth*, **37**, 179-199.

1994a. "Modelling Commodity Balances: Part Ⅰ," *Economic Systems Research*, **6**, 5-20.

1994b. "Modelling Commodity Balances: Part Ⅱ," *Economic Systems Research*, **6**, 123-134.

1999. "Some Relationships between T-accoums. Input-Output Tables and Social Accounting Matrices," *Economic Systems Research*, **11**, 365-387.

Pyatt, Graham and Jeffery Ⅰ. Round 1977. "Social Accounting Matrices for Development Planning," *The Review of Income and Wealth*, **23**, 339-364.

1979. "Accounting and Fixed Price Multipliers in a Social Accounting Matrix Framework," *The Economic Journal*, **89**, 850-873.

Pyatt, Graham and Jeffery Ⅰ. Round (eds.). 1985a. *Social Accounting Matrices: A Basis for Planning*, Washington, DC: World Bank.

1985b. "Regional Accounts in a SAM Framework," in Pyatt and Round (eds.), 1985a. Chapter 4.

Pyatt, Graham and Erik Thorbecke. 1976. *Planning Techniques for a Better Future*, Geneva: International Labor Office.

Reinert, Kenneth A. and David W. Roland-Holst. 1992. "A Detailed Social Accounting Matrix for the USA, 1988," *Economic Systems Research*, **4**, 173-184.

1997. "Social Accounting Matrices." in Joseph F. Francois and Kenneth A. Reinert (eds.), *Applied Methods for Trade Policy Analysis: A Handbook*. Cambridge, UK: Cambridge University Press, pp. 94-121.

Round, Jeffrey Ⅰ. 1985. "Decomposing Multipliers for Economic Systems Involving Regional and World Trade," *Economic Journal*, **95**, 383-399.

1988. "Incorporating the International, Regional and Spatial Dimension into a SAM: Some Methods and Applications." in F. J. Harrigan and P. G. McGregor (eds.), *Recent Advances in Regional Economic Modeling*. London: Pion.

1991. "A SAM for Europe: Problems and Perspectives," *Economic Systems Research*, **6**, 249-268.

2003. “Constructing SAMs for Development Policy Analysis,” *Economic Systems Research*, **15**, 161-183.

Stone, Richard. 1985. “The Disaggregation of the Household Sector in the National Accounts,” in Pyatt and Round (eds.), 1985a. pp. 145-185.

1997. “The Accounts of Society,” *The American Economic Review*, **87**, 17-29.

Stone, Richard and Giovanna Croft-Murray. 1959. *Social Accounting and Economic Models*. London: Bowes and Bowes.

Stone, Richard. Alan Brown et al. 1962. *A Social Accounting Matrix for 1960*. London: Chapman and Hall.

Thorbecke, Erik. 1998. “Social Accounting Matrices and Social Accounting Analysis,” in Walter Isard, lwan Azis, Matthew P. Drennan, Ronald E. Miller, Sidney Saltzman and Erik Thorbecke. 1988. *Methods of Interregional and Regional Analysis*. Brookfield, VT: Ashgate, pp. 281-331.

第 12 章 供给侧模型、产业关联及重要系数

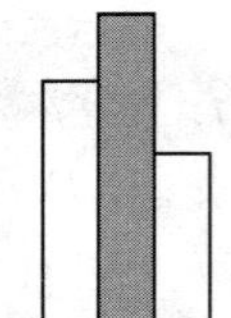

12.1 供给侧投入产出模型

□ 12.1.1 早期的解释

1958 年高希（Ghosh）提出了一种替代的投入产出模型，基于以前章节中建立需求拉动模型时所使用的相同的基年数据集，也就是 $\boldsymbol{Z}$、$\boldsymbol{f}$ 和 $\boldsymbol{v}$，由此通过 $\boldsymbol{x}=\boldsymbol{Zi}+\boldsymbol{f}$，或者 $\boldsymbol{x}'=\boldsymbol{i}'\boldsymbol{Z}+\boldsymbol{v}'$ 得到 $\boldsymbol{x}$。在需求拉动模型中，直接投入系数被定义为 $\boldsymbol{A}=\boldsymbol{Z}\hat{\boldsymbol{x}}^{-1}$，进而有 $\boldsymbol{x}=(\boldsymbol{I}-\boldsymbol{A})^{-1}\boldsymbol{f}=\boldsymbol{Lf}$。在这个例子中，列昂惕夫逆矩阵把部门总产出与最终产品（最终需求）的数量联系起来，也就是，与在生产过程结束时离开产业间系统的单位产品联系起来。高希提出的替代的解释则把部门总生产与初始投入联系起来，也就是，与在生产过程开始时进入产业间系统的单位价值联系起来。

这一方法的运作本质上是把我们垂直（列向）角度的模型“旋转”或转置为一种水平（行向）模型而实现的，不再是将 $\boldsymbol{Z}$ 的每一列除以该列的总产出，取而代之的是建议将 $\boldsymbol{Z}$ 的每一行除以该行相应部门的总产出。我们用 $\boldsymbol{B}$ 表示所得到的直接产出系数（direct-ouput coefficients）矩阵。[①] 对于一个两部门的例子，这意味着：

$$\boldsymbol{B}=\begin{bmatrix} b_{11} & b_{12} \\ b_{21} & b_{22} \end{bmatrix}=\begin{bmatrix} z_{11}/x_1 & x_{12}/x_1 \\ z_{21}/x_2 & z_{22}/x_2 \end{bmatrix}=\begin{bmatrix} 1/x_1 & 0 \\ 0 & 1/x_2 \end{bmatrix}\begin{bmatrix} z_{11} & z_{12} \\ z_{21} & z_{22} \end{bmatrix}=\hat{\boldsymbol{x}}^{-1}\boldsymbol{Z} \tag{12.1}$$

① 早期用 $\vec{\boldsymbol{A}}$ 表示这些系数，而用 $\boldsymbol{A}\downarrow$ 表示我们已经简单用 $\boldsymbol{A}$ 来表示的传统的需求侧系数。这样的表示是为了使两种观点更为直观和明确：$\boldsymbol{A}\downarrow$ 来自 $\boldsymbol{Z}$ 中每一列的所有元素统一除以该列的产出，而 $\vec{\boldsymbol{A}}$ 则来自 $\boldsymbol{Z}$ 的每一行所有元素统一除以该行的产出。

这些b_{ij}系数表示部门 i 的产出在所有从部门 i 购买产业间投入的部门 j 中进行分配；这些通常被称为分配系数（allocation coefficients），与技术系数a_{ij}相对应。利用

$$\boldsymbol{x}'=\boldsymbol{i}'\boldsymbol{Z}+\boldsymbol{v}'$$

其中 $\boldsymbol{v}'=[v_1, \cdots, v_n]$，这就是第 2 章中的式（2.29），以及

$$\boldsymbol{Z}=\hat{\boldsymbol{x}}\boldsymbol{B} \tag{12.2}$$

根据式（12.1），我们有：

$$\boldsymbol{x}'=\boldsymbol{i}'\hat{\boldsymbol{x}}\boldsymbol{B}+\boldsymbol{v}'=\boldsymbol{x}'\boldsymbol{B}+\boldsymbol{v}' \tag{12.3}$$

因为 $\boldsymbol{i}'\hat{\boldsymbol{x}}=\boldsymbol{x}'$。由此：

$$\boldsymbol{x}'=\boldsymbol{v}'(\boldsymbol{I}-\boldsymbol{B})^{-1} \tag{12.4}$$

定义：

$$\boldsymbol{G}=(\boldsymbol{I}-\boldsymbol{B})^{-1} \tag{12.5}$$

其元素为g_{ij}。这被称为产出逆（output inverse），与通常的列昂惕夫逆 $\boldsymbol{L}=[l_{ij}]=(\boldsymbol{I}-\boldsymbol{A})^{-1}$（input inverse，投入逆）相对应。元素g_{ij}被解释为度量“部门 i 单位初始投入所产生的部门 j 的生产总价值”（Augustinovics，1970，p. 252）。那么，式（12.4）为：

$$\boldsymbol{x}'=\boldsymbol{v}'\boldsymbol{G} \tag{12.6}$$

对于 $\boldsymbol{v}$ 的变化，我们可以求解相应的产出变化：

$$\Delta\boldsymbol{x}'=(\Delta\boldsymbol{v}')\boldsymbol{G} \tag{12.7}$$

如我们早先在列昂惕夫价格模型（第 2.6 节）中所看到的，我们可以等价地转置所有元素，得到总产出向量是一个列向量，而不是一个行向量。在那种情况下，式（12.3）将是：

$$\boldsymbol{x}=\boldsymbol{B}'\boldsymbol{x}+\boldsymbol{v} \tag{12.8}$$

由此：

$$\boldsymbol{x}=(\boldsymbol{I}-\boldsymbol{B}')^{-1}\boldsymbol{v} \tag{12.9}$$

因为① $\boldsymbol{G}'=(\boldsymbol{I}-\boldsymbol{B}')^{-1}$，式（12.9）为：

$$\boldsymbol{x}=\boldsymbol{G}'\boldsymbol{v} \tag{12.10}$$

这是我们以下将使用的模型版本。然而，很多分析人员使用式（12.6）和式（12.7）中的形式。仍然从 $\boldsymbol{v}$ 的变化角度，我们将有：

$$\Delta\boldsymbol{x}=\boldsymbol{G}'(\Delta\boldsymbol{v}) \tag{12.11}$$

供给侧方法的基本假定是b_{ij}中的产出分配在经济系统中是稳定的，意味着如果部门 i 的产出，例如翻倍，那么从部门 i 到从部门 i 购买的各个部门的销售也将翻倍。作为

① 根据矩阵代数结果$(\boldsymbol{A}\pm\boldsymbol{B})'=\boldsymbol{A}'\pm\boldsymbol{B}'$和 $(\boldsymbol{A}')^{-1}=(\boldsymbol{A}^{-1})'$可以得到。

对固定投入系数的替代，供给侧模型假定固定产出系数。

对于 n 个部门情形中的部门 j，根据式（12.10）我们有：

$$x_j = v_1 g_{1j} + \cdots + v_i g_{ij} + \cdots + v_n g_{nj} \tag{12.12}$$

回顾需求拉动模型解的典型方程，根据第 2 章中的式（2.12）：

$$x_i = l_{i1} f_1 + \cdots + l_{ij} f_i + \cdots + l_{in} f_n$$

对部门 j 货物最终需求 1 美元的变动带来的部门 i 产出的效应 Δx_i 由 l_{ij} 给出［对于熟悉微积分的读者，这仍为 $(\partial x_i)/(\partial f_j)=l_{ij}$］。$\boldsymbol{L}=[l_{ij}]$ 的列合计被看作产出乘数（第 6 章）；$\sum_{i=1}^{n} l_{ij}$ 表示对部门 j 最终需求增加 1 美元所带来的经济中所有 n 个部门新增产出的合计。$\boldsymbol{L}$ 的行和也可以被解释；$\sum_{i=1}^{n} l_{ij}$ 表示如果对经济中 n 个部门的每个部门产出的最终需求各增加 1 美元，所需要的部门 i 对所有部门新增中间销售的合计。

根据式（12.12），部门 i 可获得的初始投入 1 美元的变动（$\Delta v_i=1$）带来的部门 j 产出的效应 Δx_j 由 g_{ij} 给出［用微积分术语，$(\partial x_j)/(\partial v_i)=g_{ij}$；注意这个偏导中的下标顺序与 l_{ij} 的顺序相反］。例如，如果 $g_{ij}=0.67$，这意味着如果部门 i 生产中可获得的劳动投入有 1 美元的减少（例如由于罢工），那么部门 j 产出的下降量将为 0.67 美元。这种下降源自在投入产出框架下，部门 i 可获得劳动投入的减少，意味着部门 i 产出的下降，进而依赖部门 i 的产出作为生产过程投入的所有部门的产出也下降。这表示了如通常投入产出体系中所获得的那样，作为外生需求变动反应的一种相同类型的效应，只不过是由外生供给变动所引发的。

按照高希模型的（早期）观点，对产出逆 $\boldsymbol{G}=(\boldsymbol{I}-\boldsymbol{B})^{-1}=[g_{ij}]$ 的行和与列和所给予的解释与列昂惕夫数量模型的那些解释是对应的。行和 $\sum_{j=1}^{n} g_{ij} = g_{i1} + \cdots + g_{in} (= \partial x_1/\partial v_i + \cdots + \partial x_n/\partial v_i)$ 表示部门 i 的初始投入 1 美元的变动所带来的经济中所有部门的总产出效应。这种供给侧的模型与 $\boldsymbol{L}$ 中列和的产出（或需求）乘数形成一种对应。这些供给模型的行和被称为投入（或供给）乘数。列和 $\sum_{i=1}^{n} g_{ij} = g_{1j} + \cdots + g_{nj} (= \partial x_j/\partial v_1 + \cdots + \partial x_j/\partial v_n)$ 也被解释为如果对经济中 n 个部门的每个部门的初始要素供给发生 1 美元的变动，对部门 j 产出的总的效应。这些供给模型中的列和与需求模型中 $\boldsymbol{L}$ 的行和构成一种对应关系。

数值演示（假定的数据）

设：

$$\boldsymbol{Z}=\begin{bmatrix}225 & 600 & 110\\ 250 & 125 & 425\\ 325 & 700 & 150\end{bmatrix},\quad \boldsymbol{x}=\begin{bmatrix}1\,200\\ 2\,000\\ 1\,500\end{bmatrix},\quad \boldsymbol{f}=\begin{bmatrix}265\\ 1\,200\\ 325\end{bmatrix}$$

那么：

$$\boldsymbol{B}=\hat{\boldsymbol{x}}^{-1}\boldsymbol{Z}$$

$$=\begin{bmatrix}1/1200 & 0 & 0\\ 0 & 1/2000 & 0\\ 0 & 0 & 1/1500\end{bmatrix}\begin{bmatrix}225 & 600 & 110\\ 250 & 125 & 425\\ 325 & 700 & 150\end{bmatrix}=\begin{bmatrix}0.188 & 0.5 & 0.092\\ 0.125 & 0.063 & 0.213\\ 0.217 & 0.467 & 0.1\end{bmatrix}$$

以及

$$\boldsymbol{G}=(\boldsymbol{I}-\boldsymbol{B})^{-1}=\begin{bmatrix}1.484 & 0.982 & 0.383\\ 0.316 & 1.418 & 0.367\\ 0.521 & 0.971 & 1.394\end{bmatrix},\ \boldsymbol{G}'=\begin{bmatrix}1.484 & 0.316 & 0.521\\ 0.982 & 1.418 & 0.971\\ 0.383 & 0.367 & 1.394\end{bmatrix}$$

如此，例如，如果部门1生产可获得的劳动减少100美元，部门2和部门3生产可获得的劳动都减少300美元，我们如式（12.11）中那样求解，得：

$$\begin{bmatrix}\Delta x_1\\ \Delta x_2\\ \Delta x_3\end{bmatrix}=\begin{bmatrix}1.484 & 0.316 & 0.521\\ 0.982 & 1.418 & 0.971\\ 0.383 & 0.367 & 1.394\end{bmatrix}\begin{bmatrix}-100\\ -300\\ -300\end{bmatrix}=\begin{bmatrix}-399.53\\ -815.06\\ -566.47\end{bmatrix}$$

那么这些数字 $\Delta x_1=-400$，$\Delta x_2=-815$，$\Delta x_3=-566$ 可以被解释为给定这些部门劳动投入减少的情况下，三个部门由此将要减少的产出量。

如果 $\Delta v_1=1$，而 $\Delta v_2=\Delta v_3=0$，那么：

$$\begin{bmatrix}\Delta x_1\\ \Delta x_2\\ \Delta x_3\end{bmatrix}=\begin{bmatrix}1.484\\ 0.982\\ 0.383\end{bmatrix}$$

这些数字表示由于部门1的初始投入增加一单位，带来的三个部门中每个部门可能增加的总产出。如果 $\Delta v_1=-1$ 而 $\Delta v_2=\Delta v_3=0$，这些数字将是负的，表示各个部门减少的产出。如上面所建议的，$\boldsymbol{G}$ 的第一行元素的合计（$\boldsymbol{G}'$ 的第一列）为2.849，表示部门1初始投入1美元的变动对整体经济总的潜在影响。仍然如上面所指出的，这与普通的需求拉动投入产出模型中的部门1的产出乘数概念是对应的。在供给侧模型的内容里，这是部门1的一种投入乘数。类似地，部门2的这种投入乘数为2.101，部门3是2.886。按这种供给侧模型的观点，人们可以利用这些数值来决定新增美元价值的初始资源（劳动等）的供应投在哪里，从支撑产出扩张潜力的角度看，将会对整体经济带来最多的收益。相反，这些投入乘数可以表明特定部门初始投入的短缺所带来的潜在的制约效应。从这个角度看，稀缺的可获得资源1美元的减少，根据初始投入出现减少的部门的不同，会导致整体经济范围内产出减少2.849美元、2.101美元或2.886美元。

数值应用（美国数据）

贾拉塔尼（Giarratani，1978）提出了高希模型的一个应用。他利用美国1967年78个部门的数据，计算了产出系数 $\boldsymbol{B}$ 和相应的产出逆矩阵 $\boldsymbol{G}$。供给乘数最大的是黑色金属矿采掘部门，为4.01，最低的是医疗教育服务和非营利组织部门，为1.09。对各部门按从大到小进行排序，可以决定哪些部门的初始要素的制约会带来对总的经济产出潜在的最大限制，例如，在一个或多个部门被预期要进行的劳动罢工。

沿着 $\boldsymbol{G}$ 的第 j 列往下看，让我们能够确认供给联系会潜在地对部门 j 的产出带来显著制约。在各列中，贾拉塔尼（Giarratani）考虑了一个能源部门，即石油提炼及相关产业（部门 31，1967 年 78 部门美国表中唯一的二次能源部门）。考察产出逆中的第 31 列，确定其中以下部门具有最大的系数：部门 8，原油和天然气，$g_{8,31}=0.860\ 5$；部门 27，化学与化学制品，$g_{27,31}=0.051\ 3$；部门 12，建筑维修，$g_{12,31}=0.050\ 4$。表明的含义是对这些部门初始投入的中断对石油提炼的产出可能造成最大的破坏。

这类利用高希模型进行经验分析的其他例子包括陈和罗斯（Chen and Rose，1986）对铝土矿作为一种关键的投入在中国台湾经济中所起的作用的分析，以及戴维斯和萨尔金（Davis and Salkin，1984）对加利福尼亚的一个县水的投入的重要性分析。

□ 12.1.2 $\boldsymbol{A}$ 与 $\boldsymbol{B}$ 以及 $\boldsymbol{L}$ 与 $\boldsymbol{G}$ 之间的关系

给定 $\boldsymbol{A}=\boldsymbol{Z}\hat{\boldsymbol{x}}^{-1}$，以及 $\boldsymbol{B}=\hat{\boldsymbol{x}}^{-1}\boldsymbol{Z}$，$\boldsymbol{Z}=(\hat{\boldsymbol{x}})\boldsymbol{B}$；把它们代入 $\boldsymbol{A}$ 的定义中，有：

$$\boldsymbol{A}=\hat{\boldsymbol{x}}\boldsymbol{B}\hat{\boldsymbol{x}}^{-1} \tag{12.13}$$

（当两个矩阵，$\boldsymbol{P}$ 和 $\boldsymbol{Q}$，通过关系 $\boldsymbol{P}=\boldsymbol{M}\boldsymbol{Q}\boldsymbol{M}^{-1}$联系起来时，它们被称为是相似的；记为 $\boldsymbol{P}\sim\boldsymbol{Q}$。如此我们看到 $\boldsymbol{A}$ 和 $\boldsymbol{B}$ 是相似矩阵。）当然，同时直接有：

$$\boldsymbol{B}=\hat{\boldsymbol{x}}^{-1}\boldsymbol{A}\hat{\boldsymbol{x}} \tag{12.14}$$

回顾第 6.6.2 节中有关弹性的内容，矩阵$\hat{\boldsymbol{x}}^{-1}\boldsymbol{A}\hat{\boldsymbol{x}}$ 中的元素（i，j）表明由产业 j 产出百分之一的变动导致的对产业 i 产出的直接效应（百分比变动）。它被称为直接的产出对产出的弹性（direct output-to-output elasticity）。因此，根据式（12.14），这些弹性正是 $\boldsymbol{B}=[b_{ij}]$ 中的元素。[①]

考虑（$\boldsymbol{I}-\boldsymbol{A}$）。根据式（12.13），$(\boldsymbol{I}-\boldsymbol{A})=\boldsymbol{I}-\hat{\boldsymbol{x}}\boldsymbol{B}\hat{\boldsymbol{x}}^{-1}$。因为 $\hat{\boldsymbol{x}}\boldsymbol{I}\hat{\boldsymbol{x}}^{-1}=\boldsymbol{I}$，因此有：

$$(\boldsymbol{I}-\boldsymbol{A})=\hat{\boldsymbol{x}}(\boldsymbol{I}-\boldsymbol{B})\hat{\boldsymbol{x}}^{-1}$$

也就是，$(\boldsymbol{I}-\boldsymbol{A})\sim(\boldsymbol{I}-\boldsymbol{B})$。利用矩阵乘积求逆的基本结果，$(\boldsymbol{PQR})^{-1}=\boldsymbol{R}^{-1}\boldsymbol{Q}^{-1}\boldsymbol{P}^{-1}$，因为 $(\boldsymbol{I}-\boldsymbol{A})^{-1}=[\hat{\boldsymbol{x}}(\boldsymbol{I}-\boldsymbol{B})\hat{\boldsymbol{x}}^{-1}]^{-1}$，我们求得：

$$(\boldsymbol{I}-\boldsymbol{A})^{-1}=\hat{\boldsymbol{x}}(\boldsymbol{I}-\boldsymbol{B})^{-1}\hat{\boldsymbol{x}}^{-1} \tag{12.15}$$

或者

$$\boldsymbol{L}=\hat{\boldsymbol{x}}\boldsymbol{G}\hat{\boldsymbol{x}}^{-1} \tag{12.16}$$

如此 $\boldsymbol{L}\sim\boldsymbol{G}$［有兴趣的读者可以针对上述小的数值例子，证明式（12.13）和式（12.15）中的这些相似关系］。式（12.16）中的结果可以等价地写成：

$$\boldsymbol{G}=\hat{\boldsymbol{x}}^{-1}\boldsymbol{L}\hat{\boldsymbol{x}} \tag{12.17}$$

仍参考第 6.6.2 节，我们看到矩阵$\hat{\boldsymbol{x}}^{-1}\boldsymbol{L}\hat{\boldsymbol{x}}$ 中的元素（i，j）给出了由产业 j 产出最初外生的百分之一的增加带来的产业 i 总产出百分比的增加，即产业 i 产出相对于产业 j 产出的总的产出对产出的弹性（total output-to-output elasticity）。根据式（12.17），这些弹性正是 $\boldsymbol{G}=[g_{ij}]$ 中的元素。

从这些结果显然可以看出任何针对 $\boldsymbol{A}$ 所定义的度量，例如产出乘数或后向关联（第

---

① 利用这一解释，de Mesnard（2001）用系数a_{ij}和b_{ij}分别反映部门 j 对部门 i 的绝对的和相对的直接影响。

12.2.1 节），可以根据 $\boldsymbol{B}$ 来求解，前提是 $\boldsymbol{x}$ 也是已知的。相反，投入乘数或前向关联（第 12.2.2 节）定义在 $\boldsymbol{B}$ 的基础上，可以利用 $\boldsymbol{A}$ 和 $\boldsymbol{x}$ 来求解。①

□ 12.1.3 对早期解释的评价

在奥古斯丁诺维奇（Augustinovics，1970）的文献中可以找到高希模型的一个早期应用，对多个国家跨时期的直接消耗系数（$\boldsymbol{A}$）和直接产出系数（$\boldsymbol{B}$）进行了比较。然而，从 20 世纪 80 年代早期开始出现了对这一模型的质疑，例如在贾拉塔尼（Giarratani，1980，1981）的文献中。问题是：本质上什么样的经济行为可以由不变的供给分配模式的体系来表现？高希脑子里所想的是一种经历严重过度需求的计划经济，并且政府对供给模式施加各种限制。这应该不是大多数现代经济最普遍的情形。然而，贾拉塔尼（Giarratani，1981，p. 283）提出了一种可能更广的含义：

> 更有趣的大概是这样一种情景，这种行为可能是具有同样内涵的自愿供给决策的结果，或者替代地，是给定的某些基本商品供给的中断。企业可能很好地试图维持它们现有的市场……通过以常规时期的交付为基础对可获得的产品进行分配。在美国的经历中偶尔有证据似乎支持这一假定。

正是在这个意义上，上述贾拉塔尼（Giarratani，1978）的应用得以开展。

奥斯特哈文（Oosterhaven，1980）对高希模型的合理性提出了质疑，接着在 20 世纪 80 年代后期出现了更为热烈的交流，特别是在奥斯特哈文（Oosterhaven，1988，1989）、格鲁弗（Gruver，1989）以及罗斯和艾利森（Rose and Allison，1989）的文献中。在根本上，问题是部门 j 初始投入的增加，在高希模型中被前向传递为从部门 j 购买产品的所有部门的产出增加，而那些部门使用的初始投入却没有任何相应的增加。这是因为 $\Delta\boldsymbol{v}$ 被看作外生的，且（在这个例子中）被固定为 $\Delta\boldsymbol{v}'=[0, \cdots, 0, \Delta v_j, 0, \cdots, 0]$。这一缺陷破坏了部门生产函数的概念，要求物质投入加初始投入按固定比例来使用。

□ 12.1.4 联合稳定性

问题

当需求拉动投入的产出模型以标准形式被用于影响分析时，例如 $\Delta\boldsymbol{x}=(\boldsymbol{I}-\boldsymbol{A})^{-1}\Delta\boldsymbol{f}$，一个关键的假定是直接消耗系数矩阵 $\boldsymbol{A}$ 是不变的。作为 $\boldsymbol{A}$ 和 $\boldsymbol{B}$ 之间的联系，或者 $\boldsymbol{L}$ 和 $\boldsymbol{G}$ 之间的联系的结果，这意味着一般而言 $\boldsymbol{B}$（进而 $\boldsymbol{G}$）不可能保持不变。这就是人们所说的"联合稳定性"（joint stability）问题。② 用数值例子可以很好地演示这一个问题。利用第 12.1.1 节三部门假想例子的数据，我们还是求解③：

$$\boldsymbol{A}=\begin{bmatrix}0.188 & 0.3 & 0.073\\0.208 & 0.063 & 0.283\\0.271 & 0.35 & 0.1\end{bmatrix} \text{和} \boldsymbol{L}=\begin{bmatrix}1.484 & 0.589 & 0.306\\0.527 & 1.418 & 0.489\\0.651 & 0.729 & 1.394\end{bmatrix}$$

---

① 容易证明 $\boldsymbol{A}$ 和 $\boldsymbol{B}$ 有相同的主对角元素；$\boldsymbol{L}$ 和 $\boldsymbol{G}$ 也一样。用 $\hat{\boldsymbol{M}}$ 表示一个对角矩阵，其元素就是方阵 $\boldsymbol{M}$ 的主对角元素，根据式（12.13），$\hat{\boldsymbol{A}}=\hat{\boldsymbol{x}}\boldsymbol{B}\hat{\boldsymbol{x}}^{-1}=\hat{\boldsymbol{B}}$，因为对角矩阵相乘的顺序不会带来结果的差别，且 $\hat{\boldsymbol{x}}\hat{\boldsymbol{x}}^{-1}=\boldsymbol{I}$。按同样的分析可以证明 $\hat{\boldsymbol{L}}=\hat{\boldsymbol{G}}$。

② 参见 Dietzenbacher（1989）、Miller（1989）、Rose 和 Allison（1989）以及 Chen 和 Rose（1991）。

③ 这些矩阵，与第 12.1.1 节的 $\boldsymbol{B}$ 和 $\boldsymbol{G}$ 一起，演示了在前面脚注中表明的关系。

在此有必要用上标"0"来表示基年数据，也就是，给定的 $\boldsymbol{A}$、$\boldsymbol{B}$、$\boldsymbol{L}$ 和 $\boldsymbol{G}$ 矩阵，以及最初的产出 $\boldsymbol{x}$，被记为 $\boldsymbol{A}^0$、$\boldsymbol{B}^0$，如此等等。受某些外生变动影响的向量和矩阵被记以上标"1"。假定对于我们的例子，$\Delta\boldsymbol{f}=\begin{bmatrix}100\\40\\30\end{bmatrix}$；利用需求拉动模型 $\Delta\boldsymbol{x}=\boldsymbol{L}^0\Delta\boldsymbol{f}$，我们得到 $\Delta\boldsymbol{x}(d)=\begin{bmatrix}181.166\\124.057\\136.095\end{bmatrix}$ 以及 $\boldsymbol{x}^1(d)=\begin{bmatrix}1\ 381.2\\2\ 124.1\\1\ 636.1\end{bmatrix}$［我们用（$d$）表示这些是需求拉动模型的结果，其中假定矩阵 $\boldsymbol{A}$ 是不变的］。从这些结果，我们得到与 $\boldsymbol{A}$ 对应的新的交易矩阵以及新的产出；也就是：

$$\boldsymbol{Z}^1(d)=\boldsymbol{A}^0[\hat{\boldsymbol{x}}'(d)]=\begin{bmatrix}258.969 & 637.217 & 119.980\\287.743 & 132.754 & 463.560\\374.066 & 743.420 & 163.610\end{bmatrix}$$

［读者能够容易地验证 $\boldsymbol{Z}^1(d)\boldsymbol{i}+\boldsymbol{f}^1=\boldsymbol{x}^1(d)$。］与这些新的交易和新的总产出对应的直接产出系数矩阵，可以像在式（12.1）中那样，求解为：

$$\boldsymbol{B}^1=[\hat{\boldsymbol{x}}^1(d)]^{-1}\boldsymbol{Z}^1(d)=\begin{bmatrix}0.188 & 0.461 & 0.087\\0.136 & 0.063 & 0.218\\0.229 & 0.454 & 0.1\end{bmatrix}$$

根据上面的回顾，有：

$$\boldsymbol{B}^0=\begin{bmatrix}0.188 & 0.5 & 0.092\\0.125 & 0.063 & 0.213\\0.217 & 0.467 & 0.1\end{bmatrix}$$

并且显然有 $\boldsymbol{B}^1\neq\boldsymbol{B}^0$。［对差异的一种简单度量是对所有（绝对的）离差百分比求平均，即 $(1/n^2)\sum_{i=1}^{n}\sum_{j=1}^{n}[\,|b_{ij}^{-}-b_{ij}^0|/b_{ij}^0]\times 100$。这里是 3.58%。］最终的结果是，至少在这个例子中（但实际上是一般存在的情况），影响分析中所采用的矩阵 $\boldsymbol{A}$ 不变的假定，附带地要求 $\boldsymbol{B}$ 随着影响结果而改变。

如果我们利用供给驱动模型来估算初始投入变动的影响，将会出现一个完全类似的问题。例如，利用这三个部门例子的数据，$\boldsymbol{v}'=[400\quad 575\quad 815]$。假定 $(\Delta\boldsymbol{v})'=[50\quad 100\quad 20]$；利用式（12.11）来估计初始投入变动的产出效应，我们得到 $[\Delta\boldsymbol{x}(s)]'=[116.221\quad 210.325\quad 83.720]$，以及 $[\boldsymbol{x}^1(s)]'=[1\ 316.2\quad 2\ 210.3\quad 1\ 583.7]$［现在（$s$）表示供给驱动模型的结果］。对应于需求拉动的例子，现在有一个新的交易矩阵：

$$\boldsymbol{Z}^1(s)=[\hat{\boldsymbol{x}}^1(s)]\boldsymbol{B}^0=\begin{bmatrix}246.792 & 658.111 & 120.654\\276.291 & 138.145 & 469.694\\343.139 & 739.069 & 158.372\end{bmatrix}$$

以及与之相关的 $\boldsymbol{x}^1(s)$，这个 $\boldsymbol{Z}^1(s)$ 定义了相应的直接投入系数矩阵 $\boldsymbol{A}^1$，也就是：

$$A^1=Z^1(s)[\hat{x}^1(s)]^{-1}=\begin{bmatrix}0.188 & 0.3 & 0.076\\ 0.210 & 0.063 & 0.3\\ 0.261 & 0.334 & 0.1\end{bmatrix}$$

而原来的

$$A^0=\begin{bmatrix}0.188 & 0.3 & 0.073\\ 0.208 & 0.063 & 0.283\\ 0.271 & 0.35 & 0.1\end{bmatrix}$$

且 $A^1 \neq A^0$（在这个例子中，平均的绝对离差为 2.06%）。①

这显然出现了不一致，要求 A 不变（对于需求拉动模型的影响分析而言）意味着在相应的供给驱动模型中的 B 不是不变的，或者供给驱动模型影响分析要求 B 不变，随之而来就意味着在相应的需求拉动模型中 A 不是不变的，这导致了很多的有关相对联合稳定性的经验研究（Rose and Allison，1989；Chen and Rose，1991）。总体而言，所得出的结论是，不稳定性在实际的应用中并不是一个大问题。

A 和 B 同为稳定的条件

假定我们利用需求拉动模型 $x^1=(I-A^0)^{-1}f^1$ 求解由新增最终需求所带来的新增产出，所以 $A^1=A^0$。根据式（12.14）有：

$$B^1=(\hat{x}^1)^{-1}A^0\hat{x}^1$$

根据式（12.13）替代A^0得：

$$B^1=(\hat{x}^1)^{-1}\hat{x}^0B^0(\hat{x}^0)^{-1}\hat{x}^1$$

设 $\hat{e}=\hat{x}^1(\hat{x}^0)^{-1}$，其中 $e_i=x_i^1/x_i^0$ 可以被看作一种关于部门 i 的“增长率”（记住当矩阵为对角矩阵时，相乘的顺序不会带来差异）；那么：

$$B^1=\hat{e}^{-1}B^0\hat{e}$$

如果利用供给驱动模型，当 $B^1=B^0$ 时，将存在一个类似的结论；也就是：

$$A^1=\hat{e}A^0\hat{e}^{-1}$$

如果每个部门的产出按相同比率变动，对于所有的 i，$e_i=x_i^1/x_i^0=\lambda$，那么 $\hat{e}=\lambda I$，且 $B^1=[(1/\lambda)I]B^0(\lambda I)=B^0$。类似的分析表明在相同的条件下，利用供给驱动模型进行影响分析，有 $A^1=A^0$。②

□ 12.1.5 重新解释为价格模型

为了解决对高希模型最初看法中的批评和质疑，迪策巴赫（Dietzenbacher，1997）提出了一种替代解释，建议把模型不是看作一种数量模型，而是看作一种价格模型［同时参考奥斯特哈文（Oosterhaven，1996）和德梅纳德（de Mesnard，2007）中关于高希模型替代性解释的扩展讨论］。我们通过重新审视前一节中数值例子的结果来演示这

① 由于同前面的脚注所表明的完全一样的原因，$\hat{A}^0=\hat{A}^1$ 且 $\hat{B}^0=\hat{B}^1$。这些关系由本节中的各个矩阵来演示。

② 有关这些问题的更多细节参考 Dietzenbacher（1989，1997）。

一思想。特别地，对于：

$$(\boldsymbol{v}^1)'=(\boldsymbol{v}^0)'+(\Delta\boldsymbol{v})'=[400\quad 575\quad 815]+[50\quad 100\quad 20]=[450\quad 675\quad 835]$$

我们利用 $\boldsymbol{x}^1(s)=(\boldsymbol{G}^0)'\boldsymbol{v}^1$ ［式（12.10）］求解：

$$[\boldsymbol{x}^1(s)]'=[1\ 316.2\quad 2\ 210.3\quad 1\ 583.7]$$

假定我们不是把供给驱动模型中的元素看作数量（在这种情况下，将 $\Delta\boldsymbol{v}$ 中的元素解释为经济中可获得初始投入数量的变动，将 $\Delta\boldsymbol{x}$ 中的元素解释为生产的数量的变动），而是看作价值（在这种情况下，$\Delta\boldsymbol{v}$ 中的元素反映初始投入价格或成本的变动，而 $\Delta\boldsymbol{x}$ 中的元素反映产出价值的变动）。在之前章节的需求拉动模型中，在影响分析中所有价格被假定为固定的，数量的变动被看作最终需求数量变动的结果。现在，我们假定所有的数量都是固定不变的，并利用高希模型来估计初始投入价格变动对整体经济的影响。在这种重新解释中，我们可以采用高希价格模型这一术语，它可以合理地被看作一种成本推动的投入产出模型（cost-push input-output model）。初始投入成本的变动通过生产者的产品被其他中间使用者所购买，这些初始投入成本通过产品的价格被（完全地）传递出去，这些其他中间使用者进一步也相应提高了他们的价格，等等。

根据这种解释，我们可以把相对价格变化容易地确定为 $\boldsymbol{x}^0$ 中元素与 $\boldsymbol{x}^1(s)$ 中元素的比率，因为数量是固定的，而变动的只有估价。定义 $\boldsymbol{\pi}$ 为这些价格比率向量：

$$\boldsymbol{\pi}=(\hat{\boldsymbol{x}}^0)^{-1}[\boldsymbol{x}^1(s)] \tag{12.18}$$

其中 $\pi_j=x_j^1(s)/x_j^0=p_j^1q_j^0/p_j^0q_j^0=p_j^1/p_j^0$（其中 q_j^0 是基期部门 j 产出的实物度量）。对于这个三部门例子，有：

$$\boldsymbol{\pi}=\begin{bmatrix}x_1^1(s)/x_1^0\\x_2^1(s)/x_2^0\\x_3^1(s)/x_3^0\end{bmatrix}=\begin{bmatrix}1\ 316.2/1\ 200\\2\ 210.3/2\ 000\\1\ 583.7/1\ 500\end{bmatrix}=\begin{bmatrix}1.096\ 8\\1.105\ 2\\1.055\ 8\end{bmatrix} \tag{12.19}$$

这表明部门 1、部门 2 和部门 3 的产品的（单位）价格将分别上升 9.68%、10.52%和 5.58%，这是对三个部门的初始投入成本分别上升 12.5% ［$=(50/400)\times100$］、17.39% ［$=(100/575)\times100$］和 2.45% ［$=(20/815)\times100$］的一种反映。

类似地，当 $\Delta v_1=1$ 而 $\Delta v_2=\Delta v_3=0$ 时，我们求解 $\begin{bmatrix}\Delta x_1\\\Delta x_2\\\Delta x_3\end{bmatrix}=\begin{bmatrix}1.484\\0.982\\0.383\end{bmatrix}$，所以 $\boldsymbol{x}^1(s)=\begin{bmatrix}1\ 201.48\\2\ 000.98\\1\ 500.38\end{bmatrix}$。现在这可以用三个部门的价格比率来解释：

$$\boldsymbol{\pi}=\begin{bmatrix}1\ 201.48/1\ 200\\2\ 000.98/2\ 000\\1\ 500.38/1\ 500\end{bmatrix}=\begin{bmatrix}1.001\ 2\\1.000\ 5\\1.000\ 3\end{bmatrix}$$

这表明面对只是部门 1 初始投入成本上涨 0.25% ［$=(401/400)\times100$］，三个部门的价格预计将分别上涨 0.12%、0.05%和 0.03%。

与列昂惕夫价格模型的联系（代数）

这直接表明高希价格模型和列昂惕夫价格模型（第 2.6 节）得到完全一样的结果。高希价格模型得到：

$$\boldsymbol{\pi}=(\hat{\boldsymbol{x}}^0)^{-1}[\boldsymbol{x}^1(s)]$$

因为 $[\boldsymbol{x}^1(s)]=(\boldsymbol{G}^0)'(\boldsymbol{v}^1)$ [式（12.10)]，于是有：

$$\boldsymbol{\pi}=(\hat{\boldsymbol{x}}^0)^{-1}(\boldsymbol{G}^0)'\boldsymbol{v}^1$$

根据式（12.17）中的 $\boldsymbol{G}=\hat{\boldsymbol{x}}^{-1}\boldsymbol{L}\hat{\boldsymbol{x}}$，$\boldsymbol{G}'=\hat{\boldsymbol{x}}\boldsymbol{L}'\hat{\boldsymbol{x}}^{-1}$，所以我们得到：

$$\boldsymbol{\pi}=(\hat{\boldsymbol{x}}^0)^{-1}[\hat{\boldsymbol{x}}^0(\boldsymbol{L}^0)'(\hat{\boldsymbol{x}}^0)^{-1}]\boldsymbol{v}^1=(\boldsymbol{L}^0)'(\hat{\boldsymbol{x}}^0)^{-1}\boldsymbol{v}^1$$

最后，因为初始投入系数求解为 $v_{ci}^1=v_i^1/x_i^0$，或 $\boldsymbol{v}_c^1=(\hat{\boldsymbol{x}}^0)^{-1}\boldsymbol{v}^1$，因此有：

$$\boldsymbol{\pi}=(\boldsymbol{L}^0)'(\hat{\boldsymbol{x}}^0)^{-1}\hat{\boldsymbol{x}}^0\boldsymbol{v}_c^1=(\boldsymbol{L}^0)'\boldsymbol{v}_c^1 \tag{12.20}$$

在第 2.6 节的列昂惕夫价格模型中，也存在初始投入价格变动导致相对价格变化[如在式（2.33）中，重述如下]：

$$\tilde{\boldsymbol{p}}=[\boldsymbol{I}-(\boldsymbol{A}^0)']^{-1}\boldsymbol{v}_c^1=(\boldsymbol{L}^0)'\boldsymbol{v}_c^1 \tag{12.21}$$

由于式（12.20）和式（12.21），显然 $\boldsymbol{\pi}=\tilde{\boldsymbol{p}}$。列昂惕夫价格（成本推动）模型（第 2.6 节）和高希价格（成本推动）模型得到了相同的结果；前者直接表现为相对价格变动向量 $\tilde{\boldsymbol{p}}$，而后者表现为新的产出 $\boldsymbol{x}^1(s)$，通过它计算 $\boldsymbol{\pi}$，作为新和旧的产出价格的比率。

与列昂惕夫价格模型的联系（数值例子）

利用第 12.1.1 节和第 12.1.4 节假定例子中的数据，我们求解基年初始投入系数为：

$$\boldsymbol{v}_c^0=\begin{bmatrix}400/1\,200\\575/2\,000\\815/1\,500\end{bmatrix}=\begin{bmatrix}0.333\,3\\0.287\,5\\0.543\,3\end{bmatrix}$$

如预期，有：

$$\tilde{\boldsymbol{p}}^0=(\boldsymbol{L}^0)'\boldsymbol{v}_c^0=\begin{bmatrix}1.484\,0 & 0.526\,6 & 0.651\,4\\0.589\,3 & 1.417\,9 & 0.728\,7\\0.306\,4 & 0.489\,3 & 1.393\,6\end{bmatrix}\begin{bmatrix}0.333\,3\\0.287\,5\\0.543\,3\end{bmatrix}=\begin{bmatrix}1.0\\1.0\\1.0\end{bmatrix}$$

这证明了基年列昂惕夫模型中的所有价格都为 1（“每 1 美元价值的产出”）。

现在考虑初始投入价格按上述例子上涨，也就是：

$$(\boldsymbol{v}^1)'=(\boldsymbol{v}^0)'+(\Delta\boldsymbol{v})'=[400\quad 575\quad 815]+[50\quad 100\quad 20]=[450\quad 675\quad 835]$$

就初始投入系数而言，我们有：

$$\boldsymbol{v}_c^1=\begin{bmatrix}450/1\,200\\675/2\,000\\835/1\,500\end{bmatrix}=\begin{bmatrix}0.375\,0\\0.337\,5\\0.556\,6\end{bmatrix}$$

利用式（12.21），有：

$$\widetilde{\boldsymbol{p}}'=(\boldsymbol{L}^0)'\boldsymbol{v}_c^1=\begin{bmatrix}1.4840 & 0.5266 & 0.6514\\0.5893 & 1.4179 & 0.7287\\0.3064 & 0.4893 & 1.3936\end{bmatrix}\begin{bmatrix}0.3750\\0.3375\\0.5566\end{bmatrix}=\begin{bmatrix}1.0968\\1.1051\\1.0558\end{bmatrix}$$

如所预期的，这些与我们在上面式（12.19）中求解的 $\boldsymbol{\pi}$ 有着完全相同的结果。

两个练习得到的结果是，三个部门的产出由于初始投入成本按给定的 $(\Delta\boldsymbol{v})'=[50\quad 100\quad 20]$ 上涨导致预期的产出价格将上涨 9.68%、10.51%和 5.58%。

高希数量模型

我们已经充分地考察了列昂惕夫数量模型、列昂惕夫价格模型和高希价格模型。从逻辑上我们期望也存在一个高希数量模型（Dietzenbacher，1997）。根据我们熟悉的列昂惕夫数量模型，$\boldsymbol{x}^1=\boldsymbol{L}^0\boldsymbol{f}^1$ 以及 $\boldsymbol{L}^0=\hat{\boldsymbol{x}}^0\boldsymbol{G}^0(\hat{\boldsymbol{x}}^0)^{-1}$［式（12.16）］，我们有：

$$\boldsymbol{x}^1=\hat{\boldsymbol{x}}^0\boldsymbol{G}^0(\hat{\boldsymbol{x}}^0)^{-1}\boldsymbol{f}^1$$

把新的最终需求定义为关于基期产出的比例（系数），$(f_c^1)_i=[f_i^1/x_i^0]$ 以及 $\boldsymbol{f}_c^1=(\hat{\boldsymbol{x}}^0)^{-1}\boldsymbol{f}^1$，两边都左乘以 $(\hat{\boldsymbol{x}}^0)^{-1}$，得：

$$\widetilde{\boldsymbol{x}}=(\hat{\boldsymbol{x}}^0)^{-1}\boldsymbol{x}^1=(\hat{\boldsymbol{x}}^0)^{-1}\hat{\boldsymbol{x}}^0\boldsymbol{G}^0(\hat{\boldsymbol{x}}^0)^{-1}\boldsymbol{f}^1=\boldsymbol{G}^0\boldsymbol{f}_c^1$$

其中 $\widetilde{x}_i=x_i^1/x_i^0$。在这个例子中，最终需求比例（对总产出）的变动被转换为相对产出的度量；也就是，转换为一种指数，表示新产出 $\boldsymbol{x}^1$ 为基期产出 $\boldsymbol{x}^0$ 的一个比例。

这就是对高希数量模型的直接的代数推导。读者可以探讨这背后的“故事”的逻辑。表 12-1 搜集了这四个模型的一些相关信息。数量和价格模型，无论是列昂惕夫型还是高希型，通常被描述为相互作为一种“对偶”①，而列昂惕夫数量模型的变化被描述为高希数量模型的“镜像”，以及列昂惕夫和高希价格模型也有着类似的联系（其中的一些材料早前出现在表 2-13 中）。

表 12-1　　列昂惕夫与高希数量和价格模型概览

模型		列昂惕夫型	高希型
价格（成本推动）（数量固定，价格变动）	外生变量	$\boldsymbol{v}_c^1=(\hat{\boldsymbol{x}}^0)^{-1}\boldsymbol{v}^1=[v_j^1/x_j^0]$	$\boldsymbol{v}^1=[v_j^1]$
	内定变量	$\widetilde{\boldsymbol{p}}^1=(\boldsymbol{L}^0)'\boldsymbol{v}_c^1$ $[\widetilde{p}_i=x_i^1(d)/x_i^0]$	$\boldsymbol{x}^1(s)=(\boldsymbol{G}^0)'\boldsymbol{v}^1$
	系数稳定性	$\boldsymbol{A}^1\neq\boldsymbol{A}^0$	$\boldsymbol{B}^1=\boldsymbol{B}^0$
数量（需求拉动）（价格固定，数量变动）	外生变量	$\boldsymbol{f}^1=[f_i^1]$	$\boldsymbol{f}_c^1=(\hat{\boldsymbol{x}}^0)^{-1}\boldsymbol{f}^1=[f_i^1/x_i^0]$
	内生变量	$\boldsymbol{x}^1(d)=\boldsymbol{L}^0\boldsymbol{f}^1$	$\widetilde{\boldsymbol{x}}=\boldsymbol{G}^0\boldsymbol{f}_c^1$ $[\widetilde{x}_i=x_i^1(s)/x_i^0]$
	系数稳定性	$\boldsymbol{A}^1=\boldsymbol{A}^0$	$\boldsymbol{B}^1\neq\boldsymbol{B}^0$

① 对于所构成的一组“对偶”模型有一些相当详细的数学讨论。对于我们的投入产出模型，我们只是采用这一术语指代一个模型决定数量（价格固定）而另一个决定价格（数量固定）以及（在 $\boldsymbol{L}^0$ 中或在 $\boldsymbol{G}^0$ 中）基本的结构联系是每个模型及其对偶模型的核心（尽管是转置的）。

12.2 投入产出模型中的关联

在投入产出模型的框架中，特定部门的生产对经济中其他部门有两种经济影响。如果部门 j 增加其产出，这意味着来自部门 j（作为一个买者）对那些产品被用作部门 j 生产中的投入的部门的需求增加。这就是通常需求侧模型中的因果方向，术语后向关联（backward linkage）被用于表示某一特定部门与那些其从中购买投入的（“上游”）部门的相互联系。此外，部门 j 产出的增加也意味着可用于其他部门自身生产的可获得的产品 j 的增加量，也就是，部门 j（作为卖者）对在其生产中使用产品 j 的部门的供给将会增加。这就是供给侧模型因果关系的方向。术语前向关联（forward linkage）被用于表示这一特定部门与那些向它们销售其产出的部门（“下游”）的相互联系。

为量化这种后向和前向关联，或者经济“联系”，各种度量方法被提出。对单个经济中不同部门后向和前向关联程度的比较提供了一种机制以界定那一经济中的“关键”或“领导”部门（那些具有最大联系的部门，因此，在某种意义上是最“重要的”），以及用于把部门汇总为空间组。如果可获得的数据超过一个时间段，可以研究这些相互联系的演化。同时，对不同国家相似部门这些度量的考察提供了对生产结构展开国际比较的一种方法。

如果部门 i 的后向关联大于部门 j 的后向关联，人们可以断定部门 i 产出 1 美元价值的扩张，相比于部门 j 产出相等程度的扩张，就其所产生的整体经济的生产活动而言，给经济带来更大的收益。类似地，如果部门 r 的前向关联大于部门 s 的前向关联，就可以说部门 r 产出 1 美元价值的扩张，相比于部门 s 产出类似的扩张，从它所能支持的整体生产活动的角度看，对经济将产生更为根本的影响。

对这些关联和关键部门的度量，以及经济联系的其他问题给出不同的定义并加以改进，在这些方面有着大量的建议。早期的工作包括拉斯穆森（Rasmussen，1957）①、赫希曼（Hirschman，1958）、钱纳里和渡边（Chenery and Watanabe，1958）、约托普洛斯和纽金特（Yotopoulos and Nugent，1973）、洛马（Laumas，1975）、琼斯（Jones，1976），以及已有的和不断出现的大量的讨论［例如，关于“合适”的定义，参考 1976 年 5 月的《经济学季刊》（*Quarterly Journal of Economics*）上几个作者之间的争论，或者《国际社会科学评论》（*Kyklos*）上戴蒙德（Diamond，1976）、舒尔茨和舒马赫（Schultz and Schumacher，1976）以及洛马（Laumas，1976a）之间的交流］。关联度量的具体作用，以及在发展计划中确定关键部门的问题在麦吉尔夫雷（McGilvray，1977）、休因斯（Hewings，1982）及其他文献中也提出来了。我们这里的目的只是向读者引入这些度量中某些最流行的内容，特别是指出它们是如何从需求侧或供给侧投入产出模型的信息中被推导出来的。

① Hirschman（1958）提到了由哥本哈根的 Einar Harcks 在 1956 年出版的该书（相同标题）的一个版本。这一定是 1957 年 North-Holland 版本（也带有 Einar Harcks 的版本说明）的前身，1957 年的这一版被确认为“第二次印刷。”

还有很多关于把前向和后向关联组合起来的各种方法的建议（Hübler，1979；Loviscek，1982；Meller and Marfán，1981；Cella，1984；Clements，1990；Adamou and Gowdy，1990）。这些组合的度量通常用“假设提取”方法中出现的排序来代替，对此我们将在第 12.2.6 节讨论。

□ 12.2.1 后向关联

对部门 j 后向关联程度的度量——部门 j 生产所需要的产业间投入的数量——的一种最简单的形式是由直接消耗系数矩阵第 j 列元素的合计给出，也就是 $\sum_{i=1}^{n} a_{ij}$。因为 $\boldsymbol{A}$ 中的系数度量的只是直接效应，被称为直接后向关联（direct backward linkage）①：

$$\mathrm{BL}(d)_j = \sum_{i=1}^{n} a_{ij} \tag{12.22}$$

对于交易（$\boldsymbol{Z}$ 而不是 $\boldsymbol{A}$），这只是作为部门 j 总产出（x_j）价值一个组成部分的对部门 j 的总中间投入价值（$\sum_{i=1}^{n} z_{ij}$）。这一按交易角度所做的定义，最早是由钱纳里和渡边（Chenery and Watanabe，1958）提出的。如果我们定义 $\boldsymbol{b}(d)=[\mathrm{BL}(d)_1, \cdots, \mathrm{BL}(d)_n]$，那么：

$$\boldsymbol{b}(d)=\boldsymbol{i}'\boldsymbol{A} \tag{12.23}$$

为同时得到经济中的直接和间接关联，提出用完全需求矩阵 $\boldsymbol{L}=[l_{ij}]$ 作为完全后向关联（total backward linkage）的度量（Rasmussen，1957）。这些就是产出乘数（第 6 章）。对于部门 j，我们有：

$$\mathrm{BL}(t)_j = \sum_{i=1}^{n} l_{ij} \tag{12.24}$$

相应地对每个部门度量的直接和间接后向关联的行向量为：

$$\boldsymbol{b}(t)=\boldsymbol{i}'\boldsymbol{L} \tag{12.25}$$

对于 $\boldsymbol{A}$ 或 $\boldsymbol{L}$ 的对角元素是应该被包含在内还是应该被排除在合计数之外，在文献中还存在着一些分歧（Harrigan and McGilvray，1988）。在一定程度上，这些“内部关联”构成了赫希曼（Hirschman，1958，p. 100）的“……投入预备，引致需求……效应”的一部分，把它们包括在内是恰当的。此外，如果人们特别感兴趣的是一个部门对经济中剩余部门的“后向依赖”或关联，就应该忽略它们。

此外还提出了对这些度量的各种标准化，并被用于经验研究。例如，设：

$$\overline{\mathrm{BL}}(d)_j = \frac{\mathrm{BL}(d)_j}{(1/n)\sum_{j=1}^{n}\mathrm{BL}(d)_j} = \frac{\sum_{i=1}^{n} a_{ij}}{(1/n)\sum_{i=1}^{n} a_{ij}\sum_{j=1}^{n} a_{ij}}$$

① 利用一些小写符号如 b_j 来表示部门 j 的后向关联（标量）可能与标准的向量-矩阵符号更为一致，但是 BL_j 看起来变得更标准。

其中上横线表示标准化的度量。在这个例子中，部门 j 的后向关联除以所有后向关联的（简单）平均（也有建议采用各种加权平均）。采用（行）向量形式，这些标准化直接后向关联为（注意 $\boldsymbol{i}'\boldsymbol{A}\boldsymbol{i}$ 是一个标量）：

$$\bar{\boldsymbol{b}}(d)=\frac{\boldsymbol{i}'\boldsymbol{A}}{(\boldsymbol{i}'\boldsymbol{A}\boldsymbol{i})/n}=\frac{n\boldsymbol{i}'\boldsymbol{A}}{\boldsymbol{i}'\boldsymbol{A}\boldsymbol{i}} \tag{12.26}$$

$\bar{\boldsymbol{b}}(d)$ 的平均值为 1，$[\bar{\boldsymbol{b}}(d)]\boldsymbol{i}(1/n)=[n\boldsymbol{i}'\boldsymbol{A}/\boldsymbol{i}'\boldsymbol{A}\boldsymbol{i}][\boldsymbol{i}/n]=1$，所以“高于平均”的（更强的）直接后向关联部门的指数会大于 1，那些“低于平均”的（更弱的）直接后向关联部门的指数会小于 1。根据相同的逻辑得到：

$$\bar{\boldsymbol{b}}(t)=\frac{n\boldsymbol{i}'\boldsymbol{L}}{\boldsymbol{i}'\boldsymbol{L}\boldsymbol{i}} \tag{12.27}$$

作为标准化的完全后向关联指数，其平均值也为 1［这就是拉斯穆森（Rasmussen，1957）提出的“影响力系数”（index of the Power of Dispersion）］。

□ 12.2.2 前向关联

基于 $\boldsymbol{A}$ 和 $\boldsymbol{L}$，还有一种对直接前向关联（direct forward linkage）的早期度量被提出，度量为行合计 $\boldsymbol{A}\boldsymbol{i}$，沿着这个方向，与之相关的是一个完全前向关联（total forward linkage）的度量，度量的是行合计 $\boldsymbol{L}\boldsymbol{i}$。① 由于这两种效应是由一种奇怪的刺激带来的，对于 $\boldsymbol{A}\boldsymbol{i}$ 来说是每个部门总产出同时增加一个单位，而 $\boldsymbol{L}\boldsymbol{i}$ 则是对每个部门的最终需求同时增加一个单位，所以对这两个指数都存在着质疑。②

这种不满导致人们认为用高希模型的元素作为前向关联的度量可能更合适（Beyers，1976；Jones，1976）。行合计 $\boldsymbol{B}\boldsymbol{i}$ 被认为是直接前向关联的一种更好的度量。从交易的角度看（$\boldsymbol{Z}$，而不是 $\boldsymbol{B}$），这只是部门 i 全部中间销售价值（$\sum_{j=1}^{n} z_{ij}$）占部门 i 总产出价值（x_i）的比例［这最早也是钱纳里和渡边（Chenery and Watanabe，1958）所提出的］。此外，高希逆矩阵 $\boldsymbol{G}=[g_{ij}]$ 的行合计，被认为是完全前向关联的一个更好的度量。与后向关联度量一样，仍存在是否把对角元素包含进来的问题，而且通常进行标准化。

如此，对应于式（12.22）和式（12.24）的直接前向关联为：

$$\mathrm{FL}(d)_i=\sum_{j=1}^{n} b_{ij} \tag{12.28}$$

以及

$$\mathrm{FL}(t)_i=\sum_{j=1}^{n} g_{ij} \tag{12.29}$$

此外，还可以得到前向关联的两个标准化版本。对这些结果的矩阵表示汇集在表 12-2 中。

---

① 采用标准化的形式，$n\boldsymbol{L}\boldsymbol{i}/\boldsymbol{i}'\boldsymbol{L}\boldsymbol{i}$，这就是拉斯穆森（Rasmussen，1957）的感应度系数（Index of Sensitivity of Dispersion）。

② 在最早对关联度量进行加权处理的作者有洛马（Laumas，1976b）。然而，在他之前已经有其他人（Hazari，1970；Diamond，1974）采用权数组而不是单位向量了。

表 12-2 关联的度量

	BL	FL	$\overline{\text{BL}}$	$\overline{\text{FL}}$
直接	$\boldsymbol{i'A}$	$\boldsymbol{Bi}$	$\dfrac{n\boldsymbol{i'A}}{\boldsymbol{i'Ai}}$	$\dfrac{n\boldsymbol{Bi}}{\boldsymbol{i'Bi}}$
完全	$\boldsymbol{i'L}$	$\boldsymbol{Gi}$	$\dfrac{n\boldsymbol{i'L}}{\boldsymbol{i'Li}}$	$\dfrac{n\boldsymbol{Gi}}{\boldsymbol{i'Gi}}$

□ 12.2.3 "净"后向关联

另一种关联程度的度量是由迪策巴赫（Dietzenbacher，2005）在他对奥斯特哈文和施特尔德净乘数公式含义的解释中提出的（第6.5.3节）。从对矩阵 $\boldsymbol{L\hat{f}}$ 的考察开始，它的第 i，j 个元素表示由 f_j 所带来的 i 的产出。$\boldsymbol{L\hat{f}}$ 的行合计由 $\boldsymbol{L\hat{f}i}=\boldsymbol{Lf}=\boldsymbol{x}$ 给出，这个列向量的第 i 个元素只是 x_i，是由所有最终需求所带来的 i 的产出，这也是对 $\boldsymbol{x}$ 的一种标准解释。$\boldsymbol{L\hat{f}}$ 的列合计由 $\boldsymbol{i'L\hat{f}}$ 给出；这个行向量的第 j 个元素是为满足 f_j，对所有部门所需要的产出。奥斯特哈文-施特尔德净产出乘数被定义为 $\boldsymbol{i'L\hat{f}}_c=\boldsymbol{i'L\hat{f}\hat{x}}^{-1}$（行向量）。用 $\langle\boldsymbol{L\hat{f}i}\rangle$ 替代 $\boldsymbol{\hat{x}}$，得到：

$$\boldsymbol{i'L\hat{f}}_c=\boldsymbol{i'L\hat{f}\hat{x}}^{-1}=(\boldsymbol{i'L\hat{f}})\langle\boldsymbol{L\hat{f}i}\rangle^{-1}$$

这一行的第 j 个元素可以被看作一个比率，也就是：

$$(\boldsymbol{i'L\hat{f}}_c)_j=\frac{\boldsymbol{L\hat{f}}\text{ 的第 } j \text{ 列的合计}}{\boldsymbol{L\hat{f}}\text{ 的第 } j \text{ 行的合计}}$$

用语言来表述就是：由 f_j 所产生的所有产业的产出，除以由所有最终需求所产生的第 j 部门的产出，这表明一种"净"后向关联或净关键部门度量。特别地，如果 $(\boldsymbol{i'L\hat{f}}_c)_j>1$，那么由部门 j 最终需求所产生的整个经济的产出，要大于所有其他产业最终需求所产生的部门 j 产出量。因此，可以认为产业 j 对其他产业的重要性，要比其他产业对产业 j 的重要性大，而根据这种度量，产业 j 将被确定为关键部门。

□ 12.2.4 对后向与前向关联结果进行分类

试图根据后向和前向关联度量来确认关键部门的研究通常计算两种系数（一般采用标准化的形式），然后选择两种度量都获得高分的部门。① 采用标准化的形式，这意味着需要后向和前向关联都大于1的部门。

通常，部门按照四个维度的分类分为（1）一般地独立于（不是很强地关联于）其他部门（两种关联度量都小于1）；（2）一般地依赖于（关联于）其他部门（两种关联度量都大于1）；（3）依赖于产业间供给（只有后向关联大于1）；（4）依赖于产业间需求（只有前向关联大于1）。这些可以用一个 2×2 的表来显示，如表 12-3 中所显示

① 有人建议用"组合"度量来获得"完全"关联。例如，Hübler（1979）提出对 $[\boldsymbol{I}-(0.5)(\boldsymbol{A}+\boldsymbol{B}')]^{-1}$ 进行列合计来实现这一目的。对完全关联更综合的度量来自假设提取方法（第12.2.6节）。

的。[①] 如果有两个或更多时期，对每个时期列出这种表格将为经济演化提供一种指标。[②]

表 12-3　　后向与前向关联结果分类

		直接或完全的前向关联	
		低（<1）	高（>1）
直接或完全的后向关联	低（<1）	（Ⅰ）一般地独立	（Ⅱ）依赖于产业间需求
	高（>1）	（Ⅳ）依赖于产业间供给	（Ⅲ）一般地依存

□ 12.2.5　空间关联

确切来说，同样类型的度量可被用于多区域投入产出数据，以评估空间相互依存或联系的类型和程度。这些度量可以确定一个经济中不同区域间的经济联系程度问题，如果有一个以上时期的数据，也可以分析这些联系如何随时间而变化——例如，不断增强的区域自给自足或不断增强的区域间相互依赖。这些度量可以被加总，也就是，区域 r 通常是依赖于进口还是出口（或者两个都依赖），或者相对地自给自足？或者它们可以是特定的部门/区域——评估区域 r 中的部门 i 对另一区域（或其他多个区域）中的一个部门（或所有部门）的进口或出口依赖。回顾之前完全后向关联是用产出乘数进行度量的，很显然 6.3 节中讨论的区域间乘数得到的就是这类问题（Miller and Blair，1988；Batten and Martellato，1988；他们为空间形式的关联度量做出了早期贡献）。

在两区域（国家）的情况下，我们有 $\mathbf{A}=\begin{bmatrix}\mathbf{A}^{rr} & \mathbf{A}^{rs}\\ \mathbf{A}^{sr} & \mathbf{A}^{ss}\end{bmatrix}$，$\mathbf{L}=\begin{bmatrix}\mathbf{L}^{rr} & \mathbf{L}^{rs}\\ \mathbf{L}^{sr} & \mathbf{L}^{ss}\end{bmatrix}$，$\mathbf{G}=\begin{bmatrix}\mathbf{G}^{rr} & \mathbf{G}^{rs}\\ \mathbf{G}^{sr} & \mathbf{G}^{ss}\end{bmatrix}$。与上面部门关联的情形完全对应，存在一组直接的空间关联度量。在这个两区域的情况下，区域 r 中部门 j 的直接后向关联同时具有区域内和区域间的内涵。特别地，有：

$$\mathrm{BL}(d)_j^r=\mathrm{BL}(d)_j^{rr}+\mathrm{BL}(d)_j^{sr}=\sum_{i=1}^{n}a_{ij}^{rr}+\sum_{i=1}^{n}a_{ij}^{sr}$$

区域内与区域间（内部与外部）直接后向依存关系相对程度的一种度量以百分比形式给出：

$$100[\mathrm{BL}(d)_j^{rr}/\mathrm{BL}(d)_j^r]\text{及 }100[\mathrm{BL}(d)_j^{sr}/\mathrm{BL}(d)_j^r]$$

或者，利用替代的标准化的表述：

$$\mathrm{BL}(d)_j^{rr}/x_j^r\text{ 及 }\mathrm{BL}(d)_j^{sr}/x_j^r$$

对于完全后向关联，可以得到对应的的结果，也就是：

$$\mathrm{BL}(t)_j^r=\mathrm{BL}(t)_j^{rr}+\mathrm{BL}(t)_j^{sr}=\sum_{i=1}^{n}l_{ij}^{rr}+\sum_{i=1}^{n}l_{ij}^{sr}$$

以及

① 二维表的安排似乎源于 Chenery 和 Watanabe（1958）。

② 进一步的细分是可能的。对每个象限可以进一步细分；例如，第Ⅲ象限可以再分为四个类别，那些高于或低于均值（为 1）一个标准差的部门。对其他三个象限也可以进行类似的细分。

$$100[\mathrm{BL}(t)_j^{rr}/\mathrm{BL}(t)_j^{r}] \text{及} 100[\mathrm{BL}(t)_j^{sr}/\mathrm{BL}(t)_j^{r}]$$
$$\mathrm{BL}(t)_j^{rr}/x_j^r \text{ 及 } L(t)_j^{sr}/x_j^r$$

用紧凑的矩阵形式，区域 r 中各个部门的直接和完全的区域内和区域间后向关联用下列向量中的 n 个元素给出［它们对应的就是式（12.23）和式（12.25）］。

$$\boldsymbol{b}(d)^{rr}=\boldsymbol{i}'\boldsymbol{A}^{rr} \text{及} \boldsymbol{b}(d)^{sr}=\boldsymbol{i}'\boldsymbol{A}^{sr}$$
$$\boldsymbol{b}(t)^{rr}=\boldsymbol{i}'\boldsymbol{L}^{rr} \text{及} \boldsymbol{b}(t)^{sr}=\boldsymbol{i}'\boldsymbol{L}^{sr}$$

以及

$$\boldsymbol{b}(d)^{r}=\boldsymbol{b}(d)^{rr}+\boldsymbol{b}(d)^{sr} \text{及} \boldsymbol{b}(t)^{r}=\boldsymbol{b}(t)^{rr}+\boldsymbol{b}(t)^{sr}$$

可以通过对所有部门加总（或求平均），忽略部门细节，得到一个区域对它自身和对其他区域的直接和完全关联的总的度量。例如：

$$B(d)^{rr}=\boldsymbol{i}'\boldsymbol{A}^{rr}\boldsymbol{i} \text{ 或 } B(d)^{rr}=(1/n)\boldsymbol{i}'\boldsymbol{A}^{rr}\boldsymbol{i}$$

同理可得 $B(d)^{sr}$、$B(t)^{rr}$ 以及 $B(t)^{sr}$。前向关联的空间版本遵从相同的模式。这些总结在表 12-4 中。

表 12-4　　空间/部门关联度量汇总（两区域的例子）

空间/部门关联			
后向		前向	
直接	完全	直接	完全
$\boldsymbol{b}(d)^{rr}=\boldsymbol{i}'\boldsymbol{A}^{rr}$，$\boldsymbol{b}(d)^{sr}=\boldsymbol{i}'\boldsymbol{A}^{sr}$	$\boldsymbol{b}(t)^{rr}=\boldsymbol{i}'\boldsymbol{L}^{rr}$，$\boldsymbol{b}(t)^{sr}=\boldsymbol{i}'\boldsymbol{L}^{sr}$	$\boldsymbol{f}(d)^{rr}=\boldsymbol{B}^{rr}\boldsymbol{i}$，$\boldsymbol{f}(d)^{rs}=\boldsymbol{B}^{rs}\boldsymbol{i}$	$\boldsymbol{f}(t)^{rr}=\boldsymbol{G}^{rr}\boldsymbol{i}$，$\boldsymbol{f}(t)^{rs}=\boldsymbol{G}^{rs}\boldsymbol{i}$
标准化包含对每个直接元素用 $\mathrm{BL}(d)_j^r$ 除［或对每个完全元素用 $\mathrm{BL}(t)_j^r$ 除］或用 x_j 除；例如，$\bar{\boldsymbol{b}}(d)^{rr}=\boldsymbol{i}'\boldsymbol{A}^{rr}\langle\boldsymbol{b}(d)^{r}\rangle^{-1}$ 或 $\bar{\boldsymbol{b}}(d)^{rr}=\boldsymbol{i}'\boldsymbol{A}^{rr}\hat{\boldsymbol{x}}^{-1}$		标准化包含对每个直接元素用 $\mathrm{FL}(d)_j^r$ 除［或对每个完全元素用 $\mathrm{FL}(t)_j^r$ 除］或用 x_j 除；例如，$\bar{\boldsymbol{f}}(d)^{rr}=\langle\boldsymbol{f}(d)^{r}\rangle^{-1}\boldsymbol{B}^{rr}\boldsymbol{i}$ 或 $\bar{\boldsymbol{f}}(d)^{rr}=\hat{\boldsymbol{x}}^{-1}\boldsymbol{B}^{rr}\boldsymbol{i}$	
空间关联			
后向		前向	
直接	完全	直接	完全
$B(d)^{rr}=\boldsymbol{i}'\boldsymbol{A}^{rr}\boldsymbol{i}$，$B(d)^{sr}=\boldsymbol{i}'\boldsymbol{A}^{sr}\boldsymbol{i}$	$B(t)^{rr}=\boldsymbol{i}'\boldsymbol{L}^{rr}\boldsymbol{i}$，$B(t)^{sr}=\boldsymbol{i}'\boldsymbol{L}^{sr}\boldsymbol{i}$	$F(d)^{rr}=\boldsymbol{i}'\boldsymbol{B}^{rr}\boldsymbol{i}$，$F(d)^{rs}=\boldsymbol{i}'\boldsymbol{B}^{rs}\boldsymbol{i}$	$F(t)^{rr}=\boldsymbol{i}'\boldsymbol{G}^{rr}\boldsymbol{i}$，$F(t)^{rs}=\boldsymbol{i}'\boldsymbol{G}^{rs}\boldsymbol{i}$
标准化包含对每个元素用 n 或 $\boldsymbol{i}'\boldsymbol{x}$ 除；例如 $\bar{B}(d)^{rr}=(1/n)\boldsymbol{i}'\boldsymbol{A}^{rr}\boldsymbol{i}$ 或 $\bar{B}(d)^{rr}=(1/\boldsymbol{i}'\boldsymbol{x})\boldsymbol{i}'\boldsymbol{A}^{rr}\boldsymbol{i}$			

对单个国家应用的例子可以在其他作者中找到，如布莱尔和米勒（Blair and Miller，1990）以及绍和米勒（Shao and Miller，1990）对美国经济的分析，迪策巴赫（Dietzenbacher，1992）对荷兰的分析，潘和刘（Pan and Liu，2005）以及冈本（Okamoto，2005）对中国的分析。周、李和翁（Chow，Lee，and Ong，2006）对新加坡的分析则基于 1990 年、1995 年和 2000 年 144 部门投入产出的数据。作者选择利用 **A** 而不

是$\boldsymbol{B}$的行合计计算（完全）前向关联。

随着国际投入产出数据集的出现（例如，如第8.8节所描述的关于欧盟和亚太经济的数据），这些空间度量适用于国际经济联系和相互依存，以及它们随时间演化的问题的研究。这里的示例性的应用包括迪策巴赫和范德林登（Dietzenbacher and van der Linden，1997）对欧共体国家的分析（参考以下），以及吴和陈（Wu and Chen，2006）用1985年、1990年、1995年和2000年数据对中国台湾←日本、韩国←日本、中国←日本以及日本←中国台湾，日本←韩国，日本←中国后向关联的分析。

基于区域间反馈和扩散概念，可以对区域间经济联系做出替代的定义（Miller and Blair，1988；同时参考上述第3章和第6章）。这些与“假设提取”方法密切相关。它提供了用于关联分析的一般框架，我们在下面将讨论这一问题。

□ 12.2.6 假设提取

假设提取方法的目的是量化分析如果一个特定部门，例如第j部门，从一个经济中被移除，那么该n个部门经济的总产出将变动（下降）多少。最初，这是通过从矩阵$\boldsymbol{A}$中删除第j行和第j列，从而在投入产出框架下进行模型研究的。[①] 利用$\overline{\boldsymbol{A}}_{(j)}$表示不含部门$j$的$(n-1)\times(n-1)$矩阵，$\overline{\boldsymbol{f}}_{(j)}$表示对应的约减的最终需求向量，“约减”经济中的产出可以求解为$\overline{\boldsymbol{x}}_{(j)}=[\boldsymbol{I}-\overline{\boldsymbol{A}}_{(j)}]^{-1}\overline{\boldsymbol{f}}_{(j)}$[②]（不是把$\boldsymbol{A}$中的第$j$行和第$j$列，以及$f$中的第$j$个元素实际消除，它们可以只是用0来替换）。在完整的n部门模型中，产出是$\boldsymbol{x}=(\boldsymbol{I}-\boldsymbol{A})^{-1}\boldsymbol{f}$，所以$T_j=\boldsymbol{i}'\boldsymbol{x}-\boldsymbol{i}'\overline{\boldsymbol{x}}_{(j)}$是如果部门$j$消失，经济损失（总产出价值的下降）的一个总的度量。如此，它是一种对部门j的“重要性”或完全关联的度量。曾经有人认为第一项$\boldsymbol{i}'\boldsymbol{x}$不应包含（初始的）产出$x_j$。如果$x_j$被略去，$(\boldsymbol{i}'\boldsymbol{x}-x_j)-\boldsymbol{i}'\overline{\boldsymbol{x}}$将度量部门$j$对于经济中剩余部门的重要性。在上述任何一种情况下，通过除以总产出合计（$\boldsymbol{i}'\boldsymbol{x}$），并乘以100，进行标准化，得到对总的经济活动中下降的百分比的一个估计；$\overline{T}_j=100[(\boldsymbol{i}'\boldsymbol{x}-\boldsymbol{i}'\overline{\boldsymbol{x}}_{(j)})/\boldsymbol{i}'\boldsymbol{x}]$（网上附录12W.1提供了列昂惕夫和高希模型分块矩阵版本形式的假设提取的详细内容，以及附带的更多相关文献的引文）。

假设提取方法还被用于度量后向和前向关联的各个组成部分（Dietzenbacher and van der Linden，1997）。受到来自第12.2.1节中后向关联和第12.2.2节中前向关联讨论的启发，$\boldsymbol{A}$被用于后向度量，而$\boldsymbol{B}$被用于前向度量。

后向关联

假设部门j不从任何生产部门购买中间投入；也就是，移除部门j的后向关联。这通过把$\boldsymbol{A}$中的第j列用一列0替换来实现。把它记为新的矩阵$\overline{\boldsymbol{A}}_{(cj)}$（我们用上述的$\overline{\boldsymbol{A}}_{(j)}$表示从$\boldsymbol{A}$中删除第$j$行和第$j$列的矩阵；现在我们需要用“$c$”来表示仅仅是第$j$列消失了）。那么$\overline{\boldsymbol{x}}_{(cj)}=[\boldsymbol{I}-\overline{\boldsymbol{A}}_{(cj)}]^{-1}\boldsymbol{f}$和$\boldsymbol{i}'\boldsymbol{x}-\boldsymbol{i}'\overline{\boldsymbol{x}}_{(cj)}$是对部门$j$（加总的）后向关联的一个度量。如果感兴趣的是更多细节，$\boldsymbol{x}-\overline{\boldsymbol{x}}_{(cj)}$中的每个元素$x_i-\overline{x}_{(cj)i}$可以被看作部门$j$对部门$i$的后向依赖。可以对其进行标准化，且更为常用。例如，$[x_i-\overline{x}_{(cj)}i]/x_j$把这一度量

---

① 最初的想法似乎出现在Paelinck、de Caevel和Degueldre（1965，法语）或Strassert（1968，德语）的文献中。我们所了解的第一次用英文的讨论是在Schultz（1976，1977；后面的论文是前者的一个更长的版本）的文献中。

② 我们用$x_{(j)}$把这一关联度量同x_j区分开来，x_j表示$\boldsymbol{x}$中的第j个元素。

确定在每单位产出的基础上，或者用 $100\times[x_i-\bar{x}_{(cj)i}]/x_j$ 以避免相对小的数值。

前向关联

对应于消除 **A** 中的第 j 列作为确认后向关联的一种方式，好像可以消除 **A** 中的第 j 行来量化前向关联。但第 12.2.2 节中的讨论表明部门 j 的前向关联更恰当地是通过消除矩阵 **B** 中那个部门的中间销售而得到的。也就是，用一个 0 行来替换产出系数矩阵中的第 j 行。记这一矩阵为 $\bar{\mathbf{B}}_{(rj)}$，那么 $\mathbf{x}'=\mathbf{v}'(\mathbf{I}-\mathbf{B})^{-1}$ 和 $\bar{\mathbf{x}}'_{(rj)}=\mathbf{v}'[\mathbf{I}-\bar{\mathbf{B}}_{(rj)}]^{-1}$ 表示提取前和提取后的产出，而 $\mathbf{x}'\mathbf{i}-[\mathbf{x}'_{(rj)}]\mathbf{i}$ 是对部门 j 前向关联的总的度量。$\mathbf{x}'-\bar{\mathbf{x}}'_{(rj)}$ 中的每个元素仍为部门 j 依赖部门 i 作为中间产出购买者的一个指标，通常对其进行标准化，如 $[x_i-\bar{x}_{(rj)i}]/x_j$ 或 $100\times[x_i-\bar{x}_{(rj)i}]/x_j$。

在表 12－5 中，我们汇总了主要的假设提取结果［我们（随意地）用 $B(t)_j$ 和 $F(t)_j$ 而不是 $\mathrm{BL}(t)_j$ 和 $\mathrm{FL}(t)_j$ 来表示假设提取方法的结果，并把它们同式（12.24）和式（12.29）中的关联度量区别开来］。有兴趣的读者可以进行把这些提取方法扩展到空间内容中的练习，在空间内容中，把一个区域从多个区域的系统中假设提取出来，以评估该区域对该系统剩余区域的后向、前向以及/或总的空间关联（这将被补充进表 12－5 形式的各个框中，用于表示“区域 r 的后向和前向关联”，以及“区域 r 的总关联”）。

表 12－5　　假设提取关联

部门 j 后向或前向关联	
完全后向	完全前向
$B(t)_j=\mathbf{i}'\mathbf{x}-\mathbf{i}'\bar{\mathbf{x}}_{(cj)}$ 其中 $\bar{\mathbf{x}}_{(cj)}=[\mathbf{I}-\bar{\mathbf{A}}_{(cj)}]^{-1}\mathbf{f}$	$F(t)_j=\mathbf{x}'\mathbf{i}-[\bar{\mathbf{x}}'_{(rj)}]\mathbf{i}$ 其中 $\bar{\mathbf{x}}'_{(rj)}=\mathbf{v}'[\mathbf{I}-\bar{\mathbf{B}}_{(rj)}]^{-1}$
标准化包含： (1) 用 x_j 除每个元素 (2) 用 $\sum_{j=1}^{n}x_j$ 除得到总产出百分比的下降， $\bar{B}(t)_j=100\{[\mathbf{i}'\mathbf{x}-\mathbf{i}'\bar{\mathbf{x}}_{(cj)}]/\mathbf{i}'\mathbf{x}\}$ 和 $\bar{F}(t)_j=100\{[\mathbf{x}'\mathbf{i}-\bar{\mathbf{x}}'_{(rj)}\mathbf{i}]/\mathbf{x}'\mathbf{i}\}$ (3) 求相对于平均数的值，$\tilde{B}(t)_j=n\bar{B}(t)_j/\mathbf{i}'\bar{B}(t)_j$ 和 $\tilde{F}(t)_j=n\bar{F}(t)_j/\mathbf{i}'\bar{F}(t)_j$	
部门 j 总关联	
$T_j=\mathbf{i}'\mathbf{x}-\mathbf{i}'\bar{\mathbf{x}}_{(j)}$ 或 $(\mathbf{i}'\mathbf{x}-x_j)-\mathbf{i}'\bar{\mathbf{x}}_{(j)}$ 其中 $\bar{\mathbf{x}}_{(j)}=[\mathbf{I}-\bar{\mathbf{A}}_{(j)}]^{-1}\mathbf{f}_{(j)}$ 标准化以建立总产出百分比的下降， $\bar{T}_j=100\{[\mathbf{i}'\mathbf{x}-\mathbf{i}'\bar{\mathbf{x}}_{(j)}]/\mathbf{i}'\mathbf{x}\}$ 或 $\bar{\bar{T}}_j=100\{[\mathbf{i}'\mathbf{x}-\mathbf{i}'\bar{\mathbf{x}}_{(j)}-x_j]/\mathbf{i}'\mathbf{x}\}$ 或表示为相对于平均数的值， $\tilde{T}_j=n\bar{T}_j/\sum_{j=1}^{n}\bar{T}_j$ 或 $\tilde{\bar{T}}_j=n\bar{\bar{T}}_j/\sum_{j=1}^{n}\bar{\bar{T}}_j$	

当通过关联系数的度量来对不同国家之间的生产结果进行比较时，潜在的系数矩阵，不管是 **A** 还是 **B**，都应该根据总的产业间交易数据来推导，也就是说，一个特定的 z_{ij} 应该包括部门 j 使用的货物 i，而不管货物 i 来自国内生产者还是进口。这只是因为我们的兴趣集中在各种经济中物品是如何生产的，而不是投入是从哪里来的上面。此外，如果关联系数被用于定义一个特定经济的“关键”部门，那么矩阵 **A** 或 **B** 应该从

只包含国内供给投入的流量矩阵进行推导，因为我们感兴趣的是它对国内经济的影响。在对欠发达国家经济的研究（Bulmer-Thomas，1982，p. 196）中表明“对欠发达国家的关联分析可能是这些国家投入产出表最常见的应用。”

在迪策巴赫和范德林登（Dietzenbacher and van der Linden，1997）的文献中，可以看到在应用研究中通常同时利用后向和前向关联（如在第 12.2.1 节和第 12.2.2 节中那样），并加入空间维度（第 12.2.4 节），以及采用假设提取方法（第 12.2.5 节）。这一应用基于 1980 年欧共体 7 个国家 17 个部门的国家间数据，它从对每个国家的后向和前向部门关联分析开始，然后把它们细分为国内和国外关联（其他 6 个国家）。加总所有部门得到每个国家对任一其他国家的平均（后向或前向）关联，然后对每个国家运用假设提取——例如，把联邦德国的第 j 个部门移走，导致联邦德国产出减少，以及其他 6 个国家的产出减少。这些被转换为百分比的形式（国内和国家间），提供了对欧共体经济系统中每个国家重要性的度量。仍对每个国家的所有部门进行加总（和平均），可得到每组国家之间的关联程度。

□ 12.2.7 利用美国数据的演示

对美国 2003 年 7 部门表（第 2 章）的分析结果汇集在表 12－6 中。如所预期的，$\mathbf{b}(t)$ 中的元素为第 6 章得到的总产出乘数。标准化的后向关联（直接或者完全）确认了三个部门具有最强的（高于平均）标准化后向关联（$\overline{BL}>1$），为：（4）制造业，（1）农业，（3）建筑业。对于标准化前向关联，最强的（高于平均）三个部门为：（1）农业，（2）采掘业，（4）制造业。这些结果排列在表 12－7 中。

表 12－6　　关联结果（美国 2003 年数据）

部门	$\mathbf{b}(d)$	$\mathbf{b}(t)$	$\mathbf{f}(d)$	$\mathbf{f}(t)$	$\bar{\mathbf{b}}(d)$	$\bar{\mathbf{b}}(t)$	$\bar{\mathbf{f}}(d)$	$\bar{\mathbf{f}}(t)$
1	0.51	1.92	0.75	2.46	1.26	1.13	1.78	1.42
2	0.37	1.61	0.64	2.11	0.90	0.95	1.51	1.21
3	0.42	1.72	0.13	1.20	1.03	1.02	0.30	0.69
4	0.53	1.93	0.46	1.76	1.30	1.14	1.08	1.01
5	0.30	1.49	0.38	1.63	0.74	0.88	0.90	0.94
6	0.37	1.61	0.45	1.74	0.91	0.95	1.05	1.00
7	0.36	1.60	0.16	1.27	0.88	0.94	0.38	0.73

表 12－7　　关联结果分类（美国 2003 年数据）

<table>
<tr><td colspan="2" rowspan="2"></td><td colspan="2">直接［$\bar{\mathbf{f}}(d)$］或完全［$\bar{\mathbf{f}}(t)$］前向关联</td></tr>
<tr><td>低（<1）</td><td>高（>1）</td></tr>
<tr><td rowspan="2">直接［$\bar{b}(d)$］或完全［$\bar{b}(t)$］后向关联</td><td>低（<1）</td><td>5（贸易、运输、公用事业），7（其他）</td><td>2（采掘业）、6（服务业）</td></tr>
<tr><td>高（>1）</td><td>3（建筑业）</td><td>1（农业）、4（制造业）</td></tr>
</table>

对 7 个部门的假设提取结果表示在表 12－8 和表 12－9 中。由于部门如此之少，大概并不奇怪这些假设提取度量结果之间的顺序是相似的，尽管把 x_j 排除出去确实带来了排序上的一些变化。部门 6（服务业）和部门 4（制造业）被认为是经济中两个“最重要”的部门，$\widetilde{B}(t)_j>1$、$\widetilde{F}(t)_j>1$、$\widetilde{T}_j>1$ 以及 $\widetilde{\widetilde{T}}_j>1$。然而，正如读者可以确认的，四类划分与表 12－7 中的情形存在很大的差别。

表 12－8　　假设提取结果（美国 2003 年数据）

部门	$\overline{B}(t)_j$	$\overline{F}(t)_j$	$\overline{T}_j$	$\overline{\overline{T}}_j$
1	1.02	1.61	2.12	0.73
2	0.69	1.27	1.84	0.61
3	3.87	1.06	17.78	12.39
4	13.59	11.20	30.02	10.30
5	6.47	8.42	25.51	13.03
6	19.95	24.44	59.69	13.38
7	6.64	2.98	25.85	14.38
部门	$\widetilde{B}(t)_j$	$\widetilde{F}(t)_j$	$\widetilde{T}_j$	$\widetilde{\widetilde{T}}_j$
1	0.14	0.22	0.09	0.08
2	0.09	0.17	0.08	0.07
3	0.52	0.15	0.76	1.34
4	1.82	1.54	1.27	1.11
5	0.87	1.16	1.17	1.41
6	2.67	3.36	2.54	1.44
7	0.89	0.41	1.10	1.55

表 12－9　　假设提取结果分类（美国 2003 年数据）

		完全前向关联 [$\widetilde{F}(t)_j$]	
		低（<1）	高（>1）
完全后向关联 [$\widetilde{B}(t)_j$]	低（<1）	1（农业）、2（采掘业）、3（建筑业）、7（其他）	5（贸易、运输、公用事业）
	高（>1）		4（制造业）、6（服务业）

12.3　确认重要系数

对于基础投入产出数据中的误差、变化或不确定性对模型结果的影响（传递、扩散），无论是理论还是经验研究方面，都有着长期的历史以及大量出版的作品。它们被冠以各种标题的面目出现（“概率的”或“随机的”投入产出、“误差”分析以及“敏感性”分析等)。“概率”分析路径方面的例子至少可以追溯到匡特(Quandt,1958,1959)时。[①] 考察一个或更多模型要素离散变化的影响的方法至少可以追溯到 20 世纪 50 年代早期(Dwyer and Waugh,1953;Evans,1954)。对所有这一领域文献的考察超出了本书的范围[在拉尔(Lahr,2001)的文献中可以找到一个简要回顾,以及大量参考文献]。我们只是集中于“重要系数”概念。

针对投入产出模型中“重要”系数(“important” coefficients,ICs)概念的早期数学工作探讨了对模型中一个或更多元素具有特别强影响的 a_{ij} 系数进行确认的方法,这些影响通常是针对相关的列昂惕夫逆矩阵,以及/或针对一个或多个总产出的,这意味着存在一个或更多 r 和 s,$\Delta a_{ij} \rightarrow$“大”的 Δl_{rs},或者 $\Delta a_{ij} \rightarrow$“大”的 Δx_r(我们将在后面探讨在这些考察中所使用的“大”的含义,以及“变动”度量的尺度)。这些系数的确认可能有助于决定为获得更好的信息以便利用混合模型来更新或区域化一个已知投入产出表该从哪些方面努力。ICs 对一些关键部门的研究,以及我们所熟知的“基本经济结构”的研究提供帮助。杰克逊(Jackson,1991)建议在系数误差(例如,估计误差)和系数变动(例如,技术变动)之间做出区分。

在以下的部分,我们考察这些方法的数学基础,然后是几种研究——主要是对逆矩阵元素和对总产出的影响。徐和登(Xu and Madden,1991)、卡斯勒和哈德洛克(Casler and Hadlock,1997)以及塔兰孔等(Tarancón et al.,2008)的文献对大部分的这一工作进行了评述。在我们所能够引述的文献之外,还有很多公开的研究材料。联邦德国在 20 世纪 70 年代和 80 年代开展了大量的研究工作,但以德语发表,使得说英语的那部分读者某种程度上不容易接触到(Schintke,1979,1984;Maaß,1980)。

对投入产出数据中单个位置元素“重要性”进行评估的一种非常直接的办法是简单地对每个交易(z_{ij})与平均交易量($\boldsymbol{i}'\boldsymbol{Z}\boldsymbol{i}/n^2$)进行比较。冈本(Okamoto,2005)对 2000 年 8 个区域,每个区域 30 个部门的中国多区域投入产出数据(CMRIO)开展了这项工作,在 $\boldsymbol{Z}$ 中总共有 57 600 个潜在的元素。表 12 - 10 显示了这一特定数据集的结果[改编自冈本(Okamoto,2005,p. 141)]。类似的方法还可以被用于系数矩阵($\boldsymbol{A}$ 或 $\boldsymbol{B}$),或者完全需求矩阵($\boldsymbol{L}$ 或 $\boldsymbol{G}$)中的数据。

表 12 - 10　　2000 年度中国 MRIO 模型中重要交易的数目

标准	元素数目	占总元素数目的百分比(%)
$>(\boldsymbol{i}'\boldsymbol{Z}\boldsymbol{i}/n^2)$	4 715	8.19
$>(10)\times(\boldsymbol{i}'\boldsymbol{Z}\boldsymbol{i}/n^2)$	1 042	1.81
$>(100)\times(\boldsymbol{i}'\boldsymbol{Z}\boldsymbol{i}/n^2)$	84	0.15
$>(200)\times(\boldsymbol{i}'\boldsymbol{Z}\boldsymbol{i}/n^2)$	32	0.06

□ 12.3.1　数学背景

这些考察建立在舍曼和莫里森(Sherman and Morrison,1949,1950)以及伍德伯

---

① 沿这条探索路径的表示还有 Simonovits(1975)、Lahiri(1983)、West(1986)、Jackson 和 West(1989)、Roland-Holst(1989)、Kop Jansen(1994)、ten Raa(1995,Chapter 14;2005,Chapter 14)或者 Dietzenbacher(1995,2006),以及这些文献中引述的很多其他的出版物。

里（Woodbury，1950）的早期结果之上，此后被称为 SMW，它研究了一个（非奇异）矩阵元素的变化如何被传递为那一矩阵逆矩阵中元素的变化（基本的结果以及补充的细节在附录 12.1 中给出）。给定一个非奇异矩阵 $\boldsymbol{M}$，其逆矩阵为 $\boldsymbol{M}^{-1}=[\mu_{ij}]$，假设 $\boldsymbol{M}$ 的一个（或更多的）元素变化，例如 $m_{ij}^{*}=m_{ij}+\Delta m_{ij}$，得到 $\boldsymbol{M}^{*}=\boldsymbol{M}+\Delta\boldsymbol{M}$。SMW 表明 $(\boldsymbol{M}^{*})^{-1}=[\mu_{ij}^{*}]$ 的元素是如何通过"调整" μ_{ij} 的已知元素而获得。在对这一问题的处理中，舍曼和莫里森（Sherman and Morrison，1950）针对只有一个元素变动的情形，舍曼和莫里森（Sherman and Morrison，1949）则针对一个给定列或行中的多个元素变动的情形，而伍德伯里（Woodbury，1950）则针对多个行（或列）中元素变动的情形。①

对于最简单的情形，当一个单个元素 m_{ij} 变动（增加或减少）的数量为 Δm_{ij} 时，新的逆矩阵的 r 行和 s 列的元素的价值可以求解为：

$$\mu_{rs}^{*}=\mu_{rs}-\frac{\mu_{ri}\mu_{js}\Delta m_{ij}}{1+\mu_{ji}\Delta m_{ij}} \tag{12.30}$$

基于这一结果，追踪矩阵 $\boldsymbol{A}$，进而 $(\boldsymbol{I}-\boldsymbol{A})$ 中元素的变动（或"误差"）对相关列昂惕夫逆矩阵 $\boldsymbol{L}=(\boldsymbol{I}-\boldsymbol{A})^{-1}$ 的影响。在这种情况下，我们从 $\boldsymbol{A}^{*}=\boldsymbol{A}+\Delta\boldsymbol{A}$ 开始。因为我们的兴趣是在 $\boldsymbol{L}^{*}=(\boldsymbol{I}-\boldsymbol{A}^{*})^{-1}$ 中，对应于 $\boldsymbol{M}^{*}=\boldsymbol{M}+\Delta\boldsymbol{M}$，有：

$$(\boldsymbol{I}-\boldsymbol{A}^{*})=[\boldsymbol{I}-(\boldsymbol{A}+\Delta\boldsymbol{A})]=(\boldsymbol{I}-\boldsymbol{A})+(-\Delta\boldsymbol{A})$$

对于新逆矩阵中的单个元素 l_{rs}^{*}，式（12.30）中的结果成为：

$$l_{rs}^{*}=l_{rs}+\frac{l_{ri}l_{js}\Delta a_{ij}}{1-l_{ji}\Delta a_{ij}} \tag{12.31}$$

[这是附录 12.1 中的式（A12.1.4）。] 注意到因为受 $\Delta\boldsymbol{A}$ 进入关于 $(\boldsymbol{I}-\boldsymbol{A}^{*})$ 的表达式的方式的影响，它与式（12.30）中的那些数的符号相反。

□ 12.3.2 列昂惕夫逆矩阵中元素的相对大小

下列对列昂惕夫逆矩阵元素的考察与确定重要系数的问题是相关的。如我们将看到的那样，对那些元素按重要性进行排序，将有助于减少需要考察的系数的数量。

观察 1

从幂级数近似来看，显然列昂惕夫逆矩阵中的所有对角元素都是大于 1 的。同时，对真实世界中的列昂惕夫逆矩阵，实际上总能观察到 $l_{rs}<1$ $(r\neq s)$（非对角元素小于 1）②；如此，对于所有的 $r\neq s$，$l_{ii}>1>l_{rs}$。这将用于下面式（12.32）中的结果。

① 有关所有这些结果的更多细节，参考 Miller（2000，Appendices 5.2 and 6.1）。

② 这并不是说不可能构造一个反例，而是说它们在实践中似乎不会出现。例如：

$$\boldsymbol{A}=\begin{bmatrix}0.02 & 0.4 & 0.4\\ 0.3 & 0.05 & 0.3\\ 0.4 & 0.30 & 0.01\end{bmatrix}\Rightarrow\boldsymbol{L}=\begin{bmatrix}1.7767 & 1.0779 & 1.0445\\ 0.8711 & 1.6925 & 0.8649\\ 0.9818 & 0.9484 & 1.6942\end{bmatrix}$$

作为一个例子，Miller 和 Blair（1985，Appendix B）中美国 1947—1977 年的无论是 23 部门还是 7 部门分类的所有列昂惕夫逆矩阵都展示出观察 1 的性质。

观察 2

在式（12.33）和式（12.42）中，有趣的是确定对于给定的 i 和 j 的最大的比率 $l_{ri}l_{js}/l_{rs}$。施纳布尔（Schnabl，2003，p. 497）针对马斯（Maaß，1980；德语）中的结果进行了报告：

马斯的计算表明，如果 $r=i$ 且 $s=j$，这些比率将获得最大值，因为这时逆矩阵的主对角元素被包含了两次，而且因为主对角元素在行或列中通常是最大的，由此得到最大值。

如此 $\underset{r,s=1,\cdots,n}{\text{Max}}\ l_{ri}l_{js}/l_{rs}=l_{ii}l_{jj}/l_{ij}$。

观察 3

最后，$\underset{r=1,\cdots,n}{\text{Max}}\ l_{ri}/x_r=l_{ii}/x_i$，这一点作为事实根本不明显，因为部门的规模（按它们的总产出来度量）在真实世界的模型中可能变化非常大。尽管如此，在某些早期经验观察中已经被观察到，并在塔兰孔（Tarancón et al.，2008）中被证明总是如此。[①] 这将被用于式（12.38）中的结果。

□ 12.3.3 “逆重要”系数

对于本节的剩下部分，为了使 **A** 中元素的变动被明确表示出来，有必要采用复杂的符号。根据式（12.31），有：

$$\Delta l_{rs(ij)}=l^{*}_{rs(ij)}-l_{rs}=\frac{l_{ri}l_{js}\Delta a_{ij}}{1-l_{ji}\Delta a_{ij}}=l_{ri}l_{js}k^{1}_{(ij)} \tag{12.32}$$

其中 $k^{1}_{(ij)}=\Delta a_{ij}/(1-l_{ji}\Delta a_{ij})$，对于给定的 i 和 j 是一个常数，且 $\mathbf{L}^{*}_{(ij)}=[l^{*}_{rs(ij)}]$ 提醒我们变动发生在 a_{ij} 上。根据上面的观察 1，当 $r=i$ 且 $s=j$ 时 Δa_{ij} 将对 l_{ij} 产生最大的影响，因为这时两者的元素乘以 $k^{1}_{(ij)}$ 将大于 1［当 l_{ri} 为 l_{ii}（>1），而 l_{js} 为 l_{jj}（>1）时］。类似地，**L** 中的 i 行和 j 列将受到第二大的影响，因为这时或者 $l_{ri}\rightarrow l_{ii}>1$ 或者 $l_{js}\rightarrow l_{jj}>1$。实际上所有其他情形（不是 i 行或 j 列）乘积 $l_{ri}l_{js}$ 的所有元素都小于 1。

根据式（12.32），列昂惕夫逆矩阵元素相对变动的表达式为：

$$\frac{\Delta l_{rs(ij)}}{l_{rs}}=\frac{l_{ri}l_{js}\Delta a_{ij}}{l_{rs}(1-l_{ji}\Delta a_{ij})}=\frac{l_{ri}l_{js}}{l_{rs}}k^{1}_{(ij)} \tag{12.33}$$

这就是观察 2 与之相关的地方。因为 $\underset{r,s=1,\cdots,n}{\text{Max}}\ l_{ri}l_{js}/l_{rs}=l_{ii}l_{jj}/l_{ij}$，显然 Δa_{ij} 将对 l_{ij} 仍产生最大的相对变动。

此外，矩阵列 i 和行 j 中元素 $\Delta l_{rs(ij)}/l_{rs}$ 的相对变化将都是相等的。在列 i 中（当 $s=i$ 时），$\Delta l_{ri(ij)}/l_{ri}=(l_{ri}l_{ji}/l_{ri})k^{1}_{(ij)}=l_{ji}k^{1}_{ij}$；在行 j 中（当 $r=j$ 时），$\Delta l_{js(ij)}/l_{js}=(l_{ji}l_{js}/l_{js})k^{1}_{(ij)}=l_{ji}k^{1}_{ij}=\Delta l_{ri(ij)}/l_{ri}$。

最后，百分比变化为：

$$p_{rs(ij)}=100\left[\frac{\Delta l_{rs(ij)}}{l_{rs}}\right]=100\left[\frac{l_{ri}l_{js}\Delta a_{ij}}{1-l_{ji}\Delta a_{ij}}\right]\left[\frac{1}{l_{rs}}\right]=100\left[\frac{l_{ri}l_{js}}{l_{rs}}k^{1}_{(ij)}\right] \tag{12.34}$$

---

① Sekulić（1968）观察到在 20 世纪 60 年代早期的南斯拉夫经济中确实如此。Schintke（1979 and elsewhere）基于联邦德国数据做了类似考察。同时参见下面表 12－12 中基于美国数据得到的结果。

$p_{ij(ij)}$仍将是由 Δa_{ij} 引起的最大的百分比变化。

如果对于逆矩阵元素中一个特定的变动"阈值"β，对一个或更多的 r 和 s，有 $p_{rs(ij)} \geqslant \beta$，也就是，如果

$$p_{rs(ij)} = 100\left[\frac{l_{ri}l_{js}\Delta a_{ij}}{1-l_{ji}\Delta a_{ij}}\right]\left[\frac{1}{l_{rs}}\right] \geqslant \beta \tag{12.35}$$

建议将 a_{ij} 看作"逆重要的"（inverse-important）（Hewings，1981）。用 α 表示 a_{ij} 百分比的变化，如此 $\Delta a_{ij}=[\alpha/100]a_{ij}$；那么对于任何的 l_{rs} 和给定的 α 和 β，我们有：

$$\left[\frac{l_{ri}l_{js}\alpha a_{ij}}{100-l_{ji}\alpha a_{ij}}\right]\left[\frac{100}{l_{rs}}\right] \geqslant \beta \tag{12.36}$$

例如，设 $\alpha=20$，$\beta=10$。这意味着如果 a_{ij} 的值 20%的变动导致列昂惕夫逆矩阵中一个或更多元素 10%或更大的变动，那么 a_{ij} 被称作逆重要的。分析人员需要在所研究的特定问题的基础上设定 α 和 β。

给定观察 1 和观察 2，对一个 n 部门的矩阵 $\mathbf{A}$ 中的每个 a_{ij} 确定逆重要性，只需要对于 $r=i$ 以及 $s=j$，运用式（12.35）[或式（12.36）]。① SMW 方法的好处是无须知道 $\mathbf{L}$ 中的元素就可以获得逆矩阵的信息，从而避免了对新的逆矩阵的直接计算。这是公式的全部意义。

然而目前，尽管求解逆矩阵不再像 1950 年 SMW 方法提出时那样了，它已经不是一件困难的事情了，但至少对于不"太大"的矩阵仍是有效的。那么比运用式（12.35）或式（12.36）更简洁的方法是直接计算与每个 Δa_{ij} 相应的 $\mathbf{L}^{*}_{(ij)}$，然后求解百分比变动的相应矩阵 $\mathbf{P}_{(ij)}=[p_{rs(ij)}]=100\ [\mathbf{L}^{*}_{(ii)}-\mathbf{L}]\oslash\mathbf{L}\}$，其中"$\oslash$"表示元素对元素的除。

在这一研究路径上，20 世纪 80 年代休因斯、詹森、韦斯特最早开始对逆重要系数概念进行公式化（Jensen and West，1980；Hewings，1981；Hewings and Romanos，1981；Hewings，1984）。对于混合（局部调查）模型，其思想是确认附加信息（如调查、专家意见）特别有用的系数（或部门），但确认逆重要性当然意味着已经存在一个相关的系数矩阵来提供类似式（12.35）结果中的元素。对于更新，可以对一个基期矩阵进行更新，其前提是在时期"t"的重要系数在时期"$t+1$"也是重要的。然而，并没有可靠的证据支持这一判断。实际上，休因斯（Hewings，1984，p. 325）提醒道，"……在 1963 年（华盛顿 49 部门模型）被认为是逆重要的单元格中只有 3 个在 1967 年似乎能够确定是重要的。"对于区域模型，经常没有"更早的"区域表。在区域框架下的系数估计方面，布姆斯玛和奥斯特哈文（Boomsma and Oosterhaven，1992，p. 276，n. 3）观察到：

> 我们有一个典型的"鸡或鸡蛋"的问题。没有区域表，人们不能决定逆重要的单元格，而没有那方面的信息，人们无法构建一个不错的区域表。因此，我们建议利用国家表作为逆重要性方面的次优信息。

① 如果人们不只是想建立逆重要性，而是还要确定其范围[也就是说，对于一个给定的 Δa_{ij}，有多少个（以及哪个）$p_{rs(ij)}$ 超过了 β 阈值]，那么将需要像式（12.35）或式（12.36）中那样进行 $[n^2-(2n-1)]$ 个计算——对于一个给定的 a_{ij}，n^2 个逆矩阵元素 l_{rs} 减第 j 行和第 i 列中都相等的元素——而且这些计算对于每个 a_{ij} 都必须计算 n 次。可以利用"影响域"方法（第 12.3.6 节）通过一次矩阵运算来实现。

□ 12.3.4 数值例子

我们用来自第 2.5 节的住户封闭的两部门例子，也就是[①]：

$$\mathbf{A}=\begin{bmatrix}0.15 & 0.25 & 0.05\\0.20 & 0.05 & 0.40\\0.30 & 0.25 & 0.05\end{bmatrix}\text{以及}\ \mathbf{L}=\begin{bmatrix}1.3651 & 0.4253 & 0.2509\\0.5273 & 1.3481 & 0.5954\\0.5698 & 0.4890 & 1.2885\end{bmatrix}$$

考虑 $\Delta a_{12}=(0.2)a_{12}$（也就是，$\alpha=20$）；那么 $\mathbf{A}^*=\begin{bmatrix}0.15 & 0.30 & 0.05\\0.20 & 0.05 & 0.40\\0.30 & 0.25 & 0.05\end{bmatrix}$，我们可以容易地把 $\mathbf{L}^*_{(12)}$ 直接计算为：

$$\mathbf{L}^*_{(12)}=\begin{bmatrix}1.4021 & 0.5198 & 0.2926\\0.5416 & 1.3846 & 0.6115\\0.5853 & 0.5285 & 1.3060\end{bmatrix}$$

那么

$$\mathbf{P}_{(12)}=\begin{bmatrix}2.7080 & 22.2225 & 16.6345\\2.7080 & 2.7080 & 2.7080\\2.7080 & 8.0667 & 1.3521\end{bmatrix}$$

如预想的，对于变动 Δa_{12}，第 1 列和第 2 行中的所有元素都是相等的。

进一步，在这个例子中 $l_{jj}>1$（$j=1,\ \cdots,\ 3$），$l_{ij}<1$（$i=1,\ \cdots,\ 3$；$i\neq j$）（见上面的观察 1），而实际上由 Δa_{12} 所带来的最大的变化在 l_{12} 上，这里是 $p_{12(12)}=22.2\%$。如果我们设定 $\beta=10$ 作为式（12.36）中逆重要的标准，也就是当至少一个逆系数经历了 10%或以上的变化时，那么我们看到 a_{12} 将被归类为逆重要的，因为 $\Delta a_{12}=(0.2)a_{12}$ 引起 l_{12} 和 l_{13} 都变动了超过 10%。在这个三部门例子中，修改 $\mathbf{A}$ 中每个元素相对比较容易，轮流变动 20%，求解相应的列昂惕夫逆矩阵，以及相应的 $\mathbf{P}$ 矩阵（鼓励读者尝试这一工作，至少对数个增加的 a_{ij}）。如果我们在那一系列的计算中继续利用 $\beta=10$，对于 $\Delta a_{11}=(0.2)a_{11}$，…，$\Delta a_{33}=(0.2)a_{33}$，我们将确认 a_{21}、a_{23}、a_{31} 以及 a_{32} 也是重要的。[②]（β 的更高值起着提高重要性资格标准的作用。例如，对于 $\beta=20$，只有 a_{21} 和 a_{23} 能够被贴上重要的标签。）

“重要性”还可以用很多其他方式来确认，例如，根据产出乘数的变化，就像在 $100\{[\mathbf{i}'\mathbf{L}^*_{(ij)}-\mathbf{i}'\mathbf{L}]\oslash\mathbf{i}'\mathbf{L}\}=100\{[\mathbf{i}'\Delta\mathbf{L}_{(ij)}]\oslash\mathbf{i}'\mathbf{L}\}$ 中。如果 β 现在指的是乘数中百分比的变化，对于 $\beta=10$，发现只有 a_{23} 是重要的；但是，当 $\beta=5$ 时，被确认的是上述同样的五个系数。

如所指出的，SMW 结果的意义在于逆系数中这些百分比的变化可以在根本不知道新逆矩阵的情况下来求解。继续 $\Delta a_{12}=(0.2)a_{12}$，考虑在 l_{13} 中百分比的变化［上述 $\mathbf{P}_{(12)}$

① 在第 2.5 节，这些矩阵包含上横线来表示把住户封闭在内的模型，并与之前的开模型相区别。这里上横线将被舍弃，并将作他用。

② 在八个例子的每个例子中，Δa_{ij} 所引起的最大变化如预想的，都在相应的 l_{ij} 中，但是这些中有四个在 $\beta=10$ 的阈值之下。

中的 $p_{13(12)}$]。利用式（12.35），同时有 $i=1$，$j=2$，$r=1$，$s=3$ 以及 $\Delta a_{12}=0.05$，我们有：

$$p_{13(12)}=\left[\frac{l_{11}l_{23}\Delta a_{12}}{1-l_{21}\Delta a_{12}}\right]\left[\frac{100}{l_{13}}\right]=\left[\frac{(1.365\ 1)(0.595\ 4)(0.05)}{1-(0.527\ 3)(0.05)}\right]\left[\frac{100}{(0.250\ 9)}\right]=16.635\ 9$$

除了四舍五入的影响［以及为求解 $\boldsymbol{L}$ 和 $\boldsymbol{L}^*_{(12)}$ 的求逆程序所取的有意义的小数位］，这对应于上面得到的 $p_{13(12)}$。$\boldsymbol{P}_{(12)}$ 中的任何其他数值都可以按同样的方式求解。

逆重要的设计关键取决于 α 和 β 的选择。在对几个华盛顿 49 部门表的研究中，休因斯（Hewings，1984）利用 $\alpha=30$ 和 $\beta=20$。在 49×49＝2 401 个直接投入系数中，24 和 42 之间（1.0%～1.7%）被判断为逆重要。在一个对斯里兰卡的类似的研究（Hewings，1984）中，在一个 12 部门模型中，3.5%被发现为重要的（显然利用了同样的 α 和 β）。在一个两区域的斯里兰卡区域间投入产出模型中，在区域内和区域间系数（现在是一个 24×24 矩阵）之间，有着有趣然而并不意外的变化；在（可能的）288 个区域内系数中 3.3%是重要的，而在区域间矩阵的 288 个系数中，0.9%是重要的。在一个类似的研究（Hewings and Romanos，1981）中，利用希腊农村埃夫罗斯（Evros）地区的 22 部门模型，484 个可能系数中 18 个（3.7%）是重要的，只是这里，由于经济的不发达性质，使用的临界值为 $\alpha=20$ 和 $\beta=1$。利用同样的数值，希腊国家经济的一个 22 部门模型，有 38 个重要系数（7.9%）。

□ 12.3.5 对总产出的影响

在文献塞库利奇（Sekulić，1968）和伊列克（Jílek，1971）中可以发现系数变动对总产出影响的这些思想的早期应用。[①] 采用矩阵的形式，$\Delta\boldsymbol{x}_{(ij)}=\boldsymbol{x}^*_{(ij)}-\boldsymbol{x}=\boldsymbol{L}^*_{(ij)}\boldsymbol{f}-\boldsymbol{L}\boldsymbol{f}=\Delta\boldsymbol{L}_{(ij)}\boldsymbol{f}$。根据式（12.31），我们看到 $\Delta\boldsymbol{L}_{(ij)}$ 的第 r 行为：

$$[\Delta l_{r1(ij)}\quad\cdots\quad\Delta l_{rn(ij)}]=\frac{l_{ri}\Delta a_{ij}}{1-l_{ji}\Delta a_{ij}}[l_{j1}\quad\cdots\quad l_{jn}]$$

所以：

$$\Delta x_{r(ij)}=[\Delta l_{r1(ij)}\quad\cdots\quad\Delta l_{rn(ij)}]\begin{bmatrix}f_1\\ \vdots\\ f_n\end{bmatrix}=\left[\frac{l_{ri}\Delta a_{ij}}{1-l_{ji}\Delta a_{ij}}\right][l_{j1}\quad\cdots\quad l_{jn}]\begin{bmatrix}f_1\\ \vdots\\ f_n\end{bmatrix}$$

但是因为 $[l_{j1}\quad\cdots\quad l_{jn}]\begin{bmatrix}f_1\\ \vdots\\ f_n\end{bmatrix}=x_j$，这只是：

$$\Delta x_{r(ij)}=\frac{l_{ri}x_j\Delta a_{ij}}{1-l_{ji}\Delta a_{ij}}=l_{ri}k^2_{(ij)} \tag{12.37}$$

其中 $k^2_{(ij)}=x_j\Delta a_{ij}/(1-l_{ji}\Delta a_{ij})$。与式（12.32）中关于 $\Delta l_{rs(ij)}$ 的表达式比较，l_{js} 在右端

① Sekulić（1968）以及后来的 Jílek（1971）把这一方法归功于 E. B. 叶尔绍夫（E. B. Yershof），叶尔绍夫为 1965 年莫斯科出版社的一本关于计划的出版物（俄文）中贡献了一章。其方法的基础差不多 15 年前已经出现在 SMW 的作品中了。

被 x_j 所替换。仍根据观察 1，$l_{ii}>l_{ri}$（对于 $r=1, \cdots, n$；$r\neq i$），所以式（12.37）表明源于 Δa_{ij} 的最大的总产出变动将是在部门 i 中（也就是，当 $r=i$ 时）。①

x_r 的相对变化将是：

$$\frac{\Delta x_{r(ij)}}{x_r}=\frac{l_{ri}x_j\Delta a_{ij}}{x_r(1-l_{ji}\Delta a_{ij})}=\left[\frac{l_{ri}}{x_r}\right]k^2_{(ij)} \tag{12.38}$$

这里，对于给定的 Δa_{ij}，总产出最大的相对变化如果是在部门 s 中，对于该部门 $l_{si}/x_s=\underset{r=1,\cdots,n}{\mathrm{Max}}(l_{ri}/x_r)$，同时根据观察 3，这将是部门 i。有兴趣的读者能够容易证明对于上述数值例子，这是正确的。表 12-11 给出了来自第 2 章的 2003 年度美国七部门数据的同样计算，表明最大的比率（粗体）在主对角上。

最后，式（12.38）乘以 100，得到一个百分比的变动：

$$100\left[\frac{\Delta x_{r(ij)}}{x_r}\right]=100\left[\frac{\Delta a_{ij}}{1-l_{ji}\Delta a_{ij}}\right]\left[\frac{l_{ri}x_j}{x_r}\right] \tag{12.39}$$

根据假定的例子，对于所有九个直接投入系数（$i, j=1, 2, 3$），作为 $\Delta a_{ij}=(0.2)a_{ij}$ 的结果，表 12-12 包含关于 x_1、x_2 和 x_3 的这些百分比变化。

表 12-11　　2003 年度美国七部门模型的 $(l_{ri}/x_r)\times10^6$

	$i=1$	$i=2$	$i=3$	$i=4$	$i=5$	$i=6$	$i=7$
$r=1$	**4.586 8**	0.021 1	0.047 7	0.209 3	0.013 6	0.025 3	0.026 3
$r=2$	0.038 1	**4.418 7**	0.050 1	0.140 8	0.079 4	0.013 6	0.030 1
$r=3$	0.007 1	0.003 2	**0.944 9**	0.006 0	0.006 1	0.010 5	0.023 5
$r=4$	0.058 9	0.030 6	0.067 2	**0.344 9**	0.017 8	0.022 0	0.032 4
$r=5$	0.052 3	0.029 7	0.048 0	0.054 7	**0.381 1**	0.020 9	0.029 8
$r=6$	0.026 1	0.032 1	0.029 5	0.031 9	0.029 7	**0.154 4**	0.034 3
$r=7$	0.010 7	0.010 5	0.010 2	0.016 2	0.012 4	0.013 1	**0.456 6**

表 12-12　　源于 $\Delta a_{ij}=(0.2)a_{ij}$ 的 x 的百分比变化

	$j=1$	$j=2$	$j=3$
$i=1$	$\begin{bmatrix}4.27\\0.82\\1.78\end{bmatrix}$	$\begin{bmatrix}\mathbf{14.02}\\2.71\\5.85\end{bmatrix}$	$\begin{bmatrix}1.37\\0.27\\0.57\end{bmatrix}$
$i=2$	$\begin{bmatrix}1.73\\2.74\\1.99\end{bmatrix}$	$\begin{bmatrix}0.86\\1.37\\0.99\end{bmatrix}$	$\begin{bmatrix}3.54\\5.61\\4.07\end{bmatrix}$
$i=3$	$\begin{bmatrix}1.53\\1.81\\7.85\end{bmatrix}$	$\begin{bmatrix}2.59\\3.07\\\mathbf{13.28}\end{bmatrix}$	$\begin{bmatrix}0.25\\0.30\\1.31\end{bmatrix}$

① 如果 x_i 相比于其他产出较小，那么一个大的 Δx_i 可能对整体经济并不重要。曾经有人尝试把相对产出规模的因素考虑进来，但是我们不考虑到这么详细的程度。有兴趣的读者可能会思考如何来实现它。

如所预想的，对于任何 Δa_{ij}，在 x_i 中发现最大的变动；对于 $i=1$ 的行，这意味着 $\Delta x_1>\Delta x_2$ 且 $\Delta x_1>\Delta x_3$，以及对于 $i=2$ 和 $i=3$ 的行也是如此。同时，对于 $\alpha=20$，如果"重要"的标准是一个或更多的产出为 $\beta=10\%$ 的变动，那么 a_{12} 和 a_{32} 将被标记为最重要和第二重要。这些百分比的变动在表中用粗体标出［有兴趣的读者可能会思考根据式（12.35）的标准判读为重要的系数，按照式（12.39）的标准可能也被标记为重要，为什么这并不值得奇怪］。

任何 a_{ij} 的"重要性"仍可以按照 a_{ij} 的相对的或百分比的变动对每个 x_r 相应的相对或百分比变动的影响来定义。利用 x_r 百分比变化的（用户设定的）阈值 γ_r：

$$\left[\frac{100\Delta a_{ij}}{1-l_{ji}\Delta a_{ij}}\right]\left[\frac{l_{ri}x_j}{x_r}\right]\geqslant\gamma_r$$

［比较式（12.35）。］仍对于 $\Delta a_{ij}=[\alpha/100]a_{ij}$，我们有：

$$\left[\frac{\alpha a_{ij}}{1-l_{ji}\left[\frac{\alpha}{100}\right]a_{ij}}\right]\left[\frac{l_{ri}x_j}{x_r}\right]=\left[\frac{100\alpha a_{ij}}{100-l_{ji}\alpha a_{ij}}\right]\left[\frac{l_{ri}x_j}{x_r}\right]\geqslant\gamma_r$$

在这一领域的很多经验工作是基于对式（12.39）的一个改写。把 Δa_{ij} 放到左边，转换为 a_{ij} 的相对变化，我们有：

$$\frac{\Delta a_{ij}}{a_{ij}}=\frac{\Delta x_{r(ij)}/x_r}{a_{ij}[(l_{ji}\Delta x_{r(ij)}/x_r)+(l_{ri}x_j/x_r)]}$$

对于所有的部门 r，定义一个可允许的误差限制 γ，这可以通过正的相对离差 $\Delta a_{ij}/a_{ij}$ 来实现。这通常被称为"容忍限度"（tolerable limit，TL），所以将其命名为"容忍限度方法"。如经常所做的，设 $\gamma=100(\Delta x_{r(ij)}/x_r)=1\%$；那么以百分比形式为：

$$\frac{\Delta a_{ij}}{a_{ij}}=\frac{100\Delta x_{r(ij)}/x_r}{a_{ij}[(l_{ji}100\Delta x_{r(ij)}/x_r)+100(l_{ri}x_j/x_r)]}=\frac{1}{a_{ij}[l_{ji}+100(l_{ri}/x_r)x_j]}$$

用这种方式表示，我们看到右端分母越大，$\Delta a_{ij}/a_{ij}$ 越小。所以 $\Delta a_{ij}/a_{ij}$ 的上限将由 $\underset{r=1,\cdots,n}{\mathrm{Max}}\, l_{ri}/x_r$ 来决定，则：

$$\frac{\Delta a_{ij}}{a_{ij}}\leqslant\frac{1}{a_{ij}[l_{ji}+100\underset{r=1,\cdots,n}{\mathrm{Max}}(l_{ri}/x_r)x_j]}$$

如所指出的（观察 3）$\underset{r=1,\cdots,n}{\mathrm{Max}}\, l_{ri}/x_r=l_{ii}/x_i$，所以：

$$\frac{\Delta a_{ij}}{a_{ij}}\leqslant\frac{1}{a_{ij}[l_{ji}+100(l_{ii}/x_i)x_j]}\tag{12.40}$$

为 a_{ij} 的相对变化建立了一个上限，以确保没有总产出会变动超过 1%。[①] $\Delta a_{ij}/a_{ij}$ 越小，系数 a_{ij} 越重要。表 12－13 给出了对于我们小的数值例子，式（12.40）的右端数值。

---

① 这一点可以在 Sekulić（1968）中找到。Forssell（1989，p. 431）把它描述为一种"由 Mäenpää（1981）所发展的"方法，但是它看起来更早就被提出了。登载塞库利奇论文的那本南斯拉夫杂志可能并不出名，但是论文同时在 1968 年日内瓦的第四届国际投入产出技术会议上被提出。

表 12-13 $\Delta a_{ij}/a_{ij}$ 对于 $\gamma=1$ 百分比的上阈值

	$j=1$	$j=2$	$j=3$
$i=1$	4.90	1.47	14.71
$i=2$	7.46	14.92	3.73
$i=3$	2.58	1.55	15.50

从表中的左上元素，我们知道在任何产出可能变动超过 1%之前，a_{11} 可能变动差不多 4.9%。类似地，a_{12}（1.47）被确认为最重要的系数（在表 12-13 中有最小值），居于其后的是 a_{32}（1.55）、a_{31}（2.58），如此等等。尽管可能兴趣不大，但我们还可以判断 a_{33} 具有最小的重要性，因为在任何总产出将变动超过 1%之前，它将变动差不多 15.5%［因为式（12.40）中的结果直接来自式（12.39）中的结果，所以并不奇怪在我们的数值例子中九个系数的重要性排序在表 12-12 和表 12-13 中是完全一样的］。①

在式（12.40）中右端的分母为：

$$a_{ij}[l_{ji}+100(l_{ii}/x_i)x_j]$$

被描述为对 a_{ij} 的"重要程度"（degree of importance）的度量（Schintke and Stäglin，1984）。在真实世界的应用中，结果表明 $l_{ji}\ll 100(l_{ii}/x_i)x_j$，特别是对于相对细分的投入产出模型，这仍然是因为观察 1（$l_{ii}>1>l_{ij}$）。实际上，在 l_{ii} 和 l_{ij} 之间通常差别很大。例如，表 12-14 所显示的 2003 年美国投入产出数据的列昂惕夫逆矩阵的对角元素（在 $\hat{\mathbf{L}}$ 中的）和非对角元素（在 $\check{\mathbf{L}}$ 中的）的平均值。

表 12-14 美国完全需求矩阵的平均值

部门数	$\mathbf{i}'\hat{\mathbf{L}}\mathbf{i}/n$	$\mathbf{i}'\check{\mathbf{L}}\mathbf{i}/(n^2-n)$
$n=7$	1.173 9	0.086 8
$n=16$	1.129 0	0.042 9
$n=61$	1.111 3	0.013 3

这表明，对于任意给定的且与 x_i 及 x_j 无关的 a_{ij}②，可以省略第一项，度量可以被近似为：

$$a_{ij}[l_{ji}+100(l_{ii}/x_i)x_j]\approx 100a_{ij}(l_{ii}/x_i)x_j$$

利用 $b_{ij}=z_{ij}/x_i=a_{ij}x_j/x_i$（来自高希模型常见的"产出系数"），这还可以表示为：

$$a_{ij}[l_{ji}+100(l_{ii}/x_i)x_j]\approx 100b_{ij}l_{ii}$$

□ 12.3.6 影响域

索尼斯和休因斯以及他们的同事们通过一系列文献，建立并应用了一个与矩阵 **A** 中

① 在 Aroche-Reyes（1996，2002）分析墨西哥（1970，1980）的第一个例子中，以及分析墨西哥（1971，1990）、加拿大（1972，1990）和美国（1971，1990）的第二个例子中，可以找到为各种容忍界限确认重要系数的经验例子。

② 当然人们可能会给出一个冲突的例子，有非常大的 x_i 和非常小的 x_j，使得 $l_{ji}>100(l_{ii}/x_i)x_j$。问题是这在真实世界的应用中似乎是不会发生的。

每个系数相关的“影响域”(field of influence)概念。[①] 这本质上就是舍曼-莫里森方法的一个扩展，对于一个特定的 a_{ij} 的给定变化，通过一个运算得到相关的列昂惕夫逆矩阵整个矩阵的变化。回顾 $\Delta l_{rs(ij)}$ 通过下式与 Δa_{ij} 建立起联系：

$$\Delta l_{rs(ij)}=l^*_{rs(ij)}-l_{rs}=\frac{l_{ri}l_{js}\Delta a_{ij}}{1-l_{ji}\Delta a_{ij}}=l_{ri}l_{js}k^1_{(ij)}$$

[这就是上面的式(12.32)。] 求解 $n\times n$ 矩阵 $\Delta\boldsymbol{L}_{(ij)}=[\Delta l_{rs(ij)}]$ 中的所有 n^2 个元素将需要 $[n^2-(2n-1)]$ 个运算，如我们在前面所看到的。而索尼斯和休因斯提出了一种有效的替代方法。

设 $\boldsymbol{L}$ 的第 i 列和第 j 行记为 $\boldsymbol{L}_{\cdot i}=\begin{bmatrix}l_{1i}\\l_{2i}\\\vdots\\l_{ni}\end{bmatrix}$ 和 $\boldsymbol{L}_{j\cdot}=[l_{j1}\quad l_{j2}\quad\cdots\quad l_{jn}]$。那么增量变动 Δa_{ij} 的一阶(直接的)影响域被索尼斯和休因斯定义为矩阵[②]：

$$\boldsymbol{F}[i,j]=\boldsymbol{L}_{\cdot i}\boldsymbol{L}_{j\cdot}=\begin{bmatrix}l_{1i}\\l_{2i}\\\vdots\\l_{ni}\end{bmatrix}[l_{j1}\quad l_{j2}\quad\cdots\quad l_{jn}]=\begin{bmatrix}l_{1i}l_{j1}&l_{1i}l_{j2}&\cdots&l_{1i}l_{jn}\\l_{2i}l_{j1}&l_{2i}l_{j2}&\cdots&l_{2i}l_{jn}\\\vdots&\vdots&&\vdots\\l_{ni}l_{j1}&l_{ni}l_{j2}&\cdots&l_{ni}l_{jn}\end{bmatrix}$$

如此，对于 r，$s=1$，…，n，$\boldsymbol{F}[i,j]=[l_{ri}l_{js}]$ 就是式(12.32)右端的乘积 $l_{ri}l_{js}$ 的一种扩展版本，表示由 Δa_{ij} 所引起的 $\boldsymbol{L}$ 中每个元素的变动的矩阵就是 $\Delta\boldsymbol{L}_{(ij)}=\boldsymbol{F}[i,j]k^1_{(ij)}$。所以：

$$\boldsymbol{L}^*_{(ij)}=\boldsymbol{L}+\Delta\boldsymbol{L}_{(ij)}=\boldsymbol{L}+[(\Delta a_{ij})/(1-l_{ji}\Delta a_{ij})]\boldsymbol{F}[i,j]=\boldsymbol{L}+\boldsymbol{F}[i,j]k^1_{(ij)}$$

因为 $k^1_{(ij)}$ 对任何特定的 Δa_{ij} 都是不变的，$\Delta\boldsymbol{L}_{(ij)}$ 和 $\boldsymbol{F}[i,j]$ 对应的元素成比例，且具有相同的顺序——例如，从最大到最小。

在数值例子中，$\boldsymbol{L}_{\cdot i}=\boldsymbol{L}_{\cdot 1}=\begin{bmatrix}1.365\,1\\0.527\,3\\0.569\,8\end{bmatrix}$，且 $\boldsymbol{L}_{j\cdot}=\boldsymbol{L}_{2\cdot}=[0.527\,3\quad 1.348\,1\quad 0.595\,4]$，所以：

$$\boldsymbol{F}[1,2]=\boldsymbol{L}_{\cdot 1}\boldsymbol{L}_{2\cdot}=\begin{bmatrix}0.719\,8&1.840\,2&0.812\,7\\0.278\,1&0.710\,9&0.313\,9\\0.300\,5&0.768\,2&0.339\,3\end{bmatrix}$$

进一步，$\Delta a_{12}=0.05$ 且 $k^1_{(12)}=[(\Delta a_{12})/(1-l_{21}\Delta a_{12})]=0.051\,4$，所以：

① 有很多的出版物，至少可以追溯到 Sonis 和 Hewings(1989)时。在 Sonis 和 Hewings(1992)中给出了一个相当紧凑的表述，以及在 Okuyama 等(2002)中提供了(对芝加哥经济的)一个应用。

② 索尼斯和休因斯在早期出版物中利用 $\boldsymbol{F}\binom{i}{j}$ 表示影响域；在后来(Sonis and Hewings，1999)这变成了 $\boldsymbol{F}[i,j]$。

$$\Delta \boldsymbol{L}_{(12)}=\boldsymbol{F}[1,2](0.0514)=\begin{bmatrix}0.0370 & 0.0945 & 0.0417\\0.0143 & 0.0365 & 0.0161\\0.0154 & 0.0395 & 0.0174\end{bmatrix}$$

容易证明 $\boldsymbol{L}^{*}_{(12)}=\boldsymbol{L}+\Delta\boldsymbol{L}_{(12)}$。

索尼斯和休因斯提出逆重要系数可以通过比较它们的影响域来确定。① 问题在于为了对 Δa_{ij} 的影响进行比较，如何降低每个 $\boldsymbol{F}[i,j]$ 中的 n^2 个信息。② 这些矩阵的范数提供了一种可能的紧凑的度量；困难在于有很多不同的矩阵范数的定义。在这些定义中，他们（Sonis and Hewings，1992，p. 147）提到的是：

$$\|\boldsymbol{F}\|=\max_{ij}|f_{ij}|\text{（最大的单个元素）③}$$

$$\|\boldsymbol{F}\|=\sum_{ij}|f_{ij}|\text{（所有元素的合计）}$$

$$\|\boldsymbol{F}\|=\left[\sum_{ij}|f_{ij}|\right]^{1/2}$$

在第 2 章中，我们采用了最大列合计的范数 $\|\boldsymbol{F}\|=\max_{j}\sum_{i}|f_{ij}|$。此外，

> 范数 $\|\boldsymbol{F}\|$ 的选择是根据范数 $\|\boldsymbol{F}[i,j]\|$ 的数值大小，对矩阵 $\boldsymbol{A}$ 中元素 a_{ij} 构造按大小排序的序列（rank-size sequence）的基础。必须以这种方式建立决定或选取的规则，使得只有按大小排序序列的元素中一个相对小的数将构成逆重要系数集。(p. 147)

回到我们的数值例子，我们利用 $\Delta a_{ij}=(0.2)a_{ij}$，也就是 $\Delta a_{11}=(0.2)a_{11}$，之后是 $\Delta a_{12}=(0.2)a_{12}$，如此等等，针对 $\boldsymbol{A}$ 中九个系数中的每一个，得到影响域。表 12-15 和表 12-16 根据这九个 $\boldsymbol{F}(i,j)$ 矩阵，提出了两种汇总度量（范数）。表 12-15 包含列合计，而且范数 $\|\boldsymbol{F}\|=\max_{j}\sum_{i}|f_{ij}|$ 通过考察的每种情形是很明显的。表 12-16 包含了九个系数的 $\|\boldsymbol{F}\|=\sum_{ij}|f_{ij}|$ 范数。

表 12-15　　数值例子的 $|\boldsymbol{F}[i,j]|$ 的列合计

a_{ij}	$j=1$	$j=2$	$j=3$
$i=1$	[3.361 2　1.047 1　0.617 8]	[1.298 4　3.319 3　1.465 9]	[1.403 1　1.204 2　3.172 7]
$i=2$	[3.088 4　0.962 1　0.567 6]	[1.193 0　3.049 9　1.346 9]	[1.289 2　1.106 4　2.915 2]
$i=3$	[2.914 2　0.907 8　0.535 6]	[1.125 7　2.877 9　1.271 0]	[1.216 5　1.044 0　2.750 8]

① 在另一个出版物中，他们还建议当两个或更多系数变动时采用更高阶的影响域（相关的数学表达式要复杂得多），他们还利用其中的一些概念来描述经济的基本结构特征，并提供替代类型的模型分解。

② 通常，为便于比较，每个 a_{ij} 按相同的百分比 α 变动，使得对于所有的 i 和 j，有 $\Delta a_{ij}=(\alpha/100)a_{ij}$。在提出确定重要系数的应用中，Sonis 和 Hewings（1992）既没有设定他们范数的选择，也没有设定他们系数的变化机制。

③ 如果人们通过利用该矩阵的范数 $\max_{ij}[f_{ij}]$ 来汇总信息，那么就没有必要获得整个影响域矩阵。我们知道最大的 $\Delta l_{rs(ij)}$ 是 $\Delta l_{ij(ij)}$，而 $f_{rs(ij)}$ 与 $\Delta l_{rs(ij)}$ 成比例，所以它可以用只针对 $\Delta l_{ij(ij)}$ 的式（12.32）中的舍曼-莫里森结果来求解。

表 12-16　　$|\boldsymbol{F}[i,j]|$ ($\|\boldsymbol{F}\|=\sum_{ij}|f_{ij}|$) 中所有元素的合计

a_{ij}	$j=1$	$j=2$	$j=3$
$i=1$	5.026 1	6.083 7	5.780 0
$i=2$	4.618 1	5.589 8	5.310 8
$i=3$	4.357 7	5.274 6	5.011 3

□ 12.3.7　系数重要性的补充度量

把产出转换为就业、收入等

如本书早前多次指出的，总产出可能根本不是最重要的经济影响的度量。总产出的需求利用就业系数（例如，每个部门每 1 美元价值产出的人年）可以被转换为就业（例如，人年）。如果这些系数被记为 $\boldsymbol{e}_c$，而每个部门的完全就业被表示为 $\boldsymbol{\varepsilon}=\begin{bmatrix}\varepsilon_1\\ \vdots\\ \varepsilon_n\end{bmatrix}$，那么 $\Delta\boldsymbol{\varepsilon}=\hat{\boldsymbol{e}}_c\Delta\boldsymbol{x}$ 把产出的变化转换为就业的变化。例如，根据式（12.36），有：

$$\Delta\varepsilon_r=(e_c)_r\Delta x_{r(ij)}=\frac{(e_c)_r l_{ri}x_j\Delta a_{ij}}{1-l_{ji}\Delta a_{ij}}=(e_c)_r l_{ri}k^2_{(ij)}\text{，其中 }k^2_{(ij)}=\frac{x_j\Delta a_{ij}}{1-l_{ji}\Delta a_{ij}}$$

如此，Δa_{ij} 的最大的就业影响将是部门内 $(e_c)_r l_{ri}$ 最大的，而不再假定该部门为部门 i。还可能有大量的其他转换——例如，转换为收入、增加值、能源使用、环境影响等的变动。①

弹性系数分析

有些学者提出与经济学中弹性概念对应的相对变动的各种度量（参考第 6.6 节），也就是 $l_{rs(ij)}$ 的相对变动除以 a_{ij} 的相对变动：

$$\eta l_{rs(ij)}=\frac{\dfrac{\Delta l_{rs(ij)}}{l_{rs}}}{\dfrac{\Delta a_{ij}}{a_{ij}}}=\frac{\dfrac{\Delta l_{rs(ij)}}{\Delta a_{ij}}}{\dfrac{l_{rs}}{a_{ij}}}=\left(\frac{\Delta l_{rs(ij)}}{\Delta a_{ij}}\right)\left(\frac{a_{ij}}{l_{rs}}\right)\tag{12.41}$$

根据式（12.33），这就是：

$$\eta l_{rs(ij)}=\frac{l_{ri}l_{js}a_{ij}}{l_{rs}(1-l_{ji}\Delta a_{ij})}=\frac{l_{ri}l_{js}}{l_{rs}}k^3_{(ij)}\tag{12.42}$$

其中 $k^3_{(ij)}=a_{ij}/(1-l_{ji}\Delta a_{ij})$。注意这区别于式（12.33）中有关 $\Delta l_{rs(ij)}/l_{rs}$ 的表达式的只是分子中的 Δa_{ij} 被 a_{ij} 所替代。对于任何 a_{ij}，将有 n^2 个这种弹性。接着马斯［Maaß，1980；施纳布尔（Schnabl，2003）中引述的］提出将这些弹性的最大值作为 a_{ij} 重要性的另一种度量，即 $\mathrm{Max}_{rs}(\eta l_{rs(ij)})$。再次根据观察 2，显然：

$$\mathrm{Max}_{rs}(\eta l_{rs(ij)})=\frac{l_{ii}l_{jj}a_{ij}}{l_{ij}(1-l_{ji}\Delta a_{ij})}$$

① Tarancón 等（2008）较为详细地讨论了利用经济福利的其他度量来确认重要系数的方法。

所以，如施纳布尔所指出的，这一弹性分析产生了与上面重要系数分析相同的结果。

把式（12.41）分子中的 $\Delta l_{rs(ij)}/l_{rs}$ 替换为 $\Delta x_{r(ij)}/x_r$ 将得到一个总产出关于 Δa_{ij} 的弹性的表达式。而且，正如总产出影响可以被转化为就业、收入、增加值等的影响，这些变化也可以被转化为弹性的度量。

所有总产出的相对变化

一种考虑所有产出变动的直接的误差度量是：

$$E_{(ij)} = \boldsymbol{i}' \mid \Delta \boldsymbol{x}_{(ij)} \mid = \sum_{k=1}^{n} \mid \Delta x_{k(ij)} \mid$$

或者，考虑部门的相对规模，西贝（Siebe，1996）建议用：

$$\text{SUM}_{(ij)} = \sum_{k=1}^{n} \mid \Delta x_{k(ij)}/x_k \mid$$

作为每个系数 a_{ij} 重要性的度量。如以前的度量一样，这可以被转化为对就业、收入、增加值等的总量效应。

矩阵 A 中一个以上元素变动的影响

可以利用上面我们所探讨的一种或多种方法对每个 a_{ij} 相对于所有其他元素的重要性进行评价。对于多个或所有 a_{ij} 系数同时变动的影响也有着大量的研究工作。实际上，舍曼和莫里森（Sherman and Morrison，1949）考虑了一个以上变动的情形，但是关注单一行（或列）。在斯钦克（Schintke，1979 and elsewhere）以及斯钦克和斯塔格林（Schintke and Stäglin，1984 and elsewhere）的很多出版物中也对这一问题进行了探讨。因为这一内容相对于我们所关注的“重要系数”有点远，我们在网上附录 12W.2 中只是限定于部分背景和结果进行了介绍。

12.4 总结

在本章的开始我们讨论了供给侧（高希）模型的早期的以及后来分别从数量和价格模型角度所做的解释。第 12.2 节的主题是各种度量投入产出系统中关联的方法。早期的方法通过适当的对列昂惕夫和高希系数矩阵（**A** 和 **B**），或者它们的相应的逆矩阵（**L** 和 **G**）的行合计和列合计，确认后向和前向关联。一个替代的更综合的关联度量的观点源自假设提取概念，它可以被用于后向、前向或完全关联的度量。对假设提取各种可能的详细分类在网络附录 12W.1 中给出。本章所讨论的最后的主题是如何定义（概念上的）和确认（数学上的）投入产出系统中“重要”系数的问题，提出了很多方法。对这一主题有兴趣，其主要原因是当人们试图提高（例如，更新）投入产出模型的数据基础的时候，它有助于确认人们将把资源集中于何处。有关这一问题的某些历史背景和细节留给附录 12.1 和网上附录 12W.2 去介绍。

附录 12.1 舍曼-莫里森-伍德伯里公式

□ A12.1.1 引言

给定非奇异矩阵 $\boldsymbol{M}$ 及其逆矩阵，假定 $\boldsymbol{M}$ 的一个或多个元素变动，得到 $\boldsymbol{M}^*$。问题是：我们能够通过对已知的 $\boldsymbol{M}^{-1}=[\mu_{ij}]$ 的“调整”，来求得 $(\boldsymbol{M}^*)^{-1}=[\mu_{ij}^*]$ 吗？对于这一问题，舍曼和莫里森（Sherman and Morrison，1949，1950）针对只有一个元素变动的情况，伍德伯里（Woodbury，1950）针对一个以上元素变动的情况，进行了讨论。答案是“可以”，且调整相对简单（以下部分我们将提到“SMW”结果）。①

这里是一个只有一个元素变动的例子的演示（Miller，2000，pp. 281-286）。给定：

$$\boldsymbol{M}=\begin{bmatrix}1&1&1\\2&0&6\\3&7&1\end{bmatrix}\text{和 }\boldsymbol{M}^{-1}=\begin{bmatrix}3.5&-0.5&-0.5\\-1.3333&0.1667&0.3333\\-1.1667&0.3333&0.1667\end{bmatrix}$$

考虑 $\boldsymbol{M}^*$ 区别于 $\boldsymbol{M}$ 的只是当 m_{23} 增加 3 时，从 6 增加到了 9。设 $\boldsymbol{M}^*=\boldsymbol{M}+\Delta\boldsymbol{M}$，在这个例子中，$\Delta\boldsymbol{M}=\begin{bmatrix}0&0&0\\0&0&3\\0&0&0\end{bmatrix}$。为了便于以后的参考，我们能够容易地求得：

$$(\boldsymbol{M}^*)^{-1}=\begin{bmatrix}2.625&-0.25&-0.375\\-1.0417&0.0833&0.2917\\-0.5833&0.1667&0.0833\end{bmatrix}$$

想法是为直接计算 $(\boldsymbol{M}^*)^{-1}$ 寻找一种替代的办法，仅仅利用 $\boldsymbol{M}^{-1}$，以及变动的大小（这里 $\Delta m_{23}=3$）。②

程序的核心包含在两个矩阵（对这个例子，它们是向量）中。设 $\boldsymbol{C}=\begin{bmatrix}0\\1\\0\end{bmatrix}$ 和 $\boldsymbol{R}=[0\quad 0\quad 3]$；那么 $\Delta\boldsymbol{M}=\boldsymbol{CR}$。技巧在于设 $\boldsymbol{C}$ 为单位矩阵（与 $\boldsymbol{M}$ 具有同样的维度）的第 i 列，其中 i 等同于 $\boldsymbol{M}$ 中发生变动的行；$\boldsymbol{R}$ 是一个相应维度的行向量，其中的第 j 个元素为 Δm_{ij}，其余为 0。基本的结果是：

$$(\boldsymbol{M}^*)^{-1}=\boldsymbol{M}^{-1}-\Delta\boldsymbol{M}^{-1}=\boldsymbol{M}^{-1}-\frac{(\boldsymbol{M}^{-1}\boldsymbol{C})(\boldsymbol{RM}^{-1})}{(1+\boldsymbol{RM}^{-1}\boldsymbol{C})}\tag{A12.1.1}$$

这并不比它看起来更复杂。$\Delta\boldsymbol{M}^{-1}$ 的分子是一个列向量 $\boldsymbol{M}^{-1}\boldsymbol{C}$ 和一个行向量 $\boldsymbol{RM}^{-1}$ 的乘

① Henderson 和 Searle（1981）是关于通常投入产出文献中被忽视的矩阵合计的逆的一个重要的参考文献。它包括对 SMW 结果的至少六种不同的变形，以及对一组参考材料的扩展。

② 如果对多个 a_{ij} 中的每一个的变动都进行分析，为了界定所考虑的特殊情形，使用符号 $\boldsymbol{M}_{ij}^*$ 是有用的。

积，而分母是一个简单的标量。[1]

($\boldsymbol{M}^*$)$^{-1}$中单个元素的表达式直接来自式（A12.1.1）。对于矩阵 $\boldsymbol{M}$，其中的元素 m_{ij} 的变动（增加或减少）为 Δm_{ij}，新的逆矩阵的第 r 行和第 s 列中的元素值 μ_{rs}^* 为：

$$\mu_{rs}^*=\mu_{rs}-\frac{\mu_{ri}\mu_{js}\Delta m_{ij}}{1+\mu_{ji}\Delta m_{ij}} \tag{A12.1.2}$$

($\boldsymbol{M}^*$)$^{-1}$的第 i 列和第 j 行中的新元素将与$\boldsymbol{M}^{-1}$中的对应元素严格成比例。对于第 i 列，当 $s=i$ 时有：

$$\mu_{ri}^*=\mu_{ri}-\frac{\mu_{ri}\mu_{ji}\Delta m_{ij}}{1+\mu_{ji}\Delta m_{ij}}=\frac{\mu_{ri}+\mu_{ri}\mu_{ji}\Delta m_{ij}-\mu_{ri}\mu_{ji}\Delta m_{ij}}{1+\mu_{ji}\Delta m_{ij}}=\mu_{ri}k_{ij}$$

其中 $k_{ij}=1/(1+\mu_{ji}\Delta m_{ij})$ 对于一个给定的 Δm_{ij} 是一个常数，而完全类似的代数分析表明当 $r=j$ 时，$\mu_{js}^*=\mu_{js}k_{ij}$。

对于数值例子，有：

$$\boldsymbol{M}^{-1}\boldsymbol{C}=\begin{bmatrix}-0.5\\0.1667\\0.3333\end{bmatrix}, \boldsymbol{RM}^{-1}=[-3.5\quad 1\quad 0.5]且\ \boldsymbol{RM}^{-1}\boldsymbol{C}=1$$

如此，根据式（A12.1.1），有：

$$\begin{aligned}\Delta\boldsymbol{M}^{-1}&=(0.5)\begin{bmatrix}1.75&-0.5&-0.25\\-0.5833&0.1667&0.0833\\-1.1667&0.3333&0.1667\end{bmatrix}\\&=\begin{bmatrix}0.875&-0.25&-0.125\\-0.2917&0.0833&0.0417\\-0.5833&0.1667&0.0833\end{bmatrix}\end{aligned}$$

以及

$$\begin{aligned}(\boldsymbol{M}^*)^{-1}&=\boldsymbol{M}^{-1}-\Delta\boldsymbol{M}^{-1}\\&=\begin{bmatrix}3.5&-0.5&-0.5\\-1.3333&0.1667&0.3333\\-1.1667&0.3333&0.1667\end{bmatrix}-\begin{bmatrix}0.875&-0.25&-0.125\\-0.2917&0.0833&0.0417\\-0.5833&0.1667&0.0833\end{bmatrix}\\&=\begin{bmatrix}2.625&-0.25&-0.375\\-1.0417&0.0833&0.2917\\-0.5833&0.1667&0.0833\end{bmatrix}\end{aligned}$$

这正是本附录中之前直接求解得到的逆矩阵。读者可以容易地检查式（A12.1.2）的结果与（$\boldsymbol{M}^*$）$^{-1}$中的任何元素一致。

（明显的）一点是 $\boldsymbol{M}$ 中仅仅一个元素值的变动（这里是 50%的增加），导致了 $\boldsymbol{M}^{-1}$ 中所有元素的变动。注意某些变动是增加，如 μ_{12}（以及三个其他元素）那样，而某些变动

① 可以通过 $\boldsymbol{R}$ 和 $\boldsymbol{C}$ 的作用的互换得到类似的结果（Miller，2000，Appendix 5.2）。

是减少，如 μ_{11}（以及四个其他元素）那样。百分比变动的绝对值可以求解为[①] $|p_{ij}| = 100|(\mu_{ij}^* - \mu_{ij})/\mu_{ij}|$，或

$$|\boldsymbol{P}| = 100|[(\boldsymbol{M}^*)^{-1} - \boldsymbol{M}^{-1}] \oslash \boldsymbol{M}^{-1}|$$

其中"$\oslash$"表示元素对元素的除。这里：

$$|\boldsymbol{P}| = \begin{bmatrix} 25 & 50 & 25 \\ 21.875 & 50 & 12.5 \\ 50 & 50 & 50 \end{bmatrix}$$

如预期的，对于这个例子，对 m_{23} 的变动，$(\boldsymbol{M}^*)^{-1}$ 第 2 列和第 3 行中的元素与 $\boldsymbol{M}^{-1}$ 中的对应元素成比例，所以其百分比变动都相同。[②]

□ A12.1.2　列昂惕夫逆矩阵的应用

与投入产出模型有关的是人们可以考察矩阵 $\boldsymbol{A}$ 中一个或多个元素变动（或"误差"）对相应的列昂惕夫逆矩阵 $\boldsymbol{L} = (\boldsymbol{I} - \boldsymbol{A})^{-1}$ 的影响。这里我们从 $\boldsymbol{A}^* = \boldsymbol{A} + \Delta\boldsymbol{A}$ 开始，但是因为我们的兴趣是在 $\boldsymbol{L}^* = (\boldsymbol{I} - \boldsymbol{A}^*)^{-1}$ 中，对应于 $\boldsymbol{M}^* = \boldsymbol{M} + \Delta\boldsymbol{M}$，有：

$$(\boldsymbol{I} - \boldsymbol{A}^*) = [\boldsymbol{I} - (\boldsymbol{A} + \Delta\boldsymbol{A})] = (\boldsymbol{I} - \boldsymbol{A}) + (-\Delta\boldsymbol{A})$$

式（A12.1.1）中的结果变成：

$$\boldsymbol{L}^* = \boldsymbol{L} + \frac{(\boldsymbol{LC})(\boldsymbol{RL})}{1 - \boldsymbol{RLC}} \tag{A12.1.3}$$

注意到与式（A12.1.1）相比，负号和正号互换。

就新逆矩阵中的单个元素 l_{rs}^* 而言，对应于式（A12.1.2），对于变动 Δa_{ij}（用符号提醒我们 $\boldsymbol{A}$ 中的元素改变了）l_{rs}^* 为：

$$l_{rs(ij)}^* = l_{rs} + \frac{l_{ri} l_{js} \Delta a_{ij}}{1 - l_{ji} \Delta a_{ij}} \tag{A12.1.4}$$

再次注意符号的变化，这次与式（A12.1.2）对比。定义列昂惕夫逆矩阵元素的百分比的差异为 $\Delta l_{rs(ij)} = (l_{rs(ij)}^* - l_{rs})/l_{rs}$；那么：

$$100\left[\frac{\Delta l_{rs(ij)}}{l_{rs}}\right] = 100\left[\frac{l_{ri} l_{js} \Delta a_{ij}}{1 - l_{ji} \Delta a_{ij}}\right]\left[\frac{1}{l_{rs}}\right] \tag{A12.1.5}$$

如以前，绝对百分比离差矩阵的第 j 行和第 i 列中的所有元素都相同。

习题

12.1　恰尔利亚（Czaria）中央计划经济正忙于下一个财年计划的制订。恰尔利亚的技术系数和

① 通常变化表示为 $(\mu_{ij} - \mu_{ij}^*)/\mu_{ij}$。这只是变换了符号。如果用绝对值，则没有差异。

② 所有这些变化都是 50%（与 m_{23} 的增加相同）只是这个例子的一个巧合。此外，某些变化是 50% 的增加（μ_{12} 和 μ_{31}），某些是 50% 的下降（μ_{22}、μ_{32} 和 μ_{33}）。

总的产业产出如下：

	1	2	3	4	总产出
(1) 农业	0.168	0.155	0.213	0.212	12 000
(2) 采掘业	0.194	0.193	0.168	0.115	15 000
(3) 军事制造业	0.105	0.025	0.126	0.124	12 000
(4) 民用制造业	0.178	0.101	0.219	0.186	16 000

a. 计算这一经济的产出逆矩阵。

b. 如果下一年恰尔利亚对农业、采掘业、军事制造业以及民用制造业的增加值投入计划分别为 4 558（百万美元）、5 665（百万美元）、2 050（百万美元）和 5 079（百万美元），计算恰尔利亚下一年度计划的 GDP。

c. 计算新的每一经济部门的总生产。注意这是一种在第 12.1.1 节中所描述的高希模型的“传统观点”。

12.2　考虑一个例子，其中基年的 $\boldsymbol{Z}=\begin{bmatrix}13 & 75 & 45\\53 & 21 & 48\\67 & 68 & 93\end{bmatrix}$，而 $\boldsymbol{f}=\begin{bmatrix}130\\150\\220\end{bmatrix}$。

a. 如果下一年的最终需求计划为 $\boldsymbol{f}^1=\begin{bmatrix}200\\300\\500\end{bmatrix}$，而产业间交易的变化预计为 $\Delta\boldsymbol{Z}=\begin{bmatrix}0 & 5 & 0\\10 & 0 & 0\\0 & 0 & 15\end{bmatrix}$，基年和下一年产出系数之间的平均绝对百分比离差（MAPD）为多少？

b. 现在计算相应产出逆矩阵之间的 MAPD。

12.3　对于基年的投入产出交易矩阵 $\boldsymbol{Z}=\begin{bmatrix}384 & 520 & 831\\35 & 54 & 530\\672 & 8 & 380\end{bmatrix}$，以及总产出 $\boldsymbol{x}=\begin{bmatrix}2\ 500\\1\ 200\\3\ 000\end{bmatrix}$，如果增加值在下一年度的增加得到 $\boldsymbol{v}^{new}=\begin{bmatrix}2\ 000\\1\ 000\\1\ 500\end{bmatrix}$，三个产业在新的年度中相对于基年产出的价格变化是多少？

12.4　对于习题 12.3 中表示的经济，利用供给模型计算下一年的增加值系数。计算 $\boldsymbol{L}$，并证明根据第 2 章的列昂惕夫价格模型得到的产业产出价格新的年度相对于基年的变动，与习题 12.3 中求解的结果相同。

12.5　考虑例子 $\boldsymbol{Z}=\begin{bmatrix}418 & 687 & 589 & 931\\847 & 527 & 92 & 654\\416 & 702 & 911 & 763\\263 & 48 & 737 & 329\end{bmatrix}$ 以及 $\boldsymbol{f}=\begin{bmatrix}2\ 000\\3\ 000\\2\ 500\\1\ 500\end{bmatrix}$。

a. 计算直接和完全后向关联。

b. 计算直接和完全前向关联。

12.6　考虑表 A4.1-1 中给定的日本三个区域 IRIO 表。利用空间后向关联的度量 $B(d)^{rr}=(1/n)\boldsymbol{i}'\boldsymbol{A}^{rr}\boldsymbol{i}$（以及类似的对直接的前向关联、完全的后向和前向关联的度量），在这三个区域中，哪个相对于其他区域具有“最小的后向联系”，类似地，哪个区域具有最小的“前向联系”？

12.7　考虑附录 B 中提供的 2005 年美国投入产出表。

a. 如果将农业部门从经济中假设提取出来，那么经济的总产出将下降多少？

b. 如果进行假设提取，哪个部门将创造总产出最大的下降？

12.8　考虑一个经济 $\mathbf{Z}=\begin{bmatrix}8 & 64 & 89\\28 & 44 & 77\\48 & 24 & 28\end{bmatrix}$ 且 $\boldsymbol{x}=\begin{bmatrix}300\\250\\200\end{bmatrix}$。采用如下标准，检验元素 a_{13} 的“逆重要性”：

a. $\alpha=30$，$\beta=5$，也就是，如果 a_{13} 30%的变化得到相应列昂惕夫逆矩阵一个或更多元素 5%的变动。

b. $\alpha=20$，$\beta=10$。

c. $\alpha=10$，$\beta=10$。

这表明了对分析人员所设定的 α 与 β 的敏感性。

12.9　利用附录 B 提供的数据，对 2005 年美国经济建立一个供给驱动模型。计算国民经济对其中一个部门中一种稀缺要素投入的中断（例如，罢工）的敏感性。

12.10　利用附录 B 提供的美国投入产出数据，求解美国经济中各部门的直接的和完全的前向与后向关联，并考察这些关联如何随时间变动。

参考文献

Adamou, Nicholas and John M. Gowdy. 1990. “Inner, Final, and Feedback Structures in an Extended Input-Output System,” *Environment and Planning A*, **22**, 1621-1636.

Aroche-Reyes, Fidel. 1996. “Important Coefficients and Structural Change: A Multi-layer Approach,” *Economic Systems Research*, **8**, 235-246.

2002. “Structural Transformations and Important Coefficients in the North American Economies,” *Ecomomic Systems Research*, **14**, 257-273.

Augustinovics, Maria. 1970. “Methods of International and Intertemporal Comparison of Structure,” in Anne P. Carter and Andrew Bródy (eds.), *Contributions to Input-Output Analysis*. Vol. I of *Proceedings of the Fourth International Conference on Input-Output Techniques*. Geneva. 1968. Amsterdam: North-Holland. pp. 249-269.

Batten, David F. and Dino Martellato. 1988. “Modelling Interregional Trade within Input-Output Systems,” *Ricerche Economiche*, **42**, 204-221.

Beyers. William B. 1976. “Empirical Identification of Key Sectors: Some Further Evidence,” *Environment and Planning A*, **17**, 73-99.

Blair, Peter D. and Ronald E. Miller. 1990. “Spatial Linkages in the US Economy.” in Manas Chatterji and Robert E. Kuenne (eds.), *Dynamics and Conflict in Regional Structural Change* (Essays in Honour of Walter Isard, Vol. 2). Basingstoke, UK: Macmillan. pp. 156-179.

Boomsma, Piet and Jan Oosterhaven. 1992. “A Double-Entry Method for the Construction of Bi-Regional Input-Output Tables,” *Journal of Regional Science*, **32**, 269-284.

Bulmer-Thomas, Victor. 1982. *Input-Output Analysis in Developing Countries*. New York: Wiley.

Casler, Stepnen D. and Darren Hadlock. 1997. “Contributions to Change in the Input-Output Model: The Search for lnverse lmportant Coefficients,” *Journal of Regional Science*, **37**, 175-193.

Cella, Guido. 1984. “The Input-Output Measurement of Interindustry Linkages,” *Oxford Bulletin of Economics and Statistics*, **46**, 73-84.

Chen, Chia-Yon and Adam Rose. 1986. “The Joint Stability of Input-Output Production and Allocation Coefficients,” *Modeling and Simulation*, **17**, 251-255.

1991. “The Absolute and Relative Joint Stability of Input-Output Production and Allocation Coefficients," in William Peterson (ed.), *Advances in Input-Output Analysts*. New York: Oxford University Press, pp. 25-36.

Chenery, Hollis B. and Tsunehiko Watanabe. 1958. "International Comparisons of the Structure of Productions," *Econometrica*, **4**, 487-521.

Chow, Kit Boey, Kee Beng Lee and Chin Huat Ong. 2006. "Singapore Key Sectors Through I-O Tables," in Hiroshi Kuwamori and Bo Meng (eds.), *The Industrial Structure of Asia-Pacific Region (V)*. Papers and Proceedings of the International Workshop, "Frontiers of International Input-Output Analyses-A Challenge of the 2000 Asian I-O Table."(Asiam International Input-Output series, No. 67.) Tokyo: IDE-JETRO, pp. 17-30.

Clements, Benedict J. 1990. "On the Decomposition and Normalization of Interindustry Linkages," *Economics Letters*, **33**, 337-340.

Davis, H. Craig and Lawrence F. Salkin. 1984. "Alternative Approaches to the Estimation of Economic Impacts Resulting from Supply Constrints," *Annals of Regional Science*, **18**, 25-34.

Diamond, Jack. 1974. "The Analysis of Structural Constraints in Developing Economies: A Case Study," *Oxford Bulletin of Economics and Statistics*, **36**, 95-108.

1976. "Key Sectors in Some Underdeveloped Counstries: A Comment," *Kyklos*, **29**, 762-764.

Dietzenbacher, Erik. 1989. "On the Relationship between the Supply- Driven and Demand-Driven Input-Output Models," *Environment and Planning A*, **21**, 1533-1539.

1992. "The Measurement of Interindustry Linkages. Key Sectors in the Netherlands," *Economic Modelling*, **9**, 419-437.

1995. "On the Bias of Multiplier Estimates," *Journal of Regional Science*, **35**, 377-390.

1997. "In Vindication of the Ghosh Model: A Reinterpretation as a Price Model," *Journal of Regional Science*, **37**, 629-651.

2005. "More on Multipliers," *Journal of Regional Science*, **45**, 421-426.

2006. "Multiplier Estimates: To Bias or not to Bias," *Journal of Regional Science*, **46**, 733-786.

Dietzenbacher, Erik and Jan A. van der Linden. 1997. "Sectoral and Spatial Linkages in the EC Production Structure," *Journal of Regional Science*, **37**, 235-257.

Dwyer, Paul S. and Frederick V. Waugh. 1953. "On Errors in Matrix Inversion," *Journal of the American Statistical Association*, **48**, 289-319.

Evans, W. Duane. 1954. "The Effect of Structural Matrix Errors on Interindustry Relations Estimates," *Econometrica*, **22**, 461-480.

Forssell, Osmo. 1989. "The Input-Output Framework for Analysing Transmission of Technical Progress between Industries," *Economic Systems Research*, **1**, 429-445.

Ghosh, Ambica. 1958. "Input-Output Approach to an Allocation System," *Economica*, **25**, 58-64.

Giarratani, Frank. 1978. "Application of an Industry Supply Model to Energy Issues," in William Miernyk, Frank Giarratani and Charles Socher (eds.), *Regional Impacts of Rising Energy Prices*. Cambridge, MA: Ballinger, pp. 89-102.

1980. "The Scientific Basis for Explanation in Regional Analysis," *Papers of the Regional Science Association*, **45**, 185-196.

1981. "A Supply-Constrained Interindustry Model: Forecasting Performance and an Evaluation," in Walter Buhr and Peter Friedrich (eds.), *Regional Development under Stagnation*. Baden-Baden: Nomos, pp. 281-291.

Gruver, Gene W. 1989. "A Comment on the Plausibility of Supply-Driven Input-Output Models," *Journal of Regional Science*, **29**, 441-450.

Harrigan, Frank J. and James McGilvray. 1988. "The Measurement of Interindustry Linkages," *Ricerche Economiche*, **42**, 325-343.

Hazari, Bharat R. 1970. "Empirical Identification of Key Sectors in the Indian Economy," *Review of Economics and Statistics*, **52**, 301-305.

Henderson, H. V. and S. R. Searle. 1981. "On Deriving the Inverse of a Sum of Matrices," *SIAM Review*, **23**, 53-60.

Hewings, Geoffrey J. D. 1981. "Monitoring Change in a Regional Economy: An Input-Output Simulation Approach," *Modeling and Simulation*, **12**, 1043-1046.

1982. "The Empirical Identification of Key Sectors in the Economy: A Regional Perspective," *The Developing Economies*, **20**, 173-195.

1984. "The Role of Prior Information in Updating Regional Input-Output Models," *Socio-Economic Planning Sciences*, **18**, 319-336.

Hewings, Geoffrey J. D. and Michael C. Romanos. 1981. "Simulating Less-Developed Regional Economies Under Conditions of Limited Information," *Geographical Analysis*, **13**, 373-390.

Hirschman, Albert O. 1958. *The Strategy of Economic Development*. New Haven. CT: Yale University Press.

Hübler, Olaf. 1979. *Regionale Sektorstrukturen*. Berlin: Duncker and Humbolt.

Jäckson, Randall W. 1991. "The Relative Importance of Input Coefficients and Transactions in Input-Output Structure," in John H. Ll. Dewhurst, Geoffrey J. D. Hewings and Rodney C. Jensen (eds.), *Regional Input-Output Modelling. New Developments and Interpretations*. Aldershot, UK: Avebury, pp. 51-65.

Jackson, Randall W. and Guy W. West. 1989. "Perspectives on Probabilistic Input-Output Analysis," in Ronald E. Miller, Karen R. Polenske and Adam Z. Rose (eds.), *Frontiers of Input-Output Analysis*. New York: Oxford University Press, pp. 209-221.

Jensen, Rodney C. and Guy R. West. 1980. "The Effects of Relative Coefficient Size on Input-Output Multipliers," *Environment and Planning A*. **12**, 659-670.

Jílek, Jaroslav. 1971. "The Selection of the Most Important Coefficient," *Economic Bulletin for Europe*, **23**, 86-105.

Jones, Leroy P. 1976. "The Measurement of Hirschmanian Linkages," *Quarterly Journal of Economics*, **90**, 323-333.

Kop Jansen, Pieter S. M. 1994. "Analysis of Multipliers in Stochastic Input-Output Models," *Regional Science and Urban Economics*, **24**, 55-74.

Lahiri, Sajal. 1983. "A Note on the Underestimation and Overestimation in Stochastic Input-Output Models," *Economics Letters*, **13**, 361-365.

Lahr, Michael L. 2001. "A Strategy for Producing Regional Input-Output Tables," in Michael L. Lahr and Erik Dietzenbacher (eds.), *Input-Output Analysis: Frontiers and Extensions*. New York: Palgrave, pp. 211-242.

Laumas, Prem. 1975. "Key Sectors in Some Underdeveloped Countries," *Kyklos*, **28**, 62-79.

1976a. "Key Sectors in Some Underdeveloped Countries: A Reply," *Kyklos*, **29**, 767-769.

1976b. "The Weighting Problem in Testing the Linkage Hypothesis," *Quarterly Journal of Economics*, **90**, 308-312.

Loviscek, Anthony J. 1982. "Industrial Cluster Analysis-Backward or Forward Linkages?" *Annals of Regional Sciente*, **16**, 36-47.

Maaß, Siegfried. 1980. *Die Reagibilitat von Prognosen mittels Input-Output-Modellen auf Fehler im Datenmaterial*. Berlin: Duncker and Humblot.

McGilvray, James. 1977. "Linkages, Key Sectors and Development Strategy," in Wassily Leontief (ed.), *Structure, System and Economic Policy*. Cambridge, UK: Cambridge University Press, pp. 49-56.

de Mesnard, Louis. 2001. "On Boolean Topological Methods of Structural Analysis," in Michael L. Lahr and Erik Dietzenbacher (eds.), *Input-Output Analysis: Frontiers and Extensions*. New York: Palgrave. pp. 268-279.

2007. "About the Ghosh Model: Clarification," University of Burgundy. LEG, Working Paper 2007-06.

Meller, Patricio and Manual Marfán. 1981. "Small and Large Industry: Employment Generalion, Linkages. and Key Sectors," *Economic Development Cultural and Change*, **29**, 263-274.

Miller, Ronald E. 1989. "Stability of Supply Coefficients and Consistency of Supply-Driven and Demand-Driven Input-Output Models: A Comment," *Environment and Planning A*. **21**, 1113-1120.

2000. *Optimization*. New York: Wiley.

Miller, Ronald E. and Peter D. Blair. 1985. *Input Output Analysis: Foundations and Extensions*. Englewood Cliffs, NJ: Prentice-Hall.

1988. "Measuring Spatial Linkages," *Ricerche Economiche*, **42**, 288-310.

Okamoto, Nobuhiro. 2005. "Agglomeration, Intraregional and Interregional Linkages in China," in Okamoto and Ihara (eds.), pp. 128-153.

Okamoto, Nobuhiro and Takeo Ihara (eds.). 2005. *Spatial Structure and Regional Development in China: An Interregional Input-Output Approach*. Basingstoke, UK: Palgrave Macmillan (for IDE/JETRO).

Okuyama Yasuhide, Geoffrey J. D. Hewings. Michael Sonis and Philip Israilevich. 2002. "Structural Changes in the Chicago Economy: A Field of Influence Analysis," in Geoffrey J. D. Hewings, Michael Sonis and David Boyce (eds.), *Trade, Networks and Hierarchies*. Heidelberg: Springer. pp. 201-224.

Oosterhaven, Jan. 1980. *Interregional Input -Output Analysis and Dutch Regional Policy Problems*. Aldershot. UK: Gower.

1988. "On the Plausibility of the Supply-Driven Input-Output Model," *Journal of Regional Science*, **28**, 203-271.

1989. "The Supply-Driven Input-Output Model: A New Interpretation but Still Implausible," *Journal of Regional Science*, **29**, 459-465.

1996. "Leontief versus Ghoshian Price and Quantity Models," *Southern Economic Journal*, **62**, 750-759.

Paelinck, Jean, Jean de Caevel and Joseph Degueldre. 1965. "Analyse Quantitative de Certaines Phénomènes du Développment Régional Polarisé Essai de Simulation Statique d'itéraires de Propogation," in Bibliotèque de I'Institut de Science Économique, No. 7, *Problème de Conversion Économique: Analyses Théoretiques et Études Appliquées*. Paris: M. -Th Génin, pp. 341-387.

Pan. Wenquing and Qiyun Liu. 2005. "Spatial Linkages of the Chinese Economy," in Okamoto and Ihara (eds.), pp. 101-127.

Quandt, Richard E. 1958. "Probabilistic Errors in the Leontief System," *Naval Research Logistics Quarterly*, **5**, 155-170.

1959. "On the Solution of Probabilistic Leontief Systems," *Naval Research Logistics Quarterly*, **6**, 295-305.

ten Raa, Thijs. 1995. *Linear Analysis of Competitive Economies*. Hertfordshire, UK: Harvester Wheatsheaf.

2005. *The Economics of Input-Output Analysis*. Cambridge, UK: Cambridge University Press.

Rasmussen, P. Nørregaard. 1957. *Studies in Inter-sectoral Relations*. Amsterdam: North-Holland.

Roland-Holst, David W. 1989. "Bias and Stability of Multiplier Estimates," *Review of Economics and Statistics*, **71**, 718-721.

Rose, Adam and Tim Allison. 1989. "On the Plausibility of the Supply-Driven Input-Output Model: Empirical Evidence on Joint Stability," *Journal of Regional Science*, **29**, 451-458.

Schintke, Joachim. 1979. "Der Einfluss von Input-Koeffizientenänderungen auf die Sektorale Bruttoproduktion," in Jurgen Seetzen, Rolf Krengel, Gert von Kortzfleisch (eds.), *Makroökonomische Input-Output-Analysen und dynamische Modelle zur Erfassung technischer Entwicklungen*. Interdisciplinary Systems Research, Vol. 69. Basel: Birkhäuser, pp. 127-144.

1984. "Fehlersimulationen mit Input-Output-Tabellen des Statistischen Bundesamtes," *Vierteljahrshefte zur Wirtschaftsforschung*, No. **3**, 314-330.

Schintke, Joachim and Reiner Stäglin. 1984. "Stability of Import [ant] Input Coefficients," in Anatoli Smyshlyaev (ed.), *Input-Output Modeling*. Proceedings of the Fifth IIASA (International Institute for Applied Systems Analysis) Task Force Meeting on Input-Output Modeling, Laxenburg, Austria, October 4-6, 1984, pp. 129-139.

Schultz, Siegfried. 1976. "Intersectoral Comparisons as an Approach to the Identification of Key Sectors," in Karen R. Polenske and Jiří V. Skolka (eds.), *Advances in Input-Output Analysis. Proceedings of the Sixth International Conference on Input-Output Techniques*. Vienna, April 22 - 26, 1974. Cambridge, MA: Ballinger. pp. 137-159.

1977. "Approaches to Identitying Key Sectors Empirically by Means of Input-Output Analysis," *Journal of Development Studies*, **14**, 77-96.

Schultz, Siegfried and Dieter Schumacher. 1976. "Key Sectors in Some Underdeveloped Countries: A Comment," *Kyklos*, **29**, 765-766.

Schnabl, Hermann. 2003. "The ECA-method for Identifying Sensitive Reactions within an IO Context," *Economic Systems Research*, **15**, 495-504.

Sekulic Mijo. 1968. "Application of Input-Output Models to the Structural Analysis of the Yugoslav Economy," *Ekonomska Analiza*, **2**, 50-61.

Shao, Gang and Ronald E. Miller. 1990. Demand-side and Supply-side Commodity-Industry Multiregional Input-Output Models and Spatial Linkages in the US Regional Economy," *Economic Systems Research*, **2**, 385-405.

Sherman, Jack and Winifred J. Morrison. 1949. "Adjustment of an Inverse Matrix Corresponding to Changes in the Elements of a Given Column or a Given Row of the Original Matrix (Abstract)," *Annals of Mathematical Statistics*, **20**, 621.

1950. "Adjustment of an Inverse Matrix Corresponding to a Change in One Element of a Given Matrix," *Annals of Mathematical Statistics*, **21**, 124-127.

Siebe, Thomas. 1996. "Important Intermediate Transactions and Multi-sectoral Modelling," *Economic Systems Research*, **8**, 183-193.

Simonovits, András. 1975. "A Note on the Underestimation and Overestimation of the Leontief Inverse," *Econometrica*, **43**, 493-498.

Sonis, Michael and Geoffrey J. D. Hewings. 1989. "Error and Sensitivity Input-Output Analysis: A New Approach," in Ronald E. Miller, Karen R. Polenske and Adam Z. Rose (eds.), *Frontiers of Input-Output Analysis*. New York: Oxford Universily Press. pp. 232-244.

1992. "Coefficient Change in Input-Output Models: Theory and Applications," *Economic Systems Re-*

search, **4**, 143-157.

1999. "Miyazawa's Contributions to Understanding Economic Structure: Interpretation, Evaluation and Extensions," in Geoffrey J. D. Hewings, Michael Sonis, Moss Madden and Yoshio Kimura (eds.), *Understanding and Interpreting Economic Structure*. Berlin: Springer, pp. 13-51.

Strassert, Günter. 1968. "Zur Bestimmung stratigischer Sektoren mit Hilfe von Input-Output Modellen," *Jahrbücher für Nationalökonomie und Statistik*, **182**, 211-215.

Tarancón, Miguel Ángel, Fernando Callejas, Erik Dietzenbacher and Michael L. Lahr. 2008. "A Revision of the Tolerable Limits Approach: Searching for the Important Coefficients," *Economic Systems Research*, **20**, 75-95.

West, Guy R. 1986. "A Stochastic Analysis of an Input-Output Model," *Econometrica*, **54**, 363-374.

Woodbury, Max A. 1950. "Inverting Modified Matrices." Memorandum Report No. 42. Statistical Research Group, Princeton University, Princeton, NJ.

Wu, Tsai-Yi and Hung-Chyn Chen. 2006. "An Input-Output Analysis on Trade with Japan: Evidence from Taiwan, Korea and China," in Hiroshi Kuwamori and Bo Meng (eds.), *The Industrial Structure of Asia-Pacific Region (V)*. Papers and Proceedings of the International Workshop, "Frontiers of International Input-Output Analyses-A Challenge of the 2000 Asian I-O Table." (Asian International Input-Output series, No. 67.) Tokyo: IDE-JETRO, pp. 111-128.

Xu, Songling and Moss Madden. 1991. "The Concept of Important Coefficients in Input-Output Models," in John H. Ll. Dewhurst, Geoffrey J. D. Hewings and Rodney C. Jensen (eds.), *Regional Input-Output Modelling. New Developments and Interpretations*. Aldershot, UK: Avebury, pp. 66-97.

Yotopoulos, Pan A. and Jeffery B. Nugent. 1973. "A Balanced-growth Version of the Linkage Hypothesis: A Test," *Quarterly Journal of Economics*, **87**, 157-171.

第 13 章 结构分解、组合及动态模型

13.1 结构分解分析

当拥有一个经济体的两组或者更多的投入产出数据时，我们更感兴趣的是将经济体在某些方面变化的总量分解成不同的组成部分。例如，两个时期之间总产出的总变动可以一部分归结为技术的变迁（例如列昂惕夫逆矩阵的变化），另一部分归结为最终需求的跨期变化。

在另个一层次上，列昂惕夫逆矩阵的总变化一部分可归结为各部门内部的技术变化（正如直接投入系数矩阵的变化），另一部分则可归结为与各部门内部产品结构的变化相关。与之相似的是，最终需求的变化也可以进一步分解为与最终需求的总体水平的变化相关的部分，以及与最终需求构成的变化相关的部分。此外还有更多额外的选项，例如，没必要只用两个因素分解；另外，就业的变化、增加值、能源消耗等，它们可能比总产出的变化更值得探讨。如果要浏览相关文献，可以查阅罗斯和卡斯勒（Rose and Casler，1996）或者迪策巴赫和洛斯（Dietzenbacher and Los，1997，1998）。美国的费尔德曼、麦克莱恩和帕尔默（Feldman，McClain，and Palmer，1987）以及奥地利的斯科尔卡（Skolka，1989）也曾做过与之类似的两个经验案例研究。①

□ 13.1.1 初步的分解：总产出的变动

为了对结构分解分析（structural decomposition analysis，SDA）方法有一个大致的

① Schumann（1994）［Schumann（1990）的扩展］认为在一般情况下半闭模型具有优越性（例如，家庭消费），但是他也认为这个模型中的结构分解分析会导致坏的结果，原因是它孤立了结构变化的一些不能很清晰地被划分出来的并且可能相当复杂的原因。

了解，我们首先来探讨总产出的变动。假定存在两期的投入产出数据，用上标 0 和 1 分别表示两个不同的时期（0 比 1 早），我们把结构分解运用于一个投入产出模型，并侧重于说明这两期总产出向量的变动。通常，第 t 期的总产出 $\boldsymbol{x}^t$（$t=0$，1）在投入产出系统中表示为：

$$\boldsymbol{x}^1=\boldsymbol{L}^1\boldsymbol{f}^1 \text{ 和 } \boldsymbol{x}^0=\boldsymbol{L}^0\boldsymbol{f}^0 \tag{13.1}$$

上式中 $\boldsymbol{f}^t$＝第 t 期的最终需求向量，$\boldsymbol{L}^t=(\boldsymbol{I}-\boldsymbol{A}^t)^{-1}$。那么可以观测到的这两期的总产出的变动可以表示为：

$$\Delta\boldsymbol{x}=\boldsymbol{x}^1-\boldsymbol{x}^0=\boldsymbol{L}^1\boldsymbol{f}^1-\boldsymbol{L}^0\boldsymbol{f}^0 \tag{13.2}$$

我们的任务是要把产出的变动分解为其他各种因素变动的贡献——表现在式（13.2）中就是分解成 $\boldsymbol{L}$（$\Delta\boldsymbol{L}=\boldsymbol{L}^1-\boldsymbol{L}^0$）的变动和 $\boldsymbol{f}$（$\Delta\boldsymbol{f}=\boldsymbol{f}^1-\boldsymbol{f}^0$）的变动。① 为了消除价格变化的影响，我们假设所有的数据都以同一期为基准。

对于式（13.2）可以采用多种方式来进行展开和整理。例如，$\boldsymbol{L}$ 只用第 1 期的值而 $\boldsymbol{f}$ 只用第 0 期的值，即用（$\boldsymbol{L}^1-\Delta\boldsymbol{L}$）代替$\boldsymbol{L}^0$，用（$\boldsymbol{f}^0+\Delta\boldsymbol{f}$）代替$\boldsymbol{f}^1$，这样可以得到：

$$\Delta\boldsymbol{x}=\boldsymbol{L}^1(\boldsymbol{f}^0+\Delta\boldsymbol{f})-(\boldsymbol{L}^1)\boldsymbol{f}^0=(\Delta\boldsymbol{L})\boldsymbol{f}^0+\boldsymbol{L}^1(\Delta\boldsymbol{f}) \tag{13.3}$$

这个简单的等式将总产出的变动总量直接分解为：（1）归因于技术变动的部分，$\Delta\boldsymbol{L}$，在这里以第 0 期的最终需求（$\boldsymbol{f}^0$）作为权重；（2）反映最终需求的变动的部分，Δf，以第 1 期的技术（$\boldsymbol{L}^1$）作为权重。

注意到式（13.3）的右边每一项直观来看都很有吸引力——例如，$(\Delta\boldsymbol{L})\boldsymbol{f}^0=\boldsymbol{L}^1\boldsymbol{f}^0-\boldsymbol{L}^0\boldsymbol{f}^0$。第一项是在新的（第 1 期）技术条件下为了满足原来（第 0 期）的需求所需要的产出量；第二项是在旧的技术条件下为满足原来的需求所需要的产出量。因此，两者的差额可以合理地用来描述技术变动带来的影响。同理，对 $\boldsymbol{L}^1(\Delta\boldsymbol{f})$ 也可以做相似的理解。

此外，还可以将 $\boldsymbol{L}$ 只用第 0 期的值而 $\boldsymbol{f}$ 只用第 1 期的值来表示，即用（$\boldsymbol{L}^0+\Delta\boldsymbol{L}$）代替 $\boldsymbol{L}^1$，用（$\boldsymbol{f}^1-\Delta\boldsymbol{f}$）代替 $\boldsymbol{f}^0$，式（13.2）就可以写为：

$$\Delta\boldsymbol{x}=(\boldsymbol{L}^0+\Delta\boldsymbol{L})\boldsymbol{f}^1-\boldsymbol{L}^0(\boldsymbol{f}^1-\Delta\boldsymbol{f})=(\Delta\boldsymbol{L})\boldsymbol{f}^1+\boldsymbol{L}^0(\Delta\boldsymbol{f}) \tag{13.4}$$

在这种情况下，技术变动的效果以第 1 期的最终需求为权重，最终需求变化的效果则以第 0 期的技术水平为权重。

从数学的角度看，在给定式（13.2）和定义 $\Delta\boldsymbol{L}=\boldsymbol{L}^1-\boldsymbol{L}^0$ 和 $\Delta\boldsymbol{f}=\boldsymbol{f}^1-\boldsymbol{f}^0$ 的条件下，由不同的变换得出的式（13.3）和式（13.4）是同等有效的。然而，明显地，式（13.3）中用来衡量技术变动和最终需求变动对总产出的影响的方式与式（13.4）不同。有一种情况除外，$L^1=L^0$ 或/和 $f^1=f^0$，即在经济技术、最终需求分别或者同时保持不变的情况下，但是这种情况是不现实且无趣的。式（13.3）和式（13.4）的结论可以用另外一种方式从式（13.2）中得出。例如，把式（13.2）的右边同时加上和减去 L^1f^0，经整理可得到式（13.3）。同理，把式（13.2）的右边同时加上和减去 L^0f^1（在第 0 期的技术下满足第 1 期的需求所需要的产出），经整理可得到式（13.4）。

① 在第 7.2.1 节中我们讨论了在评价总体结构变动时几种最常用的方法，其中一种方法是比较 $\boldsymbol{x}^1=\boldsymbol{L}^1\boldsymbol{f}^1$ 和 $\boldsymbol{L}^0\boldsymbol{f}^1$，后者即在 $\boldsymbol{L}^0$ 的技术水平下 $\boldsymbol{f}^1$ 带来的产出。

若只用第 0 期或者只用第 1 期的值作为权重，式（13.2）又有其他的展开方式。如果我们只用第 0 期的值作为权重，那么 $\boldsymbol{L}^1=\boldsymbol{L}^0+\Delta\boldsymbol{L}$，$\boldsymbol{f}^1=\boldsymbol{f}^0+\Delta\boldsymbol{f}$，(13.2) 可以表示为：

$$\Delta\boldsymbol{x}=(\boldsymbol{L}^0+\Delta\boldsymbol{L})(\boldsymbol{f}^0+\Delta\boldsymbol{f})-\boldsymbol{L}^0\boldsymbol{f}^0=(\Delta\boldsymbol{L})\boldsymbol{f}^0+\boldsymbol{L}^0(\Delta\boldsymbol{f})+(\Delta\boldsymbol{L})(\Delta\boldsymbol{f}) \tag{13.5}$$

在这种情况下，技术变化和最终需求变化都以第 0 期的值为权重，但是这里出现了另外一项（交叉项），$\Delta\boldsymbol{L}\Delta\boldsymbol{f}$。这一交叉项在直观上的解释没有任何吸引力。①

最后，只用第 1 期的值为权重，即 $\boldsymbol{L}^0=\boldsymbol{L}^1-\Delta\boldsymbol{L}$，$\boldsymbol{f}^0=\boldsymbol{f}^1-\Delta\boldsymbol{f}$，代入式（13.2）得到：

$$\Delta\boldsymbol{x}=\boldsymbol{L}^1\boldsymbol{f}^1-(\boldsymbol{L}^1-\Delta\boldsymbol{L})(\boldsymbol{f}^1-\Delta\boldsymbol{f})=(\Delta\boldsymbol{L})\boldsymbol{f}^1+\boldsymbol{L}^1(\Delta\boldsymbol{f})-(\Delta\boldsymbol{L})(\Delta\boldsymbol{f}) \tag{13.6}$$

这里仍然存在交叉项，只是这里是减去交叉项。②

很多学者对上面的四种变换进行过研究。例如，斯科尔卡（Skolka，1989）提出了前三种分解方式③；罗斯和陈（Rose and Chen，1991）研究了式（13.5）的最终扩展形式。瓦卡拉和西蒙（Vaccara and Simon，1968）运用了式（13.3）和式（13.4）中的因式分解，然后对这两种方法得到的最终需求变化和系数的变化取平均值。这也是费尔德曼、麦克莱恩和帕尔默（Feldman，McClain，and Palmer，1987）以及米勒和绍（Miller and Shao，1994）与其他人的研究方法。迪策巴赫和洛斯（Dietzenbacher and Los，1998）检验了很多种可能的分解方式，并得出结论认为用式（13.3）和式（13.4）得出的结果的平均值往往是可以接受的方法。④

对此，我们可以作如下解释。把式（13.3）和式（13.4）相加可得：

$$2\Delta\boldsymbol{x}=(\Delta\boldsymbol{L})\boldsymbol{f}^0+\boldsymbol{L}^1(\Delta\boldsymbol{f})+(\Delta\boldsymbol{L})\boldsymbol{f}^1+\boldsymbol{L}^0(\Delta\boldsymbol{f})$$

整理得：

$$\Delta\boldsymbol{x}=\left(\frac{1}{2}\right)\underbrace{(\Delta\boldsymbol{L})(\boldsymbol{f}^0+\boldsymbol{f}^1)}_{\text{技术变动}}+\left(\frac{1}{2}\right)\underbrace{(\boldsymbol{L}^0+\boldsymbol{L}^1)(\Delta\boldsymbol{f})}_{\text{最终需求变动}} \tag{13.7}$$

[读者可以很容易证明，用式（13.7）得到的平均值与对式（13.5）和式（13.6）的结果取平均得到的值是相等的。]⑤

① 通过对式（13.2）加上或者减去相应的项来推导出结果也是可以的，但是会更加复杂。事实上，使用这种方法时需要同时加上并减去 $\boldsymbol{L}^1\boldsymbol{f}^0$、$\boldsymbol{L}^0\boldsymbol{f}^1$、$\boldsymbol{L}^0\boldsymbol{f}^0$ 这三项，然后再重新整理。

② 这个结果可以通过对式（13.2）同时加上并减去 $\boldsymbol{L}^1\boldsymbol{f}^0$、$\boldsymbol{L}^0\boldsymbol{f}^1$ 和 $\boldsymbol{L}^1\boldsymbol{f}^1$，然后再重新整理得到。

③ 根据所使用的分解方法的类型，他对这个领域 1989 年以前的研究进行了分类。

④ 并非所有人都同意。Fromm（1968）讨论了指数问题，这个问题涉及找到通过使用不同的年份给不同权重进行平均的方法。式（13.3）中，$(\Delta\boldsymbol{L})\boldsymbol{f}^0$ 项是一种 Laspeyres 指数（初始期权重为 $\boldsymbol{f}^0$），$\boldsymbol{L}^1(\Delta\boldsymbol{f})$ 项是一种 Paasche 指数（计算期权重为 $\boldsymbol{L}^1$）；在式（13.4）中 Laspeyres 项和 Paasche 项则反过来。他认为对式（13.3）和式（13.4）取平均值会得到"……不是很有启发性的讨论"（p. 65）。

⑤ 关于式（13.3）或式（13.4）"合并"交叉项，学术界有一些很有启发性的讨论。从对式（13.5）的重新组合开始，$[(\Delta\boldsymbol{L})\boldsymbol{f}^0+(\Delta\boldsymbol{L})(\Delta\boldsymbol{f})]+\boldsymbol{L}^0\Delta\boldsymbol{f}\Rightarrow(\Delta\boldsymbol{L})\boldsymbol{f}^1+\boldsymbol{L}^0\Delta\boldsymbol{f}$，得到式（13.4），从而 $(\Delta\boldsymbol{L})\boldsymbol{f}^1$ 合并了交叉项 $[+(\Delta\boldsymbol{L})(\Delta\boldsymbol{f})]$。然而，同样有说服性的是将式（13.5）写为 $(\Delta\boldsymbol{L})\boldsymbol{f}^0+[\boldsymbol{L}^0\Delta\boldsymbol{f}+(\Delta\boldsymbol{L})(\Delta\boldsymbol{f})]\Rightarrow(\Delta\boldsymbol{L})\boldsymbol{f}^0+\boldsymbol{L}^1\Delta\boldsymbol{f}$ 得到式（13.3），现在是 $\boldsymbol{L}^1\Delta\boldsymbol{f}$ 合并了交叉项 $[+(\Delta\boldsymbol{L})(\Delta\boldsymbol{f})]$。对式（13.6）进行相似的重新组合，可以看作式（13.3）中的 $(\Delta\boldsymbol{L})\boldsymbol{f}^0$ 项或式（13.4）中的 $\boldsymbol{L}^0(\Delta\boldsymbol{f})$ 项合并了交叉项 $[-(\Delta\boldsymbol{L})(\Delta\boldsymbol{f})]$。从数学角度来看，式（13.7）的结果将交叉项的一半分配给技术变动，将另一半分配给最终需求变动。见 Casler（2001）对于交叉项的思考。

数据例子

这里用一个数据例子来说明这种分解，令：

$$\boldsymbol{Z}^0=\begin{bmatrix}10 & 20 & 25\\15 & 5 & 30\\30 & 40 & 5\end{bmatrix},\ \boldsymbol{f}^0=\begin{bmatrix}45\\30\\25\end{bmatrix},\ \boldsymbol{Z}^1=\begin{bmatrix}12 & 15 & 35\\24 & 11 & 30\\36 & 50 & 8\end{bmatrix},\ \boldsymbol{f}^1=\begin{bmatrix}50\\35\\26\end{bmatrix}$$

根据 $\boldsymbol{x}^0=\boldsymbol{Z}^0\boldsymbol{i}+\boldsymbol{f}^0$ 和 $\boldsymbol{x}^1=\boldsymbol{Z}^1\boldsymbol{i}+\boldsymbol{f}^1$，$\boldsymbol{L}^0$ 和 $\boldsymbol{L}^1$ 可以很容易得到，从而有：

$$\Delta\boldsymbol{L}=\begin{bmatrix}0.0649 & -0.0941 & 0.0320\\0.1447 & 0.0607 & 0.0116\\0.1448 & 0.0342 & 0.0586\end{bmatrix},\ \Delta\boldsymbol{f}=\begin{bmatrix}5\\5\\1\end{bmatrix},\ \Delta\boldsymbol{x}=\begin{bmatrix}12\\20\\20\end{bmatrix}$$

表 13－1 列举了这个例子中对 $\Delta\boldsymbol{x}$ 的各种可能的分解的结果。[①]

在一开始就应该出注意到，根据定义，投入产出结构分解的研究得到的是部门层面的结果。对于一个有 n 个部门的模型，衡量变动的 n 维向量中的每一个元素——在总产出的例子中就是 $\Delta\boldsymbol{x}$——都会被分解为两个或者更多的因素变动作用的结果。也就是说，这类问题的研究会存在一个固有的问题，即找到合适的对这些结果进行加总的方法。一个明显的解决方法就是用总（经济系统）的数据——体现在式（13.7）的例子中，就是[②]：

$$\boldsymbol{i}'(\Delta\boldsymbol{x})=\underbrace{\boldsymbol{i}'\left[\left(\frac{1}{2}\right)(\Delta\boldsymbol{L})(\boldsymbol{f}^0+\boldsymbol{f}^1)\right]}_{\text{整个经济的技术系数变动效应}}+\underbrace{\boldsymbol{i}'\left[\left(\frac{1}{2}\right)(\boldsymbol{L}^0+\boldsymbol{L}^1)(\Delta\boldsymbol{f})\right]}_{\text{整个经济的最终需求变动效应}}$$

还有一种方法是把所有的部门分组成不同的类别，然后找出这些包含比较少元素的组的平均值（简单平均或者加权平均）。例如，“快速增长部门”（比如前百分之 x）、“增长最慢的部门（衰退最快）”（比如末尾的百分之 x）、其他部门［中间的百分之 $(100-2x)$］；或者部门 1（与自然资源相关的）、部门 2（制造和加工）、部门 3（支持和服务导向）。从这个例子以及第 13.2.5 节的经验研究中我们应该可以清楚地知道，任何运用整体经济或平均数据的方法都忽略了大量的细节（波动）。

表 13－1　　不同的结构分解方法

	技术水平变化贡献	最终需求变化贡献	交叉项
式（13.3）	$\begin{bmatrix}0.90\\8.62\\9.01\end{bmatrix}$	$\begin{bmatrix}11.10\\11.38\\10.99\end{bmatrix}$	$\begin{bmatrix}0\\0\\0\end{bmatrix}$
式（13.4）	$\begin{bmatrix}0.78\\9.66\\9.96\end{bmatrix}$	$\begin{bmatrix}11.22\\10.34\\10.04\end{bmatrix}$	$\begin{bmatrix}0\\0\\0\end{bmatrix}$

① 在这个表中，读者可以很容易识别出前面脚注中所说的不同“合并”方式的结果。

② 将两边都除以 n 可以得到一种“平均”值。

续前表

	技术水平变化贡献	最终需求变化贡献	交叉项
式（13.5）	$\begin{bmatrix}0.90\\8.62\\9.01\end{bmatrix}$	$\begin{bmatrix}11.22\\10.34\\10.04\end{bmatrix}$	$+\begin{bmatrix}-0.12\\1.04\\0.95\end{bmatrix}$
式（13.6）	$\begin{bmatrix}0.78\\9.66\\9.96\end{bmatrix}$	$\begin{bmatrix}11.10\\11.38\\10.99\end{bmatrix}$	$-\begin{bmatrix}-0.12\\1.04\\0.95\end{bmatrix}$
式（13.7）	$\begin{bmatrix}0.84\\9.14\\9.49\end{bmatrix}$	$\begin{bmatrix}11.16\\10.86\\10.51\end{bmatrix}$	$\begin{bmatrix}0\\0\\0\end{bmatrix}$

表 13－2 强调了式（13.7）所得出的结果，括号中的数据表示每一行每种因素变动量占产出变动量的百分比（因为这些数据都是为了举例说明而假设出来的数据，我们无须强制解释百分比的意义。在这里我们没有保留小数点）。

表 13－2　　特定部门和经济整体的分解结果［式（13.7）］

	产出变化	科技水平变化贡献	最终需求变化贡献
部门 1	12	0.84（7）	11.16（93）
部门 2	20	9.14（46）	10.86（54）
部门 3	20	9.49（47）	10.51（53）
整个经济体总量	52	19.47（37）	32.53（63）

在这个例子中，整个经济系统总产出变动的 37%归因于技术变动，63%归因于最终需求变动。值得注意的是，这些比例在部门之间的差异较大。技术变动对部门的总产出增长的贡献比例从 7%到 47%不等，进而最终需求变动对部门的总产出变动的贡献比例从 53%到 93%不等。

□ 13.1.2　下一级的分解：对 ΔL 和 Δf 的进一步研究

当然，我们的研究不会止步于式（13.2）～式（13.7）中的分解。举例来说，最终需求变动可能是由于最终需求总体水平的变动或者总需求向量中对不同的产品或者服务的支出的相对比例的变动。事实上，最终需求的数据可能来自几个向量的和，每一个向量代表一个最终需求类别，如家庭消费、出口、政府支出（联邦、州、地方政府）等。这些类别的相对重要性可能会发生变化。

同样地，列昂惕夫逆矩阵的变动是因为 **A** 的变动，**A** 的变动可能源于技术变动的不同方面的作用。例如，生产工艺的变化（汽车的生产中用塑料来代替金属），由相对价格变化引起的替代（包括进口的投入和国内的投入），由一个部门的经济规模变化引起的单位产出投入的变化，等等——正如第 7.2 节所指出的。我们研究了一些方法来解释这些“下一级”效应。在这之前，我们需要概括各种分解的结果。

多因素产品的可加分解

为便于推广，上述式（13.7）中的结果可以用以下方式来看待。$y^t=x_1^tx_2^t$ 表示被解释变量是两个自变量（实数、向量、矩阵或者合适的集合）的乘积的一般情况。$\boldsymbol{x}^t=\boldsymbol{L}^t\boldsymbol{f}^t$ 则是一个特例。式（13.3）和式（13.4）中的分解 $\Delta y=x_1^1x_2^1-x_1^0x_2^0$ 就可以相应地表示成 $\Delta y=(\Delta x_1)x_2^0+x_1^1(\Delta x_2)$ 和 $\Delta y=(\Delta x_1)x_2^1+x_1^0(\Delta x_2)$。特别地，在式（13.3）中第 0 期的权重出现在变动项右边，而第 1 期的权重是在变动项左边，在式（13.4）中恰好相反。

在大于两期的情况下，如当 $y^t=x_1^tx_2^t\cdots x_n^t$ 时，一种分解方法是扩展前面两种方法的逻辑。[①] 当 $n=3$ 时，$y^t=x_1^tx_2^tx_3^t$ 从而 $\Delta y=x_1^1x_2^1x_3^1-x_1^0x_2^0x_3^0$，将 $x_1^1=x_1^0+\Delta x_1$，$x_2^1=x_2^0+\Delta x_2$ 和 $x_3^1=x_3^0+\Delta x_3$ 代入并整理得：

$$\Delta y=(\Delta x_1)x_2^0x_3^0+x_1^1(\Delta x_2)x_3^0+x_1^1x_2^1(\Delta x_3) \tag{13.8}$$

再次替代和整理可以得到：

$$\Delta y=(\Delta x_1)x_2^1x_3^1+x_1^0(\Delta x_2)x_3^1+x_1^0x_2^0(\Delta x_3) \tag{13.9}$$

用普通平均方法可以得到：

$$\begin{aligned}\Delta y=&\left(\frac{1}{2}\right)(\Delta x_1)(x_2^0x_3^0+x_2^1x_3^1)+\left(\frac{1}{2}\right)[x_1^0(\Delta x_2)x_3^1+x_1^1(\Delta x_2)x_3^0]\\&+\left(\frac{1}{2}\right)(x_1^0x_2^0+x_1^1x_2^1)(\Delta x_3)\end{aligned} \tag{13.10}$$

[注意到$\frac{1}{2}$项是对关于 Δy 的式（13.8）和式（13.9）取平均而得来的，它们与 Δy 的右边的每一项的元素个数无关。]

当 $n>3$ 时，会得到相似的结论。方程的结构与式（13.8）和式（13.9）相同，在式（13.8）中，第 0 期的权重仍然在 x 的右边，第 1 期的权重在左边，式（13.9）中恰好相反。归纳起来很简单但是计算起来很烦琐。与式（13.8）对应的是：

$$\begin{aligned}\Delta y=&(\Delta x_1)(x_2^0\cdots x_n^0)+x_1^1(\Delta x_2)(x_3^0\cdots x_n^0)+\cdots+(x_1^1\cdots x_{n-2}^1)(\Delta x_{n-1})x_n^0\\&+(x_1^1\cdots x_{n-1}^1)(\Delta x_n)\end{aligned} \tag{13.11}$$

与式（13.9）对应的方程与式（13.11）有相同的结构，只是上标 0 和 1 要调换位置。据此，我们可以得到式（13.10）在 n 个变量的情况下的完整的扩展形式：

$$\begin{aligned}\Delta y=&\left(\frac{1}{2}\right)(\Delta x_1)[(x_2^0\cdots x_n^0)+(x_2^1\cdots x_n^1)]\\&+\left(\frac{1}{2}\right)[x_1^0(\Delta x_2)(x_3^1\cdots x_n^1)+x_1^1(\Delta x_2)(x_3^0\cdots x_n^0)]\\&+\cdots+\left(\frac{1}{2}\right)[(x_1^0\cdots x_{n-2}^0)(\Delta x_{n-1})x_n^1+(x_1^1\cdots x_{n-2}^1)(\Delta x_{n-1})x_n^0]\\&+\left(\frac{1}{2}\right)[(x_1^0\cdots x_{n-1}^0)+(x_1^1\cdots x_{n-1}^1)](\Delta x_n)\end{aligned} \tag{13.12}$$

最终需求变动

可能会影响最终需求在两个时期之间变动的因素有：(1) 对最终需求的总支出——

---

① 这些并不是唯一选项。详情见 Dietzenbacher 和 Los（1998）对可选择的方法的详尽讨论。

最终需求水平；（2）总支出在不同的最终需求类别之间的分布——例如，总的家庭消费支出、出口、政府支出（有可能分为联邦、州、地方政府支出）以及其他最终需求占最终需求总量的比例；（3）各最终需求类别的产品组合，例如，家庭总消费支出中电脑和电脑服务所占的比例。这些因素反映在最终需求系数矩阵中。

在一个有 n 个部门的投入产出模型中，如果有 p 个类别的最终需求——而不是一个单一的最终需求向量 $\underset{(n\times 1)}{\boldsymbol{f}^t}$ ——那么我们就会有一个最终需求矩阵 $\underset{(n\times p)}{\boldsymbol{F}} = [\boldsymbol{f}_1^t, \cdots, \boldsymbol{f}_p^t]$，$\boldsymbol{f}_k^t = \begin{bmatrix} f_{1k}^t \\ \vdots \\ f_{nk}^t \end{bmatrix}$，其中 f_{ik}^t 表示第 t 期第 i 个经济部门在第 k 类最终需求上的支出额。特别地，

a. $\boldsymbol{F}^t\boldsymbol{i} = \boldsymbol{f}^t$，表示每个部门第 t 期最终需求的 n 维列向量。

b. $\boldsymbol{i}'\boldsymbol{F}^t\boldsymbol{i} = \boldsymbol{i}'\boldsymbol{f}^t = f^t$，表示第 t 期最终需求水平。

c. $\boldsymbol{y}^t = (\boldsymbol{i}'\boldsymbol{F}^t)' = \begin{bmatrix} y_1^t \\ \vdots \\ y_p^t \end{bmatrix}$，$y_k^t$ 表示第 t 期第 k 类最终需求总量。

最终需求水平在 p 个最终需求类别上的分布用向量 $\boldsymbol{d}^t$ 表示，$\boldsymbol{d}^t$ 是 $\boldsymbol{F}^t$ 的各列向量的和除以 f^t，就是：

$$\underset{(p\times 1)}{\boldsymbol{d}^t} = [d_k^t] = \left(\frac{1}{f^t}\right)\boldsymbol{y}^t = \begin{bmatrix} y_1^t/f^t \\ \vdots \\ y_p^t/f^t \end{bmatrix} \tag{13.13}$$

所以 d_k^t 表示第 t 期第 k 类最终需求占最终需求水平的比例。最后，最终需求系数矩阵，$\underset{(n\times p)}{\boldsymbol{B}^t}$ 可以表示为：

$$\boldsymbol{B}^t = [b_{ik}^t] = (\boldsymbol{F}^t)(\hat{\boldsymbol{y}}^t)^{-1} \tag{13.14}$$

所以 $\boldsymbol{B}^t$ 是 $\boldsymbol{F}^t$ 的列向量和标准化的结果——$b_{ik}^t = f_{ik}^t/y_k^t$ 表示第 t 期第 k 类最终需求支出中部门 i 产品所占的比例。①

根据这些定义，有：

$$\boldsymbol{f}^t = f^t\boldsymbol{B}^t\boldsymbol{d}^t = \boldsymbol{B}^t\boldsymbol{y}^t \tag{13.15}$$

和

$$\Delta\boldsymbol{f} = \boldsymbol{f}^1 - \boldsymbol{f}^0 = f^1\boldsymbol{B}^1\boldsymbol{d}^1 - f^0\boldsymbol{B}^0\boldsymbol{d}^0 = \boldsymbol{B}^1\boldsymbol{y}^1 - \boldsymbol{B}^0\boldsymbol{y}^0 \tag{13.16}$$

上式不仅在只有一个最终需求向量的情况（$p=1$）下成立，而且适用于存在多个最终需求类别（$p>1$）的情况。对于 $p=1$ 的情况 $\boldsymbol{F}^t = \boldsymbol{f}^t = \begin{bmatrix} f_1^t \\ \vdots \\ f_n^t \end{bmatrix}$，$f^t = \boldsymbol{y}^t$（标量），$\boldsymbol{B}^t$ 是一个列向量（$b_i^t = f_i^t/f^t = f_i^t/\boldsymbol{y}^t$）且 $\boldsymbol{d}^t = 1$。对于 $p>1$ 的情况，按类别分解后，最终需求矩阵可以表示为 $\boldsymbol{F}^t = \boldsymbol{B}^t\hat{\boldsymbol{y}}^t$。

---

① 不要将此处的 $\boldsymbol{B}$ 与高希模型的产品系数矩阵混淆。

与式（13.8）、式（13.9）和式（13.10）相似，对式（13.16）中的最终需求变动进行分解得到：

$$\Delta \boldsymbol{f}=(\Delta f)\boldsymbol{B}^0\boldsymbol{d}^0+f^1(\Delta\boldsymbol{B})\boldsymbol{d}^0+f^1\boldsymbol{B}^1(\Delta\boldsymbol{d}) \tag{13.17}$$

$$\Delta \boldsymbol{f}=(\Delta f)\boldsymbol{B}^1\boldsymbol{d}^1+f^0(\Delta\boldsymbol{B})\boldsymbol{d}^1+f^0\boldsymbol{B}^0(\Delta\boldsymbol{d}) \tag{13.18}$$

和

$$\Delta \boldsymbol{f}=\underbrace{\left(\frac{1}{2}\right)(\Delta f)(\boldsymbol{B}^0\boldsymbol{d}^0+\boldsymbol{B}^1\boldsymbol{d}^1)}_{\text{最终需求水平变动效应}}+\underbrace{\left(\frac{1}{2}\right)[f^0(\Delta\boldsymbol{B})\boldsymbol{d}^1+f^1(\Delta\boldsymbol{B})\boldsymbol{d}^0]}_{\text{最终需求组合变动效应}}+\underbrace{\left(\frac{1}{2}\right)(f^0\boldsymbol{B}^0+f^1\boldsymbol{B}^1)(\Delta d)}_{\text{最终需求分布变动效应}} \tag{13.19}$$

当 $p=1$，$\Delta\boldsymbol{d}=0$ 时，式（13.17）～式（13.19）中的第三项就不会出现，这时分解简化为：

$$\Delta \boldsymbol{f}=\underbrace{\left(\frac{1}{2}\right)(\Delta f)(\boldsymbol{B}^0+\boldsymbol{B}^1)}_{\text{最终需求水平变动效应}}+\underbrace{\left(\frac{1}{2}\right)(f^0+f^1)(\Delta\boldsymbol{B})}_{\text{最终需求组合变动效应}} \tag{13.20}$$

□ 13.1.3 数据例子

一类最终需求（当 $p=1$ 时）

同样使用数据例子进行说明①：

$$\boldsymbol{B}^0=\begin{bmatrix}0.45\\0.3\\0.25\end{bmatrix},\ \boldsymbol{B}^1=\begin{bmatrix}0.4540\\0.3153\\0.2342\end{bmatrix},\ \Delta\boldsymbol{B}=\begin{bmatrix}0.0005\\0.0153\\-0.0158\end{bmatrix},\ f^1=111,\ f^0=100$$

根据定义，我们注意到 $\boldsymbol{B}^0$ 和 $\boldsymbol{B}^1$ 的所有列元素之和为 1，所以 $\Delta\boldsymbol{B}$ 的所有列元素的和一定为 0；故 $\Delta\boldsymbol{B}$ 中必定会有一个或者更多的负数来平衡一个或更多的正数。这就意味着在式（13.20）中的第二项即最终需求系数变动效应中至少有一个部门为负。在这个数值说明中，第三部分在整个最终需求支出中变得不再那么重要。使用式（13.20）我们可以得到表 13－3 所示的结果。

表 13－3　经济系统的分解结果（两个最终需求类别分解）[a]

	产出变化	最终需求变化贡献		
		最终需求水平	最终需求系数	总计
部门 1	12	11.05（92）	0.11（1）	11.16（93）
部门 2	20	9.35（47）	1.51（7）	10.86（54）
部门 3	20	11.45（57）	−0.94（−5）	10.51（53）
整个经济体总量	52	31.85（61）	0.68（1）	32.53（63）

a. 在这个表格和以后的表格中对于百分比我们都没有保留小数点，所以总体影响与部分影响的和之间也许会存在差异。

① 保留两位以上的小数点是必要的，但是结果仍然四舍五入到两位小数。

两类最终需求（当 $p=2$ 时）

假定可以得到这两种最终需求类别的数据（如家庭和所有其他的最终需求）。与前面的数据例子一致，令：

$$\boldsymbol{F}^0=[\boldsymbol{f}_1^0\boldsymbol{f}_2^0]=\begin{bmatrix}20 & 25\\10 & 20\\15 & 10\end{bmatrix},\ \boldsymbol{F}^1=[\boldsymbol{f}_1^1\boldsymbol{f}_2^1]=\begin{bmatrix}25 & 25\\15 & 20\\18 & 8\end{bmatrix}$$

则：

$$\boldsymbol{d}^0=\begin{bmatrix}\frac{45}{100}\\\frac{55}{100}\end{bmatrix}=\begin{bmatrix}0.450\ 0\\0.550\ 0\end{bmatrix},\ \boldsymbol{d}^1=\begin{bmatrix}\frac{58}{111}\\\frac{53}{111}\end{bmatrix}=\begin{bmatrix}0.525\ 5\\0.477\ 5\end{bmatrix}$$

最终需求系数矩阵为：

$$\boldsymbol{B}^0=\begin{bmatrix}20 & 25\\10 & 20\\15 & 10\end{bmatrix}\begin{bmatrix}\frac{1}{45} & 0\\0 & \frac{1}{55}\end{bmatrix}=\begin{bmatrix}0.444\ 4 & 0.454\ 5\\0.222\ 2 & 0.363\ 6\\0.333\ 3 & 0.181\ 8\end{bmatrix}$$

和

$$\boldsymbol{B}^1=\begin{bmatrix}25 & 25\\15 & 20\\18 & 8\end{bmatrix}\begin{bmatrix}\frac{1}{58} & 0\\0 & \frac{1}{53}\end{bmatrix}=\begin{bmatrix}0.431\ 0 & 0.471\ 7\\0.258\ 6 & 0.377\ 4\\0.310\ 3 & 0.150\ 9\end{bmatrix}$$

最后，有：

$$\Delta\boldsymbol{d}=\begin{bmatrix}0.072\ 5\\-0.072\ 5\end{bmatrix},\ \Delta\boldsymbol{B}=\begin{bmatrix}-0.013\ 4 & 0.017\ 2\\0.036\ 4 & 0.013\ 7\\-0.023\ 0 & -0.030\ 9\end{bmatrix},\ \Delta f=11$$

式（13.19）的分解产生了如表 13－4 所示的结果。再次根据定义，我们注意到，$\Delta\boldsymbol{d}$ 和 $\Delta\boldsymbol{B}$ 的所有列元素之和必须为 0，这就在最终需求系数变动效应和分布效应［式（13.19）中的第二项和第三项］中引入了负数。

表 13－4　　经济系统的分解结果（三个最终需求类别分解）

	产出变化	最终需求变化贡献			
		最终需求水平	最终需求系数	最终需求分布	总计
部门 1	12	11.05（92）	0.31（3）	−0.21（−2）	11.16（93）
部门 2	20	9.35（47）	2.42（12）	−0.91（−5）	10.86（54）
部门 3	20	11.45（57）	−1.65（−8）	0.71（4）	10.51（53）
整个经济体总量	52	31.85（61）	1.08（2）	−0.41（−1）	32.53（63）

□ 13.1.4 直接投入系数矩阵的变动

$\Delta \boldsymbol{L}$ 的分解

列昂惕夫逆矩阵在两期之间的变化反映了直接投入系数矩阵的变动。把 $\Delta \boldsymbol{A}$ 传导到 $\Delta \boldsymbol{L}$ 的一种常用的分析方法如下。给定$\boldsymbol{L}^1=(\boldsymbol{I}-\boldsymbol{A}^1)^{-1}$和$\boldsymbol{L}^0=(\boldsymbol{I}-\boldsymbol{A}^0)^{-1}$，$\boldsymbol{L}$ 右乘（$\boldsymbol{I}-\boldsymbol{A}^1$）得：

$$\boldsymbol{L}^1(\boldsymbol{I}-\boldsymbol{A}^1)=\boldsymbol{I}=\boldsymbol{L}^1-\boldsymbol{L}^1\boldsymbol{A}^1 \tag{13.21}$$

$\boldsymbol{L}^0$左乘（$\boldsymbol{I}-\boldsymbol{A}^0$）得：

$$(\boldsymbol{I}-\boldsymbol{A}^0)\boldsymbol{L}^0=\boldsymbol{I}=\boldsymbol{L}^0-\boldsymbol{A}^0\boldsymbol{L}^0 \tag{13.22}$$

重新整理式（13.21），并且右乘 $\boldsymbol{L}^0$，得：

$$\boldsymbol{L}^1-\boldsymbol{I}=\boldsymbol{L}^1\boldsymbol{A}^1\Rightarrow \boldsymbol{L}^1\boldsymbol{L}^0-\boldsymbol{L}^0=\boldsymbol{L}^1\boldsymbol{A}^1\boldsymbol{L}^0 \tag{13.23}$$

相似地，重新整理式（13.22），并且左乘 $\boldsymbol{L}^1$得：

$$\boldsymbol{L}^0-\boldsymbol{I}=\boldsymbol{A}^0\boldsymbol{L}^0\Rightarrow \boldsymbol{L}^1\boldsymbol{L}^0-\boldsymbol{L}^1=\boldsymbol{L}^1\boldsymbol{A}^0\boldsymbol{L}^0 \tag{13.24}$$

最后，将式（13.24）与式（13.23）相减得到：

$$\Delta\boldsymbol{L}=\boldsymbol{L}^1-\boldsymbol{L}^0=\boldsymbol{L}^1\boldsymbol{A}^1\boldsymbol{L}^0-\boldsymbol{L}^1\boldsymbol{A}^0\boldsymbol{L}^0=\boldsymbol{L}^1(\Delta\boldsymbol{A})\boldsymbol{L}^0 \tag{13.25}$$

这个表达式把列昂惕夫矩阵的变动转化为 $\boldsymbol{A}$ 的变动：该分解对 $\Delta\boldsymbol{A}$ 进行了两次加权，体现在这个例子中就是左边用$\boldsymbol{L}^0$进行加权，右边用$\boldsymbol{L}^1$进行加权。读者可以通过从式（13.21）到式（13.24）的推导中，将左乘换成右乘、右乘换成左乘来得到以下（可能令人惊奇①）结果：

$$\Delta\boldsymbol{L}=\boldsymbol{L}^1-\boldsymbol{L}^0=\boldsymbol{L}^0\boldsymbol{A}^1\boldsymbol{L}^1-\boldsymbol{L}^0\boldsymbol{A}^0\boldsymbol{L}^1=\boldsymbol{L}^0(\Delta\boldsymbol{A})\boldsymbol{L}^1 \tag{13.26}$$

因为式（13.25）和式（13.26）的右边都只有一项，所以不需要对两式求平均值，不管用哪一项都可以。

同样，若我们只选择第 0 期（$\boldsymbol{L}^0$）或第 1 期（$\boldsymbol{L}^1$）中的一个作为权重，就会出现交叉项。例如，用$\boldsymbol{L}^0+\Delta\boldsymbol{L}$ 来代替式（13.25）中的$\boldsymbol{L}^1$得到 $\Delta\boldsymbol{L}=\boldsymbol{L}^0(\Delta\boldsymbol{A})\boldsymbol{L}^0+\Delta\boldsymbol{L}(\Delta\boldsymbol{A})\boldsymbol{L}^0$。如果代入式（13.26）中，则会得到 $\Delta\boldsymbol{L}=\boldsymbol{L}^0(\Delta\boldsymbol{A})\boldsymbol{L}^0+\boldsymbol{L}^0(\Delta\boldsymbol{A})(\Delta\boldsymbol{L})$。由于两式中的第二项必须相等，即 $\Delta\boldsymbol{L}(\Delta\boldsymbol{A})\boldsymbol{L}^0=\boldsymbol{L}^0(\Delta\boldsymbol{A})(\Delta\boldsymbol{L})$，这表明在矩阵运算中的一般规律“顺序不同，结果不同”在这里不成立。同样地，用$\boldsymbol{L}^1-\Delta\boldsymbol{L}$ 来代替式（13.25）和式（13.26）中的 L^0 可以相应地得到 $\Delta\boldsymbol{L}=\boldsymbol{L}^1(\Delta\boldsymbol{A})\boldsymbol{L}^1-\boldsymbol{L}^1(\Delta\boldsymbol{A})(\Delta\boldsymbol{L})$ 和 $\Delta\boldsymbol{L}=\boldsymbol{L}^1(\Delta\boldsymbol{A})\boldsymbol{L}^1-\Delta\boldsymbol{L}(\Delta\boldsymbol{A})\boldsymbol{L}^1$，仍可以得出交叉项相等的结论，即 $\Delta\boldsymbol{L}(\Delta\boldsymbol{A})\boldsymbol{L}^1=\boldsymbol{L}^1(\Delta\boldsymbol{A})(\Delta\boldsymbol{L})$。

在以后的部分，我们会用式（13.25）的结论，将列昂惕夫逆矩阵的变动转化为矩阵 $\boldsymbol{A}$ 的变动。②

---

① 结果令人惊奇的地方是，在一般情况下的矩阵乘法中，矩阵的顺序不同得到的结果也不一样（与标量乘法不一样）。

② 这种方法有连续版本（Afrasiabi and Casler，1991；Rose and Casler，1996）。与式（13.21）一致，由 $\boldsymbol{L}+(\boldsymbol{I}-\boldsymbol{A})=\boldsymbol{L}-\boldsymbol{L}\boldsymbol{A}=\boldsymbol{I}$，用微分的链式法则，$(\mathrm{d}\boldsymbol{L}/\mathrm{d}t)-(\mathrm{d}\boldsymbol{L}/\mathrm{d}t)\boldsymbol{A}-\boldsymbol{L}(\mathrm{d}\boldsymbol{A}/\mathrm{d}t)=0$ 或者 $(\mathrm{d}\boldsymbol{L}/\mathrm{d}t)(\boldsymbol{I}-\boldsymbol{A})=\boldsymbol{L}(\mathrm{d}\boldsymbol{A}/\mathrm{d}t)$。右乘 $\boldsymbol{L}$，得 $(\mathrm{d}\boldsymbol{L}/\mathrm{d}t)=\boldsymbol{L}(\mathrm{d}\boldsymbol{A}/\mathrm{d}t)\boldsymbol{L}$。

ΔA 的分解

ΔA 的分解方法有很多种，例如，当已知 A_0 和 A_1 时，可以用 RAS 法作为描述性工具来识别 A_0 与 A_1 之间系数变化的根本原因。在一般情况下，RAS 法是已知 u_1、v_1、x_1 来估计 $A_1$①（对 RAS 方法的介绍见第 7 章）。根据 $\widetilde{A}_1=\hat{r}A_0\hat{s}$，在一般情况下，$\widetilde{A}_1\neq A_1$，令 $D=A_1-\widetilde{A}_1=A_1-\hat{r}A_0\hat{s}$ 或 $d_{ij}=a_{ij}^1-\tilde{a}_{ij}^1=a_{ij}^1-r_ia_{ij}^0s_j$；所以有 $A_1=\widetilde{A}_1+D=\hat{r}A_0\hat{s}+D$ 和 $a_{ij}^1=r_ia_{ij}^0s_j+d_{ij}$，这表明系数变动可以分解为列结构变动（部门 j 的制造效应，用 s_j 表示）、行结构变动（部门 i 的替代效应，用 r_i 表示）和综合结构变动（导致 a_{ij} 变动的其他情况，用 d_{ij} 表示）。②

这里我们仅讨论直接分解为特定列的变动的情况（列结构分解分析）。由于 A 的每个列向量反映的是相应部门的生产工艺，所以理解经济中每个部门投入变动的效应的一个方法就是确认 A 的每一列的变动情况。为了论述简便，我们把这些统称为技术变动（有兴趣的读者可以再次参见第 7.2 节，第 7.2 节中探讨了测量技术变动的更多方法）。

对于一个 n 部门的经济，有：

$$A^1=A^0+\Delta A=\begin{bmatrix}a_{11}^0+\Delta a_{11} & \cdots & a_{1n}^0+\Delta a_{1n}\\ \vdots & \ddots & \vdots\\ a_{n1}^0+\Delta a_{n1} & \cdots & a_{nn}^0+\Delta a_{nn}\end{bmatrix}$$

令 $\Delta A^{(j)}=\begin{bmatrix}0 & \cdots & \Delta a_{1j} & \cdots & 0\\ \vdots & & \vdots & & \vdots\\ 0 & \cdots & \Delta a_{nj} & \cdots & 0\end{bmatrix}$ 代表部门 j 的技术变化，上标“(j)”代表的是技术系数变动的部门。③ 所以，有：

$$\Delta A=\Delta A^{(1)}+\cdots+\Delta A^{(j)}+\cdots+\Delta A^{(n)}=\sum_{j=1}^{n}\underbrace{\Delta A^{(j)}}_{\text{部门}j\text{的技术系数变化}} \tag{13.27}$$

关于 ΔA 的分解可以引入式（13.25），将得到的 ΔL 的表达式代入式（13.7），过程如下：

$$\begin{aligned}\Delta x&=\left(\frac{1}{2}\right)(\Delta L)(f^0+f^1)+\left(\frac{1}{2}\right)(L^0+L^1)(\Delta f)\\&=\left[\left(\frac{1}{2}\right)L^1(\Delta A)L^0\right](f^0+f^1)+\left(\frac{1}{2}\right)(L^0+L^1)(\Delta f)\\&=\left[\left(\frac{1}{2}\right)L^1(\Delta A^{(1)}+\cdots+\Delta A^{(n)})L^0\right](f^0+f^1)+\left(\frac{1}{2}\right)(L^0+L^1)(\Delta f)\\&=\underbrace{\left(\frac{1}{2}\right)[L^1(\Delta A^{(1)})L^0](f^0+f^1)}_{\text{部门1中的技术变动影响}}+\cdots+\underbrace{\left(\frac{1}{2}\right)[L^1(\Delta A^{(n)})L^0](f^0+f^1)}_{\text{部门}n\text{中的技术变动影响}}\\&\quad+\underbrace{\left(\frac{1}{2}\right)(L^0+L^1)(\Delta f)}_{\text{最终需求变动效应}}\end{aligned} \tag{13.28}$$

① 例如，van der Linden 和 Dietzenbacher（2000）、Dietzenbacher 和 Hoekstra（2002）以及 de Mesnard（2004，2006）。

② van der Linden 和 Dietzenbacher（2000，pp. 2208-2209）认为，RAS 法的糟糕表现意味着需要将其他（针对每个格子的）决定因素考虑在内。当制造效应和替代效应都不能单独解释系数变动时，这提供了必要的校准方法。

③ 带括号的上标是为了区别 A^1 和 $\Delta A^{(1)}$，即把时期 1 的直接投入系数矩阵与仅反映部门 1 的技术变动的矩阵区分开来。

数值说明（连续）

对于我们的数据例子有：

$$A^0=\begin{bmatrix}0.1000 & 0.2500 & 0.2500\\ 0.1500 & 0.0625 & 0.3000\\ 0.3000 & 0.5000 & 0.0500\end{bmatrix} \text{及 } A^1=\begin{bmatrix}0.1071 & 0.1500 & 0.2917\\ 0.2143 & 0.1100 & 0.2500\\ 0.3214 & 0.5000 & 0.0667\end{bmatrix}$$

所以：

$$\Delta A=\begin{bmatrix}0.0071 & -0.1 & 0.0417\\ 0.0643 & 0.0475 & -0.0500\\ 0.0214 & 0 & 0.0167\end{bmatrix}$$

特别地：

$$\Delta A^{(1)}=\begin{bmatrix}0.0071 & 0 & 0\\ 0.0643 & 0 & 0\\ 0.0214 & 0 & 0\end{bmatrix}\quad \Delta A^{(2)}=\begin{bmatrix}0 & -0.1 & 0\\ 0 & 0.0475 & 0\\ 0 & 0 & 0\end{bmatrix}\quad \Delta A^{(3)}=\begin{bmatrix}0 & 0 & 0.0417\\ 0 & 0 & -0.0500\\ 0 & 0 & 0.0167\end{bmatrix}$$

表 13－5 列示了用这种技术变动分解方法对这个数值例子进行分解得到的结果。括号内的数据表示各部门技术变动占总技术变动的百分比（最终需求变动的结果与表 13－4 中的一致）。

表 13－5　　经济系统的分解结果（技术变动和最终需求变动的分解）

	产出变化	技术水平变化贡献				最终需求变化贡献			
		部门 1	部门 2	部门 3	总计	水平	组合	分布	总计
部门 1	12	6.64 (55)	−10.25 (−85)	4.45 (37)	0.84 (7)	11.05 (92)	0.31 (3)	−0.21 (−2)	11.16 (93)
部门 2	20	12.42 (62)	1.28 (6)	−4.56 (−23)	9.14 (46)	9.35 (47)	2.42 (12)	−0.91 (−5)	10.86 (54)
部门 3	20	11.37 (57)	−2.85 (−14)	0.97 (5)	9.49 (47)	11.45 (57)	−1.65 (−8)	0.71 (4)	10.51 (53)
整个经济体总量	52	30.43 (59)	−11.82 (23)	0.86 (2)	19.47 (37)	31.85 (61)	1.08 (2)	−0.41 (−1)	32.53 (63)

□ 13.1.5　关于 x 的函数的变动分解

对于结构分解分析的研究不限于对简单的总产出变动的分解，更多的是研究一些关于总产出的函数的变量变动的分解。如果我们有一组劳动投入系数——在第 t 期部门 j 的单位产出的劳动投入（e_j^t）——令 $(\mathbf{e}^t)'=[e_1^t, \cdots, e_n^t]$。那么每个部门的劳动投入向量与产出的关系就变为 $\boldsymbol{\varepsilon}^t=\hat{\mathbf{e}}^t\mathbf{x}^t=\hat{\mathbf{e}}^t\mathbf{L}^t\mathbf{f}^t$，劳动投入向量的变动可表示为：

$$\Delta\boldsymbol{\varepsilon}=\boldsymbol{\varepsilon}^1-\boldsymbol{\varepsilon}^0=\hat{\mathbf{e}}^1\mathbf{L}^1\mathbf{f}^1-\hat{\mathbf{e}}^0\mathbf{L}^0\mathbf{f}^0 \tag{13.29}$$

遵循式（13.10）中的标准分解模式，将该变动分解为三个因素变动的贡献，这意味着：

$$\Delta\boldsymbol{\varepsilon}=\left(\frac{1}{2}\right)\underbrace{(\Delta\hat{\boldsymbol{e}})(\boldsymbol{L}^0\boldsymbol{f}^0+\boldsymbol{L}^1\boldsymbol{f}^1)}_{\text{劳动投入系数变化}}+\left(\frac{1}{2}\right)\underbrace{[\hat{\boldsymbol{e}}^0(\Delta\boldsymbol{L})\boldsymbol{f}^1+\hat{\boldsymbol{e}}^1(\Delta\boldsymbol{L})\boldsymbol{f}^0]}_{\text{技术系数变化}}$$

$$+\left(\frac{1}{2}\right)\underbrace{(\hat{\boldsymbol{e}}^0\boldsymbol{L}^0+\hat{\boldsymbol{e}}^1\boldsymbol{L}^1)(\Delta\boldsymbol{f})}_{\text{最终需求变化}} \tag{13.30}$$

当然，如第 13.1.2 节，$\Delta\boldsymbol{L}$ 与 $\Delta\boldsymbol{f}$ 还可以分别或同时做进一步分解。同理，对于任意的变量，只要其是将一组部门单位产出系数与产出相关联，就可以做同样的分解，例如污染排放、能源消耗、价值增值等。

□ 13.1.6 Δx 分解总结

为完整性考虑，在对 $\Delta\boldsymbol{x}$ 的分解中我们将最终需求分解（包括最终需求在不同部门之间的分布）和技术变动分解两个部分汇集在同一个表达式中。以下表达式中包含了所有六个分解部分：

$$\Delta\boldsymbol{x}=\left(\frac{1}{2}\right)(\Delta\boldsymbol{L})(\boldsymbol{f}^0+\boldsymbol{f}^1)+\left(\frac{1}{2}\right)(\boldsymbol{L}^0+\boldsymbol{L}^1)(\Delta\boldsymbol{f})$$

$$=\underbrace{\left(\frac{1}{2}\right)[\boldsymbol{L}^1(\Delta\boldsymbol{A}^{(1)})\boldsymbol{L}^0](\boldsymbol{f}^0+\boldsymbol{f}^1)}_{\text{部门1技术水平变动效应}}+\underbrace{\left(\frac{1}{2}\right)[\boldsymbol{L}^1(\Delta\boldsymbol{A}^{(2)})\boldsymbol{L}^0](\boldsymbol{f}^0+\boldsymbol{f}^1)}_{\text{部门2技术水平变动效应}}$$

$$+\underbrace{\left(\frac{1}{2}\right)[\boldsymbol{L}^1(\Delta\boldsymbol{A}^{(3)})\boldsymbol{L}^0](\boldsymbol{f}^0+\boldsymbol{f}^1)}_{\text{部门3技术水平变动效应}}+\underbrace{\left(\frac{1}{4}\right)(\boldsymbol{L}^0+\boldsymbol{L}^1)(\Delta\boldsymbol{f})(\boldsymbol{P}^0\boldsymbol{d}^0+\boldsymbol{P}^1\boldsymbol{d}^1)}_{\text{最终需求水平变动效应}}$$

$$+\underbrace{\left(\frac{1}{4}\right)(\boldsymbol{L}^0+\boldsymbol{L}^1)[f^0(\Delta\boldsymbol{P})\boldsymbol{d}^1+f^1(\Delta\boldsymbol{P})\boldsymbol{d}^0]}_{\text{最终需求组合变动效应}}+\underbrace{\left(\frac{1}{4}\right)(f^0\boldsymbol{P}^0+f^1\boldsymbol{P}^1)(\Delta\boldsymbol{d})}_{\text{最终需求分布变动效应}} \tag{13.31}$$

□ 13.1.7 多区域投入产出（MRIO）模型中 SDA 的运用

MRIO 模型的标准形式（第 3 章）是 $\boldsymbol{x}=(\boldsymbol{I}-\boldsymbol{C}\boldsymbol{A})^{-1}\boldsymbol{C}\boldsymbol{f}=\tilde{\boldsymbol{L}}\boldsymbol{C}\boldsymbol{f}$，其中 $\tilde{\boldsymbol{L}}=(\boldsymbol{I}-\boldsymbol{C}\boldsymbol{A})^{-1}$，$\boldsymbol{A}$ 是一个技术系数矩阵，表示的是每一个区域的中间投入，包括了来自区域内和区域外的投入。$\boldsymbol{C}$ 是投入比例（地区间和地区内的货物运输）。这个表达式的一个明显的特征是类列昂惕夫逆矩阵既包含了技术系数又包含了贸易比例。

由式（13.10），对于 $\boldsymbol{x}=\tilde{\boldsymbol{L}}\boldsymbol{C}\boldsymbol{f}$ 有：

$$\Delta\boldsymbol{x}=\left(\frac{1}{2}\right)(\Delta\tilde{\boldsymbol{L}})(\boldsymbol{C}^0\boldsymbol{f}^0+\boldsymbol{C}^1\boldsymbol{f}^1)+\left(\frac{1}{2}\right)[\tilde{\boldsymbol{L}}^0(\Delta\boldsymbol{C})\boldsymbol{f}^1+\tilde{\boldsymbol{L}}^1(\Delta\boldsymbol{C})\boldsymbol{f}^0]$$

$$+\left(\frac{1}{2}\right)(\tilde{\boldsymbol{L}}^0\boldsymbol{C}^0+\tilde{\boldsymbol{L}}^1\boldsymbol{C}^1)(\Delta\boldsymbol{f}) \tag{13.32}$$

为了将 $\tilde{\boldsymbol{L}}$ 中的贸易比例和技术系数分开，运用式（13.25）和式（13.7），即：

$$\Delta\tilde{\boldsymbol{L}}=\tilde{\boldsymbol{L}}^1(\Delta\boldsymbol{C}\boldsymbol{A})\tilde{\boldsymbol{L}}^0$$

和

$$\Delta\boldsymbol{C}\boldsymbol{A}=\left(\frac{1}{2}\right)(\Delta\boldsymbol{C})(\boldsymbol{A}^0+\boldsymbol{A}^1)+\left(\frac{1}{2}\right)(\boldsymbol{C}^0+\boldsymbol{C}^1)(\Delta\boldsymbol{A}) \tag{13.33}$$

首先，在式（13.32）中用 $\Delta\widetilde{\boldsymbol{L}}=\widetilde{\boldsymbol{L}}^1(\Delta\boldsymbol{CA})\widetilde{\boldsymbol{L}}^0$，则：

$$\Delta\boldsymbol{x}=\left(\frac{1}{2}\right)[\widetilde{\boldsymbol{L}}^1(\Delta\boldsymbol{CA})\widetilde{\boldsymbol{L}}^0](\boldsymbol{C}^0\boldsymbol{f}^0+\boldsymbol{C}^1\boldsymbol{f}^1)+\left(\frac{1}{2}\right)[\widetilde{\boldsymbol{L}}^0(\Delta\boldsymbol{C})\boldsymbol{f}^1+\widetilde{\boldsymbol{L}}^1(\Delta\boldsymbol{C})\boldsymbol{f}^0]$$
$$+\left(\frac{1}{2}\right)(\widetilde{\boldsymbol{L}}^0\boldsymbol{C}^0+\widetilde{\boldsymbol{L}}^1\boldsymbol{C}^1)(\Delta\boldsymbol{f})$$

其次，用式（13.33），并整理得：

$$\Delta\boldsymbol{x}=\underbrace{\left(\frac{1}{4}\right)[\widetilde{\boldsymbol{L}}^1(\boldsymbol{C}^0+\boldsymbol{C}^1)(\Delta\boldsymbol{A})\widetilde{\boldsymbol{L}}^0](\boldsymbol{C}^0\boldsymbol{f}^0+\boldsymbol{C}^1\boldsymbol{f}^1)}_{\text{技术系数变动效应}}$$
$$+\underbrace{\left(\frac{1}{4}\right)[\widetilde{\boldsymbol{L}}^1(\Delta\boldsymbol{C})(\boldsymbol{A}^0+\boldsymbol{A}^1)\widetilde{\boldsymbol{L}}^0](\boldsymbol{C}^0\boldsymbol{f}^0+\boldsymbol{C}^1\boldsymbol{f}^1)}_{\text{贸易系数变动效应之一}}$$
$$+\underbrace{\left(\frac{1}{2}\right)[\widetilde{\boldsymbol{L}}^0(\Delta\boldsymbol{C})\boldsymbol{f}^1+\widetilde{\boldsymbol{L}}^1(\Delta\boldsymbol{C})\boldsymbol{f}^0]}_{\text{贸易系数变动效应之二}}+\underbrace{\left(\frac{1}{2}\right)(\widetilde{\boldsymbol{L}}^0\boldsymbol{C}^0+\widetilde{\boldsymbol{L}}^1\boldsymbol{C}^1)(\Delta\boldsymbol{f})}_{\text{最终需求变动效应}}\qquad(13.34)$$

特别地，注意，贸易比例的变动是结合技术系数（$\boldsymbol{A}^1$ 和 $\boldsymbol{A}^0$）以及最终需求（$\boldsymbol{f}^0$ 和 $\boldsymbol{f}^1$）来发挥作用的。这是符合逻辑的，因为在 MRIO 模型中，$\boldsymbol{A}$ 和 $\boldsymbol{f}$ 转变为 $\boldsymbol{CA}$ 和 $\boldsymbol{Cf}$。

式（13.34）还可以再分解。例如，正如在第 13.1.2 节中描述的那样，最终需求变动效应可以再分解为最终需求水平变动效应、最终需求组合变动效应和最终需求分布变动效应。此外，一些模型以将贸易比例分为作为中间产品投入部分和作为最终需求部分为特色（或至少提议），使 $\boldsymbol{x}=(\boldsymbol{I}-\boldsymbol{C}_a\boldsymbol{A})^{-1}\boldsymbol{C}_f\boldsymbol{f}=\widetilde{\boldsymbol{L}}^*\boldsymbol{C}_f\boldsymbol{f}$。在这种情况下必须区别对待 $\Delta\boldsymbol{C}_a$ 与 $\Delta\boldsymbol{C}_f$。这会导致式（13.34）变得更加复杂（包含更多项）。在附录 13.1 中我们将探讨当 $\boldsymbol{x}=\widetilde{\boldsymbol{L}}\boldsymbol{Cf}$ 时，将其中不同的项分为一组会得到的结果，即 $\boldsymbol{x}=\boldsymbol{Mf}$，其中 $\boldsymbol{M}=\widetilde{\boldsymbol{L}}\boldsymbol{C}$，或者 $\boldsymbol{x}=\widetilde{\boldsymbol{L}}\boldsymbol{y}$，其中 $\boldsymbol{y}=\boldsymbol{Cf}$。

□ 13.1.8 经验例子

通常，对结构分解感兴趣的原因是，这种方法在“解释”某些观测到的经济变动时提供了一个量化不同组成部分的相对重要性的途径。在早期的研究中这种方法主要被运用于工业产出的变化；近年来，劳动投入、价值增值、能源消耗、污染排放、服务产业的产出等也运用这种方法来进行分解。运用 SDA 方法进行经验研究得到的结果经常被用于为政策制定提供信息，例如，在一个经济体中贸易的相对重要性（用于贸易政策），构成最终需求的各个部分的相对重要性（用于税收和补贴政策），等等。在前面部分有提到，分解产生的结果是在部门层面的，所以加总的方法是必需的。为了便于对不同的研究之间的数据进行比较，在以后的表 13-6、表 13-7 和表 13-9 中所列示的每一个研究所用的方法都被改成了简单的平均。

国际模型研究

据了解，第一个使用这种方法进行研究的是钱纳里、宍户和渡边（Chenery，Shishido，and Watanabe），他们的研究以日本 1914—1935 年和 1935—1954 年的经济为对象。[①] 他们感兴趣的是与前一年成比例增长的年产出相比，后一年的产出有所偏差。该偏差又可以分解为四种效应：(1) 国内最终需求变动，(2) 出口变动，(3) 进口变动，(4) 技术变动（用矩阵 **A** 元素的变动来表示）。

据我们所知，瓦卡拉和西蒙（Vaccara and Simon，1968）首次将这种分解方法运用到对美国经济的研究上来。他们将工业分成 42 个组，测量了在 1947—1958 年期间，美国经济的最终需求变动和技术系数变动对产出变动的影响，得到了一个非常具有普遍性的结论，最终需求变动对产出变动的贡献要比技术系数变动的贡献相对重要。

贝兹德克和温德林（Bezdek and Wendling，1976）继续用这种方法进行研究，他们用 75 部门模型把美国经济在 1947—1958 年、1958—1963 年和 1963—1966 年期间的 $\Delta\mathbf{x}$ 分解为最终需求变动和技术系数变动的影响。此外，他们还对比了他们的研究结果与斯塔格林和韦塞尔（Stäglin and Wessels，1972）用 35 部门模型研究联邦德国（1958—1962 年）所得到的结果。他们发现对于特定的工业，最终需求变动的影响是相似的，但是技术系数变动的影响则不一样。

从 20 世纪 80 年代末到 90 年代初，涌现出大量运用 SDA 方法的经验研究。费尔德曼、麦克莱恩和帕尔默（Feldman，McClain，and Palmer，1987）的研究成果频繁地被引用。[②] 他们的研究也检验了在 1963—1978 年期间，最终需求和技术系数变动对美国经济增长的相对重要性。不同的是，他们把部门非常详细地分成了 400 个（1978 年表是基于调查的 1972 年国际表的更新版本）。

在他们的研究中，$\mathbf{x}=\mathbf{A}\mathbf{x}+\mathbf{B}\mathbf{f}\Rightarrow\mathbf{x}=\mathbf{L}\mathbf{B}\mathbf{f}$，然后定义了 $\mathbf{C}=\mathbf{L}\mathbf{B}$，所以有 $\mathbf{x}=\mathbf{C}\mathbf{f}$，其中 $\underset{(n\times p)}{\mathbf{B}}$ 是技术系数矩阵，将 $n=400$ 个部门与 $p=160$ 个类别的最终产品联系起来。[③] 因此他们的分解具有如下形式：$\Delta\mathbf{x}=(\Delta\mathbf{C})\mathbf{f}^0+\mathbf{C}^1(\Delta\mathbf{f})$ 或 $\Delta\mathbf{x}=(\Delta\mathbf{C})\mathbf{f}^1+\mathbf{C}^0(\Delta\mathbf{f})$。他们广泛定义了结构变动——“包括产品结构变动（技术变动，用 **A** 的变动表示）和支出的微观结构变动（用 **B** 的变动表示）”(p. 504)。[④] 一般来说，对于快速增长或者快速衰退的企业来说，系数变动效应会比最终需求变动效应的贡献大。同时，对大多数企业（几乎有 80%）来说，系数变动部分对总产出变动的作用不到总影响的一半。[⑤]

在此期间，引用频率较高的另一篇文献是斯科尔卡（Skolka，1989）的研究成果。这篇文献从一些细节方面描述了结构分解方法论，并将其运用于奥地利在 1964—1976 年期间的 19 个部门的投入产出表。净产出（增加值）的变动和就业率的变动都被分解为中间产品需求（分国内和进口两部分）和最终需求（分进口和出口两部分）两个组成部分。

在接下来的部分，我们按照时间顺序介绍另外一些（从大量文献中挑选出来）运用 SDA 方法的研究。表 13-6 中归纳了这些文献的主要特征。

---

① 这以 Chenery［例如，Chenery（1960）］早期所做的工作为基础。经济发展过程中分析这类问题的文献有 Syrquin（1988）。解说性的例子包括 Fujita 和 James（1990）以及他们发表的许多其他在国家水平上的研究的文章，Siegel、Alwang 和 Jonson 在区域水平上对“增长核算”的研究。

② 引用频率较低的文献有 Feldman 和 Palmer（1985）。

③ 不要将此处的 **C** 与 MRIO 模型中的贸易比例矩阵混淆。

④ 他们意识到另一种方法是把 **B** 和 **f** 视为一组，并利用 $\mathbf{x}=\mathbf{L}(\mathbf{B}\mathbf{f})$，从而可以推导出 $\Delta\mathbf{x}=[\Delta\mathbf{L}]\mathbf{B}^0\mathbf{f}^0+\mathbf{L}^1(\Delta\mathbf{B}\mathbf{f})$ 和 $\Delta\mathbf{x}=[\Delta\mathbf{L}]\mathbf{B}^1\mathbf{f}^1+\mathbf{L}^0(\Delta\mathbf{B}\mathbf{f})$。关于分解中的各种组合方式的影响的讨论见附录 13.1。

⑤ Wolff（1985）使用相同的分析方法研究了美国经济的生产率变化趋势。

表 13-6　　　　运用结构分解分析进行经验研究的例子

<table>
<tr><th rowspan="2">作者及来源</th><th rowspan="2">详情
（国家；时期；变动量；加总水平）</th><th colspan="7">分解因素
（占总变动的百分比[a]）</th></tr>
<tr><th>技术水平</th><th colspan="6">最终需求</th></tr>
<tr><td>Feldman McClain 和 Palmer（1987，Table 1）</td><td>美国；1963—1978 年；Δx；400 个部门（15 个增长最快的行业的结果）</td><td>62</td><td colspan="6">38</td></tr>
<tr><td rowspan="3">Skolka（1989，pp. 59-60）</td><td rowspan="3">奥地利；1964—1976 年；Δ（价值增值）和 Δ（就业）；19 个行业</td><td rowspan="3">26（价值增值），34（就业）</td><td colspan="6">74（价值增值），66（就业）</td></tr>
<tr><td colspan="3">国内</td><td colspan="3">国外</td></tr>
<tr><td colspan="3">18（价值增值）
46（就业）</td><td colspan="3">56（价值增值）
20（就业）</td></tr>
<tr><td rowspan="3">Fujimagari（1989，Table 1 和 Table 2）</td><td rowspan="3">加拿大；1961—1971 年和 1971—1981 年；Δx；189 个部门（15 个增长最快的行业和 15 个增长最慢的行业的结果）</td><td rowspan="3">1961—1971 年
28（前 15），
−86（后 15）
1971—1981 年
22（前 15），
159（后 15）</td><td colspan="6">1961—1971 年
72（前 15）
186（后 15）
1971—1981 年
（78 前 15）
−59（后 15）</td></tr>
<tr><td colspan="3">水平</td><td colspan="3">组合</td></tr>
<tr><td colspan="3">1961—1971 年
38（前 15）
69（后 15）
1971—1981 年
61 前 15）
−120（后 15）</td><td colspan="3">1961—1971 年
34（前 15）
117（后 15）
1971—1981 年
17（前 15）
61（后 15）</td></tr>
<tr><td rowspan="3">Barker（1990，Table 4）</td><td rowspan="3">英国；1979—1984 年；Δx（服务业）；101 个行业和 13 个服务行业（加总为 5 个服务行业）</td><td rowspan="3">63</td><td colspan="6">18</td></tr>
<tr><td colspan="3">水平</td><td colspan="3">组合</td></tr>
<tr><td colspan="3">−1</td><td colspan="3">20</td></tr>
<tr><td rowspan="3">Martin 和 Holland（1992，Table 1）</td><td rowspan="3">美国；1972—1977 年；Δx；477 个部门</td><td rowspan="3">6</td><td colspan="6">94</td></tr>
<tr><td colspan="2">国内</td><td colspan="2">出口</td><td colspan="2">进口使用</td></tr>
<tr><td colspan="2">81</td><td colspan="2">23</td><td colspan="2">−10</td></tr>
</table>

续前表

<table>
<tr><th rowspan="2">作者及来源</th><th rowspan="2">详情
（国家；时期；变动量；加总水平）</th><th colspan="6">分解因素
（占总变动的百分比[a]）</th></tr>
<tr><th colspan="2">技术水平</th><th colspan="4">最终需求</th></tr>
<tr><td>Liu 和 Saal
（2001，Table 5）</td><td>南非；
1975—1993 年；
$\Delta\boldsymbol{x}$；
34 个和 10 个部门，结果是关于 10 个部门的</td><td colspan="2">28</td><td colspan="4">72
（私人消费，61；政府支出，7；
投资支出，－32；出口，29；进口替代，7）</td></tr>
<tr><td rowspan="3">Dietzenbacher 和 Hoekstra（2002，Tabke 10 - 2）</td><td rowspan="3">荷兰；
1975—1985 年；
$\Delta\boldsymbol{x}$；25 个部门</td><td colspan="2" rowspan="3">21[b]
（－201，135）</td><td colspan="2"></td><td>79[b]
（－35，301）</td><td></td></tr>
<tr><td colspan="2">水平</td><td>种类</td><td>产品组合</td></tr>
<tr><td colspan="2">78
（－118，2 458）</td><td>1
（－2 594，257）</td><td>0
（－39，236）</td></tr>
<tr><td rowspan="5">Roy、Das 和 Chakraborty
（2002，Table 4）</td><td rowspan="5">印度；
1983/1984—1989/1990 年；
$\Delta\boldsymbol{x}$（信息部门）；
30 个非信息部门加上 5 个信息部门</td><td colspan="2">3</td><td colspan="4">97</td></tr>
<tr><td rowspan="2">信息部门技术系数</td><td rowspan="2">非信息部门技术系数</td><td colspan="2">国内</td><td>出口</td><td>进口替代</td></tr>
<tr><td colspan="2">91</td><td rowspan="3">6</td><td rowspan="3">0</td></tr>
<tr><td rowspan="2">3</td><td rowspan="2">0</td><td>水平</td><td>组合</td></tr>
<tr><td>65</td><td>26</td></tr>
</table>

a. 由于没有保留小数点，数据加总的结果可能不是 100%。

b. 括号里的数字表示研究中 25 个部门的取值范围的界限。

（1）滕曲（Fujimagari，1989）。滕曲认为将 $\boldsymbol{L}$ 和 $\boldsymbol{B}$ 绑定在一起（Feldman，McClain，and Palmer，1987）是不合适的。因此，他用了两个三因素分解方法并将结果取平均。其模型如下：

$$\Delta\boldsymbol{x}=(\Delta\boldsymbol{L})\boldsymbol{B}^0\boldsymbol{f}^0+\boldsymbol{L}^1(\Delta\boldsymbol{B})\boldsymbol{f}^0+\boldsymbol{L}^1\boldsymbol{B}^1(\Delta\boldsymbol{f})$$
$$\Delta\boldsymbol{x}=(\Delta\boldsymbol{L})\boldsymbol{B}^1\boldsymbol{f}^1+\boldsymbol{L}^0(\Delta\boldsymbol{B})\boldsymbol{f}^1+\boldsymbol{L}^0\boldsymbol{B}^0(\Delta\boldsymbol{f})$$

[如式（13.8）和式（13.9）。] 他将这个模型运用到 1961—1971 年和 1971—1981 年期间加拿大 189 个部门的模型中。这种方法也被其他学者运用于以后的研究中。

（2）贝克（Barker，1990）。贝克调查了在 1979—1984 年期间英国服务行业的产出变化，包括分销、运输、通信、商业服务等。产出变动被分解为内部服务行业的变动、外部制造业的变动和其他外部行业的变动。这一分解方法广泛运用了分块矩阵。其中的每一部分又可以再分别分解为：投入产出系数、总最终需求水平和最终需求结构（分布，用最终需求系数矩阵表示）。

（3）马丁和霍兰（Martin and Holland，1992）。1972—1977 年期间，美国 477 个行业的产出变动可以通过下列方程分解：

$$\boldsymbol{x}^t=(\boldsymbol{I}-\hat{\boldsymbol{u}}^t\boldsymbol{A}^t)^{-1}(\hat{\boldsymbol{u}}^t\boldsymbol{f}^t+\boldsymbol{e}^t)=L^t(\hat{\boldsymbol{u}}^t\boldsymbol{f}^t+\boldsymbol{e}^t)$$

其中 $\hat{\boldsymbol{u}}$ 是包括每个部门的国内供给率的对角矩阵，$\boldsymbol{A}$ 是技术系数矩阵（包括进口），$\boldsymbol{f}$ 是国内最终需求向量，$\boldsymbol{e}$ 是代表出口的向量。所以，$\hat{\boldsymbol{u}}^t\boldsymbol{A}^t$ 是国内直接消耗系数矩阵的估计量，$\hat{\boldsymbol{u}}^t\boldsymbol{f}^t$ 是由国内资源满足的国内最终需求向量的估计量。这种分解本质上用的是式（13.9）的方法，也就是：

$$\Delta\boldsymbol{x}=(\Delta\boldsymbol{L})(\hat{\boldsymbol{u}}^1\boldsymbol{f}^1+\boldsymbol{e}^1)+\boldsymbol{L}^0(\Delta\boldsymbol{u})\boldsymbol{f}^1+L^0\hat{u}^0(\Delta f)+\boldsymbol{L}^0(\Delta\boldsymbol{e})$$

经过大量的运算，这个表达示可以被写成：

$$\Delta\boldsymbol{x}=\boldsymbol{L}^0\hat{\boldsymbol{u}}^0(\Delta\boldsymbol{f})+\boldsymbol{L}^0(\Delta\boldsymbol{e})+\boldsymbol{L}^0(\Delta\boldsymbol{u})(\boldsymbol{f}^1+\boldsymbol{A}^1\boldsymbol{x}^1)+\boldsymbol{L}^0\hat{\boldsymbol{u}}^0(\Delta\boldsymbol{A})\boldsymbol{x}^1$$

（由于没有使用多种方法，所以这里不需要取平均。）因此，该分解可以由以下变动分摊：国内最终需求、出口需求、进口替代和投入产出系数。由于结果是从 477 个部门得出来的，所以必须对部门进行分组。包括三种分类方式：①第一产业（25 个与自然资源相关的产业）、第二产业（409 个与制造和加工相关的产业）、第三产业（43 个以支持和服务为导向的产业）；②9 个代表美国经济分析局一位数加总水平的部门；③30 个增长最快的部门和 30 个衰退最快的部门。

当对商品部门根据在 1972—1977 年期间的增长率进行分类时，技术变动的重要性会随着类别的增长或衰退的比率的增加而增加，这与费尔德曼、麦克莱恩和帕尔默（Feldman，McClain，and Palmer，1987）的研究得到的结论一致。同时，在对 30 个增长最快的部门和 30 个衰退最快的部门的分解中得到的结论是，在 60%的增长最快的部门和 67%的衰退最快的部门中最终需求变动是影响产出变动的主要因素。然而，在这种情况下技术变动是主要影响因素的只占了大约 30%（包括增长最快的和衰退最快的部门）。这个结论表达的观点与费尔德曼、麦克莱恩和帕尔默不相符。

（4）刘和扎尔（Liu and Saal，2001）。他们的研究调查了 1975—1993 年南非总产出的变动，使用了与马丁和霍兰（Martin and Holland，1992）基本一致的分解方法，除了在最终需求的分解中，他们将最终需求分解为私人消费、投资支出、政府支出、出口、进口替代。

（5）迪策巴赫和胡克斯特拉（Dietzenbacher and Hoekstra，2002）。该研究致力于分析 1975—1993 年荷兰 25 个部门的产出变动。把荷兰的国家间数据嵌入欧盟的国家间模型中，最终需求类别的列包括对 5 个欧盟国家（德国、法国、意大利、比利时、丹麦）、其余的欧盟国家及世界其他国家的出口、家庭消费、其他最终需求。就像预期的一样，他们从部门、国家和最终需求类别之间观测到了巨大的差异。

（6）罗伊、达斯和查克拉博蒂（Roy，Das，and Chakraborty，2002）。这篇文章特殊的地方在于，研究了印度经济 1983—1984 年和 1989—1990 年期间 31 个部门的投入产出模型，并确定了信息部门增长的来源。作者简单地定义了一个矩阵 $\hat{z}$，而不是将矩阵分块成信息部门象限和非信息部门象限（就像以后会提到的一些关于能源的研究一样），$\hat{z}$ 这个矩阵是通过将非信息部门对应的单位矩阵的主对角上的元素 1 替换成 0（所以余下的对角线上的元素和非对角线上的元素都为 0）得到的。然后矩阵 $\hat{z}\boldsymbol{x}$ 只显示在分解结果中与信息部门有关的行。

很多 SDA 的研究是关于能源和环境问题的，其中一部分在表 13－7 中列示。[①] 下面

① 早期的能源使用分解分析的研究见 Casler 和 Hannon（1989），或者 Casler、Afrasiabi 和 McCauley（1991），他们研究的是能源投入系数的变动。卡斯勒参与的其他与能源相关的研究还有很多。

给出了其中一些的简单的综述。

表 13-7　结构分解分析方法运用在能源使用和污染排放问题研究中的经验分析例子

作者及来源	详情（国家；时期；变动量；加总水平）	分解因素（占总变动的百分比[a]）					
		技术水平			最终需求		
美国国会，OTA（1990，Tabs.2，3，6）	美国；1972—1985 年；Δ（初始能源使用）；88 个部门	−975			720[b]		
		能源投入	非能源投入	交叉项	水平	组合	交叉项
		−770	−185	−20	885	−290	125
Rose 和 Chen（1991）	美国；1972—1982 年；Δ（能源使用）；80 个部门	煤炭 64；石油，231；天然气，65；电力，56			煤炭，9；石油，−370；天然气，−50；电力，65[c]		
					水平	系数	
					煤炭，60；石油，−520；天然气，−92；电力，70	煤炭，−51；石油，150；天然气，42；电力，−5	
Lin 和 Polenske（1995，Table 3）	中国；1981—1987 年；Δ（能源使用）；18 个部门	−85			185		
		能源投入	非能源投入		水平	组合	分布
		−106	21		196	3	−13
Wier（1998，Table 3-5）	丹麦；1966—1988 年；Δ（污染排放）；117 个部门	−53（CO_2）；373（SO_2）；6（NO_x）			153（CO_2）；−274（SO_2）；95（NO_x）		
					水平	组合	
					175（CO_2）；−308（SO_2）；112（NO_x）	−22（CO_2）；34（SO_2）；−17（NO_x）	
Kagawa 和 Inamura（2001，Table 5）	日本；1985—1990 年；Δ（总能源需求）；94 个部门	0			100		
		能源投入	非能源投入		能源	非能源	
		4	−4		8	92[d]	

a. 由于没有保留小数点，数据加总的结果可能不是 100%。

b. 技术效应加上最终需求效应不等于 100%是因为在此研究中包含了这两项的交叉项；在这种情形下，交叉项的贡献为 335%，影响并不小。

c. 技术效应加上最终需求效应也不等于 100%是因为在此研究中包含了这两项的交叉项。这一项是：煤炭，27；石油，39；天然气，15；电力，−21。

d. 这一项被进一步分解为以下几个百分比：家庭消费（49），非家庭消费（3），公共资本形成（10），私人资本形成（52）；其他（−22）。

（1）技术评估局（美国国会，OTA，1990）。该研究主要是探讨美国在 1972—1985

年间导致能源使用的变动的因素。该研究探讨了最终需求水平变动、组合变动以及技术变动三类因素，并分解了能源投入和非能源投入，并进一步把能源分为五种类型：煤炭、原油和天然气、精炼油、电力、燃气。

不同的经济因素对能源变动的影响的测算能通过以下方法实现，以 1985 年为基准，随时间变动系统地改变一个因素的同时使其他因素保持 1985 年的水平不变。模型中把能源部门和其他部门分开，并运用了混合单位形式（第 9 章）。前面的 k 个部门（这里 $k=5$）是能源产品和能源行业。以分块矩阵的形式，模型的四个象限的部分为：

$$\boldsymbol{A}=\begin{bmatrix}\boldsymbol{A}_{11}(\text{BTU/BTU}) & \boldsymbol{A}_{12}(\text{BTU/美元})\\ \boldsymbol{A}_{21}(\text{美元/BTU}) & \boldsymbol{A}_{22}(\text{美元/美元})\end{bmatrix},$$

$$\boldsymbol{L}=\begin{bmatrix}\boldsymbol{L}_{11}(\text{BTU/BTU}) & \boldsymbol{L}_{12}(\text{BTU/美元})\\ \boldsymbol{L}_{21}(\text{美元/BTU}) & \boldsymbol{L}_{22}(\text{美元/美元})\end{bmatrix},$$

$$\boldsymbol{f}=\begin{bmatrix}\boldsymbol{f}_{e}(\text{BTU})\\ \boldsymbol{f}_{\$}(\text{美元})\end{bmatrix}$$

所以 $\boldsymbol{x}=\begin{bmatrix}\boldsymbol{x}_e\\ \boldsymbol{x}_{\$}\end{bmatrix}=\begin{bmatrix}\boldsymbol{L}_{11} & \boldsymbol{L}_{12}\\ \boldsymbol{L}_{21} & \boldsymbol{L}_{22}\end{bmatrix}\begin{bmatrix}\boldsymbol{f}_1\\ \boldsymbol{f}_2\end{bmatrix}$，其中 $\underset{(k\times 1)}{\boldsymbol{x}_e}$ 代表能源部门的产出，$\underset{[(n-k)\times 1]}{\boldsymbol{x}_{\$}}$ 是其他部门的产出向量。特别地，$\boldsymbol{x}_e=[\boldsymbol{L}_{11}\quad \boldsymbol{L}_{12}]\begin{bmatrix}\boldsymbol{f}_1\\ \boldsymbol{f}_2\end{bmatrix}$。例如，为了估计最终需求变动对能源部门的影响，作者使用了以下式子：

$$\Delta \boldsymbol{x}_e^{1985/1972}=[(\boldsymbol{L}_{11}^{1985})\boldsymbol{f}_1^{1985}+(\boldsymbol{L}_{12}^{1985})\boldsymbol{f}_2^{1985}]-[(\boldsymbol{L}_{11}^{1985})\boldsymbol{f}_1^{1972}+(\boldsymbol{L}_{12}^{1985})\boldsymbol{f}_2^{1972}]$$

能源和非能源部门的产出变动进一步分解为最终需求水平变动、最终需求组合变动和技术变动的方法遵循这一章前几节的分析框架。每一个分解水平都包含交叉项。作者承认关于怎样处理交叉项并没有一致的方法，所以他们仅仅将其视为单独的组成部分。①

（2）罗斯和陈（Rose and Chen，1991）。他们的研究也与能源使用的变动有关。研究中，最终需求变动依旧分成最终需求水平变动和最终需求组合变动，但技术变动被分解成大量的因素，包括以下这些项单独或交叉的影响：资本（K）、劳动（L）、能源（E）、材料（M），加上线性的双重 KLEM 生产函数。对煤炭、石油、天然气和电力分别作了考察。（这里总共包含 14 个变动项。）

（3）林和波伦斯基（Lin and Polenske，1995）。这篇文章研究的是 1981—1987 年中国能源使用的变动。他们把普通的投入产出方程 $\boldsymbol{x}=\boldsymbol{Ax}+\boldsymbol{f}$ 与能量恒等式 $\boldsymbol{E}=\boldsymbol{E}_g+\boldsymbol{E}_d$［总的能源消耗等于中间品（用于生产活动）能源消耗加上最终产品能源消耗］联立，表示成 $\boldsymbol{mx}=\boldsymbol{mAx}+\boldsymbol{mf}$，其中 $\boldsymbol{m}$ 是把单位矩阵中对应能源部门的列中的 1 保留下来而变换得来的矩阵。换句话说，就是把 $\boldsymbol{Ax}$、$\boldsymbol{f}$、$\boldsymbol{x}$ 中对应能源部门的行从矩阵中取出。这种处理方法在前面罗伊、达斯和查克拉博蒂（Roy，Das and Chakraborty，2002）中已经提到过，但是林和波伦斯基推进了这种方法［有另一种方法是重新整理（重新编号）能

① 他们引用的文献有：(a) Wolff（1985），这篇文章忽略了这一项；(b) Feldman、McClain 和 Palmer（1987）和另外的研究，将这一项平均分配到其他变动的源头上了；(c) Casler 和 Hannon（1989）和另一些研究，“把这一项单独列出，并且测出其大小”（美国国会，OTA，p. 56）。

源部门使它们聚在一起，例如，在 OTA 的研究中前 k 个部门是能源部门]。经变换得到：

$$\boldsymbol{E}_g=\boldsymbol{mAx}=\boldsymbol{m}[(\boldsymbol{I}-\boldsymbol{A})^{-1}-\boldsymbol{I}]\boldsymbol{f}$$

接下来可以用普通的方式进行分解。

(4) 韦尔（Wier，1998）。他的研究重心是生产的环境效应，他用包含 117 个部门的投入产出模型对丹麦在 1966—1988 年间二氧化碳（CO_2）、二氧化硫（SO_2）、氮氧化物（NO_x）的排放源头进行研究。他的分解确定了以下因素：能源密度的变动、生产部门燃料系数的变动、能源生产部门燃料系数的变动、消耗系数的变动（矩阵 $\boldsymbol{A}$）、最终需求的变动、最终需求组合的变动。

(5) 香川和稻村（Kagawa and Inamura，2001）。这个日本的模型是商品对商品（第 5 章）的形式，所以定义的方程表示成以下形式 $\boldsymbol{q}=(\boldsymbol{I}-\boldsymbol{BC}^{-1})^{-1}\boldsymbol{e}$，把商品最终需求与商品生产联系起来，分析了 1985—1990 年间总能源需求的变化。运用分块矩阵（OTA，1990）将能源生产部门与非能源生产部门区分开。商品技术假定（即简单的技术系数 $\boldsymbol{A}$ 用 $\boldsymbol{BC}^{-1}$ 来替代）使得还可以额外分解为 $\Delta\boldsymbol{B}$ 和 $\Delta\boldsymbol{C}^{-1}$ 两个组成部分（包括能源供给部门和非能源部门）——从而分别反映了投入结构变化和产品组合变化。

表 13-6 和表 13-7 中所列示的大多数文章都发表在《经济系统研究》杂志上，在文章的参考文献中，一般都包含有大量的其他关于 SDA 实际运用的例子，有兴趣的读者可以自行翻阅。需要引起注意的是表中的数据都是对所有（许多）部门或者部门子集的数据的加总，在这种加总方法下牺牲了其他诸多方面的信息。[①] 在一般情况下，分析者更感兴趣的是一个部门（或者部门组）的更详细的信息。这就是为什么表 13-6 中列出了迪策巴赫和胡克斯特拉（Dietzenbacher and Hoekstra，2002）的研究所得到的各部门的取值的范围，其中的每一个数值都是对 25 个值取平均得到的。

还有一个值得注意的是百分比数据对不同变动之间的差异特别敏感，当一个非常大的正效应（例如，最终需求的贡献）几乎被一个非常大的负效应（例如，技术变动的贡献）抵消时，百分比会变得很大。这个相当明显的结论可以用一个包含几个假定结果的简单的表格（见表 13-8）来说明。

表 13-8　　SDA 百分比变动的敏感性

技术水平变动	最终需求变动	总体变动	总体每变动 1%所引起的技术水平的变动	总体每变动 1%所引起的最终需求的变动
−50	51	1	−5 000	5 100
−50	52	2	−2 500	2 600
−48	52	4	−1 200	1 300
−55	45	10	−550	450

利用单区域或者连通区域模型的研究

(1) 华盛顿。霍兰和库克（Holland and Cooke，1992）运用结构分解框架，在地区的

① 表中的大多数数据是通过对大量加总结果取平均而得到的，包括数值和百分比。

水平上来研究华盛顿在1963—1982年间的经济变动的源头。研究使用的是以调查为基础的华盛顿1963年和1982年的投入产出表。为了反映华盛顿经济的贸易的重要性，他们将需求（最终需求和中间产品需求）分为州内、美国的其他州（国内市场）、其他国家（国际市场）。

（2）美国的多区域模型。该模型参见米勒和绍（Miller and Shao，1994）。有两个多区域投入产出（MRIO）模型工具可以用来研究美国经济——1963年（$t=0$）和1977年（$t=1$）。1963年模型具有以下形式：

$$\boldsymbol{x}^0=(\boldsymbol{I}-\boldsymbol{C}^0\boldsymbol{A}^0)^{-1}\boldsymbol{C}^0\boldsymbol{f}^0$$

1977年模型可以表示成：

$$\boldsymbol{x}^1=(\boldsymbol{I}-\boldsymbol{D}^1\boldsymbol{C}^1\boldsymbol{B}^1)^{-1}\boldsymbol{C}^1\boldsymbol{f}^1$$

矩阵$\boldsymbol{C}^0$和$\boldsymbol{C}^1$表示两年间的国际贸易比例。然而，矩阵$\boldsymbol{D}^1$和$\boldsymbol{B}^1$反映的是1977年模型的技术水平，它们是基于商品-产业的投入产出核算。① 同样地，$\boldsymbol{A}^0$是1963年模型的技术系数矩阵，为了简单起见，消去矩阵$\boldsymbol{D}$、$\boldsymbol{B}$、$\boldsymbol{A}$的上标，这样，两期之间的产出变动可以用以下方程来表示：

$$\Delta\boldsymbol{x}=\boldsymbol{x}^1-\boldsymbol{x}^0=(\boldsymbol{I}-\boldsymbol{D}\boldsymbol{C}^1\boldsymbol{B})^{-1}\boldsymbol{C}^1\boldsymbol{f}^1-(\boldsymbol{I}-\boldsymbol{C}^0\boldsymbol{A})^{-1}\boldsymbol{C}^0\boldsymbol{f}^0 \tag{13.35}$$

两个总需求矩阵（将最终需求转化为产出）可以表示为$\widetilde{\boldsymbol{L}}^1=(\boldsymbol{I}-\boldsymbol{D}^1\boldsymbol{C}^1\boldsymbol{B}^1)^{-1}\boldsymbol{C}^1$和$\widetilde{\boldsymbol{L}}^0=(\boldsymbol{I}-\boldsymbol{C}^0\boldsymbol{A})^{-1}\boldsymbol{C}^0$。② 然后，有：

$$\Delta\boldsymbol{x}=\widetilde{\boldsymbol{L}}^1\boldsymbol{f}^1-\widetilde{\boldsymbol{L}}^0\boldsymbol{f}^0 \tag{13.36}$$

这与式（13.2）类似，只是这两个总需求矩阵要比一般的列昂惕夫逆矩阵复杂，$\boldsymbol{L}^t=(\boldsymbol{I}-\boldsymbol{A}^t)^{-1}$。特别地，这个矩阵把技术系数（也就是第一个模型中的$\boldsymbol{D}$和$\boldsymbol{B}$，另一个模型中的$\boldsymbol{A}$）和贸易比例（分别是$\boldsymbol{C}^1$和$\boldsymbol{C}^0$）结合起来。无论怎样，遵循式（13.7），有：

$$\Delta\boldsymbol{x}=\left(\frac{1}{2}\right)(\Delta\widetilde{\boldsymbol{L}})(\boldsymbol{f}^0+\boldsymbol{f}^1)+\left(\frac{1}{2}\right)(\widetilde{\boldsymbol{L}}^0+\widetilde{\boldsymbol{L}}^1)(\Delta\boldsymbol{f}) \tag{13.37}$$

这里的$(\Delta\widetilde{\boldsymbol{L}})=\widetilde{\boldsymbol{L}}^1-\widetilde{\boldsymbol{L}}^0$。

在式（13.7）中，右边的两项分别表示技术变动和最终需求变动的效应。这里可以表示成：

$$\Delta\widetilde{\boldsymbol{L}}=(\boldsymbol{I}-\boldsymbol{D}\boldsymbol{C}^1\boldsymbol{B})^{-1}\boldsymbol{C}^1-(\boldsymbol{I}-\boldsymbol{C}^0\boldsymbol{A})^{-1}\boldsymbol{C}^0 \tag{13.38}$$

$\left(\frac{1}{2}\right)(\Delta\widetilde{\boldsymbol{L}})(\boldsymbol{f}^0+\boldsymbol{f}^1)$项既包含了技术的变动又包含了贸易比例的变动。

①深入分析$\Delta\widetilde{\boldsymbol{L}}$：技术系数，贸易结构。

分解1，令$\boldsymbol{M}=(\boldsymbol{I}-\boldsymbol{D}\boldsymbol{C}^0\boldsymbol{B})^{-1}\boldsymbol{C}^0$，表示把1977年技术（$\boldsymbol{B}$和$\boldsymbol{D}$）与1963年贸易结构（$\boldsymbol{C}^0$）结合起来的一种混合总需求矩阵。式（13.38）减去并加上这一项，可得：

---

① 为了与1963年模型保持一致，即产业的最终需求驱动产业的产出，在以工业为基础的技术假定下，1977年模型是产业×产业模式。

② 附录13.1说明了分解$\boldsymbol{x}=(\boldsymbol{I}-\boldsymbol{C}\boldsymbol{A})^{-1}\boldsymbol{C}\boldsymbol{f}$的可供选择的方法。

$$\Delta\tilde{\boldsymbol{L}}=[(\boldsymbol{I}-\boldsymbol{D}\boldsymbol{C}^1\boldsymbol{B})^{-1}\boldsymbol{C}^1-(\boldsymbol{I}-\boldsymbol{D}\boldsymbol{C}^0\boldsymbol{B})^{-1}\boldsymbol{C}^0]+[(\boldsymbol{I}-\boldsymbol{D}\boldsymbol{C}^0\boldsymbol{B})^{-1}\boldsymbol{C}^0-(\boldsymbol{I}-\boldsymbol{C}^0\boldsymbol{A})^{-1}\boldsymbol{C}^0] \tag{13.39}$$

第一项衡量的是贸易比例变动（在保持 1977 年技术不变的情况下）对 $\Delta\tilde{\boldsymbol{L}}$ 的影响，第二项衡量的是技术变动（在保持 1963 年贸易比例不变的情况下）对 $\Delta\tilde{\boldsymbol{L}}$ 的影响。然后式（13.39）可以写为：

$$\Delta\tilde{\boldsymbol{L}}=\underbrace{(\tilde{\boldsymbol{L}}^1-\boldsymbol{M})}_{\text{贸易变化,1977年技术水平}}+\underbrace{(\boldsymbol{M}-\tilde{\boldsymbol{L}}^0)}_{\text{技术变化,1963年贸易模式}} \tag{13.40}$$

分解 2，令 $\boldsymbol{N}=(\boldsymbol{I}-\boldsymbol{C}^1\boldsymbol{A})^{-1}\boldsymbol{C}^1$，表示把 1963 年技术（$\boldsymbol{A}$）与 1977 年贸易结构（$\boldsymbol{C}^1$）结合起来的一种总需求矩阵。式（13.38）减去并加上这一项，可得：

$$\Delta\tilde{\boldsymbol{L}}=[(\boldsymbol{I}-\boldsymbol{D}\boldsymbol{C}^1\boldsymbol{B})^{-1}\boldsymbol{C}^1-(\boldsymbol{I}-\boldsymbol{C}^1\boldsymbol{A})^{-1}\boldsymbol{C}^1]+[(\boldsymbol{I}-\boldsymbol{C}^1\boldsymbol{A})^{-1}\boldsymbol{C}^1-(\boldsymbol{I}-\boldsymbol{C}^0\boldsymbol{A})^{-1}\boldsymbol{C}^0] \tag{13.41}$$

在这种情况下，第一项衡量的是技术变动（在保持 1977 年贸易比例不变的情况下）对 $\Delta\tilde{\boldsymbol{L}}$ 的影响，第二项衡量的是贸易比例变动（在保持 1963 年技术不变的情况下）对 $\Delta\tilde{\boldsymbol{L}}$ 的影响。式（13.41）可以写为：

$$\Delta\tilde{\boldsymbol{L}}=\underbrace{(\tilde{\boldsymbol{L}}^1-\boldsymbol{N})}_{\text{技术变化,1977年贸易模式}}+\underbrace{(\boldsymbol{N}-\tilde{\boldsymbol{L}}^0)}_{\text{贸易变化,1963年技术水平}} \tag{13.42}$$

求平均值。用普通平均的方法对式（13.40）和式（13.42）得到的结果取平均值，得到：

$$\Delta\tilde{\boldsymbol{L}}=\underbrace{\left(\frac{1}{2}\right)(\tilde{\boldsymbol{L}}^1+\boldsymbol{M}-\tilde{\boldsymbol{L}}^0-\boldsymbol{N})}_{\text{技术变化效应}}+\underbrace{\left(\frac{1}{2}\right)(\tilde{\boldsymbol{L}}^1+\boldsymbol{N}-\tilde{\boldsymbol{L}}^0-\boldsymbol{M})}_{\text{贸易变化效应}} \tag{13.43}$$

再将得到的结果代入式（13.37），得到：

$$\Delta\boldsymbol{x}=\underbrace{\left(\frac{1}{4}\right)(\tilde{\boldsymbol{L}}^1+\boldsymbol{M}-\tilde{\boldsymbol{L}}^0-\boldsymbol{N})(\boldsymbol{f}^0+\boldsymbol{f}^1)}_{\text{技术变化效应}}+\underbrace{\left(\frac{1}{4}\right)(\tilde{\boldsymbol{L}}^1+\boldsymbol{N}-\tilde{\boldsymbol{L}}^0-\boldsymbol{M})(\boldsymbol{f}^0+\boldsymbol{f}^1)}_{\text{贸易变化效应}}$$
$$+\underbrace{\left(\frac{1}{2}\right)(\tilde{\boldsymbol{L}}^0+\tilde{\boldsymbol{L}}^1)(\Delta\boldsymbol{f})}_{\text{最终需求变动效应}} \tag{13.44}$$

②深入分析 $\Delta\boldsymbol{f}$：最终需求组合和最终需求水平变动。

式（13.20）中对 $\Delta\boldsymbol{f}$ 的分解（分解成最终需求组合和最终需求水平变动效应）仍可以继续进行。$\Delta\boldsymbol{x}$ 的最终表达式是：

$$\Delta\boldsymbol{x}=\underbrace{\left(\frac{1}{4}\right)(\tilde{\boldsymbol{L}}^1+\boldsymbol{M}-\tilde{\boldsymbol{L}}^0-\boldsymbol{N})(\boldsymbol{f}^0+\boldsymbol{f}^1)}_{\text{技术变化效应}}+\underbrace{\left(\frac{1}{4}\right)(\tilde{\boldsymbol{L}}^1+\boldsymbol{N}-\tilde{\boldsymbol{L}}^0-\boldsymbol{M})(\boldsymbol{f}^0+\boldsymbol{f}^1)}_{\text{贸易变化效应}}$$
$$+\underbrace{\left(\frac{1}{4}\right)(\tilde{\boldsymbol{L}}^0+\tilde{\boldsymbol{L}}^1)(\Delta f)(\boldsymbol{B}^0+\boldsymbol{B}^1)}_{\text{最终需求水平变动效应}}+\underbrace{\left(\frac{1}{4}\right)(\tilde{\boldsymbol{L}}^0+\tilde{\boldsymbol{L}}^1)(f^0+f^1)(\Delta\boldsymbol{B})}_{\text{最终需求组合变动效应}} \tag{13.45}$$

这个表达式最初在一个考虑 70 个部门、51 个区域的模型版本中被使用。这里展示的结果是加总为 10 个部门、9 个区域的版本。这表明最初的研究中每一个分解都有 3 570 个独立的结果。表 13－9 中列示的研究结论是对每个分解的 90 个结果取平均得到的。这再次说明了合理的大规模模型的结构分解分析产生了大量的细节信息。

表 13-9　结构分解分析方法运用在区域、区域间和多区域问题研究中的经验分析例子

<table>
<tr><td colspan="2" rowspan="2">作者及来源</td><td colspan="8">详细分解因素
（占总变动的百分比[a]）</td></tr>
<tr><td colspan="6">技术水平/贸易</td><td colspan="2">最终需求</td></tr>
<tr><td rowspan="3">Holland 和 Cooke（1992，Table 2）</td><td rowspan="3">华盛顿；1963—1982 年；$\Delta \boldsymbol{x}$；51 个部门</td><td colspan="6" rowspan="3">5</td><td colspan="2">95</td></tr>
<tr><td>华盛顿</td><td>美国的其他州和世界上其他国家</td></tr>
<tr><td>39</td><td>56</td></tr>
<tr><td rowspan="3">Miller 和 Shao（1994，Table 4）</td><td rowspan="3">美国 MRIO 模型；1963—1977 年；$\Delta \boldsymbol{x}$；51 个区域，70 个部门（加总为 9 个区域、10 个部门）</td><td colspan="6">34</td><td colspan="2">67</td></tr>
<tr><td colspan="3">地区内系数</td><td colspan="3">地区间系数[b]</td><td>水平</td><td>组合</td></tr>
<tr><td colspan="3">28
（19，59）[b]</td><td colspan="3">6
（−43，19）</td><td>65
（53，79）</td><td>2
（−5，13）</td></tr>
<tr><td rowspan="3">Oosterhaven 和 van der Linden（1997）</td><td rowspan="3">欧盟国家间模型；1975—1985 年；Δ（价值增值）；8 国家，25 个部门</td><td colspan="6">−2</td><td colspan="2">102</td></tr>
<tr><td colspan="2">地区内系数</td><td colspan="2">地区间系数</td><td colspan="2">价值增值系数</td><td>水平</td><td>组合</td></tr>
<tr><td colspan="2">4</td><td colspan="2">−2</td><td colspan="2">−3</td><td>102[c]</td><td>−1</td></tr>
</table>

a. 由于没有保留小数点，数据加总的结果可能不是 100%。

b. 括号内的数据表示研究中的 9 个区域分别得到的结果的取值范围。

c. 这个数据被进一步分解为以下几个百分比：家庭消费，47；政府消费，20；投资，13；对欧盟其他国家的出口，9；从欧盟以外的其他国家的进口，12。

（3）研究欧盟的多国模型。该模型参见奥斯特哈文和范德林登（Oosterhaven and van der Linden，1997）。研究中作者关注的是在一个多国投入产出环境中，价值增值的变化与产出变化之间的联系。这个模型是 MRIO 模型的一种变形，包含 25 个部门、8 个国家且每个国家有 4 类最终需求。他们的分解遵循式（13.34）中的一般结构。令 $\boldsymbol{v}^t$ 和 $\boldsymbol{c}^t$ 分别表示价值增值的列向量和第 t 时期每单位产出的价值增值，他们使用以下式子：

$$\boldsymbol{x}^t = \boldsymbol{L}^t \boldsymbol{f}^t = \boldsymbol{L}^t \boldsymbol{B}^t \boldsymbol{y}^t \quad 及 \quad \boldsymbol{v}^t = \hat{\boldsymbol{c}}^t \boldsymbol{x}^t = \hat{\boldsymbol{c}}^t \boldsymbol{L}^t \boldsymbol{B}^t \boldsymbol{y}^t$$

（在第 13.1.2 节中我们检验了最终需求系数矩阵 $\boldsymbol{B}^t$ 和 $\boldsymbol{y}^t$，$\boldsymbol{y}^t$ 包含了第 t 期最终需求类别 k 的最终需求支出。）

然后，根据式（13.12）且 $n=4$，有：

$$\begin{aligned}\Delta \boldsymbol{v} = & \left(\frac{1}{2}\right)(\Delta \hat{\boldsymbol{c}})(\boldsymbol{L}^0 \boldsymbol{B}^0 \boldsymbol{y}^0 + \boldsymbol{L}^1 \boldsymbol{B}^1 \boldsymbol{y}^1) \\ & + \left(\frac{1}{2}\right)[(\hat{\boldsymbol{c}}^0)(\Delta \boldsymbol{L})(\boldsymbol{B}^1 \boldsymbol{y}^1) + (\hat{\boldsymbol{c}}^1)(\Delta \boldsymbol{L})(\boldsymbol{B}^0 \boldsymbol{y}^0)]\end{aligned}$$

$$+\left(\frac{1}{2}\right)[(\hat{c}^0\boldsymbol{L}^0)(\Delta\boldsymbol{B})(\boldsymbol{y}^1)+(\hat{c}^1\boldsymbol{L}^1)(\Delta\boldsymbol{B})(\boldsymbol{y}^0)]$$

$$+\left(\frac{1}{2}\right)(\hat{c}^0\boldsymbol{L}^0\boldsymbol{B}^0+\hat{c}^1\boldsymbol{L}^1\boldsymbol{B}^1)(\Delta\boldsymbol{y}) \tag{13.46}$$

上式把价值增值的变化归因于四个组成部分，其中的 $\Delta\boldsymbol{L}$ 和 $\Delta\boldsymbol{B}$ 还可以进一步分解。

(4) 欧盟。由于使用的数据来源于欧盟的国家间投入产出表，迪策巴赫和胡克斯特拉的研究（表 13－6）也包含一个空间组成部分。这使得可以将其最终需求分解成：家庭消费、其他国内最终需求（政府消费、资本形成、存货变动）和出口（对联邦德国、法国、意大利、比利时、丹麦及其他欧盟国家），以及对世界上其他国家的出口。

一些这方面的研究的成果集中列示在表 13－9 中。

13.2 组合模型

标准的需求侧投入产出模型的一般形式是 $(\boldsymbol{I}-\boldsymbol{A})\boldsymbol{x}=\boldsymbol{f}$ 和 $\boldsymbol{x}=(\boldsymbol{I}-\boldsymbol{A})^{-1}\boldsymbol{f}$——其中基本要素最终需求 $\boldsymbol{f}$ 是外生的。f_j 的变动是模型外的因素作用的结果（例如，消费者偏好变化、政府购买变动），而通过投入产出模型进行定量分析的正是这些变动对经济总产出（$\boldsymbol{x}$）的效应。

在特定的情况下，组合的投入产出模型是适用的，即当一些部门的最终需求和其他部门的总产出被指定为外生时。例如，由于主要供给者的冲击，一些特定部门的产出可能固定在当前的库存水平，等待运输和分配给买者。或者，在计划经济体系下，可能制订在下一个计划年度末使农业产出增加 12%的计划。

组合投入产出模型一般运用于农业和资源经济学的经验研究。下面是这方面的一些例子：

- 农业［Johnson and Kulshreshtha，1982（不同形式的农场的经济重要性）；Findeis and Whittlesey，1984（两项灌溉发展项目的影响）；Tanjuakio，Hastings，and Tytus，1996（农业对特拉华州经济的影响）；Papadas and Dahl，1999（16 种不同的美国农产品的相对重要性）；Roberts，1994（乳制品配额的影响）］。
- 矿业［Petkovich and Ching，1978（矿石的枯竭对内华达州的矿业局部缩减的效应）］。
- 林业［Eiser and Roberts，2002（4 种不同林区类型的相对经济重要性）］。
- 渔业［Leung and Pooley，2002（为了保证海龟的数量维持在一定的水平上而减少渔区的影响）］。

大多数这些文章的参考文献中都列出了大量的其他相关研究。

如果一些部门的最终需求变动和其他部门的总产出变动是外生的，也就是用 $\Delta\boldsymbol{f}$ 和 $\Delta\boldsymbol{x}$ 表示，在这种情形下，下面的分析也是同等有效的。我们下面分别考虑两种情形。

□ 13.2.1 仅有一个部门的产出是外生给定的情形

重新整理基本方程

作为一个例子，在一个三部门模型中，假定 f_1、f_2 和 x_3 是外生的［因为部门的数量是任意给定的，所以我们可以总是假定部门 n 是一个产出（不是最终需求）固定的部门]。基本的投入产出关系仍体现在下面的三个方程中：

$$(1-a_{11})x_1-a_{12}x_2-a_{13}x_3=f_1$$
$$-a_{21}x_1+(1-a_{22})x_2-a_{23}x_3=f_2$$
$$-a_{31}x_1-a_{32}x_2+(1-a_{33})x_3=f_3$$

为了让所有的外生变量（f_1、f_2和x_3）只出现在等式右边且所有的内生变量（x_1、x_2和f_3）都只出现在等式左边，重新整理以上三式，得到：

$$(1-a_{11})x_1-a_{12}x_2+0\,f_3=f_1+a_{13}x_3$$
$$-a_{21}x_1+(1-a_{22})x_2+0\,f_3=f_2+a_{23}x_3$$
$$-a_{31}x_1-a_{32}x_2-f_3=-(1-a_{33})x_3$$

明显地，不仅有f_1还有$a_{13}x_3$（对于一个固定的 x_3）是部门 1（第一个方程）的外生的需求，同理，f_2和$a_{23}x_3$是部门 2 的外生影响因素。为了便于一般化，我们重新改写这些方程，使得每个方程都包含所有变量，即：

$$(1-a_{11})x_1-a_{12}x_2+0\,f_3=f_1+0\,f_2+a_{13}x_3$$
$$-a_{21}x_1+(1-a_{22})x_2+0\,f_3=0\,f_1+f_2+a_{23}x_3$$
$$-a_{31}x_1-a_{32}x_2-f_3=0\,f_1+0f_2-(1-a_{33})x_3$$

这两个方程组的矩阵形式（我们用分块矩阵和向量来强调与标准投入产出模型之间的差异）可以表示成：

$$\begin{bmatrix}(1-a_{11}) & -a_{12} & 0\\ -a_{21} & (1-a_{22}) & 0\\ -a_{31} & -a_{32} & -1\end{bmatrix}\begin{bmatrix}x_1\\ x_2\\ f_3\end{bmatrix}=\begin{bmatrix}f_1+a_{13}x_3\\ f_2+a_{23}x_3\\ -(1-a_{33})x_3\end{bmatrix} \tag{13.47}$$

和

$$\begin{bmatrix}(1-a_{11}) & -a_{12} & 0\\ -a_{21} & (1-a_{22}) & 0\\ -a_{31} & -a_{32} & -1\end{bmatrix}\begin{bmatrix}x_1\\ x_2\\ f_3\end{bmatrix}=\begin{bmatrix}1 & 0 & a_{13}\\ 0 & 1 & a_{23}\\ 0 & 0 & -(1-a_{33})\end{bmatrix}\begin{bmatrix}f_1\\ f_2\\ x_3\end{bmatrix} \tag{13.48}$$

令 $\boldsymbol{M}=\begin{bmatrix}(1-a_{11}) & -a_{12} & 0\\ -a_{21} & (1-a_{22}) & 0\\ -a_{31} & -a_{32} & -1\end{bmatrix}$和 $\boldsymbol{N}=\begin{bmatrix}1 & 0 & a_{13}\\ 0 & 1 & a_{23}\\ 0 & 0 & -(1-a_{33})\end{bmatrix}$，那么式（13.47）和式（13.48）可以写成如下形式：

$$\boldsymbol{M}\begin{bmatrix}x_1\\ x_2\\ f_3\end{bmatrix}=\begin{bmatrix}f_1+a_{13}x_3\\ f_2+a_{23}x_3\\ -(1-a_{33})x_3\end{bmatrix} \tag{13.49}$$

和

$$\boldsymbol{M}\begin{bmatrix}x_1\\x_2\\f_3\end{bmatrix}=\boldsymbol{N}\begin{bmatrix}f_1\\f_2\\x_3\end{bmatrix} \tag{13.50}$$

解得：

$$\begin{bmatrix}x_1\\x_2\\f_3\end{bmatrix}=\boldsymbol{M}^{-1}\begin{bmatrix}f_1+a_{13}x_3\\f_2+a_{23}x_3\\-(1-a_{33})x_3\end{bmatrix} \tag{13.51}$$

和

$$\begin{bmatrix}x_1\\x_2\\f_3\end{bmatrix}=\boldsymbol{M}^{-1}\boldsymbol{N}\begin{bmatrix}f_1\\f_2\\x_3\end{bmatrix} \tag{13.52}$$

利用分块矩阵的逆矩阵的结论（附录 A），可以证明：

$$\boldsymbol{M}^{-1}=\begin{bmatrix}l_{11}^{(2)} & l_{12}^{(2)} & 0\\l_{21}^{(2)} & l_{22}^{(2)} & 0\\\beta_1 & \beta_2 & -1\end{bmatrix}$$

其中$\boldsymbol{L}^{(2)}=\begin{bmatrix}l_{11}^{(2)} & l_{12}^{(2)}\\l_{21}^{(2)} & l_{22}^{(2)}\end{bmatrix}=\begin{bmatrix}(1-a_{11}) & -a_{12}\\-a_{21} & (1-a_{22})\end{bmatrix}^{-1}$是一个两部门模型的列昂惕夫矩阵。① 一个需要引起注意的结论是规模较小的模型的逆矩阵是$\boldsymbol{M}^{-1}$的一个组成部分。将 $\boldsymbol{M}$ 的逆与 $\boldsymbol{N}$ 相乘，式（13.52）可以表示成：

$$\begin{bmatrix}x_1\\x_2\\f_3\end{bmatrix}=\begin{bmatrix}\boldsymbol{L}^{(2)} & \boldsymbol{L}^{(2)}\begin{bmatrix}a_{13}\\a_{23}\end{bmatrix}\\\begin{bmatrix}\beta_1 & \beta_2\end{bmatrix} & \gamma\end{bmatrix}\begin{bmatrix}f_1\\f_2\\x_3\end{bmatrix} \tag{13.53}$$

我们暂时还不需要关心 β_1、β_2、γ 的精确值。

特别有趣的是内生的产出的结果 x_1 和 x_2，得：

$$\begin{bmatrix}x_1\\x_2\end{bmatrix}=\boldsymbol{L}^{(2)}\begin{bmatrix}f_1\\f_2\end{bmatrix}+\boldsymbol{L}^{(2)}\begin{bmatrix}a_{13}\\a_{23}\end{bmatrix}x_3=\boldsymbol{L}^{(2)}\begin{bmatrix}f_1+a_{13}\\f_2+a_{23}\end{bmatrix}x_3 \tag{13.54}$$

假定决定将部门 3 的产出增加到$\bar{x}_3$，不论出于何种原因（例如，为了满足未发货订单或者预期有新的需求出现等）。根据式（13.54），有$f_1=0$，$f_2=0$ 和$x_3=\bar{x}_3$，这对部门 1 和部门 2 的影响可以表示为：

$$\begin{bmatrix}x_1\\x_2\end{bmatrix}=\boldsymbol{L}^{(2)}\begin{bmatrix}a_{13}\\a_{23}\end{bmatrix}\bar{x}_3=\begin{bmatrix}l_{11}^{(2)} & l_{12}^{(2)}\\l_{21}^{(2)} & l_{22}^{(2)}\end{bmatrix}\begin{bmatrix}a_{13}\\a_{23}\end{bmatrix}\bar{x}_3 \tag{13.55}$$

---

① 在这里与附录 13.2 中我们有时会发现使用 $\boldsymbol{A}^{(k)}$ 和 $\boldsymbol{L}^{(k)}=(\boldsymbol{I}-\boldsymbol{A}^{(k)})^{-1}$来表示部门 k 投入产出模型的系数矩阵和列昂惕夫矩阵是有帮助的。

向量$\begin{bmatrix} a_{13}\bar{x}_3 \\ a_{23}\bar{x}_3 \end{bmatrix}$将部门 3 的新产出转化为部门 3 所需的部门 1 和部门 2 的产品的投入需求增量，而两部门投入产出模型的逆矩阵则将这些投入需求转化为这两个部门的总的必要的总产出。

“提取”部门

对于怎样探讨$\begin{bmatrix} f_1 \\ f_2 \end{bmatrix}$和 x_3 对$\begin{bmatrix} x_1 \\ x_2 \end{bmatrix}$的影响结果，还存在另一种方式可以得到与之完全一致的代数结果。如果我们把矩阵 $\boldsymbol{A}$ 第三行的所有元素都定为零，即 $\tilde{\boldsymbol{A}}=\begin{bmatrix} a_{11} & a_{12} & a_{13} \\ a_{21} & a_{22} & a_{23} \\ 0 & 0 & 0 \end{bmatrix}$，我们可以得到 $(\boldsymbol{I}-\boldsymbol{A})=\begin{bmatrix} 1-a_{11} & -a_{12} & -a_{13} \\ -a_{21} & 1-a_{22} & -a_{23} \\ 0 & 0 & 1 \end{bmatrix}$，并且重要地①：

$$(\boldsymbol{I}-\tilde{\boldsymbol{A}})^{-1}=\begin{bmatrix} \boldsymbol{L}^{(2)} & \boldsymbol{L}^{(2)}\begin{bmatrix} a_{13} \\ a_{23} \end{bmatrix} \\ \begin{bmatrix} 0 & 0 \end{bmatrix} & 1 \end{bmatrix}$$

这个结果也是根据分块矩阵的逆的性质（附录 A）得到的。本章的附录 13.2 中有进一步的探讨。

因此：

$$\begin{bmatrix} x_1 \\ x_2 \\ x_3 \end{bmatrix}=\begin{bmatrix} \boldsymbol{L}^{(2)} & \boldsymbol{L}^{(2)}\begin{bmatrix} a_{13} \\ a_{23} \end{bmatrix} \\ \begin{bmatrix} 0 & 0 \end{bmatrix} & 1 \end{bmatrix}\begin{bmatrix} f_1 \\ f_2 \\ x_3 \end{bmatrix}$$

得到的关于$\begin{bmatrix} x_1 \\ x_2 \end{bmatrix}$的结果与式（13.53）和式（13.54）得到的结果是一致的（我们在附录中证明了这种方法对于一般的包含了外生产出的 $n-k$ 部门模型也适用）。

在区域环境下，第一篇讨论这种方法的文章似乎是田居次郎、黑斯廷斯和蒂图斯（Tanjuakio，Hastings，and Tytus，1996）；这种方法在斯坦贝克（Steinback，2004）的研究中也起了重要作用。在区域水平上，经济学逻辑是将外生部门的区域购买系数设为零，从而产生了 $\boldsymbol{A}$ 的零行且消除了作为产业间投入的供给者的部门。在研究区域问题时，这种方法特别有用，因为在这种情形下一个现成的模型的 $\boldsymbol{A}$ 矩阵是可得的（例如，IMPLAN）并且能把合适的行的元素变为零。②

□ 13.2.2 f_1，…，f_{n-1}和 x_n 外生时的另一种方法③

这种方法运用了“产出-产出”乘数的概念（第 6.5.3 节）。回忆这一节中的定义

① 注意到矩阵 $\tilde{\boldsymbol{A}}$ 是奇异的（由于有一行全是零），而 $(\boldsymbol{I}-\tilde{\boldsymbol{A}})$ 是非奇异的；我们需要的是后面那个矩阵的逆矩阵。

② 这个方法与通过测量部门“联系”（在第 12.25 节中探讨过）来评价一个部门对经济的重要性的“假设提取”方法的变形之间有密切的联系。

③ 关于这种方法第一次明确的讨论是在 Evans 和 Hoffenberg（1952）中，再就是在 Ritz 和 Spaulding（1975，p. 14）中。

$\boldsymbol{L}^* = [l_{ij}^*] = \boldsymbol{L}\hat{\boldsymbol{L}}^{-1}$，其中：

$$l_{ij}^* = l_{ij}/l_{jj} = [\Delta x_i/\Delta f_j]/[\Delta x_j/\Delta f_j] = \Delta x_i/\Delta x_j$$

这些元素（$l_{ij}{}^*$）被视为“产出-产出”乘数，矩阵 $\boldsymbol{L}^*$ 的第 j 列的每一个元素代表的是如果部门 j 生产 1 美元的商品需要的部门 i 的产出的数量。

如果部门 j 把产出增加到$\bar{x}_j$，那么$\boldsymbol{L}^*\bar{\boldsymbol{x}}$（$\bar{\boldsymbol{x}} = [0, \cdots, 0, \bar{x}_j, 0, \cdots, 0]'$）就产生了一个向量，这个向量表示为了满足外生决定的部门 j 的产出所需要的每个部门的总的新产出，也就是：

$$\boldsymbol{x}^* = \boldsymbol{L}^*\bar{\boldsymbol{x}} \tag{13.56}$$

在下面的例子中会证明，这种计算方法得到的结果与x_i内生时用式（13.55）方法得到的结果一致。同时，附录 13.2 中还证明了在一般情况下这个结论也成立。

$\boldsymbol{L}^*$ 的结构明显地说明了一个标准的列昂惕夫矩阵（$\boldsymbol{L}$）很容易被用来解释当任意一个部门的产出被视为外生的时的影响。若部门 j 的产出被指定为外生的，然后需要做的是用矩阵 $\boldsymbol{L}$（已知）的第 j 列的元素除以 t_{jj}（已知）。换句话说，部门 j 的标准需求驱动的产出乘数一律会高估部门 j 的产出-产出乘数 $[(l_{ij}-1)\times 100]\%$。[给定$l_{ij}^* = l_{ij}/l_{jj}$，读者可以很容易证明$\dfrac{(l_{ij}-l_{ij}^*)}{l_{ij}^*} = t_{ij}^* - 1$。][①]

□ 13.2.3 x_n外生的例子[②]

如前面的部分，假定我们有一个三部门模型，且f_1、f_2和x_3被视为外生的。令 $\boldsymbol{A} = \begin{bmatrix} 0.15 & 0.25 & 0.30 \\ 0.20 & 0.05 & 0.18 \\ 0.20 & 0.20 & 0.10 \end{bmatrix}$（矩阵中的前两行和列重复了第 2 章中两部门模型的例子）。在式（13.50）的形式下，我们有：

$$\begin{bmatrix} 0.85 & -0.25 & 0 \\ -0.20 & 0.95 & 0 \\ -0.20 & -0.20 & -1 \end{bmatrix} \begin{bmatrix} x_1 \\ x_2 \\ f_3 \end{bmatrix} = \begin{bmatrix} 1 & 0 & 0.30 \\ 0 & 1 & 0.18 \\ 0 & 0 & -0.9 \end{bmatrix} \begin{bmatrix} f_1 \\ f_2 \\ x_3 \end{bmatrix}$$

特别地，有：

$$\boldsymbol{M} = \begin{bmatrix} 0.85 & -0.25 & 0 \\ -0.20 & 0.95 & 0 \\ -0.20 & -0.20 & -1 \end{bmatrix}, \boldsymbol{N} = \begin{bmatrix} 1 & 0 & 0.30 \\ 0 & 1 & 0.18 \\ 0 & 0 & -0.9 \end{bmatrix}$$

和

① Roberts（1994）在一个有标准产出乘数（由最终需求驱动，来自 $\boldsymbol{L}$）和来自 $\boldsymbol{L}^*$ 的产出乘数（产出驱动）的实际运用中，将乳制品部门的产出视为外生给定的，提供了一个数值例子。$\boldsymbol{L}$ 模型中高估的百分比为 8.09，$\boldsymbol{L}$ 中对应乳制品部门的对角线元素是 1.080 9。

② 尽管我们在数值例子中保留了小数点后四位数字，在对不同的方法下得到的结果进行比较时，仍然存在由于四舍五入而存在的微小差异，特别是在对矩阵求逆后。

$$M^{-1}=\begin{bmatrix}1.254\,1 & 0.330\,0 & 0\\ 0.264\,0 & 1.122\,1 & 0\\ -0.303\,6 & -0.290\,4 & -1\end{bmatrix},$$

所以：

$$M^{-1}N=\begin{bmatrix}1.254\,1 & 0.330\,0 & 0.435\,6\\ 0.264\,0 & 1.122\,1 & 0.281\,2\\ -0.303\,6 & -0.290\,4 & 0.756\,6\end{bmatrix}$$

注意到 M^{-1} 和 $M^{-1}N$ 的左上角的 2×2 子矩阵恰好是第 2 章两部门模型中 $\begin{bmatrix}0.85 & -0.25\\ -0.20 & 0.95\end{bmatrix}$ 的逆矩阵：

$$L^{(2)}=\begin{bmatrix}1.254\,1 & 0.330\,0\\ 0.264\,0 & 1.122\,1\end{bmatrix}$$

例 1

$f_1=100\,000$，$f_2=200\,000$，$x_3=150\,000$。在这种情形下，根据式（13.53）可得：

$$\begin{bmatrix}x_1\\ x_2\\ f_3\end{bmatrix}=\begin{bmatrix}1.254\,1 & 0.330\,0 & 0.435\,6\\ 0.264\,0 & 1.122\,1 & 0.281\,2\\ -0.303\,6 & -0.290\,4 & 0.756\,6\end{bmatrix}\begin{bmatrix}100\,000\\ 200\,000\\ 150\,000\end{bmatrix}=\begin{bmatrix}256\,750\\ 293\,000\\ 25\,050\end{bmatrix}$$

若我们感兴趣的只是对部门 1 和部门 2 的总产出的影响，那么，由式（13.53），得：

$$\begin{bmatrix}x_1\\ x_2\end{bmatrix}=L^{(2)}\begin{bmatrix}f_1\\ f_2\end{bmatrix}+L^{(2)}\begin{bmatrix}a_{13}\\ a_{23}\end{bmatrix}x_3=L^{(2)}\begin{bmatrix}f_1+a_{13}x_3\\ f_2+a_{23}x_3\end{bmatrix}$$

且对于这个例子，$\begin{bmatrix}f_1+a_{13}x_3\\ f_2+a_{23}x_3\end{bmatrix}=\begin{bmatrix}145\,000\\ 227\,000\end{bmatrix}$，所以：

$$\begin{bmatrix}x_1\\ x_2\end{bmatrix}=\begin{bmatrix}1.254\,1 & 0.330\,0\\ 0.264\,0 & 1.122\,1\end{bmatrix}\begin{bmatrix}145\,000\\ 227\,000\end{bmatrix}=\begin{bmatrix}256\,755\\ 292\,997\end{bmatrix}$$

（这些数值与三部门版本中 x_1 和 x_2 的数值有差异是因为存在计算 $M^{-1}N$ 时的四舍五入，特别是矩阵第三列的元素。）

例 2

$f_1=f_2=0$，$x_3=150\,000$。

方法 1：假定只有 $x_3=150\,000$ 是外生给定的；然后由 $f_1=f_2=0$ 和式（13.53）有：

$$\begin{bmatrix}x_1\\ x_2\\ f_3\end{bmatrix}=\begin{bmatrix}1.254\,1 & 0.330\,0 & 0.435\,6\\ 0.264\,0 & 1.122\,1 & 0.281\,2\\ -0.303\,6 & -0.290\,4 & 0.756\,6\end{bmatrix}\begin{bmatrix}0\\ 0\\ 150\,000\end{bmatrix}=\begin{bmatrix}65\,340\\ 42\,180\\ 113\,490\end{bmatrix}$$

再一次，如果感兴趣的只是对部门 1 和部门 2 的总产出影响，且由于 $f_1=f_2=0$，那么有：

$$\begin{bmatrix}x_1\\x_2\end{bmatrix}=\boldsymbol{L}^{(2)}\begin{bmatrix}a_{13}x_3\\a_{23}x_3\end{bmatrix}=\begin{bmatrix}1.254\ 1 & 0.330\ 0\\0.264\ 0 & 1.122\ 1\end{bmatrix}\begin{bmatrix}45\ 000\\27\ 000\end{bmatrix}=\begin{bmatrix}65\ 345\\42\ 177\end{bmatrix}$$

（差异来源于在计算 $\boldsymbol{M}^{-1}\boldsymbol{N}$ 时第三列的元素的四舍五入。）

方法 2：使用相同的数据，但是用另一种方法，我们使用 $\boldsymbol{L}^*$ 来解释三部门模型。这里：

$$\boldsymbol{L}=(\boldsymbol{I}-\boldsymbol{A})^{-1}=\begin{bmatrix}1.428\ 9 & 0.497\ 3 & 0.575\ 8\\0.376\ 9 & 1.230\ 0 & 0.371\ 6\\0.401\ 3 & 0.383\ 8 & 1.321\ 6\end{bmatrix}$$

所以：

$$\boldsymbol{L}^*=\boldsymbol{L}\hat{\boldsymbol{L}}^{-1}=\begin{bmatrix}1 & 0.404\ 3 & 0.435\ 6\\0.263\ 7 & 1 & 0.281\ 2\\0.280\ 8 & 0.312\ 1 & 1\end{bmatrix}$$

再一次考虑将部门 3 的产出定为 150 000 的情形。然后，这里有：

$$\bar{\boldsymbol{x}}=\begin{bmatrix}0\\0\\150\ 000\end{bmatrix}$$

如式（13.56），有：

$$\boldsymbol{x}^*=\begin{bmatrix}x_1\\x_2\\x_3\end{bmatrix}=\begin{bmatrix}1 & 0.404\ 3 & 0.435\ 6\\0.263\ 7 & 1 & 0.281\ 2\\0.280\ 8 & 0.312\ 1 & 1\end{bmatrix}\begin{bmatrix}0\\0\\150\ 000\end{bmatrix}=\begin{bmatrix}65\ 340\\42\ 180\\150\ 000\end{bmatrix}$$

这里得到的 x_1 和 x_2 的值与我们在前面用方法 1 得到三部门的结果一致，当然，$x_3=150\ 000$是讨论该问题时条件的一部分，这个条件的满足是由于$l_{33}^*=1$ 来保证的（由定义，所有$l_{jj}^*=1$）。

在附录 13.2 中，我们证明了在x_n外生给定的情形下，这两种方法能得到一致的从x_1到x_{n-1}的值。（这里再一次用到了分块矩阵的逆矩阵。）

例 3

$f_1=100\ 000$，$f_2=200\ 000$，$x_3=100\ 000$，考虑同样的三部门模型，给定$f_1=100\ 000$，$f_2=200\ 000$（与前面一致），但是$x_3=100\ 000$（而不是 150 000）。用式（13.53），我们有：

$$\begin{bmatrix}x_1\\x_2\\f_3\end{bmatrix}=\begin{bmatrix}1.254\ 1 & 0.330\ 0 & 0.435\ 6\\0.264\ 0 & 1.122\ 1 & 0.281\ 2\\-0.303\ 6 & -0.290\ 4 & 0.756\ 6\end{bmatrix}\begin{bmatrix}100\ 000\\200\ 000\\100\ 000\end{bmatrix}=\begin{bmatrix}234\ 970\\278\ 940\\-12\ 780\end{bmatrix}$$

这个结果说明了在这个例子中外生给定的f_1、f_2和x_3只有在f_3为负的情况下才能被满足。若所有的变量都表示的是变动量，那么要把部门 1 和部门 2 的最终需求分别增加

100 000 和 200 000，而部门 3 的产出仅增加 100 000，则需要将部门 3 的最终需求减少 12 780 才能实现。这种情况在计划经济下是常见的；增加生产的目标只有通过减少对消费的分配才能实现。同样地，在某种物品短缺的情况下（例如，由于一个冲击），增加其他部门的消费可能需要减少物品短缺部门产品的消费。负的 f_3 的值是否有意义完全取决于问题所处的环境。如果所有的变量都不是变动量，负的 f_i 也可能有意义。例如，作为最终需求的出口被定义为净出口，那么负的 f_i 就是指产品 j 的净进口。

例 4：x_3 的临界值

根据式（13.53）的结论，我们可以找到例子 $f_1=100\ 000$，$f_2=200\ 000$ 中使 $f_3=0$ 的 x_3 的临界值（记为 $\overline{x}_3^c$）（当 x_3 大于这个临界值时，f_3 是正的；当 x_3 小于这个临界值时，f_3 是负的）。将 100 000 用 $\overline{x}_3^c$ 代替，令 $f_3=0$，我们有：

$$\begin{bmatrix} x_1 \\ x_2 \\ 0 \end{bmatrix} = \begin{bmatrix} 1.254\ 1 & 0.330\ 0 & 0.435\ 6 \\ 0.264\ 0 & 1.122\ 1 & 0.281\ 2 \\ -0.303\ 6 & -0.290\ 4 & 0.756\ 6 \end{bmatrix} \begin{bmatrix} 100\ 000 \\ 200\ 000 \\ \overline{x}_3^c \end{bmatrix}$$

根据第三个方程，$0=-0.303\ 6\times100\ 000+(-0.290\ 4\times200\ 000)+(0.756\ 6)\overline{x}_3^c$ 或者 $\overline{x}_3^c=116\ 891$。

乘数

根据到目前为止的讨论和这些数值例子，我们认识到 $\boldsymbol{M}^{-1}\boldsymbol{N}$ 是与给定的外生变量相关的乘数矩阵，在这们的例子中，给定的外生变量是 $\boldsymbol{x}^{ex}=[x_3]$ 和 $\boldsymbol{f}^{ex}=\begin{bmatrix} f_1 \\ f_2 \end{bmatrix}$，内生变量是 $\boldsymbol{x}^{en}=\begin{bmatrix} x_1 \\ x_2 \end{bmatrix}$ 和 $\boldsymbol{f}^{en}=[f_3]$。这个矩阵中的元素与第 6 章中一般的投入产出系统 $\boldsymbol{x}=\boldsymbol{L}\boldsymbol{f}$ 中的乘数有相同的解释。在这个例子中，有：

$$\boldsymbol{M}^{-1}\boldsymbol{N}=\begin{bmatrix} 1.254\ 1 & 0.330\ 0 & 0.435\ 6 \\ 0.264\ 0 & 1.122\ 1 & 0.281\ 2 \\ -0.303\ 6 & -0.290\ 4 & 0.756\ 6 \end{bmatrix}$$

例如，若 $\Delta f_1=1$，$\Delta f_2=\Delta x_3=0$，我们有 $\Delta x_1=1.254\ 1$，$\Delta x_2=0.264\ 0$ 和 $\Delta f_3=-0.303\ 6$；如果只有部门 1 的最终需求增加，那么部门 1 和部门 2 的产出必须增加而对部门 3 产品的最终需求必须减少。对矩阵的第二列的元素可以进行相似的解释。第三列包含的乘数使得由于部门 3 的产出变动而使部门 1 和部门 2 的产出扩大乘数倍。特别地，$\Delta f_1=\Delta f_2=0$，$\Delta x_1=(0.435\ 6)\Delta x_3$，$\Delta x_2=(0.281\ 2)\Delta x_3$。因此矩阵 $\boldsymbol{M}^{-1}\boldsymbol{N}$ 中第三列的元素恰好是我们在推导 $\boldsymbol{L}^*$ 时定义的“产出-产出”乘数。注意到（上面的例 3），$l_{13}^*=0.435\ 6$ 且 $l_{23}^*=0.281\ 2$；这正好是矩阵 $\boldsymbol{M}^{-1}\boldsymbol{N}$ 中对应位置的元素。这不是巧合；附录 13.2 中给出了证明。

□ 13.2.4 外生给定 f_1，…，f_k，x_{k+1}，…，x_n 的情况

在外生给定 f_1、f_2、x_3、x_4 的情况下，读者可以很容易从基本的关系式 $(\boldsymbol{I}-\boldsymbol{A})\boldsymbol{x}=\boldsymbol{f}$ 推出与式（13.48）类似的四部门模型矩阵的表达式。对于 n 个部门的一般情况，假定

对每一个部门都进行标注，前 k 个部门的产出是内生的，则①：

$$\boldsymbol{x}^{en}=\begin{bmatrix}x_1\\ \vdots\\ x_k\end{bmatrix}$$

对应的最终需求是外生的：

$$\boldsymbol{f}^{ex}=\begin{bmatrix}f_1\\ \vdots\\ f_k\end{bmatrix}$$

类似地，剩下的 $n-k$ 个部门是产出外生的部门：

$$\boldsymbol{x}^{ex}=\begin{bmatrix}x_{k+1}\\ \vdots\\ x_n\end{bmatrix}$$

对应的最终需求则是内生的：

$$\boldsymbol{f}^{en}=\begin{bmatrix}f_{k+1}\\ \vdots\\ f_n\end{bmatrix}$$

把系数矩阵分块变成 $\boldsymbol{A}=\begin{bmatrix}\boldsymbol{A}^{11} & \boldsymbol{A}^{12}\\ \boldsymbol{A}^{21} & \boldsymbol{A}^{22}\end{bmatrix}$，其中 $\boldsymbol{A}^{11}=\boldsymbol{A}^{(k,k)}$ 表示由 $\boldsymbol{A}$ 矩阵的前 k 行和 k 列组成的子矩阵（这也可以用 $\boldsymbol{A}^{(k)}$ 表示），$\boldsymbol{A}^{12}=\boldsymbol{A}^{[k,-(n-k)]}$ 代表的是由 $\boldsymbol{A}$ 矩阵的前 k 行和后（$n-k$）列组成的子矩阵，$\boldsymbol{A}^{21}=\boldsymbol{A}^{[-(n-k),k]}$ 代表的是由 $\boldsymbol{A}$ 矩阵的后（$n-k$）行和前 k 列组成的子矩阵，$\boldsymbol{A}^{22}=\boldsymbol{A}^{[-(n-k),-(n-k)]}$ 代表的是由 $\boldsymbol{A}$ 矩阵的后（$n-k$）行和后（$n-k$）列组成的子矩阵，并且在各种情形下 $\boldsymbol{I}$ 和 $\boldsymbol{0}$ 矩阵都有适合的行和列。为了将一个矩阵的特定的行和列与一般的 k 部门的投入产出模型的系数矩阵 $\boldsymbol{A}^{(k)}$ 的标注区分开来，以上的三个子矩阵的标注是必需的。

在存在（$n-k$）个外生产出的情况下，式（13.48）的一般形式是：

$$\begin{bmatrix}(\boldsymbol{I}-\boldsymbol{A}^{(k)}) & \boldsymbol{0}\\ -\boldsymbol{A}_{21} & -\boldsymbol{I}\end{bmatrix}\begin{bmatrix}\boldsymbol{x}^{en}\\ \boldsymbol{f}^{en}\end{bmatrix}=\begin{bmatrix}\boldsymbol{I} & -\boldsymbol{A}_{12}\\ \boldsymbol{0} & -(\boldsymbol{I}-\boldsymbol{A}_{22})\end{bmatrix}\begin{bmatrix}\boldsymbol{f}^{ex}\\ \boldsymbol{x}^{ex}\end{bmatrix}\tag{13.57}$$

解这个方程的方法与解线性方程组的方法一致。用与前面相同的标注，在只有 x_n 外生的情况下，我们有 $\boldsymbol{M}=\begin{bmatrix}(\boldsymbol{I}-\boldsymbol{A}^{(k)}) & \boldsymbol{0}\\ -\boldsymbol{A}_{21} & -\boldsymbol{I}\end{bmatrix}$，$\boldsymbol{N}=\begin{bmatrix}\boldsymbol{I} & -\boldsymbol{A}_{12}\\ \boldsymbol{0} & -(\boldsymbol{I}-\boldsymbol{A}_{22})\end{bmatrix}$，所以 $\boldsymbol{M}\begin{bmatrix}\boldsymbol{x}^{en}\\ \boldsymbol{f}^{en}\end{bmatrix}=\boldsymbol{N}\begin{bmatrix}\boldsymbol{f}^{ex}\\ \boldsymbol{x}^{ex}\end{bmatrix}$ 的解，即 $\begin{bmatrix}\boldsymbol{x}^{en}\\ \boldsymbol{f}^{en}\end{bmatrix}=\boldsymbol{M}^{-1}\boldsymbol{N}\begin{bmatrix}\boldsymbol{f}^{ex}\\ \boldsymbol{x}^{ex}\end{bmatrix}$，变成②：

① 在 n 部门的模型中的部门都可以进行标注，从而使得前 k 个部门是产出内生的部门，其余的 $n-k$ 个部门是产出外生的部门。

② 这个结果是根据分块矩阵求逆和分块矩阵的乘法得来的，详情见附录 A。

$$\begin{bmatrix} \underset{(k\times 1)}{\boldsymbol{x}^{en}} \\ \underset{[(n-k)\times 1]}{\boldsymbol{f}^{en}} \end{bmatrix} = \begin{bmatrix} \boldsymbol{L}^{(k)} & \boldsymbol{L}^{(k)}\boldsymbol{A}_{12} \\ -\boldsymbol{A}_{21}\boldsymbol{L}^{(k)} & (\boldsymbol{I}-\boldsymbol{A}_{22})-\boldsymbol{A}_{21}\boldsymbol{L}^{(k)}\boldsymbol{A}_{12} \end{bmatrix} \begin{bmatrix} \underset{(k\times 1)}{\boldsymbol{f}^{ex}} \\ \underset{[(n-k)\times 1]}{\boldsymbol{x}^{ex}} \end{bmatrix} \tag{13.58}$$

其中$(\boldsymbol{I}-\boldsymbol{A}^{(k)})^{-1}=\boldsymbol{L}^{(k)}$（为了便于以后的讨论，我们在上式中标注了内生变量向量和外生变量向量的维度）。得到的这个结果与上个例子的式（13.53）相对应。

作为对式（13.57）的结果的逻辑的检验，我们考虑两种极端情形，注意到这两种极端情形对应的正好是基本的投入产出模型。

情形 1：不存在外生的产出。这里$k=n$，$\boldsymbol{L}^{(k)}=\boldsymbol{L}^{(n)}$，$\boldsymbol{x}^{en}=\begin{bmatrix} x_1 \\ \vdots \\ x_n \end{bmatrix}$，$\boldsymbol{f}^{ex}=\begin{bmatrix} f_1 \\ \vdots \\ f_n \end{bmatrix}$，并且$\boldsymbol{A}_{21}$、$\boldsymbol{A}_{12}$、$(\boldsymbol{I}-\boldsymbol{A}_{22})$、$\boldsymbol{f}^{en}$和$\boldsymbol{x}^{ex}$都不存在，所以式（13.57）正好是标准投入产出模型$(\boldsymbol{I}-\boldsymbol{A}^{(n)})\boldsymbol{x}^{en}=\boldsymbol{f}^{ex}$。

情形 2：所有产出都是外生的。这里 $k=0$，$(\boldsymbol{I}-\boldsymbol{A}_{22})=(\boldsymbol{I}-\boldsymbol{A}^{(n)})$，$\boldsymbol{x}^{ex}=\begin{bmatrix} x_1 \\ \vdots \\ x_n \end{bmatrix}$，$\boldsymbol{f}^{en}=\begin{bmatrix} f_1 \\ \vdots \\ f_n \end{bmatrix}$，并且式（13.57）中的$\boldsymbol{L}^{(k)}$、$\boldsymbol{A}_{21}$、$\boldsymbol{A}_{12}$、$\boldsymbol{f}^{en}$和$\boldsymbol{x}^{ex}$不存在，留下$-\boldsymbol{I}\boldsymbol{f}^{en}=-(\boldsymbol{I}-\boldsymbol{A}^{(n)})\boldsymbol{x}^{ex}$，$(\boldsymbol{I}-\boldsymbol{A}^{(n)})\boldsymbol{x}^{ex}=\boldsymbol{f}^{en}$。用语言表达出来就是，如果把标准模型中的 n 个部门的产出都给定，那么 n 个部门的最终需求就是唯一确定的。

考虑另外两个不那么极端的情形，在讨论变动量形式的模型时更有意义。考虑两种情形，$\Delta\boldsymbol{x}^{ex}=\boldsymbol{0}$ 或 $\Delta\boldsymbol{f}^{ex}=\boldsymbol{0}$。

情形 3：$\Delta\boldsymbol{x}^{ex}=\boldsymbol{0}$。在这种情形下，模型仅由部门 1，…，$k$ 的产出变动驱动；$\Delta\boldsymbol{f}^{ex}\neq\boldsymbol{0}$。所以$\Delta\boldsymbol{x}^{en}=\boldsymbol{L}^{(k)}\Delta\boldsymbol{f}^{ex}$，为标准 k 部门的投入产出模型。从而有，$\Delta\boldsymbol{f}^{en}=-\boldsymbol{A}_{21}\boldsymbol{L}^{(k)}\Delta\boldsymbol{f}^{ex}=-\boldsymbol{A}_{21}\Delta\boldsymbol{x}^{en}$。这是种在逻辑上很完美，但是却不怎么有趣的情形。若$\Delta\boldsymbol{f}^{ex}>\boldsymbol{0}$，则有$\Delta\boldsymbol{x}^{en}\geqslant\boldsymbol{0}$且$\Delta\boldsymbol{f}^{en}=-\boldsymbol{A}_{21}\Delta\boldsymbol{x}^{en}\leqslant\boldsymbol{0}$。这意味着 $n-k$ 个内生需求中至少要有一部分为负。因为$\Delta\boldsymbol{x}^{en}=\boldsymbol{0}$，部门 1，…，$k$ 所需要的部门 $k+1$，…，n 的投入，$\boldsymbol{A}_{21}$中的各项，只能通过减少对这些部门的产品需求来实现。

情形 4：$\Delta\boldsymbol{f}^{ex}=\boldsymbol{0}$。在这种情形下，模型仅由部门 $k+1$，…，n 的产出变动驱动；$\Delta\boldsymbol{x}^{en}\neq\boldsymbol{0}$。在这种情形下：

$$\Delta\boldsymbol{x}^{en}=\boldsymbol{L}^{(k)}\boldsymbol{A}_{12}\Delta\boldsymbol{x}^{ex} \tag{13.59}$$

其中$\boldsymbol{A}_{12}=\boldsymbol{A}^{[k,-(n-k)]}=\begin{bmatrix} a_{1,k+1} & \cdots & a_{1,n} \\ \vdots & \ddots & \vdots \\ a_{k,k+1} & \cdots & a_{kn} \end{bmatrix}$。例如，$\boldsymbol{A}_{12}\Delta\boldsymbol{x}^{ex}$中的第一个元素是$a_{1,k+1}\Delta x_{k+1}+a_{1,k+2}\Delta x_{k+2}+\cdots+a_{1n}\Delta x_n$；这表示为了使部门 $k+1$，…，n 能产出固定数量的产品所需要的内生部门 1 的产品。[在用投入产出分析研究区域水平的早期，蒂伯特（Tiebout，1969）把当地的 57 个部门中的 13 个部门的产出指定为外生的，并利用这种方法解出了其他 44 个部门的产出。]

同时，在这种情形下，$\Delta \boldsymbol{f}^{en}=[(\boldsymbol{I}-\boldsymbol{A}_{22})-\boldsymbol{A}_{21}\boldsymbol{L}^{(k)}\boldsymbol{A}_{12}]\Delta \boldsymbol{x}^{ex}$。这恰好是我们前面探讨的区域间模型的区域反馈效应（第3章）以及乘数分解（第6章）中的结构。这里的逻辑在本质上是一样的：(a) $\boldsymbol{A}_{12}\Delta \boldsymbol{x}^{ex}$ 表示为了满足 $\Delta \boldsymbol{x}^{ex}$ 而需要的内生部门的总投入；(b) $\boldsymbol{L}^{(k)}\boldsymbol{A}_{12}\Delta \boldsymbol{x}^{ex}$ 将这些需求转化为内生部门的总产出（直接或者间接的影响）；(c) $\boldsymbol{A}_{21}\boldsymbol{L}^{(k)}\boldsymbol{A}_{12}\Delta \boldsymbol{x}^{ex}$ 将这些产出转化为为生产出这些产品所需的外生部门产品的投入；(d) 由于 $\Delta \boldsymbol{x}^{ex}$ 已经被固定了，实现这个增加量必须减少对部门 $k+1$，…，n 的最终需求，$(\boldsymbol{I}-\boldsymbol{A}_{22})\Delta \boldsymbol{x}^{ex}$。

我们将在第13.4节中看到 f 和 x 在内生和外生类别中的组合也是评价一个经济体新产业的影响的有用框架。

□ 13.2.5　x_n 和 x_{n-1} 外生的例子

例5（例2的扩展）

方法1：现在假定 x_1 和 x_2 是外生的；且 $f_0=0$，$x_3=150\ 000$（与例2一致），令 $x_2=100\ 000$。式（13.57）中的各项（作为练习，读者可以检验这些子矩阵和接下来的矩阵乘积是否正确）为：

$$\boldsymbol{M}=\begin{bmatrix}(\boldsymbol{I}-\boldsymbol{A}^{(1)}) & \boldsymbol{0}\\ -\boldsymbol{A}_{21} & -I\end{bmatrix}=\begin{bmatrix}0.85 & 0 & 0\\ -0.2 & -1 & 0\\ -0.2 & 0 & -1\end{bmatrix}$$

和

$$\boldsymbol{N}=\begin{bmatrix}\boldsymbol{I} & -\boldsymbol{A}_{12}\\ \boldsymbol{0} & -(\boldsymbol{I}-\boldsymbol{A}_{22})\end{bmatrix}=\begin{bmatrix}1 & 0.25 & 0.3\\ 0 & -0.95 & 0.18\\ 0 & 0.2 & -0.9\end{bmatrix}$$

得到：

$$\begin{bmatrix}x_1\\ f_2\\ f_3\end{bmatrix}=\begin{bmatrix}1.176\ 5 & 0.294\ 1 & 0.353\ 0\\ -0.253\ 5 & 0.891\ 2 & -0.250\ 6\\ -0.253\ 5 & -0.258\ 8 & 0.829\ 4\end{bmatrix}\begin{bmatrix}0\\ 100\ 000\\ 150\ 000\end{bmatrix}=\begin{bmatrix}82\ 360\\ 51\ 530\\ 98\ 530\end{bmatrix}\qquad(13.60)$$

注意到 $\begin{bmatrix}x_1\\ f_2\\ f_3\end{bmatrix}=\begin{bmatrix}82\ 360\\ 51\ 530\\ 98\ 530\end{bmatrix}$，加上 $f_1=0$、$x_3=150\ 000$ 和 $x_2=100\ 000$ 这些结果可以被证明是符合第13.2.1节中的基本投入产出方程的。

方法2：如果我们使用 $\boldsymbol{L}^*$，我们可以得到：

$$\boldsymbol{x}^*=\begin{bmatrix}x_1\\ x_2\\ x_3\end{bmatrix}=\boldsymbol{L}^*\bar{\boldsymbol{x}}\begin{bmatrix}1 & 0.404\ 3 & 0.435\ 6\\ 0.263\ 7 & 1 & 0.281\ 2\\ -0.280\ 8 & 0.312\ 1 & 1\end{bmatrix}\begin{bmatrix}0\\ 100\ 000\\ 150\ 000\end{bmatrix}=\begin{bmatrix}105\ 770\\ 142\ 180\\ 181\ 210\end{bmatrix}\qquad(13.61)$$

这个结果是完全错误的，x_2和x_3都不在以前给定的值上，而且x_1也与式（13.60）得到的结果有很大的差异。我们已经提到过，在附录13.2中我们说明了为什么$\boldsymbol{L}^*$方法只有在一个部门的产出外生给定的情况下才有效。

13.3 关于新行业影响的投入产出模型

投入产出模型为我们提供了一个评估新行业——例如，在一个欠发达国家引进一项基础制造业活动，在一个地区建立一个面向出口的工业，等等——对地区经济影响的分析框架。找到这类问题的一个定量的分析方法是极其重要的。负责规划（一个国家或地区）经济发展的决策者在考虑制定政策来吸引一项行业进入该地区时，需要定量地估计它能带来的经济利益，从而能进一步衡量该项经济活动的成本——例如，鼓励性的税收削减，可能带来的环境退化——通过比较该项经济活动的成本和与新行业相关的新经济活动所带来的收益，无论这项研究是单独的，还是作为区域间或多区域模型的一部分进行的。不难发现相同的原则也适用于整个国家。有人发现在投入产出文献中，存在两种研究新行业影响经济的基本方法，即从最终需求向量的变化的角度或通过在经济的地区技术系数表中增加新的元素进行分析。我们将依次进行探究。

□ 13.3.1 新行业：最终需求的变化

为便于说明，我们再次考虑一个两部门的经济地区，其投入产出系数矩阵为$\boldsymbol{A}=\begin{bmatrix}a_{11} & a_{12}\\ a_{21} & a_{22}\end{bmatrix}$，并用部门3来表示新企业所属的新部门。下面将阐述定量分析行业引进对地区的影响的一种方法。① 假定通过参考其他地区或整个国家的投入产出系数表，抑或通过调查研究，我们能估计出部门3单位产出所需部门1和部门2的投入数据，即a_{13}、a_{23}。

为定量分析新部门3对经济的影响，我们需要掌握关于其经济活动量的数据。用投入产出的术语，即需知道部门3的产量水平（总产出）x_3或最终产出f_3。在此，我们用总产出x_3来表示其经济活动规模，并用$\bar{x}_3$来表示其计划产出水平。一个常见的例子是，一个新的企业计划投资2 500 000美元建造一个工厂，预计每年的产值为850 000美元。新部门3的生产引起的对部门1和部门2产品的需求分别为$a_{13}\bar{x}_3$和$a_{23}\bar{x}_3$。可将其视为对旧部门1和部门2产品需求的外生变化，记作$\Delta\boldsymbol{f}=\begin{bmatrix}a_{13}\bar{x}_3\\ a_{23}\bar{x}_3\end{bmatrix}$，这样就可以将两部门总产出的变化表示成$\Delta\boldsymbol{x}=\boldsymbol{L}\Delta\boldsymbol{f}$：

$$\Delta\boldsymbol{x}=\begin{bmatrix}l_{11} & l_{12}\\ l_{21} & l_{22}\end{bmatrix}\begin{bmatrix}a_{13}\bar{x}_3\\ a_{23}\bar{x}_3\end{bmatrix}=\begin{bmatrix}l_{11}a_{13}\bar{x}_3+l_{12}a_{13}\bar{x}_3\\ l_{21}a_{13}\bar{x}_3+l_{22}a_{23}\bar{x}_3\end{bmatrix} \tag{13.62}$$

考虑部门1和部门2原有的最终需求$\bar{f}_1$、$\bar{f}_1$，部门1和部门2的总产出可表示成：

① 这是Isard和Kuenne（1953）使用的一种重要方法，并且是Miller（1957）在区域水平上的投入产出框架中的早期方法。

$$\begin{bmatrix}x_1\\x_2\end{bmatrix}=\begin{bmatrix}l_{11}&l_{12}\\l_{21}&l_{22}\end{bmatrix}\begin{bmatrix}\bar{f}_1+a_{13}\bar{x}_3\\\bar{f}_2+a_{23}\bar{x}_3\end{bmatrix}=\begin{bmatrix}l_{11}(\bar{f}_1+a_{13}\bar{x}_3)+l_{12}(\bar{f}_1+a_{13}\bar{x}_3)\\l_{21}(\bar{f}_1+a_{13}\bar{x}_3)+l_{22}(\bar{f}_2+a_{23}\bar{x}_3)\end{bmatrix}\tag{13.63}$$

这正是式（13.55）中模型的结构。出于同样的原因，我们指定$\bar{f}_1$、$\bar{f}_2$及x_3的值。当$\bar{x}_3=0$，即地区没有新行业时，这就是一个标准的投入产出问题。当$\bar{f}_1=0$，$\bar{f}_2=0$时，我们能从式（13.63）中看出新行业对地区产出单独的影响，如式（13.62）所示。

举个数值例子，令$\boldsymbol{A}=\begin{bmatrix}0.15&0.25\\0.20&0.05\end{bmatrix}$。则$(\boldsymbol{I}-\boldsymbol{A})^{-1}=\begin{bmatrix}1.253&0.330\\0.264&1.122\end{bmatrix}$，假定部门3的直接投入系数$a_{13}=0.30$，$a_{23}=0.18$，该部门的工厂每年预期产值为100 000美元，即$\bar{x}_3=100\ 000$，则$\Delta\boldsymbol{f}=\begin{bmatrix}30\ 000\\18\ 000\end{bmatrix}$，并由式（13.62）有：

$$\Delta\boldsymbol{x}=\begin{bmatrix}1.253&0.330\\0.264&1.122\end{bmatrix}\begin{bmatrix}30\ 000\\18\ 000\end{bmatrix}=\begin{bmatrix}43\ 560\\28\ 116\end{bmatrix}\tag{13.64}$$

部门1为满足社会对其新增的价值为30 000美元的产品需求，最终将提高价值43 560美元的产出。同样地，来自部门3对部门2的新需求是18 000美元。最终部门2需要多生产28 116美元的产出。这些数字代表了一种测度新行业引入对一个地区经济的影响的方法。

假定a_{13}、a_{23}已知，$a_{31}=a_{32}=a_{33}=0$，则有基本关系：

$$\begin{aligned}&(1-a_{11})x_1-a_{12}x_2-a_{13}x_3=f_1\\&-a_{21}x_1+(1-a_{22})x_2-a_{23}x_3=f_2\\&0\ x_1+0\ x_2+x_3=f_3\end{aligned}$$

前面两个等式表明部门1和部门2的产品全部用作部门3的投入，第三个等式则反映了部门3的产品全部用作满足最终需求而不是用作该地区任何部门的生产投入（例如，一个连续生产出口品的部门为了靠近原料供应地而移入某个地区）。

我们可以用矩阵

$$\bar{\boldsymbol{A}}=\begin{bmatrix}a_{11}&a_{12}&a_{13}\\a_{21}&a_{22}&a_{23}\\0&0&0\end{bmatrix},\ \boldsymbol{I}-\bar{\boldsymbol{A}}=\begin{bmatrix}1-a_{11}&-a_{12}&-a_{13}\\-a_{21}&1-a_{22}&-a_{23}\\0&0&1\end{bmatrix}$$

部分地概括出新部门的信息。为了评估新部门3的产出x_3对经济的影响，令$f_1=0$，$f_2=0$，且$f_3=x_3=\bar{x}_3$，根据上面的第三个式子，有：

$$\boldsymbol{x}=\bar{\boldsymbol{L}}\begin{bmatrix}0\\0\\\bar{x}_3\end{bmatrix}$$

其中，$\bar{\boldsymbol{L}}=[\bar{l}_{ij}]=(\boldsymbol{I}-\bar{\boldsymbol{A}})^{-1}$。由于$\boldsymbol{f}$中的零元素，$x_1=\bar{l}_{13}\bar{x}_3$，$x_2=\bar{l}_{23}\bar{x}_3$，$x_3=\bar{l}_{33}\bar{x}_3$，也就是说，在列昂惕夫逆矩阵中只有第三列是起作用的。利用分块矩阵逆的公式（见附录A），容易得到：

$$\begin{bmatrix}\bar{l}_{13}\\ \bar{l}_{23}\end{bmatrix}=\begin{bmatrix}l_{11} & l_{12}\\ l_{21} & l_{22}\end{bmatrix}\begin{bmatrix}a_{13}\\ a_{23}\end{bmatrix}\text{及}\bar{l}_{33}=1$$

进而有：

$$\begin{bmatrix}x_1\\ x_2\end{bmatrix}=\begin{bmatrix}l_{11} & l_{12}\\ l_{21} & l_{22}\end{bmatrix}\begin{bmatrix}a_{13}\\ a_{23}\end{bmatrix}\bar{x}_3$$

正如式（13.62）所示。也要注意的是，$x_3=(1)\bar{x}_3$，和预期值一样。

□ 13.3.2 新行业：对技术系数矩阵的全部影响

前面给出的对于新行业影响的估计明显是保守的。考察新部门的全部经济影响不仅要考虑其会从地区旧部门那里购买中间投入品，还应考虑新部门向旧部门供应其产品用于生产而引起的整个经济的技术结构的改变。首先，由于新旧部门间的中间产品交易，直接投入系数矩阵会增加新的行和列。其次，原来的系数矩阵 **A** 也可能会改变。比如，中间投入品之间存在着替代关系的情况。

考虑新行业的加入，在原有 2×2 系数矩阵的基础上，需要数据a_{13}和a_{23}（假定是可估测的）。我们还需要知道原有部门（1 和 2）生产单位产值所需新部门 3 的产品投入的价值，即a_{31}、a_{32}以及部门 3 对自身产品的消耗系数a_{33}。若所考虑的地区原有 n 个部门，那么第 13.3.1 节中的方法需要估计 n 个新的系数（即系数矩阵 **A** 中新部门所在的列，除去最后一个元素$a_{n+1,n+1}$）。而当前的方法另外还需要 $n+1$ 个系数（**A** 中新部门所在的行），包括新部门对自身产品的消耗系数$a_{n+1,n+1}$，合计共 $2n+1$ 个新数据。

再一次假定x_3已知，下面的三等式模型将$\bar{f}_1$、$\bar{f}_2$、$\bar{x}_3$和内生变量x_1、x_2、f_3联系在一起：

$$\begin{aligned}&(1-a_{11})x_1-a_{12}x_2-a_{13}\bar{x}_3=\bar{f}_1\\ &-a_{21}x_1+(1-a_{22})x_2-a_{23}\bar{x}_3=\bar{f}_2\\ &-a_{31}x_1-a_{32}x_2+(1-a_{33})\bar{x}_3=f_3\end{aligned}\tag{13.65}$$

将外生变量移至等式右边，得到：

$$\begin{aligned}&(1-a_{11})x_1-a_{12}x_2+0\ f_3=\bar{f}_1+a_{13}\bar{x}_3\\ &-a_{21}x_1+(1-a_{22})x_2+0\ f_3=\bar{f}_2+a_{23}\bar{x}_3\\ &-a_{31}x_1-a_{32}x_2-f_3=-(1-a_{33})\bar{x}_3\end{aligned}\tag{13.66}$$

用矩阵表示就是：

$$\begin{bmatrix}1-a_{11} & -a_{12} & 0\\ -a_{21} & 1-a_{22} & 0\\ -a_{31} & -a_{32} & -1\end{bmatrix}\begin{bmatrix}x_1\\ x_2\\ f_3\end{bmatrix}=\begin{bmatrix}\bar{f}_1+a_{13}\bar{x}_3\\ \bar{f}_2+a_{23}\bar{x}_3\\ -(1-a_{33})\bar{x}_3\end{bmatrix}\tag{13.67}$$

这正是前面章节中式（13.48）的模型结构。所以其解的存在性与那一节中的例子一样。特别地，不能保证与给定的$\bar{f}_1$、$\bar{f}_2$、$\bar{x}_3$相关的f_3是正的。

对此，我们可以外生地给定新部门的最终产出水平，而不是其总产出水平。即令$f_3=\bar{f}_3$来代替令$x_3=\bar{x}_3$。这样，式（13.65）中的x_3是一个待定变量（非确定为$\bar{x}_3$）。我们看出这是一个标准的投入产出问题。无论$\bar{f}_1$、$\bar{f}_2$是否为 0，给定某$\bar{f}_3>0$，将 3×3 阶的列昂惕夫逆矩阵$(\boldsymbol{I}-\boldsymbol{A})^{-1}$代入式（13.67）就能求出相应的总产出$x_1$、$x_2$和$x_3$。因此，对于新部门的活动量水平，选择外生地规定其最终产出而非总产出，可以避免在评估新行业活动的经济影响时作出其他新的规定。

对于我们所说明的问题，考虑一个数值例子。有 3×3 的技术系数系数矩阵：

$$\bar{\boldsymbol{A}}=\begin{bmatrix}0.15 & 0.225 & 0.30\\ 0.20 & 0.05 & 0.18\\ 0.20 & 0.20 & 0.10\end{bmatrix}$$

（上横线用以区别于最初的 2×2 系数矩阵 $\boldsymbol{A}$。）这样，方程组式（13.67）中的系数矩阵为：

$$(\boldsymbol{I}-\bar{\boldsymbol{A}})=\begin{bmatrix}0.85 & -0.25 & -0.30\\ -0.20 & 0.95 & -0.18\\ -0.20 & -0.20 & 0.90\end{bmatrix} \tag{13.68}$$

它的逆矩阵为：

$$\bar{\boldsymbol{L}}=\begin{bmatrix}1.429 & 0.497 & 0.576\\ 0.377 & 1.230 & 0.372\\ 0.401 & 0.384 & 1.322\end{bmatrix} \tag{13.69}$$

给定$\bar{f}_1=100\ 000$，$\bar{f}_2=200\ 000$，$\bar{f}_3=50\ 000$，可得结果：

$$\begin{bmatrix}x_1\\ x_2\\ x_3\end{bmatrix}=\begin{bmatrix}1.429 & 0.497 & 0.576\\ 0.377 & 1.230 & 0.372\\ 0.401 & 0.384 & 1.322\end{bmatrix}\begin{bmatrix}100\ 000\\ 200\ 000\\ 50\ 000\end{bmatrix}=\begin{bmatrix}271\ 100\\ 302\ 300\\ 183\ 000\end{bmatrix} \tag{13.70}$$

这是个标准的投入产出分析模式。

□ 13.3.3　已有部门的新企业

不同于新企业同时代表着一个新的部门进入该地区所产生的影响，如果新企业所属的部门在该地区已经存在，它带来的影响是增大这个部门的生产能力。对这种影响的评估是相当简单的。特别地，所研究经济的投入产出表已经包含了新企业所属部门内部及其与其他部门之间的物质消耗关系信息。

假定存在一个三部门经济，新企业归属于部门 3，则 3×3 矩阵 $\boldsymbol{A}$ 和 $\boldsymbol{L}$ 已知。如果新企业的活动水平用外生给定的总产量来表示，那么我们用$x_3^*>0$来表示，而部门间的关系正如式（13.65）所示，在此，我们用x_3^*代替原式中的$\bar{x}_3$来区别两种情况（新企业同时代表着新的部门进入地区时使用符号$\bar{x}_3$，新企业仅引起地区已有部门生产力增加时用符号x_3^*）。对三个旧部门的新需求可表示为：

$$\begin{bmatrix}a_{13}x_3^*\\ a_{23}x_3^*\\ a_{33}x_3^*\end{bmatrix} \tag{13.71}$$

运用投入产出方法计算出三个部门的产出变化：

$$\Delta \boldsymbol{x}=\boldsymbol{L}\begin{bmatrix} a_{13}x_3^* \\ a_{23}x_3^* \\ a_{33}x_3^* \end{bmatrix} \tag{13.72}$$

如果用最终产出的增量表示部门 3 增加的生产能力，即 Δf_3，使用投入产出方法可以计算出新企业带来的影响。最终需求增量向量为 $\begin{bmatrix} 0 \\ 0 \\ \Delta f_3 \end{bmatrix}$，且：

$$\Delta \boldsymbol{x}=\boldsymbol{L}\begin{bmatrix} 0 \\ 0 \\ \Delta f_3 \end{bmatrix} \tag{13.73}$$

其实就是：

$$\Delta \boldsymbol{x}_1=\boldsymbol{l}_{13}\Delta \boldsymbol{f}_3，\Delta \boldsymbol{x}_2=\boldsymbol{l}_{23}\Delta \boldsymbol{f}_3，\Delta \boldsymbol{x}_3 \mathrm{l}_{33}\Delta \boldsymbol{f}_3 \text{或} \Delta \boldsymbol{x}=\begin{bmatrix} \boldsymbol{l}_{13} \\ \mathrm{l}_{23} \\ \mathrm{l}_{33} \end{bmatrix}\Delta \boldsymbol{f}_3 \tag{13.74}$$

例如，假定三部门经济的列昂惕夫逆如式（13.69）所示。若部门 3 的一个新企业进入这个经济并计划每年产出 120 000 美元（即x_3^* =120 000），则利用技术系数矩阵第三列的元素，我们能计算出式（13.71）中的新增的最终需求为：

$$\begin{bmatrix} (0.30)(120\ 000) \\ (0.18)(120\ 000) \\ (0.10)(120\ 000) \end{bmatrix}=\begin{bmatrix} 36\ 000 \\ 21\ 600 \\ 12\ 000 \end{bmatrix}$$

按照式（13.72）有：

$$\Delta \boldsymbol{x}=\begin{bmatrix} 1.429 & 0.497 & 0.576 \\ 0.377 & 1.230 & 0.372 \\ 0.401 & 0.384 & 1.322 \end{bmatrix}\begin{bmatrix} 36\ 000 \\ 21\ 600 \\ 12\ 000 \end{bmatrix}=\begin{bmatrix} 69\ 127 \\ 44\ 604 \\ 38\ 594 \end{bmatrix}$$

注意到部门 3 的新增产出总数为 158 594 美元，其中的 120 000 美元来自新企业，另外的 38 594 美元来自部门 3 原有的企业。此外，若以最终产出增加 70 000 美元来表示部门 3 新增的生产能力，那么由式（13.73）得：

$$\Delta \boldsymbol{x}=\begin{bmatrix} 1.429 & 0.497 & 0.576 \\ 0.377 & 1.230 & 0.372 \\ 0.401 & 0.384 & 1.322 \end{bmatrix}\begin{bmatrix} 0 \\ 0 \\ 7\ 000 \end{bmatrix}=\begin{bmatrix} 40.320 \\ 26.880 \\ 92.540 \end{bmatrix}$$

或者按照式（13.74）计算得：$\begin{bmatrix} 0.576\ 0 \\ 0.372 \\ 1.322 \end{bmatrix}$（70 000）。

□ 13.3.4 其他结构变化

正如之前所提，当一个新企业同时代表新的部门进入某经济地区，或它只是增加了当地现有部门的生产能力时，该地区部门原有的交易模式完全可能发生改变。例如对于部门 j，原先是从其他地区购进投入品 i，如今可能改从新企业那里购买部分产品 i。此外，部门 j 还可能使用新企业的产品 i 代替过去使用的投入品 k。这种交易模式的改变体现为中间流量矩阵 $\mathbf{Z}$ 中元素发生改变，并进一步引起包括新部门（或者生产力水平得到增强的部门）在内的所有部门的直接消耗系数的改变。

采用同样的方式不难分析一个企业或整个部门从某地区被移除的情形。例如，一家工厂倒闭了，但该部门的其他工厂仍在运作，通常利用产出、收入、就业率或增加值乘数数据就足以定量地算出经济萎缩程度。如果一个部门的整个经济活动都停止了——例如，所有的制鞋厂从马萨诸塞州搬离到南方——这样，在马萨诸塞州的投入产出系数矩阵 $\mathbf{A}$ 中，制鞋厂所在的行和列就消失了。而当地的使用其产品作为投入的其他部门将只能从外地购买或使用本地的其他产品作为替代。同样地，原先为其提供产品的企业也需要寻找新的销售对象。再一次，系数矩阵 $\mathbf{A}$ 的行与列将会发生改变。然而，想准确地预测出这些变化将会发生在哪些部门以及会发生多大的变化是极其困难的。

13.4 投入产出模型中的动态考量

□ 13.4.1 一般的关系

到目前为止，我们考虑的分析技术是使用从所测量的部门间商品流量推导出来的技术系数矩阵 $\mathbf{A}$，这些流量在一个特定的时期中用来满足当前的生产需要。每一个流量 z_{ij}，被视为当前产出 x_j 的一种投入，这些关系反映在技术系数中，$a_{ij}=z_{ij}/x_j$。然而，实际上，某些商品投入贡献给生产过程，但不是马上在当前生产中被用完——如机器、建筑等。换句话说，一个部门拥有某些资本存量，对于生产也是必需的。如果我们可以衡量部门 j 占有的部门 i 的产出作为资本存量的价值 k_{ij}，则我们可以估计“资本系数”，即在某个时期，用部门 j 的产出去除占有的资本存量。与固定投资项如建筑和机器一起，部门 j 用来作为存货的商品，被用作后面生产的投入，也可以包含在 k_{ij} 中。令 $b_{ij}=k_{ij}/x_j$；该系数被解释为部门 j 在 1 美元价值的生产中所占有的作为资本存量的部门 i 产品（美元）的数量。①

例如，如果部门 i 是建筑产业，部门 j 是汽车业，b_{ij} 可能表示生产每 1 美元的汽车所使用的工厂空间的价值。显然，对于当前的生产，机器、建筑等必须是已经在使用中的。然而，如果一个经济是增长的，则预期的生产（下一年）与当前的生产（本年度）不同，背后提供支撑的资本数量可能改变：一个简单（常用的）假定是部门 i 新生产的用于部门 j 的 $t+1$ 时期（即下个年度）的资本存量的数量由 $b_{ij}(x_j^{t+1}-x_j^t)$ 给出，其中上标表示时期（此处为年度）；也就是，部门 i 为满足部门 j 用作下一年度生产的需要而对部门 i 增加的生产量，由所测得的资本系数 b_{ij} 乘以部门 j 本年度和下个年度产出的

① 用 b_{ij} 以及后面的 $\boldsymbol{B}=[b_{ij}]$ 来表示动态投入产出模型中的资本系数，这已成为惯例。在高希模型中使用 $\boldsymbol{B}$ 也是惯例，如我们在第 12.1 节中所看到的，以及在第 13.1.8 节中用于表示“桥梁”矩阵时所做的。上下文应该能够使得其所指的意思很清楚。

变化（$x_j^{t+1}-x_j^t$）得出。该资本系数的使用假定生产以部门 j 的有效生产能力或者接近有效生产能力进行，因为预期生产增加，若（$x_j^{t+1}-x_j^t$）为正，就需要新的资本商品。①

部门 i 在时期 t 的产出的典型方程将变为：

$$x_i^t=\sum_{j=1}^n a_{ij}x_j^t+\sum_{j=1}^n b_{ij}(x_j^{t+1}-x_j^t)+f_i^t \tag{13.75}$$

或者

$$x_i^t-\sum_{j=1}^n a_{ij}x_j^t+\sum_{j=1}^n b_{ij}x_j^t-\sum_{j=1}^n b_{ij}x_j^{t+1}=f_i^t \tag{13.76}$$

使用 $n\times n$ 的资本系数矩阵 $\boldsymbol{B}=[b_{ij}]$，矩阵形式的方程为：

$$(\boldsymbol{I}-\boldsymbol{A})\boldsymbol{x}^t-\boldsymbol{B}(\mathrm{x}^{t+1}-\boldsymbol{x}^t)=\boldsymbol{f}^t \text{ 或者} (\boldsymbol{I}-\boldsymbol{A}+\boldsymbol{B})\boldsymbol{x}^t-\boldsymbol{B}\boldsymbol{x}^{t+1}=\boldsymbol{f}^t \tag{13.77}$$

这个结果可重新整理为：

$$\boldsymbol{B}\boldsymbol{x}^{t+1}=(\boldsymbol{I}-\boldsymbol{A}+\boldsymbol{B})\boldsymbol{x}^t-\boldsymbol{f}^t \tag{13.78}$$

对 $t=0$，1，…，T。例如，如果时间上标表示年度，该式表示总产出和从现在（年度 $t=0$）开始延伸到未来的 T 年的最终需求之间的一系列关系。②

这些是线性差分方程，因为变量的值——x_j——通过 $\boldsymbol{A}$ 和 $\boldsymbol{B}$ 中的系数及最终需求在不同时期之间有联系。差分方程组的求解方法和跨期变量的值的分析都超出了本书的范围。这里的目的主要是让读者熟悉资本系数的概念和将生产所用的资本商品存量包含到投入产出分析中的一种途径。③ 显然，该模型内在的假定——例如，资本系数在时间上的稳定性——值得像静态模型中的假定那样仔细检查。此外，估计资本系数的数据和测算方法的问题比技术系数的这些问题更为困难。

由式（13.77），可以推导出"前瞻"或者"后顾"的表达式。根据 $\boldsymbol{x}^{t+1}$ 求解 $\boldsymbol{x}_t$ 得出 $\boldsymbol{x}_t=(\boldsymbol{I}-\boldsymbol{A}+\boldsymbol{B})^{-1}(\boldsymbol{B}\boldsymbol{x}^{t+1}+\boldsymbol{f}_t)$；令 $\boldsymbol{G}=(\boldsymbol{I}-\boldsymbol{A}+\boldsymbol{B})$，即为 $\boldsymbol{x}_t=\boldsymbol{G}^{-1}(\boldsymbol{B}\boldsymbol{x}^{t+1}+\boldsymbol{f}_t)$。④ 每个时期的产出依赖于其后时期的产出（以及当前时期的最终需求）。只要 $\boldsymbol{G}^{-1}$ 存在，对这类问题求解就是可能的，在实践中（$\boldsymbol{I}-\boldsymbol{A}+\boldsymbol{B}$）不太可能是奇异的。此外，由式（13.77）或者式（13.78），我们同样能够得到 $\boldsymbol{x}^{t+1}$ 关于 $\boldsymbol{x}_t$ 的函数，即 $\boldsymbol{x}^{t+1}=\boldsymbol{B}^{-1}(\boldsymbol{G}\boldsymbol{x}_t-\boldsymbol{f}_t)$，现在每个时期的产出依赖于其前一个时期的产出（以及当前时期的最终需求）。这种方法要求 $\boldsymbol{B}$ 是非奇异的，而实际上，$\boldsymbol{B}$ 矩阵的奇异性是动态投入产出模型的一个问题。容易看

① $x_j^{t+1}-x_j^t$ 也可能是负值或者零。因此，如果 $b_{ij}=0.02$，$x_j^{t+1}-x_j^t=100$ 美元，为满足部门 j，将有对部门 i 多 2 美元产出的需求；如果 $x_j^{t+1}-x_j^t=-300$ 美元，模型会预测出 j 对 i 的购买量有 6 美元的下降。总的来说，我们通常关注经济增长的部门效应，因此动态模型中通常设定 $x_j^{t+1}-x_j^t$ 严格为正。

② 在某些动态投入产出模型的讨论中，时间上标"向后"移动一个时期，引出 $(\boldsymbol{I}-\boldsymbol{A}+\boldsymbol{B})\boldsymbol{x}^{t-1}-\boldsymbol{B}\boldsymbol{x}^t=\boldsymbol{f}^{t-1}$。也有不同的标注建议——"后向时滞"对"前向时滞"模型——这是我们不需要关注的。

③ 对于熟悉微积分的读者，可关注该模型的连续形式。当时期之间的间隔变得非常小时，$x_j^{t+1}-x_j^t$ 之间的差接近导数 $\frac{\mathrm{d}x_j}{\mathrm{d}t}$。因此式（13.75）的连续形式为 $x_i=\sum_{j=1}^n a_{ij}x_j+\sum_{j=1}^n b_{ij}(\mathrm{d}x_j/\mathrm{d}t)+f_i$，将向量 $\boldsymbol{x}$ 对时间的导数表示为 $\dot{\boldsymbol{x}}$，我们有 $\boldsymbol{B}\dot{\boldsymbol{x}}=(\boldsymbol{I}-\boldsymbol{A})\boldsymbol{x}-\boldsymbol{f}$。这是线性微分方程，给出其求解方法和稳定性分析也是可能的，但是同样超出了本书的范围。

④ 之前 $\boldsymbol{G}$ 也被用于高希模型，上下文应该能够清楚表明 $\boldsymbol{G}$ 具体指什么。

出为什么可能有 $|\boldsymbol{B}|=0$。在部门数量相当大的模型中（分类详细的模型），很有可能会有不对任何部门提供资本商品的部门——即 $\boldsymbol{B}$ 矩阵中这些部门的行全为零元素（例如，其中有一个被标记为“农业，土豆”的部门）。如果一个矩阵的一行或者更多行都是零，则该矩阵的行列式为零，因此该矩阵不存在逆。① 在之后的例子中，我们将看到即使 $\boldsymbol{B}$ 是非奇异的，也可能有些“病态”，在其逆矩阵中包含非常大的元素。

在构建资本系数中，我们可能也希望在“补偿资本”——例如，替换掉损耗设备的投资——是当前生产 $\boldsymbol{x}_t$ 的函数，以及“扩张资本”——例如，扩大生产能力所需要的新设备的投资——是产业增长的函数（当前和过去生产之间的差异 $\boldsymbol{x}^{t+1}-\boldsymbol{x}_t$），这二者之间做出区分。在这种情况下，我们可以写出式（13.77）的类似表达式，为：

$$(\boldsymbol{I}-\boldsymbol{A}-\boldsymbol{D}+\boldsymbol{B})\boldsymbol{x}^t-\boldsymbol{B}\boldsymbol{x}^{t+1}=\boldsymbol{f}^t$$

其中 $\boldsymbol{D}$ 是新增加的补偿资本系数矩阵，$\boldsymbol{B}$ 现在是扩张资本系数矩阵。

在区域水平上，有学者构建了几个具备可用性的模型，例如迈尔尼克等（Miernyk et al.，1970）中的模型研究了西弗吉尼亚州不同的经济发展策略，迈尔尼克和西尔斯（Miernyk and Sears，1974）使用动态投入产出模型分析了污染控制技术的效果。

□ 13.4.2 三时期的示例

再次考虑式（13.77），$\boldsymbol{G}=(\boldsymbol{I}-\boldsymbol{A}+\boldsymbol{B})$，令 $T=3$。则差分方程关系为：

$$\boldsymbol{G}\boldsymbol{x}^0-\boldsymbol{B}\boldsymbol{x}^1=\boldsymbol{f}^0$$
$$\boldsymbol{G}\boldsymbol{x}^1-\boldsymbol{B}\boldsymbol{x}^2=\boldsymbol{f}^1$$
$$\boldsymbol{G}\boldsymbol{x}^2-\boldsymbol{B}\boldsymbol{x}^3=\boldsymbol{f}^2$$
$$\boldsymbol{G}\boldsymbol{x}^3-\boldsymbol{B}\boldsymbol{x}^4=\boldsymbol{f}^3$$

或者

$$\begin{bmatrix}\boldsymbol{G} & -\boldsymbol{B} & \boldsymbol{0} & \boldsymbol{0} & \boldsymbol{0}\\ \boldsymbol{0} & \boldsymbol{G} & -\boldsymbol{B} & \boldsymbol{0} & \boldsymbol{0}\\ \boldsymbol{0} & \boldsymbol{0} & \boldsymbol{G} & -\boldsymbol{B} & \boldsymbol{0}\\ \boldsymbol{0} & \boldsymbol{0} & \boldsymbol{0} & \boldsymbol{G} & -\boldsymbol{B}\end{bmatrix}\begin{bmatrix}\boldsymbol{x}^0\\ \boldsymbol{x}^1\\ \boldsymbol{x}^2\\ \boldsymbol{x}^3\\ \boldsymbol{x}^4\end{bmatrix}=\begin{bmatrix}\boldsymbol{f}^0\\ \boldsymbol{f}^1\\ \boldsymbol{f}^2\\ \boldsymbol{f}^3\end{bmatrix} \tag{13.79}$$

注意有四个矩阵方程包含 5 个未知向量，从 $\boldsymbol{x}^0$ 到 $\boldsymbol{x}^4$。如果经济中有 n 个部门，我们有 $5n$ 个变量的 $4n$ 个线性方程。许多动态模型，包括投入产出系统在内，会出现的一个问题是，在动态过程中哪些数值被确定为固定的。一般地，当我们从给定数量的经济中的产出开始时，有开始时（$t=0$）的初始值，或者有终点值，确定系统在模型所研究时期的期末（$t=T$ 或 $T+1$）所想要达到的特征。我们研究了 $T=3$ 情况下的几种可能性。

---

① 有大量文献是关于动态列昂惕夫模型奇异性的，以及关于试图避免该问题的模型的变化的。这个主题是很大的，超出了本书的范围。感兴趣的读者可以参见 Leontief（1970）、Duchin 和 Szyld（1985）、Leontief 和 Duchin（1986）或者 Steenge 和 Thissen（2005），以获得关于避免或抵消奇异性问题的许多尝试的关键总结。

终端条件

在式（13.79）中，当 $T=3$ 时，意味着 $\boldsymbol{x}^{T+1}=\boldsymbol{x}^4$。在动态投入产出模型的某些版本中（Leontief，1970），简单假定我们看不到（或者不关心）年度 T 之外的情形；这是所关注的最后年度，因此 $\boldsymbol{x}^{T+1}=\mathbf{0}$。[①] 在该种情况下，式（13.79）变为：

$$\begin{bmatrix} \boldsymbol{G} & -\boldsymbol{B} & \mathbf{0} & \mathbf{0} \\ \mathbf{0} & \boldsymbol{G} & -\boldsymbol{B} & \mathbf{0} \\ \mathbf{0} & \mathbf{0} & \boldsymbol{G} & -\boldsymbol{B} \\ \mathbf{0} & \mathbf{0} & \mathbf{0} & \boldsymbol{G} \end{bmatrix} \begin{bmatrix} \boldsymbol{x}^0 \\ \boldsymbol{x}^1 \\ \boldsymbol{x}^2 \\ \boldsymbol{x}^3 \end{bmatrix} = \begin{bmatrix} \boldsymbol{f}^0 \\ \boldsymbol{f}^1 \\ \boldsymbol{f}^2 \\ \boldsymbol{f}^3 \end{bmatrix} \tag{13.80}$$

因为 $\boldsymbol{x}^4=\mathbf{0}$，它从式（13.79）中的 $\boldsymbol{x}$ 向量中消失了，式（13.79）中系数矩阵的最后一列也没有必要了。

给定当前年度和接下来三年的一系列最终需求——$\boldsymbol{f}_0$、$\boldsymbol{f}_1$、$\boldsymbol{f}_2$ 和 $\boldsymbol{f}_3$——我们能够使用式（13.80）中左侧矩阵的逆（给定逆矩阵存在），得到在这些年度中每一年的相应总产出——$\boldsymbol{x}_0$、$\boldsymbol{x}_1$、$\boldsymbol{x}_2$ 和 $\boldsymbol{x}_3$。实际上，利用分块矩阵的逆的结果（附录 A），令 $\boldsymbol{R}=\boldsymbol{G}^{-1}\boldsymbol{B}$，可以得到：

$$\begin{bmatrix} \boldsymbol{G} & -\boldsymbol{B} & \mathbf{0} & \mathbf{0} \\ \mathbf{0} & \boldsymbol{G} & -\boldsymbol{B} & \mathbf{0} \\ \mathbf{0} & \mathbf{0} & \boldsymbol{G} & -\boldsymbol{B} \\ \mathbf{0} & \mathbf{0} & \mathbf{0} & \boldsymbol{G} \end{bmatrix}^{-1} = \begin{bmatrix} \boldsymbol{G}^{-1} & \boldsymbol{R}\boldsymbol{G}^{-1} & \boldsymbol{R}^2\boldsymbol{G}^{-1} & \boldsymbol{R}^3\boldsymbol{G}^{-1} \\ \mathbf{0} & \boldsymbol{G}^{-1} & \boldsymbol{R}\boldsymbol{G}^{-1} & \boldsymbol{R}^2\boldsymbol{G}^{-1} \\ \mathbf{0} & \mathbf{0} & \boldsymbol{G}^{-1} & \boldsymbol{R}\boldsymbol{G}-1 \\ \mathbf{0} & \mathbf{0} & \mathbf{0} & \boldsymbol{G}^{-1} \end{bmatrix} \tag{13.81}$$

对于一个 n 部门的经济，这将是一个 $4n$ 阶的方阵。对于 T 年度的时间跨度，该矩阵将是 $(T+1)n$ 阶；也就是说，对于“合理”的问题，它会变得相当大。对于一个有 100 个部门的经济的 10 年规划问题，该矩阵将是 1 100×1 100 的。

当 $\boldsymbol{x}^{T+1}=\mathbf{0}$ 时，这些方程的特定结构，如式（13.80），允许用简单的递推方法求解。给定 $\boldsymbol{f}_3$，由下式得到 $\boldsymbol{x}_3$：

$$\boldsymbol{x}^3=\boldsymbol{G}^{-1}\boldsymbol{f}^3 \tag{13.82}$$

用这个关于 $\boldsymbol{x}^3$ 的值，由式（13.79）中的第三个方程得到 $\boldsymbol{x}^2$，为：

$$\boldsymbol{x}^2=\boldsymbol{G}^{-1}(\boldsymbol{B}\boldsymbol{x}^3+\boldsymbol{f}^2)=\boldsymbol{G}^{-1}(\boldsymbol{B}\boldsymbol{G}^{-1}\boldsymbol{f}^3+\boldsymbol{f}^2)=\boldsymbol{R}\boldsymbol{G}^{-1}\boldsymbol{f}^3+\boldsymbol{G}^{-1}\boldsymbol{f}^2 \tag{13.83}$$

用类似的方式，已知 $\boldsymbol{x}^3$ 和 $\boldsymbol{x}^2$，有：

$$\begin{aligned} \boldsymbol{x}^1 &=\boldsymbol{G}^{-1}(\boldsymbol{B}\boldsymbol{x}^2+\boldsymbol{f}^1)=\boldsymbol{G}^{-1}[\boldsymbol{B}(\boldsymbol{R}\boldsymbol{G}^{-1}\boldsymbol{f}^3+\boldsymbol{G}\boldsymbol{R}^{-1}\boldsymbol{f}^2+\boldsymbol{G}^{-1}\boldsymbol{f}^2)+\boldsymbol{f}^1] \\ &=\boldsymbol{R}^2\boldsymbol{G}^{-1}\boldsymbol{f}^3+\boldsymbol{R}\boldsymbol{G}^{-1}\boldsymbol{f}^2+\boldsymbol{G}^{-1}\boldsymbol{f}^1 \end{aligned} \tag{13.84}$$

最终：

$$\begin{aligned} \boldsymbol{x}^0 &=\boldsymbol{G}^{-1}(\boldsymbol{B}\boldsymbol{x}^1+\boldsymbol{f}^0)=\boldsymbol{G}^{-1}[\boldsymbol{B}(\boldsymbol{R}^2\boldsymbol{G}^{-1}\boldsymbol{f}^3+\boldsymbol{G}^{-1}\boldsymbol{f}^1)+\boldsymbol{f}^0] \\ &=\boldsymbol{R}^3\boldsymbol{G}^{-1}\boldsymbol{f}^3+\boldsymbol{R}^2\boldsymbol{G}^{-1}\boldsymbol{f}^2+\boldsymbol{R}\boldsymbol{G}^{-1}\boldsymbol{f}^1+\boldsymbol{G}^{-1}\boldsymbol{f}^0 \end{aligned} \tag{13.85}$$

---

① Bródy（1995）将此称为“末日”或“世界末日”情况（这意味着，本质上世界会在 T 期末完结）。该文献包括对式（13.79）中的矩阵的另一种“截断”的研究，讨论了它们反映的不同情况。

该方法按时间后向逆推，从终点（$\boldsymbol{x}^3$）开始，在初始点（$\boldsymbol{x}^0$）结束。[①] 正如读者能够看到的那样，这个序列求解过程简单地进行了上三角求逆（主对角之下为零）所包含的计算。

除了假定式（13.79）中的 $\boldsymbol{x}^{T+1}=\boldsymbol{0}$，我们可以对时期末之后一年设定 $\boldsymbol{x}$ 的目标值；我们可以设定 $\boldsymbol{x}^4=\bar{\boldsymbol{x}}^4$。则式（13.80）中的矩阵结构的改变将只会是右侧的 $\boldsymbol{f}^3$ 被 $\boldsymbol{f}^3+\boldsymbol{B}\bar{\boldsymbol{x}}^4$ 所代替。解仍然可以使用式（13.80）左侧的矩阵的逆来得到，或者可以与之前一样使用递归方法，如式（13.82）～式（13.85）所显示的。

另外，我们可以给定 $\boldsymbol{x}^{T+1}=\boldsymbol{H}\boldsymbol{x}^T$，其中 $\boldsymbol{H}$ 为对角矩阵，其元素为时期末之后第一年所外生设定的增长率。在该种情况下，式（13.79）中的最后一个公式将是 $\boldsymbol{G}\boldsymbol{x}^3-\boldsymbol{B}\boldsymbol{H}\boldsymbol{x}^3=\boldsymbol{f}^3$。矩阵结构为：

$$\begin{bmatrix} \boldsymbol{G} & -\boldsymbol{B} & \boldsymbol{0} & \boldsymbol{0} \\ \boldsymbol{0} & \boldsymbol{G} & -\boldsymbol{B} & \boldsymbol{0} \\ \boldsymbol{0} & \boldsymbol{0} & \boldsymbol{G} & -\boldsymbol{B} \\ \boldsymbol{0} & \boldsymbol{0} & \boldsymbol{0} & (\boldsymbol{G}-\boldsymbol{B}\boldsymbol{H}) \end{bmatrix} \begin{bmatrix} \boldsymbol{x}^0 \\ \boldsymbol{x}^1 \\ \boldsymbol{x}^2 \\ \boldsymbol{x}^3 \end{bmatrix} = \begin{bmatrix} \boldsymbol{f}^0 \\ \boldsymbol{f}^1 \\ \boldsymbol{f}^2 \\ \boldsymbol{f}^3 \end{bmatrix} \tag{13.86}$$

求解过程与上面相同。

初始条件

另一种情形是，在估计当前事件的未来影响中，经常假定系统中所有元素的初始值（$t=0$）已知，则模型的有用性来自它对其后年度感兴趣的变量取值的描述。从这个角度出发，我们可以假定 $\boldsymbol{f}^0$ 以及 $\boldsymbol{x}^0$ 给定了初始值。这就将式（13.79）中的系统简化到 $4n$ 个变量的 $4n$ 个线性方程。则给定 $\boldsymbol{f}^1$、$\boldsymbol{f}^2$ 和 $\boldsymbol{f}^3$ 的外生值，我们可以依次从 $\boldsymbol{x}^1$ 到 $\boldsymbol{x}^4$ 进行计算。与式（13.82）～式（13.85）中的后向递推过程相反，该过程依时间从前往后递推。由式（13.79）得：

$$\begin{aligned} \boldsymbol{x}^1 &= \boldsymbol{B}^{-1}(\boldsymbol{G}\boldsymbol{x}^0-\boldsymbol{f}^0) \\ \boldsymbol{x}^2 &= \boldsymbol{B}^{-1}(\boldsymbol{G}\boldsymbol{x}^1-\boldsymbol{f}^1) \\ \boldsymbol{x}^3 &= \boldsymbol{B}^{-1}(\boldsymbol{G}\boldsymbol{x}^2-\boldsymbol{f}^2) \\ \boldsymbol{x}^4 &= \boldsymbol{B}^{-1}(\boldsymbol{G}\boldsymbol{x}^3-\boldsymbol{f}^3) \end{aligned} \tag{13.87}$$

该序列的求解过程依赖于 $\boldsymbol{B}^{-1}$ 的存在性。

式（13.87）得到的序列结果也能够以矩阵形式求出，如果式（13.79）的系统记为：

$$\begin{bmatrix} -\boldsymbol{B} & \boldsymbol{0} & \boldsymbol{0} & \boldsymbol{0} \\ \boldsymbol{G} & -\boldsymbol{B} & \boldsymbol{0} & \boldsymbol{0} \\ \boldsymbol{0} & \boldsymbol{G} & -\boldsymbol{B} & \boldsymbol{0} \\ \boldsymbol{0} & \boldsymbol{0} & \boldsymbol{G} & -\boldsymbol{B} \end{bmatrix} \begin{bmatrix} \boldsymbol{x}^1 \\ \boldsymbol{x}^2 \\ \boldsymbol{x}^3 \\ \boldsymbol{x}^4 \end{bmatrix} = \begin{bmatrix} \boldsymbol{f}^0-\boldsymbol{G}\boldsymbol{x}^0 \\ \boldsymbol{f}^1 \\ \boldsymbol{f}^2 \\ \boldsymbol{f}^3 \end{bmatrix} \tag{13.88}$$

---

① 式（13.85）会引出一种特殊情况。如果我们对进行生产以满足每年固定水平的最终需求 $\boldsymbol{f}^*$ 的 τ 年规划期感兴趣，式（13.85）结果的一个扩展引出 $\boldsymbol{x}^0=[\boldsymbol{I}+\boldsymbol{R}+\boldsymbol{R}^2+\cdots+\boldsymbol{R}^\tau]\boldsymbol{G}^{-1}\boldsymbol{f}^*$。随着 τ 的增大，如果括号中的幂序列收敛——如我们在第 2 章所看到的（$\boldsymbol{I}+\boldsymbol{A}+\boldsymbol{A}^2+\cdots+\boldsymbol{A}^m$）一样——则 $\boldsymbol{x}^0=(\boldsymbol{I}-\boldsymbol{R})^{-1}\boldsymbol{G}^{-1}\boldsymbol{f}^*$。利用 $\boldsymbol{N}^{-1}\boldsymbol{M}^{-1}=(\boldsymbol{M}\boldsymbol{N})^{-1}$，由于 $\boldsymbol{R}=\boldsymbol{G}^{-1}\boldsymbol{B}$，从而 $\boldsymbol{x}^0=[\boldsymbol{G}(\boldsymbol{I}-\boldsymbol{R})]^{-1}\boldsymbol{f}^*=(\boldsymbol{G}-\boldsymbol{B})^{-1}\boldsymbol{f}^*$，因此，根据 $\boldsymbol{G}=(\boldsymbol{I}-\boldsymbol{A}+\boldsymbol{B})$，$\boldsymbol{x}^0=(\boldsymbol{I}-\boldsymbol{A})^{-1}\boldsymbol{f}^*$。最后，当 $\tau\to\infty$ 时，$\boldsymbol{x}^0=\boldsymbol{x}^1=\cdots=\boldsymbol{x}=\boldsymbol{x}^*$，从而 $\boldsymbol{x}^*=(\boldsymbol{I}-\boldsymbol{A})^{-1}\boldsymbol{f}^*$。这反映了逻辑局限的情况。当最终需求固定不变且时间范围为无限时，产出水平固定不变，不需要资本增长。

这反映了 $\boldsymbol{x}^0$ 现在是外生决定的；它从左侧的向量 $\boldsymbol{x}$ 最上方消失了，因此式（13.79）中系数矩阵的第一列也被除去了。从而 $\boldsymbol{x}^1$ 至 $\boldsymbol{x}^4$ 可以通过在式（13.88）左右两侧都左乘以左侧系数矩阵的逆矩阵来求出，给定逆矩阵存在。如前，式（13.88）左侧的矩阵当且仅当其主对角线（此处为 $\boldsymbol{B}$）为非奇异的时将是非奇异的。反复使用分块矩阵逆的结果将证明（令 $\boldsymbol{S}=\boldsymbol{B}^{-1}\boldsymbol{G}$）：

$$\begin{bmatrix}-\boldsymbol{B} & \mathbf{0} & \mathbf{0} & \mathbf{0}\\ \boldsymbol{G} & -\boldsymbol{B} & \mathbf{0} & \mathbf{0}\\ \mathbf{0} & \boldsymbol{G} & -\boldsymbol{B} & \mathbf{0}\\ \mathbf{0} & \mathbf{0} & \boldsymbol{G} & -\boldsymbol{B}\end{bmatrix}=\begin{bmatrix}-\boldsymbol{B}^{-1} & \mathbf{0} & \mathbf{0} & \mathbf{0}\\ -\boldsymbol{S}\boldsymbol{B}^{-1} & -\boldsymbol{B}^{-1} & \mathbf{0} & \mathbf{0}\\ -\boldsymbol{S}^2\boldsymbol{B}^{-1} & -\boldsymbol{S}\boldsymbol{B}^{-1} & -\boldsymbol{B}^{-1} & \mathbf{0}\\ -\boldsymbol{S}^3\boldsymbol{B}^{-1} & -\boldsymbol{S}^2\boldsymbol{G}\boldsymbol{B}^{-1} & -\boldsymbol{S}\boldsymbol{B}^{-1} & -\boldsymbol{B}^{-1}\end{bmatrix} \tag{13.89}$$

与终端条件例子中的逆矩阵相反，如上，该逆矩阵是下三角阵（主对角上方为零），这个特点也给出了上述式（13.87）中的序列所描述的求解的递归方法。

□ 13.4.3 数值实例 1

我们利用两部门经济的虚拟数值来说明动态投入产出模型的一般操作过程。令：

$$\boldsymbol{A}=\begin{bmatrix}0.1 & 0.2\\ 0.3 & 0.4\end{bmatrix},\ \boldsymbol{B}=\begin{bmatrix}0.05 & 0.01\\ 0.001 & 0.05\end{bmatrix},\text{则 }\boldsymbol{G}=\begin{bmatrix}0.95 & -1.99\\ -0.299 & 0.65\end{bmatrix}$$

为简化起见，令 $T=2$。

终端条件

假定 $\boldsymbol{f}^0=\begin{bmatrix}100\\ 100\end{bmatrix}$，$\boldsymbol{f}^1=\begin{bmatrix}120\\ 150\end{bmatrix}$，$\boldsymbol{f}^2=\begin{bmatrix}140\\ 200\end{bmatrix}$。如果我们假定 $\boldsymbol{x}^3=\mathbf{0}$，则如式（13.82）～式（13.85）所示——但 $T=2$ 而不是 $T=3$，我们能够求出后向序列 $\boldsymbol{x}^2$、$\boldsymbol{x}^1$、$\boldsymbol{x}^0$。此处 $\boldsymbol{G}^{-1}=\begin{bmatrix}1.164\,9 & 0.356\,6\\ 0.535\,8 & 1.702\,5\end{bmatrix}$，因此：

$$\boldsymbol{x}^2=\boldsymbol{G}^{-1}\boldsymbol{f}^2=\begin{bmatrix}234.41\\ 415.51\end{bmatrix} \tag{13.90}$$

则：

$$\boldsymbol{x}^1=\boldsymbol{G}^{-1}(\boldsymbol{f}^1+\boldsymbol{B}\boldsymbol{x}^2)=\begin{bmatrix}214.91\\ 361.94\end{bmatrix} \tag{13.91}$$

以及

$$\boldsymbol{x}^0=\boldsymbol{G}^{-1}(\boldsymbol{f}^0+\boldsymbol{B}\boldsymbol{x}^1)\begin{bmatrix}171.62\\ 260.96\end{bmatrix} \tag{13.92}$$

另外，使用完整的矩阵形式，如式（13.80），其中：

$$\begin{bmatrix}\boldsymbol{G} & -\boldsymbol{B} & \mathbf{0}\\ \mathbf{0} & \boldsymbol{G} & -\boldsymbol{B}\\ \mathbf{0} & \mathbf{0} & \boldsymbol{G}\end{bmatrix}^{-1}=\begin{bmatrix}\boldsymbol{G}^{-1} & \boldsymbol{G}^{-1}\boldsymbol{B}\boldsymbol{G}^{-1} & (\boldsymbol{G}^{-1}\boldsymbol{B})^2\boldsymbol{G}^{-1}\\ \mathbf{0} & \boldsymbol{G}^{-1} & \boldsymbol{G}^{-1}\boldsymbol{B}\boldsymbol{G}^{-1}\\ \mathbf{0} & \mathbf{0} & \boldsymbol{G}^{-1}\end{bmatrix}$$

$$
=\begin{bmatrix} 1.1649 & 0.3566 & 0.0784 & 0.0532 & 0.0061 & 0.0061 \\ 0.5358 & 1.7025 & 0.0791 & 0.1560 & 0.0090 & 0.0149 \\ 0 & 0 & 1.1649 & 0.3566 & 0.0784 & 0.0532 \\ 0 & 0 & 0.5358 & 1.7025 & 0.0791 & 0.1560 \\ 0 & 0 & 0 & 0 & 1.1649 & 0.3566 \\ 0 & 0 & 0 & 0 & 0.5358 & 1.7025 \end{bmatrix} \tag{13.93}
$$

我们能够同时求出同样的 $\boldsymbol{x}^0$、$\boldsymbol{x}^1$ 和 $\boldsymbol{x}^2$ 的值。

如果不是令 $\boldsymbol{x}^3=\mathbf{0}$，而是确定 $\boldsymbol{x}^3=\begin{bmatrix}250\\450\end{bmatrix}$（时期末之后第一个年度产出的目标值），则 $\boldsymbol{Bx}^3=\begin{bmatrix}12.95\\22.75\end{bmatrix}$，因此只有关于 $\boldsymbol{x}^2$ 的方程从式（13.90）～式（13.92）中的序列发生轻微的改变，且：

$$
\boldsymbol{x}^2=\boldsymbol{G}^{-1}(\boldsymbol{f}^2+\boldsymbol{Bx}^3)=\begin{bmatrix}257.60\\461.18\end{bmatrix}
$$

$$
\boldsymbol{x}^1=\boldsymbol{G}^{-1}(\boldsymbol{f}^1+\boldsymbol{Bx}^2)=\begin{bmatrix}217.13\\366.52\end{bmatrix}
$$

$$
\boldsymbol{x}^0=\boldsymbol{G}^{-1}(\boldsymbol{f}^0+\boldsymbol{Bx}^1)=\begin{bmatrix}171.83\\261.41\end{bmatrix}
$$

与上述 $\boldsymbol{x}^3=\mathbf{0}$ 时求出的 $\boldsymbol{x}^0$、$\boldsymbol{x}^1$ 和 $\boldsymbol{x}^2$ 相比较，时期末之后第一个年度的条件发生的这个变化对初始年度的影响很小。然而，$\boldsymbol{x}^1$ 的变化大于 $\boldsymbol{x}^0$，$\boldsymbol{x}^2$ 的变化大于 $\boldsymbol{x}^1$。用矩阵形式，为：

$$
\begin{bmatrix}\boldsymbol{G} & -\boldsymbol{B} & \mathbf{0}\\ \mathbf{0} & \boldsymbol{G} & -\boldsymbol{B}\\ \mathbf{0} & \mathbf{0} & \boldsymbol{G}\end{bmatrix}\begin{bmatrix}\boldsymbol{x}^0\\ \boldsymbol{x}^1\\ \boldsymbol{x}_2\end{bmatrix}=\begin{bmatrix}\boldsymbol{f}^0\\ \boldsymbol{f}^1\\ \boldsymbol{f}^2+\boldsymbol{Bx}^3\end{bmatrix}
$$

使用式（13.93），可以同时求出每个时期所有两个部门总产出的相同数值。

再一次使用 $\boldsymbol{x}^3=\mathbf{0}$ 的例子，令 $\boldsymbol{f}^0=\boldsymbol{f}^1=\boldsymbol{f}^2=\begin{bmatrix}100\\100\end{bmatrix}$，则由式（13.93）中的逆，或者上述逆向递推过程，我们能够求出：

$$
\boldsymbol{x}=\begin{bmatrix}\boldsymbol{x}^0\\ \boldsymbol{x}^1\\ \boldsymbol{x}^2\end{bmatrix}=\begin{bmatrix}166.53\\249.73\\165.31\\247.34\\152.15\\223.83\end{bmatrix} \tag{13.94}
$$

回顾具有固定不变的最终需求 $\boldsymbol{f}^*$，并将时期延长的情况，每个 $\boldsymbol{x}_t$ 的结果都达到（$\boldsymbol{I}$－

$\mathbf{A})^{-1}\boldsymbol{f}^*$。此处，$\mathbf{A}=\begin{bmatrix}0.1 & 0.2\\0.3 & 0.4\end{bmatrix}$，因此：

$$(\mathbf{I}-\mathbf{A})^{-1}\begin{bmatrix}100\\100\end{bmatrix}=\begin{bmatrix}1.2500 & 0.4167\\0.6250 & 1.8750\end{bmatrix}\begin{bmatrix}100\\100\end{bmatrix}=\begin{bmatrix}166.67\\250.00\end{bmatrix}$$

这个结果非常近似于式（13.94）中的 $\boldsymbol{x}^0$，即最早年度的产出。随着 T 变大，$\boldsymbol{x}_t$ 的序列值也将达到$\begin{bmatrix}166.67\\250.00\end{bmatrix}$（感兴趣的读者可以使用相同的 $\mathbf{A}$ 和 $\mathbf{B}$ 以及每个部门固定的最终需求 100，通过设定 $T=3$，$T=4$，等等，来证实这一点）。

初始条件

从另一个角度出发，假设

$$\boldsymbol{f}^0=\begin{bmatrix}100\\100\end{bmatrix},\ \boldsymbol{f}^1=\begin{bmatrix}120\\150\end{bmatrix},\ \boldsymbol{f}^2=\begin{bmatrix}140\\200\end{bmatrix}$$

与之前一样，但是令 $\boldsymbol{x}^0=\begin{bmatrix}180\\270\end{bmatrix}$。开始时，让这些最终需求和 $\boldsymbol{x}^0$ 内生得到，我们求出 $\boldsymbol{x}^0=\begin{bmatrix}171.61\\260.96\end{bmatrix}$，如式（13.92）。我们现在选择一个更大的 $\boldsymbol{x}^0$。此处，使用式（13.87）的前向递推过程，有 $\mathbf{B}^{-1}=\begin{bmatrix}20.008 & -0.4\\-0.4 & 20.008\end{bmatrix}$，我们求得：

$$\boldsymbol{x}^1=\mathbf{B}^{-1}(\mathbf{G}\boldsymbol{x}^0-\boldsymbol{f}^0)=\begin{bmatrix}336.87\\426.87\end{bmatrix}$$

以及

$$\boldsymbol{x}^2=\mathbf{B}^{-1}(\mathbf{G}\boldsymbol{x}^1-\boldsymbol{f}^1)=\begin{bmatrix}2\,291.66\\488.91\end{bmatrix}$$

使用$\begin{bmatrix}-\mathbf{B} & \mathbf{0}\\\mathbf{G} & -\mathbf{B}\end{bmatrix}$的逆，实质上求出了相同的值，如式（13.88）。此处该逆矩阵为：

$$\begin{bmatrix}-20.008 & 0.4 & 0 & 0\\0.4 & -20.008 & 0 & 0\\-384.395 & 92.522 & -20.008 & 0.4\\132.538 & -264.347 & 0.4 & -20.008\end{bmatrix}$$

本例说明，至少在此处给出的简化形式下，动态投入产出模型对于初始条件的具体设定非常敏感。我们在后面的数值实例 2 中再回到这一点。

如果我们使用与式（13.87）和式（13.88）相同的结构，但是 $\boldsymbol{x}^0=\begin{bmatrix}171.62\\260.96\end{bmatrix}$，这是 $\boldsymbol{x}^0$ 为内生的时式（13.92）解出的实际初始产出，我们将恰好生成式（13.91）和式（13.90）中初始解出的 $\boldsymbol{x}^1$ 和 $\boldsymbol{x}^2$ 的值。类似地，如果我们使用 $\boldsymbol{x}^0=\begin{bmatrix}166.53\\249.73\end{bmatrix}$，由式

(13.94)，结合$\boldsymbol{f}^0=\boldsymbol{f}^1=\boldsymbol{f}^2=\begin{bmatrix}100\\100\end{bmatrix}$，我们恰好生成该例中已经解出的产出序列——式(13.94) 中的 $\boldsymbol{x}^1$ 和 $\boldsymbol{x}^2$。对于之前这些例子中的任何一个，如果我们采用前向序列方法，但是初始的 $\boldsymbol{x}^0$ 小于内生解出的 $\boldsymbol{x}^0$（使用相同的最终需求），我们将在 $t=0$ 之后的年度中生成一个或多个负的总产出。式（13.92）和式（13.94）中 $\boldsymbol{x}^0$ 的值代表了要满足一个经济体给定的最终需求序列所必需的数值，该经济体的结构由给定的矩阵 $\boldsymbol{A}$ 和 $\boldsymbol{B}$ 所反映，因此，任何小于 $\boldsymbol{x}^0$ 的初始产出将产生一个最终变得不足以满足未来生产的资本存量增量序列（回想在动态投入产出模型中，与静态投入产出情况不同，假定所有部门都以完全生产能力进行生产）。

□ 13.4.4　数值实例 2

为了说明动态投入产出模型在其前向递推形式（从初始条件出发）中特别敏感的特点，我们选择另一个资本系数矩阵。在这个新的示例中，部门 1 作为资本商品的供给者远比部门 2 重要；此处 $\boldsymbol{B}=\begin{bmatrix}0.05 & 0.06\\0.0004 & 0.000\,7\end{bmatrix}$。使用与前面的例子中相同的 $\boldsymbol{A}$ 矩阵，我们得到 $\boldsymbol{G}=\begin{bmatrix}0.95 & -0.14\\-0.299\,6 & 0.600\,7\end{bmatrix}$。注意虽然 $\boldsymbol{B}$ 与前面的例子大不相同，但当前的 $\boldsymbol{G}$ 矩阵却与例 1 中的 $\boldsymbol{G}$ 接近。这是因为 $\boldsymbol{G}=(\boldsymbol{I}-\boldsymbol{A}+\boldsymbol{B})$，而 $\boldsymbol{A}$ 在两个例子中没有改变。

终端条件

我们使用相同的最终需求序列，即：

$$\boldsymbol{f}^0=\begin{bmatrix}100\\100\end{bmatrix},\ \boldsymbol{f}^1=\begin{bmatrix}120\\150\end{bmatrix},\ \boldsymbol{f}^2=\begin{bmatrix}140\\200\end{bmatrix}$$

再一次，令 $\boldsymbol{x}^3=0$，我们能够依次求出 $\boldsymbol{x}^2$、$\boldsymbol{x}^1$、$\boldsymbol{x}^0$，恰如式（13.90）～式（13.92）一样。此处 $\boldsymbol{G}^{-1}=\begin{bmatrix}1.136\,1 & 0.264\,8\\0.566\,7 & 1.796\,8\end{bmatrix}$（这与前面例子中的 $\boldsymbol{G}^{-1}$ 没有大的差异），以及

$$\boldsymbol{x}^2=\begin{bmatrix}212.01\\438.70\end{bmatrix},\ \boldsymbol{x}^1=\begin{bmatrix}218.10\\359.15\end{bmatrix},\ \boldsymbol{x}^0=\begin{bmatrix}177.05\\255.35\end{bmatrix}$$

如我们可以预期的，虽然这些结果与前面例子中的结果不同，但是差异并不大。

初始条件

使用相同的 $\boldsymbol{f}^0$、$\boldsymbol{f}^1$ 和 $\boldsymbol{f}^2$，以及来自前例的 $\boldsymbol{x}^0=\begin{bmatrix}180\\270\end{bmatrix}$来说明敏感性问题。此处，因为 $\boldsymbol{B}$ 有一行元素小于之前的资本系数矩阵中的任何元素，能够预期其逆矩阵至少包含某些较大的元素。事实确实如此；此处 $\boldsymbol{B}^{-1}=\begin{bmatrix}63.636 & -5\,454.545\\-36.364 & 4\,545.455\end{bmatrix}$，这与前面例子中其相应的部分非常不同。因此：

$$\boldsymbol{x}^1=\boldsymbol{B}^{-1}(\boldsymbol{G}\boldsymbol{x}^0-\boldsymbol{f}^0)=\boldsymbol{B}^{-1}\begin{bmatrix}33.20\\8.26\end{bmatrix}=\begin{bmatrix}-42\,942\\36\,338\end{bmatrix}$$

更糟的是（这些结果是四舍五入的）：

$$\boldsymbol{x}^2=\boldsymbol{B}^{-1}(\boldsymbol{G}\boldsymbol{x}^1-\boldsymbol{f}^1)=\boldsymbol{B}^{-1}\begin{bmatrix}-45\ 882\\24\ 694\end{bmatrix}=\begin{bmatrix}-192\ 000\ 000\\159\ 000\ 000\end{bmatrix}$$

这说明了当 $\boldsymbol{B}$ 的一行或多行中的元素变小时，$\boldsymbol{B}^{-1}$ 包含非常大的数值。此处 $|\boldsymbol{B}|=0.000\ 011$；如果我们按照四位小数的精确度处理，我们会得到 $\boldsymbol{B}$ 是奇异的结论。

考虑 $\boldsymbol{x}^1$ 的确定。重记为 $\boldsymbol{B}\boldsymbol{x}^1=\boldsymbol{G}\boldsymbol{x}^0-\boldsymbol{f}^0$，给定 $\boldsymbol{A}$ 和 $\boldsymbol{B}$（从而 $\boldsymbol{G}$）以及 $\boldsymbol{f}^0$，则 $\boldsymbol{x}^0$ 的选择确定了两个未知量两个线性方程的方程组的右侧向量。将确定的右侧向量记为 $\boldsymbol{r}^0$。在容易具体化的两变量例子中，我们研究两个方程的解空间几何。此处：

$$\boldsymbol{B}=\begin{bmatrix}b_{11}&b_{12}\\b_{21}&b_{22}\end{bmatrix},\boldsymbol{x}^1=\begin{bmatrix}x_1^1\\x_2^1\end{bmatrix},\ \boldsymbol{r}^0=\begin{bmatrix}r_1^0\\r_2^0\end{bmatrix}$$

因此：

$$\boldsymbol{b}_{11}\boldsymbol{x}_1^1+\boldsymbol{b}_{12}\boldsymbol{x}_2^1=\boldsymbol{r}_1^0$$
$$\boldsymbol{b}_{21}\boldsymbol{x}_1^1+\boldsymbol{b}_{22}\boldsymbol{x}_2^1=\boldsymbol{r}_2^0$$

我们把解空间图留给感兴趣的读者去完成。然而，容易说明两条直线都在纵轴上有正的截距（当 $\boldsymbol{r}^0>\boldsymbol{0}$ 时，根据定义必定如此），且都有负的斜率。则两条直线交点在正象限或者在正象限边界（即 $\boldsymbol{x}^1\geqslant\boldsymbol{0}$）的条件就能够被推导出来。$x_1^0$ 和 x_2^0 的值的选择必须使得 r_1^0/r_2^0 位于 b_{11}/b_{21} 和 b_{12}/b_{22} 所确定的区域内。对多个部门的情况以及对进一步的未来产出——$\boldsymbol{x}^2$、$\boldsymbol{x}^3$ 等的非负性的推广在本书范围之外。该示例仅仅要强调，当我们想根据初始条件使用 $\boldsymbol{B}^{-1}$ 进行前向计算时动态投入产出模型会出现这类问题。

注意在第一个数值例子中，$b_{11}/b_{21}=50$，$b_{12}/b_{22}=0.02$。在该例中，实际上，$(\boldsymbol{G}\boldsymbol{x}^0-\boldsymbol{r}^0)=\boldsymbol{r}^0=\begin{bmatrix}18.77\\21.71\end{bmatrix}$，因此 $r_1^0/r_2^0=0.86$，确实在范围之内。在第二个例子中，$b_{11}/b_{21}=125$，$b_{12}/b_{22}=85.7$。对我们的初始选择 $\boldsymbol{x}^0=\begin{bmatrix}180\\270\end{bmatrix}$，$r_1^0/r_2^0=33.2/8.26=4.02$，在可以接受的范围之外。然而，选择 $\boldsymbol{x}^0=\begin{bmatrix}180\\256.8\end{bmatrix}$，结果将是 $\boldsymbol{x}_1\geqslant0$，因此 $r_1^0/r_2^0=105.6$，而初始的 $\boldsymbol{x}^0=\begin{bmatrix}180\\256.7\end{bmatrix}$得到 $r_1^0/r_2^0=129.1$，这意味着 $\boldsymbol{x}^1$ 将不是非负的。根据任意合理的定义，这都会显得对初始值极度敏感。

□ 13.4.5 “动态” 乘数

式（13.81）中逆矩阵的结构令人想到将效应在时间上逆向分配的可能性。列昂惕夫（Leontief，1970）对此做了论述，同样在 C. K. 刘（C. K. Liew，1977）中有讨论，对于区域模型和更进一步的阐述见 C. K. 刘（C. J. Liew，2000，2005）。在这些情形中，通常将当前（或者“目标”）时期记作时期 0，将前面的时期记作－1、－2 等。例如，考虑式（13.80）和式（13.81）中的模型，以“Δ”形式表示：

$$\begin{bmatrix}\Delta\boldsymbol{x}^{-3}\\\Delta\boldsymbol{x}^{-2}\\\Delta\boldsymbol{x}^{-1}\\\Delta\boldsymbol{x}^{0}\end{bmatrix}=\begin{bmatrix}\boldsymbol{G}^{-1}&\boldsymbol{R}\boldsymbol{G}^{-1}&\boldsymbol{R}^2\boldsymbol{G}^{-1}&\boldsymbol{R}^3\boldsymbol{G}^{-1}\\\boldsymbol{0}&\boldsymbol{G}^{-1}&\boldsymbol{R}\boldsymbol{G}^{-1}&\boldsymbol{R}^2\boldsymbol{G}^{-1}\\\boldsymbol{0}&\boldsymbol{0}&\boldsymbol{G}^{-1}&\boldsymbol{R}\boldsymbol{G}^{-1}\\\boldsymbol{0}&\boldsymbol{0}&\boldsymbol{0}&\boldsymbol{G}^{-1}\end{bmatrix}\begin{bmatrix}\Delta\boldsymbol{f}^{-3}\\\Delta\boldsymbol{f}^{-2}\\\Delta\boldsymbol{f}^{-1}\\\Delta\boldsymbol{f}^{0}\end{bmatrix}$$

令 $\Delta \boldsymbol{f}^0 \neq \boldsymbol{0}$，$\Delta \boldsymbol{f}^{-1}=\Delta \boldsymbol{f}^{-2}=\Delta \boldsymbol{f}^{-3}=\boldsymbol{0}$；则可以看到右侧逆矩阵的最后一列将直接和间接的投入需求在时间上从时期 0 开始进行后向分配，其中在时期 0 生产的产品被用于最终使用。此处 $\Delta \boldsymbol{x}^{-3}=\boldsymbol{R}^3\boldsymbol{G}^{-1}\Delta \boldsymbol{f}^0$，$\Delta \boldsymbol{x}^{-2}=\boldsymbol{R}^2\boldsymbol{G}^{-1}\Delta \boldsymbol{f}^0$，$\Delta \boldsymbol{x}^{-1}=\boldsymbol{R}\boldsymbol{G}^{-1}\Delta \boldsymbol{f}^0$；不仅给出当前投入所需要的需求还给出所需要的足够资本存量来支持那些投入的生产，这意味着资本商品的生产在前一个时期，又反过来部分依赖于之前两个时期的生产，等等。

注意这种跨时期影响不是生产要花费时间这个实际情况的结果，而完全是模型中的资本商品构成部分的结果，其中模型中那些资本商品的生产依赖于产出在时间上的变化，正如在式（13.77）的 $\boldsymbol{B}(x^{t+1}-x^t)$ 中反映出来的一样。在投入产出模型中将生产时滞包括进来的方法将在下面的第 13.4.6 节中讨论。

□ 13.4.6　大道增长和动态模型

在第 2 章中，我们介绍了投入产出完全闭模型的思想，为 $(\boldsymbol{I}-\boldsymbol{A})\boldsymbol{x}=\boldsymbol{0}$ 或者 $\boldsymbol{A}\boldsymbol{x}=\boldsymbol{x}$。回想该类型的投入产出模型，实际上是齐次线性方程组，当且仅当 $|\boldsymbol{I}-\boldsymbol{A}|=0$ 时，具有非平凡解（非 $\boldsymbol{x}=\boldsymbol{0}$ 的解）。

相应的动态闭模型为：

$$\boldsymbol{A}\boldsymbol{x}^t+\boldsymbol{B}(\boldsymbol{x}^{t+1}-\boldsymbol{x}^t)=\boldsymbol{x}^t \tag{13.95}$$

如果为了简化起见我们假定能够求出 $\boldsymbol{x}^{t+1}$ 和 $\boldsymbol{x}^t$，满足的条件为经济中的所有产业都以相同的速度增长，例如以速度 λ 增长，则：

$$\boldsymbol{x}^{t+1}=\lambda \boldsymbol{x}^t \tag{13.96}$$

该增长率 λ 经常指大道增长率（所有产业在同一个路径——“大道”上增长或者下降），它被解释为经济“健康”的一般指标，即 $\lambda>1$ 表示经济是扩张的，$0<\lambda<1$ 表示经济是紧缩的，$\lambda<0$ 表示经济是不稳定的，也就是说既经历衰退又经历增长的时期。因为 λ 其实只是一个理论上的数值，该如何计算它？将式（13.96）代入式（13.95），我们得到：

$$\begin{aligned}&\boldsymbol{A}\boldsymbol{x}^t+\boldsymbol{B}(\lambda \boldsymbol{x}^t-\boldsymbol{x}^t)=\boldsymbol{x}^t\\&\boldsymbol{B}\lambda \boldsymbol{x}^t=(\boldsymbol{I}-\boldsymbol{A}+\boldsymbol{B})\boldsymbol{x}^t\\&\boldsymbol{B}^{-1}(\boldsymbol{I}-\boldsymbol{A}+\boldsymbol{B})\boldsymbol{x}^t=\lambda \boldsymbol{x}^t\end{aligned}$$

或者

$$\boldsymbol{Q}\boldsymbol{x}^t=\lambda \boldsymbol{x}^t \tag{13.97}$$

其中 $\boldsymbol{Q}=\boldsymbol{B}^{-1}(\boldsymbol{I}-\boldsymbol{A}+\boldsymbol{B})$。注意式（13.97）具有非常有趣的特征，存在一个标量 λ，乘以 $\boldsymbol{x}^t$，产生的值恰好与 $\boldsymbol{x}^t$ 右乘矩阵 $\boldsymbol{Q}$ 得到的值相同。

这样的问题在应用数学中就是人们所熟知的特征值问题，其中 λ 是特征值（有时被称为特征数值或本征根），对应于式（13.97）中的 λ，$\boldsymbol{x}^t$ 是特征向量（有时被称为特征向量或本征向量）。该问题与齐次线性方程组的解密切相关。注意我们能够将式（13.97）重写为：

$$(\boldsymbol{Q}-\lambda \boldsymbol{I})\boldsymbol{x}=\boldsymbol{0} \tag{13.98}$$

当且仅当

$$|\boldsymbol{Q}-\lambda\boldsymbol{I}|=0 \qquad (13.99)$$

时这个方程组有非平凡解。

我们考虑 2×2 的情况，具有 $\boldsymbol{Q}=\begin{bmatrix} q_{11} & q_{12} \\ q_{21} & q_{22} \end{bmatrix}$，从而：

$$|\boldsymbol{Q}-\lambda\boldsymbol{I}|=\left|\begin{bmatrix} q_{11}-\lambda & q_{12} \\ q_{21} & q_{22}-\lambda \end{bmatrix}\right|=(q_{11}-\lambda)(q_{22}-\lambda)-q_{12}q_{21}=0=\lambda^2+b\lambda+c$$

其中 $b=-(q_{11}+q_{22})$，$c=q_{11}q_{22}-q_{12}q_{21}$。我们通过求解 $|\boldsymbol{Q}-\lambda\boldsymbol{I}|=0$ 或者 $\lambda_2+b\lambda+c=0$ 来求出 $\boldsymbol{Qx}=\lambda\boldsymbol{x}$ 的解。这是一个多项式（有时被称为特征多项式），当设该多项式为零时，它被称为特征方程；在这个示例中，它有两个解，由

$$\lambda=\frac{-(q_{11}+q_{22})\pm[(q_{11}+q_{22})^2-4(q_{11}q_{22}-q_{12}q_{21})]^{\frac{1}{2}}}{2}$$

给出。

将这些解记为 λ_1 和 λ_2。大道增长率被定义为所求出的最大特征根（Carter，1974），我们将其记为 λ_{max}。

例子

假定 $\boldsymbol{Q}=\boldsymbol{B}^{-1}(\boldsymbol{I}-\boldsymbol{A}+\boldsymbol{B})=\begin{bmatrix} 1.0 & 0.5 \\ 2.0 & 1.0 \end{bmatrix}$，则：

$$|\boldsymbol{Q}-\lambda\boldsymbol{I}|=(1-\lambda)(1-\lambda)-1=0$$
$$\lambda^2-2\lambda=0$$
$$\lambda(\lambda-2)=0$$

因此 $\lambda_1=0$，$\lambda_2=2$。大道增长率为 $\lambda_{max}=\lambda_2=2$。如前所述，如果 $\lambda_{max}<0$，则经济是不稳定的，即震荡的。通过将其与常微分方程组的解联系起来，λ 为负值的解释能够被说明得更为精确，但是这超出了本书的范围。卡特（Carter，1974）以及列昂惕夫和达钦（Leontief and Duchin，1986）研究了将大道增长作为美国技术变化所导致的经济稳定性指标的观点。

□ 13.4.7 其他投入产出动态形式

在标准的投入产出模型中，$\boldsymbol{x}=\boldsymbol{Lf}$，没有考虑生产要花费时间的实际情况；在 $\boldsymbol{f}^{new}$ 带来 $\boldsymbol{x}^{new}$ 的意义上（通过 $\boldsymbol{x}^{new}=\boldsymbol{Lf}^{new}$），结果与时间无关。这通常像如下的方式那样来解释："新需求 $\boldsymbol{f}^{new}$ 下期将产生下期新产出 $\boldsymbol{x}^{new}$"，忽略部门通常会有生产时滞（不同部门时滞长度不同）。这个投入产出模型所缺少的跨期特征由多尔夫曼、萨缪尔森和索洛（Dorfman，Samuelson，and Solow，1958，pp. 253-254）指出，其中作者对列昂惕夫逆的幂序列一轮又一轮的过程中时间方面的缺失做了评论。

不用说，我们所讲的轮次不是按照日历时间发生的，第二轮接着第一轮……涉及人工计算的时间，如果我们坚持给出日历时间的解释，我们必须考虑说明如果我们要满足今天的新的消费目标，有多少生产必须在之前很多的时期开始。

然而，如米尔斯（Mules，1983，p. 197）所评述的，关于使用投入产出乘数时隐含

的假定，传统的乘数不规定实现效应所要花费的时间，而是假定它们通常几乎立即发生或者在一年中发生（一年通常是投入产出数据编制的核算时期）。

大约从 20 世纪 80 年代中期开始，出现了将生产中的时滞概念包含进投入产出框架中的研究（Mules，1983；ten Raa，1986，2005，chapter 13；Romanoff and Levine，1986，1990；Cole，1988，1997，1999b.）。米尔斯（Mules，p. 199）做出假定，幂序列过程的每一轮实际上都花费（日历）时间中的有限时期，提出典型时期可以为一个月或一个季度。他进一步假定每个部门都能够在每个时期对在上一个时期中施加于本部门的需求做出反应，但是在该生产回应中具有不同的时滞。作为说明，他建议初级的部门有 5 期的时滞，制造业部门有 1 期的时滞，以及服务业无时滞（也就是说，下期交付）。模拟计算得出的结论为"……在某些情况下，可能有明显比例的乘数效应在一年过去后仍然显著存在。如果我们假定所有效应都在接近初始刺激的时间内发生，就会是错误的"（Mules，1983，p. 204）。

在罗曼诺夫和莱文的工作中也提出了这个问题。关于他们称为序列部门间模型（sequential interindustry model，SIM）的大量工作出现在区域科学研究中心（Regional Science Research Center，开始在马萨诸塞州的剑桥，后来在马萨诸塞州的列克星敦）的未发表的讨论文章中，可能最开始在 1980 年，因此在米尔斯之前（并被米尔斯引用）。作者认识到如下事实："每个产业都要花费时间来提前生产它的产品，并提供给它自己的最终需求以及直接有需求的产业的需求，对于后者，产品被用作它们自己生产的投入"（Romanoff and Levine，1990，pp. 1-2）。某个给定的 a_{ij} 按后向分配来建模；$a_{ij}(k)$（$k=0，-1，-2，\cdots$）为 a_{ij}（单位 j 所用的投入 i）在 j 的生产完成之前的 k 期中发生的部分。

滕亚（Ten Raa，1986）和科尔（Cole，1988）确定技术系数沿负时间轴（即从"现在"开始在时间上逆行）为非负（连续）分配。如第 13.4.1～13.4.5 节中的动态模型一样，滕亚也考虑了资本积累。所假定的分配的具体性质、特征和属性在本书范围之外。感兴趣的读者可参考引用的文献和那些文章附的文献。科尔成功地在一些研究中应用了他的分配时滞框架，特别在小区域水平上。在科尔（Cole，1989）中，示例是西纽约的一个工厂关闭，假定时滞为：生产部门有 3 个月，住户有 4 个月，地方政府有 18 个月，投资有 36 个月。[①] 在科尔（Cole，1999a）中，有一个模式化的示例，包括一个社区（在纽约布法罗的城市内街区）相互关联的宫泽乘数。[②]

附录 13.1　另一些 $x=LBf$ 的分解方法

如果对投入产出等式，如 $\boldsymbol{x}=\boldsymbol{LBf}$，有不一样的理解，那么就会产生不一样的分解方式。我们将在本附录中展示三种结构分解分析的变形。

---

① 在将他的方法与滕亚或罗曼诺夫和莱文的方法相比较时，Cole（1989，p. 106）认为这些方法中的任何一个所需要的计算"在任何实际情况中都仍然是复杂的。"

② 出版物中充满活力的交流——Jackson、Madden 和 Bowman（1997）→Cole（1997）→Jackson 和 Madden（1999）→Cole（1999b）——给出了科尔方法的几个示例以及科尔的工作与滕亚、罗曼诺夫和莱文的工作的比较。

（1）若将式（13.10）直接应用到 $\boldsymbol{x}=\boldsymbol{LBf}$ 中，则能给出：

$$\Delta\boldsymbol{x}=\underbrace{\left(\frac{1}{2}\right)(\Delta\boldsymbol{L})(\boldsymbol{B}^0\boldsymbol{f}^0+\boldsymbol{B}^1\boldsymbol{f}^1)}_{\Delta\boldsymbol{L}\text{的影响}}+\underbrace{\left(\frac{1}{2}\right)[\boldsymbol{L}^0(\Delta\boldsymbol{B})\boldsymbol{f}^1+\boldsymbol{L}^1(\Delta\boldsymbol{B})\boldsymbol{f}^0]}_{\Delta\boldsymbol{B}\text{的影响}}$$

$$+\underbrace{\left(\frac{1}{2}\right)(\boldsymbol{L}^0\boldsymbol{B}^0+\boldsymbol{L}^1\boldsymbol{B}^1)(\Delta\boldsymbol{f})}_{\Delta\boldsymbol{f}\text{的影响}}$$

（2）如果我们混合 $\boldsymbol{L}$ 和 $\boldsymbol{B}$，并让 $\boldsymbol{M}=\boldsymbol{LB}$ 且 $\boldsymbol{x}=\boldsymbol{MF}$，那么由式（13.7）可以给出：

$$\Delta\boldsymbol{x}=\left(\frac{1}{2}\right)(\Delta\boldsymbol{M})(\boldsymbol{f}^0+\boldsymbol{f}^1)+\left(\frac{1}{2}\right)(\boldsymbol{M}^0+\boldsymbol{M}^1)(\Delta\boldsymbol{f})$$

因为 $\boldsymbol{M}=\boldsymbol{LB}$，则有：

$$\Delta\boldsymbol{M}=\left(\frac{1}{2}\right)(\Delta\boldsymbol{L})(\boldsymbol{B}^0+\boldsymbol{B}^1)+\left(\frac{1}{2}\right)(\boldsymbol{L}^0+\boldsymbol{L}^1)(\Delta\boldsymbol{B})$$

因此：

$$\begin{aligned}\Delta\boldsymbol{x}&=\left(\frac{1}{2}\right)\left[\left(\frac{1}{2}\right)(\Delta\boldsymbol{L})(\boldsymbol{B}^0+\boldsymbol{B}^1)+\left(\frac{1}{2}\right)(\boldsymbol{L}^0+\boldsymbol{L}^1)(\Delta\boldsymbol{B})\right](\boldsymbol{f}^0+\boldsymbol{f}^1)\\&\quad+\left(\frac{1}{2}\right)(\boldsymbol{M}^0+\boldsymbol{M}^1)(\Delta\boldsymbol{f})\\&=\underbrace{\left(\frac{1}{4}\right)(\Delta\boldsymbol{L})(\boldsymbol{B}^0+\boldsymbol{B}^1)(\boldsymbol{f}^0+\boldsymbol{f}^1)}_{\Delta\boldsymbol{L}\text{的影响}}+\underbrace{\left(\frac{1}{4}\right)(\boldsymbol{L}^0+\boldsymbol{L}^1)(\Delta\boldsymbol{B})(\boldsymbol{f}^0+\boldsymbol{f}^1)}_{\Delta\boldsymbol{B}\text{的影响}}\\&\quad+\underbrace{\left(\frac{1}{2}\right)(\boldsymbol{M}^0+\boldsymbol{M}^1)(\Delta\boldsymbol{f})}_{\Delta\boldsymbol{f}\text{的影响}}\end{aligned}$$

同时，因为 $\boldsymbol{M}=\boldsymbol{LB}$，最后一项等于 $\underbrace{\left(\frac{1}{2}\right)(\boldsymbol{L}^0\boldsymbol{B}^0+\boldsymbol{L}^1\boldsymbol{B}^1)(\Delta\boldsymbol{f})}_{\Delta\boldsymbol{f}\text{的影响}}$，和（1）中的一致。

（3）如果我们将 $\boldsymbol{B}$ 和 $\boldsymbol{f}$ 组合起来，并令 $\boldsymbol{y}=\boldsymbol{Bf}$ 且 $\boldsymbol{x}=\boldsymbol{Ly}$，应用式（13.7），则得到：

$$\Delta\boldsymbol{x}=\left(\frac{1}{2}\right)(\Delta\boldsymbol{L})(\boldsymbol{y}^0+\boldsymbol{y}^1)+\left(\frac{1}{2}\right)(\boldsymbol{L}^0+\boldsymbol{L}^1)(\Delta\boldsymbol{y})$$

因为 $\boldsymbol{y}=\boldsymbol{Bf}$，故有：

$$\Delta\boldsymbol{y}=\left(\frac{1}{2}\right)(\Delta\boldsymbol{B})(\boldsymbol{f}^0+\boldsymbol{f}^1)+\left(\frac{1}{2}\right)(\boldsymbol{B}^0+\boldsymbol{B}^1)(\Delta\boldsymbol{f})$$

因此：

$$\begin{aligned}\Delta\boldsymbol{x}&=\left(\frac{1}{2}\right)(\Delta\boldsymbol{L})(\boldsymbol{y}^0+\boldsymbol{y}^1)+\left(\frac{1}{2}\right)(\boldsymbol{L}^0+\boldsymbol{L}^1)\left[\left(\frac{1}{2}\right)(\Delta\boldsymbol{B})(\boldsymbol{f}^0+\boldsymbol{f}^1)\right.\\&\quad\left.+\left(\frac{1}{2}\right)(\boldsymbol{B}^0+\boldsymbol{B}^1)(\Delta\boldsymbol{f})\right]\\&=\underbrace{\left(\frac{1}{2}\right)(\Delta\boldsymbol{L})(\boldsymbol{y}^0+\boldsymbol{y}^1)}_{\Delta\boldsymbol{L}\text{的影响}}+\underbrace{\left(\frac{1}{4}\right)(\boldsymbol{L}^0+\boldsymbol{L}^1)(\Delta\boldsymbol{B})(\boldsymbol{f}^0+\boldsymbol{f}^1)}_{\Delta\boldsymbol{B}\text{的影响}}\end{aligned}$$

$$+\underbrace{\left(\frac{1}{4}\right)(\boldsymbol{L}^0+\boldsymbol{L}^1)(\boldsymbol{B}^0+\boldsymbol{B}^1)(\Delta \boldsymbol{f})}_{\Delta f\text{的影响}}$$

同时，因为 $\boldsymbol{y}=\boldsymbol{Bf}$，其第一项为$\underbrace{\left(\frac{1}{2}\right)(\Delta\boldsymbol{L})(\boldsymbol{B}^0\boldsymbol{f}^0+\boldsymbol{B}^1\boldsymbol{f}^1)}_{\Delta L\text{的影响}}$，与（1）中的一致。

表 A13.1-1 总结了这些结果，并用方框标出了在（1）中所未出现的项。例如，$\Delta\boldsymbol{L}$ 在（2）中出现在两项中：$(\Delta\boldsymbol{L})(\boldsymbol{B}^0\boldsymbol{f}^0+\boldsymbol{B}^1\boldsymbol{f}^1)$ 和 $(\Delta\boldsymbol{L})(\boldsymbol{B}^0\boldsymbol{f}^1+\boldsymbol{B}^1\boldsymbol{f}^0)$，但是与（1）不同的是，它们之前的权重为$\frac{1}{4}$而不是$\frac{1}{2}$。$\left(\frac{1}{2}\right)(\Delta\boldsymbol{L})(\boldsymbol{B}^0\boldsymbol{f}^0+\boldsymbol{B}^1\boldsymbol{f}^1)$ 与$\left(\frac{1}{4}\right)[(\Delta\boldsymbol{L})(\boldsymbol{B}^0\boldsymbol{f}^0+\boldsymbol{B}^1\boldsymbol{f}^1)+(\Delta\boldsymbol{L})(\boldsymbol{B}^0\boldsymbol{f}^1+\boldsymbol{B}^1\boldsymbol{f}^0)]$ 直接的区别取决于 $(\boldsymbol{B}^0\boldsymbol{f}^0+\boldsymbol{B}^1\boldsymbol{f}^1)$ 和 $(\boldsymbol{B}^0\boldsymbol{f}^1+\boldsymbol{B}^1\boldsymbol{f}^0)$ 之间的大小差异。与此类似的是（2）和（3）与（1）中 $\Delta\boldsymbol{B}$ 的权重的差异，以及（3）与（1）和（2）中 $\Delta\boldsymbol{f}$ 的权重的差异。

表 A13.1-1　另一些 $x=LBf$ 的分解方法

方法	ΔL 的影响	ΔB 的影响	Δf 的影响
(1)	$\left(\frac{1}{2}\right)(\Delta\boldsymbol{L})(\boldsymbol{B}^0\boldsymbol{f}^0+\boldsymbol{B}^1\boldsymbol{f}^1)$	$\left(\frac{1}{2}\right)[\boldsymbol{L}^0(\Delta\boldsymbol{B})\boldsymbol{f}^1+\boldsymbol{L}^1(\Delta\boldsymbol{B})\boldsymbol{f}^0]$	$\left(\frac{1}{2}\right)(\boldsymbol{L}^0\boldsymbol{B}^0+\boldsymbol{L}^1\boldsymbol{B}^1)(\Delta\boldsymbol{f})$
(2)	$\left(\frac{1}{4}\right)(\Delta\boldsymbol{L})(\boldsymbol{B}^0+\boldsymbol{B}^1)(\boldsymbol{f}^0+\boldsymbol{f}^1)=$ $\left(\frac{1}{4}\right)(\Delta\boldsymbol{L})(\boldsymbol{B}^0\boldsymbol{f}^0+\boldsymbol{B}^1\boldsymbol{f}^1)+$ $\boxed{\left(\frac{1}{4}\right)(\Delta\boldsymbol{L})(\boldsymbol{B}^0\boldsymbol{f}^1+\boldsymbol{B}^1\boldsymbol{f}^0)}$	$\left(\frac{1}{4}\right)(\boldsymbol{L}^0+\boldsymbol{L}^1)(\Delta\boldsymbol{B})(\boldsymbol{f}^0+\boldsymbol{f}^1)=$ $\left(\frac{1}{4}\right)[\boldsymbol{L}^0(\Delta\boldsymbol{B})\boldsymbol{f}^1+\boldsymbol{L}^1(\Delta\boldsymbol{B})\boldsymbol{f}^0]+$ $\boxed{\left(\frac{1}{4}\right)[\boldsymbol{L}^0(\Delta\boldsymbol{B})\boldsymbol{f}^0+\boldsymbol{L}^1(\Delta\boldsymbol{B})\boldsymbol{f}^1]}$	$\left(\frac{1}{2}\right)(\boldsymbol{M}^0+\boldsymbol{M}^1)(\Delta\boldsymbol{f})=$ $\left(\frac{1}{2}\right)\boldsymbol{L}^0(\boldsymbol{B}^0+\boldsymbol{L}^1\boldsymbol{B}^1)(\Delta\boldsymbol{f})$
(3)	$\left(\frac{1}{2}\right)(\Delta\boldsymbol{L})(\boldsymbol{y}^0+\boldsymbol{y}^1)=$ $\left(\frac{1}{2}\right)(\Delta\boldsymbol{L})(\boldsymbol{B}^0\boldsymbol{f}^0+\boldsymbol{B}^1\boldsymbol{f}^1)$	$\left(\frac{1}{4}\right)(\boldsymbol{L}^0+\boldsymbol{L}^1)(\Delta\boldsymbol{B})(\boldsymbol{f}^0+\boldsymbol{f}^1)=$ $\left(\frac{1}{4}\right)[\Delta\boldsymbol{L}^0(\Delta\boldsymbol{B})\boldsymbol{f}^1+\boldsymbol{L}^1(\Delta\boldsymbol{B})\boldsymbol{f}^0]+$ $\boxed{\left(\frac{1}{4}\right)[\boldsymbol{L}^0(\Delta\boldsymbol{B})\boldsymbol{f}^0+\boldsymbol{L}^1(\Delta\boldsymbol{B})\boldsymbol{f}^1]}$	$\left(\frac{1}{4}\right)(\boldsymbol{L}^0+\boldsymbol{L}^1)(\boldsymbol{B}^0+\boldsymbol{B}^1)(\Delta\boldsymbol{f})=$ $\left(\frac{1}{4}\right)(\boldsymbol{L}^0\boldsymbol{B}^0+\boldsymbol{L}^1\boldsymbol{B}^1)(\Delta\boldsymbol{f})+$ $\boxed{\left(\frac{1}{4}\right)(\boldsymbol{L}^0\boldsymbol{B}^1+\boldsymbol{L}^1\boldsymbol{B}^0)](\Delta\boldsymbol{f})}$

附录 13.2　x 中部分元素外生的情形

□ A13.2.1　一个通用的情形：含有 k 个内生产出的 n 部门模型

在式（13.57）中我们给出了一个含有 k 个（前 k 个部门）内生的总产出和 $n-k$ 个（最后 $n-k$ 个部门）内生的最终需求的 n 部门模型，有：

$$\begin{bmatrix}(\boldsymbol{I}-\boldsymbol{A}^{(k)}) & \boldsymbol{0}\\ -\boldsymbol{A}_{21} & -\boldsymbol{I}\end{bmatrix}\begin{bmatrix}\underset{(k\times 1)}{\boldsymbol{x}^{en}}\\ \underset{[(n-k)\times 1]}{\boldsymbol{f}^{en}}\end{bmatrix}=\begin{bmatrix}\boldsymbol{I} & \boldsymbol{A}_{12}\\ \boldsymbol{0} & -(\boldsymbol{I}-\boldsymbol{A}_{22})\end{bmatrix}\begin{bmatrix}\underset{(k\times 1)}{\boldsymbol{f}^{ex}}\\ \underset{[(n-k)\times 1]}{\boldsymbol{x}^{ex}}\end{bmatrix}\tag{A13.2.1}$$

令 $\boldsymbol{M}=\begin{bmatrix}(\boldsymbol{I}-\boldsymbol{A}^{(k)}) & \boldsymbol{0}\\ -\boldsymbol{A}_{21} & -\boldsymbol{I}\end{bmatrix}$且 $\boldsymbol{N}=\begin{bmatrix}\boldsymbol{I} & \boldsymbol{A}_{12}\\ \boldsymbol{0} & -(\boldsymbol{I}-\boldsymbol{A}_{22})\end{bmatrix}$，应用附录 A 中关于分块矩阵求逆的

知识可得：

$$\boldsymbol{M}^{-1}=\begin{bmatrix}\boldsymbol{L}^{(k)} & \boldsymbol{0}\\ -\boldsymbol{A}_{21}\boldsymbol{L}^{(k)} & -I\end{bmatrix}$$

[其中 $(\boldsymbol{I}-\boldsymbol{A}^{(k)})^{-1}=\boldsymbol{L}^{(k)}$。] 因此，我们可以得到：

$$\boldsymbol{M}^{-1}\boldsymbol{N}=\begin{bmatrix}\boldsymbol{L}^{(k)} & \boldsymbol{L}^{(k)}\boldsymbol{A}_{12}\\ -\boldsymbol{A}_{21}\boldsymbol{L}^{(k)} & (\boldsymbol{I}-\boldsymbol{A}_{22})-\boldsymbol{A}_{21}\boldsymbol{L}^{(k)}\boldsymbol{A}_{12}\end{bmatrix}$$

这个相乘所得到的结果不仅仅取决于分块矩阵的逆而且取决于式（A13.2.1）中矩阵的特定形式——尤其是 **0** 和 ***I*** 子矩阵的位置及它们对分块矩阵乘法的影响。因此，我们有：

$$\begin{bmatrix}\boldsymbol{x}^{en}\\ \boldsymbol{f}^{en}\end{bmatrix}=\begin{bmatrix}\boldsymbol{L}^{(k)} & \boldsymbol{L}^{(k)}\boldsymbol{A}_{12}\\ -\boldsymbol{A}_{21}\boldsymbol{L}^{(k)} & (\boldsymbol{I}-\boldsymbol{A}_{22})-\boldsymbol{A}_{21}\boldsymbol{L}^{(k)}\boldsymbol{A}_{12}\end{bmatrix}\begin{bmatrix}\boldsymbol{f}^{ex}\\ \boldsymbol{x}^{ex}\end{bmatrix} \tag{A13.2.2}$$

[这实际上就是本章正文中的式（13.58）。]

如果 $\boldsymbol{f}^{ex}=\boldsymbol{0}$，那么特定的外生产出 $\boldsymbol{x}^{ex}$ 对内生产出 $\boldsymbol{x}^{en}$ 的影响可以用下式表示：

$$\boldsymbol{x}^{en}=\boldsymbol{L}^{(k)}\boldsymbol{A}_{12}\boldsymbol{x}^{ex} \tag{A13.2.3}$$

这实际上就是式（13.59）中（以“Δ”的形式表示）给出的。

□ A13.2.2　产出-产出乘数矩阵

对一个三部门模型而言，将 $\boldsymbol{L}^{(3)}$ 中的每一列除以该列位于对角线上的元素则得到“产出-产出”乘数矩阵，也就是：

$$\boldsymbol{L}^{(3)}=\begin{bmatrix}l_{11}^{(3)} & l_{12}^{(3)} & l_{21}^{(3)}\\ l_{21}^{(3)} & l_{22}^{(3)} & l_{23}^{(3)}\\ l_{31}^{(3)} & l_{32}^{(3)} & l_{33}^{(3)}\end{bmatrix} \text{ 及 } \boldsymbol{L}^{(3)*}=\begin{bmatrix}\frac{l_{11}^{(3)}}{l_{11}^{(3)}} & \frac{l_{12}^{(3)}}{l_{22}^{(3)}} & \frac{l_{13}^{(3)}}{l_{33}^{(3)}}\\ \frac{l_{21}^{(3)}}{l_{11}^{(3)}} & \frac{l_{22}^{(3)}}{l_{23}^{(3)}} & \frac{l_{23}^{(3)}}{l_{33}^{(3)}}\\ \frac{l_{31}^{(3)}}{l_{11}^{(3)}} & \frac{l_{32}^{(3)}}{l_{22}^{(3)}} & \frac{l_{33}^{(3)}}{l_{33}^{(3)}}\end{bmatrix}=\begin{bmatrix}1 & \frac{l_{12}^{(3)}}{l_{22}^{(3)}} & \frac{l_{13}^{(3)}}{l_{33}^{(3)}}\\ \frac{l_{21}^{(3)}}{l_{11}^{(3)}} & 1 & \frac{l_{23}^{(3)}}{l_{33}^{(3)}}\\ \frac{l_{31}^{(3)}}{l_{11}^{(3)}} & \frac{l_{32}^{(3)}}{l_{22}^{(3)}} & 1\end{bmatrix}$$

□ A13.2.3　分块矩阵 $(\boldsymbol{I}-\boldsymbol{A}^{n})$ 的逆

令

$$(\boldsymbol{I}-\boldsymbol{A}^{(n)})=\begin{bmatrix}(\boldsymbol{I}-\boldsymbol{A}^{(k)}) & -\boldsymbol{A}_{12}\\ -\boldsymbol{A}_{21} & (\boldsymbol{I}-\boldsymbol{A}_{22})\end{bmatrix}=\begin{bmatrix}\underset{(k\times k)}{\boldsymbol{E}} & \underset{[k\times(n-k)]}{\boldsymbol{F}}\\ \underset{[(n-k)\times k]}{\boldsymbol{G}} & \underset{[(n-k)\times(n-k)]}{\boldsymbol{H}}\end{bmatrix} \tag{A13.2.4}$$

接下来再一次用分块矩阵求逆公式，得到：

$$(\boldsymbol{I}-\boldsymbol{A}^{(n)})^{-1}=\boldsymbol{L}^{(n)}=\begin{bmatrix}\underset{(k\times k)}{\boldsymbol{E}} & \underset{[k\times(n-k)]}{\boldsymbol{F}}\\ \underset{[(n-k)\times k]}{\boldsymbol{G}} & \underset{[(n-k)\times(n-k)]}{\boldsymbol{V}}\end{bmatrix} \tag{A13.2.5}$$

从附录 A 中我们可知 $\boldsymbol{T}=-\boldsymbol{E}^{-1}\boldsymbol{F}\boldsymbol{V}$，或是：

$$-\boldsymbol{E}^{-1}\boldsymbol{F}=\boldsymbol{T}\boldsymbol{V}^{-1} \tag{A13.2.6}$$

□ A13.2.4　$k=2$，　$n=3$ 的情形

我们现在使用本附录到目前为止所给出的结果来讨论一个特殊的情形——$x_3=\bar{x}_3$ 时的一个三部门模型。这是第 13.2.3 节中例子所给出的。在这种情况下，式（A13.2.3）变成：

$$\boldsymbol{x}^{en}=\begin{bmatrix}x_1\\x_2\end{bmatrix}=\boldsymbol{L}^{(2)}\boldsymbol{A}_{12}\bar{x}_3=\begin{bmatrix}l_{11}^{(2)} & l_{(12)}^{(2)}\\l_{21}^{(2)} & l_{22}^{(2)}\end{bmatrix}\begin{bmatrix}a_{12}\\a_{23}\end{bmatrix}\bar{x}_3 \tag{A13.2.7}$$

在式（A13.2.4）中，我们有 $\boldsymbol{E}=(\boldsymbol{I}-\boldsymbol{A}^{(2)})$ 和 $\boldsymbol{F}=\begin{bmatrix}-a_{13}\\-a_{23}\end{bmatrix}$，因此式（A13.2.7）可以被改写成：

$$\boldsymbol{x}^{en}=-\boldsymbol{E}^{-1}\boldsymbol{F}\bar{x}_3 \tag{A13.2.8}$$

在这个不一样的方法中，外生约束 $x_3=\bar{x}_3$ 可以被表示成 3×1 向量的形式，$\bar{\boldsymbol{x}}=\begin{bmatrix}0\\0\\\bar{x}_3\end{bmatrix}$ 且：

$$\underset{(3\times1)}{\boldsymbol{x}^{*}}=\underset{(3\times3)}{\boldsymbol{L}^{(3)*}}\ \underset{(3\times1)}{\bar{\boldsymbol{x}}} \tag{A13.2.9}$$

其中 $\boldsymbol{x}^{*}=\begin{bmatrix}x_1\\x_2\\x_3\end{bmatrix}$。在这里：

$$\boldsymbol{L}^{(3)*}=\begin{bmatrix}1 & \dfrac{l_{12}^{(3)}}{l_{22}^{(3)}} & \dfrac{l_{13}^{(3)}}{l_{33}^{(3)}}\\ \dfrac{l_{21}^{(3)}}{l_{11}^{(3)}} & 1 & \dfrac{l_{23}^{(3)}}{l_{33}^{(3)}}\\ \dfrac{l_{31}^{(3)}}{l_{11}^{(3)}} & \dfrac{l_{32}^{(3)}}{l_{22}^{(3)}} & 1\end{bmatrix}=\begin{bmatrix}\boldsymbol{L}_{11}^{(3)*} & \boldsymbol{L}_{12}^{(3)*}\\ \boldsymbol{L}_{21}^{(3)*} & \boldsymbol{L}_{22}^{(3)*}\end{bmatrix}$$

以及式（A13.2.9）可以被表示为：

$$\begin{bmatrix}x_1\\x_2\\x_3\end{bmatrix}=\begin{bmatrix}\boldsymbol{L}_{11}^{(3)*} & \boldsymbol{L}_{(12)}^{(3)*}\\ \boldsymbol{L}_{21}^{(3)*} & \boldsymbol{L}_{(22)}^{(3)*}\end{bmatrix}\begin{bmatrix}0\\0\\\bar{x}_3\end{bmatrix}$$

特别地，有：

$$\boldsymbol{x}^{en}=\begin{bmatrix}x_1\\x_2\end{bmatrix}=\boldsymbol{L}_{12}^{(3)*}\bar{x}_3 \tag{A13.2.10}$$

以及

$$x_3=\boldsymbol{L}_{22}^{(3)*}\bar{x}_3=\bar{x}_3$$

从式（A13.2.5）中可知，$\boldsymbol{T}=\begin{bmatrix} l_{13}^{(3)} \\ l_{23}^{(3)} \end{bmatrix}$，$\boldsymbol{V}=[l_{33}^{(3)}]$且 $\boldsymbol{TV}^{-1}=\begin{bmatrix} \dfrac{l_{13}^{(3)}}{l_{33}^{(3)}} \\ \dfrac{l_{23}^{(3)}}{l_{33}^{(3)}} \end{bmatrix}=\begin{bmatrix} l_{13}^{(3)*} \\ \dfrac{l_{13}^{(3)}}{l_{23}^{(3)*}} \end{bmatrix}$。因此，式（A13.2.10）中的结果可被表示成：

$$\boldsymbol{x}^{en}=\begin{bmatrix} l_{13}^{(3)*} \\ l_{23}^{(3)*} \end{bmatrix}\bar{x}_3=\boldsymbol{TV}^{-1}\bar{x}_3 \tag{A13.2.11}$$

结论：因为$-\boldsymbol{E}^{-1}\boldsymbol{F}=\boldsymbol{TV}^{-1}$，式（A13.2.6）、式（A13.2.8）和式（A13.2.11）中的结果是等价的。这个结论对 x_n 为内生的任意尺寸的投入产出模型都成立。然而，这个结论对于包含一个或一个以上外生总产出的投入产出模型而言是不成立的。我们将在之后的章节中对其原因进行讨论。

□ A13.2.5　$k=1$，　$n=3$ 的情形

为了讨论一个以上的总产出被设定为外生的情形，我们采用一个三部门模型，并令 $x_2=\bar{x}_2$ 且 $x_3=\bar{x}_3$。这个例子所给出的结果可以被轻易地推广到包含 $k<(n-1)$ 个内生总产出的 n 部门模型。在这个例子中，$(n-k)=2$，则：

$$\boldsymbol{M}=\begin{bmatrix} (1-a_{11}) & 0 & 0 \\ -a_{21} & -1 & 0 \\ -a_{31} & 0 & -1 \end{bmatrix},\ \boldsymbol{N}=\begin{bmatrix} 1 & a_{12} & a_{13} \\ 0 & -(1-a_{22}) & a_{23} \\ 0 & a_{32} & -(1-a_{33}) \end{bmatrix},$$

$$\boldsymbol{M}^{-1}=\begin{bmatrix} l_{11}^{(1)} & 0 & 0 \\ -a_{21}l_{11}^{(1)} & -1 & 0 \\ -a_{31}l_{11}^{(1)} & 0 & -1 \end{bmatrix}$$

与式（A13.2.7）类似，在此我们可以得到：

$$\boldsymbol{x}^{en}=[x_1]=\boldsymbol{L}^{(1)}\boldsymbol{A}_{12}\begin{bmatrix} \bar{x}_2 \\ \bar{x}_3 \end{bmatrix}=(1-a_{11})^{-1}[a_{12}\quad a_{13}]\begin{bmatrix} \bar{x}_2 \\ \bar{x}_3 \end{bmatrix}$$

从第 A13.2.3 节中，我们可以轻易地得到 $\boldsymbol{E}^{-1}=(1-a_{11})^{-1}$ 和 $\boldsymbol{F}=[-a_{12}\quad -a_{13}]$，因此有：

$$[x_1]=-\boldsymbol{E}^{-1}\boldsymbol{F}\begin{bmatrix} \bar{x}_2 \\ \bar{x}_3 \end{bmatrix}$$

在此我们发现：

$$\boldsymbol{T}=[l_{12}^{(3)}\quad l_{13}^{(3)}],\ \boldsymbol{V}=\begin{bmatrix} l_{22}^{(3)} & l_{23}^{(3)} \\ l_{32}^{(3)} & l_{33}^{(3)} \end{bmatrix},\ \boldsymbol{TV}^{-1}=[l_{12}^{(3)}\quad l_{13}^{(3)}]\begin{bmatrix} l_{22}^{(3)} & l_{23}^{(3)} \\ l_{32}^{(3)} & l_{33}^{(3)} \end{bmatrix}^{-1}$$

请注意 $\boldsymbol{T}$ 和 $\boldsymbol{V}$ 的维度在此发生了变化。因为式（A13.2.6），我们可以得到：

$$[x_1]=\boldsymbol{TV}^{-1}\begin{bmatrix} \bar{x}_2 \\ \bar{x}_3 \end{bmatrix}=[l_{12}^{(3)}\quad l_{13}^{(3)}]\begin{bmatrix} l_{22}^{(3)} & l_{23}^{(3)} \\ l_{32}^{(3)} & l_{33}^{(3)} \end{bmatrix}^{-1}\begin{bmatrix} \bar{x}_2 \\ \bar{x}_3 \end{bmatrix} \tag{A13.2.12}$$

此外，现在有：

$$L^{(3)*}=\begin{bmatrix}\frac{l_{11}^{(3)}}{l_{11}^{(3)}} & \frac{l_{12}^{(3)}}{l_{22}^{(3)}} & \frac{l_{13}^{(3)}}{l_{33}^{(3)}}\\ \frac{l_{21}^{(3)}}{l_{11}^{(3)}} & \frac{l_{22}^{(3)}}{l_{22}^{(3)}} & \frac{l_{23}^{(3)}}{l_{33}^{(3)}}\\ \frac{l_{31}^{(3)}}{l_{11}^{(3)}} & \frac{l_{32}^{(3)}}{l_{22}^{(3)}} & \frac{l_{33}^{(3)}}{l_{33}^{(3)}}\end{bmatrix}=\begin{bmatrix}1 & \frac{l_{12}^{(3)}}{l_{22}^{(3)}} & \frac{l_{13}^{(3)}}{l_{33}^{(3)}}\\ \frac{l_{21}^{(3)}}{l_{11}^{(3)}} & 1 & \frac{l_{23}^{(3)}}{l_{33}^{(3)}}\\ \frac{l_{31}^{(3)}}{l_{11}^{(3)}} & \frac{l_{32}^{(3)}}{l_{22}^{(3)}} & 1\end{bmatrix}=\begin{bmatrix}L_{11}^{(3)*} & L_{12}^{(3)*}\\ L_{21}^{(3)*} & L_{22}^{(3)*}\end{bmatrix}$$

（请注意分块矩阵的位置如何移动），其与式（A13.2.10）所给出的结果相对应的部分变成：

$$x^{en}=[x_1]=L_{12}^{(3)*}\begin{bmatrix}\bar{x}_2\\ \bar{x}_3\end{bmatrix}=[l_{12}^{(3)*}\quad l_{13}^{(3)*}]\begin{bmatrix}\bar{x}_2\\ \bar{x}_3\end{bmatrix}=\begin{bmatrix}\frac{l_{12}^{(3)}}{l_{22}^{(3)}} & \frac{l_{13}^{(3)}}{l_{33}^{(3)}}\end{bmatrix}\begin{bmatrix}\bar{x}_2\\ \bar{x}_3\end{bmatrix} \tag{A13.2.13}$$

很清楚的是，式（A13.2.12）的结果与式（A13.2.13）所给出的结果是不同的。这是因为，它们是从混合了内生外生变量的投入产出基本模型式（13.57）中得到的，只有式（A13.2.12）所给出的结果是有效的。

当一个或一个以上的产出被设定为外生时，即 $-k<(n-1)$ [或 $(n-k)>1$] 时，$\boldsymbol{T}$ 由一个列向量变成了一个矩阵（包含 $n-k$ 列）且 $\boldsymbol{V}^{-1}$ 由一个标量的倒数变成了一个 $(n-k)\times(n-k)$ 矩阵的逆矩阵。因此，运算 $\boldsymbol{TV}^{-1}$ 不再是产生一个列向量（其元素被该元素所在列中处在对角线上的元素除）而是一个矩阵（该矩阵的元素与 $\boldsymbol{L}^*$ 的元素不同）。注意如果 $\boldsymbol{V}$ 是对角矩阵，则运算 $\boldsymbol{TV}^{-1}$ 实际上会产生一个元素与 $\boldsymbol{L}^*$ 中元素一样的矩阵；但是由于 $\boldsymbol{V}$ 是 $\boldsymbol{L}^{(n)}$ 的子矩阵，它不会是对角的。

□ A13.2.6 “提取” 最后 （$n-k$） 个部门

再一次假定一个 n 部门投入产出模型中的最后（$n-k$）个部门的产出是外生的。将系数矩阵 $\boldsymbol{A}^{(n)}$ 中的最后（$n-k$）行替代为零，得到：

$$\widetilde{\boldsymbol{A}}^{(n)}=\begin{bmatrix}\underset{(k\times k)}{\boldsymbol{A}_{11}} & \underset{[k\times(n-k)]}{\boldsymbol{A}_{12}}\\ \underset{[(n-k)\times k]}{\boldsymbol{0}} & \underset{[(n-k)\times(n-k)]}{\boldsymbol{0}}\end{bmatrix}$$

和

$$(\boldsymbol{I}-\widetilde{\boldsymbol{A}}^{(n)})=\begin{bmatrix}(\boldsymbol{I}-\boldsymbol{A}^{(k)}) & -\boldsymbol{A}_{12}\\ \boldsymbol{0} & I\end{bmatrix}=\begin{bmatrix}\boldsymbol{E} & \boldsymbol{F}\\ \boldsymbol{G} & \boldsymbol{H}\end{bmatrix}$$

$$(\boldsymbol{I}-\widetilde{\boldsymbol{A}}^{(n)})^{-1}=\widetilde{\boldsymbol{L}}^{(n)}=\begin{bmatrix}\boldsymbol{S} & \boldsymbol{T}\\ \boldsymbol{U} & \boldsymbol{V}\end{bmatrix}$$

应用附录 A 中的结果，$\boldsymbol{G}=\boldsymbol{0}$ 意味着 $\boldsymbol{U}=\boldsymbol{0}$ 和 $\boldsymbol{S}=(\boldsymbol{I}-\boldsymbol{A}^{(k)})^{-1}=\boldsymbol{L}^{(k)}$。此外，因为 $\boldsymbol{H}=\boldsymbol{I}$，所以 $\boldsymbol{V}=\boldsymbol{I}$。最后，$\boldsymbol{T}=\boldsymbol{L}^{(k)}\boldsymbol{A}_{12}$ 且

$$\widetilde{\boldsymbol{L}}^{(n)}=\begin{bmatrix}\boldsymbol{L}^{(k)} & \boldsymbol{L}^{(k)}\boldsymbol{A}_{12}\\ \boldsymbol{0} & \boldsymbol{I}\end{bmatrix}$$

接下来，有：

$$\begin{bmatrix}\boldsymbol{x}^{en}\\ \boldsymbol{f}^{en}\end{bmatrix}=\widetilde{\boldsymbol{L}}^{(n)}\begin{bmatrix}\boldsymbol{f}^{ex}\\ \boldsymbol{x}^{ex}\end{bmatrix}=\begin{bmatrix}\boldsymbol{L}^{(k)} & \boldsymbol{L}^{(k)}\boldsymbol{A}_{12}\\ \boldsymbol{0} & \boldsymbol{I}\end{bmatrix}\begin{bmatrix}\boldsymbol{f}^{ex}\\ \boldsymbol{x}^{ex}\end{bmatrix}$$

并且 $\boldsymbol{x}^{ex}$ 的解与式（A13.2.2）中的完全一样。这是因为这两个式子中的分块矩阵的上面两个子矩阵完全一样［将外生产出的部门设定在最后（$n-k$）个部门或是前（$n-k$）个部门，不会在本质上影响结果的含义。我们将这一证明留给读者作为作业］。

习题

13.1 考虑如下两个投入产出经济：

$$\boldsymbol{Z}^0=\begin{bmatrix}10 & 20 & 30\\ 5 & 2 & 25\\ 20 & 40 & 60\end{bmatrix},\ \boldsymbol{f}^0=\begin{bmatrix}60\\ 40\\ 55\end{bmatrix},\ \boldsymbol{Z}^1=\begin{bmatrix}15 & 25 & 40\\ 12 & 7.5 & 30\\ 10 & 30 & 40\end{bmatrix},\ \boldsymbol{f}^1=\begin{bmatrix}75\\ 55\\ 40\end{bmatrix}$$

我们希望度量一个经济在一年中结构将如何变化，即由 $\boldsymbol{Z}^0$ 与 $\boldsymbol{f}^0$ 到 $\boldsymbol{Z}^1$ 与 $\boldsymbol{f}^1$ 的变化。将每个部门总产出的变化划分为最终需求导致的变化和技术导致的变化。

13.2 考虑如下投入产出经济：

$$\boldsymbol{Z}=\begin{bmatrix}14 & 76 & 46\\ 54 & 22 & 5\\ 68 & 71 & 94\end{bmatrix}\text{ 且 }\boldsymbol{f}=\begin{bmatrix}100\\ 200\\ 175\end{bmatrix}$$

其中这三个产业部门分别为制造业、原油和电力。

a. 假定经济预测称原油和电力的国内总产出在未来的一年中不会变化，而制造业的最终需求会上升 30%。则一年后原油和电力的最终需求以及制造业的总产出会是多少？

b. 若将制造业最终需求增长的比例改为 50%而不是 30%，则一年后原油和电力的最终需求以及制造业的总产出会是多少？

13.3 在习题 2.1 所给出的经济中加入一个新部门，即金融保险业（部门 3）。

a. 假定你知道新部门当年（运算中的第一年）的总产出是 900 美元。而其来自农业和制造业的投入系数分别为 $a_{13}=0.001$ 和 $a_{23}=0.07$。在不给出任何其他信息的情况下，请估计加入新部门对经济的影响。

b. 现在你知道：(1) 农业和制造业部门过去分别从外国企业购买了 20 美元和 40 美元的金融保险业产品（进口）；(2) 为了生产 100 美元的产品，部门 3 需要消耗 15 美元的自身投入。假定它们现在都从本国部门购买金融保险产品，那么你现在如何衡量加入新部门的影响？

13.4 再次回到习题 12.1 中的恰尔利亚经济。第二年恰尔利亚的农业、采掘业和民用制造业的预测总产出分别为 4 558、5 665 和 5 079（百万美元）。而其军用制造业的预测最终需求为 2 050（百万美元）。请计算第二年这个经济的 GDP 和总产出。

13.5 考虑一个投入产出经济，其技术系数为 $\boldsymbol{A}=\begin{bmatrix}0.3 & 0.1\\ 0.2 & 0.5\end{bmatrix}$，而其资本系数为 $\boldsymbol{B}=\begin{bmatrix}0.01 & 0.003\\ 0.005 & 0.020\end{bmatrix}$。当年的最终需求为 $\boldsymbol{f}^0=\begin{bmatrix}100\\ 100\end{bmatrix}$。而接下来三年的最终需求的预测分别为 $\boldsymbol{f}^1=\begin{bmatrix}125\\ 160\end{bmatrix}$、$\boldsymbol{f}^2=\begin{bmatrix}150\\ 175\end{bmatrix}$和 $\boldsymbol{f}^3=\begin{bmatrix}185\\ 200\end{bmatrix}$。我们虽然不感兴趣对这三年之外的最终需求的预测，但是请给出这三年内的总产出的预测。

13.6 考虑如下封闭动态投入产出模型，$\mathbf{Ax}+\mathbf{B}(\mathbf{x}^t-\mathbf{x})=\mathbf{x}$，其中 $\mathbf{x}^t$ = 未来产出，$\mathbf{x}$ = 当前产出，且 $\mathbf{A}=\begin{bmatrix}0.5 & 0.1\\0.1 & 0.5\end{bmatrix}$，$\mathbf{B}=\begin{bmatrix}0 & 0.1\\0.1 & 0\end{bmatrix}$。假定 $\mathbf{x}^t=\lambda\mathbf{x}$，其中 λ 是一个标量（大道增长率）；请计算 λ。

13.7 有封闭投入产出动态模型 $\mathbf{Ax}+\mathbf{B}(\mathbf{x}^t-\mathbf{x})=\mathbf{x}$，其中：

$$\mathbf{A}=\begin{bmatrix}0.1 & 0.2\\0.3 & 0.4\end{bmatrix},\ \mathbf{B}=\begin{bmatrix}0.1 & 0\\0 & 0.1\end{bmatrix}$$

a. 请计算这个例子的大道增长率。

b. 如果第一个产业的资本系数（$\mathbf{B}$ 的第一列）都变为 0.1，那么新的大道增长率是多少？这会对表面上的经济“健康”产生什么影响？

13.8 考虑一个投入产出经济。它的消耗系数为 $\mathbf{A}=\begin{bmatrix}0.2 & 0.1\\0.3 & 0.5\end{bmatrix}$，资本系数为 $\mathbf{B}=\begin{bmatrix}0.02 & 0.002\\0.003 & 0.01\end{bmatrix}$。当前的最终需求为 $\mathbf{f}^0=\begin{bmatrix}185\\200\end{bmatrix}$ 且之前三年的最终需求为 $\mathbf{f}^{-1}=\begin{bmatrix}150\\175\end{bmatrix}$、$\mathbf{f}^{-2}=\begin{bmatrix}125\\160\end{bmatrix}$ 和 $\mathbf{f}^{-3}=\begin{bmatrix}100\\100\end{bmatrix}$。请计算该经济的“动态乘数”，这个乘数展示了为了满足第 0 期的最终需求如何将直接和间接投入前向分配到之前的三年中去。

13.9 采用附录 B 中所给出的美国经济 1972 年和 2002 年的 $\mathbf{A}$、$\mathbf{L}$ 和 $\mathbf{f}$。请计算 1972—2002 年总产出变化中分配给最终需求变化和技术变化的部分。

13.10 采用附录 B 中所给出的 2005 年美国投入产出表。假定预测到 2010 年农业、采掘业和建筑业的最终需求会增加 10%；制造业的最终需求会增加 5%；贸易、交通、公用事业、服务业和其他经济部门的总产出会增加 6%。请估计农业、采掘业、建筑业和制造业的总产出，以及贸易、交通、公用事业、服务业和其他经济部门的最终需求。

参考文献

Afrasiabi, Ahmad and Stephen D. Casler. 1991 . "Product-Mix and Technological Change Within the Leontief Inverse," *Journal of Regional Science*, **31**, 147-160.

Almon, Clopper. 1970. "Investment in Input-Output Models and the Treatment of Secondary Products," in Anne P. Carter and Andrew Bródy (eds.), *Applications of Input-Output Analysis*, Vol. 2 of *Proceedings of the Fourth International Conference on Input-Output Techniques*. Geneva, 1968. Amsterdam: North-Holland pp. 103-116.

Barker, Terry. 1990. "Sources of Structural Change for the UK Service Industries, 1979—1984," *Economic Systems Research*, **2**, 173-183.

Bezdek, Roger H. and Robert M. Wendling. 1976. "Disaggregation of Structural Change in the American Economy: 1947—1966," *Review of Income and Wealth*, **24**, 93-104.

Bródy, Andrew. 1995. "Truncation and Spectrum of the Dynamic Inverse," *Economic Systems Research*, **7**, 235-247.

Carter, Anne P. 1974. "Energy, Environment and Economic Growth," *Bell Journal of Economics*, **5**, 578-594.

Casler, Stephen D. 2001. "Interaction Terms and Structural Decomposition: An Application to the Defense Cost of Oil," in Michael L. Lahr and Erik Dietzenbacher (eds.), *Input-Output Analysis: Frontiers and Extensions*. New York: Palgrave, pp. 143-160.

Casler, Stephen D. and Bruce Hannon. 1989. "Readjustment Potentials in Industrial Energy Efficiency and Structure," *Journal of Environmental Economics and Management*, **17**, 93-108.

Casler, Stephen D., Ahmad Afrasiabi and Michael McCauley. 1991. "Decomposing Change in Energy Input-Output Coefficients," *Resources and Energy*, **13**, 95-109.

Chenery, Hollis B. 1960. "Patterns of Industrial Growth," *American Economic Review*, **50**, 624-654.

Chenery, Hollis B., Shuntaro Shishido and Tsunehiko Watanabe. 1962. "The Pattern of Japanese Growth, 1914—1954," *Econometrica*, **30**, 98-139.

Cole, Sam. 1988. "The Delayed Impacts of Plant Closures in a Reformulated Leontief Model," *Papers of the Regional Science Association*, **65**, 135-149.

1989. "Expenditure Lags in Impact Analysis," *Regional Studies*, **23**, 105-116.

1997. "Closure in Cole's Reformulated Leontief Model: A Response to R. W. Jackson, M. Madden and H. A. Bowman," *Papers in Regional Science*, **76**, 29-42.

1999a. "In the Spirit of Miyazawa: Multipliers and the Metropolis," in Geoffrey J. D. Hewings, Michael Sonis, Moss Madden and Yoshio Kimura (eds.), *Understanding and Interpreting Economic Structure*. Berlin: Springer, pp. 263-286.

1999b. "The Phantom of the Matrix: Inverting the Case on Closure in Cole's Model," *Papers in Regional Science*, **78**, 429-436.

Dietzenbacher, Erik and Bart Los. 1997. "Analyzing Decomposition Analyses," in András Simonovits and Albert E. Steenge (eds.), *Prices, Growth and Cycles*. London: Macmillan, pp. 108-131.

1998. "Structural Decomposition Techniques: Sense and Sensitivity," *Economic Systems Research*, **10**, 307-323.

Dietzenbacher, Erik and Rutger Hoekstra. 2002. "The RAS Structural Decomposition Approach," in Geoffrey J. D. Hewings, Michael Sonis and David Boyce (eds.), *Trade, Networks and Hierarchies. Modeling Regional and Interregional Economies*. Berlin: Springer, pp. 179-199.

Dorfman, Robert, Paul A. Samuelson and Robert M. Solow. 1958. *Linear Programming and Economic Analysis*. New York: McGraw-Hill.

Duchin, Faye and Daniel B. Szyld. 1985. "A Dynamic Input-Output Model with Assured Positive Output," *Metroeconomica*, **37**, 269-282.

Eiser D. and D. Roberts. 2002. "The Employment and Output Effects of Changing Patterns of Afforestation in Scotland," *Journal of Agricultural Economics*, **53**, 65-81.

Evans, W. Duane and Marvin Hoffenberg. 1952. "The Interindustry Relations Study for 1947," *Review of Economics and Statistics*, **34**, 97-142.

Feldman, Stanley J. and Karen Palmer. 1985. "Structural Change in the United States: Changing Input-Output Coefficients," *Business Economics*, **20**, 38-54.

Feldman, Stanley J., David McClain and Karen Palmer. 1987. "Sources of Structural Change in the United States, 1963—1978: An Input-Output Perspective," *Review of Economics and Statistics*, **69**, 503-510.

Findeis, Jill L. and Norman K. Whittlesey. 1984. "The Secondary Economic Impacts of Irrigation Development in Washington," *Western Journal of Agricultural Economics* **9**, 233-243.

Fromm, Gary. 1968. "Comment on Vaccara and Simon," in John W. Kendrick (ed.), *The Industrial Composition of Income and Product*. New York: Columbia University Prass, pp. 59-66.

Fujimagari, David. 1989. "The Sources of Changes in Canadian Industry Output," *Economic Systems Research*, **1**, 187-201.

Fujita, Natsuki and William E. James. 1990. "Export Oriented Growth of Output and Employment in Taiwan and Korea, 1973/74—1983/84," *Weltwirtschafilisches Archiv*, **126**, 737-753.

Holland, David and S. C. Cooke. 1992. "Sources of Structural Change in the Washington Economy," *Annals of Regional Science*, **26**, 155-170.

Isard, Walter and Robert E. Kuenne. 1953. "The Impact of Steel upon the Greater New York-Philadelphia Industrial Region," *Review of Economics and Statistics*, **35**, 289-301.

Jackson, Randall W., Moss Madden and Harry A. Bowman. 1997. "Closure in Cole's Reformulated Leonrtief Model," *Papers in Regional Science*, **76**, 21-28.

Jackson, Randall W. and Moss Madden. 1999. "Closing the Case on Closure in Cole's Model," *Papers in Regional Science*, **78**, 423-427.

Johnson, Thomas G. and Surendra N. Kulshreshtha. 1982. "Exogenizing Agriculture in an Input-Output Model to Estimate Relarive Impacts of Different Farm Types," *Western Journal of Agricultural Economics*, **7**, 187-198.

Kagawa, Shigemi and Hajime Inamure. 2001. "A Structural Decomposition of Energy Consumption Based on a Hybrid Rectangular Input-Output Framework: Japan's Case," *Economic Systems Research*, **13**, 339-363.

Leontief, Wassily. 1970. "The Dynamic Inverse," in Anne P. Carter and Andrew Bródy (eds.), *Contributions to Input-Output Analysis*, Vol. 1 of *Proceedings of the Fourth Internaitonal Conference on Input-Output Techniques*. Geneva, 1968. Amsterdam: North-Holland, pp. 17-43.

Leontief, Wassily and Faye Duchin 1986. *The Future Impact of Automation on Workers*. New York: Oxford University Press.

Leung, PingSun and Sam Pooley. 2002. "Regional Economic Impacts of Reductions in Fisheries Production: A Supply-Driven Approach," *Marine Resource Economics*, **16**, 251-262.

Liew, Chong K. 1977. "Dynamic Multipliers for a Regional Input-Output Model," *Annals of Regional Science*, **11**, 94-106.

Liew, Chung J. 2000. "The Dynamic Variable Input-Output Model: An Advancement from the Leomief Dynamic Input-Output Model," *Annals of Regional Science*, **34**, 591-614.

2005. "Dynamic Variable Input-Output (VIO) Model and Price-Sensitive Dynamic Multipliers," *Annals of Regional Science*, **39**, 607-627.

Lin, Xiannuan and Karen R. Polenske. 1995. "Input-Output Anatomy of China's Energy Use Changes in the 1980s," *Economic Systems Research*, **7**, 67-84.

van der Linden, J. and Erik Dietzenbacher. 2000. "The Determinants of Structural Change in the European Union: a New Application of RAS," *Environment and Planning*, **32**, 205-229.

Liu, Aging and David S. Saul. 2001. "Structural Change in Apartheid-era South Africa: 1975—1993," *Economic Systems Research*, **13**, 235-257.

第 14 章 其他话题

14.1 简介

20 世纪 40 年代末至 50 年代初，投入产出学刚进入哈佛大学的学术课程体系。在此后的几十年里，投入产出方法的研究发展、模型扩展及应用都取得了许多重大成果。现代计算机科学为此做出了很大贡献，其卓越的计算能力和速度使过去难以想象的大规模数据密集型实验变得容易可行。在前面的章节里我们已经讲解了很多模型扩展和应用，但仍有许多内容未涉及。这一章我们将探讨前面提及却由于种种原因而未展开讨论的的几个话题，并推荐一些相关的文献以供有兴趣的读者做进一步的研究（我们将单独在每一节的后面列出合适的参考文献，这与之前的做法不同）。

在这一章所研讨的一些课题，它们有的是投入产出分析的前沿领域，有的与其他经济学科相结合。这些是我们之前没谈及的或者仅做了简要的介绍的内容。我们不会像以前那样尽可能详尽地探讨这些课题，因为其中涉及统计学、宏观经济学、数学规划的内容，超出了这本教材的范围。此外还有一些章节，很难按一定的逻辑将它们并入其他章节，也不属于文献成果还不多的新兴研究、应用领域，但我们有必要将其视作投入产出分析的前沿领域。

本书已经以及即将阐述的内容显示出经过半个多世纪的发展，投入产出学已日臻成熟，并广泛影响了其他经济学领域。特别地，它常常为搜集经济数据用以建立经济模型来解决政策问题提供了一个基本的出发点。

14.2 投入产出模型和经济生产率的测量

经济生产率的增长率是分析经济增长和经济健康的一个关键的原始数据。经济生产率一般被定义为一个行业或整个经济单位投入的产出水平，探索不同的方法来测度这种经济生产率已经成为最近20年的热门研究领域（Jorgenson and Griliches，1967）。许多测度方方法都能很容易地用投入产出术语来表达（Baumol and Wolff，1984；Wolff，1985，1994，1997；ten Raa，2005）。在这一节中，我们讨论一个关于全要素生产率（total factor productivity，TFP）的概念及公式，TPF一般被定义为总投入的增长带来的产出的提高。①

□ 14.2.1 全要素生产率

对于技术系数矩阵a_{ij}、增加值系数②v_j及部门总产出x_j，有基本的数量关系：

$$x_j = \Big(\sum_{i=1}^{n} a_{ij} + v_j\Big)x_j \tag{14.1}$$

对产出x_j求微分，得：

$$\mathrm{d}\,x_j = \mathrm{d}\Big[\Big(\sum_{i=1}^{n} a_{ij} + v_j\Big)x_j\Big] = \Big(\sum_{i=1}^{n} a_{ij} + v_j\Big)\mathrm{d}\,x_j + \Big(\sum_{i=1}^{n} \mathrm{d}a_{ij} + \mathrm{d}v_j\Big)x_j \tag{14.2}$$

全要素生产率可用公示表示为：

$$\tau_j = -\Big(\sum_{i=1}^{n} \mathrm{d}a_{ij} + \mathrm{d}v_j\Big) \tag{14.3}$$

则式（14.2）变为：

$$\mathrm{d}\,x_j = \Big(\sum_{i=1}^{n} a_{ij} + v_j\Big)\mathrm{d}\,x_j - \tau_j\,x_j \tag{14.4}$$

在文献中，通常将式（14.3）转换成对数形式，根据运算法则 $\mathrm{dln}z = 1/z(\mathrm{d}z)$或$\mathrm{d}z = z(\mathrm{dln}z)$，有：

$$\tau_j = -\Big(\sum_{i=1}^{n} a_{ij}\,\mathrm{dln}\,a_{ij} + v_j\,\mathrm{dln}\,v_j\Big) \tag{14.5}$$

此外，在分析TPF时，v_j通常被分解成两部分：劳动者报酬l_j和固定资产折旧k_j，它首先由列昂惕夫等（Leontief et al.，1953）提出，并常常被引用作为测量部门技术改变的连续型模型（Wolff. 1994，p. 77；Aulin-Ahmavaara，1999，p. 352）。

为了利用现有的投入产出数据，通常将式（14.2）和式（14.3）转换成有限差分形

① 《经济系统研究》(*Economic System Research*，2007) 包含了总结至其该发刊时间的该领域发展的文章。

② 在前面的章节中我用 v_c 来表示增加值系数。在这里我们删除下标以简化符号。

式，$\mathrm{d}\,x_j \cong \Delta\, x_j = x_j^1 - x_j^0$，$\mathrm{d}\,a_{ij} \cong \Delta\, a_{ij} = a_{ij}^1 - a_{ij}^0$，$\mathrm{d}\,v_j \cong \Delta\, v_j = v_j^1 - v_j^0$。忽略二阶效应①，式（14.2）变成：

$$x_j^1 - x_j^0 = \Delta\, x_j = \Delta\Big[\big(\sum_{i=1}^{n} a_{ij} + v_j\big)x_j\Big]$$
$$= \big(\sum_{i=1}^{n} a_{ij}^0 + v_j^0\big)\Delta\, x_j + \big(\sum_{i=1}^{n} \Delta a_{ij} + \Delta v_j\big)x_j^0 \tag{14.6}$$

或

$$x_j^1 - x_j^0 = \Delta x_j = \underbrace{\big(\sum_{i=1}^{n} a_{ij}^0 + v_j^0\big)x_j^1 - \big(\sum_{i=1}^{n} a_{ij}^0 + v_j^0\big)x_j^0}_{\text{在旧技术下(体现为}a_{ij}^0\text{和}v_j^0\text{)为了满足新的投入需求引起的改变}}$$
$$+ \underbrace{\big(\sum_{i=1}^{n} a_{ij}^1 + v_j^1\big)x_j^0 - \big(\sum_{i=1}^{n} a_{ij}^0 + v_j^0\big)x_j^0}_{\text{为了满足旧的投入需求使用新技术(体现为}a_{ij}^1\text{和}v_j^1\text{)引起的改变}}$$

生产率研究通常涉及相对于原始产出，生产率改变的比率，可通过用原产出水平$x_j{}^0$除生产改变量得到。

式（14.3）的有限差分形式为：

$$\tau_j = -\big(\sum_{i=1}^{n} \Delta a_{ij} + \Delta v_j\big) \tag{14.7}$$

则：

$$\Delta\, x_j = \Delta\big[\big(\sum_{i=1}^{n} a_{ij} + v_j\big)x_j\big] = \big(\sum_{i=1}^{n} a_{ij} + v_j\big)\Delta\, x_j - \tau_j\, x_j^0$$

用矩阵来表示，有：

$$\Delta \mathbf{x} = [(\mathbf{i}'A) + \hat{\mathbf{v}}]\Delta \mathbf{x} + [(\mathbf{i}'\Delta \mathbf{A}) + (\Delta \mathbf{v})]\mathbf{x},$$
$$\boldsymbol{\tau} = -[(\mathbf{i}'\Delta \mathbf{A})' + \Delta \mathbf{v}] = -\Big[\big(\sum_{i=1}^{n} \Delta a_{ij} + \Delta v_j\big)\Big] \tag{14.8}$$

□ 14.2.2 数值例子：全要素生产率

考虑一个投入产出经济模型，其连续三个年度的技术系数和增加值被定义为：

第 0 年：$\mathbf{A}^{(0)} = \begin{bmatrix} 0.233 & 0.323 & 0.326 \\ 0.116 & 0.242 & 0.13 \\ 0.186 & 0.274 & 0.38 \end{bmatrix}$，$\mathbf{V}^{(0)} = \begin{bmatrix} 0.465 \\ 0.161 \\ 0.163 \end{bmatrix}$

第 1 年：$\mathbf{A}^{(1)} = \begin{bmatrix} 0.12 & 0.244 & 0.246 \\ 0.06 & 0.183 & 0.098 \\ 0.096 & 0.207 & 0.287 \end{bmatrix}$，$\mathbf{V}^{(1)} = \begin{bmatrix} 0.723 \\ 0.366 \\ 0.369 \end{bmatrix}$

---

① 在第 13.1 节中该效应被称为交互项（在结构分解分析中）。全要素分析与第 13.1 节中的方法十分相似，特别是分解中包含了元素 **A** 变化带来的影响。

第 2 年：$\boldsymbol{A}^{(2)}=\begin{bmatrix}0.078 & 0.108 & 0.109\\0.039 & 0.081 & 0.043\\0.062 & 0.091 & 0.127\end{bmatrix}$，$\boldsymbol{V}^{(2)}=\begin{bmatrix}0.465\\0.161\\0.163\end{bmatrix}$

这里，分别用 $\mathrm{d}\,\boldsymbol{v}^{(10)}\sim\Delta\,\boldsymbol{v}^{(10)}=\boldsymbol{v}^{(1)}-v^{(0)}$ 和 $\mathrm{d}\,\boldsymbol{v}^{(21)}\sim\Delta\,\boldsymbol{v}^{(21)}=\boldsymbol{v}^{(2)}-\boldsymbol{v}^{(1)}$ 表示增加值系数第 0 年至第 1 年的改变和第 1 年至第 2 年的改变。$\mathrm{d}\,\boldsymbol{A}^{(10)}\sim\Delta\,\boldsymbol{A}^{(10)}=\boldsymbol{A}^{(1)}-\boldsymbol{A}^{(0)}$，$\mathrm{d}\,\boldsymbol{A}^{(21)}\sim\Delta\boldsymbol{A}^{(21)}=\boldsymbol{A}^{(2)}-\boldsymbol{A}^{(1)}$ 的含义类似。这样，式（14.8）可表示成 $\boldsymbol{\tau}^{(ts)}=-[(\Delta\boldsymbol{A}^{(ts)})'i+\Delta\boldsymbol{v}^{(ts)}]$，此例中：

$$\Delta\boldsymbol{A}^{(10)}=\begin{bmatrix}-0.112 & -0.079 & -0.08\\-0.056 & -0.059 & -0.032\\-0.09 & -0.067 & -0.094\end{bmatrix},\ \Delta\boldsymbol{v}^{(10)}=\begin{bmatrix}0.258\\0.205\\0.206\end{bmatrix},$$

$$\Delta\boldsymbol{A}^{(21)}=\begin{bmatrix}-0.043 & -0.137 & -0.137\\-0.021 & -0.102 & -0.055\\-0.034 & -0.116 & -0.16\end{bmatrix},\ \Delta\boldsymbol{v}^{(21)}=\begin{bmatrix}-0.258\\-0.205\\-0.206\end{bmatrix}$$

注意到 $\Delta\boldsymbol{A}^{(10)}$ 和 $\Delta\boldsymbol{A}^{(21)}$ 元素都是负的，表明中间投入在逐年减少。$\Delta\boldsymbol{v}^{(10)}=\begin{bmatrix}0.258\\0.205\\0.206\end{bmatrix}$ 中的正元素表明相对于第 0 年，第 1 年的初始投入增加了。$\Delta\boldsymbol{v}^{(10)}=\begin{bmatrix}-0.258\\-0.205\\-0.206\end{bmatrix}$ 则意味着相比于第 1 年，第 2 年的初始投入减少了。在本例中：

$$\begin{aligned}\boldsymbol{\tau}^{(10)}&=-[(\Delta\boldsymbol{A}^{(10)})'\boldsymbol{i}+\Delta\boldsymbol{v}^{(10)}]\\&=-\begin{bmatrix}-0.112 & -0.056 & -0.09\\-0.079 & -0.059 & -0.067\\-0.08 & -0.032 & -0.094\end{bmatrix}\begin{bmatrix}1\\1\\1\end{bmatrix}-\begin{bmatrix}0.258\\0.205\\0.206\end{bmatrix}=\begin{bmatrix}0\\0\\0\end{bmatrix}\\\boldsymbol{\tau}^{(21)}&=-[(\Delta\boldsymbol{A}^{(21)})'\boldsymbol{i}+\Delta\boldsymbol{v}^{(21)}]\\&=-\begin{bmatrix}-0.043 & -0.137 & -0.137\\-0.021 & -0.102 & -0.055\\-0.034 & -0.116 & -0.16\end{bmatrix}\begin{bmatrix}1\\1\\1\end{bmatrix}-\begin{bmatrix}0.258\\0.205\\0.206\end{bmatrix}=\begin{bmatrix}0.357\\0.559\\0.558\end{bmatrix}\end{aligned}$$

注意到，从第 0 年至第 1 年，所有部门的 TPF 都没有增长，但从第 1 年至第 2 年，所有部门的 TPF 都增长了。通过检验下面的交易矩阵，我们能很容易地看出其中的原因：

$$\boldsymbol{Z}^{(0)}=\boldsymbol{A}^{(0)}\hat{x}^{(0)}=\boldsymbol{Z}^{(1)}=\boldsymbol{A}^{(1)}\hat{x}^{(1)}=\begin{bmatrix}10 & 20 & 30\\5 & 15 & 12\\8 & 17 & 35\end{bmatrix},$$

$$\boldsymbol{Z}^{(2)}=\boldsymbol{A}^{(2)}\hat{\boldsymbol{x}}^{(2)}=\begin{bmatrix}30 & 60 & 90\\15 & 45 & 36\\24 & 5 & 105\end{bmatrix}$$

初始投入向量为：

$$\hat{\boldsymbol{v}}^{(0)}\boldsymbol{x}^{(0)}=\begin{bmatrix}20\\10\\15\end{bmatrix},\hat{\boldsymbol{v}}^{(1)}\boldsymbol{x}^{(1)}=\hat{\boldsymbol{v}}^{(2)}\boldsymbol{x}^{(2)}=\begin{bmatrix}60\\30\\45\end{bmatrix}$$

从第 1 年到第 2 年，中间投入上生产率的提高［$\Delta\boldsymbol{A}^{(10)}$的元素为负］被初始投入上生产率的下降所抵消［$\Delta\boldsymbol{v}^{(10)}$的元素为正］。然而，从第 1 年至第 2 年，中间投入方面和初始投入方面的生产率都是提高的［$\Delta\boldsymbol{A}^{(21)}$和$\Delta\boldsymbol{v}^{(21)}$元素皆为负］。

□ 14.2.3 考虑价格

在大多数的具体应用中还要考虑每年价格的变化，这样所有的数据都根据基准年度的价格进行放缩。同样地，我们将增加值系数分解成劳动系数l_j和资本系数k_j两部分，将已知的工资率 w 和资本收益率 r 作为增加值部类的价格（为简化，设 w、r 为标量）。① 最后对照式（14.3），有：

$$\tau_j=-\left(\sum_{i=1}^{n}p_i\mathrm{d}a_{ij}+w\mathrm{d}l_j+r\mathrm{d}k_j\right)$$

矩阵形式为：

$$\boldsymbol{\tau}=-\hat{\boldsymbol{p}}^{-1}[(\mathrm{d}\boldsymbol{A})'\boldsymbol{p}+w\mathrm{d}\boldsymbol{l}+r\mathrm{d}\boldsymbol{k}]$$

更多的细节可参见沃尔夫（Wolff，1985）。此外，用大宗商品交易的术语来表示此处提及的 TFP 是相当简单的，请参见滕亚（ten Raa，2004）或沃尔夫（Wolff，1985，1997）。

□ 14.2.4 第 14.2 节的参考文献

Aulin-Ahmavaara，Pirkko. 1999. “Effective Rates of Sectoral Productivity Change,” *Economic Systems Research*，**11**，349-363.

Baumol，William J. and Edward N. Wolff. 1984. “On Interindustry Differences in Absolute Productivity,” *Journal of Political Economy*，**92**，1017-1034.

Economic Systems Research. 2007. Vol. 19，No. 3. Special Issue：“New Developments in Productivity Analysis within an Input-Output Framework.” Guest Editors：Marcel P. Timmer and Pirkko Aulin-Ahmavaara. Jorgenson，Dale W. and Zvi Griliches. 1967. “The Explanation of Productivity Change,” *Review of Economic Studies*，**34**，249-283.

Leontief，Wassily，Hollis B. Chenery，Paul G. Clark，James S. Duesenberry，Allen R. Ferguson，Anne P. Grosse，Robert H. Grosse，Mathilda Holzman，Walter Isard and Helen Kistin. 1953. *Studies in the Structure of the American Economy*. White Plains，NY：International Arts and Science Press (Reprint，1976).

ten Raa，Thijs. 2004. “A Neoclassical Analysis of Total Factor Productivity” in Erik Dietzenbacher and Michael L. Lahr (eds.)，*Wassily Leontief and Input-Output*

① 这里同样也是为了简化，将 l_j 和 k_j 作为系数，也就是说，将其作为单位价值而不是前面章节中的总价值。

Economics. Cambridge, UK: Cambridge University Press, pp. 151-165.

2005. *The Economics of Input-Output Analysis*. Cambridge, UK: Cambridge University Press.

Wolff, Edward N. 1985. "Industrial Composition, Interindustry Effects, and the U. S. Productivity Slowdown," *Review of Economics and Statistics*, **67**, 268-277.

1994. "Productivity Measurement within an Input-Output Framework," *Regional Science and Urban Economics*, **24**, 75-92.

1997. "Spillovers, Linkages and Technical Change," *Economic Systems Research*, **9**, 9-23.

14.3 图论、结构路径分析及定性投入产出分析

无须知晓投入产出矩阵元素的具体值，我们就能获悉其中一些潜在的有趣特性。这种思想最早可追溯到索洛（Solow，1952，p. 41）：

> 这些特性的特别之处（例如，不可分性，即连通性）在于它们可以在对 a_{ij} 的价值一无所知的情况下被发现，而不是……哪些是零哪些不是。检验矩阵 **A** 是不是可分解的，只需要用"+"或 0 替换 a_{ij} 即可。

在此基础上建立起"定性"投入产出分析（"qualitative" input-output analysis, IQOA）。其一般方法是对交易矩阵 **Z** 或系数矩阵 **A** 进行二进制（布尔）转换，即当 $z_{ij}\neq 0$（或$a_{ij}\neq 0$）时用"1"替换它，否则用"0"替换。［简要的概述见邦（Bon，1989）。在包括邦的一些人的文献中，使用"+"表示此处的"1"。］通常，用一个非零"过滤器" f^z（或f^a）决定元素被替换成 0（当$z_{ij}<f^z$或$a_{ij}<f^a$时）还是 1（当$z_{ij}>f^z$或$a_{ij}>f^a$时）。其思想是当$z_{ij}<f^z$（或$a_{ij}<f^a$）时，这表明从整个经济来讲，该元素值是相对不重要而可忽略的。对于直接消耗系数，通常使用的过滤值为$f^a=1/n$（Aroche-Reyes，2001）。

这些布尔（邻接）矩阵通常用大写字母 **W** 表示。用图论的术语，矩阵 **W** 对应一个有向图，每一个行业（部门）对应图中的一个顶点，j 中的每一个非 0 元素（例如z_{ij}或a_{ij}）对应一条从需求部门（j）指向供给部门（i）的有向弧（或箭头）。这些有向弧代表着需求部门引起的中间产品流。图论的方法和操作在此得到应用。这些方法可以确认顶点之间的各种直接和间接联系，以显示投入产出系统中经济驱动力的传递路径和"投入产出表潜在的'特有结构'"（Schnabl，2001，p. 245）。①

例如，令 $\mathbf{A}=\begin{bmatrix}0 & 0.2 & 0\\0.2 & 0.3 & 0.1\\0.3 & 0 & 0\end{bmatrix}$，$f^a=0$，则有$\mathbf{W}^{(1)}=\begin{bmatrix}0 & 1 & 0\\1 & 1 & 1\\1 & 0 & 0\end{bmatrix}$，其中$\mathbf{W}^{(1)}$表示与

① 在将数据转为二进制形式的过程中会存在信息损失，这种方法当然也不乏批评者。例如，参见 de Mesnard（1995）。

$\boldsymbol{A}$（$=\boldsymbol{A}^1$）相关联的布尔矩阵。$\boldsymbol{W}$ 的高次幂反映了部门之间的间接联系（例如，在第 2 章中，我们用幂级数方法求列昂剔夫逆）。在这个例子中，$\boldsymbol{A}^2=\begin{bmatrix}0.04 & 0.06 & 0.02\\0.09 & 0.13 & 0.03\\0 & 0.06 & 0\end{bmatrix}$，则$\boldsymbol{W}^{(2)}=\begin{bmatrix}1 & 1 & 1\\1 & 1 & 1\\0 & 1 & 0\end{bmatrix}$。注意到根据 $a_{13}^1=0$，$a_{13}^2=0.02$ [a_{13}^2 表示 $\boldsymbol{A}^2$ 中元素（1，3）而非 $(a_{23})^2$]，有 $w_{13}^{(1)}=0$，$w_{13}^{(2)}=1$。这是由于通过部门 2，部门 3 到部门 1 之间存在间接联系，这是一条长度为 2 的路径。通过矩阵乘法 $\boldsymbol{AA}$，我们能清楚地知道这条联系的构成。$\boldsymbol{A}^2$ 中的a_{13}^2是由矩阵 $\boldsymbol{A}$ 中的第 1 行和第 3 列的对应元素的乘积加总得到的，即 $\begin{bmatrix}0 & 0.2 & 0\end{bmatrix}\begin{bmatrix}0\\0.1\\0\end{bmatrix}=0.02$，或

$$\begin{bmatrix}a_{11} & a_{12} & a_{13}\end{bmatrix}\begin{bmatrix}a_{13}\\a_{23}\\a_{33}\end{bmatrix}=\underbrace{(a_{11})(a_{13})}_{0}+\underbrace{(a_{12})(a_{23})}_{0.02}+\underbrace{(a_{13})(a_{33})}_{0}=0.02$$

因此，部门 3 对部门 1 的需求通过部门 2 传递——部门 3 需要部门 2 的产品（a_{23}），导致部门 2 需要部门 1 的产品（a_{12}），如此联系了部门 3 与部门 1。如果我们不求$\boldsymbol{W}^{(2)}$改求 $\boldsymbol{W}^2=\begin{bmatrix}0 & 1 & 0\\1 & 1 & 1\\1 & 0 & 0\end{bmatrix}\begin{bmatrix}0 & 1 & 0\\1 & 1 & 1\\1 & 0 & 0\end{bmatrix}=\begin{bmatrix}1 & 1 & 1\\2 & 2 & 1\\0 & 1 & 0\end{bmatrix}$，我们注意到非零元素处于同样的位置，不同的是$\boldsymbol{W}^2$还指明了行（需求）部门与列（供给）部门之间联系的数目。例如，对应 $a_{21}^2=0.09$，有 $w_{21}^2=2$。从矩阵运算过程来看$w_{21}^2=2$ 产生于：

$$\begin{bmatrix}0.2 & 0.3 & 0.1\end{bmatrix}\begin{bmatrix}0\\0.2\\0.3\end{bmatrix}=\begin{bmatrix}a_{21} & a_{22} & a_{23}\end{bmatrix}\begin{bmatrix}a_{11}\\a_{21}\\a_{31}\end{bmatrix}$$
$$=\underbrace{(a_{21})(a_{11})}_{0}+\underbrace{(a_{22})(a_{21})}_{0.06}+\underbrace{(a_{23})(a_{31})}_{0.03}=0.09$$

这表明有两条长度为 2 的路径从部门 2 指向部门 1——$\underbrace{(a_{23})(a_{31})}_{0.03}$这条通过部门 3，而$\underbrace{(a_{22})(a_{21})}_{0.06}$则是通过了在部门 2 上的“环”（$a_{21}$、$a_{22}$分别代表部门 1 和部门 2 对部门 2 的需求）。

对比地，尽管$w_{31}=1$，却有$w_{31}^2=0$，它产生于：

$$\begin{bmatrix}0.3 & 0 & 0\end{bmatrix}\begin{bmatrix}0\\0.2\\0.3\end{bmatrix}=\begin{bmatrix}a_{31} & a_{32} & a_{33}\end{bmatrix}\begin{bmatrix}a_{11}\\a_{21}\\a_{31}\end{bmatrix}$$
$$=\underbrace{(a_{31})(a_{11})}_{0}+\underbrace{(a_{32})(a_{21})}_{0}+\underbrace{(a_{33})(a_{31})}_{0}=0$$

这样，尽管从部门1到部门3有一条直接路径，但却没有长度为2的间接路径。

布尔矩阵的更高次幂显示出相应长度的间接路径的数量，却没告诉我们具体的路径是什么。显然，在确定经济结构中长度为2、3、…的联系的数目过程中，过滤值大小的选择是至关重要的。过滤值过低将导致联系十分繁杂，其中有许多关联是微小的。而过高则导致矩阵图十分稀疏［更多关于过滤值大小对图的影响的说明参见阿罗切-雷耶斯（Aroche-Reyes，2001）］。

坎贝尔（Campbell，1972，1974，1975）较早地将这种方法应用于行业间情形，他使用华盛顿的投入产出数据来说明这种方法的思想。① 20世纪70年代早期，以兰特纳等人为先驱，在法国也产生过许多该领域的文献作品（Lantner and Carluer，2004）。德富尔尼和施纳布尔（Defourny and Schnabl，1984）在讨论他们密切相关的结构分析方法时，包含了该领域早期文献广泛的历史背景和参考文献（Kahn and Thorbecke，1988）。霍勒布和施纳布尔（Holub and Schnabl，1985）及施纳布尔（Schnabl，1994，2001）及另外引用的参考文献提出的最小流量方法，也是邻接矩阵方法的一个变形。拉尔和迪策巴赫（Lahr and Dietzenbacher，2001）讨论了许多关于这种定性方法的变形和应用。② 例如，阿罗切-雷耶斯确定了墨西哥（1970，1990）、加拿大（1971，1990）和美国（1972，1990）经济的“重要系数”（参见之前的第12.3节），并通过将被确定为重要系数的元素设定为1、其余元素设定为0构建了这些经济的布尔矩阵。之后他又分析了这三个经济的相互联系和时代演变。③ 所有的这些作品都为研究测量经济间的相互联系和用投入产出数据来说明结构改变做出了贡献。索因斯、休因斯和他们的同事以及许多其他学者在这个主题上也有不少研究（Sonis，Hewings，and Lee，1994；Strassert，2001；Lahr and Dietzenbacher，2001）。

□ 14.3.1 第14.3节的参考文献

Aroche-Reyes，Fidel. 1996. “Important Coefficients and Structural Change：A Multilayer Approach，” *Economic Systems Research*，**8**，235-246.

2001. “The Question of Identifying Industrial Complexes Revisited：A Qualitative Perspective，” in Lahr and Dietzenbacher（eds.），pp. 280-296.

2002. “Structural Transformations and Important Coefficients in the North American Economies，” *Economic Systems Research*，**14**，257-273.

Bon，Ranko. 1989. “Qualitative Input-Output Analysis，” in Ronald E. Miller，Karen R. Polenske and Adam Z. Rose（eds.），*Frontiers of Input-Output Analysis*. New York：Oxford University Press，pp. 221-231.

Campbell，John. 1972. “Growth Pole Theory，Digraph Analysis and Interindustry Relationships，” *Tijdschrift voor Economische en Sociale Geografie*，**63**，79-87.

1974. “SelectedAspects of the Interindustry Structure of the State of Washington，1967，” *Economic Geography*，**50**，35-46.

---

① 坎贝尔的工作在很大程度上在随后的QIOA研究中被忽略了，Aroche-Reyes（2001）是个例外。

② 特别是Aroche-Reyes（2001）、Lantner（2001）、de Mesnard（2001）和Schnabl（2001）。

③ 较早的一篇文章是关于墨西哥这一个国家的（Aroche-Reyes，1996）。

1975. "Application of Graph Theoretic Analysis to Interindustry Relationships. The Example of Washington State," *Regional Science and Urban Economics*, **5**, 91-106.

Defourny, Jacques and Erik Thorbecke. 1984. "Structural PathAnalysis and Multiplier Decomposition within a Social Accounting Matrix Framework," *The Economic Journal*, **94**, 111-136.

Holub, H. W. and Hermann Schnabl. 1985. "Qualitative Input-Output Analysis and Structural Information," *Economic Modeling*, **2**, 67-73.

Kahn, Haider A. and Erik Thorbecke. 1988. *Macroeconomic Effects and Diffusion of Alternative Technologies within a Social Accounting Matrix Framework*. Aldershot, UK: Gower.

Lantner, Roland. 2001. "Influence Graph Theory Applied to Structural Analysis," in Lahr and Dietzenbacher (eds.), pp. 297-317.

Lantner, Roland and Frederic Carluer. 2004. "Spatial Dominance: A New Approach to the Estimation of Interconnectedness in Regional Input-Output Tables," *Annals of Regional Science*, **38**, 451 - 467.

Lahr, Michael L. and Erik Dietzenbacher (eds.) 2001. *Input-Output Analysis: Frontiers and Extensions*. Basingstoke, UK: Palgrave.

de Mesnard, Louis. 1995. "A Note on Qualitative Input-Output Analysis," *Economic Systems Research*, **7**, 439-445.

2001. "On Boolean Topological Methods of StructuralAnalysis," in Lahr and Dietzenbacher (eds.), pp. 268-279.

Schnabl, Hermann. 1994. "The Evolution of Production Structures, Analyzed by a Multi-layered Procedure," *Economic Systems Research*, **6**, 51-68.

2001. "Structural Development of Germany, Japan and the USA, 1980—1990: A Qualitative Analysis Using Minimal Flow Analysis (MFA)," in Lahr and Dietzenbacher (eds.), pp. 245-267.

Solow, Robert. 1952. "On the Structure of Linear Models," *Econometrica*, **20**, 29-46.

Sonis, Michael, Geoffrey J. D. Hewings and Jong Kun Lee. 1994. "Interpreting Spatial Economic Structure and Spatial Multipliers: Three Perspectives," *Geographical Analysis*, **26**, 124-151.

Strassert, Günter G. 2001. "Interindustry Linkages: The Flow Network of a Physical Input-Output Table (PIOT): Theory and Application for Germany," in Lahr and Dietzenbacher (eds.), pp. 35-53.

14.4 基本经济结构

基本经济结构的概念最早是由詹森、韦斯特和休因斯（Jensen, West, and Hewings, 1988）提出的。其目标是从投入产出表n^2个元素中蕴含的繁多细节中确定更加综合的全表概念（用詹森的话说就是用综合而非局部的眼光看待数据）。从空间的角度来说，其思想是要确认出跨地区的规律性。为此，如果一个矩阵元素所表示的交易流量在各地区表现出一致性以至达到可预测水平，则将其归类为“基础结构”，即它们确认出在所有地区中都必不可少的经济活动。这些元素构造了基本经济结构（fundamental economic structure，FES）。那些记录更加具有地区特色部门（如采掘业）数据的元素则定义了非基础结构（nonfundamental economic structure，NFES）。

作者使用1978年/1979年澳大利亚昆士兰10个地区11个部门的地区表说明了这种思想的一个应用。部门被一致排序成“一级-二级-三级”连续统一体。这样个体交易流量（z_{ij}^r）退化成各区域（r）的总产出或各区域的总增加值（作为对区域“规模”的测量）。作者认为，当元素的大小与经济的大小以至少10%的水平存在着统计关系（线性或对数）时，则大约75%的元素是可预测的（Jensen，West，and Hewings，1988，p. 219）。并且可以合理推断，投入产出系统的回归等式能为投入产出表中的这些重要元素提供一个可靠而切实可行的估计（p. 215）。这些重要元素对应位于连续统一体中三级位置上的部门。

这些可预测元素构成了基本经济结构。作者认为这些发现的含义是这些可预测元素（FES）能用回归技术预测出来，而对于其他的那些不可预测元素（NFES），则需要更多的数据资源。这种方法还被建议用于临时的情形，即在投入产出数据即将更新时可使用此法（Jesen et al.，1991；West，2001）。

□ 14.4.1　第14.4节的参考文献

Jensen，Rodney C.，Guy R. West and Geoffrey J. D. Hewings. 1988. “The Study of Regional Economic Structure using Input-Output Tables,” *Regional Studies*，**22**，209-220.

Jensen，Rodney C.，John H. Ll. Dewhurst，Guy R. West and Geoffrey J. D. Hewings. 1991. “On the Concept of Fundamental Economic Structure,” in John H. Ll. Dewhurst，Geoffrey J. D. Hewings and Rodney C. Jensen（eds.），*Regional Input-Output Modelling*. New Developments and Interpretations. Aldershot，UK：Avebury，pp. 228 -249.

West，Guy R. 2001. “Structural Change and Fundamental Economic Structure：The Case of Australia,” in Michael L. Lahr and Erik Dietzenbacher（eds.），*Input-Output Analysis：Frontiers and Extensions*. Basingstoke，UK：Palgrave，pp. 318-337.

14.5　投入产出模型、计量经济学及可计算的一般均衡模型

罗伯特·屈恩（Robert Kuenne）曾在屈恩（Kuenne，1963）中注释道：“‘经济均衡’概念是借鉴于力学领域的最富有成果的范例之一，它是使作用在经济变量上的相反力量相平衡的一个特殊解”。列昂剔夫（Leontief，1951）指出：经济均衡的概念曾在魁奈（Quesnayd）的《经济表》（*Tableau Économique*）中有所暗指。在上面所引用的文献中，屈恩提供了一个简单的方法将列昂剔夫的开放投入产出模型概念化为一个均衡模

型，模型的一个根本特点是投入品的相对价格完全决定于固定技术系数。在叙述英特里利盖托（Intriligator，1971）以及多尔夫曼、萨缪尔森和索洛（Dorfman，Samuelson，and Solow，1958）之后我们将提出一个相对简单的版本。

在19世纪及20世纪早期，当经济学家如瓦尔拉斯（Walras，1874）、帕雷托（Pareto，1960）及卡塞尔（Cassel，1924）重新定义了经济均衡的概念之后，价格成为定义竞争均衡的中心角色（附录C中有更多相关历史背景的讨论）。一个更一般的经济均衡模型建立在说明弹性的方法之上。弹性是一种描述当投入品的相对价格改变时的经济行为反应的无量纲参数。

将投入产出框架扩展为一个经济均衡模型已经成为最近几十年将投入产出方法与其他经济分析模式相联系——尤其是将投入产出分析作为计量经济分析中说明弹性的工具——的研究中最活跃的领域。这种联系的基本目标是通过将技术系数作为投入品相对价格的函数来放松固定技术系数的假定。函数的具体形式是在调查一些历史时期价格数据的基础上用统计学方法估计的。当然，这样的具体形式在可供使用的数据，以及价格与假定之间的函数关系方面存在着自身的局限性。

乔根森（Johansen，1960）首次建立起放松固定技术系数假设的应用一般均衡模型。在该文献中，乔根森保留了中间产品需求的固定系数假设，但用线性对数生产函数为资本、劳动和技术变化建模。正如克里斯安森、乔根森和劳（Christiansen，Jorgenson and Lau，1971）以及乔根森（Jorgenson，1982，1983）中所描述的，自从乔根森的文章发表以后，许多研究者拓展了框架，通过先验的价格函数为生产者行为建模。我们已经在第9章讨论了其中的一种应用——HJ模型，这是用一个完全融合的方式囊入这些计量指标的最早尝试之一。第9章（Hudson and Jorgenson，1974）概述的HJ模型的主旨，及其在一些领域的扩展，如在美国可供选择的限制温室气体排放政策的经济含义（Jorgenson and Wilcoxen，1993）和信息技术在美国经济结构改变中的作用的分析（Jorgenson，2002），其中的构想已经成为许多国家、地区以及应用于具体政策领域（如能源）的计量模型的核心。

□ 14.5.1 可变投入产出模型

在大量的文章中庄·K. 刘（Chong K. Liew）和钟·K. 刘（Chung J. Liew）介绍、探究并拓展了他们所称的可变投入产出模型（Variable Input-Output model，VIO）。在此模型中，当投入成本改变时行业结构也发生改变（C. K. Liew，1980；C. K. Liew and C. J. Liew，1984a，1984b；C. J. Liew，1984；C. J. Liew and C. K. Liew，1988）。技术系数可从生产和价格的可能性边界之间的基本对偶性中得到。刘和刘所引用的前面提及的赫德森和乔根森（Hudson and Jorgenson，1974）的文章已在第9章详细讨论过，它是以一个超越对数生产函数为出发点的。而刘和刘是以两个可能性边界为出发点的。随后模型得到了一些扩展，相继考虑了消费者的住户效用最大化行为、污染的产生、区域间模型、多产品部门、模型选择及动态模型（各自由一个首字母缩略词命名）。

动态VIO模型是一种随着时间变化、对成本敏感的单区域投入产出模型，它包含一个可计算的一般均衡模型……包含在列昂惕夫的投入产出模型中。MRVIO模型或VIO模型同时也是一种可计算的一般均衡模型（computable general equilibrium，CGE，部分 CGE 模型为需求驱动模型)，对成本敏感…在动态 VIO 模型中，对中间产品的需求对价格很敏感，因此，它是可变的、不固定的。(C. J. Liew，2000，p. 592)

下面将要引用的列入本节参考文献中的文章只是这些研究者作品的一小部分，其中还包括其他研究者的一些类似研究，如拉希里（Lahiri，1976）。

□ 14.5.2 区域投入产出计量模型

国家层面的综合投入产出计量模型已经被学者们使用了许多年，例如 INFORUM 模型簇（Almon，1991），它是一个以之前讨论过的赫德森和乔根森（Hudson and Jorgenson，1974）为起点的应用模型。其目标是保留投入产出框架对部门的详细说明，同时囊入内生性计量分析来说明需求弹性。在区域层面，数据的可获得性往往对模型设计的限制更严重，故而综合投入产出计量模型在此得到普遍的应用，结构上的主要变化取决于感兴趣的领域和模型的分析目的，例如对财政政策影响的分析、收入分配的预测与分析。康韦（Conway，1990）是最早使用综合投入产出计量模型的例子之一。韦斯特（West，1995，2002）中比较了区域投入产出模型与综合投入产出计量模型及可计算一般均衡模型（下面将详细讨论）。帕特里奇和里克曼（Partridge and Rickman，1998）以及哈达德、休因斯和彼得（Haddad，Hewing，and Peter，2002）则给出了多区域一般均衡模型。

□ 14.5.3 可计算一般均衡模型

本节所讨论的所有公式都可以被称作可计算一般均衡模型。通常可以围绕投入产出技术系数表建立一般均衡模型，而现在则更多地是围绕社会核算矩阵，因为行业系数、要素投入以及最终需求全都能用计量方法来说明。

一个将基本投入产出模型概念化为一般均衡模型的方法是定义竞争性均衡。当均衡时，不能通过调节生产来获取利益（即“正常”利润）并且生产任何货物的平均成本都高于或等于货物的价格，用公式表示为：

$$\sum_{i=1}^{n} p_i a_{ij} + \sum_{k=1}^{n} w_k b_{kj} \geqslant p_j$$

其中 $i=1, 2, \cdots, n$ 表示行业；$k=1, 2, \cdots, m$ 表示要素投入或初始投入；a_{ij}、b_{kj} 分别是技术系数和增加值系数；p_i、w_k 分别是商品价格和增加值价格。用矩阵来表示就是 $\boldsymbol{p'A}+\boldsymbol{w'B}\geqslant\boldsymbol{p'}$ 或 $\boldsymbol{p'}(\boldsymbol{I}-\boldsymbol{A})\leqslant\boldsymbol{w'B}$。若定义 v_k 为可供使用的初始投入要素 k，那么就有要素的实际使用量不能超过可供使用量，即 $\sum_{j=1}^{n} b_{kj} x_j \leqslant v_k$，矩阵表示为 $\boldsymbol{Bx}\leqslant\boldsymbol{v'}$。另外，我们要求行业产出是非负的，即 $x_j\geqslant 0$，或矩阵形式，$\boldsymbol{x}\geqslant 0$。定义 f_j（$\boldsymbol{f}$ 的一个元素）为商品 j 的最终需求。

这样，求解一般竞争均衡问题转化为求解一个线性规划问题（在第 10 章中从概念上介绍过）：在技术系数约束 $\boldsymbol{x}=\boldsymbol{Ax}+\boldsymbol{f}$ 和初始投入要素供给约束条件 $\boldsymbol{Bx}\leqslant\boldsymbol{v}$，$\boldsymbol{x}\geqslant\boldsymbol{0}$ 下最大化总的最终产出价值（或最大化国内生产总值）。用标准的线性规划形式表示为：

Max $\boldsymbol{p'}(\boldsymbol{I}-\boldsymbol{A})\boldsymbol{x}$

S. T. $\boldsymbol{Bx}\leqslant\boldsymbol{v'}$

$$x \geqslant \mathbf{0}$$

可证该线性规划问题等价于：

$$\begin{aligned} &\text{Min } \boldsymbol{w}'\boldsymbol{v} \\ &\text{S. T. } \boldsymbol{w}'\boldsymbol{B} \geqslant \boldsymbol{p}'(\boldsymbol{I}-\boldsymbol{A}) \\ &\qquad \boldsymbol{w} \geqslant \mathbf{0} \end{aligned}$$

这分别就是所谓的线性规划的原问题与对偶问题。存在解$\boldsymbol{p}'\boldsymbol{f}=\boldsymbol{w}'\boldsymbol{v}$（求解的方法超过了本书的范围，但第 10 章概述了一个相关问题的图形解法），即最终需求的最大值等于初始投入要素的最小成本，且其值等于国内生产总值或全国总收入（这是我们熟知的等量关系）。我们能给这种形式的一般均衡模型增加约束条件，例如商品或初始要素供给限制、收入分配关系（用投入产出的话来说，就是使模型关注一些最终需求和初始投入部门）、时滞、资本冲击的调整及其他。

□ 14.5.4 第 14.5 节的参考文献

Almon, Clopper. 1991. "The INFORUM Approach to Interindustry Modelling," *Economic Systems Research*, **3**, 1-7.

Cassel, Gustav. 1924. *Theory of Social Economy*. New York: Harcourt, Brace and Co.

Christiansen, Laurits R., Dale W. Jorgenson and Lawrence J. Lau. 1971. "Conjugate Duality and the Transcendental Logarithmic Utility Function," *Econometrica*, **39** (4), 255-256.

Conway, Jr., Richard S. 1990. "The Washington Projection and Simulation Model: A Regional Interindustry Econometric Model," *International Regional Science Review*, **13**, 167-181.

Dorfman, Robert, PaulA. Samuelson and Robert M. Solow. 1958. *Linear Programming and Economic Analysis*, New York: McGraw-Hill.

Haddad, Eduardo A., Geoffrey J. D. Hewings and Matthew Peter. 2002. "Input-Output Systems in Regional and Interregional CGE Modeling," in Geoffrey J. D. Hewings, Michael Sonis and David Boyce (eds.), *Trade, Networks and Hierarchies. Modeling Regional and Interregional Economies*. Heidelberg: Springer, pp. 407-431.

Hudson, Edward A. and Dale W. Jorgenson. 1974. "U. S. Energy Policy and Economic Growth, 1975—2000," *Bell Journal of Economics and Management Science*, **5**, 461-514.

Intriligator, Michael D. 1971. *Mathematical Optimization and Economic Theory*. Englewood Cliffs, NJ: Prentice-Hall.

Johansen, Leif. 1960. *A Multi-Sectoral Study of Economic Growth*. Amsterdam: North-Holland.

Jorgenson, Dale W. 1982. "An Econometric Approach to General Equilibrium Analysis," in M. Hazewinkel and A. H. G. Rinnoy Kan (eds.), *Current Developments in the Interface: Economics, Econometrics, Mathematics*. Boston, MA: Reidel, pp. 125-157.

1983. *Transcendental Logarithmic Production Functions*. Amsterdam: North-Holland.

2002. *Economic Growth in the Information Age*. Cambridge, MA: MIT Press.

Jorgenson, Dale W. and Peter J. Wilcoxen. 1993. "Reducing U. S. Carbon Dioxide Emissions: An Econometric General Equilibrium Assessment," *Resource and Energy Economics*, **15**, 7-26.

Kuenne, Robert E. 1963. *The Theory of General Economic Equilibrium*. Princeton, NJ: Princeton University Press.

Lahiri, Sajal. 1976. "Input-Output Analysis with Scale-Dependent Coefficients," *Econometrica*, **44**, 947-961.

Leontief, Wassily. 1951. *The Structure of American Economy 1919—1939*. New York: Oxford University Press.

Liew, Chong K. 1980. "The Impact of Higher Energy Prices on Growth and Inflation in an Industrializing Economy: the Korean Experience," *Journal of Policy Modeling*, **2**, 389-408.

Liew, Chong K. and Chung J. Liew. 1984a. "Measuring the Development Impact of a Proposed Transportation System," *Regional Science and Urban Economics*, **14**, 175-198.

1984b. "Multi-Model, Multi-Output, Multiregional Variable Input-Output Model," *Regional Science and Urban Economics*, **14**, 265 - 281.

Liew, Chung J. 1984. "Pollution-Related Variable Input-Output Model: The Tulsa SMSA as a Case Study," *Journal of Urban Economics*, **15**, 327-349.

2000. "The Dynamic Variable Input-Output Model: An Advancement from the Leontief Dynamic Input-Output Model," *Annals of Regional Science*, **34**, 591-614.

Liew, Chung J. and Chong K. Liew. 1988. "A Comparative Study of Household Interactive Variable Input-Output (HIVIO) Model and the Conventional Input-Output Models," *Journal of Urban Economics*, **24**, 64-84.

Pareto, Vilfredo. 1906. *Manual of Political Economy*. Translated by Ann S. Schwier. Edited by Ann S. Schwier and Alfred N. Page. 1971. New York: A. M. Kelley.

Partridge, Mark D. and Dan S. Rickman. 1998. "Regional Computable General Equilibrium Modeling: A Survey and Critical Appraisal," *International Regional Science Review*, **21**, 205-248.

Walras, Leon. 1874. *Elements of Pure Economics*. Paris: Guillaumin & Cie. English translation by William Jaffé. London: George Allen & Unwin, 1954.

West, Guy R. 1995. "Comparison of Input-Output, Input-Output/Econometric and Computable General Equilibrium Models at the Regional Level," *Economic Systems Re-*

search, **7**, 209-227.

2002. "Modeling Structural Linkages in Dynamic and Spatial Interindustry Systems," in Geoffrey J. D. Hewings, Michael Sonis and David Boyce (eds.), *Trade, Networks and Hierarchies. Modeling Regional and Interregional Economies*. Heidelberg: Springer, pp. 225 - 250.

14.6 投入产出模型拓展和应用的其他资源

对基本投入产出框架的拓展和应用及其与其他经济学分析方法相联系的文献依旧层出不穷。在本节中，我们将采取按年代顺序列出已被编辑收录的清单的方式，概括一些扩展和应用的研究，尤其是那些致力于应用和扩展的概述的期刊，以及曾再版的期刊。所有这些都曾出现在 20 世纪 80 年代后的文献中。尽管不是全部，但其中大多数文献我们都在前面的章节探究过。

就像在写作这本书时一样，在回顾这些文献的过程中，我们不禁会注意到许多沿途出现的关键里程碑，紧随其后涌现出的许多扩展和应用中的一些里程碑概括了投入产出中的一些概念与斯通（Stone，1961）中提及的社会核算的联系，从而引导出如今已被常规化应用的商品-产业框架的方法。伊萨德等（Isard et al.，1960）则为区域和区域间分析奠定了坚实的基础。卡特（Carter，1970）首次运用了经济结构调整分析。斯通（Stone，1961）以及斯通和布朗（Stone and Brown，1962）首次研究了非调查估计技术。列昂惕夫（Leontief，1970a）设想出追踪环境污染产生和排放的扩展路径。该路径应用于物质型投入产出模型的设想最初源于列昂惕夫的早期工作。但首次执行也许是在布拉德和海伦丁（Bullard and Herendeen，1975）中，文章追踪了美国经济中的能源利用路径。斯通设想出与社会核算矩阵的联系，并得到皮亚特和朗德（Pyatt and Round，1985）的发展；多尔夫曼、萨缪尔森和索洛（Dorfman，Samuelson，and Solow，1958）概括了规划配方与线性规划之间的联系。列昂惕夫（Leontief，1970b）首次提出将其拓展至动态模型，又由乔根森（Jorgenson，1982）推进至与宏观模型相联系。此外当然还有很多拓展。我们将在附录 C 考察本领域的基本历史，在这一节的收录提供了一个宽泛而不详尽的概览，显示该领域在过去半个世纪的演进。

□ 14.6.1 论文集[①]

Ciaschini, Maurizio (ed.). 1988. *Input-Output Analysis: Current Developments*. London: Chapman and Hall.

Harrigan, Frank and Peter G. McGregor (eds.). 1988. *Recent Advances in Regional Economic Modelling*. London: Pion.

Miller, Ronald E., Karen R. Polenske and Adam Z. Rose (eds.). 1989. *Frontiers of Input-Output Analysis*. New York: Oxford University Press.

① 注意本节中我们按时间而不是字母顺序排列文献。

Anselin, Luc and Moss Madden (eds.). 1990. *New Directions in Regional Analysis: Integrated and Multiregional Approaches*. London: Pinter.

Dewhurst, John H. Ll., Geoffrey J. D. Hewings and Rodney C. Jensen (eds.). 1991. *Regional Input-Output Modelling*. New Developments and Interpretations. Avebury: Aldershot.

Peterson, William (ed.). 1991. *Advances in Input-Output Analysis*. New York: Oxford University Press.

Hewings, Geoffrey J. D., Michael Sonis, Moss Madden and Yoshio Kimura (eds.). 1999. *Understanding and Interpreting Economic Structure*. Berlin: Springer.

Lahr, Michael L. and Erik Dietzenbacher (eds.). 2001. *Input-Output Analysis: Frontiers and Extensions*. Basingstoke, UK: Palgrave.

Lahr, Michael L. and Ronald E. Miller (eds.). 2001. *Regional Science Perspectives in Economic Analysis*. A Festschrift in Memory of Benjamin H. Stevens. Amsterdam: North-Holland.

Hewings, Geoffrey J. D., Michael Sonis and David Boyce (eds.). 2002. *Trade, Networks and Hierarchies. Modeling Regional and Interregional Economies*. Heidelberg: Springer.

Dietzenbacher, Erik and Michael L. Lahr (eds.). 2004. *Wassily Leontief and Input-Output Economics*. Cambridge, UK: Cambridge University Press.

□ 14.6.2 专刊

Socio-Economic Planning Sciences. Vol. **18**, No. 5, 1984. Special Issue in Honor of William H. Miernyk. "Input-Output Analysis and Regional Economic Development." Guest Editor, ShelbyD. Gerking. (Articles by Shelby D. Gerking; Adam Rose; Geoffrey J. D. Hewings; Sajal Lahiri; Jarvin Emerson; Eliahu Romanoff.)

Ricerche Economiche, Vol. **42**, No. 2, 1988. Special Issue on Interregional Input-Output Models. Editors, David F. Batten, Dino Martellato. (Articles by David F. Batten and Dino Martellato; Åke E. Andersson and Wei B. Zhang; Sajal Lahiri; Frederik Muller; Paolo Costa and Roberto Roson; Ronald E. Miller and Peter D. Blair; Jeffery I. Round; Frank J. Harrigan and James McGilvray; Peter W. J. Batey and Moss Madden; Shapoor Vali.)

Journal of Policy Modeling. Vol. **11**, No. 1, 1989. Special Issue in Honor of Wassily Leontief. Guest Editor, Adam Rose. (Articles by Adam Rose; Anne P. Carter and Peter A. Petri; Maria Augusztinovics; Jiˇrí Skolka; Geoffrey J. D. Hewings, Manuel Fonseca, Joaquim Guilhoto and Michael Sonis; Jinkichi Tsukui and Hajime Hori; Graham Pyatt; Haider A. Khan and Erik Thorbecke; Boris Pleskovic.)

International Regional Science Review, Vol. **13**, Nos. 1 and 2, 1990. Special Double Issue: "The Constructionand Use of Regional Input-Output Models." Guest Editors, Roger E. Bolton, Randall W. Jackson and Guy R. West. (Articles by Rodney C. Jensen; Peter W. J. Batey and Adam Z. Rose; Jan Oosterhaven and John H. Ll. Dewhurst; Moss Madden and Andrew B. Trigg; Philip J. Bourque; Richard M. Beemiller; Guy R. West; Sharon M. Brucker, Steven E. Hastings and William R. Latham Ⅲ; Richard S. Conway, Jr.; Paul M. Beaumont; Steven G. Cochrane; Roy Powell, Mark McGovern and Julian Morison; Frank Giarratani.)

Regional Science and Urban Economics, Vol. **24**, No. 1, February, 1994. Special Issue on Input-Output Analysis. (Foreword by Wassily Leontief; articles by Thijs ten Raa; Vu Q. Viet; Pieter S. M. Kop Jansen; Edward N. Wolff; William J. Baumol and Edward N. Wolff; Donald A. Gilchrist and Larry V. St. Louis; Thijs ten Raa and Pierre Mohnen.)

Economic Systems Research, Vol. **7**, No. 2, 1995. Special Issue: "Regional and Interregional Interindustry Modelling." (Articles by Stefano Casini Benvenuti, Dino Martellato and Cristina Raffaelli; Dirk Stelder; Johannes Bröcker; Ping-Cheng Li and Adam Rose; Donald A. Gilchrist and Larry V. St. Louis; Peter G. McGregor, J. K. Swales and Ya Ping Yin; Guy R. West.)

Structural Change and Economic Dynamics, Vol. **6**, No. 3, August, 1995. Special Theme: In Honor of Wassily Leontief's 90th Birthday. Guest Editor, Faye Duchin. (Articles by Faye Duchin; Maria Augusztinovics; Alice H. Amsden; Adam Rose; Robert Dorfman; Karen R. Polenske; Olaf Bjerkholt; Bruce Hannon.)

Economic Systems Research. Vol. **18**, No. 4, December, 2006. Special Issue: "The History of Input-Output Analysis, Leontief's Path and Alternative Tracks." Guest Editors: Olav Bjerkholt and Heinz D. Kurz. (Articles by Olav Bjerkholt and Heinz D. Kurz; Svetlana A. Kaladina and Natal'ia Iu. Pavlova; Svetlana A. Kaladina; Gilbert Abraham-Frois and Emeric Lendjel; Heinz D. Kurz and Neri Salvadori; Olav Bjerkholt and Mark Knell; Christian Langer.)

□ 14.6.3 再版合集

Sohn, Ira (ed.). 1986. *Readings in Input-Output Analysis*. New York: Oxford University Press.

Kurz, Heinz D., Erik Dietzenbacher and Christian Lager (eds.). 1998. *Input-Output Analysis*. Three volumes. (International Library of Critical Writings in Economics, Vol. 92.) Cheltenham, UK: Edward Elgar.

□ 14.6.4 第 14.6 节的参考文献

Bullard, Clark and Robert Herendeen. 1975. "The Energy Costs of Goods and Services," *Energy Policy*, 1, 268-277.

Carter, Anne P. 1970. *Structural Change in the American Economy*. Cambridge, MA: Harvard University Press.

Dorfman, Robert, PaulA. Samuelson and Robert M. Solow. 1958. *Linear Programming and Economic Analysis*. New York: McGraw-Hill.

Isard, Walter, David F. Bramhall, Gerald A. P. Carrothers, John H. Cumberland, Leon N. Moses, Daniel O. Price and Eugene W. Schooler. 1960. *Methods of Regional Analysis: An Introduction to Regional Science*. New York: The Technology Press of MIT and John Wiley & Sons.

Jorgenson, Dale W. 1982. "An Econometric Approach to General Equilibrium Analysis," in M. Hazewinkel and A. H. G. Rinnoy Kan (eds.), *Current Developments in the Interface: Economics, Econometrics, Mathematics*. Boston, MA: Reidel, pp. 125-157.

Leontief, Wassily. 1970a. "Environmental Repercussions and the Economic Structure: An Input-Output Approach," *Review of Economics and Statistics*, **52**, 262-271.

1970b. "The Dynamic Inverse," inAnne P. Carter andAndrew Bródy (eds.), Contributions to Input-Output Analysis. Vol. 1 of Proceedings of the Fourth International Conference on Input-Output Techniques. Geneva, 1968. Amsterdam: North-Holland, pp. 17-43.

Pyatt, Graham and Jeffrey I. Round (eds.). 1985. *Social Accounting Matrices: A Basis for Planning*. Washington, DC: The World Bank.

Stone, Richard. 1961. *Input-Output and National Accounts*. Paris: Organization for European Economic Cooperation.

Stone, Richard and Alan Brown. 1962. *A Computable Model of Economic Growth*. London: Chapman and Hall.

14.7 一些总结

在本书中我们发展了投入产出的一些框架，以及很多扩展和应用。这些扩展和应用都延续着列昂惕夫教授大半个世纪之前做出的开创性的、定义投入产出领域基本框架的工作。到今天，投入产出分析及其延伸已经应用在了相当多的经济分析中，使这门学科一直延续。最基本的框架也经常包括很多其他种类的经济分析方法，例如一般均衡和计划模型。投入产出的扩展也包括在更广泛的社会会计问题、生态学分析以及追溯以物理量衡量的物质能量使用及流动等方面的应用中。在这里，我们已经涵盖了很多甚至几乎是全部的投入产出的扩展和应用。

投入产出常常被视为很多种分析的出发点，因为它有着根植于真实数据进行观测的传统，今天许多基本的统计体系都是围绕其设计的，同时也被视为一个很好理解的理论基础，这可能是列昂惕夫教授的关键见解。投入产出框架的这两个特征的结合提供了实证检验，这是列昂惕夫使理论的经济发展合理化的主要要求之一。

在过去的半个世纪中，不断提高的计算能力对使投入产出成为今天的实用工具做出了重要贡献，而且在列昂惕夫来把他的"经济设想成为一个循环流"时，投入产出的规模几乎是难以想象的。展望未来，我们只能期望，在扩大基本投入产出框架方面的概念发展，特别是在将该框架与其他经济分析工具更密切地联系起来方面，这些能力将继续向前发展。坚持对这类工具进行实证检验的原则，对于研究人员和实践者来说，可能仍然是一个根本性的挑战，他们当然不应该逃避这些挑战。

附录 A

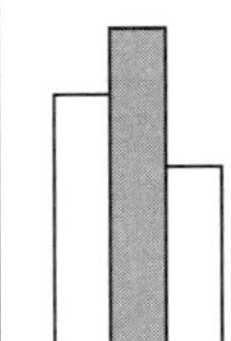

用于投入产出模型的矩阵代数

A.1 引言

矩阵是以网格即行和列的模式排列的元素的一种组合。在本书感兴趣的主题的各种情形中，这些元素将是数，它们的值或者是已知的，或者是未知且将被决定的。矩阵用这种“矩形”方式来定义，使得它们能够用于表示变量间线性关系的系统，而这正是投入产出模型的结构。

那么矩阵的一般情形具有 m 行和 n 列。如果 $m=2$，而 $n=3$，利用双下标的记号 a_{ij} 来表示矩阵第 i 行、第 j 列的元素，我们有：

$$\mathbf{A}=\begin{bmatrix} a_{11} & a_{12} & a_{13} \\ a_{21} & a_{22} & a_{23} \end{bmatrix}$$

这样的矩阵的一个具体例子可以是：

$$\boldsymbol{M}=\begin{bmatrix} 2 & 1 & 3 \\ 4 & 6 & 12 \end{bmatrix}$$

这些被称为 2×3（读作“2 乘 3”）的矩阵，或维数为 2 乘 3 的矩阵。维数通常在矩阵下面用圆括号表示，例如 $\underset{(2\times 3)}{\boldsymbol{M}}$。

当 $m=n$ 时，矩阵为方阵，在这种情形下，通常称之为 m 阶矩阵（或 n 阶矩阵，因为它们是相等的）。如果 $m=1$（矩阵只有一行），称之为行向量；如果 $n=1$（矩阵只有一列），称之为列向量。[①] 我们习惯上坚持用大写黑体字母表示矩阵，用小写黑体字母表

① 极端压缩的情形是 $m=n=1$，矩阵只有一个元素。投入产出模型并不需要它们。

示向量，用斜体字母表示矩阵和向量中的元素（在矩阵代数中，普通的数被称为标量）。

A.2 矩阵运算：加法和减法

A.2.1 加法

矩阵的加法，例如 $\boldsymbol{A}+\boldsymbol{B}$，是通过对相应位置元素相加的简单规则来实现的。这意味着对于所有的 i 和 j，有 $a_{ij}+b_{ij}$；反过来只有具有相同维数的矩阵才能相加。给定上述 $\boldsymbol{M}$，而 $\underset{(2\times3)}{\boldsymbol{N}}=\begin{bmatrix}1 & 2 & 3\\3 & 2 & 1\end{bmatrix}$，它们的合计 $\boldsymbol{S}=\boldsymbol{M}+\boldsymbol{N}$ 将是：

$$\underset{(2\times3)}{\boldsymbol{S}}=\begin{bmatrix}3 & 3 & 6\\7 & 8 & 13\end{bmatrix}$$

A.2.2 减法

减法按完全对应的方式进行定义，也就是对应位置元素相减。所以，同样地，只有具有完全相同维数的矩阵可以相减。例如，$\boldsymbol{D}=\boldsymbol{M}-\boldsymbol{N}$ 将为：

$$\underset{(2\times3)}{\boldsymbol{D}}=\begin{bmatrix}1 & -1 & 0\\1 & 4 & 11\end{bmatrix}$$

A.2.3 相等

两个（或更多）矩阵相等的概念也非常直观。如果两个矩阵具有相同的维数，且如果对应位置的元素也相等，那么两个矩阵相等。所以对于所有的 i 和 j，当 $a_{ij}=b_{ij}$ 时，$\boldsymbol{A}=\boldsymbol{B}$。

A.2.4 零矩阵

在普通代数中，零是一个数，把它加到另一个数上（或从另一个数中减去它），该数不变。矩阵代数中与之完全对应的概念是零矩阵，被简单定义为一个矩阵只含零元素。定义 $\boldsymbol{0}=\begin{bmatrix}0 & 0 & 0\\0 & 0 & 0\end{bmatrix}$；那么显然 $\boldsymbol{M}+\boldsymbol{0}=\boldsymbol{M}-\boldsymbol{0}=\boldsymbol{M}$。

A.3 矩阵运算：乘法

A.3.1 数与矩阵相乘

如果矩阵乘以一个数（在矩阵代数中被称为标量），矩阵中每个元素都简单地乘以那个数。例如：

$$2M=\begin{bmatrix}4 & 2 & 6\\8 & 12 & 24\end{bmatrix}$$

□ A.3.2 矩阵与另一矩阵相乘

两个矩阵相乘被定义为一种初看起来完全没有逻辑的方式，但是我们将看到进行这样的定义，确切地是因为矩阵符号被用于线性关系系统特别是线性方程系统的方式。仍利用 $\boldsymbol{M}$ 和一个 3×3 的矩阵 $\boldsymbol{Q}=\begin{bmatrix}2 & 0 & 4\\1 & 1 & 2\\3 & 4 & 5\end{bmatrix}$，乘积 $\boldsymbol{P}=\boldsymbol{MQ}$，求解为：

$$\boldsymbol{P}=\begin{bmatrix}2 & 1 & 3\\4 & 6 & 12\end{bmatrix}\begin{bmatrix}2 & 0 & 4\\1 & 1 & 2\\3 & 4 & 5\end{bmatrix}=\begin{bmatrix}14 & 13 & 25\\50 & 54 & 88\end{bmatrix}$$

这来自：

$$\begin{bmatrix}(4+1+9) & (0+1+12) & (8+2+15)\\(8+6+36) & (0+6+48) & (16+12+60)\end{bmatrix}$$

规则是：对于乘积中的元素 p_{ij}，沿着左边的矩阵（这里是 $\boldsymbol{M}$）的第 i 行，并顺着右边的矩阵（这里是 $\boldsymbol{Q}$）的第 j 列，把每一对元素相乘再加总。因此，对于我们所求得的 p_{23}，来自 $\boldsymbol{M}$ 的第 2 行和 $\boldsymbol{Q}$ 的第 3 列，$4\times4+6\times2+12\times5=16+12+60=88$。那么一般地，对于这个例子：

$$p_{ij}=m_{i1}q_{1j}+m_{i2}q_{2j}+m_{i3}q_{3j}(i=1,\ 2;\ j=1,\ 2,\ 3)$$

矩阵乘法的这个定义意味着为了适应乘法的需要，左边矩阵的列的数目必须与右边矩阵的行的数目相同。再看看上面的 p_{ij}；对于 $\boldsymbol{M}$ 中第 i（任意）行的三个元素 m_{i1}、m_{i2} 和 m_{i3}，在 $\boldsymbol{Q}$ 的第 j（任意）列一定有三个“对应的”元素 q_{1j}、q_{2j} 和 q_{3j}。

矩阵乘法的定义还意味着乘积矩阵 $\boldsymbol{P}$ 将与矩阵 $\boldsymbol{M}$ 有相同的行数，与矩阵 $\boldsymbol{Q}$ 有相同的列数。一般地，有：

$$\underset{(m\times n)}{\boldsymbol{P}}=\underset{(m\times r)}{\boldsymbol{M}}\ \underset{(r\times n)}{\boldsymbol{Q}} \tag{A.1}$$

这也意味着，一般地，乘的顺序会带来差异。在这个例子中，调换方式相乘即 $\boldsymbol{QM}$，甚至会无解，因为 $\boldsymbol{Q}$ 中有三列，而 $\boldsymbol{M}$ 中只有两行。① 因为这个原因，可以用语言来描述一个矩阵乘积中乘法的顺序。例如，在 $\boldsymbol{P}=\boldsymbol{MQ}$ 中，$\boldsymbol{M}$ 被称为自左乘（premultiply）$\boldsymbol{Q}$（或者左乘 $\boldsymbol{Q}$），以及等价地，$\boldsymbol{Q}$ 被称为自右乘（postmultiply）$\boldsymbol{M}$（或者右乘 $\boldsymbol{M}$）。

□ A.3.3 单位矩阵

在普通代数中，1 被作为乘法的单位元素（identity element for multiplication），它意味着当一个数乘以它的时候不变。在矩阵代数中存在一个对应的概念。单位矩阵

① 尝试按 $\boldsymbol{QM}$ 的顺序做乘法可以容易看出问题出在哪儿。

(identity matrix) 是一个矩阵，当一个矩阵乘以它时不发生改变。

如果我们利用 $\boldsymbol{M}=\begin{bmatrix}2 & 1 & 3\\4 & 6 & 12\end{bmatrix}$，什么矩阵右乘 $\boldsymbol{M}$ 不发生改变？记这个未知的矩阵为 $\boldsymbol{I}$（这是单位矩阵的标准符号）；我们想要 $\boldsymbol{MI}=\boldsymbol{M}$。根据式（A.1）中的规则我们知道 $\boldsymbol{I}$ 一定是一个 3×3 的矩阵；它需要三行以能够右乘 $\boldsymbol{M}$，以及三列，因为乘积将是 $\boldsymbol{M}$，为 2×3 的，由 $\boldsymbol{I}$ 中的列数得到它的第二个维数。读者可以试着设 $\boldsymbol{I}$ 为一个全为 1 的3×3 矩阵。这看起来符合逻辑，但是是错误的。实际上，对应 $\boldsymbol{MI}=\boldsymbol{M}$ 的唯一的 $\boldsymbol{I}$ 将是 $\boldsymbol{I}_3=\begin{bmatrix}1 & 0 & 0\\0 & 1 & 0\\0 & 0 & 1\end{bmatrix}$。读者可以尝试这种以及其他可能，从而接受只有这个矩阵能够胜任这一任务（通常用下标表示单位矩阵的阶数）。

单位矩阵总是方阵，可以是任何维数来满足适应于它所出现的特定乘法运算的要求。沿着它的主对角位置全是 1，从左上方到右下方，其他全为 0。我们可以求得另一个单位矩阵，左乘 $\boldsymbol{M}$ 让它保持不变。在这种情况下，我们需要 2×2 的单位矩阵 $\boldsymbol{I}_2=\begin{bmatrix}1 & 0\\0 & 1\end{bmatrix}$。

A.4 矩阵运算：转置

转置是一种矩阵运算，在普通代数中不存在这一运算的对应形式。在特定的投入产出运算中，它发挥着重要的作用。一个 $m\times n$ 矩阵 $\boldsymbol{M}$ 的转置，记为 $\boldsymbol{M}'$，是一个 $n\times m$ 矩阵，其中 $\boldsymbol{M}$ 的第 i 行成为 $\boldsymbol{M}'$ 的第 i 列（有时用 $\boldsymbol{M}^t$ 或 $\boldsymbol{M}^T$ 表示转置）。对于我们的例子：

$$\boldsymbol{M}'=\begin{bmatrix}2 & 4\\1 & 6\\3 & 12\end{bmatrix}$$

注意到一个有 n 个元素的列向量（维数为 $n\times 1$）的转置，为一个有 n 个元素的行向量（维数为 $1\times n$）。

对于可相乘的矩阵的一个有用的结果是，$(\boldsymbol{AB})'=\boldsymbol{B}'\boldsymbol{A}'$。读者通过考察一个小的一般性的例子，例如 $\boldsymbol{A}=\begin{bmatrix}a_{11} & a_{12} & a_{13}\\a_{21} & a_{22} & a_{23}\end{bmatrix}$和 $\boldsymbol{B}=\begin{bmatrix}b_{11} & b_{12}\\b_{21} & b_{22}\\b_{31} & b_{32}\end{bmatrix}$，可以容易看出为什么如此。

A.5 线性方程组的表述

这里是两个线性方程，其中有两个未知数，x_1和x_2：

$$2x_1+x_2=10$$

$$5x_1+3x_2=26 \tag{A.2}$$

定义 **A** 为一个 2×2 矩阵，包含乘各个 x 的系数，其顺序与方程中所出现的顺序完全一样，所以：

$$\boldsymbol{A}=\begin{bmatrix}2 & 1\\5 & 3\end{bmatrix}$$

定义一个含两个元素的列向量 $\boldsymbol{x}$，包含未知的 x，以及另外定义一个含两个元素的列向量 $\boldsymbol{b}$，包含（按顺序出现的）方程右端的值，也就是[①]：

$$\boldsymbol{x}=\begin{bmatrix}x_1\\x_2\end{bmatrix}\text{及 }\boldsymbol{b}=\begin{bmatrix}10\\26\end{bmatrix}$$

之后，确切地按定义矩阵乘法和矩阵相等的方式，式（A.2）中的方程组可以简略地表示为

$$\boldsymbol{Ax}=\boldsymbol{b} \tag{A.3}$$

[把表示在式（A.3）中的方程组展开，将确切地表明为什么这是正确的。]

在普通代数中，当我们有一个类似 $3x=12$ 的方程时，我们通过对两边除以 3 来"解"这个方程，这相当于用 1/3 或 3 的倒数（有时记为 3^{-1}）乘两边；用一个数的倒数乘该数得到乘法中的单位元素。因此，更详细地，我们从 $3x=12$ 出发得到 $x=4$，其逻辑顺序为：

$$3x=12\Rightarrow(1/3)3x=(1/3)12[\text{或 }(3^{-1})3x=(3^{-1})12]\Rightarrow(1)x=4\Rightarrow x=4$$

在普通代数中，从 $3x=12$ 转换为 $x=4$ 实际上很快。这里的目的在于为对应的像式（A.2）中那样的线性方程组设定步骤。

给定式（A.3）中的表达式，显然对这一方程组"求解"未知数的方法是对两端都"除以" **A**，或者替代地，对两端乘以 **A** 的"倒数"。对应于数的倒数的符号，这被记为 $\boldsymbol{A}^{-1}$。如果我们能够得到这样的矩阵，根据性质 $(\boldsymbol{A}^{-1})(\boldsymbol{A})=\boldsymbol{I}$（用于矩阵乘法的单位元素），我们可以按同样的方式进行下去，也就是：

$$\boldsymbol{Ax}=\boldsymbol{b}\Rightarrow(\boldsymbol{A}^{-1})\boldsymbol{Ax}=(\boldsymbol{A}^{-1})\boldsymbol{b}\Rightarrow\boldsymbol{Ix}=(\boldsymbol{A}^{-1})\boldsymbol{b}\Rightarrow\boldsymbol{x}=\boldsymbol{A}^{-1}\boldsymbol{b}$$

而 $\boldsymbol{x}$ 中未知数的值将作为矩阵运算来求解，这其中向量 $\boldsymbol{b}$ 被左乘以矩阵 $\boldsymbol{A}^{-1}$，它通常被称为 **A** 的逆。

A.6 矩阵运算：除法

在矩阵代数中，"除以"一个矩阵被表示为乘以它的逆。[②] 求逆可能是一个非常冗

① 通常的习惯是定义所有的向量为列向量（如这里），所以行向量通过转置来构造。

② 在这个附录中，我们将只关注方阵的逆。这意味着如果我们处理一个方程组的系数矩阵，如式（A.2）或式（A.3）中的矩阵，未知数的个数将等于方程组中方程的个数。对于非方阵，存在更为高级的"伪"逆，但是这里它们与我们无关。

长乏味的数学程序，但是现代计算机做起来非常快，甚至对于相当大的矩阵也是如此。尽管这可以容易地用计算机软件来做，但我们仍将考察一些矩阵代数定义，包括行列式及其在求逆中的作用，由此对奇异矩阵，即一种没有逆的矩阵这一重要概念，提供一个初步的理解（对这些数学细节不感兴趣的读者可以跳过并直接看逆的一般定义的结果）。

矩阵的行列式：2×2 的情形

行列式是对应任意方阵的一个数。对于 $\mathbf{A}=\begin{bmatrix}a_{11} & a_{12}\\ a_{21} & a_{22}\end{bmatrix}$，行列式 $|\mathbf{A}|$ 被定义为 $|\mathbf{A}|=a_{11}a_{22}-a_{12}a_{21}$。不幸的是，大矩阵的行列式并不能通过对这一简单表达式的直接推广而求解，还需要补充的定义，特别是子式、余子式和伴随矩阵。

(1) 一个元素的子式。方阵 $\mathbf{A}$ 中元素 a_{ij} 的子式（记为 m_{ij}）是从 $\mathbf{A}$ 中移除第 i 行和第 j 列后剩下的矩阵的行列式。所以 $\underset{(n\times n)}{\mathbf{A}}$ 中元素的 n^2 个子式将是 $(n-1)\times(n-1)$ 维矩阵的行列式。

(2) 一个元素的余子式。方阵 $\mathbf{A}$ 中元素 a_{ij} 的余子式（记为 $\mathbf{A}_{ij}$）被定义为 $\mathbf{A}_{ij}=(-1)^{i+j}m_{ij}$。当 $i+j$ 是偶数时，$\mathbf{A}_{ij}=m_{ij}$；当 $i+j$ 是奇数时，$\mathbf{A}_{ij}=-m_{ij}$。

矩阵的行列式：一般情形

对于 $\underset{(n\times n)}{\mathbf{A}}$，$|\mathbf{A}|$ 可以求解为：

(a) $|\mathbf{A}|=\sum_{j=1}^{n}a_{ij}\mathbf{A}_{ij}$（对于任何 i），或者 (b) $|\mathbf{A}|=\sum_{i=1}^{n}a_{ij}\mathbf{A}_{ij}$（对于任何 j）。

用文字表述：$|\mathbf{A}|$ 可以通过对任何行［根据 (a)］或任何列［根据 (b)］中的元素及其对应的余子式的乘积进行加总而得到。

伴随矩阵

$\mathbf{A}$ 的伴随［通常记为 ($\mathrm{adj}\,\mathbf{A}$)］被定义为 $\mathrm{adj}\mathbf{A}=[\mathbf{A}'_{ij}]$。用文字表述：伴随是一个矩阵，它的元素是 $\mathbf{A}$ 的转置的余子式。

行列式的性质

(1) $|\mathbf{A}|=|\mathbf{A}'|$。

(2) 如果 $\mathbf{A}$ 的任何行或列全为 0，那么 $|\mathbf{A}|=0$。

(3) $\mathbf{A}$ 的任何行或列的所有元素乘以一个常数，得到一个新的矩阵，其行列式为 $k|\mathbf{A}|$。

(4) 如果 $\mathbf{A}^*$ 是通过交换 $\mathbf{A}$ 的任何两行或两列而得到的，那么 $|\mathbf{A}^*|=-|\mathbf{A}|$。

a. 如果 $\mathbf{A}$ 中的任何两行或两列是相等的，那么 $|\mathbf{A}|=0$。

b. 如果 $\mathbf{A}$ 中的任何两行或两列是成比例的，那么 $|\mathbf{A}|=0$。

(5) a. $\sum_{j=1}^{n}a_{ij}\mathbf{A}_{i'j}=0$（其中 $i\neq i'$）。

b. $\sum_{j=1}^{n}a_{ij}\mathbf{A}_{ij'}=0$（其中 $j\neq j'$）。

用文字表述：利用不相关余子式（alien cofactors）来求行列式的值，来自第 i 行的元素和来自某个其他行的余子式（这就是所谓的使它们不相关），或来自第 j 列的元素和来自某个其他列的余子式，总是得到零值。这不难证明。

ⅰ. 利用 a_{ij} 和 $\mathbf{A}_{kj}$ $(i\neq k)$，写出不相关余子式的表达式 $\sum_{j=1}^{n}a_{ij}\mathbf{A}_{kj}$。

ⅱ. 在 $\mathbf{A}$ 中用第 i 行替代第 k 行；称这个矩阵为 $\widetilde{\mathbf{A}}$。那么 $|\widetilde{\mathbf{A}}|=0$［根据 (4) a］。

ⅲ. 通过沿着它的第 k 行展开，求解 $|\widetilde{\mathbf{A}}|$；这就是 $|\widetilde{\mathbf{A}}|=\sum_{j=1}^{n}a_{ij}\mathbf{A}_{kj}$。我们知道它为 0［根据（ⅱ）］。但是这正是（ⅰ）中所表示的不相关余子式，如此证明了对于 $i'=k$ 的（5）a。

逆矩阵

逆矩阵的一般表达式建立在上述概念之上。对于 $n\times n$ 的情形，其中 $\text{adj}\ \mathbf{A}=\begin{bmatrix}\mathbf{A}_{11} & \mathbf{A}_{21} & \cdots & \mathbf{A}_{n1}\\ \mathbf{A}_{12} & \mathbf{A}_{22} & \cdots & \mathbf{A}_{n2}\\ \vdots & \vdots & \ddots & \vdots\\ \mathbf{A}_{1n} & \mathbf{A}_{2n} & \cdots & \mathbf{A}_{nn}\end{bmatrix}$，形成乘积 $\mathbf{A}(\text{adj}\ \mathbf{A})=\begin{bmatrix}\sum_{j=1}^{n}a_{1j}\mathbf{A}_{1j} & \sum_{j=1}^{n}a_{1j}\mathbf{A}_{2j} & \cdots & \sum_{j=1}^{n}a_{1j}\mathbf{A}_{nj}\\ \sum_{j=1}^{n}a_{2j}\mathbf{A}_{1j} & \sum_{j=1}^{n}a_{2j}\mathbf{A}_{2j} & \cdots & \sum_{j=1}^{n}a_{2j}\mathbf{A}_{nj}\\ \vdots & \vdots & \ddots & \vdots\\ \sum_{j=1}^{n}a_{nj}\mathbf{A}_{1j} & \sum_{j=1}^{n}a_{nj}\mathbf{A}_{2j} & \cdots & \sum_{j=1}^{n}a_{nj}\mathbf{A}_{nj}\end{bmatrix}$，这样做的原因很快就会显现。利用余子式展开求解，这个积中的每个主对角元素都为 $|\mathbf{A}|$，轮流沿着每一行，乘积中每个非对角元素都为零，因为是通过不相关余子式的展开。因此 $\mathbf{A}(\text{adj}\ \mathbf{A})=\begin{bmatrix}|\mathbf{A}| & \mathbf{0} & \cdots & \mathbf{0}\\ \mathbf{0} & |\mathbf{A}| & \cdots & \mathbf{0}\\ \vdots & \vdots & \ddots & \vdots\\ \mathbf{0} & \mathbf{0} & \cdots & |\mathbf{A}|\end{bmatrix}=|\mathbf{A}|\mathbf{I}_n$，故 $\mathbf{A}(1/|\mathbf{A}|)(\text{adj}\ \mathbf{A})=\mathbf{I}_n$，意味着 $\mathbf{A}^{-1}=\underbrace{(1/|\mathbf{A}|)}_{\text{标量}}\underbrace{(\text{adj}\ \mathbf{A})}_{(n\times n)\text{矩阵}}$。

线性组合；线性相关与线性无关

对 $\mathbf{A}$ 非奇异的更一般的要求引出了线性相关与线性无关的概念。对这一主题的全面考察，包括相关的向量几何，超出了这一讨论范围，但是主要思想是重要的。我们只考虑方阵的情形，因为我们的兴趣在于与投入产出模型相关的矩阵的逆。① 考虑一个 n 维向量序列，或者是列的，或者是行的；为说明简便我们处理列。设一个 $n\times n$ 矩阵的列被记为 $\mathbf{a}_1^{(c)}$，$\mathbf{a}_2^{(c)}$，…，$\mathbf{a}_n^{(c)}$。用一个标量乘每一列，并相加，得到另一个 n 个元素的列向量；即有：

$$s_1\mathbf{a}_1^{(c)}+s_2\mathbf{a}_2^{(c)}+\cdots+s_n\mathbf{a}_n^{(c)}=\mathbf{c}\ \text{或者}\ \sum_{i=1}^{n}s_i\mathbf{a}_i^{(c)}=\mathbf{c}$$

向量 $\mathbf{c}$ 被称为 $\mathbf{a}_1^{(c)}$，$\mathbf{a}_2^{(c)}$，…，$\mathbf{a}_n^{(c)}$ 的线性组合。如果在这个线性组合中不是所有的标量都为零，并且如果 $\mathbf{c}=\mathbf{0}$，也就是 $\sum_{i=1}^{n}s_i\mathbf{a}_i^{(c)}=\mathbf{0}$，则 $\mathbf{a}_1^{(c)}$，$\mathbf{a}_2^{(c)}$，…，$\mathbf{a}_n^{(c)}$ 被称为是线性相关的。利用三个元素的向量来说明，假定 $\mathbf{a}_3^{(c)}$ 是 $\mathbf{a}_1^{(c)}$ 和 $\mathbf{a}_2^{(c)}$ 的线性组合。例如，设 $\mathbf{A}=\begin{bmatrix}1 & 5 & 17\\ 2 & 4 & 16\\ 3 & 7 & 27\end{bmatrix}$；$\mathbf{a}_1^{(c)}=\begin{bmatrix}1\\ 2\\ 3\end{bmatrix}$，$\mathbf{a}_2^{(c)}=\begin{bmatrix}5\\ 4\\ 7\end{bmatrix}$ 且 $2\mathbf{a}_1^{(c)}+3\mathbf{a}_2^{(c)}=\mathbf{a}_3^{(c)}$。那么，等价地：

① 在投入产出文献中，我们通常关注求解（$\mathbf{I}-\mathbf{A}$）的逆矩阵。在本附录的讨论中，为探讨的简便，我们利用一个一般的“$\mathbf{A}$”矩阵。

$$2\boldsymbol{a}_1^{(c)}+3\boldsymbol{a}_2^{(c)}+(-1)\boldsymbol{a}_3^{(c)}=0$$

所以向量 $\boldsymbol{a}_1^{(c)}$、$\boldsymbol{a}_2^{(c)}$、$\boldsymbol{a}_3^{(c)}$（根据定义）是线性相关的。当某个 $\boldsymbol{a}_i^{(c)}$ 可以被表示为其他 $(n-1)$ 个 $\boldsymbol{A}$ 向量的线性组合时，n 个向量 $\boldsymbol{a}_1^{(c)}$，$\boldsymbol{a}_2^{(c)}$，…，$\boldsymbol{a}_n^{(c)}$ 是线性相关的。一个重要的事实是如果 $\underset{(n\times n)}{\boldsymbol{A}}$ 包含线性相关的列，$\boldsymbol{A}$ 是奇异的。① 这提供了一个附加的、$|\boldsymbol{A}|=0$ 的情形；形成了对上述（2）、（4）a 和（4）b 中相对简单的观察的一个补充。此外，在整个讨论中，如果用“行”替代“列”，所有这些仍然成立；特别地，如果 $\boldsymbol{A}$ 包含线性相关的行，则 $|\boldsymbol{A}|=0$。

此外，如果对于 $\sum_{i=1}^{n}s_i\boldsymbol{a}_i^{(c)}=0$，只有标量满足（所有的）$s_i=0$ 时，向量被称为是线性无关的。这些思想被用于定义矩阵的秩 $\rho(\boldsymbol{A})$ 这一重要概念。简而言之，$\boldsymbol{A}$ 的秩是 $\boldsymbol{A}$ 中线性无关的行（或列）的个数。因此，如果 $\rho(\boldsymbol{A})=n$，$\boldsymbol{A}$ 是非奇异的。用计算机程序求解矩阵的秩是非常轻松的。

这些观察的一个直接的应用可以在完全闭的投入产出模型中看到，其中 $\boldsymbol{i}'\boldsymbol{A}=\boldsymbol{i}'$。作为结果，$\boldsymbol{i}'(\boldsymbol{I}-\boldsymbol{A})=\boldsymbol{0}'$[$(\boldsymbol{I}-\boldsymbol{A})$ 的行是线性相关的]，$|(\boldsymbol{I}-\boldsymbol{A})|=0$，列昂惕夫逆矩阵不存在。

如此，只有当 $|\boldsymbol{A}|\neq 0$ 时，才能求解 $\boldsymbol{A}^{-1}$。这类似于普通代数中有关“0”的问题；你不能除以它（0 的倒数即 1/0 没有定义）。

由式（A. 2）知矩阵 $\boldsymbol{A}$ 是非奇异的；也就是：

$$\boldsymbol{A}=\begin{bmatrix}2 & 1\\ 5 & 3\end{bmatrix}\text{及}\ \boldsymbol{A}^{-1}=\begin{bmatrix}3 & -1\\ -5 & 2\end{bmatrix}$$

读者可以容易地进行验证。奇异矩阵的一个例子是 $\boldsymbol{C}=\begin{bmatrix}2 & 4\\ 6 & 12\end{bmatrix}$，其中 $|\boldsymbol{C}|=24-24=0$（行和列成比例）。没有矩阵能够通过对 $\boldsymbol{C}$ 左乘和右乘得到 $\boldsymbol{I}_2=\begin{bmatrix}1 & 0\\ 0 & 1\end{bmatrix}$。

因为我们已经在式（A. 2）中对方程求解得到 $\boldsymbol{A}^{-1}$，结果正是：

$$\boldsymbol{x}=\boldsymbol{A}^{-1}\boldsymbol{b}=\begin{bmatrix}3 & -1\\ -5 & 2\end{bmatrix}\begin{bmatrix}10\\ 26\end{bmatrix}=\begin{bmatrix}4\\ 2\end{bmatrix}$$

读者可以容易地验证 $x_1=4$ 和 $x_2=2$ 是式（A. 2）中两个方程的（唯一）解。

关于逆矩阵的一个重要事实是，对于非奇异矩阵 $\boldsymbol{M}$ 和 $\boldsymbol{N}$，乘法也是一致的，$(\boldsymbol{MN})^{-1}=\boldsymbol{N}^{-1}\boldsymbol{M}^{-1}$。

A. 7 对角矩阵

单位矩阵是对角矩阵的特例。它们总是方阵，其元素处于从左上到右下的对角位置上，而其他位置是零。一般地，一个 $n\times n$ 的对角矩阵为：

① 这一表述的演示和证明超出了本书的范围。有兴趣的读者可以查看其他线性代数的教材。

$$\boldsymbol{D}=\begin{bmatrix} d_1 & 0 & \cdots & 0 \\ 0 & d_2 & \cdots & 0 \\ \vdots & \vdots & \ddots & \vdots \\ 0 & \vdots & \cdots & d_n \end{bmatrix}$$

一个有用的符号处理方式是通过一个向量来构建一个对角矩阵。假定 $\boldsymbol{x}=\begin{bmatrix} x_1 \\ x_2 \\ x_3 \end{bmatrix}$；那么以 $\boldsymbol{x}$ 为元素沿着主对角位置延伸的对角矩阵通过在 $\boldsymbol{x}$ 上面加一个“帽子”来表示（有时采用“〈”和“〉”把 $\boldsymbol{x}$ 括起来），所以：

$$\hat{\boldsymbol{x}}=\langle\boldsymbol{x}\rangle=\begin{bmatrix} x_1 & 0 & 0 \\ 0 & x_2 & 0 \\ 0 & 0 & x_3 \end{bmatrix}$$

一个帽子也被用于方阵来表示对角矩阵，通过把方阵的所有非对角元素设为零，构造为对角矩阵，同时一个倒置的帽子被用来表示所有对角元素被设为零之后剩下的方阵。例如，利用来自上面的 $\boldsymbol{Q}$，有：

$$\hat{\boldsymbol{Q}}=\begin{bmatrix} 2 & 0 & 0 \\ 0 & 1 & 0 \\ 0 & 0 & 5 \end{bmatrix} \text{及} \check{\boldsymbol{Q}}=\begin{bmatrix} 0 & 0 & 4 \\ 1 & 0 & 2 \\ 3 & 4 & 0 \end{bmatrix}$$

有关对角矩阵的一个有用事实是对角矩阵的逆是另一个对角矩阵，它的每个元素只是原来元素的倒数。对于 $\hat{\boldsymbol{x}}$，这意味着：

$$\hat{\boldsymbol{x}}^{-1}=\begin{bmatrix} 1/x_1 & 0 & 0 \\ 0 & 1/x_2 & 0 \\ 0 & 0 & 1/x_3 \end{bmatrix}$$

读者可以很容易沿着这个例子得到：

$$\hat{\boldsymbol{x}}\hat{\boldsymbol{x}}^{-1}=\hat{\boldsymbol{x}}^{-1}\hat{\boldsymbol{x}}=\boldsymbol{I}_3=\begin{bmatrix} 1 & 0 & 0 \\ 0 & 1 & 0 \\ 0 & 0 & 1 \end{bmatrix}$$

还注意到，对角矩阵的转置矩阵不变；$\hat{\boldsymbol{x}}'=\hat{\boldsymbol{x}}$。

当一个对角矩阵 $\boldsymbol{D}$ 右乘另一个矩阵 $\boldsymbol{M}$ 时，就是用 $\boldsymbol{D}$ 中的第 j 个元素 d_j，乘 $\boldsymbol{M}$ 第 j 列的所有元素，当一个对角矩阵左乘 $\boldsymbol{M}$ 时，是用 d_j 乘 $\boldsymbol{M}$ 第 j 行的所有元素。例如：

$$\begin{bmatrix} 2 & 1 & 3 \\ 4 & 6 & 12 \end{bmatrix}\begin{bmatrix} d_1 & 0 & 0 \\ 0 & d_2 & 0 \\ 0 & 0 & d_3 \end{bmatrix}=\begin{bmatrix} 2d_1 & d_2 & 3d_3 \\ 4d_1 & 6d_2 & 12d_3 \end{bmatrix}$$

以及

$$\begin{bmatrix} d_1 & 0 \\ 0 & d_2 \end{bmatrix}\begin{bmatrix} 2 & 1 & 3 \\ 4 & 6 & 12 \end{bmatrix}=\begin{bmatrix} 2d_1 & d_1 & 3d_1 \\ 4d_2 & 6d_2 & 12d_2 \end{bmatrix}$$

把对角矩阵逆的事实和关于用对角矩阵左乘和右乘的这些观察结合在一起，我们看到用 $\boldsymbol{D}^{-1}$ 右乘 $\boldsymbol{M}$ 将是令 $\boldsymbol{M}$ 的第 j 列的每个元素都除以 d_j，而用 $\boldsymbol{D}^{-1}$ 左乘 $\boldsymbol{M}$ 将是令 $\boldsymbol{M}$ 的第 j 行的每个元素都除以 d_j。①

A.8 求和向量

如果 $\underset{(m\times n)}{\boldsymbol{M}}$ 被右乘一个 n 个元素全为 1 的列向量，结果将是一个包含 $\boldsymbol{M}$ 的行合计的 m 个元素的列向量。如果 $\boldsymbol{M}$ 被左乘一个 m 个元素全为 1 的行向量，结果将是一个包含 $\boldsymbol{M}$ 的列合计的 n 个元素的行向量。例如：

$$\begin{bmatrix}2 & 1 & 3\\4 & 6 & 12\end{bmatrix}\begin{bmatrix}1\\1\\1\end{bmatrix}=\begin{bmatrix}6\\22\end{bmatrix}\text{及}\begin{bmatrix}1 & 1\end{bmatrix}\begin{bmatrix}2 & 1 & 3\\4 & 6 & 12\end{bmatrix}=\begin{bmatrix}6 & 7 & 15\end{bmatrix}$$

通常，将全为 1 的列向量记为 $\boldsymbol{i}$，而将相应的行向量记为 $\boldsymbol{i}'$（有时 $\boldsymbol{1}$ 或 $\boldsymbol{e}$ 被用于取代 $\boldsymbol{i}$）。这些是求和向量。

A.9 矩阵不等式

向量和矩阵更为确切的特征往往涉及不等式，为更高级的矩阵代数所需。利用向量作为一个例子，$\boldsymbol{x}\geqslant\boldsymbol{0}$（$\boldsymbol{x}$ 是“非负的”，意味着对于所有的 i，$x_i\geqslant 0$；注意这允许 $\boldsymbol{x}=\boldsymbol{0}$），$\boldsymbol{x}>0$（$\boldsymbol{x}$ 是“半正的”，意味着 $\boldsymbol{x}\geqslant\boldsymbol{0}$ 且 $\boldsymbol{x}\neq\boldsymbol{0}$；也就是，至少有一个 $x_i>0$），$\boldsymbol{x}\gg\boldsymbol{0}$（$\boldsymbol{x}$ 是“正的”，意味着对于所有的 i，$x_i>0$）。② 对于把 $\boldsymbol{x}=\boldsymbol{0}$ 必须排除的情况，需要“半正”的定义。相同的比较可以被应用于矩阵。而且，可以采用相同的符号来比较具有相同维数的任何一组向量或矩阵，如 $\boldsymbol{x}\geqslant\boldsymbol{y}$，$\boldsymbol{x}>\boldsymbol{y}$，以及 $\boldsymbol{x}\gg\boldsymbol{y}$，如此等等。

A.10 分块矩阵

通常把矩阵分为各个子矩阵是有用的，特别是如果存在某种合理的原因把某些行和列与其他行和列区别开来。③ 这被称为对矩阵进行分块；子矩阵有时用虚线或点线分割开来。例如，我们可以从一个 4×4 的矩阵 $\boldsymbol{A}$ 构造四个子矩阵，如：

① 这在投入产出模型中定义直接消耗系数矩阵（技术系数矩阵）时特别有用。

② 替代的符号也被使用（Lancaster，1968，p. 250；Takayama，1985，p. 368）。我们采用 Dietzenbacher（1988 年以及很多随后的出版物）所用的符号。

③ 区域间或多区域投入产出模型中的表述就是一个例子。

$$\underset{(4\times4)}{\mathbf{A}}=\begin{bmatrix} a_{11} & a_{12} & a_{13} & a_{14} \\ a_{21} & a_{22} & a_{23} & a_{24} \\ a_{31} & a_{32} & a_{33} & a_{34} \\ a_{41} & a_{42} & a_{43} & a_{44} \end{bmatrix}=\begin{bmatrix} \mathbf{A}_{11} & \mathbf{A}_{12} \\ \mathbf{A}_{21} & \mathbf{A}_{22} \end{bmatrix}$$

在线性组合的讨论中（第 A.6 节），我们把 $\mathbf{A}$ 看作由一系列列向量构成，$\mathbf{A}=[\mathbf{a}_1^{(c)} \quad \mathbf{a}_2^{(c)} \quad \cdots \quad \mathbf{a}_n^{(c)}]$。它可以等同地被很好地看作“一叠”行向量 $\mathbf{a}_i^{(r)}$，也就是，$\mathbf{A}=\begin{bmatrix} \mathbf{a}_1^{(c)} \\ \mathbf{a}_2^{(r)} \\ \vdots \\ \mathbf{a}_n^{(c)} \end{bmatrix}$。

□ A. 10. 1　分块矩阵的乘

如果对矩阵分块使得子矩阵便于相乘，那么分块矩阵的乘积可以求解为这些子矩阵的乘积。例如，假定与上述的 $\mathbf{A}$ 相对应，我们有：

$$\underset{(4\times3)}{\mathbf{B}}=\begin{bmatrix} b_{11} & b_{12} & b_{13} \\ b_{21} & b_{22} & b_{23} \\ b_{31} & b_{32} & b_{33} \\ b_{41} & b_{42} & b_{43} \end{bmatrix}=\begin{bmatrix} \mathbf{B}_{11} & \mathbf{B}_{12} \\ \mathbf{B}_{21} & \mathbf{B}_{22} \end{bmatrix}$$

那么：

$$\underset{(4\times3)}{\mathbf{AB}}=\begin{bmatrix} \mathbf{A}_{11} & \mathbf{A}_{12} \\ \mathbf{A}_{21} & \mathbf{A}_{22} \end{bmatrix}\begin{bmatrix} \mathbf{B}_{11} & \mathbf{B}_{12} \\ \mathbf{B}_{21} & \mathbf{B}_{22} \end{bmatrix}=\begin{bmatrix} \mathbf{A}_{11}\mathbf{B}_{11}+\mathbf{A}_{12}\mathbf{B}_{21} & \mathbf{A}_{11}\mathbf{B}_{12}+\mathbf{A}_{12}\mathbf{B}_{22} \\ \mathbf{A}_{21}\mathbf{B}_{11}+\mathbf{A}_{22}\mathbf{B}_{21} & \mathbf{A}_{21}\mathbf{B}_{12}+\mathbf{A}_{22}\mathbf{B}_{22} \end{bmatrix}$$

（读者可以检验加法和乘法满足所有相应的要求。）

□ A. 10. 2　分块矩阵的逆

分块矩阵的逆在很多投入产出表达式中起着重要的作用。给定一个分块的 $n\times n$ 矩阵 $\mathbf{A}=\begin{bmatrix} \underset{(p\times p)}{\mathbf{E}} & \underset{[p\times(n-p)]}{\mathbf{F}} \\ \underset{[(n-p)\times p]}{\mathbf{G}} & \underset{[(n-p)\times(n-p)]}{\mathbf{H}} \end{bmatrix}$（注意到 $\mathbf{E}$ 和 $\mathbf{H}$ 是方阵），逆矩阵的元素可以类似地被分块为 $\mathbf{A}^{-1}=\begin{bmatrix} \underset{(p\times p)}{\mathbf{S}} & \underset{[p\times(n-p)]}{\mathbf{T}} \\ \underset{[(n-p)\times p]}{\mathbf{U}} & \underset{[(n-p)\times(n-p)]}{\mathbf{V}} \end{bmatrix}$。注意到在原先的矩阵和逆矩阵中相应位置的子矩阵具有相同的维数。这意味着：

$$\begin{bmatrix} \mathbf{E} & \mathbf{F} \\ \mathbf{G} & \mathbf{H} \end{bmatrix}\begin{bmatrix} \mathbf{S} & \mathbf{T} \\ \mathbf{U} & \mathbf{V} \end{bmatrix}=\mathbf{I}=\begin{bmatrix} \underset{(p\times p)}{\mathbf{I}} & \underset{[(p\times(n-p)]}{\mathbf{0}} \\ \underset{[(n-p)\times p]}{\mathbf{0}} & \underset{[(n-p)\times(n-p)]}{\mathbf{I}} \end{bmatrix}$$

也就是，对乘积（单位矩阵）也可以进行类似的分块。这一矩阵表述可以扩展为四个矩阵方程，利用矩阵乘法和矩阵相等的常用规则。这些矩阵方程为：

$$(1)\boldsymbol{ES}+\boldsymbol{FU}=\boldsymbol{I} \qquad (3)\boldsymbol{ET}+\boldsymbol{FV}=\boldsymbol{0}$$
$$(2)\boldsymbol{GS}+\boldsymbol{HU}=\boldsymbol{0} \qquad (4)\boldsymbol{GT}+\boldsymbol{HV}=\boldsymbol{I} \tag{A.4}$$

(读者可以容易地验证所有矩阵都满足它们所涉及的乘法和加法运算的要求。)

假定可以求得$\boldsymbol{E}^{-1}$；那么由（1）得到$\boldsymbol{S}=\boldsymbol{E}^{-1}(\boldsymbol{I}-\boldsymbol{FU})$。把它放到（2）中，经过相应的改写，得到$\boldsymbol{U}=-(\boldsymbol{H}-\boldsymbol{GE}^{-1}\boldsymbol{F})^{-1}\boldsymbol{GE}^{-1}$。重要的事实是$\boldsymbol{U}$被表示为只是已知矩阵$\boldsymbol{E}$、$\boldsymbol{F}$、$\boldsymbol{G}$和$\boldsymbol{H}$的函数；而且一旦$\boldsymbol{U}$被求解，它就可以被代回到关于$\boldsymbol{S}$的表达式中。类似地，由（3）和（4）可以求解得到$\boldsymbol{T}=-\boldsymbol{E}^{-1}\boldsymbol{FV}$和$\boldsymbol{V}=(\boldsymbol{H}-\boldsymbol{GE}^{-1}\boldsymbol{F})^{-1}$。与第一组方程一样，$\boldsymbol{V}$仅仅是已知矩阵的函数，而一旦求解$\boldsymbol{V}$，它可以被用于求解$\boldsymbol{T}$。汇总这些结果为：

$$\boldsymbol{S}=\boldsymbol{E}^{-1}(\boldsymbol{I}-\boldsymbol{FU}) \qquad \boldsymbol{T}=-\boldsymbol{E}^{-1}\boldsymbol{FV}$$
$$\boldsymbol{U}=-\boldsymbol{VGE}^{-1} \qquad \boldsymbol{V}=(\boldsymbol{H}-\boldsymbol{GE}^{-1}\boldsymbol{F})^{-1} \tag{A.5}$$

以这种方式，一个$n\times n$矩阵的逆可以通过两个小的矩阵$\underset{(p\times p)}{\boldsymbol{E}}$和$\underset{[(n-p)\times(n-p)]}{\boldsymbol{V}}$的逆，附带采用一些矩阵的乘来求解。

如果我们从假定$\boldsymbol{H}^{-1}$是已知的开始，可以得到一组替代的结果。这些就是：

$$\boldsymbol{S}=(\boldsymbol{E}-\boldsymbol{FH}^{-1}\boldsymbol{G})^{-1} \qquad \boldsymbol{T}=-\boldsymbol{SFH}^{-1}$$
$$\boldsymbol{U}=-\boldsymbol{H}^{-1}\boldsymbol{GS} \qquad \boldsymbol{V}=\boldsymbol{H}^{-1}(\boldsymbol{I}-\boldsymbol{GT}) \tag{A.6}$$

仍然需要的是两个（不同的）小的矩阵$\underset{(p\times p)}{\boldsymbol{S}}$和$\underset{[(n-p)\times(n-p)]}{\boldsymbol{H}}$的逆。

对于具有特殊结构的$\boldsymbol{A}$矩阵，通过式（A.5）和式（A.6）求解可能尤为简单。这里是投入产出模型中出现的几个替代结果。

（1）如果$\boldsymbol{A}=\begin{bmatrix}\boldsymbol{E} & \boldsymbol{0}\\ \boldsymbol{0} & \boldsymbol{H}\end{bmatrix}$，那么，利用式（A.5）或式（A.6），容易构造$\boldsymbol{A}^{-1}=\begin{bmatrix}\boldsymbol{E}^{-1} & \boldsymbol{0}\\ \boldsymbol{0} & \boldsymbol{H}^{-1}\end{bmatrix}$；只需要两个小的逆矩阵$\boldsymbol{E}^{-1}$和$\boldsymbol{H}^{-1}$。

（2）如果是更为特殊的情形，这时$\boldsymbol{A}=\begin{bmatrix}\boldsymbol{E} & \boldsymbol{0}\\ \boldsymbol{0} & \boldsymbol{I}\end{bmatrix}$，那么$\boldsymbol{A}^{-1}=\begin{bmatrix}\boldsymbol{E}^{-1} & \boldsymbol{0}\\ \boldsymbol{0} & \boldsymbol{I}\end{bmatrix}$。

（3）如果$\boldsymbol{A}=\begin{bmatrix}\boldsymbol{E} & \boldsymbol{0}\\ \boldsymbol{G} & \boldsymbol{I}\end{bmatrix}$，那么$\boldsymbol{A}^{-1}=\begin{bmatrix}\boldsymbol{E}^{-1} & \boldsymbol{0}\\ -\boldsymbol{GE}^{-1} & \boldsymbol{I}\end{bmatrix}$。

有兴趣的读者基于这些特例，可以容易地构造更多的变形。

参考文献

Dietzenbacher. Erik. 1988. "Estimation of the Leontief Inverse from the Practitioner's Point of View," *Mathematical Social Sciences*, **16**, 181-187.

Lancaster, Kelvin. 1968. *Mathematical Economics*. New York: Macmillan.

Takayama. Akira. 1985. *Mathematical Economics*. Second Edition. New York: Cambridge University Press.

附录 B 美国（1919—2006 年）投入产出表资料

B.1 引言

在这个附录中，我们提供了 16 个加总为 7 个产业/商品部门的美国历史上的投入产出账户。2005 年度和 2003 年度表是美国经济分析局（BEA）所编制的 1997 年度基准投入产出表的年度更新，BEA 的前身是美国商务部企业经济办公室（Office of Business Economics）。2006 年度表是作为基于最近的可获得的基准表或基于综合调查的表的年度系列更新表的一部分而编制的。2002 年、1997 年、1992 年、1987 年、1982 年、1977 年、1972 年、1967 年、1963 年以及 1958 年的年度表都是 BEA 基准表。1947 年度表最初是由劳动统计局（BLS）编制的，并经过瓦卡拉、夏皮罗和西蒙（Vaccara, Shapiro, and Simon, 1970）的重新加工，以便与那一时期随后的表的产业分类和其他习惯相协调。1939 年、1929 年和 1919 年的年度表从列昂惕夫（Leontief, 1941c, 1941b, 1941a）推导而得到。原来的表都以几种不同的分类水平公布的，1963 年以来的表大约有 85 个、365 个和 496 个部门的不同分类。

第 B.2 节提供的交易表都表示为美国当年的百万美元。1972 年及随后年度的表、BEA 编制的交易表都采用第 4 章和第 5 章给出的产业×商品格式，因而用包含制造（$\mathbf{V}$）表和使用（$\mathbf{U}$）表、总产业产出向量（$\mathbf{Vi}$）和总商品产出向量（$\mathbf{V'i}$）的账户来取代产业间交易 $\mathbf{Z}$。针对每组商品×产业交易还包括竞争性商品进口向量，使得可以根据第 4.7.6 节提供的方法来构造国内使用表。

在第 B.3 节中，我们为所有第 B.2 节中的交易账户提供了技术系数矩阵 $\mathbf{A}$，以及完全需求系数矩阵 $\mathbf{L}$。对于 1972 年度及随后年度的表，我们运用基于产业的技术假定（参考第 5 章），并以产业×产业项构造 $\mathbf{A}$ 和 $\mathbf{L}$，也就是 $\mathbf{A}=\mathbf{V}(\widehat{\mathbf{V'i}})^{-1}\mathbf{U}(\widehat{\mathbf{Vi}})^{-1}$，而 $\mathbf{L}=$

$(\boldsymbol{I}-\mathbf{A})^{-1}$。大部分这些表都可以在网站 www. bea. gov 上获得更高级别的部门分类。

B.2 交易账户

美国使用(2006年)	1	2	3	4	5	6	7	进口
1. 农业	77 871	1	1 917	171 883	286	20 632	1 734	(34 939)
2. 采掘业	604	57 381	9 207	365 866	110 145	1 509	16 607	(259 547)
3. 建筑业	1 101	92	1 382	9 220	13 805	82 226	65 135	—
4. 制造业	59 558	42 029	374 088	1 634 097	206 055	632 799	276 795	(1 505 557)
5. 贸易运输与公用事业	25 563	17 053	153 258	509 145	256 402	389 337	122 420	7 832
6. 其他工业	28 859	58 609	181 731	628 804	678 169	3 413 496	564 970	(60 341)
7. 其他	258	1 578	2 231	73 184	49 647	102 297	39 150	(231 905)
美国制造(2006年)	1	2	3	4	5	6	7	产业产出
1. 农业	316 336	—	—	76	—	2 633	—	319 045
2. 采掘业	—	412 453	—	24 890	—	—	—	437 343
3. 建筑业	—	—	1 392 907	—	—	—	—	1 392 907
4. 制造业	—	—	—	4 876 809	—	29 214	5 846	4 911 868
5. 贸易运输与公用事业	—	764	—	—	3 552 762	50	1 081	3 554 657
6. 其他工业	—	614	—	—	157	11 421 370	4 224	11 426 365
7. 其他	5 026	1 812	—	3 948	123 486	357 785	2 201 350	2 693 408
商品产出	321 361	415 644	1 392 907	4 905 722	3 676 406	11 811 051	2 212 501	24 735 592

美国使用(2002年)	1	2	3	4	5	6	7	进口
1. 农业	72 028	361	2 763	145 716	997	7 406	1 653	(24 985)
2. 采掘业	703	8,611	9 234	140 728	63 095	2 224	7 909	(93 985)
3. 建筑业	1 168	6 621	718	12 208	15 697	74 277	42 456	—
4. 制造业	40 495	17 122	253 489	1 343 085	132 739	424 488	198 600	(1 014 741)
5. 贸易运输与公用事业	23 899	12 207	103 373	360 139	220 365	239 088	97 013	6 614
6. 其他工业	37 151	46 606	152 787	543 989	508 815	2 513 262	432 413	(42 186)
7. 其他	154	1 008	410	31 210	52 162	79 038	26 458	(166 101)

美国制造（2002年）	1	2	3	4	5	6	7	产业产出
1. 农业	269 896	—	—	42	—	1 243	—	271 182
2. 采掘业	—	169 188	—	15 368	—	—	—	184 556
3. 建筑业	—	—	1 032 363	—	—	—	—	1 032 363
4. 制造业	—	807	—	3 787 231	63	27 055	2 205	3 817 360
5. 贸易运输与公用事业	—	26	—	—	2 682 398	51	961	2 683 436
6. 其他工业	—	46	—	—	21	9 114 384	487	9 114 939
7. 其他	1 916	—	—	—	90 941	227 437	1 755 904	2 076 198
商品产出	271 812	170 068	1 032 363	3 802 641	2 773 423	9 370 171	1 759 556	19 180 034

美国使用(1997年)	1	2	3	4	5	6	7	进口
1. 农业	74 938	15	1 121	150 341	2 752	12 548	863	(23 123)
2. 采掘业	370	19 461	4 281	112 513	53 778	1 167	4 052	(64 216)
3. 建筑业	1 122	29	832	7 499	11 758	39 089	11 570	—
4. 制造业	49 806	19 275	178 903	1 362 600	169 915	372 193	48 133	(765 454)
5. 贸易运输与公用事业	21 650	11 125	76 056	380 272	199 004	193 280	31 603	6 337
6. 其他工业	32 004	43 442	104 479	464 900	525 227	1 400 889	104 099	(16 682)
7. 其他	999	2 573	3 666	52 691	40 322	100 066	17 903	(126 610)
美国制造(1997年)	1	2	3	4	5	6	7	产业产出
1. 农业	285 067	—	—	63	—	1 149	—	286 280
2. 采掘业	—	158 239	—	9 752	—	—	—	167 991
3. 建筑业	—	—	754 091	—	—	—	—	754 091
4. 制造业	—	727	—	3 718 807	259	30 289	3 669	3 753 751
5. 贸易运输与公用事业	—	381	—	—	2 272 268	40	729	2 273 418
6. 其他工业	—	410	—	1 251	86	6 477 777	1 821	6 481 345
7. 其他	—	—	—	55	78 682	16 984	1 050 280	1 146 001
商品产出	285 067	159 757	754 091	3 729 928	2 351 295	6 526 240	1 056 499	14 862 876

美国使用(1992年)	1	2	3	4	5	6	7	进口
1. 农业	55 569	43	4 027	123 104	966	13 575	317	(14 601)
2. 采掘业	298	25 985	5 445	94 010	54 562	38	2 688	(43 527)
3. 建筑业	2 895	2 670	594	18 133	41 597	72 577	11 152	—
4. 制造业	39 370	11 848	202 588	1 019 103	106 382	247 947	12 272	(485 599)
5. 贸易运输与公用事业	22 226	12 911	73 711	320 070	213 175	165 013	15 043	10 385
6. 其他工业	22 004	24 412	79 571	216 081	319 142	814 529	12 730	(5 439)
7. 其他	169	1 187	772	24 693	32 782	36 162	2 604	(92 856)
美国制造(1992年)	1	2	3	4	5	6	7	产业产出
1. 农业	235 591	—	—	1 022	11	1 038	—	237 662
2. 采掘业	—	147 001	—	9 716	—	—	—	156 717
3. 建筑业	—	—	679 330	—	—	—	—	679 330
4. 制造业	—	561	—	2 879 654	43	69 509	1 536	2 951 303
5. 贸易运输与公用事业	—	—	—	—	1 965 701	28 838	542	1 995 081
6. 其他工业	—	—	—	8	53	3 881 700	521	3 882 282
7. 其他	—	—	—	37	61 370	12 433	846 432	920 272
商品产出	235 591	147 562	679 330	2 890 437	2 027 178	3 993 518	849 031	10 822 647

美国使用(1987年)	1	2	3	4	5	6	7	进口
1. 农业	61 442	4	3 491	97 047	288	10 167	162	(6 924)
2. 采掘业	262	6 960	4 836	93 975	29 841	46	2 147	(34 112)
3. 建筑业	1 540	2 242	382	14 169	31 502	57 645	16 664	—
4. 制造业	27 760	8 837	181 444	841 929	76 950	210 372	10 378	(377 045)
5. 贸易运输与公用事业	17 504	7 904	65 539	241 994	180 061	121 247	15 144	10 203
6. 其他工业	19 721	19 945	71 739	142 404	229 671	594 509	7 311	(4 800)
7. 其他	203	898	383	27 005	18 544	26 417	1 566	(80 764)
美国制造(1987年)	1	2	3	4	5	6	7	产业产出
1. 农业	198 948	—	—	3 976	807	152	—	203 883
2. 采掘业	—	111 533	—	5 950	11 968	—	—	129 451
3. 建筑业	—	—	618 813	—	—	—	—	618 813
4. 制造业	—	554	—	2 401 769	26	57 944	2 078	2 462 371
5. 贸易运输与公用事业	—	59	—	242	1 503 189	28 109	317	1 531 917
6. 其他工业	—	—	—	—	—	2 656 807	217	2 657 024
7. 其他	—	—	—	33	50 383	12 241	508 900	571 557
商品产出	198 948	112 146	618 813	2 411 970	1 566 373	2 755 254	511 512	8 175 016

美国使用(1982年)	1	2	3	4	5	6	7	进口
1. 农业	55 652	6	486	86 494	215	6 824	2 124	(4 153)
2. 采掘业	254	8 956	2 578	147 741	53 080	45	1 769	(46 481)
3. 建筑业	1 812	4 749	452	9 623	21 428	38 372	10 177	—
4. 制造业	35 214	11 677	140 569	680 630	82 020	136 359	8 890	(192 754)
5. 贸易运输与公用事业	13 712	7 999	43 943	208 400	143 047	73 291	16 777	2 126
6. 其他工业	16 483	31 102	44 475	108 534	138 442	282 916	3 388	(1 200)
7. 其他	170	499	281	21 885	12 993	14 227	1 419	(89 450)
美国制造(1982年)	1	2	3	4	5	6	7	产业产出
1. 农业	190 104	—	—	4 262	921	103	—	195 390
2. 采掘业	—	178 410	—	8 970	5 235	—	—	192 615
3. 建筑业	—	—	438 791	—	—	—	—	438 791
4. 制造业	—	863	—	1 899 789	27	33 459	2 163	1 936 302
5. 贸易运输与公用事业	—	117	—	557	1 091 181	14 614	193	1 106 662
6. 其他工业	—	—	—	—	—	1 609 434	174	1 609 608
7. 其他	—	—	—	27	36 687	6 931	416 760	460 404
商品产出	190 104	179 391	438 791	1 913 604	1 134 051	1 664 541	419 291	5 939 773

美国使用(1977年)	1	2	3	4	5	6	7	进口
1. 农业	31 868	8	658	62 286	651	4 470	163	(2 712)
2. 采掘业	163	5 562	2 044	76 343	19 295	22	1 202	(37 565)
3. 建筑业	1 383	2 923	304	8 706	12 850	26 389	4 971	—
4. 制造业	26 128	7 261	98 570	518 309	42 072	77 391	3 200	(110 057)
5. 贸易运输与公用事业	9 459	3 771	31 125	118 784	73 176	45 091	6 026	2 844
6. 其他工业	11 594	8 068	19 821	67 659	84 188	140 980	2 215	(672)
7. 其他	66	243	199	15 698	6 975	6 231	875	(35 991)
美国制造(1977年)	1	2	3	4	5	6	7	产业产出
1. 农业	125 829	—	—	3 720	15	100	—	129 663
2. 采掘业	—	71 311	—	4 414	2 307	—	—	78 031
3. 建筑业	—	—	264 334	—	—	—	—	264 334
4. 制造业	9	441	—	1 333 361	44	18 947	2 182	1 354 983
5. 贸易运输与公用事业	34	86	—	173	669 210	7 949	122	677 571
6. 其他工业	—	—	—	—	—	902 088	—	902 088
7. 其他	—	—	—	66	18 710	4 655	233 893	257 323
商品产出	125 872	71 837	264 334	1 341 733	690 285	933 735	236 196	3 663 993

美国使用(1972年)	1	2	3	4	5	6	7	进口
1. 农业	26 328	0	263	40 284	312	2 592	196	(2 043)
2. 采掘业	136	1 654	1 407	22 154	6 027	30	313	(4 071)
3. 建筑业	583	858	47	3 245	5 875	13 715	2 672	—
4. 制造业	11 926	2 753	58 464	287 182	14 243	44 557	1 215	(50 799)
5. 贸易运输与公用事业	5 259	1 457	17 750	61 248	37 726	22 923	3 337	1 426
6. 其他工业	7 533	4 638	11 813	46 674	45 291	87 792	1 758	(218)
7. 其他	27	143	146	7 014	3 299	4 285	432	(20 494)
美国制造(1972年)	1	2	3	4	5	6	7	产业产出
1. 农业	81 264	—	—	2 529	97	65	—	83 955
2. 采掘业	—	28 864	—	1 224	298	—	—	30 386
3. 建筑业	—	—	165 998	—	—	—	—	165 998
4. 制造业	5	178	—	746 059	21	13 546	1 384	761 194
5. 贸易运输与公用事业	—	33	—	85	371 734	5 491	46	377 389
6. 其他工业	—	—	—	—	—	522 215	—	522 215
7. 其他	—	—	—	28	11 756	433	148 991	161 207
商品产出	81 269	29 076	165 998	749 925	383 905	541 751	150 420	2 102 343

美国交易(1967年)	1	2	3	4	5	6	7	总产出
1. 农业	19 237	—	263	31 390	2 683	331	588	63 793
2. 采掘业	138	1 285	930	17 281	3 712	17	145	24 959
3. 建筑业	603	572	30	2 560	10 837	1 324	1 771	103 280
4. 制造业	8 676	2 334	37 534	240 420	18 276	23 676	8 125	617 368
5. 贸易运输与公用事业	7 812	4 307	12 610	51 495	62 600	21 596	8 818	437 029
6. 其他工业	1 776	569	5 433	20 058	23 962	10 414	2 329	150 156
7. 其他	1 169	2 402	906	25 170	19 405	4 293	1 508	33 141
								1 429 726

美国交易(1963年)	1	2	3	4	5	6	7	总产出
1. 农业	17 818	—	326	26 753	2 819	60	790	57 474
2. 采掘业	128	1 138	737	14 635	2 756	16	188	20 570
3. 建筑业	567	416	25	1 402	10 158	954	1 349	85 313
4. 制造业	7 646	1 670	31 562	185 758	12 962	15 417	6 312	466 415
5. 贸易运输与公用事业	6 060	3 981	11 345	37 657	45 682	15 913	6 300	322 878
6. 其他工业	1 414	295	3 657	12 444	15 273	6 219	1 622	103 038
7. 其他	1 139	2 020	639	16 798	14 175	3 500	931	24 518

美国交易(1958年)	1	2	3	4	5	6	7	总产出
1. 农业	15 577	—	237	25 077	2 362	24	733	52 732
2. 采掘业	102	1 131	757	13 347	1 909	41	148	18 354
3. 建筑业	613	11	8	751	8 894	972	1 206	69 291
4. 制造业	6 105	1 458	26 528	135 698	10 510	17 571	5 202	356 877
5. 贸易运输与公用事业	5 919	2 956	9 477	31 283	35 336	10 842	4 574	248 909
6. 其他工业	1 214	426	2 968	8 760	11 235	5 176	1 266	78 187
7. 其他	1 091	1 959	379	13 991	10 691	2 280	733	17 724
								842 074

美国交易(1947年)	1	2	3	4	5	6	7	总产出
1. 农业	15 285	—	92	23 946	1 800	168	111	46 712
2. 采掘业	47	810	277	6 601	1 205	40	25	9 700
3. 建筑业	568	15	7	510	5 428	259	503	29 331
4. 制造业	4 434	951	11 132	73 771	6 441	5 463	2 153	197 633
5. 贸易运输与公用事业	5 044	1 058	4 289	14 522	14 945	4 009	2 397	123 342
6. 其他工业	380	85	1 280	3 185	4 768	2 109	341	31 967
7. 其他	51	45	206	4 586	4 797	1 081	114	7 877
								446 562

美国交易(1939年)	农业	采掘业	建筑业	制造业	贸易运输与公用事业	其他工业	其他	总产出
农业	1,537	—	890	6 052	683	333	768	14 316
采掘业	46	2 002	2 037	2 222	806	46	672	8 987
建筑业	307	76	—	868	993	1 448	4 572	11 291
制造业	2 280	504	2 469	17 503	5 990	3 927	10 419	75 462
贸易运输与公用事业	3 367	2 314	343	20 021	3 681	38	1 524	32 614
其他工业	552	26	3	929	709	495	1 388	22 780
其他	850	1 585	94	13 293	7 967	3 945	1 414	33 161
								198 611

美国交易(1929年)	农业	采掘业	建筑业	制造业	贸易运输与公用事业	其他工业	其他	总产出
农业	6 182	45	306	5 730	195	15	871	17 969
采掘业	16	630	1 180	3 350	598	22	824	7 931
建筑业	11	36	—	502	291	—	3 508	6 971
制造业	1 706	599	1 703	16 830	2 543	141	12 468	64 985
贸易运输与公用事业	1 079	1 563	—	1 819	225	32	3 316	11 625
其他工业	39	—	102	46	—	51	683	2 238
其他	1 214	2 302	822	17 597	2 315	1 167	—	48 836
								160 555

美国交易(1919年)	农业	采掘业	建筑业	制造业	贸易运输与公用事业	其他工业	其他	总产出
农业	9 845	51	252	8 453	104	14	1 441	24 555
采掘业	15	402	622	2 189	656	22	617	5 613
建筑业	—	—	—	—	—	—	2 108	3 142
制造业	1 831	389	1 002	13 087	2 046	6	12 180	57 533
贸易运输与公用事业	1 083	1 105	—	909	128	16	2 254	8 088
其他工业	21	—	86	47	—	—	391	1 776
其他	860	2 251	330	16 846	1 674	911	—	36 257
								136 964

B.3 技术系数和完全需求矩阵

美国技术系数(2006年)	1	2	3	4	5	6	7
1. 农业	0.240 3	0.000 0	0.001 4	0.034 5	0.000 1	0.001 8	0.000 7
2. 采掘业	0.002 8	0.130 7	0.007 9	0.075 6	0.031 0	0.000 4	0.006 6
3. 建筑业	0.003 5	0.000 2	0.001 0	0.001 9	0.003 9	0.007 2	0.024 2
4. 制造业	0.185 8	0.095 9	0.267 3	0.331 1	0.058 1	0.055 8	0.102 7
5. 贸易运输与公用事业	0.077 4	0.037 9	0.106 3	0.100 3	0.069 8	0.032 9	0.043 9
6. 服务业	0.087 5	0.129 8	0.126 2	0.123 9	0.184 6	0.288 9	0.202 9
7. 其他	0.010 2	0.009 6	0.009 5	0.023 3	0.022 3	0.019 2	0.022 5

美国总需求(2006 年)	1	2	3	4	5	6	7
1. 农业	1.336 5	0.010 1	0.023 8	0.073 5	0.007 5	0.010 1	0.011 8
2. 采掘业	0.048 2	1.171 6	0.056 6	0.147 0	0.052 5	0.016 2	0.030 6
3. 建筑业	0.009 1	0.003 6	1.005 8	0.008 1	0.007 9	0.012 0	0.028 6
4. 制造业	0.427 5	0.206 4	0.465 0	1.597 2	0.142 4	0.143 8	0.217 3
5. 贸易运输与公用事业	0.172 8	0.082 3	0.182 6	0.201 3	1.107 6	0.071 9	0.091 1
6. 服务业	0.304 1	0.279 9	0.329 4	0.382 9	0.334 4	1.466 1	0.369 8
7. 其他	0.034 6	0.023 9	0.032 3	0.052 5	0.035 9	0.034 2	1.038 2

美国技术系数(2002 年)	1	2	3	4	5	6	7
1. 农业	0.263 8	0.002 0	0.002 7	0.037 9	0.000 4	0.000 8	0.000 8
2. 采掘业	0.003 2	0.046 8	0.009 9	0.038 1	0.023 6	0.000 4	0.004 2
3. 建筑业	0.004 3	0.035 9	0.000 7	0.003 2	0.005 8	0.008 1	0.020 4
4. 制造业	0.149 1	0.093 4	0.245 0	0.351 0	0.050 0	0.047 2	0.095 9
5. 贸易运输与公用事业	0.085 2	0.064 0	0.096 8	0.091 3	0.079 4	0.025 4	0.045 2
6. 服务业	0.133 3	0.245 7	0.144 0	0.138 6	0.184 4	0.268 2	0.202 6
7. 其他	0.008 7	0.013 8	0.007 3	0.015 0	0.026 7	0.016 2	0.019 3
美国总需求(2002 年)	1	2	3	4	5	6	7
1. 农业	1.378 0	0.014 9	0.026 5	0.084 6	0.007 7	0.007 9	0.012 0
2. 采掘业	0.024 3	1.061 5	0.032 2	0.070 4	0.033 1	0.007 0	0.015 1
3. 建筑业	0.012 8	0.043 8	1.007 6	0.013 3	0.011 6	0.013 1	0.025 7
4. 制造业	0.371 2	0.218 2	0.432 5	1.625 3	0.126 3	0.119 0	0.199 6
5. 贸易运输与公用事业	0.179 5	0.115 1	0.164 3	0.188 4	1.114 0	0.054 8	0.085 1
6. 服务业	0.385 4	0.446 1	0.344 1	0.407 7	0.330 1	1.416 7	0.357 1
7. 其他	0.029 5	0.029 2	0.024 9	0.038 5	0.038 3	0.027 0	1.031 5

美国技术系数(1997 年)	1	2	3	4	5	6	7
1. 农业	0.261 8	0.000 1	0.001 5	0.040 1	0.001 3	0.002 0	0.000 8
2. 采掘业	0.001 7	0.115 0	0.006 2	0.030 6	0.023 6	0.000 3	0.003 6
3. 建筑业	0.003 9	0.000 2	0.001 1	0.002 0	0.005 2	0.006 0	0.010 1
4. 制造业	0.174 0	0.116 2	0.237 2	0.362 7	0.075 8	0.058 3	0.042 4
5. 贸易运输与公用事业	0.073 1	0.064 3	0.097 5	0.098 0	0.084 7	0.028 8	0.026 7
6. 服务业	0.111 0	0.257 0	0.137 6	0.123 2	0.229 4	0.214 6	0.090 2
7. 其他	0.006 3	0.018 1	0.008 6	0.017 7	0.021 2	0.016 9	0.016 7

美国总需求(1997 年)	1	2	3	4	5	6	7
1. 农业	1.379 5	0.016 6	0.026 9	0.092 0	0.013 0	0.011 1	0.006 8
2. 采掘业	0.022 6	1.143 3	0.027 0	0.063 8	0.036 9	0.007 0	0.008 9
3. 建筑业	0.009 4	0.004 6	1.005 1	0.007 4	0.008 9	0.008 9	0.011 7
4. 制造业	0.436 1	0.274 5	0.436 5	1.668 7	0.184 9	0.137 3	0.095 3
5. 贸易运输与公用事业	0.170 4	0.127 1	0.168 3	0.203 8	1.129 8	0.059 4	0.047 2
6. 服务业	0.325 3	0.461 7	0.309 4	0.361 2	0.378 5	1.320 6	0.1 52 1
7. 其他	0.026 4	0.036 8	0.026 2	0.042 4	0.035 0	0.026 7	1.022 6

美国技术系数(1992 年)	1	2	3	4	5	6	7
1. 农业	0.233 9	0.000 3	0.006 1	0.041 9	0.000 5	0.003 6	0.000 4
2. 采掘业	0.001 8	0.165 4	0.009 0	0.032 9	0.027 4	0.000 2	0.003 0
3. 建筑业	0.012 2	0.017 0	0.000 9	0.006 1	0.020 8	0.018 7	0.023 0
4. 制造业	0.166 7	0.078 7	0.299 2	0.345 4	0.056 0	0.067 3	0.013 5
5. 贸易运输与公用事业	0.091 4	0.081 0	0.106 1	0.105 7	0.104 8	0.042 7	0.016 0
6. 服务业	0.090 0	0.151 4	0.113 9	0.071 2	0.155 5	0.203 9	0.013 4
7. 其他	0.003 8	0.010 5	0.004 8	0.011 9	0.020 1	0.011 2	0.003 4
美国总需求(1992 年)	1	2	3	4	5	6	7
1. 农业	1.328 4	0.013 5	0.037 8	0.089 3	0.010 4	0.015 0	0.003 0
2. 采掘业	0.025 4	1.211 9	0.038 2	0.071 2	0.044 3	0.009 8	0.006 3
3. 建筑业	0.028 0	0.031 1	1.014 3	0.021 4	0.031 3	0.027 8	0.024 7
4. 制造业	0.395 5	0.206 2	0.520 4	1.610 1	0.147 9	0.158 7	0.039 1
5. 贸易运输与公用事业	0.199 3	0.153 1	0.200 8	0.218 9	1.155 9	0.086 6	0.027 8
6. 服务业	0.233 6	0.285 2	0.242 7	0.213 9	0.253 6	1.295 1	0.031 0
7. 其他	0.016 9	0.021 8	0.018 4	0.027 2	0.028 6	0.018 5	1.004 9

美国技术系数(1987 年)	1	2	3	4	5	6	7
1. 农业	0.301 6	0.000 2	0.006 2	0.040 0	0.000 3	0.004 0	0.000 3
2. 采掘业	0.002 3	0.054 1	0.009 3	0.039 6	0.020 4	0.000 6	0.004 0
3. 建筑业	0.007 6	0.017 3	0.000 6	0.005 8	0.020 6	0.021 7	0.029 2
4. 制造业	0.137 6	0.071 5	0.294 5	0.341 9	0.053 3	0.083 6	0.018 4
5. 贸易运输与公用事业	0.083 4	0.060 2	0.102 9	0.095 0	0.114 4	0.046 1	0.025 6
6. 服务业	0.093 3	0.148 6	0.111 8	0.055 8	0.144 6	0.215 8	0.012 3
7. 其他	0.004 2	0.009 5	0.004 5	0.014 3	0.016 5	0.012 4	0.003 6

美国总需求(1987 年)	1	2	3	4	5	6	7
1. 农业	1.454 5	0.011 7	0.039 7	0.092 7	0.010 5	0.019 1	0.003 9
2. 采掘业	0.023 3	1.067 2	0.035 8	0.071 6	0.031 7	0.011 5	0.007 6
3. 建筑业	0.023 3	0.027 5	1.013 9	0.019 9	0.031 3	0.032 6	0.031 4
4. 制造业	0.364 1	0.170 4	0.510 8	1.595 0	0.144 8	0.195 4	0.051 3
5. 贸易运输与公用事业	0.193 4	0.108 1	0.191 1	0.197 0	1.164 5	0.096 4	0.040 8
6. 服务业	0.242 6	0.239 8	0.227 9	0.177 6	0.237 1	1.316 2	0.033 4
7. 其他	0.017 9	0.017 6	0.018 5	0.029 6	0.024 8	0.021 1	1.005 7

美国技术系数(1982 年)	1	2	3	4	5	6	7
1. 农业	0.285 3	0.000 2	0.001 9	0.045 5	0.000 5	0.004 5	0.004 7
2. 采掘业	0.002 5	0.046 7	0.007 8	0.078 0	0.048 6	0.000 6	0.004 1
3. 建筑业	0.009 3	0.024 7	0.001 0	0.005 0	0.019 4	0.023 8	0.022 1
4. 制造业	0.180 6	0.063 7	0.320 1	0.350 5	0.076 4	0.087 7	0.019 4
5. 贸易运输与公用事业	0.068 3	0.041 4	0.097 3	0.104 2	0.125 5	0.045 4	0.035 1
6. 服务业	0.081 6	0.156 1	0.098 0	0.054 2	0.121 0	0.170 0	0.007 1
7. 其他	0.003 5	0.004 6	0.004 3	0.015 0	0.016 4	0.011 0	0.004 3
美国总需求(1982 年)	1	2	3	4	5	6	7
1. 农业	1.430 5	0.012 6	0.040 5	0.106 5	0.014 8	0.021 1	0.010 4
2. 采掘业	0.051 7	1.067 7	0.065 3	0.146 9	0.077 1	0.022 9	0.011 8
3. 建筑业	0.025 9	0.034 7	1.014 9	0.022 2	0.031 5	0.033 7	0.024 6
4. 制造业	0.466 3	0.167 0	0.569 1	1.646 5	0.195 3	0.204 3	0.055 9
5. 贸易运输与公用事业	0.184 3	0.087 7	0.198 3	0.224 6	1.186 8	0.096 1	0.052 6
6. 服务业	0.210 8	0.230 0	0.202 3	0.181 2	0.205 6	1.242 6	0.026 1
7. 其他	0.017 7	0.011 6	0.018 9	0.031 6	0.025 3	0.018 7	1.006 5

美国技术系数(1977 年)	1	2	3	4	5	6	7
1. 农业	0.246 3	0.000 4	0.003 5	0.047 0	0.001 1	0.005 2	0.000 7
2. 采掘业	0.002 2	0.071 2	0.009 3	0.057 5	0.028 8	0.000 5	0.004 8
3. 建筑业	0.010 7	0.037 5	0.001 1	0.006 4	0.019 0	0.029 3	0.019 3
4. 制造业	0.202 1	0.095 0	0.372 2	0.381 6	0.064 5	0.088 5	0.012 6
5. 贸易运输与公用事业	0.071 6	0.047 8	0.114 8	0.085 5	0.105 8	0.049 8	0.022 8
6. 服务业	0.086 4	0.099 9	0.072 4	0.048 2	0.120 0	0.151 0	0.008 3
7. 其他	0.002 9	0.004 9	0.004 3	0.014 1	0.013 7	0.009 0	0.004 0

美国总需求(1977 年)	1	2	3	4	5	6	7
1. 农业	1.360 7	0.016 9	0.049 0	0.109 3	0.014 3	0.022 3	0.003 8
2. 采掘业	0.041 0	1.095 1	0.059 4	0.113 7	0.047 3	0.017 6	0.009 1
3. 建筑业	0.028 9	0.049 6	1.017 6	0.025 2	0.030 7	0.039 9	0.021 3
4. 制造业	0.515 6	0.237 4	0.684 2	1.728 0	0.177 4	0.217 8	0.042 5
5. 贸易运输与公用事业	0.175 7	0.098 3	0.213 1	0.192 6	1.153 6	0.096 6	0.034 4
6. 服务业	0.200 0	0.162 3	0.168 0	0.152 4	0.183 0	1.211 8	0.020 4
7. 其他	0.015 9	0.011 8	0.019 0	0.029 5	0.020 5	0.015 7	1.005 5

美国技术系数(1972 年)	1	2	3	4	5	6	7
1. 农业	0.314 1	0.000 3	0.002 8	0.054 2	0.001 0	0.005 3	0.001 2
2. 采掘业	0.001 9	0.054 2	0.009 1	0.029 6	0.016 0	0.000 2	0.002 0
3. 建筑业	0.006 9	0.028 2	0.000 3	0.004 3	0.015 6	0.026 3	0.016 6
4. 制造业	0.143 6	0.094 3	0.352 2	0.377 1	0.040 7	0.089 2	0.007 8
5. 贸易运输与公用事业	0.061 6	0.048 1	0.104 3	0.078 6	0.098 0	0.044 2	0.020 2
6. 服务业	0.086 5	0.147 1	0.068 6	0.059 1	0.115 7	0.162 1	0.010 5
7. 其他	0.002 3	0.006 3	0.004 2	0.011 7	0.011 8	0.009 6	0.003 3
美国总需求(1972 年)	1	2	3	4	5	6	7
1. 农业	1.491 3	0.020 4	0.055 2	0.135 3	0.0125	0.0262	0.0044
2. 采掘业	0.018 2	1.066 5	0.032 6	0.056 3	0.023 2	0.008 7	0.003 7
3. 建筑业	0.020 6	0.038 7	1.011 7	0.017 2	0.023 7	0.035 1	0.017 9
4. 制造业	0.397 9	0.226 1	0.625 6	1.690 5	0.118 7	0.208 7	0.029 2
5. 贸易运输与公用事业	0.150 3	0.093 6	0.185 4	0.170 4	1.132 7	0.085 0	0.028 6
6. 服务业	0.207 8	0.221 6	0.164 2	0.168 3	0.172 3	1.227 2	0.021 2
7. 其他	0.012 1	0.012 8	0.015 7	0.024 1	0.016 8	0.015 5	1.004 3

美国技术系数(1967 年)	1	2	3	4	5	6	7
1. 农业	0.301 6	0.000 0	0.002 5	0.050 8	0.006 1	0.002 2	0.017 7
2. 采掘业	0.002 2	0.051 5	0.009 0	0.028 0	0.008 5	0.000 1	0.004 4
3. 建筑业	0.009 5	0.022 9	0.000 3	0.004 1	0.024 8	0.008 8	0.053 4
4. 制造业	0.136 0	0.093 5	0.363 4	0.389 4	0.041 8	0.157 7	0.245 2
5. 贸易运输与公用事业	0.122 5	0.172 6	0.122 1	0.083 4	0.143 2	0.143 8	0.266 1
6. 服务业	0.027 8	0.022 8	0.052 6	0.032 5	0.054 8	0.069 4	0.070 3
7. 其他	0.018 3	0.096 2	0.008 8	0.040 8	0.044 4	0.028 6	0.045 5

美国总需求(1967 年)	1	2	3	4	5	6	7
1. 农业	1.466 3	0.027 5	0.058 1	0.133 9	0.025 0	0.032 9	0.074 4
2. 采掘业	0.018 7	1.066 6	0.032 8	0.055 4	0.016 6	0.013 3	0.026 9
3. 建筑业	0.027 4	0.041 4	1.015 0	0.022 2	0.036 3	0.021 4	0.074 9
4. 制造业	0.412 6	0.287 7	0.690 4	1.769 4	0.164 3	0.350 4	0.573 7
5. 贸易运输与公用事业	0.291 1	0.306 6	0.262 4	0.251 5	1.231 4	0.249 9	0.447 8
6. 服务业	0.082 2	0.067 7	0.103 9	0.090 6	0.086 7	1.108 7	0.136 7
7. 其他	0.063 9	0.137 0	0.058 6	0.098 4	0.069 4	0.062 0	1.101 9

美国技术系数(1963 年)	1	2	3	4	5	6	7
1. 农业	0.3100	0.0000	0.0038	0.057 4	0.008 7	0.000 6	0.032 2
2. 采掘业	0.002 2	0.055 3	0.008 6	0.031 4	0.008 5	0.000 2	0.007 7
3. 建筑业	0.009 9	0.020 2	0.000 3	0.003 0	0.031 5	0.009 3	0.055 0
4. 制造业	0.133 0	0.081 2	0.370 0	0.398 3	0.040 1	0.149 6	0.257 4
5. 贸易运输与公用事业	0.105 4	0.193 5	0.133 0	0.080 7	0.141 5	0.154 4	0.257 0
6. 服务业	0.024 6	0.014 3	0.042 9	0.026 7	0.047 3	1.060 4	0.066 2
7. 其他	0.019 8	0.098 2	0.007 5	0.036 0	0.043 9	0.034 0	0.038 0
美国总需求(1963 年)	1	2	3	4	5	6	7
1. 农业	1.490 0	0.033 4	0.070 6	0.156 5	0.032 9	0.035 8	0.107 3
2. 采掘业	0.020 3	1.072 1	0.035 9	0.063 1	0.017 7	0.014 7	0.033 9
3. 建筑业	0.028 7	0.041 2	1.016 3	0.021 7	0.044 3	0.023 6	0.078 7
4. 制造业	0.411 6	0.271 3	0.708 5	1.792 4	0.166 4	0.341 9	0.604 1
5. 贸易运输与公用事业	0.262 1	0.328 4	0.272 9	0.246 2	1.229 0	0.260 0	0.439 0
6. 服务业	0.069 9	0.053 0	0.086 5	0.075 7	0.074 5	1.093 9	0.123 1
7. 其他	0.062 8	0.137 5	0.055 1	0.090 8	0.067 8	0.065 7	1.092 8

美国技术系数(1958 年)	1	2	3	4	5	6	7
1. 农业	0.295 4	0.000 0	0.003 4	0.070 3	0.009 5	0.000 3	0.041 4
2. 采掘业	0.001 9	0.061 6	0.010 9	0.037 4	0.007 7	0.000 5	0.008 4
3. 建筑业	0.011 6	0.000 6	0.000 1	0.002 1	0.035 7	0.012 4	0.068 0
4. 制造业	0.115 8	0.079 4	0.382 8	0.380 2	0.042 2	0.224 7	0.293 5
5. 贸易运输与公用事业	0.112 2	0.161 1	0.136 8	0.087 7	0.142 0	0.138 7	0.258 1
6. 服务业	0.023 0	0.023 2	0.042 8	0.024 5	0.045 1	0.066 2	0.071 4
7. 其他	0.020 7	0.106 7	0.005 5	0.039 2	0.043 0	0.029 2	0.041 4

美国总需求(1958年)	1	2	3	4	5	6	7
1. 农业	1.463 4	0.039 9	0.085 0	0.185 3	0.039 2	0.056 5	0.141 0
2. 采掘业	0.020 8	1.080 6	0.044 0	0.074 0	0.018 7	0.023 1	0.042 9
3. 建筑业	0.032 5	0.023 0	1.018 0	0.023 0	0.050 5	0.029 6	0.096 7
4. 制造业	0.368 0	0.272 3	0.729 0	1.763 3	0.183 9	0.483 4	0.695 4
5. 贸易运输与公用事业	0.267 7	0.293 8	0.287 7	0.263 5	1.233 3	0.265 2	0.467 0
6. 服务业	0.065 5	0.061 5	0.087 4	0.074 1	0.073 4	1.105 0	0.134 3
7. 其他	0.063 1	0.147 5	0.057 9	0.098 5	0.068 2	0.069 2	1.105 0

美国技术系数(1947年)	1	2	3	4	5	6	7
1. 农业	0.327 2	0.000 0	0.003 1	0.121 2	0.014 6	0.005 3	0.014 1
2. 采掘业	0.001 0	0.083 5	0.009 4	0.033 4	0.009 8	0.001 3	0.003 2
3. 建筑业	0.012 2	0.001 5	0.000 2	0.002 6	0.044 0	0.008 1	0.063 9
4. 制造业	0.094 9	0.098 0	0.379 5	0.373 3	0.052 2	0.170 9	0.273 3
5. 贸易运输与公用事业	0.108 0	0.109 1	0.146 2	0.073 5	0.121 2	0.125 4	0.304 3
6. 服务业	0.008 1	0.008 8	0.043 6	0.016 1	0.038 7	0.066 0	0.043 3
7. 其他	0.001 1	0.004 6	0.007 0	0.023 2	0.038 9	0.033 8	0.014 5
美国总需求(1947年)	1	2	3	4	5	6	7
1. 农业	1.544 6	0.042 9	0.138 8	0.316 0	0.061 7	0.081 2	0.141 5
2. 采掘业	0.015 2	1.101 0	0.039 4	0.065 8	0.020 6	0.017 9	0.031 7
3. 建筑业	0.031 2	0.011 6	1.018 9	0.021 7	0.058 1	0.024 1	0.091 5
4. 制造业	0.291 3	0.214 1	0.703 7	1.720 0	0.187 5	0.369 7	0.601 6
5. 贸易运输与公用事业	0.232 2	0.171 2	0.273 9	0.218 7	1.200 6	0.221 9	0.462 7
6. 服务业	0.030 6	0.022 9	0.074 4	0.045 5	0.058 9	1.090 8	0.084 0
7. 其他	0.019 1	0.017 9	0.037 5	0.051 5	0.054 4	0.055 2	1.051 0

美国技术系数(1939年)	1	2	3	4	5	6	7
1. 农业	0.107 4	0.000 0	0.078 8	0.080 2	0.020 9	0.014 6	0.023 2
2. 采掘业	0.003 2	0.222 8	0.180 4	0.029 4	0.024 7	0.002 0	0.020 3
3. 建筑业	0.021 4	0.008 5	0.000 0	0.011 5	0.030 4	0.063 6	0.137 9
4. 制造业	0.159 3	0.056 1	0.218 7	0.231 9	0.183 7	0.172 4	0.314 2
5. 贸易运输与公用事业	0.235 2	0.257 5	0.030 4	0.265 3	0.112 9	0.001 7	0.046 0
6. 其他工业	0.038 6	0.002 9	0.000 3	0.012 3	0.021 7	0.021 7	0.041 9
7. 其他	0.059 4	0.176 4	0.008 3	0.176 2	0.244 3	0.173 2	0.042 6

美国总需求(1939年)	1	2	3	4	5	6	7
1. 农业	1.203 5	0.084 5	0.159 0	0.202 5	0.116 0	0.087 3	0.129 6
2. 采掘业	0.076 5	1.365 2	0.285 9	0.133 2	0.113 1	0.068 2	0.124 1
3. 建筑业	0.102 1	0.111 8	1.061 5	0.126 0	0.129 3	0.130 5	0.211 0
4. 制造业	0.571 6	0.515 2	0.554 3	1.786 9	0.633 5	0.493 1	0.743 0
5. 贸易运输与公用事业	0.533 8	0.603 4	0.341 2	0.659 6	1.411 6	0.215 2	0.368 4
6. 其他工业	0.081 5	0.049 3	0.033 4	0.069 0	0.066 4	1.052 1	0.079 7
7. 其他	0.345 8	0.515 4	0.266 8	0.547 7	0.517 9	0.355 1	1.322 4

美国技术系数(1929年)	1	2	3	4	5	6	7
1. 农业	0.344 0	0.005 7	0.043 9	0.088 2	0.016 8	0.006 7	0.017 8
2. 采掘业	0.000 9	0.079 4	0.169 3	0.051 6	0.051 4	0.009 8	0.016 9
3. 建筑业	0.000 6	0.004 5	0.000 0	0.007 7	0.025 0	0.000 0	0.071 8
4. 制造业	0.094 9	0.075 5	0.244 3	0.259 0	0.218 8	0.063 0	0.255 3
5. 贸易运输与公用事业	0.060 0	0.197 1	0.000 0	0.028 0	0.019 4	0.014 3	0.067 9
6. 其他工业	0.002 2	0.000 0	0.014 6	0.000 7	0.000 0	0.022 8	0.014 0
7. 其他	0.067 6	0.290 3	0.117 9	0.270 8	0.199 1	0.521 4	0.000 0
美国总需求(1929年)	1	2	3	4	5	6	7
1. 农业	1.581 7	0.089 5	0.157 9	0.241 1	0.112 2	0.088 4	0.111 5
2. 采掘业	0.036 7	1.144 2	0.233 9	0.118 0	0.108 2	0.061 0	0.075 1
3. 建筑业	0.022 4	0.052 5	1.035 1	0.054 2	0.060 9	0.055 5	0.094 4
4. 制造业	0.336 9	0.407 2	0.547 2	1.628 8	0.507 6	0.389 9	0.507 9
5. 贸易运输与公用事业	0.130 7	0.282 9	0.098 9	0.121 6	1.091 0	0.091 9	0.120 6
6. 其他工业	0.007 6	0.008 7	0.021 7	0.010 1	0.00 73	1.034 6	0.019 4
7. 其他	0.241 6	0.515 4	0.379 8	0.527 5	0.404 7	0.693 6	1.212 1

美国技术系数(1919年)	1	2	3	4	5	6	7
1. 农业	0.400 9	0.009 1	0.080 2	0.146 9	0.012 9	0.007 9	0.039 7
2. 采掘业	0.000 6	0.071 6	0.198 0	0.038 0	0.081 1	0.012 4	0.017 0
3. 建筑业	0.000 0	0.000 0	0.000 0	0.000 0	0.000 0	0.000 0	0.058 1
4. 制造业	0.074 6	0.069 3	0.318 9	0.227 5	0.253 0	0.003 4	0.335 9
5. 贸易运输与公用事业	0.044 1	0.196 9	0.000 0	0.015 8	0.015 8	0.009 0	0.062 2
6. 其他工业	0.000 9	0.000 0	0.027 4	0.000 8	0.000 0	0.000 0	0.010 8
7. 其他	0.035 0	0.401 0	0.105 0	0.292 8	0.207 0	0.513 0	0.000 0

美国总需求(1919 年)	1	2	3	4	5	6	7
1. 农业	1.755 8	0.206 6	0.355 5	0.446 6	0.209 1	0.152 5	0.258 6
2. 采掘业	0.027 3	1.146 1	0.268 4	0.093 5	0.134 9	0.055 2	0.076 6
3. 建筑业	0.010 5	0.040 3	1.028 0	0.032 6	0.027 4	0.038 9	0.074 0
4. 制造业	0.287 6	0.536 1	0.729 4	1.636 3	0.606 1	0.355 4	0.654 1
5. 贸易运输与公用事业	0.100 2	0.291 0	0.112 1	0.100 5	1.092 0	0.075 1	0.117 9
6. 其他工业	0.004 0	0.009 2	0.034 2	0.008 7	0.006 5	1.008 7	0.016 5
7. 其他	0.180 5	0.693 0	0.482 4	0.560 9	0.471 1	0.668 6	1.271 9

参考文献

2006 Howells, Thomas F. and Kevin B. Barefoot. 2007. "Annual Industry Accounts: Adviane Estimates for 2006," *Survey of Current Business*, **87** (May), 12-25.

2002 Stewan, Ricky L., Jessica Brade Stone and Mary L. Streitweiser. 2007. "U. S. Benchmark Input-Output Accounts, 2002," *Survey of Current Business*, **87** (October), 19-48.

1997 Lawson, Ann M., Kurt S. Bersani, Mahnaz Fahim-Nader and Jiemin Guo. 2002. "Benchmark Input-Output Accounts of the United States 1997," *Survey of Current Business*, **82** (December), 19-109.

1992 Lawson, Ann M. 1997. "Benchmark Input-Output Accounts for the U. S. Economy, 1992," *Survey of Current Business*, **77** (November), 36-82.

1987 Lawson, Ann M. and D. A. Teske. 1994. "Benchmark Input-Output Accounts for the U. S. Economy, 1987," *Survey of Current Business*, **74** (April), 73-115.

1982 *Survey of Current Business*. 1991. "Benchmark Input-Output Accounts for the U. S. Economy, 1982," **71** (July). 30-71.

1977 *Survey of Current Business*. 1984. "Benchmark Input-Output Accounts for the U. S. Economy, 1977," **64** (May), 42-84.

1972 Ritz, Philip. 1979. "The Input-Output Structure of the U. S. Economy: 1972," *Survey of Current Business*, **59** (February), 34-72.

1967 *Survey of Current Business*. 1974. "The Input-Output Structure of the U. S. Economy: 1967," **54** (February), 24-56.

1963 *Survey of Current Business*. 1969. "The Input-Output Structure of the U. S. Economy: 1963," **49** (November), 16-47.

1958 Goldman. Morris R., Martin L. Marimont and Beatrice M. Vaccara. 1964. "The Interindustry Structure of the United States: A Report on the 1958 Input-Output Study," *Survey of Current Business*, **44** (November), 10-29.

1947 Vaccara, Beatrice, Arlene Shapiro and Nancy Simon. 1970. "The Input-Output Structure of the U. S. Economy: 1947," Mimeograph, US Department of Commerce.

1939 Leontief, Wassily. 1941a. "Quantitative Input and Output Relations in the Economic System of the United States, 1919," Table 5, *The Structure of American Economy*. New York: Oxford University Press.

1929 Leontief, Wassily. 1941b. "Quantitative Input and Output Relations in the Economic System of the United States, 1929," Table 6, *The Structure of American Economy*. New York: Oxford University Press.

1919 Leontef, Wassily. 1941b. "Quantitative Input and Output Relations in the Economic System of the United States, 1939," Table 24, *The Structure of American Economy*. New York: Oxford University Press.

附录 C

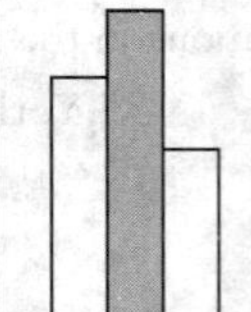

列昂惕夫投入产出分析发展的历史注解

C.1 概念基础

对一个经济中的产业间活动开展详细核算的最初想法的出现当然要比列昂惕夫模型早得多。列昂惕夫本人把投入产出描述为基本概念的一种分析形式，这可以追溯到一又四分之三个世纪前的法国经济学家弗朗索瓦·魁奈（François Quesnay）的研究。魁奈反过来也深受上溯到那个世纪的开端的 18 世纪早期经济学家们的影响。大致说来，关键的先驱思想是确认经济中生产相互依存的“循环流”概念，这一概念可以追溯到 17 世纪中期威廉·配第（William Petty）爵士的早期观点。我们从这一“前史”开始展开投入产出的历史。

当奥利弗·克伦威尔（Oliver Cromwell）领导的不列颠部队在 17 世纪 50 年代入侵爱尔兰的时候，一个医生和牛津的解剖学教授跟随不列颠军队，被安排评估战争破坏的任务。在经济思想史上，配第常常被描述为第一个计量经济学家，因为他把他的想法描述为“政治算术”，尽管计量经济学的名称一直到 20 世纪才被采用。① 配第（Petty，1690，1691）所记录的账户把一国生产、分配和国民财富处置的特征描述为是相互紧密联系的，并把财富价值的估算问题描述为恰好反映了这些特征之间的相互联系。② 他在这部作品中还建议“应该对人民，对他们的增加和减少，以及他们的财富和对外贸易进

① 计量经济学是由 1969 年第一届诺贝尔经济学奖获得者拉格纳·弗里希（Ragnar Frisch）于 20 世纪 20 年代首先提出来的（弗里希于 1973 年去世，正是在该年列昂惕夫获得诺贝尔经济学奖）。在弗里希和耶鲁经济学家欧文·费雪（Irving Fisher）的倡议下，计量经济学会于 1930 年成立。

② 这是 Kurz 和 Salvadori（2000a）的解释中所提出的。如 Davenant（1699）在 Stone（1973）中所提出的，把配第的“政治算术”描述为“利用数字对政府相关事务进行推理的艺术。”

行账户记录”，这导致了国民经济账户的第一次公开估计（Stone，1973，p. 143）。

配第是哲学家托马斯·霍布斯（Thomas Hobbes）[①] 的学生，并成了一个知名的所谓的重商主义者（Mercantilist），他们在通常被称为前古典（Pre-Classical）经济学的很长一个时期（1500—1676 年）中统治着经济思想。重商主义者们相信一国的财富主要来自金银的积累。重商主义者认为没有这些资源的自然来源的国家只能通过向国外出售货物超过它们向国外购买的货物，才能获得这些资源，因而，这些国家的政治领导人必须广泛地干预市场，收取进口关税并资助出口以提高国内产品在国外的竞争力。在这个意义上，重商主义代表了最早将商业利益提高到国家政策利益层次来看待，当然到今天这仍是现代经济政策的本质因素。配第记述产业依存关系的概念就是重商主义者最经久不衰的那些概念中的一个，对此戴夫南特（Davenant，1699），配第的同辈和著名重商主义者，给出了如下描述[②]：

大概唯有这一方法能够表示一个企业与另一个企业缠连在一起的联系和链条，以及我们各种相互往来所赖以存在的依赖关系。（Pyatt，2000，p. 426）

然而从他的观点和政策上看，配第是一个重商主义者，他的工作包括后来成为所谓的劳动价值论的最早的基础。理查德·坎蒂隆（Richard Cantillon），一个在 18 世纪早期生活在巴黎的配第的追随者和爱尔兰金融家，写道：商品的内在价值是以进入该商品生产中的土地和劳动的数量来度量的，涉及土地的肥沃或生产力，以及劳动的质量（Cantillon，1755，p. 29）。

然而，坎蒂隆进一步指出由于不能满足需求或获得那种商品，市场价格会背离商品的内在价值。他把经济的总产出归功于土地所有者、农民和手工业者，极大地强调社会所有成员均以来自土地的生产为生存基础。因此，他推理道（本质上区别于重商主义者）：可用于解释经济价值增长的任何剩余的来源只能归于农业。

C. 2 魁奈与重农学派

重农学派（Physiocrats）是他们那个时代被称为经济学家（les economists）的一群 18 世纪法国哲学家，即第一批称自己为经济学家的经济思想家，农业的首要地位是重农学派的中心信条。重农主义（释义“自然的规则”），他们的思想流派如人们所知晓的，深受“自然法则”的影响。美国经济学家乔治·索尔（George Soule）把重农学派描述为第一个把他们的技能看作是科学的经济思想流派，也就是“把他们的理论看作客观的科学，并建立起一个完整的、自成体系的，把经济秩序作为一个整体的观点”（Soule，1952，p. 33）。

① 17 世纪托马斯·霍布斯的政治哲学认为自然状态的人，也就是没有公民政府，将处于“所有人对抗所有人的战争中，人生也将失去价值”。霍布斯对凄凉状态的解决之道是塑造一个社会契约，以建立专制政府来保持和平和秩序（Routh，1975）。

② 如 Pyatt（2000）中所讨论的。

重农学派的领导者是法国宫廷医生弗朗索瓦·魁奈。[①] 重农学派反对前面提到的重商主义牺牲农业来促进贸易的政策，因为他们相信农业是一个经济中财富的唯一来源，他们称之为经济的净产品，法语称为“produit net”。与重商主义提倡高度的政府干预相反，重农学派，像他们的同辈坎蒂隆一样，主张自由放任政策，认为在经济中需要最少的政府干预。[②]

当重农学派不断发展他们的经济理论而进入18世纪的时候，1758年魁奈构思了他具有创见的《经济表》，并随后发表于魁奈（Quesnay，1759）中，并在其中描绘了经济部门之间的收入流。经济表最为人称道的是采用图形方式来对经济过程中的支出进行系统性记录（参考图C-1）。魁奈描述了地主收到作为地租的总货币后如何将其一半用于农产品、另一半用于手工产品，由此对他的想法进行了演示。接下来依次地，农民购买工业品，手工业者购买食品和原材料，等等。

魁奈和重农学派的很多观点在他们的时代被认为是极具争议的。例如，随着他们的思想的发展，他们坚信国民财富表现为净产品的规模，由此，制造业和商业不会对经济带来价值增加，并把它们称为“无效支出”（sterile expenditure）。这意味着制造业和商业产出的价值只是与它们的投入相等。按现代的术语，这意味着没有增加值可以归因于这些企业。实际上，所有经济理论家们此后都认为净产品是一个有瑕疵的论证。尽管如此，魁奈《经济表》中所反映的经济是经济部门之间收入和产出的循环流的看法，成为重农学派所发展起来的一个具有持久影响的概念。尽管《经济表》备受争议，但是，可能因为它与重农学派各种充满争议的思想之间的关系，在接下来的一个半世纪中在经济理论家中间引起了混杂的反响，从把它看作“天才之作”（Mirabeau，1766，and Marx，1905）到像大多数经济学家数十年中所做的那样完全忽视它，或者戏谑地认为“它应该降格为一个尴尬的注脚”（Gray，1931）。然而，如它所表明的，承认循环流和经济表概念是否具有持久价值的关键在于寻找一种数理的方式来表示其潜在的思想。

C.3 数理形式

重农学派当时还有一个人，著名的法国工程师阿希尔-尼古拉斯·伊斯纳尔（Achille-Nicholas Isnard），成为对只有农业是生产性的教义提出最严厉批评的一位。为支持其观点，伊斯纳尔（Isnard，1781）进一步发展了生产是一个循环流的概念，把剩余价值称为“可支配的财富”。如在库尔茨和萨尔瓦多里（Kurz and Salvadori，2000a）中所引述的，伊斯纳尔对他的这些构建工作进行了详细说明，写道：

在所有财富中，不考虑价值，实际上有两部分，一部分是生产所需，另一部分归于

① 在他生命的大部分时间里，魁奈是个医生，服务于国王路易十五和他的情妇蓬帕杜尔夫人（Madame de Pompadour）。魁奈对经济学的兴趣是在他一生的后期才产生的，1756年时年63岁，当时作为一个令人尊敬的医生和科学工作者，他被请求准备几篇关于经济中农业的作用的文章。魁奈从坎蒂隆和很多其他人的作品中汲取营养从而提升了自己的想法。在1757年，他的崇拜者，包括米拉波侯爵（Marquis de Mirabeau）、萨缪尔·杜邦（Samuel DuPont）和其他一些人，在其后的很多年中始终捍卫他的工作（Taylor，1960；Meek，1965）。

② 重农学派经常用来归纳他们观点的口号是“放手，放手，让世界自己继续”（Laissez faire et laissez passer，le monde va de lui-même）或者在本质上“无须干预，世界会自我安排”（Soule，1952）。

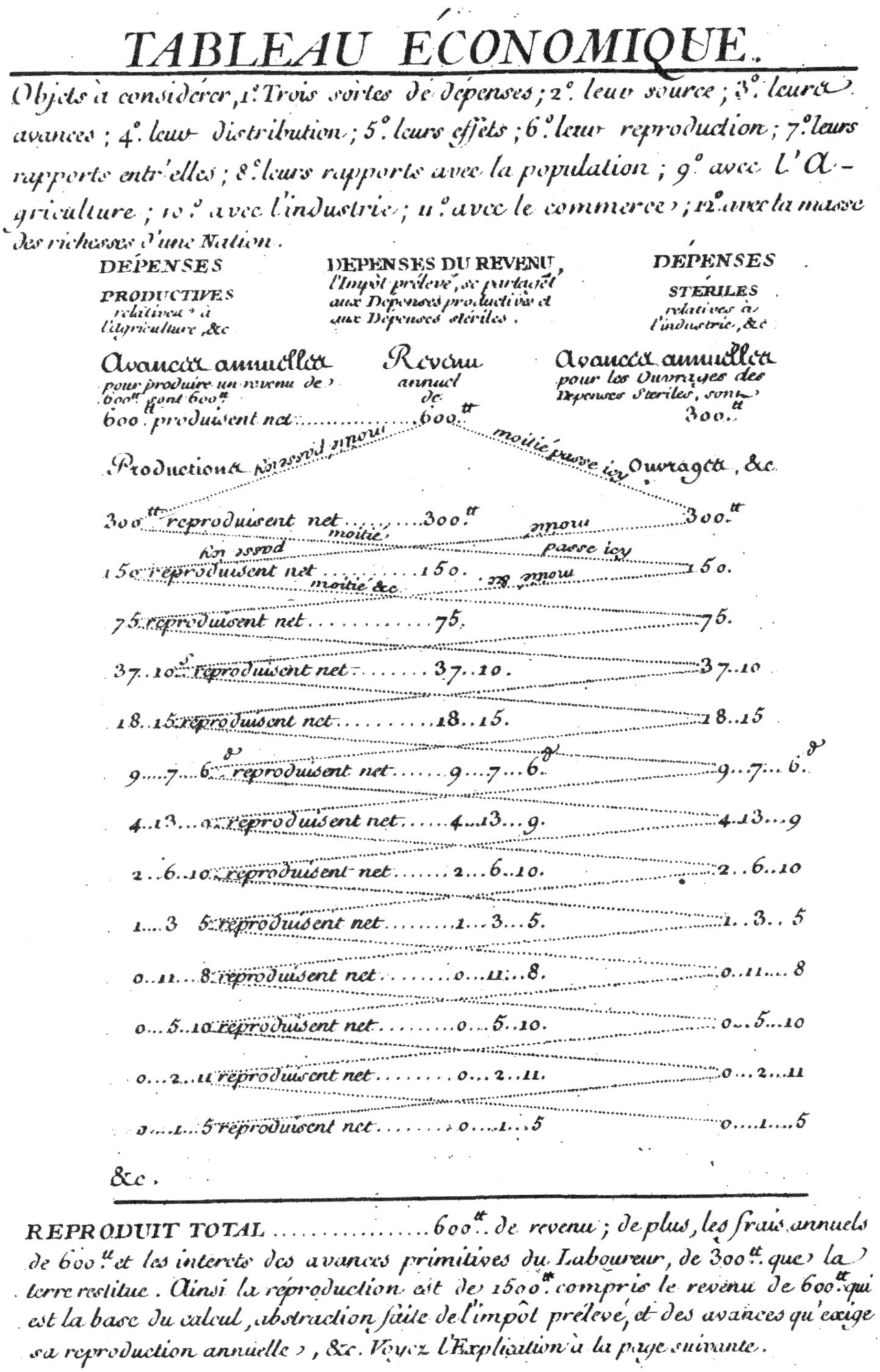

TABLEAU ÉCONOMIQUE.

Objets à considérer, 1°. Trois sortes de dépenses; 2°. leur source; 3°. leurs avances; 4°. leur distribution; 5°. leurs effets; 6°. leur reproduction; 7°. leurs rapports entr'elles; 8°. leurs rapports avec la population; 9°. avec l'Agriculture; 10°. avec l'industrie; 11°. avec le commerce; 12°. avec la masse des richesses d'une Nation.

DÉPENSES PRODUCTIVES relatives à l'Agriculture, &c.	DÉPENSES DU REVENU, l'Impôt prélevé, se partagent aux Dépenses productives et aux Dépenses stériles.	DÉPENSES STÉRILES relatives à l'industrie, &c.
Avances annuelles pour produire un revenu de 600 tt. sont 600 tt.	Revenu annuel de	Avances annuelles pour les Ouvrages des Dépenses Stériles, sont
600 tt. produisent net	600 tt.	300 tt.
Productions	moitié passe ici / moitié passe ici	Ouvrages, &c.
300 tt. reproduisent net	300 tt.	300 tt.
	moitié passe ici / moitié passe ici	
150. reproduisent net	150.	150.
	moitié &c. / moitié &c.	
75. reproduisent net	75.	75.
37..10 s. reproduisent net	37..10.	37..10
18..15. reproduisent net	18..15.	18..15
9...7...6 d. reproduisent net	9...7...6 d.	9...7...6 d.
4..13...9. reproduisent net	4..13...9.	4..13...9
2..6..10. reproduisent net	2...6..10.	2..6..10
1...3...5. reproduisent net	1...3...5.	1..3..5
0..11...8. reproduisent net	0...11...8.	0..11...8
0...5..10. reproduisent net	0...5..10.	0...5...10
0...2..11. reproduisent net	0...2..11.	0...2...11
0...1...5. reproduisent net	0...1...5	0...1...5
&c.		

REPRODUIT TOTAL .... 600 tt. de revenu; de plus, les frais annuels de 600 tt. et les intérêts des avances primitives du Laboureur, de 300 tt. que la terre restitue. Ainsi la réproduction est de 1500 tt. compris le revenu de 600 tt. qui est la base du calcul, abstraction faite de l'impôt prélevé, et des avances qu'exige sa reproduction annuelle, &c. Voyez l'Explication à la page suivante.

图C-1　弗朗索瓦·魁奈的经济表

资料来源：Alexander Gray. 1931. *The Development of Economic Doctrine*. London: Longman's, Green and Co. 引用得到许可。

享有……。后者成为货物的高尚的部分，被所有者尊贵地享有。(Kurz and Salvadori,

2000a，p. 159，from Isnard，1781，pp. 35-36）

财富积累依赖于生产的技术条件及“迫切性”（exigence of nature），这一概念对工业通常是非生产性的结论形成了挑战。此外，对当前的目的最重要的是，伊斯纳尔大概是第一个把收入和支出的循环流表述为联立代数方程组的人。

伊斯纳尔发展并公式化的分析框架有助于对 18 世纪晚期和 19 世纪早期英国古典经济学家亚当·斯密（Adam Smith，1776）和李嘉图（Ricardo，1810—1824）的思想进行概念化表述，然而看起来是李嘉图的同辈罗伯特·托伦斯（Robert Torrens）在 1820 年为列昂惕夫的最终突破埋下了伏笔。托伦斯是英国军官、有影响的伦敦环球报的老板，他在经济学方面进行了广泛的著述，同时也是国际贸易方面李嘉图“比较优势”原理的独立发现者。托伦斯（Torrens，1820，1821）提出的经济剩余概念提供了对工资以外要素的收入分配份额和利润率的关键解释。

对于当前的目的，托伦斯作品中的关键概念是，如在他的谷物贸易方面的短文（Torrens，1820）中所描述的，当人们把实物形式的农业利润率定义为谷物净产出和谷物投入（用作种子和用作工人食物消费的谷物）之间的比率的时候，“制造业物品相对于谷物的交换价值也随之调整，使得制造业能获得相同的利润率”（Kurz and Salvadori，2000a，p. 161）。有点讽刺的是，表明这种联系，一方面在本质上揭示了重农学派的净产品理论，另一方面改进了如《经济表》中所描述的利润和各种生产要素之间的分析性的联系。

在 19 世纪后期，离魁奈的作品一个世纪以后，离托伦斯的思想提出差不多半个世纪以后，另一位法国经济学家莱昂·瓦尔拉斯（Léon Walras）应用艾萨克·牛顿（Isaac Newton）的运动机制概念在经济学中建立了我们今天称之为一般均衡理论的早期想法，尽管某些经济思想史学家们相信魁奈的《经济表》才是“设计用于传递明确的经济均衡性质概念的最早方法”（Schumpeter，1954，p. 217）。

瓦尔拉斯的工作，大部分是在瓦尔拉斯（Walras，1874）中提出的，对某一产品的总生产水平使用生产单位特定产品所需的要素数量的一组生产系数来表示。瓦尔拉斯的思想极大地受到伊斯纳尔早期代数公式的影响。

在 19 世纪和 20 世纪之交出版的卡尔·马克思（Karl Marx）的作品（马克思大概是 19 世纪出现的最有影响的社会主义思想家，而他的作品大部分在他去世后的世纪之交出版）。马克思认为重农学派是“现代政治经济学的真正鼻祖”［Marx，1894 and 1905；在库尔茨和萨尔瓦多里（Kurz and Salvadori，2000a）中进行了补充讨论］。马克思认为经济表的概念在 19 世纪的大部分时间里被古典经济学的理论家们极大地忽视了，并在他自己的作品中进行了根本性的恢复。

马克思构造了一个序列的或者他所定义的“按前后顺序的”程序来决定利润以及随后的价格，而俄国数理经济学家弗拉基米尔·K. 德米特里耶夫（Vladimir K. Dmitriev，1898）以及拉迪斯劳斯·冯·博特基威茨（Ladislaus von Bortkiewicz，1907）对此提出了质疑。他们证明了利润率和价格必须同时决定，而不是按前后顺序的，从而与开始出现并最终将成为现代一般均衡概念的想法是一致的。

冯·博特基威茨（Von Bortkiewicz）生于圣彼得堡，但有着波兰血统，属于对马克思的作品展开评价的人中最激烈的一个。他一生中大部分的时间是在柏林大学教授经济学和统计学中度过的，他其中的一个学生就是年轻的瓦西里·列昂惕夫。冯·博特基威茨（Von Bortkiewicz，1907）演示一般均衡概念的工具，不同于马克思的观点，最重要地是用代数形式对他的框架进行了数学表示。特别地，他假定商品是由每单位商品产出所需的每种投入的固定水平来生产的，也就是，我们现在常称的线性生产函数。

C.4 列昂惕夫与“经济是一个循环流”

瓦西里·瓦西里耶维奇·列昂惕夫（Wassily Wassilievich Leontief）1905年生于慕尼黑的一个俄国知识家庭，在圣彼得堡度过了他的童年时期，这正是1917年俄国革命前的那段日子。年轻的列昂惕夫是个才华横溢的学生，1921年进入列宁格勒大学，步他父亲的后尘学习经济学。1925年他接受下颌手术，被允许离开苏联，获得出国签证到柏林进行随后的诊断和治疗（Samuelson，2004；Kaliadina and Pavlova，2006）。

列昂惕夫决定不再回苏联，进入柏林大学，并在其博士期间随冯·博特基威茨和社会学家韦尔纳·桑巴特（Werner Sombart）一起工作，于1929年获得博士学位。[①] 20世纪20年代后期，列昂惕夫开始为他的博士论文整理思想，他把这一思想描述为“作为一个循环过程的国民经济”，从魁奈的《经济表》和瓦尔拉斯一般均衡公式中汲取想法，尽管列昂惕夫偏爱用“相互依存”一词，并认为经济从未处于均衡中（DeBresson，2004）。1928年他在报纸上以《经济是一个循环流》（Leontief，1928）为题，发表了他论文中的一部分。在论文中他提出了一个两部门的“投入产出”系统，把一个经济的生产、分配和消费特征描述为一个单一集成的线性方程组。在差不多另一个十年之后，列昂惕夫（Leontief，1936）对其分析框架进行了完整剖析。

与列昂惕夫的原创性工作处于同一时期，意大利经济学家斯拉法也在考虑与列昂惕夫类似的概念（Sraffa，1960；Kurz and Salvadori，2000b and 2003）。此外，法国数学家莫里斯·波特龙（Maurice Potron）神父在他1911—1941年间的文字材料中提出了类似的思想（Abraham-Frois and Lendjel，2006）。在这些某种程度上平行的列昂惕夫、斯拉法和波特龙的路径中，可能由于更多地关注经验应用，最终列昂惕夫框架得到广泛应用（Kurz and Salvadori，2006；Bjerkholt and Kurz，2006）。某些理论家把列昂惕夫模型的特征归纳为一个世纪前出现的瓦尔拉模型[②]的一种近似，只是通过几个方面重要的简化，一般均衡理论就可以经验地应用和实现。列昂惕夫甚至在他非常早的时候就感觉到经济学家太不关心经验验证（DeBresson，2004）。[③]

“这一工作可能最好被描述为构造美国经济表的一个尝试”（Leontief，1941，p.9）。列昂惕夫通过这样的陈述介绍了他后来的经验研究工作。实际上，在魁奈后来的作品中（Phillips，1955；Steenge and van den Berg，2007），他把他关于循环流交易的观察用类似于列昂惕夫提出的投入产出表的形式表示出来。魁奈最初的图示表示在图C-1中。然而，列昂惕夫的贡献远远超过了构造经济表或交易表。正如在本书中可以看到的，列

① DeBresson（2004）的作品中提供了列昂惕夫一生中这一敏感时期的一些有趣的轶事。

② 在列昂惕夫的第一本书（Leontief，1941）《美国经济结构》中，他只提到了其他三个经济学家的作品：弗朗索瓦·魁奈、莱昂·瓦尔拉和大卫·李嘉图。

③ 1971年，也就是列昂惕夫任职美国经济学会主席的那一年，他发表了题为《理论假定和非观察的事实》的主席演说，责备经济学教授未能重视经济理论的经验验证。

昂惕夫的特别贡献在于创建了分析基础，把经济表的描述性质转变为一种经验分析工具，如今，列昂惕夫的投入产出分析已成为经济学中最为广泛应用的方法之一（Baumol，2000）。

C.5 投入产出分析的发展

在完成柏林大学的学业之后，列昂惕夫 1927 年成为位于基尔的世界经济研究所的职员，在那里，他开展了推导统计的需求和供给曲线的研究。在为期一年的作为中国铁道部顾问的委派之后，1931 年列昂惕夫转到纽约加入了西蒙·库兹涅茨（Simon Kuznets）的国民经济研究局。在接下来的阶段里，约瑟夫·熊彼特（Joseph Schumpeter）把列昂惕夫带到哈佛大学，成为那里的一员，在那里他开始了美国经济第一张投入产出表的研制工作。

随着列昂惕夫来到哈佛大学，他也带来了大学经济学的第一门数理课程，尽管他在该门课程中很少引入他自己的研究（Solow，1998；Samuelson，2004）。1936 年，列昂惕夫提出了投入产出分析的理论框架，以及美国 1919 年度和 1929 年度的产业间交易表（Leontief，1936），接着于此后发表了关于美国经济投入产出结构的第一本著作（Leontief，1941）。

从 1941 年开始，就在美国加入第二次世界大战前，列昂惕夫与美国政府的劳动统计局（BLS）合作，开始编制美国 1939 年度交易表，于 1943 年基本完成（Kholi，2000，2001），该表被战争动员部（War Mobilization Board）用于计划战后复员，特别是用于分析美国经济中战争支出减少以及通过详细的分产业就业规划增加个人支出的影响。

同时在战争中，列昂惕夫响应号召为今天的中央情报局（Central Intelligence Agency）的前身即战略情报局（Office of Strategic Services，OSS）工作，编制一份保密的德国投入产出表用于战争计划，后来被用于分析德国战后重建问题。①

在开展经验工作中，列昂惕夫在 1935 年利用了第一台大型机械计算机，以及后来的第一台商用电子计算机，即 IBM 自动程序控制计算机（被称为“Mark I”）。IBM 的这台计算机最初是 1939 年在哈佛数学家霍华德·艾肯（Howard Aiken）的指导下设计的，由 IBM 在纽约州恩迪科特为美国海军建造和运营，最终在 1944 年被转移到哈佛大学。

第二次世界大战之后的 1948 年，随着冷战的出现，由美国空军规划研究部资助的一个政府跨部门项目，即所谓的最优规划的科学计算（Scientific Computation of Optimum Programs，SCOOP），着手把 1939 年美国产业间交易表更新到 1947 年。在那同一年，列昂惕夫建立了哈佛经济研究项目（Harvard Economics Research Project，HERP），关注继续编制投入产出框架及开展应用研究。随着 1950 年朝鲜战争的爆发，SCOOP 项目进行了极大的扩展，包括分析战时动员可能遇到的困难（Kohli，2001），并极大推进了对超过 500 个产业部门的大规模投入产出表的处理能力（Klein，2001），尽管列昂惕夫和其他人在当时公布的只是更为加总的表。例如，列昂惕夫在对其 1941

① 根据列昂惕夫在哈佛大学的第二个弟子保罗·萨缪尔逊的说法，列昂惕夫在第二次世界大战期间加入 OSS 工作是在其第一个弟子艾布拉姆·伯格森的帮助下达成的，后者在战争中担任 OSS 俄国部的领导（Samuelson，2005）。

年著作的 1951 年修订（Leontief，1951）中就进行了扩大和扩展，把 1939 年度美国投入产出表（BLS之前未公布）以及埃文斯和霍芬伯格（Evans and Hoffenberg，1952）公布的 1947 年度表包括进来。

在战后阶段，投入产出账户开始在美国和世界其他国家定期编制，尽管具有讽刺意味的是，在冷战时代的那些日子里，美国对编制投入产出表的工作产生了怀疑，因为美国认为它带有“中央计划”的气息（Polenske，1999）。美国经济分析局（BEA）开始编制 1958 年度美国国家投入产出表，并于 1964 年公布。此后每五年，与五年一次的国民经济普查（以 2 和 7 结尾的每五年，例如 1992 年、1997 年、2002 年以及 2007 年）同步公布所谓的“基准”表①，因为投入产出账户的主要数据来源是国民经济普查。从 BEA 开始编制它们以来，投入产出账户在美国的一个关键应用一直是作为一种工具用于核对其他各种经济账户的准确性和一致性（Landefeld and McCulla，1999）。自 1957 年以来，投入产出表也同样在英国、挪威、丹麦、荷兰、意大利、加拿大、日本以及不断增加的世界其他国家被定期编制。

在使投入产出分析成为广泛应用的经济分析工具的过程中，在理查德·斯通的指导下，围绕投入产出概念所建立起来的一个标准化的经济账户系统（Stone，1961）起到了特别重要的作用。为表彰其工作，斯通在 1984 年被授予诺贝尔经济学奖（Stone，1997）。

其他一些文献对列昂惕夫原模型进行了进一步发展，包括列昂惕夫等（Leontief et al.，1953）、列昂惕夫（Leontief，1966a，1966b，1974），以及在表 C－1 中所汇总的多卷投入产出技术国际会议的论文集。在斯通（Stone，1984）以及罗斯和迈尔尼克（Rose and Miernyk，1989）中，他们对很多的这些发展进行了汇总。

列昂惕夫作为哈佛经济研究项目的领导的工作一直延续到 1973 年（Polenske，1999），经历了 44 年，他于 1975 年离开哈佛大学，但在纽约大学继续他有关投入产出的研究和教学，直到 1999 年去世，享年 93 岁。如本书中所描述的从他原创性的工作中所继承下来的大量而广泛的主题所表现出来的，列昂惕夫教授为我们留下了丰厚的遗产。

表 C－1 为部分关于投入产出分析的国际会议。

表 C－1　　部分投入产出分析的国际会议

	会议			出版物(部分论文)		
	年份	地点	发起者	标题	编者	出版社，日期
1	1950	德里贝亨(荷兰)	Netherlands Economic Institute	*Input-Output Relations*	Netherlands Economic Institute	H. E. Stenfert Kroese，1953
2	1954	瓦伦纳(意大利)	University of Pisa；Varenna Foundation	*The Structural Interdependece of the Economy*	Tibor Barna	Chapman and Hall，1956
3	1961	日内瓦(瑞士)	United Nations；Harvard Economic Research Project	*Structural Interdependece and Economic Development*	Tibor Brana	Macmillan，1963；St. Martin's Press，1967

① 这些表的高度加总的版本被包括在附录 B 中。

续前表

	会议			出版物(部分论文)		
	年份	地点	发起者	标题	编者	出版社，日期
4	1968	日内瓦(瑞士)	United Nations; Harvard Economic Research Project	Vol. 1: *Contributions to Analysis* Vol. 2: *Applications of Input-Output Analysis*	Anne P. Carter and András Bródy	North-Holland, 1970
5	1971	日内瓦(瑞士)	Secretariat of the United Nations; Harvard Economic Research Project	*Input-Output Techniques*	András Bródy and Anne P. Carter	North-Holland, 1972
6	1974	维也纳(奥地利)	United Nations Industrial Development Organization (UNIDO)	*Advances in Input-Output Analysis*	Karen R. Polenske and Jiří V. Skolka	Ballinger, 1976
7	1979	因斯布鲁克(奥地利)	UNIDO	*Proceedings of the Seventh International Conference on Input-Output Techniques*		UNIDO, 1984
8	1986	札幌(日本)	UNIDO; University of Hokkaido	*Advances in Input-Output Analysis. Technology, Planning, & Develope nt**	William Peterson	Oxford University Press, 1991
9	1989	凯斯特海伊(匈牙利)	IIOA; Hungarian Academy of Sciences; UNIDO			
10	1993	塞维利亚(西班牙)	IIOA; Economic and Finance Department of the Andalusian Govermment			

续前表

	会议			出版物(部分论文)		
	年份	地点	发起者	标题	编者	出版社,日期
11	1995	新德里(印度)	IIOA			
12	1998	纽约(美国)	IIOA; C. V. Starr Center for Applied Economics, New York University; Faculty of Economics, University of Groningen; US Department of Agriculture; US Department of Commerce, Bureau of Economic Analysis	Selected papers online at IIOA website (www.iioa.org)		
13	2000	马切拉塔(意大利)	IIOA; University of Macerata	Selected papers online at IIOA website(A few conference papers also appear in *Wassily Leonitif and Input-Output Economics*)	Erik Dietzenbacher and Michael L. Lahr	Palgrave, 2004
14	2002	蒙特利尔(加拿大)	IIOA; Universitédu Québec à Montréal; Statistics Canada	Selected papers online at IIOA website and also in *Changement Climatique, Flux Technologiques, Financiers et Commerciaus*	L. Martin Cloutier, Christian DeBresson and Erik Dietzenbacher	Presses de l'Université du Québec, 2004
15	2005	北京(中国)	IIOA; Renmin University of China; Chinese Input-Output Association	Conference program, book of abstracts and selected papers online at IIOA website		
16	2007	伊斯坦布尔(土耳其)	IIOA; Department of Management, Istanbul Technical University	Conference program and selected papers online at IIOA website		

会议报告

Gelei, Anna. 1990. "On the Ninth International Conference on Input-Output Techniques," *Economic Systems Research*, **2**, 96-100.

Schumann, Jochen. 1994. "Report on the Tenth International Conference on Input-Output Techniques in Seville," *Economic Systems Research*, **6**, 110-116.

Rainer, Norbert. 1996. "Report on the New Delhi Conference 1995," *Economic Systems Research*, **8**, 422-430.

Dietzenbacher, Erik. 1998. "Report on the 1998 IIOA Conference in New York," *Economic Systems Research*, **10**, 371-378.

Lahr, Michael L. 2001. "Report on the Macerata Conference," *Economic Systems Research*, **13**, 317-329.

Dietzenbacher, Erik. 2003. "Report on the Montreal Conference," *Economic Systems Research*, **15**, 399-414.

Sakurai, Norihisa. 2006. "Report on the 15th International Input-Output Conference, 27 June-1 July 2005, Beijing, People's Republic of China," *Economic Systems Research*, **18**, 438-439.

* 至少一篇来自札幌会议的论文收录于 Ronald E. Miller, Karen R. Polenske and Adam Z. Rose (eds.). 1989. *Frontiers of Input-Output Analysis*. New York: Oxford University Press-Chapter 11 by Wolff and Howell.

注：安妮·卡特（Anne Carter）和约瑟夫·里克特（Josef Richter）为本表的编制提供了信息。

参考文献

Abraham-Frois, Gilbert and Emeric Lendjel. 2006. "Father Potron's Early Contributions to Input-Output Analysis," *Economic Systems Research*, **18**, 357-372.

Baumol, William. 2000. "Leontief's Great Leap Forward," *Economic Systems Research*, **12**, 141-152.

Bjerkholt, Olav and Heinz D. Kurz. 2006. "Introduction: the History of Input-Output Analysis, Leontief's Path and Alternative Tracks," *Economic Systems Research*, **18**, 331-333.

Cantillon, Richard. 1755. *Essay on the Nature of General Commerce*. Reprinted, edited and translated into English by H. Higgs. London: Macmillan, 1931.

Davenant, Charles. 1699. *An Essay upon the Probable Methods of Making a People Gainers in the Balance of Trade*. London: James Knapton.

DeBresson, Christian. 2004. "Some Highlights in the Life of Wassily Leontief-An Interview with Estelle and Wassily Leontief," in Erik Dietzenbacher and Michael L. Lahr (eds.), *Wassily Leontief and Input-Output Economics*. New York: Cambridge, UK: Cambridge University Press, pp. 135-147.

Dmitriev, Vladimir K. 1974. *Economic Essays on Value, Competition and Utility, 1898—1902*. Edited with introduction by D. M. Nuti. Cambridge, UK: Cambridge Univerity Press.

Evans, W. Duane and Marvin Hoffenberg. 1952. "The Interindustry Relations Study for 1947," *Review of Economics and Statistics*, **34**, 97-148.

Gray, Alexander. 1931. *The Development of Economic Doctrine*. New York: Wiley.

Isnard, Achille-Nicolas. 1781. *Traite des Richesses* (two vols). London: F. Grasset.

Kaliadina, Svetlana A. and Natal' ia Iu Pavlova. 2006. "The Family of W. W. Leontief in Russia" (translated into English by Claus Wittich), *Economic Systems Research*, **18**, 335-345.

Klein. Judy L. 2001. "Reflections on the Age of Measurement," in Judy L. Klein and Mary S. Morgan (eds.), *The Age of Economic Measurement*. Durham, NC: Duke University Press, pp. 111-136.

Kohli, Martin C. 2000. "Leontief and the Bureau of Labor Statistics, 1941—1954: An Unfinished Chapter in the History of Economic Measurement," US Bureau of Labor Statistics, presented to the History of Political Economy Workshop on the Age of Measurement, Duke University, April. Available at www. bls. gov/ore/abstract/st/st20190. htm.

2001. "The Leontief-BLS Relationship: A New Framework for Measurement," *Monthly Labor Review*, **124**, 29-37.

Kurz, Heinz D. and Neri Salvadori. 2000a. "Classical Roots' of Input-Output Analysis: A Short Account of its Long Prehistory," *Economic Systems Research*, **12**, 153-179.

2000b. “Piero Sraffa’s Contributions to Economics: A Brief Survey,” in Heinz D. Kurz (ed.), *Critical Essays on Piero Sraffa’s Legacy in Economics*. Cambridge, UK: Cambridge University Press, pp. 3-23.

Kurz, Heinz D. and Neri Salvadori (eds.). 2003. *The Legacy of Piero Sraffa*, Vols. I and 2. Cheltenham, UK: Edward Elgar.

2006. “Input-Output Analysis from a Wider Perspective: A Comparison of the Early Works of Leontief and Sraffa,” *Economic Systems Research*, **18**, 373-390.

Landefeld, J. Steven and Stephanie H. McCulla. 1999. “Wassity Leontief and His Contributions to Economic Accounting,” *Survey of Current Business*, **79** (March), 9-11.

Leontief, Wassily. 1928. “The Economy as a Circular Flow” (in German), *Archiv für Sozialwissenschaft und Sozialpolitik*, **60**, 577 - 623. Reprinted and translated into English in *Structural Change and Economic Dynamics*, **2** (1991), 181-212.

1936. “Quantitative Input-Output Relations in the Economic System of the United States,” *Review of Economics and Statistics*, **18**, 105-125.

1966a, *Essays in Economics: Theories and Theorizing*. New York: Oxford University Press.

1966b. *Input-Output Economics*. New York: Oxford University Press. (Second Edition, 1986.)

1974. “Structure of the World Economy,” *American Economic Review*, **64**, 823-834.

1976. *The Structure of American Economy 1919—1929*. (New York: Oxford University Press, 1941. Second ed., rev. and enl., 1951. Reprint. White Planis, NY: International Arts and Sciences Press, 1976.)

Leontief Wassily, Hollis B. Chenery, Paul G. Clark, James S. Duesenberry, Allen R. Ferguson, Anne P. Grosse, Robert N. Grosse, Mathilda Holzman, Walter Isard and Helen Kisten. 1953. *Studies in the Structure of the American Economy*. New York: Oxford University Press.

Marx, Karl. 1905. *A History of Economic Theories*. Edited by Karl Kautsky. Translated by Terence McCarthy. New York: The Langland Press, 1952.

1894. *Das Kapital*, Vol. Ⅲ, edited by F. Engels. Hamburg: Meissner. (English translation. Moscow: Progress Publishers, 1959.)

Meek, Ronald L. 1965. “Problems of the *Tableau Economique*,” in James Gherity (ed.), *Economic Thought: A Historical Anthology*. New York: Random House, pp. 115-149.

Mirabeau, M. 1766. *Philosophie Rurale ou Economic Generale et Politique de L’agriculture Pour Servir a L’ami Des Hommes*. Amsterdam: Chez Les Libraires Associes, 1766.

Petty, Sir William. 1690. *Discourse on Political Arithmetick*, 1690. Reprinted in Charles H. Hull (ed.), *The Economic Writings of Sir William Petty*. Cambridge, UK: Cambridge University Press, 1899 (two volumes).

1691. “Verbum Sapienti,” in *Political Anatomy of Ireland*. London: Brown and Rodgers. Reprinted in Charles H. Hull (ed.), *The Economic Writings of Sir William Petty*. Cambridge, UK: Cambridge University Press, 1899 (two volumes).

Phillips, Almarin. 1955. “The Tableau Economique as à Simple Leontief Model,” *Quarterly Journal of Economics*, **69**, 137-144.

Polenske, Karen R. 1999. “Wassily W. Leontief, 1905—1999,” *Economic Systems Research*, **11**, 341-348.

2004. “Leontief’s ‘Magnificent Machine’ and Other Contributions to Applied Economics,” in Erik Dietzenbacher and Michael L. Lahr (eds.), *Wassily Leontief and Input-Output Economics*. New York: Cambridge University Press. pp. 9-29.

Polenske, Karen R. and Jiří V. Skolka (eds.), 1976. *Advances in Input-Output Analysis. Proceedings of the Sixth International Conference on Input-Output Techniques*. Vienna, April 22-26, 1974. Cambridge, MA: Ballinger.

Pyatt, Graham. 2000. "Review of *Some British Empiricists in the Social Sciences, 1650—1900* by Richard Stone," *Economic Systems Research*, **12**, 425-426.

Quesnay, Francois. 1759. *Le Tableau Économique*. Aerhival vresions: "First" 1758 Edition (accompanied by *Remarques sur les variations de la distribution des revenus annuels d'une nation*; manuscript); "Second" 1759 Edition (accompanied by *Extrait des economies royales* de M. de Sully); and "Third" 1759 Edition (accompanied by *Explication du tableau economique* and an expanded and footnoted *Extrairt des économies royales* de M. de Sully). Also, edited and translated to English by Marguerite Kuczynski and Ronald L. Meek. London: Macmillan, 1972.

Ricardo, David. *The Works and Correspondence of David Ricardo, 1810—1824*. Edited by Piero Sraffa. Cambridge, UK: Cambridge University Pless, 11 volumes, 1951—1973.

Rose, Adam and William Miernyk. 1989. "Input-Output Analysis: The First Fifty Years," *Economic Systems Research*, **1**, 229-271.

Routh, Guy, 1975. *The Origin of Economic Ideas*. New York: International Arts and Sciences Press.

Samuelson, Paul A. 2004. "A Portrait of the Master as a Young Man," in Erik Dietzenbacher and Michael L. Lahr (eds.), *Wassily Leontief and Input-Output Economics*. New York: Cambridge University Press, pp. 3-8.

2005. "Abram Bergson, Economist, April 21, 1914—April 23, 2003," *The Economic Journal*, **115**, F130 - F133.

Schumpeter, Joseph. 1954. *History of Economic Analysis*. New York: Oxford University Press.

Smith, Adam. 1776. *An Inquiry into the Nature and Causes of the Wealth of Nations*. Reprinted in The Glasgow Edition of the Works and Correspondence of Adam Smith, Vol. Ⅰ, Oxford University Press, 1976.

Solow, Robert M. 1998. "Rereading *The Structure of the American Economy*," *Economic Systems Research*, **10**, 299-306.

Soule, George 1952. *Ideas of the Great Economists*. New York: Viking Press.

Sraffa, Piero. 1960. *Production of Commodities by Means of Commodities. Prelude to a Critique of Economic Theory*. Cambridge UK: Cambridge University Press.

Steenge, Albert E. and Richard van den Berg. 2007. "Transcribing the Tableau Économique: Input-Output Analysis à la Quesnay," *Journal of the History of Economic Thought*, **29**, 331-358.

Stone, Richard. 1961. *Input-Output and National Accounts*. Paris: Organization for European Economic Co-operation.

1973. "A System of Social Matrices," *Review of Income and Wealth*, **19**, 143-166.

1984. "Where Are We Now? A Short Account of Input-Output Studies and Their Present Trends," in United Nations Industrial Development Organization (UNIDO), *Proceedings of the Seventh International Conference on Input-Output Techniques*. New York: United Nations, pp. 439-459. [Reprinted in Ira Sohn (ed.), *Readings in Input-Output Analysis*. New York: Oxford University Press, 1986, pp. 13-31.]

1997. "The Accounts of Society" (Nobel Memorial Lecture, December 8, 1984), *American Economic Review*; **87**, 17-29.

Taylor, Overton. 1960. *A History of Economic Thought*. New York: McGraw-Hill.

Torrens, Robert. 1820. *An Essay on the Influence of the External Corn Trade upon the Production and Distribution of National Wealth*, Second Edition. London: Hatchard.

1821. *An Essay on the Production of Wealth*. London: Longman, Hurst, Rees, Orme and Brown, 1821. Reprinted and edited by Joseph Dorfman. New York: Augustus M. Kelley. 1965.

von Bortkiewicz, Ladislaus. 1906, 1907. "Value and Price in the Marxian System" (in German), *Archiv für Sozialwissenschaft und Sozialpolitik*, **23** (1906), 1-50; **25** (1907), 1-51 and 445-488. Reprinted and translated into English in *International Economic Papers*, **2**, 5-60.

Walras, Leon. 1874. *Elements of Pure Economics*. Paris: Guillaumin & Cie. English translation by William Jaffé. London: George Allen & Unwin, 1954.

译后记

罗纳德·E. 米勒和彼得·D. 布莱尔的《投入产出分析：基础与扩展》一书的第一版出版于 1985 年，一经出版就成为投入产出分析领域国际公认的经典教材。2009 年，两位作者在充分吸收投入产出领域新的研究进展的基础上，推出了本书的第二版。按照作者的说法，第二版中既增加了对一些新的主题的讨论，如社会核算矩阵、乘数分解、重要系数的确定等，也对很多原有的主题进行了内容上的扩充，使得这一教材在内容上更趋完善。这次，中国人民大学出版社委托我们进行该教材的翻译工作，我们感到非常荣幸！本书的几位译者来自中国人民大学应用经济学院，长期从事投入产出技术的研究。译者还就教材翻译中的一些问题专门联系了作者，而作者在得知我们正在翻译他们的教材时，专门为中文版教材的出版撰写了前言。

作为一本经典教材，本书显然具有很多优点。限于篇幅，这里我们并不想把这些优点全部罗列出来，只是表达几点总体感受。首先，本教材对于概念与原理的解释通俗而细致。投入产出方法多部门的性质决定了很多经济联系相对复杂，概念与原理就显得不太直观，但经过作者不厌其烦的解释，往往让人豁然开朗。其次，本教材内容全面。特别是经过再版以后，本教材对投入产出领域中的绝大部分主题都有所涉及。最后，本教材对各个主题的介绍往往都经过作者自己系统的整理和总结，每一个主题的内容相对比较完整，这就使得读者在了解该主题时，能够形成清晰的线索；而且资料详实，有大量的参考文献，便于读者在这一主题上进行更深入的学习和研究。

本教材的翻译工作的具体分工是：前言，第 1、2、4、6、11、12 章，以及附录由夏明翻译；中文版前言，第 3、5、7、8、9 章，以及第 13 章的第 4 节由张红霞翻译；第 10、13（不含第 4 节）、14 章由林晨翻译。

感谢中国人民大学出版社编辑人员的大力协助，以及所付出的艰苦努力！由于我们水平的不足，翻译中难免会出现各种各样的错误，敬请广大读者批评指正！

译者

经济科学译丛						
序号	书名	作者	Author	单价	出版年份	ISBN
1	投入产出分析:基础与扩展(第二版)	罗纳德·E. 米勒等	Ronald E. Miller	98.00	2019	978-7-300-26845-3
2	宏观经济学:政策与实践(第二版)	弗雷德里克·S. 米什金	Frederic S. Mishkin	89.00	2019	978-7-300-26809-5
3	国际商务:亚洲视角	查尔斯·W.L. 希尔等	Charles W. L. Hill	108.00	2019	978-7-300-26791-3
4	统计学:在经济和管理中的应用(第10版)	杰拉德·凯勒	Gerald Keller	158.00	2019	978-7-300-26771-5
5	经济学精要(第五版)	R. 格伦·哈伯德等	R. Glenn Hubbard	99.00	2019	978-7-300-26561-2
6	环境经济学(第七版)	埃班·古德斯坦等	Eban Goodstein	78.00	2019	978-7-300-23867-8
7	美国经济史(第12版)	加里·M. 沃尔顿等	Gary M. Walton	98.00	2018	978-7-300-26473-8
8	管理者微观经济学	戴维·M.克雷普斯	David M. Kreps	88.00	2019	978-7-300-22914-0
9	组织经济学:经济学分析方法在组织管理上的应用(第五版)	塞特斯·杜玛等	Sytse Douma	62.00	2018	978-7-300-25545-3
10	经济理论的回顾(第五版)	马克·布劳格	Mark Blaug	88.00	2018	978-7-300-26252-9
11	实地实验:设计、分析与解释	艾伦·伯格等	Alan S. Gerber	69.80	2018	978-7-300-26319-9
12	金融学(第二版)	兹维·博迪等	Zvi Bodie	75.00	2018	978-7-300-26134-8
13	空间数据分析:模型、方法与技术	曼弗雷德·M. 费希尔等	Manfred M. Fischer	36.00	2018	978-7-300-25304-6
14	《宏观经济学》(第十二版)学习指导书	鲁迪格·多恩布什等	Rudiger Dornbusch	38.00	2018	978-7-300-26063-1
15	宏观经济学(第四版)	保罗·克鲁格曼等	Paul Krugman	68.00	2018	978-7-300-26068-6
16	计量经济学导论:现代观点(第六版)	杰弗里·M. 伍德里奇	Jeffrey M. Wooldridge	109.00	2018	978-7-300-25914-7
17	经济思想史:伦敦经济学院讲演录	莱昂内尔·罗宾斯	Lionel Robbins	59.80	2018	978-7-300-25258-2
18	空间计量经济学入门——在R中的应用	朱塞佩·阿尔比亚	Giuseppe Arbia	45.00	2018	978-7-300-25458-6
19	克鲁格曼经济学原理(第四版)	保罗·克鲁格曼等	Paul Krugman	88.00	2018	978-7-300-25639-9
20	发展经济学(第七版)	德怀特·H.波金斯等	Dwight H. Perkins	98.00	2018	978-7-300-25506-4
21	线性与非线性规划(第四版)	戴维·G.卢恩伯格等	David G. Luenberger	79.80	2018	978-7-300-25391-6
22	产业组织理论	让·梯若尔	Jean Tirole	110.00	2018	978-7-300-25170-7
23	经济学精要(第六版)	巴德、帕金	Bade, Parkin	89.00	2018	978-7-300-24749-6
24	空间计量经济学——空间数据的分位数回归	丹尼尔·P. 麦克米伦	Daniel P. McMillen	30.00	2018	978-7-300-23949-1
25	高级宏观经济学基础(第二版)	本·J. 海德拉	Ben J. Heijdra	88.00	2018	978-7-300-25147-9
26	税收经济学(第二版)	伯纳德·萨拉尼耶	Bernard Salanié	42.00	2018	978-7-300-23866-1
27	国际宏观经济学(第三版)	罗伯特·C. 芬斯特拉	Robert C. Feenstra	79.00	2017	978-7-300-25326-8
28	公司治理(第五版)	罗伯特·A.G. 蒙克斯	Robert A. G. Monks	69.80	2017	978-7-300-24972-8
29	国际经济学(第15版)	罗伯特·J. 凯伯	Robert J. Carbaugh	78.00	2017	978-7-300-24844-8
30	经济理论和方法史(第五版)	小罗伯特·B. 埃克伦德等	Robert B. Ekelund. Jr.	88.00	2017	978-7-300-22497-8
31	经济地理学	威廉·P. 安德森	William P. Anderson	59.80	2017	978-7-300-24544-7
32	博弈与信息:博弈论概论(第四版)	艾里克·拉斯穆森	Eric Rasmusen	79.80	2017	978-7-300-24546-1
33	MBA宏观经济学	莫里斯·A. 戴维斯	Morris A. Davis	38.00	2017	978-7-300-24268-2
34	经济学基础(第十六版)	弗兰克·V. 马斯切纳	Frank V. Mastrianna	42.00	2017	978-7-300-22607-1
35	高级微观经济学:选择与竞争性市场	戴维·M. 克雷普斯	David M. Kreps	79.80	2017	978-7-300-23674-2
36	博弈论与机制设计	Y. 内拉哈里	Y. Narahari	69.80	2017	978-7-300-24209-5
37	宏观经济学精要:理解新闻中的经济学(第三版)	彼得·肯尼迪	Peter Kennedy	45.00	2017	978-7-300-21617-1
38	宏观经济学(第十二版)	鲁迪格·多恩布什等	Rudiger Dornbusch	69.00	2017	978-7-300-23772-5
39	国际金融与开放宏观经济学:理论、历史与政策	亨德里克·范登伯格	Hendrik Van den Berg	68.00	2016	978-7-300-23380-2
40	经济学(微观部分)	达龙·阿西莫格鲁等	Daron Acemoglu	59.00	2016	978-7-300-21786-4
41	经济学(宏观部分)	达龙·阿西莫格鲁等	Daron Acemoglu	45.00	2016	978-7-300-21886-1
42	发展经济学	热若尔·罗兰	Gérard Roland	79.00	2016	978-7-300-23379-6
43	中级微观经济学——直觉思维与数理方法(上下册)	托马斯·J·内契巴	Thomas J. Nechyba	128.00	2016	978-7-300-22363-6
44	环境与自然资源经济学(第十版)	汤姆·蒂坦伯格等	Tom Tietenberg	72.00	2016	978-7-300-22900-3
45	劳动经济学基础(第二版)	托马斯·海克拉克等	Thomas Hyclak	65.00	2016	978-7-300-23146-4
46	货币金融学(第十一版)	弗雷德里克·S·米什金	Frederic S. Mishkin	85.00	2016	978-7-300-23001-6
47	动态优化——经济学和管理学中的变分法和最优控制(第二版)	莫顿·I·凯曼等	Morton I. Kamien	48.00	2016	978-7-300-23167-9
48	用Excel学习中级微观经济学	温贝托·巴雷托	Humberto Barreto	65.00	2016	978-7-300-21628-7
49	宏观经济学(第九版)	N·格里高利·曼昆	N. Gregory Mankiw	79.00	2016	978-7-300-23038-2
50	国际经济学:理论与政策(第十版)	保罗·R·克鲁格曼等	Paul R. Krugman	89.00	2016	978-7-300-22710-8
51	国际金融(第十版)	保罗·R·克鲁格曼等	Paul R. Krugman	55.00	2016	978-7-300-22089-5
52	国际贸易(第十版)	保罗·R·克鲁格曼等	Paul R. Krugman	42.00	2016	978-7-300-22088-8
53	经济学精要(第3版)	斯坦利·L·布鲁伊等	Stanley L. Brue	58.00	2016	978-7-300-22301-8
54	经济分析史(第七版)	英格里德·H·里马	Ingrid H. Rima	72.00	2016	978-7-300-22294-3
55	投资学精要(第九版)	兹维·博迪等	Zvi Bodie	108.00	2016	978-7-300-22236-3

经济科学译丛						
序号	书名	作者	Author	单价	出版年份	ISBN
56	环境经济学(第二版)	查尔斯·D·科尔斯塔德	Charles D. Kolstad	68.00	2016	978-7-300-22255-4
57	MWG《微观经济理论》习题解答	原千晶等	Chiaki Hara	75.00	2016	978-7-300-22306-3
58	现代战略分析(第七版)	罗伯特·M·格兰特	Robert M. Grant	68.00	2016	978-7-300-17123-4
59	横截面与面板数据的计量经济分析(第二版)	杰弗里·M·伍德里奇	Jeffrey M. Wooldridge	128.00	2016	978-7-300-21938-7
60	宏观经济学(第十二版)	罗伯特·J·戈登	Robert J. Gordon	75.00	2016	978-7-300-21978-3
61	动态最优化基础	蒋中一	Alpha C. Chiang	42.00	2015	978-7-300-22068-0
62	城市经济学	布伦丹·奥弗莱厄蒂	Brendan O'Flaherty	69.80	2015	978-7-300-22067-3
63	管理经济学:理论、应用与案例(第八版)	布鲁斯·艾伦等	Bruce Allen	79.80	2015	978-7-300-21991-2
64	经济政策:理论与实践	阿格尼丝·贝纳西-奎里等	Agnès Bénassy-Quéré	79.80	2015	978-7-300-21921-9
65	微观经济分析(第三版)	哈尔·R·范里安	Hal R. Varian	68.00	2015	978-7-300-21536-5
66	财政学(第十版)	哈维·S·罗森等	Harvey S. Rosen	68.00	2015	978-7-300-21754-3
67	经济数学(第三版)	迈克尔·霍伊等	Michael Hoy	88.00	2015	978-7-300-21674-4
68	发展经济学(第九版)	A.P.瑟尔沃	A. P. Thirlwall	69.80	2015	978-7-300-21193-0
69	宏观经济学(第五版)	斯蒂芬·D·威廉森	Stephen D. Williamson	69.00	2015	978-7-300-21169-5
70	资源经济学(第三版)	约翰·C·伯格斯特罗姆等	John C. Bergstrom	58.00	2015	978-7-300-20742-1
71	应用中级宏观经济学	凯文·D·胡佛	Kevin D. Hoover	78.00	2015	978-7-300-21000-1
72	计量经济学导论:现代观点(第五版)	杰弗里·M·伍德里奇	Jeffrey M. Wooldridge	99.00	2015	978-7-300-20815-2
73	现代时间序列分析导论(第二版)	约根·沃特斯等	Jürgen Wolters	39.80	2015	978-7-300-20625-7
74	空间计量经济学——从横截面数据到空间面板	J·保罗·埃尔霍斯特	J. Paul Elhorst	32.00	2015	978-7-300-21024-7
75	国际经济学原理	肯尼思·A·赖纳特	Kenneth A. Reinert	58.00	2015	978-7-300-20830-5
76	经济写作(第二版)	迪尔德丽·N·麦克洛斯基	Deirdre N. McCloskey	39.80	2015	978-7-300-20914-2
77	计量经济学方法与应用(第五版)	巴蒂·H·巴尔塔基	Badi H. Baltagi	58.00	2015	978-7-300-20584-7
78	战略经济学(第五版)	戴维·贝赞可等	David Besanko	78.00	2015	978-7-300-20679-0
79	博弈论导论	史蒂文·泰迪里斯	Steven Tadelis	58.00	2015	978-7-300-19993-1
80	社会问题经济学(第二十版)	安塞尔·M·夏普等	Ansel M.Sharp	49.00	2015	978-7-300-20279-2
81	博弈论:矛盾冲突分析	罗杰·B·迈尔森	Roger B. Myerson	58.00	2015	978-7-300-20212-9
82	时间序列分析	詹姆斯·D·汉密尔顿	James D. Hamilton	118.00	2015	978-7-300-20213-6
83	经济问题与政策(第五版)	杰奎琳·默里·布鲁克斯	Jacqueline Murray Brux	58.00	2014	978-7-300-17799-1
84	微观经济理论	安德鲁·马斯-克莱尔等	Andreu Mas-Collel	148.00	2014	978-7-300-19986-3
85	产业组织:理论与实践(第四版)	唐·E·瓦尔德曼等	Don E. Waldman	75.00	2014	978-7-300-19722-7
86	公司金融理论	让·梯若尔	Jean Tirole	128.00	2014	978-7-300-20178-8
87	公共部门经济学	理查德·W·特里西	Richard W. Tresch	49.00	2014	978-7-300-18442-5
88	计量经济学原理(第六版)	彼得·肯尼迪	Peter Kennedy	69.80	2014	978-7-300-19342-7
89	统计学:在经济中的应用	玛格丽特·刘易斯	Margaret Lewis	45.00	2014	978-7-300-19082-2
90	产业组织:现代理论与实践(第四版)	林恩·佩波尔等	Lynne Pepall	88.00	2014	978-7-300-19166-9
91	计量经济学导论(第三版)	詹姆斯·H·斯托克等	James H. Stock	69.00	2014	978-7-300-18467-8
92	发展经济学导论(第四版)	秋山裕	秋山裕	39.80	2014	978-7-300-19127-0
93	中级微观经济学(第六版)	杰弗里·M·佩罗夫	Jeffrey M. Perloff	89.00	2014	978-7-300-18441-8
94	平狄克《微观经济学》(第八版)学习指导	乔纳森·汉密尔顿等	Jonathan Hamilton	32.00	2014	978-7-300-18970-3
95	微观经济学(第八版)	罗伯特·S·平狄克等	Robert S.Pindyck	79.00	2013	978-7-300-17133-3
96	微观银行经济学(第二版)	哈维尔·弗雷克斯等	Xavier Freixas	48.00	2014	978-7-300-18940-6
97	施米托夫论出口贸易——国际贸易法律与实务(第11版)	克利夫·M·施米托夫等	Clive M. Schmitthoff	168.00	2014	978-7-300-18425-8
98	微观经济学思维	玛莎·L·奥尔尼	Martha L. Olney	29.80	2013	978-7-300-17280-4
99	宏观经济学思维	玛莎·L·奥尔尼	Martha L. Olney	39.80	2013	978-7-300-17279-8
100	计量经济学原理与实践	达摩达尔·N·古扎拉蒂	Damodar N.Gujarati	49.80	2013	978-7-300-18169-1
101	现代战略分析案例集	罗伯特·M·格兰特	Robert M. Grant	48.00	2013	978-7-300-16038-2
102	高级国际贸易:理论与实证	罗伯特·C·芬斯特拉	Robert C. Feenstra	59.00	2013	978-7-300-17157-9
103	经济学简史——处理沉闷科学的巧妙方法(第二版)	E·雷·坎特伯里	E. Ray Canterbery	58.00	2013	978-7-300-17571-3
104	管理经济学(第四版)	方博亮等	Ivan Png	80.00	2013	978-7-300-17000-8
105	微观经济学原理(第五版)	巴德、帕金	Bade,Parkin	65.00	2013	978-7-300-16930-9
106	宏观经济学原理(第五版)	巴德、帕金	Bade,Parkin	63.00	2013	978-7-300-16929-3
107	环境经济学	彼得·伯克等	Peter Berck	55.00	2013	978-7-300-16538-7
108	高级微观经济理论	杰弗里·杰里	Geoffrey A. Jehle	69.00	2012	978-7-300-16613-1
109	高级宏观经济学导论:增长与经济周期(第二版)	彼得·伯奇·索伦森等	Peter Birch Sørensen	95.00	2012	978-7-300-15871-6

经济科学译丛						
序号	书名	作者	Author	单价	出版年份	ISBN
110	宏观经济学(第二版)	保罗・克鲁格曼	Paul Krugman	45.00	2012	978-7-300-15029-1
111	微观经济学(第二版)	保罗・克鲁格曼	Paul Krugman	69.80	2012	978-7-300-14835-9
112	克鲁格曼《微观经济学(第二版)》学习手册	伊丽莎白・索耶・凯利	Elizabeth Sawyer Kelly	58.00	2013	978-7-300-17002-2
113	克鲁格曼《宏观经济学(第二版)》学习手册	伊丽莎白・索耶・凯利	Elizabeth Sawyer Kelly	36.00	2013	978-7-300-17024-4
114	微观经济学(第十一版)	埃德温・曼斯费尔德	Edwin Mansfield	88.00	2012	978-7-300-15050-5
115	卫生经济学(第六版)	舍曼・富兰德等	Sherman Folland	79.00	2011	978-7-300-14645-4
116	宏观经济学(第七版)	安德鲁・B・亚伯等	Andrew B. Abel	78.00	2011	978-7-300-14223-4
117	现代劳动经济学:理论与公共政策(第十版)	罗纳德・G・伊兰伯格等	Ronald G. Ehrenberg	69.00	2011	978-7-300-14482-5
118	宏观经济学:理论与政策(第九版)	理查德・T・弗罗恩	Richard T. Froyen	55.00	2011	978-7-300-14108-4
119	经济学原理(第四版)	威廉・博伊斯等	William Boyes	59.00	2011	978-7-300-13518-2
120	计量经济学基础(第五版)(上下册)	达摩达尔・N・古扎拉蒂	Damodar N.Gujarati	99.00	2011	978-7-300-13693-6
121	《计量经济学基础》(第五版)学生习题解答手册	达摩达尔・N・古扎拉蒂等	Damodar N. Gujarati	23.00	2012	978-7-300-15080-8
122	计量经济分析(第六版)(上下册)	威廉・H・格林	William H.Greene	128.00	2011	978-7-300-12779-8
123	国际贸易	罗伯特・C・ 芬斯特拉等	Robert C.Feenstra	49.00	2011	978-7-300-13704-9
124	经济增长(第二版)	戴维・N・韦尔	David N.Weil	63.00	2011	978-7-300-12778-1
125	投资科学	戴维・G・卢恩伯格	David G. Luenberger	58.00	2011	978-7-300-14747-5

金融学译丛						
序号	书名	作者	Author	单价	出版年份	ISBN
1	银行风险管理(第四版)	若埃尔・贝西	Joël Bessis	56.00	2019	978-7-300-26496-7
2	金融学原理(第八版)	阿瑟・J. 基翁等	Arthur J. Keown	79.00	2018	978-7-300-25638-2
3	财务管理基础(第七版)	劳伦斯・J. 吉特曼等	Lawrence J. Gitman	89.00	2018	978-7-300-25339-8
4	利率互换及其他衍生品	霍华德・科伯	Howard Corb	69.00	2018	978-7-300-25294-0
5	固定收益证券手册(第八版)	弗兰克・J. 法博齐	Frank J. Fabozzi	228.00	2017	978-7-300-24227-9
6	金融市场与金融机构(第8版)	弗雷德里克・S. 米什金等	Frederic S. Mishkin	86.00	2017	978-7-300-24731-1
7	兼并、收购和公司重组(第六版)	帕特里克・A. 高根	Patrick A. Gaughan	89.00	2017	978-7-300-24231-6
8	债券市场:分析与策略(第九版)	弗兰克・J・法博齐	Frank J. Fabozzi	98.00	2016	978-7-300-23495-3
9	财务报表分析(第四版)	马丁・弗里德森	Martin Fridson	46.00	2016	978-7-300-23037-5
10	国际金融学	约瑟夫・P・丹尼尔斯等	Joseph P. Daniels	65.00	2016	978-7-300-23037-1
11	国际金融	阿德里安・巴克利	Adrian Buckley	88.00	2016	978-7-300-22668-2
12	个人理财(第六版)	阿瑟・J・基翁	Arthur J. Keown	85.00	2016	978-7-300-22711-5
13	投资学基础(第三版)	戈登・J・亚历山大等	Gordon J. Alexander	79.00	2015	978-7-300-20274-7
14	金融风险管理(第二版)	彼德・F・克里斯托弗森	Peter F. Christoffersen	46.00	2015	978-7-300-21210-4
15	风险管理与保险管理(第十二版)	乔治・E・瑞达等	George E. Rejda	95.00	2015	978-7-300-21486-3
16	个人理财(第五版)	杰夫・马杜拉	Jeff Madura	69.00	2015	978-7-300-20583-0
17	企业价值评估	罗伯特・A・G・蒙克斯等	Robert A. G. Monks	58.00	2015	978-7-300-20582-3
18	基于 Excel 的金融学原理(第二版)	西蒙・本尼卡	Simon Benninga	79.00	2014	978-7-300-18899-7
19	金融工程学原理(第二版)	萨利赫・N・内夫特奇	Salih N. Neftci	88.00	2014	978-7-300-19348-9
20	投资学导论(第十版)	赫伯特・B・梅奥	Herbert B. Mayo	69.00	2014	978-7-300-18971-0
21	国际金融市场导论(第六版)	斯蒂芬・瓦尔德斯等	Stephen Valdez	59.80	2014	978-7-300-18896-6
22	金融数学:金融工程引论(第二版)	马雷克・凯宾斯基等	Marek Capinski	42.00	2014	978-7-300-17650-5
23	财务管理(第二版)	雷蒙德・布鲁克斯	Raymond Brooks	69.00	2014	978-7-300-19085-3
24	期货与期权市场导论(第七版)	约翰・C・赫尔	John C. Hull	69.00	2014	978-7-300-18994-2
25	国际金融:理论与实务	皮特・塞尔居	Piet Sercu	88.00	2014	978-7-300-18413-5
26	货币、银行和金融体系	R・格伦・哈伯德等	R.Glenn Hubbard	75.00	2013	978-7-300-17856-1
27	并购创造价值(第二版)	萨德・苏达斯纳	Sudi Sudarsanam	89.00	2013	978-7-300-17473-0
28	个人理财——理财技能培养方法(第三版)	杰克・R・卡普尔等	Jack R. Kapoor	66.00	2013	978-7-300-16687-2
29	国际财务管理	吉尔特・贝克特	Geert Bekaert	95.00	2012	978-7-300-16031-3
30	应用公司财务(第三版)	阿斯沃思・达摩达兰	Aswath Damodaran	88.00	2012	978-7-300-16034-4
31	资本市场:机构与工具(第四版)	弗兰克・J・法博齐	Frank J.Fabozzi	85.00	2011	978-7-300-13828-2
32	衍生品市场(第二版)	罗伯特・L・麦克唐纳	Robert L. McDonald	98.00	2011	978-7-300-13130-6
33	跨国金融原理(第三版)	迈克尔・H・莫菲特等	Michael H. Moffett	78.00	2011	978-7-300-12781-1
34	统计与金融	戴维・鲁珀特	David Ruppert	48.00	2010	978-7-300-11547-4
35	国际投资(第六版)	布鲁诺・索尔尼克等	Bruno Solnik	62.00	2010	978-7-300-11289-3

图书在版编目（CIP）数据

投入产出分析：基础与扩展：第二版/（）罗纳德·E. 米勒（Ronald E. Miller），（）彼得·D. 布莱尔（Peter D. Blair）著；夏明，张红霞，林晨译. —北京：中国人民大学出版社，2019. 4
（经济科学译丛）
书名原文：Input-Output Analysis：Foundations and Extensions（Second Edition）
ISBN 978-7-300-26845-3

Ⅰ. ①投…　Ⅱ. ①罗…②彼…③夏…④张…⑤林…　Ⅲ. ①投入产出分析-教材　Ⅳ. ①F223

中国版本图书馆 CIP 数据核字（2019）第 055477 号

"十三五"国家重点出版物出版规划项目
经济科学译丛
投入产出分析：基础与扩展（第二版）
罗纳德·E. 米勒　彼得·D. 布莱尔　著
夏　明　张红霞　林　晨　译
Touru Chanchu Fenxi：Jichu yu Kuozhan

出版发行	中国人民大学出版社		
社　　址	北京中关村大街 31 号	**邮政编码**	100080
电　　话	010－62511242（总编室）		010－62511770（质管部）
	010－82501766（邮购部）		010－62514148（门市部）
	010－62515195（发行公司）		010－62515275（盗版举报）
网　　址	http：//www. crup. com. cn		
	http：//www. ttrnet. com（人大教研网）		
经　　销	新华书店		
印　　刷	北京七色印务有限公司		
规　　格	185 mm×260 mm　16 开本	**版　　次**	2019 年 4 月第 1 版
印　　张	40. 25　插页 2	**印　　次**	2022 年 12 月第 2 次印刷
字　　数	939 000	**定　　价**	98. 00 元